한국

칸트사전

Koreanisches

KANT LEXIKON

한국

칸트사전

Koreanisches

KANT LEXIKON

백종현 지음

아카넷

『한국 칸트사전』을 펴내면서

50년 전 칸트(Immanuel Kant, 1724~1804)의 원전 공부를 시작할 무렵에 칸트 철학의 전모를 알게 해준 책이 아이슬러의 『칸트사전』(R. Eisler, *Kant Lexikon*, Berlin 1930)이었다. 이 사전의 관심 있는 항목들을 번역하는 작업과 함께 필자의 칸트 번역과 칸트철학에 대한 체계적인 공부는 시작되었다. 아이슬러의 꼼꼼함에 감사하면서도 아쉬웠던 것은 아이슬러가 사용한 원전이 칸트의 원본도 아니고, 지금 접할 수 있는 학술원판(AA)이나 펠릭스 마이너판(PhB)도 아니어서 원문을 대조하는 데 많이 수고로웠던 점이었다. 내가 언제고 한국 칸트사전을 펴내게 되면, 아이슬러처럼 원문 인용을 많이 하여 원전으로의 접근로를 닦되, 칸트 원본과 현행의 표준판본에서 인용하여 원문 대조를 쉽게 하고, 칸트 논저들의 종횡 관계를 잘 드러내 한국어 독자가 칸트 전체 논저들에 대한 조망을 용이하게 할 수 있도록 해야겠다고 당시부터 생각했는데, 50년이 지나서 그 생각의 일단을 이제야 현실화하게 되었다.

한국어 독자가 사전에 인용된 원전의 구절들을 낱낱이 칸트 원논저와 대조한다는 것은 쉽지 않은 일이므로, 한국 칸트사전의 활용에는 칸트 저작들의 원래 체제를 유지한 한국어 번역본이 전제된다 하겠다. 그런데 칸트가 남겨놓은 조각글이나 또 여태까지도 편찬 중인 칸트 강의록까지 모두 번역되는 일은 앞으로도 거의 기대할 수 없을 것이나, 칸트의 주요 저작들의 한국어 번역서들은 이미 유통되고 있으니, 이제는 한국어 칸트사전 사용의 여건이 그런대로 갖추어진 셈이다. 다만 이 사전은 칸트 원문을 원칙적으로 아카넷《한국어 칸트전집》에서 인용하므로, 다른 한국어 번역본 이용자에게는 좀 불편이 따를 수밖에 없겠다. 번역서란 역자마다 문구 해석이나 어휘 사용이 다소 다를 수 있는 데다가, 번역서 중에는 칸트 원본 체제를 따르지 않은 것도 있으니, 그런 경우에는 더욱 그러할 것이다.

이 칸트사전은 독일어와 라틴어로 사유한 칸트 사상의 얼개를 이루는 주요 개념들과 관련 항목들을 한국어로 번역하여 모아 정리한 것이다. 의당 번역어 선택의 고충이 없지 않고, 따라서 일관된 원칙을 정해 작업을 진행하지 않을 수 없는데, 이 사전 작성에서 준수한 주요 원칙은 다음과 같다.

첫째로, 칸트 논저의 번역에서 개념어는 남김없이 한국어로 옮긴다.

자연언어의 성격상, 더구나 어족이 다른 언어들 간에는 적확하게 대응하는 번역어를 거의 찾을 수 없다. 그럼에도 번역 작업이 의미가 있는 것은, 누구든 결국에 사고와 이해는 모국어로 하는 것이므로, 기존의 낱말 가운데 그래도 가까운 말을 택해 새로운 뜻을 추가하거나, 그것도 안 되면 신조어를 사용해서라도 모국어를 키워감으로써 모국어를 사용하는 사람들의 사고와 이해의 폭을 넓힐 수 있기 때문이다. 고전의 번역은 외국어 문헌을 자국어로 전환시킴으로써 외국어 문헌을 자국어 문화의 요소로 편입시키는 의의 외에도, 이런 작업 과정에서 자국어 사용자의 자국어 활용 능력이 배양되고, 그것이 바로 자국어 사용자의 사고 함양으로 이어지는 부수 효과를 낳는다. 또 경우에 따라서는 외국어로 번역되는 과정에서 원어민이 미처 깨닫지 못하고 있던 원어의 어떤 의미가 드러나, 원서가 함축하고 있던 의미가 더 풍부하게 또는 새롭게 드러남으로써, 역으로 원어민들의 교양을 높이는 데도 일조할 수 있다. 그것은 어떤 악곡을 여러 연주자가 연주함으로써 원곡이 가진 음악성이 다양하게 표현될 수 있는 이치에 비견될 수도 있겠다. 그러므로 번역, 특히 철학 고전의 번역에서는 한 낱말

남김없이 자국어로 옮기는 노고를 기울이는 것이 번역자의 책무이고, 그로써 번역서는 원서를 더욱 풍부하게 개발하는 매체가 된다.

둘째로, 칸트 논저 번역에서 주요 용어는 칸트 전체 저작에서 일관되게, 또 칸트와 영향을 주고받은 다른 저자들과의 사상사적 맥락을 살펴서, 종횡으로 서로 맞게 옮긴다.

원문에서 설령 의미하는 바가 동일하다고 하더라도 서로 다르게 표현된 용어는 번역어 또한 다르게 하여 구별하고, 적어도 중요한 용어들에서 번역어가 충돌하거나 겹치지 않도록 유의하면서도, 용어의 역사적 맥락이 드러나게 번역해야 한다는 원칙이, 특히 칸트처럼 50년 넘게 다대한 저술을 남겼고, "칸트 이전의 모든 사상이 칸트에 모여 있고, 칸트 이후 모든 사상이 그에서 흘러나왔다." 고 평가받는 사상가의 경우에는 더욱 엄격히 준수되어야 한다.

근자에 이른바 '현대철학'을 전파하는 이들이 외국어 용어를 한글로 발음 표기하여 유통시키고 있는 데다가, 일부의 '칸트 학자'들마저 칸트 인식이론의 기본 용어 중의 하나인 'a priori'와 'a posteriori'를 그들의 역서에서 '아프리오리'와 '아포스테리오리'로 발음 표기하여 사용하는 등 한국어 철학 개념 형성의 진보가 더디고 오히려 퇴보하는 양상마저 눈에 띈다.

외국어 철학 문헌을 번역함에서 한국어에 대응하는 적확한 한 낱말이 없다 하여 철학 개념어를 발음 표기로 대체하다 보면, 독일어 'Recht'도 '법/권리/정당/옳음'을 아우르는 한국어 낱말이 없으니 '레히트'로 쓰자, 또는 아예 이에 대응하는 라틴어 'ius'를 '유스'로 표기하여 쓰자는 의견이 나올 수도 있겠고, 'Kunst'를 '기예·기술·예술' 중 한 낱말로 골라 옮기기가 어려우니 '쿤스트'로 표기하자는 제안이 나올지도 모르겠다. ('쿤스트'는 아니지만 이에 상응하는 영어 'art'를 음대로 옮겨 적은 '아트'는 이미 광범위하게 사용되고 있다.) 그렇게 해서 외래어 어휘를 늘리는 것도 한국어를 풍부하게 하는 한 방식이라 생각하는 사람들도 있을 것이다. 가시적인 사태가 있는 경우에는 흔히 있기도 한 일이다. 어느새 한국인은 예컨대 '버스', '라디오', '컴퓨터', '스마트폰' 등등, 이에 더하여 '택시', '소

나타', '콘서트', '심포니', '디자인' 등등 부지기수의 외래어를 자연스럽게 사용한다. 이런 말들에는 어떤 물체나 형태를 현시할 수 있어 그 소통에 큰 지장이 없어서인지 이를 교정해보려는 관계자들의 노력도 보이지 않아, 이런 유의 외래어는 날이 갈수록 늘어나고 있는 실정이다. 그러나 철학적 개념어는 지칭하는 물체나 가시적 형상이 없으니 순전한 언어적 설명이 뒤따르지 않으면, 발음 표기 용어는 그것만으로는 의미 교환 매체가 될 수 없다. 외국어 개념어의 번역이란 그런 설명을 위해 동원되는 자국어의 낱말 가운데 가장 근사한 것을 선택하여 대체하는 일이다. 기존의 낱말에 마땅히 대체할 것이 없을 경우는 차라리 새로운 낱말을 지어내서 사용하는 것이 옳은 길이니, 그렇게 해서 자국어 어휘가 늘어나는 것 또한 문화 교류로 말미암은 긍정적 효과라 하겠다.

'아 프리오리(a priori)'를 문자대로 옮기자면 한국어 '선차적(先次的)'이 근사하고, 어원적 의미로나 역사적 맥락으로도 무난하다 할 것이다. 그러나 '선차적'에는 '~보다'가 함유되어 있고, 칸트철학에서는 그 함의가 '경험보다 선차적'이니 '선험적(先驗的)'으로 하는 편이 더 적실하다. 그런데 이러한 '선험적'을 종래에 '트란첸덴탈(transzendental)'의 번역어로 사용해왔으니, 일부 사람들처럼 이를 종전대로 사용하자고 해버리고 나면, 'a priori'는 부득이 다른 번역어를 찾아야 하고, 종래에 번역어로 사용하던 '선천적'은 적합도가 현저히 낮으니 바꾸는 편이 아무래도 좋겠고… 그러다 보면 '아프리오리'라는 발음 표기의 궁여지책을 생각해내는 이들이 나옴 직하기도 하다. 그러나 궁여지책이라면 차라리 '선차적'이 더 좋은 대안이다. — 일본 학계에서는 1990년대 후반부터 'a priori'를 한국어 '아프리오리'식의 가타카나 표기로, '트란첸덴탈(transzendental)'은 '초월론적(超越論的)'으로, '트란첸덴트(transzendent)'는 '초월적(超越的)'으로 옮기는 것이 대세를 이루었고(백종현 편, 『동아시아의 칸트철학』, 아카넷, 2014, 196면 참조), 가장 최근에 간행된 《이와나미 판 칸트전집》(전23권, 1999~2006)에는 이 번역어가 전면적으로 채택되었다. 그러나 일본어의 어감과 성격은 한국어의 그것과 많이 다른 데다가, 일본 문화계에는 외국어를 발음대로 옮겨 적는 가타카나 표기 방식이 널리 퍼져 있다는 점을 감안할 때, 누가 '아프리오리' 표기와 유사한 사례가 외국에도 있다고 말하면서 정당화하려 한다면 이는 강변이라 해야 할 것이다. —

'트란첸덴탈(transzendental)'을 '선험적'으로 옮기는 것은 의미상으로도 매우 옹색한 일인 데다 '아 프리오리(a priori)'에게서 적합한 번역어를 빼앗는 일이며, 일부의 제안처럼 '선험론적'으로 옮길 경우에는 독일어 낱말 '아프리오리스무스(Apriorismus)[선험론]'의 번역어와 충돌한다. 또 일본 학계처럼 '초월론적'으로 옮길 경우 (칸트의 변증학 부분과 현대의 현상학에서의 활용을 고려할 때) 대략 30%의 사례에는 맞는 일이나, 더 많은 70% 정도의 사례에는 동사 '초월하다'의 파생어인 '초월적'이 더 부합한다.('transzendental'이 칸트 3비판서와 『형이상학 서설』의 대략 950곳에서 등장하는데, 경우마다 이 번역어를 넣어 읽어보면 그 적합도를 가늠할 수 있을 것이다.) 더구나 이 개념어를 칸트가 당대의 독일 프로테스탄트 스콜라 철학자들과의 사상적 대결 중에 스콜라철학에서 차용하여, 이른바 '코페르니쿠스적 전환'을 통해 그 의미를 전도시켜 사용한 점을 고려하면 더욱 그러하다.

칸트의 '코페르니쿠스적 전환'이란 주지하다시피 인식에서 이제까지 주체(subiectum, substantia)의 지위에 있던 존재자(ens, res) 자체를 객관(obiectum) 내지 대상(Gegenstand)의 자리에 위치시키고, 대신에 그것을 파악하기 위해서 그 주위를 맴돌던 인식자(인간 지성, intellectus humani)를 주체로 자리 매김하는 주객전도의 '사고 변혁'을 일컫는 것이다. 이 사고방식에서 변혁의 요점은 다름 아닌, 이제까지 존재자에게 존재 의미를 부여하던 초월자 신을 대신하여 인식 주체인 인간 의식이 존재자의 존재를 규정하는 초월자의 지위를 갖는 데에 있다. 물론 신에 의해 창조된 사물은 인간이 어찌 할 수 없는 것인 만큼 '사물 자체'라 해야 할 것이라면, 인간에 의해서 의미가 부여된 대상은 '현상'이라는 겸손한 이름을 사용해야 할 것이지만 말이다. 인간에게 인식된 것으로서의 현상은 인간 의식이 이미 구비하고 있는 역량, 그런 뜻에서 '선험적'인 역량이 발휘된 결과물, 곧 인간 의식이 대상으로 넘어 들어간, 다시 말해 초월해 들어간 산물이다. 선험성이 인간 의식의 소질이라고 한다면, 이 소질의 인식에서의 기능, 활동은 초월함이다. 선험적 역량을 가진 '나'가 대상으로 넘어가 대상을 규정(Bestimmung)함이 '나'의 초월 작용이다. 그것은 곧 주관의 대상 규정 작용을 지칭하는 것이다. 그러니까 '초월철학'에서 '초월'은 인간의 인식능력 '너머에 있음'이라는 어떤 것의 상태를 뜻하는 것이 아니라, 선험적 능력을 구비한 인간의 인식능력이 주어진 것으로 '넘어 들어가 그것을 하나의 대상으로 인식하고, 그로써 대상을 규정'하는 활동을 뜻한다.(백종현, 「칸트철학에서 '선험적'과 '초월적'의 개념 그리고 번역어 문제」, 수록: 한국칸트학회 편, 《칸트연구》, 제25집, 2010. 6, 1~28면; 재수록: 백종현 역, 『형이상학 서설』, 아카넷, 2012, [덧붙임 2] 참조)

오늘날 '트란첸덴탈-필로소피(Transzendental-Philosophie)'는 칸트철학의 대명사처럼 통용되고 있으나, 이 말이 칸트철학의 고유어는 아니다. 이 말은 칸트 이전과 이후 다수 철학자의 사상을 지칭하는 데도 쓰인다. 그래서 물론 이 말을 특정 사상가의 사상 내용이나 쓰이는 문맥에 따라 '초월철학', '초월론철학', '선험철학', '선험론철학' 또는 아예 발음대로 적어 '트란첸덴탈-필로소피'라고 옮길 수도 있겠으나, 하나의 원어 낱말에 그 낱말의 어원적 의미에 가장 적절한 하나의 한국어 낱말을 대응시켜 '초월철학'으로 일관되게 옮김으로써 얻는 것이 훨씬 더 많다.

이렇게 함으로써 우리는 우선 이 말로 지칭되는 사상들의 역사적 맥락을 알 수 있다. 누가 왜 어떤 계기로 같은 말에 새로운 의미를 부여하여 사용했는지를 앎은 고전 공부를 통해, 대를 이어가는 사유의 전개, 굴절과 비약을 익히면서 자기 생각을 배양해나가는 좋은 길 중의 하나이다. '코페르니쿠스적 전환'에 의해 일어난 주객전도의 변혁이 무엇이고, "옛사람들의 초월철학"(『순수이성비판』, B113)을 대체하는 칸트 초월철학의 참뜻이 무엇인지를 앎은 칸트철학의 이해뿐만 아니라, 철학 일반의 이해 증진을 위한 귀중한 발걸음이다.— 자연언어로 표현되는 개념어들은 많은 경우 다의적이지만, 그로써 서로 다른 사람들의 사유를 담는 그릇이 된다.

또 원서 대 번역서, 외국어 사전 어휘 대 한국어 사전 번역어 어휘의 대응 관계를 일관성 있게 유지하는 것이 외국어로 서술된 철학 사상을 한국어로 이해하는 데 혼동을 줄이는 좋은 방법이다. 가령 독일어 사전이나 독일어 철학사전, 독일어 칸트사전을 펼치면, '트란첸덴탈(transzendental)'이나 '트란첸덴탈-필로소피(Transzendental-Philosophie)'라는 표제어 아래 여러 가지 — 심지어는 상반되거나 전도된 — 뜻풀이가 있음을 보게 될 것인데, 그에 맞추어서 한국어로 쓰인 독일철학 사전이나, 칸트사전의 표제어를 하나로 정해 한 표제어 아래 그에 상응하는 한국어 뜻풀이를 여러 가지로 제시하는 것이, 표제어를 달리함으로써 일어날 수 있는 상호 연관성의 상실이나 혼선을 방지하는 길이다. — 개념어를 이해하는 데는 그것이 어떤 뿌리에서 돋아나 언제 무슨 계기로 새로운 줄기, 새로운 가지로 뻗어나갔는지를 아는 것이 적지 않게 중요하다.

한국어 낱말 '초월철학'에서의 '초월'이 종전까지 쓰던 한국어의 일상적 의미와 다르다고 말들 하는데, 그 점과 관련해서는 칸트철학 낱말 '트란첸덴탈-필로소피'의 '트란첸덴탈'이 독일어에서도 종전의 의미와 다르게 사용되고 있다는 사실을 환기할 필요가 있다. 오죽했으면 독일어로 읽고 쓰던 당대의 학자들이 칸트 사상을 곡해하여 『순수이성비판』에 대한 괴팅겐 서평'(아카넷 판, 『형이상학 서설』 부록 참조)이 나왔고, 그에 응답하여 칸트가 다시 『형이상학 서설』을 써냈겠는가. 그 자리에서 칸트가 분명하게 재정의하고 있듯이 낱말 '초월적'은 "모든 경험을 넘어가는 어떤 것을 의미하는 것이 아니라, 모든 경험에 선행하면서도(즉 선험적이면서도), 오직 경험 인식을 가능하도록 하는 데에만 쓰이게끔 정해져 있는 어떤 것을 의미한다."(『형이상학 서설』, A203=IV373) 종전까지의 낱말 뜻으로 '초월적'은, 한국어에서처럼 독일어에서도 "모든 경험을 넘어가는 어떤 것을 의미하는 것"이었으니, 독일어 독자들의 오해가 있었던 것은 자연스러운 일이었고, 이 낱말에 대한 이러한 칸트의 재정의를 통해 이 낱말은 새롭게 또 하나의 의미를 얻었다 하겠다. 그래서 오늘날의 독일어 사전에서 '트란첸덴탈(transzendental)'은 대체로 "① 경험과 감각적으로 인식될 수 있는 세계의 한계를 넘어서는, ② 모든 주관적 경험에 앞서 있으면서, 대상에 대한 인식을 비로소 가능하게 하는"(*Duden, Deutsches Universalwörterbuch*, Berlin 2015 참조)이라고 뜻풀이 되어 있다. 이제 '트란첸덴탈-필로소피'를 '초월철학'으로 번역함은, 칸트철학을 도입함에서 한국어 낱말 '초월적' 또한 재래의 일상적 의미(독일어 낱말 풀이 ①)

외에 새로운 철학적 의미(독일어 낱말 풀이 ②)를 부여해 사용할 것임을 말하는 것이다.

이 밖에도 필자는 1988년 이래 상당수의 칸트철학 번역어의 변경을 여러 자리에서 여러 방식으로 제안한바, 몇 개만 예를 들자면 종전에 '심성(心性)'으로 옮기던 'Gemüt'는 '마음'으로, 그에 맞춰 '심정(心情)'이라 하던 'Gesinnung'은 '마음씨'로, '오성(悟性)'이라 하던 'Verstand'를 'intellectus'에 맞춰 '지성(知性)'으로, '구상력(構想力)'으로 번역하던 'Einbildungskraft'를 '상상력(想像力)'으로, '각지(覺知)'라고 번역하던 'Apprehension'을 'Auffassung(apprehensio)'과 같이 '포착(捕捉)'으로, '물 자체(物自體)'라 하던 'Ding an sich'를 '사물 자체(事物自體)'로 바꿨다. 또 '도덕(道德)' 또는 '인륜(人倫)'으로 번역하던 'Sitten'을 '윤리(倫理)'로 바꿈으로써, 한편으로는 'Moral(도덕)'과 구별 짓고, 다른 한편으로는 'Sitten(윤리)' – 'sittlich(윤리적)' – 'Sittlichkeit(윤리성)'의 개념들을 일관되게 정리했으며, 아울러 'Imperativ'의 기존 번역어 '명법(命法)'을 '명령(命令)'으로 대체하였다. 또한 '만족(滿足)'으로 번역하던 'Wohlgefallen(complacentia)'을 '흡족(洽足)'으로 바꿈으로써 'Zufriedenheit(만족)'와의 혼동을 방지하는 한편, '흐뭇함(Komplazenz)'이 함축하는 이해관계를 떠난 마음의 평정 상태를 표현할 수 있도록 했다. (이렇게 교체한 번역어가 모두 칸트철학의 골격을 이루는 주요 개념어들이니, 이들 표제어를 일독하는 것만으로도 칸트철학의 대강을 파악하고, 한국어로 칸트를 이해하는 방식을 얻을 수 있을 것이다.)

한국어가 중국어, 일본어와 더불어 한자 어휘를 공유하고, 한국어 칸트 번역이 대개는 일본어 번역을 따라 한 과거 문화 지형 탓에 일본 학계의 초기 번역어들이 한국어 번역서들에 다수 스며들어 있다. 공유하는 한자 어휘라 하더라도 세월이 지나면서 3국에서의 의미나 활용에서는 적지 않은 다름이 나타난다. 무슨 일에서나 이미 익숙해졌다 해서 답습하는 것이 능사는 아니다. 물론 바꿈으로 인한 혼선은 최소화해야겠지만 옛 번역어에 대한 지속적인 재검토는 불가피하다. 예컨대 여태 쓰고 있는 'Apperzeption(apperceptio)'의 번역어 '통각(統覺)'

은 칸트 인식론의 핵심 용어 중의 하나임에도 불구하고 결코 원의에 적중하지 못하다. 칸트의 뜻에 좀 더 근접하는 새 번역어를 찾거나 만들어내야 할 것이니, 이 같은 과제가 아직도 많이 남아 있다.

번역어에 대한 재고는 한편으로는 원저에 대한 이해가 깊어져감에 따라서, 다른 한편으로는 한자어를 공유하는 동아시아 3국의 학계 현황을 비교해나감으로써 거듭될 것이다. 필자는 동아시아 3국의 대표적인 칸트철학 연구자들과 교류하면서, 3국의 연구 현황과 번역어 선정 과정에 대한 고뇌를 함께 나누기도 했으며, 그 일단을 『동아시아의 칸트철학』(백종현 편, 아카넷, 2014)에 담아 내놓기도 했다. — 이 책과 본문 내용을 공유하는 일본어 판 『東アジアの カント哲学』(牧野英二 編, 法政大學出版局, 2015)과 중국어 판 『康德哲學在東亞』(李明輝 編, 國立臺灣大學出版中心, 2016)도 잇따라 출판되었는데, 이는 동아시아 3국의 칸트철학 연구자들이 상호 협력하여 칸트철학이 한자 문화권에 언제 어떤 경로로 유입되어 누구에 의해서 어떻게 이해되고 그렇게 번역되었으며, 어떤 방식으로 3국의 철학 사상 형성의 요소가 되어왔는지를 알고자 함께 기획한 결과물이다.

동아시아 3국은 한자(漢字)를 공유—현재 3국에서 사용하는 한자 다수가 사뭇 상이하기는 하지만—하거니와, 이는 언어가 서로 다름에도 그러한 것이다. 이와 관련하여 이 자리에서 한국어와 한국어를 표기하는 문자의 차이에 관해 몇 마디 해둘 필요가 있을 것 같다. 한국어와 한글을 혼동하는 사람이 적지 않게 있어, 기존 한자말을 사용하거나 신조어를 한자어로 하면 한국어를 이탈한다고 여기는 이들이 있기 때문이다. 이런 이들은 한국어 또는 언어 일반을 오해하고 있다 하겠다. (한글이 곧 한국어도 아니며, 한자가 곧 중국어도 아니다. 영어가 로마자로 표기된다 해서 라틴어의 일종이 아니듯이, 일본어가 상당 부분 한자로 표기된다 해서 중국어의 일종은 아닌 것이다.)

한글은 한국어를 표기하는 문자이다. 한글이 창제된 1443년 이전에도 한국인들은 한국어를 사용했고, 한글이 반포된 1446년 이후에도 많은 한국인들은 한국어를 한자로 표기했다. 그러한 문화 배경으로 인해 현재 유통되고 있는 '한국어 사전'의 표제어 절반 이상이 한자어이다. 한자어를 제거한다거나 어떤 어휘의 한글 표기만 알고, 상응하는 한자의 의미를 모른다면, 한국어의 올바른 사용을 기대하기 어렵다. 풍성한 어휘는 언어의 발달과 그러한 언어로 사고하는 이의 사고 발달의 기틀이 된다. 신조어를 한글 표기로 하려는 노력과 병행해서 한자어의 다양한 결합방식에 의한 조어력을 효과적으로 활용하는 것이 한국어를 모국어로 가진 이들의 감성과 지성을 더욱 두텁게 만드는 일이다. — 우리는 '지식(知識)'이라는 명사를 자주 사용하는데, 이에 대응하는 동사는 '알다'이다. 앎과 지식과의 연관성은 '지(知)'와 '식(識)'의 한자 뜻을 앎으로써만 알 수 있다. '지식'과 유사한 낱말로 '인식(認識)'이 있는데, 이에 대응하는 동사로는 '인식하다'가 있다. 그래서 철학서에는 '지식'보다도 '인식'이라는 말이 자주 등장하는데, 이는 인식–인식하다–인식론 등등 그 연관어를 편리하게 활용할 수 있기 때문이다. 물론 '앎–알다–앎의 이론' 등등으로 바꿔 사용해도 무방할 것이지만, 그렇다고 '인식(認識)–인식(認識)하다–인식론(認識論)'을 외래어나 외국어라고 치부해서는 안 될 일이다. 한글이 한국어를 구성하는 기본 문자인 만큼, 순전히 한글로 표기할 수 있는 낱말을 더 많이 개발하고, 쓰이지 못하고 묻혀 있는 옛말도 되살려 내는 한편 — 예컨대, 이 사전에서 볼 수 있듯이 '자기에게 인색함'을 지칭하기 위해 '다라움'이라는 낱말을 활용하고 —, 이미 수천 년 동안 한국어 표기에 사용되고 있는 한자를 함께 적절히 활용함이 한국어를 더욱 풍성하게 키워가는 방도일 것이다. 그런 취지에서 이 사전은 표제어 표기 방식으로 한글 표기/한자 표기(있을 경우)/독일어 표기/라틴어 표기[아주 드물게 그리스어 표기](칸트가 사용하고 있는 경우)를 택했다.

이 사전은 아카넷《한국어 칸트전집》의 번역 및 주해 작업과 동일한 용어 사용 원칙과 언어에 대한 이해 아래 서술되었다. 그러나 여기서 채택된 한국어 번역어들이 유일하게 좋고, 따라서 다른 원칙과 이해에 따른 번역어나 칸트 원문 해석이 바르지 않다고 단언할 수는 없겠다. 그러므로 이 사전에서 채택한 번역어로 칸트철학 한국어 용어가 통일되어야 한다고 나설 일도 아니다. 철학처럼 다수의 학술어가 실물의 지칭어가 아니라 순전한 개념의 표기인 분야에서 학술어의 선택은 이미 고유한 사상의 표현이다. 그래서 순전한 '이성개념에 의한 지식' 체계인 철학에서 학술어의 선택은 개개 학자가 자신의 견해에 따라 함이 마땅하다. 물론 그러다가 당초에는 백가쟁명으로 다양하게 사용되던 학술어가 사용자들의 선호가 어느 하나로 쏠리면 자연스레 '통일'이 될 수도 있을 것이다.

학문적 탐구의 학문성은 깊은 사념과 넓은 시야 그리고 평정한 마음에서 담보된다. 학술은, 특히 철학적 탐구는 칸트가 힘주어 권고했듯이 교조적이거나 논쟁적으로가 아니라 체계적이되 비판적으로 진행해나가야 한다.

연구자는 오로지 '참'을 찾으려는 공공심으로써 연구하고 연구 결과를 응당 공표하되, 자신의 연구 결과에 혹시나 독단이 함유되어 있지 않을까 두려운 마음으로 해야 한다. 여타의 분야에서도 그렇지만, 원천적으로 실물 대조가 배제되어 있는 철학적 탐구에서는 각종의 독단이 때로는 그럴듯한 논리로 포장되거나 다수의 합의라는 물리적 위세를 앞세워 자행되기도 한다. 논리는 당파성이 스며들면 아전인수의 도구가 된다. 무릇 진리는 결코 다수결로, 그것도 특정 시기의 특정 모임을 구성한 이들의 다수에 의해 확정되는 것이 아니다.

용어 사용이 갈피를 잡기 어려울 만큼 복잡다단할 경우 공신력 있는 학술기관에서 잠정적으로 구성원들에게 특정한 용어의 사용을 권고하는 것까지야 무방하겠지만, — 필자 자신이 한국철학회 철학용어정비위원회 위원장을 맡아 산하 12개 분과학회 대표자들과 함께 2년[2003.11~2005.10]에 걸쳐 개념어: 6,492개, 인명 및 지명: 2,065개, 서명: 1,130개 등 총 9,687개의 용어를 표준화하여 회원들에게 사용을 권고한 바 있다. — 물리적이든 심리적이든 그 사용을 강제한다면 그것이야말로 독단이고 전횡이며, 학문 사회에서는 가장 경계해야 할 일이다. 독일 칸트협회의 학술지 《칸트연구(*Kant-Studien*)》도 "칸트 연구의 다양한 방향에 대해 입구를 막지 않는 것"을 제일의 목적으로 천명하고 있거니와, 칸트철학을 한국어로 생각하고 말함에 있어서는 용어의 자유로운 사용이 그 첫 번째 입구일 것이다. 이 사전은 칸트 저술 전체를 일관된 한국어 번역어로 이해하는 한 방식을 제시함으로써 칸트철학의 정수에 이르는 하나의 입구를 마련하고자 하는 취지에서 작성된 것이다.

지금 펴내는 이 『한국 칸트사전』에 담겨 있는 모든 글은 필자 단독으로 나름의 생각에 따라 칸트 원문을 취사 선택하고 그것을 한국어로 옮겨 쓴 것이다. 보통 많은 종류의 사전(事典)은 항목별로 여럿이 나눠서 쓴 원고를 편찬자가 취합 정리하여 낸다. 그래서 이런 사전이 일반적으로 '누구누구 편(編)'으로 되어 있는 것을 흔히 볼 수 있다. 그런데 이 칸트사전은 필자가 오랜 기간 걸쳐 내놓은 칸트 관련 저역서와 논고들을 바탕으로 해서, 칸트철학을 대변하는 표제어들을 선정하고 관련 여러 서책을 참고하여 혼자서 지어낸 것이다.

이 사전은 칸트 문헌 독서 시 일상적 사용에 편리하도록 신국판 판형 한 권으로 만들되, 가능한 한 최대의 양을 최선의 질로 엮어낸다는 목표 아래서, 필자가 칸트 문헌을 직접 열람하여,

1) 칸트철학을 서술하고 있는 주요 논저들을 해설하고,
2) 칸트의 논고들을 구성하고 있는 요소 개념들을 추려 기본적인 뜻을 밝히면서, 연관되는 개념들과의 맥락을 살펴 풀이하고,
3) 후대에 형성되었지만 칸트철학 이해에 요긴한 개념들을 부가적으로 설명하며,
4) 칸트가 직접 인용하고 언급하는 인물 및 칸트와의 사적 또는 공적인 교류를 통해 칸트철학 형성에 영향을 미친 인사들, 그리고 당대에 칸트철학에 뚜렷한 의견을 표명했던 이들에 대해 간단하게 기술한 것을 그 내용으로 한다.

그래서 철학적으로 중요한 개념이라 하더라도 칸트가 지나치고 있는 것이나 칸트 당대의 중요한 인물이라 하더라도 칸트철학 형성과 이해에 거의 상관이 없는 이들은 이 사전에 수록하지 않았다. 그러므로 이 사전은 칸트 관련 백과사전

(百科事典)이 아니라, 칸트 독해를 위한 '사전(辭典)'의 성격이 짙다 하겠다. 항목의 취사 선택과 서술의 상세 정도의 차이는 그 사항에 관한 필자의 중요도에 대한 의견의 표현이다. (뽑아놓은 표제어의 목록만으로도 필자가 어떤 관점에서 칸트 논저들을 독해하는지 짐작할 수 있을 것이다.)

칸트철학은 철학사의 맥락에서도 가장 거대한 산맥이다. 줄기나 봉우리만 해도 여럿이다. 누구는 일생 한 줄기 한 봉우리만 오르기도 벅차고, 누구에게는 이 봉우리가 주봉 같고, 또 다른 누구에게는 저 봉우리가 주봉처럼 보이기도 한다. 이 사전은 저자가 50년간 이 줄기 저 줄기, 이 봉우리 저 봉우리를 오르내리면서 보고 느낀 것 중 특기할 만한 것을 추려 정리한 것이다. 또한 저자가 산맥을 골골샅샅이 제 발로 걸으며 어느 골짜기는 먼빛으로 보고, 어느 능선은 스쳐지나가고, 어느 봉우리는 오랜 시간 머물면서 관찰하고, 어느 고갯마루에는 오두막을 지어놓고 몇 년을 살면서 느낀 바를 다시금 나름의 관점에서 하나의 표로 만든, 칸트라는 산맥의 전모를 소묘한 약도이다. 한편으로는 칸트라는 산맥에 오르고자 하는 다음 등산객을 고려하여 등산로 입구에 세워놓는 안내판 같은 것이기도 하다. 그러나 다른 편 등산로 입구에는 그 편에서 보기에 알맞은 다른 모습의 안내판이 세워져 있을지도 모르겠다. 한 사람의 체험이란 어떻게 해도 한계가 있는 법이니, 내 딴에는 주의를 기울여 만든 안내판이지만 혹시라도 호도하거나 오도하는 점이 있을까 저어하는 바가 없지 않다.

이런 종류의 사전은 많은 경우 항목별로 참고문헌을 제시하기도 하고, 부록으로 칸트철학에 대한 대표적인 연구문헌을 싣기도 한다. 그러나 이 칸트사전은 그렇게 하지 않았다. 비교적 상세한 내용별 국내외 참고자료를 아카넷 판《한국어 칸트전집》 각 권에 이미 담아놓았기 때문이다. 칸트 논저의 주제 관련 주요 자료와 최근까지의 그에 대한 개별 연구자들의 연구내용에 관심 있는 독자는 아카넷《한국어 칸트전집》의 해당 권에서 필요한 정보를 얻을 수 있을 것이다. 그렇지만 칸트철학이 언제 어떻게 한국 문화에 유입이 되어 한국의 새로운 철학

개념 형성에 어떤 영양소가 되었는지, 그 과정에서 한국의 철학도들이 칸트 연구에서 어떤 성과를 냈는지를 알 수 있는 자료들은 모아서 부록에 실었다. (상당 부분은 이미 다른 책에도 실려 있는 것이지만, 연구자료 목록은 해가 감에 따라 증보해 나갈 것이고, 이렇게 하는 것이 칸트철학을 한국어로 이해하여 한국 문화 자양분을 지속적으로 증진하고자 하는 이 사전의 발간 취지에도 부합한다고 믿는다.)

이 사전의 항목 선정과 서술에는 다음과 같은 칸트의 원논저와 이에 대한 필자의 기존 연구서와 역주서, 그리고 출간되어 있는 다음의 칸트전집 판본과 각종의 '칸트사전'들이 재활용되거나 참조되었다.

Kant, *Gesammelte Schriften*[AA], hrsg. v. der Kgl. Preußischen Akademie der Wissenschaft // v. der Deutschen Akademie der Wissenschaft zu Berlin, Bde. 1~29, Berlin 1900~2009.

____, *Werke* in sechs Bänden, hrsg. v. W. Weischedel, mit Übersetzung v. M. Bock / R. Hinske, Darmstadt 1975.

백종현, *Phänomenologische Untersuchung zum Gegenstandsbegriff in Kants "Kritik der reinen Vernunft"*, Frankfurt/M. · Bern · New York 1985.

______, 『독일철학과 20세기 한국의 철학』, 철학과현실사, 2000(증보판).

______, 『서양근대철학』, 철학과현실사, 2003(증보판).

______, 『현대 한국사회의 철학적 문제 — 윤리 개념의 형성』, 철학과현실사, 2003.

______, 『현대 한국사회의 철학적 문제 — 사회운영원리』, 서울대학교출판부, 2004.

______, 『철학의 개념과 주요 문제』, 철학과현실사, 2007.

______, 『존재와 진리 — 칸트 《순수이성비판》의 근본문제』, 철학과현실사,

2008(전정판).

______, 『칸트 이성철학 9서5제』, 아카넷, 2012.

______(편), 『동아시아의 칸트철학』, 아카넷, 2014.

______, 『한국 칸트철학 소사전』, 아카넷, 2015.

______, 『칸트와 헤겔의 철학』, 아카넷, 2017(재판).

______, 『이성의 역사』, 아카넷, 2017.

______, 『인간이란 무엇인가』, 아카넷, 2018.

백종현 역, 『칸트 비판철학의 형성과정과 체계』(F. 카울바하 원저), 서광사, 1992. // 『임마누엘 칸트 — 생애와 철학 체계』, 아카넷, 2019.

________, 『실천이성비판』(칸트 원저), 아카넷, 2002/2019(개정2판).

________, 『윤리형이상학 정초』(칸트 원저), 아카넷, 2005/2018(개정2판).

________, 『순수이성비판 1 · 2』(칸트 원저), 아카넷, 2006.

________, 『판단력비판』(칸트 원저), 아카넷, 2009/2019.

________, 『이성의 한계 안에서의 종교』(칸트 원저), 아카넷, 2011/2015(개정판).

________, 『윤리형이상학』(칸트 원저), 아카넷, 2012.

________, 『형이상학 서설』(칸트 원저), 아카넷, 2012.

________, 『영원한 평화』(칸트 원저), 아카넷, 2013.

________, 『실용적 관점에서의 인간학』(칸트 원저), 아카넷, 2014.

________, 『교육학』(칸트 원저), 아카넷, 2018.

C. Ch. E. Schmid, *Wörterbuch zum leichtern Gebrauch der Kantischen Schriften*, Jena 1798.

R. Eisler, *Kant Lexikon*, Berlin 1930.

M. Willaschek · J. Stolzenberg · G. Mohr · S. Bacin(Hrsg.), *Kant-Lexikon*, Berlin 2015.

L. Berger · E. E. Schmidt(Hrsg.), *Kleines Kant-Lexikon*, Paderborn 2018.

K. Vorländer, *Immauel Kant. Der Mann und das Werk*, Hamburg 1924 · ^{2}1977.

G. Irrlitz, *Kant. Handbuch*, Stuttgart 2002 · ^{3}2015.

H. J. Sandkühler(Hrsg.), *Deutscher Idealismus. Handbuch*, Stuttgart · Weimar 2015.

이신철 역, 『칸트사전』(사카베 메구미 · 아리후쿠 고가쿠 · 마키노 에이지 등 편), 도서출판b, 2009.

H. Caygill, *A Kant Dictionary*, Blackwell Publishing, 2005.

L. Thorpe, *The Kant Dictionary*, Bloomsbury Publishing, 2015.

사전을 만들어내는 일은 항목별 내용 배치와 균형이 요체인 만큼 상당한 수준의 기억력과 집중력을 요하기 때문에 주변 잡사로부터의 해방이 무엇보다도 필요하다. 그러한 필요를 집필 기간 내내 충족시켜준 나의 오랜 동료인 최경옥 님의 인내와 배려 덕분에 이 사전은 완성될 수 있었다. 또한 사전의 출판 과정은 여느 서책에 비해 훨씬 많은 비용과 노고를 요하는데, 그를 감당하고 담당해준 출판사 아카넷 김정호 사장님과 편집 총괄 책임을 맡아주신 김일수 팀장님, 그리고 오랜 경험과 높은 식견을 가지고서 문장들을 맥락에 맞게 다듬어주신 정민선 선생님께 특별한 감사를 표하지 않을 수 없다. 여러 인사들 덕분에 뜻깊은 해에 이 사전을 내게 되어 감사의 마음이 더 크다.

여러 분들이 함께 노고를 기울여주셨음에도 필자의 역량이 미치지 못해 이를 제대로 담아내지 못한 탓으로, 혹시 있을 착오나 미흡한 점은 독자 제현의 지도 편달을 받아 부단히 보정해나갈 것이기에, 이에 대해서도 미리 감사를 표한다.

「기미 독립 〈선언서〉」(아카넷 한국어 칸트전집 11, 『영원한 평화』, 덧붙임 1 참조)가 공표되고, 비로소 헌법이 제정되고 대한민국이 세워진 지 100주년의 해에, 첫 표제어 '가능성'에서 시작하여 마지막 표제어 '희망'에 이르는 이 『한국 칸트사전』을 펴내게 됨에 저자는 자못 숙연한 마음이다. 진정한 독립은 정치적·경제적 자립을 넘어 문화적 자립을 달성함으로써 성취할 수 있다. 외래 사상을 자국어로 풀어서 정리하고 반추하는 것도 큰 자아 정립의 초석이 된다. 비록 개인적 관점에서 한 개인의 힘이 닿는 범위 내에서 펴내는 것이지만, 이 사전이 한국어 독자의 칸트철학에 대한 보편적 이해를 돕고, 한국어로 철학하기의 한 굄돌이 되어 한국의 철학문화 향상에 일조가 되기를 소망한다. 또한 당초에 독일어와 라틴어로 표현된 칸트 사상이 이렇게 한국어로 이해됨으로써 폭과 깊이가 더해져, 인류 문화의 더 큰 자산이 되기를 바라 마지않는다.

2019년 3월 1일
정경재(靜敬齋)에서
백 종 현

차례

일러두기

1. 표제어는 한글 표기/한자 표기(있을 경우)/독일어 표기/라틴어 또는 그리스어 표기(칸트가 사용하고 있는 경우)로 제시한다.
2. 칸트 원문 한국어 번역은 원칙적으로 아카넷 《한국어 칸트전집》에 의거한다.
3. 칸트 인용문의 출처 표시는 ( ) 안에 '논저의 약호, 칸트 원저의 대표 판본(A 또는 B로 표시)의 면수 = 학술원판 칸트전집 권수(로마숫자)에 이어 면수(아리비아숫자)'를 제시하는 방식으로 한다. 단, 『순수이성비판』의 인용처 표기는 학술원판 면수 제시 없이 하며, 논저가 아닌 조각글, 서신, 강의록은 학술원판 면수만 제시한다.

   칸트 문헌 이외의 인용문 출처는 서술 중 ( ) 안에 충분히 제시하는 것을 원칙으로 하되, 반복되는 논저는 약호를 사용한다.
4. 서술 중에 '감각(→)'은 '표제어 감각을 보라'는 뜻이고, '감각(→ 감관)'은 '표제어 감관을 보라'는 뜻이며, '감각(→ 감관 → 외감)'은 '표제어 감관 아래에 있는 외감 항목을 보라'를 뜻하고, '감각(→ 감관, → 감성)'은 '표제어 감관과 표제어 감성을 보라'를 뜻하며, '이성신앙(→ 신앙/믿음 →)'은 '표제어 신앙/믿음 아래에 있는 이성신앙 항목을 보라'를 뜻한다.
5. 출처 제시 후에 '참조'라고 적을 때는 앞의 출처 모두를 참조하라는 뜻이

며, 출처 앞에 '참조'라고 적을 때는 이후의 출처를 참조하라는 뜻이다. 예컨대 "(KrV, A19=B33 · A42=B59 참조)"의 경우는 앞의 출처 두 곳 모두 참조하라는 뜻인 반면에, "(KrV, A19=B33 · A42=B59; 참조 KpV, A36=V20)"의 경우는 'KrV, A19=B33 · A42=B59'은 직접 인용한 곳의 제시이고, 이어지는 'KpV, A36=V20'은 참조하라는 뜻이다. 또한 혹시 있을 혼선과 번잡을 방지하기 위해 A19와 A20에 걸쳐 인용문이 있을 경우는 'A19이하'처럼 '이하'를 면수에 붙여 쓴다.

6. 하나의 번역어로써는 의미 전달이 미흡하게 여겨질 경우에는 부호 "/" 또는 "[ ]"을 이용하여 대체어를 병기한다.
   부호 "/"는 좌우의 낱말을 언제든 바꿔 사용할 수 있음을 지시하며, 부호 "[ ]"는 때로 [ ]의 낱말로 대체하는 것이 좋음을 뜻한다.
7. 사용한 칸트 논저 약호(수록 베를린 학술원 전집 권수)와 한국어 제목, '칸트 논저 연도별 목록' 및 '기타 주요 참고문헌[약호] 목록'은 다음과 같다.

칸트 논저 약호(수록 베를린 학술원판 전집 권수)와 한국어 제목

AA	Akademie-Ausgabe '학술원판 전집' / 《학술원판 전집》
Anth	Anthropologie in pragmatischer Hinsicht (VII) 『실용적 관점에서의 인간학』/『인간학』
AP	Aufsätze, das Philanthropin betreffend (II)
BDG	Der einzig mögliche Beweisgrund zu einer Demonstration des Daseins Gottes (II) 『유일 가능한 신의 현존 증명근거』/『신의 현존 증명』
Br	Briefe (X~XIII) 편지
DfS	Die falsche Spitzfindigkeit der vier syllogistischen Figuren

	erwiesen (II)
Di	Meditationum quarundam de igne succincta delineatio (I) 『불에 대하여』
EACG	Entwurf und Ankündigung eines Collegii der physischen Geographie (II)
EAD	Das Ende aller Dinge (VIII)
EEKU	Erste Einleitung in die Kritik der Urteilskraft (XX) 「판단력비판 제1서론」
FBZE	Fortgesetzte Betrachtung der seit einiger Zeitwahrgenommenen Erderschütterungen (I)
FEV	Die Frage, ob die Erde veralte, physikalisch erwogen (I)
FM	Welches sind die wirklichen Fortschritte, die die Metaphysik seit Leibnitzens und Wolf's Zeiten in Deutschland gemacht hat? (XX) 『형이상학의 진보』
FM/Beylagen	FM: Beylagen (XX)
FM/Lose Blätter	FM: Lose Blätter (XX)
FRT	Fragment einer späteren Rationaltheologie (XXVIII)
GAJFF	Gedanken bei dem frühzeitigen Ableben des Herrn Johann Friedrich von Funk (II)
GMS	Grundlegung zur Metaphysik der Sitten (IV) 『윤리형이상학 정초』
GNVE	Geschichte und Naturbeschreibung der merkwürdigsten Vorfälle des Erdbebens, welches an dem Ende des 1755sten Jahres einen großen Theil der Erde erschüttert hat (I)
GSE	Beobachtungen über das Gefühl des Schönen und Er-

	habenen (II) 『미와 숭고의 감정에 관한 고찰』
GSK	Gedanken von der wahren Schätzung der lebendigen Kräfte (I) 『활력의 참측정에 대한 견해』
GUGR	Von dem ersten Grunde des Unterschiedes der Gegenden im Raume (II) 「공간에서의 방위 구별의 제1근거에 대하여」
HN	Handschriftlicher Nachlass (XIV~XXIII)
IaG	Idee zu einer allgemeinen Geschichte in weltbürgerlicher Absicht (VIII) 「보편사의 이념」
KpV	Kritik der praktischen Vernunft (V) 『실천이성비판』
KrV	Kritik der reinen Vernunft (제1판[A]: IV, 제2판[B]: III) 『순수이성비판』
KU	Kritik der Urteilskraft (V) 『판단력비판』
Log	Logik (IX) 『논리학』
MAM	Muthmaßlicher Anfang der Menschengeschichte (VIII)
MAN	Metaphysische Anfangsgründe der Naturwissenschaften (IV) 『자연과학의 형이상학적 기초원리』/『자연과학의 기초원리』
MonPh	Metaphysicae cum geometria iunctae usus in philosophia naturali, cuius specimen I. continet monadologiam physicam (I)

	「물리적 단자론」
MpVT	Über das Mißlingen aller philosophischen Versuche in der Theodicee (VIII)
MS	Die Metaphysik der Sitten (VI) 『윤리형이상학』
RL	Metaphysische Anfangsgründe der Rechtslehre (VI) 『법이론의 형이상학적 기초원리』/『법이론』
TL	Metaphysische Anfangsgründe der Tugendlehre (VI) 『덕이론의 형이상학적 기초원리』/『덕이론』
MSI	De mundi sensibilis atque intelligibilis forma et principiis (II) 『감성세계와 예지세계의 형식과 원리들』[교수취임논고]
NEV	Nachricht von der Einrichtung seiner Vorlesungen in dem Winterhalbenjahre von 1765−1766 (II) 「1765/1766 겨울학기 강의 개설 공고」
NG	Versuch, den Begriff der negativen Größen in die Weltweisheit einzuführen (II) 『부정량 개념』/『부정량 개념의 세계지로의 도입 시도』
NLBR	Neuer Lehrbegriff der Bewegung und Ruhe und der damit verknüpften Folgerungen in den ersten Gründen der Naturwissenschaft (II)
NTH	Allgemeine Naturgeschichte und Theorie des Himmels (I) 『천체 일반 자연사와 이론』/『일반 자연사』
OP	Opus Postumum (XXI~XXII) 〔유작〕
Päd	Pädagogik (IX) 『칸트의 교육학』/『교육학』

PG	Physische Geographie (IX) 『자연지리학』/『지리학』
PhilEnz	Philosophische Enzyklopädie (XXIX)
PND	Principiorum primorum cognitionis metaphysicae nova dilucidatio (I) 『형이상학적 인식의 제1원리들에 대한 신해명』/『신해명』
Prol	Prolegomena zu einer jeden künftigen Metaphysik (IV) 『형이상학 서설』
Refl	Reflexion (XIV~XIX) 조각글
RezHerder	Recensionen von J. G. Herders Ideen zur Philosophie der Geschichte der Menschheit (VIII)
RezHufeland	Recension von Gottlieb Hufeland's Versuch über den Grundsatz des Naturrechts (VIII)
RezMoscati	Recension von Moscatis Schrift: Von dem körperlichen wesentlichen Unterschiede zwischen der Structur der Thiere und Menschen (II)
RezSchulz	Recension von Schulz's Versuch einer Anleitung zur Sittenlehre für alle Menschen (VIII)
RezUlrich	Kraus' Recension von Ulrich's Eleutheriologie (VIII)
RGV	Die Religion innerhalb der Grenzen der bloßen Vernunft (VI) 『순전한 이성의 한계들 안에서의 종교』/『이성의 한계 안에서의 종교』
SF	Der Streit der Fakultäten (VII) 『학부들의 다툼』
TG	Träume eines Geistersehers, erläutert durch die Träume

	der Metaphysik (II) 『시령자의 꿈』/『형이상학의 꿈에 의해 해명된 시령자의 꿈』
TP	Über den Gemeinspruch: Das mag in der Theorie richtig sein, taugt aber nicht für die Praxis (VIII) 『이론과 실천』
TW	Neue Anmerkungen zur Erläuterung der Theorie der Winde (I)
UD	Untersuchung über die Deutlichkeit der Grundsätze der natürlichen Theologie und der Moral (II) 「자연신학과 도덕」/『자연신학과 도덕학의 원칙들의 분명성에 관한 연구』
UFE	Untersuchung der Frage, ob die Erde in ihrer Umdrehung um die Achse, wodurch sie die Abwechselung des Tages und der Nacht hervorbringt, einige Veränderung seit den ersten Zeiten ihres Ursprungs erlitten habe (I)
ÜE	Über eine Entdeckung, nach der alle neue Kritik der reinen Vernunft durch eine ältere entbehrlich gemacht werden soll (VIII) 『발견』
ÜGTP	Über den Gebrauch teleologischer Principien in der Philosophie (VIII)
VAEaD	Vorarbeit zu Das Ende aller Dinge (XXIII)
VAKpV	Vorarbeit zur Kritik der praktischen Vernunft (XXIII)
VAMS	Vorarbeit zur Metaphysik der Sitten (XXIII)
VAProl	Vorarbeit zu den Prolegomena zu einer jeden künftigen Metaphysik (XXIII)
VARGV	Vorarbeit zur Religion innerhalb der Grenzen der bloßen

	Vernunft (XXIII)
VARL	Vorarbeit zur Rechtslehre (XXIII)
VASF	Vorarbeit zum Streit der Fakultäten (XXIII)
VATL	Vorarbeit zur Tugendlehre (XXIII)
VATP	Vorarbeit zu Über den Gemeinspruch: Das mag in der Theorie richtig sein, taugt aber nicht für die Praxis (XXIII)
VAÜGTP	Vorarbeit zu Über den Gebrauch teleologischer Principien in der Philosophie (XXIII)
VAVT	Vorarbeit zu Von einem neuerdings erhobenen vornehmen Ton in der Philosophie (XXIII)
VAZeF	Vorarbeiten zu Zum ewigen Frieden (XXIII)
VBO	Versuch einiger Betrachtungen über den Optimismus (II)
VKK	Versuch über die Krankheiten des Kopfes (II)
VNAEF	Verkündigung des nahen Abschlusses eines Tractats zum ewigen Frieden in der Philosophie (II)
Vorl	Vorlesungen (XXIV~) 강의록

V-Anth/Busolt	Vorlesungen Wintersemester 1788/1789 Busolt (XXV)
V-Anth/Collins	Vorlesungen Wintersemester 1772/1773 Collins (XXV)
V-Anth/Fried	Vorlesungen Wintersemester 1775/1776 Friedländer (XXV)
V-Anth/Mensch	Vorlesungen Wintersemester 1781/1782 Menschenkunde, Petersburg (XXV)
V-Anth/Mron	Vorlesungen Wintersemester 1784/1785 Mron-

	govius (XXV)
V–Anth/Parow	Vorlesungen Wintersemester 1772/1773 Parow (XXV)
V–Anth/Pillau	Vorlesungen Wintersemester 1777/1778 Pillau (XXV)
V–Eth/Baumgarten	Baumgarten Ethica Philosophica (XXVII)
V–Lo/Blomberg	Logik Blomberg (XXIV)
V–Lo/Busolt	Logik Busolt (XXIV)
V–Lo/Dohna	Logik Dohna–Wundlacken (XXIV)
V–Lo/Herder	Logik Herder (XXIV)
V–Lo/Philippi	Logik Philippi (XXIV)
V–Lo/Pölitz	Logik Pölitz (XXIV)
V–Lo/Wiener	Wiener Logik (XXIV)
V–Met/Arnoldt	Metaphysik Arnoldt (K3) (XXIX)
V–Met/Dohna	Kant Metaphysik Dohna (XXVIII)
V–Met/Heinze	Kant Metaphysik L1 (Heinze) (XXVIII)
V–Met/Herder	Metaphysik Herder (XXVIII)
V–Met–K2/Heinze	Kant Metaphysik K2 (Heinze, Schlapp) (XXVIII)
V–Met–K3/Arnoldt	Kant Metaphysik K3 (Arnoldt, Schlapp) (XXVIII)
V–Met–K3E/Arnoldt	Ergänzungen Kant Metaphysik K3 (Arnoldt) (XXIX)
V–Met–L1/Pölitz	Kant Metaphysik L1 (Pölitz) (XXVIII)
V–Met–L2/Pölitz	Kant Metaphysik L2 (Pölitz, Original) (XXVIII)
V–Met/Mron	Metaphysik Mrongovius (XXIX)
V–Met–N/Herder	Nachträge Metaphysik Herder (XXVIII)
V–Met/Schön	Metaphysik von Schön, Ontologie (XXVIII)
V–Met/Volckmann	Metaphysik Volckmann (XXVIII)
V–Mo/Collins	Moralphilosophie Collins (XXVII)

V–Mo/Kaehler(Stark)	Immanuel Kant: Vorlesung zur Moralphilosophie (Hrsg. von Werner Stark. Berlin/New York 2004)
V–Mo/Mron	Moral Mrongovius (XXVII)
V–Mo/MronII	Moral Mrongovius II (XXIX)
V–MS/Vigil	Die Metaphysik der Sitten Vigilantius (XXVII)
V–NR/Feyerabend	Naturrecht Feyerabend (XXVII)
V–PG	Vorlesungen über Physische Geographie (XXVI)
V–Phil–Enzy	Kleinere Vorlesungen. Philosophische Enzyklopädie (XXIX)
V–Phil–Th/Pölitz	Philosophische Religionslehre nach Pölitz (XXVIII)
V–PP/Herder	Praktische Philosophie Herder (XXVII)
V–PP/Powalski	Praktische Philosophie Powalski (XXVII)
V–Th/Baumbach	Danziger Rationaltheologie nach Baumbach (XXVIII)
V–Th/Pölitz	Religionslehre Pölitz (XXVIII)
V–Th/Volckmann	Natürliche Theologie Volckmann nach Baumbach (XXVIII)
VRML	Über ein vermeintes Recht, aus Menschenliebe zu lügen(VIII) 「거짓말」
VT	Von einem neuerdings erhobenen vornehmen Ton in der Philosophie (VIII)
VUB	Von der Unrechtmäßigkeit des Büchernachdrucks (VIII)
VUE	Von den Ursachen der Erderschütterungen bei Gelegenheit des Unglücks, welches die westliche Länder von Europa gegen das Ende des vorigen Jahres betroffen hat (I)
VvRM	Von den verschiedenen Racen der Menschen (II)

WA Beantwortung der Frage: Was ist Aufklärung? (VIII)
「계몽이란 무엇인가」

WDO Was heißt: Sich im Denken orientiren? (VIII)
「사고에서 정위란 무엇을 말하는가?」

ZeF Zum ewigen Frieden (VIII)
『영원한 평화』

칸트 논저(칸트 생전 출판된 강의록 포함) 연도별 목록

[저술]

1747: (1) Gedanken von der wahren Schätzung der lebendigen Kräfte und Beurtheilung der Beweise, deren sich Herr von Leibniz und andere Mechaniker in dieser Streitsache bedient haben, nebst einigen vorhergehenden Betrachtungen, welche die Kraft der Körper überhaupt betreffen.

1754: (2) Untersuchung der Frage, ob die Erde in ihrer Umdrehung um die Achse, wodurch sie die Abwechslung des Tages und der Nacht hervorbringt, einige Veränderung seit den ersten Zeiten ihres Ursprungs erlitten habe und woraus man sich ihrer versichern könne, welche von der Königl. Akademie der Wissenschaften zu Berlin zum Preise für das jetztlaufende Jahr aufgegeben worden.

(3) Die Frage, ob die Erde veralte, physikalisch erwogen.

1755: (4) Allgemeine Naturgeschichte und Theorie des Himmels oder Versuch von der Verfassung und dem mechanischen Ursprunge des ganzen Weltgebäudes, nach Newtonischen Grundsätzen abgehandelt.

(5) Meditationum quarundam de igne succincta delineatio.

(6) Principiorum primorum cognitionis metaphysicae nova dilucidatio.

1756: (7) Von den Ursachen der Erderschütterungen bei Gelegenheit des Unglücks, welches die westliche Länder von Europa gegen das Ende des vorigen Jahres betroffen hat.

(8) Geschichte und Naturbeschreibung der merkwürdigsten Vorfälle des Erdbebens, welches an dem Ende des 1755sten Jahres einen großen Theil der Erde erschüttert hat.

(9) Fortgesetze Betrachtung der seit einiger Zeit wahrgenommenen Erderschütterungen.

(10) Metaphysicae cum geometria iunctae usus in philosophia naturali, cuius specimen I. continet monadologiam physicam.

(11) Neue Anmerkungen zur Erläuterung der Theorie der Winde.

1757: (12) Entwurf und Ankündigung eines Collegii der physischen Geographie nebst dem Anhange einer kurzen Betrachtung über die Frage: Ob die Westwinde in unsern Gegenden darum feucht seien, weil sie über ein großes Meer streichen.

1758: (13) Neuer Lehrbegriff der Bewegung und Ruhe und der damit verknüpften Folgerungen in den ersten Gründen der Naturwissenschaft.

1759: (14) Versuch einiger Betrachtungen über den Optimismus.

1760: (15) Gedanken bei dem frühzeitigen Ableben des Herrn Johann Friedrich von Funk.

1762: (16) Die falsche Spitzfindigkeit der vier syllogistischen Figuren erwiesen.

1763: (17) Der einzig mögliche Beweisgrund zu einer Demonstration des Daseins Gottes.

(18) Versuch, den Begriff der negativen Größen in die Weltweisheit einzuführen.

1764: (19) Beobachtungen über das Gefühl des Schönen und Erhabenen.

(20) Versuch über die Krankheiten des Kopfes.

(21) Rezension von Silberschlags Schrift: Theorie der am 23. Juli 1762 erschienenen Feuerkugel.

(22) Untersuchung über die Deutlichkeit der Grundsätze der natürlichen Theologie und der Moral.

1765: (23) Nachricht von der Einrichtung seiner Vorlesungen in dem Winterhalbenjahre von 1765~1766.

1766: (24) Träume eines Geistersehers, erläutert durch Träume der Metaphysik.

1768: (25) Von dem ersten Grunde des Unterschiedes der Gegenden im Raume.

1770: (26) De mundi sensibilis atque intelligibilis forma et principiis.

1771: (27) Recension von Moscatis Schrift: Von dem körperlichen wesentlichen Unterschiede zwischen der Structur der Thiere und Menschen.

1775: (28) Von den verschiedenen Racen der Menschen.

1776~1777: (29) Aufsätze, das Philanthropin betreffend.

1781: (30) Kritik der reinen Vernunft(2. Auflage, 1787).

1783: (31) Prolegomena zu einer jeden künftigen Metaphysik, die als Wissenschaft wird auftreten können.

1785: (32) Grundlegung zur Metaphysik der Sitten.

1786: (33) Metaphysische Anfangsgründe der Naturwissenschaft.

1788: (34) Kritik der praktischen Vernunft.

1790: (35) Kritik der Urteilskraft.

1793: (36) Die Religion innerhalb der Grenzen der bloßen Vernunft.

1795: (37) Zum ewigen Frieden.

1797: (38) Die Metaphysik der Sitten.

1798; (39) Der Streit der Fakultäten.

(40) Anthropologie in pragmatischer Hinsicht.

[논고 및 단편]

1782: (41) Anzeige des Lambertschen Briefwechsels.

(42) Nachricht an Ärzte.

1783: (43) Recension von Schulz's Versuch einer Anleitung zur Sittenlehre für alle Menschen, ohne Unterschied der Religion, nebst einem Anhange von den Todesstrafen.

1784: (44) Idee zu einer allgemeinen Geschichte in weltbürgerlicher Absicht.

(45) Beantwortung der Frage: Was ist Aufklärung?

1785: (46) Recension von J. G. Herders Ideen zur Philosophie der Geschichte der Menschheit.

(47) Über die Vulkane im Monde.

(48) Von der Unrechtmäßigkeit des Büchernachdrucks.

(49) Bestimmung des Begriffs einer Menschenrace.

1786: (50) Mutmaßlicher Anfang der Menschengeschichte.

(51) Recension von Gottlieb Hufeland's Versuch über den Grundsatz des Naturrechts.

(52) Was heißt: Sich im Denken orientiren?

(53) Einige Bemerkungen zu L. H. Jacob's Prüfung der Mendelssohn'schen Morgenstunden.

1788: (54) Über den Gebrauch teleologischer Principien in der Philosophie

(55) Kraus' Rezension von Ullrichs Eleutheriologie.

1790: (56) Über eine Entdeckung, nach der alle Kritik der reinen Vernunft durch eine ältere entbehrlich gemacht werden soll.

1791: (57) Über das Mißlingen aller philosophischen Versuche in der Theodicee.

1793: (58) Über den Gemeinspruch: Das mag in der Theorie richtig sein, taugt aber nicht für die Praxis.

1794: (59) Etwas über den Einfluß des Mondes auf die Witterung.

(60) Das Ende aller Dinge.

1796: (61) Von einem neuerdings erhobenen vornehmen Ton in der Philosophie.

(62) Ausgleichung eines auf Mißverstand beruhenden mathematischen Streits.

(63) Verkündigung eines nahen Abschlusses eines Tractats zum ewigen Frieden in der Philosophie.

1797: (64) Über ein vermeintes Recht aus Menschenliebe zu lügen.

1798: (65) Über die Buchmacherei.

1800: (66) Vorrede zu Reinhold Bernhard Jachmanns Prüfung der Kantischen Religionsphilosophie.

(67) Nachschrift zu Christian Gottlieb Mielckes Littauisch-deutschem und deutsch–littauischem Wörterbuch.

[생전에 출판된 강의록]

1800: (68) Immanuel Kants Logik. Ein Handbuch zu Vorlesungen. (hrsg. Jäsche)

1801: (69) Immanuel Kants physische Geographie. (hrsg. Rink)

1803: (70) Immanuel Kant. Über Pädagogik. (hrsg. Rink)

[서간(성명서, 유서) 및 유작](AA 수록 기준)

1747~1802: AA Bde. X–XIII + XXIII, 489~500.

1747~1802: Opus postumum(AA Bde. XXI–XXII)

기타 주요 참고문헌[약호] 목록

C. Ch. E. Schmid, *Wörterbuch zum leichtern Gebrauch der Kantischen Schriften*, Jena 1798.

R. Eisler, *Kant Lexikon*, Berlin 1930.

M. Willaschek · J. Stolzenberg · G. Mohr · S. Bacin(Hrsg.), *Kant-Lexikon*, Berlin 2015.

L. Berger · E. E. Schmidt(Hrsg.), *Kleines Kant-Lexikon*, Paderborn 2018.

G. Irrlitz, *Kant. Handbuch*, Stuttgart 2002 · ^{3}2015.

A. Warda, *Die Druckschriften Immanuel Kants(bis zum Jahre 1828)*, Wiesbaden 1919.

K. Vorländer, *Immauel Kant. Der Mann und das Werk*, Hamburg 1924 · ^{2}1977.

U. Schultz, *Immauel Kant*, Hamburg 1965 · ^{2}2004.

H. Vaihinger, *Commentar zu Kants Kritik der reinen Vernunft*, 2 Bde.

Stuttgart 1881 · 1892.

A. Hoffmann(Hrsg.), *Immanuel Kant. Ein Lebensbild nach Darstellung seiner Zeitgenossen Jachmann, Borowski, Wasianski*, Halle 1902.

F. Groβ(Hrsg.), *Immanuel Kant. Sein Leben in Darstellungen von Zeitgenossen Jachmann, Borowski, Wasianski*, Berlin 1912.

H. J. Sandkühler(Hrsg.), *Deutscher Idealismus. Handbuch*, Stuttgart · Weimar 2015.

B. Dörflinger / J. J. Fehr / R. Malter(Hrsg.), *Königsberg 1724–1804*, Hildesheim · Zürich · New York 2009.

E. Klemp / S. Harik(Bearb.), *Königsberg und Ostpreußen in historischen Ansichten und Plänen*, Augsburg 2011.

S. L. Kowalewski / W. Stark(Hrsg.), *Königsberger Kantiana*, Bd. 1: *Immanuel Kant. Werke. Volksausgabe*, Bd. 1, hrsg. v. A. Kowalewski, Kant-Forschungen, Bd. 12, Hamburg 2000.

F. Kaulbach, *Immanuel Kant*, Berlin [2]1982: 백종현 역, 『임마누엘 칸트 — 생애와 철학 체계』, 아카넷, 2019

이신철 역, 『칸트사전』(사카베 메구미 · 아리후쿠 고가쿠 · 마키노 에이지 등 편), 도서출판 b, 2009.

有福孝岳 · 坂部恵 · 牧野英二 外(编), 『カント事典』(縮刷版), 東京: 弘文堂, 2014.

H. Caygill, *A Kant Dictionary*, Blackwell Publishing, 2005.

L. Thorpe, *The Kant Dictionary*, Bloomsbury Publishing, 2015.

J. Ritter · K. Gründer(Hs.), *Historisches Wörterbuch der Philosophie*, 13 Bde., Darmstadt 1971~2007.

국립국어연구원, 『표준국어대사전』, 전3권, 서울 1999.

夢竹風 主編, 『漢語大詞典』, 全12卷, 上海 1990.

Duden, *Das große Wörterbuch der deutschen Sprache*, 8 Bde, Mannheim · Leipzig · Wien · Zürich [2]1995.

______, *Deutsches Universalwörterbuch*, Berlin 2015.

Deutsches Wörterbuch von Jakob und Wilhelm Grimm, 33 Bde. München 1971~1984.

Brockhaus, *Allgemeine deutsche Realencyklopädie für die gebildeten Stände*, Bd. 10, [9]1846.

K. E. Georges, *Lateinisch-Deutsches Handwörterbuch*, 2 Bde, Darmstadt 1983.

Liddell / Scott, *Greek-English Lexicon*, Oxford 1968.

《大韓民國 憲法》.

Corpus Iuris Civilis, Digesta[*CJD*](로마법대전).

《성서》:

Biblia Sacra iuxta vulgatam versionem. Deutsche Bibelgesellschaft, Stuttgart [4]1994.

Die Bibel oder Die Ganze Heilige Schrift des Alten und Neuen Testaments nach der Übersetzung Martin Luthers. Revidierter Text 1975, Deutsche Bibelgesellschaft, Stuttgart 1978.

Die Bibel. Einheitsübersetzung, Katholische Bibelanstalt GmbH, Stuttgart 1980.

Greek-Englisch New Testament. Deutsche Bibelgesellschaft, Stuttgart [8]1998.

『공동번역 성서』. 대한성서공회, 1977.

『성경』. 한국 천주교 주교회의 성서위원회, 2005.

『貫珠 聖經全書』. 대한성서공회, 2009[개역개정판].

Diels, H./W. Kranz[DK] 편, *Die Fragmente der Vorsokratiker*(1951), Berlin: Verlag Weidmann, [16]1972.

Platon, *Politeia*: 박종현 역, 『국가·政體』, 서광사, 2005(개정 증보판).

_____, *Phaidon*, bearbeitet v. D. Kurz, Darmstadt 1974.

_____, *Phaidros*, bearbeitet v. D. Kurz, Darmstadt 1983.

_____, *Protagoras*, bearbeitet v. H. Hofmann, Darmstadt 1977.

_____, *Symposion*, bearbeitet v. D. Kurz, Darmstadt 1974.

_____, *Theaitetos*, bearbeitet von G. Eigler, Darmstadt 1970.

Aristoteles, *De anima*, ed. by W. D. Ross, Oxford 1956.

_________, *Politica*, ed. by W. D. Ross, Oxford 1957.

_________, *Metaphysica*, Griechisch-deutsche Parallelausg., 2 Bde., übers. v. H. Bonitz, Hamburg 1978/80.

_________, *Ethica Nicomachea*[*Ethica Nic.*], ed. by I. Bywater, Oxford 1979: 김재홍·강상진·이창우 역, 『니코마코스 윤리학』, 길, 2011(개정판).

_________, *Categoriae // Liber de Interpretatione*[*de Interpretatione*], Oxford 1949.

_________, *Ars Rhetorica*[*Rhetorica*], ed. by W. D. Ross, Oxford 1959.

Epikuros, *Kyriai doxai*.

Diogenes Laertios, *Vitae philosophorum*, ed. Miroslav Marcovich, Stuttgart·Leipzig 1999.

Cicero, *De officiis*: 허승일 역, 『키케로의 의무론』, 서광사 1989.

______, *De finibus bonorum et malorum*: 김창성 역, 『키케로의 최고선악론』, 서광사, 1999.

______, *De legibus*: 성염 역, 『법률론』, 한길사, 2007.

______, *De re publica*: 김창성 역, 『국가론』, 한길사, 2007.

______, *De natura deorum*. lat.-dt. hrsg. und übers. von W. Gerlach und Karl Bayer, München · Zürich ^{3}1990: 강대진 역, 『신들의 본성에 관하여』, 나남, 2012.

Seneca, *De tranquillitate animi*.

______, *De vita beata*.

______, *Epistulae morales ad Lucilium*. lat.–dt. übers. von M. Rosenbach, Darmstadt 1999.

Horatius, *Epistulae*.

_______, *Carmina*.

Ovidius, *Metamorphoseon*.

Lucretius, *De rerum natura*: 강대진 역, 『사물의 본성에 관하여』, 아카넷, 2012.

Markos Aurelios, *Meditationes*: 천병희 역, 『명상록』, 도서출판 숲, 2005.

Augustinus, *Confessiones*, hrsg. v. J. Bernhart, Müchen 1980: 최민순 역, 『고백록』, 성바오로출판사(바오로딸), 1965(2010).

_________, *De libero arbitrio*: 성염 역, 『자유의지론』, 분도출판사, 1998.

_________, *De civitate dei*: 성염 역, 『신국론』(전3권), 분도출판사, 2004.

_________, *De vera religione*. 성염 역, 『참된 종교』, 분도출판사, 2011.

_________, *De trinitate*. 성염 역, 『삼위일체론』, 분도출판사, 2015.

Anselmus, *Proslogion*, Lateinisch–deutsche Ausgabe v. P. Franciscus Salesius Schmitt, Holzboog 1984.

Thomas Aquinas, *Summa Theologiae*[*ST*], Biblioteca de autores cristianos, Madrid 1978: 정의채 (외) 역, 『신학대전』, 성바오로출판사/바오로딸, 1985 이하.

______________, *Quaestiones disputatae - De veritate*, ed. by R. Spiazzt, Roma 1953.

______________, *Compendium Theologiae*[*CT*]: 박승찬 역, 『신학요강』, 나남, 2008.

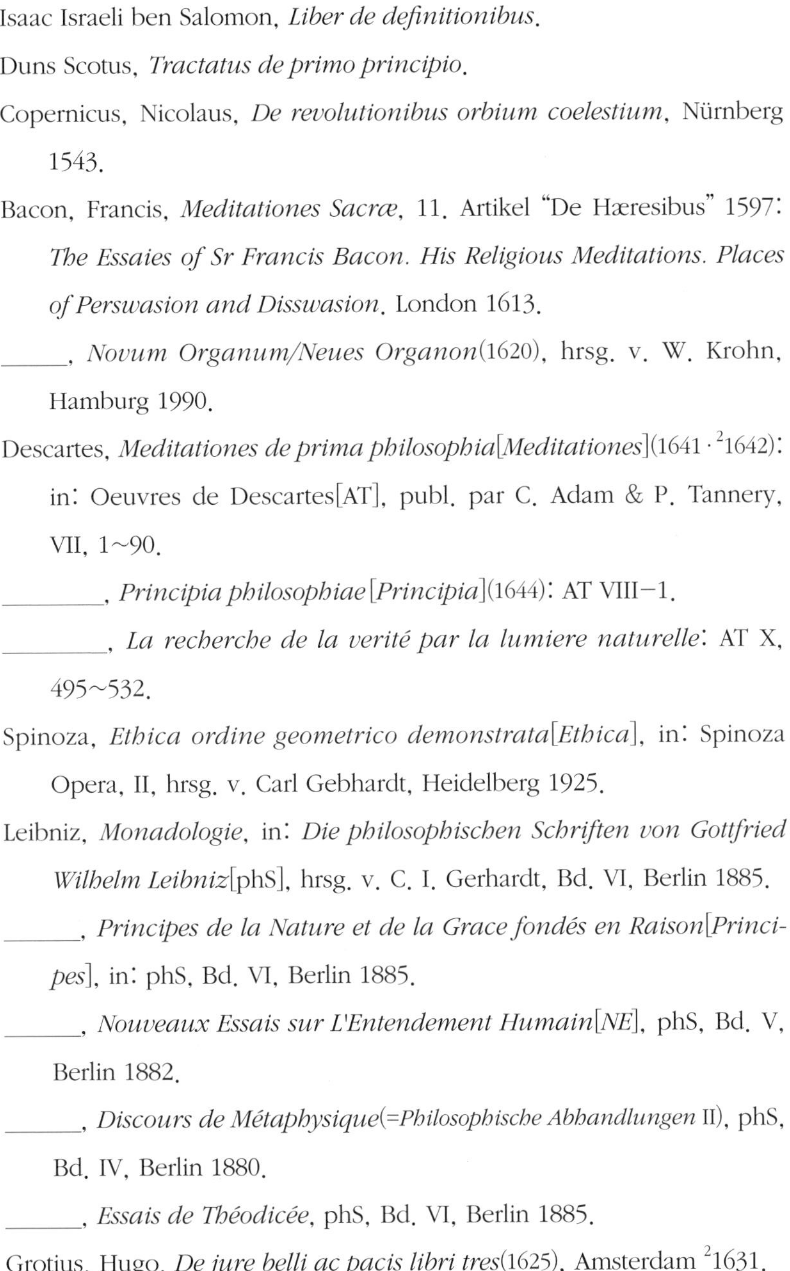

Isaac Israeli ben Salomon, *Liber de definitionibus*.

Duns Scotus, *Tractatus de primo principio*.

Copernicus, Nicolaus, *De revolutionibus orbium coelestium*, Nürnberg 1543.

Bacon, Francis, *Meditationes Sacræ*, 11. Artikel "De Hæresibus" 1597: *The Essaies of Sr Francis Bacon. His Religious Meditations. Places of Perswasion and Disswasion*. London 1613.

______, *Novum Organum/Neues Organon*(1620), hrsg. v. W. Krohn, Hamburg 1990.

Descartes, *Meditationes de prima philosophia*[*Meditationes*](1641 · ^{2}1642): in: Oeuvres de Descartes[AT], publ. par C. Adam & P. Tannery, VII, 1~90.

________, *Principia philosophiae*[*Principia*](1644): AT VIII-1.

________, *La recherche de la verité par la lumiere naturelle*: AT X, 495~532.

Spinoza, *Ethica ordine geometrico demonstrata*[*Ethica*], in: Spinoza Opera, II, hrsg. v. Carl Gebhardt, Heidelberg 1925.

Leibniz, *Monadologie*, in: *Die philosophischen Schriften von Gottfried Wilhelm Leibniz*[phS], hrsg. v. C. I. Gerhardt, Bd. VI, Berlin 1885.

______, *Principes de la Nature et de la Grace fondés en Raison*[*Principes*], in: phS, Bd. VI, Berlin 1885.

______, *Nouveaux Essais sur L'Entendement Humain*[*NE*], phS, Bd. V, Berlin 1882.

______, *Discours de Métaphysique*(=*Philosophische Abhandlungen* II), phS, Bd. IV, Berlin 1880.

______, *Essais de Théodicée*, phS, Bd. VI, Berlin 1885.

Grotius, Hugo, *De jure belli ac pacis libri tres*(1625), Amsterdam ^{2}1631.

Montesquieu, *De l'esprit des lois*(Genève 1748), éd. Garnier, 1777.

Rousseau, *Émile, ou De l'éducation*[*Émile*](1762), in: Œuvres complètes de J.-J. Rousseau, tome II, A. Houssiaux, 1852.

________, *Du contrat social ou principes du droit politique*[*Du contrat social*], Amsterdam 1762.

Hobbes, *Leviathan, ore the Matter, Forme, and Power of a Commonwealth, Ecclesiasticall and Civil*[*Leviathan*](London 1651), ed. by E. Curley, Indianapolis/Cambridge 1994.

________, *De cive // On the Citizen*[*Citizen*](Amsterdam 1642 // London 1651), ed. by R. Tuck and M. Silverthrone, Cambridge 1998.

Newton, *Philosophiae naturalis principia mathematica*, 1687.

Locke, *Epistola de tolerantia*, 1689.

_____, *An Essay concerning Human Understanding*[*HU*](London 1690), ed. by A. C. Fraser, New York 1959.

_____, *Two Treatises of Government*[*TT*](London 1690), ed. by P. Laslett, Cambridge 1988.

Berkeley, *A Treatise Concerning the Principles of Human Knowledge* [*PHK*](Dublin 1710·1734) & *Three Dialogues between Hylas and Philonous*, introd. by G. J. Warnock, Cleveland and N. Y. 1963.

Hume, *A Treatise of Human Nature*[*THN*](London 1739/1740), ed. by (L. A. Selby-Bigge) / P. H. Nidditch, Oxford 1978.

_____, *Enquiries concerning Human Understanding*[*EHU*] *and concerning the Principles of Morals*, ed. by (L. A. Selby-Bigge) / P. H. Nidditch, Oxford[3]1975.

Smith, Adam, *The Theory of Moral Sentiment*[*TMS*](1759), London: A. Millar, [6]1790.

_____, *An Inquiry into the Nature and Causes of the Wealth of Na-*

tions[*WN*](1776), ed. by Edwin Cannan, London [5]1904.

Baumgarten, A. G., *Metaphysica*, [4]1757.

_________, *Ethica Philosophica*, 1740 · 1751 · 1763.

Achenwall, G., *Ius Naturae*, [5]1763.

Schulze, G. E., *Aenesidemus oder über die Fundamente der von dem Herrn Professor Reinhold in Jena gelieferten Elementar-Philosophie* (1792), Neudruck: Berlin 1911.

Schiller, F., "Über die ästhetische Erziehung des Menschen"(1793~94), in: P.-A. André/A. Meier/W. Riedel(Hrsg.), Friedrich Schiller – Sämtliche Werke[Friedrich Schiller, SW], München 2004.

______, "Über Anmut und Würde", in: Friedrich Schiller, SW.

Fichte, J. G., *Grundlage der gesammten Wissenschaftslehre*[*GW*], in: Fichtes sämmtliche Werke[SW], hrsg. v. I. H. Fichte, Berlin 1845/1846, Bd. I.

______, Zweite Einleitung in die Wissenschaftslehre(1797), in: SW I.

Schelling, F. W. J., *Vom Ich als Prinzip der Philosophie*[*Ich als Prinzip*], in: Sämtliche Werke[SW], hrsg. v. K. F. A. Schelling, Stuttgart 1856~1861, Abt. I, Bd. 1.

_______, *Abhandlungen zur Erläuterung des Idealismus der Wissenschaftslehre*[*Abhandlungen*], in: SW I/1.

_______, *System des transzendentalen Idealismus*(1800), in: SW I/1.

Jacobi, F. H., *David Hume über den Glauben, oder Idealismus und Realismus. Ein Gespräch*(1787), in: Werke II, Leipzig 1815, 복간본 : Darmstadt 1976.

Hegel, *Phänomenologie des Geistes*[*PdG*], GW, Bd. 9, hrsg. v. W. Bonsiepen / R. Heede, Hamburg 1980.

_____, *Wissenschaft der Logik*, Bd. I.[*WdL I*], GW, Bd. 11, hrsg. v. F.

Hogemann / W. Jaeschke, Hamburg 1978.

_____, *Wissenschaft der Logik*, Bd. II.[*WdL II*], GW, Bd. 12, hrsg. v. F. Hogemann / W. Jaeschke, Hamburg 1981.

_____, *Grundlinien der Philosophie des Rechts*[*GPR*], Werke in zwanzig Bänden. Theorie Werkausgabe[TW], Bd. 7, Redaktion: E. Moldenhauer / K. M. Michel, Frankfurt/M. 1970.

_____, *Enzyklopädie der philosophischen Wissenschaften im Grundrisse*[*Enzy*](1830), GW, Bd. 20, hrsg. v. W. Bonsiepen / H.-Ch. Lucas, Hamburg 1992.

_____, *Vorlesungen über die Philosophie der Geschichte*[*VPG*], TW12.

Schopenhauer, *Die Welt als Wille und Vorstellung*([1]1819 · [3]1859), in: Sämtliche Werke, Bd. I, hrsg. v. W. Frhr. von Löhneysen, Stuttgart · Frankfurt/M. 1968.

Bentham, *An Introduction to the Principles of Morals and Legislation*(London 1780인쇄, 1789발행), Prometheus Books, New York 1988.

Mill, J. S., *Utilitarianism*(1863), in: *On Liberty and Other Essays*, ed. by J. Gray, (Oxford World's Classics), Oxford 1991.

Darwin, Charls, *The Origin of Species*(1859), Signet Classics, Penguin Books, 2003.

_______, *The Descent of Man and Selection in Relation to Sex*(1871 · [2]1879), Penguin Classics, Penguin Books, 2004.

Wittgenstein, L., *Tractatus Logico-philosophicus*(1922), London · New York [5]1952.

Adickes, E., *Kant und das Ding an sich*, Berlin 1924.

Husserl, E., *Cartesianische Meditationen und Pariser Vorträge*, Husserliana Bd. 1, Den Haag [2]1973.

Heidegger, M., *Sein und Zeit*[*SZ*](1927), Gesamtausgabe[GA], Bd. 2,

Frankfurt/M. 1977.

________, Von Wesen der Wahrheit, in : *Wegmarken*, GA 9, Frankfurt / M. 1976.

Heimsoeth, H., *Studien zur Philosophie Immanuel Kant - Metaphysische Ursprünge und Ontologische Grundlagen*, Köln 1953.

Josef de Vries, *Grundbegriffe der Scholastik*, Darmstadt 1980.

표제어 목록

【ㄱ】

〚ㄴ〛

〖ㄷ〗

〖ㄹ〗

〚ㅁ〛

〚ㅂ〛

〖ㅅ〗

【ㅇ】

〖ㅈ〗

〖ㅌ〗

〖ㅍ〗

〚ㅎ〛

66

후페란트

흄

흡족(洽足)

희망(希望)

  '나는 무엇을 희망해도 좋은가?'

  희망의 철학

한국
칸트사전

〚 ㄱ 〛

가능성 可能性 Möglichkeit possibilitas

I. 가능성(Möglichkeit)은 '가능함(Möglichsein)'이라는 상태를 지시하거나 '가능하게 함(Ermöglichung)'이라는 능동을 뜻한다. 그러나 가능성(possibilitas)이 내적 가능성을 지칭할 때는 '본질'을 뜻하기도 한다.

II. 가능함은 논리적으로 가능함 곧 논리적 가능성이거나 실제로 가능함 곧 실재적 가능성이다.

1. 논리적 가능성은 '생각할 수 있다'는 사고 가능성, 곧 무모순성을 뜻한다. 자기모순이 없는 것은 무엇이든 논리적으로는 가능한 것이다. 이 논리적 가능성 여부를 판가름하는 규칙이 모순율(→)이다. 다시 말해 사람들은 모순을 포함하지 않는 한 무엇이든 생각할 수 있다. 그러나 모순을 포함하고 있는 것, 자가당착적인 것은 생각할 수 없다. 논리적 불가능성은 생각할 수 없음을 지시한다. 그래서 논리적 가능성·불가능성 개념은 일반 논리학(→)에 속한다.

2. 반면에 양태 범주(→)의 가능성은 실재적 가능성으로서 초월 논리학(→)에 속한다. 현존·필연성과 함께 양태 범주의 한 항인 가능성은 '있을 수 있음'을, 그것의 반대 항인 불가능성은 '있을 수 없음'을 지시한다. 칸트는 순수 지성개념 '있음[존재, 실존]'을 범주(→)의 하나라고 규정하고, 이 범주의 객관적 사용 원칙

을 "경험적 사고 일반의 요청들(→)"(KrV, A218=B265) 중 하나로 "경험의 형식적 조건들과 (직관과 개념들의 면에서) 합치하는 것은 있을 수 있다[가능적으로 실존한다]."(KrV, A218=B265)라고 정식화한다.

'있을 수 있음' 즉 "현존의 가능성"(KrV, A724=B752)을 칸트는 현상이 도대체 현상으로서 나타날 수 있는 조건, 즉 공간 · 시간(→)과 이것의 양적(量的) 규정 — 직관의 공리들의 원리(→)에 따른 — 에 합치함으로써 파악한다. 설령 논리적으로는 가능하다 하더라도 공간 · 시간상에 나타날 수 없고 양적으로 규정될 수 없는 것은 우리 인간에게 존재 가능한 것이 아니다.

III. '있을 수 있음'으로서의 가능성은 이를 넘어 '가능하게 함'의 의미도 가지니, 선험적 직관(→)의 형식적 조건들인 공간 · 시간 표상과 상상력(→)의 종합 및 초월적 통각(→)에 의해 경험 인식이 가능하고, 바로 이 인식에서 경험된 것으로서 대상이 가능함을 논증한 칸트 초월철학의 핵심적 주장에서 가능성이란 곧 '가능하게 함'을 뜻한다. 그래서 "경험 일반의 가능성의 조건들은 동시에 그 경험의 대상들의 가능성 조건들이다."라는 명제는 곧 "경험 일반을 가능하게 하는 조건들은 동시에 그 경험의 대상들을 가능하게 하는 조건들이다."(KrV, A158=B197)로 읽힌다. 더 나아가 "경험 일반을 가능하게 하는 것은 동시에 자연의 보편적 법칙"(Prol, A111=IV319)이라고 할 때 '가능하게 하는 것' 또한 가능성을 말한다. 사물 자체(→)를 현상(→)의 한 근거라고 말하면서, 근거란 다름 아닌 '가능성의 근거'이고, 이를 "존재하게 하는 이유 내지 원리"(V-Met-L2/Pölitz, XXVIII571)로 풀이할 때도 가능성은 같은 것을 지시한다.

IV. 경험을, 따라서 경험에서 경험되는 대상을 즉 현상을 가능하게 하는 것이, 선험적(→)인 것인 한에서, 그것은 초월적인 것이다. 그 자리에 "초월적 가능성"(KrV, A610=B688)이라는 개념이 있다. 이 초월적 가능성 개념에 순수 지성개념들의 '초월적 연역'(KrV, A94=B126 · B129 등), '초월적 도식'(KrV, A138=B177), '초월적 원칙'(KrV, A148=B188) 등이 포함된다. 더 나아가 "행위의 도덕적 가능성"(KpV, A101=V58)은 '초월적 자유'(KpV, A4=V3)에 기초한다.

V. 칸트는 때로 '가능성'을 스콜라철학에서 유래하는 '내적 가능성(possibilitas

interna)'의 의미로도 사용하는데, 그런 곳에서 가능성은 사물의 내적 근거 곧 사물을 사물이게끔 하는 실재실질성(realitas)를 뜻한다.(→ 본질, → 존재론, → 지각의 예취들의 원리)

가르베 Christian Garve

1. 가르베(1742~1798)는 브레슬라우(Breslau) 출신의 독일 철학자로, 프랑크푸르트/오데르(Frankfurt/Oder), 할레(Halle), 라이프치히(Leipzig)에서 수학 후 라이프치히 대학의 도덕철학 교수(1768~1772)가 되었다. 건강상의 이유로 교수직을 사임한 후 고향으로 돌아가 주로 번역자로 활동하였으며, 이른바 대중철학자로서 큰 명성을 얻었다.

그의 대표적 번역서와 주해서로는 버크(→)의 『숭고와 미의 관념에 대한 철학적 탐구』(1773), 애덤 스미스(→)의 『국부론』(1790년대), 키케로(→)의 『의무론』(1783) 번역과 『아리스토텔레스 윤리학의 역주』(1798) 등이 있다. 『개신교도들의 걱정(*Über die Besorgnisse der Protestanten*)』(1785), 『정치와 도덕의 결합에 관한 논고(*Abhandlung über die Verbindung der Moral mit der Politik*)』(1788) 등 다수의 저작도 있다.

2. 칸트는 일찍이 "바움가르텐(→), 멘델스존(→), 가르베"를 한데 묶어 "우리의 위대한 분석가들"(1776. 11. 24 자 M. Herz에게 보낸 편지, X198)이라고 칭한 바 있다. 가르베는 페더(→)와 함께 칸트 『순수이성비판』을 폄하하는 서평을 익명으로 《괴팅겐 학보 별책(*Zugabe zu den Göttingischen Anzeigen von gelehrten Sachen unter der Aufsicht der Königl. Gesellschaft der Wissenschaften*)》 (1782년도 제1권, 제3호, 1782. 1. 19, 40~48면)에 게재했고, 칸트는 이에 대한 응답으로 『형이상학 서설』(→)을 써서 서평자에게 "익명에서 나오라"(Prol, A215=IV379 참조)고 요구했다. 이에 응하여 가르베는 칸트에게 긴 편지(1783. 7. 13 자, X328~333)를 썼고, '익명에서 나와' 공동집필된 서평에서의 자신의 역할과 곡해에 대해서

사과했다. 그 후에 가르베는 부분적으로 칸트철학에 동조했으며, 칸트와 친교를 나눴다.

가상 假象 Schein

I. 1. '가상[그처럼 보임]'이란 본래의 말뜻으로는 실상이 아니면서 실상인 것으로 보임을 말한다. 이런 경우 '가상'은 진상 내지 진리의 반대이다. 그런데 칸트에서 '가상'은 자주 실상이 아닌 것을 실상인 것으로 보도록 하는 것, 그러니까 착오의 원인이나 근거인 것을 지칭한다. 이런 경우 가상은 사람들이 그릇되게도 객관적인 것으로 간주하는 "주관적 원인들에 의한 착오적인 판단의 근거"(Anth, BA28=VII142)이다. 그러니까 이러한 의미에서 가상은 그 자체가 착오(→)나 기만이 아니라, 주관적인 것을 객관적인 판단근거로 유도하거나 "오도"(KrV, A293=B350)하는 것이다.

2. 가상에는 '경험적인 가상'(KrV, A295=B351 참조)도 있고, '초월적인 가상'(KrV, A295=B352 참조)도 있으며, 분류하기에 따라서는 도덕적 가상이나 미감적 가상 또는 논리적 가상의 예도 볼 수 있다.

II. 1. 경험적인 가상은 주로 시각적 가상과 같은 "감관가상(外觀: species, 外見: apparentia)"(Anth, BA34=VII146)이다. 감관가상은 "감관표상들을 통해 지성에게 만들어지는 환영(幻影: praestigae)"(Anth, BA39=VII149)이며, 지성의 자각에 의해 이미 환영임이 밝혀졌는데도 불구하고, 그것을 실재하는 것으로 여기도록 강제하는 환영은 "현혹(眩惑: fascinatio)"(Anth, A34=VII146)이라고 일컬어진다. 그러나 감관가상은 지성이 그것을 인지하면 대개는 소멸한다. 그러나 사람들이 "경험 언어에서"는 "마치 사물 그 자체인 양 생각"되는 "감각의 대상들"(FM, XX269)을 "겉모습/외견"(MSI, §5) 또는 "가상"(XX269)이라고 부르는데, 이러한 가상은 "보통의 올바른 지성 규칙의 경험적 사용에서"(KrV, A295=B352)도 발생하는 것이다. 예컨대 천문학자들이 달은 막 떠오를 때나 중천에 떠 있을 때나 크기가 같다고 아무리 기술을 해도, 달이 떠오를 때 시각적으로 더 크게 보이는 것을 막을 수는 없다. 물리학자들이 물속에 반쯤 잠겨 있는 막대기는 굽어 보이지만 실제로는 곧다고 설명을 해도, 결코 곧게 보이지 않는다. 어떠한 지성도 이러한 감각적 가상을 제거할 수가 없다. 그래서 이러한 것은 '가상'이라기보다는 감각적 현상이라고 할 수도 있겠다.

2. 예술이란 일반적으로 '가상과 더불어 하는 유희'라 할 수 있다. "회화예술은 감관가상을 기예적으로 이념들과 결합시켜서 현시하는 것"(KU, B208=V322이하)이다. 회화는 자연 대상들을 있는 그대로 묘사하는 것이 아니라, "자연과는 다르게 일정한 이념에 맞춰 편성하는 것"(KU, B209=V323)이니 말이다. 그런가 하면 예술들 중에서도 "최상위의 지위를 주장"하는 시예술은 상상력이 "임의로 생기게 한 가상과 더불어 유희"(KU, B215=V327)하는 것이다.

III. 1. 감관이나 상상력이 아니라 이성에서 생기는 가상도 있다. 이른바 '초월적 가상'은 체계의 완결성을 끊임없이 기도하는 이성이 마땅히 경험의 범위 내에서만 사용해야 할 개념과 규칙들을 경험 너머에까지 끌고 나감으로써 발생하여, 그것이 일종의 환영이라고 폭로된 후에도 인간 이성 앞에서 여전히 얼씬거린다. 이 점에서 초월적 가상은, 논리적 규칙의 오용으로 생기지만 그것을 밝혀내면 즉시 사라지는 "논리적 가상(거짓 추론의 가상)"(KrV, A296=B353)과는 구별된다.

주관적 원칙에서 비롯한 것이면서도 객관적인 것으로 행세하는 초월적 가상은 우매한 자가 지식의 결여와 허위에 의해 빠지거나, 궤변가가 의도적으로 사람들을 혼란시키기 위해 만들어낸 것이 아니라, 인간의 이성에 고착해 있어서 인간을 늘 순간적인 착오에 빠지게끔 한다. 그러므로 그것은 인간 이성에 있어서 "자연스럽고 불가피한 환상"(KrV, A298=B354)이라 할 수 있겠으나, 바로 그렇기 때문에 그러한 것은 그때그때마다 제거되지 않으면 안 된다. 왜냐하면 이러한 가상은 허위 인식 또는 단지 주관적인 것을 참다운 인식 내지 객관적인 것으로 혼동하도록 하는, 말하자면 착오를 일으키는 원인이 되기 때문이다.(KrV, A293=B350; Log, A77=IX54 참조)

2. 초월적 가상의 출처는 "원리들의 능력"(KrV, A299=B356)으로서 이성이다. 원리들의 능력으로서의 이성은 "보편에서 개념을 통해 특수를 인식"(KrV, A300=B357)한다.

지성이 선험적 보편 명제를 제공하고, 그것이 대전제로 쓰일 수 있는 한에서, 그런 보편 명제를 원리라고 할 수 있다. 그러나 순수 지성의 원칙들은 단지 개념에 의한 인식이 아니다. 예컨대 인과의 법칙은 단지 원인이라는 개념에서 결과라는 개념을 도출한 것이 아니라, 순수 직관 중에 주어진 잇따름의 시간 법칙으로 드러난 것이다.

3. 그런데 보통 이성은 삼단논법에서 보듯이, 추론에 있어서 보편에서 특수로 내려가는 과정을 단지 개념들을 통해서만 행한다. 그러나 또한 이성은 반대로, 단지 개념만을 통하여 특수 명제에 포함되어 있는 보편 명제를, 그리고 이 보편 명제로부터 더 보편적인 규칙을 소급해서 추리해감으로써 궁극의 무조건적인 것[무조건자](→)으로 나아가려 하기도 한다. 주어진 원리들을 다시 최소수의 원리들로 소급시킴으로써 원리들의 한 체계를 이루려는 노력 즉 "이성의 통일"(KrV, A326=B383) 작용이 있는 것이다. 이제 이런 소급 추론에서 도달한 궁극의 무조건적 개념은 "초월적 이념"(KrV, A327=B384)이라 일컬어야 할 것, 다시 말해 더 이상 경험할 수 없는, "경험의 한계를 넘어"서는 따라서 '경험 중에 한 대상으로서 나타날 수는 없는' 것이다.

우리의 표상들이 가질 수 있는 모든 관계를 통틀어 최상의 보편적인 것은 ㉮주관에 대한 관계와 ㉯객관에 대한 관계에서 구할 수 있는데, 객관을 ㉠현상으로서의 객관과 ㉡사고 일반의 대상으로서의 객관으로 나누어 생각해볼 수 있으니, 무조건자에까지 도달하려는 이성의 통일은, 다음의 셋이 된다.(KrV, A334=B391 참조)

①[=㉮] 사고하는 주관의 절대적[무조건적] 통일,

②[=㉯㉠] 현상의 조건 계열의 절대적 통일,

③[=㉯㉡] 사고 일반의 모든 대상들의 조건의 절대적 통일.

사고하는 주관, 곧 영혼[마음]은 영혼론[심리학](→)의 대상이다. 모든 현상들의 총체, 곧 세계는 우주론(→)의 대상이다. 사고할 수 있는 만물을 가능하게 할 수 있는 최상의 조건을 포함하는 것, 곧 최고 존재자는 신학(→)의 대상이다. 즉 이 세 이성 통일의 무조건자는 재래 형이상학의 세 분과: 이성적 영혼론[심리학](psychologia rationalis), 이성적 우주론(cosmologia rationalis), 초월적 신학(theologia transcendentalis)의 대상인 것이다.

재래 이성적 형이상학은 초월적 가상의 체계들이며, 이성 비판은 다름 아닌 재래의 세 특수 형이상학의 주제인 세 가지 무조건자, 곧 영혼(의 불멸성)·자유[자기원인]·신이라는 이념(→)이 한낱 이성 자신의 환영에 불과하다는 것을 밝힘으로써 재래 형이상학을 폐기한다.

IV. "허용되는 도덕적 가상[겉모습]"(Anth, BA42=VII151)도 있다. 인간은 호의와 타인에 대한 존경을 보이기 위한 겉모습[가상]을 취할 수 있고, 그것이 누군가를 속이는 짓이 아니라면 허용될 수 있을 뿐만 아니라 권장할 만하다. 왜냐하면 그러한 겉모습을 보고서 사람들은 다정함을 느끼기도 하고, 또 그러한 겉모습이 시간이 감에 따라 진정한 마음씨로 바뀌기도 하기 때문이다. 도덕적 가상들은 도덕을 위한 "외장품 내지 부속품들일 뿐"(MS, TL, A159=VI473)이지만, 예컨대 "친근감, 말붙이기 좋음, 예의범절, 환대, (이견 중에서도 다툼 없는) 온화함"(MS, TL, A160=VI473)은 덕 감정 자체를 촉진시키며, 사람들을 교제로 이끈다. 이러한 수법들은 "아름다운 가상"(MS, TL, A159=VI473)으로서 기만적이지는 않고, 오히려 덕의무에 "미감적 인간성과 우아"(MS, TL, A159=VI473)를 입히는 것이다.

가설/가언 假說/假言 Hypothese hypothesis

I. 1. "가설이란 한 근거가 결과의 족함을 위해 참이라고 판단하는 견해(→)이다. 또는 간략히 말해, 하나의 전제를 근거로 보는 견해이다."(Log, A132=IX84)

가설은 무엇인가 먼저 있어야 할 것을 제시해야만 하는 상황에서 상상력이 지어내는 것이기는 하지만, "이성의 엄정한 감시 아래서" "실제로 주어지고 따라서 확실한 것"과 연결되는 "설명 근거" 곧 가능한 대상에 대한 의견이다.(KrV, A770=B798 참조)

2. 하나의 "가설의 기준은 채택된 설명 근거의 완벽성 곧 그것의 통일성(보조가설의 없음), 그로부터 도출될 수 있는 귀결들의 진리성(그 귀결들 상호 간의 그리고 경험과의 합치), 그리고 끝으로 그 귀결들을 위한 설명 근거의 완벽성이다." (KrV, B115)

II. 1. 가설은 "역학적 연결의 가능성"(KrV, A770=B798)을 규정한 인과 범주에 의한 "가언적(hypothetisch)" 판단(KrV, A70=B95 참조)으로 구현된다. 그러므로 범주의 올바른 사용 영역을 벗어난 초월적 가설을 "자연적 설명 근거들의 결여를 보충하기 위해, 어쨌든 초자연적으로 이용하는 일은 결코 허용될 수 없다." (KrV, A773=B801)

2. "이성이 보편적인 것으로부터 특수한 것을 도출하는 능력이라면, 두 경우가 있다. 한 경우는 보편적인 것이 이미 그 자체로 확실하게 주어져 있으며, 그런 다음 이것이 단지 포섭을 위한 판단력만을 필요로 하고, 그것에 의해 특수한 것은 필연적으로 규정된다." 이것은 "이성의 명증적 사용"(KrV, A646=B674)이다. "또 한 경우는 보편적인 것이 오로지 문제성 있게 가정되고, 순전한 이념일 따름이다. 특수한 것은 확실하나, 이 결과를 위한 규칙의 보편성은 아직 문젯거리다. 그래서 모두 확실한 다수의 특수한 경우들이 규칙에 준하여 혹시 이 규칙으로부터 유래한 것은 아닌가 하고 탐색된다. 이런 경우, 만약 제시될 수 있는 모든 특수한 경우들이 그로부터 나온 것 같은 외양이 있으면, 규칙의 보편성이 추론되고, 나중에는 이 규칙으로부터 그 자체로는 주어지지 않은 모든 경우들 또한 추론된다." 이것은 "이성의 가언적 사용"(KrV, A647=B675)이다. 이러한 이성의 두 가지 사용 방식은 '규정적 판단력'과 '반성적 판단력'에 상응한다.(KU, BXXV이하=V179이하 참조)

3. "주어진 현상들을 설명하기 위해 이미 알려진 현상들의 법칙들에 따라 주

어진 현상들과 결합된 것 외에 어떤 다른 사물들과 설명 근거들이 끌어들여질 수는 없다." 만약에 자연사물들의 설명을 위해 이성의 순전한 이념이 사용된다면 그것은 "초월적 가설"(KrV, A772=B800)을 세우는 것이겠는데, 이는 잘 알지 못하는 것을 설명하기 위해 전혀 알지 못하는 것을 끌어들이는 짓이다. 그래서 순수 이성의 분야에서 가설은 권리를 세우기 위해서가 아니라, 단지 방어의 목적으로 사용하는 것이 허용된다.(KrV, A777=B806 참조)

가정 假定 Supposition

1. 가정(假定)이란 가설적 방식의 정립/설정(Position)이다.

2. 자연사건의 인과 관계를 설명하면서 최고 존재자를 "최상의 원인"이라고 하는 것은 "이성의 가정"으로, 이는 "한낱 상대적으로, 감성세계의 체계적 통일을 위해, 생각된 것"이다. "그것은 우리가 그것이 그 자체로 무엇인가에 대해서는 아무런 개념도 갖지 못한 이념에서의 순전한 어떤 것이다."(KrV, A679=B707)

가치 價値 Wert

1. 행위에서 지향하는 목적은 가치를 갖는다. 그 '목적'이 또 다른 목적을 위한 것일 경우 그것은 실상 '수단'이며, 이러한 수단은 상대적 가치를 갖는다. 반면에 그 '목적'이 궁극적인 것일 때 그 목적은 절대적 가치를 갖는다. 어떤 것의 현존재 자체가 절대적 가치를 가지면, 그것을 "목적 그 자체"(GMS, B64=IV428)라고 일컫는다.

2. 가치 있는 모든 것은 "가격(Preis)을 갖거나 존엄성(Würde)(→)을 갖는다. 가격을 갖는 것은 같은 가격을 갖는[同價의] 다른 것으로도 대치될 수가 있다. 이에 반해 모든 가격을 뛰어넘는, 그러니까 같은 가격을 갖는 것을 허용하지 않는

것은 존엄성을 갖는다."(GMS, B77=IV434)

3. "보편적인 인간의 경향성 및 필요들과 관련되어 있는 것은 시장가격(Marktpreis)을 갖는다. 필요와 상관없이, 어떤 취미나 순전히 무목적적인 유희에서 우리 마음 능력의 흡족함에 따르는 것은 애호가격(Affektionspreis)을 갖는다. 그러나 그 아래에서만 어떤 것이 목적 그 자체일 수 있는 그런 조건을 이루는 것은 한낱 상대적 가치, 다시 말해 가격을 갖는 것이 아니라, 내적 가치, 다시 말해 존엄성을 갖는다."(GMS, B77=IV434이하)

감각 感覺 Empfindung sensatio

I. 1. 칸트 인식이론에서 감각이란, 대상이 우리의 표상능력을 촉발하여 "표상능력에 미치는 결과"(KrV, A19=B34)이다. 이 표상능력을 감관(Sinn)(→) 내지 감각기능이라 일컬으며, 이렇게 감각을 수용하는 능력을 감성(Sinnlichkeit)(→)이라 일컫는다.

2. "감각에 의해 대상과 관계 맺는" 직관을 "경험적" 직관이라 일컬으며, "경험적 직관의 무규정적 대상을 현상이라 일컫는다." "현상에서 감각에 대응하는 것"이 '현상의 질료'라는 것이며, "현상의 잡다[한 것]가 일정한 관계에서 질서 지어질 수 있도록 만드는" 것, 곧 공간·시간 표상이 "현상의 형식"이다.(KrV, A20=B34 참조)

3. '현상'이 감성적으로 인식된 것인 한에서 "감각은 감성적 인식의 질료"이며, 대상의 촉발에 의해 생기는 것인 한에서 감각은 "대상의 실제적 현전[現前]을 전제"(KrV, A50=B74)한다. 감각의 이 전제로 인해 '사물 자체'의 개념이 불가불 등장한다. "대상들에서 감각에 상응하는 것은 사물 자체로서의 모든 대상들의 초월적 질료(사물임, 실재[실질]성)이다."(KrV, A143=B182)

4. 감성적 인식을 '경험'이라 일컫는 한에서, 감각은 "인식능력이 발동하고, 그 경험이 성립하도록 하는 최초의 계기를 제공한다."(KrV, A86=B118) 이 점에

서 감각은 경험적 인식의 실재성 내지 객관성의 담보이지만, 다른 한편 "단적으로 주관과 그 주관의 상태의 변양으로서 관계 맺는 지각"(KrV, A320=B377)이라는 점에서 주관적인 것이다. "감각은 […] 우리 밖의 사물들에 대한 우리 표상들의 한낱 주관적인 면을 표현한다. 그러나 그것은 본래 표상들의 (그에 의해 실존하는 무엇인가가 주어지는) 질료적인(실재적인) 것을 표현한다."(KU, BXLII이하=V189) "그러함에도 저 감각은 또한 우리 밖의 객관들에 대한 인식을 위해서 사용된다."(KU, BXLIII=V189)

II. "쾌 또는 불쾌의 감정"을 감각이라 일컫기도 한다. 이런 경우 감각은 경험적 인식의 질료를 이루는 감각과는 "전혀 다른 어떤 것을 의미한다."(KU, B8이하=V206 참조) 인식에서 감각은 객관에 관계하나, 쾌·불쾌의 감정에서의 감각은 "오로지 주관에만 관계하며, 전혀 어떠한 인식에도 기여하지 않"(KU, B9=V206)기 때문이다. 쾌적함이란 "감각에서 감관들에 적의"(KU, B7=V205)하므로, 가령 초원의 녹색을 보고서 느끼는 쾌적함은 순전히 "주관적 감각"일 뿐, 거기서 어떠한 대상도 인식되는 바가 없다.

감관[감각기관/감각기능] 感官 Sinn sensus

1. 대상이 촉발하면 마음은 그를 수용하는데, 그때 대상의 표상에 대한 감수성이 감성이며, 그 감수의 작용이 감각기능이고, 그 작용자를 감각기관 곧 감관이라 일컫는다.(MS, RL, AB2=VI211 참조) 감관은 "대상이 현전하는 데서의 직관능력"(Anth, BA46=VII153)이라고 정의되기도 하는데, 다시금 외감/외적 감각기능(äußere Sinne)과 내감/내적 감각기능(inner Sinn, sensus internus)으로 나뉜다. "(우리 마음의 한 속성인) 외[적]감[각기능]을 매개로 우리는 대상들을 우리 밖에 있는 것으로", 다시 말해 "공간상에"서 표상한다.(KrV, A22=B37 참조) 내감을 통해 "마음이 자기 자신 또는 자기의 내적 상태를 직관"하며, 그것도 "시간 관계에서" 직관한다.(KrV, A22이하=B37·A33=B49 참조)

2. 외감을 대표하는 것으로는 신체감각의 감관들인 촉각·시각·청각·미각·후각 등과 같은 "기관감각의 감관"(Anth, BA46=VII154)들이 있고, 내감은 "단 하나"뿐으로, "영혼이 내감의 기관이라고도 말할 수" 있는 것이다.(Anth, BA58=VII161 참조)

외감(外感)

1. 외감의 대상은 "밖에서" 주어진다. 외감을 통해 우리는 '우리 밖의 대상들'을 직관한다. 여기서 '우리 밖의'라는 말은 '수용적인 인식능력에서 구별되는' 정도 이상의 것을 의미한다. 왜냐하면 내감의 대상도 인식능력과는 구별되기 때문이다. 그러면, "물체들"이라고도 지칭되는 "우리 밖의 이 대상들"(Prol, A142=IV337)은 어떤 점에서 내감의 대상과 구별되는가? 그 구별은 '우리 밖'을 어떻게 이해하느냐에 달려 있다.

2. '우리 밖의[에]'라는 표현은 "피할 수 없는 애매모호성을 가지고 있다."(KrV, A373) 왜냐하면 "그것은 때로는 사물 그 자체로서 우리와 구별되어 실존하는 어떤 것을 의미하고, 때로는 한갓 외적인 현상에 속하는 어떤 것", 곧 "공간 안에서 마주칠 수 있는" "경험적으로 외적인 대상들"(KrV, A373)을 의미하기 때문이다. 그래서 '외감의 대상'이라는 개념은 결국은 '사물 자체'(→)(→대상)라는 개념에 닿게 된다.

내감(內感)

1. 내적 직관에서 인간은 "자기 자신의 사고유희에 의해 촉발"(Anth, BA57=VII161)된다. 그러므로 '내감의 대상'은 마음, 의식, 영혼, 인식주관 자신(KrV, A342=B400·A385 참조), 다시 말해 "나 자신과 모든 나의 표상들"(KrV, A368)이다. 내적 직관의 경우, 바꿔 말하면 자기 촉발의 경우 주관 자신이 촉발하는 대상이며, 동시에 직관되어야 하는 대상이다.(KrV, B68 참조) 내감을 "안에서"(KrV,

B69) 촉발하는 이 대상은 "내적으로 직관"(KrV, B68)되며, "그것의 실존은 전혀 의심받지 않는다."(KrV, A368) 이런 이해에서, 내감은 그것의 대상을 그 대상의 현전에서 직관한다고 말할 수 있다.

2. 그럼에도 "어떻게 주관이 자기 자신을 내적으로 직관할 수 있는가"(KrV, B68), 바꿔 말해 "어떻게 내가 나 자신에 의해 촉발될 수 있는가"(V-Met/Dohna, XXVIII654) 하는 물음은 더 추궁해보아야 한다. 스스로 제기한 이 물음에 대한 칸트 자신의 대답은, '나'라는 단순한 표상은 자기에 대한 의식, 곧 통각이라는 것이다.(KrV, B68 참조) 그러나 이 표상 '나'는 아직 자기에 대한 인식은 아니다.(KrV, B158 참조) 왜냐하면 이 표상은 단지 "단순한 그 자체로서는 아무런 내용도 가지지 않은 전혀 공허한 표상"(KrV, A345이하=B404)이기 때문이다. '나'는 "단지 내감의 대상의 표기[表記]"(Prol, A136= IV334)일 따름이다. '나'가 무엇인지는 다른 술어[성질]들을 통하여 비로소 인식될 수 있는데, 그것을 위해서는 대상으로서 "나 자신에 대한 직관"(KrV, B406)이 생겨야만 한다.(KrV, B68이하·B158 참조) 이 직관의 대상은 물론 결코 '밖에서'가 아니라 '안에서' 주어질 것이다. 그러니까 주관은 동일한 주관에 의해 직관된다.

3. 그럼에도 전자의 주관과 후자의 주관은, 전자는 주어져야 할 것이고 반면에 후자는 수용하는 주관이라는 점에서 서로 구별된다. 후자가 그에게 주어지는 전자를 "자발성 없이", 다시 말해 이것을 스스로 산출함이 없이, 수용하는 "방식"은 바로 그 때문에 자발성인 지성과 구별하여 "감성"이라 일컬어야 한다.(KrV, B68 참조) 그리고 이 감성의 '기관'을 '내감'이라고 일컫는 것은, 직관될 대상이 '안에서'부터 주어진다고 보기 때문이다.

외감과 내감의 형식의 문제

1. 외감을 시각·청각·촉각·미각·후각과 같은 기관 감각기능으로 명시할 수 있는 것처럼, 과연 '내감'도 그렇게 명시할 수 있을까?

2. 칸트에서 내감의 성격은 시간을 내감의 형식이라고 규정하는 데서 어느 정

도 드러난다. — 시간은 "내감의 형식, 다시 말해 우리 자신과 우리의 내적 상태를 직관하는 형식"(KrV, A33=B49)이다. "모든 표상들은, 그것들이 외적인 사물들을 대상으로 가지든 그렇지 않든, 어쨌든 그 자체로서 마음의 규정들로서 내적 상태에 속하"며, "그런데 이 내적 상태란 내적 직관의 형식적 조건 아래에, 그러니까 시간에" 종속한다. 그렇기에 "시간은 모든 현상들 일반의 선험적 조건이다. 좀 더 정확히 말하자면, (우리 영혼의) 내적 현상들의 직접적인 조건이고, 바로 그렇기에 간접적으로 또한 외적 현상들의 조건이다."(KrV, A34=B50; 참조 Refl 5653, XVIII309)

3. 그러므로 칸트에게서 '내감의 대상'은 '우리[나]' 자신과 '우리[나]의 내적 상태'이다. 그런데 모든 표상들은, 그러니까 내적 표상들뿐 아니라 외적 표상들도, 그것들 모두가 의식에서 생기는 것인 한에서 내적 상태에 속한다. 이것은, 모든 표상들은 표상 작용의 관점에서 보면 모두 내적 현상이라는 것을 뜻한다. 그래서 칸트는 "우리 자신과 우리의 내적 상태" 또는 "나 자신과 나의 상태"(KrV, A38=B55) 대신에 "나 자신과 나의 모든 표상들"(KrV, A368)을 내감의 대상이라고도 말한다. 나에 대한 표상을 포함해서 모든 표상들은 내적 상태, 곧 마음의 상태, 그러니까 의식에 속한다. 이렇기에 내감은 실상은 의식을 지시할 따름이다. 그 때문에 칸트는 시간을 "의식의 형식, 다시 말해 그 아래에서만 우리가 사물들을 의식하게 되는 조건"(Refl 5317, XVIII151)이라고 규정하기도 한다. 시간은 모든, 내적 외적 현상들의 필수적인 "직접적인" 조건인 것이다. 그런데도 칸트는, 시간이 "간접적으로" 외적 현상들의 조건이라고 말한다. 시간 조건은 내적 현상들을 위해서는 "직접적"이지만, 반면에 외적 현상들과 상상을 위해서는 "간접적"이라는 뜻이겠다. 그러나 이런 식의 표현은 적절하다고 볼 수 없다. 만약 이 같은 직접적-간접적 구별이 끝내 유효하다면, 내감의 대상으로서의 내적 상태에는 오로지, 결코 공간적으로, 형태적으로 표상될 수 없는 그런 '나'의 성질들만이 속한다. 그렇다면 이른바 내감의 대상으로서 '나'란 "영혼"이라고 일컬어지는 것뿐이다.(KrV, A342=B400·A385 참조) 신체로서의 나는 외감의 대상이고, 재현(再現)·공상 등과 같은 의식작용은 내감에 속하는 것이 아니라 상상력에

속하는 것이니 말이다.

4. 그래서 시간을 '내감의 형식'이라고 규정하기보다는 차라리 '의식의 형식'이라고 하면 좋을 것이나, 의식에는 지성도 속하고, 또 '지성의 형식'이라고 일컬어야 할 순수 개념들이 더 있으니, '내감의 형식'이라는 명칭을 부득이 사용해야 할 사정이 없지 않다.

감동 感動 Rührung

1. "감동이란 생명력이 단지 순간적으로 저지되었다가 곧이어 더욱 강하게 흘러넘침으로써 쾌적함이 일어나는 감각"(KU, B43=V226)이다. 감동은 숭고한 것과는 결합되어 있지만, 순수한 취미에는 섞일 수 없다.

2. 감동은 "경험적 흡족"의 요소를 이루는 것으로(KU, B39=V224) 매력과 마찬가지로 "감성의 순전한 형식이 아니라 질료와 관계 맺고 있는"(Log, A47=IX37) 것이다. 매력과 마찬가지로 감동에서는 "한낱 향수[향락]만이 목표가 되"(KU, B213=V326)기 때문에, 매력이나 감동이 섞여 있는 취미는 "야만적"(KU, B38=V223)이다. "언제나 매력과 감동을 구하는 사람은 취미가 없는 것이다."(V-Anth/Collins, XXV189) 그러므로 "우리의 취미판단 안에는 어떠한 매력[자극]도 섞여 들어서는 안 된다."(V-Anth/Mensch, XXV1099) 그러나 초기의 칸트 문헌에서는 "숭고한 것은 감동을 주고, 미적인 것은 매력적이다[자극한다]."(GSE, A5=II209)라는 생각도 읽을 수 있다.

3. 감동에는 "대담한 감동"도 있고, "여린 감동"도 있는데, 어느 경우나 강렬해지면 격정에 이른다. 여린 감동이 격정에까지 올라가면 "감상[感傷]"이라 일컫는다.(KU, B122=V273 참조)

감성 感性 Sinnlichkeit

직관능력으로서의 감성

I. 1. 인식은 "어떤 객관과 관련한 의식적 표상"이다. 이 객관적 표상은 "언제나"(KrV, A19=B33) 대상과 관계를 맺으며, 그것도 '직관'을 통하여 그렇다. 칸트에서 직관은 표상의 한 방식이며, 인식(하는) 자는 직관에서 대상과 '직접적으로 관계를 맺는다.'(KrV, A19=B33 참조) 그러므로 직관은 인식의 출발점을 이룬다. "그런데 직관은 오로지 우리에게 대상이 주어지는 한에서만 생기며, 다시금 그러나 이런 일은 적어도 우리 인간에게 있어서는 오로지 대상이 마음을 어떤 방식으로든 촉발함으로써만 가능하다."(KrV, B33 · 참조 A19) 직관한다는 것은 곧 인식하는 주관이 인식되어야 할 대상과 직접적으로 관계맺음을 말한다. 직관되어야 할 것은 인간의 인식능력을 촉발한 바로 그 대상이다. 직관된 것은 주어진 대상에 대한 직접적인 표상의 내용이다. 이런 방식의 대상 표상과 관련하는 인식능력을 일컬어 "감성"(KrV, A19=B33)이라 한다.

2. 감성은 수용적인 능력인데(KrV, A44=B61 · A50=B74 · A100 · B150 등 참조), 그것은, 감성이 오로지 대상이 그것을 촉발할 때만 작동하고, 감성의 기능이 오로지 자기를 자극하는 그 대상을 그것이 자기를 자극하는 그대로, 다시 말해 그것이 자기에게 현상하는 그대로 수용하는 것이기 때문이다. 인식에서 대상은 "감성을 매개로" 비로소 "우리에게 주어지는 것"이다. 다시 말해, 감성은 우리에게 대상에 대한 "직관들을 제공한다."(KrV, A19=B33)

3. 이 직관들은 인간의 또 다른 인식능력, 곧 지성에 의해 그가 스스로 산출한 "개념"들에서 "사고"된다.(KrV, A15 · B29 · A19=B33 · A50=B74 참조) 이러한 방식으로 대상에 대한 한 인식이 성립한다. 그러므로 직관과 개념이 "모든 우리 인식의 요소들을 이룬다."(KrV, A50=B74) 그리고 우리 인간은, 이 서로 다른 두 가지 인식 요소가 거기에서 생기는 저 "두 인식 원천 외에"(KrV, A294=B350 · A50=B74 참조) 다른 어떤 것도 가지고 있지 않다.

II. 감성의 직관작용 없이 인식은 결코 성립할 수 없다. 혹시 신이나 다른 어떤 생명체는 감성 없이도, 다시 말해 주어지는 대상을 수용함 없이도 대상을 인식할 수 있을는지 모른다. 그러나 "적어도 우리 인간에게 있어서는" 감성은 필수적인, 불가결의, 최초의 인식 활동이다. 왜냐하면 우리 인간에게 "다른 방식으로는" 어떤 인식 대상도 주어질 수 없으니 말이다.(KrV, A19=B33 참조) 그러므로 감성은 인식의 관문이자 인간 인식능력의 근본 특성이다. 그런데 더 나아가 이것이 뜻하는 바는, 감성이 수용적인 인식능력인 한에서, 어떤 대상 인식에서나 감성을 촉발하는 무엇인가가 그 감성의 밖에, 감성과는 별도로, 존재하지 않으면 안 된다는 점이다. 감성이 수용적으로 갖는 직관적인 표상 또는 직관에서의 표상은 다름 아닌 촉발하는 대상이 감성에 미친 작용 결과인 것이다.(KrV, A19=B34, B72 참조)

감성의 수동성과 능동성

1. 감성은 감각을 통해 주어지는 잡다(das Mannigfaltige)(→)를 수득(受得)한다는 점에서 수용적(受容的)이고, 자신을 촉발하는 무엇이 있을 때만 비로소 작동한다는 점에서 수동적(受動的)이다. 그러나 감성은 자기의 선험적인 수용의 형식인 공간·시간 표상에 의해 잡다한 채로 주어지는 감각적 질료를 '서로 곁하여'·'서로 잇따라'의 관계에서 정리한다는 점에서, 또한 능동적이고 자기활동적인 것이다. — "선험적인 순수 직관은 자발성의 활동을 함유한다."(OP, XXII28) — 그것은 사고의 기능으로서의 지성이 사고 양식을 스스로 만들어 기능한다는 점에서 자기활동적이지만, 대상 인식에서 사고의 소재인 감각적 현상이 주어질 때만 개념작용을 할 수 있다는 점에서 수동적 성격을 갖는 것과 비견된다.

2. 감성의 능동적 활동으로서 '서로 곁하여'·'서로 잇따라'의 일람(一覽, Synopsis)작용은 감성의 창에 비추어 들어오는 잡다한 소재를 훑어봄으로써 지성이 그것을 종합하여 '하나'로 생각할 수 있는 바탕을 마련하는 것이다. 그러므로 감성은 대상 인식에서 인식할 사물과의 직접적인 접촉 창구이며, 인식 자료를 통과

시키는 이 창구의 일차적 일람작용은 대상 인식의 출발점이고, 공간과 더불어 그리고 공간보다도 더 보편적인 그 일람작용의 틀인 시간은 모든 대상 인식의 필수 조건이다.

감성의 작용방식의 종류

1. 감성에는 "감관과 상상력"이 포함된다.(V-Met/Dohna, XXVIII672; V-Met/Mron, XXIX881 참조) "감성(직관에서의 표상능력)은 두 부분, 즉 감관과 상상력을 함유한다. 전자는 대상이 현전하는 데서의 직관의 능력이고, 후자는 대상의 현전 없는 직관의 능력이다. — 그런데 감관들은 다시금 외감[외적 감관]들과 내감[내적 감관]으로 구분된다. 전자는 인간의 신체가 물체적 사물들에 의해, 후자는 마음에 의해 촉발되는 곳에서의 감관이다."(Anth, BA46=VII153)

2. 신체감각의 감관들로는 촉각·시각·청각·미각·후각과 같은 "기관감각의 감관"과 숭고한 것을 표상할 때 엄습하는 경외감이나 공포물을 보았을 때 서늘함을 느끼는 "생기감각의 감관"이 있다.(Anth, BA46이하=VII154 참조)

『감성세계와 예지세계의 형식과 원리들』[교수취임논고] *De mundi sensibilis atque intelligibilis forma et principiis*

저술 약사

1. 『감성세계와 예지세계의 형식과 원리들』은 칸트의 쾨니히스베르크 대학 '논리학과 형이상학 교수' 취임 논고이다. 1770년 8월 24일 공표하였으며, 처음에는 왕립 궁정 학술원 인쇄소(Stanno regiae aulicae et academicae typographica)에서 인쇄했다가, 같은 해 정식으로 출판(Jakob Johann Kanter in Königsberg)

했다.

2. 라틴어로 쓴 이 논고 발표 이후 11년의 숙려 끝에 비판철학의 문을 연 독일어 저술『순수이성비판』이 출간되었으므로, 이 교수 취임 논문은 칸트 비판철학 이전의 마지막 저술이라고 볼 수도 있고, 비판철학의 배아를 담고 있는 저작이라고 볼 수도 있다. 적지 않은 사람들이 이 논고의 의의를 충분히 인지하고 있었고, 독일어 번역본이 칸트 생전인 1797년(Kant, *Sämtliche kleine Schriften*, hsrg. u. übers. von Voigt, Jena[Königsberg · Leipzig], Bd. III, S. 1~63)과 1799년(Kant, *Vermischte Schriften*, hrsg. u. übers. von J. Tieftrunk, Halle, Bd. II, S. 489~566)에 나왔다.

주요 내용

1. 논고는 모두 5절(sectio) 30조항(§)으로 구성되어 1) 세계개념 일반(§§1~2), 2) 감성적인 것과 예지적인 것 일반의 구별(§§3~12), 3) 감성세계의 형식의 원리들(§§13~15), 4) 예지세계의 형식의 원리들(§§16~22), 5) 형이상학에서 감성적인 것과 지성적인 것에 관한 방법(§§23~30)을 차례로 다루고 있다.

2. 무엇보다도 제3절에서 논구하고 있는 감성세계의 형식으로서의 시간 · 공간 개념은『순수이성비판』의 초월적 감성학에서 펼쳐지는 공간 · 시간(→) 이론을 생각할 때 매우 중요한 의미를 갖는다. 이미 이 논고에서 공간과 시간은 "개별 표상"(MSI, §14, 2 · §15, B)으로서 "순수 직관"(MSI, §14, 3 · §15, C)이며, 존재자로든 존재자의 속성으로든 객관적으로 실재하는 것이 아니라 "상상적인 것"(MSI, §14, 6 · §15, E)이면서도 감성세계에 현상하는 모든 것들을 틀 지우는 형식임이 해명되고 있는데, 이는 비판철학 시기에 전개되는 현상존재론(→), 곧 "현상체로서의 세계(mundus phaenomenon)"(MSI, §14, 7) 사상과 정확하게 합치하는 것이다. 게다가 시간 · 공간 개념이 "본유적/선천적(connatus)"인 것이 아니라 "의심할 여지없이 취득된(acquisitus)"(MSI, §14, corollarium) 것임을 논하고 있다. 그럼에도 아직 이것들이 "선험적(a priori)" 표상이라거나, 그 기능이 "초월적(transzenden-

tal)"이라고 술어(術語)화하지는 않고 있다.

3. 제4절에서 예지세계의 형식 원리로 상호성(commercium)을 논하면서 실체성과 인과성을 관계 개념으로 함께 생각함으로써 순수 지성개념의 범례를 보여주며, 제5절의 감각적인 것(sensitiva)과 지성적인 것(intellectualia)에 관한 방법론에서는 "감각적 인식에 고유한 원리들이 자신의 한계를 넘어서 지성적인 것들을 건드리지 않도록 매우 조심하라."(MSI, §24)는 형이상학 정초를 위한 '순수 이성비판'의 방법론을 예비하고 있다.

감성학/미학/미감학 感性學/美學/美感學 Ästhetik aesthetica

어의와 용례

I. 1. 고대 그리스철학에서부터 보편자에 대한 인식능력인 이성(λόγος, logos) 또는 지성(νοῦς, nous)에 대하여 개별자에 대한 인식능력이라고 이해되던 '감각/지각(αἴσθησις, aisthesis)에 관한 이론'을 라틴어로 '에스테티카(aesthetica)'로 호칭한 데서 독일어 낱말 '에스테티크(Ästhetik)'는 유래한다. 이 말을 본래 바움가르텐(→)은 '미학'의 의미로 썼으며, 칸트도 『판단력비판』(1790)의 제1편에 "미감적[미학적] 판단력 비판"을 배정함으로써 '미학'의 의미로 사용하고 있다. 그러나 칸트는 『순수이성비판』의 개정판(1787)을 출간할 때까지도 '에스테티크'는 낱말의 본래의 뜻에 맞게 '감성학' 내지 '감성론'의 의미로 사용해야 한다고 주장했다.(KrV, B35이하, 주 참조)

2. 감각지각은 무엇인가에 의해 주관이 촉발되는 방식이므로, 감각지각의 이론 즉 감성학은 "주관이 촉발되는 방식"(EEKU, XX221=H27), 즉 주관이 어떻게 촉발되는지에 관한 이론이다. 여기서 감각적 표상이 인식능력과 관계 맺어 인식판단을 생성시키는 대신에, 쾌·불쾌의 감정과 관계 맺고 합목적성의 원리에

따라 취미판단의 소재가 되기도 하는데(→감각), 이런 경우에 관한 이론은 '감성학' 대신에 '미감학(美感學)' 또는 줄여서 '미학(美學)'(→)이라 일컬을 수 있을 터이다. 그래서 칸트는 취미론(Geschmackslehre)을 "반성적 판단력의 미(감)학[감성학](Ästhetik der reflektierenden Urteilskraft)"(EEKU, XX249=H64)이라고 일컫기도 한다. 이렇게 구별한다면 '감성학'은 "인식능력의 감성학(Ästhetik des Erkenntnisvermögens)"(EEKU, XX222=H28)을 지칭하겠다.

II. '에스테티크(Ästhetik)'가 갖는 이러한 '감성학/미(감)학'의 중의성 내지 애매성은 불가피하다 하더라도, '에스테티크(Ästhetik)'의 형용사인 '에스테티슈(ästhetisch)'라는 표현은 "직관에 대해서[는], 더욱이 지성의 표상들에 대해서[는] 사용하지 않고, 오로지 판단력의 행위들에 대해서만 사용한다면" 이러한 애매성은 "제거될 수 있다"(EEKU, XX222=H28)는 것이 칸트의 생각이다. 그래서 칸트는 취미판단은 '미감적/미학적(ästhetisch) 판단'이라고 하고, 인식판단은 '감성적/감각적(sinnlich) 판단'이라고 일컬어 양자를 구별할 것을 제안한다.(EEKU, XX222이하=H28이하 참조)

요컨대 '에스테티크(Ästhetik)'가 『순수이성비판』 영역에서는 '감성학'을, 『판단력비판』 영역에서는 '미학' 내지는 '미감학'을, 그러나 '에스테티크(Ästhetik)'의 형용사인 '에스테티슈(ästhetisch)'는 '감성학적'이라기보다는 어느 경우나 '미학적' 내지 '미감적'을 뜻한다 하겠다.

III. 1. '미감적'이라는 의미의 '에스테티슈(ästhetisch)' 개념은 도덕철학에서도 사용된다. 인간의 마음의 바탕에는 의무에 대한 감수성이 있는데, "도덕 감정, 양심, 이웃 사랑 그리고 자기 자신에 대한 존경(자기존중)"과 같은 "도덕적 성질"(MS, TL, A35=VI399)이나 "고통받는 자의 위치에서의 상상력의 작용결과인 동정심과 같은"(MS, RL, A178=B208=VI321) 것이 그러한 것이다. 이러한 성질들은 "도덕성의 객관적인 조건들"이 아니라, 단지 "의무개념에 대한 감수성의 주관적 조건들"(MS, TL, A35=VI399)이다. 이러한 것들을 칸트는 "미감적(ästhetisch)"이라고 일컫는다. 이러한 미감적 소질들은 "의무개념들에 의해 촉발되는, 선행적인 그러나 자연적인 마음의 소질(性向)인바, 그런 소질을 갖는 것이 의무로 여겨질 수는 없고, 오히려 그런 소질은 인간이면 누구나 갖는 것이고, 그러한 소질 덕분에 인간은 의무 지어[책임]질 수 있는 것이다."(MS, TL, A35=VI399)

2. 여기서 더 나아가 "미감적 인간성 내지 우아(humanitas aesthetica, et decorum)"는 "의무에 우미를 동반시키"(MS, TL, A159=VI473)는 것이다. 후기 칸트의 이러한 생각은 아마도 실러(→)가 "칸트의 도덕철학에는 모든 우미의 여신들을 놀라서 뒷걸음치게 하는 강한 어세로 의무의 이념이 강론되고 있다."(Schiller, "Über Anmut und Würde", in: Friedrich Schiller, SW, V, 465)는 비판에 응한 칸트의 보완으로 보인다.(RGV, B10=VI26 주 참조) 실러에 의하면 "아름다운 영혼에서 감성과 지성, 의무와 경향성은 조화를 이루고"(Friedrich Schiller, SW, V, 468), 우미는 거기에서 표현된다. "우미는 자유의 영향 아래에 있는 형태의 미, 즉 인격이 규정하는 그러한 현상들의 미인 것이다."(Friedrich Schiller, SW, V, 446)

3. 어떤 방식으로든 미감적 정서가 도덕과 직결되어 있다고 보기 때문에 칸트는 "미적인 것은 윤리적으로-좋은[선한] 것의 상징이며, 그리고 또한 (누구에게나 자연스럽고, 또 누구나 다른 사람에게 의무로서 요구하는 관계의) 이러한 관점에서만 미적인 것은 다른 모든 사람들의 동의를 요구함과 함께 적의한 것이다. 이때 우리의 마음은 동시에 감관인상들에 의한 쾌의 한갓된 수용을 넘어선 어떤 순화와 고양을 의식한다."(KU, B258=V353)고 생각하는 것이다.

4. 미감과 도덕감의 이러한 상관성으로 인해 칸트의 『덕이론의 형이상학적 기초원리』에는 "윤리 형이상학의 일부가 아니지만" "윤리의 미감학/감성학(Ästhetik der Sitten)"(MS, TL, A48=VI406)이 포함되어 있다. 윤리의 미감학이란 "도덕법칙의 강요력을 수반하는 감정들이, 순전히-감각적인 자극보다 우월함을 얻어내기 위해, 저런 자기의 효력 — 예컨대 도덕적인 꺼림을 감성화하는 구역질, 전율[몸서리침] 등등 — 을 느끼도록 만"드는 "주관적 서술"(MS, TL, A48=VI406)을 말한다.

그래서 칸트는 『순수이성비판』의 요소론 안에 감성학과 논리학이 있고, 논리학 안에 다시금 분석학과 변증학이 있는 데 반하여, 『실천이성비판』의 요소론이 분석학과 변증학으로 구성되어 있는 점을 상기시키면서, "순전히 유추적으로"

"실천적인 이성의 분석학은 거꾸로 순수 실천이성의 논리학과 감성학[미감학]으로 구분된다."(KpV, A161=V90)고 말한다. 이 실천이성의 감성학[미감학]은 감성적 직관 형식 대신에 "한낱 (욕구의 주관적 근거일 수 있는) 감정"(KpV, A161=V90)을 내용으로 갖는다.

초월적 감성학 transzendentale Ästhetik

I. 칸트의 『순수이성비판』의 초월적 요소론 제1부인 초월적 감성학은 "감성의 선험적 원리들의 학"(KrV, A21=B35)으로서, 내용상으로는 공간과 시간 표상의 해설(解說: expositio)이다.

"해설"이란 "어떤 개념에 속하는 것에 대한 (상세하지는 않을지라도) 분명한 표상"(KrV, B38)을 말한다. 그리고 여기서 '개념'이란, 칸트가 공간·시간을 개념이라고 지칭하는 곳(예컨대 KrV, A23=B38, A85=B118)에서와 마찬가지로, 직관(→)과 구별되는 의미에서의 개념(→)이 아니라 이 양자를 포섭하는 상위 개념, 그러니까 오히려 '표상'(→)에 해당하는 개념으로 이해해야 한다. 그러므로 공간·시간에 대한 해설은 공간·시간 표상을 석명(釋明)하여 그것의 기본 성격, 원천, 기능 등을 밝혀냄을 뜻한다.

II. 1. 순수한 직관들인 공간·시간 표상을 해설함에 있어 "선험적 종합 인식은 어떻게 가능한가?"(→)라는 물음을 무엇보다도 먼저 답해야 할 물음으로 보고 있는 칸트는 물론 특별한 의도를 가지고서, 직관들에 의한 선험적 종합 인식(예컨대, 수학적 인식)이 어떻게 가능한지를 해명한다. 그러나 그에게 진정한 현안 문제는 직관에 의한 선험적 종합 인식의 가능성 문제 자체가 아니라, 오히려 경험적인 그러면서도 필연적이고 보편타당한 인식의 대상의 대상임을 밝히는 문제이므로, 그의 해설의 주안점은 순수 직관들이 경험적 인식을 필연적이고도 보편타당하게 만드는 경험적 직관의 선험적 형식으로, 다시 말해 현상들의 선험적인 형식적 조건들로 기능함을 밝히는 데에 있다. 그래서 칸트는 그의 순수 이성 비판 작업이 "오로지 경험의 대상들에 대한 우리의 선험적 인식의 가능성을

[개념적으로] 파악하기 위한”(Prol, A207= IV375) 것이라고 말한다.

2. 이를 위해 칸트가 해설하는 바는, 1) 공간·시간 표상은 개념이 아니라 직관이며, 그것도 경험적인 것이 아니라 선험적이라는 것, 2) 공간·시간 표상은 선험적이고 따라서 경험에 선행하므로, 그것들의 출처는 주관 안에서 찾아야만 하고, 그러므로 그것들은 주관적이라는 것, 3) 그럼에도 이 주관적인 표상들은, 그것들이 경험적인 그러니까 객관 관련적인 직관의 형식적인, 임의적이 아니라 필수적인 조건으로, 다시 말해 현상의 조건으로 기능하는 한에서 객관적 실재성을 갖는다는 것이다. 그리고 이러한 해설 과정과 내용이 초월적 감성학의 내용을 이룬다.

감정 感情 Gefühl

1. 감정이란 “한 표상에서 쾌[快]나 불쾌[不快]를 가질 수 있는 역량”(MS, RL, AB2=VI211) 내지 쾌나 불쾌의 “감수성”을 말한다. 그러니까 칸트에서 ‘감정’은 기본적으로 쾌감이거나 불쾌감을 뜻한다.

2. 감정은 표상이 감성적인 것이든 지성적인 것이든 또는 이성적인 것이든 어떤 “표상이 주관에 미친 작용결과를 함유하는 것으로 감성에 속하는 것”(MS, RL, AB2주=VI212)이다. 감정은 “감성적”인 것인 한에서 “항상 물리적”(MS, TL, AVII=VI377), 다시 말해 자연인과적이다.

3. 그런데 감정은 “우리 표상과의 관계에서 순전히 주관적인 것만을 함유하고, 객관에 대한 가능한 인식을 위한 (심지어는 우리의 상태에 대한 인식을 위한) 어떠한 객관과의 관계도 전혀 함유하고 있지 않”(MS, RL, AB2=VI211)다. “쾌나 불쾌는 객관에서는 단적으로 아무것도 표현해내는 바가 없으며, 오로지 주관과의 관계만을 나타내는 것이니 말이다.”(MS, RL, AB2이하=VI212)

4. 개념 없는 대상의 표상에 의한 주관적인 “마음의 합목적적 상태”를 “내적 감정”(KU, B161=V296)이라고 일컫기도 한다.

쾌 · 불쾌의 감정

I. 1. 쾌[快] · 불쾌[不快]의 감정(Gefühl der Lust und Unlust)은 인간에서 인식능력과 욕구능력 사이에 있는 의식방식이다.(KU, BV=V168 참조) "모든 마음의 능력들 내지 기능들은 더 이상 공통의 근거에서 파생될 수 없는 세 가지 능력, 즉 인식능력, 쾌 · 불쾌의 감정, 욕구능력으로 환원될 수 있"(KU, BXXII=V177)다는 점에서, 쾌 · 불쾌의 감정은 마음의 근원적 세 능력 가운데 하나이다.

2. 그러나 욕구나 혐오에도 항상 쾌나 불쾌가 결합되어 있는데, 이것의 감수성을 감정이라 부르기도 한다.(MS, RL, AB1=VI211 참조)

3. 감정을 촉발하는 그 표상의 대상에 대한 욕구와 필연적으로 결합되어 있는 쾌를 "실천적 쾌"(MS, RL, AB2=VI212)라고 일컫는데, 그에는 "정념적인 쾌"와 "도덕적인 쾌"가 있다. "행동이 일어나기 위해서 반드시 법칙에 앞서 선행해야만 하는 쾌(나 불쾌)는 정념적인 것이고, 행동이 일어나기 위해서 반드시 그에 앞서 법칙이 선행해야만 하는 쾌는 도덕적인 것이다."(VT, A401/2=VIII395) 정념적인 쾌는 "자연질서에 따르"지만, 도덕적인 쾌는 "윤리적 질서 안에 있다."(MS, TL, AIX=VI378 참조)

4. 대상에 대한 욕구와 필연적으로는 결합되어 있지 않은, 그러니까 근본적으로 표상의 객관의 실존에 결부되어 있는 것이 아니라, 오히려 한낱 그 표상에만 결부되어 있는 쾌는 "관조적 쾌 혹은 비능동적 흡족"(MS, RL, AB2=VI212)이라고 부를 수 있겠다. 이러한 관조적 쾌를 "취미"라 일컫는다.(KU, B36=V222 참조)

II. 1. 어떤 표상이 상상력에 의해 주관 및 주관의 쾌 또는 불쾌의 감정과 관계맺게 되면 그것의 아름다움에 대한 판정이 생긴다.(KU, B3이하=V203 참조)

2. 아름다운 것에 대한 쾌감 또는 추한 것에 대한 불쾌감의 선험적 원인이란 있을 수 없고, 이런 것의 원인은 모두 경험적이며, 그렇기에 미감적/감성적(ästhetisch)인 것이다. 무엇이 아름다운지를 판정하는 "객관적인 취미규칙"은 없고, 취미의 원리는 오로지 "주관의 감정"(KU, B53=V231)에서 찾을 수 있을 뿐이다. 그럼에도 쾌 · 불쾌의 감정은 보편성을 갖는다. 이러한 "(흡족이나 부적의의)

감정의 보편적 전달가능성"(KU, B53=V231)은 "사람들에게 대상들이 주어지는 형식들의 판정에 있어서 일치하는, 모든 사람들에게 공통적인 깊이 숨겨져 있는 근거로부터, 사례들을 통해 확증된 취미가 유래하는 것임을 보여주는, 경험적인 […] 표준"(KU, B53=V232)에 기인한 것이다.

3. 미적 쾌·불쾌의 감정은 "사적 감정이 아니라 하나의 공통/공동체적 감정"(KU, B67=V239)(→ 공통감)이다.

III. 관조적 쾌로서의 흡족은 관계 맺은 대상에 따라 그 방식이 다르다. 미적인 것은 "직접적으로 생명을 촉진하는 감정을 지니고 있고, 그래서 매력이나 유희하는 상상력과 합일"할 수 있으며, 숭고의 감정은 단지 간접적으로만 생기는 쾌이다. 숭고한 것에서의 쾌는 "생명력들이 일순간 저지되어 있다가 곧장 뒤이어 한층 더 강화되어 범람하는 감정에 의해 산출"되는 것으로, 그러니까 그것은 감동(→)으로서, 상상력의 활동에서 유희가 아니라 엄숙함이며, 그렇기 때문에 매력과는 결합되지 않는다. 숭고한 것에서 마음은 끌려갈 뿐만 아니라 거꾸로 거부하기도 한다. 그러므로 "숭고한 것에서 흡족은 적극적인 쾌가 아니라, 오히려 경탄 내지는 존경을 함유하며, 다시 말해 소극적 쾌"라고 일컬을 수 있는 것이다.(KU, B75이하=V244이하 참조)

도덕 감정

→ 도덕 감정/도덕감[각]

감탄 感歎 Verwunderung admiratio

1. 감탄이란 "기대를 뛰어넘는 새로움을 표상할 때의 격정[정동(→)]"을 말하며, "새로움이 사라져도 그치지 않는 감탄"을 '경탄(Bewunderung)'이라 한다.(KU, B122=V272 참조)

2. "예기치 않은 것을 마주친 당혹"으로 인한 감탄은 "처음에는 자연스러운

사유활동을 방해하고, 그러니까 불편하지만, 그러나 이내 예기치 않은 표상에 대한 사유의 흐름을 더욱더 촉진시키고, 그래서 감정의 쾌적한 환기가 된다. [···] 풋내기는 세상 안에서 모든 것에 감탄한다. 그러나 다양한 경험을 통해 사물의 경과를 숙지하게 된 사람은 아무런 것에 관해서도 감탄하지 않기(無感歎: nihil admirari)를 자기의 원칙으로 삼는다."(Anth, A218이하=B218=VII261)

3. 숭고한 것 앞에서의 감탄은 "고통을 계속적으로 극복함으로써 얻는 쾌적한 감정"(Anth, BA190=VII243)이다.

4. 사람들이 어떤 감탄의 "지각이 각성의 상태에서 일어나는지 꿈의 상태에서 일어나는지를 확실하게 모를 경우에는"(Anth, A219) 경이(Erstaunen)의 정동[격정]이 일어나는데, "탐구의 눈길로 자연의 질서를 그 매우 큰 다양성에서 숙고하면서 따라가는 사람은 미처 예기하지 못했던 지혜를 넘어 경이에, 즉 사람들이 그로부터 벗어날 수 없는(감탄으로는 충분하지가 않은) 경탄에 들게 된다. 그러나 그럴 경우에 이러한 정동[격정]은 오직 이성에 의해서만 환기되는 것이어서, 그것은 초감성적인 것의 심연이 그의 발 앞에서 열리는 것을 보는 일종의 신성한 경외(Schauer)이다."(Anth, A219=B218=VII261)

강요 强要 Nötigung

I. 1. 강요란 의지가 객관적인 조건들과 합치하지 않고, 주관적인 조건들(어떤 동기들)에 종속하려 할 때, 다시 말해 의지가 자체로 온전하게는 이성과 맞지 않을 때, 그러한 "의지를 객관적인 법칙들에 맞게 규정"(GMS, B37=IV413)함이다.

2. 강요는 "이성의 객관적 법칙과, 주관적 성질상 그에 의해 필연적으로 규정되지는 않는 의지" 사이의 관계에서 "명령"(→)으로 표현된다.(GMS, B37=IV413 참조)

3. 도덕법칙을 벗어나더라도 무엇인가를 얻으려는 "욕구의 극복은 주관에게 언제나 희생을 치르게 하고, 그러므로 자기강제, 다시 말해 사람들이 아주 기꺼

이 행하는 것은 아닌 것에 대한 내적 강요를 필요"(KpV, A149=V83이하)로 한다. 이러한 내적 강요는 "도덕적 강요"(KpV, A149=V84)이다.

II. 1. "일체의 규정 근거에서 경향성을 배제하는, 객관적으로 실천적인 행위를 일컬어 의무라 하며, 이 배제로 인해 의무는 그 개념상 실천적 강요를, 다시 말해 마지못해서라도 행위하게 하는 규정을 함유한다."(KpV, A143=V80)

2. "모든 의무들은 법칙에 의한 강요의 개념을 함유한다. 윤리학적 의무는 그에 대해 오직 내적인 법칙수립만이 가능한 그런 강요이고, 반면에 법의무들은 그에 대해 외적 법칙수립도 가능한 그런 강요이다. 그러므로 양자는, 그것이 자기강제이든 타인에 의한 강제이든, 어쨌든 강제적인 것이다."(MS, TL, A28=VI394)

강제 强制 Zwang

I. 1. 강제란 행하고 싶지 않은 것을 억지로 시킴을 말한다. 칸트는 당위법칙은 이성적 존재자가 스스로 세운 것이지만, 인간은 이성 외에도 경향성에 따라서 곧잘 행동하기 때문에 이성이 수립한 법칙에 의해 강제당한다고 본다. 그 강제가 내적일 때 강제하는 법칙은 도덕법칙이라고, 외적일 때는 법[률]이라고 일컫는다.

2. "의지의 법칙에 대한 자유로운 복종의 의식은, 모든 경향성들에게, 오직 자신의 이성에 의해 가해지는, 불가피한 강제와 결합돼 있는 것으로서, 무릇 법칙에 대한 존경이다."(KpV, A142이하=V80)

II. 1. 정념적으로 촉발되는 의사는 어떤 소망을 수반하거니와, 이러한 소망은 주관적인 원인들에서 생기므로 순수한 객관적 규정 근거에 자주 맞설 수 있다. 그래서 도덕적 행위를 위해서는 이러한 소망에 대한 "실천이성의 저항"이 필요한데, 이것을 "일종의 내적인, 그러나 지성적인 강제"(KpV, A57=V32)라고 부를 수 있다.

2. "경향성이 무어라 참견할지라도 이성은 절조 있게 그리고 자기 자신에 의해 강제되어, 행위에서 의지의 준칙을 항상 순수한 의지에 묶는"(KpV, A56=V32)데, 그때 도덕적 행위가 일어난다.

3. 도덕적 행위는 한갓된 자기강제가 아니라, "자기 의무의 순전한 표상에 의한 강제"(MS, TL, A28=VI394)이다. '자기강제'는 하나의 자연적 경향성이 다른 자연적 경향성을 억누르는 경우에도 일어나는 것이니 말이다.

III. 1. 인간에게는 마땅히 지켜야 할 의무들이 있는데, 법의무는 그것의 준수가 외적으로 강제될 수 있는 것이다.(MS, RL, AB17=VI220) "법은 강제하는 권한과 결합해 있다."(MS, RL, AB35=VI231)

2. 법은 "보편적 법칙들에 따라 어느 누구의 자유와도 화합하는 전반적이고 교호적인 강제의 가능성으로서 표상될 수 있다."(MS, RL, AB35=VI232) 법은 "보편적인 법칙들에 따라 어느 누구의 자유와도 공존할 수 있는 외적 강제의 가능성의 원리에 기반하는 것이다."(MS, RL, AB36=VI232)

개념 概念 Begriff conceptus

개념의 성격

I. 칸트는 '개념'을 '직관'과 대비한다. 그것은 지성과 감성의 대비에 상응한다. 감성이 직관의 능력이라면 지성은 개념의 능력이다. 직관이 "개별 표상(repraesentatio singularis)"이라면 개념은 "공통 징표에 의한 표상(repraesentatio per notas commmunes)"(Log, A139=IX91) 곧 보편 표상이다. "보편 표상"이란 "여러 대상들에 공통인 표상, 그런 한에서 서로 다른 대상들에 함유되어 있을 수 있는 그런 표상"(Log, A139이하=IX91)이다.

II. 1. 개념은 "다수의 사물들에 공통일 수 있는 징표를 매개로 해서 대상과 관계 맺는다"(KrV, A320=B377; 참조 KrV, A19=B33 · B41 · A68=B93)는 점에서

"간접적으로" 대상과 관계 맺는다. 여기서 '간접적'이란 '매개적' 또는 "돌아서"(KrV, A19=B33)를 뜻한다. 다시 말해, 개념은 대상이 직관을 통해 주어질 때만 대상과 관계 맺을 수 있으며, 그것도 이미 하나의 표상인 징표를 매개로 해서, 이른바 "논변적"(KrV, A68=B93; Log, A139=IX91)으로 관계 맺는다.

2. 개념이 자기 아래에 여러 표상들을 통일적으로 포섭한다 함은, 1) 그 개념이 주어진 여러 표상들 안에 공통적으로 포함되어 있음과, 2) 그 개념은 그러니까 주어진 여러 표상들에 대한 표상임을 말한다. 여기서 개념의 두 기본 성격이 드러나는 것이다. 첫째로, 개념적인 표상에서는 여러 표상들 안에 포함되어 있는 공통적인 것이 표상된다. 둘째로, 개념적인 표상함은 일종의 우회적인 표상함, 다시 말해 표상들의 공통성을 매개로 여러 표상들을 표상하는 그러한 표상함, 그러므로 간접적인 표상함이다. 첫째 관점에서 개념을 "보편적 표상"이라고 일컫는다면, 둘째 관점에서는 반성적 ("반성된" 또는 "반성하는") 표상, 다시 말해 주어진 표상들을 이리저리 훑어본 표상, "논변적 표상(repraesentatio discursiva)"이라고 일컫는다. 그러므로 인식의 대상과 관련해서 말하자면, 개념은 간접적으로, 다시 말해 주어진 직관들을 매개로, 대상과 관계 맺는, 보편적 표상이다. 이에 비견해서 말한다면, 직관은 직접적으로 대상과 관계 맺는, 개별적 표상이다.(KrV, A19=B33·A320=B377 참조)

개념의 형식과 질료

I. 1. 보편적 표상이란 곧 여러 표상들에 공통적으로 "포함"되어 있는 것, 그 점에서 서로 다른 여러 표상들이 합치하는 것에 대한 표상이다. 서로 다른 여러 표상들에 의해 나눠 가질 수 있는 공통적인 것으로서 개념의 '보편성'이 개념을 개념으로 만든다. 그러므로 이 보편성이 개념의 "형식"을 이룬다. 개념이 그것의 보편성에 근거해서 관계 맺을 수 있는 대상은 개념의 "질료"이다.(Log, A139=IX91 참조) 다른 것이 아니라 그 공통점에서 합치하는 여러 표상들이 우선 그 개념들의 대상들이다. 이 대상들이야말로 개념들의 질료적 근원이고,

"질료의 점에서 개념들의 근원"(Log, A145=IX94) 내지 "개념들의 원천"(Log, A144=IX94)이자 개념들의 "내용"(Log, A144=IX94 참조)이다. 그러나 미리 제시된 표상들은 아니지만, 개념에 의해 제공될 수 있는 표상들도 또한 그 개념의 대상들 곧 내용이다.

2. 보편적 표상으로서 개념은 자기 안에 서로 다른 다수의 대상을 포함하는데, 개념의 공통 징표를 그 개념의 내포라 하고, 그 개념에 포함되는 대상들을 개념의 외연이라고 한다. 한 개념에 포함되는 대상들은 서로 질(質)적으로 구별되기도 하고, 수(數)적으로 구별되기도 한다. 이러한 구별 위에 한 대상, 곧 개체가 있다.

II. 보편적 표상으로서 개념들은 "논리적 지성–작용에 의해" "형식의 면에서 산출"(Log, A145=IX94)된다. 형식의 면에서, 곧 보편성에서 개념을 만들어내는 것은 "지성의 세 논리적 조작"(Log, A145=IX94)이다. 말하자면, "1) 비교, 다시 말해 의식의 통일과의 관계에서 표상들을 서로 비교함, 2) 반성, 다시 말해 어떻게 서로 다른 여러 표상들이 한 의식에서 파악될 수 있는가를 성찰함, 그리고 마지막으로 3) 추상, 바꿔 말해 주어진 표상들에서 서로 다른 점 모두를 제거해냄"(Log, A145=IX94)으로써 우리는 한 개념을 얻을 수 있다. 여기서 '추상'이란 '무엇을 추출하다(abstrahere aliquid)', 곧 공통점을 추출해낸다는 보통의 적극적인 의미가 아니라 '무엇을 도외시하다(abstrahere ab aliquo)', 곧 상이점은 보지 않는다(Log, A146=IX95)는 소극적인 의미를 지닌다. 이런 의미에서의 추상은 "단지 보편적인 표상들이 산출될 수 있는 소극적인 조건일 따름"이다. 그러니까 "추상만으로는 아무런 개념도" 생기지 않는다.(Log, A147=IX95 참조) 한 개념은 지성의 "적극적인" 작용, 곧 비교와 반성을 통해 산출되고, "추상은 그 개념을 다만 완성시키고, 그 개념을 일정한 한계 안에 가둔다."(Log, A147=IX95) 두 적극적인 작용 가운데 비교가 준비 활동이라면, 반성은 중심적인 결정적 활동이고, 소극적인 작용인 추상은 마무리 활동이다. "표상들로부터 개념을 만들어내기 위해서는" 우리는 그 표상들을 "먼저 서로" 비교하고, 다음에 어느 점에서 "그것들이 서로 다른지를" 주목해야 한다. "이런 다음에는 그것들이 서로 공통적으로 가지고 있는 점만을" 반성하고, 여타의 점들은 추상해버려야 한다. 이렇게 해서 우리는 하나의 개념, 곧 "다수의 객관들에 공통적인 표상(conceptus communis)" (Log, A144=IX94; 참조 KrV, B134 주)을 얻는다. 그러므로 비교·반성·추상이라는 "지성-작용"은 "개념들의 논리적 근원"(Log, A144=IX93) 내지 형식의 면에서의 개념들의 원천이다.

III. 1. 그런데 개념은 "내용의 면에서"는 "경험적이거나 순수하다."(Log, A140=IX92; 참조 KrV, A320=B377) 지성이 그것을 소재로 그의 논리적 작용을 통해 개념을 만들어낼 수 있는 주어진 표상들이 경험-감성적으로, 다시 말해 후험적으로 주어진 것일 경우에 그 개념은 경험적이고, 반면에 그것들이 "경험에서가 아니라" 다시 말해 선험적으로 주어진 것일 경우에는 그 개념은 순수하다. 감각경험적 질료를 내용으로 갖는 개념은 "경험개념"(Log, A143=IX93)이라 부르고, 그 질료가 "지성 자신으로부터" 주어지고, 그러므로 "(감성의 순수한 상[像]에서가 아니라) 단적으로 지성에 그 원천을 갖는" 그런 개념은 "순수관념[지성개념]"이라고 일컫는다.(KrV, A320=B377; Log, A143=IX93 참조)

2. 이외에도 예상(豫想)이라든지 추상(追想)이라든지 또 다른 갖가지 상상의 방식을 통해 개념이 만들어지기도 하고, 일단 경험적으로든 순수 상상적으로든 만들어진 개념들을 기초로 해서 또 다른 개념들이 만들어지기도 한다. 그뿐만 아니라 임의적인 명명을 통해 생긴 '이름'이나 조작적인 정의(定義)를 통해 나오는 술어(術語)들과 논리적 규칙들을 바탕으로 제3의 개념이 만들어지기도 한다. 이러한 개념들을 '파생(派生)적 개념'이라 한다.

형식적 개념과 질료적 개념

1. 판단은 개념들이 일정한 방식으로 결합되면 생기는데, 판단을 형성하는 개념들 중에는 실질적(real)인 것을 지칭하는 것이 있고, 그러한 실질적인 것들을 틀 지우는 것이 있다. 예컨대 "장미는 꽃이다."에서 '장미'와 '꽃'은 실질적인 것으로 판단의 질료를 구성하므로 질료적 개념이라 하겠고, '~는(은) ~이다[하다]'는

판단의 틀을 이루므로 형식적 개념이라 하겠다. 형식적 개념은 기능[함수] 개념이라고 일컬으며, 질료적 개념은 대상 개념 또는 사물 개념이라고도 일컫는다.

2. 사물(res) 개념은 개별 사물의 실재적(realis) 속성을 내포로 갖지만, 형식 개념들은 개별 사물의 속성은 이루지 않되, 개별 사물을 설정(Position)(→)하고 다른 사물과의 관계에서 정립하는 틀을 이룬다. "언제 어디서 ~이 ~ 때문에 ~ 하게 있다."라는 언표에서 보듯, 저러한 형식 개념들의 틀 위에 '~'라는 대상 개념이 놓일 수 있는 것이다. 예컨대 "지금 여기 도라지 새싹이 강한 햇볕 때문에 시들어 있다."라는 언표처럼. 이러한 형식 개념들을 칸트는 직관(→)의 형식과 사고(→)의 형식으로 나누어보았다.

개연론 蓋然論 Probabilismus

1. 개연론 내지 개연주의란 "어떤 행위를 하고자 하는 데에는 그 행위가 아마 옳을 수 있을 것이라는 한갓된 의견만으로 이미 충분하다."는 주의주장을 말하는데, 칸트는 이에 대해 분명한 반대 입장을 취한다.

2. 개연론은 도미니크 수도회의 바르톨로메(Bartolomé de Medina, 1527~1581)가 처음(1577) 주창한 원칙, "설령 반대되는 더 개연적인 의견이 있다고 할지라도, 하나의 개연적인 의견을 좇는 것은 정당하다.(si est opinio probabilis, licitum est eam sequi, licet opposita est probabilior.)"에서 비롯한 것으로 알려져 있으며, 예수회에서도 받아들임으로써 하나의 유력한 주의주장으로 등장하였다. 바움가르텐(→)도 '도덕적 개연주의'(Baumgarten, *Ethica Philosophica*, 1751, §193)를 내세웠는데 칸트는 이에 대해서도 비판하고 있다. 칸트의 생각으로는, 양심의 문제에 대해 판단하면서 개연성(→)을 좇는다는 것은, 허용될 수 없는 가능성을 안고서 무엇인가를 허용할 수 있다는 것인데, 이런 일은 있을 수 없다는 것이다.(V-MS/Vigil, XXVII622 참조) 칸트는 거짓 정치 또한 개연론을 앞세워 상대자들을 압도하려 획책한다면서 이를 경계한다.(ZeF, A102=B108=VIII385 참조)

개연성 蓋然性 Wahrscheinlichkeit probabilitas

1. 개연성이란 "불충분한 근거들에 의한 견해"(Log, A126=IX81)이다. 비록 불충분한 근거들이라 해도 반대의 근거들보다는 확률적으로 더 높다고 보기 때문에 내는 의견이다. 개연성은 불충분하기는 하지만, 그 반대의 근거들보다는 더 많이 객관적 타당성을 갖는다는 점에서, 한갓된 그럴듯함과는 구별된다. 그러므로 개연성은 확실성에 근접해 있음을 말한다.(Log, A127=IX82 참조) 수학적인 개연성은 "확실성의 절반 이상"(Log, A128=IX82)이다.

2. 개연성, 개연적인 것은 불충분한 근거에 의한 것으로, "그 인식은 결함이 있지만, 그럼에도 그렇다고 속임수는 아니므로, 논리학의 분석적 부문에"(KrV, A293=B349) 속한다.

객관/객체 客觀/客體 Objekt objectum

칸트에서 '객관/객체'는 '대상(Gegenstand)'(→)과 아무런 의미상의 차이 없이 어디서나 바꿔 쓸 수 있는 말이다. '객관/객체(Objekt)'라는 말은 라틴어에서 비롯한 것이고, '대상(Gegenstand)'이라는 말은 독일어 고유어라는 차이가 있으나, 칸트는 두 말의 형용사로는 라틴어 외래어 '객관적(objektiv)'을 함께 쓴다. 그러므로 '객관적', '객체적', '대상적'은 어디서든 교환어로 사용할 수 있다.

객관적 客觀的 objektiv

→ 대상/객관/객체

객관적 타당성 客觀的 妥當性 objektive Gültigkeit

1. 객관적 타당성이란 객관에게 유효하게 적용됨을 뜻한다.(→ 대상/객관/객체)

2. 객관적 타당성은 때로는 객관적 실재성(→ 실재성 → 객관적 실재성)을 의미하고, 때로는 보편적 타당성을 의미한다. 언제 누구에게나 타당함이라는 보편적 타당성은 객관적으로 타당한 것만이 가질 수 있기 때문이다.

객관주의 客觀主義 Objektivismus

→ 주관주의

「거짓말」/「인간사랑에서 거짓말할 수 있다는 잘못 생각된 권리에 관하여」 'Über ein vermeintes Recht, aus Menschenliebe zu lügen'

1. 「거짓말」은 1797년 9월 《베를린 시보》(*Berlinische Blätter*, hrsg. v. Biester, 1. Jahrgang 1797: Blatt 10. Mittwoch den 6. September 1797. S. 301~314)에 발표한 법철학적 논문이다.

2. 프랑스의 정치인이자 작가인 콩스탕(Benjamin Constant)이 칸트를 겨냥하여 쓴 논문 「정치적 반동에 대하여(Des réactions politiques)」(1796)가 이듬해에 독일어 잡지 《프랑스》(*Frankreich im Jahr 1797*, St. 6, Nr. 1, hrsg. v. K. Fr. Cramer: St. 6, Nr. 1)에 번역되어 게재되었는데, 칸트가 이를 접한 후 적절한 대응의 필요를 느껴 이 논문을 썼다. — 콩스탕은 "거짓말 하지 말라!"는 칸트적 정언명령을 다음과 같이 정리한다: "'진리를 말하는 것이 의무'라는 윤리적 원칙은, 만약 사람들이 이를 무조건적으로 그리고 낱낱이 받아들인다면, 모든 사회를 불가능

하게 만들 것이다. 이의 증명을 우리는 어떤 독일 철학자가 이 원칙에서 도출했던 아주 직접적인 귀결에서 갖는 바이거니와, 그는, 어떤 살인자에게 쫓기고 있는 우리 친구가 우리집에 숨어들어 왔는지 여부를 묻는 살인자에게 하는 거짓말도 비행[非行]이라는 주장까지 펴고 있다."(VRML, A302=VIII425) 그리고 콩스탕은 이렇게 논박한다: "진리를 말하는 것은 의무이다. 그런데 의무개념은 권리개념과 불가분리적이다. 의무란 한 존재자에서 다른 존재자의 권리에 대응하는 것이다. 권리가 없는 곳에는 의무도 없다. 그러므로 진리를 말하는 것은 의무이나, 오직 진리에 대한 권리를 갖는 이에 대해서만 그러하다. 그러나 어떤 사람도 다른 사람에게 해를 입힐 진리에 대한 권리를 갖고 있지는 않다."(VRML, A302이하=VIII425)

3. 이에 대해 칸트는 먼저 진리에 대해서는 누구도 시인하고 말고 할 권리를 가질 수 있는 것이 아니므로, '진리에 대한 권리'란 무의미한 언사임을 지적한다. 인간이 갖는 것은 "자기 자신의 진실성에 대한 권리"(VRML, A303=VIII425)라는 것이다. 자신이 언제나 진실해야 할 권리를 갖는다 함은 어느 경우에도 거짓말하지 않을 기본권을 가짐을 말하는 것이고, 이는 누구에게 손해가 날 것 같은 경우에는 거짓말할 수도 있다는 가능성을 원천적으로 배제한다. 그러므로 칸트에서 참말을 해야 하고 거짓말해서는 안 된다는 명령은 그 말로 인해 발생할 누구의 이익이나 손해와는 무관하게 준수되어야 할 법철학적 원칙이다. — "'모든 의사 표시에서 진실(정직)할 것'은 신성한, 무조건적으로 지시명령하는, 어떠한 편익에 의해서도 제약될 수 없는 이성의 지시명령이다."(VRML, A307=VIII427) 어떤 예외가 허용되어 보편성이 훼손되면 그런 것은 원칙일 수가 없다.

4. 칸트의 윤리 원론을 관통하는 법칙주의, 동기주의, '의무에 맞는'이 아니라 '의무이기 때문에' 하는 행위주의의 원칙이 이 「거짓말」 논문 또한 이끌고 있다.

건축술 建築術 Architektonik

1. 건축술이란 “체계들의 기술”(KrV, A832=B860)을 말한다. 체계란 “한 이념 아래에서의 잡다한 인식들의 통일”이며, 여기서 이념이란 “전체의 형식에 대한 이성개념”으로 바로 “이 개념을 통해 잡다한 것의 범위와 부분들 상호 간의 위치가 선험적으로 규정된다.”(KrV, A832=B860)

2. “체계적 통일성은 보통의 인식을 비로소 학문으로, 다시 말해 인식의 한낱 집합으로부터 체계를 만들어내는 것이므로, 건축술은 우리의 인식 일반에서 학문적인 것에 대한 이론이고, 그러므로 필연적으로 방법론에 속한다.”(KrV, A832=B860)(→ 방법론 → 초월적 방법론 → 순수 이성의 건축술)

견해 見解 Fürwahrhalten

1. “주관적 타당성”을 갖는 판단으로서 견해는 “세 단계, 곧 의견, 믿음[신앙, 신념], 앎[지식]을 갖는다.”(KrV, A822=B850) “의견(Meinen)이란 객관적으로뿐만 아니라 주관적으로도 불충분함을 의식하는 견해”이며, 믿음(Glauben)이란 “주관적으로 충분하되, 동시에 객관적으로는 불충분”하다고 여겨지는 견해이고, “주관적으로뿐만 아니라 객관적으로도 충분한 견해는 앎(Wissen)이라고 일컫는다.”(KrV, A822=B850)

2. 견해의 근거가 “주관적으로 충분”(KrV, A822=B850)하면 “확고한 믿음”(KrV, A824=B852) 곧 “확신(Überzeugung)”이라 하고, 객관적으로 “모든 사람에 대해” 충분하면 “확실성(Gewißheit)”(→)이라고 일컫기도 한다.(KrV, A822=B850 참조)

3. “견해가 오로지 주관의 특수한 성질 안에서만 그 근거를 가지면, 신조(Überredung)”(KrV, A820=B848)라고 일컬을 수도 있다.

경향성 傾向性 Neigung inclinatio

I. 1. 경향성은 "욕구능력의 감각에 대한 의존성"으로서 "그러므로 항상 필요욕구를 증명한다."(GMS, B38=IV413) 경향성은 "습성적 욕구"(RGV, B20=VI28; MS, RL, AB3=VI212), "습성적인 감성적 욕망"(Anth, A203=B202=VII251) 내지 "주관에서 규칙(습관)이 된 감성적 욕망"(Anth, A226=B225=VII265)을 일컬음이다. 이러한 경향성이 "의사의 정념적 규정 근거"(MS, RL, AB15=VI219)가 된다.

2. "성벽(→)은 본래 단지 향락 욕구의 성향인바, 주관이 향락을 경험하고 나면 그 향락이 그에 대한 경향성을 만들어낸다." "욕구의 객관을 잘 알고 있음을 전제하는 성벽과 경향성 사이에 또한 본능이 있다. 본능이란 사람들이 (동물들에서의 기술[技術] 충동이나 성적 충동처럼) 그에 대해 아직 아무런 개념을 가지고 있지 못한 어떤 것을 행하거나 향유하려는 감정적인 필요욕구이다. 끝으로 경향성 다음에 욕구능력의 또 하나의 단계가 있으니, 즉 열정이다." "열정은 자기 자신에 대한 지배를 배제하는 경향성이다."(RGV, B20=VI28이하)

II. 1. "모든 경향성과 일체의 감성적 충동은 감정에 기초해 있"다. "도덕법칙은 의지의 규정 근거로서 우리의 모든 경향성을 방해함으로써 고통이라고 불릴 수 있는 한 감정을 불러일으킨다."(KpV, A129=V73) 경향성들의 충족은 "자기 행복"을 낳으므로, 모든 경향성들은 함께 이기심(solipsismus)를 형성한다. "이 이기심은 자기사랑, 곧 모든 것을 능가하는 자기 자신에 대한 호의(자기사랑: philautia)의 마음이거나, 자기 자신에 대한 흡족(arrogantia)의 마음이다. 전자를 특별히 사애[私愛], 후자를 자만[自慢]이라 일컫는다."(KpV, A129=V73) 순수 실천이성은 "경향성(정념적 사랑)"(KpV, A148=V83; 참조 GMS, B13=IV399)을 차단하고, 사애를 "단절"시키고, 자만을 "타도"한다. 도덕법칙은 "우리 안에 있는 주관적인 적[敵], 곧 경향성들"을 물리치는 데 나섬으로써 "존경의 대상"이 된다.(KpV, A130=V73 참조)

2. 도덕적 마음씨가 굳건하지 않을 경우에는 행위함에서 경향성들이 첫 발언권을 차지해 우선 자신들을 충족시킬 것을 요구하고, 더구나 "이성적인 숙

고와 결탁하여 행복의 이름 아래서 그들의 가능한 한 최대의 지속적인 충족을 요구"한다. "그러고 나서 나중에야 도덕법칙은 저 경향성들을 적절한 한계 내에 붙잡아두기 위해" 발언할 것이나, 이미 행위는 일어나 있을 것이다.(KpV, A264=V146이하 참조)

3. "순수한 도덕적 결의들에서 인간에게 한 내면적인 능력, [⋯] 즉 내적 자유"가 밝혀지고, 이 내적 자유는 인간을 "경향성의 광포한 압박에서 벗어나게 해주어, 어떠한 경향성도, 가장 애호받는 경향성조차도, 우리가 이제 그것을 위해 우리 이성을 사용해야만 하는 결의에 아무런 영향도 미치지 못하게 한다." (KpV, A287=V161 참조)

경험 經驗 Erfahrung

1. 칸트에서 '경험'은 경험적 인식을 뜻하고, 경험적으로 인식된 것을 '현상'(→)이라고 하는데, 현상이 때로는 일차적/원초적 의미로서의 현상(KrV, A20=B34 참조)을 때로는 충전한/온전한 의미로서의 현상(KrV, A248 참조)을 지칭하니, 경험 역시 크게 보아 두 가지 의미로 사용된다.

2. 칸트 『순수이성비판』 본문 첫 구절은 낱말 '경험'으로 시작한다. ― "경험은 의심할 여지없이, 우리 지성이 감성적 감각이라는 원재료를 가공해서 산출해낸 최초의 산물이다."(KrV, A1)

3. "그러나 우리의 모든 인식이 경험과 함께 시작된다 할지라도, 그렇다고 해서 우리의 인식 모두가 바로 경험으로부터 생겨나는 것은 아니다. 왜냐하면 우리의 경험 인식조차도 우리가 [감각]인상들을 통해 수용한 것과 (순전히 이 감각인상들의 야기로) 우리 자신의 인식능력이 자기 자신으로부터 산출해낸 것의 합성이겠으니 말이다."(KrV, B1)

4. 경험은 모든 실질적 인식, 곧 경험적(empirisch) 인식(→)의 출발점이자 종착점이다. 출발점으로서의 경험은 감성적 감각이라는 인식의 소재(질료)이며,

종착점으로서의 경험은 이 소재를 지성이 규정한, 곧 틀 지운, 다시 말해 형식을 부여한 인식이다.

5. 칸트에서 진정한 의미에서의 인식은 경험적 인식뿐이다.(→인식 →경험적 인식 곧 경험)

경험의 가능성 Möglichkeit der Erfahrung

1. 선험적 직관의 형식적 조건들 곧 공간·시간(→) 표상과 상상력의 형상적 종합(→) 및 초월적 통각(→)은 감각 질료들을 필연적으로 통일함으로써 한 대상에 대한 경험적 인식을 가능하게 한다. 그러므로 저러한 감성의 형식(공간·시간 표상)과 그 작용(직관) 및 지성의 형식(범주)과 그 작용(사고)은 경험적 인식을 가능하게 하는 조건이다. 그리고 그것은 또한 그 경험적 인식에서 인식되는 대상을 가능하게 하는 조건이다. 이를 두고 칸트는 경험 일반의 가능성의 조건이 곧 경험의 대상들의 가능성의 조건이라고, 다시 말해 "경험 일반을 가능하게 하는 조건들은 동시에 그 경험의 대상들을 가능하게 하는 조건들"(KrV, A158=B197)이라고 말한다.

2. 주목해야 할 점은 경험이 가능하기 위해서는 감성 및 지성의 형식과 그 작용뿐만 아니라, 이러한 형식과 작용이 더해지는 것 곧 감각적 질료가 있어야 한다는 사실이다. 그러니까 인식능력의 형식과 초월적 작용 그리고 감각적 질료가 경험(적 인식)을 가능하게 하는 것이다. 다시 말해 경험은 인간의식의 내적(선험적) 형식과 (외적) 질료의 "합성"(KrV, B2)이되, 그 합성에는 (초월적인) 합성 작용이 수반한다.

경험의 한계 Grenze der Erfahrung

I. 경험을 가능하게 하는 일차적인 요소는 감각지각이다. 감각지각이 지성에게 소재(질료)로 제공되는 한에서만 경험 인식은 가능하다. 그러니까 경험의 한

계는 감각지각이 미치는 범위, 곧 감각세계, 다시 말해 자연세계이다. 그래서 칸트에서 경험세계는 곧 자연세계이며, 경험지식의 체계인 경험과학은 곧 자연과학이다.

II. 1. 대상들이 우리에게 주어질 수 있는 가능 조건인 공간·시간 표상은 감각 대상들 외에는 무엇에도 타당하지 않고 사용될 수 없다. "이 한계를 넘어서서는 아무것도 표상하는 바가 없다."(KrV, B148) 그러나 "순수 지성개념들은 이런 제한에서 자유롭다."(KrV, B148) 그것들은 자기 나름대로 대상들 일반에까지 — 그것이 감각의 대상이든 말든 — 손을 뻗친다. "사고작용[함]에서 범주들은 우리의 감성적 직관의 조건들에 제한받지 않고, 오히려 무한정한 들판을 갖는 것이다."(KrV, B166 주·참조 A253) 순전한 사고 형식으로서 순수 지성개념들, 바꿔 말해 '단적인 범주들'은 그 때문에 사고 가능한 무엇에나, 그러니까 '신'과 같은 초험적 대상에도 사용될 수 있다. 예컨대 "신은 전능하다."라는 판단에서 실체–속성·질 등의 범주들이 기능하고 있다. 그래서 이런 경우를 염두에 두고 칸트는 때때로 범주들의 두 가지 사용 방식, 곧 경험적 사용과 초험적 사용을 말한다.(KrV, A246이하·B303이하·A499=B527 참조) 이런 경우의 범주들의 초험적 사용은 경험의 한계를 벗어난 것이다.

2. 범주들은 감성적 직관을 훨씬 넘어서까지도 그 사용을 넓혀나간다. "왜냐하면, 범주들은 객관들이 주어질 수 있는 (감성이라는) 특수한 양식을 돌보지 않고서도, 객관들 일반과 관계 맺으니 말이다."(KrV, A254=B309) "대상을 사고하는 것과 대상을 인식하는 것은 한가지가 아니다."(KrV, B146) 그러나 범주들의 이런, "우리의 감성적 직관 너머까지의 확장은 우리에게 아무런 도움이 안 된다."(KrV, B148) 왜냐하면 이런 경우에는 "그것에 대해서 과연 그것이 가능한가 불가능한가를 우리가 전혀 판단할 수 없는 그런 객관에 대한 공허한 개념들이 있을 뿐"이고, 다시 말해 "저 사고 형식들이 함유하고 있는 통각의 종합적 통일이 적용될, […] 그런 직관을 전혀 손에 가지고 있지 않기 때문이다."(KrV, B148) 감성적 직관 없이도 순수한 범주들은 비록 "한낱 초월적[곧 초험적] 의미를 가지되, 초월적[곧 초험적]으로 사용될 수는 없다. […] 초월적[곧 초험적] 사용은 그

자체가 불가능한 것이니 말이다."(KrV, A248=B305) 범주들의 한낱 초험적 사용은 "사실상 아무런 사용도 아니며, 아무런 규정된 대상도, […] 규정될 수 있는 대상[도] 갖지 않는다."(KrV, A247이하=B304) 그러므로 "우리의 감성적인 경험적 직관"만이 순수한 지성개념들에게 진정한 "의의와 의미를 줄 수 있다."(KrV, B149) 다시 말해 사고의 형식으로서 범주들은 경험의 한계 안에서만 의미를 갖는다.

3. 그 자체로서의 사물은 우리에게 나타난 것, 현상이 아닌 한에서 "범주들을 통해 인식하는 것이 아니"며, 따라서 "단지 그것들을 알려지지 않은 어떤 것이라는 이름 아래서 생각하기만 할 뿐"이다.(KrV, A256=B312) 곧 그것은 "오로지 순수 지성에 의해"(KrV, A254=B310) 생각될 수 있고, "순전히 개념들에 의해서만 규정될 수 있는"(KrV, A285=B341) 것이다. 이런 뜻에서 그것은 "순수 사고의 대상들, 다시 말해 예지체들(叡智體: Noumena)"(KrV, A287=B343)이라고 명명될 수 있다. 그러나 예지체 곧 '지[오]성적으로 생각 가능한 것'이란 한낱 생각 속에만 있는 것을 의미하지는 않는다. 현상의 질료의 근원으로서의 '사물 그 자체'는 인간의 인식작용에 독립해서 실재하는 것일 수밖에 없다. 그것의 현상이 이미 그것의 실제 현존을 생각하도록 만든다. 그러므로 그것이 생각 가능한 것이라 함은 인간의 지성이 그 자체로서의 사물의 무엇임[실질 내용]을 알 수는 없지만, 그것이 현존함은 충분히 생각할 수 있음을 말한다. 그리고 이것은 다시금 대상에 대한 인간의 직관은 창안이 아니라 어떤 객관적인 것과의 관계맺음이라는 것을 말하고, 또한 인간의 직관 기능인 감성은 "감성적 인식의 객관적 타당성"을 위해서는 객관적으로 주어지는 어떤 것만을 수용해야 하며, "감성적 직관을 사물들 그 자체 너머까지 연장"할 수도 없고 연장해서도 안 된다는 것을 말한다.(KrV, A254=B310이하 참조) — 경험의 한계는 현상계와 예지계의 경계이다.(→ 한계개념)

4. 제아무리 현명한 자에게라도 "가능한 경험의 한계 저편에 놓여 있는 것에 관해서는 무엇인가를 알기는커녕 억측하는 것조차도 […] 허용되어 있지 않으며", 단지 "(실천적 사용을 위해서) […] 지성과 의지의 지도를 위해 가능하고 또

불가결하기도 한 어떤 것을 상정하는 것만이 허용되어"(Prol, A45=IV278) 있을 따름이다.

외적 경험과 내적 경험

I. 1. "나는 외적 경험에 의거해서 공간상의 외적 현상들인 물체들의 현실성을 의식하"고, "내적 경험에 의거해서 시간상에서 나의 영혼의 현존을 의식"(Prol, A140=IV336)한다.

2. 외적 경험은 "본래적 물리학의 원천을 이루"고, 내적 경험은 "경험심리학의 토대를 이"룬다.(Prol, A24=IV265)

II. 1. 외적 경험은 외적 감관에 의한 외적 대상의 감각 자료를 포함하는 경험을 말한다.

2. "공간은 외적 경험들의 선험적인 형식적 조건"(KrV, A224=B271)이다. 외적으로 경험되는 것은 모두 공간상에 표상된다.

3. "외적 경험은 원래가 직접적인 것"(KrV, B275)이다.

III. 1. 내적 경험은 내감에 의한 내적 대상, 곧 나 자신에 대한 감각 자료를 포함하는 경험을 일컫는다.

2. 내적 경험을 통해 "시간상에서 나의 현존재"(KrV, B275)가 규정된다. "시간상에서 우리 자신의 실존의 규정이, 다시 말해 내적 경험이 가능하다."(KrV, B277)

3. '나는 사고한다'는 통각에 '나는 있다'라는 표상이 포함되어 있기는 하지만, 이것은 "그럼에도 아직 주관에 대한 아무런 인식[이] 아니며, 그러니까 경험적 인식, 다시 말해 경험도 아니다. 왜냐하면, 경험을 위해서는 실존하는 어떤 것에 대한 사고 외에도 직관이, 그리고 여기서는 [특히] 내적 직관이 필요하고, 그것[의 형식]과, 다시 말해 시간과 관련하여 주관이 규정되어야만 하는데, 그러기 위해서는 절대적으로 외적 대상들이 필요하기 때문이다. 그러므로, 따라서 내적 경험 자체는 오직 간접적으로만 그리고 외적 경험을 통해서만 가능

하다."(KrV, B277) "내적 경험[은] 외적 경험의 전제 아래서만 가능"(KrV, B275) 한 것이다. "내적 경험 일반은 오직 외적 경험 일반에 의해서만 가능하다."(KrV, B278이하)

경험의 유추들의 원리 Prinzip der Analogien der Erfahrung

1. '관계(Relation, Verhältnis)'라는 순수 지성개념을 대상에 적용하는 원칙을 "경험의 유추들의 원리"(KrV, B218)라고 일컫는다. 여기서 '경험의 유추'란 경험 중의 대상들, 즉 현상들의 상호 관계를 규정함에서 주어지지 않은 어떤 것을 다른 어떤 주어진 것과의 '관계에 따라서(ἀνάλογον)' 규정함을 말한다. 그러나 이 관계적 규정은 수학에서처럼 주어진 항들의 비례적 관계(proportio)에 따라서 주어지지 않은 항을 "구성"하는 그런 유추가 아니라, 지각들로부터 "경험의 통일"(KrV, A180=B222)이 생겨야만 하도록 "규제"하는 그런 유추이다.(KrV, A179이하=B221이하 참조) 바로 이런 유추에서 기능하는 범주가 실체—우유성, 원인—결과, 상호작용과 같은 관계 개념들이다.

2. 경험의 유추는 "이종적(異種的)"인 것들이 힘을 매개로 맺는 관계이므로 "역학적"인 결합(KrV, B201이하 참조)이며, 관계 범주 세 항목에서 관계 맺는 것들의 성격이 서로 다르기 때문에 각각의 유추의 원칙도 다르다. 그럼에도 '유추'라는 공통의 성격 또한 갖고 있으므로, 하나의 "일반 원칙"을 공유한다.

경험의 유추들의 일반 원칙

— "모든 현상들은 그것들의 현존에서 볼 때 선험적으로 시간상에서의 그것들 상호 간의 관계를 규정하는 규칙들 아래 놓여 있다."(KrV, A176이하)

— "경험은 지각들의 필연적 연결 표상을 통해서만 가능하다."(KrV, B218)

1. "경험의 유추들의 일반 원칙"(KrV, A176)에서 모든 '현상들'이란 지각들에서 지각된 것이다. 이 현상들을, 그것들의 현존(Dasein)에서 볼 때, 즉 그것들 자신이 현존함을 드러내는 힘, 역동(dynamis)에서 볼 때, 그것들은 시간상에서 일정한 관계를 가져야만 하는 것으로 표상된다. '현존'이란 어느 경우에나 공간 표상 위에서만 가능한 표상이므로, 저 '현상들'은 물론 일정한 공간적 관계도 가지고 있다. 그러나 지각들의 필연적 연결(nexus)은 의식 중에서, 다시 말하면 "의식의 형식"(Refl 5317, XVIII151)으로서의 시간상에서만 가능하다. 그러므로 여기에서의 '관계'란 현상들의 시간상에서의 "필연적 연결"의 관계를 말한다.

2. 그런데 순전한 의식의 형식으로서의 시간은 "잇따라"(KrV, A30=B46)의 표상이다. 그러나 '서로 잇따라'의 형식적 표상 중에, 즉 시간상에 표상되는 것은, 시간상에서 잇따라 일어나는, 즉 계기(繼起: Folge)하는 현상들이다. 이런 현상들이 두 계열 이상이 있을 때, 서로 다른 계열의 현상들은 '서로 곁하여' 있다. (한 계열의 현상들은 어느 경우에나 오로지 '잇따라' 있을 수밖에 없지만) 현상들이 서로 곁하여 있을 때 우리는 그 현상들이 "동시에"(KrV, A30=B46) 있다고 표상한다. 서로 다른 사물이 동시에 있음으로 표상되는 것은, 그 사물들이 한 시점, 이를테면 '지금'에서 고정되어 있는 것으로 표상됨으로써 가능하다. 그러므로 '잇따라'의 표상인 시간상에서 현상하는 사물들은 계기(Folge)적으로뿐만 아니라 동시(Zugleichsein)적으로 그리고 또한 고정불변(Beharrlichkeit)적으로도 표상된다. 이렇게 해서 "고정(불변)성, 계기[잇따름] 그리고 동시[적]임"(KrV, A177=B219 · 참조 B67)은, 어떤 것이 시간상에서 존재하는 세 가지 방식이며, 이 세 가지 방식은 각각 순수 지성의 '실체-우유성' · '인과성' · '상호작용'의 세 가지 관계 개념의 기능에 의한 것이다. 관계의 한 개념이 기능하는 경험의 유추가 각각 다름으로 해서, 유추의 원칙은 셋이 있다.

제1유추: 실체 고정불변성의 원칙

— "모든 현상들은 대상 자체로서 고정불변적인 것(실체)과 이 고정불변적인 것의 순전한 규정인, 다시 말해 그 대상이 실존하는 방식인, 전변적(轉變的)인 것을 함유한다."(KrV, A182)

— "현상들의 모든 바뀜[變轉]에서도 실체는 고정적이며, 실체의 양은 자연에서 증가하지도 감소하지도 않는다."(KrV, B224)

I. 1. 현상들은 끊임없이 변화하고 변전한다. 현상 곧 사물에서 변전(Wechsel)하는 것은 우유적인 것들(Akzidenzien)이고, 이 우유적인 것들이 변전할 때 그 사물 자체, 즉 실체가 변화(Veränderung)한다고 말한다.(KrV, B232이하 참조) 그러나 이 변화 내지 변전은, 변화하지 않고 변전하지 않는 것을 "전제"(KrV, A184=B227)로 한다. 변화에서 변하는 것은 '무엇인가'이며, 변화 중에서도 그 무엇인가가 여전히 자기동일성을 유지하고 있을 때만, 즉 변화하지 않을 때만 그 무엇인가의 변화는 생각될 수 있다. 그러니까 우리가 자연에서의 변화 변전을 생각할 때, 그 생각의 바탕에는 변화하지 않는 것, 항상 고정불변적인 것, 즉 실체(Substanz) 내지는 기체(基體: Substratum)의 개념이 놓여 있다. 이런 뜻에서, "모든 현상들에서 고정적인 것은 대상 자체, 다시 말해 (現象體: phaenomenon)실체이지만, 바뀌거나 바뀔 수 있는 것은 단지 이 실체 또는 실체들이 실존하는 방식, 그러니까 이 실체의 규정들에 속하는 것일 따름이다."(KrV, A183이하=B227) 실체가 존재하는 방식으로서 실체들의 규정은 그 실체의 변화에서 그때그때 변전하는 것이고, 그런 의미에서 우연적인 것이다. 그러므로 변화하는 현상세계를 생각함에 필연적으로 '우유성(偶有性)'이라는 개념이 또한 바탕에 놓여 있다. 그래서 우리는, "이 세계에서 모든 변화에도 실체는 불변존속하며, 우유성[우유적인 것]들만이 바뀐다."(KrV, A184=B227)고 말할 수 있다. 자연에서의 실체란 바로 고정불변적인 것이라는 지성개념에 상응하는 것인 만큼, "실체 자체의 발

생과 소멸은 생기지 않는다."(KrV, B233) "물체적인 자연의 모든 변화에서 물질의 양은 전체적으로 동일하며, 증가하거나 감소하지 않는다."(기계학의 제1법칙: MAN, A116=IV541) 자연에서는 "아무것도 무(無)에서 생기지 않고, 아무것도 무(無)로 돌아갈 수 없다."(KrV, A186=B229) 자연에서의 발생 소멸이란 무엇 아니던 것이 무엇인 것으로, 무엇이던 것이 무엇 아닌 것으로 생각되는 현상이다.

2. 현상들의 변화란 바로 시간 지평에서 생각될 수 있는 것이다. 현상들의 변화란 시간 관계에서 표상된다. 그러나 시간 자체는 "머물러 있고 바뀌지 않는다."(KrV, B225) 사람들은 흔히 "시간은 흐른다."고 말하지만 흐르는, 변전하는 것은 시간이 아니라 시간상에서 표상되는 사건과 사물이다. 시간은 흘러가는 사물들과 발생하는 사건들이 표상되는, 불변하는 질서 형식일 따름이다. 그러나 이 말은 바로 고정불변적인 것을 기체(基體)로서 놓고서만 시간 관계 자체가 표상될 수 있음을 뜻한다.(KrV, B275이하 참조) "다시 말해, 고정적인 것은 시간 자체의 경험적 표상의 기체이며, 이것에서만 모든 시간 규정은 가능하다."(KrV, A183=B226) 실체 개념은 변화하는 현상, 즉 사물이 시간상에서 표상될 수 있도록 하는 기능 개념(→)이며, 근원적으로 말하면 시간 표상 자체가 성립될 수 있도록 하는 근본 개념이다. 마찬가지로 공간 관계의 표상도 실체 개념을 바탕으로 해서만 가능하다. 물론 역으로, 실체 개념은 "외적 직관"에만 적용되는 것이고,(KrV, B291 참조) 외적 직관은 공간·시간 표상이 틀로서 기능하는 데에서만 주어지는 것이기는 하다.

3. 더 나아가 실체 개념은 바로 거기에서만 여타의 모든 범주 표상들이 사용될 수 있는 제일의 개념이다. 실체는 "지각들의 모든 종합적 통일을, 다시 말해 경험을 가능하게 하는 조건"(KrV, A183=B226)이다. 다만, 칸트에서 실체 개념의 객관적 사용이 유추의 원칙 가운데 하나임은, 실체 개념은 우유성 개념과의 상관 관계 아래에서만 생각될 수 있기 때문이다.

II. 1. 그런데 실체(Substanz)–우유성(Akzidenz) 범주의 현상에 대한 적용 규칙인 "실체 고정불변성의 원칙"(KrV, B224)이 과연 관계의 원칙인가, 그렇다면 어떤 의미에서 그러한가?

2. 관계의 원칙은, 한 대상을 그것과 일정한 관계에 있는 다른 대상과의 관계에서 규정하는 지성의 원리이다. 그렇다면 실체와 우유성이 한 사물과 또 다른 한 사물과의 관계인가? 물론 아니다. 그래서 칸트도 실체라는 범주가 "그렇기에 이 범주가 관계들의 항목에 들어 있기는 하지만, 그것 자신이 한 관계를 함유한다기보다는 오히려 관계들의 조건으로서 그러하다."(KrV, A187=B230)라고 말한다.

3. 관계의 원칙은 역학적 원칙 중 하나인데, 그렇게 일컬을 수 있는 까닭은, 그것이 힘을 통해서 자신의 현존을 드러내는 사물들의 관계 규정이기 때문이다. 그런데 실체와 우유성의 '관계'는 힘을 통해서 매개되는 관계가 아니다. 실체는 단지 '그것'이라는 X로서 우연적인 따라서 전변(轉變)할 수 있는 우유성을 통해서 비로소 '무엇임'이 규정되는 불변하는 기체(基體)라는 개념 규정이다. 실체는 변전하는 우유적인 성질들이 귀속되는 바로 그 변전하는 것 자체이다. 그러니까 실체와 우유성은 별개의, 따로따로의 것이 아니다. 다양한 변전하는 현상들이 '그것'이라는 "고정불변적인 것(das Beharrliche)"으로 규정됨으로써, '그것'과 또 다른 '그것'과의 관계가 성립할 수 있으므로, 실체 범주는 이런 이해에서 "관계들의 조건"일 따름이다. 실체라는 지성개념은 관계 규정들의 조건일 뿐만 아니라 더 나아가 양·질·양태 규정들의 조건이다. 양과 질이란 '그 무엇인가'의 양과 질이고, 존재의 양태도 '그 무엇인가'의 존재양태이며, 관계도 '그 무엇인가'와 '그 무엇인가'의 관계이니 말이다. '실체'란 모든 범주적 규정의 바탕이며, 이런 의미에서 기체(substratum)이다. 그러나 이 바탕은 한낱 '그 무엇인가', 즉 X일 따름이며, 이 '그 무엇인가'가 무엇인지는 바로 여타의 범주적 규정에서 규정되는 것이다. 이런 사태에서 보면, 실체 규정은 모든 다른 범주적 규정과는 대비되는, 다른 범주적 규정이 가능할 수 있는 조건적인 것이고, 따라서 그것들과는 구별되는 어떤 독자적인 것으로 보아야 할 것이다. 그럼에도 칸트에서 실체 규정도 일종의 관계 규정으로 간주되고 있다. 왜냐하면 실체란 변전하는 현상들의 '뿌리(das Radikale)'로서 '유추'된 지성개념이기 때문이다.(KrV, A187=B230 참조)

4. 그러니까 실체 범주는 여타 모든 범주들의 규정 기능에 대하여 중심적인

성격을 가지면서도 그것의 지성에서의 사용은 '경험의 유추'를 통해서만 가능하다는 점에서 다른 '관계의 범주들'과 동일한 성격을 갖기 때문에, 이 실체 범주 또한 일종의 관계 범주, 그것도 제일의 관계 범주가 되는 것이다.

제2유추: 인과성의 법칙에 따른 시간계기의 원칙

— "일어나는(존재하기 시작하는) 모든 것은, 그것이 규칙상 바로 그에 뒤따르는 어떤 것을 전제한다."(KrV, A189)

— "모든 변화들은 원인과 결과의 결합 법칙에 따라 일어난다."(KrV, B232)

1. 어떤 것이 무엇으로 존재하기 시작함을 그것의 일어남[발생]이라고 말하며, 어떤 것의 일어남은 규칙상, 즉 필연적으로(KrV, B280 참조) 무엇인가에 후속하는 것이다. 제1유추의 원칙에서 드러나듯이, 발생이란 무(無)에서의 생기(生起)가 아니기 때문이다. 실체의 발생과 소멸이 실체의 변화들이 아니라, 변화는 단지 현상들의 바뀜(연이음)일 따름이다.(KrV, B233 참조) 그리고 현상들의 발생 소멸은 무(無)에서 유(有)가, 유(有)에서 무(無)가 생겨난다 함이 아니라, 한 시점에서 지각들의 결합을 통하여 어떤 것으로 생각된 것이, 다른 시점에서의 지각들의 결합을 통하여 다르게 생각됨이다.

2. 그러므로 어떤 사태가 발생하면, 이 발생한 사태를 규정한(제약한) 어떤 사태가 필연적으로 선행함이 틀림없다. 주어진 사태는 이 사태에 필연적으로 선행하는 어떤 것을 "확실하게 지시"(KrV, A194=B239)한다. 이것이 경험의 유추이다.

3. 후속하는 사태는 규정된, 제약된 것, 조건 지어진 것(das Bedingte), 즉 어떤 것으로부터 말미암은 사물이고, 선행하는 사태는 규정하는, 제약하는 것, 조건(die Bdingung)이다.(KrV, A193이하=B239 참조) 이 제약하는 것으로서 선행하는 사태는 원인(Ursache) 개념에 상응하는 것이고, 제약된 것으로서 후속하는 사

태는 결과(Wirkung) 개념에 상응한다.

4. 원인과 결과의 개념은 시간적으로 선행하는 것과 후속하는 것의 관계 개념이다. 가령, 한 시점에서 하나의 차가운 돌이 지각되고, 다른 한 시점에서 내리쬐는 태양과 그 돌의 따뜻함을 지각하는 경우에, 우리는 햇볕으로 인하여 그 돌이 따뜻해졌다고 인식한다. 이때 햇볕은 야기하는 것이라는 의미에서 원인이고, 돌의 따뜻함은 야기된 것이라는 뜻에서 결과이다. 햇볕 쪼임은 차가웠던 돌이 따뜻해진 사태 변화의 원인이고 그 변화는 결과이다.

5. 일반적으로 변화는 주어진 지각 내용들을 원인과 결과의 개념에서 결합함으로써 발생한다.(KrV, B232의 제2유추의 원칙 참조) 바꿔 말해서, 발생하는 것은 필연적으로 선행하는 어떤 것 — 원사태와 "운동하는 힘" — 을 전제로 한다.(KrV, A189의 제2유추의 원칙 참조) "그러므로 만약 우리가 무엇인가가 일어남을 경험한다면, 그때에 우리는 항상 그것이 규칙에 따라서 그에 뒤따르는 무엇인가가 선행함을 전제한다."(KrV, A195=B240) 이 '전제' 아래에서만, 발생하는 어떤 것에 관한 객관적 경험이 가능하다. 이런 전제 없이는 어떤 것에 대한 지각 내용의 선후 관계란 한낱 의식에서의 포착, 곧 지각들의 종합의 순서, 다시 말해 주관적 관계일 따름일 터이기 때문이다. 그러므로 원인·결과 개념은 객관에서 발생하는 계기(繼起) 관계를 규정하기 위한 전제, 곧 발생 현상의 존재론적 근거이다. 원인·결과 개념 자체는, 똑같은 이유에서 흄(→)에서 그러하듯이 한낱 주관적이지만, 이 개념의 사용이 바로 객관적 인과 관계의 현상을 경험 가능하게 한다. 그래서 원인·결과 개념을 초월적이라고 하는 것이다.

제3유추: 상호작용 또는 상호성의 법칙에 따른 동시에 있음의 원칙

— "모든 실체들은 동시에 있는 한에서 일관된 상호성(다시 말해, 서로 간의 상호작용) 속에 있다."(KrV, A211)

— "모든 실체들은 공간상에서 동시에 지각될 수 있는 한에서 일관된 상호작용 속에 있다."(KrV, B256)

1. 어떤 사물들이 동시에 존재한다고 인식될 때, '동시에'라는 시간 표상이 지각되지는 않는다. 지각되는 것은 사물들일 따름이기 때문이다. 한 사물에 대한 지각이 다른 한 사물에 대한 지각에 뒤따르되, 이 다른 한 사물에 대한 지각이 저 한 사물에 대한 지각에 "교호적으로" 뒤따르면, 이 두 사물은 "동시에 있다"(KrV, B257)고 인식된다. 눈앞의 두 건물이 동시에 존재한다고 사태 판단되는 것은, 왼쪽 건물을 지각하고 오른쪽 건물을 지각할 수도 있고, 오른쪽 건물을 지각하고 나서 왼쪽 건물을 또한 지각할 수도 있기 때문이다. 이렇게 한 현상이 다른 한 현상에 교호적으로 계기할 때, 이것들 사이에는 상호 교환의 인과 관계, 즉 상호작용(commercium: Wechselwirkung)의 관계가 있다.(KrV, A213=B260 참조) 바꿔 말하면, 상호작용이라는 개념 아래에서만 사물들이 동시에 존재함이 경험될 수 있다.(KrV, A214=B260이하 참조) 동시 존재란 오로지 사물들의 상호작용 관계에서만 표상된다. 사물들이 동시에 존재하는 것으로 표상되면, 이로부터 그 사물들은 상호작용 중에 있음이 유추되며, 그 역도 마찬가지이다.

2. 동시에 존재하는 사물들 사이에 상호작용 관계가 있으므로, 이런 의미에서 동시에 존재하는 사물들 사이에 "공허한 공간"(KrV, A214=B261 · A229=B281)이란 없다. 사물들 사이에 빈 공간이 놓여 있다 함은, 그것들 사이의 "연쇄"가 없다는 뜻일 터이니까 말이다.(KrV, A213이하=B260이하 참조)

3. 동시적인 모든 현상들이, 직접적이든 간접적이든 상호작용 중에 있다고 생각된다 함은, 시간적으로 잇따라 생기는, 즉 계기적인 모든 현상들은, 직접적이든 간접적이든 인과 관계 중에 있음을 의미한다. 그러므로 현상들의 총체로서의 자연 곧 "질료상으로 본 자연"(KrV, B163)은 모두 "연결되어 있는 것" 곧 "실재적 합성체(compositum reale)"이다.(KrV, A215=B262 참조) 자연은 이를테면 현상들 상호 관계의 체계로서, 현상들을 인과 개념과 상호작용 개념에서 생각할 때, 통일체(단일체)로 파악된다. 이렇게 해서 삼라만상은 종적으로 횡적으로, 시간

상 서로 잇따라/선후적으로 공간상 서로 곁하여/병렬적으로 — 곧 시간상으로는 동시적으로 — 연결 통일되어 있는 '한 자연'을 이루며, 순수 지성개념들은 공간·시간 질서 위에서 주어지는 현상들을 '하나의 자연', '하나의 세계'이도록 하는 "필연적"인 연결 원리 곧 "법칙"이다. 필연적 법칙 체계인 자연, 이른바 "형식상으로 본 자연"(KrV, B165)은 그 법칙성의 근원인 범주들에 의존해 있다.

경험적 經驗的 empirisch

I. 1. '경험적'이란 '감각지각적인', '감각내용을 포함하는', '감각에 의한' 등을 의미하며, 그런 한에서 '순수한(rein)'(→)과 대립 쌍을 이루는 개념이다. 다른 한편으로 경험적인 것은 모두 '후험적(a posteriori)'인 것이라는 점에서 '경험적'과 '후험적'은 외연이 합치한다.

2. 그러므로 '선험적(a priori)'인 것은 일절 경험적인 것을 배제하는 것으로 보이나, 반드시 그렇지는 않다. 예컨대 "총각은 결혼하지 않은 남자이다."는 분석적 명제이고, 이 명제는 선험적으로 진위를 판별할 수 있다. 그러나 '총각', '결혼', '남자'라는 개념은 모두 경험적인 것이다.

II. 1. 자기 안에 "감각에 속하는 것을 아무것도 마주치지 않는"(KrV, A20=B34) 그런 표상은 "순수한" 것이다. 반면에 "감각을 자기 안에 함유하고 있"는 그런 표상은 "경험적"이다.(KrV, A50=B74 · A20=B34 참조) 일단 이런 규정으로만 보면, 칸트에서 '순수한'과 '경험적'이라는 개념 쌍이 모순 관계인지 아니면 단지 반대 관계인지가 분명하지 않다. 그러나 칸트는 대개의 경우 이 두 개념을 상호 모순 개념으로 사용한다. 다시 말해 어떤 표상은 경험적이면서 동시에 순수한 것일 수 없으며, 순수하지도 않고 경험적이지도 않은 그런 표상 또한 없다.

2. 그런데 칸트는 한 개념은 "경험적이거나 순수한 개념"(KrV, A320 = B377)이라고 말하며, "개념은 경험적 개념이거나 순수한 개념(경험적[empiricus]이거나 지성적[intellectualis]인 것)이다."(Log, A140=IX92)라고도 말한다. 모든 개념은 지성

작용에 의해서 산출된다. 그러니까 지성 작용 없이 생기는 개념은 없다. 그러나 어떤 개념을 '지성적'인 것이라고 함은 경험적 자료에 의거함이 없이 오로지 지성에 의한 것을 말하며, 그러한 한에서 지성개념은 곧 순수 지성개념을 지칭한다. 여기서 '순수한'은 '경험적이 아닌'을 뜻하며, 또한 '순전히 지성적인'을 뜻한다.

3. 그러나 그 대상이 결코 경험에서 마주쳐지지 않는 개념을 "이념(Idee)"(→)이라 일컬을 경우, 그런 이념은 "이성개념"으로 구분하여 그 근원이 이성에 있다고 말할 수도 있다.(Log, A140=IX92 참조)

4. 요컨대 어떠한 표상이 순수한지 경험적인지는 전적으로 그 표상이 그 안에 감각적인 질료를 함유하고 있느냐 없느냐에 달려 있다. 그것이 이 구별의 유일한 기준이다. 그리고 우리 인간은 이 감각을 오로지 감관에 의해서만 얻을 수 있다.

5. 그러므로 경험적인 것은 감관에 의한 질료를 함유하고 있는 것인데, 칸트에서 감관(→)은 외감[외적 감관]과 내감[내적 감관]이 있으므로, 경험(→) 또한 외적 경험과 내적 경험이 있다.

경험적 사고 일반의 요청들 Postulate des empirischen Denkens überhaupt

"경험적 사고 일반의 요청들"(KrV, A218=B265)이라는 이름 아래에 세 가지 존재의 양태(Modalität, Seinsmodi) 개념, 곧 '가능성[있을 수 있음](Möglichkeit)'·'현존[현실성: 실제로 있음](Dasein[Wirklichkeit])'·'필연성[반드시 있음](Notwendigkeit)'이 각기 객관적으로 사용되는 다음과 같은 원칙들이 있다.

1. 경험의 형식적 조건들과 (직관과 개념들의 면에서) 합치하는 것은 있을 수 있다[가능적으로 실존한다].

2. 경험의 질료적 조건(즉 감각)과 관련되어 있는 것은 실제로 있다[현실적으

로 실존한다].

3. 현실적인 것과의 관련이 경험의 보편적인 조건들에 따라 규정되는 것은 반드시[필연적으로] 있다(실존한다).(KrV, A218=B265이하)

I. 1. 관계 범주의 세 가지 개념에 각각의 객관적 사용 원칙이 있고, 이를 포괄하는 보편 원칙이 별도로 하나 있는 점(→경험의 유추들의 원리)을 고려할 때, 우리는 이 양태 범주의 세 개념에 상응한 세 가지 사용 원칙들을 포괄하는 하나의 보편 원칙을 구성해볼 수도 있다. 양태 개념이 객관/대상에 적용됨으로써 그 대상/사물의 존재양태가 규정되는 것이므로, 양태 개념들의 객관적 사용 원칙들인 '경험적 사고 일반의 요청들의 일반적 원리'는, 정식(定式)으로 표현해보자면, "대상이 존재하는 양태는, 경험의 일정한 조건들 아래에서 규정되어야만 한다.(Das allgemeine Prinzip der Postulate des empirischen Denkens überhaupt: Der Modus, wie ein Gegenstand ist(existiert), muß unter gewissen Bedingungen der Erfahrung bestimmt werden.)"라는 것이다.

2. '요청(Postulat)'이란 "하나의 가능한 행위에서 그 행위를 수행하는 방식이 직접적으로 확실하다고 전제되어 있는 그 행위를 규정하는 원칙"(Log, A174이하=IX112)을 말한다. 그러니까 '경험적 사고 일반의 요청'이란 경험적인 사고작용의 수행에서 대상의 존재 방식과 관련하여 사고작용을 규정하는, 직접적으로 확실한 원리이다.

3. 대상의 존재 방식이란 대상이 '어떻게 있는지'의 양태로, 그것은 대상이 '무엇인지'와는 전혀 다른 것이다. 대상의 존재양태들, 곧 가능성[가능적으로 있음]·현존[현실적으로 있음]·필연성[필연적으로 있음]은 대상의 객관적 실재성(objektive Realität)이 아니다. 그래서 양태 개념은 대상의 "실재적 술어가 아니다."(KrV, A598=B606)라고 말해진다. 양태 개념들은 대상의 대상임의 본질(essentia realis) 규정과는 달리, 대상의 존재가 주관과 어떤 관계에 있는지를 규정한다. 그러므로 양, 질, 관계의 범주들과는 달리, "양태의 범주들은 그 자신 특수함을 가지고 있다. 곧, 그것들은 그것들이 술어로 덧붙여지는 그 개념을 객관의 규정으로서 조금도 증가시키지 않고, 단지 인식능력과의 관계만을 표현할 뿐

이다."(KrV, A219=B266) 한 사물의 개념이 (본질상) 이미 완벽하다고 하더라도, 우리는 그 사물이 가능적으로[있을 수] 있는지, 실제로 있는지, 아니면 필연적으로 있는지를 물을 수 있다. 그러나 이런 물음의 답에 의해서 그 사물의 실질적(객관적) 규정이 조금이라도 더 증가하는 것은 아니고, 다만 그 사물이 "지성 및 그 경험적 사용, 경험적 판단력, 그리고 (경험에 적용되는) 이성과 어떠한 관계인가"(KrV, A219=B266)가 드러날 뿐이다.

4. 경험적으로 사용된 지성은, 도대체가 경험적 사고는 한 사물이 단지 가능적으로 있다 혹은 현실적으로(실제로) 있다 혹은 필연적으로 있다고 규정되기 위해 필요한 일정한 조건을 요구한다. 그러므로 '경험적 사고 일반의 요청들'은 경험의 바탕에 놓여 있는, 사물의 존재 규정을 위한 지성의 요구 조건의 표현이다. 이 양태에 관련한 지성의 개념이 세 가지이므로 그 요구들도 셋이 있다.

II. 1. 가능성[가능적으로/있을 수 있음](→) 즉 "현존의 가능성"(KrV, A724=B752)은 무엇인가가 도대체 현상으로서 나타날 수 있는 조건, 즉 공간·시간과 이것의 양적(量的) 규정 — 직관의 공리들의 원칙에 따른 — 에 합치함에 있다. 재래의 형이상학에서 가능성[가능적임]이란 으레 무모순성으로 생각되었다. 그러나 자기모순이 없는 것이란 사고 가능하기는[생각할 수 있는 것이기는] 하지만, 이 사고 가능성[생각할 수 있음]은 대상의 존재 가능성[있을 수 있음]에 관해 무엇인가를 말해주지는 못한다. 즉 공간·시간상에 나타날 수 없고 양적으로 규정될 수 없는 것은, 그것이 설령 생각 가능하다고 하더라도 '우리 인간에게 대해서'는 존재 가능한 것이 아니다.

2. 현존/현실성[현실적으로/실제로 있음]은 우리에게 실재적인 것, 사물의 사물임에 속하는 것을 표시해주는 것, 즉 경험의 질료적 조건인 감각과 관련됨에서만 드러난다. 재래의 형이상학에서는 현실성 내지 현존성이 흔히 사고 가능하다는 의미에서의 가능성의 보완(complementum possibilitatis)으로서 파악되었다.(KrV, A231=B284 참조) 그러나 실제적인 현존이란 공간·시간상에 주어지는 감각에서 그 실질이 마주치게 되는 것에 대한 지성과의 관계 규정이다.

지각에서, 그것의 내용인 감각이 지각되는 사물의 실질을 이루는 바로 그 지각에서 그 사물의 현존함(현실성)이 포착된다. 그래서 지성은 그의 범주적 사고에서 "경험의 질료적 조건(즉 감각)과 관련되어 있는 것은 실제로 있다."(KrV, A218=B266)라는 원칙을 요청하는 것이다. 경험적 사고는 보편타당한 사고의 틀에 맞게 "사물의 현실성"을 인식하는 데에 "지각, 그러니까 의식된 감각을 요구한다."(KrV, A225=B272) 왜냐하면 지각 곧 지각에서 포착되는 사물의 실질이 그 사물의 "현실성의 유일한 특징"(KrV, A225=B273)이기 때문이다.

하나의 대상이라는 "개념을 위한 재료"를 제공하는 지각이 그 대상의 "현존함의 유일한 징표"이기도 하다. 이것이 뜻하는 바는 첫째로, 지각된 것 곧 지각을 통해 인식된 대상은 그것이 단지 상상되거나 생각된 것이 아니라 바로 지각되었기 때문에 현실적으로 있다는 것이다. 그러나 이것은 더 나아가서 바로 그 지각하는 자, 곧 지각의 주체와 그 지각에서 지각되는 것, 곧 지각의 객체가 그 지각함, 곧 지각작용의 "진짜 대응자"(KrV, A30=B45 참조)로서 현실적으로 있음을 말하고자 한다. 실제로 현존하는 지각하는 주관 없이는 아무런 지각도 일어나지 않는다. 마찬가지로 지각작용의 상관자로서 실제로 현존하는 대상이 없이는 아무런 지각도 일어나지 않는다. 요컨대 지각은 그 자체로서 지각하는 주관뿐만 아니라 지각되는 객관의 현존함을 지시한다는 것이다.

3. 필연성[필연적으로/반드시 있음]은 항상 현실적인 것과의 관련을 확정시키는 규정이다. 재래의 형이상학에서 필연성이란 보통 필연적임이라는 의미에서 그렇지 않을 수 없다고 생각되는 것으로 이해되었다. 그리고 필연적인 것이란 그것을 부정하는 것이 생각 불가능한 것(KrV, B290 참조)으로, 따라서 그런 것은 반드시 존재하는 것으로 생각되었다. 그러나 우리가 그렇게 생각해야만 하는 어떤 것이, 바로 오직 우리가 그렇게 생각할 수밖에 없다는 오로지 그 이유 때문에 그렇게 존재해야만 하는 것은 아니다. 어떤 사물의 필연적으로 있음, 즉 "현존에서의 질료적 필연성"(KrV, A226=B279)은, 그 사물의 현존하는 것과의 관련이 "인과성의 역학적 법칙"(KrV, A228=B280)과 같은 경험의 조건들과 부합하는 것으로 생각됨으로써 규정되는 것이다.(KrV, A227=B279 참조)

III. 1. 이상의 세 양태 개념들은 대상의 대상임에 실질적인 어떤 것도 보태지 않고, 따라서 "양태의 원칙들은 객관적으로 종합적이지 않다."(KrV, A233=B286) 이것들은 대상에 대상과 인식주관과의 관계를 선험적으로 덧붙이는 것뿐으로, 단지 "주관적으로만 종합적인 것"(KrV, B234=B286)이기는 하지만, 이 양태 개념들의 객관적 사용의 원칙들도, 그 안에서 한 대상의 존재양태가 규정된다는 점에서는 객관적 실재성을 갖는다.

2. 사물의 존재양태의 규정은 사물, 즉 '무엇인가'의 주관과의 관계 규정이므로, 사물의 무엇임의 규정, 즉 양·질·관계의 범주들에서의 사물의 본질 규정을 전제로 한다. 그러나 거꾸로 생각해서, 어떤 사물이 무엇인지의 규정은 그것이 어떤 방식으로든 있음을 전제로 하기 때문에, 양·질·관계의 세 범주들의 객관적 사용은 양태 범주들의 객관적 사용을 전제로 한다. 이것이 사물의 본질 규정의 보편적 필연적 원리들인 양·질·관계의 범주와 존재 규정의 원리인 양태 범주와의 관계이다.

경험적 실재성 經驗的 實在性 empirische Realität/초월적 관념성 超越的 觀念性 transzendentale Idealität

→ 공간·시간 → 공간·시간의 경험적 실재성과 초월적 관념성

경험주의/경험론 經驗主義/經驗論 Empirismus

I. 1. 칸트는 "순수 이성 인식들의 근원에 관해서, 즉 그것들이 경험으로부터 도출된 것이냐 또는 경험과는 독립적으로 이성 안에 그 원천을 갖느냐"에 관한 다툼에서 전자의 주장을 경험주의, 후자의 주장을 이성주의로 분별한다.(KrV, A854=B882 참조)

2. "아리스토텔레스는 경험주의자들의 우두머리로, 그러나 플라톤은 이성주

의자들의 우두머리로 간주될 수 있다. 근대에서는 로크가 전자를 따랐고 라이프니츠가 후자를 (물론 그 신비적 체계와는 충분한 거리를 취하면서) 따랐는데, 이들은 그럼에도 이 싸움에서 아무런 결정을 지을 수는 없었다. 에피쿠로스는 적어도 자기 나름대로 자기의 감각주의 체계에서는 아리스토텔레스와 로크보다 훨씬 더 일관성이 있었다. (그는 추론함에 있어 결코 경험의 한계를 넘어서지 않았으니 말이다.) (특히 그러나 로크는) 모든 개념들과 원칙들을 경험으로부터 도출한 후에, 그것들의 사용에 이르러서는, 사람들은 신의 현존과 영혼의 불사성을 — 이 두 대상은 전적으로 가능한 경험의 한계 밖에 놓여 있건만 — 여느 수학적 정리만큼이나 명백하게 증명할 수 있다고 주장한다."(KrV, A854이하=B882이하)

II. 1. '경험주의/경험론'을 말할 때 '경험(empeiria, experientia, experience)'이란 감각기관을 통하여 수용한 것, 곧 감각-지각을 뜻한다. 그리고 경험주의/경험론의 핵심 주장은 이러한 "감각 중에 있지 않던, 그 무엇도 이성[지성] 중에 있지 않다(Nihil est in intellectu, quod non fuerit in sensu)."라는 것이다. 그래서 경험주의/경험론은 감각주의(sensualism)라고 일컬어지기도 한다. 그러니까 경험주의 내지 감각주의는 인식의 원천 내지 출발점의 문제에서 그것을 이성이라고 보는 이성주의/이성론과는 반대로 그것을 감각경험이라고 보는 입장이다.

2. 경험주의/경험론은 모든 인식의 질료뿐만 아니라 타당성의 근원도 경험에서 구한다. 이성주의자들이 인식의 타당성은 인식의 확실성에서 보증되며, 인식의 확실성은 수학적 보편적 이성에 근거한다고 보고, 모든 지식을 수학적[기하학적]으로 전개하고자 한 데 반하여 경험주의자들은 인식의 확실성은 경험만이 보증한다고 믿는다. 여기서 더 나아가 공간 시간상에서 감각적으로 경험된 것만이 '사실'이고 '실재'이며, 그 이상의 것은 무의미하다는 주장에까지 이르면 경험주의/경험론은 실증주의(positivism)가 된다.

3. 이 같은 경험주의/경험론은, 중세 말에 개념[보편자] 실재론(realism)을 반박하여 보편자란 한낱 명목[명칭]일 따름이며 실재하는 것은 경험적인 개체뿐이라는 명목론(唯名論, nominalism)을 편 오컴(William of Occam, 1285~1349)과 베이컨(Francis Bacon, 1561~1626)의 전통을 승계한 로크·버클리·흄 등 영국 출신

의 철학자들에 의해 대변된다. 그래서 이성론이 데카르트·스피노자·라이프니츠 등 유럽 대륙 출신 철학자들에 대변된다 하여 '대륙이성론'이라고 일컬어지기도 하는 데 반하여, 경험론은 '영국경험론'이라고 통칭되기도 한다.

4. 경험론의 섬세한 전개는 데카르트의 '본유 관념' 내지는 '이성(에 내재하는) 원리'들을 비판하면서 말문을 여는 로크의 『인간지성론(*Essay concerning Human Understanding*)』에서 본격적으로 시작되었다. 이 경험론의 주의주장을 조목조목 반박하기 위해 라이프니츠는 장·절까지 맞춰가면서 『신인간지성론(*Nouveaux Essais sur L'Entendement Humain*)』을 썼다. 그러니까 경험론과 이성론은 상대방을 명료하게 의식하면서 심화되어간 이론 체계들이다.

5. 이 경험론의 원칙은 비단 이론적 인식 영역에서만 지켜지는 것이 아니라, 정치와 종교 영역에도 적용될 것이 요구되었고, 그 결과 시민 통치 이론과 자연종교 이론이 나왔다.

III. 1. 칸트는 "데이비드 흄의 환기야말로 수년 전에 처음으로 나의 교조적 선잠을 중단시키고, 사변철학 분야에서 나의 연구들에게 전혀 다른 방향을 제시했"다고 치사(致詞)하면서도, 그러나 "그의 결론들을 듣고 따르는 것에서는 멀리 떨어져 있었다."(Prol, A13=IV260)라고 말한다.

2. '원인-결과의 법칙'은 어떤 것(A)에 의해서 그리고 그것으로부터, 그것 때문에 다른 어떤 것(B)이 필연적으로 생긴다는 것을 지시한다. 그러나 우리가 감각경험을 통해서 인지할 수 있는 것은, 어떤 것에 이어서 다른 어떤 것이 발생한다는 사실뿐이다. 그 때문에 경험주의는 흄의 예에서 보듯 인과 관계의 필연적 연관성에 회의적이고, 또한 그것을 설명할 수도 없다. 왜냐하면 경험주의자들은 인과 관계의 필연성은 오로지, 자연의 어떤 연속적 사건에서 원인이라고 생각되는 것이 그에 뒤따르는 결과라고 생각되는 것을 필연적으로 일으키는 어떤 힘 또는 세력 또는 에너지가 발견됨으로써만 확증될 수 있다고 생각하는데, "실제로 사실 내용 가운데, 그것의 감각적 성질에 의해서, 어떤 힘이나 에너지를 발견하게 해주거나, 그것이 어떤 것을 산출하며, 다른 어떤 것이 그것에 뒤따른다고 추정할 만한 근거를 우리에게 주는 그런 부분은 없기"(Hume, *EHU*, VII, 1) 때문

이다. 이에 반해서 칸트는 '실체'나 '상호성'과 같은 다른 순수 지성개념이 그러하듯이(Prol, §27 참조) '원인'이라는 개념도 "전혀 사물들에게가 아니라, 단지 경험에만 부속되는 조건"(Prol, A101=IV312)만을 지시한다고 생각한다.

IV. 1. 그러나 경험주의는 수학을 관념들의 관계의 체계로 이해할 때, 자아와 사물의 동일성과 변화를 설명할 때 '경험주의'를 유지할 수 없다.

2. 예컨대 로크가 전혀 감각되지 않건만, 감각되는 성질들의 불변적 담지자로서 '실체'를 생각해내고, 그것을 '누구도 그것이 무엇인지를 모르는 어떤 것'이라고 규정했을 때(Locke, *HU*, II, 23, 2 참조), 그리고 특히 그가 데카르트가 그랬던 것처럼 "우리 자신의 존재에 관해 우리가 가지고 있는 의심할 바 없는 지식"(Locke, *HU*, IV, 10, 1)으로부터 신의 존재를 증명해내려 했을 때, 그의 감각경험주의는 '감각경험'을 넘어선 것이다.

3. 로크는 경험주의 원칙을 내세우면서도 동시에 보편적 인식을 인정한 반면에, 흄은 경험주의 원칙보다 더 신뢰할 만한 것은 없다고 믿었기 때문에 보편적 인식의 가능성에 대해 회의적이었다면, 칸트는 우리에게 보편적인 인식이 있음은 사실이라고 생각하고, 이 '사실'이 가능하게 된 까닭을 소급 추론함으로써 초월철학의 원칙에 이르게 되었다.(Prol, §§27~29 참조)

계몽 啓蒙 Aufklärung

1. "계몽이란 사람이 그 자신의 탓인 미성숙으로부터 벗어남이다."(WA, A481=VIII35) 여기서 "미성숙이란 타자의 지도 없이는 자신의 지성을 사용하지 못하는 무능력이다. 그리고 그 무능력의 원인이 지성의 결여에 있는 것이 아니라, 타자의 지도 없이 자신의 지성을 사용하고자 하는 결단과 용기의 결여에 있다면, 그 무능력은 자기 탓이다. 그러므로 계몽의 표어는 '과감히 분별하라(Sapere aude)!', '너 자신의 지성을 사용할 용기를 가지라!'이다."(WA, A481=VIII35) 그래서 칸트는 "이 계몽을 위해서는 다름 아닌 자유"가, 그것도 "모든 점에서 자

신의 이성을 공적으로[공공연하게] 사용하는 자유"(WA, A484=VIII36)가 필요하다고 본다.

2. 칸트는 그 자신이 계몽주의 시대에 살고 있음을 자각하고 있었다. 칸트의 생각에, 계몽주의 시대란 "모든 것이 비판에 붙여져야" 하는 "진정한 비판의 시대"로, 이제 "이성은 오직, 그의 자유롭고 공명한 검토를 견뎌낼 수 있는 것에 대해서만 꾸밈없는 존경을 승인한다."(KrV, AXI, 주) 자신이 아직 "계몽된 시대"는 아니지만 "계몽의 시대"에 살고 있다(WA, A491=VIII40 참조)고 파악한 칸트는 자기 시대의 정신, 자기 시대의 과제에 대한 반성으로부터 철학적 작업을 수행한다. 그 결실이 그의 비판철학인 것이다.

사실 칸트의 비판철학 전체는 그 자체로 계몽철학이다. 코페르니쿠스-갈릴레이-뉴턴이 과학에서, 로크-루소-볼테르가 정치·사회 이론에서 계몽 정신을 시현(示現)했다면, 칸트는 무엇보다도 철학의 본령인 형이상학에서 그 학문성을 놓고 맞대결한 데카르트-스피노자-라이프니츠의 진영과 로크-버클리-흄의 진영 사이에서 제3의 길을 개척함으로써 '진정한' 계몽 정신을 내보였다. 게다가 칸트의 철학적 사유는 저들 자연과학적, 정치이론적, 형이상학적 사상들뿐만 아니라 현실 사회 문물제도의 변화, 국가 형태들의 변천과 세계 내에서 국가들의 역학적 관계까지도 언제나 그 시야에 두고 있었으니, 칸트는 실로 '세계시민적' 계몽주의자였다.

3. 무지몽매함을 일깨워 밝은 빛으로 이끌겠다는 계몽주의는 모든 진리, 모든 권위의 본부를 신·신적 이성·기독교회·성직자에 둔 상황을 무지몽매하다고 전제하고 있는 것이다. 그리고 그에 대치될 '밝은 빛'은 다름 아닌 인간의 지성 내지 이성이다. 신적 이성으로부터 설명되던 세상의 온갖 이치를 인간의 이성으로 밝혀보겠다는 것이, 아니 세상의 온갖 이치의 본부는 다름 아닌 인간 자신의 이성이라는 것이 계몽주의의 주장이다. 이 같은 계몽주의가 형이상학의 영역에서는 칸트에 와서 정점에 이른다. 칸트의 철학은 계몽철학의 정점에 서 있다. 그러나 정점은 오르막의 끝이자 내리막의 시작이다. 계몽철학으로서 칸트의 철학은 모든 진리의 본부를 인간 이성에 두지만, 그 이성은 자기비판을 통하여 한계

를 자각한 이성이다.

계몽의 시대에 모든 것은 비판에 부쳐져야 하고, 공명정대한 비판을 견뎌낸 것만이 경의를 받아 마땅한 것이라면, 이성은 응당 자기 자신부터 비판할 일이다. 이성이 "자기 자신의 능력에 대한 선행적 비판이 없이"(KrV, BXXXV) 하는 일은 무엇이나 그 자체가 교조적이고 독단적임을 면할 수 없는 것이니 말이다. 이에 칸트의 계몽철학은 이성 비판으로부터 시작된다.

순수한 개념 체계인 철학의 문제와 관련해서 비판의 대상이 되는 이성은 오로지 '순수한' 이성이다. 이성적 요소 외에는 아무것도 포함하고 있지 않은 그 자체로서의 이성 말이다. 그래서 칸트의 첫 작업은 '순수 이성 비판'이다. 그것은 "순수한 이성의 원천과 한계"(KrV, A11=B25)를 분별하는 일로, 이로써 이성은 "이성에 대해, 이성이 하는 업무들 중에서도 가장 어려운 것인 자기 인식의 일에 새로이 착수하고, 하나의 법정을 설치하여, 정당한 주장을 펴는 이성은 보호하고, 반면에 근거 없는 모든 월권에 대해서는 강권적 명령에 의해서가 아니라 이성의 영구불변적인 법칙에 의거해 거절할 수 있을 것을 요구"(KrV, AXI이하)하는 것이다. 이제 이 '순수 이성 비판'이라는 법정의 심판대에 이성 자신과 더불어 첫 번째로 세워지는 피고가 다름 아닌 순수한 이성의 이론적 체계인 형이상학이다.

4. 형이상학이 과연 엄밀한 이성 인식의 체계인지를 변별하는 이 작업이야말로 "이제는 더 이상 사이비 지식에 자신을 내맡기지는 않으려는 시대의 성숙한 판단력에서 비롯한 것"(KrV, AXI)으로, 이것은 철학적 문제 영역에 있어서의 계몽주의의 첫째 과제이다. 그리고 이 과제는 사실상 사이비 지식 묶음인 재래의 형이상학에 근거를 두고 있는 당대 교회신앙의 계몽을 겨냥하고 있다.

무릇 "계몽, 곧 사람이 그 자신의 탓인 미성숙으로부터 벗어남의 주요점"은 "무엇보다도 종교적 사안들에 놓여 있다."(WA, A492=VIII41). 왜냐하면 종교적인 문제들에서의 미성숙이 "모든 것들 가운데서 가장 유해하고, 가장 불명예스럽기" 때문이다. "종교적인 사안들에서 타인의 지도 없이 자기 자신의 지성을 안전하게 잘 쓸 수 있는"(WA, A491=VIII40) 상태가 실제적 의미에서 계몽이다.

「계몽이란 무엇인가」 / 「'계몽이란 무엇인가?'라는 물음에 대한 답변」 'Beantwortung der Frage: Was ist Aufklärung?'

1. 칸트는 논문 「'계몽이란 무엇인가?'라는 물음에 대한 답변」을 1784년 9월 30일에 탈고하여, 《베를린 월보(*Berlinische Monatschrift*)》 1784년 12월호(Bd. IV, 481~494)를 통해 발표하였다. 앞서 11월호에는 「세계시민적 관점에서의 보편 역사에 대한 이념」(→)을 실었다.

《베를린 월보》는 비스터(Johann Erich Biester, 1749~1816)와 게디케(Friedrich Gedike, 1754~1803)에 의해 1783년에 창간되어 계몽주의 논쟁을 주도하였다. 칸트는 이에 적극 참여하여 1784~1796년간에 15편의 논문을 기고하였다.

2. 칸트 계몽 논문은 당시의 독일 계몽주의에서 쟁점이 되고 있는 '계몽'의 의미를 밝히면서, 과연 성직자와 교직자들이 특정한 종교적 교리에 구속받아야 하는 것인지를 따져 묻고 있다.(→계몽)

3. 칸트가 미성년 상태에서 벗어남, 곧 계몽의 문제를 특히 종교적 사안에 초점을 맞춰 다룬 것은, 당대의 "지배자들이 예술이나 학문에 관해서는 국민을 감독하려는 관심을 가지고 있지 않으면서"도, 유독 종교적인 문서만은 여전히 검열하고 있기 때문이었다. 칸트의 『순전한 이성의 한계들 안에서의 종교』(→)(1793)가 금서 처분받은 것은 그 대표적인 사례라 하겠다.

계시 啓示 Offenbarung revelatio

I. 1. 칸트의 계시 개념은 바움가르텐(→)의 규정과 밀접한 연관이 있다. 바움가르텐은 계시를 넓은 의미에서는 '신에 의해서 만들어진 피조물에 있는 신의 정신의 표지(標識)'(Baumgarten, *Metaphysica*, §982 참조)라고, 좁은 의미에서는 '초자연적이고 언어적으로 인간에게 한 말씀'(Baumgarten, *Metaphysica*, §986 참

조)이라고 규정했다. 칸트는 이러한 계시 규정이 한낱 외면적인 것이라고 본다.

2. 계시는 "신의 현존과 속성들 그리고 신의 의지에 대한 확고한 인식을 주는 것"(V-Th/Pölitz, XXVIII1117)이다. 계시는 외적 계시와 내적 계시로 나누어볼 수 있는데, 외적 계시는 "행하신 일과 말씀을 통해" 드러나고, 내적 계시는 "우리 자신의 이성을 통해" 드러나는 것으로서, 이 내적 계시가 "여타의 모든 계시들에 선행하고, 외적 계시를 평가하는 데 쓰여야 하는 것"(V-Th/Pölitz, XXVIII1117)이다. 흔히 기적은 "초자연적 계시"(RGV, B117=VI85)로 여겨지지만, "도덕과 정면으로 상충하는 것이면 그것이 제아무리 신적 기적의 외양을 가지고 있다 해도 그것은 기적일 수 없다."(RGV, B120=VI87)고 이성은 판단한다.

II. 1. 계시에 의한 신앙은 "역사적 신앙이며, 순수 이성신앙이 아[니다.]"(RGV, B148=VI104) 참신앙을 위해서는 "계시를 순수 이성종교의 보편적인 실천 규칙들과 일치하는 의미로 일관성 있게 설명하는 일이 요구된다."(RGV, B158=VI110)

2. "계시는 우리가 이미 이성에 의해 가지고 있는 신에 대한 개념 외에 어떤 새로운 개념도 줄 수 없다."(V-Th/Baumbach, XXVIII1317) "신은 우리 안의 도덕법칙을 통해 그의 의지를 계시"(RGV, B218=VI144)하는 것이다.(→ 신앙/믿음)

계약 契約 Vertrag

I. 1. 계약은 "두 인격의 합일된 의사의 행위"이며, 일반적으로 이에 의해 "어느 자의 자기 것이 타자에게 넘어간다."(MS, RL, AB98=VI271)

2. 칸트의 계약 개념은 기본적으로는, 계약이란 "양 당사자의 의지의 합치, 다시 말해 무엇인가 자기 것을 일방이 타방에게 이전한다는 내용에 대한 쌍방의(양측의) 의지의 합치"(Achenwall, *Ius Naturae*, [5]1763, pars prior, §167)라는 아헨발(→)의 개념을 차용한 것이다.

3. 계약에는 "의사의 두 가지 예비적 법적 행위와 두 가지 구성적 법적 행위

가 있다." "제의(oblatio)와 그에 대한 동의(approbatio)"는 계약을 위한 예비적 행위이고, "약속(promissum)과 수락(acceptatio)"은 계약의 구성적 행위이다.(MS, RL, AB98=VI272)

4. 모든 계약은 그 구성적 행위, 곧 "약속과 수락에 의해 성립한다." 그러나 약속과 수락만으로 그 계약 내용이 물리적 결과로 나온다는 보증이 되는 것은 아니다. 그래서 "계약의 의도, 곧 취득의 달성을 위한 수단들의 완벽성을 위한 보완요소"로서 보증이 필요하며, 그로 인해 계약을 위해서는 "세 인격, 즉 약속자, 수락자, 보증인이 등장한다."(MS, RL, A118이하=VI284)

5. "계약에 의한 나의 것의 이전은 항구성의 법칙(lex continui)에 따라서 일어난다."(MS, RL, AB102=VI274) 또한 "계약에서 한 물건은 약속의 수락(acceptatio)에 의해서가 아니라, 오직 약속된 것의 인도(traditio)에 의해서만 취득된다."(MS, RL, A102이하=B103=VI274)

II. 1. "어느 누구도 하나의 계약에 의해 인격이기를 중단할 그러한 종속관계에 구속될 수는 없다. 왜냐하면 그는 오직 인격으로서만 하나의 계약을 할 수 있으니 말이다."(MS, RL, A194=B224=VI330)

2. "한쪽이 다른 쪽의 이익을 위하여 자기의 전체 자유를 포기하는, 그러니까 인격이기를 그만두는, 따라서 계약을 지킬 의무를 갖지 못하고, 단지 통제력만을 인정하는 계약은 그 자체로 모순적인 것, 다시 말해 무효"(MS, RL, AB117=VI283)이다.

고정불변성 固定不變性 Beharrlichkeit

1. 실체의 도식(→)이 "시간상에서 실재적인 것의 고정불변성이다. 다시 말해, 다른 모든 것이 바뀌어(轉變해)도 여전히 지속하는, 경험적인 시간 규정 일반의 기체(基體)로서의 실재적인 것에 대한 표상이다. (시간은 흐르는 것이 아니고, 전변[轉變]하는 것의 현존이 시간상에서 흐르는 것이다. 그러므로 그 자신 변전하지

않으며 지속적인 시간에 현상에서 현존하는 것의 불변적인 것, 곧 실체가 대응한다. 순전히 이 실체에서만 현상들의 잇따름과 동시적임이 시간적으로 규정될 수 있다.)"(KrV, A144=B183) — 이 고정불변성의 도식 없이는 '실체'는 아무것도 규정할 수 없고, 단지 "주어로 생각될 수 있는 어떤 무엇을 의미할 따름"(KrV, A147=B186)으로, "남는 것은 주어라는 논리적 표상뿐"(KrV, A242=B300)이다. 고정불변성은 "우리가 실체 범주를 현상에 적용하는 근거이고, 모든 현상들 중에는 무엇인가 고정적인 것이 있으며, 이것에서[만] 변모하는 것은 다름 아닌 그 현존하는 것의 규정임"(KrV, A184=B227)을 입증할 수밖에 없다. (→ 경험의 유추들의 원리 → 제1유추 – 실체 고정불변성의 원칙)

2. "현상의 잡다에 대한 우리의 포착은 항상 순차적이다. 그러므로 언제나 바뀐다. 그러므로 우리는 만약 경험의 기초에 무엇인가 항상 있는 것, 다시 말해 불변존속적이고 고정적인 것[…]이 놓여 있지 않다면, 포착[작용]만으로는 이 잡다가, 경험의 대상으로서, 동시에 있는 것인지 아니면 잇따라 계기(繼起)하는 것인지를 결코 규정할 수가 없다. 그러므로 시간관계들은 고정불변적인 것에서만 가능하다. […] 다시 말해, 고정적인 것은 시간 자체의 경험적 표상의 기체이며, 이것에서만 모든 시간규정은 가능하다. 고정불변성이란 도대체가 시간을, [곧] 현상들의 모든 현존, 모든 바뀜과 모든 수반의 항존적 상관자로서, 표현하는 것이다."(KrV, A182이하=B225이하)

3. "이제 이 고정불변성[개념]에 의거해서 변화 개념도 시정된다. 발생과 소멸은 발생하고 소멸하는 것의 변화들이 아니다. 변화란 똑같은 대상의 한 실존 방식에 뒤따라오는 또 다른 실존 방식이다. 그러므로 변화하는 모든 것은 불변존속적이고, 오로지 그것의 상태만이 바뀐다. 그러므로 이 바뀜[變轉]은 중지할 수도 있고 시작할 수도 있는 규정들과만 관계되므로, 우리는 좀 역설적으로 보이는 표현을 빌려, 오로지 고정불변적인 것(실체)만이 변화하고, 변모[轉變]하는 것은, 몇몇의 규정들은 중지하고 다른 몇몇의 규정들은 시작되는 것이니, 아무런 변화를 입지 않으며, 바뀌[변전하]는 것이라고 말할 수 있다."(KrV, A187=B230이하)

4. "따라서 고정불변성은 그 아래에서만 현상들이, 사물 또는 대상으로서, 가능한 경험에서 규정될 수 있는 필연[수]적인 조건이다."(KrV, A189=B232)

공간 · 시간 空間 · 時間 Raum · Zeit spatium · tempus

공간과 시간은 뉴턴(→)과 같은 "수학적 자연과학파"의 주장처럼 "절대적 실재"도 아니고, 라이프니츠(→)와 같은 "형이상학적 자연이론가들"의 주장처럼 "경험에서 추상된 현상들의 관계"도 아니며, 또한 데카르트(→)나 로크(→)가 생각한 것처럼 그 자체로 존재하는 물체의 본질속성도 아니다.(KrV, A39=B56이하 참조) 공간·시간은 인간 감성의 순수한 요소들이다. 그래서 그것들은 『순수이성비판』(→)의 '초월적 요소론' 중 "감성의 선험적 원리들의 학"(KrV, A21=B35)인 '초월적 감성학'의 주제를 이룬다.(→감성학 →초월적 감성학)

순수 직관으로서의 공간 · 시간

1. 감성의 순수한 요소들인 공간과 시간은 경험적 개념들이 아니다.(KrV, A23=B38·A30=B46 참조) 그것들은 개념이 아닐 뿐더러 경험적 표상도 아니고 한낱 순수한 직관들이다.

2. 공간은 그리고 시간은 만물을 "자기 안에" 포용하는 것임(MSI, A19=II402)에도 불구하고, "단 하나의"(KrV, A25=B39·A32=B47) 대상으로 표상된다. 그러니까 공간과 시간은 각기 하나의 '개별 표상' 즉 직관이다. 그리고 공간·시간 표상은 "아무런 감각도 섞여 있지 않은"(KrV, A50=B74) 순수한 것이다. 공간·시간 표상이 무엇인가가 우리를 촉발할 때 생기는 감각을 포함하고 있지 않다 함은, 우리가 어떤 대상의 촉발 없이도 이미 공간·시간 표상들을 가지고 있음(Refl 4189, XVII450 참조)을 뜻하는 것으로, 그러니까 공간·시간 표상은 선험적인 것이다.

3. 그러므로 공간 · 시간은 감각경험으로부터 자유로운 순수하고 선험적인 직관이다. 공간 · 시간은 직관된 것이지만, 어떤 대상에 의해 우리 인간의 직관력이 촉발되어 생긴 것이 아니라 우리의 주관 자신에 의해 현존하는 것처럼 그려진 것이다. "대상의 현전 없이도 그것을 직관에서 표상하는 능력"이 "상상력"(KrV, B151)이라 한다면, 공간 · 시간은 그런 '상상력의 산물'이다.(KrV, A291=B347 참조) 실상과 상관 없이 공간 · 시간은 마치 하나의 대상인 것처럼 표상되는 것이다.

공간 · 시간 표상의 선험적 주관성

1. 공간 · 시간이 순수한 표상이라는 것은 그것이 순전히 주관적이라는 것을 뜻한다. 다시 말해, 공간 · 시간이라는 표상의 근원, 원천, 출생처는 인식주관인 우리 인간의 표상능력 자체에 있다.

2. 공간 · 시간은 감각을 통해 비로소 우리에게 주어질 수 있는 어떤 사물 그 자체의 성질이 전혀 아니다. 공간 · 시간은 "대상들 자체에 부착해 있는" "사물들의 객관적인 규정"이 아닐 뿐만 아니라 도대체가 "그 자체로 존립하는 그런 어떤 것이 아니다."(KrV, A26=B42 · A32=B49 참조) 만약 그러한 것이라면, 그것들은 감각작용을 통해 수용될 수 있는 것일 터이다. 그러나 두 표상, 공간 · 시간은 외감(→감관 →)을 통해서도 내감(→감관 →)을 통해서도, 그러니까 결코 어떤 대상의 촉발에 의해서도 주어지는 것이 아니다. 오히려 공간 · 시간은 결코 후험적으로가 아니라 "선험적"으로, "다시 말해 대상에 대한 모든 지각에 앞서 우리 안에서 만나"(KrV, B41)지는 것이다. 이 두 표상의 출처를 표상하는 주관의 밖에서는 발견할 수가 없다. 그렇기에 그 출처를 주관 안에서 찾을 수밖에는 없는바, 그 때문에 공간 · 시간이라는 이 직관들은 순수 감성적인 직관이되, "주관을 벗어나면 그 자체로는 아무것도 아닌" 것[無](KrV, A35=B51 · 참조 A28= B44)이다.

3. 순수 표상인 공간 · 시간은 두 가지 관점에서 "아무것도 아닌 것[無]"이다. 그것은 한편으로는 '상상된 것'이라는 의미에서 아무것도 아니고, 다른 편으로는

우리의 "직관의 형식 이외의 아무것도 아니다."(KrV, A37=B54) 그러므로 여기서 '아무것도 아닌 것'이라는 말은 절대적 무(無)라기보다는 한낱 주관적인 어떤 것을 뜻한다. 이런 맥락에서 공간·시간 표상의 주관성은, 단지 그것들의 근원이 주관적이라는 것뿐만 아니라 그것들의 기능 역시 주관적이라는 것, 다시 말해 그것들은 한낱 "우리 감성의 특수한 조건"(KrV, A37=B54)에 지나지 않는다는 것을 뜻한다.

주관적 표상인 공간·시간의 객관적 사용

감성의 일람(一覽)작용과 그 형식으로서의 공간·시간 표상

1. 공간·시간은 선험적이고 주관적인 표상이지만, 그것들은 대상 인식에서 감각을 통해 의식에게 주어지는 것, 곧 현상의 재료가 되는 잡다한 것을 "일정한 관계에서"(KrV, A20=B34), 말하자면 '서로 곁하여'[相互 竝列的으로]·'서로 잇따라'[相互 繼起的으로]의 방식으로 정리하는 틀이다. 감각적 현상의 '잡다'한 질료는 그것이 감각작용의 산물인 한 이미 '일정한 관계로', 곧 공간적으로 서로 곁하여, 시간적으로 상호 연속적으로[서로 잇따라] 정리되어 있는 것이다. 감각기관의 이와 같은 기능을 칸트는 "감각기능에 의한 선험적인 잡다의 일람(一覽: Synopsis)"(KrV, A94)이라고 일컫는다. 그래서 현상에서 감각에 대응하는 것을 '현상의 질료'라 한다면, 이를 정리하는 공간·시간 표상을 "현상의 형식"(KrV, A20=B34)이라 일컫는다.

2. 공간과 시간이 현상의 형식이라 함은, 현상은 이미 공간·시간의 질서 위에서만 가능하고, 현상은 무릇 공간·시간의 틀 안에서만 현상일 수 있다는 뜻이다. 그러니까 감관의 일람작용은 다름 아닌 감각 내용인 주어지는 잡다에게 선후[서로 잇따라] 좌우[서로 곁하여]의 질서를 부여하는 감성 기능이다.

직관의 형식으로서의 공간 · 시간

1. 공간·시간은 주관적 표상들이면서도 모든 직관의, 그러니까 감관에 의한 직관뿐만 아니라 상상력에 의한 직관의 기초에 놓여 있다. 그리하여 이 주관적인 표상들이 일정한 직관을 직관이도록 만든다. 그러므로 공간·시간은 직관의 형식으로서 경험적으로 — 감관에 의해서든 상상력에 의해서든 — 직관된 것에 대해서뿐만 아니라 순수하게 직관된 것, 다시 말해 자기 자신에 대해서도 타당하다. 공간·시간은 직관의 형식으로서 모든 감각작용에서뿐만 아니라 모든 상상력의 작용에서도 그 기초에 놓여 있다.

2. 개별적인 잡다한 감각 인상들, 감각 자료들은 공간·시간 표상에서, 다시 말해 공간적으로·시간적으로 일정한 관계에서 정리되어 수용되고, 따라서 양적으로 규정된다. 이러할 경우에만 '동일한 사물'·'두 사물'·'모든 사물'과 같은 개념들이 가능하다. 다시 말해, 이런 조건 아래에서만 순수 지성개념인 양(quantitas), 곧 '하나'[단일성]·'여럿'[다수성]·'모두'[전체성]라는 개념들이 비로소 기능할 수 있다. 주관적 표상들인 공간·시간은 직관의 형식이자 동시에 "직관에서의 결합의 형식이고, 범주들을 구체적으로 적용하는 일에 봉사한다."(Refl 5934, XVIII393) 감각 인상들은 잡다하고 "거칠고 뒤엉켜"(KrV, A77=B103) 있는 채이지만, 그것들은 이미 "직관에서의 결합의 형식"에 따라서, 다시 말해 공간·시간적으로 "일정한 관계에서"(KrV, A20=B34) 정리되어 수용된다.

형식적 직관으로서의 공간 · 시간

1. 공간·시간이 직관에서의 결합의 형식으로 기능하기 위해서는 그 자신 "잡다를 함유하는"(KrV, B160) 직관으로서, 먼저 하나[통일체, 단일한 것]로 표상되어 있어야만 한다. 그리고 잡다가 하나로 종합 통일되어 표상되기 위해서는 결합의 능력인 지성의 작용이 있어야 한다. 이러한 종합의 능력을 "상상력"(KrV, A78=B103)이라고 일컫는다면, 공간과 시간은 상상력의 종합에 의해 하나의 공

간, 하나의 시간으로 표상된다. 감성의 한 부분인 상상력에 의해 산출된 공간·시간의 잡다가 지성의 한 기능인 상상력에 의해 하나로 표상되는 것이다. (여기서 감성과 지성에 걸쳐 있는 칸트의 '상상력'(→) 개념이 부상한다.)

공간·시간 표상을 각기 '하나'로 가능하게 하는 상상력의 이러한 활동을 "상상력의 초월적 종합"(KrV, B152)이라 일컫는다. 이 종합에 의해 '공간', '시간'이라는 상(象)이 형성되므로, 상상력에 의한 이 "선험적으로 가능하고 필연적인 감성적 직관의 잡다의 종합은 형상적 종합(形象的 綜合: synthesis speciosa)"(→종합)(KrV, B151)이라 부를 수 있다. 이렇게 해서 전체로서 하나의 공간이라는 표상과 전체로서의 하나의 시간이라는 표상이 가능하다.

2. 양적인 것(quantum)으로서 '하나의 공간', '하나의 시간' 표상은 각기 "그것의 부분들이 모두 동종(同種)적인 구성체(compositum)"(Refl 5847, XVIII368; 참조 OP, XXII13)이기는 하지만, 비로소 그것의 부분들로부터 성립되는 그런 것이 아니라(KrV, A25=B39 참조), 오히려 자기 안에 무한 양의 동질적인 부분들을 함유하는 전체로서 표상되는 일종의 연속체(continuum)이다.(KrV, B40; MSI, §§14~15; Refl 5849, XVIII368 참조) 이를테면 "공간·시간은 연속량들(quanta continua)이다."(KrV, A169= B211) 그러므로 '한 공간' 또는 '한 시간'이라는 표상은 그에 따라 잡다가 주어지는 직관의 순전한 형식이 아니다. 그것은 "직관의 순전한 형식 이상의 것, 곧 감성의 형식에 따라 주어진 잡다의 하나의 직관적인 표상으로의 총괄을 함유한다."(KrV, B161 주) 바로 이 '직관적인 표상'을 칸트는 "형식적 직관"이라고 일컫는다. 그러니까 "직관의 형식이 순전히 잡다를 제공한다면, 형식적 직관은 표상의 통일을 제공한다."(KrV, B161 주)

3. 이 형식적 직관은 더 이상 '형식적으로 직관된 것'을 말하는 것이 아니라 '형식적인, 곧 형식을 주는, 그래서 통일적인 직관함[작용]'을 말한다. 이를 통해서 잡다한 감각들이 공간·시간상에서 어느 정도는 결합될 수 있다. 지성이 여러 경험적 직관들을 하나의 일정한 대상과 관련하여 통일적으로 결합하기 위해서는 이 통일적인 직관함이 앞서 있어야 한다. 그러므로 공간·시간은 현상, 곧 우리에 대한 대상 일반을 가능하게 하는 제일의 필수적인 조건이다.

공간 · 시간의 경험적 실재성과 초월적 관념성

1. 공간·시간은 경험적 직관의 형식이자 곧 현상의 형식들이다. 이는 우리에 의해 경험적으로 직관된 것, 곧 현상은 일정한 공간·시간 관계의 제약 아래에서만 가능하다는 것을 말한다. 경험적으로 직관된 것, 다시 말해 그러한 것으로 현상한 대상은 언제나 일정한 공간과 일정한 시간에서 우리에게 현상한다. 공간·시간은 이런 관계 속에서 현상하는 것을 제약하고 규정한다. 그러니까 공간·시간은 현상들의 규정들이며, 그것도 현상들의 기초에 놓여 있다는 의미에서 현상들의 본질적 규정들이다. 공간·시간은 현상들을 가능하게 하는 제일 근거, 다시 말해 현상들의 실재적 본질(essentia realis)이다. 이런 뜻에서 공간·시간은 현상들, 곧 우리에게 경험적으로 현상하는 객관들과 관련하여 실재적이다. 다시 말해 공간·시간은 그 자체로는 주관적이고 그런 의미에서 "관념적"인 것이지만, 현상하는 객관들과 관련해서는 실재적, 곧 객관적으로-실재적이다. 공간·시간은 그 자체만으로 볼 때나 경험적 직관 너머에 있는 어떤 대상, 가령 초험적인 사물과 관련해서 볼 때는 도대체가 아무것도 아니지만, 그럼에도 경험적인 직관, 곧 경험적으로 직관함과 경험적으로 직관되는 것을 동시에 가능하게 한다. 공간·시간 표상의 이러한 성격에 대해 칸트는 공간·시간이 "경험적 실재성"과 함께 "초월적 관념성"을 갖는다고 말한다.(KrV, A28=B44·A35= B52 참조) 여기서 '경험적 실재성'이라는 말은 '객관적 실재성'과 내용상 똑같은 것, 곧 우리에게 경험적으로 현상하는 대상에 속하는 성질을 뜻한다. 여기서 '초월적'(→)은 '초험적'(→)과 같은 말로서, 그러니까 '초월적 관념성'이란 공간·시간이 초험적인 것에 대해서는 아무것도 아님을 뜻한다.

2. 공간과 시간은 감성의 대상 직관의 기본 틀이고, 감성의 보편적인 형식이다. 그러나 그것들은 어디까지나 감성의 대상, 곧 현상에 대해서만 형식으로 기능한다. 공간·시간은 "모든 현상들 일반의 선험적인 형식적 조건이다."(KrV, A34=B50) 공간·시간은 오로지 인식주관의 기능 방식인 만큼 이 인식주관에 의해 감각되는 사물의 인식 형식이고, 그런 한에서 사물의 규정 형식이다. 그러니

까 공간 · 시간은 '우리가 우리 감관의 대상으로 받아들이는 사물', 즉 "현상들과 관련해서만 객관적[대상적]으로 타당하다."(KrV, A34=B51) 사물이 우리가 지각하거나 말거나 그 자체로 그러한 것이라는 의미로 이해된다면, 이런 '사물 일반'에 대해서 공간 · 시간은 더 이상 객관적 타당성을 갖지 못한다. 공간 · 시간은 오로지 우리가 대상에 촉발되어 대상을 직관하는, 즉 감각적으로 직관하는 우리 인간의 "주관적인 조건"일 뿐이며, 그러니까 그것들은 우리 주관을 벗어나서는, 곧 그 자체로는 아무것도 아니다.(KrV, A35=B51 참조)

3. 우리 인간의 대상 인식은 예외 없이 감각 직관에 의존하고 모든 감각경험의 의식 활동에는 공간 · 시간 질서가 그 틀로 작동하므로, 그것들은 "언제든 우리 감관에 주어짐직한 모든 대상에 관련해 객관적 타당성"(KrV, A35=B52)을 갖는 것이다. 그러나 우리는 결코 공간 · 시간의 "절대적 실재성"을 주장할 수는 없다. 공간 · 시간은 단지 우리의 감각적 직관의 형식일 뿐, 그것이 사물 자체의 성질이거나 존재 조건임을 우리로서는 알 수 없다. "사물들 자체에 속하는 그러한 속성들은 감관을 통해서는 우리에게 주어질 수도 없"(KrV, A36=B52)기 때문이다. 그러므로 공간 · 시간은 감각적 직관의 주관적 조건이라는 점 이외에는 아무것도 아니라는 뜻에서, 그러니까 공간 · 시간은 우리의 감각적 직관과의 관계를 도외시한 대상 그 자체에는 "실체적으로도 속성적으로도 귀속될 수 없다."는 뜻에서 "초월적 관념성"(KrV, A36=B52)을 갖는다고 말해진다.

공간과 시간의 구별

1. 공간 · 시간은 경험적 직관을 가능하게 하는 두 순수 형식 내지 형식적 조건이다. 그러나 이 두 형식은, 시간 표상이 모든 경험적 직관의 기초에 놓여 있는 데 반하여, 엄밀히 말해 공간 표상은 단지 모든 외적 직관의 기초에 놓여 있을 뿐이라는 점(KrV, A24=B38 · A31=B46 참조)에서 서로 구별된다. 그러므로 시간은 "모든 현상들 일반의 선험적인 형식적 조건"(KrV, A34=B50)이고, 공간은 "선험적인 조건으로서는 순전히 외적인 현상들에만 제한된다."(KrV, A34=B50)

2. 공간은 "외감의 모든 현상들의 형식일 따름이다."(KrV, A26=B42) 다시 말해 "그 아래에서만 우리에게 외적 직관이 가능한"(KrV, A26=B42) 필수적인 조건일 뿐이다. 일정한 공간 관계에서 우리는 대상을 외적으로 직관한다. 공간상에서 대상은 "우리 밖의 것으로"(KrV, A27=B43) 직관된다. 우리는 항상 우리의 외감을 촉발하는 대상을 일정한 공간상에서 표상한다. 우리 밖의 대상은 그렇게만 현상한다. 모든 외적인 현상들, 모든 경험적인 외적 대상들은 필연적으로 "공간에서 서로 곁하여 있다."(KrV, A27=B43) 우리의 감성을 촉발하는 대상, 곧 촉발되는 감성의 "진짜 대응자"(KrV, A30=B45)일 터인 "사물 그 자체" 또한 공간상에 있는지 없는지는 결코 우리에게 알려지지 않는다. 왜냐하면 우리가 우리 밖에 있는 사물로 표상하는 사물은 이미 현상이니 말이다. 그래서 "모든 사물들은 공간상에서 서로 곁하여 있다."라는 명제는 보편타당하기는 하지만, 이 사물들이 단지 우리의 외감적 직관의 대상이라는 단서 아래에서 그러하다.(KrV, A27=B43 참조)

3. 모든 외적 현상들은 일정한 공간 관계에 있기만 한 것이 아니라 또한 시간 관계에 있기도 하다. 우리는 외적 대상들을 단지 공간적으로 서로 곁하여 있는 것으로 표상할 뿐 아니라 또한 시간적으로 서로 잇따라 또는 동시에 있는 것으로 표상한다. 그런데 시간 관계에서 표상되는 것은, 우리가 우리 밖에 있는 것으로 표상하는 외적 대상들뿐 아니라 우리 자신에 대한 표상 그리고 우리의 내적 상태에 대한 표상들도 포함된다. "모든 현상들 일반은, 다시 말해 감관의 모든 대상들은", 그러니까 외감과 내감의 "모든 대상들은 시간상에 있고, 반드시 시간 관계들에 서 있다."(KrV, A34=B51) 그러므로 시간은 모든 현상들의 순수한 형식적 조건이다. 반면에 공간은 단지 모든 외적 현상들의 순수 형식일 뿐인데, 우리는 우리 자신 그리고 예컨대 기쁨이나 걱정과 같은 우리의 내적 상태들은 공간에서 표상하지 않으니 말이다.(Refl 5653, XVIII309 참조) 그래서 "현상(곧, 감성적 직관의 대상)으로서 모든 사물들은 시간상에 있다."라는 명제는 보편타당하다.(KrV, A35=B52 참조) 그러나 다시금 우리 자신을 촉발하는 "우리 자체"가 시간상에 있는지 어떤지는 우리에게 전혀 알려져 있지 않다. 우리는 우리에게 오

로지 우리의 경험적 직관의 대상으로서만 알려지는 것이니 말이다.(→ 자기촉발)

4. 나에 대한 표상을 포함해서 모든 표상들은 내적 상태, 곧 마음의 상태, 그러니까 의식에 속한다. 이렇기에 내감은 실상은 의식을 지시할 따름이다. 그 때문에 칸트는 "시간은 의식의 형식, 다시 말해 그 아래에서만 우리가 사물들을 의식하게 되는 조건이다."(Refl 5317, XVIII151)라고 말하기도 한다. 시간이 내감의 형식이자 곧 의식의 형식이라는 말이다. 이런 이해에서 시간은 모든 직관의 선험적 형식적 조건이고, 공간은 단지 우리에게 우리 밖에 존재하는 것으로 현상하는 그런 대상들에 대한 직관의 순수한 조건, 그러니까 모든 외적 직관들의 선험적 형식이다.

「공간에서의 방위 구별의 제1근거에 대하여」 'Von dem ersten Grunde des Unterschiedes der Gegenden im Raume'

1. 이 작은 논고는 최초에 《쾨니히스베르크 주보(*Wochentliche Königsbergsche Frag- und Anzeigungs-Nachrichten*)》(Stück 6–8, 13. und 20. Febr. 1768)에 게재되었다.

2. 칸트는 이 논고에서 세계 공간을 인간 주관의 위치에 관계시켜 규정하는데, 이는 공간의 방위, 방면, 방향, 구역들이 주관에 의해서 정해진다는 것을 밝힘으로써, 공간의 정위(定位)의 표준이 신체적 주관임을 말하고 있다. 공간 구분의 제1근거가 감성적 직관이라는 이러한 착상은 뒤에 오는 칸트의 초월적 공간론의 전조라 하겠다.

공리/공준 公理/公準 Axiom

I. 1. "선험적인, 직접적으로 확실한" 명제를 "원칙"이라 일컫는데, 원칙에는 직관적(intuitiv)인 것과 논변적(diskursiv)인 것이 있다. 전자는 "직관에서 현시될 수 있"어서 "공리"라고 일컫고, 후자는 "오직 개념에 의해서만 표현될 수 있"으므로 "변리/언사(辨理/言辭: acroama)"라 일컬을 수 있다.(Log, A172이하=IX110 참조)

2. "철학에서는 공리라는 명칭을 사용하는 어떤 원칙도 마주칠 수 없고", "그 반면에 수학은 공리들을 가질 수 있다."(KrV, A732=B760 참조)

3. 칸트는 양 개념의 객관적 사용 원칙으로 "직관의 공리들의 순수 지성의 원칙"(KrV, A162) 혹은 "직관의 공리들의 원리"(KrV, B202)를 제시하는데, 여기서 말하는 원칙 또는 원리, 곧 "모든 현상들은 그것의 직관상 연장적 크기들이다."(KrV, A162)나 "모든 직관들은 연장적 크기들이다."(KrV, B202)가 공리는 아니다. 이 원리는 "연장(延長)의 수학"(KrV, A163=B203), 즉 "기하학"(KrV, A163=B204 · A166=B207)의 "공리들 일반을 가능하게 하는 원리"(KrV, A733=B761)를 일컫는다.

II. 1. 칸트는 공리 공준이 "무엇인가를 해야 한다."는 실천 명제로 표현될 때는 이를 "요청(Postulat)"(→)이라고 일컫는다. 순수 기하학도 "실천 명제들인 공리[요청]들을 갖는[…]다."(KpV, A55=V31)

2. 칸트는 "네가 너 자신의 인격에서나 다른 모든 사람의 인격에서 인간(성)을 항상 동시에 목적으로 대하고, 결코 한낱 수단으로 대하지 않도록, 그렇게 행위하라."(GMS, B66이하=IV429)는 인간 존엄성의 원칙을 하나의 "요청[공리공준]으로 제시한다."(GMS, B66=IV429)

공리주의 功利主義 Utilitarismus

I. 1. 공리주의 또는 벤담주의는 프랑스대혁명의 해에 출간된 벤담(Jeremy Bentham, 1748~1832)의 『도덕과 입법 원리의 서설(*An Introduction to the Principles of Morals and Legislation*[*PML*])』(1789·1823)과 함께 등장하여 제임스 밀(James Mill, 1773~1836)을 거쳐 존 스튜어트 밀(John Stuart Mill, 1806~1873)의 『공리주의(*Utilitarianism*)』(1861)에 이르러서는 당대의 주류 사조가 되었다.

2. 공리주의는 사람들이 자연적으로 쾌락을 지향하고, 고통을 피하려 한다는 것을 사실로 전제하고, 그러므로 쾌락을 증진시키고 고통을 방지하는 능력이야말로 모든 도덕과 입법의 기초 원리이며, 따라서 공동체는 "최대 다수의 최대 행복(the greatest happiness of the greatest number)"(Bentham, *PML*, I, I)을 추구하는 방향으로 운영되어야 한다고 주장한다. 이로부터 발생하는 문제는 '나'의 쾌락과 나머지 다수의 행복이 상치될 경우 그를 어떻게 조화시킬 것인가인데, 이에 대해서 밀은 제대로 자란 사람이라면 누구나 다른 사람들의 쾌락도 고려하면서 자기의 쾌락을 추구하는 '도덕 감정'을 가지고 있어서 이는 자연스럽게 조정될 것으로 본다.

3. 그럼에도 공리주의는 사람의 행위는 무엇이나 근본에 있어서는 양적으로든 질적으로든 쾌락을 추구하고 고통을 회피하려는 것으로, 얼핏 그렇게 보이지 않는 것조차도 마침내는 쾌락 추구나 고통 회피로 환원된다고 보는 전형적인 쾌락주의이다.

4. 공리주의자들이 보기에, 어떤 것을 욕구한다는 것과 그것이 즐거움을 줄 것이라고 생각하는 것은 같은 사태의 두 장면이다. 때로 사람들은 의지(will)와 욕구(desire)를 구별하고, "능동적인 현상인 의지와 수동적 감성 상태인 욕구는 다른 것"(Mill, *Utilitarianism*, ch.4)이기는 하지만, 그럼에도 양자는 그 뿌리가 같은 것이다. "의지가 처음 단계에서는 전적으로 욕구에 의해 낳아진 것임은 틀림없는 사실이다."(Mill, *Utilitarianism*, ch.4) 의지도 쾌락을 취하고 고통을 피하려는 욕구에서 출발했지만 이것들과 독립적으로 별도의 목적을 실현하려는 거듭

되는 단련을 통해 마침내 이런 것들과는 무관하게 작용하는 것처럼 보이는 단계에 이른 것이다. 그리고 "올바르게 행동하려는 의지가 습관적으로 독립해서 작동하는 단계에까지 개발되는 것"은 덕의 실행을 위해 매우 바람직한 것이다. 그렇다 해도 "의지가 욕구의 자식인 것"(Mill, *Utilitarianism*, ch.4)만은 변함없는 사실이다. "바꿔 말하면, 의지의 상태라는 것도 선[좋음]을 위한 수단이지, 내재적으로 선한[좋은] 것이 아니다."(Mill, *Utilitarianism*, ch.4: p. 175) 거듭 말하거니와 "그 자체로 쾌락을 주거나 쾌락을 얻는 데 또는 고통을 피하는 데 수단이 되는 것이 아니라면 어떤 것도 인간에게 선한[좋은] 것이란 없다."(Mill, *Utilitarianism*, ch.4: p. 175)

5. 그런데 공리주의자가 행위의 선악을 판정하는 데 있어 그 행위의 동기는 고려사항이 아니다. 그렇기 때문에 어떤 행동이 공리의 원리에 합치하는지 여부에 따라서만 그 행동의 옳음과 그름에 대해서 말할 수 있다.(Bentham, *PML*, I, X.) 실천에 있어서 '동기'란 "감수적인 존재자의 의지에 영향을 미침으로써 어떤 기회에 그가 행동하도록 결심하게 하거나 자발적으로 행동을 자제하게 만드는 수단이 된다고 가정되는 것"(Bentham, *PML*, X, [§1], III)을 말하거니와, "동기가 선하거나 악하다면, 그것은 오로지 그 결과 때문이다. 그것은 쾌락을 낳거나 고통을 막아주는 경향이 있기 때문에 선한 것이고, 고통을 낳거나 쾌락을 막는 경향이 있기 때문에 악한 것이다."(Bentham, *PML*, X, [§2], XII)

6. 그러나 어떤 행위의 모든 결과를 계산해내는 일은 사실상 불가능하다. 공리성의 주요소인 행복은 같은 행위의 결과에서도 사람마다 다르고, 또한 그 밀도에서 차이가 적지 않다. 거기다가 공리주의가 내세우는 공리성의 판정이 행위 결과를 보고나서야 가능한 것이라면, 한 행위(특히 '역사적'인 행위)가 미치는 영향력의 여파는 어쩌면 인류 역사의 종점에서나 온전히 가늠할 수 있을 것이므로 행위의 효과로서의 결과를 계량한다는 것은 실로 가능한 일이 아니다. 이 지점에서 공리주의는 길을 잃지 않을 수 없다.

II. 1. 그럼에도 벤담주의는 한낱 하나의 학설이 아니라 정치적 의사결정에도 상당한 영향을 미쳤는데, 칸트의 도덕철학은 나날이 거세져가는 이러한 시류에 대한 강력한 대응의 측면을 가지고 있다.

2. "쾌 또는 불쾌 — 이것은 언제나 단지 경험적으로 인식되며, 모든 이성적 존재자에게 같은 방식으로 타당할 수는 없는 것인데 — 라는 수용성의 주관적인 조건에만 근거하는 원리는 그러한 수용성을 지닌 주관에게 있어서는 충분히 준칙으로 쓰일 수 있겠지만, 그러나 그 자신만으로는 (이 원리에는 선험적으로 인식되어야 할 객관적 필연성이 결여되어 있으므로) 법칙으로 쓰일 수가 없기 때문에, 그러한 원리는 결코 실천 법칙을 제공할 수가 없다."(KpV, A39=V21이하)

3. "쾌는 주관이 대상의 현실에서 기대하는 쾌적감이 욕구능력을 규정하는 한에서만 실천적이다. 그런데 이성적 존재자의 자기의 전 현존에 부단히 수반하는 쾌적한 삶에 대한 의식이 행복이다. 그리고 이것을 의사의 최고 규정 근거로 삼는 원리는 자기사랑의 원리이다. 그러므로 의사의 규정 근거를 어떤 대상의 현실성으로부터 느끼는 쾌 또는 불쾌에다 두는 모든 질료적 원리들은, 그것들 모두가 자기사랑 또는 자기 행복의 원리에 속한다는 점에서 전적으로 매한가지 종류의 것이다."(KpV, A40이하=V22)

4. 선의 개념은 선한 것의 경험을 통해 생기는 것이 아니라, "도덕법칙에[의] 따라서[뒤에] 그리고 도덕법칙에 의해서"(KpV, A110=V63) 생기는 것이다. 그러니까 도덕법칙이 선행하는 곳에서만 '선'의 개념은 있다.

공법 公法 Öffentliches Recht ius publicum

1. 일반적 공포를 통해 법적 상태를 만들어내는 "법칙[법률]들의 총체가 공법"이다.

2. 한 국민으로서 다수의 사람들, 또는 다수의 국민들은 서로의 관계 속에서 법적 상태를 분유하기 위하여 그들의 전체 의지에 "하나의 [기본]체제/헌법(Verfassung: constitutio)"을 필요로 한다. 상호 관계 속에 있는 국민 개개인들의 이러한 법적 상태를 "시민적 상태(status civilis)"라고 일컫고, 그 개인들의 전체가 이

루는 구성체를 "국가(civitas)"(→)라고 일컫는다. "국가는 법적 상태에 있고자 하는 모든 이의 공동의 이해관심을 통해 결합되어 있는 것으로서 그 형식으로 인하여 공동체(廣義의 共同體/共和國)라고 불리며, 다른 국민들과의 관계에서는 지배력(支配力: potentia)" 또는 "지배권"이라고 단적으로 일컬어지고, 이것이 지속적으로 세대 간에 승계되어간다는 의미에서는 "민족(gens)"이라고 불리기도 한다. 그래서 공법 안에는 "국가법(→)뿐만 아니라 국제법(Völkerrecht: ius gentium)(→)"도 포함된다. 그리고 이로부터 불가피하게 "세계시민법(Weltbürgerrecht: ius cosmopoliticum)"(→)의 이념이 나온다. "그래서 만약에 법적 상태의 이 가능한 세 형식들 중 하나만에라도 법칙[법률]들을 통해 외적 자유를 제한하는 원리가 결여되어 있으면, 여타 모든 것의 건물도 불가피하게 그 기반이 무너지고, 마침내는 붕괴하지 않을 수 없다."(MS, RL, §43)

3. 그러니까 사람들은 각자 자기 자신의 생각에 따르는 "자연상태"에서 벗어나, "상호작용" 관계를 맺을 수밖에 없는 "모든 타인들과 더불어 공적으로 법칙[법률]적인 외적 강제에 스스로 복종하는 데에 통일"을 이루는 공법 아래에, 즉 "시민적 상태"에 들어가야만 한다.(MS, RL, §44 참조)

공유 共有 Gemeinschaft communio

토지의 근원적 공유

1. 칸트는 '공유'의 개념을 "토지의 근원적 공유(communio fundi originaria)"(MS, RL, AB65=VI251 · A90이하=B91=VI267)와 관련하여 사용한다.

2. 모든 인간은 근원적으로 지구 전체의 토지를 합동점유(Gesamt-Besitz)하고 있다. 그리고 누구나 자연에 의해 그것을 사용할 수 있는 권한이 주어진 의지를 가지고 있다.(정당의 법칙: lex iusti) 그러나 각자의 의사는 자연히 서로 대립하기 마련이기 때문에, 만약 저 의지가 그에 따라서 각자에게 공동의 토지 위에 특

수한 점유가 규정될 수 있는, 의사를 위한 법칙을 함유하지 않는다면, 저 의지는 토지의 모든 사용을 폐기할 것이다.(적정의 법칙: lex iuridica) 그러나 토지에서 각자의 나의 것과 너의 것을 분배하는 법칙은 자유 공존의 법칙(→ 자유 → 시민사회 인[人]의 원리로서의 자유)에 따라 근원적으로 그리고 선험적으로 합일된 의지로부터만 나올 수 있는 것(분배 정의의 원칙: les iustitiae distributivae)이므로, 이 의지만이 무엇이 정당하고, 무엇이 적법하며, 무엇이 권리 있는 것인가를 규정한다.(MS, RL, AB91=VI267 참조)

3. 토지의 근원적 공유는 하나의 이념이기는 하지만, '원초적 공유(communio primaeva)'라는 허구는 아니다. 당초에 토지를 사적으로 점유한 이들이 사적 점유를 포기하는 계약을 통해 합동점유가 생겼다는 것은 역사적 증거가 없다는 것이 칸트의 관찰이다.(MS, RL, AB65=VI251 참조)

공통감 共通感 Gemeinsinn sensus communis

1. 감[각](sensus)이라는 말을 "순전한 반성이 마음에 미친 작용결과"(KU, B160=V295)에 대해서 사용해도 좋다면, 미감적 판단력이야말로 "공통감(sensus communis)"(KU, B156=V293), 곧 "자기의 반성에서 다른 모든 사람의 표상방식을 사유 속에서 (선험적으로) 고려하는, 하나의 판정능력"(KU, B157=V293)이라고 일컬을 만하다.

2. 이 '공통감' 개념은 어느 면에서는 흄의 "공감(sympathy)"(Hume, *THN*, III, 3, 1[p. 576])이나 애덤 스미스의 '동감' 내지 "동료감정(fellow-feeling)"(A. Smith, *The Theory of Moral Sentiments*[1759], London: A. Millar, [6]1790, I. I. 1) 개념을 차용한 것으로 볼 수 있다.

비판기의 도덕철학에서는 어떤 종류의 보편적인 감정에 의해 보편적인 가치평가가 가능하지 않다고 보았던(KpV, A67=B38 참조) 칸트가 미감적 판정의 영역에서는 다른 견해를 내보이고 있는 것처럼 보인다. 미감적 판정의 영역에서는 순수한 이성의 '사실'에 근거한 실천이성의 객관적 입장과 같은 것이 있을 수 없고, 우리는 순전히 감정의 전달[공유]가능성의 영역에 놓여 있기 때문에, 칸트는 부득이 애덤 스미스와 흄이 도덕적 가치평가의 분야를 위해 발전시켰던 제안을 채용하고 있는 것으로 볼 수도 있다. 칸트는 취미를 보이는 사람은 취미 자체가 주관적임에도 불구하고 다른 사람들의 동의를 요구하는 보편적 입장을 취한다고 본다. 흄도 '사악한', '추악한', '타락한'과 같은 도덕 개념을 말하는 사람은 그에 대해 다른 사람도 동의할 것으로 기대하는데, 이것은 판단자가 보편적 입장을 취한다는 것을 전제하기 때문이라고 보고 있다.(Hume, *An Enquiry concerning the Principles of Morals*, 3rd. ed. by L. A. Selby−Bigge/P. H. Niddith, Oxford 1975, IX, I[p.272] 참조)

3. 그러나 칸트는 '공통감' 개념을 도입하는 자리에서, 공통감은 그렇게 추정하기에 충분하지는 않지만, 일종의 "경험적 표준"으로서, 그로부터 "취미가 유래하는", 다시 말해 "그 아래에서 사람들에게 대상들이 주어지는 형식들의 판정에 있어서 일치하는, 모든 사람들에게 공통적인 깊이 숨겨져 있는 근거"라고 매우 조심스럽게 규정한다.(KU, B53=V232 참조)

4. "취미는 상상력에서 외적 대상들에 대한 사회적 판정의 능력"(Anth, BA186=VII241)으로서, 자기의 감정을 "다른 모든 사람들에게 전달할 수 있게 해주는 모든 것을 판정하는 능력"(KU, B162이하=V297)이다. 칸트는 이러한 취미에서 드러나는 공통감이 사회 형성의 기반일 것이라고 추정한다. "자신을 전달[소통]하려는"(MAM, A4=VIII110) "사회로의 추동"(KU, B162=V296)이 "우리 인간을 사교적으로 만든다."(V−Anth/Collins, XXV187)

5. "온전히 홀로 있을 때는 누구도 자신이나 자기 집을 단장하거나 청소하지 않는다."(Anth, BA186=VII240) "무인도에 버려진 사람은 그 자신 홀로는 자기의 움막이나 자기 자신을 꾸미거나 꽃들을 찾아내거나 하지 않으며, 더구나 단장하기 위해 꽃들을 재배하는 일은 없을 것이다. 오직 사회에서만 그에게 한낱 인간이 아니라 자기 나름으로 세련된 인간이고자 하는 생각이 떠오른다. (이것이 문명화의 시작이다.)"(KU, B163=V297)

6. 그러니까 인간 문명의 시작은 감정의 전달[공유]가능성을 바탕으로 하는 미감적 판단력, 곧 공통감에서 비롯한 것이겠다. 기실 자연법칙 수립의 기반인 '의식 일반(Bewußtsein überhaupt)'도 도덕법칙 수립의 기반인 양심(Gewissen), 곧 공동의 의식, 함께 앎(conscientia: Mitwissen)도 이러한 공통감을 전제하는 것인즉, 이로 인해 지성과 이성이 판단력에서 접점을 얻는다고 하는 것이겠다.

7. 그러나 취미능력으로서의 공통감은 보통의 평범한 지성, 상식(→)을 뜻하는 '공통감(sensus communis: common sense)'과는 구별해야 한다.(KU, B64=V238; Anth, BA23=VII139 참조)

관념론 觀念論 Idealismus

1. 관념론은 "감관의 외적 대상들의 현존을 부정"하지는 않되, "외적 대상들의 현존[이] 직접적인 지각에 의해 인식된다는 것을 인정하지 않고", "외적 대상들의 실재성을 일체의 가능한 경험에 의해서는 결코 완전히 확실하게 인지할 수는 없다."라는 주의주장을 말한다.(KrV, A369 참조) 그래서 관념론은 "감관들과 경험을 통한 모든 인식은 순정한 가상일 따름이며, 오직 순수 지성과 이성의 관념들 중에만 진리가 있다."(Prol, A205=IV374)라는 주장으로 넘어간다.

2. 그러나 관념론은 보통 대립 개념으로 쓰이는 실재론(→)이 그렇듯이, 여러 가지 의미를 갖는다.(→독일이상주의/독일관념론)

초월적 관념론 transzendentaler Idealismus

1. 칸트에서 "모든 현상들의 초월적 관념론"이란 "우리가 그 현상들을 모두, 사물들 그 자체가 아니라 순전한 표상들로 보며, 따라서 시간과 공간은 단지 우리 직관의 감성적 형식일 따름이고, 사물 그 자체로서의 객관들의 그 자체로 주어진 규정들이거나 조건들이 아니라고 하는 이론"(KrV, A369; Prol, A141=IV337

참조)이다.

2. 이에 반해 '초월적 실재론'은 "시간과 공간을 (우리 감성에 독립적인) 자체로 주어진 어떤 것"이라 보고서, 외적 현상들을 "우리와 우리 감성에 독립적으로 실존하는, 그러므로 순수한 지성개념들에 따르더라도 우리 밖에 존재할 터인 사물들 자체라고 표상한다."(KrV, A369) 이러한 초월적 실재론은 결국 '경험적 관념론'에 이르러, 우리 감각기능과 무관하게 그 자체로 존재하는 사물을 전제하고서는 그러한 사물 자체는 도무지 우리의 감각기능에 의해 온전히 인식될 수 없는 것이라고 회의하고, 그러면서도 우리에게 온전히 인식되지는 않지만 무엇인가 그 자체로 존재하는 것이 있다고 단정하는 근거 없는 주장을 한다.

3. 초월적 실재론 곧 경험적 관념론은, "외감의 대상들을 감관 자신과는 구별되는 어떤 것으로, 한갓 현상들을 우리의 밖에 있는 독자적인 존재자로" 본다. 그렇게 보게 되면 "이 사물들에 대한 우리의 표상을 제아무리 잘 의식한다 해도, 표상이 실존한다 해서 그에 상응하는 대상도 실존한다는 것이 조금도 확실하지 않"다.(KrV, A371 참조) "무릇, 사람들이 외적 현상들을 그 자체로 우리 밖에 있는 사물들인 그것들의 대상들에 의해 우리 안에서 결과로 나타난 현상들로 본다면, 그들이 이 사물의 현존을 결과에서 원인을 추리하는 방식 외에 어떻게 달리 인식할 수 있는지는 알아낼 수가 없다. 그런데 이런 추리에서 저 원인이 우리 안에 있는지 밖에 있는지는 여전히 의문으로 남아 있을 수밖에 없다. 이제 사람들이 설령 우리의 외적 직관들에 대해서, 초월적 의미에서 우리 밖에 있음직한 어떤 것이 그 원인이라고 인정할 수 있다 하더라도, 이 어떤 것이 우리가 물질 내지 물체적 사물이라는 표상들로 이해하는 대상은 아니다. 왜냐하면 이것들은 오로지 현상들, 다시 말해 순전한 표상방식들이기 때문이다. 그것들은 항상 단지 우리 안에서만 있는, 그리고 그것들의 현실성이, 우리 자신의 사고내용에 대한 의식과 마찬가지로 직접적인 의식에 의거하고 있는 것이다. 초월적 대상(→)은, 내적 직관과 관련해서든 외적 직관과 관련해서든, 마찬가지로 알려지지 않는다."(KrV, A372)

4. 이에 반해 초월적 관념론은 "생각하는 존재자로서의 나의 현존과 마찬가

지로 물질의 현존을 우리의 순전한 자기의식의 증거에 근거해서 받아들이고, 그럼으로써 증명된 것으로 선언하는 데 아무런 의구심도 없다. 왜냐하면 나는 나의 표상들을 의식하고 있으므로 이 표상들과 이 표상들을 가지고 있는 자인 나 자신은 실존한다. 그러나 무릇 외적 대상들(물체들)은 한낱 현상이고, 따라서 다름 아니라 일종의 나의 표상들이기도 하며, 그것들의 대상들은 오직 이 표상들에 의해서만 어떤 무엇이고, 이것들을 떠나서는 아무것도 아닌 것이다. 그러므로 나 자신이 실존하듯이, 똑같이 외적인 사물들도 실존한다. 이 둘 모두 나의 자기의식의 직접적인 증거에 근거해서 실존하는 것이지만, 다만 차이점은 사고하는 주체로서의 나 자신의 표상은 순전히 내감과 반면에 연장적인 존재자라고 칭하는 표상들은 외감과도 관계 맺어져 있다는 점뿐이다. 나의 내감의 대상(곧, 나의 사고내용)의 현실성에 관해서 추리를 할 필요가 없듯이, 나는 외적 대상들의 현실성과 관련해서도 추리할 필요가 없다. 왜냐하면 그것들 둘 모두 표상들일 따름이며, 표상들에 대한 직접적인 지각(의식)은 동시에 그것들의 현실성에 대한 충분한 증명이 되기 때문이다."(KrV, A370 이하)

5. "그러므로 초월적 관념론자는 경험적 실재론자이며, 그는 현상으로서 물질[물체]에, 추론될 필요 없이 직접적으로 지각되는 현실성을 인정한다."(KrV, A371)

비판적 관념론 kritischer Idealismus

1. 칸트의 초월철학(→)은 존재자의 총체인 자연세계란 우리 인간에게 인식된 세계, 즉 현상세계로서, 이 현상세계는 인식자인 인간의 의식에 의해서 규정되는 것인 만큼 인간의 의식에 의존적인 것이고, 그런 의미에서 일종의 관념의 체계라고 본다. 그런 의미에서 초월철학은 관념론의 기조 위에 서 있다 하겠다. 그러나 칸트는 자기의 관념론은 "형식적 관념론"일 뿐으로, 실은 전통적인 "진짜"(Prol, A205=IV374) 관념론, "본래의"(Prol, A207=IV375) 관념론에 대해 한계를 규정해주는 "비판적 관념론"(Prol, A71=IV294 · A208=IV375)이라고 생각한다. 칸트

의 비판적 관념론은, "공간을 순전한 경험적 표상"으로 보고서, "경험의 현상들의 기초에는 아무것도 선험적으로 놓이는 것이 없으니" "경험은 아무런 진리의 표준도 가질 수 없다."(Prol, A206이하=IV374이하 참조)는 버클리류의 "교조적 관념론"(Prol, A208=IV375) 내지는 "광신적 관념론"(Prol, A70=IV293)이나 누구든 "물체 세계의 실존을 부인"할 수 있다는 데카르트류의 "경험적 관념론"(Prol, A70=IV293) 내지는 "회의적 관념론"(Prol, A208=IV375)을 비판한다.

2. 그래서 칸트의 비판적 관념론인 초월적 관념론은 "순전한 순수 지성 내지 순수 이성에 의한 사물들에 대한 모든 인식은 순정한 가상일 따름이며, 오직 경험 중에만 진리[진상]가 있다."(Prol, A205=IV374)는 논지를 편다. 이것은 "보통의[통상적인] 관념론을 전복시키는"(Prol, A207=IV375), "저 본래의 관념론과는 정반대"(Prol, A206=IV374)가 되는 주장이다. 이것은 차라리 관념론 비판 또는 "반박"(KrV, B274)이라고 볼 수 있다.

3. 그렇기에 칸트는 관념론이 자기의 철학 "체계의 영혼을 이루고 있는 것은 아닌"(Prol, A205=V374) 것이라 한다. 그럼에도 칸트가 자기의 인식론을 굳이 "나의 이른바 (본래는 비판적) 관념론"(Prol, A207=IV375) 혹은 "형식적, 좀 더 적절하게 표현해 비판적 관념론"(Prol, A208=IV375)이라고 일컫는 것은, "진상은 오직 경험 중에만 있다."는 그의 주의주장에서, 경험된 것 즉 '현상'은 공간·시간 형식상에서만 우리에게 있을 수 있는 것인 우리 의식에 의존적이라는 사태를 도외시할 수 없기 때문이다.

관심/이해관심 關心/利害關心 Interesse

I. 1. "동기(Triebfeder)(→)라는 개념으로부터 [이해]관심이라는 개념이 생긴다." [이해]관심은 이성적 존재자에서만 나타나는 것으로, "동기가 이성을 통해 표상되는 한에서 의지의 동기를 의미한다."(KpV, A141=V79)

2. "도덕적인 선의지에서는 법칙 자체가 동기일 수밖에 없으므로, 도덕적인

관심은 순전한 실천적 이성의 순수한, 감성으로부터 자유로운 관심이다. 관심이라는 개념 위에 준칙이라는 개념도 기초해 있다. 그러므로 준칙은 그것이 사람들이 법칙의 준수에서 취하는 순전한 관심에 의거할 때만 도덕적으로 진정한 것이다. 그러나 동기·[이해]관심·준칙이라는 세 개념 모두는 오로지 유한한 존재자들에게만 적용될 수 있다."(KpV, A141=V79)

II. 1. 칸트철학의 기본 물음들인 "1)나는 무엇을 알 수 있는가? 2)나는 무엇을 행해야만 하는가? 3)나는 무엇을 희망해도 좋은가?"(KrV, A805=B833; Log, A25=IX25; V-Met-L2/Pölitz, XXVIII533이하 참조)도 "이성의 모든 관심(즉 사변적 관심 및 실천적 관심)"(KrV, A804=B832)에서 나온 것이다.

2. 이성이 상충하는 것은 흔히 "상이한 관심"(KrV, A666=B694) 탓이다. 관심의 차이가 흔히 "사고방식의 갈라짐을 야기"한다. 누구는 "(특수화의 원리를 좇는) 잡다성에 관심"이 더 클 수 있고, 또 누구는 "(집합의 원리를 좇는) 통일성에 관심"이 더 클 수 있는 것이다.(KrV, A666=B694 참조)

3. 순수 이성의 이율배반에서 이성은 "사변적 관심에서는 전적으로 거절한 것을 실천적 관심의 관점에서는 승낙할 수"(KrV, A804=B832)도 있지 않을까 검토한다.

이성의 사변적 관심은 "이성에게 그의 권역 훨씬 너머에 있는 한 점에서 출발하여, 그로부터 그의 대상들을 완벽한 전체에서 고찰할 권리를 부여한다."(KrV, A676=B704) "이성의 사변적 관심은 필연적으로, 세계 내의 모든 정돈을 마치 그것이 하나의 최고 최상의 이성의 의도로부터 유래된 것처럼 보도록 만든다."(KrV, A686=B714; 참조 KU, BXXVIII이하=V180이하) 그러나 이러한 사변 이성의 노고는 헛된 일이다. 실천적 사용과 관련해서 "이성은 순전한 사변의 분야에서는 충분한 증명근거들이 없어 어떤 방식으로도 전제할 권한이 없을 어떤 것을 상정할 권리를 갖는다. 모든 그러한 전제들은 사변의 완전성을 해치지만, 실천적 관심은 그런 것에 전혀 개의치 않기 때문이다. 그러므로 거기서 이성은 그것의 정당성을 증명할 필요도 없고, 실제로 증명할 수도 없을 것을 소유하고 있는 것이다."(KrV, A776이하=B804이하)

4. 인간의 마음은 "도덕성에 대한 자연스러운 관심을 갖는다. […] 이런 관심을 확고히 하고, 증대시켜라. 그러면 여러분은 이성이 실천적인 관심에다 또한 이론적 관심을 통합시키기 위해, 몹시 배우려 하고, 더욱더 계몽적이기조차 하다는 것을 발견할 것이다. 그러나 여러분이 먼저, 적어도 반만큼이라도, 선량한 사람이 될 것에 마음을 쓰지 않는다면, 여러분은 또한 결코 그로부터 올바르게 믿는 사람이 되지는 못할 것이다!"(KrV, A830=B858)

III. 1. "인간은 감성세계에 속하는 한에서 필요를 느끼는 존재자이다. 그런 한에서 인간의 이성은 물론 감성 쪽으로부터, 감성의 이해관심사를 보살피고, 이승 생활 및 가능하면 또한 저승 생활의 행복을 지향하여 실천 준칙을 만들라는, 거절할 수 없는 주문을 받는다. 그러나 인간은 역시, 이성이 그 자신을 위해 말하는 모든 것에 대해 무관심하고, 그래서 이성을 한낱 감성적 존재자로서의 그의 필요욕구를 충족시키는 도구로만 사용할 만큼, 그렇게나 전적으로 동물이지는 않다. 왜냐하면, 이성이 인간에게 있어서 단지 본능이 동물들에 있어서 하는 것과 같은 것만을 위해 종사하는 것이라면, 인간이 이성을 가지고 있다는 사실이 인간을 가치 면에서 순전히 동물인 것보다 조금이나마 더 높여주지 않을 것이니 말이다."(KpV, A108=V61)

2. "경험주의는 마음씨 안에서 […] 윤리성을 뿌리째 뽑아버리고, 그것에다 전혀 다른 어떤 것, 곧 경험적 관심을 의무 대신에 밀어넣는다."(KpV, A126=V71) "도덕 개념들의 사용에는 단지 판단력의 이성주의만이 적합하다."(KpV, A125=V71)

3. "윤리가 문제가 될 때는 이성은 단지 경향성의 후견인으로 나타나야 할 뿐만 아니라, 경향성을 고려함 없이 순수 실천이성으로서 그 자신의 관심을 전적으로 독자적으로 돌보아야 한다."(KpV, A213=V118)

4. "이성의 사변적 사용의 관심은 최고의 선험적 원리들까지에 이르는 객관의 인식에 있고, 실천적 사용의 관심은 궁극적인 완전한 목적과 관련하여 의지를 규정하는 데에 있다."(KpV, A216=V120)

IV. 1. 그런데 인간의 미감은 아무런 이해관심도 없이 일어나는 흡족(→)이다.

2. "미적인[아름다운] 것(→)은 순전한 판정에서 — 그러므로 감관의 감각을 매개로 해서도 아니고 지성의 개념에 따라서도 아니라 — 적의한 것이다. 이로부터 저절로 나오는 결론은, 미적인 것은 일체의 [이해]관심을 떠나 적의한 것이어야 한다는 것이다."(KU, B114이하=V267) 또한 "숭고한 것(→)은 감관의 [이해]관심에 저항함으로써 직접적으로 적의한 것이다."(KU, B115=V267)

관용주의 寬容主義 Latitudinarismus

1. 칸트는 윤리이론에서 행위나 인간의 품성에 대해 도덕적인 중간점을 허용하지 않는 것이 중요하다고 본다. 행위 준칙의 채택은 명확하고 견고한 마음씨에서 이루어져야 하기 때문이다. "사람들은 보통 이러한 엄정한 사유방식의 편에 가까이 있는 이들을 (비난을 내포하고 있다고 하나 사실은 칭송이 되는 명칭인) 엄격주의자라고 부른다. 그리고 사람들은 그 반대편에 서 있는 이들을 관용주의자라고 부른다."(RGV, B9=VI22) 관용주의는 중립의 관용주의이거나 연립의 관용주의인데, 전자는 무차별주의라고 해도 좋고, 후자는 절충주의라고 부를 수 있다.(RGV, B9=VI22 참조)

2. 관용주의는 영국의 명예혁명(1688) 직후 '권리장전'(1689)에서의 종파 선택의 자유 규정과 로크의 『관용서간(*Epistola de tolerantia*)』(1689)에서 보듯 17세기 후반 영국의 신학에서 대세를 이루었다. '관용주의자'니 '무관심주의자'니 하는 용어는 스태퍼(J. F. Stapfer)의 『신학 지침(*Institutiones theologiae polemicae universae ordine scientifico dispositae*』(전5권, Zürich 1743~47)의 II권 84면과 IV권 599면에 등장하는데, 칸트는 엄정하게 규정해야 할 것을 "그렇게 하지 않는 이들을 영국인은 관용주의자라고 부른다."(Log, A79=IX55)라고 말한다. 여기서 관용이란 정확성 곧 객관적 완전성에 어긋남을 뜻한다. 그래서 칸트는 "절충주의적인 […] 우리 시대에서는 불성실과 천박함이 가득찬, 서로 모순되는 원칙들의 일종의 연립체제가 고안되고 있다."(KpV, A44=V24)라고 비판한다.

관조적 觀照的 kontemplativ

1. 칸트에서 취미판단은 "관조적"(KU, B14=V209)이다. 여기서 '관조적'은 이론적이지도 실천적이지도 않다는 뜻이다. — 그러니까 여기서의 '관조적'이란, '이론'에 상응하는 그리스어 θεωρία[theoria]가 라틴어로 contemplatio라고 번역되고, 우리가 보통은 이론이란 어떤 것을 순전히 관조함에서 생긴다고 설명하는 용어법과는 다르게 사용되고 있다.

2. '관조적임'은 "대상의 현존에는 무차별적이고, 오직 대상의 성질만을 쾌·불쾌의 감정과 결부시키는"(KU, B14=V209) 의식 활동으로, 어떠한 개념에도 기초해 있지 않고, 어떤 개념을 성취하려고도 않으며, 무엇인가를 달성하려고 의욕하지도 않는 의식 상태를 뜻한다. 그러므로 관조는 "객관에 대한 이해관심"이 없는,(KU, B36=V222 참조) 마음의 평정(KU, B80=V247 참조) 상태이다. — "자연의 미적인 것에 관한 미감적 판단에서 마음은 평정한[정지된] 관조에 잠겨 있으나, 자연에서 숭고한 것을 표상할 때는 동요[운동]함을 느낀다."(KU, B98=V248)

광명단 光明團 Illuminatenorden illuminati

1. '광명단'은 바이스하우프트(Adam Weishaupt, 1748~1830) 주도로 계몽과 윤리적 개선을 통해 인간의 인간에 대한 지배를 종식시킨다는 기치 아래 1776년 5월 1일 독일 잉골슈타트(Ingolstadt)에서 창립되어, 짧은 기간 동안에 다수의 추종자를 가졌으나 수많은 신비적 요소와 이론들이 혼효된 데다가 반정부적 내지 반기독교적(특히 반가톨릭적) 활동을 비밀리에 확대해갔기 때문에, 1785년 바이에른(Bayern)에서 금지되었고, 그 후 세력이 약화 소멸되었다.

2. 칸트는 이 같은 광명주의를 "초자연적인 것(신비)에 관한 망상적인 지성적 깨달음[지적 조명]의 결과"(RGV, B64=VI53)라고 비판한다.(RGV, B143=VI102 참조)

교리/교의/교조 教理/教義/教條 Dogma

1. 칸트는 '도그마'를 "개념들에 의한 직접적인 종합 명제"(KrV, A736=B764)라고 정의하면서, 이것은 의미 있는 철학적 지식이 될 수 없다고 지적한다. 그래서 흔히 이를 '독단(獨斷)'이라고 옮긴다. 그리고 그에 상응해서 '도그마티스무스(Dogmatismus)'를 '독단론'이라고 옮기기도 한다.

2. 그러나 많은 신학대학에서는 여전히 '교의학' 또는 '교의신학'을 교수하는데, 이를 두고 '독단론'이나 '독단주의'를 가르치고 배운다고 말하면, 그것은 이미 편향적 시각을 보이는 것이라 하겠다. 그래서 '교의적(dogmatisch)'인 것은 '독단적(eingenmächtig)'인 것과 구별하는 것이 합당하다.

3. 이런 사정을 감안하면 '도그마'는 '교리/교의/교조'로, 그 관련어들인 'Dogmatismus', 'dogmatisch', 'Dogmatik', 'Dogmatiker' 등은 그 상관성을 고려하여 각각 '교조주의'(→), '교조(주의)적/교의(教義)적', '교의학/교리론/교조론', '교조주의자/교의학자/교조론자'라고 옮기는 것이 무난하다. 이럴 경우 '도그마'를 인간 이성의 한계로 받아들여 진리의 출발점으로 삼느냐, 그런 태도를 성급한 독단으로 간주하느냐, 다시 말해 '교의/교리/교조'를 이성의 한계를 지닌 인간이 받아들일 수밖에는 없는 진리의 원천으로 보느냐, 독단으로 보느냐는 논의거리로 남겨진다.

교설 教說 Doktrin

I. 1. 교설은 곧 "입증된 이론"(Log, A7=IX14)이다. 그러나 교설은 일체의 경험적인 것은 도외시하고 오로지 "사고 일반의 보편적 필연적 법칙들", 다시 말해 "그로부터 모든 규칙들이 도출되고 증명되는 선험적 원리들"을 내용으로 갖는다.(Log, A7=IX15 참조) 그래서 사람들은 교설을 "선험적 원리들에 의한 교조적 교시(教示)"(Log, A8=IX15)로 이해하기도 한다. 그런 경우 '교설'은 '교리'와 같은

말로도 사용된다.

2. 교설은 논리학이 그렇듯이, "순전한 비판 이상의 것으로서, 나중에 비판을 위해, 다시 말해 모든 지성 사용 일반의 판정 원리로 쓰이는 규준(Kanon)" (Log, A9=IX15)이다. 그러나 교설이 진리를 낳는 "기관(Organon)"은 아니다.(Log, A9=IX15 참조)

II. 1. "순수 이성의 원천과 한계를 순전히 평가하는 학문"은 "순수 이성의 체계를 위한 예비학"이라는 의미에서 "순수 이성의 비판"이라고 한다면, '순수 이성의 체계'를 내용으로 갖는 학문은 "순수 이성의 교설"이라 할 것이다.(KrV, A11=B25 참조) 비판은 아직 교설이 아니고, "과연 그리고 어떻게 하나의 교설이 그에 의해 가능한가를 연구해야 하는 것"(KU, BXX=V176)이다. 이러한 의미에서 "학문으로서 목적론은 결코 교설에 속하는 것이 아니라, 단지 비판에 속하는 것이며, 그것도 한 특수한 인식능력, 곧 판단력의 비판에 속하는 것이다."(KU, B366=V417) "비판은 방법에 대한 논구로서, 하나의 학문 체계 자체는 아니다." (KrV, BXXII) 그렇기에 "교설"이 아니다.

2. 그럼에도 칸트는 『순수이성비판』의 "원칙의 분석학"을 "판단력의 초월적 교설"(KrV, A137=B176)이라 일컫는다. 그것은 초월철학이 '대상들이 순수 지성 개념들과 합치해서 주어질 수 있는 조건들을 보편적이면서도 충분하게 서술'하고 있다고 보기 때문일 것이다.

칸트의 '판단력의 초월적 교설'은 "그 아래에서만 오로지 순수 지성개념들이 사용될 수 있는 감성적 조건, 곧 순수 지성의 도식기능"과 "이 조건들 아래서 순수 지성개념들로부터 선험적으로 흘러나와 여타의 모든 선험적 인식의 기초에 놓여 있는 종합 판단들, 곧 순수 지성의 원칙들을 다룬다."(KrV, A136=B175)

3. 또한 칸트는 철학을 "자연과 자유의 인식의 교설적 체계"(EEKU, XX205 =H9)라고 일컫기도 한다.

교양 教養 Bildung

1. 칸트 교육론에서 교육 과정을 3단계로 구분할 때 '교양'은 교습과 더불어 어린아이의 성장 과정에서 양육(보육, 부양)과 훈육(훈도)에 이어지는 과정이다.(Päd, A1=IX441) 그러나 교육(→) 내용을 두 부분 곧 보육과 교양으로 나눌 때, '교양'은 (소극적인) 훈육과 (적극적인) 교화를 포함하며, 여기서 교화는 교습과 교도를 그 내용으로 갖는다.(Päd, A27이하=IX452) 그래서 제대로 훈육받지 못하고 교화되지 못하면 교양 없는 인간이 된다. 교화의 핵심은 도덕적 교화이니, 교양의 핵심 또한 도덕적 교양이다.

2. "도덕적 교양의 참목적"은 행위들을 "한낱 (유쾌한 감정을 좇아) 의무에 맞게" 하는 것이 아니라 "의무로부터[이기 때문에]" 하기에 이르는 일이다.(KpV, A211=V117)

교육 教育 Erziehung educatio

인간은, 인류는 자신 안에 많은 자연소질을 가지고 있다. 교육은 이 "자연소질들을 균형 있게 발전시키고, 인간성을 그 싹들로부터 전개시켜, 인간이 그의 규정[사명/본분]에 이르도록 만드는 일"(Päd, A11=IX445)이다.

인간의 본질속성으로서의 교육

1. "인간은 교육해야 할 유일한 피조물이다."(Päd, A1=IX441) 이러한 이해는 인간이 태생적으로 미완성이지만, 완성되어갈 수 있는 가능태임을 말한다. 이 교육에는 "양육(보육, 부양)과 훈육(훈도) 그리고 교양 겸 교습"(Päd, A1=IX441)이 포함되는데, 이에 상응해서 교육기의 인간은 "유아 – 생도 – 학도"(Päd, A1=IX441)로 구분된다. 이러한 칸트의 교육 과정 개념은 "유모는 양육하고, 가정교

사는 훈육하며, 교사는 학습시킨다."는 로마시대 바로(Marcus Varro, BC 116~27) 이래로의 관점에 닿아 있다. 그리고 그것은 교육을 양육(éducation)·훈육(institution)·교습(instruction)으로 세분하여 본 루소의 이해와도 합치한다.

2. "인간은 오직 교육에 의해서만 인간이 될 수 있다. 인간은 교육이 인간에서 만들어내는 것 외에 다른 아무것도 아니다."(Päd, A7=IX443) 그런데 "인간은 선을 향해 교육되지 않으면 안 된다. 그러나 인간을 교육해야 하는 자도 다시 인간이다."(Anth, A321=B319=VII325) "인간이 오직 인간들에 의해서 교육되며, 그 인간들 역시 교육되어 있다는 사실"(Päd, A7=IX443)을 유념해야 한다. 그래서 사람들은 교사를 '선생(先生)'이라 일컫고, 훌륭한 선생을 '사표(師表)'라고 칭송한다. 그러므로 교육에서는 교육자의 자질 함양이 매우 중요하다. 훌륭한 교육자가 이어져 나온다면 "교육은 점점 개선될 것이고, 이어지는 각 세대마다 한 걸음 더 인간성의 완전성을 향해 다가설 것이다."(Päd, A9=IX444)

3. "그러나 개별적 인간들로서는 자기들의 어린아이들을 제아무리 교양한다 해도, 이들이 자기들의 규정[사명/본분]에 이르는 데까지 나아갈 수 없다는 것만은 확실하다."(Päd, A12=IX445) 그러니까 "개개 인간들이 아니라, 인류가 그에 도달해야 할 것이다."(Päd, A12=IX445) 이러한 칸트의 인간교육론은 그의 역사철학의 연장선상에 있다. — "한 피조물의 모든 자연소질은 언젠가는 완벽하게 그리고 합목적적으로 펼쳐지게끔 정해져 있다."(IaG, A388=VIII18) 그러나 "(지상의 유일한 이성적 피조물로서의) 인간에 있어서 그의 이성 사용을 목표로 하고 있는 자연소질들은 개체[개인]에서가 아니라, 오직 유[인류]에서만 완벽하게 발전될 것이다."(IaG, A388=VIII18)

4. 인간이 자기를 완성해나가는 데 있어서 최대로 중점을 두어야 할 것은 "선으로의 자기 소질들"(Päd, A14=IX446)을 발전시켜 자신의 도덕성을 개선해나가는 일이며, 이미 악성에 물들어 있는 경우에는 "자기에서 도덕성을 만들어내는 일"(Päd, A14=IX446)이다. 그런데 자연소질이 저절로 개발되는 것은 아니므로, "모든 교육은 곧 하나의 기술"(Päd, A16=IX447)이며, 교육기술은 통치기술과 더불어 인간의 두 가지 '가장 어렵고 중요한'(Päd, A15=IX446 참조) 발명품이다.

5. 그러나 교육술 곧 교육학이 아이들을 가정이나 국가의 일에 쓸모 있는 자로 양성하는 데 초점을 맞춰서는 안 된다. 인간은 어느 경우에도 도구여서는 안 된다. 그래서 교육은 "인간성의 발전에 주목하여, 인간성이 단지 숙련될 뿐만 아니라 개명[윤리화]되도록 해야 한다."(Päd, A22=IX449) 교육에서 인간은 1) "훈육"되고, 2) "교화"되고, 3) "문명화"되어, 궁극적으로는 4) "도덕화"되어야 한다.(Päd, A22/23=IX449/450 참조)

교육의 과정과 요소

1. 교육은 크게 보아 두 면, 곧 부육(扶育: Versorgung)과 교양(Bildung)으로 이루어지는데, 부육은 실상 보육(Verpflegung)이며, 교양은 (소극적인) 훈육(Disziplin)과 (적극적인) 교화(Kultur)를 포함하고, 교화는 교습(Unterweisung)과 교도(Anführung)를 그 내용으로 갖는다.

2. 교육은 본질적으로 수동적인 것이다. 이러한 교육은 "자연 자신이 인간이 스스로 자신을 영위하게끔 정해준 시기까지, 즉 인간에게 성본능이 발달되고, 그 자신이 부[모]가 될 수 있고 그 자신이 교육해야만 하는, 대략 16세까지"(Päd, A31=IX453) 하는 것이 알맞다. 철들 무렵에 아이들에게 "매일매일 자기 자신과의 결산이 필요함을 일깨워주어야 한다. 그렇게 함으로써 사람들은 생의 종국에서 자기 생의 가치에 관해 개산[槪算]해볼 수 있을 것이다."(Päd, A146=IX499)

3. 교육의 첫 시기에 아이는 잘 먹이고 잘 입히고 잘 재워 훌륭하게 부육하는 한편 "수동적인 순종"을 가르치고, 그런 연후에 차츰 "스스로 사려"하고, 자기의 자유를 법칙들 아래서 사용하는 법을 익히도록 해야 한다.

4. 교육에는 가정에서 이루어지는 "사적 교육"과 교육기관을 통해 이루어지는 "공적 교육"이 있는데, 공적 교육은 보통 "교사"들에 의한 지식정보의 전달을 위주로 하고 있지만, 마땅히 "교습과 도덕적 교양"의 통합을 지향해야 한다.(Päd, A28=IX452 참조) 공교육은 아이의 숙련성 배양과 함께 "장래의 시민의 최선의 전형을 제공"(Päd, A34=IX454)함으로써 시민의 품성 함양에 있어서 사적

교육보다 우월하지만, 인성 함양은 가정교육에서 주로 이루어지므로, 공교육은 동시에 훌륭한 사적 교육을 촉진하는 일을 목적의 하나로 삼아야 한다. 그러기 위해서는 공교육의 "주체들이 교양[도야]되어야 한다."(Päd, A30=IX452)

교육의 주안점

교육에서 "가장 중대한 문제 중 하나"는 규범에 대한 "복종"과 "자기 자유를 사용할 수 있는 역량"을 "통일"하는 일이다.(Päd, A32=IX453 참조) — 이러한 교육관에서도 법칙주의자이자 자유주의자인 칸트의 면모가 뚜렷이 드러난다. — 사람은 방종해서도 안 되며, 한낱 기계처럼 움직여도 안 된다. 교육 과정에서 사람은 무엇보다 "자기의 자유의 강제"(Päd, A32=IX453)의 힘을 배양해야 한다.

교육의 구분과 방식

교육은 사람이 몸과 마음의 양면을 가진 동물이라는 점을 고려해서 진행해야 한다. 그에 따라 교육을 크게 "자연적(physisch)" 교육과 "실천적(praktisch)" 교육의 두 면으로 나누어볼 수 있다.(Päd, A35=IX455이하 참조) '자연적'이란 곧 '존재에 근거한', '신체적', '물리적'을 함의하며, '실천적'이란 곧 '자유에 근거한', '도덕적', '정신적'을 함의한다. 이러한 관점은 칸트의 이론–실천, 자연–자유, 감성세계–예지세계라는 틀에 상응한다.

자연적 교육

자연적 교육은 보육, 훈육, 교화가, 실천적 교육은 지식, 지혜, 윤리적 교양이 주내용을 이룬다.

보육

1. 엄밀한 의미에서 자연적 교육이란 보육이다.(Päd, A38=IX456이하 참조) 갓난아기의 생장을 위해서뿐만 아니라 엄마의 건강을 위해서도 모유보다 더 좋은 것이 없다. 수유 과정에서 아기와 엄마와의 교감도 중요한 일이다. 이유식으로 자극적인 음식은 피해야 한다. 뜨거운 음료도 좋지 않다. 시원하고 딱딱한 잠자리가 덥고 푹신한 잠자리보다 좋으며, 찬물로 목욕하는 것도 좋다.(Päd, A43=IX458 참조) 아이들을 덥게 입혀 키워서는 안 된다. 아이한테 기저귀를 채우고, 아이를 감싸놓는 것도 아이의 건강이나 발육을 위해 결코 좋지 않다. 요람 흔들기도 두뇌 형성이 채 되지 않은 유아들에게는 아주 좋지 않다. 보육에서 초점은 보살피는 자의 편의가 아니라 보살핌을 받는 아이의 자유롭고 자연스러운 활동과 성장에 맞춰져야 한다.(Päd, A45=IX459이하 참조)

2. 아이들은 크게 울어댐으로써 요구를 표현하고 자기의 뜻을 관철하고자 하는데, 무턱대고 재빠르게 들어준다면 자칫 폭군을 만들 수가 있고, 반대로 찰싹 때리는 방식으로 억누르면 아이에게 분노를 심어줄 것이므로, "아이들의 심정과 윤리를 망가뜨리지"(Päd, A48=IX460) 않도록 조심해야 한다.

3. 아이들의 성장은 자연이 정한 속도에 따르는 것이 좋다. 걸음마끈이나 보행기 등을 이용하여 서둘러 걷게 할 필요가 없다.(Päd, A51=IX461 참조) 인위적인 도구보다는 자연이 마련해놓은 도구에 의지해서 자기 힘으로 성장해가도록 하는 편이 좋다. 특히 태생적으로 장애를 가진 아이의 경우에 그렇다. 연약한 부분을 자기 힘으로 단련시킬 기회를 주지 않으면 더욱 연약해진다. "자연의 목적대로 이성적인 존재자에게는 자기의 힘을 사용하는 법을 배울 수 있는 자유가 여전히 있어야만 한다."(Päd, A55=IX463) 또한 어린 시절에 여러 가지 습관이 생기는 것은 좋지 않다. 어렸을 때 밴 습관은 자칫 "특정한 성벽[性癖]"(Päd, A56=IX463)으로 남을 수 있다. 그럼에도 자연의 주기와 순환에 맞는 생활 습관은 일찍부터 들여야 한다. 밤에는 잠자고 낮에는 놀이하며, 일정한 시간에 맞춰 식사를 하는 것이 인간에게 유익하기 때문이다.(Päd, A56=IX463 참조)

훈육

1. 훈육은 올바른 정서 교육에서 시작된다.(Päd, A58=IX464이하 참조) 훈육은 노예 길들이듯이 해서는 안 되고, 아이들이 자유로이 활동하는 가운데 이루어져야 한다. 아이들이 필요 이상으로 무엇을 욕심낼 때는 단호하게 거절하고, 울음을 터뜨리고 떼를 써도 들어주어서는 안 된다. 아이들이 버릇없이 굴도록 방임해서는 안 되지만, 그렇다고 고집을 꺾기 위해 아이들을 우롱한다거나 수치심을 불러일으켜서는 안 된다. 어린아이들은 아직 예의 개념이 없다.

2. 응석받이와 한없이 귀여워만 하는 것은 아이를 고집스럽고, 거짓되고 분별없게 만든다. 아이를 뻔뻔스럽게 만들거나 수줍음을 타게 만들지 않도록 주의해야 한다. 아이들에게 차츰 생겨나는 대부분의 단점들은 아무것도 안 가르쳐서가 아니라, 그릇된 인상이나 사례를 보였기 때문이다.(Päd, A61=IX465이하 참조) 아이들의 교육에서는 훈계보다도 주변 어른들의 본보기가 더 크게 영향을 미친다.

교화

자연적 교육의 적극적인 부분은 교화(敎化) 즉 문화화(文化化)이다. 교화는 몸과 마음의 단련과 개발이지만, "인간의 마음 능력들의 훈련"(Päd, A62=IX466)에 중점이 있다. 신체의 교화에도 마음의 교화가 동반해야 한다.

신체의 교화

1. 신체의 교화는 처음에는 가능한 한 아무런 도구를 사용하지 않고 하는 것이 좋다. 수영이나 달리기는 건강에도 좋고, 신체를 강건하게 만든다. 높이뛰기, 멀리뛰기도 좋으며, 특히 과녁 맞춰 던지기는 눈대중의 훈련도 겸하는 것이어서 감각기관의 교화에 아주 좋다.(Päd, A66=IX467 참조)

2. 술래잡기도 시각 없이 생활할 수 있는 훈련이 포함되어 있으며, 갈대 피리를 스스로 만들어 분다면 손재주를 기르는 데도 좋다. 그네타기나 연날리기도 아주 좋은 놀이인데, 연날리기는 바람 맞는 방법을 터득해야 하므로, 숙련성 교화에도 큰 도움이 된다.(Päd, A69=IX468 참조)

3. 많은 놀이들은 신체를 강건하게 함과 함께 마음을 유쾌하게 해준다. 또한 어떤 놀이를 하기 위해서 또는 하는 동안에는 다른 필요욕구를 단념해야 하는데, 이것은 어떤 것 없이도 지낼 수 있는 능력을 배양함과 함께 어떤 한 가지 일에 지속적으로 몰두하는 습성이 배게 만든다. 여러 사람이 더불어 하는 놀이는 놀이 중에 사회성을 길러주어 자기 역할과 타인들의 역할의 분별과 조화를 터득하게 만든다. 아이들은 "사회 속에서 자기 자신을 완성"(Päd, A70=IX469)해가는 법을 익혀야 한다. 이 세상이 한 사람에게 충분히 넓어야 하듯이, 다른 이들을 위해서도 충분히 넓지 않으면 안 된다.

영혼/마음/정신의 교화

1. "영혼[마음/정신]의 교화"(Päd, A71=IX469)에는 "자연적[물리적] 교화"와 "실천적 교화"(Päd, A72=IX469)의 두 측면이 있으며, 중요한 것은 "도덕적 교양[교육]"(Päd, A72=IX469)이다. 물리적으로 잘 교화되고, 잘 형성된 정신을 가진 사람도 "도덕적으로 잘못 교화되어 있을 수 있다."(Päd, A72=IX470) 건장하고 의욕에 넘치는 악한도 있는 것이다. 건전한 신체에 언제나 건전한 마음이 함께 하는 것은 아니다.

2. 정신의 자연적[물리적] 교화는 자유로운 교화와 교과적인 교화로 나뉜다. 자유 교화가 놀이라면, 교과적 교화는 학업, 그러니까 "노동"을 통해 이루어진다. "어린아이는 놀이를 해야 하고, 휴양의 시간을 가져야 하지만, 또한 노동을 배워야 한다."(Päd, A73=IX470) 그런데 칸트는 놀이하듯 일하고, 일하면서 노는 것은 바람직하지 않다고 본다. 놀이와 노동, "이 두 종류의 교화는 서로 다른 시간에 행해져야 한다."(Päd, A73=IX470)는 것이다. "만약 아이를 모든 것을 놀이로 보게끔 습관 들이면, 이것은 극히 해로운 것이다."(Päd, A77=IX472)

"어린아이들이 노동을 배운다는 것은 매우 중요하다. 인간은 노동을 해야만 하는 유일한 동물이다."(Päd, A75=IX471) 인간은 생존을 위해 일거리를 필요로 하고, 더구나 때로 강제적인 일거리는 인간의 힘을 더 크게 배양한다. 또한 "인간에게 최선의 휴식은 노동 후의 휴식이다."(Päd, A77=IX471) 아이는 노동하는 데 습관을 들여야 한다. 그리고 학교는 이러한 노동으로의 경향성을 교화할 수 있는 최선의 장소이다. "학교[과정]는 강제적인 교화이다."(Päd, A77=IX472) 아이가 왜 일해야 하는지, 그리고 지금 왜 그 일을 해야 하는지를 아이에게 반드시 이해시킬 필요는 없다. "교육은 강제성이 수반되지 않을 수 없다."(Päd, A77=IX472) 물론 그렇다고 "교육을 노예처럼 시켜서는 안 된다."(Päd, A77=IX472)

마음의 능력들의 교화에서 유념해야 할 바는, 교화가 지속적으로 이루어져야 하며, 하위 능력들은 상위 능력들의 교화와 관련하여 부수적으로만 이루어져야 한다는 점이다. "예컨대 상상력은 오직 지성의 이득을 위해서만 교화되어야"(Päd, A78=IX472) 하고, 기지는 판단력의 배양이 수반될 때에라야 우직함을 면할 수 있다. 기억력도 "지성과 병행해서 교화[배양]해야 한다."(Päd, A82=IX474)

아이들을 가르칠 때는 앎과 실행이 결합되도록 해야 하는데, 모든 학문 가운데 이러한 목적에 최적인 것은 "수학"(Päd, A84=IX474)이다. 또한 아는 것을 말할 수 있도록 가르쳐야 하며, 아는 것[지식]과 의견 또는 믿음[신앙]을 구별할 줄 알도록 일깨워주어야 한다. 지성을 교화하는 데는 늘 규칙이 따르는데, 규칙을 추상화할 줄 아는 것도 중요하다. 그래서 수학이나 문법을 익히는 것이 지성 교화에 좋다.(Päd, A84=IX475 참조)

3. 아이들의 실천적 교화, 곧 "도덕적인 교화는 준칙들에 기초해 있어야지, 훈육에 기초해서는 안 된다."(Päd, A98=IX480) 훈육에 기초한 교화는 버릇없는 것을 막아주지만, 그 효과는 몇 년 지나면 소멸한다. "준칙에 기초한 교화는 사유방식[성향]을 교양[도야]"(Päd, A98=IX480)함으로써 행동을 그때그때의 이해득실에 따라 하지 않고, 보편적인 가치 기준에 따라 일관성 있게 하는 힘을 키워준다.

"준칙들은 인간 자신에서 생겨나야만 한다." 어린아이도 자유로운 인격체이기 때문이다. 그러므로 아이의 마음 안에 도덕성을 기초 지으려 한다면, 벌로써 해서는 안 된다. "도덕성은 신성하고 숭고한 것"이므로, 도덕성 함양을 "훈육과 동렬상에 놓아서는 안 된다." 도덕 교육에서 첫째로 애써야 할 바는 "품성

[인성/성격]의 기초를 놓는 일이다.” 품성이란 “준칙들에 따라 행위하는 숙련”을 말하는 것이다.(Päd, A99이하=IX481이하 참조) 그리고 이때 어린아이들에게는 “시민의 품성”이 아니라 “어린이의 품성”을 함양해야 함을 유념해야 한다.(Päd, A101=IX481 참조)

어린아이가 갖춰야 할 첫째의 품성은 “복종심”이다. 복종은 “절대적 의지에 대한 복종”이거나, “이성적이며 선하다고 인정된 의지에 대한 복종”인데, 앞의 것은 법률적 강제에 대한 복종이고, 뒤의 것은 윤리적 규칙에 대한 “자유의지적인 복종”이다. 앞의 복종심은 “어린아이로 하여금 그가 장차 시민으로서, 법칙[법률]들이 설령 그에게 적의하지 않더라도, 이행해야만 할 그런 법칙[법률]들의 이행을 준비시키는 것”이고, 뒤의 복종심은 자기강제 능력, 자율성의 표현으로서 이러한 복종을 통해 아이는 차츰 인격체로 성장한다.(Päd, A101이하=IX481이하 참조)

어린아이가 법규나 도덕적 지시명령을 어기는 것은 복종심의 결여에서 비롯한 것이라 하겠는데, 이에는 마땅히 처벌이 뒤따라야 한다. 처벌에는 “자연적[물리적]인 것”과 “도덕적[정신적]인 것”(Päd, A103=IX482)이 있다. 어린아이가 거짓말할 때, 경멸의 눈초리로 쳐다보는 것은 도덕적인 처벌이다. 자연적인 처벌은 아이가 원하는 것을 거절하여 욕구를 좌절시키거나 체벌을 하는 것이다. 앞의 방식은 도덕적인 처벌과 유사하다. 뒤의 방식, 곧 체벌은 아주 주의해야 한다. 자칫 아이에게 “노예근성”을 심어줄 수 있다. 반대로 아이들이 무엇인가 잘했을 때 칭찬 외에 상을 주는 것은 유익하지 않다. 자칫 좋은 행실을 상을 바라고 하는 버릇이 들면, “용병(傭兵)근성”이 생길 수 있다.(Päd, A104=IX482 참조)

“어린아이의 품성 수립에서 두 번째의 주요 특성은 진실성이다.”(Päd, A107=IX484) 진실성의 결여, 예컨대 거짓말은 사람이 받아야 할 최소한의 존경마저 잃게 만든다.

“어린아이의 품성에서 세 번째 특성은 사교성[사회성]”(Päd, A109=IX484)이다. 어린아이는 외톨이가 되어서는 안 된다. 다른 사람들과 친교하면서 솔직담백하게 자기를 표현하고, 어린아이답게 또래들과 활기차게 뛰어 놀아야 한다.

아이가 조숙한 것은 좋지 않다. 어린아이는 "어린아이답게 총명해야"(Päd, A111=IX485)지 어른들의 흉내쟁이가 되어서는 안 된다. 어린아이를 유행에 따르게 하고, 장식 달린 옷 같은 것을 입혀 예쁘다고 칭찬하게 되면 자칫 허영심에 젖게 된다. 이를 피하기 위해서는 주위의 어른들부터 몸가짐을 잘해야 한다. "본보기는 전능의 힘을 가지며, 훌륭한 가르침을 확고하게 만들기도 하고 무효화시킬 수도 있기 때문이다."(Päd, A112=IX486)

실천적 교육

1. "실천적 교육의 요소는 1) 숙련성, 2) 세간지[世間智], 3) 윤리성이다."(Päd, A112=IX486)

2. "숙련성은 재능[발휘]을 위해 필요한 것"으로 철저히 갖추어야 하며, "사유방식/성향 중에서 하나의 습관이 되어야 하는 것이다."(Päd, A112=IX486; 참조 KU, A392=V431)

3. 세간지는 "숙련성을 보통사람에게 적용하는 기술, 다시 말해 인간들을 자기의 의도대로 사용[대]할 수 있는 기술"(Päd, A113=IX486)이다. 세간지 가운데 하나가 "예의범절"(Päd, A113=IX486)이다. 예의범절에는 "가식"이 따르기 마련인데, 속내를 감추고 외양을 꾸미는 것이 불가피하기 때문이다. 그래서 예의범절에는 자칫 불순성이 낄 수도 있다. 그러나 사람은 "자기 성질대로 곧바로 행"해서는 안 되며, 너무 거리낌 없이 행동해서도 안 되는 것이다. 예의범절에 "정동[情動]/격정의 절제"(A114=IX486)는 필수적인 것이며, 그것은 세간지에 속한다.

4. 윤리성은 품성의 문제로서, "사람들이 훌륭한 품성을 형성하고자 한다면, 먼저 욕정들을 제거해야 한다."(Päd, A114=IX486) "인내하라, 그리고 삼가라!"(Päd, A114=IX486), "차근차근히 빨리해라!"(Päd, A115=IX487)와 같은 격언들은 품성 함양의 지침이라 하겠다.

교육에서 "최종적인 것은 품성의 수립이다. 품성은 무엇인가를 행하고자 하는 확고한 결의와 그리고 또 그것을 실제로 시행하는 데서 성립한다."(Päd, A116=IX487) 남과 한 것이든 자기와 한 것이든 약속은 반드시 지키는 것이 훌륭한 품성의 제일 요소이다. 그러나 확고한 결의와 실행에 "도덕에 반하는 것"은 "제외된다."(Päd, A117=IX488) 악한 것에 확고한 것은 옹고집으로서, 그러한 것은 좋은 품성과 반대되는 것이다. "장래의 개심(改心)"(Päd, A117=IX488)이라는 것도 기대할 만한 것이 못된다. 개심을 결의했으면 당장 실행해야 할 일이다. 늘 패악스럽게 살아온 사람이 갑작스레 훌륭한 삶을 사는 사람이 되는 "기적은 일어날 수 없는 것"(Päd, A117=IX488)이기 때문이다. 성지순례, 고행, 금식 같은 행위에서도 기대할 것이 거의 없다. "사람이 낮에는 금식하고, 밤에는 그 대신에 다시 그만큼 많이 향유한다거나, 영혼의 변화에 아무것도 기여할 수 없는 보속을 신체에 지운다면, 그것이 정직과 개심[改心]에 무슨 도움이 되겠는가?"(Päd, A118=IX488)

아이들의 도덕적 품성을 함양하는 최선의 방법은 아이들이 지켜야 할 의무들을 가능한 한 많은 본보기를 통해 일러주는 것이다. 의무(→)들은 자기 자신에 대한 의무와 타인에 대한 의무가 있을 것이다.(Päd, A118=IX488이하 참조)

인간의 자기 자신에 대한 의무들은 "인간이 자신의 내면에 그를 모든 피조물보다 존귀하게 만들어주는 일정한 존엄성을 갖는 데 있으며, 그의 의무는 인간성의 이 존엄성을 그 자신의 인격에서 부인하지 않는 일이다."(Päd, A119=IX488) 부자연스럽고 무절제한 행동으로 자신을 동물보다도 못하게 만든다거나 아첨과 거짓말로 "누구나 마땅히 스스로 가져야 할 존경과 신뢰성을 그 자신에게서 스스로 앗는"(Päd, A120=IX489) 짓은 자신에 대한 의무를 저버리는 행위이다.

타인에 대한 의무와 관련하여 "아주 어려서부터 인간의 권리에 대한 경외와 존경을 가르쳐"(Päd, A120=IX489)야 한다. 아이들이 "지상에 있는 신의 눈동자인 인간의 법/권리/옳음을 인지하고 마음으로 받아들이도록 가르치는"(Päd, A123=IX490) 데 주력할 일이다. 어느 경우에도 아이가 거만하게 굴거나 반대로 감상적인 동정심으로 타인을 대하도록 해서는 안 된다.

5. "교육에서 관건이 되는 것은 사람들이 어디서나 올바른 근거들을 세우고,

아이들이 그것들을 이해하여 받아들이게끔 만드는 일이다."(Päd, A128=IX492이하) 아이들이 배워야 할 것은 타인의 의견에 따라서가 아니라 자신의 양심에 비춰 자신을 혐오하고 존중하는 "내적 존엄성"과 타인에 대한 겸허와 세상에 대한 "경건함"이다. "그러나 무엇보다도 아이들이 행운의 덕택을 결코 높게 평가하지 않도록 보호해주지 않으면 안 된다."(Päd, A129=IX493)

종교 교육

1. 어린아이에게 신학 개념들을 수반하는 종교 교육을 하는 것은 적합하지 않다. 신의 개념을 처음에는 한 가정 안에서의 아버지의 개념에 유비해서 가르치는 것은 그럴듯한 방법이 될 것이다. '아버지'가 가정을 이끌고 가사를 돌보고, 그를 중심으로 온 가족이 하나가 되는 한에서 말이다.(Päd, A132=IX494 참조)

2. "종교는 신의 인식에 적용된 하나의 도덕이다."(Päd, A132=IX494) 순전히 신학과 의식(儀式) 위에 구축되어 있는 종교는 결코 어떤 도덕적인 것을 함유할 수 없다. "사람들은 그러한 종교에서는 한편으로는 단지 공포를, 그리고 다른 한편으로는 보수[보상]를 갈구하는 의도와 마음씨를 가질 뿐"(Päd, A133=IX494)이다. "사람들이 종교를 도덕성과 결합하지 않는다면, 종교는 한낱 은혜 간구[은총 지원]가 될 것이다. 찬미와 기도, 교회 다니기는 오직 인간에게 개선을 위한 새로운 힘과 용기를 주는 것이어야 하고, 또는 의무 표상으로 고취된 심정의 표현이어야 한다. 이러한 일들은 선업(善業)을 위한 준비들일 뿐, 그 자체가 선업들은 아니다. 인간이 개선된 인간이 되는 것 외에 달리 최고 존재자에 적의할 수 있는 방도는 없다."(Päd, A132=IX494)

3. "우리 안에 있는 법칙을 일컬어 양심이라고 한다."(Päd, A134=IX495) 양심이란 본래 이 법칙, 곧 도덕법칙에 우리의 행위들을 적용함이다. "만약 사람들이 양심을 신의 대리자로 생각하지 않는다면, 양심의 가책은 아무런 효과도 없을 것이다."(Päd, A134=IX495) 신은 본래 우리 위에 있으나, 양심을 통하여 우리 안에도 자리 잡고 있다. 만약 종교가 도덕적 양심성과 함께하지 않는다면, 종교

는 타당성을 잃는다. 도덕적 양심성이 없으면 종교는 하나의 미신적 의례일 따름이다. 만약 사람들이 "신의 법칙들을 어떻게 이행할 것인지를 생각하지 않은 채, 신을 찬양하고 신의 권능과 지혜를 칭송한다면, 실로 신의 권능과 지혜 등등을 전혀 알지 못하고, 전혀 탐색해보지도 않은 채 신을 섬기려 하는 것이다. 이러한 찬미들은 그러한 자들의 양심을 위한 아편이자, 그 위에서 양심이 편안히 잠이 들 베개이다."(Päd, A134=IX495)

4. 참된 신에 대한 경배는 사람들이 양심의 법칙이자 자연의 법칙이기도 한 신의 법칙에 따라 행위하는 데 있는 것이니, 이 점을 아이들에게 반드시 가르쳐야 한다. 아이들로 하여금 신의 이름을 아무때나 부르게 해서는 안 된다. "신의 개념은 신의 이름을 언제 부르더라도 외경심으로 인간을 가득 채워야 마땅"(Päd, A135=IX495)한 것이다. "어린아이는 생명과 전 세계의 주인으로서의 신에 대한 외경심을 느끼도록 배워야 하고, 더 나아가 인간의 보호자로서의 신에 대해, 셋째로 마침내 인간의 심판자로서의 신에 대해 외경심을 느끼도록 배워야 한다."(Päd, A135=IX495)

성교육

1. 소년기에 접어들면 아이들은 이성(異性)을 구별하고, 성적 호기심과 경향성을 뚜렷하게 보인다. 아이들의 성적 경향성의 발달은 기계적으로 진행되는 것인 만큼, 그에 상응하는 성교육이 "숨김없이, 분명하게 그리고 명확하게"(Päd, A139=IX497) 이루어지는 것이 좋다. 이때 특히 자기 자신을 대상으로 하는 관능적 쾌락의 폐해를 충분히 설명해주는 한편, 일거리에 몰두할 수 있도록 환경을 조성함으로써 저러한 유혹과 상념에서 벗어날 수 있도록 해주어야 한다.

2. 자연은 인간이 성년이 되면 종의 번식을 위한 능력과 그를 위한 경향성을 주었지만, 문명사회는 사람이 아이들을 낳아 기르는 데 필요한 다른 사항들을 또한 만들어놓았다. 그러므로 소년 소녀들의 성적 능력에도 불구하고, 그 사용에 있어서 "최선"은 그들이 "정식으로 결혼할 수 있는 사정에 이를 때까지 기다

리는 것이다. 그럴 때 그는 단지 훌륭한 인간으로서뿐 아니라, 훌륭한 시민으로서 행위하는 것이다."(Päd, A142=IX498)

3. 소년은 이른 시기부터 "이성[異性]에 대해 예의 있는 존경심"을 가질 줄 알고, 이성에 대한 선량한 활동을 통해 "이성의 존경심을 얻는 것을 배워야 한다. 그리하여 행복한 혼인이라는 고가의 상급을 받고자 노력해야 한다."(Päd, A142이하=IX498)

세계시민 교육

청소년기에 이른 아이들에게는 "타인에 대한 인간애, 그리고 세계시민의 마음씨를 일깨워주어야 한다."(Päd, A145=IX499) 우리 영혼 안에는 자기 자신에 대한 관심 외에도 이웃해 있는 타인들에 대한 관심도 들어 있으며, "세계최선[세계복지]에 대한 관심"(Päd, A145=IX499)도 생겨난다. 청소년 교육에 있어서 아이들이 이러한 관심에 익숙해지도록 하면, "아이들의 영혼은 이에서 따뜻해질 수 있을 것이다. 아이들은 세계최선[세계복지]이 설령 그들의 조국에 유리하지 않고 그 자신의 이득이 되지 않는다 할지라도, 그에서 기쁨을 느끼지 않으면 안 된다."(Päd, A145=IX499)

『교육학』

→『칸트의 교육학』

교조주의 教條主義 Dogmatismus

I. 1. 교조주의란 "개념에 의한 순수 인식(즉 철학적 인식)만을 가지고서 이성

이 이미 오래 전부터 그가 거기에 이르렀던 방식이나 권리에 관해서는 아무것도 캐물어보지 않은 채 사용하고 있는 원리들에 따라서 전진해가는 월권"(KrV, BXXXV)적 주의주장이다. 그러니까 교조주의란 "자기 자신의 능력에 대한 선행적 비판이 없는 순수 이성의 교조적 수행방식(dogmatisches Verfahren)"(KrV, BXXXV)을 일컫는다.

2. 이러한 교조주의에 맞서는 주의주장이 회의주의(→)이며, 그 "중간길"(Prol, A180=IV360)에서 칸트가 개척한 것이 '비판'이다. 칸트는 "데이비드 흄의 환기"가 그의 "교조적 선잠"(Prol, A13=IV260)을 중단시키고, 사변철학 분야에서 전혀 다른 방향을 제시했다고 술회한 바 있는데, 그것이 다름 아닌 비판주의이다.

II. 1. "처음에 형이상학의 지배는 교조주의자들의 주재(主宰) 아래서 전제적(專制的)이었다."(KrV, AIX) 그러나 "교조주의자는 그의 지성의 영역을 측정하지 않았고, 그러니까 그의 가능한 인식의 한계를 원리에 따라 규정하지 않았기에, 그러므로 그는 그가 얼마만한 일을 할 수 있는가를 미리 알지 못"한다.(KrV, A768=B796) 바로 그렇기에 "회의적 방법은 비록 그 자체로는 이성의 물음들에 대해서 만족을 주지 못하지만, 이성의 주의를 환기하고, 그것들을 정당한 소유에서 확보할 수 있는 근본적인 수단을 지시하기 위한 예비훈련적 성격을 갖는다."(KrV, A769=B797)

2. 그러나 회의주의는 "아무것도, 심지어는 허용된 무지의 안정상태마저 약속하지 않"(Prol, A38=IV274)기 때문에, "순수 이성의 전체 범위를 그 한계와 내용에 있어서 완벽하게 그리고 보편적 원리에 따라 규정하는 일"(Prol, A15=IV261)을 위해서는 비판적인 방법을 모색하지 않을 수 없다.

교회 敎會 Kirche

1. 《성서》(「마태오복음」 6, 10 참조)가 명시하는 바대로 "모든 선량한 마음씨를 가진 이들의 소망은, '신의 나라가 오고, 그의 뜻이 지상에서 이루어지는 것'이

다."(RGV, B141=VI101) 칸트에 따르면 이에 부응하는 "신적인 도덕적 법칙수립 아래에 있는 윤리적 공동체"가 "교회"(RGV, B142=VI101)이다. 그러니까 신의 국민의 이념은 인간적 제도 아래에서는 교회의 형식 안에서 구상화될 수밖에 없다. 그러나 "도덕적인 세계통치 아래에 있는 모든 올바른 이들의 통합체"일 이 교회가 경험적인 대상일 수는 없으니, '교회'는 말하자면 "불가시적 교회"(RGV, B142=VI101)라 하겠고, 그것은 지상에서 도덕적 이상을 실현하기 위해 애쓰는 사람들의 현실적인 통합체인 '가시적' 교회의 원형이 될 것이다. 결국 신의 나라가 가시적인 교회를 매체로 지상에 건설되기 위해서는 '참교회'로 구현되지 않으면 안 된다.

2. 칸트는 '참교회'의 성격을 존재자의 네 범주, 곧 양·질·관계·양태에 따라 규정한다.

참된 교회는 수적인 단일성 즉 "보편성"을 가져야 하고, 도덕적 동기 외에는 어떠한 다른 동기 아래에 있지 않은 "순정성"을 지녀야 하며, 성원들 상호 간의 관계에서뿐만 아니라 교회의 정치권력과의 관계에서도 "자유의 원리 아래에서의 관계"를 유지해야 하고, 그 기본체제 안에 확실한 원칙을 함유함으로써 "불변성"를 가져야 한다.(RGV, B143이하=VI101이하 참조)

3. 그러므로 윤리적 공동체로서 교회의 기본체제는 "(한 사람의 교황이나 대주교들 아래에 있는) 군주정치도 아니고, (감독들과 고위성직자들 아래에 있는) 귀족정치도 아니며, (종파적 광명주의자들로서의) 민주정치도 아니다. 이 기본체제는 한 사람의 공동의, 비록 불가시적이나, 도덕적인 아버지 아래에 있는, 가정조합(가족)에 비견하는 것이 가장 좋을 것이다."(RGV, B144=VI102)

4. 교회는 종교의 감성적 형식으로서 종교의 참뜻을 구현하기 위해 "그 설립은 인간의 책무"(RGV, B226=VI152)이다. 그러나 교회가 지상에 세운 신의 나라라는 점에서 교회의 기본체제의 창시자는 신 자신이며, 인간은 그 조직의 창안자이자 구성원이다. 조직상 "교회의 공적인 업무를 관장하는 자들은 교회의 봉사자[官吏]로서 그 조직의 행정부를 구성하고, 여타의 모든 사람들은 그들의 법칙에 복종하는 동지조합, 회중/교단을 구성한다."(RGV, B227=VI152)

보편적 교회로서의 기독교

1. “교회신앙(→신앙/믿음)이 종교신앙(→신앙/믿음)의 제약 조건들에 대한 그리고 종교신앙과의 필연적 합치에 대한 그 의존성을 인정하는 그 지점에서 보편적 교회는 그 자신을 신의 윤리적 국가로 구축하고, 모든 인간과 시대에 있어서 동일한, 확고한 원리에 따라서 이 국가의 완성을 향하여 전진하기 시작한다.”(RGV, B184=VI124) 이러한 보편교회의 역사를 우리는 기독교의 근원으로부터 서술하지 않을 수 없다. 기독교는 유대교에 뿌리를 두고 있음에도 “유대교를 온전히 떠나서 전혀 새로운 원리 위에 세워진 것으로서, 신앙교리에서 완전한 혁명을 일으켰다.”(RGV, B189이하=VI127)

2. 그러나 기독교도 신앙상의 의견들로 말미암아 격렬한 당파들로 분열한 바 있다. 동방에서는 국가가 사제들의 신앙법규와 성직제도에까지 관여하였고, 서방에서는 자칭 신의 대리자가 위협적인 파문의 마술 지팡이를 가지고 왕들을 어린애들처럼 지배하고 훈육시켰으며, 기독교 안에서조차 다르게 생각하는 동료들에 대한 살기등등한 증오를 갖도록 하였다. 지금도 이러한 불화의 뿌리는 교회신앙의 원칙 속에 숨겨져 있다. 그러나 칸트는 계몽의 시대인 “지금의 시대”(RGV, B197=VI131)에 와서 기독교계에 “신인(神人)의 실례”(RGV, B175=VI119)를 본받아 참된 종교신앙의 싹이 자라고 있어서, 모든 인간의 영원한 통합을 기대할 수 있고, 이로부터 “교회는 눈에 보이지 않는 신의 나라의 가시적인 표상(도식)을 지상 위에 이룩”(RGV, B198=VI131)할 것이라는 희망을 피력한다.

3. 이제 비로소 이러한 기독교와 더불어 말할 수 있는 참된 종교는 “신이 우리가 정복(淨福)을 얻도록 무엇을 하며 또는 했는가에 대한 지식이나 고백에 있는 것이 아니라, 우리가 그럴 만한 품격[자격]을 갖추기 위하여 행하지 않으면 안 되는 것”(RGV, B199이하=VI133)에 있다. 이것은 실천이성의 필요요구에 합치하는 것으로서, 그러므로 “보편적인 참된 종교신앙은 1) 전능한 천지 창조자로서의, 다시 말해 도덕적으로 신성한 법칙수립자로서의 신에 대한 신앙이고, 2) 인류의 유지자, 인류의 자비로운 통치자이며 도덕적 부양자(扶養者)로서의 신에

대한 신앙이며, 3) 그 자신의 신성한 법칙의 관리자, 다시 말해 공정한 심판자로서의 신에 대한 신앙이다."(RGV, B211=VI139) 그리고 이러한 신앙은 어떠한 신비, 어떠한 비밀도 함유하고 있지 않다.

4. "인간은 도덕법칙을 통하여 선한 품행으로 부름을 받았다는 것, 인간은 도덕법칙에 대한, 그의 안에 있는 지울 수 없는 존경심을 통하여 이 선한 영에 대한 신뢰의 약속과 어떤 일이 있어도 이 선한 영을 만족시킬 수 있다는 희망의 약속을 자기 안에서 발견한다는 것, 끝으로, 인간은 후자의 기대를 전자의 엄격한 지시규정과 대조하면서, 심판자 앞에서 해명을 요구받은 자로서, 자기 자신을 끊임없이 검사하지 않으면 안 된다는 것, 이러한 사실들에 관하여 이성과 심정과 양심은 가르쳐주며, 또한 동시에 그리로 [우리를] 몰고 간다. 우리에게 더 이상의 것이 개시되기를 요구하는 것은 불손한 짓이다. 그리고 이런 일이 일어난다고 해도, 인간은 그것을 보편적으로 인간에게 필요한 것으로 여겨서는 안 될 것이다."(RGV, B219=VI144이하)

구성 構成 Konstruktion

I. 1. 칸트에서 '구성'은 일차적으로 "개념의 구성"을 뜻하며, "개념을 구성한다 함은 그 개념에 대응하는 직관을 선험적으로 현시[서술]한다"(KrV, A713=B741), 또는 "한 개념을 그에 대응하는 직관을 (자기활동적으로) 산출해냄으로써 현시한다"(ÜE, BA12=VIII192), 내지는 "개념을 선험적으로 경험 없이 직관 중에 현시한다."(Log, A22=IX23)는 것을 말한다.

2. "이 구성이 순전한 상상력에 의해 선험적 개념에 따라서 일어나면, 그것을 순수한 것이라고 일컬으며", 이러한 순수한 구성만이 칸트가 말하는 개념의 구성에 해당한다. "구성이 어떤 질료에 행사되면, 그것을 경험적 구성이라고 일컬을 수" 없는 것은 아니겠지만, 그런 것은 이를테면 "기술적"인 것으로서 본래적 구성이라고 말할 수는 없고 학문 활동에 속하는 것이 아니며, 도구들을 이용하

여 제작하는 기예 활동에 속한다.(ÜE, BA13=VIII192 참조)

3. 본래적인 구성은 특수한 상(像)을 그려서[作圖해서] 보편자를 직관하는, 이를테면 "도식적"(ÜE, BA13=VIII192)인 구성이다. 예컨대 우리가 종이 위에 연필로 하나의 원을 그릴 때, 그 연필로 그려진 원이야 경험적인 것이지만, 우리는 이 하나의 원을 통하여 원 일반의 의미, 즉 원의 보편성을 인식한다. 이런 사태를 칸트는 원이라는 "개념에 대응하는 선험적 직관을 선험적으로 현시한다."는 의미에서 "개념을 구성한다."고 말하는바(MAN, AVII=IV469 참조), 이와 같은 "개념들의 구성에 의한 이성 인식"(KrV, A713=B741)이 수학적 인식이다. 이런 이해에서 수학적 인식은 "보편을 특수에서, 심지어는 개별자에서"(KrV, A714=B742) 고찰하는 것이다.

4. 반면에 철학적 인식은 "특수를 오로지 보편에서 고찰한다."(KrV, A714=B742) 이런 의미에서 "철학자는 결코 그의 이성을 개념들의 구성에 의해 사용하지 않는다."(Log, A22=IX23)

그러므로 칸트에서 감성과 지성, 통칭해서 의식의 초월적 기능, 즉 의식에 미리 놓여 있는 선험적 표상들이 경험을 가능하게 하는 조건들로 기능함을 표현하기 위해서 칸트의 초월철학을 '구성설(Konstruktionstheorie)'이라고 부르는 것은 적절하지 않다. 인식주관의 선험적 요소들의 초월적 기능은 대상을 형식의 면에서 규정하는 것, 다시 말해 틀 지우는 작용이지, 단지 개념을 구성하는 작용이 아니기 때문이다.

II. 다른 한편, 개념이 무엇인가를 '구성한다' 함은 대상을 수량적으로 또는 실질적으로 확정한다 함을 뜻한다.(→ 구성적 · 규제적)

구성적 · 규제적 構成的 · 規制的 konstitutiv · regulativ

I. 1. 칸트에서 순수 지성개념들은 구성적으로 사용되거나 규제적으로 사용된다. 어떤 개념이 '구성적'으로 사용된다 함은 그 개념에 따라서 현상 규정이 수

량적으로 확정됨을 말하며, '규제적'으로 사용된다 함은 현상을 규정하는 안내 규칙으로만 쓰임을 말한다.

2. '직관의 공리들의 원리'(→)와 '지각의 예취들의 원리'(→)는 양과 질의 개념들이 "수의 크기[수량]"로 "현상의 규정"에 사용될 수 있도록 하는 원칙이라는 뜻에서 "수학적 원칙"이라 일컬을 수 있고, 이 "원칙들은 현상들의 순전한 가능성의 면에서 현상들과 관계하고, 현상들이 직관의 면에서 그리고 지각의 실질적인 것의 면에서 수학적 종합의 규칙들에 따라 어떻게 산출될 수 있는"지를 "선험적으로 규정해 보일 수, 다시 말해 구성할 수" 있으므로, "구성적 원칙이라고 부를 수 있다."(KrV, A178이하=B221 참조)

3. 반면에 "경험의 유추들의 원리"(→)와 "경험적 사고 일반의 요청들"(→)의 원리는 그에 따라 지각들로부터 경험의 통일이 발생해야만 하는 관계 규칙이거나 현상의 형식인 순수 직관, 현상의 질료인 지각, 그리고 이 지각들의 관계인 경험의 종합에 대한 주관의 태도를 규정하는 규칙일 따름이다. 이때 대상과 대상의 관계나 대상과 주관의 관계맺음은 힘에 의한 것이므로, 이 원칙들은 "역학적 원칙"이라 부르고, 이 원칙들은 단지 그 관계맺음을 안내하는 규칙일 뿐이므로 "규제적인 원칙"이라 일컬을 수 있다.(KrV, A179=B222이하 참조)

II. 1. 이성의 이념(→)들, 곧 영혼, 세계 전체, 신 개념은 이성의 통일적 체계를 위한 규제적 원리로 사용될 수는 있으나, 이런 이념들이 구성적으로 사용되면 초월적 가상(→)이 생긴다. 이성이 이러한 이념을 규제적으로 사용하는 데서 벗어난다면, 이성은 올바른 사용의 "진로의 표지판"인 경험의 지반을 떠나 "이해할 수 없고 탐구할 수 없는 것으로 감히 돌진한다."(KrV, A689=B717)

2. "우리가 그러한 관념적 존재자들을" 순전히 규제적 원리로 "받아들인다면, 우리는 본래 우리의 인식을 가능한 경험의 객관들 너머까지 확장하지 않으며, 단지 가능한 경험의 경험적 통일을, 이념이 우리에게 그것을 위한 도식을 제공하는 체계적 통일을 통해 확장할 뿐이다." 그러니까 이념은 구성적 원리가 아니다.(KrV, A674=B702)

3. "초월적 이념들은 이성 특유의 규정[직분], 곧 지성 사용의 체계적 통일의

원리라는 이성 특유의 규정을 표현한다. 그러나 만약 사람들이 인식방식의 이러한 통일을 그것이 마치 인식의 객관에 부속해 있는 것인 양 본다면, 즉 본래 한낱 규제적인 이 통일을 구성적인 것으로 여기고, 사람들이 이 이념들에 의거해서 그의 지식을 모든 가능한 경험을 넘어 멀리까지, 그러니까 초험적 방식으로 확장할 수 있다고 확신한다면, 이 통일이라는 것은 한낱 경험을 경험 자신 중에서 가능한 한 완벽성에 가까이 이르게 하기 위해, 다시 말해 경험의 진행을 경험에 속할 수 없는 어떤 것에 의해 제한시키지 않기 위해, 쓰이는 것이므로, 이런 일은 우리 이성 고유의 규정과 그 원칙들을 판정함에 있어서 하나의 순전한 오해이고, 하나의 변증학[성]이다. 이 변증학[성]은 한편으로는 이성의 경험사용을 혼란하게 하고, 한편으로는 이성을 자기 자신과 불화하게 하는 것이다."(Prol, A162=IV350)

III. 1. 그러나 "순수 인식을 실천적으로 확장하기 위해서는, 하나의 의도가 선험적으로 주어져야만" 하고, 그것은 다름 아닌 "최고선"(KpV, A241=V134)이다. 그런데 최고선(→)은 "자유 · [영혼의] 불사성 · 신 없이는 가능하지 않다. 그러므로 이 세상에서 가능한 최고선의 실존을 지시명령하는 실천 법칙에 의해 순수 사변 이성의 저 객관들의 가능성, 즉 순수 사변 이성이 그것들에게 보증할 수 없었던 객관적 실재성이 요청된다."(KpV, A242=V134) 사변 이성의 세 이념은 그 자체로는 한 "(초험적) 사상[사유물]들"이다. 그러나 "이제 이 세 이념들은 실천 법칙이 객관으로 삼으라고 지시명령하는 것[곧 최고선]을 가능하게 하는 필연적인 조건들로서 명증한 실천 법칙에 의해 객관적 실재성을 얻는다."(KpV, A243=V135)

2. "이성으로 하여금 경험을 넘어서는 어떤 새로운 객관을 받아들이지 말고, 이성 사용을 경험 안에서 완벽에 가깝도록 할 것을 부과하는 사변 이성의 한낱 규제적 원리들일 따름"인 저 세 이념들이 이성의 순수한 실천 능력에서는 "내재적이고 구성적이다. 그것들은 순수 실천이성의 필연적 객관(즉 최고선)을 실현시키는 근거들이니 말이다."(KpV, A244=V135)

3. "실천 능력으로서, 다시 말해 우리의 인과성의 자유로운 사용을 이념들(즉

순수한 이성개념들)에 의해서 규정하는 능력으로서 순수 이성은 도덕법칙 안에 우리 행위들의 규제적 원리를 함유하고 있을 뿐만 아니라, 도덕법칙을 통해서 또한 동시에, 이성만이 생각할 수 있고, 우리의 행위들을 통해 이 세계에서 저 법칙에 따라서 실현되어야만 할, 객관의 개념 안에 주관적-구성적 원리도 제공한다. 그러므로 도덕법칙들에 따른 자유의 사용에서의 궁극목적의 이념은 주관적-실천적 실재성을 갖는다."(KU, B429=V453)

IV. 1. '자연의 합목적성'(→)이라는 판단력의 개념 또한 "단지 인식능력의 규제적 원리로서만" 자연 개념에 속한다. "비록 이 ['합목적성'이라는] 개념을 야기하는 (자연 또는 예술의) 어떤 대상들에 관한 미감적 판단이 쾌 또는 불쾌의 감정과 관련해서는 구성적 원리이지만 말이다."(KU, BLVII=V197)

2. "만약 우리가 자연의 근저에 의도적으로 작용하는 원인들을 놓고, 그러니까 목적론의 기초에 현상들[…]의 순전한 판정만을 위한 규제적 원리뿐만 아니라, 자연의 산물들을 그 원인들로부터 도출하는 하나의 구성적 원리를 놓는다면, 자연목적의 개념은 더 이상 반성적 판단력이 아니라 규정적 판단력에 속하는 것일 터이다. 그러나 그럴 경우에는 자연목적의 개념은 […] 전혀 판단력에 특유하게 속하는 것이 아니라, 이성개념으로서 새로운 인과성을 자연과학에 도입하는 것이다."(KU, B270=V360이하) 자연목적의 개념은 그 객관적 실재성이 전혀 입증될 수 없는 것으로, "이 개념은 규정적 판단력에 대해 구성적인 것이 아니라, 반성적 판단력에 대해 한낱 규제적이다."(KU, B331=V396)

3. "이성은 원리들의 능력으로서, 그 극한적인 요구에서는 무조건자를 향해 있다. 이에 반해 지성은 언제나 다만 주어지지 않으면 안 되는 어떤 조건 아래에서만 이성에게 봉사한다. 그러나 그것들의 객관적 실재성이 주어지지 않으면 안 되는 지성의 개념들 없이는 이성은 전혀 객관적으로 (종합적으로) 판단할 수가 없으며, 이론적 이성으로서 독자적으로는 절대로 아무런 구성적 원리를 함유하지 못하고, 한낱 규제적 원리만을 함유한다."(KU, B339=V401)

국가 國家 Staat civitas

1. 시민적 상태는 국민의 전체의지에 따른 사회계약(→)에 기초한다.

2. 사회계약에 의한 시민적 사회(societas civilis)를 '국가'라 칭하며, 이 국가의 구성원들을 국가시민(→)/국민이라고 일컫는다. 이 국가의 시민들이 갖는 본질적인 속성은, 첫째로 "자기가 동의했던 법률 외에는 어떤 법률에도 따르지 않을 법률적 자유와, — [둘째로] 국민 중에 이 자가 그를 구속할 수 있는 꼭 그만큼 법적으로/정당하게 구속할 도덕적 능력을 가진 오직 그러한 자 외에 자신에 관하여 어떠한 상위자도 인정하지 않는 시민적 평등, 그리고 셋째로 자기의 실존과 생존이 국민 중 타인의 의사에 덕 입고 있는 것이 아니라, 공동체의 구성원으로서 자기 자신의 권리와 힘들에 덕 입을 수 있는 시민적 자립성, 따라서 법적 사안들에 있어서 어떤 타인에 의해서도 대표되어서는 안 되는 시민적 인격성이다."(MS, RL, A166=B196=VI314)

3. 시민적 상태는 국가 형식을 갖는다. "국가(civitas)란 법법칙들 아래에서의 다수 인간들의 통일체[하나됨]이다."(MS, RL, A164=B194=VI313) 이 "국가는 자기 안에 세 권력", "법칙수립자[입법자]의 인격 안에 있는 주인권(주권), (법칙[법률]에 따르는) 집정자의 인격 안에 있는 집행권과 재판관의 인격 안에 있는 (법칙[법률]에 따라 각자의 자기 것을 승인하는 것인) 재판권(입법권, 행정권과 사법권: potestas legislatoria, rectoria et iudiciaria)", "다시 말해 삼중의 인격(정치적 삼위일체: trias politica) 안에 보편적으로 통일된 의지를 함유한다."(MS, RL, §45) "그러므로 서로 다른 세 권력(입법권, 행정권, 사법권: potestas legislatoria, executoria et iudiciaria)이 있고, 국가는 이를 통해 자율성을 갖는다."(MS, RL, A172=B202=VI318)

4. "공동체 일반(넓은 의미의 공화국: res publica latius dicta)의 개념에서 나오는 국가 안의 세 권력은 합일된, 이성에서 선험적으로 유래하는, 국민의지의 단지 그 수만큼의 관계이자, 국가원수라는, 객관적 실천적 실재성을 갖는 하나의 순수 이념이다." 그러나 최고 국가권력을 표상하는 국가원수는 물리적 실재가 없다는 점에서 일종의 관념적 인격이다. 이러한 인격과 국민의지의 관계는 세 가

지를 생각해볼 수 있다. "즉 국가 안에서 1인이 만인 위에서 지시명령하거나, 또는 서로 간에는 동등하게 합일되어 있는 소수가 여타의 모든 이의 위에서 지시명령하거나, 또는 만인이 함께 각자의 위에서, 다시 말해 자기 자신 위에서 지시명령하는 것이다. 다시 말해 국가형식은 전제적이거나 귀족제적이거나, 민주제적이다."(MS, RL, A208이하=B238=VI338)

5. "그러나 모든 참된 공화국은 국민의 이름으로, 모든 국가시민들에 의해 합일되어, 자기들의 대의원(대표자)을 통해 자기들의 권리를 지키기 위한, 국민의 대의제이고, 대의제 이외의 것일 수 없다. 그러나 국가원수가 인격으로 (국왕이든, 귀족계급이든, 전체 국민이든, 민주적 연합체이든 간에) 자신을 대표하게 하자마자, 합일된 국민은 주권자를 한낱 대표하는 것이 아니라, 오히려 주권자 자체이다. 왜냐하면 그 (국민) 안에 근원적으로 최고 권력이 있고, 이로부터 순전한 신민으로서 (경우에 따라서는 국가관료로서) 개인들의 모든 권리들이 도출되어야 하는 것이기 때문이다."(MS, RL, A213=B242이하=VI341)

국가시민/시민 國家市民/市民 Staatsbürger/Bürger cives

1. 보통 라틴어 'civitas'를 '도시(都市)/시(市)'라기보다는 '국가(國家)'로, 따라서 'cives'를 도시 구성원 곧 '도시민(Stadtbürger: bourgeois)'이라기보다는 국가 구성원 곧 '국가시민(Staatsbürger)'으로 이해하고, 이를 '시민(Bürger: citoyen)'이라고 일컫기도 하는데,(TP, A245=VIII295 참조) 이로부터 관련 개념들을 분별하여 사용하는 데 적지 않은 혼선이 있다. 국가 구성원 곧 '국가시민'을 줄여서 '국민'으로 이해해도 좋을 것이나, 칸트에는 이에 대응하는 또 다른 개념 'Volk'가 있다. 그런데 이 'Volk'는 '국민' 외에도 '민족'이라는 의미를 갖고 있다. 여기에 더하여 라틴어 'gens'도 칸트에서 쓰임새에 따라 '민족', '국민', '도시민'을 뜻한다.

2. '국가시민' 또는 '국민'은 "법칙수립을 위해 합일된 그러한 사회(市民的 社會)의, 다시 말해 국가(→)의 구성원들"(MS, RL, A166=B196=VI314)을 지칭한다. 국

민의 “본질과 분리될 수 없는 법/권리적 속성들”은 “법률적 자유”, “시민적 평등” 그리고 “시민적 자립성” 곧 “시민적 인격성”(MS, RL, A166=B196=VI314)이다.(TP, A235=VIII290 참조)

3. 그럼에도 칸트의 국가 안에는 여전히 국가시민으로서 자립성을 갖지 못한 이른바 ‘수동적 시민’이 포함되어 있다. ― “오직 투표할 수 있는 능력만이 시민이기 위한 자격을 결정한다. 그러나 투표할 수 있는 능력이란 공동체의 부분으로서뿐만 아니라 구성원으로서, 다시 말해 타인들과 공동으로 자신의 의사에 따라 행위하는 공동체의 부분이 되고자 하는, 국민 중의 시민의 자립성을 전제한다. 그러나 이 자립성이라는 질은 필연적으로 능동적 시민과 수동적 시민을 구별토록 한다. 비록 수동적 시민이라는 개념은 시민 일반이라는 개념에 대한 설명과 모순되는 것처럼 보이지만 말이다. ― 그러나 다음의 예들은 이러한 난점을 제거하는 데 도움을 줄 수 있을 것이다. 즉 상인이나 수공업자 집에서 일하는 직인, (국가 공직에 있지 않은) 사환, (자연적으로 혹은 시민적으로) 미성년인 자, 모든 규중부인들, 그리고 자신의 실존(생계와 방호)을 유지하는 데 있어서 자기 자신의 경영에 따르는 것이 아니라 (국가의 처분 외에) 타인의 처분에 강요받게 되는 자는 누구나 시민적 인격을 결여하고 있으며, 그들의 실존은 말하자면 단지 내속물일 뿐이다. ― 그 노동의 산물들을 상품으로 공적으로 판매할 수 있는 유럽의 가구공이나 대장장이와는 대조적인 내가 나의 장원 일에 고용한 나무꾼, 쇠 가공 일을 하기 위해서 자기의 망치, 모루, 풀무를 들고 가가호호 방문하는 인도의 대장장이, 교사와는 대조적인 가정교사, 임차농과는 대조적인 소작농부 등등은 한낱 공동체의 막일꾼일 따름이다. 왜냐하면 이들은 타 개인들의 명령이나 보호를 받지 않으면 안 되고, 그러니까 아무런 시민적 자립성을 가지고 있지 못하기 때문이다.”(MS, RL, A166이하=B196이하=VI314이하)

국민/민족 國民/民族 Volk/Nation gens

1. “한 지역 안에 통합된, 하나의 전체를 이루는, 다수의 사람들”을 일컬어 “민족[Volk](인민: populus)”이라 한다. “공통의 계통에 의해 시민적 전체로 통합된 것으로 인정되는 그러한 다수의 사람 또는 그 일부를 국민[Nation](민족/도시민: gens)이라고 일컫는다.”(Anth, A297=B295=VII311)

2. 국민(Volk)은 근원적 계약(→)에 의해 국가를 수립한다. “이 계약에 따라서 국민 중 모두(전부와 각각)는 그들의 외적 자유를 포기하거니와, 그것은 하나의 공동체의, 다시 말해 국가로 여겨지는 국민의(전체의) 성원들로서 자유를 곧바로 되얻기 위한 것이다. 그래서 […] 국가 안의 인간은 그의 생득적인 외적 자유의 일부를 어떤 목적을 위해 희생했다고 말할 수는 없고, 오히려 그는 그의 자유 일반을 법칙[법률]적인 의존성에서, 다시 말해 법적인 상태에서 감소되지 않은 채 다시 발견하기 위해서, 야만적이고 무법적인 자유를 전적으로 방기했다고 말할 수 있다. 왜냐하면 이러한 의존성은 그 자신의 법칙수립적 의지에서 나오는 것이기 때문이다.”(MS, RL, A168이하=B199=VI315이하)

국제법 國際法 Völkerrecht ius gentium

1. 국제법은 “국가들의 법(國際公法: ius publicum civitatum)”(MS, RL, A215=B246=VI343)으로서 “한 국가와 다른 국가들 전체의 관계뿐만 아니라, 또한 한 국가의 개별 인격들의 타국의 개별 인격들에 대한, 동시에 타국 전체에 대한 관계”(MS, RL, A216=B246=VI343이하)를 고찰한다.

2. 사회계약에 기초하여 자연상태, 즉 전쟁상태가 종식되고 하나의 국가가 건립되듯이, 국가들의 상호 관계도 “근원적인 사회계약(→)의 이념에 따라 하나의 국제연맹”(MS, RL, A217=B247=VI344)이 결성됨으로써 국제법 내지 국제공법을 통해 평화상태에 들어설 수 있다.

"제 국민의 자연상태는 개별 인간들의 자연상태와 마찬가지로 법적 상태로 들어서기 위해 응당 벗어나야 할 상태이다."(MS, RL, A226=B256=VI350) 그러므로 국가 간의 법적 상태 이전의 제 국민의 모든 권리나 국가들의 소유는 "순전히 잠정적인 것이며, 오직 보편적인 국가연합에서만 (그를 통해 한 국민이 국가가 되는 것에 유추해서) 확정적인 것으로 인정되고 참된 평화상태가 될 수 있다."(MS, RL, A227=B257=VI350) 그러나 "(전체 국제법의 최종 목표인) 영원한 평화는 확실히 하나의 실현될 수 없는 이념이다." 곧 "국가들의 연합체를 형성하는 것을 목적으로 하는" "정치적 원칙들은 실현될 수 있는 것이 아니다. 그럼에도 영원한 평화로의 이러한 연속적인 접근은 인간 및 국가의 의무에, 그러니까 또한 권리에 기초한 과제로서, 실현될 수 있는 것이다."(MS, RL, A227=B257=VI350) 예컨대 "상설제국회의(常設諸國會議: der permanente Staatenkongreß)"(MS, RL, A227=B257=VI350)를 통해서 "국민들 간의 분쟁들을 야만적인 방식(야만인의 방식), 곧 전쟁을 통해서가 아니라, 시민적 방식, 말하자면 소송을 통해 재정[裁定]하는, 건립되어야 할 국제공법의 이념이 실현될 수 있다."(MS, RL, A228=B258=VI351)

국제법의 요소인 국가 관계

1) 국가 간의 외적인 관계는 본성상 비-법적인 상태이다.

2) 이러한 상태는 전쟁의 상태로, 그 자체로 불법적인 것이므로, 이웃해 있는 국가들은 이 상태로부터 벗어나야 할 책무가 있다.

3) 외부의 공격에 대한 방위를 위해 근원적인 사회계약의 이념에 따라 하나의 국제연맹(Völkerbund)이 필요하다. (이는 서로 타국의 국내 불화에 개입하기 위한 것은 아니다.)

4) 이 결합체는 주권적 권력을 갖는 것이 아니라, 단지 동료 관계(Genossenschaft)로서, 언제든 해체 갱신될 수 있어야 한다.(MS, RL, §54 참조)

국가들의 법/권리

1. 한 국가는 타국의 능동적 침해가 있을 때 가능한 모든 수단을 동원하여 대응할, 곧 전쟁의 권리를 갖는다.(MS, RL, §56 참조)

2. 그러나 국가들의 전쟁은 징벌전쟁, 섬멸전쟁, 정복전쟁이어서는 안 된다. 국가들 간에 도덕적 우월성을 갖는 국가란 있을 수 없기 때문이다.

그러므로 권리 있는 전쟁은 방어전쟁뿐이다. 그러나 방어전쟁의 경우도 장래의 지속적인 평화의 확립에 필요한 신뢰를 파기할 터인 교활한 수단(간첩 파견, 암살, 독살, 거짓 정보의 유포 등)을 이용해서는 안 된다.(MS, RL, §57 참조)

3. 전쟁 후에 패전국 또는 패전국의 국민은 식민지나 노예가 되어서는 안 된다.(MS, RL, §58 참조)

4. 국가들은 평화의 권리를 갖는다.(MS, RL, §59 참조)

1) 중립의 권리

2) 보증의 권리

3) 방어 목적의 동맹의 권리

권력/강제력 權力/强制力 Gewalt

1. "커다란 장애들을 압도하는 능력"을 '위력/지배력(Macht)'이라 한다. 위력이 "그 자신 위력을 소유한 어떤 것의 저항 또한 압도"하는 위력/지배력을 "강제력/권력"이라 일컫는다.(KU, B102=V260) — 일상적-윤리적으로는 '위력', '강제력'으로 통용되는 말들이 법률상에서는 '지배력', '권력'으로 지칭된다. 그런데 일상적으로 'Macht'는 그저 '힘'으로 또는 오히려 '권력'으로, 그리고 'Gewalt'는 '폭력'의 의미로 사용되기도 한다. 어떤 힘이 권력인지 폭력인지는 법의 문제이기도 하고, 윤리 문제이기도 하며, 양심 또는 상식의 문제이기도 하다.

2. 시민사회는 "합법적 권력"(KU, B393=V432)이다. 시민사회로서의 국가는

세 법적 권력, 곧 입법권, 집행권[행정권], 재판권[사법권]이라는 "삼중의 인격"(MS, RL, A165=B195=VI313)을 갖는다. "국가에서의 저 모든 세 권력들은 존엄한 것들이고, 국가의 기초(헌법)를 세우는 데에 본질적인 권력들로 국가 일반의 이념에서 필연적으로 생겨난 것"(MS, RL, A168=B198=VI315)이다.

3. "법칙적인 과업은 인간의 윤리성의 진정한 성질로서, 윤리성에서 이성은 감성에 대해 강제력을 가하지 않을 수 없"다.(KU, B116=V268이하 참조) "왜냐하면 인간의 자연본성은 [···] 저절로가 아니라, 오로지 이성이 감성에 가하는 강제력에 의해서만 [···] 선에 부합하기 때문이다."(KU, B120=V271)

권리 權利 Recht

자기의 요구주장을 정당하게 관철시킬 수 있는 힘 또는 누군가를 정당하게 강제할 공적 힘을 권리(Recht)라고 하며, 이 권리의 법칙으로 된 것이 법(Recht)(→)이다.

권리문제 權利問題 Was Rechtens ist quid iuris[quaestio iuris]

1. 칸트는 순수한 개념이나 이념이 경험 가능 조건으로 사용될 권리를 입증함을 '연역'(→)이라 일컬으면서, 권리문제를 제기한다.

"권한과 월권을 논할 때에 법이론가들은 권리적인 문제(quid iuris: 권리문제)와 사실 관련 문제(quid facti: 사실문제)를 구별하고, 이 양자에 대한 증명을 요구하면서, 권한 내지는 정당한 권리를 밝혀내야 하는 전자의 증명을 연역이라 일컫는다."(KrV, A84=B116) "사실의 문제(quaestio facti)란 사람들이 처음에 한 개념을 어떻게 해서 소유하게 되었는지의 문제이며, 권리의 문제(quaestio iuris)란 사람들이 그 개념을 무슨 권리로 소유하고 사용하고 있는지의 문제이다."(Refl 5636, XVIII267)

경험적인 개념에 대해서도 사람들이 그 개념을 어떻게 소유하게 되었는지의 방식을 제시함을 "경험적 연역"(KrV, A85=B117)이라고 일컫기도 하지만, 그런 것은 "사실의 문제에 관한 것이므로 워낙이 결코 연역이라고 일컬어질 수 없"(KrV, A86=B119)고, "생리학적[심리학적] 도출"이라고 부르는 것이 합당하다. 그러므로 오로지 순수 인식에 대해서만 "초월적 연역"이 필요하며, 또 그러한 연역을 거치지 않고서는 선험적인, 따라서 순전히 주관적인 인식의 객관적 타당성을 보증할 다른 방법이 없다.(KrV, A87=B119 참조)

2. 법이론의 주제는 "무엇이 옳은/정당한/법적인/권리 있는 것인가?"이다.(MS, RL, AB32=VI229 참조) 칸트는 "실정법에 의해 옳은/정당한/권리 있는/법적(recht)인 것은 법적이다/권리 있다."라고 말한 바 있다.(VARL, XXIII262 참조) 이로써 칸트는 인식이론에서와 마찬가지로 법이론에서도 권리의 문제를 주제화하고 있다.

권한/권능 權限/權能 Befugnis

I. 1. 권한은 "정당한 권리"를 말하며, 이를 벗어남을 "월권(Anmaßung)"이라 한다.(KrV, A84=B116) 칸트의 순수 이성 비판은 순수한 개념이나 원칙이 그 권한 내에서 사용될 수 있도록 권리 증명과 함께 한계 규정을 한다. 순수 이성 비판은 "우리가 권한이 있는 것보다 더 큰 주장을 하는 월권을 억제하고, 동시에 이성으로 하여금 그의 고유한 분야, 즉 자연"(KrV, A701=B729)에 머무를 것을 지시한다.

2. 그러나 이성은 실천적 사용과 관련해서는, "순전한 사변의 분야에서는 충분한 증명근거들이 없어 어떤 방식으로도 전제할 권한이 없을 어떤 것을 상정할 권리를 갖는다. 모든 그러한 전제들은 사변의 완전성을 해치지만, 실천적 관

심은 그런 것에 전혀 개의치 않기 때문이다. 그러므로 거기서 이성은 그것의 정당성을 증명할 필요도 없고, 실제로 증명할 수도 없을 것을 소유하고 있는 것이다."(KrV, A776이하=B804이하)

3. "최고의 파생적 선(즉 최선의 세계)의 가능성의 요청은 동시에 최고의 근원적 선의 현실성, 곧 신의 실존의 요청이다. 무릇 최고선을 촉진함은 우리의 의무였다. 그러니까 이 최고선의 가능성을 전제하는 것은 우리의 권한일 뿐만 아니라 요구인 의무와 결합된 필연성이다."(KpV, A226=V125)

II. 1. 권능[권한]이란 "어떠한 반대되는 명령에 의해서 제한받지 않는 자유(도덕적 능력: facultas moralis)"(MS, RL, AB21=VI222)를 말한다. "지시명령되지도 금지되지도 않는 하나의 행위는 그저 허용된다. 왜냐하면 이런 행위와 관련해서는 자유(권한)를 제한하는 아무런 법칙도 없고, 그러므로 아무런 의무도 없기 때문이다."(MS, RL, AB21=VI223)

2. "집합적-보편적(공동의) 그리고 권능을 가진 의지만이 모든 이에게"(MS, RL, AB73=VI256) 책무를 지울 수 있다. 입법에서는 입법자의 "권위(다시 말해, 그의 순전한 의사에 의해 타인을 구속하는 권한)"(MS, RL, AB24=VI224)가 전제된다. "법은 강제하는 권한과 결합해 있다."(MS, RL, AB35=VI231) 사실상 "법[권리]과 강제할 권한은 한가지 것을 의미한다."(MS, RL, AB36=VI232)

귀책 歸責 Zurechnung imputatio

1. 귀책(Zurechnung)이란 행위의 결과가 행위자에게 귀속함을, 귀책성(Imputabilität)이란 행위자가 자신이 한 행위의 결과에 대해 책임을 짊어질 수 있음(Zurechnungsfähigkeit)을 말한다. 행위자란 어떤 결과를 일으킨 활동의 창시자로 간주되며, 보통 행위자가 자기가 한 행위를 의식하고 있고, 그 행위에 따르는 책무가 있음을 알고 있을 때, 그 행위의 결과는 그 행위자에게 귀책할 수 있다.(MS, RL, AB22=VI223 참조) 다시 말해 행위자는 자기 행위의 결과를 계산에 넣은 것으

로 간주될 수 있다.

2. 당위 규범 체제의 토대는 인격인데, "인격이란 그의 행위들에 대해 귀책능력이[책임질 역량이] 있는 주체"(MS, RL, AB22=VI223)를 말한다. '책임질 역량이 있다' 함은 스스로 행위할 능력, 곧 한낱 기계적 인과 관계 법칙에 따라서가 아니라 자유의 법칙에 따라서 행위할 능력이 있다는 뜻이다. 그것은 인격적인 존재자인 한에서 인간은 자연의 법칙과 자유의 법칙이 충돌할 때, 자연의 법칙에 종속됨을 단절할 힘을 가짐을 함의한다. 그때 자유의 법칙에 따름은 동물로서의 인간에게는 강제이고, 당위가 된다. 그래서 자유법칙은 인간에게 윤리적 명제, 명령법으로 등장하며, 그 명령의 준수는 의무가 된다.

3. 의무에 어긋나는 행동을 위반(違反: reatus)이라 일컫는데, 고의가 아니지만 귀책될 수 있는 위반은 순전한 과실(過失: culpa)이라 하고, 고의적인 위반(다시 말해, 그것이 위반이라는 의식과 결합되어 있는 위반)은 범죄(犯罪: dolus)라고 일컫는다.(MS, RL, AB23=VI224 참조)

4. "귀책은 도덕적 의미에서는 그로 인해 누군가가, 어떤 행실/행동(行實: factum)이라고 일컬어지며 법칙들 아래에 있는, 하나의 행위의 창시자(自由 原因: causa libera)로 간주되는 판단[판정]이다. 그것이 동시에 이 행실로부터의 법적[정당한] 귀결을 수반할 때에 그 판단은 법적 효력 있는 귀책(司法的 乃至 有效한 歸責: imputatio iudiciaria, s. valida)이고, 그렇지 않을 경우에는 판정적[가치평가적] 귀책(判別的 歸責: imputatio diiudicatoria)이라 하겠다. — 법적 효력 있게 귀책할 수 있는 권한을 갖는 그런 (물리적 내지 도덕적) 인격을 판사/재판관 또는 법정(裁判官 或은 法廷: iudex s. forum)이라고 일컫는다."(MS, RL, AB29=VI227)

규정 規定 Bestimmumg

I. 1. "규정될 수 있는 것(das Bestimmbare)과 규정" 곧 "질료와 형식"(KrV, A261=B317)은 칸트에서 중요한 반성개념(→)이다. 규정함(Bestimmung)이란 규

정될 수 있는 것 곧 질료(Materie)에 형식(Form)을 부여함을 말한다. 그러니까 인식에서 규정작용은 직관과 사고에서 일어난다. 주어지는 잡다한 것을 직관함은 곧 잡다한 감각적 소여를 공간·시간의 질서 형식상에서 수용함을 말하며, 그 수용 작용 곧 직관함에서 이미 공간·시간 형식이 부여된다. 잡다하게 주어진 질료가 서로 곁하여 그리고 서로 잇따라 있는 것으로 규정되는 것이다. 이렇게 경험적으로 직관된 것, 곧 일차적 의미의 현상(→)을 사고함이란 다름 아니라 순수 지성개념에서 대상을 규정함을 말하며, 이렇게 규정된 것이 엄밀한 의미에서 현상(→) 곧 우리 인간에게 인식된 것이자 존재하는 것, 즉 자연세계이다.

2. 인식주관 곧 초월적 주관은 이렇게 대상을 규정한다. 이러한 사태를 두고 대상을 '구성(→)한다'고 말해서는 안 된다. 인식작용은 대상을 규정하는 작용이지 구성하는 작용이 아니다.

II. 1. '규정'은 어떤 것을 이루는 속성을 뜻하기도 한다. 어떤 것이 '그러그러한 것'이라고 규정되는 것은 다름 아니라 '그러그러한 성질'을 가지고 있기 때문이다. 어떤 것이 직관에서 공간·시간적으로 규정되지만, 공간·시간은 "사물들 자체의 규정이 아니다."(KrV, A26=B42)라고 말할 때, 앞의 '규정'은 형식부여 작용을 뒤의 '규정'은 속성을 뜻한다. 속성이라는 뜻의 규정은 실체의 상관 개념이다. 곧 "실체에서 현존에 속하는 모든 것은 단지 규정으로 생각될 수 있다."(KrV, B225)

2. '규정'은 때로는 '사명'이나 '천명(天命)'을 뜻하기도 한다. 어떤 것의 그 규정이 바로 그 어떤 것의 본질속성 또는 사명이나 본분을 지칭할 수도 있기 때문이다.

III. '규정'이 의지와 관련되어 있을 때는 흔히 '결정'과 같은 것을 의미하기도 한다. 예컨대 의지가 종속해 있는 자연의 법칙들에 있어서는 "객관들이 의지를 규정하는 표상들의 원인"일 수밖에 없는 반면에, 의지에 종속해 있는 자연의 법칙들에 있어서는 "의지가 객관들의 원인이어야만 하며, 그래서 객관들의 인과성은 그 규정 근거를 단적으로 순수 이성 능력 중에 갖고 있다."(KpV, A77=V44)고 말할 때의 '규정'은 '결정'을 뜻한다.

규제적 規制的 regulative

→ 구성적·규제적

규준 規準 Kanon

1. '규준'은 어떤 인식이 진리이기 위해서 최소한 준수해야 할 원칙[형식]을 말한다. 그런 의미에서 "일반 논리학, 그중에서도 순수 논리학은 그러므로 순정한 선험적 원리들만을 취급하는 것이고, 이성과 지성의 규준이다."(KrV, A53=B77) 어떤 것이 진리이려면 준수해야 할 한낱 형식적 기준인 규준을 진리 산출 기관(Organon)(→)으로 사용하면 가상이 생겨난다.

2. 초월적 이성개념들은 한낱 이념들로서 "이것들에 의해 어떤 객관이 규정될 수 있는 것은 아니지만, 그럼에도 그것들은 근본적으로 그리고 부지불식간에 지성에 대해 지성을 확장적이고 통일적으로 사용하는 데 규준으로 쓰일 수 있"다.(KrV, A329=B385) 그러나 초월적 이성개념들의 사변적 사용을 위한 규준은 없다. 그래서 칸트는 "모종의 인식능력 일반을 올바르게 사용하는 선험적 원칙들의 총괄"(KrV, A796=B824)이라는 의미의 규준은 순수 이성의 실천적 사용에 대한 것(KrV, A797=B825 참조)뿐이라고 말한다.(→ 이성 → 순수 이성의 규준)

규칙 規則 Regel

1. 칸트는 "그에 따라 일정한 잡다가 (그러니까 한가지로) 정립될 수 있는 그런 보편적 조건 표상"을 "규칙"이라 하고, "그에 따라 그렇게 정립되어야만 하는 그런 보편적 조건 표상"을 "법칙(Gesetz)"이라 한다.(KrV, A113) 또는 규칙들이 객관적인 한에서 법칙이라 일컫고(KrV, A126 참조), 주관적인 한에서 준칙(→)이라

일컫는다.

2. 이러한 규칙들을 산출하는 것이 지성이므로, 지성을 "규칙들의 능력"(KrV, A126·A132=B171)이라 일컫고, 이러한 규칙으로써 지성은 잡다를 통일하는 일을 하므로, 그럴 때의 지성은 "규칙들에 의거해 현상들을 통일하는 능력"(KrV, A302=B359)이라고 일컬어지며, "원리들 아래에서 지성규칙들을 통일하는 능력"(KrV, A302=B359)인 이성은 잡다한 규칙들을 다시금 단순한 원리로 수렴하려 한다.

근대 近代 Moderne

I. 1. 서양 문화사는 보통 고대(Altertum)-중세(Mittelalter)-근대(Moderne)로 나누어본다. 현대인은 자기들의 시대를 '현대'라고 일컫기도 하지만, 아직은 근대와 현대의 '시대를 획할' 만큼의 차별성을 볼 수 없다. 이러한 시대 구분은 진선미성화(眞善美聖和)라는 최고가치의 표준척도를 어디에서 보느냐에 대한 통찰의 차이에 의한 것인데, 고대(자연 중심)-중세(신 중심)-근대(인간 중심)의 맥락은 여전히 유효하기 때문이다. 진정한 진리와 선과 아름다움과 거룩함과 평화를 '있는 그대로의 것' 곧 자연(自然)과의 합치에서 보는지, 아니면 '저편 높은 곳에 있으신 분' 곧 신(神)과의 합치에서 보는지, 아니면 '나'와 '너' 곧 인간(人間)들 사이의 합치에서 보는지, 그 시선과 통찰의 차이가 시대를 가른다.

2. 문화 전반에 대한 성찰의 결실인 철학은 그 성격상 일반 문화사 전개를 뒤따라간다. 서양 철학사의 맥락[아래 표 참조]이 그것을 보여준다.

II. 1. '근대'의 시작을 서양 문화사에서는 일반적으로 15세기 중엽 내지 16세기 초로 본다. 이 시기에 인류 역사상 획기적인 사건들이 있었고, 그것을 계기로 사회 문화 양상의 변화가 뚜렷하게 일어났기 때문이다.

2. 인류 문화사의 중심에는 문자 문명이 있다. 1450년경 유럽에서 획기적인 일이 일어났으니, 구텐베르크(Johannes Gutenberg, ca. 1400~1468)에 의해 발명

[서양 철학사의 맥락]

· 문화사(logos)
· 철학사

고대철학

Thales(BC 640~550): 原理(arche, principium, ratio) 탐구
sophists: physis-thesis(nomos)
Sokrates(BC 469~399)
Platon(BC 427~347): 이성주의[이상주의]
Aristoteles(BC 384~322): 경험주의[현실주의]
Epikuros(BC 342~270): 에피쿠로스학파
Cicero(BC 106~43): 스토아 사상

기독교 사상 ↙
Augustinus(354~430):
이상[彼岸]과 현실[此岸]의 조화—'두 세계'론

중세철학

Thomas Aquinas(1225~1274)
Duns Scotus(1266/70~1308)
Suárez(1548~1617)

수학적 자연과학 사상 ↙
Descartes(1596~1650):
자연[물체] 기계론, '정신'의 구출 - 이원론 - 신(神)이성론

근대철학

Spinoza(1632~1677): 자연=신론
Leibniz(1646~1716): 이상주의[神正論]
Locke(1632~1704): 경험론· 대의정치론
Hume(1711~1776): 현상론· 情感論
Rousseau(1712~1778): 계몽주의 사회사상

Kant(1724~1804): 비판철학
Hegel(1770~1831): 독일이상주의
↕ ↕ ⤡

현대철학

의지 철학 (1820~1900) ↓ 현상학 (1900~) / 실존철학(1940~1970) ↓ 포스트모더니즘 (1970~)
변증법적 물질주의 (1840~1980)
의지 철학 ↘, 변증법적 물질주의 ↙ → 인간학 (1920~)
↓ 비판이론 (1940~)
↓ 정의론 (1970~)
언어분석 철학 (1900~) ↓ 과학철학 (1920~) ↓ 심리철학 (1950~)

된 금속활자에 의한 활자본 성서가 늦어도 1456년부터는 유포되기 시작한 것이다. 이보다 훨씬 이전인 1377년에 한국에서 『백운화상초록불조직지심체요절(白雲和尙抄錄佛祖直指心體要節)』이 금속활자로 인쇄된 사실을 상기하면, 구텐베르크의 활자 인쇄술이 그것만으로 새로운 사건은 아니다. 그러나 구텐베르크의 인쇄술로 인해 50년 사이에 5,000만 권 이상의 서책이 발행되었고, 이것은 각종 문자 문화의 급속한 발전과 함께 사용 언어가 다른 족속(gens)들 간의 활발한 교류를 촉진함으로써 비로소 '인류(人類: Menschheit)'라는 개념에 실질을 부여하였다. 서책의 다량 보급은 무엇보다도 이제까지 소수의 사람들(특히 성직자들) 수중에 있던 '진리의 말씀'을 더 많은 사람들이 접할 수 있는 계기를 제공하였다. 이로써 진리의 독과점 체제가 서서히 무너지고, 진리가 만인 공유의 길로 들어설 수 있었다. — 진리의 대중화, 이보다 더 인류 역사의 향방을 결정짓는 것은 없을 터이다. — 이러한 여건이 조성되었기에 1517년에 루터에 의한 종교개혁도 성공할 수 있었다 하겠다. 무릇 어떠한 혁명도 합세하는 사람들이 없으면 성사되지 못한다.

3. 1453년에는 비잔틴 제국(330/395~1453)이 오스만 투르크에 의해 멸망하였다. 이로 인해 유럽의 기독교 문화권과 인도·중국과의 육로 교통에 장애가 생기자 지구가 둥글다는 것을 알게 된 사람들이 서쪽으로의 해상 교통로 탐색에 나섰고, 마침내 1492년 콜럼버스(Christoph Columbus, 1451~1506)에 의해 아메리카 대륙이 발견되었다. 사람들이 흔히 '지리상의 발견'이라고 일컫는 이 사건은 보기에 따라서는 그야말로 획기적이라 할 만한데, 그것은 이를 계기로 비로소 현재 우리가 알고 있는 지구의 크기와 모양이 생겨났기 때문이다. 이로써 근대인들은 (그리고 현대인들은) 원시인이나 고중세인들과는 전혀 다른 '지구' 또는 '세계'의 개념을 가지게 된 것이다. — 근대인들은 '인간의 이성', '지구', '세계', '인류'를 새롭게 발견함으로써 온전한 의미에서 인류 역사의 신기원을 열었다. 엄밀한 의미에서 인류는 이제 500년의 역사를 가진 셈이다.

4. 또한 비잔틴 제국의 멸망은 그리스 반도에서 활동하던 많은 문화인들을 이탈리아로 피난하게 하였으며, 이들이 때마침 일고 있던 이탈리아 지역의 르네상

스(Renaissance) 인문주의 운동에 합류함으로써 인문주의 정신이 전 유럽으로 확산하게 되었다. 이들 그리스 인문학자들은 신약성서에 대한 문헌학적-비판적 주석들을 내놓음으로써 성서와 그리스도에 대한 새로운 이해를 자극한바, 마침내 루터로부터 시작된 종교개혁 운동은 신앙의 자유 획득 운동으로 진행되었고, 그것은 대중들로 하여금 자기 자신의 자유로 복귀할 것을 촉구하면서 개인의식을 고취하였다. — 여기서 우리는 근대인의 또 하나의 위대한 발견을 만나니, 그것은 '개인'이다.

5. 교회와 일치되어 있던 비잔틴 제국의 멸망과 유럽 북부에 단지 명목만을 유지하고 있던 신성로마 제국(962~1808)의 약화는 세속 군주 국가들의 성립을 가능하게 하였다. 이는 사람들로 하여금 차츰 한편으로는 저 세상이라는 유토피아적 사념으로부터 이 세상에서의 완전한 사회 실현 모색으로 나아가게 했고, 다른 한편으로는 군주 국가들 사이의 평화 공존, 국제 간의 세력 균형 사상을 형성하게 하였다. 마키아벨리(Niccolò Machiavelli, 1469~1527)의 『군주론(*Il principe*)』(1513), 모어(Thomas More, 1478~1535)의 『유토피아(*Utopia*)』(1516), 그로티우스(Hugo Grotius, 1583~1645)의 『전쟁과 평화의 법 3권(*De jure belli ac pacis libri tres*)』(1625) 등은 그를 증언해주고 있다.

6. 또 하나 근대 사회를 종전의 사회와 결정적으로 구분되게 한 것은 수학적 자연과학의 발달이다. 베이컨(Francis Bacon, 1561~1626)은 자연 사물의 진상에 대한 연구는 순전한 논리적 연역적 방법으로써가 아니라 관찰 귀납적 연구에 의해서만 가능함을 역설하고, 이를 뒷받침하는 『신논리학(*Novum organum*)』(1620)을 내놓았는데, 그의 '새로운 논리학'은 『대개혁(*Instauratio magna*)』의 일부로서 그 표제가 공언하듯 낡은 아리스토텔레스의 『논리학(*Organon*)』을 겨냥한 것이었다. 그는 종래의 학문이 고정 관념과 억견(臆見) 밑에서 형식적인 삼단논법에 따라 추상적 사변에 빠진 것을 비판하면서(Bacon, *Novum Organum/Neues Organon*, hrsg. v. W. Krohn, Hamburg 1990, S. 42=43 이하 참조), 실험 관찰적 방식의 '지식(scientia)'만이 "인간의 능력(potentia)을 보완한다."(Bacon, *Novum Organum*, S. 80=81 참조)고 주창하였다. 그가 선창한 것은 실험 관찰적으로 개별적

사례들을 비교 조사하여 자연의 일반 법칙을 찾아내는 방법의 강구였고, 코페르니쿠스(Nicolaus Copernicus, 1473~1543), 케플러(Johannes Kepler, 1571~1630), 갈릴레이(Galileo Galilei, 1564~1642), 뉴턴(Isaac Newton, 1643~1727) 등에 의해 그 방법에 따른 놀라운 연구 성과가 입증되었다. 이들에 의해 근대인의 발견품 목록에 '천체'가 추가되었고, 그 천체 안에서 이제 막 발견한 '지구'의 위상도 파악되었다. 또한 눈으로는 확인할 수 없는 광대무변한 우주(universum)는 수학, 곧 인간의 이성의 원리에 의해 해명될 것이 기대되었다. 그리고 그 어간에 일어난 영국의 명예혁명(1689)은 자유주의와 주권재민 사상의 원형을 제공하였다. — 근대는 혁명들로 이어져 있다.

III. 1. 제 방면의 사고방식의 변화와 기술 개혁은 산업 구조의 변화에 영향을 미쳐 종래의 농경, 집단 사회는 상업·수공업, 개인 사회로 이행되었고, 도시의 발달과 함께 시민층이 두텁게 형성되었다. 유일한 생산 수단인 토지의 소유자인 귀족과 소작인 신분의 농민으로 구성되어 있던 이제까지의 사회에 자수성가한 시민층의 등장은 사회에 근본적인 변혁을 몰고 왔다. 차츰 사회적으로 영향력이 커진 전문인들(학자·고급 기술자) 대부분이 시민층에서 나왔을 뿐만 아니라, 그들은 태어날 때 이미 가진 개개인의 신체의 자유와 자신의 노동을 통해 취득한 재산이 불가침임을 주장함으로써 국가 사회와 개인, 개인과 개인 사이의 관계가 재정립되지 않으면 안 되는 상황이 벌어졌다. 그 결과 근대(그리고 현대) 사회의 구조를 결정지은 영국의 명예혁명에 이은 미국의 독립혁명(1776), 프랑스대혁명(1789)이 일어났고, 나폴레옹 전쟁 후에 일시적인 반동기가 없지 않았지만, 그 대세는 독일 자유주의혁명(1830·1848)으로 이어졌다. 인류 세계는 바야흐로 새로운 경향이 유행하는 새 시대, 곧 모던(modern)한 시대, 이른바 '근대'에 이르렀다.

2. 서양의 근대는 서양 사회 문화가 새로이 확보한 과학 기술을 토대로 이른바 '산업혁명'을 일으키고 자연 경영에서 탁월한 효과를 거둠으로써 그 위세를 만방에 떨친 시기이다. 이제 인간인 자기 자신을 신체적 존재로 파악하는 대중들은 아사(餓死)와 노동의 질곡에서 자신들을 해방시킨 과학 기술을 무엇보다도

깊게 '신앙'하게 되었고, 이것은 그간 종교별로 문화권을 형성해오던 인류를 과학 기술이라는 단일 '종교'에 귀의시켰다. 그리고 이렇게 보편화된 '과학 기술'이라는 것이 서양에서 거듭 향상됨으로써, 서양 문화는 세계 문화가 되었다.

3. 자연 경영에 효과적인 과학 기술에서뿐만 아니라, 봉건제 신분 사회로부터 시민사회로 발전하여 공동체 운영에서 얻은 정치적 지혜는 근대 서양을 경제적으로 정치적으로 군사적으로 강성하게 만들었고, 그 위세를 세계에 떨쳐, 그 영향력이 극동의 한국에도 미쳤다. 그래서 한국인은 서양의 과학 문명을 수용하여 양질의 '우리 삶'을 기획하고, 그와 함께 '합리적'이라는 찬사를 붙여 — 언제 어디 무슨 문제에서나 '성공한' 사람들이 가지고 있는 것은 '합리적'으로 보이는 법이다 — 서양 태생의 정치·경제·법률 제도를 '우리 것'으로 만들어 쓰고, 종교·철학마저도 이미 서양에서 번성했던 것을 새로이 '우리 것'으로 삼은 지 이미 한 세기가 지났다.(백종현, 『독일철학과 20세기 한국의 철학』, 철학과현실사, 1998·2000 참조) 한국인들은 1960/1970년대 '조국의 근대화'를 국가의 당면 과제로 삼았는데, '근대화'란 서양 근대 문명을 전범으로 삼은 자기 개화를 지칭한 것이고, 그렇게 해서 근대화된 한국인들은 서양 근대를 이미 '서양의' 근대가 아니라, 자신들의 근대로 만들었다. 그리하여 그 근대의 문화는 이미 한국인들의 문화 형태이다.

4. 칸트는 근대성, 그것도 자기비판적인 겸허하면서도 자부심 가득 찬 근대성의 철학을 도도하게 펼쳤고, 1905년경부터 시작된 한국인들의 칸트철학 연구는 근대화한 한국 문화의 주요한 한 요소를 이루고 있다.

근본악 根本惡 das radikale Böse

1. 전지전능하고 전선한 신이 있고 이 세상이 그의 창조물임을 납득하고 나면, 이 세계의 근원에 악이 있을 수는 없는 일이다. 그런데 칸트는 인간에게 자기사랑에서 유래하는, 도덕법칙을 일부러 따르지 않으려는 마음에 뿌리를 두고

있는, 결코 근절시킬 수 없는 근원적인 악성(惡性)이 있음을 본다. 인간에게는 유혹에 빠지기 쉬운 나약한 의지로 인한 선천적인 죄과와 같은 악성이 있다는 것이다.

2. 인간은 본성상 도덕적인데, 이는 인간이 본성상 도덕적으로-선하다 또는 도덕적으로-악하다는 것이 아니라, 현실적인 "모든 행실에 선행하는" "자유 일반을 사용하는" "근거[기초]"가 인간 자신 안에 있다는 뜻이다.(RGV, B6=VI20이하 참조) 도대체가 '인간이 선하다 또는 악하다'라는 도덕적 판정을 할 수 있는 것은 그 행위의 귀책성이 인간 자신에게 있을 경우뿐이다. 행위에 대한 책임은 그 행위의 근거에 돌려지는 것이니 말이다. 선 또는 악의 근거는 "의사가 자기의 자유 사용을 위해 스스로 정하는 규칙, 다시 말해 준칙에 놓여 있다."(RGV, B7=VI21) 그러므로 "인간이 [자연]본성적으로 선하다, 또는 인간이 [자연]본성적으로 악하다는 것은, 인간이 선한 준칙을 채택하는, 또는 악한 […] 준칙을 채택하는 […] 제일의 근거를 함유"(RGV, B7이하=VI21)하고 있다는 것을 의미한다. 그래서 선 또는 악이 "인간에게 선천적(angeboren)이다."(RGV, B8=VI21)라는 말도 인간이 선한(도덕법칙에 맞는) 또는 악한(도덕법칙에 반하는) 준칙을 채택하는 "제일 근거"가 인간에 있고, "그것이 출생과 동시에 인간 안에 현전하는 것으로 표상된다는 그러한 의미일 뿐, 출생이 바로 선·악의 원인이라는 그러한 의미가 아니다."(RGV, B8=VI22)

인간 안에 있는 악으로의 자연본성적 성벽

1. 인간 안에는 악으로의 성벽(性癖: Hang)(→)이 있다. '성벽'이란 "그 가능성이 인간성 일반에 대해 우연적인, 그런 경향성(습성적 욕구)을 가능하게 하는 주관적 근거"를 말한다. 이러한 성벽은 선천적인 것이라기보다는 취득된 것이거나 자신이 초래한 것으로 보아야 한다.(RGV, B20이하=VI28이하 참조)

2. 무릇 "도덕적-악은 준칙들을 도덕법칙에서 이탈 가능하게 하는 주관적 근거 안에 있는 것"이므로, "만약 이러한 성벽이 인간에게 (그러므로 인류의 성격에)

보편적으로 속하는 것으로 상정될 수 있는 것이라면, 인간의 악으로의 자연본성적인 성벽이라고 부를 수 있을 것이다."(RGV, B21=VI29) "인간에게는, 심지어 (행위들의 면에서) 가장 선한 인간에게조차도"(RGV, B23=VI30) 이미 세운 준칙을 지킬 수 없는 "인간 자연본성의 허약성", "비도덕적인 동기들과 도덕적 동기들을 뒤섞으려는" 심정의 "불순성" 그리고 오히려 "악한 준칙들을 채택하려는" 성벽, 곧 "심정의 전도성"을 어렵지 않게 발견할 수 있는바, 이로써 악으로의 성벽이 "인간의 자연본성에 섞여 짜여 있다."(RGV, B22이하=VI29이하)는 것은 확연하다.

인간의 자연본성 안에 있는 근본적인 악

1. "인간이 자연본성적으로 악하다."라고 함은 인류의 관점에서 볼 때 "인간은 도덕법칙을 의식하고 있으되, 법칙으로부터의 (때때로의) 이탈을 자기의 준칙 안에 채용했다."는 것을 말하는 것이다.(RGV, B27=VI32 참조) 도덕법칙을 의식하고 있으면서도 그에 어긋나는 준칙을 채용하는 인간의 성벽, 사람들이 이러한 성벽을 모든 인간 안에서 "주관적으로 필연적인 것으로 전제"(RGV, B27=VI32) 할 수 있는 한에서, 그것을 "인간의 자연본성 안에 있는 근본적인, 선천적인 (그럼에도 불구하고 우리 자신에 의해서 초래된) 악이라고 부를 수 있다."(RGV, B27=VI32)

2. 이러한 근본악의 근거는 "인간의 감성 및 이로부터 생긴 자연적 경향성들 안에 있는 것이 아니"(RGV, B31=VI34)고, 부패한 내지 "사악한 이성"(RGV, B32=VI35)에 놓여 있는 것도 아니다. "인간이(최선의 인간 또한) 악한 것은 오직 그가 동기들을 자기의 준칙 안에 채용할 때 동기들의 윤리적 질서를 전도시키는 것에 의해서뿐이다."(RGV, B34=VI36) 악은 신체적 속박이나 경향성에서가 아니라, 전도된 준칙에서 비롯하는 것이다. "본래적인 악"은 자연스러운 경향성에 있는 것이 아니라, "경향성들이 위반할 것을 유혹할 때, 사람들이 그에 저항하는 것을 의욕하지 [저항하고자 하지] 않는 데에 있다."(RGV, B69=VI58) 인간이 선하게 되는 것을 방해하는 적은 그의 밖에 있다기보다는 안에 있는 것이다.

3. 인간 자연본성의 '악의성(Bösartigkeit)'은 엄밀한 의미에서의 '악성(Bosheit)'이 아니라, '심정의 전도성' 내지 '악한 심정'으로서 그것은 "선한 의지와 양립할 수 있"(RGV, B36=VI37)는 것이다. 그럼에도 불구하고 "이러한 근본적 악은 (사람이 어떠한 인간이어야만 하는가에 관한 도덕적 판단력을 엇가게 하고, 내적으로나 외적으로나 귀책을 아주 불확실하게 만듦으로써) 인류의 불결한 얼룩[썩은 오점]을 형성한다. 그리고 이 얼룩은 우리가 빼내지 않는 한 선의 씨앗이 발육하는 — 그렇게 됐으면 이루어졌을지도 모르는 — 것을 방해한다."(RGV, B38=VI38)

인간 자연본성 안의 악의 근원

1. 근원이란 '제일의 원인'을 말하는 것이니, 순전히 결과의 현존만을 염두에 둔다면 '이성근원'을, 결과의 발생을 염두에 둔다면 '시간근원'을 생각할 수 있겠다. 그런데 "결과가 도덕적 악의 경우에서처럼 그와 자유의 법칙들에 따라서 결합되어 있는 어떤 원인과 관계 맺어진다면, 그 결과를 만들어냄에서 의사의 규정은 시간상에 있는 그 규정 근거와가 아니라 한낱 이성표상 안에 있는 규정 근거와 결합되어 있는 것으로 생각되며, 어떤 선행하는 상태로부터 도출될 수 없다."(RGV, B40=VI39) 그러니까 인간의 도덕적 성질에 대해서는 시간근원을 찾을 수 없다. "왜냐하면 인간의 도덕적 성질은 자유 사용의 근거를 의미하고, 이 근거는 (자유의사 일반의 규정 근거가 그러하듯이) 오로지 이성표상들 안에서만 찾아야 하기 때문이다."(RGV, B40=VI40) 그래서 인간의 "악한 행위는 그 이성근원을 찾아보면 마치 인간이 무죄의 상태에서 직접 그에 빠진 것처럼 볼 수밖에 없다. 왜냐하면 그의 이전의 처신이 어떠했든지 간에, 그리고 그에게 영향을 끼친 자연원인들이 어떤 종류의 것이든 간에", "어쨌든 그의 행위는 자유롭고, 이 원인들 중 어느 것에 의해서도 규정받지 않으며, 그러므로 언제나 그의 의사의 근원적 사용으로 판정될 수 있고 또 되어야 하기 때문이다."(RGV, B42=VI41)

2. 이와 같은 악의 근원에 대한 생각을 《성서》는 역사적 설화로써 구상화하여 보여주고 있다. 성서의 설화에 따르면 "악은 기초[근저]에 놓여 있는 악으로

의 성벽에서 시작하는 것이 아니라, — 그렇지 않다면 악의 시작이 자유에서 생기는 것이 아닐 것이니 말이다 — 죄 — 죄란 신의 계명[지시명령]인 도덕법칙의 위반을 뜻한다 — 에서 시작한다. 그 반면에 악으로의 모든 성벽에 앞선 인간의 상태는 무죄의 상태를 일컫는다."(RGV, B44=VI41이하) 그렇다면 본래 무죄의 상태에 있는 인간이 어떻게 해서 도덕법칙에 어긋나는 악한 준칙을 택하는가? 이것이 문제이지만, "악으로의 이러한 성벽의 이성근원은 우리가 탐구할 수 없는 것으로 남는다."(RGV, B46=VI43) "그러므로 우리에게는 그로부터 도덕적 악이 우리 안에 최초로 나타날 수 있었던 어떤 이해 가능한 근거도 없다."(RGV, B47=VI43) 《성서》는 아담의 원죄 설화에서 그 근거를 '악령'에 두어, 인간이 단지 악령의 "유혹에 의해 악에 빠진 것으로" 묘사한다. 그러므로 인간은 "근거에서(즉 선으로의 최초의 소질까지에서)부터 부패해 있는 것이 아니라" "아직 개선 능력이 있는 것으로 표상된다. 그래서 부패한 심정에도 불구하고 언제나 아직도 선의지를 가지고 있는 인간에게는 그가 벗어나 있는 선으로의 복귀에 대한 희망이 남아 있다."(RGV, B48=VI44)

선의 근원적 소질의 능력 복원 가능성

1. 인간은 악으로의 성벽을 가지고 있음에도 불구하고, "모든 악의 원천"(RGV, B51=VI45)이 되는 '자기사랑'을 벗어나 "모든 준칙들의 최상의 근거인 도덕법칙의 순수성을 복구"(RGV, B52=VI46)함으로써, 일종의 "개심(改心: Herzensänderung)"을 통해 "새로운 인간"(RGV, B54=VI47)이 될 수 있다는 것이다. 이 지점에서 칸트는 철학에서 종교로 넘어간다. — "도덕적 의미에서 인간이 무엇인지, 또는 무엇이 되어야 하는지, 선한지 또는 악한지, 이에 대해서는 인간이 자기 자신을 그렇게 만드는 것이 틀림없으며, 또는 그렇게 만든 것이 틀림없다. 양자가[어느 쪽이든] 인간의 자유의사의 작용결과인 것이 틀림없다. 왜냐하면 그렇지 않다면 그것이 그에게 귀책될 수 없을 터이고, 따라서 인간은 도덕적으로 선하다고도 악하다고도 할 수 없을 터이기 때문이다. 만약 인간이 '선하게

창조되었다'고 말한다면, 그것은, 인간은 선으로 향하도록 창작되었고, 인간 안의 근원적 소질은 선하다는 것을 의미할 수 있을 뿐이다. 인간은 이 소질만으로는 아직 선한 것이 아니고, 그가 이 소질이 함유하고 있는 동기들을 그의 준칙 안에 채용하느냐 않느냐 — 이 일은 그의 자유로운 선택에 전적으로 맡겨져 있음이 틀림없다 — 에 따라서 그는 자기를 선하게도 악하게도 만드는 것이다. 선하게 또는 더 선하게 되기 위해서는 어떤 초자연적인 협력이 필수적이라고 가정한다면, 이 협력은 단지 방해를 감소시키는 데 있거나, 또는 적극적인 원조일 수도 있겠다. 그럼에도 인간은 먼저 그 협력을 수용할 품격[자격]을 갖추어야 하고, 이 보조를 받아들여야 하고 — 이것은 사소한 것이 아니다 — , 다시 말해 적극적인 힘의 증대를 자기의 준칙 안에 채용해야 한다."(RGV, B48이하=VI44)

2. 이를 위한 "인간의 도덕적 도야"(RGV, B55=VI48)는 한낱 "점진적인 개혁을 통해서"가 아니라, "인간의 마음씨 안의 혁명(즉 마음씨의 신성성의 준칙으로의 이행)을 통해서"(RGV, B54=VI47), 한낱 "윤리[도덕적 습관]의 개선"으로부터가 아니라, 근본적으로 "사유방식[성향]을 전환하여 하나의 성격[성품]을 창립함에서 시작하지 않으면 안 된다."(RGV, B55=VI48) 그러나 선천적으로 부패해 있는 인간이 과연 자력으로 이와 같은 일을 할 수 있는가? — "우리의 영혼 속에는, 우리가 그것을 합당하게 주시한다면, 최고의 감탄을 가지고서 바라보지 않을 수 없는, 그리고 그에 대한 경탄이 정당하고, 동시에 또한 영혼을 고양시키는, 어떤 것이 있다. 다시 말하면, 그것은 우리 안에 있는 근원적 도덕적 소질 일반이다. — 우리 안의 (사람들이 자기 자신에게 물을 수 있는바) 그 무엇이 그토록 많은 필요욕구로 인해 끊임없이 자연에 의존하는 존재자인 우리를 또한 동시에 (우리 안의) 근원적 소질의 이념 안에서 이러한 자연을 넘어서서 그토록 높이 고양되도록 하여, 우리로 하여금 필요욕구들 모두를 아무것도 아닌 것으로 여기게 하고, 우리가, 우리의 이성이, 어떤 약속을 하거나 위협을 하지 않으면서도, 강력하게 지시명령하는 법칙을 어겨가면서 생명에만 바람직한 필요욕구의 향유에 탐닉할 때, 우리 자신을 현존할 품격[자격]이 없는 것으로 여기게 하는 것일까? 의무의 이념 안에 놓여 있는 신성성에 대해서 앞서 배운 바 있으되 비로소 이 법

칙으로부터 기인하는 자유의 개념의 탐구에까지는 이르지 못한, 아주 평범한 능력을 가진 사람은 누구나 이 물음의 무게를 마음속 깊이 느끼지 않을 수 없을 것이다. 그리고 신적인 유래를 알려주는 이러한 소질의 이해불가능성마저도 마음에 작용하여 감격하게 하고, 그리하여 그의 의무에 대한 존경이 그에게 부과할지도 모르는 희생을 위해 마음을 굳세게 만들 것임에 틀림없다. 그의 도덕적 사명의 숭고성에 대한 이러한 감정을 자주 약동시키는 일은 윤리적 마음씨를 일깨우는 수단으로서 특별히 장려되어야 한다. 왜냐하면 이러한 감정은, 취해야 할 모든 준칙들의 최고의 조건인 법칙에 대한 무조건적인 존경에서, 동기들 중 근원적인 윤리적 질서 및 그와 함께 인간의 심정 속에 있는 선으로의 소질을 그 순수성에서 복원하기 위해, 우리의 의사의 준칙들 안에서 동기들을 전도시키는 선천적인 성벽을 저지시키기 때문이다."(RGV, B57이하=VI49이하)

3. "만약 도덕법칙이 우리가 지금 더 선한 인간이어야만 한다고 지시명령한다면, 우리는 또한 그것을 할 수 있어야 한다."(RGV, B60=VI50)는 것은 불가피하다. "인간이 선천적으로 악하다."는 명제가 도덕적 수양론에서 말하는 바는, "우리는 천부적인 선으로의 도덕적 소질을 윤리적으로 수련함에 있어서 우리에게 자연적인 순결무구함에서 시작할 수는 없고, 오히려 그 준칙들을 근원적인 윤리적 소질에 거슬러서 채택하는 의사의 악의성을 전제하고 출발하지 않을 수 없으며, 악으로의 이 성벽은 절멸시킬 수 없는 것이므로, 그에 대한 부단한 저항을 하지 않으면 안 된다는 것이다."(RGV, B60=VI51) 여기에서 도덕종교가 가르쳐주는 것은, 인간은 보다 더 선한 인간이 되기 위해서는 최선을 다해야 한다는 것이다. 이때 "신이 인간의 정복[淨福]을 위하여 무엇을 행하는지, 또는 행하였는지를 아는 것이 본질적인 것은 아니며, 누구에게나 필요한 것도 아니다. [...] 그러나 이러한 원조를 받을 만한 품격[자격]을 갖기 위해 그 자신이 무엇을 행하지 않으면 안 되는가를 아는 것은 실로 본질적인 것이고 필요한 것이기도 하다."(RGV, B63=VI52)

근친성 近親性 Verwandtschaft

→ 친화[성]/근친성/친족성

기계학 機械學 Mechanik

I. 1. "그 운동력이 자신의 형상에 의존해 있는 물체(또는 입자)를 기계라고 일컫는다."(MAN, A100=IV532) "물질들의 특수한 상이성을 그것들의 가장 작은 부분들을 기계로 보고 그것들의 속성과 합성에 의해서 설명하는 방식"(MAN, A100=IV532)의 체계를 기계학이라 한다. 고대의 원자론 같은 것이 대표적인 기계학적 자연철학이다.

2. 자연에 대한 기계학적 설명은 최초 물체들의 형태의 고정성 즉 불가투입성과 물체들 사이의 빈 공간을 전제하지 않을 수 없다.

II. 1. 칸트는 당대의 자연과학 운동론과 자신의 순수 지성의 원칙을 결부하여 기계학의 3법칙을 제시한다.

1) "기계학의 제1법칙. 물체적인 자연의 모든 변화에서 물질의 양은 전체적으로 동일하며, 증가하거나 감소하지 않는다."(MAN, A116=IV541)

2) "기계학의 제2법칙. 물질의 모든 변화는 외적인 원인을 갖는다. (물체는 각기 외적 원인에 의해 그 상태를 떠나도록 강요받지 않는 한, 자기의 정지 상태를 지속하거나 자기의 운동 상태를 동일한 방향 동일한 속도로 지속한다.)"(MAN, A119=IV543)

3) "기계학의 제3법칙. 운동의 모든 전달에서 작용과 반작용은 서로 항상 동일하다."(MAN, A121=IV544)

2. 이 3법칙은 각각 "자존의 법칙, 관성의 법칙, 길항의 법칙(lex subsistentiae, inertiae, et antagonismi)"(MAN, A134=IV551)이라 일컬으며, 정확하게 관계의 세 범주 곧 실체성, 인과성, 상호성에 대응한다.(MAN, A134=IV551 참조)

기관 機關 Organon organum

1. 칸트는 형식 논리학에 대비하여 '기관'이란 말을 아리스토텔레스(→)의 논리학 저술집 『오르가논(*Organon*)』과 칸트 자신이 그 서문을 『순수이성비판』의 경구로 인용한 베이컨(→)의 『노붐 오르가눔(*Novum Organum*)』에서 차용하여, '인식 내지 진리를 낳는 기구(Werkzeug)'의 의미로 사용한다.(KrV, A61=B85/86 참조)

2. 이에 반하여 칸트는 형식 논리학을 일종의 '규준(規準: Kanon)'(→)으로서 '어떤 인식이 진리이기 위해서 최소한 준수해야 할 원칙[형식]'들의 체계라고 이해한다.

기능 機能 Funktion

I. 1. 기능은 일반적으로 어떤 능력의 역할작용을 뜻한다. 예컨대 감성이라는 능력 내지 역량의 기능은 직관이고, 지성의 기능은 사고이다.(KrV, A51=B75 참조) 특정 능력은 특정 기능을 가지며, 그 기능을 상실하면 더 이상 능력이 없는 것으로 간주된다. 그리고 특정 기능은 특정 능력의 특성으로서 능력들이 서로 기능을 바꿔할 수는 없다. — "능력 내지 역량은 그 기능을 서로 바꿀 수가 없다. 지성은 아무것도 직관할 수 없으며, 감관들은 아무것도 사고할 수 없다."(KrV, A51=B75)

2. 그런데 칸트는 '기능'을 "서로 다른 표상들을 하나의 공통적인 표상 아래서 정돈하는 통일 활동"(KrV, A68=B93)이라는 특별한 의미로도 사용한다. 이런 경우에 기능은 지성의 개념에 의한 사고작용과 판단작용만을 지칭한다. 이런 뜻에서 칸트는 "모든 판단들은 우리 표상들 간의 통일 기능[함수]들이다."(KrV, A69=B94)라고 말한다.

II. 1. 칸트는 다름 아닌 이 판단들에서의 통일 기능을 실마리로 해서 사고의 형식 곧 범주들을 발견한다. "판단들에서의 통일 기능들을 완벽하게 드러낼 수 있다면, 지성의 기능들은 모두 발견될 수 있다."(KrV, A69=B94)고 본 것이다.

"한 판단에서 서로 다른 표상들에게 통일성을 부여하는 동일한 기능이, 곧 또한 한 직관에서의 여러 표상들의 순전한 종합에 통일성을 부여하는 것이다. 일반적으로 표현해서, 이것이 순수 지성개념이라고 일컬어지는 것이다. 그러므로 동일한 지성이 더구나 그가 개념들에서, 판단의 논리적 형식을 성립시켰던 분석적 통일을 매개로 한 그 작용을 통해, 직관 일반에서의 잡다의 종합적 통일을 매개로 그의 표상들에게 초월적 내용을 부여한다. 그렇기에 그것들은 순수 지성개념들이라고 일컬어지며, 객관들에 선험적으로 관계 맺는다."(KrV, A79=B104이하)

"이렇게 해서 직관의 대상들 일반에 선험적으로 관계하는 순수 지성개념들은, [판단들의] 표(→판단)에 있는 모든 가능한 판단들의 논리적 기능들 꼭 그만큼의 수효가 생긴다. 왜냐하면 지성은 논의된 이 기능들에서 완전히 드러나고, 그것으로써 그의 능력은 완전히 측정되기 때문이다."(KrV, A79=B105)

2. 판단들의 표에서 확인할 수 있는 12가지 판단방식에 대응해서 12개의 순수 지성개념이 사고의 형식, 곧 범주(→)로 기능한다. 예컨대 '~은[는/이/가] ~하다[이다]'는 사고/판단 형식에서 '~'라는 질료가 규정된다. 순수 지성개념의 형식적 기능(Funktion)은 사고 함수(Funktion)이다. y=f(x)에서 x라는 질료가 주어지면 순수 지성개념 f에 따라 y라는 인식이 생긴다. 그러면 그 인식에서 인식된 것, 곧 하나의 대상 즉 자연사물이 생긴다.

기독교 基督教 Christentum

1. 칸트가 '예수 그리스도의 가르침'으로 이해한 기독교는 예수 그리스도가 당시에 일반적이었던 유대교에서 보는 바와 같은 노역봉사를 바탕으로 한 제정법적 신앙에 대하여 보편적 이성신앙이 종교의 불가결한 요소임을 설파함으로써

자연종교로서 출발한 것이다. — “맨 먼저 그가 가르치고자 한 바는, 외적 시민적 또는 제정법적 교회의무들의 준수가 아니라, 오히려 오직 순수한 도덕적인 진정한 마음씨만이 인간을 신에게 흡족하도록 만들 수 있다는 것(「마태오복음」 5, 20~48), 생각 속의 죄는 신 앞에서는 행실과 똑같이 여겨진다는 것(「마태오복음」 5, 28), 그리고 도대체가 신성함이 그가 지향하여 애써야 할 목표라는 것(「마태오복음」 5, 48), 예컨대 마음속으로 미워함은 죽임과 같다는 것(「마태오복음」 5, 22), 이웃에게 저지른 부당한 짓은 제례적 행위에 의해서가 아니라, 그 자신에게 속죄함으로써만 보상될 수 있다는 것(「마태오복음」 5, 24), 그리고 진실성의 점에서는 시민적 공갈수단인 서약은 진리 그 자체에 대한 존경을 손상한다는 것(「마태오복음」 5, 34~37), — 인간 마음의 자연적인 그러나 악한 성벽은 전적으로 전환되어야 하는 것이니, 복수의 달콤한 감정은 관용으로(「마태오복음」 5, 39~40), 자기의 적에 대한 증오는 자비로 바꾸지 않으면 안 된다는 것(「마태오복음」 5, 44)이다. 그래서 그는 어쨌거나 유대의 율법을 온전히 충족시킬 것이라 말한다.(「마태오복음」 5, 17) 그러나 여기서 분명한 것은 그 율법의 해석자는 성서학식이 아니라 순수한 이성종교여야 한다는 점이다. 왜냐하면 문자대로 취한다면, 유대의 율법은 이상에서 말한 것의 정반대를 허용하였으니 말이다. — 그 위에 그는 좁은 문과 비좁은 길을 언급함으로써 인간이 그들의 참된 도덕적 의무를 지나쳐버리고, 교회의 의무 이행을 통해 그것을 배상하도록 허용한 율법의 잘못된 해석을 간과하지 않고 있다(「마태오복음」 7, 13). 그럼에도 불구하고 그는 이러한 순수한 마음씨에 대해서 그것이 행실에서도 증명되어야 한다고 요구하고(「마태오복음」 5, 16), 그에 반해서 그의 사자(使者)의 인격 안에서 최고 법칙수립자를 외쳐 부르거나 찬양함으로써 그 행실의 결함을 보충하거나 감언이설로 호의를 얻으려 생각하는 자들로부터 그들의 교활한 희망을 박탈한다.(「마태오복음」 7, 21) 이러한 소행들에 대해 그는, 이러한 소행들이 추종을 위한 본보기를 위해 또한 공공연하게 일어나야 한다는 것을, 그것도 노예적으로 압박된 행위들에서가 아니라, 기쁜 심정에서 생겨나서(「마태오복음」 6, 16), 좋은 밭에 떨어진 한 알의 씨앗이나 선의 누룩과 같은, 그러한 마음씨의 전달과 확산의 작은 단초로부터 종교가 그 내적 힘에 의해 점차로 신의 나라로 증대되어갈 것을 의욕하고 있다(「마태오복음」 13, 31~33). — 끝으로 그는 모든 의무를 1) (인간의 내적 그리고 외적 도덕적 관계를 포괄하고 있는) 하나의 보편적 규칙, 곧 '너의 의무를 그 의무의 직접적 존중이라는 동기에서만 행하라.', 다시 말해 '무엇보다도 (모든 의무의 법칙수립자인) 신을 사랑하라.'와 2) 하나의 특수한 규칙, 곧 보편적 의무로서 타인에 대한 외적 관계에 관한 규칙인 '누구든지 너 자신처럼 사랑하라.', 다시 말해 '타인의 복을 이기적인 동기에서 파생되지 않은, 직접적인 호의로부터 촉진하라.'로 총괄하고 있다.(「마태오복음」 22, 37~39 참조)"(RGV, B239이하=VI159이하)

2. 그런데 예수 그리스도는 인간이 행복과 관련해 그의 윤리적 처신에 알맞은 몫에 대해 매우 자연스럽게 기대하는 것에 관해서는, 특히 윤리적 처신으로 인해 무릅쓰지 않으면 안 되는 행복의 그토록 많은 희생에 대해서는 내세의 보수를 약속한다.(「마태오복음」 5, 11~12 참조) — "무릇 여기에 모든 사람들에게 그들 자신의 이성을 통해 파악가능하고 확신할 수 있는 것으로 제시될 수 있는 하나의 완벽한 종교가 있다. 이 종교는 더욱이 우리에게 (인간이 할 수 있는 한의) 추종의 원형이 될 가능성과 심지어는 그 필연성이 하나의 본보기에서 생생하게 구상화되었고, 그 가르침들의 진리성도 그 교사의 위엄과 존엄도 다른 어떤 공증 — 이를 위해서는 누구에게나 있는 일이 아닌 학식이나 기적이 요구되거니와 — 도 필요로 하지 않는다."(RGV, B245이하=VI162)

3. 그러나 기독 교리는 순전한 이성개념들 위에가 아니라, 역사적 사실들 위에 세워져 있기 때문에 "기독 신앙"(RGV, B248=VI164)은 불가불 "교학 신앙"(RGV, B249=VI164)이다. 역사적인 사실, 문서(성경)를 해석하는 학식 있는 자들을 통해 계시론이 보존되고 보편적 인간 이성에게 이해받으며, 무지한 자들에게도 전파될 수 있는 것이다. 그러나 이 교학 신앙은 어디까지나 종교신앙의 한갓된 수단으로서만 배양되어야 하는 것이다. "이것이 선한 원리의 지배 아래에 있는 교회의 참된 봉사이다."(RGV, B250=VI165)

4. 칸트는 현실 기독교의 문제점을 지적함과 동시에 '참종교'로의 가능성을 짚어보면서, "지상에 신의 나라 건설"이 가능함을 말한다. 이로써 도덕적으로 합

당한 모든 일을 다한 "인간은, 보다 높은 지혜가 그의 선의의 노력을 완성시켜 줄 것을 희망해도 좋"(RGV, B141=VI101)다는 것이다. 그래서 모든 선량한 이들의 소망은 보다 높은 지혜가 지상의 나라도 다스려 최고선이 바로 이 땅에서 실현되도록 하는 것이다. 그 소망인즉, "하늘에 계신 우리 아버지, 아버지의 이름이 거룩하게 되소서. 아버지의 나라가 오게 하소서. 아버지의 뜻이 하늘에서와 같이 땅에서도 이루어지게 하소서."(『마태오복음』 6, 9~10)이다. — 예수 그리스도가 모범을 보여주었듯이, 그러니까 "지상의 신의 나라, 이것이 인간의 최종의 사명이다."(Refl 1396, XV608) 이 사명이 완수되는 곳에서 "그의 실존 전체에서 모든 일이 소망과 의지대로 진행되는 이 세상에서의 이성적 존재자의 상태"(KpV, A224=V124), 곧 행복은 성취될 터이다.

기상학 氣象學 Meteorologie/Wetterkunde

칸트는 『인간학』과 『자연지리학』에서 기상과 생태계의 연관성을 다루고, 『자연지리학』의 제1부 제3절은 대기권에 할애하고 있다. 여기서 칸트는 대기권의 특성, 공기의 특성, 바람의 성질 및 분류 등과 기후의 관계를 서술하는데, 이는 당대 기상학을 추종한 것으로 볼 수 있다.

기술 技術 Technik

I. 1. 기술이란 기계적인 만듦의 숙련된 방식이다. 그런데 만듦에서는 무엇인가가 산출되므로 기술은 실천적인 것이다.

2. 칸트는 실천적인 것을 '기술적-실천적'과 '도덕적-실천적'으로 구분한다. 무릇 실천이란 없던 것을 있게 하거나 있던 것을 없게 하는 활동/작용이다. 이 실천이 기계적 인과성에 따라 일어나면 '기술적-실천적'인 일이다. 이런 의미에

서 기예와 숙련 일반의 규칙들은 기술적-실천적 규칙들이다. “왜냐하면 이것들은 단지 자연 개념들에 따라 사물들을 가능하게 하는 데만 관계하기 때문이다.”(KU, BXIII=V172) 이러한 기술적-실천적인 것과는 다르게, 만약에 어떤 실천이 자유의지에 의해, 바꿔 말해 목적 지향적으로 일어나면 그것은 ‘도덕적-실천적’이라 해야 할 것이고(KU, BXIII=V172 참조), 그래서 일을 수행하는 자가 이성일 경우 “도덕적-실천적 이성”과 “기술적-실천적 이성”을 분별하여 말할 수 있다.(KU, B433=V455 참조)

II. 1. 기술은 기본적으로 숙련성을 전제로 하는 것이고, 그런 한에서 “자연의 이론적 지식의 귀결들로서 자연의 이론적 지식에 속하는 것이다.”(EEKU, XX200=H6) 그럼에도 칸트는 “기술이라는 표현을, 자연의 대상들이 때때로 한낱 단지 마치 기예(→)에 기초해서만 가능한 것처럼 판정되는 경우에도 사용”(EEKU, XX200=H6)한다. 자연 안에서의 유기체의 조화로운 협력체제를 “자연의 기술”(KU, BXLIX=V193)로 간주할 수 있기 때문이다.

2. “자립적인 자연미는 우리에게 자연의 기술을 드러내 보여준다.”(KU, B77=V246) 이 자연의 기술은 그 자체로는 “한낱 무목적적인 기계성”으로, 그 산물인 “자연미는 자연의 객관들에 대한 우리의 인식을 현실적으로 확장시키지는 않지만, 그럼에도 한낱 기계성이라는 자연에 대한 우리의 개념을 기예로서의 자연 개념으로 확장시키고”, 우리로 하여금 자연을 “하나의 합목적성의 원리에 따라 표상하게 만든다.”(KU, B77=V246 참조)

기예 技藝 Kunst τέχνη

I. 1. 칸트에서 ‘쿤스트(Kunst)’는 기예, 예술, 기술의 뜻을 함께 갖는다. 그런데 또 칸트는 ‘쇠네 쿤스트(schöne Kunst)’와 ‘테히닉(Technik)’이라는 용어도 같이 사용하므로, 이를 구별하기 위해 원칙적으로는 각각 ‘기예’·‘미적 기예/예술’·‘기술’로 옮길 수 있다. 그러나 이러한 구별이 언제나 가능한 것은 아니다.

2. "기예는 인간의 숙련성으로서 학문과도 구별되며, […] 실천적인 능력으로서 이론적 능력과 구별되고, 기술로서 이론과는 구별된다."(KU, B175=V303) 기예란 사람의 자유로운 행함에 의한 만들어냄, "다시 말해 그 행위의 기초에 이성을 두고 있는 의사에 의한 만들어냄"(KU, B174=V303)을 말한다. 그러므로 기예는 "자연과 구별되며", 그 결과물을 "작품"(KU, B174=V303)이라 일컫는다.

3. "어떤 가능한 대상의 인식에 알맞게, 순전히 그 대상을 현실화하기 위해, 그에 필요한 행위들만을 수행"하는 기예는 "기계적 기예" 곧 기술이라 일컫고, "쾌의 감정을 직접적인 의도로 삼는" 기예는 "미감적 기예"라고 일컫는다. 이 미감적 기예는 "쾌적한 기예이거나 미적 기예"이다.(KU, B177/8=V305 참조) 쾌적한 기예는 우리 안에 대상을 통해 쾌적한 감각들(향락)을 불러일으키는 반면에, 예술이라고 일컫는 미적 기예(schöne Kunst)(→예술/미적 기예)는 반성의 쾌감을 목표로 하며, "사교적 전달을 위해 마음의 힘들의 배양을 촉진"(KU, B179=V306) 한다. 예술의 생산물이 예술 작품이다.

4. 미적 기예는 "보편적으로 소통되는 쾌에 의해 그리고 사회에 대한 순화와 세련화를 통해, 비록 인간을 윤리적으로 개선시키지는 못해도 개화"시킴으로써 "감각적 성벽[性癖]의 폭군적 지배를 제법 잘 극복하고, 그렇게 함으로써 인간에게 이성만이 권력을 가져야 하는 지배 체제를 준비해준다."(KU, B395=V433이하 참조)

기지 機智 Witz ingenium

1. 기지란 "특수한 것에 대해 보편적인 것을 생각해내는 그러한 능력"(Anth, AB123=VII201)을 일컫는다. 기지는 잡다한 것들의 부분적인 상이성 중에서 동일성을 인지하는 데서 발휘된다. 기지가 뛰어난 사람을 머리가 풍부하다 하고, 기지 없는 사람을 둔한 사람이라 부른다.

2. 기지가 대상들을 유 아래에 포섭하는 능력인 한에서 지성에 속하며, 특수

한 것을 보편적인 것 아래서 규정하기 위해서는 판단력을 필요로 한다.(Anth, AB153=VII220 참조)

3. 그러나 기지의 장점은 특수한 것을 보편적인 것 아래 포섭하되, 그것을 즉시 하는 재치와 기발하게 함으로써 명랑함을 유발하는 데 있으므로, 이는 '機智' 일 뿐만 아니라 '奇智'이기도 하다.

기질 氣質 Temperament

1. 칸트는 사람의 성격을 이루는 3요소를 "a) 천성 또는 자연소질, b) 기질 또는 성미 그리고 c) 성격 바로 그것 또는 성향"(Anth, A256=B254=VII285)으로 본다.

2. 기질이란 생리학적으로는 "신체의 기본구조(강한 또한 약한 체격)와 [체액의] 조성"(Anth, A257=B255=VII286)을 뜻하며, 심리학적으로는 이것이 내적으로 곧 감정에서 그리고 외적으로 곧 활동에서 나타나는 방식을 말한다.

3. 그래서 칸트는 "우리가 순전히 영혼에 부가하는 기질들은 아마도 암암리에는 인간 안의 신체적인 것을 함께 작용하는 원인으로 가질지도 모른다."고 생각하며, 감정의 기질과 활동의 기질이 각각 "생명력의 흥분과 이완"과 결합하면, 전통적으로 구분해온 대로 "오직 네 가지의 단순한 기질, 즉 다혈질, 우울질, 담즙질, 점액질"이 내세워질 수 있다고 본다.(Anth, A257이하=B255이하=VII286이하 참조)

4. 기질은 칸트 생각에 전체가 "오직 네 가지뿐"이며, "그러므로 복합적 기질이란 없다."(Anth, A265=B263=VII291)

기체 基體 Substrat substratum

I. 1. 인식이론에서 '기체(基體)'는 사실상 실체(Substanz)(→) 또는 주체(Subjekt)(→주관/주체)와 동의어이다. — "작용은 이미 인과성의 주체[기체]의 결과에 대한 관계를 의미한다. 그런데 모든 결과는 그때 생기는 것 가운데에서, 즉 변전하는 것 중에서, 곧 시간이 연이음에서[연이어서] 표시하는 것 중에서 성립하는 것이므로, 이것의 궁극의 주체[기체]는 바뀌는 모든 것의 기체인 고정불변적인 것, 다시 말해 실체이다. 인과성의 원칙에 따르면 작용들은 언제나 현상들의 모든 바뀜의 제일 근거이므로 그 자신이 바뀌는 어떤 주체 안에 놓여 있을 수는 없기 때문이다."(KrV, A205=B250)

2. 현상들은 끊임없이 변화하고 바뀐다. 그러나 이 변화 내지 바뀜은, 변화하지 않고 바뀌지 않는 것을 "전제"(KrV, A184=B227)로 한다. 변화에서 변하는 것은 '무엇인가'이며, 변화 중에서도 그 무엇인가가 여전히 자기동일성을 유지하고 있을 때만, 즉 변화하지 않을 때만 그 무엇인가의 변화는 생각될 수 있다. 그러니까 우리가 자연에서의 변화를 생각할 때, 그 생각의 바탕에는 변화하지 않는 것, 항상 고정불변적인 것, 즉 실체(Substanz) 내지는 기체(substratum)의 개념이 놓여 있다. — "현상들에서 이 고정불변적인 것은 모든 시간 규정의 기체"(KrV, A183=B226)이다.

II. 1. "사고들의 기초에 기체로서 놓여 있는 주체[실체] 그 자체"(KrV, A350)라고 말할 때의 기체는 '나'를 지칭한다. 이른바 "초월적 주관"으로서의 나(→) 말이다.(KrV, A350 참조)

2. 기체는 또한 외적 현상을 야기한 것으로 상정되는 "사물 그 자체"(KrV, A360), "외적 현상들의 초월적 기체"(KrV, A383)를 지칭하기도 한다.

III. 1. '초월적 기체'는 때로는 "그로부터 사물들의 모든 가능한 술어가 취해질 수 있"는 "실재성 모두(實在性 全部: omnitudo realitatis)"라는 이념 곧 신을 지칭하기도 한다.(KrV, A575=B603 참조)

2. 자연 산물을 작용인의 산물이자 목적인의 산물인 것으로 간주함은 그 합일

가능성을 "예지적 기체"(KU, B93=V255 · B243=V344 · B367=V418) 또는 "자연의 초감성적 기체"(KU, BLV=V196 · B374=V422)에 두는 것이다. — "지성은 그가 자연에 대해 선험적으로 법칙들을 세울 수 있는 가능성에 의해, 자연은 우리에게 단지 현상으로서만 인식된다고 증명하고, 그러니까 동시에 자연의 초감성적인 기체[基體]를 고지한다. 그러나 이 기체는 전적으로 무규정인 채로 남겨둔다. 판단력은 자연의 가능한 특수한 법칙들에 따라 자연을 판정하는 그의 선험적 원리에 의해 (우리 안에 그리고 우리 밖에 있는) 자연의 초감성적 기체가 지성적 능력에 의해 규정될 수 있도록 만든다. 그러나 이성은 똑같은 기체를 그의 선험적 실천 법칙에 의해 규정한다. 그리고 그렇게 해서 판단력은 자연 개념의 관할구역에서 자유 개념의 관할구역으로의 이행을 가능하게 만든다."(KU, BLV이하=V196)

기호 記號 Zeichen signum

I. 기호에 의한 인식능력을 표시능력이라 한다. — "예견한 것의 표상을 과거의 것에 대한 표상과 연결하는 수단으로서, 현전하는 것을 인식하는 능력이 표시(Bezeichnung)능력이다. — 이 연결을 생기게 하는 마음의 작용이 표시(signatio)이며, 이것을 또한 기호화(Signalieren)라고 부르기도 하는데, 그중 보다 큰 정도의 것을 특기(Auszeichnung)라고 부른다."(Anth, AB106=VII191)

II. 1. 기호에는 "자의적 기호(인위 기호), 자연적 기호 그리고 불가사의한 기호"(Anth, AB108=VII192)가 있다.

2. 자의적 기호로는 다음과 같은 것들이 있다. 즉 "1) 몸짓의 기호(부분적으로는 자연적이기도 한 것으로, 흉내내기의 기호), 2) 글씨기호(음성을 위한 기호인 철자), 3) 소리기호(음부[音符]), 4) 순전히 눈으로 볼 수 있게 개인들 사이에 협정된 기호(암호), 5) 세습적 지위를 가진 영예로운 자유인의 신분기호(문장[紋章]), 6) 법으로 정해진 복장에 의한 복무기호(제복과 근무복), 7) 복무의 명예기호(훈장의 수[綬]), 8) 치욕기호(낙인 등)"와 9) 쉼표, 의문표 등의 문장 부호 내지 "구두점들"

이 있다.(Anth, AB108이하=VII192 참조)

3. 자연적 기호는 자연 사물이 보이는 일종의 신호나 역사적 사물이 보이는 기념 표시 같은 것으로, “증시적[證示的]이거나, 회상적이거나, 예측적이다.”(Anth, AB110=VII193) 칸트는 또한 프랑스혁명과 같은 역사적 사건을 “역사기호(Geschichtszeichen)”(SF, A142=VII84)라고 말하기도 한다. 이때 ‘기호’ 역시 “회상적(rememorativum), 증시적(demonstrativum), 예측적(prognosticon)”(SF, A142=VII84)이라고 풀이되는데, 기호의 이러한 풀이는 바움가르텐의『형이상학』(§348 · §347 · §298)의 기호 개념에서 유래한다.

4. “불가사의한 기호들”이란 일식이나 월식에서 전쟁의 발발이나 역병의 유행을 읽는 것 같은 행태에서 볼 수 있는 것이다.(Anth, AB111이하=VII194 참조)

꿈 Traum

1. “(하나의 건강한 상태인) 수면 중에 의사 없이 자기 상상들과 유희하는 것”(Anth, A67=B68=VII167)을 ‘꿈꾼다’고 일컫는다. 꿈은 “수면 중에 공상이 인간과 하는 놀이[유희]”로, 사람이 “건강한 상태에서도 일어난다.” 그러나 이런 놀이가 깨어 있을 때에도 일어난다면, 그것은 병증이다.(Anth, A80=B81=VII175 참조)

2. 해몽한다느니 꿈을 해석한다느니 하는 사람들이 있으나, 칸트는 사람들이 “꿈에서 일어나는 것들을 불가시적인 세계로부터의 계시로 받아들여서는 안 된다.”(Anth, A81=B82=VII175이하)고 말한다. 꿈꾸는 현상에서는 어떠한 규칙도 발견할 수 없기 때문이다.(Anth, AB104=VII189 참조)

『 ㄴ 』

나/자아 自我 Ich ego

인간의 인간임의 징표로서의 나

1. 인간을 인간이도록 하는 많은 특성 가운데서도 '나'에 대한 의식은 그 시작점이라 해야 할 것이다. 그래서 칸트의 인간학은 '나'에 대한 표상에서 시작한다. — "인간이 자기의 표상 안에 '나'를 가질 수 있다는 사실은 그를 지상의 여타의 모든 생물들 위로 무한히 높이 세운다. 그로 인해 인간은 하나의 인격이며, 그에게 닥치는 모든 변화에도 불구하고 의식의 통일성에 의해 하나의 동일한 인격이다. 다시 말해 인간은 사람들이 임의대로 처분할 수 있는, 이성 없는 동물들과 같은 그러한, 물건들과는 지위와 존엄성에서 전적으로 구별되는 존재자이다. 인간은 아직 '나'를 말할 수 없을 때조차도 그러하다. 왜냐하면 인간은 그러한 때에도 '나'를 생각 속에는 가지고 있기 때문이다. 그것은 1인칭으로 이야기할 때 모든 말들이, 설령 특별한 낱말을 가지고서 '나임'을 표현하지 않을지라도, 나를 생각하지 않을 수 없는 것과 같다. 무릇 이러한 (곧 사고하는) 능력이 지성이다."(Anth, AB3이하=VII127)

2. '나'로서 그 존재를 개시하는 인간은 그 '나'로 인하여 존엄성을 얻고, 앎의

주체가 되지만, 바로 그 '나(ego)'로 인하여 이기심(egoism)에 빠지고, 온갖 악행의 행위자가 되며, 나에 대한 의식으로 말미암아 나를 대상화하고, 의식의 분열에 빠지기도 한다. '나'는 그 자신이 맞는 모든 시비 선악 미추의 발원지이다. ― "인간이 '나'로써 말하기를 시작한 그날부터 인간은 그의 사랑하는 자기를 그가 할 수 있는 곳에서는 어디서나 전면에 내세우고, 이기주의/자기[중심]주의는 멈추지 않고 전진한다. 만약 (그럴 경우에는 타인의 이기주의가 그에게 저항할 것이기 때문에) 그가 공공연하게는 그렇게 하지 않는다면, 역시 그럴듯한 자기부정과 거짓된 겸손으로써 타인의 판단에서 더욱더 확실하게 우월한 가치를 얻기 위해서 숨기는 것이다. 이기주의는 세 가지의 참월함을 함유할 수 있다. 지성의 참월함과 취미의 참월함, 그리고 실천적 관심의 참월함이 그것이다. 다시 말해 이기주의는 논리적이거나 미감적이거나 실천적일 수 있다."(Anth, AB5이하=VII128)

초월적 자아로서의 나

1. 무릇 칸트의 철학이 앎의 순수 원리만을 고찰의 대상으로 삼는 한에서, 칸트 지식이론에서 주제는 '초월적(→) 자아'이다.

2. 경험세계에 있는 수많은 '나들'은 서로 같지 않고, 그중 하나인 '나' 역시 곳에 따라 때에 따라 똑같지가 않다. 그러나 '나들'이 이렇게 서로 다름에도 '나'라고 일컬어지는 것은 동일성이 있기 때문이다. 그러면서도 그 나들이 서로 구별되는 것은 또한 차이성이 있기 때문이다.

대상 인식에서 보편적 인식에 이르는 '나들'은 동일한 의식작용의 기체(→)를 갖는 것으로, 그러한 기체를 칸트는 '초월적 자아[나, 주관, 주체]'라고 칭한다. 그러니까 '초월적 자아'의 차원에서는 '너'와 '나'의 구별이 없다. 그래서 만약에 '나들' 사이에 차이가 있다면, 그것은 ― 하나의 사과를 나누어 먹으면서 한 사람은 '시다'고 하고 다른 한 사람은 '달다'고 느끼고 판단하는 ― '경험적 자아'의 차원에서의 일이라 해야 할 것이고, 그것은 신체성을 도외시하고서는 말할 수 없을 것이다.

그렇다면, 이른바 '초월적 자아'는 신체성과 무관하게 말할 수 있다는 것인데, 그렇기에 그것은 시간·공간상의 존재자가 아니라, 단지 초월논리적 개념일 따름이다. 그러므로 그것은 서로 다른 '나들'을 각각 적어도 하나의 '나'로서 가능하도록 하는 논리적 전제(FM, A36=XX270 참조)일 따름이다. 그러나 우리는 그 동일성을 '나들'이 인식작용에서 보이는 동일한 작용방식 — 예컨대, 모든 '나들'은 대상인식에서 한결같이 '무엇이 어떠어떠하다'는 인식 틀을 따른다 — 에서 확인할 수 있다.

3. 칸트 지식이론에서 '나'는 적어도 두 관점에서 이야기되고 있다. — 칸트는 이것을 "이중적인 나/자아"라고 표현하여, "통각의 주관" 내지 "선험적 표상으로서의 논리적 나/자아"(FM, A36=XX270)와 "지각의 주관" 내지 "경험적 의식으로서의 심리학적 나/자아"(FM, A37=XX270)로 구분하여 말하기도 한다. —

한 관점에서 '나'는 자연적 존재자이다. 자연적 존재자로서 '나'는 당연히 자연, 곧 신체를 떠나서는 생각될 수 없는 것이다. 그러므로 어떤 방식으로든 신체들에 구별이 있는 한에서, '나들'도 구별될 수밖에 없다. 그리고 이런 '나들' 가운데 하나인 '나'가 영원히 존재하느냐[불멸적이냐] 그리고 자기동일적이냐는 오로지 경험과학적으로 확정될 수밖에는 없다. 또한 그런 '나'의 활동 내용의 귀속처도 경험적으로밖에는 확인할 길이 없다. 어제 산수 시험 시간에 '오철수'는 "1−1=0"이라 답하고, '김명수'는 "1−1=1"이라고 답했다면, '오철수'는 맞고, '김명수'는 틀린 것이며, '김명수'는 내일 다시 재시험을 치러야 하고, '내일의 김명수'는 '어제의 김명수'와 '지각의 다발'로서의 마음에 차이가 있든 없든, 키가 조금 더 자랐든 어쨌든 그가 '김명수'라고 경험적으로 확인될 수 있는 한, 그 과제를 수행해야 한다. 이와 같은 사태 연관 속에서 우리는 또한 어제 '오철수'가 우리와 함께 등산하기로 한 약속을 오늘 그로 하여금 지킬 것을 요구한다. 그러나 만약 그 '오철수'가 어제 밤늦게 뜻밖에도 사고를 당해 다리를 다쳤다면, '오늘의 오철수'에게 그 약속 준수의 의무를 우리는 기꺼이 면제시켜준다. 이 같은 맥락에서의 '나'의 나임에 대한 탐구는 생리−심리학적 또는 사회학적으로만 가능할 것이며, 로크나 흄이 자기의식이나 기억을 통해서나 '나의 동일성'을 확보할 수 있을 것이라고 생각했을 때도 암암리에 이 '나'를 염두에 둔 것으로 보아야 할 것이다. 그리고 나의 '나임'의 근거를 영혼으로 보고, 영혼은 실체[비물질성]이고, 그 자체로 단순[불멸성]하고, 자기동일적[인격성]이고, 영원한 생명성[불사성]이라고 주장하는 이른바 이성적 영혼론은 학문으로서는 전혀 성립할 수 없다(KrV, A382 참조)고 비판하면서, '나'에 대한 지식 체계로서는 오로지 일종의 생리학인 경험적 심리학이 있을 뿐(KrV, A347=B405 참조)이라고 칸트가 결론지었을 때, 그 역시 이런 '나'를 염두에 두고 있다. (→ 심리학/영혼론)

4. 그러나 또 다른 관점에서 '나'는 그 '나'가 누구이든 '나'라는 점에서는 동일하고, 또 '나'인 한에서 항상 자기동일적이다. 그러니까 이런 의미에서의 '나'는 자연적인 존재자가 아니다. 아니, 우리가 만약 존재자를 시간·공간상의 어떤 것을 지시하는 것으로 이해한다면, 그런 것은 도대체가 '존재자'가 아니다. 그것은 '나'를 '나'이게끔 하는 형식적 규정일 따름이다. 그것은 도대체가 '나'라는 개념이 가능하도록 해주는 것이다. 이런 의미의 '나'는 '오철수'도 아니고 '김명희'도 아니지만, '오철수'나 '김명희'를 '오철수라는 나'나 '김명희라는 나'가 아니라, 도대체가 하나의 '나'인 자이게끔 하는 근거이다. 그러므로 이런 의미에서 '나'는 복수(複數)일 수가 없고, 그러니까 신체적일 수가 없고 — 그렇다고, 그것을 '정신적'이라고 말할 수도 없는 것이, 이 경우에는 '정신'의 정체를 밝혀야 할 것이니 말이다 —, 도대체가 '존재자'가 아니라서 존재한 일이 없으니, 사멸적인 것일 수도 없다. 그러면서도 그것은 일체의 '경험적인 나들'을 동일하게 '나'이게끔 하는 것이니 이를테면 '초월적인 나', '논리적인 나', '형식적인 나'이다.

5. '나'라는 개념 없이는 아무런 인식주관도 성립할 수 없듯이, 우리는 '무엇인 것'이라는 개념 없이는 아무런 대상도 인식할 수가 없다. 우리에게 존재자인 것, 곧 대상은 그것이 A이든 B이든 C이든 '무엇인 것'이다. 그리고 A는 그것이 어느 때 누구에게 p_1으로 지각되든 p_2로 지각되든 p_3로 지각되든 A이다. 우리가 A의 변화를 이야기하고, "A는 보는 이에 따라서 서로 다르게 보인다."고 의미 있게 말할 수 있는 한에서는 말이다. 또한 도대체가 '무엇인 것'은 그것을 인식하는 자인 '나' 없이는 무엇인 것으로 인식될 수가 없다. 그 '나'가 甲이든 乙이든

丙이든 간에 말이다. 그러니까 그 '무엇인 것'은 '나'의 개념이다. 그리고 이 '나'는 그 '무엇인 것'을 의식하는 자이다. 그런데 이 '나'는 '그 무엇인 것'의 변화를 의식하면서도, 그 변화 속에서도 '그 무엇인 것'은 여전히 '그 무엇인 것'이라 의식한다. 그런 의미에서 '그 무엇인 것'은 의식된 '실체'이다. 그러니까 "'나'는 내가 무엇인가를 동일한 것으로 의식한다는 것을 의식한다." 또 "나는 내가 무엇인가를 시시각각 변화하는 것으로 의식한다는 것을 의식한다."

6. 요컨대 "나는 내가 무엇인가를 의식한다는 것을 의식한다."에서 "내가 무엇인가를 의식한다."는 것을 대상의식이라고 한다면, '나는 … 의식한다'는 것은 자기의식(→ 통각)이라 할 것이다. 여기서 자기의식이라 함은 자기인식이 아니다. '자기인식'이란 '자기'라는 대상에 대한 인식으로서, 그 역시 일종의 대상 인식이다. 그러나 '자기의식'이라 함은 자기가 무엇인가를 의식하고 있다는 것에 대한 의식으로서, 대상의식에 수반하는, 그러면서 대상의식을 정초하는 의식이다. 그것이 대상의식을 정초한다 함은 대상에 대한 의식을 비로소 가능하게 하기 때문인데, 대상의식이 가능하려면 무엇보다도 먼저 잡다하게 주어지는 지각들을 '무엇인 것'으로 통일하는 동일한 '나'가 전제되어야 하거니와, 자기의식이란 바로 이 '나'라는 의식이다. 그리고 이 '나'는 그 위에서 모든 대상의식이 정초된다는 점에서 일체의 대상의식의 토대이자 주체(subjectum)이다.(→ 통각)

보편적 '나'와 '타아의 문제'

1. 칸트가 이성의 관심사인 "나는 무엇을 알 수 있는가, 나는 무엇을 행해야만 하는가, 나는 무엇을 희망해도 좋은가"라는 물음을 통해 "인간이 무엇인가"의 답을 얻을 수 있다고 말할 때, 칸트는 분명히 나 곧 우리 곧 인간임을 말하고 있다.(Log, A54=IX41 참조) 칸트의 철학적 물음에서 '나'란 언제나 "우리 인간"(KrV, B33; FM, A42=XX272 참조), "인간으로서의 인간"(Log, A55=IX41) 또는 단순히 "인간"을 지칭하는 것이며, 경우에 따라서는 "이성"(Log, A54=IX41) 또는 '의식 일반'으로 대치해도 좋은 것이다.

2. '나'를 이처럼 곧바로 '우리 인간'과 대치하는 칸트적 언사에 대해 누가, 이것은 칸트가 '나'라는 주체들의 독특성, 자아(ego)와 타아(alter-ego)의 본질적 차이를 보지 못한 탓이라고 비판한다면, 그는 칸트의 철학적 물음에 대한 이해 부족을 드러내고 있다 하겠다.

칸트의 '의식 일반'이라는 개념만 하더라도, 이것은 개개인의 의식을 보편화한 유개념이 아니다. 그러므로 이것은 이른바 '상호주관성의 문제'와는 무관하다. 칸트의 저술에서 드물지 않게 보이는 '일반(überhaupt)'이라는 말이 다의적이기는 하지만, 대개는 칸트 자신이 풀이하고 있듯이 "단적으로(schlechthin, schlechterdings)"(Refl 5107, XVIII90) 또는 "대상 일반"(KrV, A51=B75)의 예에서 보듯이 '그 자체'를 뜻한다. '의식 일반'이란 칸트에서는 실재하는 개개 사람들의 서로 다른 의식들을 포섭하는 하나의 유개념이 아니라, 내용상 '초월적 의식', '순수한 근원적 통각'(KrV, B143 참조), '초월적 주관' 등과 교환 가능한 개념(conceptus reciproci)이다.(→ 의식) '의식 일반'이란 물론 하나의 보편 개념이지만, 경험적인 유개념은 아니다. "초월적 대상"(KrV, A250·A251)이 '대상 일반'을 지칭할 때도 그러하듯이 말이다.

3. '너'를 향한 정언명령(→)이 특정한 '너'의 준칙을 넘어 실천 법칙 곧 행위의 보편적 법칙인 것도, 이 '너'의 보편성을 전제로 한 것이다. '인간의 도리'라는 개념 자체가 인간의 보편성, 어떤 인간이 '나'라고, '너'라고 또는 '그'라고 지칭되는 것과는 상관 없이, 인간이면 누구나 그러해야 함을 전제하고 있는 것이다. 취미판단(→) 역시 전달가능성 곧 미감의 보편적 공유를 그 바탕에 두고 있는 것이다.

인간 의식 활동의 보편성 위에서만 일체의 학문이 가능하며 사회(→) 활동 또한 가능하다.

4. 이른바 '상호주관성'의 문제는 이미 다수의 서로 다른 주관들의 관계를 전제하고 있는 것이다. 다수의 '나'들, 말하자면 다수의 사람들이 있다는 전제 아래에서만 상호주관성의 문제는 발생한다. 각기 주관인 다수의 '나'들이 없다면, 도대체가 우리에게는 상호주관성에 관해 이야기할 거리가 없다. 그런데 다수의

구별되는 '나'들이란 그것들이 서로 구별됨에도 불구하고, 각기 하나의 '나'인 한에서, 동일한 '나'라는 성격, 동일한 '주관'으로서의 성격, 동일한 '인간'이라는 성격을 갖는 것이다. 도대체 '나임'이라는 성격이 없다면 '나'라는 개념 자체가 성립할 수가 없다. 그러므로 모든 실제적 주관들에서 '나임'은 동일하다. 따라서 타아도, 그것이 하나의 나[我]인 이상, '나임'의 성격으로 인해 그러한 것일 수 있다. 이미 타아 역시 이미 '나'이기 때문에 '다른 나'일 수 있는 것이다. 그러니까 여기서 '상호주관성의 문제'라는 것을, 심리-생리적으로 다른 자아인 타자의 의식 체험들을 또 다른 심리-생리적인 자아인 내가 본래적으로 내지 원본적으로 지각할 수 없다는 철학적인 문제로 이해한다면, 칸트가 '나'를 '우리 인간'과 동일시하는 것이 이 문제를 건드리는 것이 아니다. 실은 오히려 이 동일시가 없다면 상호주관성의 문제라는 철학적인 문제가 애초에 생기지도 않았을 것이다. 이른바 '상호주관성' 혹은 '타아(他我)'의 문제는, 다른 자아들이 나의 자아처럼 존재함이 의심스러워서 생긴 것이 아니라, 다른 자아들이 나의 자아와 마찬가지로 존재함은 분명한데, 타아를 어떻게 자아처럼 명증적으로 인식할 수 있는가가 의아해서 생긴 것이다. 그리고 이때 '나'란 실제적인 곧 경험적인 심리-생리적인 '나'를 지칭한다.(Vaihinger, *Commentar*, Bd. 2, S. 26 참조)

5. 그러므로 누가 "칸트는 '상호주관성' 문제를 놓치고 있다."라고 비판한다면, 이는 칸트가 보고 있는 사태를 시야에 담지 못한 탓이다.

주관/주체(→)로서 '나'란 두말할 것도 없이 스스로 주관이라 의식하는 지금 여기서 지각하고 판단하는 개개의 사람을 말한다. 그렇다고 해서 이 '나'라는 것이 여기 있는 이 사람이나 저기 있는 저 사람을 지시하는 것은 아니다. 이 '나'는 어떤 경험적인 심리-생리적인 한 인간이나 종(種)으로서의 '인간'으로 이해되어서는 안 되고, 개개 인간을 '인간'이라는 종에 포섭되도록 해주는 바로 그 '인간'의 성격으로 이해되어야 한다. '나'란 틀림없이 개별적인 것이다. 그러나 '나'란 무엇인가라는 물음의 대상은 이 경우 이 실재하는 개별자로서의 나의 본질을 다른 개별자들인 '너'나 '그'와 비교하여 탐구하면 밝혀지는 그런 것이 아니다. 오히려 이 '나'가 무엇인가는 이 글을 쓰고 있는 지금의 이 '나'이든, 이 글을 읽고 있는 '그'이든, 개개 인간을 똑같은 인간이게끔 하는 그 무엇을 포착함으로써만 파악될 수 있는 것이다. '나'의 이런 성격으로 인해 "나는 무엇을 알 수 있는가?"나 "나는 무엇을 행해야만 하는가?" 또는 "나는 무엇을 희망해도 좋은가?"의 물음이 사적인, 또는 심리학적인, 사회학적인 물음이 아니라, 보편적인 철학적인 물음이 되는 것이다.

6. 인간으로서의 '나'임은 '나'만의 성격이 아니라 '너'나 '그'도 인간인 한에서 또한 '너'와 '그'의 기본 성격이다. 그러므로 '나임'의 성격을 담지하는 '나'는 '너'나 '그'와 구별되는 그런 실제적인 '나'가 아니다. 모든 사람은, 그가 '나'이든 '너'이든 '그'이든 그에 대해서 대상이 마주해 있는 '나임'의 성격을 담지하는 인간인 한에서 '나'이다. 그러니까 칸트가 '나'·'주관'·'주체'라는 용어로 표현하고자 하는 것은, 이런 개념이 성립하는 한에서 인간으로서 '나'의 모든 인간에 공통적인 근본 성격이다. 그러므로 문제는 '나'라는 것이 '너'나 '그'와 어떻게 구별되며 무엇이냐가 아니라, 인간으로서 '나'의 근본 성격이 무엇인가이다. 이런 이해에서 칸트는 이 '나'에 대한 해명으로부터 바로 "인간이란 무엇인가?"의 답이 제공된다고 생각했던 것이다. 이제 칸트의 철학적 물음에서는 '나'라고 표현되든 '우리 인간'이라고 표현되든 '인간 이성'이라고 표현되든, '나'란 인간으로서 모든 '나'들에게 타당한 순전히 '나임'의 관점에서만 이해되어야 한다. 그렇지 않고 만약 '나'라는 것이 '너'나 '그'와 구별되는 임의의 실제적인 인간으로 이해된다면, "나는 무엇을 알 수 있는가?"라는 물음은 형이상학에서 탐구될 성질의 질문이 아니라, 심리-생리학이나 사회학 또는 이 비슷한 과학에서 답을 구하는 질문일 것이다.

7. 그리고 칸트에서 인식주관으로서의 '나'를 '우리 인간'과 대치시킬 수 있다는 것은 또 만약 인간의 인식능력 내지 기능과 똑같은 근본 성격을 가진 어떤 다른 존재자가 있다면, 그런 존재자와도 상호 대치시킬 수 있음을 함의한다. 그렇기 때문에 칸트는 대상에 대한 인식의 일반 이론이 "우리 인간에만" 타당하다고 말하지 않고, "적어도 우리 인간에게"(KrV, B33·참조 A68=B93) 타당하다고 말한다. 그러나 칸트는 인간 이외에도 과연 그런 어떤 존재자가 있는지 없는지의 문

제에는 직접 관여하지 않는다. 어쩌면 신학이나 비교심리학의 영역에서 흥미를 가짐직한 이런 문제를 칸트는 그냥 열어놓고 있다.(KrV, B72 · A252 참조)

이러한 칸트의 유보적 태도는, 칸트의 인식이론이나 행위이론이 인간이라는 종(種)에만 타당하다고 보는 종(種)적 상대주의의 의미에서의 인간주의로 보는 시각이 교정되어야 함을 일러준다. 물론 일단은 칸트의 이론들이 '나'라고 스스로 의식하는 인간에게 타당한 것이다. 그러나 이때도 인간이란 서로 간의 차별성에도 불구하고 각각의 인간을 똑같이 '인간'이라고 이해하는 한에서의 그 인간을 말한다.

나라 Reich

I. 1. '나라'란 일정한 법칙이 효력을 미치는 영역을 뜻한다. 나라마다 일정한 고유의 법칙을 가지며, 그러므로 유효한 특정한 법칙이 성립하지 않는다면, 특정한 '나라'란 성립할 수 없다. 하나의 헌법을 갖는 나라를 국가(→)라 한다. '우리나라'란 우리 헌법이 효력을 미치는 영역, 정치공동체를 일컬음이다.

'자연의 나라'란 자연의 법칙이 유효한 영역을 뜻하며, '도덕의 나라'란 도덕법칙이 유효한 영역을 뜻한다. 이러한 경우 자연의 나라는 자연세계와 도덕의 나라는 도덕세계 또는 윤리 세계(→)와 동의어이다.

2. '동물나라'란 동물들에게만 타당한 법칙 영역이며, '식물나라'란 식물들에게만 유효한 법칙의 영역을 일컫는다.(KrV, A691=B719; KU, B369=V419 참조) 이러한 의미 연관에서 칸트는 '가능성들의 나라'(KrV, A630=B658 참조), '목적들의 나라'(KU, B413=V444 참조), 자연의 나라와는 구별되는 '은총의 나라'(KrV, A812=B840 참조), '빛의 나라'와 '어둠의 나라'(RGV, B72=VI60 참조), '하늘나라'(RGV, B80=VI64 참조), '신의 나라'(RGV, B86=VI67 참조) 등 여러 가지 나라에 관해서 말한다.

II. 1. 칸트에서는 자연의 나라와 구별되는 도덕의 나라가 곳곳에서 등장한다.

무릇 타당한 '도덕법칙'이 없다면 '도덕의 나라'란 없는 것이며, 만약 도덕법칙이 자연법칙에 귀속된다면 자연의 나라 외에 독자적인 도덕의 나라라는 것은 없는 것이다.

그런데 칸트는 존재를 규정하는 자연법칙과는 달리 당위를 규정하는 도덕법칙을 자명한 것으로 받아들이므로, 자연의 나라와는 다른 도덕의 나라를 생각하고, 도덕법칙이 자유에 근거하고 있으므로, 도덕의 나라를 자유의 나라라고도 일컫는다.

2. 칸트에서 "이성적 존재자는 그 자신의 자연본성상 이미, 목적 그 자체로서 그리고 바로 그렇기 때문에 '목적들의 나라'(→)에서 법칙수립하는 자로, 모든 자연법칙들에 대해 자유롭게, 오로지 그 자신이 세운 법칙들에만 복종하도록 정해져 있고, 이러한 법칙들에 따라 그의 준칙들이 보편적인 법칙수립에 — 그 자신도 동시에 스스로 이에 종속하는바 — 속할 수 있다."(GMS, B79=IV435이하)

내감 內感 inner Sinn sensus internus

→감관 →내감

노동/일 勞動 Arbeit

1. "인간은 노동을 해야만 하는 유일한 동물이다."(Päd, A75=IX471) 인간의 생존을 위한 일이 노동이며, 노동은 유희/놀이(→)와 대조적인 활동이다. 노동은 강제적이나 유희는 자유롭고, 노동은 힘을 소진시키나 유희는 힘을 북돋는다. 그럼에도 노동은 생산적이어서 인류 문명의 주춧돌과 같은 것이다.

2. 인류 문명은 인간의 노동과 유희와 휴식이 어우러져 이룬 결과물이다. 인간의 지속적인 생산 활동을 위해서는 휴식이 필요한데, "인간에게 최선의 휴식

은 노동 후의 휴식이다."(Päd, A77=IX471; 참조 Anth, A242=B241=VII276) "노동은 괴로운 (자체로는 불쾌적한 그리고 단지 성공에 의해서만 즐거움을 주는) 일"인데도, "왜 노동은 자기 생을 향유하는 가장 좋은 방식일까?"(Anth, AB172=VII232 참조) 그 답은 바로 이 휴식의 쾌감에 있다.

3. 적절한 휴식은 지속적인 노동을 위해 필수적이다. 자연은 지혜롭게도 인간에게 "오래 지속되는 노동에 대한 혐오"를 심어주어, 힘을 완전히 소진하여 기진맥진하기 전에 "회복을 위해 일정한 휴게[休憩]"(Anth, A243=B242=VII276)를 갖도록 하고 있다.

4. "건강한 상태에서 선행하는 노동이 없이 휴식하려는 성벽은 나태이다."(Anth, A242=B241=VII276) 사람이 게을러지면 노동을 결심하기가 어려워지는데(Päd, A74=IX470 참조), 그런 사람은 휴식의 의미도 알지 못하게 된다. 그래서 어린아이는 일찍부터 노동하는 습성을 길러야 한다.(Päd, A77=IX472 참조)

5. "생의 마지막 부분을 다양하고 다변하는 노동[일]들로 특징짓는 많은 시기들은 노인으로 하여금 그가 햇수에 따라 생각했던 것보다 더 긴 생애를 보냈다는 상상을 불러일으키고, 계획에 맞게 진척해나가, 의도했던 큰 목적을 달성한 일들에 의해 시간을 충실화하는 것(生을 行實로 延長하는 것)은 자기 생을 기꺼워하고 그러면서 동시에 생에 대해 포만감을 갖게 되는 유일하고 확실한 수단이다."(Anth, AB175=VII234)

논리학 論理學 Logik logica

이성의 자기 인식으로서의 논리학

"개념들에 의한 이성 인식의 체계"(EEKU, XX195=H1; 참조 KrV, A713=B741 · Log, A23=IX23)로서의 철학(→)에 있어서, 이성에 의한 순수한 이성적 대상 곧 초감성적 대상에 대한 인식 체계가 형이상학(→)이라면, 이성에 의한 이성 자신에 대한 순수한 인식 체계가 논리학이다. 경험에 의존함이 없는 순수한 이성 인식이란 실상은 지성개념과 지성법칙들이므로, 논리학은 곧 "지성 규칙들의 체계"(Anth, BA26=VII141)라고 규정될 수도 있다.

일반 논리학 또는 형식 논리학

1. 자연은 규칙에 따라 생멸하는 현상들의 집합이다. 자연 안에서 모든 것은 규칙에 따라서 일어난다. 또한 인간은 문법이라는 규칙에 따르지 않으면 말을 나눌 수가 없다. 인간의 모든 능력들도 규칙에 따라서 작용하는데, 특히 생각하는 능력인 지성이 그러하다. 지성은 "규칙 일반을 생각"하고 "규칙을 찾아"내거니와, 지성이야말로 "그에 따라서 자신이 작동하는 규칙들의 원천"이다.(Log, A1이하=IX11 참조)

2. 지성이 사고할 때 따라야 하는 규칙들 중에는 "우연적"인 것도 "필연적"인 것도 있다. 우연적인 규칙들은 특수한 대상과 관련되어 있는 것이지만, 특수한 객관과 무관하게 그것 없으면 사고 일반이 수행될 수 없는 규칙은 필연적인 것이다. "그래서 이러한 규칙들은 선험적인, 다시 말해 모든 경험에 독립적인 것이라고 간주될 수 있는데, 그것은 그것들이 대상들의 구별 없이 오로지 지성 사용 일반의 조건들을 함유하고 있기 때문이다."(Log, A3이하=IX12) 그러니까 이 같은 사고 일반의 보편적이고 필연적인 규칙들은 단지 사고의 형식에만 관련하고 사고의 질료와는 상관이 없다. 이러한 "사고 일반의 순전한 형식" 곧 "지성과 이성의 필연적 법칙들에 관한 학문"을 일컬어 "논리학"이라 한다.(Log, A4=IX13 참조) 논리학(logica)은 문자 그대로 '로고스(logos)의 학문'이다.

3. 이러한 사고의 규칙들은 우리의 사고가 올바르려면 반드시 따라야 하는 것이기는 하지만, 이러한 규칙들을 따른다 해서 어떤 지식이 생겨나는 것은 아니므로, 이러한 규칙들의 학문인 논리학은 규준(→)일 뿐, 기관(→)은 아니다.(Log, A5=IX13; KrV, A52=B76이하 참조) 그러나 이러한 규칙들은 모든 사고가 보편적으로 준수하는 것이어야 한다는 점에서 이 사고 규칙들의 학문은 "일반 논리학"

(KrV, A54=B78)이라 하고, 그것이 경험적인 것이든 순수한 것이든 인식의 모든 내용과 대상들의 차이는 도외시하고, "오로지 사고의 순전한 형식만을 다룬다."(KrV, A54=B78)는 점에서는 "형식 논리학"(KrV, A131=B170)이라 칭한다. 그리고 그 사고의 규칙들이 어떠한 경험적 원리도 함유하고 있지 않다는 점에서는 "순수 논리학"(KrV, A54=B78)이라고 일컬어진다.

4. 일반 논리학은 상위 인식능력들 곧 지성·판단력·이성의 구분에 정확히 합치하는 설계도 위에 세워져 있다. 그래서 그 분석학(→)에서 개념·판단·추리를 다룬다.(KrV, A130=B169 참조)

초월 논리학

1. 일반 논리학 곧 형식 논리학은 어떤 개념이 경험적인지 순수한지에 대해서는, 바꿔 말해 한 개념의 질료적 원천에 대해서는 묻지 않는다. 일반 논리학은 개념들의 "일체 내용", 그러니까 "개념들의 대상과의 일체의 관계"는 도외시하고, 개념들을 단지 형식의 면에서 그리고 개념들의 상호 관계만을 다루는 것이기 때문이다. 이와는 달리 칸트의 "초월 논리학"(KrV, A55=B79)은 "질료의 면에서의 개념의 근원"을 묻는다. 전통적 의미에서의 '논리학'과는 오히려 대립되는 것이라는 뜻에서 칸트가 때때로 '형이상학'(→)이라고도 부르는, 사실상 '초월철학'(→)과 동의어인 '초월 논리학'은 그런데 무엇보다도 앞서, 과연 "내용의 면에서" "모든 경험에 독립해서 단적으로 지성으로부터 생기는"(Log, A141=IX92) '순수한 지성개념'이 있는지를 고찰한다.

2. 초월 논리학은 그러한 고찰을 통해 밝혀낸바, 순수한 사고의 작용으로서 대상들에 선험적으로 관계함 직한 지성 인식들의 "근원과 범위와 객관적 타당성[즉 대상에 합당하게 적용될 권리 있음]을 규정"(KrV, A57=B81)한다. 초월 논리학은 지성과 이성의 법칙들을 "오로지 이 법칙들이 대상들과 선험적으로 관계맺는 한에서만" 다루기는 하지만, 대상들과의 관계를 고찰한다는 점에서, 질료와는 상관없이 인식을 형식의 면에서만 다루는 일반 논리학과는 다르다.

3. 초월 논리학은 한정된 내용, 곧 선험적인 순수한 인식 내용에만 국한되어 있으므로, 형식 논리학의 구분을 그대로 따라할 수는 없다. 이성의 초험적인 사용은 전혀 객관적으로 타당하지가 않다. 그래서 초월 논리학은 순수한 사고의 선험적 인식들이 마땅히 사용될 범위를 벗어나, 합당하게 적용될 권리가 있는 대상들을 넘어서 적용되는지를 분간해(krinein)내는 작업을 수행하는데, 초월적 논리학의 이러한 소극적 부문이 "초월적 변증학"(KrV, A63=B88) 혹은 "가상(假象)의 논리학"(KrV, A61=B86 · A293=B349)이라 일컬어지는 것이고, 반면에 "순수한 지성 인식의 요소들" 즉 도대체가 한 대상이 대상으로서 생각될 수 있기 위해 필수불가결한 "원리들"을 다루는, 초월적 논리학의 적극적 부문이 "초월적 분석학" 혹은 "진리[眞相]의 논리학"(KrV, A62=B87)이라고 일컬어진다.

4. 그러므로 초월 논리학이 사실상 초월철학의 내용 전체를 이룬다고 말할 때, 그것은 '초월적 분석학'을 지칭한다. 그런데 일반 논리학이 상위 인식능력인 지성·판단력·이성에 맞춰 개념·판단·추리를 다루는 데 비해, 초월적 분석학(→)은 개념의 분석학과 판단력의 교설(→)인 원칙의 분석학만을 포함한다. 초월 논리학에서 이성에 의한 추리는 초월적 변증학(→)의 소재이다.

5. 진리의 논리학을 구성하는 '지성 인식의 요소와 원리'란 실제에 있어서 지성의 인식 기능인 사고의 형식, 곧 '범주'(→)를 이루는 '순수 지성개념들'과 이 개념들을 경험 대상에 적용하는 '순수 지성의 종합적 원칙들'(→지성 →순수 지성의 종합적 원칙들의 체계)이므로, 적극적 의미에서 칸트 초월 논리학의 중심 내용을 형성하는 것은 순수 지성개념들의 '연역'(→)과 순수 지성 원칙들의 타당성 '증명'이다.

뉴턴 Isaac Newton

1. 뉴턴(1646~1727)은 『자연철학의 수학적 원리(*Philosophiae Naturalis Principia Mathematica*)』(1687)를 냄으로써 근대 물리학의 초석을 놓았다. 칸트 또한

초기의 「물리적 단자론」에서부터 비판기의 『자연과학의 형이상학적 기초원리』를 거쳐 〔유작〕에 이르기까지 뉴턴의 역학 이론을 그의 자연철학 시론의 근저에 두었다.

2. 그러나 칸트는 뉴턴의 물리학 체계가 절대적 공간과 시간 위에 세워져 있으되, 뉴턴의 이론 체계로는 현상세계를 학적으로 설명할 수 없다고 본다. — 뉴턴처럼 "공간 시간의 절대적 실재성을 주장하는 사람들은 그들이 그것들을 실체적인 것으로 보든 한낱 속성적인 것으로 보든 경험 원리들 자체와 합일하지 못할 터이다. 무릇 만약 그들이 (보통 수학적 자연과학파가 그러하듯이) 첫 번째 경우를 취한다면 그들은 두 개의 영원하고 무한하고 독립적인 무물(Unding)(곧, 공간과 시간)을 받아들여야 하는데, 이것들은 (실재하는 어떤 것이 아니면서) 오로지 실재하는 모든 것을 자기 안에 담기 위해서 거기에[실로] 있는 것이다."(KrV, A39=B56)

능력 能力 Vermögen facultas

1. 마음(→)의 "능동적" 힘을 '능력(가능력)'이라 하고, "수동적"인 작용을 '감수성(수용성)'이라 일컫는다.(Anth, AB25=VII140 참조) 또는 마음의 힘과 역량을 두루 '능력'이라고 일컫기도 한다.(KrV, A94 참조)

2. "인간의 내적 완전함은 인간이 자기의 모든 능력의 사용을 자기의 자유의사에 복속시키기 위해서 자기의 통제력 안에 갖는 데서 성립한다. 그러나 이를 위해 필요한 것은, 지성이 지배력을 갖되 (사고하지 않기 때문에 자체로는 비천한 것인) 감성을 약화시키지 않는 일이다. 왜냐하면 감성이 없이는 법칙수립적인 지성의 사용에서 가공될 수 있는 재료가 아무것도 주어질 수 없을 것이기 때문이다."(Anth, AB31=VII144)

3. 인간은 무엇보다도 자기의 "자연적 완전성을 발전시키고 증진"시킬 자신에 대한 의무를 지고 있다. "인간이 자기의 능력들을 [···] 배양하고, 실용

적인 견지에서 자기의 현존의 목적에 알맞은 인간이 되는 것은 도덕적-실천적 이성의 지시명령[계명]이자, 인간의 자기 자신에 대한 의무이다."(MS, TL, A111=VI445)

니콜로비우스 Friedrich Nicolovius

니콜로비우스(1768~1836)는 쾨니히스베르크 대학에서 수학한 후 리가(Riga)로 가서 선배인 하르트크노흐(→)에게서 출판 업무를 배운 후 1790년에 쾨니히스베르크에 출판사를 설립하여 당대 최대 규모로 성장시켰다. 『판단력비판』이 나온 이후의 칸트 저술 대부분을 맡아 직접 편집 발간하였다. 칸트와 주고받은 다량의 편지들이 칸트 저술 다수의 발간 과정을 잘 보여주고 있다.

〖 ㄷ 〗

다라움 Geiz

1. 보통 인색함은 타인에 대한 것인데, 자기 자신에 대한 인색함도 없지 않다. 자기 자신에 대한 인색함을 칸트는 '다라움'이라고 일컫는다.

2. "다라움이란 자신의 참된 필요에 합당한 정도 이하로 유족한 삶을 위한 수단에 대한 자기 자신의 향유를 줄이는 것"(MS, TL, A89=VI432), 다시 말해 자기 자신에게 인색한 것으로서, 이는 "자기 자신에 대한 의무와 상충하는 것이다."(MS, TL, A89=VI432) 그래서 칸트는 "너에게 다랍지 말라!"를 정언명령으로 세운다.

3. 이 점에서 칸트가 말하는 다라움은 "(참된 필요의 한도를 넘어 유족한 삶을 위한 수단의 취득을 확대하는) 탐욕스러운(habsüchtig) 다라움"이나 구두쇠(Knickerei)나 수전노(Knauserei)라고 불리며 욕먹는 "인색한(karg) 다라움"을 뜻하지 않는다. 이러한 몰인정한 인색함은 타인에 대한 자선이나 사랑의 의무를 저버리는 짓이니 말이다.(MS, TL, A88=VI432 참조)(→ 의무 → 자기 자신에 대한 의무들)

당위/해야 한다 當爲 Sollen

1. 자연법칙은 '~한다.'는 사실 명제로 표현된다. 만약 인간 생활의 요소에 '~해야 한다.'는 규범이 있으면, 그것은 당위의 법칙이 있음을 뜻하는 것이고, 그 당위가 순전히 이성에서 비롯한 것일 경우 그것은 '순수한 당위의 법칙'이라 일컬을 수 있다. 순수한 이성 지식의 체계인 철학으로서의 윤리학은 이러한 순수한 당위의 법칙들만을 내용으로 가지므로 칸트의 관점에서 윤리학이 학문이기 위해서는 형이상학일 수밖에 없다.

2. 그런데 '~해야 한다.'라는 당위로서 윤리 규범은 '~하라!'라는 명령으로 나타난다. 규범이 보편적인 것인 한에서 그 명령 또한 무조건적으로 복종하지 않을 수 없는, 그것에 준거해서 행위해야만 하는 필연적 실천 명령으로 다가온다. 그렇기 때문에 윤리 명령은 이성적 존재자에게는 '실천 법칙'이다.

3. 인간의 행위와 관련하여 당위 규범이 있는 것은 인간의 행위가 자연적으로 일어나서는 실현될 수 없는 가치 이념이 있음을 함의한다. 그래서 당위는 부자연스럽고 강제적인 행위이되, 그런 행위를 통해 특정한 가치를 지향한다.

이러한 가치 지향이 있음에도 이것이 당위 명령에 의해 강제된다는 것은 인간이 상반된 두 면을 가지고 있음을 말한다. 한 면에서의 인간은 가치 이념에 어긋나게 행동하는 경향성이 있고, 다른 면에서 인간은 이를 교정하여 가치 이념에 부합하려 하는 의지를 가지고 있는 것이다. 이 의지는 일체의 경향성에서 벗어나 자기의 가치 이념을 스스로 실현하려는 의욕이고, 그래서 자유의지(→의지, →자유의사)라고 일컫는다. 그러니까 당위는 자유의지에 의한 자기강제, 곧 자율(→)이다.

대상/객관/객체 對象/客觀/客體 Gegenstand/Objekt objectum

대상 개념의 다의성

I. 1. 칸트에서 '대상(Gegenstand)'과 '객관/객체(Objekt)'는 의미상의 차이 없이 어디서나 바꿔 쓸 수 있는 말이다. 앞의 말은 독일어 고유어에 뒤의 말은 라틴어 외래어에 해당한다. 그런데 칸트는 두 말의 형용사로는 라틴어 외래어 파생어인 '객관적(objektiv)'을 함께 쓴다. 그러므로 '객관적', '객체적', '대상적'은 어디서든 교환어로 사용할 수 있다.

2. 다만 '대상/객관/객체'나 '대상적/객관적/객체적'은 적지 않게 다의적이다.

II. 1. "무릇 우리는 모든 것을, 우리가 그것을 의식하는 한에서, 심지어 일체 표상조차도 객관이라 부를 수 있다."(KrV, A189=B234) 그것을 가지고 우리가 비로소 생각을 시작할 수 있는 "최고 개념" 내지 "최상 개념"은 "대상 일반"(KrV, A290=B346; Refl CLI, XXIII38)이라는 개념이다. '대상'은 보통 다시금 "가능한 것과 불가능한 것"(KrV, A290=B346), 곧 사물과 무물(無物), 무엇인 것과 아무것도 아닌 것(KrV, A290=B346이하 참조)으로 나뉜다. 그러니까 '대상'은 '무(無)'까지를 자기 안에 포함하는 것으로, '사물'·'어떤 것'·'무엇인 것'·'가능한 것'·'존재자' 보다도 상위 개념이다. 그러므로 '대상' 개념은 가장 넓게 쓰일 때는 모든 사물과 일체의 개념에, 심지어는 자기 모순적인 말, 예컨대 '둥근 사각형'에도 타당하다. 개념 '대상'은 우리가 생각할 수 있고, 그것에 대해 말할 수 있는 모든 것을 포섭한다. 그것은, 우리가 그것에 대해 무엇인가 의견을 갖고 태도를 취하는 모든 것, 그러니까 우리 자신인 것까지를 일컫는다.

2. 그러나 칸트에서 '대상'이라는 개념은 종종 '개념'이라는 개념보다는 외연이 좁게 쓰인다. 그런 예를 우리는 "대상 없는 개념"(KrV, A290=B347), "대상이 결여된 개념"(KrV, A291=B347)이라는 표현에서 볼 수 있다. 이런 경우 칸트는 아무것도 아닌 것, 무(無)는 대상에서 제외시킨다. 말하자면 좁은 의미에서 '대상'

은 가능한 어떤 것, 무엇인 것, 사물만을 지시한다. 사물이란 "나의 생각에 대응하는 모든 객관"(V-Met/Schön, XXVIII494)을 지칭한다. 이러한 문맥에서는 '대상'을 '사물'과 동일시할 수도 있다. '사물'이 무엇인가 어떤 '것'을 의미하는 한에서, 우리가 모순 없이 생각할 수 있는 모든 것, 바꿔 말해 아무것도 아닌 것, 무(無)가 아닌 모든 것은 모두 사물이다. 우리가 생각하고 알고 말하는 대상으로서 사물들은 그것들이 우리와 마주치는 방식에 따라 다음과 같이 분류할 수도 있다. 1) 감각적으로 접할 수 있는 '자연적[물리적]'인 것(예컨대 탁자, 사과), 2) 최소한 생각할 수는 있는 '형이상학적[초자연적]'인 것(예컨대 신, 영혼), 3) 자연적인 것은 아니면서도 자연적인 어떤 것을 생각하는 데 필수 불가결한 '초월적인' 것(예컨대 시간, 인과성)으로 말이다.(V-Met-L2/Pölitz, XXVIII556 참조)

3. 그러나 '대상'이라는 개념은 자주 좀 더 좁은 의미로 쓰인다. 그때 '대상'은 감각적인 것과 초감각적인 것으로 양분된다. 그러니까 사물은 예외 없이 감각적이거나 초감각적인 것이라는 말이다. 일반 형이상학, 곧 사물 일반의 실질 본질에 관한 학인 존재론은 "경험에 상응할 수 있는 대상만을 대상으로 세운다."(V-Met/Dohna, XXVIII617) 그 반면에 우주론이나 신학과 같은 특수 형이상학에서 이성은 "더 높이 올라가 초감각적인 것에까지 이르려고 한다."(V-Met/Dohna, XXVIII617)

공간·시간이라는 직관 형식, 범주, 반성 개념 같은 것들은 감각적인 것도 아니고 초감각적인 것도 아니며 오히려 비감각적인 것이다. 그러나 이러한 비감각적인 것은, 그것이 감각적인 것의 인식에 필수적인 것으로 사용될 경우엔 감각적인 것에 속하는 것이고, 그것이 초감각적인 것을 생각하는 데 사용되는 경우에는 초감각적인 것에 속한다.(FM, A10=XX260 참조) 예컨대 순수 지성개념인 '실체'는 비감각적인 것이지만, 그것이 앞뜰의 사과나무를 인식하는 데 기본 틀로 쓰일 때 그것은 감각적인 것의 영역 안에 있는 것이며, 만약 그것이 '신'을 생각하는 데 쓰인다면, 그것은 초감각적인 영역 안에 있는 것이다. 물론 근본적으로 칸트는 '실체'와 같은 개념을 '사물'로, 그러니까 감각적인 것으로도 초감각적인 것으로도 간주하지 않고, "사고"(V-Phil-Enzy, XXIX14)로 또는 "사고의 표제(Titel)"(V–Phil–Enzy, XXIX38)로 취급한다. 꼭 마찬가지로 칸트에서는 공간·시간도 '사물'이 아니라(V–Met/Mron, XXIX830 참조) "직관의 순전한 형식"(KrV, A291=B347; 또 다른 생각은 V–Met/Dohna, XXVIII653 참조)이다. 이렇게 사물들을 감각적인 것과 초감각적인 것으로 양분할 때의 일차적 시금석은 인간의 인식기능의 하나인 감각이다. 곧, 칸트는 어떤 것이 우리 인간에게 감각적으로 경험되고 생각될 수 있는지 그렇지 않은지의 기준에 의거해 사물을 분류하고 있다. 다시 말하면, 좁은 의미로 '사물'을 이해할 때 칸트는 그것을 우리의 감각경험과 사고의 대상으로만 생각한다. '경험'이라는 것, '사고'라는 것 자체도 넓은 의미로는 사물이지만, 좁은 의미에서 '대상'에 이런 것은 포함되지 않는다. 무릇 '대상'이란 오로지 인간 인식의 대상이라는 뜻에서 '대상'인 것이다.

4. 그런데 칸트의 인식이론에서 인간 인식의 대상은 "두 가지 의미로"(KrV, BXXVII) 사용되고 있으니, 그것은 한편에서는 "현상(Erscheinung)"을 또 다른 편에서는 "사물 그 자체(Ding an sich selbst)" 내지는 "사물 자체(Ding an sich)"를 지시한다.

사물 '대상'의 두 의미
: 현상과 사물 그 자체

I. 칸트의 개념 '대상' 내지 '객관'은 최소한 이의(二義)적이다. 칸트에서 '대상'이란 엄밀한 의미에서 우리 인간을 일정한 방식으로 촉발하고, 그로 인해 우리에게 주어지고 마침내는 우리에 의해 개념적으로 파악되는, 그러니까 근본적으로는 감각적인 것이다. 이런 생각에는 이미 두 의미 내지는 세 의미를 가지고 있는 대상 개념이 들어 있다. 다시 말하면, 이런 생각 속에는 ① 우리를 촉발하는 것, ② 우리에게 주어지는 것, ③ 우리에 의해 개념적으로 파악되는 것이라는 개념이 함축되어 있는 것이다. 여기서 '개념적으로 파악되는'이라는 말은 칸트의 표현 "지성에 의해 사고되는"(KrV, A19=B33·A50=B74 참조) 내지 "범주들의 통일에 의해 [···] 사고되는"(KrV, A248)에 상응한다. '우리를 촉발하는 것'이라는 의

미에서의 대상은 칸트가 "초월적 대상"이라는 뜻에서 "사물 자체"라 말하는 것이고(특히 KrV, A358·A366 참조), '우리에게 주어지는 것'이라는 의미에서의 대상은 칸트가 "무규정적 대상"(KrV, A20=B34)이라고도 표현한, 이를테면 '일차적 의미에서의 현상'(→)이며, '우리에 의해 개념적으로 파악된 것'이라는 의미에서 대상은 범주에 의해 규정된 대상, 이를테면 '엄밀한 의미에서의 현상'(→)이라 이해할 수 있다. 첫 번째 의미의 '현상'에 대응하는 사태와 두 번째 의미의 '현상'에 대응하는 사태는 분명히 구별되는 점이 있지만, 어느 경우든 그것이 우리에게 나타난 것이라는 점에서는 같기 때문에 칸트는 양자를 명시적으로 구별함 없이 통칭하고 있다. 그래서 칸트가 대상이 두 의미를 가진 것이라 말할 때, 그는 '사물 자체'(→)와 '현상'이라는 의미만을 염두에 두고 있는 것이다.

II. 1. 그렇다면 '사물 자체'(→)와 '현상'(→)이 도대체 구별될 수 있기는 한 것이며, 어떻게 구별될 수 있는가? 한 대상이 두 의미를 가지고 있다는 것은 한 대상이 서로 다른 두 관점에서 고찰될 수 있다는 것을 말하는 것인가? 아니면 '사물 자체'와 '현상'은 (각각 다른 세계에 속하는) 서로 다른 두 사물임을 말하는가? 『순수이성비판』에서 칸트의 서술은 이 두 질문에 대해 똑같이 긍정적인 답변과 부정적인 답변을 하는 것처럼 보인다.

2. '사물 자체'라는 개념 없이는 칸트의 '순수 이성 비판'에 발을 들여놓을 수가 없지만, '사물 자체'의 개념을 가지고서는 '순수 이성 비판'의 체계에 머물 수가 없다고 하는 야코비(→)의 지적처럼(F. H. Jacobi, *David Hume über den Glauben, oder Realismus und Idealismus. Ein Gespräch*[1787], 수록 : Werke Bd. II, Leipzig 1815. 복간본 : Darmstadt 1976, S. 304 참조), 이 문제가 바로 『순수이성비판』 출간 직후부터 수많은 칸트 해석가들 사이에 중심 쟁점이 되어온 이른바 '칸트에서의 사물 자체의 문제'이다. 이러한 문제성은 칸트 "자신이 여전히 구식 존재론의 얼개에 매여 있어" 사태를 잘못 통찰한 탓인가(A. Schopenhauer, Sämtliche Werke, hrsg. v. W. v. Löhneysen, Darmstadt 1968, Bd. I : *Die Welt als Wille und Vorstellung* I [1859], 부록, S. 602 참조), 아니면 인간 인식의 대상을 논하면서 칸트가 시야에 둔 사태 자체가 칸트로 하여금 일의(一義)적인 명료한 서술을

할 수 없도록 만든 것일까?

3. 인간이 한 대상을 인식할 수 있다고 말할 때, 대체 '대상'은 어떤 의미로 이해되어야 하는가? 칸트에 따르면 우리는 오로지 우리에 대한 대상 — 우리에 대해서 있는 존재자(Gegenstand für uns) — 만, 곧 '현상(Erscheinung)'만을 인식할 수 있다. 현상은 우리가 인식하고 인식할 수 있는 유일한 대상이다. 우리는 우리에게 주어지는 것만을 인식할 수 있는데, 우리에게 주어지는 것은 모조리 현상이니 말이다.(KrV, A108이하 참조) 우리에게 주어질 수 없는 것, 그래서 원리적으로 우리에게 인식될 수 없는 것, 그것은 우리 인간의 인식 대상일 수가 없다. 우리의 인식작용이 없이는 우리 인간의 어떠한 인식도 성립할 수가 없다. 우리의 인식이 성립할 때에만 우리는 우리 인식의 대상에 관하여 말할 수 있다. 이런 사태 연관으로부터 '우리의 인식을 가능하게 하는 조건들이 동시에 우리 인식의 대상들을 가능하게 하는 조건들'(KrV, A158=B197 참조)이라는 초월철학의 핵심 중심 주장이 나온 것이다. 이 조건들 아래서 우리에게 주어지고 우리에 의해 개념적으로 파악되는 대상들이 다름 아닌 '현상들'이다. 그러나 "이 현상들은 사물들 그 자체가 아니고, 그 자신 한낱 표상들, 그러므로 다시금 대상을 갖는"(KrV, A109) 것이며, 이 대상은 우리에게 경험될 수는 없는 것이기 때문에, "초월적인 대상=X라고 이름 붙일 수 있는 것이다."(KrV, A109)

4. "현상"이라는 개념으로부터 "자연스럽게" "현상에는 그 자신 현상이 아닌 무엇인가가 대응해야만 한다."가 추론된다. "왜냐하면 현상이란 그 자신만으로는, 그리고 우리의 표상방식 밖에서는 아무것도 아닌 것일 수 있"(KrV, A251)기 때문이다. "현상이라는 말이 이미, 그것의 직접적인 표상은 감성적이지만, 그 자체로서 […] 우리 감성의 이 성질 없이도 어떤 것, 다시 말해 감성에 독립적인 하나의 대상이어야만 하는 것이어야 하는 어떤 것과의 관계"(KrV, A251)를 지시한다. "무엇인가 그 자체", 말하자면 "사물 자체"는 우리에 독립적으로 현존하고, "현상의 원인"(KrV, A251 · A288=B344 참조)인 것이며, 그런 의미에서 "초월적 객관"(→)(KrV, A251)이다. 이런 의미에서 사물 자체, 무엇인가 어떤 것=X는 하나의 대상이다. 어떤 것=X는 원리적으로 우리에게 경험될 수 없고(KrV, A250

참조), 그러니까 우리 경험의 대상일 수 없음에도 말이다.

대중 大衆 Publikum

1. 대중은 건전한 상식을 가진 다수로 인간의 생활 세계의 주류를 형성한다. 그러나 대중은 엄밀한 학술적 논의를 좇을 식견과 통찰 그리고 인내심은 없기 때문에, 학술 문제에 대중이나 대중성을 끌어들이는 것은 바람직한 일이 아니라고 칸트는 보고 있다. 그렇지만 칸트 생각에 대중은 인간의 발견 발명과 모든 진리의 최종 향유자인 만큼, 모든 전문가들의 작업 결과는 대중의 복지에 기여해야 한다.

2. 엄밀히 구별하여 논의해야 함에도 불구하고, "대중의 취미에 맞춰 경험적인 것과 이성적인 것을 그들 자신에게도 알려져 있지 않은 갖가지 비율로 뒤섞어 파는 데 익숙해져 있는 이들"(GMS, BVI=IV388)이 오히려 대중으로부터 큰 호응을 얻는다. 그래서 순수한 이성 인식만을 찾아 서술한 윤리 형이상학보다는 갖가지 경험적인 것들을 뒤섞어 놓은 실천 강론이 대중에게는 훨씬 더 선호된다.(GMS, B30=IV409 참조) "모든 것에 대해서 조금씩은 알지만 전체적으로는 아무것도 모르면서도, 온갖 것에 만능이고자 하는 대중한테 그런 것이 보다 잘 받아들여지기 때문이다."(KpV, A44=V24) 대중은 실천적 관심은 많지만, 꼬치꼬치 따지는 사변을 선호하지 않는다.(KrV, A749=B777 참조)

3. 필요할 때는 대중의 갈채를 갈구하면서도 전문가들은 자기들만이 진리의 창출자요 수호자로 남고 싶어 하며, "대중들에게는 단지 그 진리들을 사용하도록 알려줄 뿐, 그 진리들의 열쇠는 혼자서만 보관한다."(KrV, XXXIII) 권력자들도 마찬가지여서 "강대한 권력들은 일반 대중의 판단에 대해서는 부끄러워하는 일이 없고, 단지 한 강대 권력은 다른 강대 권력들 앞에서만 부끄러워할 뿐"(ZeF, A78=B84=VIII375)이다.

4. 대중과 전문가 또는 권력은 교묘한 방식으로 상호 이용한다.

대중성/통속성 大衆性/通俗性 Popularität

1. 학문과 관련해서 대중성 또는 통속성이란 "사교적인 어조로 말하고, 일반적으로 유행에 따르는 모습을 보이는 기술" 또는 "능란함"을 말하는데, 이는 오히려 "치장된 천박성"(Anth, AB22=VII139)으로 볼 수 있다.

2. 철학적 저술이 대중성을 갖는다 함은 보통 "보편적으로 전달될 만큼 충분히 알기 쉽게 표현"(MS, RL, ABV=VI206)됨을 말하는데, 이는 자칫 "근본적인 통찰"은 도외시하고, "여기저기서 주워 모은 관찰들과 궤변적인 원리들의 구역질 나는 잡동사니를 출현"시킨다. 그럼에도 "이런 것을 천박한 머리들은 즐기거니와, 그것은 이런 것이 일상적인 잡담을 위해서는 약간 쓸모가 있기 때문이다." "통찰과 학문이 기울어지면" 천박한 요설가들은 "상식에 호소"하고, 다수의 판단을 끌어댄다. "철학자를 부끄럽게 하는 박수갈채가 통속적인 재치꾼은 우쭐거리고 뽐내게 만든다."(Prol, A12=IV259)

3. 형이상학 연구에서 "감성적인 것과 초감성적인, 그러면서도 이성에 귀속하는 것을 구별하는 일"은 필수적이지만, 이런 일은 결코 대중적일 수가 없다. "도대체가 어떠한 형식적인 형이상학도 대중적일 수는 없다. 이런 문제에서는 대중성(일상어)을 생각할 수가 없고, 오히려 지나치게 면밀하다고 욕먹는 한이 있더라도, 스콜라적인 정확성이 고집되어야 한다. (무릇 그것은 학술어이니 말이다.)"(MS, RL, ABV=VI206)

대중성을 얻으려다가는 오히려 학문적 엄밀성을 잃는다.

4. 그래서 칸트는 『순수이성비판』의 서평자들이 그에 대해서 "대중성이 없다느니, 재미가 없다느니 술술 읽히지 않는다느니 하는 불평"(Prol, A15=IV261)을 늘어놓은 것에 대해 이것은 진정한 철학자라면 할 수도 들을 수도 없는 말이라 여겼다. 그의 이성 비판 작업은 엄밀하게 "체계적으로 그러니까 (대중적이 아니라) 학술적으로 수행되어야 할 학문으로서 철저한 형이상학을 촉진하기 위한 필수적인 준비 행사"(KrV, BXXXVI)이기 때문이다. ― "나는 대중적인 의도에서만 필요로 하는 실례들이나 해명들로 인해 이 저작을 더 부풀리는 것이 부적당하다

고 생각하였다. 더구나 이 작업은 결코 대중적인 용도에는 적합한 것일 수가 없고, 학문에 본래 정통한 사람은 이렇게 쉽게 만드는 것을 그다지 필요로 하지도 않는다. 쉽게 만드는 것은 언제든 호감이 가는 일이기는 하지만, 이 경우에는 오히려 목적에 어긋나는 결과를 초래하는 일일 수도 있겠다."(KrV, AXVIII)

덕 德 Tugend virtus

1. 덕이란, 낱말(德, virtus)의 본래 뜻 그대로 힘셈, "결의의 강함[굳셈]"(MS, TL, A21=VI390)을 뜻한다. 인간은 감성적 경향성으로 말미암아 자주 도덕법칙에 어긋나게 행동하도록 촉발되기 때문에, 인간이 도덕법칙에 부합하게 행동하는 것은 그 자신 안에 자리 잡고 있는 경향성들을 제압하거나 멀리하거나 이것들이 도덕법칙에 의해 극복될 때에만 가능하다. 여기서 도덕법칙의 강요에 의해 수행되는 행위가 덕의무(→의무)이다. 그러니까 경향성과 도덕법칙의 투쟁에서 경향성을 물리치고, 그의 의무를 준수하려는 '지속적인 지향(intentio constans)'이 덕의 내용을 이룬다.(V-MS/Vigil, XXVII491 참조)

2. "덕은 인간의 의무 수행에서 그의 준칙의 강함"이다. 그런데 "모든 강함은 오직 그것이 극복할 수 있는 장해들을 통해 인식된다." 덕의 경우에는 장해가 되는 것이 윤리적 결의와 충돌하는 "자연본성적 경향성들"이다. "인간은 그 자신이 이러한 장해들을 가지고 자기의 준칙들을 훼방하는 자이므로, 덕은 한낱 자기강제—무릇 하나의 자연경향성이 다른 자연경향성을 억제하려고 애쓸 수 있을 터이니—일 뿐만 아니라, 또한 내적 자유의 원리에 따르는 강제, 그러니까 의무의 형식적 법칙에 따르는, 자기 의무의 순전한 표상에 의한 강제이기도 하다."(MS, TL, A28=VI394)

3. 덕은 "자기의 의무를 정확히 이행하는 확고하게 기초 다져진 마음씨(→)"(RGV, B11=VI23)이며, 이는 곧 인간 안에서 작용하고 있는 악의 원리들을 부단하게 제압할 수 있는 힘으로서, 그러한 힘을 갖춘 자를 도덕적으로 선한 인간이

라 일컫는다. — "도덕적으로 선한 인간이 되기 위해서는 우리 인류 안에 놓여 있는 선의 싹을 한낱 방해 없이 발전시키는 것만으로는 충분하지 않다. 오히려 우리 안에 있으면서 대립적으로 작용하는 악의 원인을 무찌르지 않으면 안 된다."(RGV, B67=VI57)

4. "덕을 그 본래적 모습에서 본다는 것은 다름 아니라, 윤리성을 감각적인 것의 모든 혼합으로부터, 그리고 보상이나 자기사랑이라는 모든 가짜 장식으로부터 벗겨내 현시하는 것이다."(GMS, B61이하=IV426 주)

『덕이론의 형이상학적 기초원리』/『덕이론』 *Metaphysische Anfangsgründe der Tugendlehre*

『덕이론』의 발간 약사

1. 집필 순서상 또는 체계상의 고려가 있었겠지만 『윤리형이상학』(→)의 제2편으로 편집된 『덕이론의 형이상학적 기초원리』(=『덕이론』)는 제1편 『법이론의 형이상학적 기초원리』(→)가 발간된 1797년 1월에도 아직 작성 중이었던 것으로 보이며, 7개월도 더 지난 1797년 8월 말에야 출판되어 9월 초에 독자들의 손에 들어갔다.(1797. 9. 8 자 L. H. Jakob의 편지, XII195 참조) 『덕이론』에 대한 독자들의 반향은 『법이론』에 대한 것만큼 그렇게 크지는 않았고, 칸트 생전에 '개정 제2판'(1803)이 나오기는 했으나 약간의 어휘 변경을 포함하고 있을 뿐이며, 그마저 칸트 자신에 의해서 이루어지지는 않았을 것으로 추정된다.(그래서 제1판[=A]을 통상 표준판으로 삼는다.)

2. 『덕이론』에 대한 세간의 관심이 『법이론』에 비해 낮았던 것은, 『법이론』은 칸트 법철학의 핵심 사상을 담고 있는 데 반해, 『덕이론』은 이미 그의 비판철학적 윤리사상의 핵심을 보여준 『윤리형이상학 정초』(1785)(→)와 『실천이성비판』(1788)(→)에 따른 실천 강령의 제시 또는 마무리 말을 내용으로 갖고 있어서, 그

이론적 긴장도나 신선도가 높지 않았기 때문이었을 것이다. 그러나 앞의 저술들이 고도의 사변 없이는 따라가기가 쉽지 않은 도덕원론이라면, 『덕이론』은 현실생활에서 일상 부딪치는 윤리적 사안마다에 대한 준칙을 담고 있고, 게다가 '사례론(→)적 문제들'에 대한 검토까지를 포함하고 있어서 오히려 일반인에게는 칸트의 도덕이론을 실감할 수 있는 내용으로 구성되어 있다. 칸트 자신도 이것을 의도했던 것으로 보이며, 그래서 그는 『덕이론의 형이상학적 기초원리』 안에서 '윤리학적 교수법'과 '윤리학적 수행법'까지를 강론하고 있다. 그렇기에 『덕이론』은 '형이상학적 기초원리' 외에 '덕행의 지침서'의 성격을 가지고 있으며, 칸트 윤리학 3부작을 완결하는 저술로서 의의를 갖는다.

『덕이론』의 내용 구성

1. 『덕이론의 형이상학적 기초원리』는 『윤리형이상학 정초』와 『실천이성비판』에서 도입된 기본 개념들과 윤리 원칙 및 입론을 바탕으로 덕이론 곧 의무론으로서 윤리학을 개진한다.

2. 칸트는 1775/76부터 1793/94년까지의 '윤리 형이상학 강의'에서 바움가르텐(→)의 『철학적 윤리학(*Ethica philosophica*)』(1740, 1751, 1763)을 교재로 사용하였는데, 그 내용에 대해서는 사뭇 비판적이었음에도 불구하고, 논의의 사안이나 책의 구성 체제에서는 그에 적지 않게 영향을 받은 것으로 보인다. 『덕이론』의 대강은 아래와 같다.

머리말
덕이론 서론(I~XVIII)
I. 윤리학적 요소론
서론(§1~§4)
제1편 자기 자신에 대한 의무들 일반에 대하여
　　제1권 자기 자신에 대한 완전한 의무에 대하여

제1장 동물적 존재자로서의 자기 자신에 대한 인간의 의무
제1조 자기살해에 대하여(§6)
제2조 쾌락적인 자기모독에 대하여(§7)
제3조 음식물 등의 섭취에서 부절제에 의한 자기마비에 대하여(§8)
제2장 순전히 도덕적 존재자로서의 자기 자신에 대한 인간의 의무
I. 거짓말에 대하여(§9)
II. 다라움에 대하여(§10)
III. 비굴에 대하여(§11~§12)
제1절 자기 자신에 대한 생래적 심판관으로서의 자기 자신에 대한 인간의 의무에 대하여(§13)
제2절 자기 자신에 대한 모든 의무들의 첫째 계명에 대하여(§14~§15)
삽입절 도덕적 반성개념들의 모호성에 대하여: 인간의 자기 자신에 대한 의무인 것을 타인에 대한 의무로 간주하는 것(§16~§18)
제2권 인간의 자기 자신에 대한 (자기의 목적과 관련한) 불완전한 의무들에 대하여
제1절 인간의 자연적 완전성을 발전시키고 증진시키는, 다시 말해 실용적 관점에서의, 자기 자신에 대한 의무에 대하여(§19~§20)
제2절 인간의 도덕적 완전성을 제고함에서, 다시 말해 순전히 윤리적 관점에서의 자기 자신에 대한 의무에 대하여(§21~§22)
제2편 타인에 대한 덕의무들에 대하여
제1장 순전히 인간으로서의 타인에 대한 의무들에 대하여
제1절 타인에 대한 사랑의 의무에 대하여
구분(§23~§25)
특히 사랑의 의무에 대하여(§26~§28)
사랑의 의무의 구분

데카르트 René Descartes

I. 1. 데카르트(1596~1650)는 라틴어와 프랑스어로 여러 저술을 남겼는데, 매우

큰 영향력으로 근대 철학의 개시자이자 근대 이성주의의 창도자로 평가받는다.

2. 『방법서설(*Discours de la méthode*)』(1637), 『제1철학에 관한 성찰 — 신의 존재 및 인간의 영혼과 육체의 구별 논증(*Meditationes de prima philosophia, in quibus Dei existentia et animae humanae a corpore distinctio demonstrantur*)』(1641 · 1642), 『철학의 원리(*Principia philosophiae*)』(1644), 『마음의 정념(*Les passions de l'ame*)』(1649) 등이 생전에 출판되었고, 『정신지도규칙(*Regulae ad directionem ingenii*)』(1628/1629 유고)은 사후(1701)에 출간되었다.

II. 1. 데카르트는 '방법적 회의(doute méthodique)'에 의해 사변을 전개한다. '방법적 회의'란 허위라고 판정되지는 않았다 하더라도, 조금이라도 의심스러운 것은 진리로서는 일단 유보하고, 전혀 의심할 여지가 없는 지식의 기초 원리를 발견하는 방법을 일컫는다. 이 방법에 의해, 데카르트는 일차적으로 감각의 착각 현상과 꿈에서도 '현실'을 꿈꾸는 현상을 이유로 감각적 대상에 대한 일체의 인식은 의심스러운 것으로 간주하고, 이차적으로 우리를 속여 우리로 하여금 계산마저 틀리게 하도록 할 수도 있는 '나쁜 신'의 존재 가능성을 이유로 수학적 인식과 같은 비감각적 인식마저도 의심스러운 것으로 간주한다. 이로써 우리의 일상적인 모든 인식은 의심을 받지 않을 수가 없다.(*Meditationes*, 1 참조)

2. 그렇다면, 도대체가 의심할 여지가 없는 것은 없는가? '생각하는 나'의 존재만은 의심할 여지가 없다. 왜냐하면 이 '생각하는 나'는 잘못 생각할 수도 있고, 신에 의해 속임을 당할 수도 있으나, 감각의 착각에 빠지는 나, 신의 속임을 당하는 나, 따라서 모든 것이 의심스럽다고 '생각하는' 나는 적어도 존재해야만 하기 때문이다. 착각에 빠지거나, 속임을 당하기 위해서라도 '나'는 있어야만 할 터이니 말이다. 그러므로 "나는 생각하는 한에서, 무엇인가이다." "나는 무엇인가로서 있다." "나는 있다. 나는 존재한다."(*Meditationes*, 2 참조)

3. "나는 생각한다. 그러므로 존재한다(ego cogito, ergo sum)."(*Principia philosophiae*, I, 7) — 이로써 데카르트는 마침내 하나의 '명료하고 분명한 인식(perceptio clara et distincta)'에 이른다. 요컨대, "나는 무엇인가를 생각한다(ego-cogito-cogitatum)."는 것은 확실하다.(*Meditationes*, 3 참조) 이제 이 명료

하고 분명한 인식, 곧 직관(intuitio)으로부터 연역(deductio)되는, 곧 필연적으로 도출되는 인식들 또한 확실하다.(*Regulae*, III, 8 참조) 그래서 다음 단계로 데카르트는 연역적 방법에 의해 신의 존재와 본질, 물체의 존재와 본질을 해명한다.(*Meditationes*, 4 이하 참조)

III. 1. 칸트는 순수 통각인 "'나는 사고한다[생각한다/의식한다]'는 것은 나의 모든 표상에 수반할 수밖에 없다."(KrV, B131)고 봄으로써 순수 통각이 모든 표상들과 인식들의 기초원리임을 천명하는데, 이것은 칸트가 데카르트적 의식(perceptio: 지각) 구조, "나는 무엇인가를 의식한다(ego-cogito-cogitatum)."를 수반의식(apperceptio: 통각) 구조, 곧 "나는 내가 무엇인가를 의식하고 있음을 의식한다(ego-cogito-me-cogitare-cogitatum)."로 발전시킨 것이다. 이 점에서 데카르트는 칸트의 진정한 선구자이다.

2. 그러나 칸트는 데카르트가 "'나는 있다'라는 단 하나의 경험적 주장(確定)만을 의심할 수 없는 것이라고 설명하는 이론"(KrV, B274 · 참조 A347=B405)을 폄으로써 '회의적 관념론' 내지 "경험적 관념론"(Prol, A70=IV293)에 빠졌고, 또 연장성을 물체의 본질속성으로 본 점에서, 다시 말해 "공간을 사물들 그 자체에 귀속해야 하는 성질로 본다."는 점에서 '교조적 관념론'을 피할 수 없다고 비판한다.(KrV, B274 참조)

도덕 道德 Moral mores

I. 1. 도덕이란 사람이 행위함에서 사람으로서 마땅히 행해야 할 도리 또는 도리를 행할 능력을 일컫는다. 칸트에서 '도덕(Moral)', '道德(mores)', '윤리(Sitten)'(→)는 기본적으로 동일한 것을 의미하며, 그에 상응해서 '도덕적(moralisch)', '道德的(moralis)', '윤리적(sittlich)'과 '도덕성(Moralität)', '道德性(moralitas)', '윤리성(Sittlichkeit)'(→) 또한 같은 것을 의미한다.(MS, RL, AB15=VI219 · AB26=VI225 참조)

2. 용어 사용은 관행에 의한 것이 많아서, 칸트는 '도덕철학'(→)이라는 표현은 자주 쓰나, '윤리철학(Philosophie der Sitten)'이라는 표현은 드물게만 쓰고, 그 대신에 '윤리학(Ethik, ethica)'(→)이라는 용어를 많이 쓴다. 반면에 '도덕 형이상학'이라는 말은 쓰지 않고, '윤리 형이상학(Metaphysik der Sitten)'(→)이라는 표현만 사용한다. 그러나 '도덕법칙(moralisches Gesetz)'(→)과 '윤리법칙(Sittengesetz)'은 비슷한 빈도로 등장한다.

II. 1. 도덕적 행위는 자유로운 의지가 수행하는 실천 행위이다. 실천 행위란 아직 없는 것을 있도록 만드는 실현 활동이다. 도덕적 실천 행위는 아직 없지만 마땅히 있어야만 할 것을 실현[현실화]하는 당위적 활동이다. 그리고 그 실현은 자연 안에서 이루어져야 한다. 여기서 우리는 주어져 있는 것, 그 자체로서 존재하는 자연과 인간 의지의 실현 활동으로서의 실천이 마주침을 본다.

자유로운 의지의 활동이 자연에서 무엇인가를 실현시킨다 함은 자연을 변화시킨다는 뜻이고, 의지가 자유롭다 함은 자연으로부터 결코 아무런 영향도 받지 않는다는 뜻이다. 그러니까 자연으로부터 아무런 영향도 받지 않는 순수 의지가 자연에 어떤 영향을 미친다는 뜻이 된다. 이 점이 실천 행위 가운데서도 도덕적 실천 행위가 기술적(技術的) 실천 행위인 노동과 구별되는 점이다. 노동 또한 자연을 변화시킨다. 그러나 노동은 자연법칙의 범위에서 일어날 수 있는 것이다. 팥의 씨앗 한 알을 잘 가꾸어 한 말의 팥을 얻을 수는 있어도, 결코 한 되의 콩을 얻을 수는 없는 것이다. 제아무리 창의적인 노동이라 하더라도 자연의 제약 아래에서 수행될 뿐이다. 그러나 도덕적 실천 행위는 도덕법칙의 규제에 따라 악의 텃밭에서도 선을 싹 띄울 수 있다.

2. 도덕법칙은 당위의 법칙이다. 당위의 법칙은 무엇이 어떠할 수밖에 없다는 논리적 필연성이나, 무엇이 어떻게 존재하며 생겨나는가를 서술하는 사실적 필연성이 아니라, 무엇이 존재해야만 하며 생겨나야만 하는가를 규정하는 당위적 필연성의 표현이다. 당위적 필연성은 그 당위의 내용을 수행하는 것이 인간이 인간답도록 해주는 당위적 규범이다. 이 도덕적 규범은, 사람들이 일반적으로 왜 어떤 일은 하려 들고 어떤 일은 피하려 하는지, 왜 어떤 일에는 기쁨을 느끼

고 어떤 일에는 불쾌감을 느끼는지, 왜 어떤 일에는 애착을 갖고 어떤 일에는 혐오감을 갖는지 따위의 심리적·사회적 경향성으로부터 도출해낸 귀납적 규칙이 아니다. 그러니까 도덕규범은 사람들이 보통 이러저러하게 행동하게 마련이라든지, 그러저러하게 행위한다면 개인이나 사회를 위해서 유익할 것이라는 따위의 사실 보고나 권유 설득이 아니라, 어떤 행위 내용이 누구의 마음에 내키든 내키지 않든 간에, 그것이 누구에게 유익하든 해가 되든 간에, 다른 사람들이야 흔히 어떻게 하든, 인류 역사에서 그런 행위가 한 번이라도 있었든 없었든 상관없이, "인간을 목적으로 대하라!"고 명령한다. 보편적 이성의 명령으로서의 도덕규범은 오히려 왜 사람들은 어떤 것은 하고자 결의를 다져야만 하고 어떤 일은 하지 않도록 유념해야만 하는지를 규정하는 선험적 원칙이다. 이 원칙은 그래서 모든 현실을 초월해 있는 이성의 이념인 것이다.

도덕 감정/도덕감[각] 道德感情/道德感[覺] moralisches Gefühl/moralischer Sinn sensus moralis

I. 1. 흄(→)은 도덕성을 "판단된다기보다는 느껴지는 것"(Hume, *THN*, III, 1, 2: p.470)이라고 파악하여 도덕 감정이 도덕의 뿌리라고 보았다. 그에 따르면 "도덕적 선이나 사악은 특수한 고통이나 쾌락 외의 아무것도 아니다."(Hume, *THN*, III, 1, 2: p.471) 이를 승계하여 허치슨(→)은 도덕 감정론을 더욱 발전시켰는데, 이에 대해 칸트는 매우 비판적이다. 감각 내지 감정은 어떤 것이 되었든 주관적인 작용으로서 객관적인 "윤리적 판정의 척도"가 될 수 없는 것이다.(GMS, A122=IV460 참조)

2. 도덕 감정론자들은 사람에게는 특별한 '감각(Sinn)'이 있고, "이성이 아니라 이 감각이 도덕법칙을 규정"(KpV, A67=V38)한다고 변설하는데, 칸트가 보기에 이는 터무니없다. 이런 주장에 의하면 "덕의 의식은 직접적으로 만족 및 즐거움[쾌락]과 결합돼 있는 반면, 패악(悖惡)의 의식은 마음의 불안 및 고통과 결합"되

어 있어, 결국은 인간의 모든 행위는 "자기 행복에 대한 갈망에 내맡겨"지기 때문이다.(KpV, A67=V38 참조) 여기서 칸트는 "도덕 감정의 원리를 행복의 원리로 간주한다. 왜냐하면 모든 경험적 이해관심은, 그 어떤 것이 무릇 직접적으로 그리고 이익에 대한 관점 없이 생겼든지, 이익을 고려해서 생겼든지 간에, 그 어떤 것을 줄 따름인 쾌적함에 의해 평안에 대한 어떤 기여를 약속하기 때문이다." (GMS, B91=IV442 주)

II. 1. 그러나 칸트는 "도덕법칙에 대한 존경의 감정"(KpV, A133= V75 · A142=V80)을 도덕 감정이라고 칭하기도 한다. 이 감정은 단적으로 "이성에 의해 생긴 것"으로, "이 감정은 행위들을 판정하기 위해서나 또 객관적 윤리법칙 자체를 정초하기 위해서는 전혀 쓰이지 않으며, 순전히 윤리법칙을 자기 안에서 준칙으로 삼기 위한 동기로만 쓰인다."(KpV, A135=V76) 이 감정은 실천적인 순수 이성의 지시명령에만 따르는 "매우 독특한 것"(KpV, A76=V135)이다. 이것은 어떠한 정념적인 감정과는 다른 "특별한 감정"(KpV, A135=V76)이다. "주관적으로는 도덕 감정이라 지칭되는 법칙에 대한 존경은 자기의 의무에 대한 의식과 한가지의 것이다."(MS, TL, A142=VI464)

2. 도덕 감정(moralisches Gefühl)은 "인간 안에서 스스로 법칙을 수립하는 의지가 그 의지에 따라 행위하는 능력에 행사하는 […] 작용의 감정"으로 "일종의 특수한 감관/감각[기능](sensus moralis)"(MS, TL, A15이하=VI387)이다. 그렇다고 우리가 "(윤리적으로–) 선함과 악함에 대한 특수한 감관/감각을 가지고 있지 않다. 오히려 우리가 가지고 있는 것은 실천적 순수 이성(과 그 법칙)에 의한 자유의사의 움직임에 대한 자유의사의 감수성으로, 이것이 우리가 도덕 감정이라 부르는 것이다."(MS, TL, A37=VI400)

3. 이 도덕 감정은 도덕적 완전성의 징표로 간주된다. 더러는 이 도덕 감정이 "이성을 앞지르며, 이성적 판단이 전혀 없어도 될 수 있는 것인 양, 자주 광신적으로 오용되기도 하지만, 그럼에도 이것은 동시에 의무인 모든 특수한 목적을 대상으로 삼는 윤리적 완전성"(MS, TL, A16=VI387)의 표지이다.

4. "의무개념 일반을 위한 마음의 감수성에 대한 미감적 선[先]개념"(MS, TL,

A35=VI399; 참조 KU, BLVII=V197)들이 있는데, 도덕 감정은 "양심, 이웃 사랑 그리고 자기 자신에 대한 존경(자기존중)"(MS, TL, A35=VI399)과 더불어 그런 것들 중 하나이다. "쾌·불쾌 감정 일반이 그러하듯이 도덕 감정은 아무런 인식도 제공하지 않는 순전히 주관적인 어떤 것"(MS, TL, A36이하=VI400)으로서 "순전히 우리 행위의 의무법칙과의 합치 또는 상충에 대한 의식에서 유래하는 쾌 또는 불쾌의 감수성"(MS, TL, A35이하=VI399)이다. 도덕적 존재자로서 인간은 누구나 이러한 도덕 감정을 "근원적으로 자신 안에 가지고" 있다. 다만 인간이 할 일은 이러한 "도덕 감정이 모든 정념적인 자극에서 벗어나 그 자신의 순수성 속에서 순전한 이성 표상을 통해 최고도로"(MS, TL, A36=VI400) 발휘되도록 교화하는 일이다.(KU, B264=V356 참조) "도덕 감정을 개발하고, 또 그것의 불가해한 근원에 대한 경탄을 통해서 도덕 감정을 강화하는 일"(MS, TL, A36=VI399이하)은 인간의 책무이다. — 도덕 감정에 대한 이러한 이해는 애덤 스미스(→), 섀프츠베리(→)의 도덕 감정론에서 적지 않은 영향을 받은 것으로 보이는데, 이로써 칸트는 '도덕 감정'에 대한 두 관점을 보이고 있다.

5. 그럼에도 이러한 감정을 "도덕감[각](moralischer Sinn)"이라고 일컫는 것은 적절하지 않다. '감[각]'이란 어떤 인식 재료를 수용함을 말하는데, 도덕 감정은 인식과는 무관한 "순전히 주관적인 어떤 것"(MS, TL, A37=VI400)이기 때문이다. "우리는 진리에 대한 특수한 감관/감각을 가지고 있지 않듯이, (윤리적으로-) 선함과 악함에 대한 특수한 감관/감각도 가지고 있지 않다. 오히려 우리가 가지고 있는 것은 실천적 순수 이성(과 그 법칙)에 의한 자유의사의 움직임에 대한 자유의사의 감수성으로, 이것이 우리가 도덕 감정이라 부르는 것이다."(MS, TL, A37=VI400)

도덕법칙 道德法則 moralisches Gesetz

I. 1. 보편적이고 객관적인 규칙(→)으로서의 법칙(→)에 자연법칙과 도덕법칙

이 있다. 자연법칙이 존재 규칙이라면 도덕법칙은 당위 규칙이다.

2. 개념 '도덕'과 '윤리'가 그렇듯이 '도덕법칙'과 '윤리법칙(Sittengesetz)'(KpV, A135=V76 · A221=V122; MS, RL, AB1=VI211)도 어디서든 서로 바꿔 쓸 수 있는 개념이다. 또한 '윤리법칙'과 함께 '윤리[적] 법칙(stittliches Gesetz)'(KpV, A128=V72 · A129=V73; RGV, B6=VI20)이라는 표현도 사용된다.

II. 1. 도덕법칙의 조건은 자유이다. 도덕법칙은 순수 당위 규범인데, 순수한 당위 규범은 자유의 원인성 없이는 무의미한 것이기 때문이다. 이 말은 도덕법칙이 있다는 사실이 우리로 하여금 자유를 확인하게 한다는 것을 뜻한다. 그런데 "도덕법칙은 흡사, 우리가 선험적으로 의식하고, 그리고 명증적으로 확실한, 순수 이성의 사실처럼 주어져 있다."(KpV, A81=V47) 그래서 "도덕법칙의 객관적 실재성은 어떠한 연역"(KpV, A81=V47)도 필요하지 않다. 도덕법칙의 이러한 "명증적 확실성"(KpV, A82=V47)을 근거로 칸트는 "도덕법칙은 자유의 인식 근거(ratio cognoscendi)"이고, "자유는 […] 도덕법칙의 존재 근거(ratio essendi)"(KpV, A5=V4)라고 말한다.

2. "도덕법칙은 다름 아니라 순수 실천이성의, 다시 말해 자유의 자율을 표현한다."(KpV, A59=V33) 자유의지의 자율이 "모든 도덕법칙들과 그에 따르는 의무들의 유일한 원리이다."(KpV, A58=V33)

3. 도덕법칙은 "의지의 자율"(GMS, B103=IV449)로서, "도덕법칙에 따라서 그리고 도덕법칙에 의해서"(KpV, A110=V63) '선' 개념이 정해진다. "도덕법칙이 비로소 선의 개념을 […] 규정하고 가능하게 한다."(KpV, A112=V64)

III. 1. "도덕법칙은 인간들에게는 정언적으로 지시명령하는 명령이다. 왜냐하면, 그 법칙은 무조건적인 것이니 말이다. 그러한 의지가 이 법칙에 대해 가지는 관계는 책무라는 명칭 아래의 종속성이다. 책무는, 순전한 이성과 그것의 객관적 법칙에 의한 것이기는 하지만, 한 행위를 지시하는 강요이다. 그렇기 때문에 그것은 의무라고 일컬어진다. 왜냐하면, 정념적으로 촉발되는 (그럼에도 그에 의해 확정되는 것은 아닌, 그러니까 또한 항상 자유로운) 의사는 소망을 수반하는바, 이 소망은 주관적인 원인들에서 생기고, 따라서 또한 순수한 객관적 규정 근거에 자주 맞설 수 있고, 그러므로 도덕적 강요로서, 일종의 내적인, 그러나 지성적인 강제라고 부를 수 있는 실천이성의 저항을 필요로 하는 것이기 때문이다." (KpV, A57=V32)

2. "도덕법칙은 사실상 자유에 의한 인과의 법칙이고, 그러므로 초감성적 자연을 가능하게 하는 법칙이다. 감성세계 안의 사건들의 형이상학적 법칙이 감성적 자연의 인과법칙이었던 것처럼 말이다."(KpV, A82=V47)

도덕법칙은 "감성세계에다, 감성세계의 기계성을 깨뜨림이 없이, 초감성적 자연인 예지세계의 형식을 부여한다. 그런데 가장 일반적인 의미에서 자연이란 법칙들 아래에 있는 사물들의 실존이다. 이성적 존재자들 일반의 감성적 자연은 경험적으로 조건 지어진 법칙들 아래에 있는 사물들의 실존을 말하고, 그러니까 그것은 이성에 대해서 타율이다. 반면에 동일한 이성적 존재자들의 초감성적 자연이란 일체의 경험적 조건에서 독립적인, 그러니까 순수 이성의 자율에 속하는 법칙들에 따르는 사물들의 실존을 말한다."(KpV, A74=V43) 그러므로 '초감성적 자연'이란 "다름 아니라 순수한 실천이성의 자율 아래 있는 자연이다."(KpV, A74=V43) 그리고 이 자율의 법칙은 "초감성적 자연 및 순수한 예지세계의 근본법칙[원칙]이고, 그것의 사본(Gegenbild)이 감성세계에, 그럼에도 동시에 감성세계의 법칙들을 깨뜨림 없이, 실존해야 할 도덕법칙이다. 우리는 전자를 우리가 순전히 이성에서만 인식하는 원본 자연(natura archetypa)이라고 부를 수 있겠고, 반면에 후자는, 의지의 규정 근거로서 전자의 이념의 가능한 결과를 내용으로 갖는 것이므로, 모상 자연(natura ectypa)이라고 부를 수 있겠다. 왜냐하면, 사실상 도덕법칙은 그 이념에 따라 우리를, 순수 이성이, 자기에 알맞은 물리적 능력을 동반하고 있다면, 최고선을 만들어냈을 그런 자연 안에 옮겨놓고, 우리의 의지를 이성적 존재자들의 전체인 감성세계에 그 형식을 나누어주도록 규정하는 것이니 말이다."(KpV, A75=V43)

IV. 1. "행위들의 모든 도덕적 가치의 본질적인 면은 도덕법칙이 의지를 직접적으로 규정한다는 점에 있다."(KpV, A126=V71)

2. "도덕법칙은 불가피하게 모든 사람을, 이들이 자기의 자연본성의 감성적

성벽을 도덕법칙과 비교해봄으로써, 겸허하게 한다. 그 표상이 우리 의지의 규정 근거로서 우리의 자기의식 안에서 우리를 겸허하게 하는 것은, 그것이 적극적이고 규정 근거인 한에서, 그 자체로 존경을 불러일으킨다. 그러므로 도덕법칙은 주관적으로도 존경의 근거이다."(KpV, A132=V74)

3. "도덕법칙은 곧 최고 완전 존재자의 의지에 대해서는 신성성(→)의 법칙이고, 그러나 모든 유한한 이성적 존재자의 의지에 대해서는 의무의 법칙이자, 도덕적 강요의 법칙이며, 법칙에 대한 존경을 통해 그리고 자기 의무에 대한 외경에 의해 이성적 존재자의 행위들을 규정하는 법칙이다."(KpV, A146=V82)

4. "인간은 곧 그의 자유의 자율의 힘에 의해, 신성한 도덕법칙의 주체이다."(KpV, A156=V87) "인간은 도덕법칙의 주체요, 그러니까 그 자체로 신성한 것의 주체"(KpV, A237=V131)이다.

5. 도덕법칙의 주체로서 인간은 자신을 존경함과 함께 합목적적인 자연세계의 법칙에도 경탄한다. 그래서 칸트는 말한다: "그에 대해서 자주 그리고 계속해서 숙고하면 할수록, 점점 더 새롭고 점점 더 큰 경탄과 외경으로 마음을 채우는 두 가지 것이 있다. 그것은 내 위의 별이 빛나는 하늘과 내 안의 도덕법칙이다."(KpV, A288=V161)

도덕성 道德性 Moralität moralitas

1. 도덕성은 행위에 있는 것으로, 그것은 "윤리[학]적인 법칙들과의 합치"를 말한다. 또는 '윤리성(Sittlichkeit)'(→)과 같은 의미(MS, RL, AB6=VI214 · AB15=VI219 참조)로 "행위의 준칙의 법칙과의 합치함"(MS, RL, AB26=VI225)을 지칭하기도 한다.

2. 칸트에서 행위의 도덕성은 행위의 준칙이, 곧 행위하는 주관이 스스로 정한 행위 규칙이 법칙과 합치함에 있다. 그것은 덕(→)이 단지 의무에 맞는 행위가 아니라 '의무로부터' 나온['의무이기 때문에' 하는] 행위에 있음을 말하는 것

이다.(KpV, A144=V81 참조) 어떻게 의무 "법칙이 그 자체만으로 그리고 직접적으로 의지의 규정 근거일 수 있는가", "이것이야말로 모든 도덕성의 본질적인 면"(KpV, A128=V72)이다. 이 점에서 도덕성은 합법칙성 또는 합법성(→)과 구별되는 것이다.

3. 도덕성의 기반은 자유의지의 자기강제, 곧 의지의 자율성이다. 이러한 "도덕성은 그 아래에서만 이성적 존재자가 목적 그 자체일 수 있는 조건이다. 왜냐하면 그를 통해서만 목적들의 나라에서 법칙수립적인 성원이 존재할 수 있기 때문이다. 그러므로 윤리성과, 윤리적일 수 있는 한에서의 인간성만이 존엄성을 가지는 것이다."(GMS, B77=IV435)

4. "인간의 최대의 도덕적 완전성은 자기의 의무를 행하고, 그것도 의무로부터 행하는 것이다."(MS, TL, A24=VI392) 그렇게 해서 도덕성이 인간의 마음 안에 자리 잡으면 그것은 "곧 마음씨(→)"가 된다.(KpV, A270=V151 참조)

5. 덕의 함양은 부단한 윤리적 연습에 의해서만 가능하다. "윤리[학]적 연습은 자연충동들이 도덕성을 위협하는 경우들이 도래할 때 그것들을 통어할 수 있는 정도에 이르는, 자연충동들과의 투쟁에 있으며, 그러니까 그것은 꿋꿋하게, 그리고 자기가 다시 취득한 자유에 대한 의식 중에서 유쾌하게 만들어주는 것이다."(MS, TL, A177=VI485)

도덕철학 道德哲學 Moralphilosophie philosophia moralis

I. 1. 칸트는 철학을 그 원리들이 서로 다른 두 부문 즉 이론철학인 자연철학과 실천철학인 도덕철학으로 구분하는데, 도덕철학은 "자유 개념에 따른 이성의 실천적 법칙수립" 원리들을 내용으로 갖는다.(KU, BXII=V171 참조)

2. 도덕철학은 순수한 도덕법칙들만을 대상으로 하고, 그 내용을 "인간에 대한 지식(즉 인간학)에서 조금도 빌려오지 않으며, 오히려 이성적 존재자인 인간에게 선험적 법칙들을 수립한다."(GMS, BIX=IV389) 윤리적 법칙은 그것의 순수

성과 진정성에 있어 순수 철학이 아닌 어떤 다른 곳에서 찾을 수가 없으므로 도덕철학을 위해서는 "순수 철학(형이상학)이 선행해야만 한다. 이것 없이는 도무지 어디에서도 도덕철학은 있을 수 없다."(GMS, BX=IV390)

3. 그러나 '도덕철학자(Moralphilosoph)'는 '도덕철학'의 학자뿐만 아니라, "로마인들의 도덕철학들"(RGV, B159=VI111)이라는 표현에서 볼 수 있듯이 외연을 넓혀 인문학자 또는 인문주의자를 지칭하기도 한다.

II. 용어 사용은 관행에 의한 것이 많아서, 칸트는 '윤리철학'이라는 말은 드물게만(GMS, B32=IV410 참조) 사용하고, '도덕철학'이나 '윤리학(Ethik, ethica)'이라는 용어를 자주 쓴다. 반면에 '도덕 형이상학'이라는 말은 쓰지 않고, '윤리 형이상학(Metaphysik der Sitten)'이라는 표현만을 쓴다.

도덕학 道德學 Moral

1. 칸트에서 '모랄'은 대개는 '도덕'을 뜻하지만, 드물게는 도덕에 관한 학문 곧 '도덕학'을 지칭하기도 한다.

2. 칸트의 철학 개념에 따르면, 도덕학은 윤리학(Ethik) 중 '이성적 부분', 곧 '윤리 형이상학'을 지칭한다. 이때 '윤리학'은 넓은 의미로, 도덕학은 '도덕철학'(→)과 같은 의미로 쓰인 것이라 하겠다. —

"철학이 경험의 근거들에 발을 딛고 있는 한, 모든 철학은 경험 철학이라고 부를 수 있다. 그러나 그 이론들을 오로지 선험적 원리들로부터 개진하는 철학은 순수 철학이라고 부를 수 있다. 후자가, 만약 순전히 형식적인 것이라면, 논리학이라고 일컫지만, 그것이 지성의 특정한 대상들에 제한되어 있다면, 형이상학이라 일컫는다.

이렇게 해서 두 겹의 형이상학의 이념, 즉 자연 형이상학의 이념과 윤리 형이상학의 이념이 생긴다. 그러므로 물리학은 경험적 부분을, 그러나 또한 이성적 부분을 가질 것이고, 윤리학도 마찬가지일 것인데, 그럼에도 이 경우는 그 경험적 부분을 특별히 실천적 인간학이라고, 그러나 이성적 부분은 본래 도덕학이라고 일컬을 수 있겠다."(GMS, BV=IV388)

도상 圖像 Bild

1. '빌트'는 보통 상(像) 또는 그림이나 사진을 뜻하지만, 도식(→)과의 관련 아래서는 '도상'으로 새긴다. 도상은 일반적인 '도형(圖形)/형상(形象)'을 뜻하는 '피구어(Figur)'와도 맥락상 다른 의미를 갖는다.

2. 대상 개념의 '도상'은 개념이 지칭하는 것의 그림을 말한다. '개'라는 개념의 그림/도상은 따라서 무수히 많다. 반면에 '개'라는 개념의 도식은 단지 하나가 있을 뿐이다. 수없이 많은 개의 그림들이 하나 같이 개를 표상하는 것은 바로 동일한 도식을 공유하고 있기 때문이다.

도상들은 "도식에 의해서 그리고 도식에 따라서" 비로소 가능한 것으로, "도상들은 항상 그것들이 표시하는 도식을 매개로 해서만" "개념과 결합될 수밖에" 없으며, 그럼에도 "그 자체가 개념과 완전하게 합치하지는 않는다."(KrV, A142=B181 참조)

3. '삼각형'이라는 순수 개념에는 개념에 충전한 도상이 있을 수 없다.(KrV, A141=B180 참조) 그러나 예각 삼각형이든 둔각 삼각형이든 서로 다른 형태를 가진 삼각형들이 '삼각형'인 것은 하나의 도식을 공유하기 때문이다.

4. 하나의 대상이 아니라 대상 일반의 도상도 있다. 칸트는 외감상에 주어지는 모든 "양적인 것(quantum)의 순수 도상은 공간"이라 하고, "감관 일반의 모든 대상들의 순수 도상은 시간"이라고 한다.(KrV, A142=B182 참조)

5. 도상이 생산적 상상력의 산물이라 하더라도 그것은 "경험적 능력의 생산물"(KrV, A141=B181)이다. 그러나 도식은 "순수한 선험적 상상력의 생산물"(KrV, A142=B181)이다.

도식 圖式 Schema

I. 1. "한 개념에게 그것의 도상(→)을 제공하는 [···] 상상력의 보편적인 작용 방식의 표상을 이 개념에 대한 도식"(KrV, A140=B179이하)이라 일컫는다.

2. "도식은 그 자체로는 항상 오직 상상력의 생산물"(KrV, A140=B179)로서 한 개념에는 하나의 도식이 있을 뿐이다. 경험개념 '개'의 형상이나 도상은 무수히 많지만, 도식은 하나뿐이며, 바로 하나의 도식을 공유하기 때문에 서로 다른 도상들이 개의 그림으로 타당한 것이다. 마찬가지로 순수 개념 '삼각형'의 경우도 도상은 무수히 많지만, 도식은 하나뿐이다. 이런 대상 개념들에 있어서 도식은 사실상 개념의 의미라 하겠다.

II. 1. 순수 지성개념처럼 형식으로만 사용되는 기능 개념들에는 도상이 없으므로, 그 기능에서 도식을 보아야 한다.

2. 순수 지성개념은 잡다를 통일하는 기능을 한다. 그런데 한 개념 아래 한 대상이 포섭될 때는 언제나 대상의 표상은 개념 표상과 동종적(同種的)이어야 한다. 그럼에도 감각 질료의 사고 형식으로 기능하는 순수 지성개념들은 경험적(그러니까 도대체가 감성적인) 직관들과 비교해볼 때 전혀 동종적이 아니고, 결코 어떠한 직관에서도 마주칠 수가 없다. 그러므로 한편으로는 사고 형식인 개념들과 동종적이면서, 다른 한편으로는 감성의 직관과 동종적인 "제3의 것"이 있어야만, 그것을 매개로 양자의 결합이 가능하고, 그래야 비로소 경험적 인식이 가능하다. 이 매개적인 표상이 이를테면 순수 지성개념의 도식이다. 그리고 이 매개적인 표상을 "순수하면서도 (아무런 경험적인 것도 포함하지 않으면서도), 한편으로는 지성적이고 다른 한편으로는 감성적"인 한에서 "초월적 도식"(KrV, A138=B177)이라 일컫는다. 이 도식은 그 자신 선험적인 표상이면서 경험 인식을 가능하게 하는 것이기 때문이다.

3. 그런데 "시간은 내감의 잡다의 형식적 조건으로서, 그러니까 모든 표상들을 연결하는 형식적 조건"이며, "초월적 시간 규정은 보편적이면서도 선험적 규칙에 의거하고 있는 한에서, (그 시간 규정의 통일[성]을 이룩해주는) 범주와 동종적

이다. 그런 반면에 다른 한편으로 그것은 시간이 잡다한 것의 모든 경험적 표상에 포함되어 있는 한에서는, 현상과 동종적이다. 그래서 범주의 현상들에 대한 적용은 초월적 시간 규정을 매개로 가능할 것이다. 이 초월적 시간 규정이 지성개념들의 도식"(KrV, A138이하=B177이하)으로서 현상들을 순수 지성개념 아래에 포섭하는 것을 매개한다.

4. "순수 지성개념의 도식은 도무지 어떤 도상이 될 수 없는 것으로, 범주가 표현하는 개념들 일반에 의한 통일의 규칙에 따르는 순수 종합일 뿐이고, 상상력의 초월적인 생산물이다."(KrV, A142=B181)

III. 1. "순수 지성개념의 하나인 양(量)의 순수 도식은 수다."(KrV, A142=B182) 질 개념의 도식은 도(度)이다. "실체의 도식은 시간상에서 실재적인 것의 고정불변성이다."(KrV, A144=B183) "현실성의 도식은 특정한 시간에서의 현존이다. 필연성의 도식은 모든 시간에서의 한 대상의 현존이다."(KrV, A145=B184)

2. "모든 범주의 도식은, 곧 양의 도식은 대상에 대한 계기적 포착에서 시간 자체의 산출(종합)을, 질의 도식은 감각(지각)과 시간 표상의 종합 내지는 시간의 채움을, 관계의 도식은 모든 시간에서 (시간 규정의 규칙에 따르는) 지각들 상호 간의 관계를, 마지막으로 양태 및 그 범주들의 도식은 대상이 과연 시간에 속하며, 어떻게 속하는가를 규정하는 상관자로서 시간 자체를 내용으로 갖고 표상화한다. 따라서 도식들이란 다름 아니라 규칙들에 따르는 선험적인 시간 규정들이다. 그리고 이것들은 범주들의 순서에 따라서 모든 가능한 대상들과 관련해 시간 계열, 시간 내용, 시간 순서, 마지막으로 시간 총괄에 관계한다."(KrV, A145=B184이하)

IV. 1. '도식화'란 기본적으로 '개념의 감성화'이다. 그러니까 엄밀한 의미에서 '개념 없이 도식화한다'는 것은 일어날 수 없는 일이다. 그러므로 이 말은 표상을 "규정된(확정된) 개념 없이 직관적으로 그려낸다." 정도를 뜻한다. "미적인 것은 무규정적인 지성개념의 현시"(KU, B75=V245)이다.

2. 도식화란 기본적으로 직관의 지성화이므로, 감성적 직관이 없으면 도식기능은 있을 수 없다. 예컨대 "신은 전지전능하다."라는 판단은 외형상 주어–술

어, 실체-속성의 관계를 포함하고 있으나, 직관의 지성화가 일어나지 않은 형식 논리상의 판단일 뿐이므로, 진위의 의미를 가릴 수 없다. 도식화가 있는, 초월 논리상의 판단들만이 인식판단에 속한다.

3. "범주들은 도식들 없이는 단지 개념들을 위한 지성의 기능들일 뿐이요, 아무런 대상도 표상하지 않는다. 범주들에게 이런 의미를 주는 것은 지성을 실재화하면서 동시에 제한하는 감성이다."(KrV, A147=B187)

도식기능/도식성 圖式機能/圖式性 Schematismus

1. "도식(→)들을 가지고 하는 지성의 작용방식을 순수 지성의 도식기능"(KrV, A140=B179) 또는 도식성이라 일컫는다.

2. "상상력의 초월적 종합에 의거한 지성의 도식기능은 다름 아니라 내감에서의 직관의 모든 잡다의 통일에 귀착하고, 그래서 간접적으로는 내감에 (수용성에) 대응하는 기능인 통각의 통일에 귀착한다."(KrV, A145=B185) "그러므로 순수 지성개념들의 도식들은 이 순수 지성개념들에게 객관들과의 관계맺음, 그러니까 의미를 부여하는 진정한 그리고 유일한 조건들이다."(KrV, A145이하=B185)

독일이상주의/독일관념론 獨逸理想主義/獨逸觀念論 Deutscher Idealismus

'이상주의' 또는 '관념론'의 뜻

1. '독일이상주의(獨逸理想主義)' 또는 '독일관념론(獨逸觀念論)'은 '도이치 이데알리스무스(der deutsche Idealismus)'의 번역어이다.

2. 독일 철학 사상사에서 '관념론자(Idealist: 이상주의자, 이념주의자)'라는 말은

18세기부터 사용되기 시작했으나, 처음에는 플라톤(→)과 관련하여 쓰였으며, 폄하하는 뜻을 지닌 것이 분명했다. 비로소 칸트와 그의 철학 정신을 잇는 사상가들에서 적극적인 뜻을 갖게 되었는데, 이들은 자신의 철학을 이상주의 또는 관념론이라고 자칭하였다.(예컨대, Kant, KrV, A369; Hegel, *PdG*: GW9, 132)

3. 관념론(→)(이상주의, 이념론)은 당초에는 실질론(Materialismus: 유물론, 물질론, 물질주의, 실질주의)과 대립하는 사상으로 후에는 또한 실재론(Realismus: 현실주의, 사실[寫實]주의)과 어긋나는 생각으로 이해되었다.

라이프니츠(→)는 에피쿠로스(→)와 플라톤(→)을 각각 물질주의자(감각주의자)와 이념주의자(이성주의자)로 맞세웠다.(Leibniz, phS 4, 560 참조) — 칸트 또한 이러한 구분을 그대로 따랐다. — 여기서 플라톤의 이념(이데아)주의는 오로지 내적 경험을 통해 확인되는바, 모든 것은 마치 아무런 물체(신체)가 없는 듯이, 영혼 속에서 생기한다는 주장을 펴는 반면, 물질주의는 모든 것이, 마치 영혼이란 도무지 없는 듯이, 물체에서 일어난다고 본다. 라이프니츠는 이 상반된 주장을 그의 단자론, 곧 영혼으로서의 단자(單子)와 이런 단자들의 집적으로서의 물체, 그리고 이 집적의 적절성, 이름하여 예정된 조화 이론으로써 화해시키고자 했다. 이런 예에서 보듯, 관념론은 분명히 실재론과 대립된 생각임에도, '관념'이 어떻게 이해되는가에 따라서는 심지어 어떤 실재론은 관념론적일 수 있고, 어떤 관념론은 실재론적일 수 있다.

4. 관념론이라는 명칭의 원천이기도 한 플라톤의 '이데아(idea)'는 인간이 순수한 이성의 힘에 의해 거기에 이르러야 할 '이상'이라는 점에서, 인간 의식의 저편에 영원불변하게, 말하자면 초월적으로 실재하는 것이다. 반면에 우리의 사물에 대한 인식은, 그 자체로 실재하는 사물을 감각경험을 통해서 있는 그대로 모사(模寫)하는 것이라고 설명하는 로크(→)의 경험론(→)은, 그 감각경험이라는 것이 의식의 표상 작용의 산물인 표상, 즉 의식 의존적인 관념이라 이해되는 한에서 일종의 관념론이다. 그러니까 관념론은 여러 각도에서 이해되기도 하고, 이해 방식에 따라 많은 다른 사상들과 연관 지어질 수 있다. '독일관념론'의 경우도 그 안에 "존재란 인간 의식(이성)에 의해 규정된다."(칸트)는 주장에서부터

"존재는 (세계)정신의 발현"(헤겔)이라는 주장까지를 포함한다.

독일이상주의의 특별성

1. 독일이상주의는 넓게 보면 대략 칸트의 『순수이성비판』이 출간된 1781년부터 쇼펜하우어(A. Schopenhauer, 1788~1860)의 『의지와 표상으로서의 세계(*Die Welt als Wille und Vorstellung*)』가 완간된 1859년경까지, 좁게 보면 피히테(→)의 『전 지식론의 기초(*Grundlage der gesammten Wissenschaftslehre*)』[*GM*]가 나온 1794년부터 헤겔이 활동을 마친 1831년까지의 한 세대 또는 두 세대 사이에 독일어 문화권에서 형성된 사조이다. 그럼에도 그것은 그 짧은 기간 동안에 인류 역사상 다른 예를 찾기 어려울 만큼 포괄적이면서도 심도 있게 형성 전개되었던 사상 체계이다.

2. 서양 문화사 3,000년 중 어림잡아 이 한두 세대 간에 우리는 인간이 합리적 정신의 최고조와 더불어 비합리적 낭만 정신의 최고조를 함께 체험함을 볼 수 있다. 이 시기에 우리는 문학에서 레싱(G. E. Lessing, 1729~1781), 빌란트(C. M. Wieland, 1733~1813), 괴테(J. W. Goethe, 1749~1832), 실러(F. Schiller, 1759~1805), 노발리스(F. v. H. Novalis, 1772~1801), 슐레겔(F. Schlegel, 1772~1829), 횔덜린(F. Hölderlin, 1770~1843), 하이네(H. Heine, 1797~1856)를 읽고, 음악에서 모차르트(W. A. Mozart, 1756~1791), 베토벤(L. v. Beethoven, 1770~1824), 슈베르트(F. Schubert, 1797~1828), 멘델스존-바르톨디(F. Mendelssohn Bartholdy, 1809~1847)를 들으면서, 칸트, 피히테, 헤겔, 슐라이어마허(F. E. D. Schleiermacher, 1768~1834), 셸링, 쇼펜하우어의 사상을 접할 수 있고, 이제 사상의 흐름을 바꾸려 하는 마르크스(K. Marx, 1818~1883)나 헬름홀츠(H. V. Helmholtz, 1821~1894)와도 만날 수 있다. 이들의 활동 양상에서 사람들은 인간 정신의 폭에 경탄하고 인간 정신의 깊이에 신비로움을 느낄 수 있다. 거기에는 사람들에게 오랫동안 아름다움과 숭고의 감정을 불러일으키는 이른바 '질풍노도(Sturm und Drang)'의 영기(靈氣, Geist)가 서려 있기 때문이다.

3. 이 사조를 관통하고 있는 것은, 세상사를 보편적으로 이성화하는 정신이었고, 또 무한자를 동경하고 열망하는 정신이었다. 그것은 세계의 합리적 질서를 내세우는 정신이자 인간의, 더 나아가 개인의 자유 속에서 자신을 구체화해가는 정신이었다. 인류 정신사의 이 대목에서 사람들은 합리주의 정신의 정점이 낭만주의 정신의 태반임을 인식하게 된다. 수학적-기하학적 그리고 형이상학적인 보편적 질서·체계 의식으로부터 개성·재치·천재성의 우월성과 함께 희망·이상·합목적성·신비감이 생기함을 본다. 물리적 세계의 수학적 법칙성과 도덕세계의 실천적 자유의지에 기초한 당위성, 자연에 현재(顯在)하는 신성(神性)으로 이해되는 합목적성을 통찰하고 그것들을 통일하려고 기획한 독일이상주의 정신은, 인간이 자연의 제약 안에서도 자신을 인격으로서 지켜갈 힘을 가진 자이며, 그의 노고를 통해 자연이 완성될 수 있음을 정시(呈示)한다.

4. 이 같은 독일이상주의는 계몽주의 정신의 한 입체적 표현이자 그에 대한 반성이다. 독일이상주의는 계몽주의 정신을 이으면서도, 인간이 모든 면에서 결코 신을 대신할 수는 없음을 분명히 한다. 그 때문에 독일이상주의는 중세 기독교 사상과 근세 초 계몽주의 사상의 종합 내지는 화해 방식이라고 말할 수 있다. 그리고 이 화해는 인간 이성의 자기비판 위에서 가능했다. 세계 구조 설명을 위한 칸트의 새롭고도 거대한 철학 구상을 좇은 일단의 독일 철학자들에 의해 이상주의가 특별한 '독일적' 형태를 갖게 된 것이다.

5. 그러나 이러한 특별성에도 불구하고, 독일이상주의 내지 독일관념론 철학은 독일어권 내에 머무르지 않고, 프랑스·영국·이탈리아의 19세기 철학 형성에 지대한 영향을 미침으로써 서양 철학의 본류를 형성했다. 그리고 그 영향력은 근대 일본과 현대 한국의 사상계에까지 뻗쳤다.(백종현, 『독일철학과 20세기 한국의 철학』, 특히 71면 이하 참조) 이 점에서 독일이상주의 철학은 동시대 프랑스의 멘드비랑(Maine de Biran, 1766~1824)류의 '프랑스적' 철학과는 그 성격과 철학사적 위상에서 큰 차이가 있다.

독일이상주의와 세계정신

1. 피히테와 셸링은 인간 이성을 세계의 보편적인 주체의 힘으로 이해했고, 헤겔에 이르러서는 칸트가 단지 생각해볼 수 있고 희망해볼 수 있는 것이라 규정한 이념[이상]을 스스로 실현해가는 주체를 세계정신으로 파악하게 된다.

2. 피히테는 칸트의 '초월적 주관'과 '도덕적 실천 주체'를 '절대적 자아'로 통합하고자 하였다. 인식주관이 대상에 의미를 부여하고 대상을 대상이게 함은 자명하지만, 그럼에도 그 대상 규정에서 주관은 일차적으로 감각적이고, 감각은 수용성인 한에서 주관 아닌 것에 의해 제한받는다. 주관은 행위 주체로서 활동함으로써 비로소 이 제한을 벗어날 수 있는 것이다. 피히테는 이 사태를 두 명제로 요약했다. "나[自我]는 나 아닌 것[非我]에 의해 규정되는 것으로서 나 자신을 정립한다."(Fichte, *GW*, in: Sämtliche Werke[SW], [Abt. I], Bd. I, S. 127) "나는 나 아닌 것을 규정하는 것으로서 나 자신을 정립한다."(Fichte, *GW*, SW I, 246) 이 두 정립에서 정립 주체는 어디까지나 동일한 '나'이고, 따라서 나의 영역이든 나 아닌 것의 영역이든 궁극적으로는 이 정립 주체인 '나'에 근거한다. 이런 뜻에서 이 '나'는 "절대적 자아"라고 할 수 있다.

3. 이 '나'가 절대적인 것은 나는 오로지 나 자신에 의해서만 정립되기 때문이다. 그래서 셸링은 이 절대적 자아란 다름 아닌 "절대자"로 이해되어야 한다고 본다.(Schelling, *Ich als Princip*, SW I/1, S. 177 참조) "나는 나 자신이 자신을 생각하기 때문에 있으며, 있기 때문에 자신이 자신을 생각한다. 나는 나의 생각을 통해서 스스로를 산출한다."(Schelling, *Ich als Princip*, SW I/1, 167) 이 '나', 자아의 자기 산출이 함의하는 것은 "자아의 본질은 자유"(Schelling, *Ich als Princip*, SW I/1, 179)라는 점이다. 자유를 본질로 갖는 한에서 자아는 정신이며, 이 정신은 절대적인 자기 힘에 의해 자기 자신 안에서 모든 실질적 내용을 무제약적으로 정립한다.

4. 이 정신은 의지인 한에서 자기를 실현하는, 따라서 살아서 움직이는 실체이며, 실현이란 목적의 구체화이다. 그러니까 정신이란 자기 목적을 가지고서

그 목적 달성을 위해 애쓰는 활동 주체를 이른다. 이 정신 운동의 목적, 곧 정신이 지향하는 것은 정신이 생각(사고)하는 바[개념]의 실재화이다. 그러니까 정신은 스스로 운동함으로써 자신의 개념과 실재(존재)의 합치를 지향한다. 그러나 우리가 정신의 중심 매체인 인간의 역사에서 보듯, 정신의 이 목표는 단번에 달성되는 것이 아니라, 긴 도정을 지나면서 한 단계씩 성취된다. 그런데 정신이 거쳐 가는 그 단계마다 자신을 진상(眞相)으로 정립하므로, 정신의 진보란 — 그것은 현 단계를 벗어남을 뜻하니까 — 다름 아닌 기왕의 자신의 진상을 가상(假像)으로 폐기하는 일, 즉 자기 부정이 된다.

정신에 의한 정신 자신의 이 부정을 통한, 즉 '변증법적'인 확장 운동 과정이 "정신의 생(生)"이며, 정신은 이 끊임없는 자기와 자기의 "분열" 중에서 완성되어가는 자신을 발견함으로써만, 자신의 진상을 마침내 획득한다.(Hegel, *PdG*, GW9, 27 참조)

정신의 자기완성의 긴 도정이 세계사이며, 그런 점에서 세계사의 주체인 이 정신은 "세계정신" 또는 "세계이성"이라 부를 수 있다.(Hegel, *PdG*, GW9, 25 참조) 세계정신은 개개인들의 이해관심과 욕구와 정열을 도구 삼아 자신을 전개해 간다. 그렇기에 개인들의 욕구가 다양하고 열정이 뜨거울수록 그리고 상상력의 폭이 넓고 깊을수록 세계정신, 세계에 편만한 영기(靈氣)의 풍부함이 돋보인다. 또한 이해관심에 매인 개별자로서 개인들은 "이성의 책략"(Hegel, *Vorlesungen über die Philosophie der Geschichte*[*VPG*], TW12, 49)에 따라 서로 제한하고 대립하고 투쟁하지만, 그것을 통해 보편자인 이성은 자신을 구체화하고 현실화한다.

그럼에도 개인들을 전적으로 수단만으로 볼 수 없도록 만드는 것은 그들 안에서 발견되는 "어떤 그 자체로 영원하고 신(神)적인 것", 즉 "도덕성, 윤리성, 종교성"이다.(Hegel, *VPG*, TW12, 49 참조) 이런 성격들은 인간을 한낱 무엇을 위한 수단이 아니라, 그 자체로 목적이게끔 한다. 개개인은 윤리적 전체인 국가의 성원이 될 때 보편적 이성과 하나가 되고, 그가 원해서 하는 일이 동시에 세계의 목적에 부합될 때 신성(神性)이 그와 함께하는 것이며, 그런 만큼 그의 개성 하나하나도 존엄하고 신성하다. 아니 인간이 신성(神性)에 참여함은 필연적이고 또 그로써 인간은 고양된다. 그래서 헤겔에게서 신은 초월적이라기보다는 자연 내재적이고 인간에게 임재(臨在)적이다. 칸트의 비판적 이성에서 그 존재가 유보되었던 신은 이로써 헤겔에 이르러 정신으로서의 보편 이성에서 현현한다.

5. "어떤 철학을 택하는가는 그가 어떤 사람인가에 달려 있다. 철학 체계란 마음 내키는 대로 버릴 수도 있고 취할 수도 있는 낡은 가구가 아니라, 그 체계를 가진 그 사람의 영혼에 의해 생명이 불어넣어져 있는 것이기 때문이다."(Fichte, Erste Einleitung in die Wissenschaftslehre, SW I, 434) — 피히테는 이렇게, 철학이란 "사람의 영혼에 의해 생명이 불어넣어져 있는 것"이기 때문에, 누구의 철학이든 그것은 그가 어떤 인간인가에 달려 있다고 보았다. 그러나 누가 '어떤 인간'인가를 알게 해주는 '개성'은 생리-심리적인 자연적 요인에 의해서뿐만 아니라 사회-역사적인 문화적 요인에 의해서도 형성된다. 그런 의미에서 "개인"은 "각각이 그의 시대의 아들"(Hegel, *Grundlinien der Philosophie des Rechts* [*GPR*], TW7, 26)이고, 철학 또한 "그의 시대를 사상 안에 붙잡는 것"(Hegel, *GPR*, TW7, 26)이기 때문에, 철학은 시대의 아들이자 민족의 딸이라고 말하는 이도 있다. 철학이 철학자의 사상이라 하더라도 그 철학자는 그의 시대와 그의 사회 속에서 문제를 의식하고 그를 해결하려 시도하기 마련이니 말이다.

동기 動機 Triebfeder

1. 동기가 "마음 유발(elater animi)" 곧 추동적인 원인을 뜻할 때, 그것은 "이성이 본성상 이미 객관적 법칙을 반드시 좇지는 않는 어떤 존재자의 의지를 주관적으로 규정하는 근거"(KpV, A127=V72) 내지는 "내적 의지규정"(MS, TL, A3=VI380)을 말한다. 그러므로 순전히 이성적 존재자의 행위에는 동기가 따로 부가될 수 없고, 인간의 경우도 그 행위에는 모름지기 도덕법칙만이 동기여야 한다.

그러나 자연적 존재자로서의 인간의 행위에는 자연적인 동기가 끊임없이 영향을 미친다.(KpV, A224=V124 참조) 그때 인간의 행위에 이익이라든지 행복 같은 것이 동기가 되면, 위선적 행위가 생긴다.(KpV, A128=V72 참조) 또한 벌에 대한 공포나 상에 대한 기대가 동기가 되어도 그것은 "행위들의 전 도덕적 가치를 파괴할 것이다."(KpV, A233=V129)

무릇 의지의 규정 근거로서 도덕법칙은 "우리의 모든 경향성을 방해함으로써 고통이라고 불릴 수 있는 한 감정"을 야기하므로 "동기로서 도덕법칙의 작용"은 늘 "부정적인 것"이다.(KpV, A128이하=V72이하 참조) — "동기라는 개념으로부터 [이해]관심이라는 개념이 생긴다. [이해]관심은 이성을 가진 존재자 이외의 것에는 결코 덧붙여지지 않는 것으로, 그것은 동기가 이성을 통해 표상되는 한에서 의지의 동기를 의미한다. 도덕적인 선의지에서는 법칙 자체가 동기일 수밖에 없으므로, 도덕적인 관심은 순전한 실천적 이성의 순수한, 감성으로부터 자유로운 관심이다. 관심이라는 개념 위에 준칙이라는 개념도 기초해 있다. 그러므로 준칙은 그것이 사람들이 법칙의 준수에서 취하는 순전한 관심에 의거할 때만 도덕적으로 진정한 것이다. 그러나 동기·[이해]관심·준칙이라는 세 개념 모두는 오로지 유한한 존재자들에게만 적용될 수 있다. 왜냐하면 이 세 개념은 모두, 한 존재자의 의사의 주관적 성질이 실천이성의 객관적 법칙과 저절로는 합치하지 않음으로써, 이 존재자의 본성이 국한되어 있음을, 곧 활동의 내적 방해물이 맞서 있어서 무엇인가에 의해 활동하도록 독려될 필요가 있음을 전제하는 것이기 때문이다. 그러므로 이것들은 신의 의지에 대해서는 적용될 수 없다."(KpV, A141=V79)

2. "단적으로 그리고 아무런 동기 없이 스스로 지시명령하는 실천 법칙"이 정언명령이며, 그러므로 "이 법칙의 준수가 의무"(GMS, B59=IV425)이다. 정언명령은 어떤 관심이 동기로 섞이는 것을 일체 배제한다. "자기 행복의 원리가 윤리성의 기초로 놓는 동기들은 오히려 윤리성을 매장시키고 윤리성의 전체적인 숭고함을 파괴"(GMS, B90=IV442)한다. 법칙이 "한낱 행위의 규칙일 뿐만이 아니라 동기"(MS, TL, A24=VI392)일 때, 그 행위는 도덕적일 수 있다.

동물성 動物性 Tierheit animalitas

1. 생명체로서 인간은 "동물성의 소질"(RGV, B15=VI26)을 가지고 있다. 동물성은 곧 생명성으로서 생명체 존속의 기본 소질이며, 그 중심에 "물리적이고 순전히 기계적인 자기사랑"(RGV, B16=VI26)이 있다. 그것은 자연의 인간에 대한 "동물적 현존의 기계적 안배"(IaG, A389이하=VIII19)로서, "삼중적이다. 즉 첫째로, 자기 자신의 보존의 소질; 둘째로, 성충동에 의한 자기 종[種]의 번식의 소질, 그리고 성적 교접을 통해 낳은 것의 보존의 소질; 셋째로, 다른 인간들과의 공동생활[유대]의 소질, 다시 말해 사회로의 충동이 그것이다."(RGV, B16=VI26; 참조 MS, TL, A68=VI420)

2. 사람에게 있는 동물성이 상습적으로 돌출하면 그는 "짐승과 동일한 부류로 떨어질 위험에 빠"(Anth, AB39=VII149)진다.

3. 동물에게는 고락의 감정이 있다. "쾌락[즐거움]은 생을 촉진하는 감정이며, 고통[괴로움]은 생을 저지하는 감정이다. 그런데 (동물의) 생이란 [···] 양자 사이의 길항의 연속적인 유희[작용]이다."(Anth, AB170=VII231) 인간의 생이 고락으로만 짜여 있다면 동물의 생이나 마찬가지이다.

4. 동물성은 생명성으로서 인간 존재의 본질적 요소임에도 도야되어야 할 것으로 간주된다. 그래서 칸트는 인류의 문화란 "동물성의 저급한 단계에서부터 점차로 인간성의 최고 단계까지"(IaG, A400=VIII25)로 개화해나가는 것이라고 본다. 감성은 동물성의 표출로, 이성은 인간성의 표출로 여겨지지만, 바로 그렇기 때문에 선악은 이성에 귀속된다. 칸트에 의하면, 감성은 자유의 출구를 막아 "인간을 한낱 동물적인 것으로 만"들되, 사악한 이성은 인간을 "악마적 존재자로 만"든다.(RGV, B32=V35)

동력학 動力學 Dynamik

I. 1. 물질(→)들을 한낱 "기계들로, 다시 말해 외부의 운동력들의 한갓된 도구로 보지 않고, 그것들의 척력과 인력이라는 근원적인 고유한 운동력들로부터 물질의 특수한 상이성을 도출하는 설명 방식"(MAN, A100이하=IV532)의 체계를 동력학이라 일컫는다.

2. 동력학적 자연 설명은 특정한 형태의 기본 소재나 빈 공간을 가정할 필요 없이, 물질에 고유한 운동력과 법칙들을 발견하도록 이끈다.

II. 1. 동력학적 자연 고찰에서 밝혀지는 바는 1) 척력에 의해 공간을 채움으로써 공간상에 실재적인 것(das Reelle)이 있고, 2) 우리 외적 지각의 고유한 객관으로서 공간상의 실재적인 것에 대해서 부정적인 것, 즉 인력이 모든 공간을 관통하여 그 실재적인 것을 폐기하며, 3) 이렇게 인력을 통해 척력을 제한함으로써 공간의 채움의 정도가 규정된다는 사실이다.(MAN, A80이하=IV523 참조)

2. 이러한 물질의 질에 대한 동력학의 관점은 정확하게 질의 세 범주 "실재성, 부정성 그리고 제한성"에 상응한다.(MAN, A81=IV523 참조)

동인 動因 Bewegungsgrund/Beweggrund

1. "욕구의 주관적 근거는 동기(→)이며, 의욕의 객관적 근거는 동인이다."(GMS, B63=IV427) 에피쿠로스학파는 "즐거움[쾌락]에다 동인을 두었"는데, 스토아학파 사람들은 이를 배척했다. 에피쿠로스학파 사람들이 감관적 쾌락을 추구한 것은 아니지만, 선량한 행위를 통해 얻을 수 있는 결과를 동인으로 삼았다는 점에서 사려 깊지 못한 일이다.(KpV, A208=V115이하 참조)

2. 불순한 마음씨란 법칙 준수에 "많은 순정치 못한 (비도덕적인) 동인들의 뒤섞임"(KpV, A231=V128)의 상태를 말한다. 아직 도야되지 못했거나 또는 여전히 야성적인 마음씨를 우선 도덕적-선의 궤도에 이끌어 들이기 위해서는 "철

두철미 순수한 도덕적 동인이 마음에 들어와야만 한다. 순수한 도덕적 동인만이 성품(즉 불변적 준칙에 따르는 실천적으로 일관된 사유방식)을 기초 짓는 유일한 것일 뿐만 아니라, 인간으로 하여금 그 자신의 존엄함을 느끼도록 가르"(KpV, A271=V152)친다.

동일률 同一律 Satz der Identität principium identitatis

1. 동일률 곧 동일성의 법칙은 "어떤 것도 자기 자신과는 같다."고 표현될 수 있다.

그런데 무엇과 무엇의 동일성에는 "사과(A)는 사과(A)이다."처럼 완전한 경우도 있고, "사과(A)는 식물(B)이다."처럼 부분적일 경우도 있다. 완전한 동일성을 말하면, 그것은 동어반복으로서 그러한 언표는 자명하다고 한다. 그러나 부분적인 동일성, 즉 부분적으로 같음이 생각되는 경우에는 그 양자 사이의 포함 관계를 헤아려보아야 하며, 그 결과에 따라 그 언표는 맞을 수도 있고 틀릴 수도 있다. "사과(A)는 사과(A)이다."라는 언표는 자명한 것으로 언제나 맞다. "사과(A)는 식물(B)이다."라는 언표 역시 사과가 식물에 속한다, 즉 식물의 일부라는 점에서 맞다. 그러나 "식물(B)은 사과(A)이다."라는 언표는 식물이 나무에 속하는 경우는 아주 조금뿐이므로, 아주 조금 맞는 것이라고 평가하거나 거의 맞지 않는 생각이라고 말할 수 있다. 또 "사과(A)는 동물(C)이다."라는 언표는 사과가 전혀 동물에 속하지 않으므로 전혀 맞지 않는 것이라 해야 한다. 어떤 언표의 맞고 맞지 않음의 척도 혹은 규범으로 기능하는 이런 이치가 바로 동일성의 규칙, 동일률이다.

동일률의 실제 적용에서 주의해야 할 점은 무엇과 무엇의 동일성을 살필 때에 관점을 바꿔서는 안 된다는 점이다. 예컨대 누군가가 "삶은 삶이 아니요, 죽음은 죽음이 아니다. 삶으로써 죽고 오히려 죽음으로써 산다."고 말할 때, 문맥상 앞의 삶과 뒤의 삶, 앞의 죽음과 뒤의 죽음이 다른 뜻으로 말해진 것이라면,

이 말은 동일률을 어긴 것이 아니다. 가령 위의 말이 문맥으로 볼 때, "(수치스러운) 삶은 (참다운) 삶이 아니요, (의로운) 죽음은 (값없는) 죽음이 아니다. (치욕스럽게) 삶으로써 (인격적으로) 죽고, 오히려 (떳떳하게) 죽음으로써 (영혼으로) 산다."는 뜻으로 이해된다면, 이 말은 논리적으로 맞지 않다고 평가할 수가 없다. 그러므로 일상 언어(자연 언어)로 말할 때는 말이 문맥에서 의미하는 바에 따라 '논리성' 여부를 가려야 한다.

2. 동일률은 순수한 형식적 사고의 원리로서 선험적인 것이라 할 것이나, 칸트는 이에 특별히 주목하지 않으며, 분석 명제의 최상 원칙인 모순율(→)에 포함시켜 생각한다.

〖 ㄹ 〗

라바터 Johann Caspar Lavater

라바터(1741~1801)는 칸트 당대 스위스의 계몽주의적 목사, 신비가, 작가였다. 그는 관상술에 관심을 기울였으며, 사람의 성격은 얼굴 모습을 통해 알 수 있다고 주장하였다. 칸트는 그와 서신 교환을 한 적이 있으나(1774년 4월: X165~166 · 175~180 참조), 인간학 강의에서는 "골상학자들이 흔히는 망상가라는 사실을 사람들은 그들이 모르는 사람에 대해서는 틀린 판단을 내리는 것을 보고 안다."(V-Anth/Mron, XXV1285)라고 평했다.

라이마루스 Hermann Samuel Reimarus

라이마루스(1694~1768)는 볼프 학파에 속하는 이성주의 신학자로, 칸트는 그가 『자연종교의 가장 고귀한 진리들(*Abhandlungen von den vornehmsten Wahrheiten der natürlichen Religion*』(1754)에서 개진한 우주론적 신 존재 증명에 주목했고(BDG, A202=II161 참조), 『이성이론[논리학](*Vernunftlehre*)』(Hamburg 1756)에서 상당한 영향을 받았다. 아마도 '이성의 한계', '사물 자체', '현상'이라는 개념도 그로부터 얻은 것으로 보인다. 또한 칸트가 그의 『동물의 추동에 관한 고찰(*Allgemeine Betrachtungen über die Triebe der Thiere*)』(Hamburg 1762)을 읽은 것도 거의 확실하다.

라이프니츠 Gottfried Wilhelm Leibniz

I. 1. 라이프니츠(1646~1716)는 칸트 이전 독일을 대표하는 근대 철학자이자 수학자이다. 라이프니츠는 저술 활동을 주로 프랑스어나 라틴어로 했지만, 칸트 당대(1793)에도 베를린 학술원의 현상논문 제목이 "라이프니츠와 볼프 시대 이래 형이상학이 독일에서 이룬 실제적인 진보는 무엇인가?(Welches sind die wirklichen Fortschritte, die die Metaphysik seit Leibnizens und Wolf's Zeiten in Deutschland gemacht hat?)"였던 바와 같이, 18세기 독일에 대학철학이 등장한 이래 독일철학은 라이프니츠 철학이 그 근간을 이루었다.

2. 라이프니츠는 생전에 외교관, 궁정고문관, 베를린 학술원 창립 등 다양한 일과 많은 저술 활동을 했지만, 『신정론(*Essais de theodiceé sur la bonte de dieu, la liberté de l'homme et l'origine du mal*)』(1710) 외의 주요한 철학적 저술들은 유고로 남겨져 사후에야 출판되었다. 『형이상학 서설(*Discours de métaphysique*)』(1686년경의 유고, 1846년 출간), 『신인간지성론(*Nouveaux essais sur l'entendement humain*)』(1704년경의 유고, 1765년 출간), 『자연 및 은총의 원리(*Principes de la nature et de la grace, fondés en raison*)』(1714년 완성, 1718년 출간), 『단자론(*Monadologie*)』(1714년 프랑스어로 완성, 1720년 Heinrich Köhle의 독일어판 출간) 등이 그런 사례이다.

3. 라이프니츠의 저술은 18세기에 다수가 독일어 번역본으로 출간되었다. 라이프니츠가 로크(→)의 『인간지성론』(London 1690)를 겨냥하여 쓰다가 로크의 사망(1704)으로 중단한 『신인간지성론』도 1765년에 프랑스 원문대로 출판(Amsterdam · Leipzig)되었다가, 곧 독일어 번역본(Halle 1778)이 출간되었는데, 칸트는

이 번역본을 읽은 것으로 추정된다.

II. 1. 라이프니츠의 이성주의적 형이상학은 그의 단자론으로 잘 요약된다.

2. 라이프니츠의 단자(單子, monade)는 '단순한 것', '하나인 것(monas)' 그러니까 '나누어지지 않는 것(individuum)'이다. 단자는 일자이다(ens qua unum). (*Principes*, §1 참조) 그런데 "단자들은 오로지 일순간에 발생하고 소멸할 수 있다. 다시 말해, 그것들은 오직 창조에 의해서만 생기고 폐지에 의해서만 소멸한다."(*Monadologie*, §6)

3. 단자는 개체로 있는 것(ens qua res)으로서 실체이며, 그런 한에서 단자들은 본질상 서로 완전히 다르다. 이를 단자의 '개별성의 원리(principium individuae)'라 한다.(*Monadologie*, §10 참조) 그리고 각 단자의 이 개별성은 각 단자가 끊임없이 자신을 개별화하는 데서 확보되는데, 이를 단자의 '개별화의 원리(principium individuationis)'라 한다. 이 개별화는 다른 단자들과의 관계에서뿐만 아니라 자기와의 관계에서도 일어난다. 각 단자는 끊임없이 자기운동, 곧 변화를 하는 것이다. 변화란 이전의 상태와 지금의 상태가 다름을 말하는 것으로, 따라서 단자의 한 상태는 반복되지 않는 그때그때의 특수한 상태이다. 이를 단자의 '절대적 특수화의 원리(principium specificationis absolutae)'라 한다.(*Monadologie*, §12 참조) 이 특수한 상태들은 서로서로 다르지만, 그것들이 한 단자의 상태들, 다시 말해 임시적인, 지나가는 상태들(l'état passager)인 한에서 그 상태들은 모두 그 단자의 성질[본성]을 표출한다(representer). (그러니까 단자란 다수를 포함하는 단일성[하나]이다.) 이 그때그때의 단자의 상태, 끊임없는 변화 가운데서도 그 단자의 본성을 표출하는 것, 이것이 이름하여 "지각(perception)"이다.(*Monadologie*, §14 참조) 단자의 그때그때의 상태 표출인 지각은 단자의 내적 원리(principe interne)의 활동에 기인한 것이다.(*Monadologie*, §11 참조) "한 지각에서 다른 지각으로의 이행 내지 변화를 일으키는 내적 원리의 활동"을 "욕구(appetition)"라고 일컫는바, 한 욕구는 의도했던 지각에 완전하게 도달하지는 못한다 할지라도, 적어도 (끊임없이) 새로운 지각에는 이른다.(*Monadologie*, §15 참조) 이렇게 함으로써 단자는 끊임없이 자기 변화를 하며, 우리는 한 단순한 실체 중에서 다양[다수]을

경험한다.(*Monadologie*, §16 참조)

4. 각 단자의 각각의 현재 상태는 그때그때 단자의 완전한 본질을 표출, 표현한다. 이 표출 중에서 드러나는 것이 '지각'이다. 그러므로 지각(知覺)이란 한국어 낱말 뜻처럼 '대상을 깨우친다'는 뜻이 아니라, 표상(表象) 또는 재현(再現) 내지는 '대상(代象)'을 뜻한다. 왜냐하면 각각의 지각에서 곧 그때그때 도달되어 있는 변화 상태에서 단자는 자기의 완전한 본질을 정시(呈示, vorstellen)하고 있는 것이기 때문이다. 그러므로 그때그때의 변화 상태는 단순 실체인 단자의 대표(代表) 상태이며, 대신(代身) 상태이다. 이런 뜻에서 모든 단자의 실체적 본질은 지각함이다. 그러므로 '지각함'이란 단자의 독자적인 자기 변화를 말한다. 이를 일컬어 단자의 '지각의 원리(principium perceptivum)'라 한다.

라이프니츠에서 '지각'은 통각(apperception)이나 의식(concience)과 구별된다. 지각이란 단자의 밖으로 드러난 내적 상태이며, 통각은 자기의식 내지는 이 내적 상태에 대한 반성적 인식이다.(*Monadologie*, §14 ; *Principes*, §4 참조) 이와 관련하여 라이프니츠는 데카르트가 '지각(perceptio)'의 본질을 정확히 파악하지 못했다고 말하려 한다. 데카르트에서 지각이란 항상 의식(conscientia)과 함께 생각되었으며, 의지(volitio)가 그렇듯이 지각도 생각(cogitatio)의 한 양태이다. 그러나 라이프니츠에게서 지각이란 의식과 무관한 것이다. (의식적 지각도 있지만, 무의식적 지각도 있다.) 그러므로 한 지각에서 다른 지각으로의 전이를 일으키는 원리인 욕구도 의식적인 것뿐만 아니라, 무의식적인 것도 있다. 그러니까 라이프니츠의 존재론에는 데카르트 혹은 상식적 견해가 취하는 바와는 달리, 의식적 상태(살아 있는 상태)와 무의식적 상태(죽어 있는 상태) 사이에 어떤 뛰어넘을 수 없는 심연이 놓여 있는 것이 아니다. (굳이 '산다[生]'는 말을 쓰자면, 신의 피조물들은 모두 신의 섭리 아래서 일정한 목적을 지향해 살아 움직인다.)

5. 모든 단자들은 독자적인 자기 목적을 가진 완전체라는 점에서 그리고 자족체(suffisance, autarkeia)로서(*Monadologie*, §18 참조), 자기운동을 할 뿐이며, 이 자기운동은 오로지 내적 원리[욕구]에 따를 뿐이라는 점에서 '실현체(entelekeia)'라고 부르는 것이 적절하다.(*Monadologie*, §18 참조) 혹은 "원초적 힘(forces

primitives)"이라고 부를 수도 있다.(*Systeme nouveau*, phS IV, 479 참조) 그리고 또한 모든 단자들은 지각과 욕구를 가지고 있다는 점에서 "영혼(ame)"이라고 부를 수도 있겠다.(*Monadologie*, §19 참조) 그렇기 때문에 모든 단자들의 운동과 변화는 외부와의 교섭 없이 독자적으로 일어나며, 단자들은 다른 것이 그것을 통하여 소통할 수 있는 "창을 가지고 있지 않다."(*Monadologie*, §7)

6. 그럼에도 자연 안에 있는 물체는 이런 단자들의 복합체이고, 집적물(aggregatum)이며(*Principes*, §1 참조), 자연은 물체들의 체계이다. '체계'라 함은 질서 있는 조직을 말한다. 자연이 정지되는 일이 없이 항상 변화하고 있는 까닭은 물체들의 "참된 원자(les véritables Atomes)"(*Monadologie*, §3)인 단자들이 끊임없이 변화하기 때문이며, 자연과 이성이 언제나 모순율(principe de la contradiction)과 충분근거율(principe de la raison suffisante)에 부합함(*Monadologie*, §§31~36)이 증거하듯이, 자연이 체계를 이루고 있는 것은 모든 사물들이 통일적 연관을 가지고 있고, 하나의 충분한 근거에서 비롯했기 때문이다. 여기서 라이프니츠는 근원적 실체(Urmonade)인 신(Dieu)의 존재를 확인한다.(*Monadologie*, §39 참조) 그리고 인간이 이런 신을 인식하고 이성적 학문(곧, 논리학이나 수학)을 할 수 있는 것은 인간은 그의 실체적 토대로 "정신(Esprit)"적 단자들 또는 "이성적 영혼(Ame Raisonnable)"(*Monadologie*, §29)을 품수했기 때문이다.

7. 근원적 실체인 신은 모든 것을 포섭한다. 그를 벗어나 그에게서 독립되어 있는 것은 아무것도 없다. (단자가 독자적이라는 것은 다른 단자와의 관계에서 그렇다는 것이지, 신과의 관계에서도 그렇다는 것이 아니다.) 신은 세상 창조에 필요한 모든 가능한 실질성을 보유하고 있으며, 그래서 최고 실질 존재자(ens realissimum)로 드러난다. 그것의 실질성에서 제한되어 있고, 그런 의미에서 우연적인 존재자들과는 달리 신은 어떤 부정도 결여도 가지고 있지 않다. 이로부터 신의 필연성뿐만 아니라 유일성이 밝혀진다.(무엇이 둘 이상 있으면, 서로 제한하기 마련이다.)(*Monadologie*, §40 참조) 그러니까 신은 최고 완전 존재자(ens perfectissimum)이다.

8. 창조된, 곧 파생적인 단자들의 존재와 본질의 근원은 창조자의 의지이다.

또한 신적 실체는 개별적인 창조된 실체들의 서로 다른 완전성의 정도와 실재 실질성의 정도의 근원이기도 하다. 창조된 단자들 사이에 완전성의 정도 차이가 있다는 것은, 즉 보다 더 완전하고, 보다 덜 완전하다는 것은 이것들이 제한되어 있음을 뜻한다. 창조된 단자들의 이 불완전성은 각각의 결여성에서 기인하는바, 이것은 각 단자의 본성에 따른 것이다. 창조된 단자들은 본성상 결여를 가지고 있으며, 그 결여의 정도가 각기 상이하다. 이처럼 창조된 단자들이 각각 상이한 정도의 결여를 가지며 따라서 불완전하다고 하는 것은, 얼핏 보기에는, 이 세계는 가능한 세계 가운데서 가장 좋은 세계라는 라이프니츠의 생각과 어긋나는 것으로 보인다. 그러나 불완전의 정도의 차이를 가진 단자들이 이 세계를 이룬다는 바로 이 생각이 이 세계는 가능한 세계들 가운데 최상이라는 생각의 바탕이다.

가능한 세계들 가운데 가장 완전한 세계는 그 안에 있는 존재자들이 하나같이 절대적으로 완전한 (따라서 동일한 본질을 가진) 그런 세계가 아니다. 만약 그러하다면, 이 세계에는 오로지 신만이 있을 터이고, 도대체가 창조된 것들이란 있을 까닭이 없으니 말이다. 모든 가능한 세계들 가운데 가장 좋은 세계는 오히려 가능한 한 좋은 질서 아래 가능한 한 많은 다양한 것들이 통합되어 있는 세계이다. 그러니까 여기서 '가장 좋은 세계'란 상대적인 의미로 받아들여야지, 절대적 의미로 받아들이면 실상은 무의미해진다.

9. 신은 세상 만물을 창조할 때 "적절성의 원리(principe de la convenance)"(*Monadologie*, §46)에 따랐기 때문에, 세상 만물은, 그리고 그 실체인 단자들은 각각 모두 세계를 표상하는, 우주의 살아 있는 거울로서 또는 "소(小)우주"로서, 각기 독자성을 가지면서도 상호 간에 적절함을 유지하며, 이 세계는 상호 조화롭게 운영되어가고 있다.(*Monadologie*, §§56~57) — 라이프니츠의 이 같은 '예정조화(l'hamonie préétablie)' 사상(*Monadologie*, §§78~80 참조)은 17~18세기 낙관주의, 합리주의 시대의 징표라 할 수 있다.

III. 1. 칸트는 라이프니츠를 근대 이성주의의 대표자로 거론하면서(KrV, A854=B882 참조), 그의 이성론적 형이상학의 맹점을 비판한다.

2. 라이프니츠 같은 "형이상학적 자연이론가들"은 무엇보다도 "공간과 시

간이 경험에서 […] 추상된, 현상들의 (서로 곁하여 또는 서로 잇따라 있는) 관계들"이라고 여김으로써 "(예컨대 공간상에서) 실재하는 사물들과 관련한 선험적 수학 이론들의 타당성을, 적어도 명증적 확실성을 부정할 수밖에 없다."(KrV, A40=B56이하) "(그들에게는 진정으로 객관적으로 타당한 선험적 직관이 없으므로) 선험적인 수학적 인식의 가능성에 대한 근거를 제시할 수도 없고, 경험명제들을 저 [수학적] 주장들과 필연적으로 일치시킬 수도 없다."(KrV, A40이하=B57이하)

3. "현상의 장소들의 상이성이 동시에 (감관의) 대상 자신의 수적 상이성의 충분한 근거이다."(KrV, A263=B319) 질적 내용이 동일하다 해도 왼손 안에 있는 분필과 오른손 안에 있는 분필은 서로 다른 하나의 분필이다. 라이프니츠의 '무구별자 동일성의 원리'(→)는 공간을 외적 현상들의 조건으로 받아들이지 않음으로써 사물들의 다수성과 수적 상이성을 납득할 수 없어서 나온 것이다. 라이프니츠는 "모든 사물들을 한낱 개념들에 의해서만 서로 비교했고, 그 자연스러운 결과로 지성이 그에 의해 그의 순수한 개념들을 서로 구별 짓는 그 상이성 외에는 다른 아무것도 발견하지 못했다. 그것들의 고유한 차이들을 동반하는 감성적 직관의 조건들[곧 공간과 시간]을 그는 근원적인 것으로 보지 않았다. 왜냐하면 그에게는 감성은 오직 혼란된 표상방식이었고, 표상들의 특수한 원천이 아니었기 때문이다."(KrV, A270=B326)

라이프니츠-볼프 학파 Leibniz-Wolffsche Schule

I. 1. 칸트는 라이프니츠 철학을 기초로 학설을 편 볼프(→)와 그의 동조자들을 '라이프니츠-볼프 학파'라 일컫는다. 바움가르텐(→)과 마이어(→)도 이에 포함된다. 칸트에서 교조주의는 거의 라이프니츠-볼프 철학을 지칭한다.

2. 볼프는 단자나 예정조화 같은 문제에서 라이프니츠와 다른 생각을 표명했음에도 불구하고, 볼프의 반대자들은 일찍부터 라이프니츠와 볼프를 한데 묶어 '라이프니츠-볼프 철학(philosophia leibnitio-wolffiana)'이라고 불렀다.

3. 이에 대한 칸트의 비판 이전부터 라이프니츠-볼프 철학은 다음과 같은 사상으로 이해되었다.

1) 정신이든 물체든 존재자들은 상호작용하는 것으로 보이지만, 인과 관계는 실재적인 것이 아니다. 사물들의 모든 관계는 조화롭게 예정되어 있다.(예정조화론)

2) 세계의 궁극적인 구성 요소는 공간 시간적인 것이 아닌, 단순한 실체, 곧 단자이다.(단자론)

3) 공간은 실체들의 상호 간의 질서이고, 시간은 그것들의 상태들의 역학적 잇따름이다.(형이상학적 자연과학파 공간·시간론)

4) 실존하는 모든 실체에는 실존할 이유가, 어떤 실체가 가지고 있는 속성은 그러한 속성을 가져야만 할 이유가 있는 것이다.(충분근거율)

5) 완전하게 동일한 속성을 가진 두 실체는 있지 않다.(무구별자 동일성의 원리)

6) 이 세계는 가능한 세계 중 최선의 것이다.(낙관주의)

II. 1. 칸트는 무엇보다도 라이프니츠-볼프 학파의 순전히 이성주의적 형이상학과 그 교조주의적 방식에 대해 비판적이다.

"감성을 한낱 표상들의 불분명성에 세우고, 그 반면에 지성성(Intellektualität)을 분명성에 세우는 것, 이와 함께 한낱 사고의 형식뿐만 아니라 내용에도 상관하는 의식의 실재적(심리학적) 차이 대신에 한낱 형식적(논리적) 차이를 세우는 것은 라이프니츠-볼프 학파의 큰 잘못이었다. 곧 감성을 한낱 (부분표상들의 명료성의) 결여에, 따라서 불분명성에 세우고, 그러나 지성표상의 성질은 분명성에 세운 것 말이다. 하나의 인식을 산출하기 위해서는 감성 역시 아주 적극적인 것으로, 지성의 표상을 위한 불가결의 부가물이니 그렇다. — 그런데 라이프니츠는 본래 이 점에 잘못한 책임이 있었다. 왜냐하면 그는 플라톤학파를 추종하여 이데아라고 불리는 생득적인 순수한 지성적 직관들을 받아들였던바, 이것들은 인간의 마음 안에서 지금은 단지 불분명하게 마주칠 뿐이나, 이것들을 주의해서 분해하고 조사하기만 한다면, 그 덕분에 우리는 객체들을 있는 그 자체대로 인식한다는 것이었기 때문이다."(Anth, AB25이하=VII140이하)

2. 라이프니츠-볼프 철학은 또한 "감성과 지성적인 것의 차이를 순전히 논리적인 것으로 봄으로써, 우리 인식들의 본성과 원천에 대해 전적으로 부당한 관점을 제시하였다."(KrV, A44=B61)

III. 1. 그러나 말년의 칸트는 비판기 이전처럼 라이프니츠의 예정조화설에 기울고 있으며, 모순율 외에 충분근거율 또한 논리적 사고의 원칙으로 받아들인다. 칸트는 때때로 라이프니츠와 라이프니츠 학도들을 구별하여, 칸트 자신이 라이프니츠 학도들보다 더 잘 라이프니츠 사상을 이해한다고 말한다.(MAN, A51이하=IV507이하; ÜE, A125이하=VIII250 참조)

2. "라이프니츠는 세계를, 사람들이 그 안에서 최고선의 통치 아래서 도덕법칙들에 따르는 이성적 존재자와 그 이성적 존재자들의 연관성만을 주목하는 한에서, 은총의 나라라고 불러, 그것을 자연의 나라와 구별하였다. 자연의 나라에서도 이성적 존재자들은 도덕법칙들 아래에 있기는 하지만, 우리 감성세계의 자연의 운행에 따르는 것 외에 그들의 처신의 다른 성과들은 기대하지 않는다. 그러므로 우리가 행복할 만한 품격이 없음으로 인해 행복에 대한 참여를 스스로 제한하지 않는 한, 모든 행복이 우리를 기다리고 있는 곳인 이런 은총의 나라에서 자기 자신을 보는 것은 이성의 실천적으로 필연적인 이념이다."(KrV, A812=B840)

라인홀트 Karl Leonhard Reinhold

1. 라인홀트(1757~1823)는 빈에서 태어나 예수회 교육을 받았으나, 1783년 수도원을 떠나 라이프치히, 바이마르로 활동 공간을 옮겼다. 1784년에는 빌란트(→)가 편집하는 《도이치 메르쿠르(*Teusche Merkur*)》 간행에 합류하여 1785년 이래 칸트 비판철학 확산에 앞장섰다. 1786년부터 『칸트철학에 관한 서한(*Briefe über die Kantische Philosophie*)』을 펴냄으로써, 초기에 칸트철학을 확산시키는 데 최고의 기여를 했다. 1787년에는 예나 대학 교수로 부임하여 1794년까지 칸

트철학 정신을 열렬히 전파하였다. 그 후 킬(Kiel) 대학으로 자리를 옮긴 후 점차 독일이상주의 쪽으로 기울었다.

2. 라인홀트와 칸트의 서신 교류는 1787년 10월(X497 참조)에 시작되어 『판단력비판』(1790) 출판 전후에 가장 활발했으며 1790년대 중반까지 계속되었다. 칸트는 라인홀트에 대해 그가 피히테의 지식학론으로 기운 후부터는 호의적이지 않았다.

람베르트 Johann Heinrich Lambert

람베르트(1728~1777)는 칸트 당대 자연과학과 수학에 관한 중요한 저술을 남겼다. 『신기관(*Neues Organon oder Gedanken über die Erforschung und Bezeichnung des Wahren*)』(Leipzig 1764)은 그의 주저로 꼽히며, 『수학 응용 논고(*Beiträge zum Gebrauch der Mathematik und deren Anwendung*)』(Berlin 1766~72)의 논문들에는 여러 가지 수학 논의가 담겨 있다. 『건축술 구상(*Anlage zur Architektonik oder Theorie des Einfachen und Ersten in der philosophischen und mathematischen Erkenntniß*)』(Riga: bei Hartknoch, 1771)에서 밝힌 형이상학적 존재론적 구상은 칸트의 『순수이성비판』과 『자연과학의 형이상학적 기초원리』에 적지 않은 영향을 미쳤다.(1765. 12. 31 자 편지, X54이하 참조) 칸트는 그와 1765년부터 1770년 사이에 다섯 차례 이상 학술적 서신 교환을 했고, 심지어 『순수이성비판』이 완성되면 그에게 헌정할 생각까지 한 것으로 보인다.(Refl 5024, XVIII64 참조)

레싱 Gotthold Ephraim Lessing

레싱(1729~1781)은 독일 계몽주의 시대를 대표하는 시인이자 극작가이다. 그의 희곡 『현자 나탄(*Nathan der Weise*)』(1779)은 당대 최고 걸작으로 꼽힌다. 레싱은 독일어를 학문 언어로 사용하는 문화운동에도 앞장섰고, 종교적 관용과 함께 계시신앙에 대해 이성신앙을 역설하였다.

로크 John Locke

I. 1. 로크(1632~1704)는 『관용 서간(*Epistola de tolerantia*)』(1689)과 『통치론(*Two Treatises of Government*)』(1690)만으로도 이미 근대 최고의 정치철학자라 칭할 수 있다. 또한 그의 『인간지성론(*An Essay concerning Human Understanding*[*HU*])』(1690)은 근대 인식론(→)의 개시라 할 수 있다.

2. 지성의 본성에 대한 탐구를 통해 "지성의 능력들을 발견하고, 이 능력들이 어디까지 미치는가, 어떠한 사물들에 어느 정도에서든 적합한지"(*HU*, Intro, 4)를 알아내고자 시도하는 로크는 이로써 지성의 오용과 남용으로 인한 착오는 면할 수 있을 것(*HU*, Intro, 1)을 기대한다. 바로 이 같은 로크의 인식능력의 비판 작업은 근대 인식론의 초석이자 칸트 비판철학의 선구이다.

3. 이로써 로크는 인식의 기원, 인식의 대상 및 내용, 참된 인식 곧 진리의 의미, 인간이 가질 수 있는 인식의 한계 등을 차례대로 검토하는데, 이 검토 점들이 바로 오늘날까지의 인식론의 주제들이다.

4. 로크는 인간 '이성과 인식의 재료들'은 모두 '경험으로부터' 유래하는바, 경험을 수행하는 마음의 두 기능이 '감각'과 '반성'이라 한다.(*HU*, II, 1, 2~4 참조) 이 두 기능에 의해 일차적으로 '단순 관념들'이 얻어지면, 지성은 그가 가지고 있는, "거의 무한히 다양하게 이것들을 반복하고, 비교하고, 통일하는 힘"(*HU*, II, 2, 2)을 통하여 새로운 복합 관념들을 만들어낸다. 이런 복합 관념들 가운데는 칸트가 '순수 지성개념'이라 일컫는 '실체', '관계' 등도 있다.(*HU*, II, 12, 3 참조)

5. 로크에 따르면, 외적 대상에 대한 인식은, 외적 대상(external object)이 우

리 마음(mind)에 관념(ideas)을 불러일으키고, 이 관념의 중개를 통하여 우리는 어떤 외적으로 실재하는 사물에 대한 인식에 도달한다. 실재하는 사물로서의 외적 대상이 마음에 감각적 성질을 갖는 관념을 제공하면, 마음은 지성(understanding)에게 그가 조작하게 될 관념을 제공하고, 이 지성의 기능을 통하여 그 실재하는 사물이 인식된다.(*HU*, II, 1, 5 참조)

6. 로크는 '실체(substance, substantia)'를, 감각에 의한 것이든 반성에 의한 것이든 마음에 주어진 단순 관념들이 "그 안에 존속하고, 그로부터 유래하는 어떤 기체(substratum)"(*HU*, II, 23, 1)라고 규정하기도 하고, "우리 안에 단순 관념을 일으킬 수 있는 그런 성질들, 즉 보통 우연적인 것들(accidents)이라 일컬어지는 그런 성질들을 담지하는(support), 어느 누구도 그것이 무엇인지를 모르는, 단지 가정된 것(supposition)"(*HU*, II, 23, 2)이라 규정하기도 하고, "우리가 존재하는 것으로 발견하는, 그 지속적인 것 없이는(sine re substante) 존속할 수 없다고 생각하는, 그런 성질들을 담지하는 것, 단지 가정된 그러나 알려지지 않은 것(the supposed, but unknown)"(*HU*, II, 23, 2)이라고 부연하기도 한다. 감각에 의한 단순 관념들을 일으키는 성질들이 귀속하는 것으로 여겨지면서도 "어느 누구도 무엇인지 모르는 어떤 것"(*HU*, II, 23, 2)이라는 로크의 실체 개념은 분명 우리에게 드러나는 외적 사물의 기체(基體)를 지시하고, 그것은 칸트에서 '현상'과 대비되는 '사물 자체'라는 개념을 연상시킨다.

II. 1. 로크의 인식이론은 칸트의 비판철학 형성에 지대한 영향을 미쳤다. 칸트는 『인간지성론』의 라틴어 번역본(London 1700, Leipzig 1709)이나 독일어 번역본(*Versuch vom menschlichen Verstande*, Altenburg 1757)을 읽었을 것으로 추정된다. 칸트는 로크를 경험주의의 대표자로 자주 거론하면서 비판한다.(KrV, A271=B327 · A854=B882 등등 참조)

2. 칸트는 로크의 인식이론을 '초월적 실재론'(→)이자 '경험적 관념론'(→)의 한 가지로 꼽는데, 이런 견해는 "실재적 진리(real truth)" 내지 "실재적 인식(real knowledge)"을 관념들이 "사물들의 실재와 일치"하는 데에서 성립하는 것(*HU*, IV, 5, 8 참조)으로 보는 데서 난파(難破)한다는 것이 칸트의 생각이다. '어느 누구

도 알 수 없는 어떤 것'이라는 실재하는 대상과 우리 마음 안에 있는 관념이 합치함을 판별한다는 것은 원리상 가능한 일이 아니기 때문이다.

루소 Jean-Jacques Rousseau

I. 1. 루소(1712~1778)의 인간론과 사회사상은 18세기 계몽사상의 표본이었으며, 그의 계몽주의적 사상은 칸트에게 매우 큰 영향을 미쳤다.

2. 루소에 의하면 인간을 고상하게 이끄는 원리는 "이성(raison)" 내지 도덕 감정이고, 인간을 자칫 비루하게 만들 수도 있는 인간의 본성적 원리는 "정념(passions)"이다.(*Émile*, in: Œuvres complètes de J.-J. Rousseau, tome II, A. Houssiaux, 1852, 575 참조) 그러나 정념은 본래 자연이 인간 안에 심어놓은 인간 "보존의 주요 도구"(*Émile*, 526)이다. 그러므로 그것을 없애고자 하는 것은 "자연을 제어"하고, "신의 작품을 개조"하려는 일로서 어리석고 무모한 시도이다.(*Émile*, 526 참조) 없어도 되는 것이라면 당초에 신이 불필요한 것을 왜 인간에게 부여했겠는가. 자연에서 유래하여 인간이 생존하는 한 부착되어 있는 유일한 정념은 "자기사랑(l'amour de soi)"(*Émile*, 527)으로, 이것은 "언제나 좋은 것이며 질서에 부합한다."(*Émile*, 527) 그러나 자기사랑이 이웃 사랑으로 자라고, 공통지혜 즉 양심(conscience)으로 발전함으로써만 인간은 온전한 생존을 얻는다.

"양심은 영혼의 목소리이고, 정념은 육체의 목소리"로서 양심이야말로 "인간의 진정한 안내자"이다. 루소는 양심을 고삐 없는 정념의 고삐가 되고, 규칙 없는 지성의 규칙이 되고, 원칙 없는 이성의 원칙이 되는 인간 본성의 최고 원리로 찬양한다.

3. 인간은 사회계약에 의해 자연상태에서 시민적 상태로 이행함으로써 천부의 자유와 그가 욕구하는 모든 것에 대한 막연한 권리를 잃는 대신에, "일반 의지에 제한받는 시민적 자유"와 확실하게 보장되는 "소유권" 그리고 "인간을 진정으로 자신의 주인이게 해주는 정신적[도덕적] 자유(liberté morale)"를 획득한

다. 사람이 욕구에서 오는 충동을 좇는다는 것은 사실상 노예 상태에 있는 것이고, "스스로 지시규정한 법에 복종함"으로써 인간은 진정한 의미에서 "자유"를 얻는 것이다.(*Du contrat,* I, VIII 참조)

루소에 의하면, 일반 의지는 사적 이익 대신에 항상 "공공의 유용성(utilité publique)"을 지향하기 때문에 "언제나 정당하다."(*Du contrat,* II, III) 이제 이러한 "근본협정[계약](pacte fondamental)"(*Du contrat,* I, IX)을 통해 계약 당사자들의 개개 인격을 대신하는 이를테면 "공동 자아(moi commun)"인 "하나의 정신적 단체(un corps moral & collectif)"(*Du contrat,* I, VI)가 생겨나고, 이 단체는 독자적인 존재(existence)와 생명(vie)을 가진 것으로 간주된다. 그 단체가 다름 아닌 "국가(Etat)"이고, 계약 당사자들은 이제 그 구성원인 "국가시민(Citoyens)"이 된다.(*Du contrat,* I, VI 참조)

II. 1. 칸트는 루소의 사회계약론이나 국제평화론을 계승하여 발전시켰고, 자연주의적 인간관이나 감성주의적 교육론은 반대의 관점에서 주목했다.

2. 칸트의 교육학 강의는 루소의 『에밀(*Émile, ou De l'éducation*)』(Amsterdam 1762)을 부분적으로는 받아들이고, 부분적으로는 반론을 펴면서 전개되고 있다. 칸트는 생피에르의 평화론과 이를 잇는 루소의 『생피에르의 영원한 평화를 위한 기획 발췌(*Extrait du Projet de la paix perpétuelle de M. l'Abbé de St. Pierre*)』(1760)에서의 국제연맹에 대한 구상을 그의 「보편사의 이념」에서 직접 언급하고 있으며(IaG, A399=VIII24 참조), 이를 그의 평화론에서 계승하고 있다.

루크레티우스 Titus Lucretius Carus

1. 루크레티우스(BC ca. 99~53)는 에피쿠로스학파에 속하는 로마의 시인이자 철학자이다.

2. 칸트는 루크레티우스의 철학 시편 『사물의 본성(*De rerum natura*)』을 곳곳에서 인용한다.(Anth, A90=B89=VII180 · AB182=VII238 · A231=B230=VII268 참조)

사람이 제아무리 시선을 다른 데로 돌리려 해도, 열정에 휩싸이면 욕구를 숨길 수가 없다. — "가면은 벗겨져나가고, 실상은 남아 드러난다."(*De rerum natura*, III, 58)

사람은 별 뜻 없이도 타인의 고통을 함께 나누면서 자신이 그 같은 운명에 처해 있지 않음을 기뻐한다. — "유쾌하구나. 광대한 바다에서 바람이 물들을 뒤흔들 때, / 육지에서 타인의 큰 노역을 바라보는 것은. / 누군가 괴로움을 당하는 것이 달콤한 쾌락이어서가 아니라, / 오히려 자신이 어떤 화에서 벗어나 있는지를 깨닫는 것이 유쾌하기 때문이다."(*De rerum natura*, II, 1~4)

루크레티우스는 아이가 태어날 때 울음을 터뜨리는 것을 "그는 비명으로 그 장소를 채운다. 살아가며 / 그토록 많은 해악을 겪는 일만 남은 자에게나 어울리게!"(*De rerum natura*, V, 227/228)라고 읊었다.

리드 Thomas Reid

리드(1710~1796)는 『상식의 원리들에 기초한 인간 마음의 연구(*An Inquiry into the Human Mind on the Principles of Common Sense*)』(Dublin · Edinburgh 1764)를 통해 이른바 스코틀랜드 상식학파를 세웠다. 리드는 인간 마음의 여러 능력과 작용들을 관찰 서술함으로써 당대의 능력심리학 형성에 상당한 영향을 끼쳤다. 칸트는 리드가 흄의 인과 개념을 오해하고 있다고 지적(Prol, A10=IV258 참조)하고 있지만, 직접 읽지는 않은 것으로 추정된다.

린네 Carl von Linné

린네(1707~1778)는 스웨덴의 식물분류학자이다. 그는 지상의 식물들을 분류하는 일을 처음으로 시도하였으며, 현대 식물학의 아버지로 일컬어진다. 180여권의 저술을 남겼는데, 그 가운데서도 주저로 꼽히는 『자연의 체계(*Systema Naturae*)』(Stockholm)는 1735년에 초판을 시작으로 1766년에 제12판까지 나옴으로써 식물분류학의 교본이 되었다. 이원적인 라틴어 식물 분류 명칭법이라든지, 남(♂)·여(♀) 표시는 그의 제안이다.(Anth, A317=B314=VII322 참조)

링크 Friedrich Theodor Rink

1. 링크(1770~1811)는 동양학자로, 1799년부터 쾨니히스베르크(Königsberg) 대학의 신학부 교수였고, 1801년부터는 단치히(Danzig) 교회의 주임목사를 역임하였다. 그는 1786~1789년간에 칸트 수강생이었으며, 1795~1801년간에는 매주 두 차례씩 있는 칸트 식탁 회원으로, 칸트와 매우 긴밀한 관계를 유지했다.

2. 링크는 칸트의 위탁을 받아 『임마누엘 칸트의 자연지리학(*Immanuel Kants Physische Geographie*)』(1802)과 『임마누엘 칸트의 교육학(*Immanuel Kant über Pädagogik*)』(1803)을 편찬했으며, 이미 1800년에는 칸트의 감수를 받으면서 『칸트의 미출간 소논문집(*Sammlung bisher unbekannt gebliebener kleiner Schriften von I. Kant*)』을 편찬해냈고, 칸트 사후(1804)에는 『형이상학의 진보』(→)도 편집 출판하였다.

〖 ㅁ 〗

마음 心 Gemüt animus

'마음'과 관련 개념들

I. 1. 칸트는 '마음'을 '게뮈트(Gemüt)'로 표현한다. 영어 mind에 해당한다고 보겠는데, 영어 낱말 mind의 형용사 mental은 그 어원이 라틴어 '멘스(mens)'로, 이를 통상 '정신(Geist)'이라 하고, 칸트는 Gemüt에 대응하는 라틴어 낱말로 '아니무스(animus)'를 사용한다. 그러니까 어원상으로 보나 지칭상으로 보나 칸트 용어 '마음(Gemüt, animus, 心)'은 상당 부분 '영혼(Seele, anima, 靈魂)' 또는 '정신(Geist, spiritus/mens, 精神)'과 그 내포와 외연이 겹친다. — 그런데 칸트가 초월철학의 체계 내에서 주관의 능력을 이야기할 때는 주로 '마음'을 사용하지만, 이성적 영혼론을 비판하는 변증학 장에서는 '영혼'만을 주제로 삼는다. 또한 언제나 'anima'에는 'Seele'를, 또 'animus'에는 'Gemüt'를 일관되게 대응시키는 것도 아니며, 비판철학 시기의 칸트는 사실상 'animus'라는 라틴어 표현은 사용하지 않는다. —

어원적으로 '게뮈트(Gemüt)'는 '정서(muot)의 집합(ge)', 곧 '생각하고 느끼고 의욕하는 힘들 모두'를 지칭한다고 볼 수 있으니 '게뮈트(Gemüt)'는 내포적으로

나 외연적으로나 유연성이 큰 개념이라 할 수 있다. 여기에다 칸트는 마음을 곳에 따라서는 '헤르츠(Herz)'나 '진(Sinn)'이라고 표현하므로, 용어의 의미를 문맥에 따라 새겨야 한다.

2. 칸트의 '마음(Gemüt)'과 한국어 '마음'이 대체로 대응하기는 한다 해도, 양자 사이에는 매우 큰 차이점 또한 있다. 그것은 한국어에서 마음은 때로는 주관을 때로는 객관(객체, 대상)을 지칭하며, 후자의 경우에는 그 주체가 무엇인지가 불분명한 데(예컨대, "내가 마음을 비운다."고 한다면, 이때 '나'와 '마음'의 관계가 불분명한 데) 반해, 칸트에서는 기본적으로 '나=우리=마음'의 등식이 성립하여 마음이 보편적 주체/주관을 지칭한다는 점이다. — 그래서 칸트는 보편적 주관주의자라 일컬을 수 있다.

3. 칸트의 이러한 개념 사용은 당대의 능력심리학 그리고 재래의 이성적 영혼론과의 관계에서 자연스럽게 나타난 것이다.

II. 1. 칸트에서 '정신(mens, Geist)'은 뉴턴의 제1 운동의 법칙[관성의 법칙]에서 분명하게 규정된 '물체[신체](corpus, Körper)', 곧 '오로지 외부의 힘에 의해서만, 그러니까 기계적으로만 운동하는 것'이라는 개념에 대립적인 것, 즉 '자기 고유의 운동력을 가진 것'이다. 그리고 물체[신체]와 결합하여 통일체를 이루고 있는 정신을 '영혼(anima, Seele)'이라 한다. 그러니까 영혼은 물체[신체]성과 정신성을 동시에 갖고서 한편으로는 수동적(passiv: leidend)이고 수용적(rezeptiv: empfänglich)으로 작동하며 다른 한편으로는 능동적(aktiv: tätig)이고 자발적(spontan: selbsttätig)으로 활동하는데, 이러한 영혼(anima)을 마음(animus, Gemüt)이라 일컫는다. 그러므로 사실상 '영혼'과 '마음'은 교환 가능한 말이다. 그런데 때로 영혼은 "물질 안에서의 생명의 원리(Principium des Lebens)"(KrV, A345=B403)를 지칭하고, 이럴 경우 영혼(anima)은 사물의 "생명성(Animalität)"(KrV, A345=B403)을 일컫기도 하므로, 그런 한에서 '영혼'과 '마음'은 구별하여 쓰인다. 그래서 '영혼 불멸', "영혼은 불사적이다."라는 표현은 써도 '마음 불멸', "마음은 불사적이다." 등의 표현은 쓰지 않는다. 그러니까 수동적[감수적]인 한편 능동적[자발적]인 활동체라는 점에서는 '영혼'과 '마음'은 한가지이나 '영혼'

은 생명성이라는 내포를 더 갖는 개념이라 하겠다. — 이성적 영혼론에서 영혼의 징표로 열거되는 것은 "생명성" 외에도 '비물질성(Immaterialität)', '불후성(Incorruptibilität)', '인격성(Personalität)', '정신성(Spiritualität), "불사성(Immoralität)", "물체와의 교호성(Commercium mit Körpern)" 등이다.(KrV, A345=B403 참조)

2. 마음은 성능(Fähigkeit)과 능력(Vermögen)과 힘(力: Kraft)을 갖는다. 마음은 밖의 것을 수용할 수도 있고 스스로 무엇인가를 내어 활동할 수도 있는 성능이 있으며, 이러한 성능을 족히 발휘할 수 있는 능력을 가지고 있다. 그러나 능력이 있다고 모두 발휘되는 것은 아니니 그를 위해서는 힘[力]이 있어야 한다. 이 세 가지 계기를 마음의 역량, 가능력, 실현력이라고 구별해볼 수도 있겠다.

칸트 '마음' 이론의 대강

I. 1. 칸트에서 철학이란 "철학적 인식들 즉 개념들에 의한 이성 인식들의 체계"(Log, A23=IX23)이고, 이때 이성 인식이란 원리적 인식(cognitio ex principiis), 즉 순수한 선험적 인식을 말한다. 그리고 칸트의 비판철학은 바로 이성 비판을 통하여 순수한 선험적 이성 원리들을 발견하고, 그 원리들의 사용 범위를 규정하는 것을 과제로 갖는데, 여기서 '이성'이란 다름 아닌 인간의 '마음' 또는 '나'의 다른 지칭이다. 칸트 비판철학의 이러한 주제 설정은 한편으로 경험심리학의 과학적 탐구에 개입함이 없이, 다른 한편으로 영혼 또는 정신과 물체에 관한 형이상학적 논쟁에 관여함이 없이 현상에서 마주치는 '마음'의 여러 기능들을 분간하고 그 기능원리들을 분별하는 일을 철학 고유의 과제로 삼음을 뜻한다.

2. 칸트에서 궁극의 철학적 물음은 "인간이란 무엇인가?"(KrV, A805=B833; Log, A25=IX25 참조)이다. 그런데 그 답을 얻기 위해서는 불가불 "1) 나는 무엇을 알 수 있는가?"라는 인식론적 물음과 "2) 나는 무엇을 행해야만 하는가?"라는 도덕론적 물음, 그리고 "3) 나는 무엇을 희망해도 좋은가?"라는 종교론적 물음을 묻고 대답해야 한다. 이로써 철학의 주요 과제는 지식(Wissen)과 실행(Tun) 그리고 이것들을 넘어서는 희망(Hoffnung)의 문제가 되는데, 이 물음에 대한 대

답을 칸트는 우선『순수이성비판』과『실천이성비판』을 통해 내놓고, 뒤이어 이러한 문제의 밖에 있는 취미이론을『판단력비판』을 통해 또한 내놓았다. 그리고 이들 저술은 오늘날 '칸트 3대 비판서'라는 평가와 함께 칸트철학의 중요 부분으로 여겨지고 있다.

사람들은 인간이 추구하는 최고의 '참'가치를 '진(眞: 참임)·선(善: 참됨)·미(美: 참함)'로 보는데, 이것은 보통 인간 의식의 작용방식을 '지(知)·정(情)·의(意)'로 분별하는 것에 상응하는 것이다. 사람들은 어떤 관점에서는 이에다가 '성(聖: 眞善)'을 더하여 인간이 추구하는 최고의 가치를 '진·선·미·성'이라고 말하기도 하는데, 당초의 칸트의 '인간'에 대한 세 물음은 이 네 가지 가치 중 '진(眞)·선(善)·성(聖: 眞善)'을 겨냥하는 것이라 하겠다.

3. 그런데 칸트는 그의 3비판서를 통해, 그러니까 먼저 수행한 '이론이성 비판'과 '실천이성 비판'에 이어 추가로 '판단력 비판' 작업을 통해 세 가지 '마음의 능력', 곧 "인식능력, 쾌·불쾌의 감정, 그리고 욕구능력"에 각기 상응하는 "선험적" 원리, 곧 '철학적' 원리를 발견하고 그의 지식학과 윤리학에 이어 '철학적 미학' 이론을 내놓았으니, 이것은 통상적인 인간 의식작용의 분별인 '지(知: 인식능력)·정(情: 쾌·불쾌의 감정)·의(意: 욕구능력)'에 순수한 원리가 작동하고 있음을 밝힌 것이다. 그렇게 해서 칸트가 당초에는 경험학으로 보았던 '미학'이 철학의 성격을 얻었다. 이로써 칸트는 이성의 순수한 원리에 대한 앞서의 세 가지 물음들 중 둘째 물음과 셋째 물음 사이에 아마도 "나는 무엇에서 흡족함을 느낄 수밖에 없는가?"라는 물음을 추가하고 그에 답한 것이라 볼 수 있다.

4. 인간 본성을 개관한 흄(→)의『인성론(*A Treatise of Human Nature*)』(1739/40)이 지성·정감·도덕을 주제로 하는 3부로 구성되어 있는 사례에서 보듯, 칸트 역시 일찍부터 당대의 능력심리학이 분석한 인간 의식작용의 가지들, 즉 '지(知: Erkennen/Denken, 인식능력)·정(情: Fühlen, 쾌·불쾌의 감정)·의(意: Wollen, 욕구능력)'를 단초로 인간의 마음(영혼, '나')을 나누어보기는 하였지만, 칸트에서 철학이란 오직 선험적 원리에 관한 학문인만큼, 이렇게 저 의식작용 각각의 선험적 원리를 발견해낸 연후에야 칸트철학 체계가 완성될 수 있었던 것이

다. 그리고 그로써 칸트는 유사 심리학자가 아닌 '철학자'가 되었다.

II. 1. 칸트는 '마음' 이론 형성에 당시의 능력심리학의 대변자로서 '독일의 흄'이라 불리던 테텐스(→)의 『인간 본성에 관한 철학적 시론(*Philosophische Versuche über die menschliche Natur und ihre Entwicklung*)』(1777)을 참고하는 한편, 그가 형이상학 강의와 인간학 강의에서 교재로 사용한 바움가르텐(→)의 『형이상학(*Metaphysica*)』(1739, [4]1757)으로부터도 많은 영향을 받았다. 바움가르텐은 이미 그의 『형이상학』(제4판: 1757), §§504~699의 "경험심리학(Psychologia empirica)"에서 마음(anima/animus)의 세 능력, 곧 인식능력 · 쾌와 불쾌의 감정 · 욕구능력을 설명하고 있다. 그러나 칸트의 논리학이 당대의 형식 논리학에 대한 비판적 고찰의 산물이듯이, 그의 마음/영혼 이론의 틀 또한 당대의 경험심리학과 이성적 영혼론에 대한 비판의 결과물로서 형성된 것이다. 칸트의 마음 이론은 철학적 작업의 결실로서, 마음을 경험심리학적으로 고찰하거나, 영혼을 형이상학/신학적으로 고찰한 것이 아니라, '진 · 선 · 미'의 가치의 근원으로서의 '마음'의 선험적 능력을 해명하는 것이니 말이다.

2. 그러한 작업 결과를 정리하여 칸트 자신이 제시한 마음(영혼)의 능력들의 표는 아래와 같다.

상위 영혼 능력들의 표(KU, 서론 IX: BLVIII=V198)

마음의 전체 능력	인식능력	선험적 원리	적용대상
인식능력	지성	합법칙성	자연
쾌 · 불쾌의 감정	판단력	합목적성	기예
욕구능력	이성	궁극목적	자유

[판단력비판 제1서론]의 영혼 능력 구분표(EEKU, XI: XX246=H60)

마음의 능력	상위 인식능력	선험적 원리	산물
인식능력	지성	합법칙성	자연
쾌 · 불쾌의 감정	판단력	합목적성	기예
욕구능력	이성	동시에 법칙인 합목적성(책무성)	윤리

이 표에서 '진리'와 관계하는 인식능력에 대응하는 '지성(Verstand)'이란 마음의 앎의 성능, 바꿔 말해 이론적 이성을 지칭하는 것이고, '선'과 관계하는 욕구능력에 대응하는 '이성(Vernunft)'이란 좁은 의미의 이성, 곧 '원칙들에 따라서 판단하고 행위하는 능력'(Anth, AB120=VII199 참조)으로서의 이른바 '실천이성'을 지칭하는 것이다. 그리고 '미'를 느끼는 쾌의 감정에 대응하는 판단력(Urteilskraft)은 이른바 '반성적 판단력', 그 가운데서도 "합목적성"에 따라 판정하는 "취미(Geschmack)", 즉 "미적인 것을 판정하는 능력"(KU, B3=V203), 다시 말해 미감적 "판단력"(KU, B3=V203)을 일컫는다.

이와 같이 칸트의 비판철학도 일단 마음의 성능을 마음 씀의 대상과의 관계방식에 따라 인식능력[知]·쾌와 불쾌의 감정[취미능력][情]·욕구능력[意]으로 나누어본다. 또한 칸트는 상위의 영혼의 능력, 즉 자발성(Refl 229, XV87 참조) 또는 자율성(KU, BLVI=V196 참조)을 갖는 영혼의 능력을 그 자율성 곧 법칙수립 능력의 양태에 따라 지성·판단력·이성으로 구분한 것이다. — 앞의 표(KU, BLVIII=V198; EEKU, XI: XX246=H60)에서 칸트는 세로 항에 "인식능력"을 두고, 그와는 다른 뜻으로 또 가로 항에도 "(상위의) 인식능력"이라는 표현을 사용하고 있는데, 혼동을 피하려면 가로 항의 '상위의 인식능력'은 '상위의 영혼 능력(Seelenvermögen)'이라고 말해도 좋겠다. — 자율적인 영혼 능력인 지성은 마음의 인식작용에 "법칙성"이라는 선험적 원리를, 판단력은 취미작용에 "합목적성"이라는 선험적 원리를, 이성은 욕구 작용에 "책무성"이라는 선험적 원리를 법칙으로 수립한다.

진리의 원천으로서의 '마음'

1. 칸트에 따르면 인식은 표상의 한 방식으로 직관이나 사고 또는 이 양자의 결합으로 생긴다. '직관(Anschauung)'은 직접적이고 "단일한 표상"인데, 이성으로 통칭되기도 하는 우리 마음이 직관 작용을 할 때 그 능력을 "감성(Sinnlichkeit)"이라고 일컫고, 반면에 '공통 징표에 의한 매개적인 표상', 즉 '개념(Begriff)'

을 통한 표상 작용은 '사고(Denken)'인데, 이러한 사고작용을 하는 마음의 능력은 "지성(Verstand)"이라고 일컫는다.(KrV, A19=B33 · A50=B74 참조) 그러니까 "나는 무엇을 알 수 있는가?"에서 앎이란 직관과 사고, 감성과 지성의 "통일"(KrV, A51=B75)에 의해서만 생기는 지식, 인식으로서 직관에 의해 우리에게 주어진 것이 무엇이며, 어떻게 있는가를 표상하는 의식이다.

2. 칸트는 범주들에 따라서 지성이 잡다한 현상들을 하나의 대상으로 통일 인식하는 작용을 일컬어 "사고한다(denken)"(KrV, A19=B33 등 참조) 또는 "규정한다(bestimmen)"(KrV, A266=B322 등 참조)라고 하는데, 이때 이 사고함 내지 규정함은 선험적인 그러니까 주관적인 감성적 표상인 공간 · 시간 관계에 따라 일차적으로 정리된 자료를 다시금 선험적인 그러니까 주관적인 지성개념들인 범주들에서 통일(vereinigen) 결합함(verbinden)을 말한다. 그러므로 이러한 감성과 지성의 대상 인식작용은, '그 자신 선험적(a priori)이면서도 경험을 가능하게 하는 어떤 것'을 "초월적(transzendental)"이라고 일컫는 칸트의 용어법대로 표현하자면, 의식의 초월적 활동이다.

3. "우리가, 우리 마음이 어떤 방식으로든 촉발되는 한에서, 표상들을 받아들이는 우리 마음의 수용성을 감성이라고 부르고자 한다면, 이에 반해 표상들을 스스로 산출하는 능력, 바꿔 말해 인식의 자발성은 지성이다. 우리의 자연본성상, 직관은 감성적일 수밖에 없다. 다시 말해, 직관은 오로지 우리가 대상들에 의해 촉발되는 방식만을 갖는다. 이에 반해 감성적 직관의 대상을 사고하는 능력은 지성이다. 이 성질들 중 어느 것도 다른 것에 우선할 수 없다. 감성이 없다면 우리에게는 아무런 대상도 주어지지 않을 터이고, 지성이 없다면 아무런 대상도 사고되지 않을 터이다. 내용 없는 사상들은 공허하고, 개념들 없는 직관들은 맹목적이다. 따라서 그의 개념들을 감성화하는 일(다시 말해, 그 개념들에게 직관에서 대상을 부가하는 일)과 그의 직관들을 지성화하는 일(다시 말해, 그 직관들을 개념들 아래로 가져가는 일)은 똑같이 필수적이다. 또한 이 두 능력 내지 역량은 그 기능을 서로 바꿀 수가 없다. 지성은 아무것도 직관할 수 없으며, 감관들은 아무것도 사고할 수 없다. 이 양자가 통일됨으로써만, 인식은 생길 수 있다."

(KrV, A51=B75이하)

4. 아직 알지 못하는 무엇인가를 일정한 대상으로 파악하는 개념 작업인 인식은, 무엇인가의 촉발을 계기로 감성이 우리에게 제공하는 잡다한 표상들을 통일적으로 파악함을 말한다. 그런데 이 개념적 파악은 지성의 자발성에, 다시 말해 "서로 다른 표상들을 하나의 공통적인 표상 아래서 정돈하는" 통일 기능, 곧 사고에 기초한다.(KrV, A68=B93 참조) 그런 한에서 개념적 파악은 사고의 배면(背面)이다.

우리에 의해서 경험적으로 직관된 것, 다시 말해 "공간 시간상에 직접 현실적으로, 즉 감각에 의해 표상되는 것"(KrV, B147)만이 이 순수 지성개념에서 사고되고, 하나의 대상으로서 인식될 수 있다. 사고의 형식인 범주들은 경험적으로 직관된 대상에 대한 인식만을 형성한다. 그로써 그것들은 그 인식에서 인식되는 대상 그 자체를 규정한다.

이렇게 경험적 대상들에 대해 객관적 실재성을 갖는 범주들은, 칸트가 "순수 지성의 종합적 원칙"이라고 부르는, 일정한 규칙에 따라 실제로 경험 인식에서 형식으로 작동한다. 그로써 "경험 일반을 가능하게 하는 조건들은 동시에 그 경험의 대상들을 가능하게 하는 조건들"(KrV, A158=B197)이 된다. 그렇기에 칸트는 말한다: "우리가 자연이라고 부르는 현상들에서 그 질서와 규칙성을 우리는 스스로 집어넣는다. 그러니까 만약 우리가 그 질서와 규칙성을, 바꿔 말해 우리 마음의 자연[본성]을 근원적으로 집어넣지 않았더라면, 우리는 자연 안에서 그것을 발견할 수 없을 것이다."(KrV, A125)

5. 요컨대 칸트에서, 선험적인 표상인 공간·시간의 질서 위에서 갖가지 감각 재료들이 수용되고 이 수용된 감각 질료들이 범주로 기능하는 순수 지성개념들에 따라 종합 통일됨으로써 우리에게 한 존재자가 무엇으로 있게 된다. 바꿔 말하면, 우리는 무엇인 한 존재자를 인식하게 된다. 그러므로 한 인식에서 그리고 그 인식에서 인식된 존재자는 인식하는 의식의 선험적 표상에 의해 규정되는 것이다. 이에 칸트 초월철학의 요점은, 사고의 형식인 범주는 인식의 성립 조건일 뿐만 아니라 또한 그 인식에서 인식되는 대상의 성립 조건이기도 하다는 것이

다. 인식을 가능하게 하는 조건이 바로 그 인식에서 인식된 존재자의 가능 조건인 것이다.

6. 이로써 칸트는, 진리(→)를 "사물과 지성의 합치(adaequatio rei et intellectus)"라 규정하고, 인간의 참된 사물 인식을 "인식하는 자의 인식되는 것으로의 동[일]화(assimilatio cognoscentis ad rem cognitam)"로 해석해오던 전통에서 벗어나, 참된 인식이 "존재자의 지성에의 일치(convenientia entis ad intellectum)"로 인하여 성립한다는 사상을 표명하여, 이른바 인식자-인식 대상 사이의 '코페르니쿠스적 전환'(→)(KrV, BXVI 참조)을 수행한다. "창조될 사물의 신(神)의 지성에의 합치(adaequatio rei creandae ad intellectum divinum)"를 전제로 "인식되는 사물의 형식은 인식하는 자 안에 있다."라고 생각했던 전통 형이상학을, 순수 이성 비판을 통해 인간의 사물 인식에 대해서도 적용함으로써, "사물과 지성의 합치"를 "[인간] 지성과 [인간 지성에 의해 인식되는] 사물의 동일형식성(conformitas)"으로 해석하고, 사물을 인식하는 인간을 적어도 "부분적으로는 그 현상들의 창조자"(Refl 254, XV95)로 격상시켰다.

7. 이로써 칸트는 인식을 가능하게 하는 형식 원리가 그 인식에서 인식되는 존재자, 다시 말해 인간에게 의미 있는 유일한 존재자를 존재자로서 가능하게 하는 존재 원리임을 분명히 한다. 그래서 칸트에서는 인식론이 존재론이고 존재론이 인식론이다. 존재론이란 존재자 일반이 존재자임을 밝히는 학문, 존재자로서 존재자의 가능성의 원리를 추궁하는 학문이니 말이다. 또한 칸트에서 의미 있는 존재자란 현상뿐인 한에서, 그의 존재론은 '현상존재론'(→)이다. 그리고 이러한 칸트의 현상존재론에서 존재자로서의 존재자의 '참임(Wahrsein)', 곧 참된 의미에서의 존재(Sein)는 그 존재자에 대한 인식의 '참임', 곧 진리(Wahrheit)이다. 요컨대 진리는 인간 의식, 마음의 자기활동성(Selbsttätigkeit)에 기초하고 있는 것이다.

선의 원천으로서의 '마음'

1. 인간 의식은 그에게 주어지는 것을 주어지는 바대로 납득하고 인식하는 작용을 하기도 하지만, 반대로 주어지는 것을 변형시키거나 주어지지 않은 것을 있도록 기획하는 지향작용도 한다. 전자의 작용 의식을 일괄해서 이론이성 내지 사변 이성 또는 지성이라 일컫는다면, 후자의 작용 의식에서 기획자는 실천이성, 그 지향의 욕구능력은 의지라고 부른다.

2. 우리의 마음이 무엇인가를 욕구, 의욕함으로써 우리는 행위한다(Tun/ Handeln). 행위는 어떤 의미, 목적, 가치를 지향한다. 그러니까 "나는 무엇을 행하여야만 하는가?"라는 칸트의 물음은, 나는 무엇을 욕구해야 하며, 어떤 가치를 지향해야만 하는가를 동시에 묻는다. 이 물음은 내가 무엇을 욕구하며 무엇을 행하고 있는가 하는 사실을 문제 삼는 것이 아니라, 인간으로서 나는 어떤 목적에 따라 행위해야만 하는가 하는 당위(Sollen)의 문제를 묻는다. 그리고 어떤 하나의 목적은 그보다 상위의 목적을 위한 수단이 될 수 있으므로, 이 물음은 최종적으로는 우리가 행위를 통해 실현해야만 할 궁극의 목적은 무엇인가를 묻는다.

3. 행위는 의지적인 의식작용에 의거하되 몸을 통하여 나타난다. 입을 움직여 말을 하든 손을 놀려 붙잡든지 해야 행위이다. 그러나 몸의 놀림에 반드시 의지가 수반해야 행위라고 할 수 있다. 그러므로 행위는 어떤 목적을 지향하는 의식이 수반하는 인간의 의지적 행동만을 의미한다.

4. 그런데 "나는 무엇을 행해야만 하는가?"라는 이 철학적 물음은 그 물음 자체가 이미 답을 지정하고 있다. 인간으로서 "나는 무엇을 행해야만 하는가?" 혹은 "나는 무엇을 행해서는 안 되는가?" 하는 물음에 대해서 우리는 선(善)을 행해야만 하고 악(惡)을 행해서는 안 된다는 예정된 답을 가지고 있는 것이다. 이때 "나는 왜 선을 행해야만 하는가?" 혹은 "나는 왜 악을 행해서는 안 되는가?"는 더 이상 물을 필요가 없다. 왜냐하면 '선'은 다름 아닌 '해야만 할 것'의 가치이고, '악'은 '행해서는 안 될 것'의 명칭이기 때문이다. 그러니 문제는, ① 선이란 무엇인가; ② 나는 그런 것을 어떻게 행할 수 있는가?이다.

5. 칸트에 따르면 '선의지'(→)만이 그 자체로 또는 내재적으로 무조건적인 가치를 갖는다. — "이 세계에서 또는 도대체가 이 세계 밖에서까지라도 아무런 제한 없이 선하다고 생각될 수 있을 것은 오로지 선의지뿐이다."(GMS, B1=IV393) "선의지는 그것이 생기게 하는 것이나 성취한 것으로 말미암아, 또 어떤 세워진 목적 달성에 쓸모 있음으로 말미암아 선한 것이 아니라, 오로지 그 의욕함으로 말미암아, 다시 말해 그 자체로 선한 것이다."(GMS, B3=IV394)

선의지만이 그 자체로 선한 것이라 함은, 결국 "의무로부터"의 행위만이 "본래적인 도덕적 가치"(GMS, B13=IV399)를 가지며, 의무로부터의 행위란 도덕적 실천 법칙을 그 행위의 표준으로, 준칙(Maxime)으로, 다시 말하면 "의욕의 원리"(GMS, B13=IV400)로 삼는 행위를 말한다. "의무란 법칙에 대한 존경으로부터 말미암은 행위의 필연성[필연적 행위]"(GMS, B14=IV400)이며, 도덕의 가치는 곧 이런 "의지의 원리" 안에 있다.

6. "자연의 사물은 모두 법칙들에 따라 작용한다. 오로지 이성적 존재자만이 법칙의 표상에 따라, 다시 말해 원리들에 따라 행위하는 능력, 내지는 의지를 가지고 있다."(GMS, B36=IV412) 그러나 인간의 의지는 "자체로 온전하게는 이성과 맞지"(GMS, B37=IV413) 않기에 자주 "주관적인 조건들", 곧 외적인 동기들에도 종속한다. "그러한 의지를 객관적인 법칙들에 맞게 결정하는 것은 강요"(GMS, B37=IV413), 곧 "자기강제"(KpV, A149=V83)이다. 그렇기에 "객관적인 원리의 표상은, 그것이 의지에 대해 강요적인 한에서, (이성의) 지시명령(Gebot)이라 일컬으며, 이 지시명령의 정식(定式)을 일컬어 명령(Imperativ)(→)이라 한다."(GMS, B37=IV413)

7. 어떤 명령이 실천 법칙이 될 수 있기 위해서는 보편성과 필연성을 가져야만 한다. 어떤 것이 보편적이려면 언제 누구에게나 타당해야 하며, 필연적이려면 무조건적으로 타당해야만 한다. 그러니까 경험적이고 욕구 충족을 전제로 하는 어떠한 명령도 실천 법칙이 될 수 없으며, 실천 법칙은 오직 선험적이고 단정적인 "정언적 명령"(GMS, B44=IV416)일 수밖에 없다. 그러므로 이 명령은 실천 행위로 나아가려는 이성이 자신에게 선험적으로 무조건적으로 부과하는 규범,

곧 이성의 "자율(Autonomie)"(KpV, A58=V33)이다. 그리고 자율적으로 자기 자신에게 명령을 발하는 이성은 '자기 법칙수립적[입법적]'이며, 이 자율로서의 정언명령은 행위가 준수해야 할 "형식"을 지정한다.

정언적 "명령은 행위의 질료 및 그 행위로부터 결과할 것에 관여하지 않고, 형식 및 그로부터 행위 자신이 나오는 원리에 관여한다. 행위의 본질적으로-선함은, 그 행위로부터 나오는 결과가 무엇이든, 마음씨에 있다. 이 명령은 윤리성의 명령이라고 일컬을 수 있을 것이다."(GMS, B43=IV416)

8. 그런데 이러한 "의지의 자율을 설명하는 열쇠"(GMS, B97=IV446)는 다름 아닌 '자유(Freiheit)'(→)의 개념이다. '자유'를 매개로 해서만 이성적 존재자의 선의지가 도덕법칙과 결합할 수 있다.(GMS, B99=IV447 참조) 자유는 이성적 존재자의 본질적 속성이고, 도덕법칙은 이 본질적 속성에서 비롯한 것, 자율적인 것이고, 그런 한에서 자기강제성을 갖는 것이다. 그렇기에 이성적 존재자의 자유의지란 바로 도덕법칙 아래에 있는 의지를 말한다. 자신의 법칙에 종속하지 않는 의지는 한낱 '자의(恣意)'일 뿐으로, 그것은 실은 외적인 원인들에 의해 좌지우지되는 것이기에 진정한 의미에서는 자유롭다 할 수 없다. 그러므로 자유로운 의지로서 순수한 실천이성의 존재자인 인간은 응당 도덕법칙에 복종하여 그것을 준수할 수 있는 것이다.

9. 우리는 이성적 존재자로서 인간이 한편으로는 "감성세계에 속해 있는 한에서 자연의 법칙들(타율) 아래에 있고" 다른 한편으로는 "예지세계에 속하는 것으로서, 자연에 독립적으로, 경험적이지 않고, 순전히 이성에 기초하고 있는 법칙들 아래에 있는 것"(GMS, B108이하=IV452)을 인식함으로써, "마치 자유로부터 자율로, 다시 이 자율로부터 윤리적 법칙을 추론하는 데 어떤 비밀스러운 순환론이 포함돼 있는 것 같은 의혹은 제거"(GMS, B109=IV453)된다. 그리고 인간이 한편으로 감성세계의 타율 아래에 있으면서, 예지세계의 성원으로서 자율적이라는, 바로 이 사실로 인해 오히려 정언명령은 가능하다. — "자유의 이념이 나를 예지세계의 성원으로 만듦으로써 정언명령들은 가능하다. 그로써, 만약 내가 오로지 예지세계의 성원이기만 하다면, 나의 모든 행위들은 의지의 자율에 항상

알맞을 터인데, 그러나 나는 동시에 감성세계의 성원으로서도 보기 때문에, 의지의 자율에 알맞아야만 하는 것이다."(GMS, B111=IV454)

역설적이게도 인간은 자연의 질서 아래에 있는 감성적 존재자이기 때문에 오히려 예지세계의 성원으로서 자율성을 가질 수 있고, '인격성' 또한 얻을 수 있는 것이다.

미의 원천으로서의 '마음'

1. 칸트에서 미학(美學)(→)은 '미의 본질에 관한 학문'이라기보다는 아름다움의 감정[미감]에 관한 학문 또는 아름다움[미]의 판정 원리에 대한 탐구, 말하자면 '미적인 것을 판정하는 능력 곧 취미의 비판'이다.

그래서 칸트의 미학은 미감적 판단의 성격을 해명하는 작업을 주 과제로 삼는다. 미감적 판단은 대상의 인식에 대해 아무런 언표를 하지 않으면서도 감각에 기초해 대상을 판정하는 판단, 감각에서 단초를 얻되 상상력의 자유로운 유희에 의한 주관적인 판단이다.

2. "이 장미는 붉다."라는 인식판단에서 술어 '붉다'는 '이 장미'라는 객관의 속성으로 언표되지만, 예컨대 "이 장미는 아름답다."라는 취미판단에서 '아름답다'라는 술어는 주관의 감정에 귀속하는 것이고, 그러니까 미[아름다움]란 오로지 취미에 속하는 것(Anth, AB187=VII241 참조)으로서 한낱 주관적인 것이다. 인식판단에서는 표상이 지성에 의해 객관과 관계 맺어지나, 순수한 취미판단에서는 표상이 상상력에 의해 순전히 판단주관과 관계 맺어진다.

3. 주어진 표상에서 느껴지는 쾌·불쾌의 감정은 주관의 "생명감(Gefühl des Lebens)"으로서 우리 마음이 이 표상에서 촉발되는 방식에서, 곧 그 표상이 우리의 생명력을 강화 내지 고양하는가 아니면 저지 내지 강하시키는가에 따라서 나오는 것이다. 취미판단의 이러한 규정 근거는 순수하게 주관적이고, 감성적/미감적이다.(KU, B5=V204 참조)

4. 칸트에 따르면 우리의 의지가 정언명령 곧 도덕법칙에 대한 존경의 감정에

의해 도덕적으로 규정되듯이, 미감적 흡족도 미감적 판정의 결과로 나타난다. ― "무릇 대상이나 또는 그에 의해 대상이 주어지는 표상에 대한 이 한낱 주관적인 (미감적) 판정은 그 대상에 대한 쾌감에 선행하며, 인식능력들의 조화에서의 이 쾌감의 근거[기초]이다."(KU, B29=V218)

5. 어떤 대상에서 직관의 능력인 상상력과 법칙의 능력인 지성이 조화하면, ― 사실 이러한 일은 판단력이 "상상력을 지성에 순응"(KU, B203=V319)시킴으로써 일어나는 것인데 ― 다시 말해 상상력이 합법칙적이면 판단력에 의해 '아름답다'는 판정이 내려지고 그로써 대상에 대한 쾌감이 일어난다. 이때 우리가 아름답다고 부르는 대상의 표상과 결합해 있는 흡족은 모든 주관에 보편적으로 타당하며, 그 보편적 타당성은 '보편적 전달[공유]가능성'에서 드러나는 것으로, 이 보편적 전달[공유]가능성은, 한 주관에 의한 것이지만 인식이 보편타당성을 갖는 것이나 마찬가지의 이치로, 주관의 보편적 구조에 기반할 터이다. 그와 함께 취미판단이 주관적이면서도 보편적 타당성을 갖는 것은 그 판단이 어떠한 이해관심과도 결합되어 있지 않기 때문이며, 그래서 한 주관은 순전한 반성에서 한 대상을 아름답다 또는 아름답지 않다고 판정하는 데 "온전히 자유롭다"(KU, B17=V211)고 느낀다.

6. 순수 미감적 판단은 "이 장미는 아름답다."와 같은 단칭판단으로 표현된다. "모든 장미는 아름답다."라는 판단은 순수한 미감적 판단이 아니다. 순수한 취미판단에서 표현되는 쾌·불쾌의 감정은 언제나 개별 대상과 관계하지, 결코 대상들의 부류와 관계하지 않는다. 만약 우리가 사실로 이 세계의 장미 각각이 다 아름답다고 판정한다면, "모든 장미는 아름답다."라는 판단은 정당화될 것이다. 그러나 이 판단은 순수한 취미판단이 아니라, 미감적 판단자로서 우리가 주어진 표상에서 가진 적이 있던 감정들에 관한 총괄적인 언표이다. 그것은 인식판단인 것이다.

미적 기예 곧 예술에 대해서도 마찬가지이다. "김환기의 이 그림 〈달과 새〉는 아름답다."는 하나의 미감적 판단이다. 그러나 "이중섭의 모든 그림은 아름답다."는 미감적 판단이 아니다. 그것은 우리가 이중섭의 모든 그림 각각을 미감적으로 판정했고, 매번 우리의 흡족에 근거해서 그것들이 아름답다는 것을 알았다는 사실을 언표하는, 그러니까 하나의 '지성적' 판단인 것이다. 반면에 미감적 판단은 어떠한 지성적 곧 보편적 개념에 의거해 있지 않으면서도 보편성을 표현한다.

7. "이 장미꽃은 아름답다."라는 미감적 판단에서 내가 이렇게 판정하는 것은, 이 장미꽃에서 나의 상상력의 유희가 나의 어떤 목적이 충족된 것인 양 나의 마음을 "활성화"(KU, B37=V222)하고[생기 있게 만들고], 지성의 법칙성과 합치함으로써 나의 생명력을 약동하게 하여 나의 쾌의 감정을 불러일으키기 때문이다. 그러니까 이 장미꽃은 의지적인 것이 아니므로 결코 어떠한 목적을 가지고 있지 않건만, 그럼에도 마치 나의 쾌감을 불러일으키기 위해서, 곧 자유로운 상상력과 합법칙적인 지성의 화합을 위해 있는 것처럼 인지된다. 이에서 나의 반성적 판단력은 "이 장미꽃은 아름답다."라고 판정을 내리고, 나는 미적 쾌감을 느끼는 것이니, 이 아름다운 장미꽃은 이를테면 나의 인식력들에 대해 합목적적인 것이다. 그러므로 이 합목적성은 한낱 주관적인 것일 뿐이며, 또한 이 아름다운 장미꽃의 근저에 어떠한 특정한 실재적인 목적도 없으니, 이 합목적성은 실제로는 아무런 목적도 없는 형식적인 것, 이를테면 '형식적 합목적성'일 따름이다.

8. 그런데 칸트가 볼 때 '합목적성'이라는 개념은 "근원적으로 판단력에서 생겨난 개념"(EEKU, XX202=H8)으로서 본래 판단력이 그 자신에게 자연을 반성하기 위해 하나의 법칙으로 지정한 "자기자율(Heautonomie)"(KU, BXXXVII=V185 · B316=V388; EEKU, XX225=H32 참조)이고, 이 개념에 의거해서만 유기체와 자연의 '전 체계'를 빈틈없이 이해할 수 있는 것이며, 또한 칸트적 관점에서 예술은 "아름다운 자연의 모방으로서, (그렇다고 여겨진) 자연미로서의 효과를 내는 것"(KU, B171=V301)이다. 그러니까 사태 연관에서 보면, "미적인[아름다운] 것을 판정하는 능력"(KU, B3=V203)인 취미는 곧 자연의 잡다를 반성하기 위한 판단력의 '자기자율'인 '합목적성' 원리를 자연의 미를 판정하는 데에, 그리고 이것을 다시 예술의 미를 판정하는 데에 이전 사용하는 것이라 하겠다.

'참'가치의 원천인 마음

1. 요컨대 칸트에서 '마음'은 진·선·미라는 '참'가치의 원천이다. 인간이 추구하고, 그리고 그 위에서만 인간다움이 규정될 수 있는 진·선·미라는 가치는 인간 지성의 자기활동적 초월성, 행위 의지의 자유성, 반성적 판단력의 자기자율성에 기초하고 있는 것이니, 일체의 '참'가치의 본부는 인간의 마음인 것이다.

2. 이 같은 칸트의 '마음' 이론은 이른바 자신이 '비판적 관념론'이라고 일컬었던 '주관주의'(→) 철학의 정수로서, 진리는 오로지 '확실성'에 기초해야 한다는 데카르트적 사유를 따라 걸을 때 우리가 가질 수 있는 유일한 '철학적' 마음 이론이라 할 것이다.

마음씨 Gesinnung

1. 마음씨란 "행위에서 자신을 드러낼 준비가 되어 있는 […] 의지의 준칙들"(GMS, B78=IV435)을 일컫는다. 선한 마음씨란 선한 준칙을 세우는 마음가짐이고, 악한 마음씨란 선한 준칙을 호도하는 마음보이다. 그러니까 정확히 말해 마음씨는 준칙들이라기보다는 "준칙들의 주관적 원리"(RGV, B36=VI37) 내지 "준칙들을 채택하는 제일의 주관적 근거"(RGV, B14=VI25·참조 B8=VI21)로서 "자유의 전체 사용에 보편적으로 관여하는 것"(RGV, B14=VI25)이다.

2. 마음씨가 준칙을 채택하는 제일의 근거라 함은 어떻게 해서 선한 마음씨가 생기고, 또 악한 마음씨가 생기는지 그 근거를 다시 묻는 일이 무의미하다는 것을 뜻한다. 그것을 묻게 되면 다시금 또 그 근거의 근거를 끝없이 묻게 되지 않을 수 없을 것이기 때문이다.(RGV, B14=VI25 참조) 그래서 칸트는 "마음씨를 의사에 자연본성적으로 속하는 의사의 성질"(RGV, B14=VI25)이라고 규정한다.

3. 칸트 윤리학에서 마음씨 개념이 매우 중대한 의미를 갖는 것은, 칸트는 선악이 행위에 달려 있지 않고, 어떤 준칙을 선택하는 마음씨에 달려 있다고 보

고 있기 때문이다. 그러므로 선한 인간이 되기 위해서는 마음씨를 개선하지 않으면 안 된다. 마음씨의 개선 없이 어쩌다가 선한 행위, 즉 의무에 맞는 행위를 한다 해서 선한 인간인 것은 아니다. 적법성은 한낱 법칙의 "문자"일 뿐이며, 법칙의 "정신"은 "마음씨들(즉 도덕성)"이다.(KpV, A270=V152) "행위의 본질적으로-선함은, 그 행위로부터 나오는 결과가 무엇이든, 마음씨에 있다."(GMS, B43=IV416) 윤리성, 곧 "인간성이 행위들을 통해 자신에게 부여할 수 있고 부여해야만 하는 높은 가치는 벌써" "마음씨"에서 "성립하는 것이지 한낱 행위들 중에서 성립하는 것이 아니다."(KpV, A126=V71)

4. "자유 및 결연한 마음씨로 도덕법칙을 준수하는 능력으로서의 자유 의식은 우리의 욕구를 […] 규정하는 운동인인 경향성들로부터의 독립성이다.(KpV, A212=V117) "윤리적으로 선한 마음씨"를 "덕"(→)(GMS, B78=IV435; 참조 KpV, A151=V84)이라고 하며, 마음씨를 행위의 "정신"(KpV, A127=V72)이라고 할 수도 있다.

마이어 Georg Friedrich Meier

1. 마이어(1718~1777)는 칸트보다 약간 앞선 계몽주의 철학자로, 볼프(→)의 후임으로 할레(Halle) 대학의 교수직을 맡았다. 그의 논리학 저서 『이성이론[논리학] 개요(*Auszug aus der Vernunftlehre*)』(Halle 1752)를 칸트는 40년 동안(1756년 여름학기부터 1796년 여름학기까지) 자신의 논리학 강의의 교재로 사용했다.(NEV, A12=II310 참조) 베를린 학술원판 칸트전집 XVI권의 조각글들은 대부분 이에 관한 것이다. 1778년에 칸트는 마이어의 후임으로 할레 대학 교수로 초빙받았으나 이를 거절하였다. 그리고 그 자리는 마이어의 제자이자 훗날 칸트 비평가로 나서는 에버하르트(→)가 맡았다.

2. 마이어는 바움가르텐(→)의 제자로 그의 『형이상학』을 독일어로 번역하고, 『예정된 합치의 증명(*Beweis der vorherbestimmten Uebereinstimmung*)』(Halle

1752), 『철학적 윤리이론(*Philosophische Sittenlehre*)』(5 Bde. Halle 1753~1761) 등의 저술을 내 라이프니츠-볼프 철학을 승계 확산시키는 활동을 활발히 펴는 한편, 1754년에는 독일 대학에서 최초로 로크의 『인간지성론』을 강의하였다.

3. 논리학의 발전과 관련하여 칸트는 근대에 와서 일반 논리학을 본궤도에 올려놓은 이는 "라이프니츠와 볼프"이고, 볼프의 논리학을 구체화하는 데 최대 공로자는 "바움가르텐"이며, 이 바움가르텐의 논리학을 주해한 이는 "마이어"라고 평하고 있다.(Log, A18이하=IX21 참조)

칸트는 마이어의 논리학 저술에서 많은 철학 용어를 채택하여 사용하였는데, 대표적인 예로는 『순수이성비판』에서 쓴 '모호성', '분석학', '변증학', '정립', '반정립' 등이다. 이러한 사례는 칸트가 당대 볼프 학파의 학교철학에서 사유의 실마리를 얻어 어떻게 독자적인 철학으로 발전시켰는지를 잘 보여준다. 그러니까 칸트는 학교철학의 교조주의적 성격을 비판함과 함께 그에서 자기 사유의 자양분을 얻었던 것이다.

4. 칸트는 라틴어 철학용어를 독일어로 번역 사용하면서 ( ) 안에 라틴어 용어를 병기하는 글쓰기 방식을 자주 사용하는데, 이러한 방식은 마이어가 이미 취했던 것으로, 칸트는 교재의 내용뿐만 아니라 글쓰기 방식에서도 마이어로부터 상당한 영향을 받은 것으로 보인다. 그러나 라틴어 철학교재를 사용하여 강의하던 당시의 상황에서 이는 필수적인 서술 방식이기도 했을 것이다.

만족 滿足 Zufriedenheit acquiescentia

1. 만족이란 욕구(Begehren)나 경향성(Neigung)이 질료적으로 충족(Befriedigung)되어, 그러니까 어떤 결여나 부족함이 채워져 이를테면 마음이 평화(Frieden)와 평정(平靜: acquiescentia)을 얻은 상태이다. 그러므로 만족은 근본에 있어 욕구능력 곧 의지, 의욕, 기대, 소망 등을 전제로 한다.(→ 흡족)

2. "자기 상태에 대한 전적인 편안함과 만족"(GMS, B2=IV393) 내지는 "자기의

전 현존에 만족"함이 행복이며, "독자적 자기 충족 의식"이 정복(淨福)이다.(KpV, A45=V25) 만약 "자기만족"이 있다면 그것은 순전히 "지성적인 것"으로서, "경향성들의 충족에 의거하고 있는 감성적 만족"(KpV, A212=V118)과는 구별될 수 있겠다.

3. 그러나 인간의 생에서 완전한 만족이란 없다. 올바른 처신에서 자기 자신에 만족하는 "도덕적 관점"에서도 그러하고, 숙련과 지혜로써 얻고자 한 것을 이루어낸 것에 만족하는 "실용적 관점"에서도 그러하다. "인간은 언제나 개선을 향해 전진하기 위해서는 고통을 피할 수가 없다." 인간에게 만족이 있다 해도 비교적이고 일시적인 것일 따름이다.(Anth, AB175이하=VII234이하 참조)

말브랑슈 Nicolas Malebranche

1. 말브랑슈(1638~1715)는 프랑스의 수도사 철학자로서 『진리의 탐구(*De la recherche de la vérité*)』(1674/75)와 『자연과 은총에 관한 논고(*Traité de la Nature et de la Grace*)』(1680) 등을 통해 아우구스티누스 사상과 데카르트 철학을 융합하여 신앙의 진리와 이성의 진리를 하나로 묶고자 시도하였다. 그래서 말브랑슈는 세상 만물의 운동의 제1 작용인은 신이며 물체와 정신은 나름의 법칙대로 움직이되 상호 영향을 주고받는 듯이 보이지만, 실은 신이 기회(occasio) 원인으로서 그때마다 동시에 작용할 뿐 물체와 정신 사이의 직접적인 교호 작용은 없다는 기회원인설을 개진하는 한편 신정론(神正論)을 폈다.

2. 칸트는 "모든 실체들은 공간상에서 […] 일관된 상호작용 속에 있다."(KrV, B256)라는 상호작용의 원칙으로써 말브랑슈의 기회원인설을 일축한다. 또한 칸트는 말브랑슈가 동물에는 "아무런 영혼도 그와 함께 아무런 감정도 부여하지 않으려"(RGV, B98=VI74) 한 점을 비판하고 있다.

망상 妄想 Wahn

1. "망상이란 사상[事象]의 순전한 표상을 그 사상 자체와 동치[同値]적인 것으로 여기는 착각을 말한다."(RGV, B256=VI168) 흔히 "이러한 망상은, 사물의 가치에 대한 타인들의 한갓된 의견을 실제의 가치와 같게 평가하는 데서 성립한다."(Anth, AB233=VII270) 명예욕, 지배욕, 소유욕은 대표적인 "망상의 경향성들"이다.

2. "욕망의 동기로서 망상이란 동인에서의 주관적인 것을 객관적인 것으로 여기는 내적 실천적 착각을 말한다."(Anth, A240=B239=VII274) "수단의 소유만으로 마치 그것이 목적의 소유를 대신할 수 있는 것처럼 만족해함은 하나의 실천적 망상이다."(RGV, B256=VI168)

"망상의 경향성들은 약한 인간들을 미신적이게 만들고, 미신을 믿는 자들을 약하게, 다시 말해 (무엇인가를 두려워하거나 희망할) 아무런 자연원인일 수 없는 상황에서도 의미 있는 결과를 기대하도록 만든다." "주관적인 것을 객관적인 것이라고, 내감의 기분을 사상[事象] 자체에 대한 인식이라고 착각하도록 유도하는 망상은 동시에 미신으로의 성벽 또한 이해할 수 있게 해준다."(Anth, A242=B241=VII275)

맨더빌 Bernard Mandeville

맨더빌(1670~1733)은 네덜란드와 영국에서 활동한 철학자, 의사, 문필가이다. 그의 『꿀벌의 우화(*The Fable of the Bees or, Private Vices, Publick Benefits*)』(1714/1729)는 공리주의 윤리학 형성에 큰 영향을 미쳤다. 18세기 당시 격렬한 논쟁의 대상이었던 맨더빌을 칸트는 윤리원리가 사회체제에 의해 규정된다는 주장을 편 사람으로 분류하고 있다.(KpV, A69=V40 참조)

멘델스존 Moses Mendelssohn

1. 멘델스존(1729~1786)은 유대 상인 출신으로 독학으로 어학·수학·철학 등을 공부하여 당대 최고 인기를 누린 대중 철학자이다. 그는 학술에서뿐만 아니라 정치사회 면에서도 매우 중요한 일을 했는데, 유대인들로 하여금 기독교 시민사회에 융화할 것을 촉구하고 몸소 실천에 옮겼다. 자손들은 기독교로 개종했으며, 음악가 펠릭스 멘델스존-바르톨디(Felix Mendelssohn-Bartholdy)는 그의 손자이다.

모제스 멘델스존이 1767년에 독일어로 쓴 플라톤의 『파이돈』에 관한 해설서 『페돈(*Phädon oder über die Unsterblichkeit der Seele in drei Gesprächen*)』(Berlin: bei Fr. Nicolai)은 당시 유럽에서 10개 언어로 번역될 정도로 인기를 끌었다. 당시 독일에서는 모제스 멘델스존을 '독일의 소크라테스'라고 불렀다. 그는 1777년 10월에는 쾨니히스베르크를 방문하여 칸트와도 만났고 한동안 잦은 서신 교환과 함께 우정을 나누었다. 그러나 칸트의 『순수이성비판』(1781)의 출간을 계기로 두 사람의 관계는 소원해졌다. 칸트는 『순수이성비판』을 출간하자마자 누구보다도 그의 과업을 함께 수행하는 데 있어서 "가장 중요한 인사"로 생각한 당대의 인기 계몽주의 철학자인 멘델스존에게 그 책을 보냈는데, 멘델스존은 아무런 응답을 하지 않았고 그의 냉담한 반응에 칸트는 "몹시 불편해" 했다.(1781. 5. 11[?] 자 M. Herz에게 보낸 편지, X270; 1783. 8. 16 자 Mendelsohn에게 보낸 편지, X344~347 참조)

2. 칸트는 『순수이성비판』의 제2판(1787)에서 멘델스존이 그의 『페돈』의 두 번째 대화와 제3판(1769)에 추가된 부록(Anhang)에서 행한 '영혼의 단순성으로부터의 영혼의 불멸성 입증'을 비판한다. — "멘델스존은 그의 『페돈』에서, 단순한 존재자는 결코 존재하기를 그칠 수 없다는 것을 감히 증명함으로써, 완전한 절멸[節滅]이 되어버릴 영혼의 무상[無常]함을 저지하려 시도하였다. 단순한 존재자는 결코 존재하기를 그칠 수 없는 것이, (그것은 자기 안에 어떤 부분들도, 또한 어떠한 다수성도 가지고 있지 않으므로) 감소하거나, 차츰차츰 그것의 현존재에서 무

엇인가를 잃거나, 그렇게 해서 점차로 무[無]로 전화할 수는 결코 없기 때문에, 그것이 존재하는 순간과 존재하지 않는 순간 사이에 결코 어떤 시간도 없을 것이고, 이런 일은 불가능하니 말이다. — 그러나 그는 영혼이 서로 밖에 있는 아무런 잡다도, 그러니까 아무런 연장적 크기도 가지지 않는 까닭에, 우리가 영혼에 단순한 본성을 승인한다 하더라도, 사람들은 영혼에서, 다른 어떤 실존하는 것에 대해서도 그러하듯이, 밀도적 크기, 다시 말해 영혼의 모든 능력과 관련한, 아니 일반적으로 현존재를 형성하는 것의 일체와 관련한, 실재성의 도[度]를 부인할 수 없다는 점을 생각하지 못했다. 이 실재성의 [정]도는 무한히 많은 더 작은 도들에 의해 줄어들 수 있고, 그래서 이른바 실체[…]는 비록 분할에 의한 것은 아니라 하더라도, 그것의 힘들의 점차적인 감소(減少)에 의해 […] 무[無]로 전화할 수 있는 것이다."(KrV, B413이하)

명령 命令 Imperativ

I. 1. 의지에 대해 강요적인 객관적인 원리의 표상을 "(이성의) 지시명령(Gebot)이라 일컬으며, 이 지시명령의 정식[定式](Formel)을 일컬어 명령이라 한다." (GMS, B37=IV413)

2. "명령들은 어떤 것을 하거나 또는 하지 않는 것이 선한 것이라고 말한다. 그러나 명령들이 그 말을 하는 상대는, 어떤 것을 하는 것이 선한 것이라고 그 앞에 제시된다고 해서 언제나 그 어떤 것을 하는 것은 아닌 의지이다."(GMS, B37이하=IV413) 그래서 명령은 "이성만이 전적으로 의지의 규정 근거가 아닌 존재자에" (KpV, A36=V20) 대한 강요(→)이다.

II. 1. 모든 명령은 가언적이거나 정언적이다. '~이면, ~하라!'고 하는 가언적 명령은 "가능한 행위의 실천적 필연성을 사람들이 의욕하는 (또는 의욕하는 것이 가능한) 어떤 다른 것에 도달하기 위한 수단으로 표상하는 것이다." 단정적으로 '~하라!'고 하는 "정언적 명령은 한 행위를 그 자체로서, 어떤 다른 목적과 관계

없이, 객관적으로-필연적인 것으로 표상하는 그런 명령"이다.(GMS, B39=IV414)

지시명령되는 "행위가 한낱 무언가 다른 것을 위해, 즉 수단으로서 선하다면, 그 명령은 가언적인 것"이고, 반면에 "행위가 자체로서 선한 것으로 표상되면, 그러니까 자체로서 이성에 알맞은 의지에서 필연적인 것으로, 즉 의지의 원리로 표상되면, 그 명령은 정언적인 것"이다.(GMS, B40=IV414)

2. 가능한 의도를 위해 좋은[선한] 행위를 지시하는 가언명령은 "미정적(→)-실천 원리"이고, 현실적인 의도를 위해 좋은[선한] 행위를 지시하는 가언명령은 "확정적-실천 원리"이다. "행위를 어떤 의도와도 관계없이, 다시 말해, 또한 어떤 다른 목적 없이, 그 자체로 객관적으로 필연적인 것이라고 단언하는 정언명령은 명증적(실천) 원리"이다.(GMS, B40=IV414이하 참조)

가언명령 假言命令 hypothetischer Imperativ

I. 행위를 단적으로가 아니라, 오로지 다른 어떤 의도를 위한 수단으로만 지시명령하는 것은 가언적 명령이다.

II. 1. 미정적-실천 원리로서 가언명령은 행위가 여느 가능한 의도를 위해서 좋다는 것만을 일러준다. 그 행위는 임의의 목적을 위한 수단으로, 그 목적이 과연 합리적인 것인지 선한 것인지 묻지 않고, 오로지 그 목적에 이르기 위한 최선의 수단만을 지시명령한다. 그래서 이것은 "숙련의 명령"(GMS, B41=IV415)이라고 일컬어지기도 하고, "기술적(기술에 속하는) 명령"(GMS, B44=IV416) 내지 "기술적, 다시 말해 기예의 명령"(EEKU, XX200=H6)이라 일컫기도 한다. 예컨대 "'성인이 되어서 무엇이라도 하고자 한다면, 학창 시절에 기초 교과목을 열심히 공부해라!"와 같은 명령이다.

2. 확정적-실천 원리로서 가언명령은 누구에게나 현실적으로 확실한 하나의 목적, 곧 행복을 증대시키기 위한 수단으로서의 행위를 지시명령한다. 그것은 "자신의 행복을 위한 수단의 선택에 관련하는 명령"으로서, "'영리[현명]하라'는 훈계"(GMS, B43=IV416) 같은 것이다. 이것은 '영리[현명]함의 명령'(GMS,

B42=IV416 참조) 또는 '실용적(복지를 위한) 명령'(GMS, B44=IV416; EEKU, XX-200=H6 참조)이라 일컬어진다. 예컨대 "어려움에 놓일 때 도움을 받고 싶거든, 평소에 주위 사람을 잘 돌보아라!"와 같은 충고, 조언, 처세술이 이에 속한다.

3. 이러한 가언명령은 "실용적인 훈계일 뿐으로, 그것은 한낱 우리로 하여금 우리의 이익에 주목하게 하고, 이 이익에 주의를 기울이도록 가르친다."(GMS, B49=IV419)

III. 1. "행복을 위한 수단들이 확실하게 제시되어 있다고 가정한다면, 이 영리의 명령은 분석적-실천 명제"(GMS, B48=IV419)이다. 영리의 명령과 숙련의 명령은 목적이 주어져 있느냐 한낱 가능적인 것이냐는 점에서 차이가 있을 뿐, 둘 다 의욕하고 있는 목적을 위한 수단만을 지시한다는 점에서는 같다. 이처럼 어떤 "목적을 의욕하는 자에 대해 수단들의 의욕을 지시"하는 명령은 "분석적"이다.(GMS, B48=IV419 참조)

2. 그럼에도 숙련의 명령에서 목적은 특정되어 있지 않으며, 영리의 명령에서도 목적으로 제시된 '행복'의 요소가 다양하므로, 이러한 명령들은 "실천적-필연적"(GMS, B47=IV418)인 것이 아니다. 그러므로 이러한 명령들은 "이성의 지시명령(praeceptum)이라기보다는 조언(concilium)"(GMS, B47=IV418)이다.

3. 그래서 가언명령들은 "실천 법칙"이라 할 수는 없고, 단지 "의지의 원리들"이라고 일컬을 수 있다.(GMS, B50=IV420)

정언명령 定言命令 kategorischer Imperativ

정언명령의 개념

I. 1. 정언명령은 "어떤 처신에 의해 도달해야 할 여느 다른 의도를 조건으로서 근저에 두지 않고, 이 처신을 직접적으로 지시"(GMS, B43=IV416)하는 명령으로서, "어떠한 조건에도 제한받지 않으며, 절대적으로 필연적이고, 그러면서도 실천적으로 필연적인 것"(GMS, B44=IV416)이라는 뜻에서 '본래적인 지시명령'이

라 할 수 있다.

2. 정언적 "명령은 행위의 질료 및 그 행위로부터 결과할 것에 관여하지 않고, 형식 및 그로부터 행위 자신이 나오는 원리에 관여한다. 행위의 본질적으로-선함은, 그 행위로부터 나오는 결과가 무엇이든, 마음씨에 있다. 이 명령은 윤리[성]의 명령"(GMS, B43=IV416)이라고 일컫기도 하고, "도덕적(자유로운 처신에, 다시 말해 윤리에 속하는) 명령"(GMS, B44=IV417)이라 부를 수도 있다.

II. 1. 정언명령은 "실천 법칙"이라 할 수 있다. 왜냐하면 "무조건적인 지시명령은 의지에 대해 그 반대로 할 임의를 허용하지 않고, 그러니까 무조건적인 지시명령만이 우리가 법칙에 요구하는 그런 필연성을 가지고 있으니 말이다."(GMS, B50=IV420)

2. "정언명령은 선험적 종합적-실천 명제이다."(GMS, B50=IV420)(→ 선험적 종합 판단은 어떻게 가능한가) 무릇 "나는 의지에, 어느 경향성으로부터의 전제된 조건 없이, 행동을, 선험적으로, 그러니까 필연적으로 연결한다. […] 그러므로 이것은 실천 명제로서, 이 실천 명제는 행위의 의욕을 어떤 다른 이미 전제된 의욕으로부터 분석적으로 이끌어내는 것이 아니라, […] 오히려 이성적 존재자로서의 의지의 개념과 직접적으로, 그 안에 포함되어 있지 않은 어떤 것으로 연결한다."(GMS, B50=IV420)

정언명령의 보편적 정식(定式)

1. 정언명령은 무엇보다도 먼저 행위자의 주관적 실천 규칙 곧 준칙(→)이 보편성을 갖출 것을, 곧 법칙이 될 것을 명령한다.

2. 그래서 "정언명령의 보편적인 정식(定式)"은 첫째로, "그 준칙이 보편적 법칙이 될 것을, 그 준칙을 통해 네가 동시에 의욕할 수 있는, 오직 그런 준칙에 따라서만 행위하라."(GMS, B52=IV421)는 것이다. 다시 말해 "그 자체가 동시에 보편적인 법칙이 될 수 있는 준칙에 따라 행위하라."(GMS, B81=IV436)는 것이다. 이것은 정언명령이 보편적 실천적 규칙인 것은 그것의 객관성에 있음을 말

하는 것이다.

3. "정언명령의 보편적인 정식"은 둘째로, "마치 너의 행위의 준칙이 너의 의지에 의해 보편적 자연법칙이 되어야 하는 것처럼, 그렇게 행위하라."(GMS, B52=IV421)이다. 다시 말해 "그 자체를 동시에 보편적 자연법칙들로서 대상화할 수 있는 준칙들에 따라 행위하라."(GMS, B81=IV437)는 것이다. 이는 정언명령이 "보편적인 자연질서와 유사한 합법칙성을 갖는 명령"(GMS, B71=IV431)으로서, 어떤 주관적 동기도 배제하고 이행해야 할 의무 사항을 지시명령하고 있음을 말한다.

4. 정언명령의 보편적 정식은 셋째로, "네가 너 자신의 인격에서나 다른 모든 사람의 인격에서 인간(성)을 항상 동시에 목적으로 대하고, 결코 한낱 수단으로 대하지 않도록, 그렇게 행위하라."(GMS, B66이하=IV429)는 것이다.

"보편적 법칙수립의[보편적으로 법칙수립하는] 의지로서의 각 이성적 존재자의 의지"(GMS, B70=IV431) 개념을 담고 있는 이 정식은 "너의 의지의 준칙이 항상 동시에 보편적 법칙수립의 원리로서 타당할 수 있도록, 그렇게 행위하라."는 "순수 실천이성의 원칙"(KpV, A54=V30)에 부합함과 아울러, 목적으로서의 인간 곧 인간의 존엄성을 표현하고 있다. 윤리성의 원리로서 정언명령은 '인간 존엄성의 원칙'이라 일컬을 수 있다.

정언명령으로서의 인간 존엄성의 원칙

1. 인간은 모든 이성적 존재자가 그러하듯이 자신이 "목적 그 자체로 실존한다."(GMS, B66=IV429)는 것을 자각한다.

2. "목적 그 자체"란 절대적 가치, 무조건적 가치를 갖는 것으로서 "필연적으로 누구에게나 목적인 것"으로 표상되므로, 이러한 것에 대한 지시명령은 무조건적으로 타당한 "객관적 원리를 형성하고, 그러니까 보편적 실천 법칙으로 쓰일 수 있는, 그러한 것"(GMS, B66=IV428이하)이다.

3. 그래서 인간은 "인간 행위들의 주관[체]적 원리"이자 "다른 모든 이성적 존

재자"에게도 타당한 "객관적 원리"(GMS, B66=IV429)로서 "네가 너 자신의 인격에서나 다른 모든 사람의 인격에서 인간(성)을 항상 동시에 목적으로 대하고, 결코 한낱 수단으로 대하지 않도록, 그렇게 행위하라."(GMS, B66=IV429)는 단적인 명령을 내린다.

4. 이 인간 존엄성의 원칙(→)은 "각 이성적 존재자(너 자신과 타인들)와의 관계에서, 이성적 존재자가 너의 준칙에서 동시에 목적 그 자체로서 타당하도록, 그렇게 행위하라."는 원리나, 그렇기에 "각 이성적 존재자에 대한 보편적 타당성을 동시에 함유하는 준칙에 따라 행위하라."는 원칙과 근본에 있어서는 한가지이다.(GMS, B82=IV437이하 참조)

5. 이 이성적 자연존재자의 존엄성의 원칙은 "최상의 실천 근거"이므로, 무릇 "이 원리로부터 의지의 모든 법칙들이 도출"된다.(GMS, B66=IV429 참조) 그러니까 이 정언명령은 "이성에 대한 최상의 실천적 원리"(GMS, B66=IV428)인 것이다.

명증적 明證的 apodiktisch

1. 필연성의 의식과 결합되어 있는(KrV, B41 참조), 이성적으로 확실함을 '명증적'이라 한다. 그러니까 명증적이란 "무조건적으로 필연적"(KrV, A160=B199)인, 그 자체로 필연적인 것을 말한다.

2. 판단의 양태에서는 "지성과 불가분리적인 것, 곧 필연적"(KrV, A76=B101)인 판단을 명증적 판단이라 일컫는다. 이때 명증 판단은 미정 판단 및 확정 판단과 구별된다.

모순율 矛盾律 Satz des Widerspruches principium contradictionis

1. 모순율이란 "어떤 것에도 그것과 모순되는 술어는 속하지 않는다."(KrV, A151=B190)는 사고의 규칙이다.

2. '무엇에 관하여 무엇을 말함' 즉 언표에서 말해지는 그 무엇, 곧 말함에서 밑바탕에 놓이는 것[基體]이 주어(主語)이고, 그 말해진 것[내용]을 술어(述語)라 한다. 이 주어와 술어가 결합하여 말이 되게끔 해주는 것이 논리(logos)이다. 이 논리의 최상의 규칙을 칸트는 모순율이라 한다. 주어와 술어는 서로 어긋나게 말해(widersprechen)져서는 안 되고, 일반적으로 말하자면, "어떤 표상에도 이 표상과 어긋나는 표상은 덧붙여질 수 없다."

"우리의 인식이 어떤 내용을 가지든, 그리고 그것이 대상과 어떻게 관계를 맺든, […] 우리의 모든 판단들 일반의 보편적인 조건은 판단들이 자기 자신과 모순되"어서는 안 된다는 것이다.(KrV, A150=B189) 즉 모순율을 어기면 어떤 판단도 진리일 수 없다. 그러므로 모순율은 모든 인식이 참이기 위한 "불가결의 조건"(KrV, A151이하=B191)이다. 더 나아가, 단지 주어 개념에 이미 속해 있는 것을 술어를 통하여 설명할 뿐인 분석 판단에 대해서는, "어떤 것에도 그것과 모순되는 술어[즉 속성]는 속하지 않는다."(KrV, A151=B190)는 모순율은 이런 판단의 진위 여부를 판정하기 위한 "보편적"(KrV, A151=B190)이고도, "충분한 기준"(KrV, A151=B191)이 된다. 다시 말하면, 한 분석적 판단[인식]이 참이라 함은, 그 판단은 자기모순을 범하고 있지 않다는 것을 뜻하는 것이다.

3. 이 모순율에 의해서 모든 분석 판단은 진위가 가려질 수 있으므로 칸트는 모순율을 "모든 분석 판단들의 최상 원칙"(KrV, A150 = B189) 내지 "모든 분석적 인식의 원리"(KrV, A151=B191 참조)라고 일컫는다. 그런 한에서 모순율은 "모든 진리의, 비록 한낱 소극적이기는 하지만, 보편적인 기준으로서 또한 논리학에 속한다."(KrV, A151=B190)

4. 어떤 언표도 이 모순의 규칙을 어기고서는 참일 수 없다. 사람은 모순적인

것을 생각할 수 없기 때문이다. 그런데 생각할 수 없는 것, 즉 논리적으로 불가능한 것은 실제로 있을 수도 없다. 그러니까 모순율은 사고와 언표, 그리고 인식이 참이기 위한 필요조건(conditio sine qua non)이자, 무엇이 존재하기 위한 최소한의 조건이다. 이런 경우까지를 아울러 말한다면, 모순율은 "어떤 것에도 그것에 어긋나는 것이 속할 수 없으며, 또한 서로 어긋나는 성질이 함께 어떤 것에 속할 수 없다."고 표현할 수 있겠다.

5. 이 모순의 법칙을 일상적인 사고나 언표에 적용하여 그것의 맞고 맞지 않음을 판별할 때에는, 동일률(→)의 적용에서와 마찬가지로, 모순을 파악하는 관점을 바꾸지 않도록 주의해야 한다. "그 사람은 무식하면서 유식하다."라는 언표가 한 관점에서 말해졌다면 모순을 범한 것이지만, 어떤 문맥에서 그것이 서로 다른 관점에서 말해진 것으로 이해될 때는 모순을 범한 것이라 볼 수 없다. 가령 저 말이 그 사람은 현대인의 필수 교양인 수학, 과학 등을 전혀 모른다는 점에서는 무식하지만, 인생 경험이 풍부하고 세계의 풍물에 대해서 밝게 안다는 점에서는 유식하다는 뜻으로 말해진 것이라면, 그것은 모순을 범한 것이라고 볼 수 없다. 또 누군가가 "인간은 살아가면서 죽어가는 것이며, 죽어가면서 살아가는 것이다."라고 말할 때도 '살아가다'와 '죽어가다'를 서술하는 기준이 다를 경우에는, 이 말이 모순을 범한 것이라 볼 수는 없다. "나는 지금 슬프면서 기쁘다."라고 말할 때도, 그것의 문맥상 의미가, 예컨대 고향을 떠남은 슬프지만 새로운 보금자리에서 꿈을 펴게 되어 기쁘다는 것으로 이해된다면, 모순된 표현이라고 볼 수 없다. 이런 경우가 적지 않다. 그러므로 언표에서 모순의 규칙 준수 여부는 문맥상의 의미를 살펴 가려야 한다.

모스카티 Pietro Moscati

모스카티(1739~1824)는 이탈리아의 의학자로, 나폴레옹 점령 시기에는 정치에도 참여하였다. 칸트는 그의 학술 강연이 독일어로 번역된 것(역자: J. Beckmann)을 읽고, 그에 대한 서평「동물과 인간의 신체상의 본질적인 차이에 관한 모스카티 글에 대한 서평(Rezension von Moscatis Schrift: Von dem körperlichen wesentlichen Unterschiede zwischen der Struktur der Tiere und Menschen)」(1771)을 썼으며, 네 발로 걷는 것과 두 발로 걷는 것 사이의 차이에 관해서는『인간학』에서도 언급하고 있다.(Anth, A317=B314=VII322 참조)

목적 目的 Zweck

I. 1. "목적이란 한 개념이 대상의 원인(즉 대상을 가능하게 하는 실재적 근거)으로 간주되는 한에서 그 개념의 대상이다."(KU, B32=V220) 바꿔 말해 목적은 그 "개념이 대상 자신의 가능 근거로 간주될 수 있는 것"이다.(KU, B45=V227) 이 목적의 표상에 맞게 행위하게끔 규정되어 있는 욕구능력을 의지라 일컫는다.(KU, B33=V220 참조) 그러니까 의지에서 "그것의 자기규정의 객관적 근거로 쓰이는 것"(GMS, B63=IV427)이 목적이다. 반면에 "그것의 결과가 목적인 행위"를 가능하게 하는 근거만을 가진 것을 "수단"이라 일컫는다.

"욕구의 주관적 근거"를 "동기"라 하고, "의욕의 객관적 근거"를 "동인"이라 한다. 그래서 동기에 근거한 "주관적 목적"이 있고, 동인에 의한 "객관적 목적"이 있다.(GMS, B63=IV427 참조) 실천 원리들이 일체의 주관적 목적들을 도외시하면 "형식적"인 것이고, 동기에 의한 주관적 목적들을 포함하고 있으면 "질료적[실질적]"인 것이다. 질료적인 목적들은 주관에 달려 있는 것인 만큼 모두 "상대적"이다.(GMS, B63=IV427 참조) 그러므로 보편적 실천 원리는 객관적 목적으로써 의지를 규정할 것을 지시명령한다.

2. 목적은 이성과 관계 맺고 있는데, 이성의 이론적 사용은 인식들의 체계 완성에 목적을 두고 있고, 이성의 실천적 사용은 "궁극적인 완전한 목적과 관련하여 의지를 규정하는 데"(KpV, A216=V120)에 관심이 있다.

3. 이론이성이 인식들의 체계를 지향할 때, 체계란 "한 이념 아래에서의 잡

다한 인식들의 통일"을 말한다. "이념이란 전체의 형식에 대한 이성개념"으로서 "이 개념을 통해 잡다한 것의 범위와 부분들 상호 간의 위치가 선험적으로 규정"되는 것이다. "이념은 실현을 위해 하나의 도식"이 필요한데, 그래서 이성은 "목적"을 세우고, 그로써 인식들의 체계인 학문은 "모든 부분들이 관계 맺고 있는 목적의 통일성"을 얻는다.(KrV, A832=B860 참조)

4. 실천이성에서 목적들이란 "원리들에 따르는 욕구능력의 규정 근거들"이므로, "사람들은 의지를 목적들의 능력이라고 정의할 수 있"다.(KpV, A103=V59)

여기서 목적이란 "한 대상의 표상에 의해 의사가 이 대상을 산출하는 행위를 하도록 규정되는, (이성적 존재자의) 의사의 대상"(MS, TL, A4=VI381) 또는 "그것의 표상이 자유로운 의사로 하여금 (그를 통해 저것이 실현되는) 어떤 행위를 하도록 규정하는, 그 자유로운 의사의 대상"(MS, TL, A11=VI384)이다. 행위는 각각 그 목적을 가지는 것이며 누구도 자기 의지의 대상 자체를 목적으로 삼지 않고는 목적을 가질 수 없으므로, 행위들의 목적을 가짐은 행위하는 주체의 자유의 활동이지 자연의 작용결과가 아니다.

5. 자유의지는 이성적 존재자의 자율과 일치하는 것이므로, 자유의지의 주체인 인간은 "목적 그 자체"이지 않을 수 없으며, 따라서 결코 무엇을 위한 한낱 수단으로 사용되어서는 안 된다.(KpV, A155이하=V87 참조) 그 자체로 존엄한 인간은, 그리고 이성적 존재자는 '목적 그 자체'이다. 인간은 한낱 이런저런 용도에 따라 그 가치가 인정되기도 하고 안 되기도 하는 '물건', 즉 무엇을 위한 '수단'이 아니라, 그 자체로서 가치를 갖는 '인격', 즉 '목적'으로서 생각되어야 한다.

II. 의지 곧 "자유의 목적들" 외에도 이성은 "자연의 목적들"도 생각한다.(ÜGTP, A132=VIII182 참조) 그런데 자연에 인과 관계가 있다는 것은 선험적으로 통찰되나 목적들이 있어야 한다는 것은 선험적으로 통찰되지 않는다. "따라서 자연에 관해 목적론적 원리를 사용하는 것은 항상 경험적으로 제약되어 있다."(ÜGTP, A132=VIII182) 순수 실천 원리는 이성이 선험적으로 결정할 수 있으므로, 자유의 목적들은 선험적으로 통찰되는 바이며, 그래서 도덕이란 다름 아닌 "순수한 실천적 목적론"(ÜGTP, A133=VIII182이하)이다. 이 순수한 실천적 목적은 궁극목적으로서 세계 안에서 실현되어야 하는 것이므로, 자연의 목적론 또한 순수한 목적이론에 포함되지 않을 수 없다. 왜냐하면 "도덕적으로 규정된 의지의 필연적인 최고 목적"(KpV, A207=V115)은 최고선, 곧 덕행과 행복의 합치이고, 이 합치는 자연세계와 도덕세계의 합치에 의해서만 성취될 수 있는 것이기 때문이다.

목적들의 나라 Reich der Zwecke

I. 1. 윤리세계는 목적들의 나라(→)이다. 이 나라 안에서 이성적 존재자들은 모두 존엄성의 원칙 아래에, 다시 말해 "그들 각자가 자기 자신과 다른 모든 이들을 결코 한낱 수단으로서가 아니라, 항상 동시에 목적 그 자체로서 대해야만 한다는 법칙 아래에 종속해 있다." 바로 이 "공동의 객관적인 법칙들"에 의해 목적들인 "이성적 존재자들의 체계적 결합"이 생긴다. 이로써 비록 하나의 이상일 뿐이긴 하지만, "하나의 목적들의 나라"가 생긴다.(GMS, B74이하=IV433 참조)

2. 목적들의 나라에서 이성적 존재자는 법칙들에 종속해 있다는 점에서는 한낱 "성원(成員)"이지만, 그 자신이 그 법칙들의 수립자로서 타자의 의지에 종속해 있지 않다는 점에서는 그 나라의 "원수(元首)"이다.(GMS, B75=IV433 참조)

3. 이 목적들의 나라의 법칙이 다름 아닌 존엄성의 법칙, 곧 도덕법칙인 한에서, 목적들의 나라는 곧 도덕의 나라이며, 그 구성원은 성원으로서나 원수로서나 모두 도덕적 존재자 곧 자유의지의 존재자이다.

II. 1. "목적론(→)은 자연을 목적들의 나라로 보고, 도덕[학]은 목적들의 가능한 나라를 자연의 나라로 본다."(GMS, B80=IV436)

2. 목적론에서 "목적들의 나라는 현존하는 것을 설명하기 위한 이론적 이념"이다. 도덕이론에서 목적들의 나라는 "현존하지는 않으나, 우리의 행동거지에 의해 현실적으로 될 수 있는 것을, 그러면서도 바로 이 이념을 좇아 성립시키기 위한 실천적 이념"이다.(GMS, B80=IV436 참조)

목적론 目的論 Teleologie

1. 목적론은 사물들의 합목적성(→)에 관한 이론으로서, "이 세계 안의 사물들은 무엇을 위하여 서로 유용한가, 한 사물 안의 잡다함은 이 사물 자신에게 무엇을 위해 좋은가"(KU, B402=V437)라는 물음이 그 주제이다.

2. 자연의 현상들을 순전한 기계적 인과성 법칙으로 설명할 수 없는 곳에서 목적들에 따른 인과성을 가지고서 관찰하고 탐구하는 것은 자연의 현상들을 어떻게든 규칙 아래로 보내기 위한 "또 하나의 원리"(KU, B269=V360)를 갖는 것이다. 그리고 이 원리는 지성이 자연 산물들의 발생을 설명하는 데는 쓸모가 없다 해도, "자연의 특수한 법칙들을 탐구하기 위한 하나의 발견적 원리"(KU, B355=V411)가 되어, 반성적 판단력으로 하여금 자연 산물들의 합목적적인 통일을 위한, 예컨대 "자연 중에 불필요한 사물은 존재하지 않는다."와 같은 보편적 원리를 찾게 만든다.

3. 그러나 "만약 우리가 자연의 근저에 의도적으로 작용하는 원인들을 놓고, 그러니까 목적론의 기초에 현상들[…]의 순전한 판정만을 위한 규제적 원리뿐만 아니라, 자연의 산물들을 그 원인들로부터 도출하는 하나의 구성적 원리를 놓는다면, 자연목적의 개념은 더 이상 반성적 판단력이 아니라 규정적 판단력에 속하는 것일 터이다. 그러나 그럴 경우에는 자연목적의 개념은 사실상 […] 전혀 판단력에 특유하게 속하는 것이 아니라, 이성개념으로서 새로운 인과성을 자연과학에 도입하는 것이다. 이런 인과성을 우리는 단지 우리 자신으로부터 빌려와 다른 존재자들에게 부여하는 것이다. 다른 존재자들을 우리와 동류라고 받아들이려 하지는 않으면서도 말이다."(KU, B270=V360이하)

4. 우리가 자연을 하나의 체계로 보고자 하고, 우리가 자연의 몇몇 형식들을 오로지 실재적인 합목적성의 개념에 의해 필연적인 것으로 판정할 수 있으면, "우리는 세계의 하나의 의도적으로-작용하는 최상의 원인을 생각"(KU, B335=V399)하지 않을 수 없다. 우연적인 것으로 인식되는 것의 필연성을 위한 이 초감성적인 근거는 그럼에도 우리 인간에게는 인식될 수 없는 것이고, 그래

서 언제나 하나의 이성이념으로 남는다.

5. 초감성적인 것의 개념 안에서 우리는 하나의 예지적인 세계를 생각하는 바이며, 이 예지적 세계 안에서 우리의 시공간적으로 규정되는 인식세계 안에서는 서로 모순되는 기계론적이면서 목적론적인 자연판정이 통합된다. 그래서 목적론은 신학(→)에서 그것의 완성을 본다.

목적이론 目的理論 Zwecklehre

1. 칸트는 사물들의 합목적성에 관한 이론으로서의 목적론(→)과는 다른, 인간 행위의 목적에 관한 이론으로서의 '목적이론'이라는 표현 또한 사용한다.

2. 윤리이론에서의 "논의거리는 인간이 그의 자연본성의 감성적 충동을 좇아 취하는 목적들이 아니라, 인간이 목적으로 삼아야 할, 자유로운 의사의 법칙들 중의 자유로운 의사의 대상들이다. 전자의 논의를 기술적(주관적)인, 본래 실용적인, 그 목적들의 선택에서 영리의 규칙을 함유하는 목적이론이라 부르고, 반면에 후자의 논의를 도덕적(객관적) 목적이론이라고 부른다."(MS, TL, A12=VI385) 기술적 목적이론은 경험적 원리들에 의거하는 자연이론에 속하며, "순수 실천이성에 선험적으로 주어지는 원리들에 의거"(MS, TL, A13=VI385)하는 도덕적 목적이론만이 윤리이론에 속하는 것이다.

몽테뉴 Michel de Montaigne

몽테뉴(1533~1592)는 프랑스의 철학자, 문필가, 도덕론의 대변자로, 그의 『수상록(*Les Essais*)』(1572~92)은 현대 포스트모더니즘에까지도 큰 영향을 미치고 있다. 칸트는 몽테뉴의 『수상록』의 독일어 번역판 *Gedanken und Meinungen über allerley Gegenstände*(1793~1799)의 전7권 중 1795년까지 발간된 여섯

권을 받아본 기록이 있다.(1793. 9. 26 자 출판자인 de la Garde의 편지, XI454 참조) 그러나 칸트의 몽테뉴에 대한 언급은 이미 『실천이성비판』(KpV, A69=V40), 『인간학』(Anth, A75=B67=VII167) 등에서도 볼 수 있다.

무 無 Nichts

1. 우리가 생각할 수 있고 말할 수 있는 가장 “기초적인 것” 또는 “가장 일반적인 것”을 칸트는 “표상”(V-Lo/Dohna, XXIV701)이라고 말하기도 하고, “대상들 일반”(KrV, A290=B346)이라고 말하기도 한다. 대상들 일반은 ‘무엇인 것’과 ‘아무것도 아닌 것’, 곧 유(有, Etwas)와 무(無, Nichts)로 나뉜다.

2. 칸트의 범주는 감각적으로 주어지는 것을 지성이 사고하는 개념이므로 오로지 무엇인 것, 곧 유에만 타당한 것이지만, 사람들은 무 또한 마치 하나의 유인 것처럼 생각하고 말한다. 그래서 칸트는 범주의 순서에 따라 무를 서술해본다.

1) 양의 범주의 관점에서 무란 곧 모두·여럿·하나라는 개념으로 사고할 수 없는 것, 그러니까 모두도 아니고, 여럿도 아니며, 하나도 아닌 것, 다시 말해 “그에 대응해서 전혀 아무런 직관도 제시될 수 없는 개념의 대상”, 이를테면 “대상 없는 공허한 개념(Leerer Begriff ohne Gegenstand)”이다. 이런 것에는 개념으로는 가능한 것, 예컨대 예지체 같은 “이성적인 것(ens rationis)”이 속한다.(KrV, 290이하=B347 참조)

2) 질의 관점에서 무란 부정성 곧 아무것도 아닌 것, “한 개념의 공허한 대상(Leerer Gegenstand eines Begriffs)”, 이른바 “결여적 무(nihil privativum)”이며, 예컨대 그림자와 같은 것이 이에 속한다.(KrV, 292=B348 참조)

3) 관계의 관점에서 무란 실체도 없고 따라서 속성도 없는, 곧 “그 자체로는 아무런 대상이 아니라”, 한낱 형식적인 것이다. 이를테면 “대상 없는 공허한 직관(Leere Anschauung ohne Gegenstand)”이라 하겠는데, 칸트는 순수 공간, 순수 시간처럼 순전히 “상상적인 것(ens imaginarium)”을 이런 것으로 본다.(KrV,

292=B348 참조)

4) 양태의 관점에서 무란 있을 수 없는 것, 개념 자체가 성립하지 않고 따라서 대상도 없는 것, 이를테면 "개념 없는 공허한 대상(Leerer Gegenstand ohne Begriff)"이다. 예컨대 둥근 사각형과 같은 것으로 "부정적 무(nihil negativum)"이다.(KrV, 292=B348 참조)

3. 칸트의 이러한 '무 개념의 구분'에 맞춰 유(Etwas)를 서술한다면, 유는 1) 양의 관점에서는 '대상 있는 충전된 개념(Erfüllter Begriff mit Gegenstand)', 2) 질의 관점에서는 '한 개념의 충전된 대상(Erfüllter Gegenstand eines Begriffs)', 3) 관계의 관점에서는 '대상 있는 충전된 직관(Erfüllte Anschauug mit Gegenstnad)', 4) 양태의 관점에서는 '개념 있는 충전된 대상(Erfüllter Gegenstand mit Begriff)'이라 하겠다.

무구별자 동일성의 원리 無區別者 同一性의 原理 Satz der Identität des Nichtzuunterscheidenden principium identitatis indiscernibilium

I. 1. 무구별자 동일성의 원리는 성질에서 전혀 구별될 수 없는 것은 그것이 그것인 것, 바로 동일한 것이라는 라이프니츠 형이상학의 원리이다.

2. 라이프니츠는 여러 곳에서 주장한다. "두 실체가 전적으로 같으면서 수적(數的)으로만 서로 다르다는 것은 참이 아니다."(Leibniz, *Discours de métaphysique*, 9); "만약 두 개의 온전히 구별될 수 없는 사물이 실존한다면, 그것들은 두 사물일 것임을 나는 인정한다. 그러나 이 전제는 잘못된 것이고, 위대한 근거율과 어긋나는 것이다. 통속적인 철학자들이, 수적(數的)으로만 또는 오로지 둘이기 때문에 서로 구별되는 사물들이 있다고 믿을 때 착오에 빠진 것이다."(라이프니츠가 S. Clarke에게 보낸 다섯 번째 편지[1716. 8. 18]); "개개의 단자는 각기 다른 것과 구별될 수밖에 없다. 왜냐하면 자연 안에는 서로 완전히 똑같고, 그것들

에서 내적인 차이 또는 내적 규정성에 기초한 차이가 발견되지 않는 두 존재자는 결코 없"(Leibniz, *Monadologie*, §9)기 때문이다.

II. 1. 칸트는 이러한 무구별자 동일성의 원리에서 라이프니츠-볼프 학파의 교조적 형이상학의 전형적인 이성주의적 폐단이 드러난다고 본다.

2. 단위 '1'을 토대로 한 수치적(數値的) 크기란, 그 크기적인 것이 동질(同質/同種)적임을 함의한다. '2'는 어떤 점에서든 동질적인 것 '1'과 '1'을 전제로 한다. 라이프니츠에서는 만약 어떤 것과 어떤 것의 내적 규정(qualitas)이 동일하다면, 이 양자는 구별될 수 없다.(KrV, A272=B328; FM, A69=XX282 참조) 라이프니츠에서는 공간·시간 표상은 사물 자체 곧 단자(monade)의 내적 규정에 속하지 않으므로, 사물의 양(量), 따라서 사물의 구별은 단지 사물들의 "내적 원리(principe interne)"(Leibniz, *Monadolgie*, §11)와 이 "내적 원리의 활동(l'action du principe interne)"(*Monadologie*, §15)에 기인하는 것이다. 그러므로 라이프니츠에서는 어떤 사물들이 서로 구별되는 한 그것들은 질적(質的)으로 서로 다른 것(ens qua res)이다. 그러나 이제 칸트에서는 오히려 동질적인 것을 전제로 해서만 양(量)이 생각되는 것이다. 두 '삼각형', 두 '물방울'의 내적 규정이 동일해도, 그것들이 상이한 장소에서 표상되기 때문에 그것들은 '둘'인 것이다.(KrV, A272=B328 참조)

3. "무구별자의 원칙은 본래 사물 일반의 개념에서 특정한 구별이 발견되지 않으면, 사물들 자신에서도 구별이 발견될 수 없으며, 따라서 (질 또는 양에서) 이미 개념상으로 서로 구별되지 않는 모든 사물은 온전히 일양(수적으로 동일)하다는 전제에 기초하고 있다. 그러나 어떤 사물의 순전한 개념에서는 그것의 직관에 필수적인 많은 조건들이 도외시되어 있으므로, 그 도외시된 것이 도무지 어디에서도 마주칠 수 없는 것으로 여겨지고, 사물에게 그것의 개념에 포함되어 있는 것만이 허용되는 것은 기이하게 성급한 일이다."(KrV, A281=B337이하)

무의식 無意識 Unbewußtsein

1. 칸트의 철학적 주제는 의식(Bewußtsein)(→)이지만, 무의식의 개념 또한 곳곳에서 볼 수 있다.

2. 실재성=1과 부정성=0의 사이에서 그러하듯이 "의식과 온전한 무의식(심리적 암흑) 사이"(Prol, A91=IV307)에는 무한한 도(度)들이 있다. 그러나 실제로 의식의 "절대적 결여" 내지 "심리적 암흑이란 있을 수 없다. 한 의식은 단지 다른, 보다 더 강한 의식에 의해서 압도될 따름이며, 감각의 모든 경우들에서도 그러한 것이다."(Prol, A91이하=IV307)

3. 칸트는 수면 상태를 무의식의 상태로 보기도 한다. "우리 인생의 3분의 1은 무의식 상태로 유감없이 지나가버린다."(Anth, A65=B65이하=VII166)는 것이다.

무조건자 無條件者 das Unbedingte

1. 자연의 인과 관계는 어떤 면에서는 결과들의 연쇄이고 어느 면에서는 원인들의 연쇄라 할 수 있는데, 자신은 더 이상 무엇의 결과가 아니면서 어떤 결과를 야기하는 것, 그것은 조건(→) 없는 것 곧 무조건자이겠다. 이것은 전통적으로 '자기 원인(causa sui)'이나 '제일 원인', '절대자'라고 일컬어졌던 것을 지칭하고, 또한 이미 인과계열을 벗어나 있는 '자유'를 뜻하기 때문에 칸트는 형이상학적 개념으로 받아들인다.

2. 이성은 주어져 있는 조건적인 것의 조건들 전체를 생각하지 않을 수 없고, 또한 조건들 전체를 가능하게 하는 것으로 '무조건적인 것'을 생각하지 않을 수 없다. 이성으로서는 "조건적인 것이 주어지면 조건들의 전체, 그러니까 저 조건적인 것을 가능하게 했던 단적인 무조건자도 주어진다."(KrV, A409=B436)고 생각하지 않을 수 없는 것이다. 이렇게 해서 이성은 세 가지 무조건자, 곧 영혼(의 불멸성)·자유[자기원인]·신을 생각하기에 이르렀고, 이것이 이른바 '초월적 가

상'(→)이 되어, 사이비 형이상학인 영혼론, 우주론, 신학이 생겨났다. 칸트의 초월적 변증학(→)은 이를 파헤치는 이론이성 비판이다.

3. 순수 실천이성 역시 "실천적으로-조건 지어진 것에 대해서도 마찬가지로 무조건자를 찾는바, 그것도 의지의 규정 근거로서 찾는 것이 아니라, […] 순수 실천이성의 대상의 무조건적 총체를 최고선의 이름 아래서 찾는다."(KpV, A194=V108) 그러나 최고선, 곧 덕과 행복의 결합이 인간의 실천적 의지에 의해 현실화된다고 생각하면 이율배반(→)이 생긴다. 순수 실천이성의 변증학은 이를 해명한다.

문명화 文明化 Zivilisierung

1. 문명화란 "야만적인 자연상태(즉 지속적인 전쟁체제의 상태)에서" 시민상태로 진보함을 말한다.(RGV, B29=VI34 참조) 인간은 "오직 사회에서만 […] 한낱 인간이 아니라 자기 나름으로 세련된 인간이고자" 하는데, "이것이 문명화의 시작이다."(KU, B163=V297)

2. "인간은 [교육을 통해] 또한 현명해지고, 인간 사회에 적응하여 호감을 얻고, 영향력을 갖게 된다." 이를 위해 필요한 것이 모종의 교화[문화화]인데, 이를 사람들은 문명화[시민화]라고 부른다. 문명화에는 범절, 정중함 그리고 모종의 현명함이 요구되며, 이 문명화에 의해 사람들은 모든 인간을 자기의 궁극목적으로 대할 수 있다."(Päd, A23=IX450)

3. "인간은 자기의 이성에 의해, 하나의 사회 안에서 다른 사람들과 함께하고, 그 사회 안에서 기예와 학문들을 통해 자신을 교화[문화화]하고, 문명화하고, 도덕화하도록 정해져 있다."(Anth, A321=B319=VII324) 그런데 칸트는 인간이 도덕화하지 않은 채 문명화만 되는 것에는 부정적이다. "온갖 사회적 예의범절에 대해 과도할 정도로까지 문명화"(IaG, A402=VIII26)되거나 "도덕 이념의 사용이 단지 명예심과 외면적 예절 따위의 윤리 같은 것으로 귀착한다면, 그것은

한낱 문명화를 이룰 뿐"(IaG, A403=VIII26)이라는 것이다.

문화 文化 Kultur cultura

1. 문화는 '인간의 문화'로서, 그것은 인간이 자연을 사용할 수 있는 온갖 목적을 위해 갖춰나갈 "유능성과 숙련성"을 말한다.(KU, B388=V430 참조) 사람이 자연에 대해 무엇인가를 부가할 이유가 있다면 그 최종 목적은 문화여야 한다.(KU, B391=V431 참조) 문화는 인간성의 교화와 순화이자 개발과 배양이다.

2. "숙련성의 문화"(KU, B392=V431), 즉 숙련성의 배양은 목적들 일반에 대해 유능함을 산출하는 것으로, 목적들 일반을 촉진하는 유능함을 위한 "가장 귀중한 주관적 조건"(KU, B392=V431)이다. 그러나 이것만으로는 "자기의 목적들을 규정하고 선택하는 데 있어서 의지를 촉진하는 데는 충분하지가 못하다." 그래서 유능성의 조건으로 "훈도(훈육)의 문화"(KU, B392=V432)가 있어야 한다. 훈도의 문화는 "의지를 욕구의 전제로부터 해방시키는 데 있다. 욕구로 말미암아 우리는 무엇인가 자연사물에 매여, 우리 자신을 충동[추동]의 족쇄에 내맡김으로써 스스로 선택할 능력이 없게 된다." "욕구는 자연이 우리 안에 있는 동물성의 사명을 소홀히 하거나 훼손하는 일이 없게 하기 위하여", 우리에게 부여한 것이기는 하지만, "우리는 이성의 목적들이 요구하는 바대로 이 욕구를 조이거나 느슨하게 하고, 늘리거나 줄일 수 있"어야 하고, 그럴 만큼 "충분히 자유롭다." (KU, B392=V432 참조) 훈도의 문화는 소극적인 방식으로 이 자유의 힘을 배양하는 것이다.

3. 인간성의 배양이라는 의미에서 도덕적 '문화' 개념에 칸트는 학예와 취미생활이라는 의미의 문화 요소를 덧붙인다. 인간은 "기예와 학술을 통해 고도로 문화화"(IaG, A402=VIII26)되며, "학문과 미적 기예[예술]를 가지고서 즐김"(Anth, AB178이하=VII236)이 문화이기도 하니 말이다.

그런데 학예와 취미는 훈육의 문화를 촉진한다.

취미의 세련화와 학문상의 사치가 허영에 의한 경우가 허다하지만, 그것들은 우리 안의 동물성의 조야함과 광포함을 극복하고 "인간성의 발전에 자리를 만들어주"는 역할을 한다. "보편적으로 소통되는 쾌에 의해 그리고 사회에 대한 순화와 세련화를 통해, 비록 인간을 윤리적으로 개선시키지는 못해도 개화시키기는 하는 미적 기예[예술]와 학문들은 감각적 성벽[性癖]의 폭군적 지배를 제법 잘 극복하고, 그렇게 함으로써 인간에게 이성만이 권력을 가져야 하는 지배 체제를 준비해준다."(KU, B395=V433) 기예와 세련화는 문화의 근간이다.(KU, B263=V356 참조) 그래서 "세련된 감각들, 곧 사교성과 예절바름"(Anth, A289=B287=VII306) 또한 문화의 요소가 된다.

4. "취미는 사회적으로 선택하는 능력이다. […] 취미가 보편적이면 보편적일수록 족속은 그만큼 더 문화화[교화]된다."(V-Anth/Mron, XXV1326) "최고의 문화의 법률적인 강제와 자기 자신의 가치를 느끼고 있는 자유로운 자연의 힘과 올바름이 […] 합일"(KU, B263=V356)하는 데 최고의 인간 사회가 있다.

5. 취미 함양에 의해 문화는 향상되지만, 철학을 통한 지혜의 함양에 의해 문화는 완성된다. — "형이상학[은 …] 우리가 진정한 의미에서 철학이라고 부를 수 있는 것을 형성한다. 이 철학은 모든 것을 지혜와 관련시키지만, 학문의 길을 통하여 그리한다. 이 학문의 길은 일단 닦아지기만 하면, 결코 잡초에 묻히지 않고, 잘못된 길에 드는 것을 승낙하지 않는 유일한 길이다. 수학, 자연과학, 인간에 대한 경험적 지식조차도 대부분 인류의 우연적인, 그러나 종국에는 필연적이고 본질적인 목적들을 위한 수단으로서 높은 가치를 가진다. 그러나 그럴 때도 오로지 순전한 개념들에 의한 이성 인식을 매개로 해서만 그렇다. 이런 이성 인식이, 사람들이 그것을 무엇이라고 부르든 간에, 본래 다름 아닌 형이상학인 것이다. 바로 이런 까닭에 형이상학은 또한 인간 이성의 모든 문화[개발]의 완성이다."(KrV, A850=B878)

물건 物件 Sache

1. "단지 수단으로서 상대적 가치만"을 갖는 이성이 없는 존재자들을 "물건들이라 일컫는다."(GMS, B65=IV428) 물건은 "현실적이고 주어진 어떤 것"으로 "무엇인가 쓸모 있는" 속성을 갖는다.(MS, TL, A84=VI429 참조) 그래서 물건은 사람들의 경향성을 이끌고, 때로는 감동과 감탄, 경탄을 불러일으키며, 경이감까지도 갖게 만들지만, 결코 존경을 일으키지는 않는다. 존경은 오로지 인격에만 향해 있는 것이다.(KpV, A135이하=V76 참조)

2. 자유를 결여하고 있고, 자유로운 의사의 객체가 되는 것은 모두 물건 곧 '물체적인 것'이라 일컬으니, 물건이란 곧 귀책능력이 없는, 곧 책임질 역량이 없는 사물을 말한다.(MS, RL, AB23=VI223 참조) 이에 비해 '인격'(→)은 존엄성을 갖고 따라서 내재적, 절대적, 목적적 가치가 있으며, 자유의 주체로서 책임능력이 있는 존재자를 일컫는다.

「물리적 단자론」 / 「기하학과 결합된 형이상학의 자연철학에서의 사용—그 첫 시론으로서의 물리적 단자론」 'Metaphysicae cum geometria iunctae usus in philosophia naturali, cuius specimen I. continet monadologiam physicam'

I. 1. 「물리적 단자론」은 라틴어 논문이 3편 이상 있어야 한다는 당시의 교수자격 취득 조건을 충족시키기 위해 1756년에 칸트가 쓴 세 번째 라틴어 논문이다.(1756. 4. 8 자 Friedrich II에게 보낸 서신, X3; XIII3 참조)

2. 이 논고에서 '물리적 단자'라는 개념을 도입 발전시킴으로써 칸트는 라이프니츠(→)의 단자론을 교정하고자 한다.

II. 1. 단자는 "서로 분리될 수 있는 다수의 부분들로 이루어진 것이 아닌, 그러한 단순 실체"(MonPh, I477)를 말한다.

2. 그런데 물체들로 채워져 있는 공간은 무한 분할 가능한 것이고, 따라서 공간상에 있는 물체 또한 그러하다. 그러므로 물체들의 근원이면서도 기하학적 공간과 물체의 무한 분할 가능성과 조화할 수 있는 어떤 원소가 있어야 하며, 그것은 물체적이 아니면서도 공간 및 물체와 관계 맺어야 하는 것이다. 그러한 것을 일컬어 '물리적 단자'라 한다. 그러니까 물리적 단자는 "그 단순성을 유지하면서도 공간 안에 있을 뿐만 아니라, 공간을 채우고 있는"(MonPh, I480) 것이다.

3. 단자의 단순성과 공간의 분할 가능성의 상충을 조화롭게 만드는 것은 다름 아닌 단자의 힘이다. 단자의 공간을 채우는 것은 단자의 연장성이 아니라, 단자의 "척력"이다. 어떤 사물이 차지하는 공간은 한 단자가 외부 물체를 밀쳐내는 활동의 범위이다. 이때 그 밀쳐냄의 한계를 지어 물체의 형태를 결정하는 것은 "인력"이다.(MonPh, I483 참조)

4. 단자에서의 서로 다른 힘들, 곧 인력과 척력의 상호작용을 통해 공간의 범위와 공간적 형태의 발생을 설명하는 물리적 단자 이론을 통해 칸트는 형이상학과 기하학의 화해를 도모한다. 그러나 칸트는 이러한 물리적 단자론을 비판철학 시기의 『자연과학의 형이상학적 기초원리』(1786)에서는 더 이상 유지하지 않는다.(MAN, A77이하=IV520이하 참조) 공기의 확장은 근원적 척력에 의해서가 아니라, "열에 근거"한다고 생각을 바꾸었기 때문이다.(MAN, A80=IV522 참조)

물질 物質 Materie

I. 1. 칸트의 용어 '마테리'는 문맥에 따라서 어떤 곳에서는 '질료'(→ 질료와 형식)로 또 어떤 곳에서는 '물질'로 새겨야 한다. 이때 물질이란 "그 자체로 운동력을 가진"(MAN, A106=IV536) "공간상에서 운동하는 것(das Bewegliche)"(MAN, A1=IV480)을 지칭한다.

2. "물질은 그것이 공간을 채우는 한에서 운동하는 것이다. 공간을 채운다

는 것은 특정한 공간에서 자신의 운동을 통해 침투하고자 하는 모든 운동하는 것에게 저항한다는 것을 말한다. 채워지지 않은 공간은 빈 공간이다."(MAN, A31=IV496) 물질은 있는 것만으로 공간을 채우는 것이 아니라 각자 나름의 "특수한 운동력으로써"(MAN, A33=IV497) 채운다. 다시 말해 물질은 "자신의 공간들을 자신의 모든 부분들의 척력들, 즉 자신의 고유한 연장력을 통해 채운다. 이 연장력은 그보다 더 작거나 더 큰 것을 무한히 생각할 수 있는 그런 어떤 특정한 도[度]를 갖는 것이다."(MAN, A36=IV499)

II. 1. "물질적 실체는 공간에서 그 자체로 운동하는 것, 다시 말해 공간상에서 그것 밖에 실존하는 모든 다른 것들로부터 분리되어 운동하는 것이다."(MAN, A42=IV502) 여기서 실체란 "실존의 마지막 주체(Subjekt), 다시 말해 그 자신이 다시금 한낱 술어로서 다른 것의 실존에 속하지 않는 것을 의미한다."(MAN, A42=IV503) 무릇 물질이란 공간에서 사물의 실존에 속하는 것으로 볼 수 있는 그런 모든 것의 기체(基體)를 말한다.

2. 물질은 그 연장력에 의해 공간을 채우고 있는 한에서 무한히 분할 가능하다.(MAN, A43=IV503 참조) 그런데 물질이 실체로 있기 위해서는 스스로 압축하는 힘을 가져야 하므로, 또한 근본적 힘으로서 인력을 갖지 않을 수 없다.(MAN, A52=IV508) 그러나 "척력이 없이 순전한 인력만으로 어떤 물질도 가능하지 않다."(MAN, A57=IV510)

III. 공간이 현상의 형식인 한 공간상의 모든 물질과 그 성질 또한 현상일 따름이다.

미/미적인 것 美/美的인 것 Schönheit/das Schöne pulchritudo

1. "취미는 대상 또는 표상방식을 일체의 관심 없이 흡족이나 부적의[不適意]함에 의해 판정하는 능력이다. 그러한 흡족의 대상을 아름답다[미적이라]고 일

컨는다."(KU, B16=V211) "미는 개념들 없이 보편적인 흡족의 객관으로서 표상되는 것이다."(KU, B17=V211) 또한 "미는, 합목적성이 목적의 표상 없이도 대상에서 지각되는 한에서, 대상의 합목적성의 형식이다."(KU, B61=V236)

2. "미에는 두 종류, 곧 자유로운 미(pulchritudo vaga: 浮遊美)와 한낱 부수적인 미(pulchritudo adhaerens: 附隨美)가 있다."(KU, B48=V229) 자유로운 미는 대상이 무엇이어야 하는가 하는 개념을 전제하지 않은 독자적으로 존립하는 미이다. "개념 없이 필연적인 흡족의 대상으로서 인식되는 것은 아름답다."(KU, B68=V240) 반면에 부수적인 미는 한 개념 아래에 있는 대상에 덧붙여지는 것이다. 이 장미꽃의 아름다움이 자유미라면, '인간적 미'는 부수적인 미이다.

3. 또한 미는 자연미와 예술미로 구별해볼 수도 있는데, "자연미는 하나의 아름다운 사물이며, 예술미는 사물에 대한 하나의 아름다운 표상이다."(KU, B188=V311) 자연은 마치 예술 작품 같아 보일 때 아름답고, 예술미는 자연미와 흡사할 때만 미적인 것이다. 칸트는 "자연은 그것이 동시에 예술인 것처럼 보였을 때 아름다운 것이었다. 그리고 예술은 우리가 그것이 예술임을 의식할 때에도 우리에게 자연인 것처럼 보일 때에만 아름답다고 불릴 수 있는 것이다."(KU, B179=V306)라고 생각한다.

윤리성의 상징으로서의 미

I. 1. 사회에서 인간은 미적인 것에 관심을 가지며, "한낱 인간이 아니라 자기 나름으로 세련된 인간이고자"(KU, B163=V297) 의욕한다. 경험적 관심이 사회적으로 그리고 어느 정도 정념적으로 조건 지어져 있다면, 자연미에 대한 인간의 지성적 관심은 "항상 선한 영혼의 표지(標識)"이며, "만약 이 관심이 습관적인 것이라면, 그것이 자연의 정관(靜觀: Beschauung)과 기꺼이 결합될 때, 그것은 적어도 도덕적 감정에 호의적인 마음의 정조(情調)를 가리킨다는 것이다."(KU, B166=V298이하) 자연미에 대해 지성적 관심을 갖는 사람에게는 산물로서 자연의 형식뿐만 아니라 자연의 현존재도 적의하다. 자연미는 아무런 허식을 가

지지 않기 때문에, 예술미 — 이것이 비록 자연미와 흡사하다고 하더라도 — 에 대해 우위성을 갖는다. 곧 예술미에 대해서와는 다르게, 자연미에 대해 직접적인 관심을 보이는 사람은 적어도 선한 도덕적 마음씨의 소질을 가지고 있다. 이런 사람에게서 우리는 "아름다운 영혼을 전제"(KU, B168=V300)한다. "자연의 미적인 것에 관심을 가지는 이는, 그가 앞서 이미 윤리적으로-좋은[선한] 것에 대한 그의 관심을 충분히 기초 닦은 한에서만, 자연의 미적인 것에 대하여 그러한 관심을 가질 수 있는 것이다. 그러므로 자연의 미가 직접적[무매개적]으로 관심사가 되는 이는 적어도 선한 도덕적 마음씨의 소질이 있다고 추정할 이유가 있다."(KU, B169이하=V300이하)

2. 이성이념들의 객관적 실재성에 대해 도덕적인 관심을 갖는 사람은 자연미에 대한 미감적 관심도 갖는다. 왜냐하면, 그에게 자연의 미는 도덕적인 선의 "암호"(KU, B170=V301)로 나타나기 때문이다. 도덕적 감정이 인간성의 이념과의 개념적 관계에 의거해 있다면, 미감적 감정은 그것과의 무개념적 관계에 의거해 있다. 사람들이 미에 대해 도덕적인 사유방식에 의거해 있는 지성적 관심을 갖는 한에서, 미감적 흡족은 의무로 고양된다. 물론 한편으로 순수한 미감적 판단의 논리와 다른 한편으로 우리의 도덕성으로의 소질 개발에 의거해 있는 자연미에 대한 지성적 관심의 요구와의 사이에 개념적 차이가 있으니, 자연미에 대한 이러한 관심을 보임이 없이도, 취미를 갖는 것이 가능할 수 있음도 분명하다.

3. 그래서 칸트는 미를 "윤리성의 상징"(KU, B254=V351)으로 본다. 상징(→)이란 그 개념을 유비를 통해 간접적으로 현시하는 것이고, 그를 위해 우리는 경험적 직관들을 이용한다. 이제 칸트가 주장하는 것은 미적인 것은 윤리적으로-좋은 것, 곧 선의 상징이라는 것이다. — "미적인 것은 윤리적으로-좋은[선한] 것의 상징이며, 그리고 또한 (누구에게나 자연스럽고, 또 누구나 다른 사람에게 의무로서 요구하는 관계의) 이러한 관점에서만 미적인 것은 다른 모든 사람들의 동의를 요구함과 함께 적의한 것이다."(KU, B258=V353)

II. 칸트에서 진[참임]·선[참됨]·미[참함]는 오직 초감성적인 것의 이념 아래에서만 통일적인 것으로 생각될 수 있는 것이다. 여기서 미감적 규범성을 도덕철학적으로 정초하는 것이 예술의 자율성에 심각한 훼손이 되지는 않을까 하는 우려가 생길 수 있다. 칸트의 미학 이론을 통해 예술의 자율성이 확보되기를 기대하고, 이 점에서 칸트 이론의 역사적 공헌을 높게 평가하고자 할 때는 특히 그러하다. 그러나 칸트가 어떤 완전성 개념에 부착해 있는 한낱 "부수적인 미"가 아니라, 어떠한 목적 개념과도 무관한 "자유로운 미"(KU, B46=V229) 내지 "독립적 미"(Refl 639, XV276)를 순수한 미로 역설한 점을 고려할 때(KU, §16 참조) 이러한 우려는 부질없는 것이다. 또한 칸트가 당초에 미의 가치와 선의 가치를 지향하는 마음의 능력을 각각 (쾌·불쾌의) 감정과 의지(욕구능력)로 분명히 구별함으로써 미감적 판단의 가능성을 해명할 수 있게 되었다는 점을 상기할 때, 미적 기예 곧 예술이 독자적 영역을 갖는다는 것이 칸트의 기본적 생각임은 두말할 것이 없다. 다만 인간을 이 세계의 궁극목적이게끔 하는 윤리성과 관련해서 보면 "학문들"과 마찬가지로 "미적 기예" 곧 예술도, "우리의 판정능력이 감관의 향수로부터 윤리감정으로 이행함을 드러"(KU, B164=V297)내는 취미도 결국은 인간의 도덕적 품성을 함양하고, 그리하여 이성적 동물인 인간이 동물성에 함몰되지 않고 이성의 자율성을 강화하는 하나의 길인바, 그것은 필시 윤리적인 것과 미적인 것을 합일시키는 어떤 초감성적인 것에 그 근거가 있을 것임을 말한 것이라 하겠다. ― "보편적으로 소통되는 쾌에 의해 그리고 사회에 대한 순화와 세련화를 통해, 비록 인간을 윤리적으로 개선시키지는 못해도 개화시키기는 하는 미적 기예[예술]와 학문들은 감각적 성벽[性癖]의 폭군적 지배를 제법 잘 극복하고, 그렇게 함으로써 인간에게 이성만이 권력을 가져야 하는 지배 체제를 준비해준다."(KU, B395=V433)

미성숙 未成熟 Unmündigkeit

1. "건전한 사람이 시민사회에서 자기 지성의 고유한[독자적인] 사용에 대해 (자연적으로 내지는 법률적으로) 무능력함을 미성숙이라 일컫는다."(Anth,

B135=VII208) 그러니까 "자기의 지성을 타인의 지도 없이는 사용할 수 없는 무능력"(Anth, A135=VII208)은 미성숙이다. "이 미성숙이 연령의 미숙에 기인한 것이면, 그것은 미성년(未成年)이라 일컬어진다. 그러나 그것이 시민적 업무에 관한 법률적 제도에 의거한 것이면, 그것은 법률적 또는 시민적 미성숙이라고 부를 수 있다."(Anth, B135=VII208이하)

2. 연령이 미숙하지 않음에도 불구하고, 자기의 지성을 타인의 지도 없이는 사용할 수 없는 무능력에서 벗어나기 위해서는, 자기 자신의 지성을 사용할 결단과 용기를 가져야 하는데, 거기에 계몽(→)의 정신이 있다.(WA, A481=VIII35)

『미와 숭고의 감정에 관한 고찰』 *Beobachtungen über das Gefühl des Schönen und Erhabenen*

I. 1. 이『고찰』은 칸트가 초기에 펴낸 대중적 저술로, 1764년 초판과 1766년 재판은 쾨니히스베르크(bei Johann Jacob Kanter)에서, 1771년의 제3판은 리가(bei Johann Friedrich Hartknoch)에서 발행되었다.

2. 이『고찰』은 제목에서도 이미 나타나듯이 버크(→)의『숭고와 미에 대한 우리의 개념들의 기원에 관한 철학적 연구(*A Philosophical Enquiry into the Origin of Our Ideas of the Sublime and Beautiful*)』(1757)에 적지 않게 영향을 받았다. 그러나 버크의 이 저술이 독일어로 번역되어 *Philosophische Untersuchung über den Ursprung unserer Begriffe vom Schönen und Erhabenen*(Riga, bei Hartknoch, 1773)로 출판된 후, 칸트는『판단력비판』에서 버크와 같이 미를 생리학적 심리학적으로만 고찰해서는 미감의 보편성을 설명할 수 없다고 비판한다.(KU, B128이하=V277이하 참조)

II. 1. 칸트는 4절로 구성된 그의 초기의 미학 저술『미와 숭고의 감정에 관한 고찰』에서 미와 숭고에 대해 "철학자로서보다는 관찰자로서의 시선"(GSE, A2=II207)을 던지고 있다.

2. '제1절 숭고와 미의 감정의 상이한 대상들에 대하여'에서 칸트는 숭고와 미의 감정은 한갓된 감각적 감정이 아니라 세련된 감정이라고 하면서도 숭고와 미의 감정에 대해 정의를 내리기보다는, "밤은 숭고하며 낮은 아름답다."거나 "숭고한 것은 감동적이고, 아름다운 것은 매력적이다."(GSE, A5=II208이하 참조)처럼 서로 다른 대상, 서로 다른 심정 상태를 예로 들어 양자의 차이를 드러내 보인다.

3. '제2절 인간 일반에 나타나는 숭고와 미의 성질들에 대하여'에서 칸트는 숭고한 것과 아름다운 것의 특성들을 그것을 느끼는 사람들의 기질과 연관시켜 나열 설명한다. ― "지성은 숭고하고 기지는 아름답다." "숭고한 성질들은 존경심을 불러일으키고, 반면에 아름다운 성질들은 사랑을 불러일으킨다."(GSE, A9이하=II211)

여기서 칸트는 숭고함의 감동이 아름다움이 주는 감동보다 강력하지만, 아름다움의 감동이 함께하지 않으면 숭고의 감동 또한 유지되지 않는다면서 양자의 병행과 조화가 최상이고, 이 감동에 도덕적 감정 또한 함께 자란다고 생각한다.

4. '제3절 남성과 여성의 상호 관계에서 숭고와 미의 구별에 대하여'에서 칸트는 숭고함은 남성적인 것으로, 아름다움은 여성적인 것으로 특징짓는다. ― "여성들은 아름답고 고아하고 장식적인 모든 것에 대해 선천적인 강한 감정을 가지고 있다."(GSE, A49=II229) 여성도 남성만큼의 지성을 가지고 있다. 그러나 "그것은 단지 아름다운 지성일 따름이다. 반면에 남성의 지성은 심오한 지성일 것이다. 그것은 숭고와 동일한 것을 의미하는 표현이다."(GSE, A50이하=II229)

5. '제4절 숭고와 미의 구별되는 감정에 기인하는 한에서의 민족의 성격에 대하여'에서 칸트는 유럽 문화를 이끈 대표적인 민족들의 숭고와 미의 감정을 사례별로 고찰하고 있다. 프랑스인과 이탈리아인은 미의 감정을 잘 보여주고 있고, 독일인과 영국인은 숭고의 감정을 갖추고 있다. "독일인은 미의 감정에서는 프랑스인만 못하고, 숭고의 감정에는 영국인만 못하지만, 두 감정이 결합해서 나타나야 할 경우들에서는 더 적합하다."(GSE, A83=II244)

6. 『고찰』의 말미에서 칸트는 예술과 학문의 역사를 일람한다. 고대 그리스 로마의 예술은 숭고와 미의 탁월한 범례를 보여주었는데, 중세에는 세련된 취미가

소멸했다. 그러나 다행히 근대에 와서 예술과 학문에서뿐만 아니라 도덕적인 것에 관해서도 아름다움과 숭고함이 꽃피고 있다는 관점으로 『고찰』은 마무리된다.

미정적/문제[성] 있는 未定的/問題[性]的 problematisch

1. '문제/난제(Problem)'에서 유래한 '문제성/난점(Problematik)'에서 파생한 '프로블레마티슈(problematisch)'는 칸트에서 크게 보아 두 가지 의미로 사용된다.

이 말이 보통 판단에 대해서 쓰일 때는 사람들이 "그것을 긍정하든 부정하든 순전히 가능한(임의적인) 것으로 받아들이는 그러한 판단"(KrV, A74=B100)을 지칭하는 것으로 '확정적(assertorisch)'·'명증적(apodiktisch)'과 함께 판단의 양태들 중 한 가지를 일컫는다.

그런데 예컨대 "자유 개념"(KpV, A4=V3)과 같은 성격의 사태 내지 사물에 대하여 쓰일 때는, 어떤 것의 객관적 실재성이 아직 확증되지 않았다는 점에서는 '문제(Problem)가 있'지만, 논리적으로는 '생각하는 것이 불가능하지 않은'이라는 뜻을 갖는다.

2. 이러한 구별이 가능하다면 앞의 경우에는 '미정적[未定的]'으로, 뒤의 경우에는 '문제(성) 있는'으로 이해할 수 있겠다. 그리고 뒤의 경우가 이 말이 파생된 원래 명사의 뜻에 더 근접한다고 보겠다. 앞의 경우에 대해서는 '개연적'이라고 새길 수도 있으나, 칸트가 사용하는 다른 말 '바르샤인리히(wahrscheinlich)'(KrV, A293=B349 참조)가 한국어 '개연적/확률적'에 더 충전적이다.

미하엘리스 Johann David Michaelis

1. 미하엘리스(1717~1791)는 괴팅겐(Göttingen) 대학의 철학 교수로 그의 도덕학 저술은 사후에 『미하엘리스의 도덕학(*Johann David Michaelis Moral*)』(Carl

Friedrich Stäudlin 편, Göttingen 1792/93)으로 출간되었다.

2. 칸트는 미하엘리스를 철학과 신학을 함께 다루면서도 아무런 공격을 받지 않은 철학자의 예로 들고 있으며(RGV, BXXIV=VI13 참조), 또한 프리드리히 빌헬름 2세(Friedrich Wilhelm II)의 문책에 대한 해명서에서도 미하엘리스를 끌어들이고 있다. “그의 철학적 도덕[론]에서 똑같이 태도를 취했던 고[故] 미하엘리스는 이미 이로써 그가 성서적인 어떤 것을 철학에 밀어 넣거나 철학적인 어떤 것을 성서로부터 끌어내려고 생각하지 않았고, 오히려 단지 그의 이성명제들을 다른 이들(아마도 시인과 웅변가)의 판단과의 참된 혹은 오산[誤算]한 일치를 통해 조명하고 확인하고 있음이 밝혀졌습니다.”(SF, AXVII=VII8)라고. 그러나 계시종교 대신 도덕신학을 주장한 칸트와는 달리 미하엘리스는 정통 신학자였고, 단지 아우크스부르크 신앙고백(Confessio Augustana: 1530년 루터교파의 근본 신앙고백서)에 서명을 거부함으로써 신학부 정교수직을 얻지 못했을 뿐이었다.

미학 美學 Ästhetik aesthetica

1. 『판단력비판』의 제1편에서 정초되는 칸트의 ‘미학’은 ‘미에 대한 이론’이기는 하되, ‘감각지각(aisthesis)의 학’으로서의 본질을 갖는다. ‘감각의 학’으로서의 미학은 ‘미’가 감각의 조화로운 통일성에 기초한다는 사실을 부단히 상기시킨다. 당초부터 ‘미학’은 ‘미(kallos, pulchritudo)’라는 열매가 아니라 ‘감각지각’ 내지 ‘감정’이라는 뿌리에 그 어원을 두고 있고, 칸트는 그 정신을 승계하고 있는 것이다. 그러니까 칸트에게 미학은 ‘미의 본질에 관한 학문’이라기보다는 아름다움의 감정[미감]에 관한 학문 또는 아름다움[미]의 판정 원리에 대한 탐구, 말하자면 ‘미적인 것을 판정하는 능력 곧 취미의 비판(Kritik des Geschmacks)’이다. — 칸트는 아주 이른 시기인 1765/66년 겨울학기 강의 개설 공고문에서도 “취미비판, 다시 말해 미학”(NEV, A12=II311)이라고 말하고 있다. — 그래서 칸트의 미학은 미감적 판단의 성격을 해명하는 작업을 주 과제로 삼는다.(→감성학/미학/미감

학, → 취미, → 취미판단)

2. 미학이 순전한 취미비판이라 함은, 미학은 근본에 있어서 감성학으로서 어떤 규준(Kanon)이 아니라 단지 "규범(곧 한갓 판정을 위한 전형이나 먹줄)"을 내용으로 가진다는 것을 말한다.(Log, A8=IX15 참조)

미학적/미감적/감성적 ästhetisch

→ 감성학/미[감]학

믿음 信仰 Glaube/Glauben

→ 신앙/믿음

〖ㅂ〗

바움가르텐 Alexander Gottlieb Baumgarten

1. 바움가르텐(1714~1762)은 칸트가 라이프니츠-볼프 학파로 통칭하는 일군의 대학철학 학자 중 최고봉이라 할 수 있다. 교과서로 통용된『형이상학』(1739),『윤리학』(1740)의 저술을 냈을 뿐만 아니라, 미학을 하나의 학문으로 세웠다. 독일철학사에서 바움가르텐의 최대의 공적은 다수의 라틴어/독일어 철학용어를 제안하고 정착시킨 일이라고들 말한다.

2. 칸트는 그의 이성주의적 학교철학을 비판하면서도 그의 저술의 엄밀성을 높이 평가하여, 그의『형이상학(*Metaphysica*)』(1757년판)과『제일 실천철학의 기초원리(*Initia philosophiae practicae primae*)』(1760년판)를 자신의 강의 교재로 사용하였다.

3. 바움가르텐이『미학(*Aesthetica*)』(1750/1758) 두 권을 써서 미적 판단들의 원리 체계를 제시하고, 철학으로서의 미학을 세우려 한 것에 대해 칸트는 당초에는 회의적이었으며(Log, A8=IX15 참조), 이런 생각을『순수이성비판』제2판(1787) 발간 때까지도 유지했다.(KrV, A21=B35이하 참조) 그러나 이후『판단력비판』(1790)을 펴내 미감학을 선험적 원리 위에 정초함으로써 칸트 자신이 철학적 미학을 확립하는 데 앞장섰다. 이런 가능성과 그에 대한 칸트의 탐구 계획을 우리

는 『실천이성비판』 발간 후 라인홀트(→)에게 보낸 편지(1787. 12. 28 자, X514)에서 읽을 수 있다.

바제도 Johann Bernhard Basedow

1. 바제도(1724~1790)는 칸트 당대 계몽주의 시대 함부르크(Hamburg) 태생의 신학자, 교육학자, 작가, 박애주의자이다. 교육학 입문서 『가정의 부모와 민중을 위한 방법서(*Das Methodenbuch für Väter und Mütter der Familien und Völker*)』(1770), 『기본서(*Elementarwerk*)』(전3권, 1774)를 펴내 인류애 정신을 바탕으로 한 교육을 주창하고, 선제후(Anhalt-Dessau의 Friedrich Franz Leopold III)의 후원으로 1774년에 '데사우 박애주의 학교(Dessau Philanthropinum)'를 설립 주관했으며, 이에 관한 저술 『데사우에 건립된 박애학교(*Das in Dessau errichtete Philanthropinum. Eine Schule der Menschenfreundschaft und guter Kenntnisse für Lernende und junge Lehrer, arme und reiche; Ein Fidei-Commiß des Publicums zur Vervollkommnung des Erziehungswesens aller Orten nach dem Plane des Elementarwerks*)』(Leipzig 1774)도 남겼다. 바제도는 교사들과의 충돌로 1776년에 학교의 운영에서 손을 뗐으나 학교는 1793년까지 존속했다.

2. 칸트는 초기부터 바제도식의 실험학교에 대해 일면 기대와 일면 비판적 태도를 보였다.(「박애학교에 관한 논고」: AP, II447~452; 『이성의 한계 안에서의 종교』: RGV, B4=VI19 참조) 칸트는 교육기관은 군주의 지원과 관여에서 벗어나 있어야 제 길을 갈 수 있다고 보았다.(Päd, A20이하=IX448이하 참조)

반성/성찰 反省/省察 Reflexion/Überlegung reflexio

1. 칸트에서 "'반성한다(성찰한다)'는 것은, 주어진 표상들을 다른 표상들과 또

는 자기의 인식능력과, 그에 의해 가능한 개념과 관련해서, 비교하고 대조하는 것이다."(EEKU, XX211=H16) 이러한 반성 또는 성찰은 "곧바로 대상들에 대한 개념들을 얻기 위해 대상들 자신과 관계하는 것이 아니라, 우리가 개념들에 이를 수 있는 주관적 조건들을 발견하기 위해 우선 준비하는 마음의 상태"(KrV, A260=B316)로서, 한낱 형식적인 반성은 개념을 산출하는 논리적 지성-작용의 제2국면에서처럼 "어떻게 서로 다른 여러 표상들이 한 의식에서 파악될 수 있는가를 성찰함"(Log, A145=X94)이지만, 대상 관련적인 반성은 주어진 표상들이 우리의 인식 원천들과 어떤 관계에 있는가, 다시 말해 그것들이 우리의 어떤 마음 능력에 귀속하는가를 숙고함이다. 그렇기에 대상 관련적 반성에는 대상에 대한 주관의 태도가 반영되기 마련이다.

2. 로크는 이성과 인식의 재료들이 모두 경험에서 유래하는바, 경험을 수행하는 마음의 두 기능을 '감각'과 '반성'이라 한다.(Locke, *HU*, II, 1, 2~4 참조) 이 두 기능에 의해 일차적으로 '단순 관념들'이 얻어지면, 지성은 그가 가지고 있는, "거의 무한히 다양하게 이것들을 반복하고, 비교하고, 통일하는 힘"(*HU*, II, 2, 2)을 통하여 새로운 복합 관념들을 만들어낸다는 것이다. 이런 복합 관념들 가운데는 칸트가 '순수 지성개념'이라 일컫는 '실체', '관계' 등도 있는데(*HU*, II, 12, 3 참조), 칸트의 관점에서 로크에게 던질 수 있는 물음은, 이런 복합 관념을 산출하는 지성의 저 '힘'은 무엇이며, 어디서 유래하는가이다. 풀어서 말하자면, 만약 그 '힘'이 지성에게 본래적인 것이라면, 지성은 복합 관념을 산출하는 선험적 힘을 가지고 있다는 말과 다름이 없게 된다. 그러니까 칸트에서 지성은 반성의 능력이기도 하고, 바로 이러한 반성의 능력으로서의 지성을 '반성적 판단력'이라고 일컫기도 한다.(→ 판단력)

3. 표상들 일반을 그것들이 세워진 인식능력과 비교하고, 그를 통해 그것들이 순수 지성에 속하는 것으로서 서로 비교되는지, 아니면 감성적 직관에 속하는 것으로서 서로 비교되는지를 구별하는 행위를 칸트는 "초월적 성찰"(KrV, A261=B317) 또는 "초월적 반성"(KrV, A262=B319)이라고 일컫는다. 초월적 반성의 기초에는 반성개념(→)들이 놓여 있다.

반성개념 反省槪念 Reflexionsbegriff

1. 초월적 반성(→)에 의해 대상 개념을 가능하게 하는 조건들, 곧 그 근거가 우리 밖에 있어야만 하는 감각과 그 근거가 우리 안에 있어야만 하는 공간·시간 및 범주들과 같은 선험적 표상들이 비로소 발견된다. 여기서 반성은, 감각과 공간·시간이 인간의 개별 표상능력인 감성에 속하며(V-Met/Mron, XXIX802), 반면에 범주들은 잡다한 표상들을 자발적으로 종합하는 인식능력인 지성에 속한다는 것을 우리에게 가르쳐준다. 그렇기에 초월적 반성은 동시에, 그에 따라서 우리의 표상들이 어느 인식능력에 속하는가를 분별함이기도 한 것이다.(KrV, A260이하=B316이하 참조)

2. 만약 우리가 어떤 개념들을 가지고 대상들에로 나아가려 한다면, "그 개념들이 어느 인식력을 위한 대상들인가, 곧 순수 지성을 위한 것인가 아니면 감성을 위한 것인가에 대한 초월적 성찰이 제일 먼저 필요하다."(KrV, A269=B325) 그렇지 않으면 현상에만 사용될 수 있는 개념들을 예지체에도 사용함으로써 라이프니츠처럼 지성적인 세계 체계를 구축하는 일이 발생한다.(KrV, A270=B326 참조) 그래서 개념의 초월적 위치론(→) 또한 필요한 것이다.

3. 이러한 초월적 반성에는 반성개념들이 기초에 놓여 있는바, 그것들은 네 켤레의 개념, 곧 "일양성[一樣性]과 상이성, 일치와 상충, 내적인 것과 외적인 것, 마지막으로 규정될 수 있는 것과 규정(질료와 형식)"(KrV, A261=B317)이다.

4. 반성개념들 중에서도 질료와 형식은 "여타 모든 반성의 기초에 놓여 있는 두 개념이다. 그만큼 이것들은 지성의 모든 사용과 뗄 수 없게끔 결합되어 있다." 질료란 "규정될 수 있는 것 일반"을, 형식이란 그것의 "규정"을 의미한다.(KrV, A266=B322 참조) 우리 인간에게 대상들이 한낱 현상들인 한에서, 대상들을 규정하는 직관의 형식과 사고의 형식은 모든 질료 곧 감각들에 선행하며, 비로소 이에 대한 경험을 가능하게 만드는 것이다.

『발견』 / 『옛 비판에 의해 모든 새로운 순수 이성 비판을 필요 없게 만든다는 발견에 관하여』 Über eine Entdeckung, nach der alle neue Kritik der reinen Vernunft durch eine ältere entbehrlich gemacht werden soll

1. 『판단력비판』(Berlin, bei Lagarde)이 출간된 1790년 4월에 다른 출판사(Königsberg, bei Nicolovius)에서 나온 칸트의 소논문 『발견』은 할레(Halle) 대학 교수 에버하르트(→) — 이 자리는 1778년에 칸트가 거절함으로써 그의 차지가 된 것인데 — 의 칸트 『순수이성비판』에 대한 반복되는 공격과 폄하에 대해 칸트가 응대한 결과물이다. 1791년에 같은 출판사에서 제2판이 나왔다.

라이프니츠-볼프 학도들은 칸트가 『순수이성비판』에서 제시하고 논변한 것들이 이미 라이프니츠나 볼프 또는 마이어에 의해 밝혀진 것이거나 그렇지 않으면 틀린 것이라고 주장했는데, 특히 에버하르트는 1788년에 《철학잡지(*Philosophisches Magazin*)》를 창간하여 이러한 주장을 집요하게 펼쳤다. 『발견』은 이에 대응하면서 순수 이성 비판의 의의를 재천명하고 있는데, 반복 설명을 넘어 칸트 '순수 이성 비판'에 대한 더욱 명료한 서술을 담고 있어서 『순수이성비판』을 이해하는 데 좋은 자료를 제공하고 있다.

2. 『발견』은 2절로 구성되어 있는데, '제1절 대응하는 감성적 직관이 주어질 수 없는 개념들의 객관적 실재성에 관하여'(ÜE, A9이하=VIII190이하 참조)에서 칸트는 라이프니츠 학도들이 감성과 지성을 단지 논리적으로 구별하여 그 인식의 차이를 명료성과 모호성, 분명함과 혼란함의 차이로 보는 것에 대해, 다시 한 번 감성적 표상은 직관이고 지성적 표상은 사고이니, 이는 정도의 차이가 아니라 표상방식이 다름을 역설한다. 그러니까 감성적 직관이 주어질 수 없는 '단순한 것'이란 한낱 지성적 개념일 뿐 그 객관적 실재성을 논리적 규칙에 의거해서 증명할 수는 없는 것이다.

'제2절 선험적 종합 판단은 어떻게 가능한가(→)라는 과제의 해결'(ÜE, A77이하=VIII226이하 참조)에서 칸트는 먼저 분석 판단과 종합 판단은 한낱 술어 개념이 주어 개념에 포함되어 있느냐 아니냐의 차이에서 구별되는 것이 아니라, 주어-술어 개념이 무엇에 의해서 결합해 있느냐의 차이에서 구별되는 것임을 설명한다. 주어-술어 결합 방식이 순전히 모순율에 의거하고 있으면 분석 판단이고, 직관을 매개로 하는 것이면 종합 판단인데, 그 직관이 경험적이면 후험적 종합판단이고, 선험적 직관이면 선험적 종합 판단이라는 것이다. 종합 판단의 이러한 구분 기준은 여기서 새롭게 제시된 것으로 칸트의 '선험적 종합 판단'을 한결 명료하게 규정해준다.

방법론 方法論 Methodenlehre

칸트의 이성 비판은 철학적 지식의 체계를 지향하기 때문에, 그 체계의 구성요소들과 그를 얻기 위한 방법적 논구를 포함한다. 그래서 이성 비판은 요소론과 방법론을 갖는다

초월적 방법론

1. 『순수이성비판』에서의 초월적 방법론은 앞서의 초월적 요소론의 두 부문인 초월적 감성학과 초월 논리학에서 개진된 초월철학의 취지에 따라 폐기된 재래의 형이상학 대신에 진정한 의미에서 형이상학을 세울 수 있는 "방법에 대한 논구"(KrV, BXXII)를 펼치고 있다. 그것은 "순수 이성의 완벽한 체계를 위한 형식적 조건들을 규정"(KrV, A707이하=B736이하)하는 작업이다.

2. 순수 이성의 완벽한 체계를 위해서 순수 이성이 취해야 할 첫째의 조처는 체계를 추구해가는 길에서 이성이 복종해야 할 기율을 분명하게 밝혀놓는 일에 있다. 그것이 '순수 이성의 훈육'이다. 다음으로는 이성이 도덕적인 궁극목적을 고려하면서 완벽한 이론 체계를 구축하기 위해 따라갈 필요가 있고 또 따라가야만 할 먹줄, 즉 '순수 이성의 규준'을 확립하는 일이다. 이성은 이성 사용을 위한

저렇게 밝혀진 소극적인 규칙과 이렇게 확립된 적극적인 규칙을 준수함으로써만 철학 체계의 완벽한 기획을 펼칠 수 있다. 그 펼쳐냄의 방식이 '순수 이성의 건축술'이다. 끝으로 이성의 실현 현장인 철학의 역사가 이제까지 펼쳐진 '순수 이성의 역사'를 보여주고 있다. 이에 대한 개관은 진정한 형이상학의 개념과 전망을 준다. 이 네 개의 분절, 곧 순수 이성의 훈육·규준·건축술·역사가 초월적 방법론의 내용을 이룬다.

순수 이성의 훈육

1. '순수 이성의 훈육'은 "내용이 아니라, 순수 이성에 의한 인식의 방법"(KrV, A712=B740)으로서, 잘못된 부적절한 방법을 따를 때 생길 수밖에 없는 착오들을 방지하기 위한 "경종적인 부정[소극]적 가르침"(KrV, A712=B740)이다.

2. 철학이 종종 택하는 부적절한 방법의 첫 번째 예는 '교조적 방법'이다. 그것은 수학을 본떠 철학적 문제를 수학에서처럼 정의와 공리, 증명의 방식으로 해명하려 하는 것이다. 그러나 수학적 인식은 개념의 구성을 통해 직관적 명증성을 얻지만, 철학적 인식은 순전히 개념에 의한 것으로, 스피노자가 취한 것과 같은 이른바 '기하학적 방식'은 교조적 방식과 같은 것이다.

철학이 피해야 할 두 번째 것은 이성을 '논쟁적' 내지 '회의적'으로 사용하는 일이다. 물론 교조적 월권에 논쟁적으로 대응하고 상대방을 논박하는 일은 허용되고 또한 중요하다. 그러나 상대방에 대한 반론이 자기의 정당성을 증명해주지는 않는다. 이성은 자기주장의 정당성을 간접적으로, 논쟁적으로 얻을 수는 없고, 스스로 직접적으로 경험 가능성의 조건들을 제시함으로써만 얻을 수 있는 것이다. 또한 철학은 회의적 방법도 비판적 수행을 위한 잠정적 방편으로만 사용할 수 있다. 회의적 방법을 통해 구체적으로 주어진 특수한 사례를 정당화할 수 있으나, 그를 통해 보편적 정당성을 입증한다는 것은 불가능한 일이다.

셋째로, 철학은 가설적 방법에 의존해도 아무것도 얻을 게 없다. "자연적 설명 근거들의 결여를 보충하기 위해, 이성의 사변적 사용의 초월적 가설들과 자유를 어쨌든 초자연적으로 이용하는 일은 결코 허용될 수 없다. 왜냐하면 한편으로는 이성은 그를 통해 더 이상 얻는 것 없이, 오히려 이성 사용의 전체 진행을 절단하기 때문이고, 또 한편으로 이를 허가함은 이성으로 하여금 이성의 고유한 지반, 곧 경험을 처리해서 얻는 모든 과실들을 상실할 수밖에 없도록 만들 것이기 때문이다."(KrV, A773=B801)

3. 유일하게 정당한 철학의 방법은 '비판적' 방법이다. 이 방법의 효과는 이 방법을 통해 얻은 것인 칸트의 초월철학(→)이 입증하는 바이다. 그리고 초월철학이 말하는 바는 이성은 경험세계에 대해서만 객관적으로 타당한 인식을 갖는다는 것이다.

순수 이성의 규준

1. 순수 이성의 훈육이 이성이 취해서는 안 되는 방법을 가르치는 소극적 교설이라면, 순수 이성의 규준은 순수 이성이 모든 경험에서 독립해서 스스로 획득할 수 있는 확실성은 무엇이며, 그에 의해 이성이 초감성적인 예지적인 세계에 대해 정당하게 상정할 수 있는 것이 무엇인가를 밝혀주는 적극적인 규칙들을 발전시킨다. 이로써 '참지식'을 추구하는 사변 이성보다 '참행위'를 지향하는 실천이성이 이성 사용에서 우월성을 가짐이 드러난다.

2. 순수 이성은 사변적 사용에서는 아무런 객관적 의미를 갖지 못하기 때문에, 순수 이성의 규준은 이성의 실천적 사용과 관련이 있다. 도덕법칙 및 실천적 자유의 확실성이 신의 현존 문제, 내세 내지는 불사적 영혼의 문제에 어떤 의미를 갖는지를 물을 때 이성의 규준이 등장하는 것이다. 신의 존재와 내세의 문제는 순전히 이론적으로는 접근할 수 없고, 순전히 윤리 실천적으로는 아무런 해답도 기대할 수 없다. 이것은 이성이 묻는, 실천적이면서 동시에 이론적인 물음, 곧 "나는 무엇을 희망해도 좋은가?"(KrV, A805=B833)에 대해 답하고자 할 때 비로소 함께 해답을 얻을 수 있는 문제이다.

그런데 "나는 무엇을 희망해도 좋은가?"라는 물음은 실상 "내가 마땅히 행해야 할 것을 행한다면, 그때 나는 무엇을 바라도 좋은가?"를 묻는 것이다. 그리고 모든 희망은 근본적으로 행복, 곧 "모든 경향성들의 충족"(KrV, A806=B834)을 지향하는 것이므로, 저 물음이 묻는 것은, "윤리법칙의 준수가 행위자가 행복하게도 될 수 있는 근거 있는 기대를 허용하는가?"이다. 그래서 이 물음이 제기하는 근본적인 문제는 윤리성과 행복의 연관성인 셈이다.

3. 그렇다면, 과연 윤리성과 행복은 어떤 연관이 있는가? 일견 양자는 아무 상관이 없어 보인다. 윤리성이란 윤리법칙이 요구하는 바이나, 행복은 우리의 행위와는 별도로 자연의 인과법칙에 따라 주어지기도 하고 그렇지 않기도 하는 것처럼 보이니 말이다. 그럼에도 불구하고 양자 사이에 무슨 연관이 있다면, 윤리성이 말하는 바는, "네가 행복할 자격이 있게끔, 그렇게 행위하라."는 것이다. 그러므로 여기서 나오는 결론은, 윤리적으로 처신하는 자는, 다시 말해 행복할 자격이 있는 자는, 그가 행복해질 것을 희망해도 좋다는 것이다. 순전히 개념적으로만 생각할 때 이 사태 연관은 필연적이다. 그래서 "나는 무엇을 희망해도 좋은가?"라는 물음 안에서 도덕법칙, 곧 실천적인 것이 이론적인 물음에 대한 해답의 실마리가 된다. 우리는, 어떤 것은 마땅히 일어나야 하는 것이기 때문에, 그 어떤 것이 있다고 상정해도 좋게 되는 것이다. 나는 마땅히 윤리적으로 행위해야만 하므로 현실이 이런 윤리적 행위가 가능하게끔 되어 있다고 생각해도 좋은 것이다. 다시 말해, 그런 윤리적 행위가 목적(곧 윤리성)과 의의(곧 행복)를 얻을 수 있게끔 되어 있는 것이 현실이라고 생각해도 좋은 것이다. 행복과 윤리성의 불가분리적 결합은 단지 실천적으로 필연적인 이념, 다시 말해 윤리적 세계의 이념이다.(KrV, A809=B837 참조) 윤리적 세계는 윤리법칙이 요구하는 바와 똑같이 요구되는 것이기는 하지만, 우리가 그 안에 살면서 행위하는 실재 세계는 아니다. 윤리성과 행복이 결합되어 있는 세계는 만약 자연을 주재하는 최고 이성적 존재가 있다면 기대할 수 있는 세계이다. 우리는 도덕법칙들에 따라서 윤리성에 상응하는 행복을, 다시 말해 우리 자신이 동시에 그것의 구성원인 예지적인 도덕세계를 기대할 자격이 있기에, 바로 그렇기 때문에 우리는 정의로운, 신성한 자연을 주재하는 존재자의 현존과 내세를 받아들여도 좋은 것

이다. 오로지 그러한 존재자만이 윤리성과 행복이 상응함을 보증한다. 그리고 오로지 우리가 불사적일 때라야, 우리는 마땅히 그러해야 하는 바대로 윤리적임과 아울러 행복하게 될 수 있다.

4. 요컨대, 우리가 윤리적이면, 그리고 최고 근원적 선의 이상인 신이 현존하고, 우리 자신의 생이 이승에서 끝나는 것이 아니라면, 우리는 행복에 대한 희망을 가질 수 있다. "신과 내세의 생은, 순수 이성이 우리에게 부과하는 책무와 바로 똑같은 이성의 원리상 분리될 수 없는 두 전제들"(KrV, A811=B839)인 것이다.

그러나 "신은 현존한다."와 "우리 인간은 불사적이다."라는 명제는 인식이 아니고, 품위 있는 인간으로서의 확고부동한 이성적 믿음의 표현이다. 다시 말해 행복과 윤리성의 결합을 담보하는 신의 현존과 영혼의 불사성은 주관적 확실성을 갖기는 하지만, 객관적 지식은 아닌 것이다. 그러므로 이러한 믿음은 우리가 이승에서 우리의 도덕적 책무를 완수하도록 하는 데에만 쓰여야 하는 것이다.

5. 순수 이성의 규준은 우리에게 우리가 어떻게 해야만 실천이성을 올바르게 사용할 수 있는가를 제시해주는 원칙들을 제공한다.

순수 이성의 건축술

1. '건축술'이란 "체계들의 기술"(KrV, A832=B860)을 말한다. "인간 이성은 그 자연본성상 건축술적이다."(KrV, A474=B502) 순수 이성은 그 본질적 목적상 체계적이다. 그 때문에 이성의 표출인 학문은 체계적이다.

2. 학문은 자료적, 역사적 인식의 학문과 이성적, 원리적 인식의 학문으로 나뉜다. 철학은 수학과 더불어 후자에 속한다. 그렇지만 수학이 개념의 구성에 의한 이성 인식들의 체계라 한다면, 철학은 순전히 개념에 의한 이성 인식들의 체계이다.(KrV, A713=B741 참조)

3. 철학은 다시금 이성 능력 자체를 대상으로 삼는 "예비학"(곧, 순수 이성 비판)과 순수 이성의 체계인 '형이상학'으로 나뉜다. 그런데 순수 이성은 사변적 사

용과 실천적 사용이 있어서, 다시 말해 인간 이성은 자연법칙과 함께 도덕법칙을 수립하기 때문에, 형이상학은 다시금 '자연 형이상학'과 '윤리 형이상학'으로 나뉜다.(KrV, A841=B869 참조) "바로 이런 까닭에 형이상학은 또한 인간 이성의 모든 문화[개발]의 완성이다."(KrV, A850=B878) 이성의 체계상 형이상학은 그 정점에 있다.

순수 이성의 역사

1. "인류는 철학의 유년기에, 우리가 지금은 차라리 끝내고 싶어 하는 것, 곧, 신에 대한 인식, 그리고 또 다른 세계에 대한 희망 및 심지어 그것의 성질을 연구하는 데서 출발했다."(KrV, A852=B880) "그래서 사람들은 세계를 다스리는 눈에 보이지 않는 권력의 마음에 들어, 적어도 또 다른 세계에서 행복하기 위해서는, 착한 품행보다 더 근본적이고 믿을 만한 방식이 있을 수 없다는 것을 쉽게 통찰하였다. 그래서 신학과 도덕[학]은 후에 사람들이 항상 헌신했던 모든 추상적인 이성 연구를 위한 두 가지 동기, 또는 좀 더 좋게 말해 두 가지 상관점이었다. 그런 중에 순전히 사변적인 이성으로 하여금 차츰차츰 뒤에 가서 형이상학이라는 이름으로 유명하게 된 그 일을 하도록 한 것은 본래 신학이었다."(KrV, A852이하=B880이하)

2. 신학적, 도덕적 동기에서 탐구를 시작한 철학, 곧 형이상학은 세 가지 문제를 중심으로 전개되었고, 문제마다 인간의 이중성, 곧 감성과 지성의 비중에 대한 의견 차이에서 비롯한 싸움판이 벌어졌다.

첫째로, 이성 인식의 대상을 두고는 에피쿠로스로 대변되는 감각주의자들과 플라톤으로 대표되는 지성주의자들이 다투었으니, "전자의 사람들은 감관의 대상들에만 현실이 있고, 나머지 모든 것은 상상이라고 주장했으며, 이에 대해 후자의 사람들은 감관 안에는 가상 외에는 아무것도 없고, 오로지 지성만이 참인 것을 인식한다고 말했다."(KrV, A853이하=B881이하)

둘째로는, "순수 이성 인식들의 근원에 관해서, 즉 그것들이 경험으로부터 도출된 것이냐 또는 경험과는 독립적으로 이성 안에 그 원천을 갖느냐"(KrV, A854=B882)를 두고서 아리스토텔레스, 로크를 중심으로 하는 경험주의자들과 플라톤, 라이프니츠를 중심으로 한 이성주의자들이 대치했으되, 누구도 결정적인 승리를 거두지 못했다.

셋째로, 형이상학을 끌고 갈 방법을 두고서는 볼프와 같은 교조적-이성주의적 노선과 흄과 같은 회의적-경험주의적 노선이 갈등을 빚었으나, 막다른 골목에 이르러 더 나아갈 수 없는 형편은 마찬가지이다. 이제 "비판적 길만이 아직 열려 있다."(KrV, A856=B884)는 것이 칸트의 판단이고, 이 길을 따라 매진한다면 "지금까지는 헛수고였던 것에서 온전한 만족을 얻도록 하는 일이 달성될 수 있지나 않을까"(KrV, A856=B884) 하는 기대를 가질 수 있다. — 이 같은 기대와 함께 칸트 『순수이성비판』은 끝을 맺는다.

순수 실천이성의 방법론

1. 이론이성의 초월적 방법론이 순수 이성의 완벽한 체계를 위한 형식적 조건들을 규정하는 과제를 수행했다면, 순수 실천이성의 방법론은 "어떻게 우리가 순수 실천이성의 원칙들에게 인간의 마음 안으로 들어갈 입구를 만들어줄 수 있는가, 즉 [그것들이] 인간의 마음의 준칙들에 영향을 미치게 할 수 있는가, 다시 말해 객관적으로-실천적인 이성을 주관적으로도 실천적이게 만들 수 있는가 하는 방식"(KpV, A269=V151)을 논구한다.

2. 도덕법칙의 직접적인 표상만이 행위들의 참된 동기일 경우라야 순수한 덕행이 될 수 있다는 것은 분명한 일이지만, 이성적이면서도 동물인 인간은 "즐거움[쾌락]의 현혹들로부터 그리고 일반적으로 사람들이 행복으로 간주하는 모든 것들로부터 생기는 유혹들"과 "고통과 해악들의 모든 위협들"에 부단히 시달리고 있으므로 도덕"법칙에 대한 순수한 존경에서 다른 어떤 고려보다 법칙을 앞세우는 더 굳센 결심들"을 만들어낸다는 것이 불가능하게 보이는 것도 사실이다.(KpV, A270=V151 참조) 그래서 순수한 윤리성을 위해서는 의무의 신성성을 무

엇보다도 앞에 두고, "감성을 지배하는 능력"(KpV, A283=V159)을 단련시켜나가야 한다.

이를 위한 첫 단계의 훈련은 "도덕법칙에 따르는 판정을 모든 우리 자신의 행위와 타인의 자유로운 행위들의 관찰에 자연스럽게 수반하는 일로 만들어, 말하자면 습관화하여, 그 판정을 예리하게 하는 일"(KpV, A284=V159)이고, 두 번째는 "실례들에서 도덕적 마음씨를 드러내 보임으로써 의지의 순수성을 알아차리게 하는 일"(KpV, A286=V160)이다. 그때 "의무의 법칙은 그것의 준수가 우리로 하여금 느끼게 하는 적극적 가치에 의해 우리의 자유에 대한 의식 중에 있는 우리 자신에 대한 존경을 통해 더 쉬운 입구를 발견한다. 이 자신에 대한 존경에, 만약 그것이 충분히 기초 지어져 있다면, 인간에게 내적인 자기 검사에서 자기 자신의 눈에 자기가 하찮고 비난받아 마땅하다고 보이는 것보다 더 크게 겁나는 것이 없을 때, 이제 모든 선한 윤리적인 마음씨가 접목될 수 있다."(KpV, A287이하=V161)

버크 Edmund Burke

1. 버크(1729~1797)는 아일랜드 출신으로 영국 의회 휘그당의 지도자이자, 명연설가, 저술가이다. 그의 저술『숭고와 미에 대한 우리의 개념들의 기원에 관한 철학적 연구(*A Philosophical Enquiry into the Origin of Our Ideas of the Sublime and Beautiful*)』(1757)는 당대 지성계의 화제였으며, 독일어 번역본 *Philosophische Untersuchung über den Ursprung unserer Begriffe vom Schönen und Erhabenen*(Riga, bei Hartknoch, 1773)도 나왔다. 이 책에서 버크는 아름다운 것이란 적격의 형식을 갖추고 쾌감을 일으키는 것, 숭고한 것이란 우리를 복종시키고 파괴하는 힘을 가진 것으로 규정했는데, 이로부터 칸트는 적지 않은 영향을 받은 것으로 보인다. 그러나 그는 미감적 쾌감이 자기보존이나 공포와 같은 생명의 이해관심에 기초하고 있는 것으로 보았다.

2. 칸트는 버크의 미에 대한 "생리학적"(심리학적) 해설을 자기의 "초월적 해설"(KU, B128=V277)과 비교하면서, 우리 마음의 현상에 대한 심리학적 분석은 경험적 인간학의 탐구들에 풍부한 재료를 제공하고, 우리 안의 표상들이 주관적 쾌락이나 고통과 결합될 수 있음은 부정할 수 없지만, "만약 사람들이 대상에서의 흡족을 전적으로, 이 대상이 자극[매력]이나 감동에 의해서 쾌락을 준다는 데에 둔다면, 사람들은 우리가 내리는 미감적 판단에 동의할 것을 다른 어느 누구에게도 요구해서는 안 될 것이다."(KU, B130=V278)라고 비판한다. 미를 한낱 주관적 심리적 감정과 결합시키면 미감의 보편성을 해명할 수 없다는 것이다.

버클리 George Berkeley

I. 1. 버클리(1685~1753)는 아일랜드 출신의 주교이자 『신시각론(*An Essay towards a New Theory of Vision*)』(1709), 『인간 인식의 원리(*A Treatise concerning the Principles of Human Knowledge*)』(1710 · 1734), 『하일라스와 필로누스의 세 대화(*Three Dialogues between Hylas and Philonous*)』(1713) 등의 저술을 남긴 영국 경험론의 주요한 철학자이다.

2. 버클리에 의하면, 무엇인가를 알고, 지각하고, 의욕하고, 상상하고, 기억하며, 그것들을 조작하는 "어떤 것(something)"이 있음은 부정할 수가 없다. 이 '어떤 것'을 일컬어 우리는 "마음, 정신, 영혼 또는 나 자신"(Berkeley, *Principles*, 2)이라 한다. 이 '나'는 '나의 관념들' 중 하나가 아니며, "관념들과는 전적으로 분별되는 어떤 것(a thing)"으로, "이것 안에 관념들은 실존(exist)한다."(Berkeley, *Principles*, 2) 관념들이 '실존한다'는 말은 그것들이 '지각된다'라는 말과 같다. "존재는 지각되는 것이다(Esse is Percipi). 사물들이 마음들, 바꿔 말해 그것들을 지각하는 것들 바깥에 실존을 갖는다는 것은 불가능하다."(Berkeley, *Principles*, 4) 지각 내용이 지각하지 못하는 사물들 안에 있을 수는 없는 것이다. '이 분필'이란 '한 조각의 하얗고, 딱딱하고, 둥글고, …한 것', 그 이상의 것이 아니다. 마

음(mind) 또는 지각하는 정신(Spirit) 또는 생각하는 영혼(Soul)만이 실체이며, 이것에 의해 지각된 것들은 모두 이것 안에 존재하는 관념들일 따름이다. 감각되는 이른바 '물리적 실체'는 감각들, 관념들의 집합체일 따름인 것이다.

버클리에서 '정신'이라는 말은 "의욕하고, 사고하고, 관념들을 지각하는 것"(Berkeley, *Principles*, 138)을 지시한다. "정신이란 단순하고, 분할되지 않는, 능동적인 존재(Being)이다. 관념을 지각할 때는 지성(Understanding)이라고 불리며, 관념들을 산출하거나 아니면 그것들을 가지고 조작할 때는 의지(Will)라고 불린다."(Berkeley, *Principles*, 27) 정신, 지성, 의지는 결코 관념일 수가 없다. 모든 관념은 수동적인 것이니 말이다. 관념들은 "비활성적이고, 명멸하고, 의존적인 존재들"(Berkeley, *Principles*, 89)인 반면에, 의지, 영혼, 정신은 "활동자(Agent)"(Berkeley, *Principles*, 27)로서 "능동적, 불가분할적 실체"(Berkeley, *Principles*, 89)이다.

II. 1. 칸트는 "엘레아학파로부터 버클리 주교에 이르기까지의 모든 진짜 관념론자들"은 "감관들과 경험을 통한 모든 인식은 순정한 가상일 따름이며, 오직 순수 지성과 이성의 관념들 중에만 진리[진상]이 있다."(Prol, A205=IV374)고 주장한다.

2. 칸트에 의하면 "물체들을 순전한 가상으로 격하시"(KrV, B71)키는 버클리의 사상이야말로 "신비적이고 광신[열광]적인 관념론"(Prol, A70=IV293) 또는 "교조적 관념론"(Prol, A208=IV375)이라 하지 않을 수 없다.

버틀러 Samuel Butler

버틀러(1612~1680)는 영국의 시인이자 풍자가이다. 그의 『휴디브라스(*Hudibras*)』 3부작(1663, 1664, 1678)은 청교도들을 풍자하고 있는데, 칸트는 『인간학』에서 이를 우롱하는 풍자의 예로 들고 있다.(Anth, AB156=VII222 참조) 칸트는 여러 강의 중에 자주 이에 대해 언급한다.(V-Anth/Parow, XXV345; V-Anth/Pillau,

XXV762; V-Anth/Mensch, XXV967 · 994; V-Anth/Mron, XXV1268/69 등 참조)

범주 範疇 Kategorien

‘범주’ 개념의 유래와 의의

1. 칸트는 사고기능의 기초 개념들을 아리스토텔레스(→)의 예에 따라 ‘범주’라고 일컫는다. 그러나 아리스토텔레스의 범주가 본래 존재자의 본질 규정이라 한다면, 칸트에서는 사고하는 주관의 사고작용의 형식이다.

2. 그 명칭을 아리스토텔레스에서 빌려왔음에도 불구하고, 칸트는 아리스토텔레스의 범주들이 “부딪치는 대로 긁어”모은 것에 불과하여 체계적이지 않다고 비판한다. 아리스토텔레스는 “우선 10개를 헤아려 범주들(主述語들: Prädikamente)”이라고 불렀고, 여기에 “5개를 더 발견했다고 믿었기 때문에, 그것들을 후[後]술어들(Postprädikamente)이라는 명칭으로 덧붙였다.”(KrV, A81=B107)는 것이다. 이 10개의 범주들(Aristoteles, *Categoriae*, 1b 26~27 참조)을 칸트는 실체(Substantia) · 질(Qualitas) · 양(Quantitas) · 관계(Relatio) · 능동(Actio) · 수동(Passio) · 시간(Quando) · 장소(Ubi) · 상태 내지 위치(Situs) · 소유 내지 태도(Habitus)라고 적시하고(Prol, A118=IV323 참조), 5개의 후술어들(Aristoteles, *Categoriae*, 13b 37 · 14a 26 · 14b 24 · 15a 13 · 15b 16 참조)을 대립(Oppositium) · 선차성(Prius) · 동시성(Simul) · 운동(Motus) · 소유(Habere)라고 나열한다.(Prol, A118=IV323 참조)

3. 인간의 사고(→)기능은 직관(→)작용이 그러하듯이 의식의 선험적 표상 형식인 순수 지성개념에 따라 작동하는 것이니, 칸트는 이 일정한 순수 지성개념들을 사고의 범주들이라고 본다. 이 범주들은 그에 의해서만 모든 감성적 직관들의 잡다가 “한 의식 안에 모일 수 있는”(KrV, B143) 필수적인 조건들이므로, 그것들은 모든 사물 인식들의 가능성의 선험적 조건들이다.

4. 칸트는 이 범주들을 사고의 표현인 판단 양식을 실마리로 해서 체계적으로

찾아낸다. 그 발견 과정을 '순수 지성개념들의 형이상학적 연역'이라 일컫는데, 그것은 감성의 순수한 형식인 '공간·시간 표상의 형이상학적 해설(→)'에 상응한다.

범주, 곧 순수 지성개념들의 형이상학적 연역

I. 1. 모든 사고작용의 기초에 놓여 있는 형식들 곧 범주들은 지성이 꾸며낸 개념도 아니고, 경험에서 획득한 개념도 아니며, 선험적으로 주어진 개념들(conceptus dati a priori)이니, "경험개념"이 아니라 '순수 지성개념들(notiones)'이다.(Log, A143=IX93 참조) "순수 지성 인식의 요소들"(KrV, A64=B89)인 범주들은 그 질료적 형식적 근원을 인간 지성에 두고 있는 것이다.

2. 우리는 우리 마음이 경험을 하는 기회에 주어지는 표상(직관)에 대하여 어떻게 반응하는지를 주목함으로써, "잡다한 표상을 그 잡다를 통일하는 규칙에 따라서 편성하는 의식"(Anth, BA27=VII141)을 자각한다. 그런데 직관의 잡다를 통일하는 규칙을 직관들 자신으로부터 추상할 수는 없다. 이 직관들은 지성에 의해 저 규칙들에 따라 결합되는 것이니 말이다. 그러므로 잡다의 결합, 다시 말해 잡다의 파악을 위한 규칙들의 원천을 지성 능력에서 찾을 수밖에 없다. 이 규칙들은 다름 아닌 순수 지성개념들인 것이다.

3. 이제 찾아야 할 것은 "순수 지성의 전 영역을 완전히 아우르는"(KrV, A64=B89) 순수 지성개념들의 완벽한 표이다. 그러나 순수 지성개념들에 대한 "학문의 완벽성"을 위해 순수 지성의 모든 개념들까지 나열할 필요는 없고, 순수 지성의 "요소 개념들"(KrV, A64=B89) 내지는 "근간 개념들"(KrV, A81=B107)을 발견해내는 것으로 충분하다. 이것들로부터 "파생되거나 합성되는" 개념들, 이를테면 '준범주(準範疇)들' 내지 "준술어(準述語)들"까지 망라할 필요는 없는 것이다.(KrV, A81=B107 참조) 이러한 과제를 수행하는 학문을 "초월적 분석학"이라고 일컫는데, 그것은 일반 논리학과 구별되는 "초월 논리학"의 일부로서, 전통적 논리학의 의미 기준에서 보면 차라리 "형이상학"이라 해야 할 것이다.

4. 사람들은 우연한 "기회"에 또는 지성 작용들에 대한 어느 정도 세심한 관찰을 통해 여러 가지 순수 개념들을 발견하고, 그것들을 "유사성에 의해서" 짝을 짓고, "내포의 양에 따라서" 정리 정돈할 수는 있다. 그러나 이런 식으로 모아지고 분류된 개념들은 한낱 집합물로서 결코 체계를 갖출 수 없다. 왜냐하면 그런 개념들의 모음은 "임의적이거나 우연에 달린 것"이어서, "전체적인 완전성"을 전혀 갖지 못하기 때문이다.(KrV, A67=B92 참조) 그것들이 진정한 학문을 이루기 위해서는, 그에 의해 순수한 개념들을 "그것들의 출생지인 지성"(KrV, A65=B90)에서 발견할 "원리"가 있어야 한다.(KrV, A67=B92 참조) 그러한 원리를 찾기 위해서, 다시 말해 순수 지성개념들을 체계적으로 발견하기 위해서 칸트는 "지성 능력 자체를 분해"(KrV, A65=B90)하고 "그것의 순수 사용 일반"을 분석한다.(KrV, A65=B90 참조) "개념들의 초월적 분석학"이라는 이름으로 수행되는 이 일이 "초월철학의 고유한 과업"(KrV, A66=B90이하)이다.

5. 무규정적인 무엇인가를 일정한 대상으로 파악하는 개념 작업인 인식은, 무엇인가의 촉발을 계기로 감성이 우리에게 제공하는 잡다한 표상들을 통일적으로 파악함을 말한다. 그런데 이 개념적 파악은 지성의 능동적 "기능"에, 곧 "서로 다른 표상들을 하나의 공통적인 표상 아래서 정돈하는 통일 활동", 다시 말해 "사고"에 기초한다.(KrV, A68=B93 참조) 그런 한에서 개념적 파악은 사고의 배면(背面)이다. 그런데 개념적 파악은 다름 아닌 '서로 다른 표상들을 한 개념 아래로 보내기', 곧 판단함이다. 그런 한에서 개념적 파악은 판단함이다.

6. 판단(→)이란 '개념들에 의한 인식'으로서, 곧 "대상에 대한 간접적인 인식, 그러니까 대상의 표상에 대한 표상"(KrV, A68=B93)이다. "모든 판단에는 많은 표상들에 타당한 한 개념이 들어 있고"(KrV, A68=B93), 이 개념은 이 다수의 것 중에서 대상과 직접적으로 관계 맺고 있는 주어진 표상들을 파악한다. 주어진 표상들을 통일하는 작용으로서 판단은, 일반적으로 말해서 "우리 표상들 간의 통일의 기능[함수]"(KrV, A69=B94)이다. 그런 한에서 사고 능력인 지성은 "판단하는 능력"이라고 표상될 수도 있다. "그러므로 만약 우리가 판단들에서의 통일의 기능들을 완벽하게 드러낼 수 있다면", 그에 상응해서 사고 능력으로서의 지

성의 기능들도 "모두 발견"할 수 있을 것이다.(KrV, A69=B94 참조) 그래서 "판단에 있어 지성의 논리적 기능"(KrV, A70=B95)을 완벽하게 밝혀냄은 사고의 형식으로 기능하는 "모든 순수 지성개념들의 발견의 실마리"(KrV, A70=B95) 내지는 "원리"가 될 수 있을 것이다. 그것은 모든 범주들을 찾아내고 지성 안의 그것들의 자리를 들춰내는 것에, 이를테면 색인(索引)의 역할을 할 수 있을 것이다.

II. 1. 무릇 판단에서의 지성의 사고 기능은 각기 자기 아래 세 개씩의 "목(目)"을 가진 네 개 "항(項)"의 형식에서 펼쳐진다. 그래서 '판단의 표'는, ① 양(量) — 전칭(판단) · 특칭(판단) · 단칭(판단), ② 질(質) — 긍정(판단) · 부정(판단) · 무한[부분 부정](판단), ③ 관계(關係) — 정언(판단) · 가언(판단) · 선언(판단), ④ 양태(樣態) — 미정(未定)(판단) · 확정(確定)(판단) · 명증(明證)(판단)으로 구성되어 있다.(KrV, A70=B95; Prol, A86=IV302이하; Log, A157이하= IX102이하 참조) 우리는 여러 판단들을 비교하면서 그 내용은 도외시하고, 단지 거기에서 기능하고 있는 지성의 형식들만을 반성함으로써 이 "판단들의 논리적 표"(Prol, A86=IV302이하)를 얻을 수 있다.

2. 그런데 "한 판단에서 서로 다른 표상들에게 통일성을 부여하는"(KrV, A79=B104) 지성의 논리적 기능, 곧 판단은 "한 직관에서의 여러 표상들의 순전한 종합에 통일성을 부여하는"(KrV, A79=B105) 지성의 기능, 곧 사고를 바탕에 두고 있는 것이다. 판단들은 주어 개념과 술어 개념의 '분석적 통일'이고, 이 분석이란 이미 주어 개념에 종합되어 있는, 다시 말해 '종합적으로 통일'되어 있는 술어를 분해하는 활동이기 때문이다. 그래서 지성의 "분석적 통일" 기능은 지성의 "종합적 통일" 기능을 전제하는 것이다. 지성의 이 종합적 통일 활동, 곧 사고는 "순수 지성개념"인 범주에서 일어난다. 동일한 지성이, 그가 "직관 일반에서의 잡다의 종합적 통일을 매개로 그의 표상들에게 초월적 내용"을 부여하는 바로 그 작용을 통해 또한 "분석적 통일을 매개로 한" "판단의 논리적 형식을 성립"시키는 것이다.(KrV, A79=B105 참조) 그러니까 판단과 사고는 표리 관계를 이루는, 실상은 지성의 "동일한 기능"(KrV, A79=B104)이다.

3. 그래서 모든 가능한 논리적 기능들을 정초하는 순수한 지성개념들의 "완

벽한" 표는 이미 찾은 판단 표에 대응하여 발견할 수 있다. 그것이 다음과 같은 "범주들의 표"(KrV, A80=B106) 즉 "지성개념들의 초월[논리]적 표"(Prol, A86=IV303)이다. 즉 ① 양 — 하나[단일, 단위]·여럿[다수]·모두[전체], ② 질 — 실재성[실질성, ~임, ~함]·부정성[~아님, ~아니 함]·제한성[~는 아님, ~이지는 않음], ③ 관계 — 실체와 우유성[자존성과 내속성]·원인과 결과[인과성]·상호성[능동자와 수동자의 상호작용], ④ 양태 — 가능성[있을 수 있음]–불가능성·현존[실제로 있음, 실존]–부재[실제로 없음]·필연성[반드시 있음]–우연성.(KrV, A80=B106; Prol, A86=IV303 참조)

4. 칸트에 의하면 이 범주들의 표는 "지성이 선험적으로 자기 안에 함유하고 있는, 종합의 근원적으로 순수한 모든 개념들"의 완전한 목록이고, "지성은 오로지 이로 인해서 순수 지성인 것이다. 지성은 오로지 이것들에 의거해서만 직관의 잡다에서 무엇인가를 이해할 수 있고, 다시 말해 직관의 한 객관을 사고할 수 있으니 말이다."(KrV, A80=B106) 이 12개의 순수 지성개념들이 인식에서 사고의 형식, 곧 범주로서 기능한다. 그로써 한 대상이 인식되고, 다시 말해 개념적으로 파악된다. 바꿔 말해 우리는 한 대상에 대해 판단하게 된다. 이런 의미연관에서 사고의 형식인 범주들은 다름 아닌 인식의 형식이고, "판단들 일반의 논리적 기능[함수]들"(MAN, AXVI=IV474)이기도 하다.

5. 칸트는 판단의 표를 실마리 삼아서 사고 범주의 표를 발견 내지 도출하고 있는 만큼, 판단과 사고가 표리 관계에 있다 하더라도, 만약 판단의 표가 완벽하지 않다면 범주의 표 또한 완벽하다 할 수 없다. 그런데 칸트는 어찌해서 "모든 가능한 판단들에서"의 지성의 논리적 기능들이 더도 덜도 아닌 꼭 12개이고, 이것들이 어찌해서 각기 3목을 가진 4항으로 나뉘어져 있는지에 관해서는 아무런 해명도 하고 있지 않다. 칸트는 단지, 지성은 그의 판단 표에서 볼 수 있는 "모든 가능한 판단들의 논리적 기능들"에서 자신을 완전히 드러내고, "그것으로써 그의 능력은 완전히 측정"(KrV, A79=B105)된다고 말할 뿐이다. 그리고 나서 이 순수 지성개념들은 아리스토텔레스의 범주들과는 달리 "한 공통의 원리, 곧 판단하는 능력 — 이것은 사고하는 능력과 똑같은 것인데 — 으로부터 체계적으로

산출된 것”(KrV, A80이하=B106)이라고 주장한다.

6. 여기서 주목할 바는, 칸트에서는 그의 판단 표가 완벽하다는 것을 입증하는 일이나, 이것을 단서로 찾아낸 범주들의 일정한 수효와 종류가 정확하다는 것을 증명하는 일이, 순수 감성의 형식인 공간·시간 표상의 경우도 그러하듯이, 필요하지도 가능하지도 않다는 점이다. 칸트에게 그것은 증명이 불필요하고 할 수도 없는 사실인 것이다. 우리 인간이 두 눈으로 세계를 본다는 사실처럼. 우리는 분명히 두 눈으로 세계를 보고 있지만, 어찌해서 하필 ‘두 개의 눈’을 가지고 있는지는 굳이 증명할 필요도, 또 증명할 수도 없는 것처럼 말이다. 그렇기에 칸트는 그의 범주 표의 완벽성에 대한 해명 대신에 단지 다음과 같은 주의를 환기시킬 뿐이다. “우리는 오직 범주들을 매개로 해서, 그리고 이런 종류의 범주들과 이런 수효의 범주들을 통해서 통각의 통일(→)을 선험적으로 수행하는 우리 지성의 특성에 대해서는 그것이 왜 그러한가의 연유를 더 이상 댈 수가 없다. 그것은 우리가 왜 하필 다른 게 아니고 꼭 이와 같은 판단 기능을 가졌는지, 또 왜 시간·공간이 우리의 가능한 직관의 유일한 형식인지 그 연유를 댈 수 없는 것과 마찬가지다.”(KrV, B145이하)라고. 이 밖에도 칸트는 범주 표를 서술하면서 어느 한 범주에 대해서도 실질적인 정의를 하지 않은 것(KrV, A82=B108 참조)에 대해, 범주의 실질적인 정의는 본질적으로 불가능하다고, 다시 말해 “우리가 설령 범주들을 정의하고자 했더라도 우리는 그것을 할 수 없었던 것이다.”(KrV, A242=B300)라고 말하고 있다.

7. 과연 범주들이 완벽하게 망라되었는지, 그것들을 판단 형식들에 대응시켜 찾아낸 것이 과연 합당한지 하는 문제도 ‘체계’를 위해서는 필요하고 중요하겠지만, 사실 이러한 문제는 범주들의 본질 해명이나 초월철학의 의의를 새기는 데에는 한낱 부수적인 문제일 따름이다. 단 하나의 선험적인 지성개념만이 있다고 해도 존재와 진리 규정에서 순수 이성의 지위는 확고한 것이며, 단 한 개념의 초월적 기능만 밝혀져도 칸트 초월철학의 의의는 충분하기 때문이다. 그래서 본질적인 문제는 하나가 되었든 몇 개가 되었든 사고의 형식으로 기능하는 범주가 과연 실제로 순수한 지성개념인가, 다시 말해 그것의 형식적 질료적 근원을 오

로지 지성에 가지며 결코 경험에서 빌려온 것이 아니고 오히려 경험에 "선행하는"(FM, A42=XX272) 그런 개념들인가 하는 것이다.

8. 그런데 판단 형식들의 표가 전체 범주들의 수효와 종류를 발견하는 단서가 되고 있기는 하지만, 그것이 순수한 지성개념들의 근원을 밝히는 실마리는 전혀 아니다. 다시 말해, 범주들을 판단 형식들을 단서로 찾아냈다는 것이, 그러니까 범주들이 판단 형식들로부터 발생했다는 것을 의미하는 것은 아니다. 눈앞에 있는 여러 가지 판단 형식들 내지는 판단 표가 범주들을 발견하는 실마리, 곧 범주들의 인식 근거(ratio cognoscendi)이기는 하지만, 그것들이 범주들의 실질적 근원은 아니다. 오히려 반대로 각 범주가 상응하는 판단 형식을 정초한다. 다시 말해 각 범주는 상응하는 판단 형식의 존재 근거(ratio essendi)이다. 판단 표가 손에 잡혔기 때문에 비로소 범주 표를 찾아낼 수 있기는 했지만, 판단 표가 범주 표의 근원은 아니고, 오히려 각 범주가 상응하는 판단 형식을 정초한다는 점에서 판단 형식의 근원이다.

우리는 판단함에서, 바꿔 말해 어떤 대상을 개념적으로 파악함에서, 곧 인식함에서 몇몇 법칙들이 "(지각들의) 이해"를 위해(KrV, A311= B367) 우리의 인식능력에 이미 놓여 있음을 알아챈다. 예컨대 우리는 태양이 돌을 비추고 그때 그 돌이 따뜻하다는 것을 지각할 때, "태양이 돌을 따뜻하게 만든다."고 판단한다.(Prol, A83=IV301 참조) 그러므로 판단 작용에는 지각들 외에 인과 개념이 덧붙여진다. 원인–결과 관계는 결코 감각들로부터 추상될 수는 없고(1772. 2. 21 자 M. Herz에게 보낸 편지, X130 참조), 사람들은 오히려 원인–결과 관계에 따라서 잡다하게 주어지는 감각들을 개념적으로 파악할 수 있는 것이다. 이런 경험의 기회에 우리는, 인과성은 결코 경험적인 것이 아니고, 주어진 표상들을 파악할 수 있도록 경험에 선행하는 것임을 인지한다. 우리는, 원인–결과라는 관계 표상이 감각들 속에 있지 않고 지각들을 이해하는 능력, 곧 우리 지성 자체 안에 있어야만 한다는 것을 확인한다. 이 같은 몇몇 표상들이 지성에 내재해 있어 그에 의해 지성이 직관의 잡다를 개념적으로 파악할 수 있음은 확실하다. 그렇기에 그런 것들은 '순수한 지성개념'이라 일컫는 것이 마땅하다.

9. 그러나 순수한 지성개념들이 "본유적/생득적 개념들(conceptus connati)은 아니"고, "(사람들이 경험의 기회에 자기활동들을 주목함으로써) 추상한, 따라서 취득된(acquisiti)" 개념들이다.(MSI, A211=II395 참조) 지성은 논리적 작용에 의해 다른 개념들이나 마찬가지로 순수한 지성개념들을 형식의 면에서 산출한다. 모든 개념은, 경험적인 것이든 순수한 것이든 이런 점에서는 취득된 것이다. 인간은 경험에 앞서서는 아무런 것도 알지 못한다. 그러므로 우리는 도대체가 경험에 앞서는 하나의 개념, 바꿔 말해 하나의 본유적/생득적/선천적 개념에 대해서도 이야기할 수 없다. 그러나 우리는 그것의 질료적 근원이 결코 감각으로 환원될 수 없는 어떤 개념에 대해서 그러한 개념, 곧 순수한 개념의 "최초의 싹과 소질"은 인간의 지성 자체에 "예비되어 놓여 있다"가, "경험을 기연으로 발전"된다고 말할 수는 있다.(KrV, A66=B91 참조)

우리는 경험을 할 때 우리 지성이 주어지는 직관들에 반응하기 위해서는, 다시 말해 잡다한 것을 종합하고 그럼으로써 한 대상에 대한 인식에 이를 수 있기 위해서는 순수한 개념들이, 적어도 그 싹이 우리의 지성에 준비되어 있어야 함을 의식할 수 있다. 이런 맥락에서 우리는, 지성은 순수한 개념들을 질료의 면에서도 자발적으로 산출한다고 말할 수 있다. 지성은 형식의 면에서뿐 아니라 질료의 면에서도 순수 개념들을 산출하는 것이다. 곧, 지성은 그의 논리적 작업을 통해 지성 내지 이성의 법칙들로부터 순수한 개념들을 추상해낸다. 그러나 지성이 어떻게 그 순수한 개념들을 질료 면에서도 스스로 산출해내는지, 바꿔 말해 어떻게 순수한 개념들이 지성에서 선험적으로 생겨나는지는 우리에게 알려져 있지 않다. 칸트 또한 단지 지성 자신이 어떠한 경험에도 의존함이 없이 그 순수한 개념들을 산출한다는 사실만을 서술하고 있다. 칸트는 기껏 "일반적으로 표상된 순수 종합이 순수 지성개념들을 제공한다."(KrV, A78=B104)고 말할 따름이다.

10. 그러나 "순수 종합이 순수 지성개념들을 제공한다." 함이, 순수 지성개념이 상상력의 직관 관련적인, 다시 말해 시간 관련적인 종합에서 생긴다는 것을 뜻하는 것은 아니다. 상상력에 의한 순수 직관의 잡다의 순수 종합은 순수 지성개념들의 원천일 수가 없다. 이 순수 종합 자체가 순수 지성개념들의 정초 위에

서, 바꿔 말해 순수 지성개념들에 의거해서, 그러니까 순수 지성개념들을 전제하고서야 비로소 가능한 것이니 말이다. 그래서 칸트는 분명하게, "일반적으로 표상된" 순수 종합이란 "선험적인 종합적 통일의 근거에 의지하고 있는 것"(KrV, A78=B104)이라고 덧붙여 말하고 있다. 여기서 '근거'란 다름 아닌 통각의 선험적인 종합적 통일을 성립시키는 순수 지성개념들을 지칭하는 것이다.(KrV, B146 참조)

그러므로 "일반적으로 표상된 순수 종합이 순수 지성개념들을 제공한다."라는 말은, "일반적으로 표상된", 곧 모든 대상들에게 공통적으로 표상된, (상상력에 의한 선험적 잡다의) 순수 종합은 자신 안에서 순수 지성개념들을 드러낸다는 것, 바꿔 말해 순수 지성개념은 순수 종합에서 자기 모습을 드러낸다는 것을 뜻한다. 순수 지성개념이 순수한 까닭은, 그것은 순수한, 곧 경험에 선행하는 종합을 정초하는 것이기 때문이다. 따라서 상상력의 순수 종합은 순수 지성개념들의 근원이 아니고, 오히려 순수 지성개념이 상상력의 종합에 종합의 '단위[통일성, 단일성]'를 제공한다. 이렇게 정초된, 형상적인, 상상력의 순수 종합이 물론 잡다한 감각들의 경험적 종합을 가능하게 하는 것이다. 그래서 그것을 초월적이라 일컫는다.

11. 무엇이 순수한 직관의 잡다, 그러니까 시간 잡다 또한 순수 지성개념들의 실질적인 근원일 수가 없다. 만약 그것이 그런 것이라면, 그러한 '순수한' 개념들은 결코 '지성개념(notio)'일 수가 없다. 왜냐하면 그것의 질료적 근원을 일단 감성에 — 순수하든 경험적이든 — 두고 있는 그런 개념은 지성개념이 아니니 말이다. '지성개념'이란 "오로지 그것의 근원을 지성 안에 두고 있는"(KrV, A62=B87) 그런 개념, 다시 말해 단지 형식 면에서뿐 아니라 "내용 면에서도 지성으로부터 생긴"(Log, A140= IX92) 그런 개념을 말하는 것이니 말이다. 그러므로 순수 직관인 시간 잡다는 결코 지성개념의 근원이 아니고, 오히려 "순수 지성개념들이 거기에 적용될 수 있는" "질료(객관들)"(KrV, A63=B87이하)이다. 물론 순수 지성개념이 순수한 시간 잡다에 적용됨으로써, 다시 말해 시간 잡다가 순수 지성개념들에 주어지는 곳에서, 순수 지성개념들은 비로소 내용을 갖는다.

"이것 없이는 개념들은 공허"(KrV, A155=B194 · 참조 A51=B75)하다. 범주로서의 순수 지성개념들의 도식화, 곧 시간화는 그것들의 근원이 아니라 그것들이 현상들에 적용될 수 있는 조건일 따름이다.

12. 칸트가 초월 논리학에서 "모든 대상들에 대한 선험적 인식"의 근거를 밝혀내면서 천착하고 있는 세 계기 내지 세 요소, 곧 "순수한 직관의 잡다", 말하자면 순수한 시간 잡다, "상상력에 의한 이 잡다의 종합", 그리고 "이 순수 종합에 통일성을 주는" '순수한 지성개념들'(KrV, A78이하=B104 참조)이 다름 아닌 선험적 종합 인식을 가능하게 하는 조건 내지는 "원천"이다.(KrV, A155=B194 참조)

13. 요컨대, 칸트는 순수 개념들이 지성에서 생겨난 것일 수밖에 없다는 사실을 말할 뿐, 그것들이 지성에서 어떻게 생겨나는 것인지, "인간 지성 안의 싹과 소질"이 어떻게 충전한 개념으로 성장 발전하는지에 대해서는 말하지 않는다.

III. 1. 범주로서의 순수 지성개념은 감성적인 잡다가 사고의 질료로서 주어지는 곳에서만 실질적인 형식으로 작용하는 것이다.

2. 그런데 우리는 "신은 전지전능하다."라는 판단을 내리고, 이 판단 역시 "이 장미꽃은 붉다."와 꼭 마찬가지로 실체-속성의 범주 형식에 의거하고 있다. 그래서 이런 사태와 관련하여 어떤 사람은 칸트에서 '범주'라는 말은 "두 가지 의미", 곧 "(도식 없는) 순수한 범주"와 "도식화한 범주"라는 의미를 갖는다고 말하기도 한다. (Adickes, *Kant und das Ding an sich*, S. 57 이하; H. Heimsoeth, "Metaphysische Motive in der Ausbildung des Kantischen Idealismus"(1924), 재수록: *Studien zur Philosophie I. Kants*, Köln 1956, S. 198 참조) 본디 순수 지성개념은 상상력의 도식(→)작용을 통해 감성적 질료의 규정 형식으로 기능할 수 있는 것이니 말이다. (→ 연역)

범형 範型 Typus

1. 순수 지성개념이 원천이 다른 경험 직관의 질료를 통일하는 형식으로 기능

하는 데는, 경험적 직관과는 직관성에서 순수 지성개념과는 순수성에서 동질적인 '제3의' 매개자인 시간규정이 필요하다. 초월적 도식(→)과 이 도식의 초월작용에 의해서 순수 지성개념은 감성적 질료에 비로소 범주로 기능할 수 있다. 순수한 이론이성의 활동에서 규정적 판단력이 순수 지성개념이라는 보편적 원리를 주어지는 특수한 감성적 질료에 적용하는 데서 일어나는 이 사태가 순수한 실천적 판단력이 도덕법칙을 행위 규칙으로 사용하는 데서 유사하게 발생한다. 도덕법칙은 순수 이성에 의해 수립된 것인데, 이것에 따른 행위는 감성세계에서 일어나기 때문이다. 여기서 순수 이론이성의 사용에서 도식과 도식성이 하던 역할을 순수 실천이성의 사용에서는 범형(範型)과 범형성(Typik)이 맡게 된다.

2. "실천 규칙은 의지를 그 대상과 관련하여 선험적으로 규정한다."(KpV, A119=V67) 여기서 "감성세계에서 우리에게 가능한 하나의 행위가 그 규칙 아래에 있는 경우인가 아닌가를 판별하는 것은 실천적 판단력의 소관사이다."(KpV, A119=V67) 그런데 실천 법칙은 "경험적 규정 근거들에 의한 자연법칙이 아니라, 그에 따라서 의지가 모든 경험적인 것으로부터 독립해 [···] 규정되어야 하는 자유의 법칙"(KpV, A119이하=V68)이다. 그럼에도 불구하고 행위는 언제나 감성세계에서 이루어지는 것으로서 경험 및 자연에 속하는 것이다. 바로 그렇기 때문에 감성세계 안에 있는 한에서 언제나 오직 자연법칙 아래에 있는 것이면서도 자유의 법칙을 자신에게 적용하는 것을 허락하는 경우를 발견하고자 하는 것은 이치에 맞지 않은 일로 보인다. 그러므로 "순수 실천이성의 판단력은 순수 이론이성의 판단력과 똑같은 어려움에 처한다."(KpV, A120=V68) 그렇지만 이론이성은 이 어려움에서 벗어날 수단을 가지고 있었다. 순수 지성개념들이 적용되어야 할 것은 직관들이었고, 직관들에는 선험적 직관도 있어서 순수 지성개념과 친화적인 도식이 주어질 수 있기 때문이다. "이에 반하여, 윤리적-선은 객관적으로는 초감성적인 어떤 것이고, 그러므로 어떠한 감성적 직관에서도 그에 대응하는 어떤 것이 발견될 수 없다. 따라서 순수 실천이성의 법칙들 아래에 있는 판단력은 특수한 어려움에 처해 있는 것으로 보인다. 이 어려움은, 자유의 법칙이 감성세계에서 일어나고 그러므로 그런 한에서 자연에 속하는 사건들인 행위들에 적

용되어야만 하는 것에서 기인한다."(KpV, A120이하=V68)

그러나 여기에서 순수 실천적 판단력은 유리한 처지에 있다. 도덕법칙은 순수 지성개념과는 달리 개념이 아니라서 자연 대상에 적용됨에 있어서 무슨 직관이나 도식이 필요하지 않고, 실천적 판단력은 이를 감성세계에 적용하는 데 있어 참고할 만한 것만 있으면 충분한데, 마침 자연법칙이 있기 때문이다. 이에 이성은 자연법칙을 실천적 판단력을 위한 법칙으로 기초에 놓는데, "이것을 우리는 그래서 윤리법칙의 범형이라고 부를 수 있다."(KpV, A122=V69)

3. "순수 실천이성의 법칙들 중 판단력의 규칙은 '네가 의도하고 있는 행위가 너 자신도 그 일부일 자연의 법칙에 따라서 일어나는 것이라면, 그 행위를 네 의지에 의해 가능한 것이라고 과연 볼 수 있겠는가를 네 자신에게 물어보라.'는 것이다. 실제로 이 규칙에 따라서 누구나 행동들이 과연 선한가 악한가를 판정하고 있다."(KpV, A122=V69) 그러나 "자기 행위들의 준칙과 보편적인 자연법칙의 이런 대조가 또한 그의 의지의 규정 근거는 아니다. 그럼에도 자연법칙은 윤리적 원리들에 따라 행위의 준칙을 판정하는 범형이다."(KpV, A123=V69) 사람들은 "자연법칙을 순전히 자유의 법칙의 범형으로 삼는"데, 본보기로 삼을 수 있는 무엇인가를 수중에 가지지 않고서는 순수 실천이성의 법칙을 적용하여 사용할 수 없기 때문이다.

4. 여기서 "감성세계의 자연을 예지적 자연(→ →감성적 자연과 초감성적 자연)의 범형으로 사용하는 것도 허용되는데, 그것은 단지 내가 직관들 및 이에 의존돼 있는 것을 이 예지적 자연에 옮겨놓지 않고, 한낱 합법칙성의 형식 일반[…]만을 이 예지적 자연에 관계시키는 한에서 그렇다."(KpV, A124=V70)

5. 요컨대 "순수 실천이성은 자연을 (그것의 순수한 지성 형식의 면에서) 판단력의 범형으로 사용할 권리가 있으며, 또한 그렇게 할 수밖에 없다."(KpV, A124=V70)

법 法 Recht ius

무엇인가를 보편적으로 구속할 수 있는 것을 '법칙(Gesetz)'이라 일컬으며, 그 가운데 인간의 행위 의사를 보편적으로 강제하는, "정언명령(지시명령)을 함유하는 명제"(MS, RL, AB28=VI227)를 '실천 법칙'이라 한다. 그리고 이러한 "법칙을 통해서 지시명령하는 자(命令者)를 법칙수립자(立法者)"(MS, RL, AB28=VI227)라 이른다. 그러니까 인간 행위의 법칙수립자는 법칙을 통해 스스로 의무의 형식과 내용을 규정하는 실천이성이다. 실천이성이 법칙을 외적으로 수립할 때, 즉 그 의무가 그 수행의 반대급부로서 정당하게 누군가를 강제할 권리(Recht)를 상정한 것일 때, 그것을 '법(Recht)'이라 한다.

법적 행위

법적인, 곧 정당한(rectum) 행위란 법칙이 규정하는 의무에 맞는 행위(factum licitum)이고 불법적인, 곧 부당한(minus rectum) 행위는 의무에 어긋나는 행위(factum illicitum)로서 위반(reatus)이라 한다. 위반은 그것이 고의성이 없는 과실(culpa)이든 고의성이 있는 범죄(dolus)든, 그 행위자에게는 그에 상응하는 정당한 법적 효과인 벌(poena)이 부과된다.(MS, RL, AB23=VI223이하 참조) 그러니까 법은 행위자에게 최소한 '의무에 맞게' 행위하라고 요구하는 것이다.

법의 보편적 원리

1. 외적인 법칙수립이 가능한, 구속력 있는 법칙 일반을 '외면의 법(lex externa)'이라 한다. 그 가운데서도 그것을 준수해야 할 의무가, 외적인 법칙수립이 없더라도, 선험적으로 이성을 통해 인식될 수 있는 그런 법칙을 외적이기는 하나 자연적인 법칙, 즉 자연법이라고 한다. 반면에 현존하는 외적인 법칙수립이 없었더라면 법칙이 될 수 없는, 곧 아무런 구속력을 가질 수 없는 법칙을 제정

적인 법칙, 즉 실정법이라 부른다. 그러니까 순전히 실정법만을 통해서도 의무가 규정될 수 있다고 생각할 수는 있다. 그러나 그런 경우에도 그 실정법의 실천 법칙으로서의 보편적 권위는 자연법에 근거해서만 확립될 수 있는 것이다.(MS, RL, AB24=VI224 참조) 그리고 자연법이 보편적인 실천 법칙으로 납득될 수 있는 것은 그것이 인격성의 이념에 부합할 때뿐이다. 다시 말하면 인간의 권리, 곧 인간임의 정당성은 인간의 도덕성에서 그 정당함이 보증된다.

2. 법의 토대인 윤리는 인격적 존재자들의 세계에만 있는 사회적인, 곧 인간 사이의 가치 규범이다. “인격이란 그의 행위들에 대해 귀책능력이[책임질 역량이] 있는 주체”(MS, RL, AB22=VI223)를 말한다. ‘책임질 역량이 있다’ 함은 스스로 행위할 능력, 곧 한낱 기계적 인과 관계 법칙에 따라서가 아니라 자유의 법칙에 따라서 행위할 능력이 있다는 뜻이다. 그것은 인격적인 존재자인 한에서 인간은 자연의 법칙과 자유의 법칙이 충돌할 때, 자연의 법칙에 종속됨을 단절할 힘을 가짐을 함의한다. 그때 자유의 법칙에 따름은 동물로서의 인간에게는 강제이고, 당위가 된다. 그래서 자유법칙은 인간에게 윤리적 명제, 명령법으로 등장하며, 그 명령의 준수는 의무가 된다.

3. 의무 준수 중에서도 법은 단지 행위를 의무에 맞게 규제하는 것이며, 그렇기 때문에 오로지 자유의 외면에 상관한다. 그래서 법은 의무의 수행만으로 만족하며, 법인격들의 공존을 위해 상호 간의 자유를 제한하는 것만을 염두에 둔다. 그래서 “그 아래서 어떤 이의 의사가 자유의 보편적인 법칙에 따라 다른 이의 의사와 합일될 수 있는 조건들의 총체”(MS, RL, AB33=VI230)인 법의 “보편적 원리”는 “행위가 또는 그 행위의 준칙에 따른 각자의 의사의 자유가 보편적 법칙에 따라 어느 누구의 자유와도 공존할 수 있는 각 행위는 법적이다/권리가 있다/정당하다/옳다.”(MS, RL, AB33=VI230)는 것이다.

보편적 법법칙

법의 보편적 원리에 따라 나오는 법법칙(Rechtsgesetz)은, “너의 의사의 자유로운 사용이 보편적 법칙에 따라 어느 누구의 자유와도 공존할 수 있도록, 그렇게 행위하라."(MS, RL, AB34=VI231)는 것이다.

이는 외적 자유의 법칙으로서 가장 "보편적인 법법칙"이며, '자유 공존의 원칙'이라 일컬을 수 있다. 이에 의거해서 사람과 사람, 사람과 물건의 관계를 규정하는 법들이 형성된다.

법치의 이념

1. "보편적이고 지속적인 평화설립은 순전한 이성의 한계 안에서의 법이론의 일부를 이룰 뿐만 아니라, 전체적인 궁극목적을 이룬다고 말할 수 있다. 왜냐하면 평화상태는 유일하게 일단의 서로 이웃해 있는, 그러니까 하나의 체제 내에 함께 있는 인간들에서 나의 것과 너의 것이 법칙들 아래에서 보장되는 상태이기 때문이다. 그러나 그 체제의 규칙은, […] 이제까지 거기에서 가장 유리함을 발견했던 이들의 경험에서 취해져서는 안 되고, 공적 법칙들 아래에 있는 인간의 법적 결합의 이상[理想]으로부터 이성에 의해 선험적으로 취해져야만 한다." 왜냐하면 경험주의자조차도 경험에서 결코 확인된 바 없는 것을 부지불식간에 그렇게 말하듯이, "최선의 체제는 인간이 아니라 법칙이 지배하는 체제"라는 이념보다도 더 형이상학적 이념은 없으니 말이다.(MS, RL, A234=B265=VI355 참조)

2. 법치의 "이념만이, 만약 그것이 비약, 다시 말해 기존의 결함 있는 체제의 폭력적인 전복에 의해 혁명적으로가 아니라, — (왜냐하면 그럴 경우에는 중간에 일체의 법적 상태가 폐기되는 순간이 생기할 것이기 때문에) 오히려 확고한 원칙들에 따라서 점진적인 개혁을 통해 시도되고 수행된다면, 최고의 정치적 선, 즉 영원한 평화로의 연속적인 접근을 이끌 수 있다."(MS, RL, A235=B265이하=VI355)

법이론/법학

1. 외적 법칙수립[입법]이 가능한 법칙(Gesetz)들의 총체를 법이론(Rechtsleh-

re)이라 일컫는다. 그러한 법칙수립이 현실로 있으면, 그에서 실정법이 있다. 실정법의 전문가를 법학자라 일컫는데, 실정법의 전문가는 풍부한 법 경험 또한 필요하다. 그런데 실정법의 토대는 자연법에 있으니 진정한 법지혜(Jurisprudentia)를 갖추려면 자연법에도 정통해야 한다. 실정법과 자연법의 체계적인 지식이 법학(Rechtswissenschaft, Jurisscientia)이다.(MS, RL, AB31=VI229 참조)

2. 칸트는 '순수 법이론'과 '제정법적 법이론'을 구별하여, 전자를 이성적인 것으로 후자를 경험적인 것으로 대조시킨다. 그에 따르면 만약 후자가 이성법칙들에서 유래하는 전자의 토대 없이 한낱 상위 권력의 자의에 의해 생겨나면 한낱 주관적인 것으로 정당성을 갖지 못한다.(OP, XXI178 참조)

『법이론의 형이상학적 기초원리』/『법이론』 *Metaphysische Anfangsgründe der Rechtslehre*

『법이론』의 발간 약사

1. 1755년 대학 강단에 선 칸트는 수강생의 대부분이 신학부와 법학부 학생이기도 했지만 그의 관심에 따라 1767~1788년 사이에 열두 차례나 자연법을 강의하였다. 그리고 이보다도 먼저 1765년에 주변인에게 '자연적 세계지혜[철학]의 형이상학적 기초원리'와 '실천적 세계지혜[철학]의 형이상학적 기초원리'의 집필 의도를 밝힘과 함께, 윤리 형이상학 저술을 위한 자료를 이미 모았고 조만간 완성할 것이라는 근황을 알렸을 뿐만 아니라(1765. 12. 31 자 J. H. Lambert에게 보낸 편지, X56 참조), 법이론에 대한 지속적인 관심을 가지고 있었다. 그럼에도 『법이론의 형이상학적 기초원리』/『법이론(RL)』은 그의 비판철학의 주요 저작들이 출간된 이후인 1797년 1월에야 『윤리형이상학』(→) 제1편으로 비로소 출간되었다. 그런 만큼 『법이론』은 칸트의 비판철학(초월철학 및 도덕철학, 종교철학)과 그에 기초한 역사철학 및 정치사상을 그 바탕에 두고 있다.

『법이론』은 반년 뒤에 별도로 출간된 『윤리형이상학』(→) 제2편, 『덕이론의 형이상학적 기초원리』 / 『덕이론(TL)』(→)을 염두에 둔 '윤리 형이상학 서설'(30면)을 포함하고 있으며, 칸트의 법철학의 대강을 담아 보여주고 있다.

2. 칸트의 『법이론』의 내용은 그가 비판적으로 다루기는 했지만 자연법 강의에서 교재로 사용했던 아헨발(→)의 『자연법 기초원리(*Elementa iuris naturae* [*Anfangsgründe des Naturrechts*])(Göttingen 1750, [3]1753, [5]1763: *Ius naturae*)에 크게 영향받았을 뿐만 아니라, 칸트 당대의 현행법인 「프로이센법(Allgemeines Landrecht für die Preußischen Staaten von 1794[ALR])」과 유럽 세계 법체계의 원전이라 할 수 있는 「로마법대전(*Corpus iuris civilis, Digesta*[*CJD*])」을 시야에 둔 것이다. 노년의 칸트가 『이성의 한계 안에서의 종교』(1793)를 출간한 이래 「이론과 실천」(1793), 「만물의 종말」(1794), 『영원한 평화』(1795) 등 정치사회 현실과 밀접한 관련성을 가진 저술을 연이어 내기도 했고, 이제까지도 나오지 않은 정작 그의 도덕철학에 기초한 정치철학·법철학의 체계적 저작을 사람들이 이미 오랫동안 기다리고 있었던 이유로 『법이론』은 출간되자마자 세간의 평판이 뜨거웠고, 책 출간 1개월도 안 되어 무거운 서평들이 잇따랐을 뿐만 아니라, 다수의 주석 및 연구서가 뒤를 이었다.

세간의 관심 가운데에서도 《괴팅겐 학보(*Göttingische Anzeigen von gelehrten Sachen unter der Aufsicht der Königl. Gesellschaft der Wissenschaften*)》, 1797년도 제28호(1797. 2. 18 자)(MS, RL, B159=VI356이하 참조)의 서평에 크게 고무되고 자극을 받은 칸트는 이에 대한 응답으로 1798년에 「법이론의 형이상학적 기초원리에 대한 해명적 주해(Erläuternde Anmerkungen zu den metaphysischen Anfangsgründe der Rechtslehre)」를 포함한 『법이론』 개정증보판('주해 부록과 추기가 증보된 제2판')을 냈다.

제2판에 '부록' 형식으로 추가된 저 「해명적 주해」는 이미 제1판을 구입한 독자가 다시금 제2판 구입을 강요당하지 않도록 하기 위해서 별책으로도 발간되었는데, 그것은 이 '부록'을 제외하면 제1판과 제2판의 내용이 거의 차이가 없음을 의미하기도 한다.

3. 책의 편제와 관련해 '부록'의 위치에 관한 것뿐만 아니라 조항의 배열, 논변의 일관성, 어휘의 정확성 등에 관해서도 발간 당시부터 이의 제기와 의문 표시도 적지 않았다. 그 때문에 최근에는 조항 또는 문단 배열을 칸트 당시의 원전과는 사뭇 달리한 편집본(예컨대, B. Ludwig 편, PhB Bd. 360, Hamburg ^{2}1998)도 등장하였다. 또한 칸트의 원본에는 '머리말'의 로마숫자 면 번호(I~XII)에 이어 '서론' 부분의 면 번호가 다시금 로마숫자 I~LII로 표기되어 있고, 이어지는 본문 '제1편 사법'의 면 번호가 아라비아숫자 53부터 표기되어 있어, I~XII면이 두 번 등장하는 데다가, 아라비아숫자 면의 연속성이 없기 때문에, 이러한 혼란을 피하기 위해 《한국어 칸트전집》 제12권 『윤리형이상학』(아카넷, 2012)은 '서론' 부분의 로마숫자 면 번호를 아라비아숫자로 바꾸어서 표기하고 있다.

『법이론』의 구성

1. 제1판은 머리말 12면에 본문 235면인 반면, 제2판은 동일한 머리말 12면에 본문 266면이다. 일견 31면이 증보된 것으로 보이나, 덧붙여진 부록 「주해」가 29면(RL, B159~B187)이고, '부록' 삽입에 의한 백지면의 발생으로 1면이 증가했고, 나머지 1면도 자간 조정으로 말미암아 변화한 것도 있고 하여, 부록을 제외하면 사실상 제2판은 미세한 첨언과 수정을 포함하고 있을 따름이다. (반면에 제2판에는 제1판에 없었던 착오가 오히려 끼어들어가 있기도 하다.)

2. 그런데 제2판에서 저 '부록 「주해」는 '제1편 사법'(RL, B53~B158)과 '제2편 공법'(RL, B189~B266) 사이에 위치해 있다. 그러니까 위치상으로만 보면 저 '부록 「주해」는 제1편 사법에 관한 것이 된다. 물론 다루고 있는 8개 항목 중 7개 항목이 사법 관련이기는 하다. 그러나 마지막 항목은 분명히 공법에 관한 것인 만큼 저 '부록 「주해」는 오히려 제2편 공법에 대한 논의를 마친 후에 덧붙여지는 것이 합당할 것으로 보인다. 그래서 후대의 대부분 편집본은 저 '부록 「주해」를 원저의 면수 순서와 상관없이 책의 마지막에 위치시키고 있다. 이렇게 이해한 책의 구성은 다음과 같다.

제2절 국제법(§53~§61)

제3절 세계시민법(§62)

부록

법이론의 형이상학적 기초원리에 대한 해명적 주해(1~8)

법칙 法則 Gesetz

1. 객관적으로 타당한 규칙(→)을 일컬어 법칙이라 한다.

2. 칸트에서는 자연법칙과 도덕법칙이 있다. 순전한 자연기계성의 규칙을 자연법칙 내지 물리법칙이라 하며, 순전한 자유 활동의 규칙을 자유법칙 내지는 윤리법칙 또는 도덕법칙이라 한다. 다른 한편 칸트는 자유로운 의지나 의사에 기초해 있되 자연의 기계성에 제약받고 있는 산출[만듦, facere]인 기술[예술]이나 그 수단을 능숙하게 다룰 줄 아는 영리의 규칙에 대해서는 '법칙' 대신에 '지시규정(Vorschrift)'이라 말한다. 그러나 때로는 도덕법칙에 대해서도 '지시규정'이라는 말을 쓰고 있다.(KU, BXV=V173 참조)

베이컨 Francis Bacon

베이컨(1561~1626)은 영국에서 학자이자 법률가로 활동했으며, 1618년에는 궁정 최고법관이 됐고 베룰람 남작(Baron Verulam)으로 봉해졌다. 1620년에 출간된 베이컨의 대표 저술 『대혁신(*Instauratio Magna*)』은 전6편으로 구성된다고 그 개요에 서술되어 있으나, 제1편은 이미 간행된 『학문의 진보(*The Advancement of Learning*)』(1605)가 그 자리를 차지하고, 실제로는 '머리말'·'저작 개요'와 함께 제2편인 『신기관 또는 자연 해석을 위한 참된 안내(*Novum Organum, sive Indica vera de interpretatione naturae*)』 I·II부가 전체를 이루고 있다. 그러므로 『대혁신』은 사실상 『신기관』과 같은 책이다. 칸트는 『순수이성비판』 제2판(1787)의 머리말 앞에 베이컨의 『대혁신』의 머리말 구절을 인용함으로써, 『순수이성비판』의 발간 취지가 형이상학적 논란을 종결하고, 시민적 복지 향상에 있음을 밝히고 있다.

변증학/변증론/변증법 辨證學/辨證論/辨證法 Dialektik

1. 변증학은 "가상의 논리학"(KrV, A61=B86 · A131=B170 · A293=B349)이다. 이때 '가상'(→)이란 경험적 가상이 아니라, "초월적 가상"(KrV, A293=B349)을 지칭한다. 초월적 가상이란 인간 이성에 있어서 "자연스럽고 불가피한 환상"(KrV, A298=B354)으로서, 주관적 관념에서 비롯한 것이면서도 객관적인 것으로 행세하는 그런 것이다. 이런 순수 이성의 자연스러운, 불가피한 변증성은 우매한 자가 지식의 결여나 허위에 의해 빠지거나, 궤변가가 의도적으로 사람들을 혼란시키기 위해 만들어낸 변증성 내지 궤변이 아니라, 인간의 이성에 고착해 있는 것이요, 우리가 그것을 일종의 환영(幻影)이라고 폭로한 뒤에도 여전히 인간 이성 앞에 얼씬거려, 인간을 늘 순간적인 착오에 빠지게끔 하며, 그 때문에 이 착오는 그때그때마다 제거될 필요가 있는 그런 것이다.

2. 순수 이성은 주어진 조건적인 것에 대한 조건들의 절대적 총체를 요구하는데, 이것은 단적으로 사물들 그 자체에서만 발견될 수 있는 것이다. 그러나 인간에게 가능한 직관은 감성적인 것일 뿐이므로 대상들은 사물들 그 자체로서가 아니라 한낱 현상들로서 인식되고, "조건 지어진 것과 조건들의 이 현상 계열에서는 무조건자(→)가 결코 발견될 수 없으므로, 조건들의 총체(그러니까 무조건자)라는 이 이성의 이념을 현상들에 적용함에서 현상들이 마치 사상[事象]들 그 자체인 것 같은 […] 불가피한 가상이 생긴다."(KpV, A192이하=V107)

초월적 변증학

1. 칸트가 초월적 가상의 자리 곧 출처로 지목하고 있는 '이성'(→)이란 좁은 의미에서의 이성을 말하며, 그것은 "원리들의 능력"으로서, 규칙들의 능력인 지성과 구별되는 것이다.(KrV, A299=B356 참조) 이렇게 구분된 의미에서 이성의 인식은 원리들로부터의 인식으로서, 원리들로부터의 인식이란 (삼단논법에서 매 개념을 통해 결론의 인식에 이르듯) "보편에서 개념을 통해 특수를 인식"(KrV, A300=B357)함을 말한다.

지성이 선험적 보편 명제를 제공하고, 그것이 대전제로 쓰일 수 있는 한에서, 그런 보편 명제를 원리라고 할 수 있다. 그러나 순수 지성의 원칙들은 단지 개념에 의한 인식이 아니다. 예컨대, 인과의 법칙은 단지 원인이라는 개념에서 결과라는 개념을 도출한 것이 아니라, 순수 직관 중에 주어진 잇따름의 시간 법칙으로 드러난 것이다.

그런데 보통 이성은 삼단논법에서 보듯이, 추론에 있어서 보편에서 특수로 내려가는 과정을 단지 개념들을 통해서만 행한다. 그러나 또한 이성은 반대로, 단지 개념만을 통하여 특수 명제에 포함되어 있는 보편 명제를, 그리고 이 보편 명제로부터 더 보편적인 규칙을 소급해서 추리해감으로써 궁극의 무조건적인 것[무조건자]으로 나아가려 하기도 한다. 주어진 원리들을 다시 최소수의 원리들로 소급시킴으로써 원리들의 한 체계를 이루려는 노력 즉 "이성통일"(KrV, A326=B383) 작용이 있는 것이다. 이제 이런 소급 추론에서 도달한 궁극의 무조건적 개념은 "초월적 이념"(KrV, A327=B384)이라 일컬어야 할 것이다. 다시 말해 그것은 더 이상 경험할 수 없는, "경험의 한계를 넘어"서는 따라서 '경험 중에 한 대상으로서 나타날 수는 없는' 것이다.

우리의 표상들이 가질 수 있는 모든 관계를 통틀어 최상의 보편적인 것은 ㉮주관에 대한 관계와 ㉯객관에 대한 관계에서 구할 수 있는데, 객관을 ㉠현상으로서의 객관과 ㉡사고 일반의 대상으로서의 객관으로 나누어 생각해볼 수 있으니, 무조건자에까지 도달하려는 이성의 통일은, 다음의 셋이 된다.(KrV,

A334=B391)

①(=㉮) 사고하는 주관의 절대적[무조건적] 통일.
②(=㉯-㉠) 현상의 조건 계열의 절대적 통일.
③(=㉯-㉡) 사고 일반의 모든 대상들의 조건의 절대적 통일.

사고하는 주관, 곧 영혼/마음은 영혼론/심리학(→)의 대상이다. 모든 현상들의 총체, 곧 세계는 우주론(→)의 대상이다. 사고할 수 있는 만물을 가능하게 할 수 있는 최상의 조건을 포함하는 것, 곧 최고 존재자는 신학(→)의 대상이다. 즉 이 세 이성 통일의 무조건자는 재래 형이상학의 세 분과인 이성적 영혼론[심리학](psychologia rationalis), 이성적 우주론(cosmologia rationalis), 초월적 신학(theologia transcendentalis) — 칸트의 개념으로, 신학은 계시신학과 '이성적 신학'으로 대별되는바, 이성적 신학은 다시금 '초월적 신학'과 '자연적 신학'으로 나뉘고, 초월적 신학 아래에는 '우주신학'과 '존재신학'이, 자연적 신학 아래에는 '물리신학'과 '도덕신학'이 있다. 그런데 우주신학과 물리신학은 존재신학이 그 원천이므로, 여기서 '초월적 신학'은 우주신학·존재신학·물리신학을 포함하는 것이다 — 의 대상인 것이다.

2. 이성의 변증학은 초월적 가상인 세 가지 무조건자, 곧 영혼(의 불멸성)·자유[자기원인]·신이라는 이념이 한낱 이성 자신의 환영에 불과하다는 것을 밝혀내고 이성의 초험적 사용을 비판함으로써 "초월적 변증학"(KrV, A293=B349)이라는 이름을 얻는데, 이는 곧 초월적 가상의 체계들인 재래의 세 특수 형이상학(→), 영혼론·우주론·신학의 학문으로서의 지위를 박탈함이다.

3. 칸트는 초월적 변증학에서 종래의 이른바 이성적 형이상학을 모조리 타파한다. 그리고 이것은 결국 종래의 형이상학에 기초하고 있던 기독교회가 제시하는 세계 질서를 부정하는 것이다. 내세(來世)와 천국은 영혼의 불멸을 전제로 해서만 의미를 얻는 것이며, 신의 계명으로서 도덕률은 신의 현존함을 의심할 여지가 없을 때에나 그 권위를 유지할 수 있는 것이다. 이렇기 때문에, 칸트의 비

판철학의 출현과 함께 사실상 재래 '정신의 질서'는 그 본부를 상실한 셈이다.

4. 그 대신에, 칸트는 이제까지 기독교의 교설 아래서 성립했던 도덕이 인간의 순전한 이성의 힘만으로 성립할 수 있다고 역설함으로써 인간의 '순수한' 이성에게 완전한 자유를, 그러니까 인간에게 자율성을 부여하였다. 이렇게 하여 순수 이론이성의 대상 규정적 초월성과 순수 실천이성의 도덕적 자율성이 존재-진리와 행위-선의 본부임을 밝힌 칸트는 겸허한 인간 이성의 새 길을 연다.

5. 그런데 그 새 길을 여는 계기를 제공한 것은 다른 것이 아니라 순수 이성의 이율배반이므로, 이는 "인간의 이성이 언제라도 빠질 수 있었던 매우 유익한 탈선"(KpV, A193=V107)이라는 것이 칸트의 생각이다.

칸트는 순수 이성의 초험적 사용으로 인한 우주론적 이념들과 그에 따른 순수 이성의 이율배반들이야말로 "순수 이성의 특기할 만한 현상으로서, 그것은 무엇보다도 가장 강력하게 작용하여, 철학을 그 교조적 선잠에서 깨워서 이성 자신의 비판이라는 어려운 과업을 수행하도록 결심시킨다."(Prol, A142=IV338) 그러므로 칸트의 초월적 변증학은 방법적 이성 비판이라 하겠다.

순수 실천이성의 변증학

1. 칸트적 이성의 변증학이 방법적 이성 비판인 것은 그의 '순수 실천이성의 변증학'에서 더욱 잘 드러난다. 칸트는 이성의 가상이 "어디서 생겨서, 어떻게 제거될 수 있는가를 탐색"(KpV, A193=V107)하게 됨으로써 "사람들이 찾지는 않았지만 필요로 하는 것, 곧 사물들의 보다 높은, 불변의 질서에 대한 조망"(KpV, A193=V107)을 얻게 된다고 본다. "이미 이 질서 안에 우리는 지금 있으며, 이 질서 안에서 우리의 현존을 최고의 이성 규정에 맞춰 계속해가도록 우리는 일정한 훈계들을 통해 바야흐로 지시받을 수 있"(KpV, A193=V107이하)다는 것이다.

2. 순수 실천이성은 실천적으로-조건 지어진 것들에 대해서도 무조건자를 찾고, 그때 '최고선'의 개념에 이르게 되는데, 그렇게 되면 덕과 행복의 정비례적인 합치에서 어느 쪽이 동인인가를 두고 이율배반(→ → 실천이성의 이율배반)에

빠지지 않을 수 없다. 그러나 그때 이성은 최고선(→)의 이념을 행위의 준칙의 준거로 삼음으로써 지식학으로서의 철학 대신에 "지혜론"(KpV, A194=V108)이라는 본래적 의미의 철학을 얻는다.

보네 Charles Bonnet

1. 보네(1726~1793)는 칸트 당대 스위스의 자연학자이다. 그는 "피조물의 연속적 계단의 법칙"(KrV, A668=B696)과 관련하여 이른바 '전개설(Einschatelungs-theorie)'을 담은 저술 『자연 관상(*Contemplation de la nature*)』(Amsterdam: Chez Marc-Michel Ray, 1764)을 냈는데, 칸트는 이 저술을 독일어 번역판 *Betrachtungen über die Natur*(übers. J. D. Titus, Leipzig: Junius, 1766, S. 29~85)를 통해 알았을 것으로 추측된다.

2. 보네에 앞서 라이프니츠도 "연속성의 법칙(la loy de la continuité)"을 설파(Leibniz, *Discours de métaphysique*, §5~§6; *Monadologie*, §58; *NE*, III, VI, §12 등등)했고, 같은 맥락에서 로크도 유사한 논설을 편 바 있는데(Locke, *HU*, III, VI, 12 참조), 이에 대해 칸트는 이런 것은 객관적 법칙이라기보다는 "이성의 관심에 근거하고 있는 근친성(→친화[성]/근친성/친족성)의 원칙을 따른 것에 불과하다." (KrV, A668=B696)고 보았다.

보복법/동태복수법 報復法/同態復讐法 Wiedervergeltungsrecht ius talionis

1. "어떤 종류의 형벌이 그리고 어느 정도의 형벌이 공적인 정의가 원리와 표준으로 삼을 수 있는가?"라는 물음에 대하여 칸트는 "그것은 다름 아니라 다른 한쪽보다 한쪽으로 더 기울지 않는 [···] 동등성/평등(Gleichheit)의 원리이다."

(MS, RL, A197=B227=VI332)라고 답한다. “오직 보복법(동태복수법[同態復讐法] 또는 동해보복법[同害報復法])만이 — 그러나 물론 (사적 판단에서가 아니라) 법정의 심판대 앞에서 이루어지는 —, 형벌의 질과 양을 명확하게 제시할 수 있다. 여타의 모든 것들은 이리저리 흔들리고, 섞이는 다른 고려점들로 인하여 순수하고 엄밀한 평결과의 부합성을 가질 수가 없다.”(MS, RL, A197이하=B227이하=VI332)는 것이 칸트의 생각이다. 이러한 생각은 “눈은 눈으로, 이는 이로, 손은 손으로, 발은 발로”(《성서》, 「출애굽기」 21, 14)로 표현되는 고대 바빌로니아 시대의 함무라비 법전(Hammurapi Codex, §196)에서부터 《성서》 곳곳(「레위기」 24, 20; 「신명기」 19, 21; 「마태오복음」 5, 38 등), 그리고 로마의 12동판법 8조에서도 볼 수 있는 바이다. — 그래서 칸트는 “시민사회가 모든 구성원의 동의로써 해체될 때조차도(예컨대, 섬에 거주하는 국민이 서로 헤어져 온 세계로 흩어질 것을 결의할 때조차도), 감옥에 있는 마지막 살인자는 먼저 처형되어야만 할 것이다.”(MS, RL, A199=B229=VI333)라고 말한다. 왜냐하면 그렇게 하지 않을 경우 “국민은 정의를 공적으로 침해하는” 것이 되기 때문이다.

2. 다만 동등한 보복 대상이나 수단을 찾을 수 없는 범죄에 대해서는 합당한 대체물을 찾을 수 있다. 그러나 살인한 자는 “죽어야만 한다. 이 경우에 정의의 충족을 위한 대체물은 없”(MS, RL, A199=B229=VI333)기 때문이다.

보캉송 Jacques de Vaucanson

보캉송(1709~1782)은 프랑스의 발명가로 1738년에 파리에서 처음으로 자동 기계 전시회를 열었다. 라메트리(Julien Offray de La Mettrie)는 『인간기계론(*L'homme machine*)』(1747)에서 이에 대해 언급하고 있고, 물질주의자들은 때때로 이것을 인간이 기계임을 예증한 것이라고 내세웠다. 칸트는 인간이 “예술품의 최고 명장(名匠)에 의해 조립되고 조작되는 꼭두각시거나 보캉송의 자동 기계”(KpV, A181=V101)가 아니라, 자발성과 자유를 본질로 하는 인격임을 역설한다.

보편성 普遍性 Allgemeinheit universalitas

1. 보편성이란 "모든 경우에 대해 충분함"(Prol, A44=IV278 참조) 또는 어떤 개념이 그 외연에 완전함(KrV, A322=B379 참조)을 말한다.

2. 엄밀한 의미에서 참된 인식은 필연성과 보편성을 가져야 하는데, 칸트의 관점에서 이 조건을 충족시키는 것은 선험적 인식뿐이다. 경험은 "우리에게 아무런 참된 보편성도 제공하지"(KrV, A1) 못하며, 기껏해야 "비교적 큰 보편성"(KrV, A9=B13)을 줄 뿐이다. 귀납 곧 사례의 일반화에 의해서는 비교적인 보편성을 얻을 수 있을 뿐이다. "경험은 엄밀한 보편성도 명증한 확실성"(KrV, A31=B47)도 "필연성도 마련해줄 수 없"다.(Prol, A106=IV315)

객관적 보편성을 가져야만 법칙이라 할 수 있으니, 엄밀하게는 '경험적' 법칙이란 없는 것이다. "예외 없는 법칙은 없다."라는 속언은 경험적 법칙을 염두에 둔 것인데, 이러한 것은 엄밀하게는 법칙이라 할 수 없는 것이다.

3. 칸트는 경험적 규칙들은 "일반적(general)인 규칙들"일 뿐 보편적(universal)인 규칙들이 아니라고 함으로써(KU, B20=V213) 보편성과 일반성을 구별하기도 한다.

4. 『판단력비판』에서 칸트는 보편성을 "어떤 표상의 인식능력과의 관계가 타당함"의 뜻으로 새기고, 이와 구별하여 "어떤 표상의 쾌·불쾌의 감정과의 관계가 모든 주관에 대하여 타당함"을 공통타당성(Gemeingültigkeit)이라고 일컬어 "주관적 보편타당성"을 말하기도 한다.(KU, B23=V215 참조)

보편타당성 普遍妥當性 Allgemeingültigkeit

1. 언제 누구에게나 타당함이라는 보편타당성은 객관적 타당성(→) 외의 다른 것을 의미하지 않는다.(Prol, A78=IV298 참조) "그래서 객관적 타당성과 (누구에 대해서나) 필연적인 보편타당성은 교환개념이다."(Prol, A79=IV298)

2. 객관적 타당성이라는 의미의 보편타당성은 경험적 판단들도 갖는데, 경험적 판단들의 보편타당성은 "순수 지성개념에 의거하는 것이다."(Prol, A80=IV299) 순수 지성개념들은 "경험적 판단들에게 보편타당성을 부여하고, 이 보편타당성에 의거해 경험판단들 일반을 가능하게 하는 데에 쓰인다."(Prol, A121=IV324)

3. 또한 객관적으로 보편타당한 판단은 항상 주관적으로도 타당한 것이다. 다시 말해, 만약 판단이 주어진 개념 중에 포함되어 있는 모든 것에 대해 타당하다면, 그것은 또한 어떤 대상을 이 개념을 통해 표상하는 모든 사람에게도 타당하다.

4. 그런데 칸트는『판단력비판』에서 미감적 보편타당성을 주장하면서 객관적 보편타당성과는 구별되는 '주관적 보편타당성'(→주관적 보편성)을 또한 말한다. 취미판단은 단지 주관과 관계할 뿐 객관에 상관하지 않기 때문에 이것들의 '객관적' 보편타당성에 관해서는 이야기할 것이 없다. 미감적 판단은 "모든 주관에 대한 보편타당성"(KU, B131=V279)만을 갖는다.

그렇기 때문에 "미감적 보편성은 특수한 종류의 것"이다. "왜냐하면, 이 보편성은 미라는 술어를, 전체 논리적 권역에서 고찰된 객관의 개념과 연결시키지 않지만, 그럼에도 바로 그 술어를 판단자의 전체 권역 너머까지 확장하기 때문이다."(KU, B24=V215)

본능 本能 Instinkt

'본능'이란 "(동물들에서의 기술[技術] 충동이나 성적 충동처럼) 그에 대해 아직 아무런 개념를 가지고 있지 못한 어떤 것을 행하거나 향유하려는 감정적인 필요욕구"(RGV, B21=VI29)를 일컬으며, 이는 "대상을 알기도 전에 이 대상을 점유취득하려는 욕구능력을 내적으로 강요"하는 것으로서 "동물의 짝짓기 추동(Trieb)(→)이나, 새끼를 보호하는 어미의 추동[본능] 같은 것"이 대표적인 것이다.(Anth,

A226=B225=VII265)

본질 本質 Wesen essentia

1. 존재론의 탐구에서는 존재자를 존재자로서 묻는다 함은 존재자의 본질과 존재(Sein, existentia) 양태를 묻는다는 뜻이다. 어떤 '존재자(Wesen)'를 그 존재자이게끔 하는 것이 그것의 '본질(Wesen)'이다.

2. 본질이란 논리적 본질(essentia logica)이거나 실재적 본질(essentia realis)을 지시한다.(V-Met-L2/Pölitz, XXVIII552 참조) 논리적 본질이란 "개념에 함유되어 있는 모든 것의 제일의 내적 근거"(V-Met-L2/Pölitz, XXVIII553)로서 (형식) 논리학에서 다루어지는 것이다. 반면에 실재적 본질은 "모든 본질 규정의 제일 근거"(V-Met-L2/Pölitz, XXVIII553)로서 존재론의 주제를 이룬다. 그것은 어떤 경험적 사물을 다른 경험적인 사물과 구별 짓는 경험적인 본질[무엇임 또는 그러그러함]이 아니라, "사태 자체에 속하는 모든 것의 제일의 내적 근거"(V-Met-L2/Pölitz, XXVIII553)를 지시한다. 어떤 사물의 사물임의 제일의 내적 근거는 선험적 본질로서, 그것은 '사물', '사물이라는 것', '사물 일반'이라는 개념을 가능하게 하는 근거를 말한다.(V-Met/Schön, XXVIII477 참조)

3. 범주로 기능하는 순수 지성개념들 중 양, 질, 관계 등 세 종류는 모두 존재자의 본질 규정의 틀이다. (반면에 양태 범주는 존재자의 세 가지 존재양태를 규정하는 틀이다.)

볼프 Christian Wolff

1. 볼프(1679~1754)는 라이프니츠 이래의 이성주의 철학 전통을 이어 독일의 18세기 학교철학의 체계를 세웠다. 그가 분야별로 라틴어와 함께 독일어로 펴

낸 저술들이 대학 철학 교본이 되고 독일 철학 용어로 정착되어갔으며, 대다수 대학 강단을 그의 추종자들이 이끌어감으로써 '학교철학'이 형성되었다. 칸트는 그의 교조적 형이상학의 내용은 비판하였으나(KrV, A856=B884 참조), 그의 학문적 철저성은 누구나 "따라야만 한다"고 보았다.(KrV, XXXVI 참조)

2. 볼프는 행복과 완전성과 자연법칙의 내밀한 연관성을 강조하였다. ―"지속적인 기쁨의 상태는 행복을 형성한다. 무릇 최고선 내지 정복[淨福]이 지속적인 기쁨과 연결되므로"(Wolff, *Vernünfftige Gedancken Von der Menschen Thun und Lassen, Zu Beförderung ihrer Glückseeligkeit, den Liebhabern der Wahrheit mitgetheilt*[1720], Franckfurt · Leipzig [4]1733, §51), "그것을 소유한 사람은 지속적인 기쁨의 상태에 있다. 그렇기에 최고선은 행복과 결합되어 있는 것이다."(같은 책, §53) "그런데 최고선[최고로 좋음]은 자연법칙의 이행에 의해 얻어지므로"(같은 책, §45) "이 법칙을 준수함은 또한 사람들이 행복을 얻는 수단이기도 하다."(같은 책, §52) "자연의 법칙을 준수함으로써 사람들은 자기의 자연본성 및 외적 상태의 완전성을 얻는 것이기 때문에"(같은 책, §19), "자연의 법칙은 [사람들이] 행복을 얻는 수단인 것이다."(같은 책, §57)

이에 대해 칸트는 덕성 함양, 도덕법칙의 준수와 행복(→)의 결합에서만 최고선(→)을 보았다.

3. 칸트는 볼프와 그 추종자들을 '라이프니츠-볼프 학파'(→)로 묶어 그 이성주의적 형이상학을 교조주의의 전형으로 비판한다.

『부정량 개념』 / 『부정량 개념의 세계지로의 도입 시도』 Versuch den Begriff der negativen Größen in die Weltweisheit einzuführen

1. 작은 책자 『부정량 개념의 세계지로의 도입 시도』는 1763년에 초판(Königsberg: bei Johann Jacob Kanter)이 나온 이래 칸트 생전에 제4판까지(제2판: Grätz

1797, 제3판: Königsberg/Leipzig 1797/98, 제4판: Halle 1799) 출간되었다. 제목에서 보듯 이 책에서 칸트는 수학의 개념인 '부정량'을 세계지(→) 곧 철학(→)에 도입하고자 하며, 이를 저자 스스로 '시도'라고 표현함은 이 작업이 문제성을 가지고 있지만, 성공하면 매우 생산적인 결과를 얻을 수 있음을 의식하고 있다는 것을 말하고 있다. 책은 3절로 구성되어 있다.

2. '제1절 부정량 일반의 개념 해설'에서는 논리적 대립과 실재적 대립을 통해 '부정량'의 개념을 설명한다.

논리적 연결에서는 무엇이 긍정됨과 동시에 부정이 되면 모순으로 그 결과는 "아무것도 없다."(NG, A3=II171) 이것은 "부정적 무(nihil negativum)"(→무)라 하겠다. 그러나 한 점에서 서로 반대 방향으로 운동하는 두 힘은 대립하되 상호 모순되지 않고 "한 물체에서 술어로서 가능"하며, 그 결과는 "정지이고, 그것은 무엇인가이다."(NG, A4=II171) 이것은 '0'의 상태라는 뜻에서 "결여적 무(nihil privativum)"(→무)이다. 유사한 또 다른 예로는, 누군가가 10만 원의 소득을 올리고, 바로 10만 원을 소비한 경우, 그의 잔고는 현재 '0'이지만, 이 사태는 소득이 전혀 없고, 그래서 소비도 전혀 없어 잔고가 '0'인 사태와는 전혀 다르다. 그래서 실재적 대립과 논리적 대립은 전혀 다른 사태를 표상하는 것이다.

그래서 이를 적절히 구별하여 말하자면, 하나의 양(+1)에는 소극적 부정 양(0)과 적극적 부정 양(−1)이 대립하는데, 전자는 '논리적 대립(모순, 0)', 후자는 '실재적 대립(대항, −)'이라고 규정할 수 있겠다.

3. '제2절 부정량의 개념이 세계지에서 등장하는 사례들'에서는 첫째로, 쾌와 불쾌의 감정에서 불쾌는 한낱 쾌의 결여가 아니라 그 자체로 어떤 적극적인 감정이어서 무감정('0')이라 하더라도, 아무것도 아닌 것이 아니라, 쾌의 감정과 불쾌의 감정이 서로를 폐기한 대립의 결과인 무엇인 경우도 있음이 예시된다. 그 무감정이 쾌도 없고 불쾌도 없어서 생긴 것이라면 "무관심(indifferentia)"일 것이나, 쾌와 불쾌의 실재적 대립으로 인한 것이라면 "평형(aequilibrium)" 상태라 할 것이다.(NG, A21이하=II180이하 참조) 이와는 달리 '부덕(Untugend)'은 덕(Tudend)의 대립자 곧 패악(Laster)이 아니라, 덕성의 결여일 따름이다.

4. '제3절 부정량의 개념을 세계지의 대상에 적용하기 위한 준비'에서 칸트는 실재적 대립 개념을 활용함으로써 많은 경우 형식적으로는 '0'이지만, 그것이 상호 지양함으로써 생긴 적극적인 결과임을 말한다.

5. 이러한 사고의 연장선상에서 『순수이성비판』은 형식 논리에서는 도외시되었던 4종의 범주 중 세 번째 항의 범주가 적극적으로 의미 있음을 밝힌다.(KrV, B111 참조)

또한 칸트는 『이성의 한계 안에서의 종교』와 여타 도덕철학 저술에서도 부정량의 개념을 활용하여 선과 악의 관계를 해명한다.

"선 = a가 있다면, 그것에 모순 대립적인 것은 불선[不善]이다. 그런데 이 불선은 선의 근거의 순전한 결여 = 0의 결과이거나 선의 대항 = −a의 적극적 근거의 결과이다. 후자의 경우에 불선은 적극적 악이라고 일컬을 수 있다. [...] 그런데 우리 안의 도덕법칙이 의사의 동기가 아닐 터라면, 그러나 도덕적 선(즉 의사의 [도덕]법칙과의 부합) = a와 불선 = 0에서 이 불선은 도덕적 동기의 결여 = a × 0일 것이다. 그런데 우리 안에서는 법칙이 동기 = a이다. 따라서 의사의 법칙과의 합치의 결여(= 0)는 오직 의사의 실재적으로 대립하는 규정, 다시 말해 의사의 반항 = −a의 결과로서만, 다시 말해 오직 악한 의사에 의해서만 가능하다."(RGV, B9이하=VI22이하) "덕 = +a에는 논리적 반대(contradictorie oppositum)로서 소극적 부덕(도덕적 약함) = 0이, 그러나 대항(contrarie s. realiter oppositum)으로서 패악 = −a가 대립한다."(MS, TL, A10=VI384) "도덕성과 관련해서 a는 선이고, −a는 악이며, 0은 무차별적 행위이다. 그러나 그 결과와 관련해서는 a는 공적이고, −a는 죄과이며, 0은 공정한 것이다."(Refl 7234, XIX291)

분석 分析 Analyse/Analysis analysis

1. 분석이란 분해로서 어떤 것을 그것을 이루고 있는 요소로 나눔을 말한다. 최종적인 요소로까지 나누어갈수록 분석은 상세해진다. 그러나 단순한 것은 분

석될 수 없다. 그러니까 분석될 수 있는 것은 이미 합성되어 있는 것을 뜻한다.

2. 어떤 것에서 특정한 요소를 분석해냄을 '도출'이라고 한다. 그러니까 도출은 분석 작업을 수반한다.

분석판단과 종합판단 分析判斷 綜合判斷 analytisches Urteil & synthetisches Urteil

I. 1. 술어 개념과 주어 개념의 동일성에 확실성이 의거해 있는 판단을 분석 판단이라 하고, 진리 여부가 주어와 술어 개념들의 동일성에 기초해 있지 않은 판단을 종합 판단이라 한다.(Log, A173=IX111 참조) 달리 표현하면, 판단에서 "술어 B가 주어 개념 A에 (암암리에) 포함되어 있는 어떤 것으로서 주어 A에 속하는 경우"는 분석 판단, "B가 비록 A개념과 연결은 되어 있지만, 전적으로 A개념의 밖에 놓여 있는 경우"는 종합 판단이라 한다.(KrV, A6이하=B10 참조)

"물체는 연장적이다."라는 판단은 분석 판단의 예이고, "물체는 인력을 갖는다."는 판단은 종합 판단이다. 연장성은 물체의 본질속성이나, 인력은 부가적인 속성이기 때문이다. "종합 판단은 인식을 질료적으로(materialiter) 증가시키고, 분석 판단은 한낱 형식적으로(formaliter) 그리할 뿐이다. 종합 판단은 규정들(determinationes)을 함유하고, 분석 판단은 단지 논리적 술어를 함유할 따름이다."(Log, A173=IX111)

2. 분석 판단은 "설명적"이되 "인식의 내용에 덧붙이는 바가 아무것도 없"고, 종합 판단은 "확장적이어서 주어진 인식을 확대"한다.(Prol, A25=IV266 참조) 그래서 분석 판단은 "설명 판단", 종합 판단은 "확장 판단"이라고도 일컫는다.(KrV, A7=B11 참조)

II. 1. 분석 판단은 "황금은 황색이다."처럼 주어와 술어 개념이 설령 순수하지 않고 경험적인 것이 섞여 있다 하더라도, 그 진위는 모순율에 따라 판별되므로, 진위 판별에 별도의 경험이 필요하지 않다.

2. 그런 한에서 분석 판단은 모두 "선험적 판단"(Prol, A26=IV267; 참조 KrV, B3)이며, "경험이 나에게 결코 가르쳐줄 수는 없을 그 판단의 필연성을 동시에 의식할 수 있"(Prol, A27=IV268; KrV, B12)게 한다.

III. 1. 그러나 종합 판단의 진위는 모순율만으로써는 판별할 수 없다. 그래서 "종합 판단들은 전혀 다른 또 하나의 원리를 요구하는 것이다."(Prol, A27=IV267)

2. "경험판단들은 그 자체로 모두 종합적이다."(KrV, B11; 참조 Prol, A27=IV268) 경험판단들은 어떤 대상을 경험을 통해 새롭게 인식함을 표현하는 것인 만큼, 확장적인 앎을 담고 있으니, 본질적으로 종합적이다.

3. "수학적 판단들은 모두가 종합적이다."(Prol, A27=IV268; KrV, B14) — 칸트는 산술에서의 '7 + 5 = 12'라는 명제와 기하학에서의 "직선은 두 점 사이의 가장 짧은 선이다."라는 명제를 예로 들면서 수학의 판단들이 모두가 종합적이라고 설명한다. 여기서 '수학의 판단들'의 범위가 어디까지인지는 분명하지 않다. 그러나 적어도 산술학과 기하학의 원칙들이 칸트적 의미에서 '종합 인식'임을 말하고 있음은 분명하다.(Prol, A30=IV269 참조) 이런 칸트의 생각은 그의 초기 논문 「자연신학과 도덕학의 원칙들의 분명성에 관한 연구」(→)(1764)에서부터 표명되었는데, 이미 당시부터 헤르더(→)를 비롯한 많은 사람들로부터 비판을 받았다.

4. "본래적으로 형이상학적인 판단들은 모두가 종합적이다."(Prol, A36=IV273) 형이상학이 한낱 개념 풀이를 하는 분석명제들의 집합이 아니라, 무엇인가 실재적인 앎을 포함하고 있는 학문인 이상 형이상학의 실질을 구성하는 요소들은 모두가 종합적이지 않을 수 없다. "그래서 예컨대 '사물들에서 실체인 모든 것은 고정불변적이다'라는 명제는 하나의 종합적이고 특유의 형이상학적 명제이다."(Prol, A37=IV273) (→ 선험적 종합 판단은 어떻게 가능한가?)

분석학 分析學 Analytik

일반 논리학의 분석학

일반 논리학에서 분석학이란 "지성 및 이성의 전 형식적 업무를 요소들로 분해하고, 그 요소들을 우리 인식의 모든 논리적 평가의 원리로 제시"(KrV, A60=B84)하는 부문을 일컫는다.

초월적 분석학

1. 초월 논리학에서 분석학이란 "순수 지성 인식의 요소들과, 그것 없이는 도무지 어떤 대상도 사고될 수 없는 원리들을 서술"하는 부문을 일컬으며, 그래서 칸트는 이를 "초월적 분석학"이라 부르는데, 이를 통해 비로소 진리 성립의 요소가 드러나므로 "진리의 논리학"(KrV, A62=B87)이라고 말하기도 한다.

2. 초월적 분석학은 "우리의 선험적인 전체 인식을 순수 지성 인식의 요소들로 분해하는 작업이다. 여기서 중요한 점은 다음과 같다. 1. 개념들은 순수한, 경험적이 아닌 개념들이다. 2. 개념들은 직관 즉 감성에 속하는 것이 아니라, 사고 곧 지성에 속한다. 3. 그것들은 기본 개념들로서 파생된 혹은 그것들로 합성된 개념들과는 구별된다. 4. 개념들의 표는 완벽하고, 그것들은 순수 지성의 전 영역을 완전히 아우른다."(KrV, A64=B89)

3. 초월적 분석학의 "중요한 결과"는, "지성은 선험적으로는 결코 가능한 경험 일반의 형식을 예취하는 것 이상을 할 수 없고, 또 현상이 아닌 것은 경험의 대상일 수 없으므로, 지성은 그 안에서만 우리에게 대상들이 주어질 수 있는 감성의 경계를 결코 넘어설 수 없다."(KrV, A246이하=B303)는 것이다. 그러므로 "사물들 일반에 대한 선험적인 종합적 인식들(예컨대, 인과성의 원칙)을 체계적 교설로 제공한다고 과시하는 존재론이라는 의기양양한 명칭은 순수 지성의 순전한 분석학이라는 겸손한 명칭으로 대치되어야 한다."(KrV, A247=B303)는 것이다.

개념의 분석학

일반 논리학에서 개념의 분석학은 "주어지는 개념들을 내용별로 분해하여 분명하게"(KrV, A65=B90) 함을 말하며, 초월 논리학에서 개념의 분석학은 "선험적인 개념들을 그것들의 출생지인 지성 안에서 찾아내고, 지성의 순수 사용 일반을 분석함으로써 선험적인 개념들이 가능함을 탐구하기 위해 지성 능력 자체를 분해함"(KrV, A65=B90 참조)을 일컫는다. 초월 논리학의 개념의 분석학에서 밝혀지는 바가 판단 형식과 판단 형식에 대응하는 사고의 형식, 곧 범주(→)인 순수 지성개념들이다.

원칙의 분석학

일반 논리학은 분석학에서 상위 인식능력들 곧 지성·판단력·이성의 구분에 맞춰 개념·판단·추리를 다루지만(KrV, A130=B169 참조), 초월 논리학에서는 순전한 이성 추리란 이성의 오용(→ 변증학)에 의한 것이므로, 개념과 판단만이 분석학의 대상이 된다. 칸트는 "판단력의 교설"로써 "선험적 규칙들을 위한 조건을 포함하는 지성개념들을 현상들에 적용하는 법을 판단력에게 가르"쳐야 한다고 보는데, 이러한 가르침을 포함하는 것이 "지성의 원칙들"이므로, 이를 내용으로 갖는 논리학의 부문을 "원칙의 분석학"(KrV, A132=B171)이라고 일컫는다. 이 원칙의 분석학에서 해명되는 바가 순수 지성개념의 도식(→)기능과 "순수 지성의 원칙들의 체계"(KrV, A154=B193 참조)를 이루는 "직관의 공리들의 원리"(→), "지각의 예취들의 원리"(→), "경험의 유추들의 원리"(→), "경험적 사고 일반의 요청들"(→)이다.

순수 실천이성의 분석학

1. "순수 실천이성의 분석학"(KpV, A35=V19이하 참조)(→『실천이성비판』→『실

천이성비판』의 대강)은 순수한 실천이성 능력을 분해하여 “순수 이성은 실천적일 수 있다는 것, 다시 말해 독자적으로, 곧 일체의 경험적인 것으로부터 독립해서 의지를 규정할 수 있다는 것”(KpV, A72=V42), 그리하여 “너의 의지의 준칙이 항상 동시에 보편적 법칙수립의 원리로서 타당할 수 있도록, 그렇게 행위하라.”라는 “순수 실천이성의 원칙”(KpV, A54=V30)이 ‘이성의 사실’(→)임을 밝힌다.

2. 실천이성의 분석학이 밝혀주는 바는 “실천이성과 이론이성 사이에는 현저한 유사함도 있지만, 그에 못지않게 현저한 차이점들도 발견된다”(KpV, A162이하=V91)는 사실이다. 무엇보다도 이론이성과 관련해서 선험적인 순수 이성 인식능력은 과학들의 실례들에 의해서나 입증될 수 있지만, 도덕의 원리들을 순수 실천이성의 원칙들로 정당화하는 일은 한낱 보통의 인간 지성의 판단에 의거하는 것만으로도 충분히 그리고 확실하게 할 수 있다.

미감적[미학적] 판단력의 분석학

I. 미감적 판단력의 분석학에서 중심은 미의 분석학에 놓인다.

II. 1. 미의 분석학은 취미능력 곧 “미적인[아름다운] 것을 판정하는 능력”(KU, B3=V203), 바꿔 말해 “상상력의 자유로운 합법칙성과 관련하여 대상을 판정하는 능력”(KU, B68이하=V240)을 분해함으로써 취미판단(→)의 기초원리를 해명하며, 이에 유비하여 숭고의 분석학(KU, B74=V244 이하 참조) 또한 전개된다.

2. (생산적) 상상력은 독자적이며 “가능한 직관들의 임의적 형식들의 창시자”(KU, B69=V240)이다. 그러나 상상력이 산출할 수 있는 모든 형식들이 지성의 합법칙성과 합치하기에 적합한 것은 아니다. 물론 상상력이 그의 형식들을 스스로 산출해내지 않고, 지각된 대상에서 찾아낸 것일 때는 그것들에게 자유로운 합법칙성이 인정된다. 한 대상이 아름다운 것은, 그것이 일정한 형식을 단적으로 가지고 있기 때문이 아니라, 상상력이 이 형식 자신을 산출해낼 수 있기 때문일 터이다.

한낱 “지성과의 상상력의 주관적 합치”를 칸트는 “법칙 없는 합법칙성”이라고 일컫는바, 이 합법칙성은 “(목적 없는 합목적성이라고도 불리는) 지성의 자유로운 합법칙성”(KU, B69=V241)에 대응한다. 대상들이 “개념 없는 합법칙성”의 기준을 충족시키지 못하면, 그것들은 아름답지 않다. 사각형이나 육면체나 원형이 흉한 것은 아니지만, 아름답지도 않은 것은, 이런 표상을 가지고 “상상력이 꾸미지 않고 합목적적으로 더불어 유희할 수”(B72=V243) 없기 때문이다.

「불에 대하여」/「불에 대한 약간의 성찰의 소략한 서술」 'Meditationum quarundam de Igne succinta delineatio'

1. 1755년 5월에 이 논문을 제출함으로써 칸트는 학위(박사 즉 석사)를 취득하였다. 대학 규정에 따라 라틴어로 작성된 이 논문은 인쇄 출판되지는 않았다.

2. 당대 과학 논의에서 '에테르(Äther)'(→)는 편만한 우주의 설명과 관련하여 중요한 주제였는데, 불에 대한 고찰을 통해 이를 잘 설명할 수 있을 것으로 기대해 불에 대한 성찰 또한 학계의 주요 사안이었다. 부르하브(Herman Boerhaave, 1668~1738)의 『화학의 기초원리(*Elementa chemiae*)』(Leyden 1732)에 불에 관한 논고가 포함되어 있는데, 이 책의 독일어 역서(*Elementa chemiae oder Anfangsgründe der Chymie*, Leipzig 1753)가 칸트의 관심을 불러일으킨 것으로 보인다.

3. 논문은 '제1절 고체와 유체에 대하여'와 '제2절 불의 질료와 그 변양인 열과 냉에 대하여'로 이루어져 있는데, 칸트 역시 당대 자연철학자들의 관심사였던 에테르에 대한 탐구의 일환으로 불을 고찰하고 있다.

비사교적 사교성 非社交的 社交性 ungesellige Geselligkeit

1. 인간의 비사교적 사교성이란 “사회에 들어가려 하면서도, 이 사회를 끊임없이 분열시키려 위협하는 전반적인 저항(심)과 결합되어 있는 인간의 성벽(性

癖)"(IaG, A392=VIII20)을 말한다. 인간은 "개별화(고립화)"하려는 강한 성벽을 가지면서도 자기를 "사회화"하려는 경향성을 갖고 있다. 인간은 잘 견뎌낼 수도 없지만 그렇다고 떠날 수도 없는 동료들 사이에서 어떤 지위를 얻음으로써 삶에서 충족감을 얻는다.(IaG, A393=VIII21 참조)

2. 인간은 사교를 통해 야만에서 비로소 문화로 진입하는 것이니, "문화란 본래 인간의 사회적 가치에 존립하는 것이다. 이에서 모든 재능들이 서서히 개발되고, 취미가 도야되며, 계속되는 계몽에 의해 하나의 사유방식[성향]을 확립하기 위한 발단이 이루어져서, 이러한 사유방식이 윤리적 분별을 위한 조야한 자연소질을 시간이 지나면서 명확한 실천 원리들로 변환"(IaG, A393=VIII21)시킨다. 그래서 당초에는 적대 관계에 있던 개개인들이 그다지 내키지 않으면서도 "정념적으로-압박되어 하나의 사회로 합치"되었지만, "마침내 하나의 도덕적인 전체"로의 변환이 일어난다.(IaG, A393=VIII21 참조)

비티 James Beattie

비티(1735~1803)는 스코틀랜드 상식학파의 일원으로, 대표 저서로는 『자연과 진리의 불변성 논고(*Essay on the Nature and Immutability of Truth in Opposition to Sophistry and Scepticism*)』(Edinburgh 1770)가 있다. 칸트는 도덕철학 논변에서 비티를 더러 언급한다.(KpV, A27=V13 참조)

비판 批判 Kritik

I. 칸트철학의 대표적 표제어가 된 '비판' 곧 '크리틱'은 어원적으로는 그리스어 '크리티케(κριτική)'에서 유래하며, 동근어(同根語)인 동사 '크리네인(κρίνειν)'으로 미루어보아 '판정'·'판별'·'비평'·'결정'·'판결'·'규정'의 뜻을 함께 갖는다.

II. 3비판서 저술 이전에 '비판'은 동시대인처럼 어원적 의미에서 크게 벗어나지 않게 사용되었다.

1. 예컨대 칸트는 '논리학'을 "한편으로는 막연한 개념들과 무지에 접해 있고, 다른 한편으로는 학문과 학식에 접해 있는, 건전한 지성[상식]에 대한 비판과 지시규정"(NEV, A10=II310)과 "본래적인 학식에 대한 비판과 지시규정"(NEV, A11=II311)으로 나눈 후, 전자를 "이성 비판(Kritik der Vernunft)"(NEV, A12=II311)이라고 일컫는데, 여기서 비판이란 사람들을 선입견과 착오에서 벗어나 계몽된 이성과 학문으로 이행하도록 "격리"시킴을 뜻한다.

2. 미적 기예[예술]에는 비판이 가능할 뿐, "미에 대한 학문은 없다."(Refl 1588, XVI27)라고 말할 때의 '비판'은 주관적 "판정"을 뜻한다.

III. 3비판서에서 '비판'은 한계 규정을 선험적으로 수행함을 말한다. "인식 비판"(Prol, A87=IV304)이라는 표현에서 보듯 어떤 것의 선험적 원천과 가능 원리의 작용 범위를 분별하는 일이 비판의 주요 과업이다. 이로써 '비판'은 칸트철학적 특유의 의미를 가지게 되었고, '비판철학적' 의미를 얻었다.

1. '순수 이성 비판'(→)이란 이성 능력 일반이 일체의 경험으로부터 독립해서 할 수 있는 인식이 있는지, 그러니까 도대체 형이상학이라는 것이 가능한지 어떤지를 결정하고, 형이상학적 인식의 "원천과 범위 그리고 한계를 규정하되, 그것들을 모두 원리로부터 수행함을 뜻한다."(KrV, AXII)

2. '실천이성 비판'(→)은 오직 "실천이성의 가능성·범위·한계를 인간의 자연본성과 특수하게 관계시킴 없이 완벽하게 제시"(KpV, A15=V8)하는 작업이다.

3. '판단력 비판'(→)은 판단력이 이론이성이나 실천이성처럼 "독자적으로 선험적 원리들을 가지는가, 이 원리들은 구성적인가 아니면 한낱 규제적인 것인가, […] 그리고 판단력이 인식능력과 욕구능력 사이의 중간항으로서의 쾌·불쾌의 감정에게 […] 선험적으로 규칙을 주는가"(KU, BV이하=V168)를 판단력의 분해를 통해 밝힌다.

비판적 批判的 kritisch

I. '비판적'이란 일차적으로는 '사리분별력이 있는'이라는 정도의 의미를 지니며, 그래서 비판적 이성이란 "보통의 지성[상식]이 사변으로 잘못 오르지 않도록, 또는 순전히 사변이 문젯거리일 경우에서는 어떤 결정을 하려고 나서지 않도록, 보통 지성[상식]을 제한하는" (Prol, A12=IV259) 분별력을 뜻한다.

II. 그러나 칸트에서 '비판적'은 많은 경우 '비판철학적'(→ 비판)을 의미한다. 예컨대 순수 이성이 경험의 한계를 벗어나지 않도록 하는 것이 "비판적 탐구"(KrV, A89=B121)의 과제이며, 선험적 종합 인식의 원천을 밝혀내려는 것이 "비판적 기획"(KrV, A204=B249)이다. 칸트가 자신의 인식이론을 "비판적 관념론"(→ 관념론 → 비판적 관념론)이라고 일컬을 때도 이런 뜻이다.

III. '비판적'은 논변의 한 방식을 지칭하기도 한다.

1. 반론을 펴는 방식에는 "교조적(dogmatisch) · 비판적 · 회의적(skeptisch)"인 것이 있다. "교조적 반론은 명제를, 비판적 반론은 명제의 증명을 반대 겨냥하고 있다. 전자는 대상의 본성의 성질에 대한 통찰을 필요로 하는데, 그것은 이 대상의 명제가 사칭하는 것에 대한 반대를 주장할 수 있기 위해서이다. 따라서 이 반론 자신이 교조적이며, 그래서 화제가 되고 있는 그 성질을 반대편보다 더 잘 안다고 스스로 사칭한다. 비판적 반론은, 명제의 가치 유무를 건드리지 않고, 단지 그 증명에 대해서만 다투기 때문에, 대상을 더 잘 알 필요도 전혀 없고, 대상에 대해 더 잘 안다고 자칭할 필요도 없다. 그것은 그 주장이 옳지 않다는 것이 아니라, 근거 없다고 제시만 하는 것이다. 회의적 반론은 명제와 반대명제를 동등한 중요성을 갖는 반론으로서 상호 대립시켜, 상호 교환적으로 한쪽을 교조로 그리고 다른 한쪽을 그에 대한 반론으로 세운다. 그러므로 그것은 대상에 대한 모든 판단을 완전히 절멸시키기 위해, 대립하는 양쪽 모두에서 교조적으로 보이게 한다. 그래서 교조적 반론이나 회의적 반론 양자는 대상에 대해 무엇인가를 긍정적으로 또는 부정적으로 주장하기 위해서 필요한 그만큼 대상에 대한 통찰을 가진 양 자칭할 수밖에 없다. 비판적 반론만이 사람들이 자기의 주장을

내세우기 위해 공허한 한낱 꾸며낸 것을 받아들이고 있음을 제시하고, 대상의 성질에 대해 그 밖에 어떠한 것도 결정하려 함 없이, 이론이 가지고 있는 월권적인 기초를 제거함으로써 이론을 전복시키는 그런 방식의 것이다."(KrV, A388 이하) 그러니까 엄밀히 말하자면 '비판적' 논변만이 유일하게 철학적인 것이다.

2. "순수 이성에 의한 인식의 방법"(KrV, A712=B740)은 '회의적'이거나 '논쟁적(polemisch)'이 아니라, '비판적'으로 해야 한다고 할 때, '비판적으로'란 "우리 인식의 제일의 원천들에 대한 탐구를 통해"(KrV, A758=B786)를 뜻한다.

비판주의 批判主義 Kritizism/Kritizismus

1. 형이상학의 한 수행방식으로서의 비판주의는 한편으로는 교조주의와, 다른 한편으로는 회의주의와 대비된다.

비판주의는 형이상학에 속하는 모든 것과 관련해 일종의 '유예적 회의'로서 "'형이상학의 종합 명제들의 가능성의 보편적인 근거가 우리의 인식능력들의 본질적인 조건들 속에서 통찰되기 전까지는 형이상학의 모든 종합 명제들을 일반적으로 믿지 말라.'는 준칙"(ÜE, BA79=VIII227)을 가지고 수행하는 방식을 일컫는다. 이것은 형이상학에 대해 "이성 능력 자체에 대한 선행하는 비판 없이, 순전히 그 성공만을 위해, 그 원리들을 일반적으로 믿는"(ÜE, BA78=VIII226) 교조주의나 "선행하는 비판 없이, 순전히 그 주장들의 실패만을 위해, 순수 이성에 대해 일반적인 불신을 품는"(ÜE, BA78=VIII226) 회의주의와는 달리, 형이상학적 인식을 주장하거나 반대하기에 앞서, 형이상학적 인식의 가능 조건 검토를 수행하는 방식을 말한다.

2. 종교 이론으로서 "실천이성의 비판주의"(SF, A94=VII59)는 "영혼 없는 정교주의(Orthodoxism)과 이성 말살적인 신비주의(Mystizism)" 사이에 위치하는 신앙 이론이다. 그것은 "이성을 매개로 우리 자신으로부터 전개되되, 신의 힘으로써 만인의 심정에 영향을 미치고, 만인을 (비록 불가시적이지만) 보편적인 하나의 교

회 안에 통합하는"(SF, A94=VII59) 참된 교회이론이다.

빌란트 Christoph Martin Wieland

1. 빌란트(1733~1813)는 초기 독일 고전주의 문학의 대표자로, 교양소설의 효시라 할 수 있는 『아가톤의 이야기(*Geschichte des Agathon*)』(1776/77) 등을 창작했으며 호메로스, 셰익스피어 등의 작품을 번역하였다. 또한 당시 최고로 영향력 있던 잡지 《도이치 메르쿠르(*Teusche Merkur*)》의 편집인(1773~1790)으로도 활동했는데, 그의 사위이자 칸트 추종자인 라인홀트(→)는 이 잡지의 부편집인으로서 칸트철학의 확산에 크게 기여하였다.

2. 칸트는 그의 저술과 강의 등 곳곳에서 빌란트를 천재의 한 사례로 언급하고 있다.(KU, B184=V309; V-Lo/Philippi, XXIV357; V-Lo/Wiener, XXIV811; XXIV946 참조)

〚ㅅ〛

사고 思考 Denken cogitatio

1. '사고'는 적어도 두 가지 의미를 갖는다.

2. 엄밀한 의미에서의 사고는 객관적인, 곧 대상 관련적인 인식을 지칭한다. 인식인 한에서 사고는 궁극적으로는 직관(→)과 관련될 수밖에 없다. 직관을 통해서만 사고될 대상이 주어질 수 있는 것이니 말이다. 이때 사고는 감성을 통해 주어지는 잡다한 인식 재료를 종합 통일하여 '하나의' 대상을 파악하는 개념적 활동으로, 지성(→)의 역량이다.

3. 그러나 예컨대 "대상을 사고하는 것과 대상을 인식하는 것은 한가지가 아니다."(KrV, B146)라고 구별할 때처럼, '사고'라는 말은 느슨하게 사용되기도 한다. 엄밀한 의미에서는 감성 없이는, 따라서 직관 없이는 어떠한 대상도 우리에게 주어질 수 없는 것이지만(특히 KrV, A51=B75 참조), "현상들이 지성의 기능 없이도 직관에 주어질 수"(KrV, A90=B122·A91=B123 참조) 있는 것처럼, 감성의 기능함 없이도 사고가 가능한 경우도 있다. "내용 없는 사상들은 공허하고, 개념들 없는 직관들은 맹목적이다."(KrV, A51=B75)라는 언명에서 보듯, 공허한 사고도 있는 것이다. 이러한 '사고'란, "나는 단지 자기모순에 빠지지만 않는다면, 다시 말해 [···] 내 개념이 단지 가능한 사고이기만 하다면, 나는 무엇이나 사고할

수 있다."(KrV, BXXVI 주)라고 말할 때의 사고를 지칭한다. 이때 사고의 기능 규칙이 모순율(→), 충분근거율(→)과 같은 형식 논리의 법칙들이다.

사랑 愛 Liebe φιλία

I. 1. 사랑은 대상에 대한 호의적 "감각"(MS, TL, A39=V401)인데, 미감적 흡족과 같은 감정이 아니라, "친절을 결과로 갖는 호의"이다.(MS, TL, A118=VI449 참조) 대상에 따라 충동적인 사랑도 있고, 이성적인 사랑도 있다.

2. "자연[본성]의 가장 강한 충동들은 생명에 대한 사랑[生命愛]과 성에 대한 사랑[性愛]이다. 인간의 이성은 그에 영향을 미칠 수 없다. 전자는 개체를 보존하기 위한 것이고, 후자는 종[種]을 보존하기 위한 것이다."(Anth, A243=B242=VII276) 그러므로 이 같은 사랑은 "자연목적"(MS, TL, A75=VI424)이라 하겠다.

II. 1. 인간의 자기사랑(→)은 자아 성립의 바탕이다.(Anth, §2 참조) 그래서 자기사랑은 종종 도덕법칙을 벗어나는 행위의 동기가 되기도 한다. 반면에 인간 사랑 내지 이웃 사랑은 인간성의 바탕이자 인간 사회의 기반이 된다.(→ 의무 → 타인에 대한 사랑의 의무)

2. "이성적 존재자들의 모든 도덕적 관계들은 사랑과 존경(→)에 귀착된다."(MS, TL, A183=VI488)

III. 1. 사랑은 "정동[격정]과 함께하는 것"(Anth, BA172=VII232)이라서 흔히 기쁨 또는 고통을 동반한다. 또한 "사랑을 하게 되면 망상에 이르는" 일이 잦고, "사랑에 빠진 이는 사랑하는 대상의 결점에 대해서 불가피하게 눈이 멀게 된다."(Anth, A206=B205=VII253)

2. "성적인 경향성"을 사랑이라 말하기도 하는데(MS, TL, A79=VI426 참고), 이러한 성적인 사랑[性愛]은 순전한 "호의가 아니라, 오히려 그 대상의 향유를 외도하는"(Anth, BA18=VII136) 경우가 많이 있다. 또한 대상에 대한 집착이나 강한

소유욕을 사랑이라고 말하는 이도 있다.

사례론 事例論 Kasuistik

1. 사례론은 "보편적 원리를 개별적 사례에 적용시키는 방법론"을 말한다. (윤리)신학에서는 보통 '결의론(決疑論)'이라고 일컫기도 하는데, '카수스(casus)' 곧 경우 내지 사례를 살피면서 "진리[진상]를 어떻게 찾아야만 하는가 하는 훈련"(MS, TL, A56=VI411)함을 지칭하므로, '경우론'이라고 해도 무방하겠다.

2. 칸트는 "양심 사례(casus conscientiae)와 일종의 양심의 변증학"으로서의 사례론을 말하기도 한다.(RGV, B288=VI186 참조)

사물 事物 Ding res

1. 생각할 수 있는 것, 표상할 수 있는 것은 무엇(Etwas)이거나 아무것도 아닌 것(Nichts)이다. 칸트는 무엇인 것, 어떤 것을 사물(Ding)이라고, 아무것도 아닌 것을 무물(無物: Unding)이라고 일컫는다.

2. 경우에 따라서는 사물을 존재자(ens), 주어지는 것(dabile), 대상(Gegenstand)(→), 현상(Erscheinung)(→), 현상체(phaenomenon) 등으로 지칭하기도 한다.

3. "공간상에서 자기의 운동력으로 (힘으로) 자기의 현존을 드러내는"(OP, XXII428) 사물은 감각대상이라 일컬어진다.

사물 (그) 자체 事物 自體 Ding an sich (selbst)

칸트는 '사물 자체(Ding an sich)'와 '사물 그 자체(Ding an sich selbst)'라는 용어를 의미상의 차이 없이 사용한다. 그러나 이 개념은 상관 개념에 따라서 다의적이다.

현상의 원인으로서의 사물 자체

1. 사물 인식은 무엇인가에 대한 경험적 직관에서 시작된다. 그런데 경험적 직관은 무엇인가가 우리 마음을 촉발(→)하여 감각을 일으킴으로써 생긴다. 그래서 감각하는 능력 곧 감성은 수용적인 것이다. 감각은 무엇인가의 촉발이 없으면, 무엇인가를 수용하지 않으면 생기지 않는다. 그러므로 무엇인가 우리 마음을 촉발하는 것은 경험적 직관의, 그 직관에서 현상한 것의 하나의 근거이다. 현상(→)은 "주관이 감관객관에 의해 촉발되는 곳"(OP, XXII36)에서 생긴다. 이 "촉발하는 객관이 =X이다."(OP, XXII36) 다시 말해 무엇인지 모르는 것 =X가 경험적 직관을, 따라서 현상을 "있게 한 이유 내지 원리"(V-Met-L1/Pölitz, XXVIII571 · 648)이다. 이 경험적 직관의, 그러니까 원초적 의미에서의 현상의 근거를 칸트는 "사물 (그) 자체"라고 일컫는다.

2. 사물 자체는 현상의 "진짜 대응자"(KrV, A30=B45)이지만, 그 현상에서는 "전혀 인식되지도 않고 인식될 수도 없"(KrV, A30=B45)다. 왜냐하면 우리는 오로지 경험적 직관을 통해 비로소 한 대상을 인식할 수 있는데, 한 대상이 우리에게 직관되고 그래서 우리에게 인식된다면, 그것은 이미 현상이지 사물 자체가 아니기 때문이다. 경험되는 모든 사물은 현상이지 사물 자체가 아니다. 그러므로 사물 자체는 원리상 "우리에게 알려지지 않은 채로 남아"(KrV, A46=B63) 있을 수밖에 없다. 사물 자체는 원리상 경험의 대상일 수가 없고, 그 때문에 "경험에서는 결코 묻지도 않는다."(KrV, A30=B45)

3. 어떠한 순수 지성개념도 사물 자체에는 적용될 수 없다. 범주(→)들이란

"경험을 가능하게 하는 조건들"로서 오직 "경험의 대상들에만" 타당한 것이니 말이다.(특히 KrV, B161 참조) 그럼에도 칸트 자신이 사물 그 자체를 "현상의 원인"(KrV, A288=B344 · A494=B522) 또는 "현상들의 근거"(KrV, A380)라고 말한다. 이 원인 자신은 현상이 아니지만, 그것이 현상의 원인인 한에서 실제로 존재하는 무엇인가여야만 할 것이다. 그리고 이때 '원인'이니 '근거'니 또는 '존재'니 '실제로 존재함'이니 하는 개념들은 모두 순수 지성개념들로 이해되어야 할 것으로 보인다. 그래서 칸트 인식이론이 사물 자체의 문제성을 안고 있다고 여기는 이들도 있다.

'사물 자체'의 초월철학적 의미

1. 우리를 촉발하는, 감성에 독립적으로 존재하는 대상을 "전제하지 않고서는" 칸트 초월철학(→)의 "체계 안에 들어설 수가 없고, 그 전제를 가지고서는 그 안에 머물 수가 없다."(F. H. Jacobi, *David Hume über den Glauben, oder Idealismus und Realismus*, 수록: Werke II, 1787, 복간본 : Darmstadt 1976, S. 304. 그리고 또한 Werke II, S. 76 · 356 · 365 · 460 참조)라는 야코비(→)의 비판에서 보듯, 이미 칸트 생존 시부터 비슷한 많은 비판이 있었다.(특히 G. J. Fichte, "Zweite Einleitung in die Wissenschaftslehre", 수록: Werke I, hrsg. v. I. H. Fichte, 1797, 영인 재발행 : Berlin 1971, S. 481 · 486 그리고 E. Schulze, *Aenesidemus*, 1792, 재발행 : Berlin 1911, S. 195 이하 참조) 그러나 이런 유의 비판은 칸트 초월철학을 제대로 이해하지 못한 데서 비롯한 것이다.

2. 감각이 "대상의 실제적 현전을 전제"(KrV, A50=B74)한다는 칸트의 생각, 바꿔 말해 독자적으로 존재하는 사물 자체를 현상의 원인이라고 추리함은 인간의 사고 필연성, 곧 "무에서는 아무것도 생기지 않는다."라는 근거율에 근거하고 있다. 사고의 이 원칙을 칸트는 두 가지 적극적인 형태로 정식화하고 있는데, 한 가지는 "철학"에 속하는 선험적 종합 명제로 "존재하는 모든 것은 그 원인을 갖는다."이고, 다른 한 가지는 "자연과학"에 속하는 것으로 "발생하는 모

든 것은 그 필연적인 원인을 가질 수밖에 없다."라는 것이다.(V–Met/Volckmann, XXVIII394; V–Met/Mron, XXIX788; Refl 4013 · Refl 4014, XVII385 참조) "결과는 원인이 존재함을 드러낸다."(V–Met/Mron, XXIX846) 그래서 모든 자연과학적 탐구는 "일정한 결과들로부터 그 원인들을 추적하는 데"(V–Met/Dohna, XXVIII671)로 나아가며, 그것도 더 이상 설명될 수 없는 원인에 이를 때까지 추궁해 들어간다. 그러나 자연과학에서 추궁되는 원인은 그 역시 또 다른 현상이다. "생기는 모든 것은 (앞선 상태의) 현상들 안에 그 원인이 들어 있다."(KrV, A540=B568) 그 반면에 철학, 곧 형이상학에서 사람들이 추구하는 것은 그 자신은 현상이 아닌 이 현상의 원인이다. 그를 위해서 사람들은 경험의 "한계(→)에까지"(V–Met–L1/Pölitz, XXVIII240) 육박하지 않으면 안 된다. 이 경계에서 사람들은 사물 자체의 개념과 부딪친다. 그래서 현상의 원인으로서 사물 자체는 이를테면 "한계개념"(→)(KrV, A255=B310이하)이다. 사물 자체가 현상의 원인인 한에서, 그것은 무가 아니라 바로 이런 의미에서 어떤 것(X)이다. 사물 자체가 무엇인지는 우리로서는 알 수가 없다. 왜냐하면 우리는 어떤 대상이 우리에게 나타나는 그대로만 그것을 인식하는 것이니 말이다. 사물 그 자체는 우리에게 알려져 있지 않은 한에서, "어떤 것=X"(KrV, A104 · A105 · A109 · A250)이다. 어떤 것=X가 무엇인가를 우리가 알 수 있는 유일한 길은 감각경험에 의거하는 것뿐이다.(Refl 3761, XVII286 참조) 그런데 그것이 무엇인지가 감각경험을 통해 우리에게 알려지는 그런 대상은 더 이상 어떤 것=X가 아니라 단지 그것의 현상일 뿐이다. 물론 어떤 사물은 있는 그 자체대로 우리에게 그 자신을 드러내 보일는지도 모른다. 그러나 우리는 결코 그것을 확인할 수가 없다. 왜냐하면 우리가 그것을 확인하는 데는 언제나 다시금 경험이 필요하기 때문이다. 그 때문에, 만약에 인간 이성이 대상 자체가 무엇인가를 인식한다고 고집한다면, 그것은 이미 자신의 수용적인 인식능력, 곧 감성의 한계를 넘어서는 것이다. 그래서 사물 자체라는 개념은 "감성의 참월(僭越)을 제한하기 위한 한계개념"(KrV, A255=B310이하)으로만 표현될 수 있는 것이다.

3. 사물 자체가 무엇인지와 어떻게 있는지는 감각경험을 통해서는 우리에게

알려져 있지 않지만, 그것의 현존은 이미 우리에게 알려져 있다. 왜냐하면 만약 그러한 사물이 현존하지 않는다면 감각경험조차 일어날 수가 없는 것이니 말이다. 사물 자체는 사람들이 그것이 무엇인지를 모르는 존재자이다. 이것은, 어떤 존재자가 무엇이지도 않은 채, 어떤 식으로 존재하지도 않으면서 있다는 것을 말하는 것이 아니다. 존재하는 모든 것은 나름의 본질적 성질들을 가지고 있을 것이다. 그러나 존재하는 모든 것에 대해서 우리 인간이, 그것이 무엇인지를 알 수 있는 것은 아니다. 그래서 칸트는, 그것이 무엇이고 어떻게 있는지가 우리에게 알려지지 않는 그런 존재자를 '어떤 것=X'라고 일컫고 있다. 그것은 우리에게 전적으로 미지의 것이다. 즉 그것의 본질도 존재양태도 우리에게 알려져 있지 않다.

4. 칸트에서 존재 내지 현존은 사물의 "실재[질]적 술어가 아니다. [···] 그것은 한낱 사물 또는 어떤 규정들 그 자체의 설정(→)이다."(KrV, A598=B626) "현존은 사물의 어떠한 특수한 실재[질]성도 아니다. 다시 말해 사물의 모든 규정들을 구성하는 어떤 부분도 아니다. 그것은 전체 사물의 설정이다. [···] 그래서 내가 한 사물의 현존을 폐기해도 단 하나의 실재[질]성도 제거되지 않으며, 내가 전체 사물을 폐기하면, 그때야 그것은 아무것도 아니다." (V-Met-K2/Heinze, XXVIII783; 참조 Refl 5507, XVIII202) 사물 그 자체는 현상의 원인으로서 무가 아니고 그런 한에서 현존하는 어떤 것이다. 이 현존함이 '사물 그 자체'를 규정하는 것은 아무것도 없다.(V-Met-L2/Pölitz, XXVIII554; V-Met/Mron, XXIX821 참조) 한낱 현존하는 것은 도대체가 무규정적인 것이다. 그러나 무(無)는 아니며, 그러므로 어떤 것이고, 그렇기 때문에 규정될 수가 있다. 현존은 물론 하나의 술어이다. 그러나 그것은 단지 하나의 "논리적 술어"(KrV, A598=B626)이다. 그것은 아무런 사태 내용적인 술어가 아니고, 그러니까 결코 사물의 내용[실재성, 실질성]을 증대시키는 그런 술어가 아니며, 그것으로써 사물이 비로소 (실재적인) 술어들에 의해 규정될 수 있게끔 되는, 사물의 한낱 설정(Position)이다.(V-Met-L2/Pölitz, XXVIII554 참조) "사물 자체(ens per se)는 다른 객관이 아니라 동일한 객관에 대한 표상의 다른

관계맺음(respectus)이다."(OP, XXII26) 현상과 사물 자체의 구별은 "객관들에 있는 것이 아니라, 감관대상을 포착하는 주관이 그 안에서 표상을 일으키는 데 어떻게 촉발되는가 하는 관계의 차이에 있다."(OP, XXII43) "사물 자체는 표상 바깥에 주어진 대상이 아니라, 순전히 객관에 대응하는 것으로 생각되는 한 대상의 설정이다."(OP, XXII31)

5. 우리에게 아직 알려져 있지 않은, 그것이 무엇이고 어떻게 있는지가 결코 인지될 수 없는, 어떤 현존하는 대상이 그럼에도 그것의 현상에서 자신을 드러낸다. 그것은 무엇인가이기 때문이다. 아무것도 아닌 것은 결코 자신을 드러낼 수가 없다. 무엇인가 존재하는 것만이 현상하고, 그러면서 자신을 드러낼 수 있다. 칸트의 비판적 관념론(→)에서는 "현상하는 사물의 실존이 그로써 진짜 관념론에서처럼 폐기되는 것이 아니라, 단지 우리는 사물을 감관들을 통해서는 그 자체인 바대로는 전혀 인식할 수 없다는 것이 제시되고 있을 따름"(Prol, A64=IV289)이다. 일단 우리가 우리에 의해 인식된 대상을 현상으로 받아들이고 나면, "그 현상은 곧바로 현상이 아닌 어떤 것의 현존을 입증한다."(Refl 5652, XVIII305) 감성세계는 다름 아닌 "보편적인 법칙들에 따라 연결된 현상들의 연쇄"이다. 현상들은 본래 사물 그 자체가 아니고, 독자적인 존립성을 갖지 못한 것이므로, 반드시 그 "현상들의 근거를 함유하고 있는 어떤 것과, 즉 한낱 현상들로서가 아니라 오히려 사물들 그 자체로 인식될 수 있는 존재자들과 관계한다."(Prol, A169=IV354)

6. "이로부터 저절로 나오는 결론은, 우리는 현상들 배후에 현상이 아닌 어떤 다른 것, 곧 사물들 자체를 용인하고 상정할 수밖에 없다는 것이다. 비록 우리로서는, 그것들이 우리에게 결코 알려질 수 없으며, 언제나 우리에게는 단지 그것들이 우리를 촉발하는 대로만 알려질 뿐이므로, 우리는 그것들에 더 가까이 다가갈 수가 없고, 그것들이 자체로 무엇인가는 결코 알 수 없다는 것으로 만족하기는 하지만 말이다."(GMS, B106=IV451) "그러므로 지성은 다름 아니라 그가 현상들을 받아들임으로써 사물 그 자체의 현존재도 시인하는 것"(Prol, A105=IV315)이다. 우리 인간의 인식 활동에 독립적으로 존재하는 사물 자체

(KrV, A251 참조)는 어떤 것으로서 현상의 원인이며, 그것이 현상을 현상으로서 가능하게 만든다는 의미에서 현상의 존재 근거이다. 반면에 현상은 이를테면 사물 자체의 현존에 대한 인식 근거이다.

예지체로서의 사물 자체

1. "현상으로서 모든 표상은 대상 자체인 것과는 구별된다고 생각된다.(감각적인 것과 예지적인 것) 그런데 후자 =X는 특히 나의 표상 바깥에 실존하는 객관이 아니라, 단지 감각적인 것에서 추상한 이념[관념]일 따름이되, 이 이념은 필연적인 것으로 인정된다. 그것은 예지적인 것으로서 인식 가능한 것(cognoscibile)이 아니라, X이다. 왜냐하면 그것은 현상의 형식 밖에서 생각할 수 있는 것이고(그것도 필연적으로 생각할 수 있는 것이고), 주어질 수 없음에도 생각될 수밖에 없는 것이다. 왜냐하면 그것은 감성적이지 않은 어떤 다른 관계에서는 다가올 수 있는 것이기 때문이다."(OP, XXII23)

2. "사물 자체는 개념을 통해 생각할 수 있는 것(cogitabile)이다."(OP, XXII24) 사물 자체는 한갓된 "사유물(ens rationis)"(OP, XXII27), "실제로는 없는 사유물"(OP, XXII31)이다.

초월적 객관으로서의 사물 자체

1. 현상을 가능하게 하는 근거라는 의미에서 '현상의 원인'인 사물 자체는 또 다른 현상이 아니다. 그것은 현상을 현상으로서 가능하게 한다는 의미에서 바로 "초월적 객관"(→)(KrV, A46=B63 등등)이라고 일컬어지는 것이다. 같은 의미에서 '현상의 원인 내지 근거'라는 개념은 초월적 주관(→)에도 사용 가능하다. 현상의 형식의 근원인 초월적 주관도 현상을 가능하게 하는 근거라는 점에서 현상의 또 다른 원인이다. 이 사태는 현상의 질료와 형식, 이 둘이 함께 비로소 현상을 현상으로서 가능하게 한다는 칸트의 반성에 부합한다. 현상의 원인으로서 그 자

체로 존재하는 초월적인, 촉발하는 대상이란 다른 어떤 사물[현상 'B']에 영향을 미치는 한 사물[현상 'A']을 의미하는 것도 아니고, 그렇다고 어떤 무조건적인 것(무조건자, 절대자, '자기원인')을 의미하는 것도 아니다. 여기서 말하는 '원인'이란 그러니까 도대체가 원인 범주를 지칭하는 것이 아니다. 다시 말해, 이 '원인'은 순전한 현상들에 적용된 지성개념의 경험적 의미의 원인, 곧 "현상체 원인"(KrV, A545=B573 참조)을 뜻하는 것도 아니고, 순수한 범주의 초월적(초험적) 의미의 원인, 곧 "예지체 원인"(KpV, A97=V55)을 뜻하는 것도 아니다. 현상의 원인으로서 사물 자체는 그것의 현상 밖에 존재하는 사물을 말하는 것도, 그것의 현상으로서 '또 다른 사물'을 말하는 것도 아니다.(OP, XXII26 참조) 현상은 어디까지나 사물 자체의 현상이다.

2. 현상의 원인으로서 사물 자체는 현존한다. "현존하는 모든 것은, (그것이 현존하는 한에서) 실체와 우유성[속성]이다."(Refl 4765, XVII721) 그래서 우리는, 우리가 최소한 존재하는 것이라고 생각하는, 어떤 것 일반으로서 사물 자체는 실체라고 말할 수도 있을 것이다. 그러나 초월적 객관으로서 사물 자체나 초월적 주관으로서 나 자체를 '실체'라고 말할 때, 이 '실체'란 범주의 실체를 뜻한다고 볼 수는 없다.(KrV, B429 참조) 왜냐하면 초월적 객관 내지 주관을 '실체'라고 말하는 곳에서 '실체'는 순전히 아무런 속성을 가지지 않은 "실체적인 것"(FM, A36=XX270) 혹은 단적인 "존재자 자체"(KrV, B429)를 지칭하기 때문이다. 칸트에서 실체는 관계 범주의 하나로서 속성들과의 관계 범주인데, '아무런 속성이 없는 실체'란 실체일 수가 없다. 일체의 속성이 없는 실체는 결코 인식될 수도 없는데, 그것은 속성들이야말로 바로 그것들에 의해 한 실체가 비로소 내용적으로 규정되고 인식될 수 있는 유일한 것이기 때문이다. 그러나 '아무런 속성을 가지지 않은 실체적인 것'이라는 말이, 어떤 실체는 일체의 속성이 없이도 존재한다는 것을 뜻하는 것은 아니다. 그것은 단지 어떤 무규정적으로 존재하는 것을 지칭할 뿐이다. 비록 사물 자체를 하나의 '실체'라고 말한다 해도, 그것이 최소한이라도 내용적으로 규정되고 인식되지는 않으니 말이다. 속성 없는 실체는 한낱 존재하는 어떤 것을 표시하는 기호일 뿐이다.

3. 사물 자체가 '원인'이라고 표시되든 '실체'라고 표시되든 그것으로써는 도대체가 아무런 것도 내용적으로 규정되는 것은 없다. 그럼에도 전혀 규정되지 않은 어떤 것이 있다. 그것이 무엇인가는 우리에게 전혀 알려져 있는 어떤 것이 있다. 이 말은, 여기서 말하는 '실체'니 '원인'이니 하는 것이 범주들이 아님을 뜻한다. 범주들은 다름 아닌 대상의 본질/무엇임을 규정하는 개념, 곧 존재론적 개념들이니 말이다. 사물 자체(그리고 또한 주관인 나 자체)에 대한 여러 가지 표현들은 존재론적인, 다시 말해 범주적인 개념들이 아니고, 오히려 현상의 질료(와 형식)에 대한 반성의 기초에 놓여 있는 반성개념들이다. 이런 관점에서 칸트는, 지성은 "대상 그 자체를 생각은 하지만, 오직 초월적 객관으로서만 생각한다. 초월적 객관은 현상의 원인으로서 — 그러니까 그 자신 현상은 아니다 — 크기로도, 실재로도, 실체 등등으로도 생각될 수가 없"(KrV, A288=B344)는 것이라고 말한다.

사법/사적 권리 私法/私的 權利 Privatrecht ius privatum

1. 법(→)/권리(→) 가운데 사법/사적 권리에서는 서로 현존하는 외적 대상을 겨냥하고 있고, 그래서 여기서는 타인의 자유의 가능한 권리에 대항하는 두 자유가 맞서 있다. 각 인격의 최초의 근원적 권리는 물권(Sachenrecht: ius reale)(MS, RL, §11)이며, 여기에 만약 어떤 이가 타인에 대해 급부해야 할 의무를 지고 있으면, 대인권(persönliches Recht)(MS, RL, §18)이 생긴다. '물권'이 "물건에 대한 권리(ius in re)"로서 "물건의 어느 점유자에게도 대항하는 권리"(MS, RL, AB80=VI260)라면, '대인권'은 "타인의 의사를 나의 의사에 의해 자유의 법칙들에 따라서 특정한 행동[행실]을 하도록 규정하는 능력으로서, 타인의 의사를 점유"(MS, RL, A96=B97=VI271 참조)하는 권리이다.

2. 종전의 법이론은 사법을 으레 물권과 대인권만으로 구분하였는데, 여기에 칸트는 제3의 사법 형식, 곧 물권과 대인권이 결합된 방식의 사적 권리인 '대물

방식의 대인권(das auf dingliche Art persönliche Recht)'(MS, RL, §22)의 공간을 새롭게 마련함으로써 법철학계에 논란을 일으켰다. "이 권리는 어떤 외적 대상을 하나의 물건으로서 점유하여 하나의 인격으로서 사용하는 권리이다."(MS, RL, AB105=VI276) 그것은 "물건에 대한 권리[물건 안에 있는]도 아니고, 인격에 대한 순전한 권리도 아니며 그것을 동시에 점유하는 것이기 때문에, 그것은 모든 물건과 인격적인 것을 넘어서 있는 권리, 곧 우리 자신 안의 인격 안에서의 인간성의 권리"(MS, RL, A105이하=B106=VI276)로서 곧 "가정사회의 권리[가족법]"가 그러한 성격의 것이라고 칸트는 생각한다.

3. 사법은 비록 이성에서 직접 유래한 것으로, 자연 공동체인 개개인들의 자유의 협력체 안에서 가능하다고 해도, 만약 그것이 전체 의지에 의한 강제성을 결여한다면, 다시 말해 법적 공동체인 국가 안에서 법정을 통해 그 권리/법이 공적으로 보장되지 않는다면, 위협받지 않을 수 없다.

사변적 思辨的 spekulativ speculativus

1. 칸트에서 '사변적'은 많은 경우 사실상 '이론적'(→ 이론/이론적)과 같은 것을 지칭한다. 사변철학은 곧 이론철학이고, 사변적 인식은 곧 이론적 인식을 일컫는다. 또 '사변 이성'은 곧 '이론이성(theoretische Vernunft)'(→ 이성 → 이론이성 곧 사변 이성)을 말함으로써 '실천(praktische)이성'과 대비된다. 사변(speculatio)이란 이를테면 거울(speculum)에 무엇을 비춰봄(반사: speculrari, 바라봄: specere)이다. 이때 비쳐 보이는 것이 무엇인가 하나의 '상(像, species)', 이를테면 '현상(Erscheinung)'(→)이다. 그래서 칸트에서 사변 이성 곧 이론이성은 현상만을 파악할 수 있다는 현상존재론(→)이 나온다.

2. 일상에서는 '사변'이 한낱 추상적인 사고나 실천으로는 옮길 수 없는, 경험을 벗어나 있는 생각을 뜻하는 것이 상례인 것에 비해, 사물인식에서 이론적 활동인 칸트의 '사변'은 비판적이지만 긍정적이고 인식 생산적인 의미를 갖는다.

이러한 '사변'이 헤겔(→)에 이르러서는 변증법을 이끌어가는 정신의 핵심 활동 곧 정신의 자기대화 내지 '함께 말함(legein)'으로 발전한다.

3. 사변은 "망대(Specula)"에서 봄, 곧 "높은 곳에서 경험의 평지를 접촉하거나 막대기로 건드려보는 것이 아니라 멀리서 바라보는 조망"(OP, XXI31)이다. 이때 이 사변적 조망이 현상세계를 벗어나 초경험적인 것에까지 뻗치면, 그러한 '사변'은 칸트적 관점에서도 일상적 의미의 '사변'과 같이 이성의 헛짓이 된다. 이런 경우 "이성은 [⋯] 순전한 사변의 힘으로 감성세계를 넘어가기 위해 헛되이 그 날개를 펼친다."(KrV, A591=B619) 그래서 이런 경우에는 칸트도 '이론적'과 '사변적'을 구별하여, "사람들이 어떤 경험에서도 그에 도달할 수 없는 대상, 또는 그런 대상에 대한 개념들과 관계"하는 이론적 인식만을 "사변적 인식"이라고 지칭하기도 한다.(KrV, A634이하=B662이하 참조)

그러니까 사변적 이성은 때로 초월적 가상을 성립시키기 위해 "변증적 기술"을 쓰기도 하고, "술책"을 부리기도 한다.(KrV, A606=B634 참조) 이 같은 "이성의 한낱 사변적인 사용"(KrV, A636=B664)은 "전적으로 결실이 없고" "무의미하다." "초월적으로 사용되는 사변 이성은 그 자체로 변증적"(KrV, A777=B805)이다.

사실 事實 Faktum factum

'사실'이란 만듦(facere)의 결과물로서, 이미 만들어진 것, 발생한 것, 되어 있는 것이다. 그러므로 그것은 인간으로서는 더 이상 어떻게 할 수 없는 '실제로 있는 것'을 의미한다.

이성의 사실

1. 경험 규칙에 따라 발생한 것을 "경험적 사실"(KpV, A56=V31)이라 한다면, 법칙 일반의 객관적 형식에 의한 규정 근거로 생각될 수 있는 원칙들의 주관적

형식을 위해 쓰이는 "근본 법칙에 대한 의식"을 "이성의 사실"(KpV, A56=V31)이라고 부를 수 있다. 왜냐하면 이 근본 법칙은 "이성의 선행하는 자료로부터" 추론적으로 도출되는 것이 아니라, 오히려 그 자체로 "우리에게 닥쳐오기 때문이다."(KpV, A56=V31)

2. 칸트에 의하면 "너의 의지의 준칙이 항상 동시에 보편적 법칙수립의 원리로서 타당할 수 있도록, 그렇게 행위하라."는 "순수 실천이성의 원칙"(KpV, A54=V30)이 "주어진 것", 곧 "순수 이성의 유일한 사실"(KpV, A56=V31)임은 오해의 여지가 없다. 이는 곧 순수 이성이 실천적임은 "사실"이라는 것, 다시 말해 순수 이성은 "독자적으로, 곧 일체의 경험적인 것으로부터 독립해서 의지를 규정할 수 있다는 것"(KpV, A72=V42), 바꿔 말해 "의지를 행위로 규정하는 윤리성의 원칙 안에 있는 자율"(KpV, A72=V42)임을 뜻한다. "이 사실은 의지의 자유와 불가분리적으로 결합되어 있고, 아니 의지의 자유와 한가지이며, 그럼으로써 이성적 존재자의 의지는, 감성세계에 속하는 것으로서는, 다른 작용하는 원인들과 같이 반드시 인과법칙에 종속함을 인식하되, 그럼에도 실천적인 일에 있어서는 동시에 다른 한편으로, 곧 존재자 그 자체로서는, 사물들의 예지적 질서에서 규정되는 그의 현존재를 의식하고, 그것도 자기 자신에 대한 특수한 직관에 의거해서가 아니라, 오히려 그의 인과성을 감성세계에서 규정할 수 있는 역학적 법칙들에 의거해 그러하다는 것"(KpV, A72=V42)을 말한다.

사실문제 事實問題 quid facti/quaestio facti

→ 권리문제

사형 死刑 Todesstrafe

1. "엄격한 보복법(→)"에 따라 "재판관의 사형 선고를 통해서"(MS, RL, A200=B229=VI333) 국사범과 "살인을 했거나, 그것을 명했거나, 또는 그에 협력했던 살인자는 누구든 사형에 처해지지 않으면 안 된다. 이것이 사법권의 이념으로서 정의가 보편적인 선험적으로 정초된 법칙들에 따라 의욕하는 바이다."(MS, RL, A201=B231=VI334)

2. "사형은 근원적 시민 계약에 포함될 수 없"다고 논변하는 이(MS, RL, A202=B232=VI335 참조)가 있는데, 이것은 입법하는 이성의 지위를 몰라서 하는 말이다. 사회계약의 당사자인 "내가 범죄자로서의 나에 대해 하나의 형법률을 제정한다면, 그것은 내 안의 순수한 법적으로-입법[법칙수립]하는 이성(叡智體 人間: homo noumenon)이며, 이 이성은 범죄를 저지를 수 있는 자로서의, 따라서 하나의 다른 인격(現象體 人間: homo phaenomenon)으로서의 나를 시민연합체 중의 여타의 모든 이와 함께 복종시키는 것이다. 바꿔 말하자면, 국민(즉 국민 중의 각 개인)이 아니라, 법정(즉 공적 정의)이, 그러니까 범죄자와는 다른 자가 사형을 구술[명]하는 것"(MS, RL, A203=B232이하=VI335)이다.

사회 社會 Gesellschaft societas

1. 사회란 우선 "사람들의 공동생활(Gemeinschaft)"(RGV, B16=VI26)이다.

2. 사회란 "자유로운 존재자들이 (한쪽의 인격의 다른 쪽에 대한) 교호적인 영향을 통해서 외적 자유(원인성)의 원리에 따라", 곧 법률 질서에 따라 이룩하는 "(공동생활[공유]하고 있는 인격들의) 하나의 전체"(MS, RL, AB105=VI276)를 일컫는다. 그러나 비-법적인 상태, 다시 말해 어떤 분배적 정의도 없는 그러한 자연적 상태에서도 "적법한 사회들(예컨대, 혼인 사회, 가장 사회, 가정사회 일반과 여타의 더 많은 임의적인 사회들)"(MS, RL, A155이하=B155=VI306)이 있을 수 있다.

3. "보편적으로 법을 시행하는" 사회를 "시민(적) 사회"(→)라 하며, 이러한 시민(적) 사회에서만 "사회 구성원의 최대의 자유"가 보장되되, "타인의 자유와 양립할 수 있기 위해 이 자유의 한계"가 명확하게 규정된다. 그리하여 시민사회의 구성원들, 곧 시민들은 "그 안에서 자유가 외적 법칙[법률]들 아래 가능한 최고의 정도로 저항할 수 없는 권력과 결합되어" 있다.(IaG, A394이하=VIII22 참조)

4. "순전한 덕의 법칙들 아래에서의 인간들의 결합을 윤리적 사회"라고 부르며, 이 법칙들이 공적으로 되면, "윤리적-시민사회", 또는 "윤리적 공동체"(→) (RGV, B129이하=VI94 참조)라고 일컫는다.

사회계약 社會契約 Gesellschaftsvertrag pactum sociale

1. "사회계약(pactum sociale)"은 "근원적 계약(contractus originarius)"으로서 한낱 사실로부터 추론될 수 있는 것이 아니라, 선험적으로 필연적인 것이다. — "무릇 그 위에서만이 인간들 사이에 시민적 체제, 그러니까 전반적으로 법적인 체제가 확립되고 하나의 공동체가 건립될 수 있는 근원적 계약이 있다. — 그러나 (根源的 契約 내지 社會契約이라고 불리는) 이 계약은, (순전히 법적인 입법을 위해) 한 국민 중에서 각자의 특수한 사적 의지가 공동의 그리고 공적인 의지로 연립하는 것으로서, 결코 하나의 사실/행실로서 전제될 필요가 없다. (정말이지 그러한 것으로서는 전혀 가능하지가 않다.) […] 오히려 그것은 이성의 하나의 순전한 이념이다. 그러나 이 이념은 의심할 여지없는 (실천적) 실재성을 갖는 것이다."(TP, A249이하=VIII297)

2. "시민적 결합은 어떻게 생기는가? 사람들이 그것을 사실(事實)로부터 시작할 수는 없다. 모든 시민적 결합의 기초에는 근원적 계약이 놓여 있으니, 그 근원적 계약은 필연적으로 이성에 놓여 있는 하나의 이념이다. 시민적 사회에서 모든 법칙[법률]들은 만인의 동의에 의해 주어진 것으로 생각하지 않을 수 없다. 근원적 계약(根源的 契約)은 만인의 일치라는 하나의 이념이다."(V-NR/Feyer-

abend, XXVII1382)

"근원적 계약"을 통해 이른 "시민적 상태"에서 시민들은 세 "선험적 원리들"을 공유한다. 곧 "1) 인간으로서 사회 구성원 각자의 자유. 2) 신민으로서 각자의 여느 타인과의 평등. 3) 시민으로서 공동체 구성원 각자의 자립성"(TP, A235=VIII290)이 그것이다.

3. "주권자에게는, 만약 현존하는 국가체제가 근원적 계약의 이념과 잘 조화하지 못한다면, 그것을 변경하고, 그러면서도 그때 국민이 하나의 국가를 이룩하는 데 본질적인 요소가 되는 그러한 형식을 존속시키는 일이 가능하지 않으면 안 된다."(MS, RL, A211=B241=VI340)

"국가형식들은 시민 상태에서의 근원적 입법의 문자(littera)일 뿐이다. 그러므로 그것들은 국가체제의 기구에 속하는 것으로서, 옛적의 그리고 오랜 습관에 의해 (그러므로 단지 주관적으로) 필연적이라고 간주되는 한, 지속할 수도 있다. 그러나 저 근원적 계약의 정신(anima pacti originarii)은 통치방식을 저 이념에 부합하게 만들고, 그래서 그것을, 한 번에 될 수 없다면, 점차로 계속적으로 변화시켜, 유일하게 적법한 체제인, 곧 순수 공화국의 체제에 그 작용결과 면에서 합치하도록 하고, 순전히 국민의 신민성[공순함]만을 낳는 데 기여한 저 오래된 경험적인 (제정법규적인) 형식들을 근원적(합리적)인 형식으로 해체할, 구성적인 권력의 책무성을 함유한다. 이러한 근원적 형식만이 자유를 국가의 본래적 의미에서 법적 체제를 위해 필요한, 그리고 마침내 문자 그대로 그리로 이끌, 모든 강제의 원리로, 정말이지 강제의 조건으로 삼는다. — 이것이 법칙이 자기 지배적이고, 어떤 특수한 인격에 의존해 있지 않은 곳에서의 유일하게 지속적인 국가체제이다."(MS, RL, A211이하=B241이하=VI340이하)

3비판서 三批判書 drei Kritiken

1. 사람들은 일찍부터 최고의 '참'가치를 '진(眞: 참임)·선(善: 참됨)·미(美: 참함)'로 보았고, 그것은 보통 인간 의식의 작용방식을 '지(知)·정(情)·의(意)'로 분별하는 것에 상응하는 것이다. 칸트 또한 당대의 능력심리학(J. N. Tetens, *Philosophische Versuche über die menschliche Natur und ihre Entwicklung,* 2 Bde, 1777 참조)과 재래의 이성적 영혼론(A. G. Baumgarten, *Metaphysica*, 1739·⁴1757 참조)과의 교섭 과정에서 인간 의식작용을 세 가지로 나누어보았고, 세 가지 '마음(→)의 능력', 곧 "인식능력, 쾌·불쾌의 감정, 그리고 욕구능력"에 각기 상응하는 "선험적" 원리를 '이론이성 비판', '실천이성 비판', '판단력 비판' 작업을 통해 발견하고, 그의 지식학과 윤리학 그리고 '철학적 미학' 이론을 내놓았다. 이른바 '칸트의 3비판서'인 『순수이성비판』(1781)(→), 『실천이성비판』(1788)(→), 『판단력비판』(1790)(→)은 그 사유 과정을 기술하고 있다.

2. 『순수이성비판』은 지식의 원리, 『실천이성비판』은 덕행의 원리, 『판단력비판』(1790)은 취미의 원리를 천착하면서 인간 이성의 능력과 그 한계를 밝혀냈다. 이로써 칸트의 3비판서는 철학의 역사에서 최고의 저술로 평가받는다.

상상력 想像力 Einbildungskraft facultas imaginandi

인식의 근원적 원천으로서의 상상력

1. "우리 인식은 마음의 두 원천으로부터 유래한다."(KrV, A50=B74) 여기서 "두 원천"이 '감성'과 '지성'을 지칭함은 명백하며, 이러한 생각의 연장선상에서 칸트는, "그러므로 직관과 개념들은 모든 우리 인식의 요소들을 이룬다."(KrV, A50=B74)고 말한다. 그럼에도 불구하고 간혹 칸트는 "감각기능[감관]"과 "통각" 그리고 "상상력"을 묶어서, 우리의 모든 경험 인식을 가능하게 하는 "세 근원적

원천(영혼의 역량 내지는 능력)"(KrV, A94)이라고 일컫기도 한다.

2. 감관 곧 감성과 통각 곧 지성 외의 제3의 인식 기능으로서 이 '상상력'은 독자적인 능력으로서 감성과 지성을 매개하는 역할을 한다.(KrV, A79=B104·A124·B164·A140=B179·B233 등 참조) 이 상상력의 업무는 "개념들을 감성화하는 일(다시 말해, 그 개념들에게 직관에서 대상을 부가하는 일)", 직관들을 "지성화하는 일(다시 말해, 그 직관들을 개념들 아래로 가져가는 일)"이다.(KrV, A51=B75·A78=B103 참조) 이러한 상상력이 이른바 "순수한" 또는 "초월적" 또는 "창작적(생산적)" 상상력으로서, "경험적" 또는 "회상적(재생적)" 상상력과 구별된다.(Anth, A67이하=B68이하= VII167; KrV, B152 참조)

감성의 '일부'로서의 상상력

1. "대상의 현전 없이도 그것을 직관에서 표상하는 능력"(KrV, B151)이라고 정의될 때의 상상력은 "생산적이거나 재생[산]적이다. 다시 말해 [상상력은] 대상을 근원적으로 현시(根源的 現示/展示: exhibitio originaria)하는, 그러므로 경험에 선행하여 현시하는 능력이거나, 파생적으로 현시하는(派生的 現示/展示: exhibitio derivativa), 즉 앞서 가졌던 경험적 직관을 마음 안에 소생시켜서 현시하는 능력이다."(Anth, A67=B68=VII167)

이러한 '상상력'은 어디까지나 구상하는 능력이다. 그런데 '구상하는 능력'은 다시금 '형상의 능력', 모사 내지 복사의 능력, 예시(豫示)의 능력, 지어내기 또는 공상의 능력, 특징 묘사 내지 기호의 능력, 묶어내기 또는 조립의 능력, 형성의 능력 등으로 나뉜다.(V-Met-L1/Pölitz, XXVIII235이하; V-Met/Mron, XXIX883이하 참조) 이 같은 여러 가지를 구상하는 능력은 스스로 표상을 만든다.

2. 무엇인가를 "직관에 표상하는 능력"인 한에서 상상력은 "감성에 속한다."(KrV, B151) 우리의 "모든 직관은 감성적"인 것이니 말이다. 구상력의 온갖 표상들은 "마치 대상들이 우리의 감관을 촉발하는 것처럼"(V-Met-L1/Pölitz, XXVIII235) 생겨나, 감성적 직관과 동일한 형식을 가지고 있다. 그러므로 그런 한에

서 칸트에게서 상상력은 "실제로 감성에 속한다."(V-Met-L1/Pölitz, XXVIII235) 그러나 이러한 기능을 하는 상상력은 종합 작용을 하며 자발성을 갖는 상상력과는 구별되어야 한다. 이를 '두 종류의 상상력'이라 하든 한 상상력의 '두 기능'이라 하든 간에 이 양자는 혼동되어서는 안 된다.

감성의 일부로서의 상상력은 감성 일반이 그러하듯이 인식의 질료를 "제공한다."(KrV, A19=B33) 상상력은 '삼각형'과 같은 개념(KrV, A141=B180 · A163=B204 · A720=B748 참조)이나 '용'과 같은 개념에 대응하는 직관들도 산출한다.(KrV, A770=B798; Anth, A67=B68=VII167이하; V-Met/Mron, XXIX881 참조),

3. 그런데 상상력이 인식의 질료로서 사고되어야 할 잡다를 우리에게 제공한다는 점에서는 감성적이지만, 감성의 특성인 '수용성'을 반드시 갖지 않는다는 점에서 감관과는 다르다. 상상력이 다름 아닌 "대상의 현전 없이도" 대상을 표상하는 능력이라 함은 상상력을 촉발하는 외적 사물이 없다는 뜻이기 때문이다. 그래서 감각 표상의 경우에 등장하는 '사물 자체' - '현상'의 관계가 상상력의 표상에는 타당하지 않다. 그러므로 수용성이 없는 상상력을 감성에 속하는 것이라고 할 수는 없다.

4. 그러나 상상력이 표상을 산출한다고 해서 이러한 상상력이 "창조적인 것은 아니다."(Anth, A68=B69=VII168 참조) 이 점에서는 생산적 상상력이든 재생적 상상력이든 마찬가지이다. 왜냐하면 상상력은 어떤 경우에나 "앞서 우리 감관 능력에 결코 주어진 적이 없던 감관 표상을" 산출할 수는 없기 때문이다.(Anth, A68=B69=VII168) 우리는 상상력이 산출한 감각 표상의 "재료"는 "언제나 알아낼" 수 있다. 상상된 것의 질료는 어느 경우에나 감관이 우리에게 제공한 그 질료들로 환원될 수 있으니 말이다. 상상된 감각 표상은 어떤 경우라도 감성적 직관의 변양이며, 이조차도 감성적 직관의 형식을 좇아서만 가능하다. 이런 뜻에서 상상력은 외감 및 내감과 대조해 '2차적' 감관이라고 이름 붙일 수도 있겠다.

부분적으로 감성적인 상상력

1. 그렇다면, 상상력은 단지 2차적인, 변양된 감각 표상들만을 산출할 뿐인가? 칸트에서 공간·시간 표상은 직관이되, 그것들은 감각 표상은 아니고 순수 직관들이다. 그런데 우리에게 직관들을 제공하는 인식 기능은 감성 이외에는 없으며, 감성에 속하는 것은 감관들과 상상력뿐이다. 그러면 어느 기능에 의해 순수한 직관들은 우리에게 제공되는가? 감관에 의해서? 그럴 수는 없다. 왜냐하면 감관은 전적으로 현재적으로 존재하는 대상이 우리를 촉발함으로써만 직관들을 제공할 수 있는 것이기 때문이다. 그런데 공간·시간 표상들에는 아무런 촉발하는 대상들도 대응하지 않고, 바로 그렇기에 그것들은 순수한 직관들인 것이다. 그러므로 공간·시간이 직관인 한에서, 그것들은 상상력의 산물일 수밖에 없다. 그러나 공간·시간 표상들은 "그것의 원천이 실제로는 경험에서 찾아져야 할, 상상력이 지어낸 것"(KrV, A40=B57)일 수는 없다. 감성의 한 기능으로서 상상력은 순수 직관을 경험적으로가 아니라 자기 자신으로부터 산출한다. 이런 의미에서 순수하게 직관된 것, 곧 공간·시간은 "상상적 존재자"(KrV, A291=B347)이다. 이 경우에 상상력은 2차적 감관으로 기능하는 것이 아니라 하나의 원본적 능력이다. 상상력의 이 같은 원본적 기능이 없다면 순수한 직관들은 가능하지 못했을 것이고, 기호 쓰기나 조립하기도 불가능할 것이다.(V-Met-L1/Pölitz, XXVIII237 참조)

2. 이러한 점을 감안해보면, "대상의 현전 없이도 그것을 직관에서 표상하는 능력"이라고 한 상상력의 정의는 오로지 상상된 감각 표상만을 염두에 둔 것임을 알 수 있다. 여기에서는 그 '대상'에 대한 표상만을 지시하고 있으니 말이다. 그것은 단지, 상상력은 비록 현재적으로 우리를 촉발하지는 않지만, 과거 언젠가 우리를 촉발한 바 있던 '어떤 대상'에 대한 표상을 산출함을 뜻할 뿐이다. 그러나 공간·시간과 같은 선험적 표상을 산출하는 상상력은 현재에든 과거에든 아무런 촉발하는 대상 없이도 표상들을 산출하는 능력이다. 이러한 상상력은 단지 부분적으로 감성이다. 왜냐하면 감성은 직관들을 제공하는 능력일 뿐 아니라 촉발하

는 대상을 받아들이는 수용성이기도 하기 때문이다. 상상력이 수용성이 아닌 한에서, 상상 표상은 표상 일반을 이루는 세 계기 대신에 상상함(표상함) – 상상된 것(표상된 것)이라는 두 계기만을 갖는다. 그러므로 상상은 본디 어떤 대상과 관계 맺은 객관적 표상이라는 의미의 인식과는 아무런 상관이 없다.

3. 요컨대 상상력은 "상상을 통해"(Refl XVLI, XXIII26) 직관들을 제공한다는 점에서 감성의 일부라고 볼 수도 있겠으나, 상상력이 어떤 대상의 촉발 없이도 상상에 의해 기능하는 한에서 그것은 수용성을 결여하고 있고, 이런 점에서 상상력은 어디까지나 부분적으로만 감성이다.

종합의 능력으로서의 상상력

1. 초월적 상상력의 본래 활동은 "형상적 종합"(→)(KrV, B151 · A224=B271)이다. 그리고 종합 활동을 하는 한에서의 상상력은 지성 작용의 한 방식이다.

2. 형상적 종합은 여러 국면을 갖는다. 상상력의 초월적 종합(→)으로서 형상적 종합은 형식적으로 직관된 공간 · 시간을 하나의 양적인 것(quantum)으로 형상화함으로써 공간 · 시간이 직관의 형식으로 기능할 수 있도록 하고, 그렇게 함으로써 포착의 종합 곧 지각을 가능하게 한다. 또 형상적 종합에 의해 도식(圖式)이 산출(KrV, A140=B180 · A141=B181 참조)되고, 그에 의해 비로소 직관에 순수 지성개념이 적용될 수 있게 된다.

3. '삼각형'과 같은 순수한 감성적 개념의 도식이나 '하나'와 같은 순수 지성개념의 도식(KrV, A141이하=B181)을 생산하고, "감성적 직관의 잡다"를 "범주들에 따라서"(KrV, B152 참조) 종합하는 하는 일은 "생산적 상상력"(KrV, B152)의 소임이다. 도식(→)은 "순수한 선험적 상상력의 생산물, 이를테면 약자[略字]" 또는 "상상력의 초월적인 생산물"(KrV, A142=B181)이다. 그래서 생산적 상상력의 활동이 순전히 "자발적"이라면, 재생적 상상력의 수행은 경험적 법칙들에도 종속한다.(KrV, B152 참조)

4. 그러나 상상력의 고유한 활동을 종합 작용으로 보면, 상상력은 지성과 별

개의 능력이라기보다는 지성 활동의 한 방식이라 해야 할 것이다.(V-Met-L1/Pölitz, XXVIII239 참조)

생산적 상상력과 재생적 상상력

1. 상상력의 초월적 종합은 자발적으로 일어난다. 그것은 지성의 "자발성의 실행"(KrV, B151)이다. 자발성으로서의 상상력을 "생산적 상상력"이라고 일컬으며, 그것은 "단적으로 경험적 법칙들, 곧 연합의 법칙들에 종속하는" "재생적 상상력"과 구별된다.(KrV, B152 참조) 생산적 상상력이 오직 선험적 직관과 상관하는 한에서 그것은 "순수"(KrV, A142=B181)하다고 말하고, 반면에 재생적 상상력은 경험적이라 부를 수 있다.

2. 그러나 이러한 구별이 지성의 부분 기능인 상상력을 존재적으로 다시금 두 종류로 나누는 것은 아니다. 상상력의 기능이 자발성에 근거하고 있는 한, 그러니까 그것이 지성의 한 기능인 한 상상력은 본디 생산적이다. '생산적 상상력'과 '재생적 상상력'은 동일한 (생산적) 상상력의 두 기능 내지 두 사용 방식, 즉 순수한 사용 방식과 경험적인 사용 방식이다. 이른바 '재생적' 상상력이란 다름 아닌 "생산적 상상력의 경험적 능력"(KrV, A141=B181)을 지칭하고, 반면에 '생산적' 상상력이란 생산적 상상력의 단적으로 순수한 기능만을 지칭한다. 물론 재생적 상상력의 기능은 생산적 상상력의 기능을 토대로 해서 가능한 것이지만, 양자는 근원적으로는 하나의 상상력이다.

미적 형식의 창시자로서의 상상력

1. 미적 쾌감은 상상력의 자유로운 합법칙성에서 생긴다. 무릇 대상을 비개념적으로 현시하는 능력인 상상력은 생산적인 한에서 독자적이며, "가능한 직관들의 임의적 형식들의 창시자"(KU, B69=V240)이다. "상상력은 곧 현실적인 자연이 그에게 준 재료로부터 이를테면 또 다른 자연을 창조해내는 데 매우 강력한 힘

을 가지고 있다."(KU, B193=V314) 그렇다고 상상력이 산출할 수 있는 모든 형식들이 지성의 합법칙성과 합치하기에 적합한 것은 아니다. 물론 상상력이 그의 형식들을 스스로 산출해내지 않고, 지각된 대상에서 찾아낸 것일 때는 그것들에게 자유로운 합법칙성이 인정된다. 그러나 '아름다움'이 대상의 성질이 아님에도, 한 대상이 아름다운 것은, 그것이 일정한 형식을 단적으로 가지고 있기 때문이 아니라, 상상력이 이 형식 자신을 산출해낼 수 있기 때문일 터이다.

2. 한낱 "지성과의 상상력의 주관적 합치"를 칸트는 "법칙 없는 합법칙성"이라고 일컫는바, 이 합법칙성은 "(목적 없는 합목적성이라고도 불리는) 지성의 자유로운 합법칙성"(KU, B69=V241)에 대응한다. 대상들이 "개념 없는 합법칙성"의 기준을 충족시키지 못하면, 그것들은 아름답지 않다. 사각형이나 육면체나 원형이 흉한 것은 아니지만, 아름답지도 않은 것은, 이런 표상을 가지고 "상상력이 꾸미지 않고 합목적적으로 더불어 유희할 수"(KU, B72=V243) 없기 때문이다.

상식 常識 gesunder[gemeiner] Verstand

I. 1. 칸트에서 "보통 지성"이나 "건전한 지성"(KrV, A43=B61)이라고 표현되는 '상식'은 충분히 비판적이지 못한 "평범한 인간이성"(KrV, AVIII) 내지 "보편적인 인간이성"(Prol, A43=IV277)에서부터 충분히 신뢰할 만한 "가장 평범한 지성"(GMS, BXIII=IV391)까지 여러 층위의 의미를 갖는다.

2. 이론철학에서 상식은 대개 이성의 월권적 사용이나 오용의 진원지로 여겨지는 반면, 실천철학에서는 오히려 도덕법칙의 자명성과 보편성을 보증하는 근거로 인용되고 있다.

3. 상식을 사람들은 "양식(bon sens)"(Anth, BA23=VII139) 또는 '공통감(sensus communis: common sense)'이라고 일컫기도 하는데(KU, B64=V238; Anth, A70=B71=VII169 참조), 이 공통감은 취미능력으로서의 공통감(→)과는 구별해야 한다.

II. 1. 평범한 지성은 영혼들을 물체들과 전적으로 구별되는 존재자로 여기는데, 이런 생각은 논변이 "자연스럽고도, 대중적"이다.(KrV, A357이하 참조) 사람들은 담보되는 일반성에 기대어 상식을 "아무런 통찰 없이도 고집을 세울 수 있는 편한 수단"(Prol, A11=IV259)으로 활용하기도 한다. "초월적 비판이 등장하기 전에는 사람들은 […] 자랑스럽게 상식[…]에 의존하였다."(KrV, A783이하=B811이하) 이러한 상식을 칸트는 "자칭 건전한 이성"(Prol, A103=IV313) 또는 "건전한 인간지성[상식]이라는 마술 지팡이"(Prol, A195=IV369)라고 표현하기도 한다.

2. "비판적 이성이란 보통의 지성[상식]이 사변으로 잘못 오르지 않도록, 또는 순전히 사변이 문젯거리일 경우에서는 어떤 결정을 하려고 나서지 않도록, 보통 지성[상식]을 제한하는 것이다. 왜냐하면 보통 지성[상식]은 자기의 원칙들에 관해서는 정당화할 줄을 모르기 때문이다. 무릇 보통 지성[상식]은 그래야만 건전한 지성[상식]일 것이다."(Prol, A12=IV259) — 칸트는 많은 경우 '보통의/평범한(gemein)' 지성과 '건전한(gesund)' 지성을 구별 없이 사용하는데(Prol, A196이하=IV369 참조), 이 경우처럼 구별하여 사용하기도 한다.

III. 1. 다른 한편 칸트는 "윤리 형이상학은 그 겁주는 칭호에도 불구하고 매우 대중적이고 또한 평범한 지성[상식]에도 걸맞을 수 있는 것"(GMS, BXIV=IV391)이라 말한다. 왜냐하면 "어느 누구라도, 가장 평범한 지성의 사람[상식인]이라도, 의욕의 경험적인 근거들에 의해 그 부추김에 따르도록 권고받는다 해도, 그러나 순수한 실천적 이성법칙 이외의 어떤 것에 복종하도록 요구될 수는 결코 없음을 […] 단번에 깨닫지 않을 수 없"(KpV, A164이하=V92)기 때문이다.

2. "준칙에서 어떠한 형식이 보편적 법칙수립에 적합하고, 어떠한 형식이 적합하지 않은가를 보통의 지성[상식을 가진 사람]은 배우지 않고서도 구별할 줄 안다."(KpV, A49=V27) 건전한 지성[상식]은 "(실천적) 이념들에 대한 감정의 소질" 곧 "도덕적 감정의 소질"을 가지고 있기 때문이다.(KU, B112=V265 참조)

상징 象徵 Symbol

1. 사물들의 형태들(직관들)이 "단지 개념들에 의한 표상의 수단들로만 쓰"일 때, 이것들을 "상징"(Anth, AB106=VII191)이라 일컫는다.

이 "상징들에 의한 인식은 상징적 또는 형상적(speciosa)"이라 하는데, 이는 "직관적 인식에 대립해 있는 것이 아니라, 논변적 인식에 대립해 있는 것"(Anth, AB106=VII191)이다. "상징적 인식은 직관적(즉 감성적 직관에 의한) 인식에 대립해 있는 것이 아니라 지성적(즉 개념들에 의한) 인식에 대립해 있다. 상징들은 한낱 지성의 수단이다. 그러나 단지 간접적인 것, 즉 어떤 대상을 현시함으로써 지성의 개념에게 의미를 부여하기 위해서 그 개념이 적용될 수 있는, 모종의 직관들과의 유비에 의한 수단이다."(Anth, AB107=VII191)

그러나 "언제나 단지 상징적으로만 자기를 표현할 수 있는 자는 아직 거의 지성의 개념을 가지고 있지 못하다. 미개인들이(또한 때로 아직 야만적인 족속 가운데서 자칭 현자들이) 그들의 말 중에서 들려주는 생기 넘치는 표상에서의 매우 자주 경탄스러운 바도 [실은] 개념들의 빈곤, 그래서 개념들을 표현하는 말들의 빈곤 외에 아무것도 아니다. 예컨대 아메리카의 미개인이 '우리는 전투용 도끼를 땅에 묻으려 한다.'고 말하면, 그것은 '우리는 화평을 맺고자 한다.'는 말과 똑같은 것을 뜻한다."(Anth, AB107=VII191)

2. 논변적 표상방식과 구별되는 직관적 표상방식은 도식적 표상방식이거나 상징적 표상방식인데, 전자는 개념의 직접적 현시이며, 후자는 간접적 현시들을 함유한다. 전자는 이러한 일을 입증적으로 하고, 후자는 유비에 의하여 간접적으로 하는 것이다.(KU, B255=V351이하 참조) 이러한 '상징'의 의미에서 "신에 대한 우리의 모든 인식은 한낱 상징적"(KU, B257=V353)이며, "미적인 것은 윤리적으로-좋은[선한] 것의 상징"(KU, B258=V353)이다. 상징은 유비적이기는 하지만 직관적 표상방식인 점에서, 지성적 성격을 갖는 기호(→)와는 다르다.

생/생명 生/生命 Leben

1. "생명이란 내적 원리로부터 스스로 행위를 결정하는 실체의 능력, 스스로 변화를 결정하는 유한한 실체의 능력, 자신의 상태의 변화로서 운동이나 정지를 스스로 결정하는 물질적 실체의 능력을 일컫는다." 이때 "자신을 변화시키는 실체의 내적 원리로 욕구 이외의 것은 없으며, 내적 활동으로는 사고와 그에 속하는 것들, 쾌와 불쾌의 감정, 욕망 내지 의지 외의 것은 없다."(MAN, A120=IV544) 칸트는 영혼(Seele, anima)을 "물질 안에서의 생명의 원리"(KrV, A345=B403)라고도 말하는데, 여기서 생명성(animalitas)은 곧 동물성으로 이해되고, 동물성의 특성이 욕구능력이니만큼, 생(生) 내지 생명이란 "한 존재자의, 욕구능력(→)의 법칙에 따라 행위하는 능력"(KpV, A16주=V9)으로 정의된다. 그런데 욕구능력이란 "자기의 표상들을 통해 이 표상들의 대상들의 현실성의 원인이 되는" 능력(KpV, A16주=V9; MS, RL, AB1=VI211 참조)이니, 생이란 "한 존재자가 자기의 표상들에 맞게 행위하는 능력"(MS, RL, AB1=VI211)이라고 규정되기도 한다.

2. "물리적 세계최선을 보편적으로 배려하는 (세계통치자의) 고차적 이성에 의해 눈에 띄지 않게 인류를 대변하는 자연[본성]의 가장 강한 충동들은 생명에 대한 사랑[生命愛]과 성에 대한 사랑[性愛]이다. 인간의 이성은 그에 영향을 미칠 수 없다. 전자는 개체를 보존하기 위한 것이고, 후자는 종[種]을 보존하기 위한 것이다."(Anth, A243=B242=VII276) 그러므로 성에 대한 사랑은 종(種)의 생명에 대한 사랑이라고 할 수도 있다.

3. "쾌락[즐거움]은 생을 촉진하는 감정이며, 고통[괴로움]은 생을 저지하는 감정이다." 생이란 "양자 사이의 길항의 연속적인 유희[작용]이다."(Anth, AB170=VII231)

생피에르 Charles Irénée Castel de Saint-Pierre

생피에르(1658~1743)는 흔히 Abbé de St. Pierre로 일컬어지는, 프랑스 계몽주의 정치평론가이다. 그는 에스파냐 왕위계승전쟁(1701~1714)의 경험을 토대로 『유럽의 영원한 평화 회복을 위한 기획(*Projet pour rendre la paix perpétuelle en Europe*)』(1712/1717)을 썼는데, 그의 '국제연맹' 제안은 이후 세계평화론 전개에 큰 영향을 미쳤으며, 루소를 거쳐 칸트에까지 이르렀다. 칸트는 그의 『보편사의 이념』에서 이에 대해 직접 언급하고 있다.(IaG, A399=VIII24 참조)

섀프츠베리 Anthony Ashley Cooper, Third Earl of Shaftesbury

섀프츠베리(1671~1713)는 영국의 도덕철학자로 유소년기에 존 로크(→)에게 가르침을 받았다. 홉스(→)의 이기적 인간관에 반대하여 전 우주를 전체와 부분의 조화적 질서로 보는 상보적 인간관을 주장하였으며, 도덕 감정에 기초하는 윤리관을 설파하여 당대 유럽 지성계에 매우 큰 영향을 끼쳤다. 대표적인 저술은 『덕에 대한 탐구(*An Inquiry concerning Virtue*)』(London 1699), 『인간과 풍습과 의견과 시대의 특징들(*Characteristics of Men, Manners, Opinions and Times*)』(전3권, London 1711)인데, 후자는 몇 차례의 부분 번역을 거쳐 1768년과 1776년에 독일어로 완역되었고, 칸트는 『윤리형이상학』(MS, RL, ABX=VI209 참조)과 『논리학』(Log, A65=IX47 참조) 강의 등에서 그를 인용하고 있다.

선/좋음 善 Gut bonum

‘선/좋음’ 일반

1. ‘선(善)과 ‘좋음’이 항상 합치하는 것은 아니지만 흔히 교환 가능한 말로 사용되면서, 일상적으로 ① 윤리적으로 좋음: 착함, ② 사물적으로 좋음: 가치 있음, 충실함, ③ 도구로서는 좋음: 유용함, 유익함, ④ 마음에 좋음: 적의함, 흐뭇함, 기쁨, 즐거움, 유쾌함, 쾌적함, ⑤ 상호 관계에서 좋음: 알맞음, 어울림, 충분함 등등을 뜻한다. 이 가운데서 칸트는 ‘선[좋음]’을 언제나 이성에 의해서만 규정될 수 있는 것을 지칭할 경우에만 사용한다.

2. “좋은 것이란 이성을 매개로, 순전한 개념에 의해 적의한 것”(KU, B10=V207)이다. 좋은 것은 그것이 ‘무엇을 위해’ 좋은 것이든, ‘그 자체로’ 좋은 것이든, 바꿔 말해 ‘간접적으로’ 좋은 것이든 ‘직접적으로’ 좋은 것이든, 그 안에는 언제나 “목적의 개념이, 그러니까 이성의 (적어도 가능한) 의욕과의 관계가, 따라서 한 객관 또는 한 행위의 현존에 대한 흡족”(KU, B10=V207), 다시 말해 어떤 이해관심의 충족이 들어 있다. ‘이성에 의한 개념’이 ‘좋은’의 척도가 된다고 말함으로써 칸트는 일상적 의미의 ‘좋은’ 가운데서 순전히 감정에만 좋은 것을 배제한다. 그리고 반대로 느낌으로 좋지 않은 일도 사람들은 이성적으로는 좋은 일이라고 말한다 한다. 예컨대, 독한 술의 톡 쏘는 맛에 애주가는 “아, 좋다!”라고 말하지만, 그 술이 그의 건강을 해치는 한에서 그것은 그에게 결코 좋은 것이 아니다. 고통스러운 외과수술을 받는 것은 좋지 않은 일이지만, 그 수술을 통해 수술받은 자가 치유가 되는 것이니 그 수술은 그에게 좋은 것이다. 이러한 ‘좋다’의 용례 가운데서 칸트는 후자들의 경우에만 엄밀한 의미에서 ‘좋다’라는 가치어를 사용할 수 있다고 본다. 일상적 용법에서는 쾌와 불쾌, 쾌적함과 불편함, 길흉화복에 대해서도 두루 ‘좋은-좋지 않은’이 쓰이지만, 칸트는 이 말은 근본적으로 이성에게 좋은-좋지 않은 사태로 판단되는 사태에 대해서만 적확하게 쓰일 수 있다고 보는 것이다. 도덕적인 선-악은 바로 이같이 좋음-좋지 않음이 이성

적으로 판별되는 대표적인 경우이다.

3. "복[福]이나 화[禍]는 언제나 우리의 쾌적함이나 불편함, 즉 즐거움[쾌락]과 괴로움[고통]의 상태에 대한 관계만을 의미한다. 그렇기 때문에 우리가 만약 한 객관을 욕구하거나 혐오한다면, 그것은 오로지 그 객관이 우리 감성과 그리고 그것이 야기한 쾌·불쾌의 감정과 관계 맺어지는 한에서만 일어나는 일이다. 그러나 선이나 악은 항상, 의지가 이성법칙에 의해 어떤 것을 그의 객관으로 삼게끔 규정되는 한에서의 이 의지와의 관계를 의미한다. 의지란 도대체가 객관 및 객관의 표상에 의해 결코 직접적으로 규정되는 것이 아니라, 이성의 규칙을 행위의 운동인 — 이에 의해 한 객관은 실현될 수 있다 — 으로 삼는 능력이다. 그러므로 선이나 악은 본래 인격의 행위들과 관계되는 것이지, 인격의 감정 상태와 관계되는 것이 아니다."(KpV, A105이하=V60)

'도덕적으로' 좋음/선

1. '좋음/선'과 '나쁨/악'이 오로지 이성의 개념 내지 법칙에 의해 규정되는 의지 즉 행위와 관계되는 것인 한에서, 그것은 인격 자체에 대한 가치이다. 이런 맥락에서의 '좋음'은 언제나 '선함'과 일치한다. 칸트가 인격의 감정 상태가 인격의 행위들과 관계한다고 보는, 아니 그러한 의미 연관에서만 사용하는 것이 합당하다고 보는 '좋음'은 '선[한]의지', '선[한]행[위]', '선한 사람' 등에서 보는 바처럼 '선함'의 대체어이다. 이런 경우의 '좋음'은 도덕적 의미를 갖는 것이다. 그러나 '선함'을 이렇게 도덕적 의미에서만 사용할 때, '무엇을 위해' 좋은 것, 어떤 목적을 위한 수단으로 좋은 것은 '선한' 것에서 제외된다. 그러하니 도덕적으로 좋은, 즉 선한 것이란 어떤 감성적 욕구 충족을 위해 좋은 것이 아니라, '그 자체로 이성을 매개로, 순전한 개념에 의해 적의한 것'이라 하겠다. 그러나 만약 굳이 '도덕적으로 좋음' 역시 '무엇을 위해 좋음'이라고 보고자 한다면, 그것은 '인간을 인간이도록 하는 데에 좋음', 다시 말해 '인간이 인격으로 존재하는 데에 좋음'이라고 새길 수 있겠다.

2. 이렇게 구별해보면 선악이 화복과 다름이 확연하다. 이성의 원리인 선험적 실천 법칙이 욕구능력의 가능한 대상들을 고려함이 없이 그 자체로 의지를 규정한다면, 이러한 의지에 의한 행위는 선하고, 그의 준칙이 항상 이러한 법칙에 적합한 의지는 그 자체로 선한 것, 즉 선의지(→)라고 일컬을 수 있다. 반면에 의지가 쾌·불쾌 내지 쾌락과 고통의 대상에 의해 규정받아, 즉 경험적으로 어떤 것은 추구하고 어떤 것은 회피하면 그때 추구되는 것은 복(福)이고 회피되는 것은 화(禍)일 뿐, 그것이 곧 선악은 아니다. 이렇기에 도덕적으로 좋음-나쁨 곧 선악은 감성적인 호오(好惡)나 복화(福禍)와는 다른 것을 의미한다.

3. "어떤 것이 도덕적으로 선한 것이라면, 그것이 윤리법칙에 알맞은[따른] 것으로는 충분하지 않고, 그것은 또한 윤리법칙을 위하여[때문에] 일어난 것이어야만 한다."(GMS, BX=IV390) "의무로부터" 말미암은 행위만이 진정한 도덕적 가치를 가지는 것으로, 그것은 "윤리법칙을 위하여" 또는 "윤리법칙 때문에" 일어난 것이다.(GMS, B8=IV397이하 참조) 도덕적 가치인 선은 "오로지, 행위가 의무로부터, 다시 말해 순전히 법칙을 위해[때문에] 일어나는 데에만"(KpV, A144=V81) 있다.

행위에서 예상되는 결과가 아니라 행위 법칙의 표상이 의지의 동인일 때, 곧 "이 법칙의 표상 자체만이 우리가 윤리적이라고 부르는 그러한 탁월한 선을 이룰 수 있다. 이 탁월한 선은, 법칙의 표상에 따라 행위하는 인격 자체 안에 이미 현전하는 것으로, 비로소 그 행위결과로부터 기대될 필요가 없"(GMS, B16=IV401)는 것이다.

선의지 善意志 guter Wille bona voluntas

1. "의지(→)란 어떤 법칙의 표상에 맞게 행위하게끔 자기 자신을 규정하는 능력"(GMS, B63=IV427)이다. 자연의 사물들은 모두 '법칙에 따라' 작동하는 반면, 이성적 동물인 인간은 "법칙의 표상에 따라" 즉 원리에 따라 행위하는 능력

인 의지를 갖는다.(GMS, B36=IV412 참조) 원리에 따라 행위해야 할 실천적 필연성, 즉 의무는 결코 감정이나 충동 그리고 경향성에 의거해 있는 것이 아니고, 그 안에서 이성적 존재자의 의지가 항상 동시에 법칙수립자로 보여야만 하는, 오로지 이성적 존재자 상호 간의 관계에 의거해 있다.(GMS, B75=IV434 참조) 자연의 사물들이 법칙에 따라 작동한다는 것은 그것들이 주어진 법칙대로, 즉 타율적으로 의지 없이 운동함을 말하는 것이고, 이성적 존재자가 법칙의 표상에 따라서 행위한다는 것은 법칙을 스스로 세워서, 즉 의지가 자율적으로 행동함을 뜻한다. 이때 의지로 하여금 스스로 자신을 규정하도록 하는 객관적 근거가 목적이며, 이 목적이 "순전한 이성에 의해 주어진다면, 모든 이성적 존재자에게 똑같이 타당함에 틀림없다."(GMS, B63=IV427) 이성이란 보편적인 원리의 능력이니 말이다.

2. 칸트는 "이 세계에서 또는 도대체가 이 세계 밖에서까지라도 아무런 제한 없이 선하다고 생각될 수 있을 것은 오로지 선의지뿐이다."(GMS, B1=IV393)라고 천명한다. 이 '선의지'가 이렇게 무제한적으로 선한 것은, 그것은 자연적 조건에 따라 어떤 것을 행하려는 것도 아니고, "그것이 […] 성취한 것으로 말미암아, 또 어떤 세워진 목적 달성에 쓸모 있음으로 말미암아 선한 것이 아니라, 오로지 그 의욕함으로 말미암아, 다시 말해 그 자체로 선한 것"(GMS, B3=IV394)이며, 그러니까 어떤 자연적 원인에도 어떤 행위 결과나 외적 목적에도 매여 있지 않은 자유로운 것이기 때문이다. 게다가 칸트는 이러한 선의지의 "개념은 이미 자연적인 건전한 지성에 내재해 있고, 가르칠 필요[가] 없"(GMS, B8=IV397)는 것이라고 주장한다.

의지가 본질적으로 '자유의지'이자 '선의지'라는 이러한 칸트의 생각은, "첫째로 이성만으로는 결코 어떤 의지 활동의 동기가 될 수 없다, 둘째로 의지의 방향을 정함에 있어 이성은 결코 정념에 맞설 수 없다."(Hume, *THN*, II, 3, 3)는 흄과 같은 이의 생각과 정면으로 반대되는 것이다.

3. 칸트에 의하면, 비록 인간의 이성은 의지의 대상들과 인간의 모든 필요욕구들의 충족과 관련하여 의지를 안전하게 이끌기에는 충분하게 유능하지 못하

고, 오히려 이런 목적에는 생래적인 자연본능이 훨씬 더 능란할 것이지만, 그럼에도 불구하고 인간에게 품수되어 있는 실천 능력으로서 이성의 사명은 욕구 충족을 위해 영리하게 수단들을 찾아내는 한낱 도구로 쓰이는 일이 아니라, "그 자체로서 선한 의지를 낳는" 일이다. "자연은 어디서나 그 소질들을 배분함에 있어 합목적적으로 일"하거니와, 자연은 선한 의지를 낳기 위해 "단적으로 이성이 필요했던 것"이라고까지 칸트는 생각한다.(GMS, B6이하=IV397 참조) 그렇기에 이러한 의미에서 칸트는 선의지가 이미 자연적인 건전한 지성에 내재해 있다고 말했던 것이다.

4. 칸트는 쾌·고와 도덕적 선·악을 구별한다. 제아무리 큰 쾌락을 제공해도 도덕적으로 악한 것이 있으며, 제아무리 큰 고통을 동반해도 도덕적으로 선한 것이 있다는 것이다. 이성적인 존재자인 인간에서 이성은 욕구의 대상을 좇는 데 지혜 내지 영리(怜悧)함으로써 봉사하거나 그러한 어떤 객관의 추구를 선악의 기준을 내세워 통제한다. 즐거움을 주기 때문에 취하고 고통을 주기 때문에 피하는 방법을 찾아내는 이성은 욕구의 시녀로서, 그 시녀가 고안해내는 것은 충고이거나 처세술의 말, 말하자면 '영리의 규칙'일 것이다. 그와 반대로 설령 즐거움을 가져다준다 해도 '해서는 안 된다' 하고, 설령 고통을 동반한다 해도 '모름지기 해야 한다'고 이르거나 지시하는 이성은 욕구의 통제자로서, 이 통제자가 명령하는 바는 '윤리의 규칙'인 도덕법칙일 것이다. '해서는 안 된다' 또는 '해야만 한다'라는 명령의 준거야말로 보편적인 도덕적 선악의 판별 기준일 것이기 때문이다. 충고 내지 처세술을 제공하는 이성을 '도구적' 이성이라 일컫는다면, 도덕법칙을 세우는 이성은 '입법적' 이성이라 할 터인데, 이러한 입법적 이성이 의지의 규정 근거가 되지 못하고 행위가 감성적 경향성에 따라 일어나면 악이 발생할 것이고, 행위가 감성적 경향성에 독립해서 도덕법칙에 따라 일어나면 그 행위자는 선행을 하는 것이겠다.

칸트는 인간의 욕정[열정]을 "주체[주관]의 이성에 의해 제어하는 것이 어렵거나 전혀 할 수 없는 경향성"(Anth, A203=VII251)이라고 정의한 적이 있는데, 진정으로 '제어를 전혀 할 수 없다'면 선행은 요원하겠고, '제어가 어려운' 일 정도라면 선행의 가능성은 있다 하겠다. 사람이 도덕법칙에 합치하는 준칙을 채택하면서도 그를 준수하지 못하는 "연약한" 마음, 도덕적 동기와 비도덕적 동기를 뒤섞으려는 "불순한" 마음, 심지어는 아예 일체의 도덕법칙을 부정하고 악한 준칙을 채택하는 "악의적"인 마음을 갖기도 하고,(RGV, B21=VI29이하 참조) 그로 인해 빈번하게 악행이 저질러지지만, 그럼에도 칸트의 생각에 "우리는 보다 선한 인간이 되어야 한다."라는 지시명령이 늘 "우리 영혼 안에서 울려오고 있기 때문"(RGV, B50=VI45)에 인간이 감성적 경향성을 제어하기가 쉽지는 않다 해도 마침내 제어할 수 있고, 그리고 그 지점에서 인간은 '인격'이 된다.

5. 진정으로 선한 의지는 반드시 이성에서 유래하는 법칙에 맞춰 실천한다. 그래서 만약 이성이 의지를 규정하는 유일한 근거라면, 객관적으로 필연적인 것으로 인식되는 이성적 존재자의 행위들은 주관적으로도 필연적이다. 다시 말하면 이성적인 존재자의 선한 의지란 이성이 경향성에서 독립하여 실천적으로 필연이라고 인정하는 것, 즉 선이라고 인정하는 것만을 선택하는 능력이다. 그러나 이성이 그 자신만으로 의지를 충분히 결정하지 못한다면, 즉 의지가 반드시 객관적인 조건과 일치하는 것이 아니라 충동과 같은 어떤 주관적인 조건에 종속한다면, 바꿔 말해 보통 인간의 경우에서 보듯 의지가 그 자체로 이성과 완전히 일치하지 않는다면, 객관적으로 필연이라고 인지된 행위도 주관적으로는 우연이다. 그러므로 그러한 의지를 객관적인 법칙에 맞게 결정하는 것은 강제이다. 그러니까 완벽하게 선한 것이 아닌 의지에 대해 객관적인 실천 법칙이 갖는 관계는 강제적 관계이다.

6. 그러므로 의지의 원리는 보편적인 법칙이 될 수 있는 준칙 이외의 준칙에 따라서 행위하지 말아야 한다는, 그러니까 의지는 그 자신의 준칙을 통해 자기자신을 곧 보편적으로 법칙을 수립하는 자로 간주할 수 있도록 그렇게 행위하라(GMS, B74=IV433 참조)는 것이다. "그런데 준칙들이 보편적으로 법칙수립하는 자인 이성적 존재자들의 이 객관적 원리와 그것의 본성상 이미 필연적으로 일치하지 않는다면, 저 원리에 따르는 행위의 필연성은 실천적 강요, 다시 말해 의무라고 일컬어진다."(GMS, B76=IV434) 이런 의무를 규정하는 순수한 실천이성의

선험적 틀이 "너의 의지의 [주관적인] 준칙이 항상 동시에 보편적[객관적인] 법칙수립의 원리로서 타당할 수 있도록, 그렇게 행위하라."(KpV, A54=V30)는 '선험적 종합 명제'로서의 '정언명령'(→)이다.

선험적 先驗的 a priori / 후험적 後驗的 a posteriori

개념의 유래와 어원적 의미

1. 칸트가 사용하는 라틴어 용어 '아 프리오리(a priori)'는 '(보다) 이전으로부터(의)', '먼저의', '선차적', '선행적'의 뜻을, 이것의 켤레 말인 '아 포스테리오리(a posteriori)'는 '(보다) 이후로부터(의)', '나중의', '후차적', '후속적' 등의 말뜻을 갖는다. 이와 같은 의미로 '아 프리오리/아 포스테리오리'가 쓰인 예는 이미 오컴(William of Ockham, 1280~1349)에서 볼 수 있으며(*Historisches Wörterbuch der Philosophie*, hrsg. v. J. Ritter u. a., Bd. 1, Basel 1971, Sp. 464 참조), 어형 '아 프리오레(a priore)/아 포스테리오레(a posteriore)'는 이미 둔스 스코투스(Duns Scotus, 약 1266~1308)에서도 등장하고(Duns Scotus, *Tractatus de primo principio*, Ⅱ, 3 참조), 이에 상응하는 그리스어 표현 '프로테론/히스테론(proteron/hysteron)'은 훨씬 전의 아리스토텔레스에서도 발견된다. 아리스토텔레스에서는 '보다 먼저의 것'이란 다른 것 없이도 있을 수 있는 어떤 것이며, 반면에 '나중의 것'이란 먼저의 것 없이는 있을 수 없는 것을 뜻했다.(Aristoteles, *Metaphysica*, 1018b 9ff.·1019a 2ff.; *Categoriae*, 14a/b 참조) 그리고 이 말들이 이와 유사한 뜻으로 사용된 예를 라이프니츠에서도 여러 곳에서 볼 수 있다.(Leibniz, *Monadologie*, 45·50·60·76 등 참조)

2. '아 프리오리'를 '선천적(先天的)'으로 — 그리고 이에 상응해서 '아 포스테리오리'는 '후천적(後天的)'으로 — 이해하는 사람들도 있는데, 이는 아마도 데카르트의 '본유 관념(idea innata)'과 이것에 얽힌 애매함을 충분히 살피지 않은 탓으

로 보인다.

데카르트는 우리가 가지고 있는 관념들을 그것의 근원에 따라서 '본유 관념', '획득 관념(idea adventicia)', '나 자신이 만든 관념[상상적 관념](idea a me ipso facta)'으로 구별한다.(Descartes, *Meditationes,* Ⅲ, 7 참조) 그는 이 가운데 '사물', '진리', '의식'과 같은 '본유 관념'에서의 '본유적(innatus)'을 "나 자신의 자연본성으로부터의(ab ipsamet mea natura)"라고 설명함으로써(Descartes, *Meditationes,* Ⅲ, 7), 이에 대한 로크와 라이프니츠의 엇갈린 두 가지 해석이 가능할 수 있는 소지를 남겼다. 이것을 라이프니츠는 데카르트 문맥의 의미를 새겨 이성 혹은 "지성 자체로부터 유래하는"으로 해석한(Leibniz, *NE,* Ⅰ, 1, §2 참조) 반면에, 로크는 라틴어 '인나스키(innasci: 태어나다)'의 분사 '인나투스(innatus)'의 낱말 뜻 그대로 — 물론 'natura'의 어원인 'nasci'의 본래 뜻을 생각해도 그럴 수 있지만 — '생래적(生來的)' 혹은 '태어나면서부터[의](naturally)'라고 이해했다.(Locke, *HU,* Ⅰ, 1, sect, 5 참조)

칸트적 의미

I. 1. 데카르트의 '본유 관념'이 어떤 식으로 해석되든, 그것을 '이데아 인나타(idea innata)'라고 지칭하는 한, 어의상의 애매함은 남는 까닭에 칸트는 그의 철학에서 중요한 용어인 '아 프리오리'를 '생래적' 또는 '태어나면서부터[의]'로 해석될 수 있는 '안게보렌(angeboren · connatus · innatus)'과 구별하여 사용하려 한다.(MSI, A211=II395; KrV, A67=B91 · A85=B118; ÜE, BA68=VIII221; Prol, A129=IV330 참조)

2. 칸트에서 '아 프리오리'란 "단적으로 모든 경험으로부터 독립적으로"(KrV, B3 · A2 참조), "모든 현실적인 지각에 앞서"(KrV, A42=B60), "대상에 대한 모든 지각에 앞서"(KrV, B41), "모든 감각 인상들로부터도 독립적인"(KrV, B2) 등을 의미하며, 반면에 켤레 말 '아 포스테리오리'는 '경험에 근거한', '경험에서 얻은' 혹은 간단히 "경험적(empirisch)"(KrV, A2)을 뜻한다. 그러므로 칸트에서는 어의상

단순히 '보다 먼저(로부터)의', '보다 나중(으로부터)의'를 뜻하는 '아 프리오리', '아 포스테리오리'가 '경험'을 기준 내용으로 가지며, 그러니까 그 충전된 의미로 볼 때, 각각 '경험보다 앞서(의)', '경험보다 나중(의)'을 뜻한다. 그러니까 '아 프리오리'에는 '선험적(先驗的)'이, 그리고 '아 포스테리오리'에는 '후험적(後驗的)'이 부합한다 하겠다.

다만 주의할 것은, '경험(Erfahrung)'(→)이라는 말이 칸트철학 내에서 다의(多義)적으로 쓰이는바, 여기서 '선험적/후험적'의 기준이 되는 경험이란 감관(感覺器官: Sinn)(→)에 의한 대상 수용, 즉 감각경험만을 뜻한다는 점이다. 그렇기에 이때 경험은 '지각(Wahrnehmung)'(→) 혹은 "감각(Empfindung)(→)을 동반하는 표상"(KrV, B147)과 동의어이다. 이런 의미에서의 '경험'은 예컨대 칸트철학에서 또 다른 중요한 용어인 경험과학적 인식과의 교환어로서의 '경험', 곧 자료에 의한 지식 체계를 경험과학이라 할 때의 '경험'과는 구별되어야 한다. 이러한 의미에서의 경험의 내용인 '현상들의 총체'가 칸트에서는 '자연'(→)이다.(KrV, B163 참조) 그러나 칸트가 "우리의 모든 인식이 경험과 함께 시작된다는 것은 전혀 의심할 여지가 없다. […] 그러므로 시간상으로는 우리에게 어떠한 인식도 경험에 선행하는 것은 없고, 경험과 함께 모든 인식은 시작된다. [/] 그러나 우리의 모든 인식이 경험과 함께 시작된다 할지라도, 그렇다고 해서 우리의 인식 모두가 바로 경험으로부터 생겨나는 것은 아니다."(KrV, B1)라고 말할 때의 경험은 감각경험, 이를테면 '원초적 경험'을 의미한다. 이 감각경험에 앞서는 것이 '선험적'인 것이며, 이 감각경험에 의존하는 것이 '후험적'인 것이다.

3. 이 결례 개념 '선험적/후험적'과 내포 외연이 (부분적으로) 겹치는 칸트의 또 다른 결례 개념이 '순수한(rein)/경험적(empirisch)'이다. '경험적'(→)이란 "(대상의 실제적 현전을 전제로 하는) 감각을 자기 안에 함유하[는]"을, '순수한'이란 "그 표상에 아무런 감각도 섞여 있지 않[은]"(KrV, A50=B74·A20=B34 참조) 내지는 "전혀 아무런 경험적인 것도 섞여 있지 않은"(KrV, B3)을 뜻한다. '후험적'이라고 말할 수 있는 것에 대해서는 그래서 어느 것에나 '경험적'이라고 말할 수 있다. 그러나 '선험적'이라고 말할 수 있는 것 모두에 대해 '순수한'이라고 말할 수는

없는데, 그것은 예컨대 명제 "모든 변화는 원인을 갖는다."에서 보듯이, 이 명제 자체는 선험적이나, 이 명제 안에는 '변화'와 같은 경험을 전제로 하는 개념이 포함되어 있어서, 전적으로 '순수한' 명제라고 볼 수는 없기 때문이다.(KrV, B3 참조)

이와 관련해서 유의해야 할 것은, '선험적'이란 '순수한'처럼 단적으로 '아무런 경험도 섞여 있지 않은'을 뜻하는 것이 아니라, '~의 경험보다 선차적'이라는 뜻이라는 점이다. 그래서 "황금은 무겁다."라는 판단이 경험판단인 반면에, "황금은 노랗다."라는 판단은 주어와 술어 개념이 마찬가지로 경험적인 것임에도 불구하고, 이 판단 자체는 '선험적 판단'이다. 이 판단은 그 확실성이 주어와 술어 개념의 동일성에 의거하는 '분석판단'이기 때문이다. 모든 분석판단은 그것의 진위 판별을 일체 경험과 무관하게, 경험에 앞서, 단지 모순율에 의거해서 할 수 있다는 뜻에서 선험적 판단이다.

4. 그러므로 칸트에서 선험적인 것은 생리-심리적으로, 발생적-시간적으로 앞서는 것이 아니라, 논리적-기능적[정초적]으로 앞서는 것이다.

II. 1. 선험적인 것은, 경험적으로 얻어지는 것이 아닌 한에서 경험에 앞서 경험하는 의식에 예비되어 놓여 있는(KrV, A66=B91 참조) 것이기는 하지만, 이때 경험에 앞서 예비되어 있다 함은, 모든 (경험적) 인식이나 활동의 "기초에 놓여 있[다]"(KrV, A24=B38 · A31=B46 등등)는 것을, 그러니까 이 선험적인 것 없이는 어떠한 (경험적) 인식이나 활동이 성립할 수 없다는 것을 함의한다.

2. 그런 뜻에서 칸트는, 우리의 모든 인식이 경험 즉 감각적 수용과 더불어 시작되지만, 단지 감각적 수용으로부터만 나오지는 않는다고 말한다. '경험 인식'이란 칸트에서는 우리가 감각 인상을 통해 수용한 것과 우리 자신이 스스로 산출해낸 것의 "합성[물]"(KrV, B1 · 참조 A1)인데, 그는 전자를 질료(質料: Materie)라고 부르고, 후자를 형식(形式: Form)이라고 부른다. 이 형식적인 것이 바로 선험적인 것으로, 칸트의 파악에 따르면 공간 · 시간 표상과 범주로서의 순수 지성개념 등이 그러한 것이다.

3. 여기서 한 걸음 더 나아가면, '선험적'이 사실상 칸트적 의미의 '초월적' 곧

'선험적이면서 경험을 가능하게 하는'을 뜻하게 된다. 대표적인 예로 '선험적 종합 판단/인식/명제'가 경험을 가능하게 하는 원리로서 객관적 타당성을 갖는다고 말할 때(KrV, A158=B197 참조)의 '선험적'이 그러하다.

III. 단적으로 '경험과 무관한'이라는 의미의 '선험적' 용례도 다수 보이는데, 예를 들면 동일율·모순율과 같은 순수 형식적 사고의 원리들이 선험적이며, 순수 실천이성의 사실로서의 윤리적인 정언명령이 선험적이라고 말할 때가 그런 경우이다.

선험적 종합 판단[인식/명제]은 어떻게 가능한가? Wie sind synthetische Urteile a priori möglich?

I. 1. 선험적 종합 판단은 어떻게 가능한가? — 이 물음을 해명하는 것이 '순수 이성의 본래 과제'임을 칸트는 반복해서 말한다. 이 과제를 담당하는 것이 바로 '순수 이성 비판'의 방법 절차에 의거한 그의 초월 논리학으로서의 초월철학이다. 초월 논리학의 "유일한 과제"는 "선험적 종합 판단들의 가능성 및 그것들의 타당성의 조건들과 범위"(KrV, A154=B193)를 규정함이니 말이다.

2. 그러나 분석판단이 선험적임과 종합판단이 경험적임은 어렵지 않게 납득이 되지만(→ 분석판단과 종합판단), 어떤 판단이 종합적이면서 선험적임을 해명하는 데는 그 이질적 결합으로 인해 적지 않은 난관이 있다. 그래서 칸트는 이 과제의 어려움과 중요함을 강조하여, 이 물음을 "형이상학자들의 십자가(crux metaphysicorum)"(Prol, A100=IV312)니 "철학자들의 십자가(crux philosophorum)"(V-Met/Dohna, XXVIII651)니 "형이상학에서 제일의 중추적 물음(Kardinal Frage)"(V-Met/Mron, XXIX794)이니 하는 등으로 부르기도 했다.

3. 형이상학(→)이 한갓된 개념 풀이가 아니라 하나의 학문이라면, 선험적이고 종합적인 지식들의 체계이지 않을 수 없다. 왜냐하면 형이상학은 그 성격상 감각 경험이 미칠 수 없는 대상을 다루는 것이고, 따라서 그에 대한 인식은 결코 경험

적일 수가 없고, 한갓된 개념 풀이를 넘어 인식을 실질적으로 확장해나가야 하기 때문이다. 그러니까 형이상학의 내용을 이루는 것은 선험적 종합적 인식이다.

바로 선험적 종합 인식의 체계로서의 형이상학을 세우려는 것이 칸트 방법적 비판의 목표이다. 이 목표 달성을 위해 칸트 비판철학은 "선험적 종합 판단이 어떻게 가능한가"를 중추 과제로 갖는 것이다.

II. 1. "선험적 종합 판단이 어떻게 가능한가?"라는 칸트의 물음은 형이상학 성취를 위한 방법적 물음으로서, 실제로 선험적 종합 판단이 있는지 없는지를 묻거나, 선험적 종합 판단이 가능한지 어떤지를 묻는 것이 아니다. '선험적 종합 판단들'이 실제로 있다는 것은 수학과 순수 자연과학이 이미 입증하고 있기 때문이다.

칸트가 "순수 수학은 어떻게 가능한가?", "순수 자연과학은 어떻게 가능한가?" 등을 묻고 있지만(KrV, B20; Prol, A48=IV280 참조), 이 물음은 수학과 자연과학의 정초 작업을 위해서가 아니라, 순수 수학과 순수 물리학의 가능 근거를 살펴보고, 그로부터 학문 방법을 터득하여 형이상학이 하나의 학문이기 위해서 갖추어야 할 요소를 찾기 위한 것이다. 왜냐하면, 수학과 물리학은 칸트의 정초 작업이 필요 없이 이미 "실제로 주어져"(KrV, B20) 있지만, 엄밀한 학으로서의 형이상학은 아직 없기 때문이다. 수학과 물리학은 이미 "충분히, 그것도 쟁론의 여지없이 확실한"(Prol, A41=IV276) 선험적 종합 인식의 "다량의 예들"(V-Met-L2/Pölitz, XXVIII545)을 실제로 가지고 있다.(→ 분석판단과 종합판단) 이제 형이상학이 인간의 자연본성상 불가결한 학문이라면, 형이상학에도 "선험적 종합 인식들이 포함되어 있어야"(KrV, B18) 하는 것이다.

2. 산술학에서 보는 '7 + 5 = 12'라는 명제나 기하학에서의 "직선은 두 점 사이의 가장 짧은 선이다."(→ 분석판단과 종합판단)라는 명제 그리고 순수 자연과학에 포함되어 있는 "물체 세계의 모든 변화에서 물질의 양은 불변이다." 또는 "운동의 모든 전달에서 작용과 반작용은 항상 서로 같아야 한다."(KrV, B17 참조)라는 인식들은 모두 선험적 직관인 공간 또는 시간 표상과 개념들의 결합에 의해서 생긴 선험적 종합 인식이다. 이로부터 배운 바는 "직관과 개념들에 의

한 선험적 인식의 산출이, 결국은 또한 선험적 종합 명제들의 산출이, 그것도 철학적 인식에서의, 그러한 산출이 형이상학의 본질적 내용을 이룬다."(Prol, A38=IV274)라는 것이다.

3. 이제 "선험적 종합 판단이 어떻게 가능한가?"라는 물음은 "'어떤 것을 선험적으로 직관한다는 것이 어떻게 가능한가?' 하는 물음"(Prol, A50=IV281)과 어떻게 순수 지성개념들과 선험적 직관의 결합이 가능한가라는 물음의 답을 통해 대답이 되고, 그 일을 주제적으로 맡아 하는 것이『순수이성비판』의 초월적 감성학(→)과 순수 지성개념들의 연역(→)이다.(Prol, A189=IV365 참조)

감성학에서 공간·시간(→) 표상에 대한 '초월적 해설'은 순수 직관을 질료로 하는 "선험적 종합 인식의 가능성"을 원리적으로 설명(KrV, B40·B48 참조)하면서, 공간·시간이라는 선험적 순수 직관으로 인해 가능한 선험적 종합 인식이 바로 공간·시간 표상이 기틀을 이루는 "오직 가능한 경험의 객관들에만 타당할 수 있다."(KrV, B73)라는 것을 함께 밝힌다. 또한 연역론에서는 통각에서의 "잡다의 종합적 통일"이 "공간과 시간이 순전한 직관의 형식과 관련한 선험적 종합 명제에게 그 근거를 제공하듯이, 순수 사고와 관련한 선험적 종합 명제를 위한 근거를 제공한다."(KrV, A117)는 사실이 밝혀진다. 이렇게 해서 자연 형이상학을 이룰 "사물들에서 실체인 모든 것은 고정불변적이다."(Prol, A37=IV273)와 같은 선험적 종합 인식이 성립함이 밝혀지는 것이다. 이제 칸트는 "우리는 실제로 선험적 종합 인식을 가지고 있다. 이는 경험을 예취하는 지성의 원칙들이 입증한다."(KrV, A762=B790)라고까지 말한다.

4. "현상에서의 객관만이 선험적으로 종합적으로 규정될 수 있는 것이다."(OP, XXII32) 다시 말해 선험적 종합 인식은 공간·시간적으로 규정될 수 있는 것에 대해서만 가능한 것이다. "모든 선험적 종합 판단들은 공간·시간상의 관계들과 관련한 객관 일반의 규정들이다."(OP, XXII33) "개념들에 의해 판단들은 (동일률에 의거한) 분석적인 것이고, 직관의 술어들에 의한 판단들은 종합적이다. 직관 자신은 선험적인 순수 직관이거나 경험적 직관이다. 전자[선험적인 순수 직관]는 현상으로서의 객관 표상이나 객관이 그 자체인 것 같은 표상(現象體 客觀

이나 叡智體 客觀)을 함유한다."(OP, XXII33)

5. 무릇 "선험적 종합 판단이 어떻게 가능한가?"라는 물음은 선험적 종합 판단 내지 종합 인식의 가능성뿐만 아니라 그것이 타당한 범위까지를 묻는 것이고, 칸트가 순수 직관 표상의 초월적 해설과 순수 지성개념들의 초월적 연역을 통해 밝혀낸 "모든 종합 판단들의 최상 원리"는 "'모든 대상은 가능한 경험에서의 직관의 잡다의 종합적 통일의 필연적 조건들에 종속한다'는 것이다."(KrV, A158=B197) 이로써 저 비판철학의 중추적 물음에 대한 칸트의 답변은 다음과 같이 마무리된다. —

"이런 식으로 선험적 종합 판단들은 가능하다. 우리가 선험적 직관(→)의 형식적 조건들, 상상력의 종합(→) 및 초월적 통각(→)에서의 저 종합의 필연적 통일을 가능한 경험 인식과 관계시키고, 경험 일반을 가능하게 하는 조건들은 동시에 그 경험의 대상들을 가능하게 하는 조건들이며, 그렇기에 한 선험적 종합 판단에서 객관적 타당성을 갖는다고 말한다면 말이다."(KrV, A158=B197)

III. 1. 칸트는 선험적 종합 인식을 "직관에 의한 (예컨대 수학적 구성에 의한) 선험적 종합 인식"(OP, XXII22)과 개념에 의한 선험적 종합 인식으로 나누어 생각해보기도 한다. 여기서 "초월철학은 한낱 선험적 종합 판단 일반을 위한 원리를 함유하는 것이 아니라, 선험적 종합 인식을 위한, 개념의 구성에 의한 것이 아닌, 개념들에 의한 원리들을 함유한다."(OP, XXII23)

2. "초월철학은 개념에 의한 선험적 종합 판단들의 원리들을 함유한다. 한갓된 순수 직관들에 의한 선험적 종합 판단들을 함유하는 것은 전혀 철학이 아니고, 순수 수학이다."(OP, XXII81) 단적으로 말해 "초월철학은 개념들에 의한 선험적 종합 인식의 원리를 뜻한다."(OP, XXII87)

IV. 1. '선험적 종합 판단/인식/명제'가 경험을 가능하게 하는 원리로서 객관적 타당성을 갖는다고 말할 때의 '선험적'(→)은 사실상 칸트적 의미의 '초월적'을 의미한다. 그래서 칸트는 아예 "초월적이면서 종합적인 명제"(KrV, A782=B810)라는 표현을 사용하기도 한다.

2. 그러나 '선험적'이 그러하듯이 '선험적 종합적'도 순전히 언사적인 의미만

으로 쓰이기도 한다. 그때 이 말은 '경험과 무관하며, 주어 개념 밖에 있는 무엇인가가 술어 개념에서 덧붙여지는'을 뜻할 따름이다. 교리(Dogmata)와 정리(Mathemata)를 "선험적 종합 명제"(KrV, A736=B764)라고 일컬을 때와, "너의 의지의 준칙이 항상 동시에 보편적 법칙수립의 원리로서 타당할 수 있도록, 그렇게 행위하라."는 순수 실천이성의 원칙이 "선험적 종합 명제"(KpV, A56=V31)이며, "정언적 당위는 선험적 종합 명제를 표상하는 것"(GMS, B111=IV454)이라고 말할 때, 그리고 취미판단(→)을 하나의 선험적 종합 판단으로 다룰 때(KU, B148이하=V288이하 참조) 역시 그러하다.

V. 1. "선험적인 종합적 실천 명제가 어떻게 가능한가"(GMS, B95=IV444 참조) 하는 물음은 곧 "어떻게 정언적 명령은 가능한가?"(GMS, B110=IV453)를 묻는 것이다.(→명령 →정언명령)

2. 정언명령은 "자유의 이념이 나를 예지세계의 성원으로 만듦으로써" 가능하다. 만약 내가 예지세계의 성원이기만 하다면, 나의 모든 행위들은 의지의 자율에 항상 알맞을 터이나, 나는 동시에 감성세계의 성원으로서도 보기 때문에, 의지의 자율에 알맞아야만 한다. 이러한 "정언적 당위"는 선험적 종합 명제를 표상하는데, 이것은 "감성적 욕구들에 의해 촉발되는 나의 의지 위에 동일하지만 오성세계에 속하는, 순수한, 그것 자체로 실천적인 의지의 이념이 덧붙여지고, 이 의지는 저 의지가 이성에 따르는 최상의 조건을 함유하고 있기 때문이다. 이런 사정은, 감성세계에 대한 직관들에, 그것 자체로는 법칙적 형식 일반 외에는 아무것도 의미하지 않는, 지성의 개념들이 덧붙여지고, 그럼으로써 그것에 자연에 대한 모든 인식들이 의거하는 선험적 종합 명제들을 가능하게 하는 것과 대체로 같다."(GMS, B111이하=IV454)

설정 設定 Position

1. '설정'이란 한낱 사물 또는 어떤 규정 그 자체를 세움을 말한다. 사물의 본

질과 존재의 형식 '임/있음'은 곧 사물의 존재자로서의 설정이다.

2. 칸트는 '이다/있다(Sein)'는 "실재적 술어"가 아니라 한낱 "설정"이라고 말한다.(KrV, A598=B626 참조)

'이다'는 "사물의 개념에다 보탤 수 있는 어떤 것의 개념"이 아니라, 한낱 "연결어[繫辭]일 따름"으로, "신은 전지(全知)적이다."라는 명제에서처럼 객관적인 두 개념, 곧 신과 전지를 주어와 술어로 "관련지어 정립한 것일 뿐이다."

또 '있다'는 "신이 있다."라는 명제에서 보듯이 신이라는 개념에 새로운 술어를 정립한 것이 아니고, 단지 주어 그 자체를 그것의 모든 술어들과 함께 정립한 것이다. 그렇기 때문에 "신은 전지적이다."와 "있는 신은 전지적이다."는 그 실질성에서 "정확히 한가지"(KrV, A598이하=B626이하 참조)인 것이다. 단적으로 있음은 한낱 사물의 설정이며, '가능하게 있음'·'실제로 있음'·'필연적으로 있음'과 같이 있음의 양태가 규정될 때 한 사물은 비로소 인식되는 것, 다시 말해 우리에게 대상이 되는 것이다.

성벽 性癖 Hang propensio

1. '성벽'이란 "어떤 욕망이 그 대상의 표상에 선행하여 발생하는 주관적 가능성"(Anth, A226=B225=VII265)을 말한다. 행위의 주관적 원인이 되는 점에서 "성벽과 경향성, 자연적 성향"(GMS, B60=IV425)은 동류의 것이다. 성벽은 "습성적 욕구"를 가능하게 하는 "주관적 근거"이되 선천적인 것은 아니다. "성벽은 본래 단지 향락 욕구의 성향인바, 주관이 향락을 경험하고 나면 그 향락이 그에 대한 경향성을 만들어낸다. 그래서 모든 거친 인간들은 도취를 야기하는 사물들에 대한 성벽을 갖는다."(RGV, B20=VI28)

2. 선으로의 성벽도 "취득된 것"이지만, 악으로의 성벽이야말로 "인간 자신에 의해 초래된 것"으로, 그런 점에서 인간의 소질이라고 볼 수는 없다. 인간이 "악으로의 자연본성적인 성벽"을 가졌다고 보는 이들이 있는데, "도덕적 악으로의

성벽 같은 것은 없다. 왜냐하면 도덕적 악이란 자유에서 생기는 것이 틀림없는데, 선으로든 악으로든, 어떤 자유 사용으로의 (감성적 충동에 기초하고 있는) 물리적 성벽이란 모순이기 때문이다."(RGV, B24이하=VI31)

세계 世界 Welt mundus

1. 세계가 '현상들의 절대적 전체'(KrV, A408=B434 참조) 또는 "실존하는 사물들의 총괄의 절대적 전체성"(KrV, 419=B447)으로 이해되면, 세계는 "모든 현상들의 총괄"(KrV, 419=B447; Prol, A149=IV342 참조)인 점에서 자연(→)과 같은 것을 지칭한다. 양자를 구별하자면 세계는 "모든 현상들의 수학적 전체와 이것들의 종합의 전체성"(KrV, A418=B446)을 의미하고, 자연은 사물들의 "역학적인 전체"(KrV, A418이하=B446)를 일컫는다. 그러나 칸트가 자주 사용하는 개념 '감성세계(Sinnenwelt: mundus sensibilis)' 곧 '현상 세계(mundus phaenomenon)'는 사실상 자연과 동일한 것을 의미한다.

2. 그러나 칸트에서 세계는 감성세계뿐만 아니라 예지세계(intelligible Welt: mundus intelligibilis) 또는 오성세계(Verstandeswelt)도 포함하므로 세계란 단적으로 "절대적 전체"(KrV, A428=B456)라고 규정될 수 있겠다. —"철학의 초창기에서부터 순수 이성의 연구가들은 감성세계 내지는 그 감성세계를 이루는 현상들(phaenomena) 외에도 오성세계를 이룸 직한 특수한 오성존재자(noumena)를 생각했다."(Prol, A104=IV314) 물론 예지세계에서 "우리는 그것을 직관하는 모든 조건들을 추상하고 있으며, 따라서 이에 관해서는 전혀 아무런 종합 명제도 긍정될 수도 없고 부정될 수도 없"으므로, 그것은 한낱 "세계 일반의 보편적 개념일 따름이다."(KrV, A433=B461) 그러나 인간 이성은 특히 실천적 문제와 관련해서는 최고 존재자 곧 신의 개념을 용인하는 것을 부득이한 일로 본다. 물론 그것은 "순전한 오성존재자에 관해, 그러니까 감성세계 밖에서 어떤 것을 규정하기 위해서가 아니라, 이성 자신의 사용을 감성세계 안에서 최대로 가능한 (이론

적 및 실천적) 통일의 원리들에 따라서 지도하기 위해서"(Prol, A182=IV361) 그러하다.

3. 그래서 "자연적 신학(→)은 이 세계에서 마주치는 성질들, 곧 질서와 통일성으로부터 세계창시자의 속성들과 현존을 추리한다. 그런데 이 세계 내에는 두 종류의 원인성, 곧 자연과 자유 및 그것의 규칙이 있는 것으로 받아들여져야만 한다. 그래서 자연적 신학은 이 세계로부터 최고 예지자로 올라가거니와, 최고 예지자란 모든 자연적 질서와 완전성의 원리이거나 모든 도덕적 질서와 완전성의 원리다. 전자의 경우에 그것은 물리신학이라고 하고, 후자의 경우에 도덕신학이라고 한다."(KrV, A632=B660)

4. 칸트는 또 그 안에 있는 모든 것들이 "윤리적 법칙들에 맞는" 그러한 세계를 "도덕세계"(KrV, A808=B836)라고 부른다. 그러나 실제 감성세계가 이렇지는 않기 때문에 도덕세계란 한낱 예지적 세계이다. 그럼에도 도덕세계는 "실천적 이념"으로서 "감성세계를 가능한 한 이 이념에 맞도록 하기 위해서는, 이 이념이 실제로 감성세계에 대해 영향을 미칠 수 있고 또 미쳐야만 한다. 그리하여 도덕세계라는 이념은 객관적 실재성을 갖는다." 그렇다고 이 이념이 어떤 직관의 대상이지는 않으므로, "도덕세계라는 이념은 이성적 존재자들의 자유로운 의사가 도덕법칙들 아래서 자기 자신과 그리고 모든 다른 자유와 일관적 체계적 통일을 자체로 갖는 한에서, 감성세계 안에 있는 이성적 존재자들의 신비체(corpus mysticum)이다."(KrV, A808=B836)

세계시민법 世界市民法 Weltbürgerrecht ius cosmopoliticum

1. 세계시민법이란 "가능한 교류의 일정한 보편적인 법칙의 관점에서 제 국민의 가능한 통합체"에 관한 법/권리(MS, RL, A230=B260=VI352)를 말한다.

2. 국민들의 개인들의 관계에서와 마찬가지로 제 국민 사이에서도 어떠한 폭

력도 평화와 안정을 위한 명분으로 정당화될 수 없다.

"우리 안에 있는 도덕적-실천적 이성이 '어떠한 전쟁도 있어서는 안 된다'고 저항할 수 없는 거부권을 표명한다." 자연상태에서 일어나는 전쟁은 개인들 사이에서나 국가들 사이에서나 "각자가 자기의 권리를 찾아야 하는 방식이 아니기 때문이다." "그러므로 과연 영원한 평화가 실재적인 무엇인가 아니면 아무것도 아닌가"는 문젯거리가 아니다. "오히려 우리는 어쩌면 있지 않을 그러한 것이 실재하는 것처럼 행위하지 않으면 안 된다. 우리는 영원한 평화의 확립과, 그를 유도하기 위해" "가장 적절한 것으로 우리에게 보이는 그러한 체제 — 아마도 모든 국가들의 공화제, 전체적으로든 분리해서든 — 를 향해 노력해야만 하는 것이다. 그리고 설령 이러한 의도의 완성에 관한 최종적인 것이 언제나 경건한 소망에 머물러 있다 해도, 우리는 확실히 그를 향해 간단없이 노력한다는 준칙을 받아들임으로써 우리를 기만하는 것이 아니다. 왜냐하면 이러한 준칙을 받아들임은 의무이기 때문이다."(MS, RL, A233이하=B264=VI354이하)

「세계시민적 관점에서의 보편 역사에 대한 이념」/「보편사의 이념」 'Idee zu einer allgemeinen Geschichte in weltbürgerlicher Absicht'

I. 1. 《베를린 월보(*Berlinische Monatschrift*)》 1784년 11월호(Bd. IV, S. 385~411)를 통해 발표한 역사철학 논문이다. 이 논문에 바로 이어 같은 해 12월호에는 「'계몽이란 무엇인가?'라는 물음에 대한 답변」(→)이 게재되었다.

2. 칸트는 당대 계몽주의 정신 확산에 지대한 영향을 미쳤던 《고타 학보(*Gothaische Gelehrte Zeitungen*)》(12. Stück, 11. Februar 1784)에 실린 그에 관한 학술 단신("kurze Nachricht"): "칸트 교수가 애호하는 한 가지 생각은 인류의 궁극목적은 가장 완전한 국가헌정체제의 성취라는 것이다. 그는 어떤 철학적 역사가가 기꺼이 이러한 견지에서 인류의 역사를 개진하고, 인류가 서로 여러 시대에서

이러한 궁극목적에 얼마나 근접했는지, 또는 이로부터 멀어졌는지, 그리고 이의 성취를 위해서 아직 무엇을 행해야만 하는지를 제시하는 일을 감당해줄 것을 바라고 있다."를 읽고서 그에 대한 해명으로 이 논문을 썼다.(IaG, A385=VIII15 참조)

II. 칸트는 보편사의 이념을 아래와 같은 9개의 명제로 제시하고 있다.

1. "한 피조물의 모든 자연소질은 언젠가는 완벽하게 그리고 합목적적으로 펼쳐지게끔 정해져 있다."(IaG, A388=VIII18)

2. "(지상의 유일한 이성적 피조물로서의) 인간에 있어서 그의 이성 사용을 목표로 하고 있는 자연소질들은 개체[개인]에서가 아니라, 오직 유[인류]에서만 완벽하게 발전될 것이다."(IaG, A388=VIII18)

3. "자연은, 인간이 자기의 동물적 현존의 기계적 안배를 넘어서는 모든 것을 전적으로 자기 자신으로부터 만들어내고, 그 자신이 본능에서 벗어나 자신의 이성을 통해 마련해 가진 이외의 행복이나 완전성을 분유[分有]하지 않을 것을 의욕했다."(IaG, A389이하=VIII19)

4. "자연이 자기의 모든 소질들의 개발을 성취하기 위해 이용하는 수단은 사회 안에서 이 소질들의 적대 관계이며, 그렇지만 이 적대 관계가 결국에는 사회의 합법칙적 질서의 원인이 되는 한에서 그러하다."(IaG, A392=VIII20)

5. "자연이 그 해결을 인간에게 강제하는, 인류를 위한 최대의 문제는 보편적으로 법을 시행하는 시민사회의 달성이다."(IaG, A394=VIII22)

6. "이 문제는 동시에 가장 어려운 문제이고, 인류에 의해 가장 늦게 해결될 문제이다."(IaG, A396=VIII23)

7. "완전한 시민적 [헌정]체제의 건립 문제는 합법칙적인 외적인 국가들의 관계 문제에 달려 있으며, 이 문제의 해결 없이는 해결될 수 없다."(IaG, A398=VIII24)

8. "인류의 역사는 대체로 자연의 어떤 숨겨져 있는 계획의 수행, 즉 내적으로-완전하며, 그리고 이 목적을 위해 또한 외적으로-완전한 국가[헌정]체제를 성취하기 위한 계획의 수행이라고 볼 수 있는바, 이 국가체제는 자연이 인간성

안에 있는 그의 모든 소질을 온전히 발전시킬 수 있는 유일한 상태이다."(IaG, A403=VIII27)

9. "인류 안에서 완전한 시민적 통합을 목표로 하는 자연의 어떤 계획에 따라 보편적 세계사를 작성하려는 철학적 시도[시론]는 가능한 것으로, 그리고 그 자체로 이러한 자연의도에 대해 촉진하는 것으로 간주되지 않으면 안 된다."(IaG, A407=VIII29)

세계지[혜] 世界智[慧] Weltweisheit

1. 독일 계몽주의 시기에 일부 인사들이 계시 신학에 기초한 지혜론에 대응해서 인간의 이성에 기초한 자연세계와 도덕에 관한 철학을 '세계지[혜]/세간지[혜](世間智[慧])'라고 일컬었는데, 칸트도 때때로(GMS, BIV=IV387 참조) 이론철학을 "자연적 세계지혜(natürliche Weltweisheit)"라고, 도덕철학을 "윤리적 세계지혜(sittliche Weltweisheit)"라고 불렀고, '도덕철학'과 '윤리 세계지혜'는 아예 교환 가능한 말로 사용하기도 했다.(GMS, B25=IV406 참조)

"순수 이성 비판은 이론적 세계지혜에서 형이상학을 위한 예행연습"(Refl 4466, XVII562)이며, "초월철학은 순수한 순전히 사변적인 이성의 세계지혜"(KrV, A15=B29)이다.

2. 그런데도 칸트는 "'세계지혜'가 '철학'에 딱 맞는 말인가?"라는 물음에 대해서는 "아니다."라고 대답한다.(OP, XXI130 참조) 그 이유는 철학이라는 그리스 낱말이 처음 생길 때 소크라테스가 표명했던 것과 같다. 플라톤이 전하는 바 소크라테스는 "파이드로스여, 그를 지혜 있는 자라 부르는 것은, 내가 보기엔 너무 높이 올라간 것 같고 그런 말은 신에게나 적용하면 적절한 것 같네. 그러나 지혜를 사랑하는 자[philosophos] 혹은 그 비슷한 말로 부른다면, 그 자신도 차라리 동의할 것이고, 보다 더 합당할 것 같네."(Platon, *Phaedros*, 27 8d)라고 말했는데, 칸트 또한 "지혜는 인간의 본질속성이 아니며, [··· 인간의 속성은] 지혜

를 사랑함, 지혜를 얻으려 애씀"(OP, XXI130; 참조 XXI141)이라고 생각한다.

세네카 Lucius Annaeus Seneca

1. 세네카(ca. BC 4~AD 65)는 고대 로마의 스토아학파 철학자이자 정치가이며 작가이다. 네로 황제의 스승으로서 정치적 영향력이 작지 않았으나, 결국 네로의 명령에 따라 자결하였다.(MS, TL, A74=VI423 참조) 스토아사상의 가르침에 의하면 자결은 영예로운 죽음의 방식이다.

2. 세네카에서 '좋은 사람[남자](vir bonus)'이란 "완전한, 독립적인, 어떠한 폭력도 어떠한 필요도 그를 나쁘게 만들 수 없는 사람"(*Ad Lucilium Epistulae morales*, 34, 3)이다. 그런 사람은 "언제나 흔들림이 없고, 굴복하지 않으며, 모든 언행이 일치하고 부합하며, 수미일관한다. 그의 영혼은 흩어짐이 없고, 그의 행동은 상충함이 없다."(*Epistulae*, 34, 4) 그런 사람은 어떤 정감에도, 그러니까 '좋은' 정감에도 영향받지 않으며, 오로지 양심만이 척도가 되는(*Epistulae*, 81, 20 참조) 의무를 다하는 것만을 유일한 목표로 갖는다.

3. 세네카가 "우리는 나을 수 있는 병을 앓고 있는 것이다. 그리고 올바르도록 낳아진 우리를 자연은, 만약 우리가 낫기를 원한다면, 돕는 것이다."(*De ira*, II, 13,1)라면서, 인간이 자연본성상 선량하다고 생각하는 것에 대해 칸트는 비판적이며(RGV, B5=VI20 참조), 아리스토텔레스를 따라 중간에 덕을 놓는 중용의 길 걷기를 권장하는 것도 비판한다. "과잉은 모두 패악으로 전변한다."(Seneca, *De tranquillitate animi*)는데, 넘치고 모자람의 척도가 무엇이란 말인가.(MS, TL, A44=VI404 참조)

그러나 칸트는 세네카의 섭리사상은 긍정적으로 인용한다.—"운명은 의욕하는 자는 이끌고, 의욕하지 않는 자는 질질 끌고 간다."(Seneca, *Epistulae moralis*, XVIII, 4)(ZeF, A58=B59=VIII365; TP, A284=VIII313 참조)

셸링 Friedrich Wilhelm Joseph Schelling

I. 1. 셸링(1775~1854)은 칸트와 헤겔을 잇는 관념론 체계와 함께 사변적 자연철학을 세운 독일이상주의(→) 철학의 대표자 중 한 사람이다. 1790년에 튀빙겐(Tübingen) 대학에 입학하여 5세 연상인 헤겔(→), 횔덜린(F. Hölderlin, 1770~1843)과 함께 수학하여 '튀빙겐의 3인방'이라 불렸다. 튀빙겐 대학에서 철학, 신학 공부를 마친 후 라이프치히 대학으로 옮겨 수학, 자연과학, 의학 공부를 계속했는데, 이 시기에 예나를 방문하여 실러, 괴테 등과 교제하였다. 1798년에 예나 대학 교수로 취임했고, 1803년에는 뷔르츠부르크(Würzburg) 대학으로 자리를 옮겼으며, 1827년 뮌헨 대학 교수로 부임하여 1841년까지 강의하였다. 1841년에 헤겔 사후 비어 있던 베를린 대학의 철학 교수직을 맡았으나, 이듬해 사임했다.

2. 셸링은 오랜 기간 동안 여러 방면에서 역동적으로 학문 활동을 하였지만, 사후 영향력이 큰 것은 『철학의 원리로서의 '나'(*Vom Ich als Princip der Philosophie oder über das Unbedingte im menschlichen Wissen*)』(1795), 『초월적 관념론의 체계(*System des transzendentalen Idelismus*)』(1800), 『인간의 자유의 본질(*Über das Wesen der menschlichen Freiheit*)』(1809) 등 그의 초기의 저작들이다.

II. 1. 셸링은 의식의 사실에 대한 반성을 통해 오로지 자기 자신에 의해서만 정립되는 것 곧 자아만이 무제약자임을 깨닫고, 이로부터 '절대자' 개념으로 나아간다.

"자아란 본질상 자기의 단적인 존재(Seyn)에 의해서 절대적 동일성으로 정립되므로, 최고 원리는 '나는 나이다' 또는 '나는 있다'라고 표현될 수 있겠다." (Schelling, *Ich als Princip*, SW I/1, 179) '나'라고 하는 자아는 "모든 사고와 표상에 선행하는 존재이다. 자아는 생각됨으로써 있으며, 있기 때문에 생각된다. 자아는 자신이 자신을 생각하는 한에서 있으며, 그리고 또한 그런 한에서 생각된다. 그러므로 자아는 그 자신이 자신을 생각하기 때문에 있으며, 있기 때문에 그 자신이 자신을 생각한다. 자아는 자기 생각을 통해서 자신을 — 절대적 원인성으로부터 — 산출한다."(*Ich als Princip*, SW I/1, 167) 자아란 자기의 전 실재성과 실질성을 "오로지 자기 자신을 통해서 얻는 것이다." 그런 만큼 이 자아는 "절대자라고 일컬을 수 있는 유일한 것"이고, 그 나머지 것들은 "이 절대자 개념의 단순한 전개에 불과하다."(*Ich als Princip*, SW I/1, 177)

요컨대 셸링에서 1) 자아는 "무제약적"(*Ich als Princip*, SW I/1, 179)인 것이며, 그런 한에서 "오로지 자기 자신에 의해서만 있는 것이고, 무한한 것을 포섭하는 것"이다. 2) "자아는 단적으로 하나이다."(*Ich als Princip*, SW I/1, 182) 만약 자아가 다(多)라면, 그것은 부분들의 실현일 터이니 말이다. 자아는 불가분리적인 것이고, 그러므로 불변적이다.(*Ich als Princip*, SW I/1, 192 참조) 3) "자아는 모든 존재, 모든 실재성을 함유한다."(*Ich als Princip*, SW I/1, 186) 만약 자아 밖에 자아 안에 있는 실재성과 합치하는 실재성이 있다면, 그것 역시 무제약적일 터인데, 이것은 상호 모순이고 불합리한 것이니 말이다. 4) "만약 실체가 무제약적인 것이라면, 자아가 유일한 실체이다."(*Ich als Princip*, SW I/1, 192) "따라서 존재하는 모든 것은 자아 안에 있고, 자아 밖에는 아무것도 없다."(*Ich als Princip*, SW I/1, 192) "자아를 유일한 실체라 한다면, 존재하는 모든 것은 한낱 자아의 우유(偶有)성이다."(*Ich als Princip*, SW I/1, 193)

2. 자아가 유일한 실체 곧 절대자로 이해되어야 한다 함은, 자아는 결코 대상[非我]으로서 우리에게 주어지는 것이 아니라 단적인 자아로 파악된다는 뜻이다. 의식 활동과 의식의 모든 사실은 대상으로 혹은 대상의 방식으로 감각적 직관에 주어질 수 있는 것이 아니다. 자기 자신의 정립 활동의 파악은 명백히 다만 직접적으로 자기의 자발적 수행에서만 가능하고, 따라서 감각적 직관에서의 비아처럼 규정될 수는 없고, 오직 '지성적 직관'에서만 규정될 수 있다.

"대상이 있는 곳에 감각적 직관이 있으며, 감각적 직관이 있는 곳에 대상이 있다. 그러니까 어떤 대상도 없는 곳에는, 곧 절대적 자아에서는 어떠한 감각적 직관도 없고, 그러므로 아무런 직관도 없거나 지성적 직관이 있다. 따라서 자아는 그 자체로서 지성적인 직관에서 단적인 자아로서 규정된다."(*Ich als Princip*, SW I/1, 181) 지성적 직관이란 대상 없는 직관이요, 자발성인 자기 자신에 대한 자발성의 직접적인 인식이다. 그것은 궁극적인 것에 있어서는 자기 존재의 원리와 자기 인식의 원리가 같은 것임을 말한다. 절대자는 절대자에 의해서만 그리고 절대자에게만 주어지고 파악되는 것이다.

3. 절대자로서 '나'의 자기 정립이 함의하는 가장 기본적인 것은 나의 근거는 자유라는 것이다. 피제약성은 결국 자기활동성과 그에 의한 자기 정립을 배제하는 것인 만큼, 자유 없는 자기 정립이란 생각할 수 없고, 순수활동으로서 자기 정립은 오로지 절대적 자유로서만 생각할 수 있는 것이다. 그런 의미에서 "자아의 본질은 자유이다."(*Ich als Princip*, SW I/1, 17)

그런데 이 세계에서 '나'를 말하는 것은 인간이고, 인간만이 자아로서 자기 활동을 한다. 그래서 우리는 "인간의 정신은 절대적으로 자유롭다."(Schelling, *Abhandlungen zur Erläuterung des Idealismus der Wissenschaftslehre*, SW I/1, 428)라고 말한다. 그런데 인간 정신의 자유로움은 그의 단적인 행위함, 곧 의지 의욕에서 드러난다. 의욕함에서 정신은 "자기 행위를 직접적으로 의식하며, 그러므로 이 의욕함이라는 의지 작용은 자기의식의 최고 조건이다."(*Abhandlungen*, SW I/1, 428) 정신은 의욕함 중에서 곧 자유 안에서 자기 자신을 직접적으로 인식하며, "바꿔 말하면 정신은 자기 자신에 대한 지성적 직관을 갖는다."(*Abhandlungen*, SW I/1, 428) 이 자기인식을 직관이라 함은 그것이 아무런 매개도 없는 직접적인 포착이기 때문이요, 지성적이라 함은 어떠한 감각적 소여도, 그리고 그에 근거한 어떠한 경험적 개념 없이도 '나'를 표상하기 때문이다.

4. 셸링은 정신의 자유로운 활동은 어디에서보다도 예술 창작에서 두드러지게 나타난다고 본다. 이미 칸트가 예시한 바이기도 하지만, 셸링도 인간 정신의 주요 활동으로 이론적 활동과 실천적 활동 외에 예술 창작 활동을 꼽는데, 그중에서도 창작 활동에서 정신의 정신성이 가장 잘 드러난다는 것이다.

인식과 행위, 이론과 실천은 객관에 의한 주관의 규정과 주관을 통한 객관의 규정을 말한다. 셸링은 이 맞서 있는 의식의 두 활동에서 동일한 하나의 뿌리를 발견한다. 표상들은 대상의 모상(模像: Nachbild)이거나 원상(原像: Vorbild)이다. 인식은 대상을 모사하는 것이고 실천 행위는 대상을 형성시키는 것이다. 모사하는 지성은 필연적인 어쩔 수 없는 활동이다. 반면에 대상을 형성하는 지성은 자유로운 의지적인 목적 설정적인 활동이다. 그런데 이론적 지성이나 실천적 지성은 근원에 있어서는 하나여야만 한다. 왜냐하면 양자는 동일한 의식의 활동 양식이기 때문이다. 문제는, 지성이 어떻게 동시에 모상적이며 원상적일 수 있는가, 다시 말하면 어떻게 사물을 좇으면서 동시에 사물을 형성시킬 수 있는가 하는 점이다. 바꿔 말하면 지성활동이 어떻게 필연적이면서 동시에 자유로울 수 있는가가 문제이다. 이 문제는 양자의 활동의 바탕에 놓여 있는, 즉 의지의 대상을 그렇게 하듯이 인식의 대상을 창조하는 어떤 동일한 생산적 활동을 가정함으로써, 즉 자연 속의 의식 없는 합목적적 활동성과 일치하는 어떤 창조적 활동성을 가정함으로써만 해결할 수 있다. 그런데 자연 속의 의식 없는 창조적 정신에 부응하는 것은 의식에서는 인식도 의지도 아니고, 단 하나 예술적 창작이 있을 뿐이다. 자연의 생산적 힘이나 주관의 생산적 힘은 근본에서는 동일한 창조하는 정신이다. 자연은 대상의 실재 세계를 산출하는 반면에 자유로운 의식적인 예술적 창작은 대상의 이상 세계를 산출한다. 우주는 살아 있는 유기체일 뿐만 아니라 삼라만상이 통일적으로 상호작용하는 예술 작품이요, 인간의 예술 작품은 작은 우주이고 동일한 정신의 발현이다. 예술이야말로 감성적 현상세계를 빌려 절대자, 정신을 개시(開示)하는 것이다.

5. 예술 창작이 그 단적인 예이듯이 인간은 자유로운 활동을 통해서 세계 창조의 일정한 위치, 자연과 정신 사이의 중심적 본질존재의 위치에 들어선다. 자유는 자연과 정신을 결합시키면서 이 양자 속에 뿌리박고 있으므로 자유의 실현 매체인 인간은 이 두 세계의 통일 가능성을 포괄하는 유일한 자유로운 본질존재이다.

소망 所望 Wunsch

1. 소망이란 "객관[객체]의 산출을 위해 힘을 씀이 없는 욕구"(Anth, A203=

B202=VII251)이다. '객체를 만들어내기 위한 자기의 행위의 능력에 대한 의식과 결합되어 있지 않은 욕구'라고 말할 수도 있다.(MS, RL, AB5=VI213 참조)

2. 그러니까 "소망은 그것을 실현하는 데에 주관 자신이 능력이 없다고 느끼는 대상들을 향해 있을 수도 있는데, 그런 경우에 그것은 공허한(부질없는) 소망"(Anth, A203=B202=VII251)이다. "욕구와 욕구한 것의 취득 사이의 시간을 없앨 수 있다는 공허한 소망"을 "동경"이라고 부르기도 한다. 그런가 하면 "어떤 상태로 들어서고자 하는지를 알지 못한 채 주관으로 하여금 단지 자기의 현재의 상태에서 나오도록 닦달만 하는, 객관에 관해 무규정적인 욕망(appetitio vaga)은 변덕스러운 소망이라 불릴 수 있다."(Anth, A203=B202=VII251)

소쉬르 Horace-Bénédict de Saussure

소쉬르(1740~1799)는 스위스의 지리학자이자 기행문 작가이다. 알프스를 연구하여 많은 업적을 남겼으며, 몽블랑(Mont Blanc)에 두 번째로 등정(1787)한 사람으로 알려져 있다. 그의 『알프스 여행기(*Voyages dans les Alpes, précedés d'un essai sur l'histoire naturelle des environs de Genève*)』(1779~86)는 전4권으로 독일어로도 완역(Leipzig 1781~88)되었으며, 별도로 축약본(Berlin 1789)도 출판되었다. 칸트는 『판단력비판』에서 숭고의 감정을 설명하면서 소쉬르를 인용하고 있다.(KU, B111=V265 참조)

소유 所有 Eigentum dominium

1. 소유란 "실체적으로 누군가의 자기 것인 외적 대상"(MS, RL, A95=B96 =VI270)을 말한다. 소유되는 외적 대상을 물건이라 하며, "이 물건에 대한 모든 권리들은 (실체의 우유적인 것들처럼) 그 소유에 내속하는 것이고, 그러므로 소유

자(dominus)는 그것을 임의대로 처분할 수 있다."(MS, RL, A95=B96=VI270) 여기서 자명한 것은 "물체적 물건만이 그러한 대상일 수 있다는 것이다. 인간은 자기 자신의 주인(sui iuris)일 수는 있어도, (자신을 임의대로 처분할 수 있는) 그 자신의 소유자(sui dominus)일 수는 없으며, 하물며 다른 사람들의 소유자일 수는 더더욱 없다. 왜냐하면 인간은 그 자신의 인격에서 인간성에 대한 책임이 있기 때문이다."(MS, RL, A96=B96=VI270 · 참조 B164=VI359) "이 점은 인간의 권리에 속하는 것이 아니라 인간성의 권리에 속하는 것"(MS, RL, A96=B96=VI270)이다.

2. "자기 소유를 타인에게 이전(Übertragung: translatio)하는 것이 양도(Veräußerung)이다. 그것에 의해 일반적으로 어떤 자의 자기 것이 타자에게 넘어가는, 두 인격의 합일된 의사의 행위가 계약(Vertrag)(→)이다."(MS, RL, A98=B98=VI271)

소크라테스 Sokrates

I. 1. 소크라테스(BC 469~399)는 고대 그리스 아테네에서 태어나 그곳에서 생애를 마쳤다. 아버지는 석물 조각가이고, 어머니는 산파였다. 부인 크산티페(Xantippe)와의 사이에 여러 명의 자녀를 두었다. 자신이 저술을 남기지는 않았지만, 여러 사람들의 기록과 특히 플라톤(→)의 모든 대화편의 대화 주도자로 등장하여 논변을 편 것을 근거로 해서, 철학사상 최초의 진정한 '철학자'로 칭송받는다.

2. 신에 대해서 불경건하고, 청년들을 타락시킨다는 죄목으로 민회의 재판정에 세워져서 사형 선고를 받았으며, 독배를 마시고 생을 마감하였다. 재판 과정과 죽음에 대한 소크라테스의 자세는 플라톤이 남긴 『변명』, 『크리톤』, 『파이돈』을 통해서 잘 볼 수 있으며, 그의 일상적 생활의 일단은 『향연』에서 읽을 수 있다.

II. 1. 칸트는 소크라테스식 문답법 교수법을 도덕 교육에서는 가장 적절한 방

법으로 보았다.(MS, TL, AVI=VI376 · A57=VI411 참조)

2. "이성을 육성함에 있어서는 소크라테스식으로 해야 한다." 교육자는 "지식의 산파"로서 피교육자 자기 자신이 "자기 자신의 이성으로부터 많은 것을 어떻게 이끌어낼 수 있는지의 사례들을 제시"해주어야 한다.(Päd, A90=IX477 참조)

『순수이성비판』 *Kritik der reinen Vernunft*

'순수 이성 비판'의 의미

1. "이성(→)은 오직, 그의 자유롭고 공명한 검토를 견뎌낸 것에 대해서만 꾸밈없는 존경을 허용한다."(KrV, AXI) 그래서 이성이 무엇보다도 먼저 하는 일은 자기 자신에 대한 비판(→)이다. 이성이 "자기 자신의 능력에 대한 선행적 비판이 없이"(KrV, BXXXV) 하는 일은 무엇이든 권위를 얻을 수 없기 때문이다.

그런데 순수한 개념 체계인 철학의 문제와 관련해서 비판의 대상이 되는 이성은 오로지 '순수한' 이성이다. 이성적 요소 외에는 아무것도 포함하고 있지 않은 그 자체로서의 이성 말이다. 그래서 착수해야 할 첫 작업은 '순수 이성 비판'이다. 그것은 "순수 이성의 원천과 한계"(KrV, A11=B25)를 분별하는 일로, 이로써 이성은 "이성에 대해, 이성이 하는 업무들 중에서도 가장 어려운 것인 자기 인식의 일에 새로이 착수하고, 하나의 법정을 설치하여, 정당한 주장을 펴는 이성은 보호하고, 반면에 근거 없는 모든 월권에 대해서는 강권적 명령에 의해서가 아니라 이성의 영구불변적인 법칙에 의거해 거절할 수 있을 것을 요구"(KrV, AXI이하)하는 것이다.

2. 이제 순수 이성의 '자기 한계 규정'(Prol, A163=IV350; MAN, AXVII= IV474; V-Met/Volckmann, XXVIII392 참조)에서 '한계'란 무엇을 뜻하는가? 칸트의 용어법에 따르면, '한계'(→)는 "언제나 어떤 일정한 장소의 밖에서 마주치면서 그 장소를 둘러싸는 공간을 전제한다."(Prol, A166=IV352) 주목할 것은, '경계'선은 변

경될 수도 있으나, '한계'선은 그것으로 구분되는 두 공간 사이에 전적인, 본질적인 차이로 인해 그어진 것이기 때문에 변경될 가능성이 없다는 의미에서 칸트가 경계와 한계를 구별한다는 점이다. 수학이나 물리학과 같은 학문 분야에서 이성은 뛰어넘어서는 안 될 인식의 한계 같은 것을 가지지 않는다.(V-Met/Volckmann, XXVIII391; V-Met/Mron, XXIX787 참조) 물론 인간 이성은 수학이나 자연과학의 영역에서도 아직 능력의 부족으로 실제로는 가능한 인식의 경계를 가지고 있다. 그러나 이러한 영역에서는 새로운 발견이나 발명 그리고 점차적인 지식 능력의 확장으로 인해 이성이 그 인식을 한없이 넓혀갈 수 있다는 점에서, 그 경계는 고정 불변적인 것이 아니다.(Prol, A166=IV352이하 참조) 그러니까 이성이 아직 인식하지 못한 대상들이 있다 하더라도 그 대상들이 동종적인 것이라면, 이성에게 인식의 한계 같은 것은 없는 것이다. 그런데 형이상학에서 이성은 감성적인 것으로부터 전혀 이종(異種)적인 초감성적인 것으로 넘어서려 한다. 이때 더구나 이성은 지금 그가 감성세계를 인식하는 데 쓰던 인식의 원리들을 가지고 그렇게 해보려 한다. 그러나 감성적인 것과 초감성적인 것 사이에는 본질적인 차이가 있기 때문에, 이 원리들은 초감성적인 것들에는 도무지 타당하지가 않다. 그러므로 이성이 형이상학이라는 이름 아래서 자기 능력을 넘어서 무엇인가를 인식해보고자 한다면, 거기에는 큰 위험과 착오가 있다. 이를 피하고 참된 형이상학을 위한 확실한 주춧돌을 놓기 위해서는, 그러므로 먼저 이성이 그 이론적 사용에서 넘어서는 안 되는 이성 사용의 한계를 분명히 규정하는 일이 필요하다.

3. 이렇게 해서 마련된 '순수 이성 비판'이라는 법정의 심판대에 이성 자신과 함께 세워지는 피고는 다름 아닌 언필칭 '순수한 이성의 이론적 체계'인 형이상학이다. 그래서 순수 이성 비판은 내용상 '형이상학 비판'이 된다.

과연 형이상학이 엄밀한 이성 인식의 체계인가를 변별하는 이 작업이야말로 "이제는 더 이상 사이비 지식에 자신을 내맡기지는 않으려는 시대의 성숙한 판단력에서 비롯한 것"(KrV, AXI)으로, 이것이 칸트 비판철학의 근본 과제이다.

4. 그런데 칸트의 이성 비판은 이성의 자기 분간이므로, 그것은 이성의 자기

분열이다. 이성이 자신으로부터 자신을 격리시켜 심판한다.

'이성'은 때로는 "인간은 이성적 동물이다."라고 규정할 때처럼 인간 의식작용 전체를 지칭한다. 이것을 '넓은 의미에서의 이성'이라 할 수 있다. 이에는 '사변 이성', '실천이성', 그리고 '판단력', '상상력', '감정' 등 모든 심성 양태가 포함된다. 또 때로는 지식 능력 일반만을 이성이라고 일컫기도 하는데, 그것은 이른바 '사변 이성'을 지칭하는 것으로, 이것을 우리는 '좁은 의미의 이성'이라고 부를 수 있겠다. 이제 '순수 이성 비판'이란 이 좁은 의미의 이성을 다시금 감성(Sinnlichkeit) · 지성(Verstand) · 이성(Vernunft) — 이를 '아주 좁은 의미의 이성'이라 하겠다 — 으로 분별하여 비판하고 있으며, 그것이 책 『순수이성비판』의 내용을 이룬다.

『순수이성비판』의 발간 약사

1. 『순수이성비판』은 오랜 암중모색과 집중적인 탐구, 그리고 긴 저술 기간을 거쳐 세상에 나온 책으로, 모든 칸트 사상이 그에 집약되어 있고, 칸트의 모든 사상이 그로부터 유래한다고 해도 과언이 아니다.

『순수이성비판』 제1판(1781)과 제2판(1787) 그리고 『형이상학 서설』(1783)(→)은 그 내용상의 다소간의 차이에도 불구하고 한가지 저술이라 할 만하다. 당초(1793) 학술원 현상 논문으로 작성하여 후에(1804) 발간한 『라이프니츠와 볼프 시대 이래 형이상학이 독일에서 이룬 실제적인 진보는 무엇인가?』『형이상학의 진보』(→) 역시 동일한 사상을 다른 방식으로 요약 서술한 것이라 볼 수 있다.

그러니까 『순수이성비판』은 출간된 후에도 10년 이상에 걸쳐 여러 가지 형태로 다시금 등장한 저술이라 할 수 있겠다. 이 『순수이성비판』의 초기 형태를 우리는 이미 그의 「교수취임논문」(1770)인 『감성세계와 예지세계의 형식과 원리들』(→)에서 발견할 수 있으니, 『순수이성비판』의 초판만 해도 그 역시 10년 이상의 구상과 부분적인 집필 과정을 거치면서 오랜 기간 숙성된 사고의 결실이라 평가할 수 있다. 그러나 이런 형태의 저술이 나오기 전 그의 생각의 싹을 발견하기 위해서는 적어도 5년 이상을 더 거슬러 올라가야 한다.

칸트는 1765/66년 겨울학기 강의 개설 공고문에서 "이성 비판"을 말하고 있다.(NEV, A12=II311 참조) 이즈음에 칸트는 람베르트(→)에게 보낸 1765년 12월 31일 자 편지에서, 당초에 그는 "형이상학의 고유한 방법 및 이를 매개로 한 전체 철학의 방법"(X56)론을 쓸 계획을 세웠고, 그 저술이 1766년 봄 라이프치히 부활절 견본시장의 서적 목록에도 올랐으나, "자연 세계지[철학]의 형이상학적 기초와 실천 세계지[철학]의 형이상학적 기초"(X56) 작업을 선행시킬 필요가 있어 이 계획이 바뀌었음을 밝히고 있다. 이것은 훨씬 뒤에 가서 그의 3비판서로 그 모습을 드러낼 저술이 이때 벌써 구상되고 있었음을 말한다.

「교수취임논문」(1770년 8월 간행)의 초두(§1)에서 "형이상학의 방법을 더 깊이 통찰"(MSI, A21=II387)하는 것이 그의 주 관심사임을 천명한 칸트는 1771년에 이르러서는 '순수 이성 비판'의 한결 뚜렷한 윤곽에 접근해가고 있음을 보여주고 있다. 1771년 6월 7일 자 헤르츠(→)에게 보낸 편지에서 "감성과 이성의 한계"(X123)를 탐색하고 있다고 밝힌 칸트는 헤르츠에게 보낸 1772년 2월 21일 자 편지에서 마침내, "나는 초월철학(transscendentalphilosophie), 곧 전적으로 순수한 이성의 모든 개념들을 일정 수로 범주화하는 것을 찾았고", "나의 의도의 본질적인 것은 성취되어, 이제 순전히 지성적인 한에서의 이론적 인식과 실천적 인식의 본성을 내용으로 갖는 순수 이성 비판(Critik der reinen Vernunft)을 내놓을 상태에 있으며, 그중 제1부인 형이상학의 원천들과 그 방법 및 한계들을 포함하는 부분을 우선 완성하고, 이어서 윤리성의 순수 원리들을 작업할 것인데, 제1부는 대략 3개월 안에 출간할 것이다."(X132)라고 말하고 있으니 말이다. 그러니까 이 무렵 '순수 이성 비판'의 개념과 과제는 명료해졌고, 그 작업도 이미 상당한 수준으로 진행되었다고 볼 수 있다. 그 후에도 여러 차례 지인들과의 교신에서 조만간 책이 나올 것처럼 말했지만, 출간은 계속해서 미루어졌다. 그에 따라 주변 사람들로부터 기대와 함께 의혹도 점증했을 것이다. "나는 사방에서 비난을 받고 있다. 내가 오랫동안 아무것도 하지 않은 채로 있는 것처럼 보이기 때문이다. 그렇지만 나는 실제로는 당신이 나를 보지 못한 수년 동안 이보다 더 체계적이고 지속적으로 작업한 적이 한 번도 없었다."(X198)라고 쓴 헤르츠에게 보낸 칸트의 1776년 11월 24일 자 편지에서 당시의 정황을 읽을 수 있다.

마침내 그의 나이 57세를 넘긴 1781년 5월 말경에 『순수이성비판』 제1판이 리가(Riga)의 하르트크노흐(Johann Friedrich Hartknoch) 출판사에서 출간되었다. "적어도 12년간의 숙고의 산물"을 "대략 4~5개월 동안에, 마치 날듯이," (1783. 8. 16 자 Moses Mendelssohn에게 보낸 편지, X345) 써 내려간 — 그러나 총 878(=XXII+856)면을 한달음에 썼다기보다는 부분적으로 이미 적어놓은 것들을 엮어서 썼을 것으로 보이는 — 원고는 1780년 후반기에 완성되었고, 그것이 1781년 1월부터 인쇄에 부쳐져, 철학 사상의 신기원을 이룰 한 권의 방대한 책이 1781년 라이프치히 부활절 도서전시장 — 이 해에는 5월 14일부터 4주간 열렸다 — 에 전시되었다. 이렇게 해서, 금방이라도 출간될 것같이 예고된 지 꼭 10년 만에, 직전 저술인 「교수취임논문」이 출간된 이래 무려 11년 만에 전체 철학사에서 유례를 찾기 어려운 대저가 세상에 나왔다. 그전에도 그 후에도 비교적 많은 저술을 펴낸 칸트에게도 이 장시간의 숙려와 사고의 숙성은 특기할 만한 일이다.

2. 『순수이성비판』은 발간 초기에는 그다지 큰 호응을 얻지 못했던 것으로 보인다. 그것은 사람들이 다수의 새로운 독일어 철학 용어에 익숙하지 않은 탓도 있었을 것이고, 칸트 자신이 고백하고 있듯이 "내용에는 최대한의 주의"를 기울였으나, 독자들이 쉽게 접근할 수 있도록 하기 위한 "서술에 있어서는 많은 노력을 기울이지 못한"(1783. 8. 16 자 M. Mendelssohn에게 보낸 편지, X345) 탓도 있었을 것이며, 그보다는 칸트가 서술한 초월철학과 그를 바탕으로 한 재래 형이상학의 비판과 새로운 형이상학 건설의 제안이 많은 사람들로부터 이해를 얻는 데는 일정 시간이 필요했기 때문이었을 것이다. 이런 상황에서 칸트는 『순수이성비판』의 "전체를 개관"(Prol, A20=IV263)하고, 여기서 다루어진 "관건이 되는 주요점들을 낱낱이 검사 음미"(Prol, A20=IV263)한 『형이상학 서설』(1783)을 출간하여, 독자들의 이해를 도왔다.

3. 천천히 독자를 얻어간 『순수이성비판』 초판은 1786년에 이르러 매진되었

고, 칸트는 출판사로부터 재판 준비를 제안받았다. 칸트는 마르부르크의 철학 교수 베링(Johann Bering)에게 보낸 편지(1786. 4. 7 자)에서 "조만간 (어쩌면 반년 후에) 상당히 개작된 나의 『비판』의 신판이 나올 것"(X441)이라고 말하고 있다. 그러면서도 그는 "저술하기에 앞서 문제들을 충분히 오랫동안 숙고했고, 체계를 이루고 있는 모든 문장들을 거듭해서 확인하고 검토하였는바, 항상 그 자체로 그리고 전체와의 관계에서 적합한 것으로 입증되었기"(X441) 때문에 "본질적인 면에서 고치는 것은 없을 것"이라고 예고한다.

1787년 부활절이 지나 (아마도 6월, 어쩌면 5월에) 출간된 "곳곳을 수정한 제2판"은 50면이 늘어 총 928(=XLIV+884)면의 더 방대해진 저술로 독자들에게 나타났다. 칸트는 '머리말'과 '서론', '순수 지성개념들의 초월적 연역'과 '순수 이성의 오류추리에 대하여'는 완전히 새로 썼고, '감성학' 전체와 '순수 지성의 원칙의 체계' 장은 상당히 많이 고쳐 썼으며, 그 밖에도 곳곳에서 어휘 수정을 했다.

4. 이렇게 칸트 자신이 고쳐 썼으므로 재판이 초판보다 그가 표현하고자 한 그의 생각을 더 잘 보여주고 있다고 보아야 하겠고, 비록 그가 "본질적인 면에서 변화는 없다."고 말하고 있다 하더라도, 만약 초판과 재판 사이에 상위점이 있다면, 재판을 따라 읽는 것이 합당하다 할 것이다. 그러나 재판은 부분적으로 고쳐 써진 탓에, 어떤 대목에서는 칸트의 생각을 좀 더 분명하게 드러내 보이고 있는 반면에, 어떤 대목에서는 일관성을 결여하고 있어, 더욱더 많은 해석을 필요로 하고 있다.

5. 책이 출간된 이래 『순수이성비판』만큼 수많은 언어로 번역되고 전 세계적으로 읽히며 해마다 그토록 많은 논저의 대상이 되는 철학 저술도 없을 것이다. 『순수이성비판』은 칸트 생전에 재판을 바탕으로 한 제3판(1790), 제4판(1794), 제5판(Leipzig 1799)이 이어 나왔고, 사후에는 연구가들에 의한 훨씬 더 정교한 판본들이 수십 종 뒤따르고 있다. 그것은 '이성적 동물'로 규정되는 인간이 자기의 본질인 '이성'의 정체를 밝히고 있는 이 책의 의미에 대해 여전히 줄지 않는 관심을 보이는 때문이라 하겠다.

『순수이성비판』의 구성

1. 『순수이성비판』은 당시에 '로고스(logos, ratio)의 학문', 곧 '이성의 학문'(philosophia rationalis)으로 일컬어진 '논리학(logica, Logik)'의 서술 체제를 따르고 있다. — 흥미롭게도 칸트는 1765/66년 겨울학기 강의 개설 공고문의 '논리학' 항목에서 "이성 비판"을 이야기하고 있다.(NEV, A12=II311 참조) — 그래서 『순수이성비판』은 그의 『논리학』(IX1~150 참조)과 유사한 외양을 가지고 있다. 그것은 "순수 이성은 완전한 통일체여서"(KrV, AXIII), 어느 관점에서든 그것의 논리 구조를 따라 서술하고자 한다면, 같은 모습을 보게 될 것이기 때문일 것이다.

2. '논리학'을 사고 형성의 요소를 다루는 요소론과 사고 및 인식의 성격과 구분을 설명하는 방법론으로 구성하는 당시의 방식에 따라 칸트는 그의 『논리학』을 편성했을 뿐만 아니라, 이에 맞춰 그의 『순수이성비판』(뿐만 아니라 『실천이성비판』)을 썼다. 그의 『논리학』, 곧 일반[형식] 논리학이 '일반 요소론'과 '일반 방법론' 두 부문으로 이루어져 있는 것에 비해, 초월[인식/실질] 논리학을 기술하고 있는 그의 『순수이성비판』은 '초월적 요소론'과 '초월적 방법론'이라는 두 부문을 갖는다.

'초월적 요소론'은 인간의 대상 인식을 형성하는 요소들을 서술하는데, 그것은 '초월적 감성학'과 '초월[적] 논리학'의 두 부분으로 구성되어 있다. 감성학 부분은 일반 논리학에는 없는 것인데, 일반 논리학은 일체의 감각 대상을 도외시하고 순 사고의 형식적 요소만 살피기 때문이다. 그러니까 내용상으로는 '초월적 논리학' 부분만이 일반 논리학의 요소론에 상응하는 것이다. 논리 내지 사고의 일반 요소는 개념·판단·추리로서, 이 셋에 대한 서술이 일반 요소론의 세 절을 구성한다. 그에 비해, '초월 논리학'은 '초월적 분석학'과 '초월적 변증학'을 내용으로 갖는데, '초월적 분석학'은 '개념의 분석학'과 '원칙의 분석학'[판단력의 초월적 교설]으로 구성되어 있고, '초월적 변증학'은 순수 이성의 변증적 추리 형태를 다룬다. 그러니까 '개념의 분석학'·'원칙의 분석학'·'초월적 변증학'은 일반 논리학의 요소론에서 각각 개념론·판단론·추리론에 상응한다고 볼 수 있다.

'초월적 방법론'은 이성의 일반적 성격과 사용의 구분에 대해서 논한다. 그것은 개념 일반의 성격과 구분을 서술한 '일반 방법론'에 상응한다.

3. 이러한 골격에 통상적인 '머리말'과 철학적 저술의 한 전형이 된 '서론'이 덧붙여져 대저술(A판 총 878면/B판 총 928면) 『순수이성비판』의 체제는 다음과 같이 이루어졌다.

머리말(AVII~AXXII, BVII~BXLIV)
서론(A1~A16, B1~B30)
I. 초월적 요소론
1. 초월적 감성학(A19~A49, B33~B73)
2. 초월적 논리학
서론(A50=B74~A64=B88)
1) 초월적 분석학(A64=B89~A292=B349)
(1) 개념의 분석학
(2) 원칙의 분석학
2) 초월적 변증학(A293=B349~A704=B732)
II. 초월적 방법론(A705=B733~A856=B884)

4. 이 편성에서 초월적 감성학과 초월적 논리학 중 초월적 분석학 부분을 전반부, 초월적 변증학 부분을 후반부라고 통칭하는데, 전반부에서 칸트는 이른바 그의 '초월철학'을 정립하고, 후반부에서는 이를 토대로 재래의 형이상학, 이른바 이성적 형이상학을 논파한다. 칸트 당대 이른바 계몽주의 시대에는 계몽되어야 할 사상의 핵심을 이루고 있는 교조주의적 형이상학에 대한 비판을 행하고 있는 후반부가 중요한 의의를 가졌을 것이지만, 이성적 형이상학 사조가 이미 와해된 후에는, 형이상학 일반의 가능 원리를 제시한 전반부가 지속적으로 철학적 영향력을 가지고 있다.

『순수이성비판』의 근본 문제

1. 『순수이성비판』의 전반부는 초월철학(→)의 체계를 담고 있다. 철학적 작업으로서 '순수 이성 비판'은 본래 형이상학을 위한 "준비 예행연습"(KrV, A841=B869)이지만, 이 예행연습의 결실인 칸트의 저작 『순수이성비판』에서 우리는 단지 '자연 너머에 있는 것에 대한 학문'으로서 형이상학이 구비해야 할 사항들뿐만 아니라, '자연적인 것이 있는 근거에 대한 학문'으로서 형이상학의 한 체계를 볼 수 있다. 이런 점에서 형이상학을 위한 준비 작업으로서의 '순수 이성 비판'과 그 결과물인 저작 『순수이성비판』은 구별되어야 한다. 칸트는 『순수이성비판』의 머리말에서 "여기서 해결되지 않은 또는 적어도 그 해결을 위한 열쇠가 제시되지 않은 형이상학적 과제는 하나도 없다."(KrV, AXIII)고 말한다. 이에 덧붙여 칸트는, 그가 『순수이성비판』에서 "순수 철학[곧, 형이상학]의 완성된 전체"(1799. 8. 7 자의 해명서, XII397)의 시야를 가지고 있다고 언명한다. 그러므로 칸트는 그의 저작 『순수이성비판』에서 단지 형이상학을 위한 준비 작업의 내용을 제시하고자 한 것이 아니라, 형이상학이 답변하지 않으면 안 되는 "나는 무엇을 알 수 있는가?"라는 물음에 최종적인 답을 제시하고자 했다. 칸트가 그의 저작 『순수이성비판』에서 수행한 모든 작업은 이에 대한 답변을 위한 것으로서, "나는 무엇을 알 수 있는가?"라는 이 물음이야말로 '순수 이성 비판'의 선도(先導)적 물음이다.

2. 이와 관련해 여기서 유념해야 할 것은, 칸트가 "형이상학자들의 십자가"(Prol, A100= IV312)니 "철학자들의 십자가"(V-Met/Dohna, XXVIII651)니 또는 "형이상학의 제일 핵심 물음"(V-Met/Mron, XXIX794)이라고 일컬은 "선험적 종합 인식은 어떻게 가능한가?"(→)(KrV, B19)라는 물음을 『순수이성비판』에서 천착할 때, 그가 저 선도적 물음의 답을 찾고 있을 뿐만 아니라, 동시에 "순수 수학은 어떻게 가능한가?", "순수 자연과학은 어떻게 가능한가?"(KrV, B20 참조) 따위의 학문 이론적 문제도 탐구하고 있다는 점이다. 그럼에도 초월철학을 순수 수학이나 순수 자연과학[물리학]을 정초하는 학문 이론으로 이해한다면, 그

것은『순수이성비판』을 피상적으로 읽은 것이다. 물론 특히『순수이성비판』의 요약본이자 자습서라고 볼 수 있는『형이상학 서설』의 서술 방식과 내용을 고려할 때,『순수이성비판』의 초월적 감성학의 과제는 수학의 가능성 해명이며, 초월적 분석학의 과제는 물리학의 가능성 해명이라고 얼핏 생각할 수도 있다. 그러나 이런 생각은 근본적으로는 잘못된 것이다. 칸트는 분명히 순수 수학의 가능 근거와 순수 물리학의 가능 근거에 대해서 묻고 그 근거를 캐고 있다. 그렇지만 그는 수학과 물리학을 정초하고자 한 것이 아니고, 정초하지도 않았으며, 오히려 단지 저런 학문들이 엄밀한 학으로 가능한 근거와 방식을 해명하고 있고, 이 해명을 통해 얻은 가르침을 바탕으로 학문으로서의 형이상학의 가능성과 체계를 정초하고(KrV, B22 참조) 또는 최소한 이를 위한 토대를 닦으려 기도하고 있다.(Prol, A16= IV261 참조) 왜냐하면 수학과 물리학은 칸트의 정초 작업이 필요 없이 이미 "실제로 주어져"(KrV, B20) 있지만, 엄밀한 학으로서의 형이상학은 아직 없기 때문이다. 수학과 물리학은 이미 "충분히, 그것도 쟁론의 여지없이 확실하게"(Prol, A41= IV276) 선험적 종합 인식의 "다량의 예들"(V-Met-L2/Pölitz, XXVIII545)을 실제로 가지고 있다. 그렇기 때문에 칸트가 그러한 선험적 종합 인식의 가능성을 찾을 필요는 없었다. 바꿔 말해, 과연 선험적 종합 인식이 가능한지 그렇지 않은지를 물을 필요가 없었다.(XXVIII545 참조) 오히려 칸트는 선험적 종합 인식이 가능하다는, 아니 그러한 인식이 실제로 있다는 사실에서 출발하여, 그런데 "어떻게 이러한 인식이 가능한가"를 "분석적으로" 탐구한다.(Prol, A41= IV276 참조) 즉 수학과 물리학을 확실하면서도 내용이 있는 성공적인 학문으로 만든 그것들의 선험적인 종합 인식이 가능한 근거를 밝혀내서, 이를 바탕으로 엄밀학으로서 형이상학을 수립하기 위해서는 우리가 무엇을 해야만 하는가를 제시하고자 한다.(Prol, A3= IV255 참조) 왜냐하면 형이상학의 영역에서는 아직 선험적 종합 인식을 발견할 수 없지만, 형이상학이 내용 있는 엄밀한 학문이려면 마땅히 선험적 종합 인식으로 구성되어야 할 것이기 때문이다. 그 때문에 형이상학에서는 수학이나 물리학에서는 문제가 되지 않는, 어떻게 선험적 종합 인식이 가능한가라는 문제가 제기되고 있다. 따라서 만약 초월철학을 하나의 학문 이론으로 규정해야 한다면, 그것을 형이상학을 위한 학문 이론이라고 할 수는 있겠지만, 수학이나 물리학의 학문 이론으로 보는 것은 피상적인 파악이라 할 것이다. 이런 엄정한 이해에서만 칸트가 『순수이성비판』에서 서술한 초월철학은 그의 말대로 진정한 형이상학을 위한 "예비학"이다.

『순수이성비판』의 선도적 물음: "나는 무엇을 알 수 있는가?"

1. 이 물음은 '나'·'무엇'·'알다'·'할 수 있다'의 네 요소로 구성되어 있다.

2. 우선 요소별 의미를 살펴보면 첫째로, 여기서 '무엇(was)'이란 아직 규정되어 있지 않은, 알려져 있지 않은 어떤 것으로, '알다'의 대상, 좀 더 상세히 말하면 '내가 알 수 있다'와 관련되어 있는 대상이다. 이 '대상'은 무엇을 지시하는가?

칸트에 따르면, "형이상학에서 고찰해야 할 첫 번째 것"은 "여타의 모든 개념을 포섭하는 대상이라는 말"이다.(V-Met-L2/Pölitz, XXVIII622 참조) "모든 개념들 가운데 최상의 개념은 객관, 대상이라는 개념이다."(V-Met-L2/Pölitz, XXVIII628) 그러니까 '대상'은 "존재론에서 보편적인, 최고의 개념"(XXVIII628; KrV, A290=B346; V-Met/Mron, XXIX811 참조)이다. 대상은 그것의 현존 가능성 여부에 따라 '사물'·'존재자'·'유(有)'와 '무물(無物)'·'비존재'·'무(無)'로 나뉜다. 이런 분별로 인해 제기되는 물음은 첫째로는 불가능한 대상 곧 무와 구별되는 가능한 대상, 곧 사물이란 무엇인가 하는 것이고, 둘째로는 '나'는 모든 가능한 대상을 알 수 있는가 아니면 그것들의 일부만을 알 수 있는가이다. 이런 연관에서 볼 때, 저 선도적 물음은 "모든 가능한 대상들 가운데 어떤 사물들을 우리는 알 수 있는가?"라는 물음을 함의하며, 이 물음은 다시 "무엇이 내가 알 수 있는 사물을 바로 그런 사물이게끔 하는가?"라는 물음을 동반하고 있다.

3. 둘째로, '알다'는 저 물음에서 묻고 있는 것인 '무엇', 곧 사물과 관계 맺는 나의 지식 행위를 뜻한다. 그러므로 '알다(wissen, scire)'는 무엇보다도 사물 인식을 지시한다. 그런데 사물 인식이라는 것이 칸트에서는 매우 다양하고 또한 다단계적이다. 예컨대 '표상하다(vorstellen: repraesentare)'·'지각하다(wahrneh-

men: percipere)'·'인지하다(kennen: noscere)'·'의식적으로 무엇을 인지하다(mit Bewußtsein etwas kennen: cognoscere)'·'이해하다(verstehen: intellegere)'·'통찰하다(einsehen: perspicere)'·'파악하다(begreifen: comprehendere)' 등등.(Log, A96=IX64이하 참조) 칸트적 의미에서 사물 인식은 다단계적 인식 과정을 거쳐 '의식적으로 무엇을 인지하다'로 완성된다.

4. 셋째로, '할 수 있다'는 능력은 '알다'라는 인식의 능력을 지시한다. 그러나 능력이란 그것의 원천과 범위 그리고 한계가 있기 마련이다. 그러므로 밝혀내야 할 문제는 인식능력의 원천과 범위 그리고 한계이며, 형이상학의 영역에서는 그것도 순수 인식과 관련해서 그러하다. 그러니까 저 물음은 일단, 나는 대상을 선험적으로, 일체의 경험에 의존함이 없이, 어디에서 그리고 어디까지 알 수 있는가를 묻는 것이다.(Log, A55=IX41 참조)

5. 마지막으로 넷째, 저 물음의 주어 '나'는 '알다'의 주체 내지 주관, 앎의 능력을 가진 자를 지시한다. 저 물음에서 '나'는 '너' 혹은 '그'와 구별되는 어떤 임의의 '나'가 아니라, 의미의 변경 없이 "우리"(Log, A55=IX41)라고 바꿔놓아도 무방한, 인간을 대표하는 '나' 또는 인간 일반 내지 인식주관 일반을 뜻한다. 칸트가 '나'의 사물 인식을 일반적으로 문제 삼을 때, 그때 '나'란 "우리 인간"(KrV, B33; FM, A41=XX272), "인간으로서의 인간"(Log, A55=IX41)을 지칭하는 것이며, 경우에 따라서는 "의식 일반"(Prol, A88=IV304; KrV, B143·A401 참조) 내지는 "건전한 이성"(Log, A55=IX41)으로 대치해도 좋은 것이다.

주관으로서 '나'란 스스로 주관이라 의식하는 지금 여기서 지각하고 판단하는 개개의 사람을 말한다. 그렇다고 해서 이 '나'라는 것이 여기 있는 이 사람이나 저기 있는 그 사람을 지시하는 것은 아니다. 이 '나'는 어떤 경험적인 심리-생리적인 한 인간이나 종(種)으로서의 '인간'으로 이해되어서는 안 되고, 개개 인간을 '인간'이라는 종에 포섭되도록 해주는 바로 그 '인간'이라는 것으로 이해되어야 한다. '나'란 틀림없이 개별적인 것이다. 그러나 '나'란 무엇인가라는 물음의 대상은 이 경우 이 실재하는 개별자로서의 나의 본질을 다른 개별자들인 '너'나 '그'와 비교하여 탐구하면 밝혀지는 그런 것이 아니다. 오히려 이 '나'는 '나'라고 일컫는 개개 인간을 똑같은 인간이게끔 하는 그 무엇을 말하는 것이다. 이러한 '나'의 성격은 "나는 무엇을 행해야만 하는가?"라는 물음의 당위 주체나 "나는 무엇을 희망해도 좋은가?"라는 물음의 희망 주체인 '나'에도 타당하다.

인간으로서의 '나'임은 '나'만의 성격이 아니라 '너'나 '그'도 인간인 한에서 또한 '너'와 '그'의 기본 성격이다. 그러므로 '나임'의 성격을 갖는 '나'는 '너'나 '그'와 구별되는 그런 실제적인 '나'가 아니다. 모든 사람은, 그가 '나'이든 '너'이든 '그'이든 그에 대해서 대상이 마주해 있는 '나임'의 성격을 갖는 인간인 한에서 '나'이다. 그러니까 칸트가 '나'·'주관'·'주체'라는 말로써 표현하고자 하는 것은 인간으로서 '나'의 모든 인간에 공통적인 근본 성격이다. 그러므로 문제는 '나'라는 것이 '너'나 '그'와 어떻게 구별되며 무엇이냐가 아니라, 인간으로서 '나'의 근본 성격이 무엇인지이다. 그렇기에 칸트는 "1)나는 무엇을 알 수 있는가? 2)나는 무엇을 행해야만 하는가? 3)나는 무엇을 희망해도 좋은가?"라는 세 물음의 답을 통해서 "4)인간이 무엇인가?"라는 물음의 답을 얻을 수 있다고 보았던 것이다.(Log, A25=IX25 참조)

어쨌든 '나'라고 표현되든 '우리 인간'이라고 표현되든 '인간 이성'이라고 표현되든, '나'란 인간으로서 모든 '나'들에게 타당한 순전히 '나임'의 관점에서 말하는 것이다. 만약 '나'라는 것이 '너'나 '그'와 구별되는 임의의 실제적인 인간으로 이해된다면, "나는 무엇을 알 수 있는가?"라는 물음은 형이상학에서 탐구될 성질의 질문이 아니라, 심리-생리학이나 사회학 또는 이 비슷한 과학에서 답을 구하는 질문일 것이다. 바로 이런 의미에서 형이상학의 선도적 질문 "나는 무엇을 알 수 있는가?"에서 '나'는 아무런 의미의 변경 없이 '우리 인간' 또는 간단히 '인간', '사람'으로 대치시킬 수 있다.

칸트에서 인식주관으로서 '나'를 '우리 인간'과 대치시킬 수 있다는 것은, 또 만약 인간의 인식능력 내지 기능과 똑같은 근본 성격을 갖는 어떤 다른 존재자가 있다면, 그런 존재자와도 상호 대치시킬 수 있음을 함의한다. 그렇기 때문에 칸트는 대상에 대한 인식의 일반 이론이 "우리 인간에만" 타당하다고 말하지 않고, "적어도 우리 인간에게"(KrV, B33; 참조 A68=B93) 타당하다고 말한다. 그러나 칸트는 인간 이외에도 과연 그런 어떤 존재자가 있는지 없는지의 문제에는 직접 관여하지 않는다. 어쩌면 신학이나 비교심리학의 영역에서 흥미를 가짐 직한 이런 문제를 칸트는 그냥 열어놓고 있다. 그래서 칸트는 "우리는 공간·시간상에서의 직관 방식을 인간의 감성에 국한시킬 필요는 없다. 모든 유한한 생각하는 존재자는 이 점에서 인간과 반드시 일치할지도 모른다."(KrV, B72)라고 말하는 것이다.

이런 칸트의 유보적 태도는, "칸트의 인식이론이 인식의 타당성을 인간이라는 종(種)에만 상관시키고 있다."고 하는 시각을 교정하게끔 한다. 물론 그럼에도 칸트의 이론철학은 '나'라고 스스로 의식하는 인간에게만 일단은 타당한 것이며, 이때 인간이란 서로 간의 차별성에도 불구하고 각각의 인간을 똑같이 '인간'이라고 이해하는 한에서의 그 인간을 말한다.

6. 요컨대 "나는 무엇을 알 수 있는가?"라는 순수 이성 비판의 선도적 물음은, 그러므로 "인간으로서 인간은 도대체 무엇을 알 수 있는가?"(Log, A55=IX-41)·"인간은 어떤 종류의 사물을 인식할 수 있는가?"·"인간은 사물을 어떻게, 무슨 근거로 어디까지 인식할 수 있는가?"·"인간 이성은 선험적으로, 경험 없이 무엇을 어디까지 인식할 수 있는가?"(Log, A55=IX41 참조)를 묻는다. 그러니까 이 물음은 인간의 인식작용 내지 기능이나 내용에 관해서 묻는 것이 아니라, 인간에게 가능한 인식의 대상에 대해서 묻고 있다. 칸트가 『순수이성비판』에서 탐구하고 있는 "중요한 문제(Hauptfrage)"(KrV, AXVII)는 다름 아닌 "지성과 이성이 일체의 경험을 벗어나서 무엇을 얼마만큼 인식할 수 있는가"(KrV, AXVII)이다. "인간이 무엇을 알 수 있는가?"라는 물음에 답하기 위해, 칸트는 인간이 그의 순수 이성을 가지고 어디까지 나아갈 수 있는지를 탐구하는 것이다.

칸트는 이 탐구의 단초로 "선험적 종합 인식(내지 판단)은 어떻게 가능한가?"(→)를 물으며, 이 물음에 답하는 것을 순수 이성 비판의 "본래적 과제"(KrV, B19)이자 "주요 과제"(V-Met/Dohna, XXVIII621)로 삼고 있다. 그리고 "나는 무엇을 알 수 있는가?"라는 물음은 이 본래적 과제의 수행을 통해 "어떻게 경험이 가능한가?"라는 "초월철학의 최고 과제"(FM, A49=XX275)의 수행으로 이끈다.

그래서 『순수이성비판』의 전반부는 “나는 무엇을 알 수 있는가?”라는 물음의 선도 아래 “어떻게 선험적 종합 인식이 가능한가?”라는 주요 과제를 수행하고, 그 결실로 “어떻게 경험이 가능한가?”라는 물음에 대한 답을 얻는 과정을 서술하고 있다.

지식학에서 이념학으로

1. 공간·시간상에서 감각지각되는 것만이 실재한다는 칸트의 현상존재론(→)은 이론이성이 자신의 순수한 인식능력을 검사한 결과, 감성적인 것으로부터 초감성적인 것으로 넘어가 지식을 확장할 능력이 자신에게는 없음을 확인한 데서 비롯한 것이다. 이제 진리와 허위가 가려지는 지식의 영역은 현상 존재세계에 국한된다. 그러니까 자연 현상 너머의 세계에 대한 지식 체계로서의 '형이상학'은 칸트철학 체계 안에서는 설 자리가 없다. 그렇다면 인간의 삶에서 진리·허위의 분간보다도 어쩌면 더 가치가 있는 선함, 아름다움, 신성함이라든지 인생의 의의, 궁극목적, 영생(永生)의 가능성에 대한 탐구는 어디서 기대할 수 있는 것일까? 이런 것들에 관해서마저 오로지 경험과학적인 탐구 방법밖에는 남아 있지 않은가? 아니, 그런데 이런 것들은 이미 '초경험적'인 것이니, 애당초 '경험과학적' 탐구의 대상이 될 수 없는 것 아닌가?

2. 칸트는 이성 사용의 방식을 이론적 사용·실천적 사용으로 나누어보았을 뿐 아니라 더 나아가서 반성적 사용의 방식도 있음을 밝혔다. 그리고 그 자신 과학적 탐구의 목표인 진리 가치 외에도 '형이상학적' 가치들을 지속적으로 탐구했다. 그러나 그에게 그런 가치들은 더 이상 인식의 대상은 아니고 희망과 믿음과 동경, 한마디로 이상(理想)의 표적이었다. 그러니까 칸트에게 '형이상학'은 지식학이 아니라 이념론이다. 그것은 이성주의, 합리주의의 정점에 서 있던 칸트가 낭만주의, 비합리주의의 길에 접어들고 있음을 함축한다.

3. 칸트의 '이성 비판'이 형이상학을 파괴했다고 본 헤겔은, 칸트 이래로 사람들은 “형이상학 없는 세련된 족속”(Hegel, *Wissenschaft der Logik I*, GW11, Ham-

burg: Felix Meiner, 1978, S. 5)이 돼버렸다고 통탄했지만, 형이상학을 더 이상 진리 가치적, 이론적 지식의 체계로 볼 수 없다고 비판한 것이 형이상학을 무효화한 것일까?

칸트는 '이론이성 비판'을 통해서 자연세계가 실제로 무엇인지를 학적으로 밝혔다. 이 점에서 칸트의 공적이 너무나 혁혁하고, 또 세상 사람들의 취향에 부합했기 때문에, 칸트는 바야흐로 '지식 제일의 시대', '지성의 시대'를 여는 데 중추적 역할을 한 것처럼 보인다.

그러나 칸트는 '실천이성 비판'을 통해서는 자연존재자가 아니라 이성적 존재자로서 인간이 이상적으로 무엇이어야 하는가를 밝혔으며, '판단력 비판'을 통해서는 자연 안에서의 인간이 무엇일 수 있는가를 반성적으로 규정하려고 했다. 종교 이성 · 역사 이성 비판을 통해서는 장구한 세월을 두고 인간이 무엇이기를 기대해도 좋은지를 탐색했다. 이 모든 것은 "인간이 무엇인가?"에 대한 철학적 탐구의 일환이다. 그리고 이것들은 분명히 그의 '형이상학'의 내용을 이룬다. 그런데 이런 구명과 탐구에 체계의 완전성을 향한 '이성의 건축술'과 '믿음'과 '희망'과 '억측'이 개입돼 있다 해서, 그러니까 진위 분간이 손쉬운 순전한 지식 이외의 것이 섞여 있다 해서 형이상학은 '만학의 여왕' 자리를 잃게 되는 것일까?

4. 칸트의 현상존재론은 이제까지 진리의 지식 체계이고자 했던 형이상학에게 선(善)과 미(美)와 성(聖) 그리고 완전성의 가치 체계로의 전환을 모색하게 한 것이 아닐까? 그렇다면 형이상학은 지성적 지식 안에서가 아니라 이성의 이념 속에서 자신의 자리를 찾아야 하는 것이 아닐까? — 이제 철학은 한낱 지성에 머무르지 말고 이성으로 나아갈 것을 칸트는 촉구한다.

5. 인식 곧 지식은 감각경험의 세계, 곧 자연을 있는 그대로 포착하는 것을 목표로 한다. 그러나 인간 심성은 객관과의 관계에서 인식만으로 충족되지 않는다. 인간은 왜 인식만 하지 않고 실천을 하는가? 인간은 왜 짐승처럼 행동하지 않고 '인간답게' 행위하려 하겠는가? 왜 인간은 수용만 하지 않고 창작을 하고 노동을 하는가? 인간은 왜 초목과 짐승들의 먹이사슬에서 벗어나서 기술(技術)을 발휘하려 하겠는가? 왜 인간은 자연을 단지 생활 환경으로만 보지 않고 감

상하며, 자연 속에서 외경과 전율에 빠지고, 예술 작품을 지어내겠는가? 인간의 "상상력은 곧 현실적인 자연이 그에게 준 재료로부터 이를테면 또 다른 자연을 창조해내는 데 매우 강력한 힘을 가지고 있다."(KU, B193=V314) 우리 인간은 현상세계로서의 자연에서는 발견할 수 없는 어떤 이상(理想)에 자신을 맞추려 하고, 자연에 대한 감각적 경험이 우리에게 주는 소재를 가공하여 자연을 다른 어떤 것, 말하자면 자연을 넘어가는 어떤 것으로 개조해나가며, 여기에서 인간의 인간임을 찾는다. 형이상학은 바로 이 지점에서 자기 자리를 얻어야 하는 것이 아닐까?

6. 그러므로 칸트가 이성 비판을 통해 엄밀한 학으로서의 형이상학이 가능하지 않음을 드러냈다면, — 이 공적을 우리는 인정하고 그의 말을 귀담아들어야 한다 — 그때 무너진 형이상학은 진리의 학문이고자 했던 종래의 형이상학일 것이다. 그리고 종래 형이상학의 부질없음은 초감성적 언어로 쓰여야 할 형이상학이 당초에 감성적 언어로 읽히기를 기도한 탓이 아니겠는가? 이제 초감성적 세계의 학으로서의 "진정한" 형이상학은 그 체계가 자연세계와 부합하는가의 여부에서 그 학문성이 평가되어서는 안 되고, 인간의 완성을 향해 있는 이성의 궁극적 관심(KpV, A141=V79·A219=V121 참조)에 비추어 평가되어야 하지 않을까? 그렇다면 진정한 형이상학은 더 이상 존재론의 확장이 아니라 이념론 혹은 이상론일 것이다.

7. 칸트는 이성 비판을 통해 인간의 이성으로 알 수 있는 것(현상)과 알 수 없는 것(사물 자체)을 분간함으로써 지식 세계의 한계를 제시했다. 동시에 칸트는 다른 한편으로 철학이 근대 과학의 본을 따르는 한낱 지식학(scientia)에 머무르지 않고, 참철학인 지혜론(philosophia)으로서의 소임을 해야 함을 촉구한다. — 철학은 지식학의 하나가 아니다. '철학'은 자연과학들 위에 또는 밑에 있는 것으로, 자연과학들과 병렬하여 있는 그런 것을 의미하지 않는다.(Wittgenstein, *Tratatus Logico-Philosophicus*, 4.111 참조) — 이 참철학의 소임을 『순수이성비판』 후반부는 소극적으로, 후속하는 『실천이성비판』과 『판단력비판』은 적극적으로 수행한다. 칸트의 도덕철학과 합목적성 사상은 그 결실이다.

8. 그러니까 칸트의 '비판'은 부정을 매개로 한 긍정의 산출 작업, 이를테면 '방법적 비판'이라 하겠고, 이 방법적 비판 작업을 통해서 다름 아닌 칸트가 『순수이성비판』에서 천명한 "인류의 복지와 존엄을 위한 토대"(KrV, BII)가 마련된다.

『순전한 이성의 한계들 안에서의 종교』/『이성의 한계 안에서의 종교』 *Die Religion innerhalb der Grenzen der bloßen Vernunft*

책 출간의 우여곡절

1. 『순전한 이성의 한계들 안에서의 종교(*Die Religion innerhalb der Grenzen der bloßen Vernunft*)』(줄여서 『이성의 한계 안에서의 종교』[RGV])라는 책의 제목은 일견 종교를 비판적 이성 안에 제한시키는 것으로 보인다. 그것은 신앙이 그 근거(ratio)를 이성(ratio) 안에서 찾지 않으면 안 된다는 것을, 그러니까 정통적인 의미에서의 '종교(religio)'란 오히려 '거짓종교' 내지 미신(Aberglauben)임을 선언하는 것으로 보인다. 그리고 책의 이러한 첫 인상은 당시의 프로이센 프로테스탄트 교회 그리고 그 열렬한 보호자인 프리드리히 빌헬름 2세(Friedrich Wilhelm II, 재위: 1786~1797)와의 충돌을 낳았다.

칸트로 하여금 자신의 시대를 "계몽의 시대"(WA, A491=VIII40)로 규정할 수 있게 한 프리드리히 대왕(Friedrich II, 재위: 1740~1786)의 치세가 끝나고 프리드리히 빌헬름 2세가 즉위한 초기만 해도 정부와 칸트의 관계는 우호적이었다. 칸트는 1786년에 대학 총장직에 올라 1788년에 연임하였고, 그의 연봉도 갑절로 인상되었다. 그 사이에 『순수이성비판』 제2판(1787)과 『실천이성비판』(1788)도 출판한 칸트는 학문 생활에서도 절정기에 이르러 있었다. 그러나 1788년 7월 9일 자로 법무장관 뵐너(Johann Christoph von Wöllner, 1732~1800)의 주도로 작성된 이른바 '뵐너의 종교칙령(Wöllnersche Religionsedikt)'이 내려져 계몽주의적 서책에 대한 검열이 시작되었을 때 계몽주의 철학자 칸트와 당국의 충돌은 미구에 닥칠 일이 되었다.

칸트는 당초에는 《베를린 월보(*Berlinische Monatsschrift*)》에 4편의 논고를 연속적으로 게재하려고 했다.(1793. 5. 4 자 C. F. Stäudlin에게 보낸 편지, XI430 참조) 그러기 위해 그의 첫 번째 논고 「인간 자연본성에서의 근본악에 관하여」가 1792년 2월 편집책임자인 비스터(Johann Erich Biester)에게 제출되었을 때 칙령에 따라 검열 당국에 넘겨졌고, "사려 깊고 분별력 있는 학식 있는 독자들에게 제한적으로 읽힐 수 있다."는 단서와 함께 인쇄 허가를 얻었다. 그리고 이 논고는 《베를린 월보》 1792년 4월호(323~385면)에 실렸다. 그러나 같은 해 6월에 투고된 두 번째 논고 「선한 원리의 악한 원리와의 투쟁에 대하여」는 검열의 문턱을 넘지 못하고, 아무런 설명 없이 출판이 불허되었다.(앞의 칸트 편지 참조)

칸트는 1792년 7월 말에 비스터로부터 제2논고의 원고를 되돌려 받고, 이것과 이미 발표된 제1논고에 두 편의 논고를 더하여 단행본을 출간할 계획을 세웠다. 그에 따라 칸트는 그의 저술 원고를 쾨니히스베르크 대학의 신학부에 제출하여 출판을 위한 권위 있는 판정을 얻고자 하였고, 이를 접수한 쾨니히스베르크 대학의 신학부는 당 학부와 함께 또 하나의 철학부의 판정도 받도록 관할 배정을 하였다. 이때 칸트는 쾨니히스베르크 대학의 철학부장으로 있는 자신의 제자 크라우스(Christian Jacob Kraus)가 난처한 상황에 놓이는 것을 우려하여, 예나 대학의 철학부에 판정을 의뢰하였고, 마침내 인쇄 허가를 얻어 『순전한 이성의 한계들 안에서의 종교』라는 단행본이 1793년 부활절 도서전시장에 맞춰 발행되었다.

2. 그러나 그 사이 프리드리히 빌헬름 2세의 내정의 방향은 더욱 경직되었고, 게다가 프랑스혁명의 소용돌이 속에서 루이 16세(Louis XVI: 1754. 8. 23~1793. 1. 21)가 처형되었다는 소식이 전해졌을 때 전 유럽에서, 특히 프로이센에서는 자코뱅당원, 계몽주의자, 과격분자, 교회 경시자는 동일한 낱말로 인식되었다. 『이성의 한계 안에서의 종교』의 제2판이 출간된 직후인 1794년 3월에는 칸트의 종교철학 저술의 유포에 대한 경고와 함께 국외 추방의 소문까지 돌았다.(1794.

5. 18 자 Biester에게 보낸 칸트의 편지, XI501 참조)

칸트가 불안해했던 소문은 이미 파다하게 퍼져 어떤 애호가는 은신처 제공 의사(1794. 6. 27 자 J. H. Campe의 편지, XI512~3 참조)를 밝히는 정도에까지 이르렀다. 마침내 칸트는 1794년 10월 1일에 '전하의 자비로운 특별명령'에 따른 뵐너의 서신을 받았으니(XI525이하; SF, AIX이하=VII6 참조), 그로써 『순전한 이성의 한계들 안에서의 종교』는 판금 조치되었고, 그와 함께 쾨니히스베르크 대학의 신학부와 철학부에서는 칸트의 종교 이론을 교수 내용에 포함시키는 것을 금지하였다. 이에 이미 노년에 든 칸트는 왕의 조처에 순종을 약속하고(XI527이하; SF, AXII이하=VII7이하 참조), 당국과의 싸움을 피했다. — "자신의 내적 확신을 철회하고 부인하는 것은 비열하지만, 지금과 같은 경우에 침묵하는 것은 신민의 의무이다. 사람들이 말하는 것은 모두 참이어야 하지만, 그렇다고 모든 진리를 공공연하게 말하는 것이 의무는 아니다."(Karl Vorländer, *Immanuel Kant — Der Mann und das Werk*, Hamburg ^{2}1977, II, 205)

3. 그러나 1797년 프리드리히 빌헬름 3세(Friedrich Wilhelm III, 재위: 1797~1840)의 즉위와 함께 정부가 개편되고 반계몽주의적 법률이 폐지되었을 때 칸트는 그의 철학적 종교론을 다시금 공론에 부쳤고, 『학부들의 다툼』(1798)을 통해 그 요지를 다시금 천명하였다. 그리고 사후에는 칸트의 종교 사상이야말로 오히려 프로테스탄트 기독교 정신의 정수라고 인정받았으니, 이는 우여곡절을 겪는 '역사적' 평가의 한 사례를 보여준다 하겠다.

책 제목의 함축

I. 1. 책의 제목 『순전한 이성의 한계들 안에서의 종교(*Die Religion innerhalb der Grenzen der bloßen Vernunft*)』는 초판 인쇄가 절반이나 진척된 뒤에야, 그러니까 출간 직전에 붙여졌다는 것이 정설이다. 이 제목은 임시로 붙여졌던 책의 제목인 '철학적 종교론(Philosophische Religionslehre)'이 지향한 바를 잘 보여주고 있다. 제목을 구성하고 있는 어휘들의 뜻을 새겨나가면 제목이 함축하는 바

가 차츰 뚜렷하게 드러난다.

2. 먼저 '순전한(bloß)'은 보통 '한낱(alleinig)', '오직(nur)', '오로지(lediglich)', '순정한/어떤 것도 섞이지 않은(unvermischt)', '이외의 것 없이(nichts weiter[anderes] als)', '단적으로(ausschließlich)' 등을 지시하는 말이다. 그러니까 칸트가 더 자주 사용하는 '순수한(rein)'과 어떻게든 구별되게 새긴다면, '순수한'이 보통 '경험적(empirisch)'의 대립어로서 '어떠한 경험적 요소도 섞이지 않은'을 의미하는 데 반해, '순전한'은 좀 더 포괄적으로 '어떤 다른 요소도 섞이지 않은 오로지' 정도를 의미한다고 풀이할 수 있겠다.

3. '이성(Vernunft)'이란 그 장구한 개념의 역사와 함께 매우 다의적이지만, 칸트에서는 좁게는 인간 마음의 '법칙수립 능력 내지 법칙수립 원리'를 뜻하며, 조금 넓게 사용할 때는 '이론적 곧 인식 법칙과 아울러 실천적 곧 도덕법칙을 수립하고, 그에 따라 논리적, 사실[존재]적, 당위적 판단을 내리며, 때에 따라서는 실천적 요청을 수행하는 인간 마음의 능력'을 지시한다.

요컨대 '순전한' 이성은 '순수한' 이성, 곧 '감각적인 것이 섞이지 않은', '이성 이외의 어떠한 요소와 관련 없이', '이성 이외의 어떠한 요소도 고려함이 없이', '어떠한 신비적인 요소나 기적과 같은 요소, 어떠한 역사적-자료적 요소도 섞이지 않은, 그러니까 계시를 도외시하는' 이성이라기보다는 '오로지 순수한 법칙수립과 그에 따라 인식하고 행위하는 이성'을 지시한다.

4. '한계들(Grenzen)'은 그것이 이성의 한계들을 말하는 한에서, '경우에 따라 기능하는 이성 능력들 각각의 역량의 범위들' 정도로 새길 수 있겠다.

그리고 이러한 이성 활동의 "한계들 안에서" 일어나는 일들을 알기 위해서는 "또한 신앙에서 감성적인 것과 경험적인 것의 한계들"(VARGV, XXIII91)을 파악해야 하기 때문에, 사실상 '순전한 이성의 한계들 안에서의 종교' 서술은 "신앙에서 감성적인 것과 경험적인 것의 한계들과 아울러 이성의 한계들을 규정하는 일"(VARGV, XXIII91)을 포함한다.

5. 여기서 칸트가 인간이 합당하게 논할 수 있다고 보는 '순전한 이성의 한계들 안에서의 종교'는 요약하면 "이성종교(Vernunftreligion)"라 할 것인데, 이성종

교로서 '종교'란 칸트에서 "인간의 모든 의무를 신의 지시명령[계명]으로 인식함"(RGV, B229=VI153; KpV, A233=V129; KU, B477=V481)을 뜻한다. 그러한 한에서 종교는 "신에 대한 인식과 합치하고 신의 의지와 합치하는 하나의 도덕"(VARGV, XXIII91)이라고 할 수도 있다.

6. 그러나 칸트에서 '이성종교'는 "순전한 이성에 의한 종교"(VARGV, XXIII91), 즉 "온전히 선험적인, 다시 말해 일체의 계시에 의존함 없이 가능한 것"(VARGV, XXIII96)을 말하는 것이 아니다. 칸트 자신이 후에 『학부들의 다툼』에서 부연하여 말하고 있듯이 '순전한 이성의 한계들 안에서의 종교'는 단지 "(계시 없는) 순전한 이성으로부터의 종교"(SF, AVIII=VII6)를 뜻하는 것이 아닌 것이다. 왜냐하면 '순전한 이성의 한계들 안에서의 종교'는 "계시된 것으로 신앙되는 종교의 문헌, 즉 성경 안에서도 이성을 통해 인식될 수 있는 것"(SF, AVIII=VII6)을 포함하기 때문이다. — 칸트 자신 "종교는 신의 지시명령으로서의 모든 인간 의무들에 대한 교리(그러므로 객관적 의미의 종교)뿐만 아니라, 동시에 섭리[신]가 (교회로서의) 종교를 건설하고 유지 보존하는 데 이용하는 수단에 대한 신앙(그러므로 주관적 의미에서의 종교)을 뜻한다."(VARGV, XXIII95)고 본다.

7. 이러한 점에서 『이성의 한계 안에서의 종교』는 '제4비판서'의 성격을 지니고 있다 하겠다. 인간의 마음 능력인 순수한 사변 이성·실천이성·미감적 판단력의 한계 규정을 통해 인간이 추구하는 최고의 가치 진(眞)·선(善)·미(美)의 의미를 밝힌 제1비판서(『순수이성비판』, 1781·1787)·제2비판서(『실천이성비판』, 1788)·제3비판서(『판단력비판』, 1790)는 각기 특유한 마음의 능력을 비판하였다. 곧 이들 비판서는 각 능력의 원천과 유효한 활동범위를 밝혀냈다. 칸트가 궁극의 철학적 물음이라고 본 "인간은 무엇인가?"(KrV, A805=B833; Log, A25=IX25 등 참조) 아래에 "1) 나는 무엇을 알 수 있는가?"라는 인식론적 물음과 "2) 나는 무엇을 행해야만 하는가?"라는 도덕론적 물음, 그리고 "3) 나는 무엇을 희망해도 좋은가?"라는 종교론적 물음을 열거하고서 지식(Wissen)과 행위(Tun)의 원리를, 그리고 어쩌면 또 하나의 물음 "나는 무엇에서 흡족함을 느낄 수밖에 없는가?"(→『판단력비판』)를 던지면서 두 원리의 매개자로서 감정(Fühlen)의 원리를

추궁할 때, 그는 각각의 선험적 원리인 '합법칙성', '궁극목적', '합목적성'의 주관적 근거로서 순수 지성과 이성 그리고 판단력을 고찰한다.(KU, BLVIII=V198 참조) 그런데 이 자리에서 칸트는 희망(Hoffnung)의 원리는 주제화하지도 않고, 또 그것의 주관적 근거도 명시적으로 말하고 있지 않다. 그렇기 때문에 '성(聖)'의 가치에 이르는 "나는 무엇을 희망해도 좋은가?"라는 물음의 탐구 과정에서 과연 칸트가 '이성 비판'의 작업을 수행하고 있고, 만약 그런 작업을 수행한 것이라면 도대체 이성의 어떠한 능력 내지 기능을 비판하는 것인가에 대해 사람들이 묻고는 한다. 그리고 어떠한 특유한 이성 능력에 대한 비판 작업도 수행한 것이 아니라면, 칸트의 종교론은 '비판철학'의 범위 내에 있지 않으며, 그러니까 『이성의 한계 안에서의 종교』는 '제4비판서'일 수 없다고 보는 이들이 많다. 그러나 칸트에서 '순전한 이성의 한계들 안에서의 종교'란 '순수한 이론적·실천적 법칙수립과 그러한 법칙에 따른 논리적·사실[존재]적·당위적 판단 그리고 실천적 요청을 수행하는 이성 능력의' '범위 안에서' '인간의 모든 의무를 신의 지시명령으로 인식함'이다. 이러한 종교 규정은 사변 이성과 실천이성 그리고 반성적 판단력 일반에 대한 총괄적 비판 작업을 통해 얻은 것이다. 그것은 '성'의 가치가 진·선·미 가치의 화합점에서 모습을 드러내고, '희망'이 지식과 실천 그리고 감정의 합일점에서 피어나는 이치에 상응하는 것이다. 그 희망의 선험적 원리는 '합리성(Vernünftigkeit)'이라 할 수 있고, 그래서 칸트의 희망의 철학은 하나의 이상주의 내지 일종의 합리적 낭만주의라고 할 수 있겠다.

II. 1. 이러한 칸트의 '순전한 이성의 한계들 안에서의 종교'는 한편으로는 경험적-역사적-현실적인 제정법적 교회종교를 이성종교 안에서 해석 용해하는 일과 다른 한편으로는 종교를 도덕철학 안에 수렴하는 일을 과제로 갖는다.

2. 18세기 후반 바움가르텐(→), 젬러(J. S. Semler, 1725~1791), 미하엘리스(J. D. Michaelis, 1717~1791) 등이 대변한 독일 프로테스탄트 신학은 체부리(Herbert of Cherbury, 1583~1648)가 『진리론(*De veritate*)』(1624)에서, 로크(→)가 『기독교의 합리성(*The Reasonableness of Christianity*)』(1695)을 통해 피력한 자연종교론 내지 이신론(理神論)에 크게 영향을 받아, 종교의식의 중심에 도덕을 놓고, 계시

의 진리를 자연적 이성의 기준으로 검토하고자 하였다. 칸트 역시 이러한 노선에 귀를 기울였다. 칸트는 도덕철학 강의에서 바움가르텐의 책을 교과서로 사용하였고, 자연종교의 장에서는 그 자신이 이신론적 성향을 보이기도 하였다.(V-PP/Powalski, XXVII168이하 참조) 그렇지만 칸트는 이성종교를 한낱 '자연적' 이성 위에 정초하지 않고, 순수 실천이성의 논리적 사유 위에 정초하고 있다. 계시의 진리들을 도덕성에 대해서 어떤 고유한 것을 덧붙임 없이도 이러한 기반과 합치하는 것으로 생각하였다. 그래서 칸트에게는 은총의 작용들, 기적 그리고 여타의 신비들은 종교의 부대장식(附帶裝飾)들로 유효하다.(RGV, B63=VI52 참조) 나중의 칸트학도들은 차츰 계시를 군더더기로 치부했지만, 칸트 자신과 초기 칸트학도들은 계시를 이성종교 안에서 용해하고자 하였다. 그것은 칸트 자신도 더러 인용하고 있는(RGV, B282=VI183 참조) 신학자 슈토이들린(C. F. Stäudlin, 1761~1826)에서도 잘 드러난다.(C. F. Stäudlin, *Geschichte des Rationalismus und Supernationalismus vornehmlich in Beziehung auf das Christentum*, Göttingen 1826, S. 138이하 참조)

3. 교회신앙을 이성신앙에 포섭하려는 칸트와 그의 학도들의 이러한 지향은 결과적으로 한편으로는 이성의 자기 정립적 도덕을 매개로 교회종교에 일정한 의미를 부여하고, 다른 한편으로는 교회를 매개로 초월적 도덕 개념을 사회적으로 현실화하는, 다시 말해 지상에 '윤리 국가'를 건설하고자 하는 것이라 하겠다.

책의 구성

1. 네 편의 논고로 구성되어 있는 『이성의 한계 안에서의 종교』의 제1판(=A. 1793)은 머리말(목차 포함)이 22면, 네 편의 논고 본문이 296면으로 총 318면이고, 제2판(=B. 1794)은 '제2판을 위한 머리말'이 덧붙여져 머리말(목차 포함)이 모두 28면 그리고 본문이 314면, 이렇게 총 342면으로 되어 있는데, 약간의 자구 수정과 추가된 각주를 포함하여 24면 증보된 제2판이 표준판으로 통용되고 있

다. 간난신고 끝에 출간된 이『순전한 이성의 한계들 안에서의 종교』에서 칸트는 전통적인 이른바 정통 기독론과 계몽주의시대의 이성주의의 무신론적 경향, 그리고 경험론적인 절충주의 내지 회의주의적 경향을 상대로 그의 '철학적 종교론'을 펴면서, 실천이성 비판에 기초한 그의 도덕론을 기독교 교리에 접합시킴으로써 종교신앙과 교회신앙을 화해시키고자 한다. 물론 그를 위해서는 기독교의 기본교리들이 재구성될 수밖에 없다. 그래서 칸트는 기존의 신학 체계와는 다른 길을 걷는다. 신의 개념에서 예수의 위격(Person)으로, 다시 복음서의 사가(史家)들이 증언하는 신의 은총의 체험으로 나가는 대신에, 인간의 도덕적 성품에서 완성된 인간의 이상으로서의 예수로, 그리고 이로부터 신의 개념과 교회로 그리고 삼위일체 교리와 성서 및 기적에 대한 증언의 타당성 문제 등으로 나가고 있는 것이다. 그 전개 과정의 요점을 정리하면 다음과 같다.

2. 머리말: 도덕에서 종교로의 이행이 불가결한 이유와 역사적인 계시종교와 도덕적인 이성종교의 구별과 각각의 의의를 밝히면서, 계시종교도 도덕적인 이성종교의 성격을 가질 때만이 참종교일 수 있음을 우선 간략하게 언급한다.

3. 제1논고: 「악한 원리가 선한 원리와 동거함에 대하여, 또는 인간 자연본성에서의 근본악에 관하여」(RGV, B1~B64)는 인간의 자연본성이 선한가 악한가를 다루면서 인간의 근본악에 대한 루터 교리를 해석하고 있다. 이것은 기독교 신학의 원죄론에 대한 칸트의 비판철학적 고찰이다.

4. 제2논고: 「인간에 대한 지배를 둘러싼 선한 원리와 악한 원리의 투쟁에 대하여」(RGV, B65~B124)는 인간의 악한 의지 이론을 일면 수정하면서 초감성적인 법칙으로서의 선한 원리를 해석하고 있다. 기독교는 그러한 선한 원리의 대표로 예수라는 위격의 상징을 만들어냈다는 것이다. 여기서 구원이란 순정한 윤리적 원칙들을 그의 마음씨 안에 가장 진실하게 채용하는 데 있음을 역설한다. 이것은 기독교 전통 신학의 기독론과 구원론에 대한 칸트의 비판적 도덕철학적 해석이다.

5. 제3논고: 「악한 원리에 대한 선한 원리의 승리, 그리고 지상에 신의 나라 건설」(RGV, B125~B222)은 제2논고에서 명료화된 기독교 정신의 구체적 실현의

문제, 윤리 계명과 그것을 행위 준칙으로 채택하는 관계를 다룬다. 그 때문에 제3논고는 칸트의 다른 도덕철학의 저술과는 다른 특수한 새로운 내용을 포함하고 있다. 칸트 윤리학은 근본적으로 개인을 향해 있고, 정언명령 안에 절대적으로 놓여 있는 개개 인간의 자유로운 결정을 과녁으로 삼고 있다. 그런데 제3논고는 불가시적 교회의 가시적 교회로의 연장 유비를 통해 도덕의 사회적 형태화를 논하면서 "윤리적-시민적 공동체"의 필연성을 제시한다. 이것은 기독교의 전통 신국론에 대한 칸트의 윤리 형이상학적 대안이라 할 수 있다.

6. 제4논고: 「선한 원리의 지배 아래서의 봉사와 거짓봉사에 대하여 또는 종교와 승직제도에 대하여」(RGV, B223~B314)는 앞선 세 논고에서 이론적으로 천착한 추상적 원리들을 현실적인 교회에 적용하여 교회 조직과 교회신앙의 문제들을 고찰한다. 그 고찰의 중심에는 계몽주의자 칸트의 현실 교회에 대한 비판과 개혁을 위한 고언(苦言)이 놓여 있다.

7. 이 네 편의 논고를 통해 칸트는 도덕과 종교, 철학과 (성서)신학의 관계를 밝히고 각각의 고유 영역의 의의를 훼손함 없이 화해하는 길을 제시함과 함께, 현실 기독교의 '참종교'로서의 역할을 기대하고 있다. 이 네 편의 논고는 그것들의 상위 제목처럼 칸트가 이미 오랫동안 그의 도덕철학과 역사철학 저술을 통해 부분적으로 피력했던(→신학, →도덕신학에 이르는 칸트의 사유 과정) 그의 '철학적 종교론'의 중추를 이룬다.

숭고 崇高 das Erhabene

숭고한 것과 그에 대한 판단의 특성

1. 숭고한 것(das Erhabene)은 숭고의 감정에 있다. 아름다운 대상과 마찬가지로 숭고한 것도 적의하며, 하나의 반성적 판단력을 전제하고, 단칭판단에서 표현된다. 숭고에서의 흡족도 미에서의 흡족과 마찬가지로 "양의 면에서는 보편타

당함을, 질의 면에서는 이해관심 없음을, 관계의 면에서는 주관적 합목적성을, 그리고 양태의 면에서는 이 주관적 합목적성이 필연적임을"(KU, B79=V247) 표상한다.

2. 숭고의 판단은 미의 판단(→취미판단)과 근본 성질에서 같음에도 불구하고 종적 차이를 갖는다.

첫째로, 흡족함이 미에 있어서는 "질의 표상과 결합되어" 있으나, 숭고에서는 "양의 표상과 결합되어 있다."(KU, B75=V244) 숭고한 것은 "외경을 불러일으키는 큼(敬畏할 偉大함)"(Anth, BA189=VII243)이다.

둘째로, 미적인 것이 "직접적으로 생명을 촉진하는 감정"(KU, B75=V244)을 동반한다면, 숭고한 것의 감정은 이차적으로 간접적으로만 일어나는 쾌감이다. 숭고한 것에서의 흡족은 "생명력들이 일순간 저지되어 있다가 곧장 뒤이어 한층 더 강화되어 범람하는 감정에 의해 산출되는 것으로, 그러니까 그것은 감동으로서"(KU, B75=V245), 이를테면 '일순(一瞬) 역전(逆轉)의 쾌감' 또는 '급반전(急反轉)의 쾌감'이라 말할 수 있다. 그것은 우리를 압도하는 너무나 괴대하고 외연한 것에서의 전율과 위압의 불쾌감을 전복(顚覆)시키는 쾌감으로서, 그래서 "숭고한 것에서 흡족은 적극적인 쾌가 아니라, 오히려 경탄 내지는 존경을 함유하며, 다시 말해 소극적 쾌라고 불릴 만한 것이다."(KU, B75이하=V245)

셋째로, 미적인 것은 우리의 인식력들에 대한 대상의 합목적적 형식에 의거하고, 그 반면에 숭고한 것의 감정은 무형식의, 그래서 반목적적이라고 판정되는 대상, "괴대하게 큰 것(怪大하게 偉大함)"(Anth, BA190=VII243)에 대한 지각에 근거한다. 그러므로 미적인 것은 하나의 근거를 우리 밖에 가지고 있다면, 숭고한 것은 우리의 사유방식에 그 근거를 갖는다.

어떤 지각된 대상은 무한히 무형식적이고, 다시 말해 혼돈스럽고 무질서하고 무한정하게 크고 기기묘묘하며, 우리를 놀라게 해 우리의 생명력을 억제한다. "숭고한 것은 어떤 감성적 형식에도 함유되어 있을 수 없고"(KU, B77=V245), 그래서 애당초부터 상상력에 대해 "폭력적"(KU, B76=V245)이고 우리의 현시형식과 능력을 벗어나 있는 것으로서, 그러니까 순전한 이성이념이다. 상상력은 우리 판단력에 대해 반목적적인 것으로 느껴지는 대상에 대한 표상을 통해 "보다 높은 합목적성을 함유하고 있는 이념들에 몰두하도록"(KU, B77=V246) 촉발함으로써, 사람들로 하여금 "숭고한 감정에 젖어들"게 하는데, 사람들이 그렇게 무형식의 대상을 합목적적으로 사용할 수 있기 위해서는 그의 "마음을 이미 여러 가지 이념들로 기득 채워놓았어야만 한다."(KU, B77=V246) 그러므로 "우리는 자연의 미적인 것을 위해서는 우리 밖에서 하나의 근거를 찾아야 하지만, 숭고한 것을 위해서는 한낱 우리 안에서, 그리고 자연의 표상에 숭고성을 집어넣는 사유방식[성정] 안에서 하나의 근거를 찾지 않으면 안 된다."(KU, B78=V246)

넷째로, 우리가 아름다운 대상을 평정한 관조에서 판정한다면, 숭고한 것의 감정에는 "마음의 운동[동요]"(KU, B80=V247)이 결합되어 있다. 그런데 상상력은 이 마음의 동요를 때로는 인식능력과, 때로는 욕구능력과 관련시킨다. 인식능력과 관련된 숭고는 수학적이고, 욕구능력과 관련된 숭고는 역학적이다. "그래서 객관은 이러한 이중의 방식으로 숭고한 것으로 표상된다."(KU, B80=V247)

3. 숭고한 것에는 수학적 숭고와 역학적 숭고가 있다.

수학적 숭고

I. 1. 단적으로 큰 것은 숭고하다.(KU, A80=V248 참조) 숭고한 것은 자기의 척도를 그 자신 안에 가지고 있으며, 어떤 다른 것과 비교될 수 있는 것이 아니다. "숭고한 것은 그것과 비교하면 다른 모든 것이 작은 것"(KU, B84=V250), 절대적인 것이므로, 우리 감관에서 우리에게 주어지는 어느 것도 숭고한 것이라고 일컬어질 수는 없다. 왜냐하면, "수학적 크기의 평가에서 최대의 것이란 없"(KU, B86=V251)으니 말이다. 그러니까 '단적으로 큰 것'이란 이를테면 "판단력의 개념"(KU, B81=V248)이다. 그러므로 숭고한 것은 그 크기를 직관에서 직접 파악하여 상상력에 의해 현시할 수 있는 데에서, 다시 말해 자연 대상들을 미감적[감성적]으로 평가할 수 있는 데에서, 곧 객관적으로가 아니라 주관적으로 규정할 수 있는 데에서 성립한다.

2. 어떤 양적인 것을 직관적으로 상상력에 받아들여 그것을 수적 평가의 척도나 단위로 사용하기 위해서는 상상력의 포착(Auffassung)(→)과 총괄(Zusammenfassung) 작용이 필요하다.(KU, B87=V251 참조) 포착이란 주어진 잡다 A, B, C,…를 차례로 일별하는 작용이며, 총괄은 이를 하나의 전체로 현시하는 작용이다. 포착 작용은 잡다를 주어지는 대로 더해가면 되므로 무한정하게 진행될 수 있으나, 총괄 작용은 언제나 하나의 '전체'를 현시하고자 하지만 상상력으로서는 넘어설 수 없는 한계가 있다. 도저히 상상조차 할 수 없는 것이 있는 것이다. 이 상상력이 자기의 전체 총괄 능력을 기울여도 성과가 없는 자연객관의 크기는 자연 개념을 "하나의 초감성적 기체[基體]로 이끌고 가지 않을 수 없는데, 이 기체는 감관의 모든 자[척도] 이상으로 큰 것으로, 그래서 대상보다도 오히려 대상을 평가하는 마음의 정조[情調]를 숭고한 것으로 판정하게 한다."(KU, B94=V255이하) 그래서 "진정한 숭고함은 오직 판단하는 자의 마음에서 찾아야지, 그것에 대한 판정이 마음의 그러한 정조를 야기하는 자연객관에서 찾아서는 안 된다."(KU, B95=V256)

3. 판단력이 어떤 사물을 숭고하다고 판정할 즈음 상상력은 이성과 관련하여 그 이념들과 주관적으로 합치하고자 하는데, 이때 "숭고한 것의 감정은 미감적인 크기 평가에서 상상력이 이성에 의한 평가에 부적합함에서 오는 불쾌의 감정이며, 또한 그때 동시에, 이성이념들을 향한 노력이 우리에 대해서 법칙인 한에서, 최대의 감성적 능력이 부적합하다는 바로 이 판단이 이성이념들과 합치하는 데서 일깨워지는 쾌감이다."(KU, B97=V257) 미의 감정과는 달리 숭고의 감정은 질의 면에서 상상력과 이성의 부조화에 의거하는 것이다. 숭고한 것의 판정에서는 "상상력과 이성이 그들의 상충에 의해 마음의 능력들의 주관적 합목적성을 만들어낸다."(KU, B99=V258)

II. 마음은 미적인 것을 판정할 때는 '평정[정지]'에 잠기나, 숭고한 것을 표상할 때는 '동요[운동]'를 느낀다. 이 동요는 "밀침과 당김의 급속한 바뀜"(KU, B98=V258)이라 할 수 있다. 숭고의 감정은 객관을 총괄할 수 없어 위축되는 자신의 무능력에 대한 "불쾌의 감정인데, 거기에서 그 불쾌는 그럼에도 동시에 합목적적으로 표상된다."(KU, B100=V259) 이 불쾌의 감정은 무한정한 것의 전체를 총괄할 수 없는 상상력이 이성의 총체성 요구에 부응하지 못함으로 해서 일어나는 것이지만, 상상력의 이러한 무능력은 바로 절대적 총체성이라는 이념을 가진 이성 능력을 자각하게 하는 것으로, 그러니까 저 상상력의 무능력으로 인한 불쾌감은 무제한적인 능력인 이성 능력을 반증하는 것이다. 이로써 상상력과 이성은 "그들의 상충에 의해 마음의 능력들의 주관적 합목적성을 만들어"내고(KU, B99=V258), 그때 저 불쾌감은 쾌감으로 전환된다. 그 자신의 무능력이 바로 "같은 주관의 무제한적인 능력의 의식을 드러내고, 마음은 그 무제한적인 능력을 오직 그 자신의 무능력에 의해서만 미감적으로 판정할 수 있"(KU, B100=V259)게 되는 것이다. 이렇게 해서 하나의 미감적 판정에서 "대상은 오직 불쾌를 매개로 해서 가능한 쾌와 함께 숭고한 것으로 받아들여진다."(KU, B102=V260)

자연의 역학적 숭고

I. 1. "우리에 대해서 아무런 강제력도 가지지 않은 위력으로 고찰되는 자연은 역학적으로–숭고하다."(KU, B102=V260)고 판정된다. 이런 숭고의 감정은 무량광대한 자연의 위력에도 불구하고 그 앞에서 우리가 마음이 놓이고 생명에 대한 아무런 위협을 느끼지 않을 때 생긴다.

기암절벽, 광활한 고원, 폐허를 남기고 간 태풍, 굉음과 함께 쏟아져 내리는 폭포와 같은, 우리 자신을 왜소하게 만드는 대상들을 우리가 "기꺼이 숭고하다고 부르는 것은, 그것들이 영혼의 힘을 일상적인 보통 수준 이상으로 높여주고, 우리로 하여금 자연의 외견상의 절대권력에 도전할 수 있는 용기를 주는 전혀 다른 종류의 저항하는 능력을 우리 안에서 들춰내주기 때문이다."(KU, B104=V261) 우리가 자연에 대해서 숭고하다고 판정을 내리는 것은 자연에 대한 두려움과 함께 오히려 "우리 안에 (자연이 아닌) 우리의 힘을 불러일으키기 때문"(KU, B105=V262)이다. 그러므로 "자연이 숭고하다고 일컬어지는 것은 순전히, 자연이 상상력을 고양하여 마음이 자기의 사명의 고유한 숭고성이 자연보다도 위에 있음을 스스로 느낄 수 있는 그런 경우들을 현시하게끔 하기 때문이다."(KU, B105=V262) 그러니까 자연(Natur)이 자연보다도 우리 자신의 본성(Natur)이 탁월함을 느낄 수 있게 하는 경우에 우리는 자연을 숭고하다고 판정하는 것이다.

2. 우리가 물리적 존재자로서 자연의 위력과 싸운다는 것은 애당초 부질없는 짓이다. 그럼에도 우리는 숭고의 감정에서 우리가 자연 및 자연의 위력에 독립적이라고 판정한다. 윤리적 존재자로서 우리는 어떠한 자연의 위력에 의해서도 굴복당할 수 없는 규정[사명, 성격]을 가지고 있기 때문에, 숭고의 감정이 우리 안에서 생기는 것이다.

3. 숭고의 판단을 내릴 수 있기 위해서 우리에게 꼭 어떤 취미가 있어야 하는 것은 아니지만, 우리는 우리 안에서 윤리적 이념들을 발전시키지 않았으면 안 된다. 그렇지 않으면 자연의 위력은 언제나 단지 위협적일 뿐, 결코 숭고하다고 느낄 수 없을 터이다. 우리 위의 별이 빛나는 하늘은 우리로 하여금 우리 자신이 미미하고 보잘것없음을 깨닫게 하지만, 우리 안의 도덕법칙은 우리를 맹목적인 자연의 기계성 너머로 무한히 고양시킨다. 자연에 대한 외경심은 우리 자신에 대한 경외감을 일으킨다.

도덕법칙에 의한 의지의 객관적 규정과 이 규정으로 인해 생겨난 이 법칙에 대한 존경이 일차적으로 우리 안에 "불쾌의 감각"(KpV, A139=V78)을 일으킨다. 그러나 "숭고한 것은 그것을 우리의 (감성적) 이해관심을 거슬러서까지도 존중하도록 준비시킨다."(KU, B115=V267) "숭고한 것은 감관의 관심에 저항함으로써 직접적으로 적의한 것이다."(KU, B115=V267)

II. 1. 순수한 취미판단과 마찬가지로 숭고성의 판단도 필연적으로 만인의 찬동을 요구하며, 그것은 "곧 (실천적) 이념들에 대한 감정의 소질에서, 다시 말해 도덕적 감정의 소질에서"(KU, B112=V265) 그러한 찬동을 누구에게나 강요할 근거를 갖는다. 우리는 모든 사람들이 도덕적 감정을 가지고 있는 한에서 모든 사람에게 우리의 숭고성의 판단에 대한 동의를 요구할 정당성을 갖는다.

2. 이로써 칸트는 미감적 판단력과 도덕 감정이 가까운 친족성을 가짐을 말하고 있다. 미적인 것에서의 이해관심 없는 흡족은 도덕법칙에 대한 존경에 상응하며, 숭고한 것의 감정은 의무로부터 행위하고 우리의 경향성들을 제압하는 도덕적 행위의 내적 가치에 상응한다고 보는 것이다.

슈탈 Georg Ernst Stahl

슈탈(1660~1734)은 독일의 의학자이자 화학자로, 연소와 금속 용해 실험을 근거로 1702년 열소(熱素) 이론을 내놓았다. 이후 라부아지에(Antoine Laurent de Lavoisier, 1743~1794)가 1777년에 이 열소 이론을 대신해서 산화 이론을 발표했지만, 칸트 당대 많은 화학자들은 여전히 열소 이론을 따르고 있었고, 칸트도 『순수이성비판』을 쓸 때까지는 라부아지에의 새로운 실험 내용을 모르고 있었던 것 같다. 그러나 화학에서의 새로운 발전에 언제나 깊은 관심을 가졌던 칸트는 늦어도 1796년경에는 산화 이론을 알게 됐던 것 같고, 말년에는 분명하게 라부아지에의 새로운 이론을 채택하고 있다.(OP, XXII508 참조)

슈토르 Gottlob Christian Storr

슈토르(1746~1805)는 튀빙겐(Tübingen) 대학의 신학 교수로 이른바 초자연주의 사상을 대변했으며, 1793년에 『칸트의 종교에 대한 철학적 교설에 관한 약간의 신학적 주해(*Annotationes quaedam theologicae ad philosophicam Kantii de religione doctrinam*)』를 썼다. 또한 이 책의 독일어 번역본이 이듬해에 쥐스킨트(Fr. G. Süskind)에 의해 『칸트의 철학적 종교론에 관한 주해(*D. Gottlob Christian Storr's Bemerkungen über Kant's philosophische Religionslehre*)』(Tübingen 1794)라는 제목을 가지고서 출간되었다.

슈토이들린 Carl Friedrich Stäudlin

슈토이들린(1761~1826)은 1790년 이래 괴팅겐 대학의 신학 교수로서 탁월한 성서 해석과 온후한 인품으로 큰 명성을 얻었고, 작가로서도 활동하였다. 그가 기획한 《종교학 잡지(*Journal für Religionswissenschaft und ihre Geschichte*)》의 자유 기고가로 칸트를 초청(1794. 6. 14 자 슈토이들린의 편지, XI508 참조)한 것을 계기로 칸트와 긴밀한 관계를 맺었다. 그것이 인연이 되어 칸트는 그 잡지에 기고하려 했으나, 1794년 10월 1일 자 왕명에 대해 향후 "모든 공개적인 강술을" 삼가겠다는 선언을 함으로써 그렇게 하지 못하게 되었고, 그 대신에 4년 후에 출간하게 된『학부들의 다툼』(→)을 슈토이들린에게 헌정하였다.

스미스 Adam Smith

I. 1. 애덤 스미스(1723~1790)는 칸트와 동년배의 스코틀랜드의 경제학자이자 도덕철학자이다. 그는『도덕 감정론(*Theory of Moral Sentiments*)』[*TMS*](1759)을 바탕으로『국부론(*The Wealth of Nations*)』[*WN*](1776)을 폈다.

2. 애덤 스미스는 "동감(sympathy)"(*TMS*, I. I, 5)이라는 감정에 도덕을 기초 지으면서도, 동시에 덕성을 "자기제어(self-commend)"(*TMS*, VI. III, 1)에 둠으로써 도덕성 형성에 이성 내지는 의지의 힘이 함께한다고 보고 있다.

인간은 천성적으로 이기적(selfish)이지만, 그럼에도 이웃과 함께하는 마음을 가지고 있다.(*WN*, I, 2, 2 참조) 인간은 이기적인 천성과 함께 이와 상반되는 원리들 즉 연민(pity)과 동정심(compassion)을 가지고 있다.(*TMS*, I, I, 1 참조) 타인의 기쁨을 함께 기뻐하고, 타인의 슬픔에 함께 슬퍼하는 이러한 "동료감정(fellow-feeling)", 이것을 애덤 스미스는 동감이라고 일컫는다. 동감이란 한 행위자와 그 행위에 전혀 참여한 바 없는 방관자 사이의 '감정의 일치(coincidence of sentiments)'를 말한다. 이러한 동감은 인간의 자연스러운 감정이기는 하지만 언제나 저절로 일어나는 것은 아니므로, 본래적으로 이기적인 인간은 끊임없이 자기통제를 하지 않을 수 없다. 애덤 스미스는 인간 행위의 도덕성은 이러한 동감과 "자기제어"에 기초한 보편적 행위 규칙에 기초한다고 본다.(*TMS*, III. I, 77 참조)

그런데 사람으로 하여금 동료감정을 갖게 하고 자기 통제력을 갖추도록 이끄는 것은 다름 아닌 인간 안에 있는 "신인(神人: demi-god)" 내지 "중립적 관찰자"(*TMS*, III. I, 46) 곧 양심 내지 이성이다.

II. 1. 칸트는 모든 종류의 재화의 매매 또는 상호 교환의 매개로서 거래의 보편적 도구라는 화폐의 성격을 규정할 때(MS, RL, AB127=VI289 참조)도 스미스를 인용하지만, 도덕론에서 국가원수들의 방만한 소비행태를 비판(Anth, AB136=VII209)할 때나 수전노를 비판할 때도 스미스를 빗대어 말하는(V-MS/Vigil, XXVII606) 등, 스미스가 "인간의 도덕적 앎을 매우 훌륭하게 다루고 있다."(Refl 1355, XV592)고 평가한다. 칸트는 초년부터 스미스를 매우 애호했던 것으로 보인다.(1771. 7. 9 자 Herz에게 보낸 편지, X124 참조)

2. 칸트 자신이 스미스의 '중립적 관찰자'에 관해 숙고하고 있으며,(Refl 6864, XIX185 참조) 후에 도덕 감정(→)을 의무개념 일반을 위한 마음의 감수성에 대한 미감적 선(先)개념으로 잡은 것(MS, TL, A35=VI399 참조)도 그의 영향이라고 볼 수 있다.

스베덴보리 Emanuel Swedenborg

1. 스베덴보리(1688~1772)는 스웨덴 출신의 신학자이자 신비가이다. 유럽 전역을 두루 여행했으며, 대부분의 저술을 라틴어로 써서 런던에서 출판하였고, 런던에서 사망하였다.

『천상의 비밀(*Arcana coelestia*)』(전8권, London 1749~1756), 『천국과 지옥(*De Coelo et eius mirabilibus, et de inferno*)』(London 1758), 『밝혀진 계시록(*Apocalyp-*

sis explicata)』(London 1761), 『참 기독 종교(*Vera christiana religio)*』(London 1771) 등 다수의 저작과 함께 계시와 관련한 활발한 활동으로 말년에는 수많은 추종자를 얻었다.

2. 이에 대해 칸트는 저술 『시령자의 꿈』(→)(1766)을 펴내 통렬히 비판하였다. 스베덴보리의 "4절지 8권의 책" 『천상의 비밀』은 "완전히 허튼소리"(TG, A98=II360)로, 영들과 대화를 한다는 스베덴보리야말로 "시령자 중 으뜸 시령자"이고 "환상가 중 으뜸 환상가"(TG, A84=II354)라는 것이다. "현실의, 감관들 앞에 놓여 있는 세계현상들을 (스베덴보리와 같이) 배후에 숨겨져 있는 예지세계의 한갓된 상징이라고 [그릇되게] 주장하는 것은 광신이다."(Anth, AB107=VII191)

스토아/스토아학파 Stoa/Stoiker

I. 1. 스토아학파는 사이프러스의 키티움(Kitium) 출신의 제논(Zenon, ca. BC 333~262)이 기원전 300년경부터 아테네 아크로폴리스 건너편에 위치한 얼룩덜룩한 회랑(Stoa)에서 강론을 시작한 데서 그 명칭이 유래했다. 그 사상은 위로는 크라테스(Krates, ca. BC 368~288), 안티스테네스(Antisthenes, ca. BC 445~365) 등의 키니코스학파 즉 견유학파를 거쳐 소크라테스에 소급하고, 아래로는 크리시포스(Chrysippos, ca. BC 279~206), 포세이도니오스(Poseidonios, ca. BC 135~51)를 거쳐 로마문화 절정기의 키케로(→), 세네카(→), 에픽테토스(Epiktetos, 60~120), 마르쿠스 아우렐리우스 안토니누스(Marcus Aurelius Antoninus, 121~180)에 이른다. 그리고 이들에 의해 연역된 자연법 곧 이성법 사상은 근대의 법/정치사상의 형성에 적지 않은 영향을 미쳤다.

2. 스토아학파 사람들은 철학적 대상을 "자연적인 것", "윤리적인 것", "논리적인 것"으로 나누어보았다.(Diogenes Laertios, *Vitae philosophorum*, VII, 39 참조) 이 세 부문은 서로 의존되어 있으며, 그것들의 통일 원리가 로고스(λόγος)이

다.(Diog. Laert., VII, 83 참조) 이 로고스는 곧 자연(φύσις)이고, 곧 법도(νόμος)이다.

3. 그래서 제논이 삶의 목적은 "자연[본성]과 합치하여 사는 것(τὸ ὁμολογουμένως τῇ φύσει ζῆν)"이라고 말했을 때, 그것은 다름 아닌 "덕에 따라서 사는 것(κατ' ἀρετὴν ζῆν)"을 뜻했다. "왜냐하면 자연본성(φύσις)이 우리를 인도하여 덕으로 향하게 하기 때문이다."(Diog. Laert., VII, 87) 그래서 키케로의 해석대로 "덕으로써 삶(e virtute vivere)"은 "자연에 따라 삶(secundum naturam vivere)"이고, 그것은 곧 "자연에 부합함(consentire naturae)"이다.(Cicero, *De finibus*, II, 34 참조) 다시 말해, 덕에 따라 사는 것은 자연본성에 따라 사는 것이고, 자연본성에 따라 산다는 것은 자연의 실제 행정(行程)에 맞춰 산다는 것을 말한다. 여기에 다시 마르쿠스 아우렐리우스는 아무쪼록 "자연[본성]에 맞게 살아라(ζῆσαι κατὰ τὴν φύσιν)."(Aurelios, *Meditationes*, VII, 56)라고 덧붙여 말한다.

4. 스토아학파 사람들은 우주는 커다란 유기체이고 살아 있는 것으로서, 그것의 부분들은 모두 서로 화합하고, 서로 영향을 주고받는다고 보았다. 개개 영혼이 육체에게 그렇게 하듯이, 우주 유기체에게 내부로부터 혼을 넣어주는 것은 생명의 호흡인 신성(神性)이다. "그러니까, 세계가 신적인 정신(spiritus)과 연관을 이루고 있는 정신에 의해 통합돼 있지 않다면, 세계의 모든 부분들이 서로 화합하는 일이란 정말로 일어날 수 없을 터이다."(Cicero, *De natura deorum*, II, 19) 만물은 신의 정신으로부터 생긴다. 그런데 스토아학파에서 정신은 일관되게 질료적인 원리로 간주되었고, 그러면서도 그것의 섬세성과 운동성이 매우 강조되었다. 인간에게 있어서 영적 정신은 사후에도 한동안 개별성을 유지하고 있다가 이내 보편적 세계영혼 안에 받아들여진다. 이런 식으로 우주의 전개에 있어서와 마찬가지로 개별 영혼에서도 모든 것이 순환적 과정에 따라 진행된다. 그러니까 스토아 자연학자들은 인간을 포함하는 '물질주의적' 우주생물학을 가졌다고 볼 수 있다.

II. 1. 키케로는 인내의 덕을 설명하면서 "고통아, 너는 아무것도 얻지 못할 것이다. 네가 제아무리 성가시게 해도, 나는 네가 악한 것(malum)이라고는 결코 인정하지 않을 것이다."(Cicero, *Tusculnae disputationes*, II, 61)라고 말한 바 있다.(KpV, A106=V60 참조) 이에 대한 칸트의 풀이에 따르면, "스토아학파 사람들은 현자란, 결코 불행한 일이 없는 사람, 영혼 중에서 온갖 고통을 느끼면서도 결코 그것이 마음을 흔들게 하지 않는 사람이라고 이해했다."(V-Anth/Collins, XXV16) "스토아학파 사람이 말하는 바는, 인간 안에는 참된 가치가 있으며, 고통 중에는 아무런 나쁜[악한] 것도 없다는 것이다."(V-Anth/Mensch, XXV1078) 이로써 스토아학파 사람들은 "윤리의 준엄하되 현명한 훈육 대신에 도덕적 광신을 끌어들였다."(KpV, A153=V86)

2. 스토아학파 사람들에게는 "자기의 덕을 의식함이 행복"이고, "윤리성만이 참된 지혜였다."(KpV, A200=V111) "스토아학파에 따르면 행복의 감정은 이미 자기의 덕에 대한 의식에 포함되어 있었다."(KpV, A202=V112)

3. "스토아학파 사람들은 그들의 최상의 실천 원리, 곧 덕을 최고선의 조건으로 선택했다는 점에서 전적으로 옳았지만, 그러나 그들은 이 덕의 순수한 법칙에 요구되는 덕의 정도를 이승 생활에서 완전히 도달할 수 있는 것으로 생각함으로써, 현자(賢者)의 이름 아래 인간의 도덕적 능력을 그의 자연본성의 모든 제한을 넘어 높이 확대하여 모든 인간지(人間知)에 모순되는 어떤 것을 상정했을 뿐만 아니라, 특히 최고선을 이루는 두 번째 구성 요소, 곧 행복을 인간 욕구능력의 특수한 대상으로 인정하지 않으려 했고, 대신에 신이나 마찬가지인 그들의 현자를 그의 인격의 탁월성을 의식하여 자연에서 (그의 만족의 관점에서) 완전히 독립적인 것으로 만들었다. 즉 그들은 현자를 생의 해악에 노출은 시켰지만, 굴복시키지는 않음으로써, (동시에 또한 현자를 악으로부터 자유로운 자로 서술함으로써), 실제로 최고선의 둘째 요소, 곧 자기 행복을 제거해버렸다. 그들은 행복을 순전히 행위와 그의 인격적 가치에 대한 만족에 두고, 그러므로 윤리적 사유방식의 의식에 포함시켰으니 말이다. 그러나 그들은 이 의식에서 그들 자신의 자연본성의 목소리에 의해 충분히 반박될 수 있었을 터였다."(KpV, A228이하=V126이하)

스피노자 Baruch[Benedictus] de Spinoza

I. 1. 스피노자(1632~1677)는 네덜란드에서 활동한 이성주의 철학자로 생전에 『데카르트 철학의 원리(*Renati Des Cartes principiorum philosophiae pars I et II, more geometrico demonstratae*)』(1663)와 『신학정치론(*Tractatus theologico-politicus*)』(1670)을 출판하여 주변에 상당한 영향을 끼쳤고, 사후에 출간된 『지성개선론(*Tractatus de intellectus emandatione et de via, qua optime in veram rerum cognitionem dirigitur*)』(1677)과 『윤리학(*Ethica ordine geometrico demonstrata, et in quinqe partes distincta, in quibus agitur*)』(1677)은 무엇보다도 독일 철학 형성에 매우 큰 영향을 미쳤다.

2. 스피노자에 의하면 자기 원인(causa sui)인 "신은 오로지 자기 본성의 법칙들에 따라 행동하며, 누구에 의해 강제적으로 행동하지 않는다."(*Ethica*, I, Prop. XVII) 그러나 신 역시 법칙에 따라 행동하는 것이니, 신이 법칙에 따라 행한다는 것은 만사가 필연적임을 말한다. "자연 안에 우연적인 것은 아무것도 없다. 모든 것은 신의 본성의 필연성에서 특정한 방식으로 실존하고 작용하도록 규정되어 있다."(*Ethica*, I, prop. XXIX) 신이 삼각형의 내각의 합을 두 직각이 넘게 또는 못되게 만드는 것이 아니며, 일정한 원인에서 그에 상응하는 결과를 나오게도 나오지 않게도 하는 것은 아니다. 만물은 신의 최고 능력으로부터 "무한히 많은 방식으로" "유출된다(efluxi)."(*Ethica*, I, prop. XVII, coroll. II, schol. 참조) 그러나 필연적으로 그렇게 되는 것이다. 신이라고 해서 삼각형의 내각의 합을 임의로 한 직각으로 했다가 두 직각으로 했다가 할 수는 없는 것이다. 이러한 맥락에서 "신 즉 자연(Deus seu Natura)"(*Ethica*, IV, praefatio)인 것이다.

3. 스피노자의 통찰에 의하면 "사람들이 이성의 지도에 따라서 생활하는 한, 그들은 본성상 언제나 합치한다."(*Ethica*, IV, prop. XXXV) 반면에 사람들이 정념에 의해 동요될 때 그들은 서로 다를 수 있고 대립하기도 한다. 그런데 "덕을 따르는 사람들의 최고선은 모든 사람들에게 공통적이고, 모든 사람들은 똑같이 이를 즐길 수 있다."(*Ethica*, IV, prop. XXXVI) 그러하기에 "덕에 따르는 사람은

자기를 위해 욕구하는 선을 타인을 위해서도 소망한다."(*Ethica*, IV, prop. XXXVII) 그러니까 보편적 가치는 이성의 지도에 따라서 사람들이 생활할 때만 영속적으로 실현된다.

영원의 형상 아래에서 사물들을 바라보는 자, 곧 순수하게 이성적인 자는 어떠한 정념에도 예속되지 않고 진정한 자유를 누린다. '자유인'은 "오로지 이성의 지시에 따라 사는 사람"(*Ethica*, IV, prop. LXVII, demonst.)이다. 사람들이 이성에 따라 생활하지 못하는 것은 어떤 정동에 예속되기 때문이다. "예속"이란 "정동을 지배하거나 억제함에 있어 인간의 무능함"(*Ethica*, IV, praefatio)으로서, 정동에 휘둘리는 사람은 자기 자신의 지배 아래에 있는 것이 아니라 운명에 맡겨져 있는 것이니, 그러니까 자유롭지 못한 것이다.

"인생에서 우리에게 가장 유익한 것은 지성 또는 이성을 가능한 한 완성하는 일이며, 그리고 이 한 가지 일에 인간의 최고의 행복(felicitas)과 정복(淨福: beatitudo)이 있다. 왜냐하면 정복(淨福)은 신의 직관적 인식에서 나타나는 마음의 평정(平靜: acquiescentia) 이외의 아무것도 아니기 때문이며, 지성을 완성한다는 것은 신의 속성과 신의 본성으로부터 필연적으로 나타나는 여러 활동을 인식하는 일에 지나지 않기 때문이다. 그러므로 이성에 의해 지도되는 인간의 궁극목적은, 다시 말해 그가 여타의 모든 욕망들을 통제(moderari)하려고 노력하는 최고의 욕망은 그 자신과 그의 지성에 의해 생각될 수 있는 모든 사물을 타당하게 이해하도록 그를 이끌어주는 욕망이다."(*Ethica*, IV, appendix, caput IV) "그러므로 지성이 없는 이성적 생활은 없다."(*Ethica*, IV, appendix, caput V)

"정복(淨福)은 덕의 보상이 아니라 덕 자체이다. 우리는 쾌락(libido)을 억제하기 때문에 정복을 기꺼워하는 것이 아니라, 반대로 정복을 기꺼워하기 때문에 쾌락을 억제할 수 있다."(*Ethica*, V, prop. XLII) 실상 신체를 가진 인간이 이런 정복을 누리기란 지난한 것이다. 그래서 스피노자는 "모든 훌륭한 것은 어렵고 그만큼 드문 것이다."(*Ethica*, V, prop. XLII, schol.)라는 말로 그의 『윤리학』을 맺었다.

II. 1. 칸트는 당대에 레싱(→)과 멘델스존(→) 등에 의해 유포되고 있는 스피

노자주의에 대해 매우 비판적이었다.(KpV, A182이하=V102이하 참조)

2. 사람들은 스피노자를 "숙명성의 체계[…]의 창시자"(KU, B322=V391)라고 말한다. "이 체계에서 세계에서의 목적결합은 무의도적인 것으로 받아들일 수밖에 없으며, — 그것은 하나의 근원적 존재자로부터 도출되지만, 그의 지성으로부터가 아니라, 그러니까 그의 의도로부터 도출되는 것이 아니라, 그의 본성 및 그에게서 유래하는 세계통일의 필연성으로부터 도출되는 것이니 말이다 — 그러니까 합목적성의 숙명론이 동시에 합목적성의 하나의 관념론인 것만은 명백하다."(KU, B323=V391이하)

3. "그 최상의 근거에 대해 하나의 지성을 용인하지 않고서 물질의 객관적-합목적적인 형식들을 위해 그것들을 가능하게 하는 하나의 최상의 근거를 찾는 이들은, 순전히 모든 합목적성의 저 조건, 즉 근거의 통일[하나임]을 이끌어내기 위해, 세계 전체를 기꺼이 모든 것을 포괄하는 유일의 실체로 만들거나(범신론), 아니면 (이것에 대한 단지 좀 더 확정적인 설명일 뿐이지만) 유일한 단순 실체에 내속하는 수많은 규정들의 총괄로 만들기(스피노자주의)에 이른다. 여기서 그들은 과제의 하나의 조건, 곧 목적관계에서의 통일을 단순 실체라는 한낱 존재론적인 개념에 의거해 충족시키고는 있지만, 또 다른 조건, 곧 이 단순 실체와 그것의 결과인 목적과의 관계 — 이 관계에 의해 저 존재론적 근거는 이 물음을 위해 좀 더 자세히 규정되어야 하는바 — 에 대해서는 아무런 언급이 없으며, 그러니까 전체 물음에는 전혀 대답하고 있지 않다."(KU, B372이하=V421 · 참조 B406=V439이하) 그리한 채 스피노자는 "신은 없고, […] 또한 내세도 없다고 확고하게 확신"(KU, B427=V452)한다.

습관 習慣 Gewohnheit consuetudo

1. 습관이란 "동일한 행위를 자주 반복함으로써 반드시 그렇게 할 수밖에 없게 된"(Päd, A55=IX463) 것, 그러니까 주관적으로 필연적인 것, "주관적 필연성"

(KrV, B5 · A760=B788; KpV, A24=V12)이다. 흄(→)은 지각에서 인과 관념이 이러한 습관에 의한 것이라 보았는데, 칸트는 인과성(→)이 한낱 반복적인 경험에 의한 주관적 관념이 아니라 '객관적 필연성'이라면서 이를 비판한다.(KrV, B5 · B127; Prol, A44=IV277 참조)

2. 습관은 "자기 능력을 자주 반복하여 사용함으로써 얻어진" 의지의 "주관적-실천적 필연성"(Anth, AB35=VII147)으로서, "또 하나의 자연본성"(Anth, ABX=VII121)이 된 것이다. 습관화가 되면 "동일한 종류의 감각들이 바뀌지 않고 오래 지속됨으로써 감관들에서 주의를 빼앗고, 사람들은 자기의 이런 감각들을 거의 의식하지 못해"(Anth, AB38=VII148이하) 자칫 사리분별력을 잃게 된다. "주관에서 규칙(습관)이 된 감성적 욕망은 경향성(傾向性)(→)이라고 일컬어진다."(Anth, A226=B225=VII265)

3. "상습(Angewohnheit: assuetudo)은 사람들이 그때까지 해왔던 것과 같은 방식으로 계속해서 하는, 물리적인 내적 강요"(Anth, AB38=VII149)이다. 이는 마침내 사람을 기계적이 되게 하기(Päd, A57=IX464 참조) 때문에, "원칙상으로 모든 상습은 배척되어야 하는 것이다."(Anth, AB39=VII149)

4. 그러나 칸트는 나쁜 습관뿐만 아니라 '좋은 습관'도 있다고 본다. — 어린 시절에 여러 가지 습관이 생기는 것은 좋지 않다. 어렸을 때 밴 습관은 자칫 "특정한 성벽(性癖)(→)"(Päd, A56=IX463)으로 남을 수 있다. 아이가 무엇엔가 습관이 들어 그것이 벗어날 수 없는 필요욕구가 되지 않도록 해야 한다.(Päd, A43=IX458 참조) 그럼에도 자연의 주기와 순환에 맞는 생활 습관은 아이들이 일찍부터 들도록 해야 한다. 예컨대 밤에는 잠자고 낮에는 놀이하며, 일정한 시간에 맞춰 식사를 하는 것이 인간에게 유익하기 때문이다.(Päd, A56=IX463 참조) 또한 "아이는 노동에 습관을 들여야"(Päd, A77=IX471) 하며, "어떤 추동에 따라서가 아니라, 준칙에 따라서 행위하는 습관이 들도록"(Päd, A98=IX480) 해야 한다.

시간 時間 Zeit tempus

→ 공간·시간

『시령자의 꿈』/『형이상학의 꿈에 의해 해명된 시령자의 꿈』 *Träume eines Geistersehers, erläutert durch die Träume der Metaphysik*

1. 1766년에 출판된 이 책은 최초에는 익명으로 쾨니히스베르크의 칸터(Königsberg: bei Johann Georg Kanter) 출판사에서 나왔으나, 같은 해에 다시금 하르트크노흐(Riga und Mietau: bei Johann Friedrich Hartknoch) 출판사를 통해 두 판본이 더 나왔다. 이 책은 칸트 생전에 두 차례(1797, 1799) 더 출간되었다.

2. '이성을 갖춘 단순한 비물질적 존재자'(TG, A11이하=II320이하 참조)인 영(精靈: Geist)들과 대화를 나눈다는 스베덴보리(→)의 『천상의 비밀』(1749~1756)을 "여덟 권의 허튼소리 묶음"이라고 비판하는 과정에서, 칸트의 "인간 이성의 한계의 학"(TG, A115=II368)으로서의 형이상학 개념과 내세를 기대하는 "도덕 신앙"(TG, A127=II373) 이념이 드러나는데, 이로써 이 책은 시령자에 대한 비판 외에도 전 비판기에 이미 칸트철학의 싹을 보이고 있다는 점에서 그 의의가 크다.(→신학 →도덕신학)

시민 市民 Bürger/citoyen

→ 국가시민/시민

시민(적) 사회 市民(的)社會 bürgerliche Gesellschaft

1. '시민(적) 사회'란 "보편적으로 법을 시행하는" 사회(→)로서 이것의 달성을 칸트는 "인류를 위한 최대의 문제"(IaG, A394=VIII22)이자 "인류에 대한 자연의 최고 과제"(IaG, A395=VIII22)로 본다. 이러한 시민(적) 사회에서만 "사회 구성원의 최대의 자유"가 보장되되, "타인의 자유와 양립할 수 있기 위해 이 자유의 한계"가 명확하게 규정된다. 그리하여 시민사회의 구성원들, 곧 시민들은 "그 안에서 자유가 외적 법칙[법률]들 아래 가능한 최고의 정도로 저항할 수 없는 권력과 결합되어" 있다는 것이 칸트의 생각이다.(IaG, A394이하=VIII22 참조)

2. 시민적 사회는 "인간의 자연권에 합치하는 헌정체제, 곧 법칙[법률]에 복종하는 이들이 또한 동시에 합일되게 법칙을 수립[입법]하는 헌정체제라는 이념"(SF, A154=VII90이하)에 따른 공동체이다. 그러므로 시민적 사회는 법적 사회이다. 시민적 사회가 "자유와 법칙을 가진 권력"체인 한에서, 그것은 '공화국'이다.(Anth, A330=B328=VII331 참조)

3. 법적 사회로서 시민적 사회는 법적 상태로서 시민적 상태와 마찬가지로, 1) "인간으로서 모든 사회 구성원 각자의 자유"와 2) "신민으로서 모든 사회 구성원의 타 구성원과의 평등", 그리고 3) "시민으로서 공동체 모든 구성원 각자의 자립성"의 원칙 위에 수립된다. 이 원칙은 이미 설립되어 있는 국가의 입법 원리여야 할 뿐만 아니라, "인간의 권리[인권]"에 입각하여 국가를 설립할 때 따라야만 할 원리이다.(TP, A235=VIII290 참조)

신 神 Gott theos deus

I. 1. 사람들은 사람이나 자연물에서 볼 수 있는 "여러 가지 속성들을 신에게 부여한다. 다만 그 속성들이 신에서는 최고도로 높여져 있다. 예컨대, 힘·지식·현재함·선량함 등등이 전능(全能)·전지(全知)·상존(常存)·전선(全善) 등등의

이름으로 말이다. 그런 중에도 독점적으로 신에게만 부여되는, 양적으로 더 이상 보탤 수 없는 세 가지 속성이 있다. 이 세 가지는 모두 도덕적인 것이다. 즉 신은 홀로 성스러운 자이고, 홀로 정복(淨福)한 자이며, 홀로 지혜로운 자이다. 왜냐하면, 이 개념들은 이미 무제한성을 수반하기 때문이다. 이 개념들의 순서에 따라서 그러므로 신은 성스러운[신성한] 법칙수립자(이자 창조자)요, 선량한 통치자(이자 부양자)요, 정의로운 심판자이다. 이 세 속성은 신이 종교의 대상이 되게 하는 일체를 포함"하고 있다.(KpV, A236=V131)

2. 도덕적 완전성을 이루는 요소가 "신성성, 선량함, 정의로움"(V-Phil-Th/Pölitz, XXVIII1073)인데, 이 세 요소가 신의 개념을 이룬다. 그래서 도덕의 문제에 있어서 신은 "신성한 입법자"이자 "선량한 세계부양자"이고 "정의로운 심판자"(V-Phil-Th/Pölitz, XXVIII1073 참조)라고 일컬어진다. 이러한 도덕적 완전성을 갖춘 자만이 도덕적 의무들에 객관적 실재성을 부여할 수 있다.

3. 그러나 신(theos)은 무엇보다도 '근원적 존재자', '시원적 존재자'의 이름인데. 신에 대한 지식 체계인 신학(theologia)(→)이 여러 종류가 있다는 사실은 이러한 신에 대한 이해가 여럿이라는 것을 말한다.

II. 1. 순전히 이성개념들에 의해 신을 이해하는 이성신학(theologia rationalis)의 초월신학에 따르면, 신은 "원본 존재자(ens originarium), 최고 실재 존재자(ens realissimum), 존재자 중 존재자(ens entium)"로서 "세계원인"이고, 자연신학에 따르면 "최고 예지자(summa intelligentia)"로서 "세계창시자"이다. 자연세계의 창시자로서 최고 예지자는 "모든 자연적 질서와 완전성의 원리"이고, 도덕세계의 창시자로서는 "모든 도덕적 질서와 완전성의 원리"이다.(KrV, A631=B659~A633=B661 참조)

2. 신을 세계원인으로만 보는 이를 "이신론자(理神論者: Deist)"라 부르고, 최고 예지자로도 보는 이를 유신론자(有神論者: Theist)라고 부르는데, 유신론자의 신만이 실로 "살아 있는 신"(KrV, A633=B661)이라 하겠다.

신성성/거룩함 神聖性 Heiligkeit

I. 1. 신성성은 "의지의 도덕법칙과의 온전한 맞음"(KpV, A220=V122)이다. 그것은 도덕적 완전성의 징표이다. "신성성은 의지의 절대적인 또는 무제한적인 완전성이다. 신성한 존재자는 도덕성에 반하는 최소한의 경향성에 의해서도 촉발될 수가 없다. 그가 도덕법칙에 어긋나는 무엇인가를 의욕한다는 것은 불가능한 일이다. 그런 의미에서 신 외에 신성한 존재자는 없다. 무릇 피조물은 언제나 무엇인가 필요욕구를 갖기 마련이고, 이를 충족시키고자 할 때는 도덕성과 합치하기만 할 수는 없는 경향성도 갖기 마련이기 때문이다."(V-Phil-Th/Pölitz, XXVIII1075) "온갖 필요욕구들과 감성적 동인들에 의해 촉발되는 존재자로서의 인간에게 있어서는 어떤 신성한 의지를, 다시 말해 도덕법칙에 거역하는 어떤 준칙도 가질 수 없는 그러한 의지를 전제할 수 없"(KpV, A57=V32)다. 그러므로 의지의 "신성성은 필연적으로 원형[原形]으로 쓰일 수밖에 없는 실천 이념이다. 이 원형에 무한히 접근해가는 것이 모든 유한한 이성적 존재자가 할 수 있는 유일한 것이다."(KpV, A58=V32) "이런 윤리적 마음씨는 신성성의 이상으로서 어떤 피조물도 그에 도달할 수 없는 것이기는 하지만, 그럼에도 우리가 그에 접근해가야 하고, 중단 없는 그러나 무한한 전진 중에서 그와 같이 되고자 애써야 하는 원형이다."(KpV, A149=V83)

2. 인간이 신처럼 신성할 수는 없지만, "능히 덕이 있을 수는 있다. 무릇 덕이란 바로 극기(Selbstüberwindung)하는 데 있는 것이니 말이다. 그러나 사람들은 무엇인가를 도덕적으로 악하다고 인식하자마자 그것을 혐오하는 이를 신성하다고 일컫기도 한다."(V-Phil-Th/Pölitz, XXVIII1075) 물론 이렇게 말할 때의 '신성함'이 신의 신성성과 똑같은 의미일 수는 없다. "어떤 이성적 피조물이 언젠가 모든 도덕법칙들을 온전히 기꺼이 행할 수 있는 경지에 이를 수 있게 된다면, 그것은 그 이성적 피조물로 하여금 도덕법칙들을 벗어나도록 자극하는 욕구의 가능성이 그에게는 전혀 없다는 정도의 것을 의미하겠다. 왜냐하면, 그러한 욕구의 극복은 주관에게 언제나 희생을 치르게 하고, 그러므로 자기강제, 다시 말해

사람들이 아주 기꺼이 행하는 것은 아닌 것에 대한 내적 강요를 필요로 하니 말이다."(KpV, A149=V83)

II. 1. 그렇다 해도 칸트는, 주관적 욕구를 배제한 채, 객관적 법칙이 될 수 있는 행위의 준칙을 스스로 세우고, 그것을 보편적 자연법칙처럼 준수하려는 인간 의지를 그 자체로 거룩하고 신성한 것이라 보고자 한다. 그러니까 "인간은 비록 충분히 신성하지는 못하지만, 그러나 그의 인격에서 인간성은 그에게 신성하지 않을 수 없다."(KpV, A155=V87)는 것이다. "그것의 준칙들이 필연적으로 자율의 법칙들과 조화하는 의지는 신성한, 단적으로 선한 의지이다."(GMS, B86=IV439) 자기 법칙수립적인 이 자율성이야말로 "그러므로 인간과 모든 이성적 자연존재자의 존엄성의 근거"(GMS, B79=IV436)라고 칸트는 말한다.

2. "근원적 선[근원적으로 선함]이란 자기의 의무를 준수함에 있어서의 준칙들의 신성성이다. 이 순수성을 자기의 준칙 안에 채용하는 사람이 그로써 아직은 비록 그 자신이 신성한 것은 아니지만 — 왜냐하면 준칙과 행실 사이에는 아직 큰 간극이 있으니 말이다 — , 그럼에도 그는 무한히 전진하면서 그것에 다가가는 도상에 있는 것이다."(RGV, B52이하=VI46이하) "마음씨의 신성성의 준칙으로의 이행"이야말로 "인간의 마음씨 안의 혁명"(RGV, B54=VI47)이다.

신앙/믿음 信仰 Glaube/Glauben

믿음 내지 신앙이란 주관적으로는 충분하지만 "객관적으로는 불충분한 것으로 여겨"(KrV, A822=B850)지는 견해이다. 그러니까 믿음은 지식이 아니다. 그러므로 오히려 "신앙을 위한 자리를 얻기 위해서 지식을 폐기"(KrV, BXXX)하지 않을 수 없다. 그러나 '믿음'이란 "객관적인 관점에서는 겸손함의 표현"이되, "주관적인 관점에서는 확고한 신뢰의 표현"(KrV, A827=B855)이다. 사람들은 확고하게 신뢰하는 것을 "스스로의 책임으로 떠맡는"(KrV, A827=B855) 것이다.

도덕신앙/도덕적 믿음

1. 신의 현존에 대한 도덕적 믿음 내지 신앙이란, 내가 인간인 한에서 윤리적 법칙을 모든 점에서 준수하는 것이 필수적인 일인데, 이것이 가능하기 위해서는 신이 현존하지 않을 수 없다는 '사실'에서 비롯하는 것이다.

2. 종교적 신앙이라는 것은 실천-윤리적인 이성의 모종의 필연적인 정립들에 기초하는 것이고, 그러나 이러한 정립들은 생각은 할 수 있으나 개념적으로 파악하기는 불가능한 '자유'를 전제하는 것이다. 인간이 "무엇을 해야 한다고 의식하기 때문에 자기는 무엇을 할 수 있다고 판단"(KpV, A54=V30)하는 한, 도덕법칙이 주어져 있음은 명백하고, 도덕법칙이 있는 한 그것을 통해서만 도덕법칙이 비로소 가능할 자유의 원인성을 받아들이지 않을 수 없다. 무엇보다도 먼저 인간인 우리 앞에 주어져 있는 '사실'인 도덕법칙이 그것의 가능 조건인 자유를 "인식하는 근거(ratio cognoscendi)"가 된다. 그러나 바로 그런 한에서 자유는 도덕법칙을 "있게 하는 근거(ratio essendi)"인 것이다.(KpV, A5=V4 참조) 그런데 도덕법칙이 "어떠한 감성적[즉 자연적] 조건에 의해서도 압도되지 않는, 도대체가 그런 것에 대해서는 전적으로 독립적인 규정 근거임"(KpV, A53=V30)이 드러나는 곳은 순수한 실천이성이다. 그러니까 종교적 신앙은 자유가 "구출"(KrV, A536=B564)되는 바로 그 자리, 곧 '사실'로 있는 도덕법칙에서 그 기반을 가지며, 그런 한에서 종교적 신앙은 도덕적 믿음으로만 가능한 것이다. 그런데 도덕법칙의 원천은 다시금 순수한 이성이니, "순전히 순수 이성만이 [...] 신앙이 생기는 원천"이고, 이로써 "순수한 이성신앙"(KpV, A227=V126)만이 인간에게 가능한 것이겠다.

3. 이성 비판을 통해 분명하게 드러난 바대로 초월적 존재자로서의 신의 현존의 인식을 위해 우리 지성은 "전혀 아무런 장비도 갖추고 있지 못하기 때문"(KrV, A636=B664)에, 갖가지 이론적인 신 존재 증명을 포함해서 신에 대한 지식 체계는 그 효력이 없다. 그러하기에 "만약 사람들이 도덕법칙들을 기초에 두지 않거나 또는 실마리로 삼지 않는다면, 도무지 이성의 신학은 있을 수 없다."

(KrV, A636=B664) 무릇 이 이성의 신학은 "논리적 확실성"이 아니라 "도덕적 확실성"(KrV, A829=B857)에 의거하고 있는 것이다. 그리고 이 도덕적 확실성은 도덕법칙으로부터 직접적으로 나오는 것이 아니라, '최고선'을 매개로 한 것이다.

최고선 개념은 사람들을 "종교에, 다시 말해 모든 의무들을 신의 지시명령[계명]들로 인식하는 데에"(KpV, A233=V129) 이르도록 한다. "하나의 신학은 또한 직접적으로 종교에, 다시 말해 우리의 의무들을 신의 지시명령[계명]들로 인식함에"(KU, B477=V481) 이르는 것이다. 신의 지시명령[계명]이기 때문에 우리가 그것을 책무로 여기는 것이 아니라, 우리가 그에 대해 윤리적으로 책무를 갖기 때문에, 그것을 신의 지시명령으로 보지 않을 수 없는 것이다.(KrV, A819=B847; RGV, B229이하=VI153이하; Op, XXI13·19·28·37 등 참조)

4. 이러한 순수한 이성신앙과 "기독교적 종교 이론" 및 "도덕"은 원칙적으로 합치한다. 무릇 기독교 종교 이론에서 "신성화"는 "확고한 결의"를 가진 "도덕적 전진에서 고정불변성의 의식"을 의미하며, 이러한 의식은 일생 동안 보다 선한 것을 향한 진보 중에서 살아왔음을 의식하는 이로 하여금 "자연스럽게 […] 이생을 넘어 계속되는 실존에서도 이 원칙들을 지킬 것이라는, 비록 확실성은 아닐지라도, 위안적인 희망을 가질 수"(KpV, A222=V121 주) 있도록 한다. "윤리의 신성성은 이승 생활에서 이성적 존재자들에게 이미 표준[먹줄]으로 지시되지만, 그러나 이에 비례한 복, 즉 정복[淨福]은 단지 영원에서만 얻을 수 있는 것으로 표상된다."(KpV, A232=V129) 왜냐하면 신성한 윤리는 언제나 모든 처지에서 이성적 존재자들의 태도의 원형이어야 하고, 그것을 향한 전진은 이미 이승 생활에서 가능하고 필연적이지만, '정복'은 이 세계에서 얻을 수 있는 것이 전혀 아니고, 따라서 오로지 희망의 대상이 될 뿐이기 때문이다.

이성신앙 理性信仰 Vernunftglaube

1. "이 세계에서의 최고선을 제시하고 촉진"(KpV, A226=V126)하기 위해서는 최고선의 가능성을 상정해야 하되, "우리 이성은 이러한 가능성을 최고 예

지자를 전제하고서만 생각할 수 있다."(KpV, A227=V126) 이러한 전제 아래에서의 '가능한 세계의 최고선' 개념을 매개로 칸트의 윤리이론은 "종교에, 다시 말해 모든 의무들을 신의 지시명령[계명]들로 인식하는 데에 이른다."(KpV, A233=V129; RGV, B229=VI153 참조) 이로부터 이성신앙이 발단하며, 이성종교는 이러한 신앙 위에 서 있다.

2. "자연의 나라와 윤리의 나라의 정확한 부합을 최고선의 가능성의 조건으로 생각"하는 것은 이론적으로 이성에게 유일하게 가능하며 "동시에 (이성의 객관적 법칙 아래에 있는) 도덕성에도 유익"하다. 그런데 이러한 부합을 위해 "순수 실천이성의 자유로운 관심은 지혜로운 세계 창시자를 상정"한다. 물론 이러한 상정이 "주관적인 것이긴 하지만, 그러나 또한 동시에 객관적으로 (실천적으로) 필연적인 것의 촉진 수단으로서 도덕적 관점에서의" "순수한 실천적 이성신앙"이다. "그러므로 이 순수한 실천적 이성신앙은 지시명령되는 것이 아니라, 자유의지적인 것"으로서 도덕적인 의도에 유익하고, 게다가 이성의 이론적 필요요구와도 일치한다. 신의 "실존을 상정하고 나아가서 그것을 이성 사용의 기초에 두도록 우리 판단을 규정하는 것"은 우리의 "도덕적 마음씨에서 저절로 생겨난 것이다." 그래서 "이성신앙은 건전한 사람에게 있어서조차 때때로 자주 동요하는 수가 있긴 하지만, 그러나 결코 무신앙에 빠질 수는 없는 것이다."(KpV, A262이하=V145이하 참조)

교회신앙과 종교신앙

1. 지상의 교회는 어디서나 역사적인 것에 바탕을 둔 교회신앙에서 출발한다. 그러나 "'주님! 주님!' 말하는 이들이 아니라, 신의 의지를[뜻을] 행하는 이들이, 그러니까 모든 인간이 다 가질 수는 없는 계시된 개념들에 따라 신을 (또는 신의 혈통을 가진 한 존재자인 신이 보낸 자를) 높이 찬양함으로써가 아니라, 그와 관련하여 누구라도 그의 의지를[뜻을] 아는 선한 품행을 통해서 신에게 흡족하게 되기를 구하는 이들만이 신에게 신이 바라는 참된 흠숭을 바치는 이들"(RGV,

B148이하=VI104이하)이다. 칸트는 전자의 신앙을 '교회신앙', 후자의 신앙은 순수한 '종교신앙'으로, 전자의 신앙에 기초한 것을 '제례적 종교' 또는 '제의종교', 후자에 기초한 것을 순수 '도덕종교'라고 구별하여 이름 붙인다.

2. 교회신앙이 계시를 통해서 우리에게 알려진 법규에 의거하는 한에서 '역사적 신앙'이라 한다면, 종교신앙은 그 법칙들에 대한 인지가 순전히 우리의 이성에 의해서 가능한 순수한 도덕법칙에 의거하는 한에서 '이성신앙'이라 일컬을 수 있겠다.

3. 사람들은 흔히 제정법적인 교회신앙을 종교로 이해한다. 십자군 원정도 교회신앙을 둘러싼 참상이었으며, 종교탄압에 저항하는 사람들도 실상은 자신들의 교회신앙에 대한 공적 허용을 요구하는 것이다. 이단자에 대한 단죄, 이른바 정통주의와 개혁주의의 갈등도 교회신앙의 차이에서 비롯한다. 무릇 이러한 분쟁과 반목에 있어서 교회신앙은 언제나 순수한 종교신앙을 "최고의 해석자"(RGV, B157=VI109)로 가지지 않으면 안 된다. "도덕신앙만이 모든 교회신앙 안에서, 바로 거기에서 본래적으로 종교인 것을 형성하는 것이다."(RGV, B162=VI112)

4. '정복(淨福)을 주는 신앙'은 두 가지 희망을 함유하는데, 하나는 신앙인 자신이 할 수 없는 것이고, 다른 하나는 자신이 마땅히 해야 하고 그래서 할 수 있는 것이다. "첫째의 신앙은 속죄(자기의 죄과에 대한 보속, 구원, 신과의 화해)의 신앙이고, 둘째의 신앙은 앞으로 계속 해나가야 할 선한 품행 중에서 신을 흡족하게 할 수 있다는 신앙이다."(RGV, B169=VI116) "선한 품행은 은총의 최상의 조건으로서 무조건적인 의무이고, 그에 반해 보다 높은 속죄는 순전한 은총의 사안"(RGV, B174=VI118)일 따름이다. 교회신앙은 여러 가지 예식을 집행함으로써 첫째의 신앙 방식을 우선시하지만, 그것이 둘째의 신앙에 종속하지 않는 한, "미신"일 뿐이다.

5. 이제 사람들이 특정한 법규에 매여 있는 교회신앙으로부터 보편적 도덕법칙을 구상화하는 종교신앙으로 점차적으로 이행하는 것은 신의 나라가 점점 가까이 오고 있음을 말한다. 참된 교회의 첫째 징표는 보편성이다. 교회신앙이 여

러 가지로 나타나는 역사적 신앙으로서 단지 국부적인 타당성을 가질 뿐이라면, 전적으로 이성에 기초하고 있는 순수한 종교신앙은 필연적인 것으로 보편성을 갖는다. 그래서 "만약 오로지 교회신앙으로부터 보편적 이성종교로, 그리하여 지상의 (신의) 윤리적 국가로의 점차적 이행의 원리가 보편적으로 그리고 어디서나 공적으로 뿌리를 내렸다면, 비록 그러한 국가의 현실적인 건립이 아직 우리와는 무한히 멀리 떨어져 있다 하더라도, 사람들이 '신의 나라가 우리에게 왔다'(「마태오복음」 12, 28)고 말할 수 있는 근거가 있는 것이다. 왜냐하면, 이 원리는 이러한 완전함으로의 연속적인 접근의 근거를 함유하고 있어서, 이 원리 안에는 스스로 발전하여 결과에서 다시금 씨를 맺는 씨앗처럼 (눈에 보이지 않게) 세상을 밝히고 지배할 전체가 놓여 있기 때문이다."(RGV, B181=VI122)

주물신앙

1. 오로지 선한 품행을 통해 신에게 흡족하고자 한다면 그것은 "도덕적인 봉사(자유봉사: officium liberum)"(RGV, B272=VI177)라 하겠으나, 그 외의 행위들을 통해 신의 은총을 얻고자 한다면 그것은 "보수 받는 봉사(노임봉사: officium mercenarium)"(RGV, B272=VI177)라 하겠다. 그러니까 '노임봉사'는 "그 자체로 신에게 흡족한 것(즉 도덕적인 것)을 아무것도 함유하고 있지 않은 행위들"을 통해 "신의 직접적인 흡족함"을 얻고자 하는, 다시 말해 "전적으로 자연적인 수단을 통해 초자연적인 작용결과"를 얻어내고자 하는, 이를테면 "마술"을 부리고자 하는 것이다. 그것은 다름 아닌 "주물숭배(Fetischmachen)"이다.(RGV, B273=VI177 참조) 그리고 교회 안에서 "주물봉사[呪物奉仕]"가 지배적이게 되면 "승직제도"가 그 기본체제를 형성하게 된다.(RGV, B276=VI179 참조) 승직제도는 교회 안에서 성직자들이 은총의 수단으로 여겨지는 교회의 여러 가지 예식들을 주관함으로써 사람들의 마음을 부당하게 지배하는 일종의 기만책이다.

2. 갖가지 교회의식은 신의 뜻에 다가서려는 수단들이다. 그것들은 모두 윤리적으로-선한 것을 촉진하려는 의도에 기초하고 있는 것으로, 1) "개인의 기

도"는 "윤리적-선을 우리 자신 안에 확립하고, 그에 대한 마음씨를 반복적으로 마음 안에 환기하는 일"이고, 2) "교회다니기"는 종규에 따라 정해진 날에 "함께 모여 거기서 종교적 가르침과 소망들을 (그리고 이와 함께 그와 같은 마음씨를) 발표하고, 그렇게 하여 그것들을 널리 전달[공유]하는, 윤리적-선을 외적으로 확산하는 일"이며, 3) "세례"식은 "신입 구성원을 신앙 공동체 안에 받아들임으로써 의무로서 그들을 그 안에서 교육시켜 후세에게 그 윤리적 선을 전파하는 일"이고, 4) "성찬식"은 "이 구성원들을 하나의 윤리체로 통합하고, 그들 상호간의 권리와 도덕적 선의 모든 과실들의 몫이 평등하다는 원리에 따라서 이 단체를 영속시키는, 반복되는 공적인 격식에 의한 공동체의 보존유지"의 수단이다.(RGV, B299이하=VI193 참조) 그러나 이러한 수단들을 이것만으로써 "신에게 흡족하게 되는, 그러니까 신을 통해 우리의 모든 소망이 충족되는 수단으로 취한다면, 주물신앙(Fetischglaube)이다."(RGV, B300=VI193)

3. 주물신앙이란 자연법칙이나 도덕법칙과는 상관없이 특정한 격식을 갖춰 그렇게 하기만 하면 "소망하는 것을 일으킬 것이라는 신조"(RGV, B300=VI193)를 말한다.

신의 현존 증명

→ 이상 → 순수 이성의 이상

신학 神學 Theologie theologia

1. 신학이란 근원적 존재자 곧 신에 대한 체계적 지식으로서 그 지식의 원천과 성격에 따라 여러 종류, 여러 방식이 있다.

2. 우선 신학은 그 지식의 토대를 계시에 두는 1) 계시신학(啓示神學: Theologia

revelata)과 그 지식의 토대를 순전히 이성에 두는 2) 이성신학(理性神學: Theologia rationalis)으로 구별된다.

3. 이성신학은 다시금 ① 초월신학(超越神學: Transzendentale Theologie): 그 대상을 순전히 초월적 개념들을 매개로 하여 순수 이성이 고구하는 신학과 ② 자연신학(自然神學: Natürliche Theologie): 그 대상을 경험적 개념을 매개로 하여 고찰하는 신학으로 구분되며, 초월신학에는 a) 우주신학(宇宙神學: Kosmotheologie): 근원적 존재자의 존재를 자연세계의 존재자로부터, 혹은 그 우연성으로부터 도출해내려 하는 신학과 b) 존재신학(存在神學: Ontotheologie): 근원적 존재자의 존재자를 순전히 순수 개념에 의해서 인식하려 하는 신학이 속하며, 자연신학에는 a) 물리신학(物理神學: Physikotheologie): 최고 예지자를 자연질서와 그 완전성의 원리로 이해하는 신학과 b) 도덕신학(道德神學: Moraltheologie): 최고 예지자를 도덕적 질서와 그 완전성의 원리로 이해하는 신학이 속한다.(KrV, A631/632=B659/660 참조)

4. 신학의 이러한 구분을 표로 만들어보면 아래와 같다.

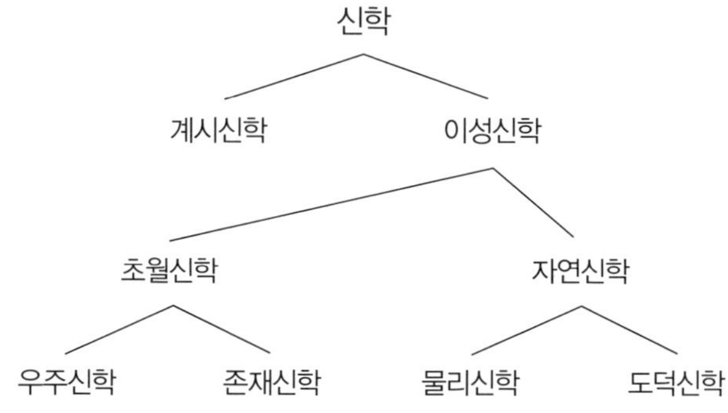

5. 이처럼 여러 종류, 여러 방식의 신학이 있지만, 칸트의 관점에서 학문으로서의 신학은 도덕신학만이 가능하다.

도덕신학

1. '신학적 도덕'이 신의 현존의 전제 아래서 윤리법칙을 끌어낸다면, "도덕신학"(KrV, A632=B660)은 윤리법칙들에 기초해서 신의 현존을 확신한다. "우리는 행위들이 신의 지시명령[계명]이기 때문에 책무 있는 것으로 여기는 것이 아니라, 오히려 우리가 그에 대해 내적으로 책무가 있기 때문에, 그 행위들을 신의 지시명령으로 보는 것"(KrV, A819=B847)이다.

2. 이로써 "도덕[성]과 종교는 또한 가장 정확하게 결합되어 있으며, 단지 서로 구별되는 것은, 도덕[성]에서는 도덕적 의무들이 모든 이성적 존재자 각각의 원칙들로서 실행되어야 하고, 이성적 존재자 각자가 목적들의 하나의 보편적 체계의 성원으로서 행위해야 한다면, 종교에서는 도덕적 의무들을 최상의 신성한 의지의 지시명령[계명]으로 본다는 점이다. 근본적으로 도덕[성]의 원칙들은 최고 완전성의 이념에 부합하는 유일한 것이니 말이다."(V-Phil-Th/Pölitz, XXVIII1102)

도덕신학에 이르는 칸트의 사유 과정

칸트의 초기 저술인 『천체 일반 자연사와 이론』(→)(1755)에도 그의 종교철학적 관심이 짙게 나타나 있다. 이 저술을 통해 칸트가 말하고자 한 바는 우주의 보편적인 기계적 합법칙성과 우주의 합목적성의 신적 근원의 조화였는데, 그것은 칸트가 아직 라이프니츠 학파의 영향 아래에서 18세기를 지배하고 있던 사조에 동조하고 있었음을 보여준다. 같은 해에 쓴 교수자격논문에 해당하는 『형이상학적 인식의 제1원리들에 대한 신해명』(→)에서도 "그것의 실존이 그 자신의 가능성은 물론이고 모든 사물의 가능성에 선행하는 존재자가 있고, 따라서 그것은 절대적으로 필연적으로 실존한다고 일컬어질 수 있으니, 이름하여 신이다."(PND, I395)라고 논변함으로써 칸트는 신의 현존을 근거율을 원리 삼아 증명하려 하고 있는데, 여기에서도 우리는 그가 라이프니츠-볼프 학파의 이성주의 형이상학의 길을 따라 걷고 있음을 볼 수 있다.

1763년의 논고 「유일 가능한 신의 현존 증명근거」(→)에서도 칸트는 "자연과학에 의거해서 신의 인식으로 올라가는 방법"(BDG, A12=II68) 곧 물리신학적 방식으로 신 존재 증명을 이끌어갈 의도를 보임으로써 상당 부분 『천체 일반 자연사와 이론』에서의 논조를 이어가고 있다.(BDG, A13=II68 참조) 세계의 합목적적인 배열을 근거로 놓고 세계창시자, 곧 신의 현존을 추리하는 물리신학적 증명방식은, 여느 증명보다도 "더 자연스럽고"(BDG, A103=II117) 감각에 가까이 있어서 상식인들에게 가장 큰 공명을 얻는 것이지만, 엄밀한 개념적 인식을 충족시킬 수는 없다. 왜냐하면 이로부터는 세계를 질서 있게 운행하는 자라는 개념은 얻을 수 있어도 세계창조자로서의 신 개념은 얻을 수 없기 때문이다. 이른바 이신론(理神論)(→)의 논변이 유신론(有神論)을 대변하지는 못하니 말이다. 오히려 물질의 보편적 운동법칙들 자신을 이성의 최상의 지혜로부터 도출하지 않으면 안 될 것이다. 그리고 그 지혜는 어떤 경우에도 그 존재가 폐기되지 않는 절대 필연적인 존재자의 본질적 속성으로 있지 않는 한 우연적인 것이 되어버릴 것이다. 그러므로 이제 물리신학적 신 존재 증명은 결국 완전한 존재자는 그 존재를 본질로 갖는다는 존재론적 신 존재 증명으로 환원되지 않을 수 없다.

완전한 존재자는 스스로 존재 가능할 뿐만 아니라, 모든 사물들의 본질을 가능하게 하는, 그러니까 이 존재자를 제거하면 일체의 사물들을 생각할 수 없게 되는 바로 그러한 존재자이다. 그러므로 "사람들이 신의 현존을 확신하는 것은 반드시 필요하지만, 그러나 그것을 반드시 입증할 필요가 있는 것은 아니다." (BDG, A205= II163) 이렇게 생각하는 한에 있어서 칸트는 여전히 이성적 형이상학의 사유방식에 머물러 있었다.

그러나 1766년에 발간된 『시령자의 꿈』에서 우리는 칸트 생각의 전환을 읽게 된다. 스웨덴의 신비가 스베덴보리(→)에 대한 비판이 표면적인 주제인 이 저술에서 칸트는 이면적으로는 교조적인 형이상학에 대한 근본적인 비판을 가함으로써 비판철학의 길을 열고 있다. 여기서 칸트는 형이상학이 수행하는 장점 중의 하나는 논구의 "과제가 과연 사람들이 알 수 있는 것에 의해 규정되어 있는

지, 그리고 물음이 우리의 모든 판단들이 항상 의지하지 않으면 안 되는 경험개념들과 어떤 관계를 가지고 있는지를 통찰하는 데에 있다."(TG, A115=II367이하) 라고 파악한다. 바로 이 대목에서 "나는 무엇을 알 수 있는가?"라는 비판철학의 선도적 물음이 그 모습을 드러내고 있다. 그래서 이제 형이상학은 "인간 이성의 한계들에 대한 학문"(TG, A115=II368)이라고 새롭게 규정된다. 그리고 이러한 비판적 형이상학의 정향 가운데에서 칸트 종교사상에도 결정적인 전기가 이루어졌으니, 도덕이 종교에 기초하는 것이 아니라, 오히려 종교가 도덕에 기초한다는 명제가 수립되고, 마침내 "도덕적 신앙[믿음]"(TG, A127=II373)의 개념이 형성되었다.

"우리의 최고로 성실한 노력에도 불구하고 우리의 권능 안에 있지 않은 모든 선한 것과 관련해서 신의 도움에 대한 무조건적인 신뢰"(1775. 4. 28 자 Lavater에게 보낸 편지, X178)라고 풀이된 '도덕적 신앙'의 개념 위에 '최고선'의 개념과 함께 신의 현존과 내세에 대한 합당한 희망이 기초하고 있으니, 이로써 칸트 비판철학의 도덕신학(윤리신학)의 토대가 마련된 것이다.

물리신학

1. 자연신학이 목적론의 방식에 따라, 경험적으로 인식된 자연목적으로부터 최상의 원인을 추론하면 물리신학이 등장한다.

2. "자연적 신학은 이 세계에서 마주치는 성질들, 곧 질서와 통일성으로부터 세계창시자의 속성들과 현존을 추리한다. 그런데 이 세계 내에는 두 종류의 원인성, 곧 자연과 자유 및 그것의 규칙이 있는 것으로 받아들여져야만 한다. 그래서 자연적 신학은 이 세계로부터 최고 예지자로 올라가거니와, 최고 예지자란 모든 자연적 질서와 완전성의 원리이거나 모든 도덕적 질서와 완전성의 원리이다. 전자의 경우에 그것은 물리신학이라고 하고, 후자의 경우에 도덕신학이라고 한다."(KrV, A632=B660) 양자 중 물리신학이 "자연스럽게"(KU, B400=V436) 도덕신학에 선행한다. 그러나 물리신학은 우리의 궁극목적을 인식하는 데는 쓸모

없음이 드러난다.(KU, §85 참조) 그것은 언제나 물리적 목적론에 머물고 마는데, 이는 목적 관계가 언제나 경험적으로 자연에 의해 조건 지어지기 때문이다. 우리는 물리신학의 범위 내에서는 결코 어떠한 지적 존재자에도 이를 수 없고, 그런 한에서 어떠한 "신성[神性]의 개념"(KU, B409=V441)에도 이를 수 없어서, 목적론적으로 반성하는 판단력에 원리로 쓰일 수 있을 최상의 원인을 인식할 수가 없다. (→이상 →순수 이성의 이상에 대한 비판 →신의 현존에 대한 물리신학적 증명의 불가능함) 그래서 물리신학은 실은 "하나의 오해된 물리적 목적론으로, 신학을 위한 준비(예비학)로서만 유용하다."(KU, B410=V442) 그것은 자연목적들의 관찰을 통해 궁긍목적의 이념에 이르는 계기를 제공한다는 점에서만 의의를 갖는 것이다.

실러 Johann Christoph Friedrich Schiller

1. 실러(1759~1805)는 극작가이자 시인, 수필가로서 독일 문학의 거봉일 뿐만 아니라 철학자이자 역사가로서도 큰 업적을 남겼다. 그의 윤리학적-미학적 사상은 칸트의 역사철학과 도덕철학의 영향을 받았으나 때로는 칸트에 비판적이었는데, 칸트 또한 실러의 관점을 듣고 유의하였다.

2. 실러도 기본적으로는 자기의 "주장들이 칸트의 원칙들에 의거하고" 있음을 "숨기지 않고"("Über die ästhetische Erziehung des Menschen"(1793~94), 1. Brief, in: Friedrich Schiller, SW, V, 570), "인간은 그의 물리[학]적 상태에서 자연의 힘을 겪고 견디며, 미[학]적 상태에서 이 힘에서 벗어나 자유롭고, 도덕[학]적 상태에서 그것을 지배하게 된다."("Über die ästhetische Erziehung des Menschen", 24. Brief, in: Friedrich Schiller, SW, V, 646)고 본다. 그럼에도 실러가 보기에 "칸트의 도덕철학에는 모든 우미의 여신들을 놀라서 뒷걸음치게 하는 강한 어세로 의무의 이념이 강론되고 있다."("Über Anmut und Würde", in: Friedrich Schiller, SW, V, 465) 이러한 생각을 실러는 시를 통해 풍자하기도 했다. — "이론적 영역

에서는 더 이상 아무것도 발견되지 않는다네. / 그럼에도 실천 명제는 타당하다네: 너는 할 수 있다. 왜냐하면, 너는 해야 하니까."(Schiller, *Die Philosophen*, Achter)라고 표현했다.

실러가 보기에 "아름다운 영혼에서 감성과 지성, 의무와 경향성은 조화를 이루고"("Über Anmut und Würde", in: Friedrich Schiller, SW, V, 468), 우미는 거기에서 표현된다. "우미는 자유의 영향 아래에 있는 형태의 미, 즉 인격이 규정하는 그러한 현상들의 미인 것이다."("Über Anmut und Würde", in: Friedrich Schiller, SW, V, 446)

3. 도덕법칙의 수행은 우미와 결합된다는 이러한 실러의 생각에 대해 칸트는 직접적으로 반대 의견을 내놓았다. ― "실러 교수는 거장의 솜씨로 쓴 그의 논문, 도덕에서의 「우미와 존엄에 관하여」(《탈리아(*Thalia*)》, 1793, 제3호)에서 이러한 책무의 표상방식을 사상누각과 같은 기분을 일으킨다고 비난하고 있다. 그러나 우리는 가장 중요한 원리들에서 일치하고 있으므로, 나는 이 점에서도 어떠한 불일치도 수용할 수 없다. 우리가 단지 서로를 이해시킬 수만 있다면 말이다. ― 기꺼이 고백하거니와, 나는 의무개념에 바로 그 존엄[성] 때문에 우미를 덧붙일 수가 없었다. 왜냐하면 의무개념은 무조건적인 강요를 함유하는데, 우미는 이것과는 정면으로 모순되는 것이기 때문이다. (시나이 산정의 율법[계명]과 마찬가지로) 법칙의 위엄은 (뒷걸음치게 하는 공포도 아니고, 친밀하게 끌어들이는 매력도 아닌) 외경을 불러일으킨다. 외경은 신하가 그의 군주에게 갖는 존경[같은 것]이되, 이 경우에는 군주가 우리 자신 안에 있는 것이므로, 어떤 아름다운 것보다도 더 우리를 사로잡는, 우리 자신의 규정[사명]에 대한 숭고의 감정을 일깨운다. ― 그러나 덕, 다시 말해 자기의 의무를 정확히 이행하는 확고하게 기초 다져진 마음씨는 그 결과에서도 자애롭고, 자연이나 기예가 이 세계에서 이룩할 수 있는 모든 것보다도 더욱 그러하다."(RGV, B10이하=VI23; 참조 V-MS/Vigil, XXVII 490·623)

칸트의 이러한 재반론에 대해 실러는 편지를 보내 상호 간에 진의에 대한 오해가 없기를 바라면서 일깨움에 대한 사의를 표했다.(1794. 6. 13 자 실러가 칸트에게 보낸 편지, XI506이하 참조) 이에 부응하여 칸트도 실러에게 보낸 편지에서 "[당신의] '미적인 인간 교육에 관한 서신들'을 탁월하다고 생각하며, 이에 관한 나의 생각을 언젠가 당신에게 전달할 수 있도록 이를 공부할 것이다."(1795. 5. 30 자 실러에게 보낸 편지, XII11)라고 호감을 표했다.

실용적 實用的 pragmatisch

1. '실용적'은 순전히 이론적인, 한낱 사변적인 것과 대조적인 의미를 갖는다. 이성이 행복을 얻기 위한 수단을 강구하는 과제만을 맡게 되면, "이성은 감관들이 우리에게 추천하는 목적들을 달성하기 위한 자유로운 태도의 실용적 법칙들만을 제공할 뿐, 온전히 선험적으로 규정된 순수한 법칙들은 제공할 수가 없다."(KrV, A800=B828)고 말할 때의 '실용적 법칙'은 곧 "영리함의 규칙"(KrV, A806=B834)을 지칭한다. 이로써 이론적 고려와 실천적 고려의 차이를 넘어 '실용적'이 '도덕적'과 대립적인 의미를 얻게 된다.(MS, RL, A232=B263=VI354 참조) "실용적인 훈계"(GMS, B49=IV419)가 도덕 명령이 될 수는 없다는 뜻에서 말이다. 정언명령만이 도덕 명령이 될 수 있는 반면에 가언명령은 기껏해야 "실용적, 다시 말해 영리함의 명령"(V-MS/Vigil, XXVII486)인 것이다.

2. 그러나 "사회에서 보편적으로 사용될 수 있는 지식은 실용적"(Refl 1482, XV660)이라고 말할 때의 '실용적'은 '인류의 보편적 복지 증진에 도움이 되는'을 뜻한다.(GMS, B44=IV417; Anth, BA4=VII119 참조) "인간이 자기의 능력들을 [···] 배양하고, 실용적인 견지에서 자기의 현존의 목적에 알맞은 인간이 되는 것은 도덕적-실천적 이성의 지시명령[계명]이자, 인간의 자기 자신에 대한 의무이다."(MS, TL, A111=VI445)

3. 칸트는 인간의 소질을 기술적 소질, 실용적 소질, 도덕적 소질로 나누어 고찰하는데, 이런 경우 "문화에 의한 문명화의, 특히 교제 속성들의, 실용적 소질은, 그리고 사회적 관계에서 순전한 자기 실력의 야만성에 벗어나 (아직 윤리

적이지는 못하더라도) 교화된, 화합을 본분으로 하는 존재자가 되려는, 자연적" (Anth, A319=B317=VII323) 성향을 말한다. 곧 인간은 그의 실용적 소질로 인하여 사회생활을 하는 것이다.

『실용적 관점에서의 인간학』 / 『인간학』 *Anthropologie in pragmatischer Hinsicht*

칸트 인간학의 형성 과정과 단행본 『인간학』의 출간

1. 1756년 4월(32세)에 교수자격을 얻어 14년 동안 사강사 생활을 하고, 1770년 3월(46세) 마침내 정교수에 취임한 칸트가 실용적 견지에서 인간학 강의를 시작한 것은 1772/73년 겨울학기였다. 이 강의는 당시 대학의 최고 인기 강의여서 칸트는 이를 1795/96년 겨울학기까지 매년 개설하였으며, 노령으로 더 이상 강의를 할 수 없게 되자 — 칸트는 1796년 7월 23일에 대학에서 마지막 강의를 하였다 — 이 강의록을 1796/97년간에 정리하여 1798년에 비로소 단행본 『실용적 관점에서의 인간학』으로 출간하였다. 그러니까 칸트가 인간학 강의를 하던 기간은 그의 철학을 상징하는 '비판철학'의 시기로서 그야말로 칸트의 사상이 만개해 있었던 때이다.

2. 칸트가 대학에서 인간학 강의를 시작하기 직전까지도 독일의 대학들에서는 여전히 볼프(→)류의 형이상학적 인간 지식만이 강론되었다. 그러나 이미 대중들은 영국에서 유입된 로크(→)의 인간지성론, 흄(→)의 인간본성론에 열렬한 관심을 보였고, 프랑스의 지성 볼테르(Voltaire, 1694~1778)와 루소(→)의 저술들을 통해 새로운 인간 이해를 추구하였다. 이러한 지적 상황에서 칸트의 인간학은 바움가르텐(→)의 『형이상학』(1739, [4]1757)의 일부를 이룬 "경험심리학(psychologia empirica)"(*Metaphysica*, §§504~699)을 출발점으로 삼되, 그 안에 포함되어 있던 형이상학적 요소들을 당대의 과학, 역사, 문학, 여행기 등을 통한 직간접

의 체험적 지식으로 대체해나갔다. 그런 도정에서 자연스럽게 당대의 능력심리학을 받아들였고, 당시 '독일의 흄'이라 불리던 테텐스(→)의 『인간의 본성과 그 발전에 관한 철학 시론』(전2권, 1777) 또한 참고한 것으로 보인다. 이로써 칸트는 이 강의를 거듭하는 동안 젊은 수강자들에게 인간에 대한 스콜라적 규정이 아니라, 인간의 삶에 대한 실천적 지혜를 제공하고자 했다. 곧 칸트는 '실용적 관점에서의 인간지'를 겨냥했던 것이다.

3. 칸트는 그의 인간학에서 '완전한' 또는 '완벽한' 인간의 상을 제시하고자 하는 것이 아니라, 실제 인간의 다양한 면모, 수없이 자기모순적인 인간, 그런 중에서도 자율적인 존재자로서 끊임없이 도덕적 개선을 향해 전진하고 있는 인간을 보여준다. 칸트의 '인간지'는 '개인'의 소묘에서 시작해서 '인류'에 대한 기대로 나아가고 있는 것이다. 그렇게 해서 일종의 경험과학(심리학)처럼 보이는 그의 인간학 역시 자연과 역사의 모든 자료들을 뛰어넘어가는 '철학적' 내지는 '이성적' 인간 이념을 정점에 두고 있다. 그럼에도 이 인간학은 '순수 이성'의 철학이 아니다. 인간학에서 칸트는 순수한 이성의 사고 원리를 탐구(논리학)하는 것도 아니고, 그렇다고 오로지 순수한 이성으로 사고하고 법칙을 수립할 수 있는, 그러니까 초감성적 대상들에 대해 탐구(형이상학)하는 것도 아니다. 칸트 인간학의 주제는 '순수한 영혼/마음/정신'이나 한낱 물체적인 몸/육체/신체가 아니라, 사회적 문화적 관계 속에서 살아가고 있는 심리적-생리적 역량을 가진 시민적 인간, 요컨대 일상인의 관점에서 보고, 볼 수 있는 인간이고, 인간학의 내용은 그러한 인간에 대한 앎이다. 그러니까 칸트는 그의 '비판철학'을 완성해가는 동안, 다시 말해 순수한 이성에 의한 순수한 이성에 대한 비판 작업, 곧 형이상학적 탐구를 하는 내내 다른 한편으로는 평범한 이성이 관찰한 인간의 모습에 대해서 강의했던 것이다.

4. 더 이상 강의를 할 수 없는 노년에 이르러 칸트는 이 강의의 교재를 바탕으로 『실용적 관점에서의 인간학』(*Anthropologie in pragmatischer Hinsicht* abgefaßt von Immanuel Kant. Königsberg bey Friedrich Nicolovius)을 1798년에 출간한 데 이어, 1800년에는 개정판을 펴냈다.

『인간학』의 대강

I. 1. 『실용적 관점에서의 인간학』에서 '실용적'(→)이란 "어떤 기술의 실행에 쓸 수"(Anth, B82=A82=VII176) 있는 것, 그리하여 세계시민으로서의 인간에게 보편적으로 쓸모가 있는 것을 말하며, 그것은 인간의 "보편적 복지를 위한 예방적 배려에서 나온" 것(GMS, B44=IV417)으로, 이러한 "실용적 인간지는 자유로운 행위자로서 인간이 그 자신에서 무엇을 이루고, 이룰 수 있으며, 이루어야만 하는가에 향해 있다."(Anth, BAIV=VII119)

인간 존엄성의 담보인 인격의 가치는 인간이 오로지 선한 자유의지로써 순수한 도덕법칙을 준수하는 데서 볼 수 있는 것이고, 도덕법칙이란 "행복할 만한 품격 있음 외에는 다른 아무것도 동인으로 갖지 않는 한의 실천 법칙"(KrV, A806=B834)을 일컫는 것인 반면에 '실용적'인 것이란 "행복의 동인에서의 실천법칙", 다시 말해 한낱 "영리함의 규칙"(KrV, A806=B834)을 지칭하는 것이 분명하다. 그럼에도 인간이 "자연적 완전성을 발전시키고 증진"시킬 자신에 대한 의무를 갖는다고 보는 칸트는 "인간이 자기의 능력들을 […] 배양하고, 실용적인 견지에서 자기의 현존의 목적에 알맞은 인간이 되는 것은 도덕적-실천적 이성의 지시명령[계명]이자, 인간의 자기 자신에 대한 의무이다."(MS, TL, A111=VI445)라고 힘주어 말한다.(→ 실용적)

2. 이미 칸트는 그의 철학적 종교론에서 '가능한 최고선'의 개념을 통하여 행복의 원리와 도덕의 원리가 합일될 수 있음을 역설했거니와, 그의 '실용적 인간학'은 인간이 그러한 합일을 이룰 수 있는 자리를 함께 서술하고 있다.

II. 1. 『실용적 관점에서의 인간학』의 얼개는 다음과 같다.

머리말

제1편 인간학적 교수론

제1권 인식능력에 대하여

제2권 쾌와 불쾌의 감정에 대하여

제3권 욕구능력에 대하여

제2편 인간학적 성격론

A. 인[人]의 성격

B. 성[性]의 성격

C. 민족의 성격

D. 인종의 성격

E. 인류의 성격

2. 칸트 '인간학'의 상당 부분은 심리학을 그 내용으로 가지며, 어느 면 철학개론의 성격을 갖는다. 당대의 교양학문으로서 칸트의 인간학은 우리에게 생활세계에서의 인간의 적나라한 모습을 보여줌과 동시에, 인간이 "이 세계에서의 가장 중요한 대상"이고 "그 자신의 최종 목적"(Anth, BAIII=VII119)인 한에서, 세계 자체와 인간 자신에 대한 적확한 이해의 표현이다. 이러한 인간학의 탐구는 인간의 자기 자신과 자기의 활동, 그리고 그의 거소인 이 세계를 관찰하면서 인간이 자기 자신이 최종 목적임을 알아가는 수행방식이다. 이를 통해 인간은 자기 생의 구조를 파악하고 자기 생의 의미를 알며, 자기 생에 대해서 알게 된 바에 따라 다시금 살게 되거니와, 이러한 지속적인 탐구와 거듭되는 수행방식은 그의 사념을 지속적으로 풍부하게 보충하고, 그 자신의 사유 내용을 변화시키고 발전시키며, 마침내 인간의 '개념' 내지 '이념'에 이르러 이에 비춰 그 자신을 교화한다. 그로써 인간은 '철학적'이지 않을 수 없고, 그래서 칸트는 "인간의 내면과 외면을 인식하는 방식"에 대한 탐구를 "인간학적 교수론(Didaktik)"이라 명명했다.

3. 어떻게 가르치고 배워야 하는지에 대한 실천적 수행을 다루는 것이 방법론이라면 무엇을 가르치고 배우는지에 대한 이론적 고찰이 교수론이라 하겠다. 이러한 개념 구분을 고려할 때, 칸트 『인간학』을 구성하고 있는 두 부문, 곧 '교수론'과 '성격론'은 칸트의 『논리학』 또는 『순수이성비판』의 '요소론'과 '방법론'에 비견될 수 있다.

칸트는 논리학을 강술하는 당시의 방식에 맞춰 『논리학』 강의를 사고 형성의 요소를 다루는 '요소론'과 사고 및 인식의 성격과 구분을 설명하는 '방법론'으로 편성했거니와, 『순수이성비판』도 유사한 편제를 가지고 있다. 그래서 사고의 보편적 형식을 다룬 칸트의 일반 논리학은 일반 요소론과 일반 방법론이라는 두 부문으로 이루어져 있고, 경험적 인식의 가능 원리를 함유하는 초월 논리학을 기술하고 있는 그의 『순수이성비판』은 초월적 요소론과 초월적 방법론이라는 두 부문을 갖는다. 초월적 요소론이 인식을 규정하는 세 요소, 즉 감성의 형식과 지성의 형식, 그리고 이성의 변증성을 그 내용으로 갖는다면, "순수 이성의 완벽한 체계를 위한 형식적 조건들을 규정"(KrV, A707=B735이하)하는 초월적 방법론은 "순수 이성의 훈육과 규준, 건축술, 마지막으로 역사"(KrV, A708=B736)를 내용으로 갖는다.

물체로서의 인간이 아니라 생명체 곧 영혼적 존재자로서의 인간을 주제로 하는 칸트의 인간학은 '교수론'에서 한 인간을 인간이게 하는 생명 활동의 세 요소, 즉 인식능력, 쾌와 불쾌의 감정, 욕구능력 등, 통상 인간 마음의 세 능력으로 꼽히는 지(知)·정(情)·의(意)의 능력을 서술한다. 이어서 '성격론'은 그러한 마음의 능력들을 발휘하는 인간을 생리적으로, 사회적으로 규정하는 외적 조건들 곧 "성격들"에 대해 서술하고 있다. 칸트는 한 사람의 지(知)·정(情)·의(意)의 활동이 그의 천성과 기질, 성향은 물론 그가 남자인지 여자인지에 따라, 그가 어떤 민족의 일원이며 어떤 인종에 속하는지에 따라 영향을 받는다고 보는 것이다. 이로써 칸트의 인간학은 한 인간을 형성하는 내면적 요소들과 외면적 조건들에 대한 앎의 체계에 이른다.

『인간학』의 학문사적 의의

1. 칸트가 당대의 능력심리학적 마음 이론에 맞춰 인간의 영혼(anima) 능력, 마음(animus)의 활동을 지(知)·정(情)·의(意)로 나누어서 고찰하고, 그에 따라 인간의 마음이 추구하는 최종의 가치를 진(眞)·미(美)·선(善)으로 잡고서, 이 세 가

지 가치의 성립 조건들을 인간의 세 마음 활동의 비판을 통해 밝힌 것이『순수이성비판』(1781 · 1787) ·『판단력비판』(1790) ·『실천이성비판』(1788)이며, 이것이 칸트철학의 골격을 이루고 있다. 그러니까 칸트의 진(眞) · 선(善) · 미(美)의 형이상학, 초월철학은 그 바탕에 인간에 대한 칸트의 경험적 지식, 곧 그의 인간학을 바탕에 두고 있는 것이다. 그리고 인간이 추구하는 최고 가치의 원리들을 이렇게 하나의 토대 위에서 해설한 칸트의 철학은 철학의 대명사가 되었다.

2. 칸트 인간학이 칸트철학 내에서 이러한 의의를 가지며, 또 대학에서의 '인간학 강의'가 대단한 인기와 호응을 받았던 것과 마찬가지로 단행본으로 출간된 이 책『실용적 관점에서의 인간학』또한 많은 독자를 얻었다. 그럼에도 칸트의 인간학은 더 이상 지식인들 사이에서는 화제가 되지 않았다. 그것은 1790년대 후반 독일의 지성계는 이미 이른바 '독일이상주의'(→) 시대의 정신에 충만해 있었고, 더 이상 '경험'이라는 상투적인 자료에 따른 제한적이고 비체계적인 사고에 머물러 있지 않았기 때문이다.

3. 그러나 2세기가 지난 현금에 이르러서도 칸트의 비판철학은 인간 문화 형성의 한 요소로 살아 있으니, 그의 철학의 토대를 이루고 있는 인간에 대한 그의 경험적 이해를 엿보는 일은 여전히 의미가 없지 않다. 이 점에서『실용적 관점에서의 인간학』의 그 의의가 자못 크다.

실재론 實在論 Realismus

관념론(→)의 켤레 개념으로서의 실재론은 관념론이 그러하듯이 다의적이다. 그래서 심지어 어떤 의미의 실재론은 다른 의미에서는 관념론이 되기도 한다.

경험적 실재론 empirischer Realismus

1. 칸트는 자기의 초월적 관념론(→)을 경험적 실재론이라 하며, 이를 로크류

의 경험적 관념론과 구별한다. 칸트 생각에 경험적 관념론자는 "감관의 대상들에 대하여, 그것들이 외적인 것이어야 한다면, 그것들은 그 자체로서 감관 없이도 실존해야만 하는 것이라 잘못 전제한 후에, 이런 관점에서 우리의 모든 감관의 표상들이 그것들의 현실성을 확신하기에는 불충분한 것"(KrV, A369)이라는 주장을 편다. 반면에 칸트의 경험적 실재론은, 우리 감각을 통하여 파악된 대상들은 파악된 그대로가 실재하는 것이며, 그것은 감각에 독립해서 그 자체로서 존재하는 어떤 것의 모상(Abbild)이나 가상(Schein)이 아니다. 다만 그것은 우리 의식에 그런 것으로 나타난 것이기 때문에 '현상(Erscheinung)'이라고 말해야 하는 것이다. 이 '현상', 즉 의식에 나타난 것 말고 더 이상 어떤 것이 실재하는지를 우리, 즉 감각적으로 인식할 수밖에 없는 유한한 존재자로서 인간은 원리적으로 알 수가 없다.

2. 감각을 통하여 우리에게 주어지는 모든 사물들, 즉 자연의 실재와 인식에 관련한 칸트 초월철학의 주장의 적극적인 면을 경험적 실재론이라고 부른다면, 이 주장의 유효한 영역을 제한한다는 의미에서 소극적인 면을 초월적 관념론이라고 부를 수 있다.

3. 그러나 칸트에서 감성과 지성, 통칭해서 의식의 초월적 기능, 즉 의식에 미리 놓여 있는 선험적 표상들이 경험을 가능하게 하는 조건들로 기능함을 표현하기 위해서 칸트의 초월철학을 '구성설(Konstruktionstheorie)'이라고 부르는 것은 적절하지 않다. 인식주관의 선험적 요소들의 초월적 기능은 대상을 형식의 면에서 규정하는 것, 다시 말해 틀 지우는 작용이지, 단지 개념을 구성(→), 곧 직관에서 현시하는 작용이 아니기 때문이다.

초월적 실재론 transzendentaler Realismus

1. 초월적 "관념론에 반대되는 것이 초월적 실재론인데, 이 이론은 시간과 공간은 (우리 감성에 독립적인) 자체로 주어진 어떤 것으로 본다. 그러므로 초월적 실재론자는 외적 현상들을 — 사람들이 그것들의 현실성을 인정한다면 — 우리

와 우리 감성에 독립적으로 실존하는, 그러므로 순수한 지성개념들에 따르더라도 우리 밖에 존재할 터인 사물들 자체라고 표상한다. 이 초월적 실재론자는 본디 나중에는 경험적 관념론자 노릇을 하는 이"(KrV, A369)가 되어, 우리의 현실 세계를 사물 자체의 한낱 가상으로 본다.

2. 경험적 실재론자는 현상으로서 사물 세계를 지각되는 그대로 받아들인다. 현상세계가 바로 진상인 것이다. "이에 반해 초월적 실재론은 필연적으로 곤경에 빠져 경험적 관념론에 자리를 내줄 수밖에 없음을 알게 된다. 이 이론은 외감의 대상들을 감관 자신과는 구별되는 어떤 것으로, 한갓 현상들을 우리의 밖에 있는 독자적인 존재자로 보기 때문이다. 그리고 그렇게 되면 두말할 것도 없이, 이 사물들에 대한 우리의 표상을 제아무리 잘 의식한다 해도, 표상이 실존한다 해서 그에 상응하는 대상도 실존한다는 것이 조금도 확실하지 않기 때문이다." 그러나 경험적 실재론의 체계에서는 이 "외적인 사물들, 곧 물질은 그것의 일체의 형태와 변화들에서도 다름 아닌 한낱 현상들, 다시 말해 우리 안의 표상들이고, 그것들의 현실성을 우리는 직접적으로 의식한다."(KrV, A371 참조)

3. 초월적 실재론자들처럼, "사람들이 외적 현상들을 그 자체로 우리 밖에 있는 사물들인 그것들의 대상들에 의해 우리 안에서 결과로 나타난 현상들로 본다면, 그들이 이 사물의 현존을 결과에서 원인을 추리하는 방식 외에 어떻게 달리 인식할 수 있는지는 알아낼 수가 없다. 그런데 이런 추리에서 저 원인이 우리 안에 있는지 밖에 있는지는 여전히 의문으로 남아 있을 수밖에 없다. 이제 사람들이 설령 우리의 외적 직관들에 대해서, 초월적 의미에서 우리 밖에 있음직한 어떤 것이 그 원인이라고 인정할 수 있다 하더라도, 이 어떤 것이 우리가 물질 내지 물체적 사물이라는 표상들로 이해하는 대상은 아니다. 왜냐하면 이것들은 오로지 현상들, 다시 말해 순전한 표상방식들이기 때문이다. 그것들은 항상 단지 우리 안에만 있는, 그리고 그것들의 현실성이 우리 자신의 사고 내용에 대한 의식과 마찬가지로 직접적인 의식에 의거하고 있는 것이다. 초월적 대상은, 내적 직관과 관련해서든 외적 직관과 관련해서든, 마찬가지로 알려지지 않는다. 그러나 문제가 되는 것은 초월적 대상이 아니라 경험적 대상으로, 그것이 공간상에

서 표상되면 외적 대상이라 일컬어지고, 오로지 시간 관계에서만 표상되면 내적 대상이라 일컬어진다. 그런데 공간과 시간 이 둘은 오로지 우리 안에서만 마주치는 것이다."(KrV, A372이하)

실재성 實在性 Realität realitas

1. 칸트에서 '레알(real)'은 라틴어 '레스(res)'의 형용사 '레알리스(realis)'의 본래 의미를 유지하고 있다. 곧 '레알'은 '사물적', '사물을 이루는', '사물에 속하는'을 뜻하며, 그런 한에서 실재성은 사물의 존재(있음)의 양태를 말하는 것이 아니라, 사물의 무엇'임'을 말한다. 그래서 칸트에서 실재성은 범주 질(Qualität)(→)의 한 항이고, 그렇기에 실질성 또는 실재실질성의 의미로 새겨야 한다.

2. 실재성이 '~임[함]'을 뜻하는 한에서 그 반대 항은 부정성, 곧 '~아님[~아니 함]'이며, 실재성=1과 부정성=0 사이에는 무수하게 정도의 차이가 있는 제한성(1>X>0)의 항이 있다. — "실재성은 순수 지성개념에서 감각 일반에 대응하는 것이다. 그러므로, 그 개념 자체가 (시간상에서) 하나의 '임'[~함]을 지시하는 그런 것이다. 반면에 부정성은 그 개념이 (시간상에서) 하나의 '아님'[~아니 함]을 표상하는 그런 것이다. 그러므로 양자의 대립은 동일한 시간의, 채워진 시간이냐 비어 있는 시간이냐의 차이에서 생긴다. 시간은 단지 직관의 형식, 그러니까 현상으로서의 대상들의 형식이므로, 이 대상들에서 감각에 상응하는 것은 사물 자체로서의 모든 대상들의 초월적 질료(사물임, 실재[실질]성)이다. 그런데 모든 감각은 일정한 도[度] 내지는 양을 가지며, 이에 의해 감각은 동일한 시간을, 다시 말해 한 대상에 대한 동일한 표상과 관련해 내감을, 무(=0=無)에서 멈출 때까지 많든 적든 채울 수 있다. 그래서 실재성과 부정성과의 관계와 연관성, 아니 차라리 실재성에서 부정성까지의 이행[移行]이 있으며, 이 이행은 매 실재성을 양적인 것으로 표상한다. 그리고 무엇인가가 시간을 채우는 한에서, 그 무엇인가의 양으로서의 실재성의 도식은 바로 이 연속적이고 동형적인 양의 생산이며,

그것은 우리가 시간상에서 일정한 도를 갖는 감각에서부터 그 감각의 소멸점까지 내려가거나, 부정성[0]에서부터 감각의 어느 양까지 점차 올라감으로써 생기는 것이다."(KrV, A143=B182이하)

객관적 실재성

1. 객관적 실재성(客觀的 實在性: objektive Realität)이란 객관과 관계 맺고, 객관의 규정을 이룸을 말한다.(→ 대상/객관/객체)

2. 한 인식이 객관적 실재성을 갖는다 함은, 그 인식이 "한 대상과 관계 맺고, 그 대상에서 의미와 의의를 가"짐(KrV, A155=B194)을 말한다. 그러니까 '실재성'이라는 말이 낱말의 본래 뜻대로 사용된다면 그것은 언제나 '객관적 실재성'을 지칭한다. 그래서 이미 한 대상의 인식으로부터 유래하는 경험적 인식의 경우에는 그 인식이 인식된 대상과 관계 맺고 있음이 이미 전제되어 있으므로, '객관적 실재성'이 문젯거리가 되지 않는다. 그러나 인식이 순전히 주관에서 비롯하는 선험적 인식(표상, 개념, 직관)이나 이념 내지 이상의 경우에는 이러한 표상이 과연 객관적 실재성을 갖는지를 고찰하지 않을 수 없다. 그래서 칸트는 "순수 수학, 특히 순수 기하학은 순전히 감관의 대상들과 상관한다는 조건 아래에서만 객관적 실재성을 가질 수 있다."(Prol, A59=IV287)고 말하는 것이다.

3. 또한 한낱 사유형식인 범주들이 객관적 실재성을 갖는다 함은, 범주들이 "직관에서 우리에게 주어질 수 있는 대상들에 대한 적용성을 얻는다."(KrV, B150이하)는 것을 말하므로, 범주들이 이러한 권리를 가짐을 입증해야 하고, 그것이 이른바 순수 지성개념들의 연역(→)의 과제이다. 경험(→)의 가능성(→)이 "우리의 모든 선험적 인식들에게 객관적 실재성"(KrV, A156=B195)을 주는 것이다. 칸트에서 어떤 표상의 객관적 실재성은 단적으로 경험적 직관에서 현시될 수 있는 것이다.

4. 그런데 또한 칸트는 도덕적 이성원리들이 감성세계 안에서 자유로운 행위들을 산출하는 한에서, 다시 말해 "순수 이성의 원리들"이 "실천적", "특히 도덕

적 사용에서 객관적 실재성을 갖는다."(KrV, A808=B836)고 말한다. 이런 경우 객관적 실재성이란 '감성세계에 대해 영향을 미칠 수 있고 있어야만 하는'(KrV, A808=B836 참조) 정도의 의미를 갖는다. 칸트는 여기서 더 나아가 "도덕법칙의 객관적 실재성은 어떠한 연역"이나 경험에 의한 확인 없이도, "명증적 확실성"(KpV, A81이하=V47)을 갖는다고 말하기도 한다. "순수 실천이성의 객관적 실재성은 도덕법칙 안에 선험적으로 마치 하나의 사실에 의해서인 양 주어져 있다."(KpV, A96=V55)는 것이다.

실재적/실재(적인 것) 實在的/實在(的인 것) real/das Reale

I. 1. '실재적인 것'은 문자 그대로 사물(res)를 이루는 것이다. 어떤 사물이 무엇인지는 감각지각을 통해 드러나는 것이므로, 감각 곧 현상의 질료(→)가 실재적인 것이다. 그러나 또한 현상은 현상의 형식(→) 없이는 성립할 수 없으므로 현상의 형식인 공간·시간 표상도 실재적인 것이다. 공간·시간은 현상들을 가능하게 하는 제일 근거, 다시 말해 현상들의 실질적 본질(essentia realis)이다. 이런 뜻에서 공간·시간은 현상들, 곧 우리에게 경험적으로 현상하는 객관들과 관련하여 실재적이다. 그런데 이 같은 사정은 범주 역시 마찬가지여서, 경험 대상은 순수 지성개념에서의 사고에서만 성립하므로, 범주 역시 경험 대상과 관련하여 실재적이다. 이로써 당초에는 감각적, 질료적이라는 의미를 갖던 '실재적'이 한낱 형식 '논리적'인 것이 아닌, 사물 내지 사태를 규정하는 실질적인 것의 의미를 얻는다.

2. 실재적인 것이란 일차적으로는 "대상에서 감각에 대응하는 바"(KrV, A166) 또는 "감각의 대상인 것"(KrV, B207)을 지칭한다.(→지각의 예취들의 원리) 좀 더 일반적으로 말하면, "주어질 수 있는 실재적인 것(das Reale dabile)"은 "개념에 대응하는 직관 중의 이것, 즉 객관적 개념에 대응하는 것인, 표상의 주관[基體]적

인 것"(OP, XXII24)이다.

II. 1. 실재적 인식이란 그 질료가 감각적인 것을 일컫는다.(KrV, A294=B351 참조)

2. 개념의 실재적 가능성이란 개념이 한낱 자기 내 모순이 없기 때문에 논리적으로 가능함을 넘어, 가능한 경험의 원리에 근거해 그것의 객관적 실재성을 가짐을 뜻한다.(KrV, A597=B625 참조) 그래서 논리적 술어와 실재적 술어 곧 "사물의 규정"(KrV, A598=B626)은 구별해야 한다. "'이다/있다'(Sein)는 분명히 실재적 술어가 아니다."라는 명제는 '이다/있다'는 "사물의 개념에다 보탤 수 있는 어떤 것"이 아니며, "한낱 사물 또는 어떤 규정들 그 자체의 설정"(KrV, A598=B626)임을 말한다.

3. 사물의 실재적 정의란 사물의 명칭을 한낱 좀 더 이해하기 쉬운 다른 말들로 바꿔놓는 것이 아니라, 그에 의해 사물이 "항상 확실하게 인식될 수 있고, 설명된 개념을 적용해 쓸 수 있도록 해주는 명석한 징표를 자신 안에 함유하는 그런 것이다."(KrV, A241) 한 개념의 실재적 설명은 "그 개념의 객관적 실재성을 분명하게 함"(KrV, A242)을 말한다. 예컨대 대상을 개념에 따라 직관에서 명시하는 수학적 설명들이 그러한 것이다.(KrV, A242 참조)

실천/실천적 實踐/實踐的 Praxis/praktisch

1. 실천은 "보편적으로 표상된 절차의 원칙에서 일정하게 수행한 것으로 생각된, 목적의 실현"(TP, A201=VIII275)이다. 목적은 사태의 변화를 겨냥하고, 목적 실현은 활동을 통해 이루어지므로, 실천이란 어떤 것을 다른 것으로 만들거나 또는 있는 것을 없게 만들거나 없는 것을 있도록 만드는 활동(facere, factio)이라는 점에서 '이론적' 또는 '사변적'과 대조적인 의미를 갖는다. 이런 실천 활동으로는 노동과 당위를 들 수 있다.

여기서 칸트는 실천을 '기술적(technisch)-실천'과 '도덕적(moralisch)-실천'으로 분간한다.(MS, TL, A15=VI387 참조) 또 목적이 경험적으로 주어지면 경험적인 실천이고, 온전히 선험적으로 주어지면 순수한 실천이다. 전자는 "임의적이고 우연적인 목적들을 위한 것"으로 숙련성이나 현명함을 겨냥하는 것이고, 후자는 "단적으로 필연적인 목적들을 위한 것"으로 당위 곧 도덕성을 겨냥하는 것이다.(KrV, A823=B851 참조) 이러한 도덕적-실천은 그 목적이 오로지 선험적으로 주어질 때만 가능하다는 점에서, '순수(한) 실천'이라고 말할 수 있다.(KrV, A800=B828 참조) 이러한 의미 연관에서 순수한 실천이성은 도덕법칙을 수립할 수 있는 능력을 지칭하는 것이다.(KpV, A45=V25 참조)

2. 비판철학에서의 칸트의 관심은 도덕적-실천에 있으며, 그가 이론과 실천, 이론이성과 실천이성 등의 켤레 개념을 사용할 때 안중에는 오직 도덕적-실천을 두고 있다. "자유에 의해 가능한 모든 것은 실천적"(KrV, A800=B828 · 참조 A802=B830)이라는 규정도 이를 염두에 둔 것이다. 그래서 때로는 '실천적'은 곧 '도덕적'을 지칭한다.(KrV, A807=B835 참조) 이러한 맥락에서 "순수 이성은 그 자체만으로 실천적이고, 우리가 윤리법칙이라고 부르는 보편적 법칙을 (인간에게) 준다."(KpV, A56=V31)

3. 순수 이성이 '도덕적-실천'을 이끈다면, 경험적으로 사용되는 이성은 흔히 '실용적-실천'의 길을 간다. — 행복의 동인에서의 실천 법칙을 실용적 법칙, 곧 "영리함(→)의 규칙"이라고 한다면, "행복할 만한 품격[자격] 있음 외에는 다른 아무것도 동인으로 갖지 않는 한의 실천 법칙"은 도덕적 법칙이라고 부른다. 실용적 실천 법칙은, "우리가 행복에 참여하고자 하면, 무엇을 행할 수밖에 없는가를 조언"하고, 도덕적 실천 법칙은 "오직 행복할 만한 품격을 갖추기 위해서 우리는 어떻게 처신해야만 하는가를 지시명령"한다. "전자는 경험적 원리들에 근거해 있다. 왜냐하면 나는 경험을 매개로 하는 것 외에는 충족되기를 바라고 있는 어떤 경향성들이 현존하는가를 알 수도 없고, 그것들을 충족시킬 수 있는 어떤 자연원인들이 있는가도 알 수 없기 때문이다. 후자는 경향성들 및 이것들을 충족시키는 자연수단들을 도외시하고, 오로지 이성적 존재자 일반의 자유 및 그 아래에서만 자유가 행복의 분여[分與]와 원리적으로 조화하는 필연적 조건

들만을 고찰한다. 그러므로 후자는 적어도 순수 이성의 순전한 이념들에 의거할 수 있고, 선험적으로 인식될 수 있다."(KrV, A806=B834)

실천 원칙/법칙/규칙 實踐 原則/法則/規則 praktische/r/s Grundsatz/Gesetz/Regel

1. "실천 원칙들은 의지의 보편적인 규정을 함유하는 명제들로서, 그 아래에 다수의 실천 규칙들을 갖는다. 이 원칙들은, 그 조건이 주관에 의해서 단지 주관의 의지에 대해서만 타당한 것으로 간주될 때는, 주관적이다. 즉 준칙들이다. 그러나 그것들은, 그 조건이 객관적인 것으로, 다시 말해 모든 이성적 존재자의 의지에 타당한 것으로 인식되면, 객관적이다. 즉 실천 법칙들이다."(KpV, A35=V19)

2. 실천 법칙은 행위하는 객관적 원리로서, 주관적 원리인 준칙과는 구별되어야 한다. 법칙은 "객관적 원리로서, 모든 이성적 존재자에게 타당하며, 그에 따라 모든 이성적 존재자가 행위해야만 하는 원칙, 다시 말해, 명령이다."(GMS, B51=IV420 주)

3. "실천 규칙은 행위를 의도하는 결과를 위한 수단으로서 지시규정하는 것이므로, 그것은 항상 이성의 산물이다. 그러나 이성만이 전적으로 의지의 규정근거가 아닌 존재자에게 있어서 이 규칙은 명령이다."(KpV, A36=V20)

『실천이성비판』 *Kritik der praktischen Vernunft*

저술 배경

1. 칸트는 고대 그리스적 전통을 이어 철학을 형식 철학인 논리학과 실질 철

학인 형이상학으로 분간하고, 후자를 다시금 '자연 형이상학(Metaphysik der Natur)'과 '윤리 형이상학(Metaphysik der Sitten)'으로 나누어보았다. 그래서 그가 '자연 형이상학'의 예비학으로서 『순수이성비판』(1781)의 체계를 제시했을 때, 사람들은 이어서 그에 상응하는 도덕철학에 대한 저술이 나올 것을 기대했다. 그때 출간된 것이 『윤리형이상학 정초』(→)(1785)이다.

그런데 칸트는 『윤리형이상학 정초』의 머리말에서 "본래 윤리 형이상학의 기초로서는 순수 실천이성 비판 외에 다른 것은 없다. 그렇기는 하지만 한편으로는 순수 실천이성 비판이 순수 사변 이성 비판처럼 그렇게 아주 필요한 것은 아니다. 왜냐하면 인간 이성은 도덕적인 것과 관련해서는 가장 평범한 지성[상식]에서조차도 쉽게 매우 정확하고 세밀하게 사용될 수 있기 때문이다. […] 그 때문에 나는 '순수 실천이성 비판'이라는 명칭 대신에 '윤리 형이상학 정초'라는 명칭을 썼다."(GMS, BXIII이하=IV391)고 말하고 있다. 이것으로만 보면 이때 칸트는 『윤리형이상학 정초』로 '실천이성 비판'을 대체한 것이라 하겠다.

그러니까 칸트는 『실천이성비판』(1788)이 출간되기 3년 전까지만 해도 이에 대한 집필 계획이 없었을 뿐만 아니라, 그것이 또한 불필요하다고 생각하고 있었다. 그리고 『윤리형이상학 정초』를 통해 "도덕성의 최상 원리의 탐색과 확립"(GMS, BXV=IV392)을 한 후 이어지는 『윤리형이상학』(→)(실제로는 「법이론의 형이상학적 기초원리」와 「덕이론의 형이상학적 기초원리」라는 2부작으로 나뉘어 1797년에 출간)에서 그 세세한 의무 항목들을 제시할 것임을 예고하고 있다.(GMS, B53=IV421 주 참조) 그뿐만 아니라, 『윤리형이상학 정초』 출간 직후에 칸트는 한 지인(知人)에게 "이제 나는 지체 없이 윤리 형이상학의 완성 작업에 착수할 것이다."(1785. 9. 13 자 Schütz에게 보낸 편지, X406)라고 말하고 있다.

2. 그러나 그 이듬해 다소 변화된 칸트의 생각이 드러난다. 그는 실천철학 체계 문제로 이론 형이상학 작업을 "최소한 2년"은 뒤로 미루어야 할 것 같은데, 실천철학 체계를 위해서도, 제1비판 작업처럼 그렇게 어렵지는 않겠지만, 여하튼 "유사한 작업"이 필요하다(1786. 4. 7 자 Bering에게 보낸 편지, X441 참조)고 말하고 있다. 이즈음 『순수이성비판』의 재판을 준비하고 있던 칸트는 다른 한편 여

기에다 ‘실천이성 비판’을 덧붙이려는 구상을 하고 있었던 것으로 보인다. 예나(Jena)에서 발간된 문예지 《알게마이네 리터라투어차이퉁(*Allgemeine Literaturzeitung*)》(Nr. 276: 1786. 11. 21)은 칸트 『순수이성비판』의 재판 출간을 예고하면서, 이 “제2판에는 제1판의 내용을 이루었던 순수 사변 이성 비판에다가 순수 실천이성 비판이 추가될 것인데, 이것은 이미 제기된 그리고 제기될 수 있는 비난에 응하여 윤리성의 원리를 확보하고, 순수 이성의 철학 체계에 선행해야만 할 비판적 탐구의 전체를 완성하는 데에 기여할 수 있을 것이다.”라고 언급하고 있다. 이런 예고 기사가 칸트 자신의 언질 없이 실렸으리라고 볼 수는 없는 일이다. 우리는 라이프치히 대학의 교수인 보른(Born)이 칸트에게 보낸 서신(1786. 11. 8 자)에서도 “당신의 탁월한 저술을 더욱더 빛나게 할 순수 실천이성 비판의 중대한 추가를 매우 기쁜 마음으로 고대하고 있습니다.”(X471)라는 구절을 읽을 수 있다.

3. 그러나 1787년 여름(머리말을 쓴 것은 4월)에 『순수이성비판』은 예고된 추가 부분 없이 기존의 내용 일부만을 수정한 채로 출판되었다. 그리고 이미 이즈음에 『실천이성비판』은 별도의 책으로 발간하기 위해 탈고되어 있었던 것으로 보인다. 칸트는 한 서신에서 “다음주면 인쇄소에 보낼 수 있다고 생각할 정도로 나의 『실천이성비판』을 완성했다.”(1787. 6. 25 자 Schütz에게 보낸 편지, X490)라고 적고 있다.

마침내 1788년 봄에 ‘제2 비판’인 『실천이성비판』이 별도의 책으로 윤리 형이상학의 예비학으로서 세상에 나왔고, 칸트 생전에 몇 개의 자구 수정을 거쳐 제2판(1792)과 제4판(1797)이 간행되었다. (제3판의 책은 지금까지 발견된 바 없다. 출판사 측의 착오로 ‘제3판’이어야 할 것이 ‘제4판’으로 인쇄된 듯하다.)

『실천이성비판』의 성격과 『순수이성비판』과의 관계

1. 『실천이성비판』이 한때의 구상과는 달리 『순수이성비판』과 한 책으로 묶이지 못한 데에는 여러 가지 이유가 있었겠지만, 무엇보다도 당시 아직 이론이성

과 실천이성 작용의 공통 원리에 관한 의견을 정립하지 못한 칸트로서는 — 이를 찾는 본격적인 작업은 비로소 『판단력비판』(1790)에서 수행되고 있다 — 이론 체계상의 문제의식이 강하게 남아 있었을 것이고, 게다가 두 이성 비판의 표적과 과제가 정반대의 것이었기 때문에 두 비판서를 분리해서 내놓는 게 더 나았을 것이다.

2. 『순수이성비판』이 순수한 사변[이론] 이성의 기능을 분별하여 순수한 선험적 인식을 가능하게 하는 원리들과 그 원리들의 적용 범위 및 한계를 규정하는 과제를 수행한 것이라면, 『실천이성비판』은 순수한 실천이성의 기능을 분별하여 순수한 윤리적 행위를 가능하게 하는 원리들과 그 원리들의 적용 범위 및 한계를 규정하는 과제를 수행한다는 점에서 두 비판은 외견상 유사성을 갖는다. 그러나 이 두 비판이 필요한 이유와 그에 따른 두 비판의 과제는 오히려 정반대이다. '순수 이성 비판'은, 순수한 이론이성이 순전히 사변적인 개념 또는 이념에게 월권적으로 객관적 실재성을 부여하고, 경험에 의존하지 않고서는 도무지 알 수 없는 것까지도 한낱 순수한 이성만으로 알 수 있다고 참칭하는 것에 대한 순수한 이성의 자기비판이다. 그러니까 그것은 순수한 이론이성이 경험적으로 사용되는 것을 방지하기 위한 것이다. 반면에, '실천이성 비판'은 순수한 실천이성에 대한 비판이 아니라 "실천이성 일반에 대한 비판"(KpV, A31=V16)으로서 "경험적으로 조건 지어진 이성이 자기만이 전적으로 의지의 규정 근거를 제공하려고 하는 월권을"(KpV, A31=V16) 비판한다. 그리하여 이 비판을 통해 밝혀지는 것은, 오히려 순수한 이성은 그리고 순수한 이성만이 무조건적으로 실천적일 수 있다는 것, 다시 말해 "순수한 이성이 그 자신만으로 의지를 규정하기에 충분"(KpV, A30=V15)하다는 것이다. '실천이성 비판'은 그러니까 '순수 이성 비판'과는 "정반대"로 경험적으로-조건 지어진 이성이 초험적인 영역에 대해서까지 "월권적으로 전제[專制]"하는 것을 방지하기 위한 것이다. 그렇기 때문에 '순수 이성 비판'을 통해서는 형이상학으로서 존재론이 불가능함이 밝혀진 것이라면, '실천이성 비판'을 통해서는 형이상학으로서의 윤리학이 정초된다.

칸트 도덕철학 안에서의 『실천이성비판』의 위치

1. 이 같은 성격을 갖는 『실천이성비판』은 '3부작'으로 볼 수 있는 칸트 도덕철학의 3대서 가운데서 출판된 순서에서뿐만 아니라 내용의 면에서도 중간적 위치를 차지한다. 맨 처음의 저술 『윤리형이상학 정초』(1785)가 칸트 도덕철학의 포괄적 서설이라면, 『실천이성비판』(1788)은 그 체계의 핵심을 담고 있고, 『윤리형이상학』(→)(1797)은 이 원리로부터 실천 세칙을 연역해놓은 이를테면 실행 윤리학이다.

2. 그러나 단지 다루고 있는 소재의 면에서만 본다면 『윤리형이상학 정초』와 『실천이성비판』 사이에는 거의 차이가 없다. 이 두 저술은 사실상 서술 방식만을 달리한 동일한 저작이라 해도 과언이 아니다. 양자의 차이점을 찾자면 거의 같은 소재들을 서로 다른 의도에 따라 서로 다르게 배열하고, 서술 방식에 있어 『윤리형이상학 정초』가 분석적이라면, 『실천이성비판』은 종합적인 점 정도이겠다. 『윤리형이상학 정초』는 자율·이념·관심·준칙·동기 등과 같은 기본 개념들을 다루면서 동시에 선의지·목적의 나라·자기 목적·궁극목적·정언명령 등 더 일반화된 개념을 전면에 세운 데에 반하여, 『실천이성비판』은 더욱 체계적인 개념들, 곧 법칙·원칙·자율·연역·법칙수립 형식·자유 개념·도덕법칙·자유의 범주들·실천이성의 우위·요청들·최고선 등을 앞세워 다룬다.

3. 『순수이성비판』이 경험적 인식을 가능하게 하는 조건, 즉 의식의 초월성과 인식 규칙들이 바로 그 인식에서 인식되는 것, 즉 경험적 존재자를 존재자로서 가능하게 하는 조건임을 해명함으로써 '존재가 곧 진리[참]임'을 밝혔다면, 『실천이성비판』은 실천 행위를 가능하게 하는 조건, 즉 자유와 도덕법칙이 실천 행위자, 즉 인격을 인격이도록 하는 조건임을 해명함으로써 순수한 '실천 의지가 곧 선[참]임'을 밝힌다. 그리고 이로써 인간 존엄성의 근거가 밝혀진다. 이런 체계적 설명의 필요에 의해서 당초에 『비판』 없이 『윤리형이상학 정초』에서 곧바로 『윤리형이상학』으로 나아가려는 칸트의 사유 과정이 순수 실천이성 능력에 대한 반성적 정사(精査)의 단계를 밟은 것이라 하겠다.

『실천이성비판』의 대강

I. 1. 칸트의 도덕철학은 인간으로서 "나는 무엇을 행해야만 하는가?(Was soll ich tun?)"를 묻고, 그 답변을 통해 인간의 도리를 깨침을 과제로 갖는데, 『실천이성비판』은 순수한 실천이성의 기능을 분별하여 순수한 윤리적 행위를 가능하게 하는 원리들과 그 원리들의 적용 범위 및 한계를 규정함으로써 이 과제를 수행한다.

2. 『실천이성비판』은 실천 행위를 가능하게 하는 조건 즉 자유와 이 자유에 근거한 도덕법칙이 실천 행위자 즉 인격을 인격이도록 하는 조건임을 해명함으로써 순수한 '실천 의지가 곧 선[참]임'을 밝힌다. 그리고 이로써 인간 존엄성의 근거가 밝혀진다.

3. 인간이 자연적 기계적 운동 외에 실천적 활동을 한다는 것은 자연법칙 외에 실천 법칙의 지배를 받는다, 다시 말해 당위 규범을 준수할 능력이 있다는 것을 말한다. 그런데 인간은 이성적 자연존재로서 경향성에 종속되어 있기 때문에 당위는 명령으로 등장할 수밖에 없다. 그리고 어떤 명령이 실천 법칙이 될 수 있기 위해서는 보편성과 필연성을 가져야만 한다. 어떤 것이 보편적이려면 언제 누구에게나 타당해야 하며, 필연적이려면 무조건적으로 타당해야만 한다. 그러니까 어떠한 경험적이고 욕구 충족을 전제로 하는 명령이라도 실천 법칙이 될 수 없으며, 실천 법칙은 오직 선험적이고 단정적인 "정언적 명령"(GMS, B44=IV416)일 수밖에 없다. 그러므로 이 명령은 실천 행위로 나아가려는 이성이 자신에게 선험적으로 무조건적으로 부과하는 규범, 곧 이성의 "자율"(KpV, A58=V33)이다. 그리고 자율적으로 자기 자신에게 명령을 발하는 이성은 '자기법칙수립적[입법적]'이며, 이 자율로서의 정언명령은 행위가 준수해야 할 '형식'을 지정한다.

이러한 '윤리성의 명령'은 "의무의 보편적 명령"(GMS, B52=IV421)으로서 그 근거를 순수한 실천이성에 둔 것이니, "순수 실천이성의 원칙"이라 하겠다. 여기서 칸트가 제시하는 원칙은 "너의 의지의 준칙이 항상 동시에 보편적 법칙수립의 원리로서 타당할 수 있도록, 그렇게 행위하라."(KpV, A54=V30)는 것이다.

4. 스스로 이 같은 행위 법칙을 세우고, 그것을 보편적 자연법칙처럼 준수하려는 인간 의지는 그 자체로 '신성하다.' 그러니까 "인간은 비록 충분히 신성하지는 못하지만, 그러나 그의 인격에서 인간성은 그에게 신성하지 않을 수 없다."(KpV, A155=V87) 그러므로 자기 법칙수립적인 이 자율성이야말로 "인간과 모든 이성적 자연존재자의 존엄성의 근거"(GMS, B79=IV436)라고 칸트는 말한다.

5. 인간의 자율성이야말로 인간과 이성적 존재자의 존엄성의 원천이다. 이제 이러한 "의지의 자율을 설명하는 열쇠"(GMS, B97=IV446)는 다름 아닌 '자유'의 개념이다. '자유'를 매개로 해서만 이성적 존재자의 선의지가 도덕법칙과 결합할 수 있다.(GMS, B99=IV447 참조) 자유는 이성적 존재자의 본질적 속성이고, 도덕법칙은 이 본질적 속성에서 비롯한 것, 자율적인 것이고, 그런 한에서 자기강제성을 갖는 것이다. 그렇기에 이성적 존재자의 자유의지란 바로 도덕법칙 아래에 있는 의지를 말한다. 역설적이게도 인간은 자연의 질서 아래에 있는 감성적 존재자이기 때문에 오히려 예지세계의 성원으로서 자율성을 가질 수 있고, '인격성' 또한 얻을 수 있는 것이다.

II. 1. 칸트 도덕철학은 자유(→) 개념에 근거하고 있다. 자유 개념은 도덕을 가능하게 하는 근거이자 칸트철학 체계의 핵심적 요소이다. ― "자유 개념은 […] 순수 이성의, 그러니까 사변 이성까지를 포함한, 체계 전체 건물의 마릇돌(宗石: Schlußstein)을 이룬다."(KpV, A4=V3이하)

2. 무릇 역학적 인과 체계인 자연세계에서 "절대적 자발성"(KrV, A446=B474)으로서 자유란 "문제성 있는 개념"(KrV, A339=B397)이고, 이를테면 "초월적 이념"(KrV, A448=B476)이다.

초월적 이념으로서 자유란 도대체 무엇을 말하는가? 그것은 일종의 "예지적 원인(叡智的 原因: intelligibele Ursache)"(KrV, A537=B565)을 일컫는다. 칸트는 이 예지적 원인으로서의 '자유'를 이른바 '순수 이성의 이율배반'의 해소를 통해 "구출"(KrV, A536=B564)해내고, 그로써 당위적 실천 행위의 근거를 마련한다.

이를 이해하기 위해서는 인간의 이중성을 시야에 두어야 한다. 인간은 감성적 존재자이자 이성적 존재자이며, 경험적 능력과 더불어 선험적 능력을 가지고 있다. 사람은 감성의 세계(sinnliche Welt)에 속해 있으면서도 또한 예지의 세계(intelligibele Welt)에 속해 있다. 인간은 자연법칙의 필연성에 종속하면서도 자유법칙의 지배 아래에도 놓여 있는 것이다.

3. 행위에서 의지가 자유롭다 함은 "완전한 자발성"(KrV, A548=B576)을 말하며, 이로부터 자연 안에 어떤 사건이 발생함을 뜻한다. 그러므로 이를테면 '실천적 자유'는 현상에서의 발생의 원인이 그렇게 결정적인 것은 아니며, "우리의 의사[의지] 안에" "저 자연원인들에 독립해서, 그리고 심지어는 자연원인들의 강제력과 영향력에 반하여, 시간질서에 있어서 경험적 법칙들에 따라 규정되는 무엇인가를 산출하고, 그러니까 일련의 사건들을 전적으로 자기로부터 시작하는 어떠한 원인성"(KrV, A534=B562)이 있음을 말하는 것이다. 그런데 이것은 자연의 법칙성, 즉 자연 안에서 발생하는 사건의 원인은 오로지 자연 안에 있을 수밖에 없다는 존재 생성의 충분근거율에 어긋난다.

바로 이 어긋남으로 인해 도덕[당위]의 '세계'와 자연[존재]의 세계의 구별이 있고, 자연적 존재자인 인간이 이 도덕의 '세계'에도 동시에 속함으로써 인격적 존재일 수 있으며, 인간이 인격적 존재로서만 그 자체로 '목적'이며 존엄하다고 말할 수 있다고 칸트는 본다.

4. 인간이 도덕적 주체(personalitas moralis)로서 감각세계를 초월해 있을 수 있다면, 그것은 그의 의지가 '감성의 충동에 의한 강요로부터 독립'할 수 있어서이다. 인간의 의지도 감성에 영향을 받고, 그런 한에서 "감수(感受)적 의사(arbitrium sensitivum)"이기는 하지만, 오로지 감성의 동인(動因)에 의해서만 촉발되는 "동물적 의사(arbitrium brutum)"와는 달리 인간의 의지는, '감성이 그것의 행위를 결정하지는 않는', 즉 "감성적 충동에 의한 강요로부터 독립해서 자기로부터[스스로] 규정하는" '자유로운' 것이다.(KrV, A534=B562 참조; Refl 5618·5619, XVIII257이하 참조)

5. 당위는 어떤 자연적 근거로부터도 설명될 수 없다. 제아무리 많은 자연

적 근거나 감각적 자극들이 나로 하여금 무엇을 의욕(wollen)하게 한다고 하더라도 "그것들이 당위를 낳을 수는 없"(KrV, A548=B576)다. 오히려 이성이 말하는 당위가 "그 의욕에 대해 척도와 목표, 심지어는 금지와 권위를 세운다."(KrV, A548=B576) 즉 당위는 선험적인 것이다.

선의 이념을 가진 이성적 존재자는 경험에서 도덕법칙을 도출하는 것이 아니라, 선험적으로 도덕법칙을 의식한다. "순수한 이론적 원칙들을 [자명한 것으로] 의식하는 것과 꼭 마찬가지로, 우리는 순수한 실천 법칙들을 의식할 수 있다."(KpV, A53=V30)

선험적으로 의식된 도덕법칙이 바로 '선'이라는 개념의 근거점이다. 선의 개념은 "도덕법칙에 앞서" 있는 것이 아니라, 바로 "도덕법칙에[의] 따라서[뒤에] 그리고 도덕법칙에 의해서"(KpV, A110=V63) 있는 것이다.

6. 인격적 주체는 "무엇을 해야 한다(sollen)고 의식하기 때문에 자기는 무엇을 할 수 있다(können)고 판단하며, 도덕법칙이 아니었더라면 그에게 알려지지 않은 채로 있었을 자유를 자신 안에서 인식한다."(KpV, A54=V30) 자유를 근거로 해서만 도덕법칙이 성립할 수 있다는 점에서 "자유는 물론 도덕법칙의 존재 근거(ratio essendi)"이지만, 도덕법칙을 우리가 우리 안에서 발견하지 못했다면 자유 역시 의식하지 못했을 것이라는 점에서 "도덕법칙은 자유의 인식 근거(ratio cognoscendi)"(KpV, A5=V4)이다.

7. 자유, 그것은 자율, 즉 자기가 정한 법칙에 복종함이다. "의지의 법칙에 대한 자유로운 복종의 의식은, 모든 경향성들에게, 오직 자신의 이성에 의해 가해지는, 불가피한 강제와 결합돼 있는 것으로서, 무릇 법칙에 대한 존경이다."(KpV, A142이하=V80) 이 도덕"법칙에 따르는, 일체의 규정 근거에서 경향성을 배제하는, 객관적으로 실천적인 행위를 일컬어 의무"(KpV, A143=V80)라 한다. 그렇기 때문에 의무는 개념상 '실천적 강제'를 포함한다. 즉 싫어도 행위하도록 시킨다. 이 자율의 힘에 인격성이 기반하는 것이다.

8. 인간으로 하여금 감성세계의 일부로서의 자신을 넘어서게 하고, 지성만이 생각해낼 수 있는 질서에 인간을 결합시키는 것은 인간의 인격성이다. 그러니까

인격성이란 “전 자연의 기계성으로부터의 독립성으로, 그러면서도 동시에 고유한, 곧 자기 자신의 이성에 의해 주어진 순수한 실천 법칙들에 복종하고 있는 존재자의 한 능력”(KpV, A155=V87)이다.

9. 인간이 실제로 신적 존재자라면, 그의 행위는 항상 의지의 자율에 따를 터이다. 그렇다면 거기에는 당위가, 따라서 도덕도 없을 것이다. 인간은 감성적 욕구를 동시에 가지고 살아가는 공간 시간상의 존재자이기 때문에, 바로 그 때문에 그에게는 당위가, 자신이 스스로에게 강제적으로라도 부과하는 정언적 명령이, 도덕법칙이 있는 것이다.(GMS, B111이하=IV454 참조) 이것이 도덕법칙이 그리고 자율의 원인성이 인간의 행위에서 가능한 이유이고, '인간'에게서 갖는 의의이다. 인간은 항상 도덕법칙을 따르는 존재자는 아니지만, 스스로를 “도덕법칙들 아래에”(KU, B421=V448) 세움으로써 인간이 되고 인격적 존재자가 된다.

10. 행위란 책임성의 규칙 아래에서 수행되는 행동을 말하며, 그러므로 행위의 주체는 의지의 자유에 따라 행동하는 자이다. 행위자는 그러한 행동을 통하여 그 행동의 결과를 '일으킨 자'로 간주되며, 그 결과는 그 행위자가 책임져야 한다. 아무런 책임 능력이 없는 사물을 물건(→)이라고 한다. 반면에 자기 행위에 대해서 책임질 수 있는 주체가 인격이다.(MS, RL, AB22이하=VI223 참조) 그러므로 도덕적 인격성은 다름 아닌 도덕법칙들 아래에 있는 이성적 존재자의 자유(성)이며, 인격(자)은 다름 아닌 자기 자신이 자신에게 제시한 그 법칙들에 복종하는 자이다.

이성적 존재자로서의 인간은 자율적으로 도덕법칙을 준수함으로써 그러니까 인격이 된다.

III. 『실천이성비판』은 앞서 나온 『순수이성비판』과 『윤리형이상학 정초』에서 추궁한 자유 개념과 인간 존엄성 개념을 바탕으로 인간의 인격성 개념을 명료히 하고 있다. 그로써 『실천이성비판』은 칸트철학의 정수(精髓)를 이룬다.

실체 實體 Substanz substantia

I. 비판철학에서 실체 개념은 양면적 의미를 갖는다.

1. 실체란 우유적인 것들이 내속하는 기체(Substratum)이다. 그러므로 우유적인 것들은 실체의 속성이라 일컬어진다. 속성 없는 사물은 현존하지 않으므로, 사물들의 실존에 속하는 모든 것의 기체는 실체이고, 이 실체에서 현존에 속하는 모든 것은 단지 이 실체의 규정으로 생각된다.(KrV, B225 참조) 그리고 실체는 "현상에서 현존하는 것의 불변적인 것"(KrV, A144=B183) 내지 "대상 자체로서 고정불변적인 것"(KrV, A182)을 지칭하는 것인 만큼, "이 세계에서 모든 변화에도 실체는 불변존속하며, 우유성[우연적인 것]들만이 바뀐다."(KrV, A148=B227)고 말할 수 있다. 그러나 이 말은 이 세계에 현존하는 것은 우유적인 것들뿐이며, 실체란 이것들의 변화를 인식할 수 있게 하는 고정불변성이라는 한낱 순수개념임을 뜻한다. 그래서 속성들을 도외시하면 "실체 개념에 남는 것은 주어라는 논리적 표상"(KrV, A242=B300)뿐이다.

2. 실체는 사물에 대한 모든 언표에서 주어 자리에 놓이는 것이다. 여기서 실체는 "주어로서만 실존할 수 있고 결코 한낱 술어로서는 실존할 수 없는 그런 어떤 것"(KrV, B149)이라고 규정된다. 그런데 칸트에서 모든 언표는 범주에서의 사고의 표출이므로, '실체'는 관계 범주의 첫째 항으로서 나머지 11개 항의 범주는 이 실체 범주의 술어라 할 수 있다. 다시 말해 양, 질, 관계, 존재양태는 모두 실체의 규정이라 할 수 있다.(→ 경험의 유추들의 원리 → 제1유추: 실체 고정불변성의 원칙) 요컨대 "논리적인 것에서는 정언 판단들이 여타 모든 판단들의 기초에 놓여 있듯이, 실체 범주는 현실적 사물들의 모든 개념들의 기초에 놓여 있다."(Prol, A123=IV325)

II. 1. 실체란 "실존의 최종 주체(Subjekt), 다시 말해 그 자신이 다시금 한낱 다른 것의 실존을 위한 술어에 속하지 않는 것"(MAN, A42=IV503)을 말한다.

2. "공간에서 그 자체로 운동하는 것, 즉 공간에 존재하는 그것 밖의 모든 다른 것들로부터 분리되어 운동하는 것"을 "물체적 실체"(MAN, A42=IV502)라 일

컫는다. 공간에서 운동하는 것인 물체가 공간상에서의 실체인 것이다.(MAN, A42=IV503 참조)

실체성 實體性 Substantialität

1. 실체의 고정불변성을 일컬어 실체성이라 하는데, 실체는 속성들의 기체일 따름이므로, 함께 주어지는 속성 표상이 없을 때 실체성이란 한낱 논리적 주어가 됨을 지칭한다.

"고정불변성은 그 아래에서만 현상들이, 사물 또는 대상으로서, 가능한 경험에서 규정될 수 있는 필연[수]적인 조건이다."(KrV, A189=B232) 그러나 필연적인 고정불변성의, 그리고 이와 함께 "현상들의 실체성의 경험적 표준"은 사물의 발생과 소멸이다. 사물의 변화가 지각되지 않는 것에서 실체성은 무의미한 개념이다.

2. 칸트는 재래의 영혼론이 "영혼은 실체이다."라는 명제를 통해 영혼의 지속불변성을 입증하려 한 시도를 비판할 때 이 실체성 개념을 환기시키며, 이미 발생과 소멸 가능성을 배제하고 있는 영혼의 실체성을 논함이 무의미하다고 본다.(KrV, A348이하 참조) "(술어로서의) 모든 우유[偶有]적인 것이 떼어내진 후에도 남는 것, 그러니까 실체적인 것 자신은 우리에게 알려져 있지 않"(Prol, A135=IV333)기 때문이다.

심리학/영혼론 心理學/靈魂論 Psychologie psychologia

I. 1. '프시콜로기아'는 '프시케'에 대한 이론이라 하겠는데, '프시케'를 현상을 야기하는 무엇인가 있는 것, 작동하는 것으로 납득한다면, '영혼론'이라 일컬어야 할 것이나, 한낱 어떤 특정한 자연현상을 묶어서 부르는 명칭으로 납득한다

면 '심리학'이라 일컫겠다.

2. 칸트는 이 심리학/영혼론과 관련된 개념들을 기본적으로는 당시 학교철학의 교본이었던 바움가르텐(→)의 『형이상학(*Metaphysica*)』에서 사용된 대로 쓰고 있는데, 바움가르텐은 심리학[영혼론]을 "영혼의 보편적 술어들에 관한 학문(scientia praedicatorum animae generalium)"(§501)이라고 규정하고, 이것을 다시 "경험심리학(psychologia empirica)"과 "이성적 영혼론(psychologia rationalis)"(§503)으로 구분한다.(XVII130 참조)

3. 라메트리(J. O. de La Mettrie, 1709~1751)가 데카르트에 대한 비판으로 『인간기계론(*L'homme machine*)』(1748)과 『인간식물론(*L'homme plante*)』(1748)을 써냈을 때, 그는 사람이나 동물이나 식물이나 모두 기계적 운동만을 한다고 보았다. 인간의 의식 활동 일체도 물리적 자극과 육체적 과정의 산물이라는 것이다. 그는 인간의 의식이란 물질적 기계 운동의 특수한 부산물일 뿐으로, 실체로서의 정신 내지 영혼은, 인간적인 것이든 신적인 것이든, 존재하지 않는다고 주장했다.

칸트를 지나 신칸트학파의 랑게(F. A. Lange, 1828~1875)는 "영혼 없는 영혼론", 곧 "마음 없는 심리학(Psychologie[Seelenlehre] ohne Seele)"을 발설했고(F. A. Lange, *Geschichte des Materialismus und Kritik seiner Bedeutung in der Gegenwart*, Iselohn/Leipzig, 1866, Bd. 2, S. 381), 20세기 심리철학자 플레이스(U. T. Place, 1924~2000)는 '의식은 두뇌 과정'이라는 물리주의적 원칙을 주창하였다.("Is Conciousness a Brain Process?", in: *British Journal of Psychology* 47(1956), Pt. 1, pp.44~45 참조) — 이러한 이론상의 이견 지점에서 '이성적 영혼론'과 '경험적 심리학'이 갈린다. 그런데 이러한 '경험심리학'의 학문적 규정은 칸트에서 유래한다.

II. 1. 칸트는 영혼이 실체[비물질성]이고, 그 자체로 단순[불멸성]하고, 자기동일적[인격성]이고, 영원한 생명성[불사성]을 갖는다고 주장하는 이른바 "이성적 영혼론"은 학문으로서는 전혀 성립할 수 없고(KrV, A382 참조), 나의 의식에 대한 지식 체계로서는 오로지 "일종의 생리학"인 "경험적 심리학"만이 있을 뿐

이라고 보았다.(KrV, A347=B405 참조)

2. 칸트는 자연 일반을 대상으로 하는 "자연과학(Naturwissenschaft)"을 "외감들의 대상"을 다루는 "물리학(Physik)"과 "내감의 대상"을 다루는 "심리학(Psychologie)"으로 나누어본다.(Prol, A73=IV195 참조)

3. 칸트에서는 '자연학(physica)'과 같은 의미로 '생리학(Physiologie)'이라는 말이 사용되기도 하며, 이 생리학은 다시금 "외감의 대상에 대한 생리학"인 '물체론'과 "내감의 생리학"인 '영혼론[심리학]'으로 구분되기도 하는데(KrV, A381 참조), 또 때로는 '생리학'이 오히려 '심리학'과 교환 가능한 말로도 사용된다.(KrV, A87=B119 참조)(→ 자연학)

4. 심리학이 마음에 관한 지식 체계라지만, 그것이 경험적인 것인 한에서, 논리학의 원리나 초월철학적 원리를 설명하는 데 관여할 것은 아무것도 없다. 예컨대 경험적 지각을 가능하게 하는 "재생적 상상력의 종합은 단적으로 경험적 법칙들, 곧 연합의 법칙들에 종속하는 것으로, 따라서 선험적 인식의 가능성을 설명하는 데는 아무런 도움이 안 된다. 그 때문에 그것은 초월철학이 아니라 심리학에 속하는 것이다."(KrV, B152)

〖 ㅇ 〗

아르헨홀츠 Johann Wilhelm von Archenholz

아르헨홀츠(1743~1812)는 칸트 당대 프로이센의 장교, 작가, 잡지 발행인이었다. 프로이센이 주변국들과 치룬 7년 전쟁(1756~1763)에 참전하여 무공을 세웠으며, 그의 저술 『독일 7년 전쟁사(*Geschichte des siebenjährigen Krieges in Deutschland von 1756 bis 1763*)』(Karlsruhe 1791)는 현재까지도 읽히고 있다. 잡지 *Litteratur und Völkerkunde*(Göschen, Leipzig 1782.1~1786.5)를 발간했는데, 칸트는 인간학 강의에 이를 참고하였다.(Anth, A274=B272=VII297 참조)

아름다운 영혼 schöne Seele

1. 칸트에서 '아름다운 영혼' 개념은 아름다움을 주제로 하는 취미를 해명하는 데서 등장한다. 아름다움이 "대상과의 가장 내밀한 합일"을 의미하는 한에서, '아름다운 영혼'이란 자기 자신과 가장 내밀하게 합일되어 있는 영혼을 지칭한다.(Anth, AB188=VII242 참조) 아름다운 영혼이란 "취미판단이 지성의 자유와 합일될 수 있는 감성적 쾌에 대한 자기의 모든 판단들을 모으는 중심점"(Anth,

AB188=VII242)인 것이다.

2. 그런데 칸트의 통찰에 의하면, 자연미에 대해 직접적인 관심을 보이는 사람은 적어도 선한 도덕적 마음씨의 소질을 가지고 있다. 이런 사람을 칸트는 "아름다운 영혼"(KU, B168=V300)을 가진 사람이라 일컫는다. 여기서 아름다운 영혼은 미적인 것과 도덕적인 것, 감성적인 것과 이성적인 것이 합일하는 자리로 부상한다. 이쯤에서 칸트는 실러(→)의 "아름다운 영혼에서 감성과 지성, 의무와 경향성이 조화를 이룬다."(Schiller, Über Anmut und Würde", in: Friedrich Schiller, SW, V, 468)는 개념을 수용한 것으로 보인다.(RGV, B10이하=VI23 참조)

3. 칸트가 섀프츠베리(→), 루소(→) 같은 도덕 감정론자들이 사용하던 '아름다운 영혼' 개념을 공유함으로써 그의 도덕 감정/도덕감(→) 개념에도 변화가 생겼다고 볼 수 있다. 의무개념 일반을 위한 마음의 감수성에 대한 미감적 선[先]개념(MS, TL, A35=VI399; 참조 KU, BLVII=V197)들 중 하나로서의 도덕 감정은, "순전히 우리 행위의 의무법칙과의 합치 또는 상충에 대한 의식에서 유래하는 쾌 또는 불쾌의 감수성"(MS, TL, A35이하=VI399)을 말하는데, 쾌 또는 불쾌의 감수성이란 미적 감수성을 뜻하므로, 아름다운 영혼이 도덕 감정을 갖는 것이라 할 수 있으니 말이다.

아리스토텔레스 Aristoteles

I. 1. 아리스토텔레스(BC 384~322)는 칼키디케 반도의 스타기라(Stagira)에서 태어나서 17세 때(BC 367) 아테네의 플라톤 아카데메이아에 들어가 수학하다가 플라톤 사후(BC 347)에 떠났다. 아버지가 시의로 있던 마케도니아 왕궁으로 가서(BC 343/342) 3년간 왕자 시절의 알렉산더 대왕의 궁정교사로 있었다. 다시 아테네로 돌아와(BC 335/334) 독립적으로 학교 리케이온(Lykeion)을 세우고, 거닐면서 대화하는 소요학파를 창시했다. 알렉산더 대왕 사후 아테네와 마케도니아 사이의 긴장 관계를 피해 아테네를 떠났고(BC 323/322), 얼마 후에 칼키스

(Chalkis)에서 죽었다.

2. 아리스토텔레스는 오늘날 우리가 철학의 분과로 꼽는 '논리학', '형이상학', '윤리학', '정치철학', '자연철학', '영혼론/심리학' 등 거의 모든 분야에서 대표적인 저술을 남겼다. 철학의 체계는 그에게서 비롯한다고 해도 과언이 아니다.

3. 아리스토텔레스가 보기에 "모든 인간은 자연본성적으로 앎(οἶδα)을 욕구한다."(*Metaphysica*, 980a) 이론적 앎의 활동으로서 감각/지각(αἴσθησις)은 개별자(τὸ καθ' ἕκαστον)에 대한 앎을 주는 반면에 지성은 보편자(τὸ καθόλου)에 대한 지식(ἐπιστήμη)을 제공한다. 개별적인 사례들은 누구나 감각을 통해 쉽게 알 수가 있다. 그러나 "가장 보편적인 것들은 사람들이 알아내기가 매우 어렵다. 그것들은 감각들에서 아주 멀리 떨어져 있기 때문이다."(*Metaphysica*, 982a) 그럼에도 인간이 한낱 보이고 만져지는 개별자들을 감수(感受)하는 데 머물지 않고, "있는 것으로서의 있는 것을 연구하고, 이것 자체에 속하는 것을 연구하는 학문(ἐπιστήμη)"(*Metaphysica*, 1003a), 곧 형이상학을 탐구할 수 있는 것은 감각 이상의 영혼 능력을 가지고 있기 때문이다.

감각은 "신체와 관계하고 신체 안에 있으며"(*Categoriae*, 7b), 오직 지금 여기에 감각대상이 있을 때만 일어날 수 있다. 감각이란 본래 "영향받는 것(πάσχειν)"(*De anima*, 417a), 곧 수용적(δεκτικός)이라 하겠다. 반면에 보편자는 신체와는 상관이 없는, 어떤 의미에서는 영혼 그 자체 안에 있는 것이다. 왜냐하면 사람은 원할 때는 언제 어디서든 사고할 수 있기 때문이다.(*De anima*, 417b 참조) 감각은 그 대상에 제한받음으로써 늘 대상의 실재를 함유하지만, 사고는 대상에 제한받지 않으므로 그 대상의 실재를 담보하지도 않는다. 그래서 아리스토텔레스는 감각(αἰσθάνεσθαι)은 항상 참이지만 추론적 사고(διανοεῖσθαι)는 거짓일 수도 있으며, 거짓은 이성(λόγος)을 가진 자에게만 속한다고 본다.(*De anima*, 427b 참조)

영혼 능력 중 최고 단계에 있는 지성(νοῦς)은 "원리(ἀρχή)를 대상으로 하는"(*Ethica Nic*, 1141a), 즉 정의(λόγος) 내릴 수 없는 개념(ὅρος)들, 그러므로 더 이상 무엇에 의거해서 말할 수 없는 최고의 것들에 대한 지적 직관능력(*Ethica Nic*, 1142a 참조)이자 "자기 자신을 인식"하고, "인식에 대한 인식(νόησις νοήσεως)"

(*Metaphysica*, 1074b)을 하는, 이를테면 메타인식능력으로서, 이런 뜻에서 인간의 영혼 안에서 "가장 신적인 것(θειότατον)"(*Metaphysica*, 1074b)이다.

4. 크게 보아 "인간의 영혼은 두 부분으로 나뉘며, 그중 한 부분은 그 자체로 이성을 갖추고 있고, 다른 한 부분은 그 자체로는 이성적이 아니지만, 그럼에도 이성에 복종할 능력을 가지고 있다. 이 두 부분에 귀속하는 덕성들이 있으며, 어떻게든 이에 따르는 이를 유덕한 사람이라 일컫는다."(*Politica*, 1333a) 이에서 이성은 "이론적 이성(θεωρητικός λόγος)"과 "실천적 이성(πρακτικός λόγος)"(*Politica*, 1333a)으로 나뉜다. 그러니까 여기서 '실천이성'이란 이성적 법칙을 수립하는 능력이라기보다는 이성적인 것을 실행하는 능력을 일컫는다 하겠다.

5. 아리스토텔레스는 "좋은 것/선(ἀγαθὸν)이란 다른 어떤 것에 대해서가 아니라 그 자체로 그리고 그 자체에 대해서 바람직한 것"으로서, 그것은 "모든 사람이 바라는 바"이며, 지성과 식견을 가진 사람이면 누구나 "선호할 만한 것"(*Rhetorica*, 1.7.3: 1363b)이라고 말하는가 하면, "좋은 것(τἀγαθὸν)이자 가장 좋은 것(τὸ ἄριστον)"(*Ethica Nic*, 1094a)이란 "그 자체 때문에 바라고, 다른 것들은 이것 때문에 바라는 것"(*Ethica Nic*, 1094a)이라 규정하면서, "대중들과 교양 있는 사람들 모두 그것을 '행복(εὐδαιμονία)'이라고 말한다."(*Ethica Nic*, 1095a)라고 한다. 사람들은 행복이 "생활 수단의 충족", "안전이 보장된 가장 쾌적한 삶" 또는 "그것을 지키고 사용할 능력을 갖춘 상태의 풍부한 재산"(*Rhetorica*, 1.5.3: 1360b)이라고 말하지만, 아리스토텔레스는 진정한 의미에서 행복이란 "덕성에 따른 영혼의 어떤 활동"(*Ethica Nic*, 1099b) 내지 "덕성의 완전한 실행"(*Politica*, 1323b)으로서 "덕을 동반한 참다운 삶(εὐπραξία μετ' ἀρετῆς)"(*Rhetorica*, 1.5.3: 1360b)이라고 본다. 그것은 "올바른 이성[正道]에 따라 행위함(κατὰ τὸν ὀρθὸν λόγον πράττειν)"(*Ethica Nic*, 1103b)이다. 그리고 정도를 따라 걷는 행위의 구체적인 양상은 행위에서 지나침이나 모자람이 없는 "중용(μεσοτης)"(*Ethica Nic*, 1104a)의 길이다.

II. 1. '논리학과 형이상학의 교수'로서 칸트는 그의 형이상학, 논리학 개념 규정에서부터 이미 아리스토텔레스를 의식하고 있다.(KrV, BXVIII · A11=

B25 · A268=B324 참조)

2. 초월 논리학의 중추 개념인 '범주'도 아리스토텔레스에게서 차용한 것이다.(KrV, A79이하=B105 참조)

3. 칸트는 아리스토텔레스를 경험주의의 대표자로 꼽는다.(KrV, A854=B882 참조)

III. 1. 칸트는 무엇보다도 아리스토텔레스 윤리론의 원칙들을 비판한다.

2. 아리스토텔레스는 "세 가지 성향이 있는 셈인데, 그중 둘은 패악으로서 하나는 넘침에 의한 패악이고, 또 다른 하나는 모자람에 의한 패악이다. 나머지 하나가 중용이라는 덕의 성향"(Aristoteles, *Ethica Nic*, 1180b 11~13)이라면서 이른바 '중용(mesotes)의 원칙'을 제시했는데, 칸트는 이를 "그릇된 것"(MS, TL, A44=VI404)이라 판정한다. 예컨대 검약의 덕은 낭비와 다라움(→)의 패악 중간에 있는 것이 아니라, 이것들과는 전혀 다른 의무의 원리에 근거해 있는 것이기 때문이다.

아우구스티누스 Augustinus

1. 아우구스티누스(354~430)는 삼위일체론과 영혼·신체 이원론, 두 세계(지상의 나라와 천상의 나라)론을 폄으로써 사실상 기독교 철학을 정초한 교부철학자이다.

2. 칸트의 초월철학(→)은 아우구스티누스 이래의 신이성론(神理性論)에 대한 근대 계몽사상의 이견(異見)이다.

아우구스티누스 이래 '순수 이성(ratio pura)'이란 수동적이고 수용적인 감각이 전혀 섞여 있지 않은 신의 이성을 뜻했으며, 신의 이성은 다름 아닌 세계의 창조 원리로서 이 세계에 대해서 '선차적(a priori)'이고 '초월적(transzendental)'이면서, 창조된 세계의 운행 질서로 이해되었다. 이러한 이성(理性)관은 데카르트, 라이프니츠, 버클리에게까지도 그대로 승계되었다. 그러나 계몽 사조에 의해서 이제

'순수 이성'은 인간의 선험적인 초월적 의식을 가리키게 되었고, 그것이 세계의 질서 원리로 이해되었다. 이런 맥락에서 칸트는, 인간의 초월적 의식이 비록 세계를 형성하는 물질적 재료까지를 만들어내지는 않지만, 존재자의 보편적 존재 규정이 된다고 보아, 인간 이성은 적어도 "부분적으로는" 현상세계의 "창조자"라고 말한다.(Refl 254, XV95 참조)

신의 이성이 사물의 존재 원리라는 신이성론 사상은 사물의 존재는 우리 인간의 의식과는 무관하다는 것을 함축한다. 반면 우리 인간의 의식이 부분적으로 실재하는 사물의 존재 원리라 함은, 존재자 일반이 우리의 의식에 의해 규정받는다는 것을 뜻한다. 이른바 '코페르니쿠스적 전환'이란 '객관적'인 존재자와 '초월적'인 주관 사이의 이런 관계에 대한 신사고(新思考), 곧 "사고방식의 변경"(KrV, BXXII 주)을 말함이다.

아헨발 Gottfried Achenwall

아헨발(1719~1772)은 계몽주의 시대의 자연법 사상을 대변한 괴팅겐 대학의 교수로, 독일 통계학을 창시했다. 그가 퓌터(J. S. Pütter)와 함께 펴낸『자연법 원리(*Elementa iuris naturae*)』(Göttingen 1750)는 학계에 큰 영향을 미쳤는데, 그는 여기서 자연법(ius naturae)을 '자연적 법(ius naturale)'과 '사회적 법(ius sociale)'으로 구분하였다. 칸트는 1767~1788년 사이에 열두 차례나 행한 그의 자연법 강의의 교재로 아헨발의 이 책 제5판(*Ius naturae*, 1763)을 사용하였다. 그럼에도 칸트는 자연적 법을 사회적 법이 아니라 시민적 법과 대비시켰는데,(MS, RL, AB52=VI242이하 참조) 이것은 그가 "자연상태는 사회적 상태가 아니라 시민적 상태와 반대된다."(V-NR/Feyerabend, XXVII1381)고 보기 때문이다.

아헨발의 원저의 일부와 이에 대한 칸트의 주석이《칸트전집》(XIX325~442)에 실려 있다.

악 惡 das Böse malum

I. 1. 의지가 이성의 규칙을 행위의 운동인으로 삼는 능력인 한에서, 악은 선(→)이 그러하듯이 이 "의지와의 관계를 의미"(KpV, A105=V60)한다. 그러므로 선과 마찬가지로 악은 "인격의 행위들과 관계되는 것이지, 인격의 감정[느낌] 상태와 관계되는 것이 아니다."(KpV, A105이하=V60) 그러니까 선하거나 악한 것은 인격의 행위 방식과 의지의 준칙 또는 행위하는 인격 자체이지, 물건일 수는 없다. 칸트에서 선악은 인품의 가치이지 물품의 사항이 아니다. 다시 말해 악한 사람은 있을 수 있으나, 악한 물건은 없다. 이러한 선악이 도덕적 가치인 한에서, 인간만이 도덕적이거나 비도덕적일 수 있다.

2. 인간의 도덕적 악은 도덕법칙을 고의로 따르지 않으려는 마음씨에서 발원한다. "인간은 도덕법칙을 의식하고 있으되, 법칙으로부터의 (때때로의) 이탈을 자기의 준칙 안에 채용"(RGV, B27=VI32)하는데, 이러한 성벽으로부터 악이 유래한다.(→ 근본악)

II. 1. 선은 모든 이성적 인간의 판단에서 선호의 대상이고, 악은 혐오의 대상일 수밖에 없는데, "이를 판정하기 위해서는 감관 이외에 이성이 필요하다."(KpV, A106이하=V61) 이것이 말하는 바는, "선악의 개념은 도덕법칙에 앞서서가 아니라, (얼핏 보면 심지어 이 개념이 도덕법칙의 기초에 놓여야 할 법하지만), 오히려 [···] 도덕법칙에[의] 따라서[뒤에] 그리고 도덕법칙에 의해서 규정될 수밖에 없다."(KpV, A110=V62이하)는 것이다. 그러므로 도덕법칙이 선·악이라는 이름 아래의 행위 대상의 객관적 규정 근거이자 그 행위자의 주관적 규정 근거 곧 동기이다.

2. 그래서 악은 선과 함께 자유의사(→)의 사안이다.

야코비 Friedrich Heinrich Jacobi

1. 야코비(1743~1819)는 철학자, 문필가, 법률가, 사업가로 다양한 활동을 했다. 야코비는 일종의 도덕 감정주의자로서 괴테, 피히테, 셸링 등과 여러 차례 논쟁을 했으며, 칸트 비판철학에 대해서도 매우 비판적이었다.

2. 야코비는 칸트 인식이론의 핵심 문제점을, '사물 자체'라는 개념 없이는 칸트의 순수 이성 비판에 발을 들여놓을 수가 없고, 그러나 '사물 자체'의 개념을 가지고서는 순수 이성 비판의 체계에 머물 수가 없다(Jacobi, "David Hume über den Glauben; oder Realismus und Idealismus. Ein Gespräch", 수록: *Werke* Bd. II, Leipzig 1815. 복간본 : Darmstadt 1976, S. 304 참조)고 요약했는데, 이는 '사물 자체'라는 개념의 문제성을 적절하게 지적한 것으로 여겨져 당시부터 화젯거리였다.

양 量 Quantität quantitas

→ 직관의 공리들의 원리

양심 良心 Gewissen conscientia

1. 옳음에 대해서 함께 쾌감을 느끼고, 그름에 대해서 함께 불쾌감을 느끼는 보편적 도덕 감정을 양심이라 한다. '양심'은 문자 그대로 '함께 앎(συνείδησις, conscientia, Gewissen)'이며 공통감(sensus communis)이라고 일컬어진다. 이것을 칸트는 "윤리적 존재자로서 인간은 누구나 근원적으로 자신 안에 가지고 있는 그런 것"(MS, TL, A37=VI400)이라고 본다.

2. "한 법칙의 각 경우에서 인간에게 그의 의무가 없다 또는 있다는 것을 판

정하는 실천이성"(MS, TL, A37이하=VI400)인 양심이, 즉 모든 인간이 똑같이 가지고 있는, 건전하게 판단하고 진위를 판별할 수 있는 능력으로서의 양식(良識)이 전제되지 않으면, '인간'이라고 하는 보편적인 개념 자체가 성립할 수 없다. 그럼에도 양심은 단지 자기의식적인 것이다.

3. "모든 의무개념은 (도덕적인, 우리의 자유를 제한하는 명령인) 법칙에 의한 객관적 강요를 함유"하며, 그것의 준수 여부에 대한 판결은 오로지 "도덕적 인격"이라는 법정에서만 가능하다. "(그 앞에서 자기의 생각들이 자신을 고발하고 자기를 변명하는) 인간 안의 내부 법정에 대한 의식이 양심이다."(MS, TL, A99=VI438)

사람은 누구나 이 양심이라는 "내적 심판관에 의해 관찰되고, 위협받으며, 일반적으로 경외(공포와 결합된 존경)시 되고 있다. 이 그의 안에 있는 법칙들을 감시하는 지배력은 그 자신이 스스로 (자의적으로) 만든 어떤 것이 아니라, 그의 본질과 한 몸이 되어 있는 것이다."(MS, TL, A99=VI438)

4. 이렇게 "양심 안에서 자신을 고소하고 재판하는 인간"은 그 "이중적 인격성"을 생각하지 않을 수 없다. "원고이자 피고인 나는 바로 동일한 인간(數的으로 同一者)이다. 그러나 도덕적인, 자유의 개념에서 출발하는, 법칙수립의 주체(叡智體 人間: homo noumenon)로서, 그 자신이 수립한 법칙에 종속하는 인간은 이성을 갖춘 감성존재자(現象體 人間: homo phaenomenon)"이다.(MS, TL, A100이하=VI439 참조) 양심이란 이를테면 예지체 인간의 마음씨이다. 그것은 "신 앞에서 그의 행실들에 대해 책임을 져야 하는 주관적 원리"(MS, TL, A101이하=VI439)이다.

양태 樣態 Modalität Seinsmodi

→ 경험적 사고 일반의 요청들

언어/말 言語 Sprache

I. 1. 언어를 형성하는 것은 말과 글이다. 그러나 언어가 말에서 출발함은 분명하며, 언어 사용 방식이나 어투는 사회적 문화적 요인에 의해서도 크게 영향 받는다.(Anth, AB9이하=VII130이하 참조)

2. 언어는 인간이 서로 생각과 느낌을 표현하고 교환할 수 있는 물리-생리적 방식이다. 둘러싸고 있는 공기를 매개로 발성기관인 입에 의해 "인간은 타인들과 가장 쉽고 가장 완벽하게 생각과 느낌을 공유할 수 있는데, 그것은 특히, 누구나 타인으로 하여금 들을 수 있게 하는 소리들이 명확하게 분절되어 발음되고, 지성에 의해 이것들이 법칙적으로 결합되어 하나의 언어를 형성할 때에 그러하다. — 대상의 형태는 청각을 통해 주어지지 않으며, 언어의 음성들은 직접적으로는 대상의 표상에 이르지 않되, 그러나 바로 그렇기 때문에, 그리고 언어의 음성들은 그 자체로는 아무것도, 적어도 아무런 객체도 의미하지 않고, 기껏해야 단지 내적 감정만을 의미하기 때문에, 개념들의 표시의 가장 적합한 수단이다."(Anth, AB48이하=VII155)

3. 감성적 언어를 옹호하는 사람들은 감성적 언어가 지성적 언어의 무미건조함에 비해 "함축성(사상의 충만) 또는 강조성(역점)과 표상들의 명료성(의식의 명석성)"(Anth, AB30=VII143)에서 뛰어나다고 본다.

II. 1. "모든 언어는 사상의 표시이며, 거꾸로 사상표시의 가장 탁월한 양식은 이 자기와 타인을 서로 이해하는 가장 위대한 수단인 언어에 의한 표시이다. 사고는 자기 자신과의 말[이야기]하기이며, [⋯] 따라서 또한 자신을 내적으로(재생적 상상력을 통해) 듣기이다."(Anth, AB109=VII192)

2. 언어는 "사상의 공유전달"(Refl 1620, XVI40)이며, 그렇기 때문에 "일정한 규칙" 곧 어법/문법에 결부되어 있다. 그래서 보편적인 사고의 이론 곧 논리학이 있으면, 보편적인 언어의 이론 곧 문법(grammatica universalis)이 있게 된다. "언어의 형식과 사고의 형식은 병행하고 유사하므로, 우리는 또 언사로(in Worten) 생각하고, 우리 사상을 타인에게 언어로 전달하기 때문에, 사고의 문법

이라는 것도 있다."(V-Phil-Enzy, XXIX31)

에버하르트 Johann August Eberhard

에버하르트(1739~1809)는 『사고와 감각의 일반 이론(*Allgemeine Theorie des Denkens und Empfindens*)』(1776)을 써서 일약 유명해졌고, 1778년 마이어(→)의 후임으로 할레 대학 교수가 되었다. 그는 1788년에 《철학잡지(*Philosophisches Magazin*)》를 창간하고 1789년까지 라이프니츠-볼프 철학의 관점에서 칸트 『순수이성비판』을 반박하는 7편의 논고를 발표하였다. 1790년 칸트가 이에 대응하여 발표한 것이 『발견(*Über eine Entdeckung, nach der alle neue Kritik der reinen Vernunft durch eine ältere entbehrlich gemacht werden soll*)』(→)이다.

에테르 Äther

1. 17~18세기 자연철학계에서 "만물의 원소"(NTH, AXXVIII=I228)로 생각한 물질 개념인 에테르를 칸트 또한 초기부터 자연계의 설명 원리로 받아들인다.

2. 우리가 이 세계를 인력과 척력을 지닌 물체들의 총체로 이해할 때, 만약 세계에 빈 공간이 있다면, 물체들이 그 안으로 팽창해 들어갈 것이므로, 우주에 빈 공간이란 있을 수 없고, 우주는 항상 채워진 상태를 유지하는 것이겠다. 이러한 우주에서 개개 물체를 둘러싸고 있으면서, 그것들을 압박하여 밀도를 유지시키는 물질로 사람들은 에테르를 가정했는데, 비판기의 칸트도 이에 동조하고 있다.(MAN, A156=IV564 참조)

3. 칸트가 에테르를 편만한 우주를 설명하기 위한 가상적 원소를 넘어 물질의 모든 운동력들의 원리이자 경험을 가능하게 하는 질료적[물질적] 조건으로 보고 있는 사상의 흔적도 있다. — "연속체로서의 전체 우주에 퍼져 있는, 모든 물

체들에 동형적으로 스며들어 채우는 (그러니까 어떠한 장소 변화에도 예속되지 않는) 물질이 있다. 이 물질을 에테르(Aether)라고 부를 수도 있고 열소(Wärmestoff)라고 부를 수도 있지만, 이 물질은 (어떤 현상을 설명하기 위한, 또 주어진 결과에 대한 모종의 원인을 생각해보기 위한) 가설적 소재가 아니라, 자연과학의 형이상학적 기초원리로부터 물리학으로 이행하는 데 필수적인 요소로 선험적으로 인정되고 요청될 수 있는 것이다."(OP, XXI218) 이성이 요구하는 가능한 경험의 통일은 물질의 모든 운동력들이 집합적으로 통일될 것을 전제하는데, 이를 가능하게 하는 물질적 조건이 에테르라는 것이다.(→〔유작〕)

에피쿠로스 Epikuros

1. 에피쿠로스(ca. BC 341~270)는 이미 어린 시절부터 철학자의 길을 걸었으나 병약한데다가 가난이 겹쳐 힘든 생활을 이어갔다. BC 306년경에 추종자들의 도움으로 아테네에 공동생활 터이자 학당인 '정원(Kepos)'을 세우고, 세상사에서 벗어나 남은 생애를 평온하게 보냈다.

2. 에피쿠로스는 "쾌락(hedone)은 행복한 삶의 시작이요 끝인바, 그것은 우리가 알다시피 우리의 첫째의, 본유적인 '좋은 것(to agathon)'으로, 모든 선택과 회피의 출발점이다."(*Diogenes Laertius*, X, 128~9)라고 말했는데, 여기서 '좋은 것'이란 도덕적 선만을 뜻하는 것이 아니다. 그것은 "자연의" 궁극목적이기도 해서, 모든 "생명체는 태어나면서부터" "자연[천성]적으로" 고통에서는 도망치고, 쾌락은 좇기 때문이다.(*Diogenes Laertius*, X, 137)

3. 칸트는 에피쿠로스가 "인간에서 모든 쾌락은 신체적이다."(V-Anth/Collins, XXV202)라고 말했다고 강론하며, 감각주의자의 대표자로(KrV, A471=B499 · A853=B881 참조), 또 행복주의자로(KpV, A69=V40 · A158=V88 · A200=V111 참조) 자주 언급한다.

4. 칸트는 "인식에 속하는 것을 선험적으로 인식하고 규정할 수 있는 인식 모두

를 […] 예취[豫取]"라고 일컫는데, 이것은 에피쿠로스의 "선취(先取: προληψις)" 개념을 차용한 것이다.(KrV, A166=B208 참조)

에피쿠로스에서 '프로렙시스'란 "현실적인 것에 대한 일종의 정신적 파악 또는 참된 생각 내지 사념 또는 우리 안에 놓여 있는 보편적인 표상, 다시 말해 자주 직관에 앞서 나타나는 것에 대한 상기(想起)"를 말한다. 그것은 어떤 인식에 앞서 그 인식을 가능하게 하는 선취되어 있는 인식을 지칭한다. 가령 우리가 들에서 말이나 소를 찾을 때, 우리가 미리 말이나 소에 대한 개념 내지 형상을 가지고 있지 않다면, 우리는 결코 "저기 멀리 서 있는 것이 말이나 소다."라고 말할 수가 없을 것이다.(*Diogenes Laertius*, X, 33 참조) 그러므로 에피쿠로스의 '프로렙시스'는 일반적 의미에서 '선차적(先次的)' 표상이라고 할 수는 있겠으나, 반드시 "선험적 표상[인식, 개념]"을 지시하는 것은 아닌 만큼, 칸트의 이 끌어댐이 꼭 적절하다고 볼 수는 없다.

역사 歷史 Geschichte historia

칸트는 인간의 역사를 어떤 보다 상위 존재자의 계시나 은총의 결과라기보다는 인간 자신의 독자적인 노고의 결실로 본다. 칸트의 추측에 따르면 인류의 역사는 "동물류의 조야함에서 인간성으로, 본능의 보행기로부터 이성의 지도로, 한마디로 말해, 자연의 후견상태에서 자유의 상태로 이행한 것"(MAM, A12이하=VIII115), 곧 자유의 역사이다. 그리고 이 자유의 역사는 "신의 작품"인 자연의 역사와는 다르게 "인간작품"(MAM, A13=VIII115)이다. 그래서 신의 작품인 자연의 역사가 선으로부터 시작하는 것이라면, 인간의 작품인 자유의 역사는 선에서 개시하여 악으로 나가는 것이 아니라, "보다 나쁜[악한] 것에서부터 보다 좋은[선한] 것으로 점차 발전"(MAM, A27=VIII123; 참조 KpV, A222=V123)하는 것이다.

연역 演繹 Deduktion deductio

'연역'의 낱말 뜻

1. 형식 논리학에서 '연역'은 "한 판단에서 다른 판단을 이끌어냄"(Log, A178=IX114), 곧 추론(consequentia) 내지는 도출을 뜻한다.

2. 그러나 칸트 초월 논리학에서 '연역'은 "권한 내지는 정당한 권리를 밝혀내야 하는 증명"(KrV, A84=B116) 곧 권리입증을 뜻한다. 이러한 의미의 연역은 본래 법률가들의 일 중 "사실 관련 문제(事實 問題)"가 아니라 "권리적인 문제(權利問題)"를 다루는 업무이다.

3. 이러한 일반적인 두 의미 외에도 칸트 문헌 내에서 '연역'은 유사한 다양한 의미를 갖는다.

칸트는 "어떻게 선험적 개념이 대상과 관계 맺을 수 있는가 하는 방식에 대한 설명을 그 개념의 초월적 연역이라 부르고, 그것을 어떤 개념이 경험과 그 경험에 대한 반성을 통해 어떻게 취득되는가 하는 방식을 제시하고, 그래서 권리 있음이 아니라, 그에 의해서 그 소유[점유]가 생겨난 사실과 관련하는 경험적 연역과 구별한다."(KrV, A85=B117) 그러니까 이른바 개념의 '경험적 연역'은 이를테면 개념의 "생리학적 도출"(KrV, A87=B119)로서 그 개념의 경험적 생성 과정을 밝혀 그 개념이 그러한 의미로 사용되고 있는 사정을 적시함이다.

또한 칸트는 "공간과 시간 개념을 초월적 연역에 의해서 그것들의 원천에 이르기까지 추구했고, 그것들의 선험적인 객관적 타당성을 설명하고 규정하였다."(KrV, A87=B119이하)고 말함으로써 곳에 따라서는 '연역'과 "해설(→)(Erörterung, expositio)"(KrV, B37 · B40 · B46 · B48)을 동의어로 사용하기도 한다.

또 순수한 미감적 판단의 연역에서는 '연역'을 한 단칭판단이 그 보편타당성을 선험적으로 요구할 수 있는 권리의 증명이라는 의미로 사용하기도 한다.(KU, B133이하=V280 참조)

순수 지성개념들의 연역

순수 지성개념들의 형이상학적 연역

(→범주)

순수 지성개념들의 초월적 연역

I. 1. 순수한 지성개념들은 그 근원을 지성 안에 두고 있는 것인 한 한낱 주관적인 표상들이다. 그런데도 이 주관적인 개념들이 인식에서는 범주로서 대상들 일반에 필연적으로 관계한다. 여기서 '초월적 연역'의 과제는, "어떻게 선험적 개념이 대상과 관계 맺을 수 있는가 하는 방식에 대한 설명"(KrV, A85=B117)을 하는 일이다. 선험적인 표상들의 초월적 연역은 말하자면 주관적인 표상들이 객관에 필연적으로 적용됨의 정당성을 입증함, 바꿔 말해 주관적 표상들의 "객관적 실재성"(→실재성→)을 증명함이다. 이 연역을 통해 증명되어야 할 것은, 순수하게 주관적인, 그러니까 객관으로부터 경험적으로 취해진 것이 아닌 표상들이 그러함에도 불구하고 객관과 반드시 관계 맺어야 할 뿐 아니라, 그럴 경우에만 대상 인식이 가능하다는 사실이다.

2. 이런 증명의 문제는 "감성의 형식인 공간과 시간 개념"에 대해서도, 사고의 형식으로 기능하는 "지성의 개념인 범주들"(KrV, A85=B118)에 대해서도 똑같이 제기된다. 그러나 칸트가 "공간"(KrV, B40이하)·"시간"(KrV, B48이하) 개념의 "초월적 해설"이라는 이름으로 수행했던 공간·시간 표상의 초월적 연역은 그렇게 어려운 일이 아니었다. 왜냐하면 그런 감성의 순수 형식들에 의해서만 비로소 우리에게 "하나의 대상은 현상할 수, 다시 말해 경험적 직관의 객관일 수 있기 때문"(KrV, A89=B121)이다. 그렇기에 순수 직관인 공간·시간이라는 주관적인 표상은 현상으로서의 대상들을 가능하게 하는 필수적인 조건이다. 이에 반해 순수 지성개념들의 연역에는 순수 직관의 경우에는 있지 않던 어려움이 따른다.

왜냐하면 대상들은 “지성의 기능과 반드시 관계 맺지 않고도”(KrV, A89=B122), 단지 감성의 형식적 조건을 통해서만 우리에게 “현상하는 것이고, 다시 말해 경험적으로 직관되고 주어질 수 있는 것이니 말이다.”(KrV, A93=B125) “현상들은 지성의 기능 없이도 직관에 주어질 수 있”(KrV, A90=B122)다. “왜냐하면 직관은 사고의 기능을 어떤 방식으로도 필요로 하지 않는 것이니 말이다.”(KrV, A91=B123) 이것은 직관되는 것, 곧 현상에서 자기를 알리는 객관은 지성의 기능 없이도 있다는 것을 함의한다.

그렇기 때문에 순수 지성개념들의 연역, 곧 “어떻게 사고의 주관적 조건들이 객관적 타당성을 가질 것인가, 다시 말해 어떻게 대상에 대한 모든 인식을 가능하게 하는 조건들을 제시할 것인가”(KrV, A89이하=B122)라는 문제에서 입증되어야 할 것은, 순수 지성개념들은 그 대상을 “현존의 면에서” 산출하는 것은 아니지만, 그럼에도 “그것에 의해서만 어떤 것을 하나의 대상으로 인식하는 것이 가능”(KrV, A92=B125)한 한에서 ‘대상과 관련한 표상’을 선험적으로 규정한다는 사실이다.

II. 1. 잡다한 표상들, 곧 무엇인가는 직관에서 주어질 수 있다. 그러나 인식이란 “직관에 주어지는, 다시 말해 현상하는 대상”(KrV, A93=B126)을 개념적으로 파악함이다. 직관의 잡다가 ‘한 대상의 개념’에서 통일될 때만 우리는 한 대상을 인식한다. 이 통일 작용 자체는 직관에 주어지는 것이 아니고 우리 인식능력의 ‘자발성의 활동’, 곧 지성의 작용이다. 주어진 잡다의 통일은 인식주관이 자기에게 주어지는 잡다한 표상들을 일관되게 의식하고 그것들을 한 객관과 일정하게 관계 맺어 종합함으로써만 가능하다. 인식주관의 이 기능이 통각(→)이다. 통각의 근원적인 종합적 통일에 의해 감성적 직관의 잡다의 형상적 종합(→종합→)이 가능하고, 이를 통해 비로소 한 객관이 인식된다. 그러므로 자기의식의 “종합적 통일은 모든 인식의 객관적 조건이다. 나는 한 객관을 인식하기 위해서 이 조건을 필요로 할 뿐 아니라, 나에 대해 객관이 되기 위해서는 어떤 직관도 이 조건 아래에 종속해야 한다.”(KrV, B138)

2. “직관에 주어진 모든 잡다를 객관이라는 개념에서 합일되게 하는 것”은

통각의 초월적 통일이고, “그 때문에 이 통일은 객관적 통일이라 일컬어”(KrV, B139)진다. 시간에서의 직관의 순수 형식은, 주어지는 순수한 잡다를 내용으로 갖는 한낱 직관 일반으로서 자기의식의 이 근원적 통일에 종속한다. “그것은 오로지 직관의 잡다가 ‘나는 사고한다’는 일자[一者]와 필연적으로 관계맺음으로써, 그러므로 선험적으로 경험적인 종합의 기초에 놓여 있는 지성의 순수 종합을 통해서 그렇게”(KrV, B140) 되기 때문이다. 이 근원적인 순수한 통일만이 “객관적 타당성을 가지며”, 구체적인 조건 아래서 한낱 “표상들의 연합에 의한” 통각의 경험적 통일은 “전적으로 우연적”인 것이다.(KrV, B140 참조) 그렇지만 예컨대 “물체는 무겁다.”라는 경험적인 판단은 객관적으로 타당하다. 그러나 이것이 말해주는 바는, 경험적 표상들은 “경험적 직관에서 필연적으로 서로 소속한다.”는 것이 아니라, “표상들이 통각의 필연적 통일의 힘에 의해 직관들의 종합에서 서로 소속한다.”는 것이다.(KrV, B142 참조) 이렇게 해서만 “하나의 판단, 곧 객관적으로 타당한 관계가 생기고, 그것은 한낱 주관적 타당성만을 갖는, 예컨대 연합의 법칙에 따르는 표상들의 관계와 충분히 구별된다.”(KrV, B142) 한 물체를 들고 있을 때 사람은 무게의 압박을 느낀다. 그러나 “그 물체는 무겁다.”라는 판단에서 우리는 우리의 지각 상태에 대해서 말하는 것이 아니라, ‘그 물체’와 ‘무겁다’는 “이 두 표상들이 객관에서 주관의 상태와 상관없이 결합되어 있”(KrV, B142)음을 말하고자 하는 것이다. 범주들이란 다름 아닌 이 판단을 정초하는 순수 지성개념들이다. “그러므로 하나의 주어진 직관에서의 잡다는 반드시” 초월적 통각의 조건들인 “범주들에 종속한다.”(KrV, B143)

3. 주어진 직관의 잡다가 범주들에서 사고됨, 다시 말해 결합됨으로써 감각을 촉발한 대상은 인식된다. 순수한 지성개념들이 감각의 대상과 관계맺어짐으로써 미지의 대상이 우리에게 하나의 대상으로서 인식된다. 범주들은 “(수학에서처럼) 선험적인 직관들에 적용”(KrV, B147)될 수도 있기는 하지만, 이런 경우에 엄밀한 의미에서는 아무런 대상도 인식되지 않는다. 직관의 형식 안에서 직관되는 사물이 있다는 전제 아래에서, 다시 말해 어떤 사물이 우리에 의해 경험적으로 직관되고 또한 순수 직관들을 매개로 순수한 지성개념들이 이 경험적 직관들에

적용되면, 그때 사물에 대한 인식은 성립하는 것이다.

순수한 지성개념들이 경험적 직관, 곧 일차적 의미의 현상(→)에 적용될 수 있도록 하는 순수 직관의 매개를 칸트는 이중적 의미로 말하고 있다. 그것은 한편으로는, 현상의 형식인 순수 직관에는 경험적으로 직관되고 범주에서 사고될 수 있는 것이라야 비로소 우리에게 현상한다는 뜻이고, 다른 한편으로는 순전한 지성개념인 순수 지성개념들에 순수하게 직관된 것으로서의 순수 직관, 곧 순수 시간 잡다가 주어짐으로 인해, 순수 지성개념들은 비로소 잡다 일반의 순수한 종합적 통일을 구성하는 범주들로서 기능한다(KrV, A138=B177 참조)는 것을 뜻한다. 다시 말해 순수 지성개념들의 시간화를 거쳐 그것들은 범주로서 현상들에게 적용될 수가 있다는 것이다.

4. 순수한 상상력의 초월적 종합의 산물로서, 현상들이 범주들 안에 포섭되도록 매개하는 "지성개념들의 도식(→)"인 "초월적 시간 규정"에 의해 "범주의 현상들에 대한 적용"은 가능하다.(KrV, A139=B178·A140=B179) 현상들에 적용될 수 있기 위해서, "선험적인 순수한 개념들은 범주에서의 지성의 기능 외에도 감성의 (특히 내감의) 선험적인 형식적 조건들을 함유해야만 하며, 이 형식적 조건들은 그 아래에서만 범주가 어떤 대상에라도 적용될 수 있는 보편적 조건을 함유한다."(KrV, A139이하=B178이하) 범주들은 순수한 직관을 매개로 해서도, "그것들이 경험적 직관의 가능한 적용에 의하지 않고서는 사물들에 대한 어떠한 인식도 제공하지 못한다. 다시 말해, 범주들은 단지 경험적 인식의 가능성을 위해서만 쓰인다."(KrV, B147) 이 경험적 인식이 '경험'이라 일컬어지는 것이다.

5. 순수 지성개념들은 범주로서 순수 직관을 매개로, 경험적으로 직관되는 사물들에 대한 인식, 곧 경험적 인식을 제공한다. — 이것은 무엇을 말하는가? 순수 지성개념들은 본성상 오로지 경험–감각적인 사물들에만 사용될 수 있는 것인가?

대상들이 우리에게 주어질 수 있는 가능 조건인 공간·시간 표상은 감각 대상들 외에는 무엇에도 타당하지 않고 사용되지 않는다. "이 한계를 넘어서서는 아무것도 표상하는 바가 없다."(KrV, B148) 그러나 "순수 지성개념들은 이런 제한에서 자유롭다."(KrV, B148) 그것들은 자기 나름대로 대상들 일반에까지 — 그것이 감각의 대상이든 말든 — 손을 뻗친다. "사고작용에서 범주들은 우리의 감성적 조건들에 제한을 받지 않고, 오히려 무한정한 들판"(KrV, B166 주 · 참조 A253)을 갖는다. 순전한 사고 형식으로서 순수 지성개념들, 바꿔 말해 '단적인 범주들'은 그 때문에 사고 가능한 무엇에나, 그러니까 '신'과 같은 초험적 대상에도 사용될 수 있다. 예컨대 "신은 전능하다."라는 판단에서 실체-속성 · 질 따위의 범주들이 기능하고 있다. 그래서 범주들은 두 가지 사용 방식, 곧 경험적 사용과 초험적 사용을 갖는다고 말해진다.(KrV, A246이하 · B303이하 · A499=B527 참조)

범주들은 감성적 직관을 훨씬 넘어서까지도 그 사용을 넓혀나간다. "왜냐하면, 범주들은 객관들이 주어질 수 있는 (감성이라는) 특수한 양식을 돌보지 않고서도, 객관들 일반과 관계 맺으니 말이다."(KrV, A254=B309) "대상을 사고하는 것과 대상을 인식하는 것은 한가지가 아니다."(KrV, B146) 그러나 범주들의 이런, "우리의 감성적 직관 너머까지의 확장은 우리에게 아무런 도움이 안 된다."(KrV, B148 · 참조 A254=B309) 왜냐하면, 이런 경우에는 "그것에 대해서 과연 그것이 가능한가 불가능한가를 우리가 전혀 판단할 수 없는 그런 객관에 대한 공허한 개념들이 있을 뿐"이고, 다시 말해 "저 사고 형식들이 함유하고 있는 통각의 종합적 통일이 적용될, […] 그런 직관을 전혀 손에 가지고 있지 않기 때문이다."(KrV, B148이하) 감성적 직관 없이도 순수한 범주들은 비록 "한낱 초월적[초험적](→) 의미를 가지되, 초월적[초험적]으로 사용될 수는 없다. […] 초월적[초험적] 사용은 그 자체가 불가능한 것이니 말이다."(KrV, A248=B305) 그러므로 "우리의 감성적인 경험적 직관"만이 순수한 지성개념들에게 진정한 "의의와 의미를 줄 수 있다."(KrV, B149)

6. 칸트의 "범주 해명"에 의하면, 범주로서의 순수 지성개념들은 "대상 일반에 대한 개념들로서, 이에 의해 대상 일반에 대한 직관이 판단을 위한 논리적 기능들의 하나와 관련하여 규정되는 것으로 여겨"(KrV, B128)지는 그런 개념들이다. 그러면서도 그것들은 경험적 직관과 관련해서만 의미와 의의를 갖는다. 우리에 의해서 경험적으로 직관된 것, 다시 말해 "공간 시간상에 직접 현실적으

로, 즉 감각에 의해 표상되는 것"(KrV, B147)만이 이 순수 지성개념에서 사고되고, 하나의 대상으로서 인식될 수 있다. 사고의 형식인 범주들은 경험적으로 직관된 대상에 대한 인식만을 형성한다. 그로써 그것들은 그 인식에서 인식되는 대상 그 자체를 규정한다. — 이렇게 해서 주관적인 순수 지성개념들이 객관적 실재성을 가짐이 증명된다.

순수 실천이성 원칙들의 연역

1. 인간의 도덕적 행위는 인간의 이성이 순수하게 실천적임으로써, 다시 말해 "독자적으로, 곧 일체의 경험적인 것으로부터 독립해서 의지를 규정"(KpV, A72=V42)할 수 있음으로써 가능한 것이다. 순수한 이성의 자율인 도덕법칙이 인간의 행위를 규정하는 곳에서만 윤리성은 발견되는 것이다. 그런데 인간의 일체의 행위는 자연세계에서 일어나니까, 우리가 윤리 도덕을 말하는 것은 "순수한 실천이성의 자율 아래 있는 자연"(KpV, A74=V43)을 상정하는 것이다. 여기서 "어떻게 순수 이성이 직접적으로 의지의 규정 근거가 될 수 있느냐", 다시 말해 어떻게 모든 사건이 자연법칙에 따라서 발생하는 자연세계 안에서 인간의 도덕 행위가 일어날 수 있느냐를 해명해야 할 과제가 생기고, 그것이 바로 "순수 실천이성 원칙들의 연역"(KpV, A72=V42)의 일이다.

2. "너의 의지의 준칙이 항상 동시에 보편적 법칙수립의 원리로서 타당할 수 있도록, 그렇게 행위하라."(KpV, A54=V30)라는 순수 실천이성의 원칙은 "전적으로 선험적이고 또 경험적 원리들로부터 독립해 독자적으로 성립한다."(KpV, A80=V46) 그것은 "흡사, 우리가 선험적으로 의식하고, 그리고 명증적으로 확실한, 순수 이성의 사실처럼 주어져 있다."(KpV, A81=V47) 이로써 이미 "실천이성의 최상 원칙에 대한 해설은 [···] 끝났다".(KpV, A80=V46) 그리고 이 순수한 실천이성의 원칙의 연역, 곧 "그것의 객관적 보편적 타당성에 대한 정당화"(KpV, A80=V46)는 단지 "의지의 자유가 필연적"(KpV, A79=V46)이라는 사실에 의해서만 이루어진다. 그 밖에 "도덕법칙의 객관적 실재성은 어떠한 연역에 의해서도,

어떠한 이론적, 사변적 혹은 경험적으로 뒷받침된 이성의 노력에 의해서도 증명될 수 없고, 그러므로 사람들이 그것의 명증적 확실성을 포기하고자 한다 할지라도, 어떠한 경험에 의해서도 확인할 수 없고, 그래서 후험적으로 증명될 수 없으며, 그럼에도 그 자체로 확고하다."(KpV, A82=V47)

취미판단들의 연역

I. 1. 취미판단들의 연역에서 '연역'이란 한 취미판단이 그 보편타당성을 선험적으로 요구할 수 있는 권리의 증명이다.

2. 자연의 숭고한 것에 대한 판단과 관련해서는 숭고한 것에 대한 해설(expositio), 곧 '그 개념에 속하는 것을 분명하게 드러냄'(KrV, B38 참조)만으로 연역을 대신할 수 있다. 자연이 숭고하다는 것은 "단지 비본래적으로만 그렇게 불리는 것이며", 숭고한 것이란 "본래적으로는 한갓 인간의 자연본성에서의 사유방식에만 또는 차라리 이 사유방식의 토대에만 부여되어야만"(KU, B132=V280) 하는 것이다. 그러므로 자연의 숭고한 것에 대한 판단들에서는 이미 인식능력들, 곧 상상력과 이성의 "합목적적인 관계"(KU, B133=V280)가 선험적으로 마주쳐지고, 이것이 "그러한 판단들의 보편적이고-필연적인 타당성에 대한 주장의 정당화를 함유하고 있기 때문이다."(KU, B132=V280) 그러나 순수 미감적 판단이 하나의 "선험적 원리" 곧 주관적 원리에 기반해야 하면서도, "객관의 형식에서의 흡족 또는 부적의함"(KU, B131=V279)에 관련할 때는 연역이 필요하다.

II. 1. 보편적 동의를 요구하면서도 개념들에 의거하지 않고 순전히 주관의 자기자율에, 다시 말해 취미에 의거해 있는 순수한 취미판단은 두 가지 "논리적인 특유성을 갖는다."(KU, B135=V281) 즉 첫째로, 순수한 취미판단의 선험적 보편타당성은 개념들에 의한 논리적 보편성이 아니라 "단칭판단의 보편성"이다. 둘째로, 그 판단의 필연성은 선험적 근거들에 의거하기는 하지만, "어떠한 선험적인 증명근거들에 의존하고 있지 않"으므로, 그에 대한 찬동을 강요할 수는 없다.(KU, B135=V281 참조)

2. 순수한 취미판단의 규정 근거는 오로지 "자기 자신의 (쾌 또는 불쾌의) 상태에 관한 주관의 반성"(KU, B143=V286)이다. 그래서 미감적 판단의 연역의 과제는 한낱 주관적인 쾌 또는 불쾌의 감정을 표현하는 "하나의 미감적 판단이 어떻게 필연성을 요구할 수 있는가?", 바꿔 말해, "순전히 어떤 대상에 대한 자신의 쾌의 감정으로부터, 그 대상의 개념들에서 독립적으로, 이 쾌감이 다른 모든 주관에서도 동일한 객관의 표상에 부수하는 것이라고 선험적으로, 다시 말해 타인의 동의를 기다릴 필요 없이, 판정할, 그런 판단이 어떻게 가능한가?"(KU, B148=V288)를 밝혀내는 일이다.

3. 취미판단들은 객관의 개념을 "전혀 인식이 아닌 것, 곧 쾌(또는 불쾌)의 감정을 술어로서 저 직관에 덧붙이는 것이니"(KU, B148=V288)만큼 일종의 종합판단이다. 또한 "비록 (표상과 결합되어 있는 자신의 쾌의) 술어는 경험적이지만"(KU, B149=V288), 그럼에도 불구하고 취미판단들이 요구하는 것은 단지 "쾌감이 아니라, […]이 쾌감의 보편타당성"(KU, B150=V289)인 만큼 취미판단들은 선험적 판단이다. 그리하여 판단력 비판에서 순수 미감적 판단의 연역의 "과제는 초월철학의 일반적 문제, 즉 '선험적 종합 판단들은 어떻게 가능한가?'에 종속되는 것이다."(KU, B149=V289)

4. 이제 연역의 근거는 "이 장미는 아름답다."라는 하나의 선험적인 종합 판단을 서술하는 순전한 취미판단의 논리적 형식 너머에서 발견되지 않으면 안 되거니와, 칸트의 "취미판단들의 연역"(KU, §38)에서의 논증은 다음과 같다.

순수한, 즉 어떤 개념이나 감각도 섞여 있지 않은 순정하게 형식적인 취미판단에서 대상에 대한 흡족이 그것의 형식에 대한 순전한 판정과 결합되어 있다면, 그 흡족은 오로지 반성적 판단력에 대한 이 형식의 주관적 합목적성에 의거해 있는 것이다. 그러나 "판단력 일반", 곧 도대체 판단력이라고 하는 이 인식능력은 그 사용에 있어서 특수한 감관양식에 의해서도 또는 지성개념에 의해서도 제한받지 않는다. 그렇지만 상상력과 지성 사이의 부합은 모든 보편적이고 타당한 인식판단을 가능하게 하는 조건이므로, 반성적 판단력은 "모든 인간에게서 (가능한 인식 일반을 위해 필요한 것으로) 전제될 수 있는 그런 주관적인 것"(KU,

B151=V290), 곧 선험적으로 형식적인 것에 제한되어 있다. 어느 누구도 이러한 "인식 일반"의 조건을 충족시키지 않는 그런 판단을 내릴 수는 없다. 반성적 판단력도 바로 이 조건을 전제하므로, 우리는 다른 모든 사람에게 미감적 감정을 요구할 권리를 갖는다. "다시 말해 감성적 대상 일반의 판정에서, 쾌감," 바꿔 말해 상상력과 지성의 "관계에 대한 표상의 주관적 합목적성은 누구에게나 당연히 감히 요구될 수 있는 것이다."(KU, B151=V290)

5. 칸트의 순수한 미감적 판단의 연역이 순수한 취미판단들이 실제로 있다는 사실을 보여주는 것은 아니다. 연역이 우리가 취미를 마음대로 한다는 것을 선험적으로 주장할 수는 없기 때문이다. 또한 연역은 우리가 정당한 취미판단과 부당한 취미판단을 구별할 수 있는 어떤 수단절차도 제공하지 않는다. 그것이 정당화하는 것은 오로지, 다른 모든 사람이 나의 순수한 취미판단에 동의해야 마땅하다는 나의 주장뿐이다. 바로 그 때문에 이 '연역'은『순수이성비판』의 순수지성개념의 연역에 비하여 "이렇게 쉬운 것이다."(KU, B152=V290) 그것은, "미란 객관의 개념이 아니고, 취미판단은 인식판단이 아니"어서, 누구에게나 동일한 미감적 감정을 요구할 뿐 "개념의 객관적 실재성을 정당화할 필요는 없는 것이기 때문"(KU, B152=V290)이다.

6. 또한 칸트가 순수한 미감적 판단의 연역만으로써 인간이 공동의 미감적 세계에 들어설 수 있는 방법절차를 제시하려고 시도하는 것은 아니다. 우리가 우리의 순수한 미감적 판단을 만인에게 요구할 수 있기 위해서는 선험적인 우리 인식의 주관적 조건들을 지시하는 것만으로는 충분하지 않다. 우리는 또한 취미를 가져야만 하고, 그 취미를 함께 나눌 수 있어야 한다. 그래서 칸트는 '동일한 미감적 감정'의 지반으로서 '감각의 전달[공유]가능성'과 '공통감'을 논설한다.

도대체 감각, 감정이라는 것이 보편적으로 전달 가능한가, 그러니까 보편적으로 공유할 수 있는 것인가? 칸트는 쾌·불쾌의 네 가지 유형의 감정을 구분하면서 그 가능성을 검토한다. 첫째, 감관감각과 결합되어 있는 "쾌적함과 불쾌적함"과 같은 "향수[享受]의 쾌감"(KU, B153=V292)은 원칙적으로 순전히 주관적인 성격의 것이므로, 전달될[공유할] 수 없다. 둘째, 도덕적 행위와 결합되어 있는 윤리적 감정은 실천적 이성개념들을 통해 "보편적으로 전달될[공유할] 수 있다."(KU, B154=V292) 셋째, 자연의 숭고한 것에 대한 쾌감은 도덕적 토대를 가지며, 그렇기 때문에 똑같은 흡족을 "누구에게나 감히 요구할 수 있다."(KU, B154=V292) 넷째, 미적인 것에서의 쾌감은 아무런 개념적 구성 요소를 갖지 않지만, 보편적으로 전달될 수 있다, 곧 공유할 수 있다. 이 쾌감은 인식능력들의 조화로운 균형에 의거하는 것으로, "바로 이렇기 때문에 취미를 가지고 판단하는 이도 (만약 그가 이 의식에서 착오에 빠지지 않아, 질료를 형식으로, 매력을 미로 받아들이지만 않는다면) 역시 주관적 합목적성을, 다시 말해 객관에서의 그의 흡족을 다른 모든 사람에게 감히 요구하고, 그의 감정을 보편적으로 전달[공유]가능한 것으로 그것도 개념들의 매개 없이 전달[공유]가능한 것으로 상정해도 좋은 것이다."(KU, B155 이하=V293)

열광 熱狂 Enthusiasmus

1. 열광이란 "정동/격정(→)과 함께하는 좋음의 이념"(KU, B121=V271이하) 내지 "정동(→)과 함께 좋음에 참여함"(SF, A145=VII86)이다. 열광이 "감관의 표상들에 의한 추동보다 훨씬 더 강력하게 그리고 지속적으로 작용하는 활기를 마음에 넣어주는 이념들에 의한 힘들의 긴장"인 점에서 "미감적으로 숭고"(KU, B121=V272)하기는 하지만, "고상"한 것은 아니다.(KU, B122=V272 참조)

2. 열광과 광신(Schwärmerei)은 구별될 수 있다. "격정으로서의 열광에서 상상력은 고삐가 없지만, 뿌리깊은 격렬한 열정으로서 광신에서 상상력은 규칙이 없다." 열광은 아주 건전한 지성에서도 가끔 일어나는 일이지만, 광신은 "지성을 착란시키는 일종의 병"이다.(KU, B126=V275 참조)

열정 熱情 Leidenschaft passio animi

1. '열정'은 "주체[주관]의 이성에 의해서 제어하는 것이 어렵거나 전혀 할 수 없는 경향성"(Anth, A203=B202=VII251)으로서, "어떤 선택과 관련하여 그 경향성과 모든 경향성들의 총계를 비교하려는 이성을 방해하는 그러한 경향성"(Anth, A226=B225=VII265)이다. 이러한 열정은 "일종의 병"(Anth, A226=B226=VII266)으로 "마음의 병"(Anth, AB203=VII251)이라고도 일컬어진다.

2. "열정들은 침착한 성찰과도 병존될" 수 있고, 그래서 정동[격정](→)처럼 무분별하거나 질풍 같고 일시적인 것이 아니라, 뿌리가 깊고, 합리화 작업과도 공존할 수 있기 때문에, 정동[격정]보다 "훨씬 나쁜 것이다." 그것은 "모든 약제를 거부"하는 "병"이며, 일체의 "개선마저도 거절하는 마력이다."(Anth, A226=B225이하=VII265이하 참조)

열정은 "언제나, 경향성이 주관에게 지정한 목적에 따라 행위한다는 주관의 준칙을 전제"하므로, "항상 주관의 이성과 결합되어 있는 바로서"(Anth, A227=B226=VII266), 한갓된 동물들이나 순전한 이성적 존재자에서는 볼 수 없고, 오직 이성적 동물인 인간에게만 있다.

3. 열정에는 "자연적(선천적) 경향성의 열정들과 인간의 문화로부터 생겨나는 (취득된) 경향성의 열정들"이 있는데, 결코 무엇에도, 심지어는 법에도 복종하지 않으려는 "자유의 경향성과 성[性]의 경향성"은 앞의 부류이고, "명예욕과 지배욕과 소유욕" 등속은 뒤의 부류이다.(Anth, AB229이하=VII267이하 참조)

열정들은 "(명예욕, 복수욕, 지배욕 등과 같이)" "결코 완전하게 충족될 수 없는" "욕[慾]"이기 때문에 완전히 치유될 수 없는 병이며, "순수 실천이성에게는 암이며, 대개는 불치이다."(Anth, A227=B226=VII266)

4. "그래서 열정들은 한낱 정동[격정]들과 같이 많은 해악을 배태하고 있는 불행한 심정들일 뿐만 아니라, 예외 없이 악하다. 그리고 아주 선량한 욕망도, 설령 그것이 (질료[내용]상으로는) 덕에, 다시 말해 선행에 속한다 할지라도, (형식상으로는) 그것이 열정으로 전화되자마자, 한낱 실용적으로 유해할 뿐만 아니라,

도덕적으로도 배척되어야 하는 것이다."(Anth, A228=B227=VII267)

영리함 怜悧 Klugheit

1. 영리함은 생활을 위한 "실용적 법칙"(KrV, A800=B828; 참조 MS, TL, A91=VI433)을 잘 찾아내는 지혜로움 또는 현명함으로서 경험을 통해 증진된다.(KrV, A761=B789 참조)

2. 영리함은 "자기 자신의 최대의 안녕을 위한 수단 선택에서 숙련"(GMS, B42=IV416)성이라고 규정하기도 하는데, 이럴 때의 영리함은 "우리의 경향성들에 의해 부과되어 있는 모든 목적들을 단 하나의 목적, 즉 행복으로 통합하고, 그것에 도달하기 위한 수단들을 화합시키는 일"(KrV, A800=B828 참조)에서 빛을 발한다.

3. 그런데 "행복한 사람을 만드는 것과 선한 사람을 만드는 일은 전혀 다른 것이며, 사람을 영리[현명]하게 만들어 자기 이익에 밝게 하는 것과 덕 있게 만드는 일은 전혀 다르기 때문에, 행복의 원리는 윤리성을 기초 짓는 데 전혀 아무런 기여도 하지 못"한다. 오히려 자기 행복의 원리는 "윤리성을 매장시키고 윤리성의 전체적인 숭고함을 파괴"한다. 왜냐하면 그것은 이해타산에 밝은 영리함을 가르칠 뿐, "덕과 패악의 종[種]적 차이는 완전히 없애버리기 때문이다."(GMS, B90이하=IV442)

4. 윤리의 법칙이 "지시명령"(KpV, A64=V36 · A258=V143)하는 반면에 영리함의 규칙은 단지 조언하거나 충고한다. 그래서 도덕 명령이 "무조건적" 곧 "정언적"인 데 비해 영리함의 명령은 "조건적"인 명령으로서 단지 "실용적"일 따름이다.(V-MS/Vigil, XXVII486 참조)

『영원한 평화. 한 철학적 기획』 / 『영원한 평화』 *Zum ewigen Frieden. Ein philosophischer Entwurf*

저술의 시대적 배경

1. 책 『영원한 평화. 한 철학적 기획(*Zum ewigen Frieden. Ein philosophischer Entwurf*)』(Königsberg 1795, ^{2}1796)(약칭: 『영원한 평화』[ZeF])은 정치가가 아니라 철학자인 칸트의 대표적 정치철학 논설이다.

2. 『영원한 평화』에서 칸트는 권력의지에 싸여 갖가지 방식으로 자기 통제 아래의 국가를 확장하고자 하는 지배세력과 자국의 당장의 이득에 경도되어 그에 휩쓸리는 다수 국민들의 국가 팽창주의가 국제 평화를 깨뜨리는 화근임을 지적하면서, 오로지 그 위에서만 인류가, 그러니까 인간이 인간으로서의 존엄성을 가지고서 살 수 있는 '영원한 평화(der ewige Friede)'의 실현 원리를 제시한다. 그것은 세계만방의 인류를 향한 충언이지만, 또한 모국 프로이센의 팽창주의에 대한 고언이다.

프로이센은 당시에 대혁명(1789)을 겪으면서 대외 영향력이 약화된 프랑스와의 '바젤 화약'(1795. 4. 5)을 통해 서부 국경을 안정시킨 뒤, 1795년 10월 24일에는 이미 그해 1월 3일 협상을 마친 오스트리아, 러시아와 협약하여 인접 국가 폴란드를 분할 합병함으로써 독립국가 폴란드를 지도상에서 소멸시켰다. (이미 앞서 1772년과 1793년 두 차례에 걸쳐 삼국에 의해 분할 병탄당한 폴란드는 이로써 제1차 세계대전 후 1918년 공화국으로 재출발할 때까지 주권국의 지위를 상실하였다.) 이러한 유럽 열강의 자국 팽창주의의 와중에서 프로이센 신민 칸트는 개인과 마찬가지로 국가도 크든 작든, 약하든 강하든 독립적 인격체로서 존중되어야 한다는 기본 사상 위에서, 어떤 국가도 어떤 명분으로도 타국을 합병할 권리가 없음을 역설했다. 『영원한 평화』는 국제 평화의 기반 위에서만 인류의 지속적인 번영을 기할 수 있다는 '철학적' 구상일 뿐만 아니라, 프로이센의 부당한 국제정치적 세력 행사에 대한 한 프로이센 노철학자의 비판이다.

이 책을 칸트는 폴란드 합병이 임박한 시점인 1795년 9월 29일에 출간하였다. (자국 중심주의자들이 보기에는 칸트는 필시 이적 행위자일 것이다.) 연전에 출판한 『순전한 이성의 한계들 안에서의 종교』(→)가 판금 처분을 받은 상황에서도 칸트는 다시금 과감한 정치적 발언을 한 것이다.

3. "어떠한 국가도 다른 국가의 [헌정]체제와 통치[정부]에 폭력으로 간섭해서는 안 된다."(ZeF, AB11=VIII346)와 같은 원칙을 포함하는 칸트의 평화 사상은 국가를 하나의 인격체로 보는 데서 출발하거니와, 바로 그렇기 때문에 그것은 인권 내지 인간의 존엄성에 근거해 있다. 인간은 행위에서 좋음을 추구하거니와, 좋음이란 반드시 누구인가에게 좋음이다. 나에게 좋음과 우리 가족에게 좋음이 상충할 경우, 우리 가족에게 좋음과 우리나라에게 좋음이 상충할 경우, 우리나라에게 좋음과 인류사회 전체에게 좋음이 상충할 경우, 인간은 (설령 그리하고 싶지 않을지라도) 마땅히 더 많은 사람에게 좋음을, 궁극적으로는 인간성(Menschheit) 자체에게, 곧 인류(Menschheit)에게 좋음을 추구해야 한다. 인간성에게 좋음, 곧 인격적 가치만이 진정으로 도덕적인 것이기 때문이다. 그래서 칸트는 자기 모국에게 좋은 것, 조국의 팽창이 아니라 세계에, 곧 인류에게 좋은 것을 설파한다. 인류 세계의 영원한 평화 말이다.

영원한 평화를 위한 칸트의 철학적 기획

1. 평화, 화평, 화합, 조화, 화해, 화음, 이와 같은 '화(和)'의 가치는 일반적으로 궁극의 가치로 꼽히는 진(眞)·선(善)·미(美)·성(聖)의 가치보다도 '인간'에게는 오히려 상위의 가치로 여겨진다. 저 네 가지 가치는 사람이 혼자서도 성취할 수 있는 것이라면, '화'의 가치는 사람이 이웃 사람과 더불어서만 성취할 수 있는, 그리하여 인류가 존립할 수 있는 기반이 되는 가치이기 때문이다. 그래서 '영원한 평화'를 칸트는 '정치적 최고선'이라고 보았거니와, 그것은 '이성적 동물'의 가장 현실적인 표상이 '정치적 동물'이고, 그렇기 때문에 '정치적 최고선'은 곧바로 이성적 동물로서 '인간의 최고선'을 함축하는 것이기 때문일 것이다.

칸트는 그의 지식론에서 진(眞)의 원리를, 윤리학에서 선(善)의 원리를, 미학에서 미(美)의 원리를, 종교론에서 성(聖)의 원리를 천착한 다음에, 정치철학에서 본격적으로 '화(和)'의 원리 탐구에 집중한다. 그 결실이 그의『영원한 평화』에 담겨 있다.

2. 칸트는 인류의 화합과 세계의 '영원한 평화'에 대한 구상을 앞선 논고「이론과 실천」(→)(1793), 제3절을 통해 소략하게 밝힌 바 있는데,『영원한 평화』는 그에서 더 나아가 국제법상의 평화조약이 준수해야 할 '초월적 원리'를 밝혀 설명하고, 이후에 다시 한 번 그 법이론적 이념을『법이론의 형이상학적 기초원리』(→)(1797)의 '국제법'과 '세계시민법'의 체제 안에서 해설한다. 그리고 칸트는 말년의 저술『학부들의 다툼』(→)(1798), 제2절의 종결부에서 '인간의 권리' 보증과 인간의 진보는 영원한 평화 위에서만 기대될 수 있는 것임을 재삼 역설한다.

3. 칸트가『순수이성비판』에서 과학적 지식의 가능 원리를 탐구 제시했다면,『영원한 평화』에서는 인류 공존공영의 기반인 '영원한 평화'를 가능하게 하는 원리를 논설한다. 이 책은 칸트의 "영원한 평화를 위한[향한] 철학적 기획"을 내용으로 담고 있는 것이다. 이 '기획(Entwurf)'은 현실적인 평화조약의 초안이라기보다는 '화약(和約)'들이 진정한 화약이기 위해서 반드시 기초해야 할 철학적 원리, 즉 "초월적 개념"(ZeF, A92=B98=VIII381) 내지 "초월적 원리"(ZeF, A103=B110=VIII386 참조)이다. 여기서 '초월적 원리'란, 지식의 초월적 원리가 그 자신은 인간의 순수 이성에 근원을 둔 선험적인 것이면서 경험적인 지식을 가능하게 하는 원리이듯이, 그 자신 순수한 인간 이성에서 발원한 도덕적 원칙이면서 현실의 정치를 정치답게 — 정치[政]란 바름[正]이니 — 만드는 원리, 곧 "정치의 도덕과의 일치"(ZeF, A92=B98=VIII381)를 가능하게 하는 원리를 말한다.

4.『영원한 평화』에서의 '기획'은 근본적으로 "이성은 단지 그 자신이 그 자신의 기획에 따라서 산출한 것만을 통찰[하니], 곧 이성은 그의 판단의 원리들을 가지고 항구적인 법칙에 따라 앞서 나가면서 자연으로 하여금 그의 물음들에 답하도록 시[킨다.]"(KrV, BXIII)는『순수이성비판』에서의 "이성의 기획"과 똑같은 성격을 가지며, 그렇기 때문에 칸트 자신 이를 "철학적"이라고 일컬었다. 칸트

의 구상 '영원한 평화'는 인간의 순수한 실천이성이 현실 정치에 던져 넣는 것, 기투(企投)이며, 그런 의미에서 '기획'이고, 이 기투로 인하여 정치가 정치다워지는 것이니, 그것은 바로 초월적인, 말하자면 철학적 기획이다.

칸트 평화론의 세계정치사적 의의

1. 칸트의 세계평화론은 세계정치사적으로 매우 중요한 의의를 갖는다. 그것은 인류 역사상 최초로 진정한 의미에서 '세계 평화'를 진지하게 숙고한 결실이다. 이전에도 국제적 평화가 거론되지 않은 것은 아니다. 그러나 '로마에 의한 평화(Pax Romana)'·'중국에 의한 평화(Pax Sinica)'·'대영제국에 의한 평화(Pax Britanica)'·'미국에 의한 평화(Pax Americana)'의 사례에서 보듯, 보통 '평화'란 하나의 중심국가에 의해 주변국가들이 통제됨으로써 전쟁이 방지되고 평온이 유지되는 수준의 것이었다. 칸트는 이런 것은 "자유의 묘지에서의"(ZeF, A63=B64이하=VIII367) '평화'로서 진정한 평화일 수 없음을 갈파하면서, 동등한 독립 국가 간의 평화를 주창하고 있다. 개인들이 전쟁상태를 종식시키기 위해 사회계약을 통해 '시민국가'를 수립하는 것과 꼭 마찬가지로, 국가들 또한 전쟁상태를 종식시키기 위해 평화조약(foedus pacificum)에 의거한 "국제연맹(Völkerbund)"(ZeF, AB30=VIII354) 내지는 "보편적인 국가연합(Staatenverein)"(MS, RL, A227=B257=VI350)을 이루는 것이 마땅한 일이라는 것이다.

칸트의 세계평화론이 제시된 지 1세기가 지나 제1차 세계대전의 참상을 겪고 난 후 창설된 국제연맹(League of Nations)은 그의 구상을 부분적으로 실행에 옮긴 사례이며, 그 정신은 오늘날의 국제연합(United Nations)에 일정 부분 승계되고 있지만, 그 평화 유지 방식은 여전히 강대국의 주도와 정치적 이해타산에 따른 조정에 의한 것이다.

2. 칸트는 인간의 세계 평화에 대한 노력을 인간의 의무 가운데 하나로 본다. 세계 평화는 한낱 정치적 이해관계의 산물이 아니라, 인간이 인간답게 사는 필수 조건인 것이다.

'영원한 평화'의 이념과 실현 원리

1. "우리 안에 있는 도덕적-실천적 이성이 '어떠한 전쟁도 있어서는 안 된다'고 저항할 수 없는 거부권을 표명한다. [⋯] 우리는 영원한 평화의 확립과, 그를 유도하기 위해 그리고 이제까지 모든 국가들이 예외 없이 그것을 주목적으로 삼아 그들의 내부 조직을 정비했던, 불치의 전쟁수행을 종식시키기 위해, 가장 적절한 것으로 우리에게 보이는 그러한 체제 — 아마도 모든 국가들의 공화제, 전체적으로든 분리해서든 — 를 향해 노력해야만 하는 것이다."(MS, RL, A233=B264=VI354)

"보편적이고 지속적인 평화 설립은 순전한 이성의 한계 안에서의 법이론의 일부를 이룰 뿐만 아니라, 전체적인 궁극목적을 이룬다."(MS, RL, A234=B265=VI355) 보편적인 "국가연합"을 통해서나 확정적이 될 "영원한 평화"는 "국제법의 최종목표"이기는 하지만 "확실히 하나의 실현될 수 없는 이념"(MS, RL, A227= B257=VI350)이다. 그러나 이러한 "이념만이, 만약 그것이 비약, 다시 말해 기존의 결함 있는 체제의 폭력적인 전복에 의해 혁명적으로가 아니라, — (왜냐하면 그럴 경우에는 중간에 일체의 법적 상태가 폐기되는 순간이 생길 것이기 때문에) 오히려 확고한 원칙들에 따라서 점진적인 개혁을 통해 시도되고 수행된다면, 최고의 정치적 선, 즉 영원한 평화로의 연속적인 접근을 이끌 수 있다."(MS, RL, A235=B265 이하=VI355)

2. 그래서 "'영원한 평화'는 공허한 이념이 아니라, 오히려 차츰차츰 해결되어, (똑같은 진보가 일어나는 시간이 아마도 점점 더 짧아져갈 것이기 때문에) 그 목표에 끊임없이 더 가까이 다가서는 하나의 과제이다."(ZeF, A104=B112= VIII386)

영원한 평화를 위한 제안

『영원한 평화』에서 제시된 세계 평화를 위한 칸트의 기획안은 '국가 간의 영원한 평화를 위한 예비 조항', '국가 간의 영원한 평화를 위한 확정 조항', 그리고

'추가' 사항을 담고 있다.

예비 조항

"1. 장래의 전쟁 소재를 암암리에 유보한 채로 체결한 어떠한 조약도 평화조약으로 간주되어서는 안 된다."(ZeF, AB5=VIII343)

장차 분쟁의 소지를 감춘 책략적인 조약은 평화조약이 아니라, 임시적인 휴전조약에 불과하다.

"2. 어떠한 독립국가도 (작든 크든 상관없이) 어떤 다른 국가에 의해 상속, 교환, 매매 또는 증여를 통해 취득될 수 있어서는 안 된다."(ZeF, AB7=VIII344)

국가는 물건이 아니라 "그에 대해 누구도 지시명령하거나 처분해서는 안 되는 하나의 인간 사회"로서 그 자신 "하나의 도덕적 인격"이다. 국가는 결코 어떤 방식으로도 합병될 수 없다.

"3. 상비군(常備軍)은 점차 완전히 폐지되어야 한다."(ZeF, AB8=VIII345)

상비군은 결국 전쟁을 위한 것으로, 사람으로 하여금 사람을 죽이도록 훈련시킨다는 것은 사람을 도구로 간주하는 것으로, 그것은 인격으로서 "인간임의 권리"와 합일하지 않는다. 또한 군대를 위한 재화의 축적도 같은 결과를 낳는다.

"4. 대외적인 국가분규와 관련하여 어떠한 국가부채도 져서는 안 된다."(ZeF, AB9=VIII345)

국내 경제를 위해 국가 안에서 또는 밖에서 이런 도움을 찾는 것은 있을 수 있다. 그러나 국가 간의 전쟁을 수행하기 위해 국민의 조세 부담능력 이상으로 경비를 끌어다 쓰는 것은 결국 국가 간의 종속 관계를 낳을 것이고, 그것은 분명 영원한 평화에 커다란 장애가 된다.

"5. 어떠한 국가도 다른 국가의 [헌정]체제와 통치[정부]에 폭력으로 간섭해서는 안 된다."(ZeF, AB11=VIII346)

어떤 국가도 다른 국가의 내정에 간섭할 권리는 없다. 그것은 어떤 자유인도 다른 자유인을 폭력으로 통제할 수 없는 것과 마찬가지의 이치이다. 다만, 어떤 국가가 내부 반란에 의해 둘로 쪼개져 각각이 독립국가로서 전체를 통괄하고자 할 때는 경우가 다르다. 이 경우에는 어느 한편을 지원하는 것이 내정 간섭은 아니다. 그때 그 국가는 무정부상태에 있는 것으로 보아야 하기 때문이다.

"6. 어떠한 국가도 다른 국가와의 전쟁 중에 장래의 평화 시에 상호 신뢰를 불가능하게 만들 것이 틀림없는 그러한 적대행위들, 예컨대 암살자(暗殺者)나 독살자(毒殺者)의 고용, 항복 협정의 파기, 적국에서의 반역(叛逆) 선동 등을 자행해서는 안 된다."(ZeF, AB12=VIII346) 이러한 극악무도한 수단의 사용은 그 자체로 비열하고, 국가 간의 신뢰를 조금도 남겨놓지 않음으로써 결국 섬멸전으로 치닫게 할 뿐만 아니라, 일단 이러한 파렴치한 수단이 동원되면 그것은 전쟁 동안뿐만 아니라, 평화 시에도 지속적으로 사용되어 영원한 평화를 불가능하게 만든다.

이상의 여섯 조항 가운데서도 1, 5, 6항은 아무런 준비가 필요 없으므로 즉각 시행되어야 할 엄격한 법칙(leges strictae)들이다.

확정 조항

① 영원한 평화를 위한 제1 확정 조항:

"각 국가에서 시민적 [헌정]체제는 공화적이어야 한다."(ZeF, AB20=VIII349)

"첫째로 (인간으로서) 사회 구성원의 자유의 원리들에 따라서, 둘째로 (신민으로서) 만인의 유일한 공동의 법칙수립에 대한 의존성의 원칙들에 따라서, 그리고 셋째로 (국가시민으로서) 그들의 평등의 법칙에 따라서 세워진 [헌정]체제는 — 근원적 계약의 이념에서 나오고, 한 국민의 모든 법적인 법칙수립이 그에 기초해 있을 수밖에 없는 유일한 체제는 — 공화적 체제이다."(ZeF, AB20=VIII349/50)

여기서 칸트가 말하는 공화체제(Republikanism)는 전제체제(Despotism)와 대립하는 것으로, 전제체제에서는 지배자 자신의 "사적 의지"가 공적 의지로 간주된다면, 공화체제는 국가권력이 국민들의 근원적 계약(→사회계약)에 기초하고, 입법부로부터 집행권이 분리되어 있는 정체를 말한다.(ZeF, AB25=VIII352 참조) 이 체제하에서는 전쟁을 할 것인지 말 것인지를 국민들이 스스로 정해야 하고, 전쟁 수행의 모든 부담 또한 국민 스스로 떠맡아야 하기 때문에, 전쟁을 선포하는 데 매우 신중해지지 않을 수 없다. 그렇기 때문에 공화체제만이 영원한 평화에 대한 "전망"(ZeF, AB23=VIII351)을 준다.

② 영원한 평화를 위한 제2 확정 조항:
"국제법은 자유로운 국가들의 연방제[연방주의]에 기초해 있어야만 한다."
(ZeF, AB30=VIII354)

개별 국가들의 독립성을 유지하면서도 항구적인 국제 평화를 담보할 수 있는 것은 "국제연맹(Völkerbund)이겠다."(ZeF, AB30=VIII354) 이 연맹은 모든 전쟁의 종식을 추구하는 진정한 "평화연맹(平和聯盟)"(Friedensbund: foedus pacificum)으로서, "오로지 한 국가 그 자신과 동시에 다른 연맹 국가들의 자유를 유지 보장"(ZeF, AB35=VIII356)함을 지향한다.

이상적으로는 개인들이 원시적 자유를 포기하고 스스로 공법적 규제에 복종함으로써 국가를 수립하듯이, 국가들이 하나의 "국제국가(國際國家)"(Völkerstaat: civitas gentium)를 수립하는 것이 좋겠지만, "그러나 국가들은 그들의 국제법의 이념에 따라서 결코 이것을 의욕하지 않을 것이므로" 칸트는 "세계공화국(Weltrepublik)"이라는 적극적인 이념 대신에 "소극적인 대용물"로서 연맹을 구성하는 것이 전쟁을 막는 유일한 현실적인 방안이라고 본다.(ZeF, AB38=VIII357 참조) 그러니까 국가들 사이의 영원한 평화의 관계는 '부동이화(不同而和)', 즉 각기 주체로서 독자성을 유지하면서 어울려 화합하는 상태라 하겠다. 개인이 화합하여 하나의 국가를 이룰 때나, 국가들이 화합하여 하나의 세계를 이룰 때, 그 '하나'를 이루는 목소리는 화음(和音)이어야지 단음(單音)이어서는 안 된다는 것이다.

③ 영원한 평화를 위한 제3 확정 조항:

"세계시민법은 보편적 우호의 조건들에 국한되어 있어야만 한다."(ZeF, AB40=VIII357)

"우호"란 손님 대접을 하면서 우대함을 뜻한다. 국가는 외국인 방문객을, 그가 평화적으로 처신하는 한, 적대적으로 다루어서는 안 된다. 인간은 지구 표면을 공동으로 소유하고 있는 만큼, 어디든 최소한 일시적으로는 방문할 권리를 갖는다. 그러나 누구도 외국의 땅을 침탈할 권리는 없으므로, 외국인이 영속적인 방문자의 권리를 주장할 수는 없다. "우호의 권리, 다시 말해 외국 이주민들의 권한은 원주민들과의 교제를 시도해볼 수 있는 가능성의 조건들 이상으로 확장되지는 못한다. ― 이런 방식으로 멀리 떨어져 있는 세계 지역들이 서로 평화적으로 관계 맺고, 이러한 관계들이 마침내 공법화되며, 그렇게 해서 인류는 마침내 세계시민적 체제에 점점 가까이 다가설 수 있다."(ZeF, AB42=VIII358)

추가 사항: 영원한 평화를 위한 보증

1. 이러한 영원한 평화를 "보증해주는 것은 다른 것이 아니라 위대한 기예가인 자연(事物들의 案出者인 自然)이다. 자연의 기계적 운행에는 인간의 의지에 반하고라도 인간의 불화를 통해서 일치를 생장시켜내려는 합목적성이 명백히 나타나 있다."(ZeF, AB47=VIII360) 우리에게 알려지지 않은 작용법칙들에 따른 자연의 강요는 "숙명"이며, 세계 행정에서의 자연의 합목적성을 고려할 때 그것은 "섭리"라 할 것이다. 섭리란 "보다 상위의, 인류의 객관적인 궁극목적을 지향해 있고, 이 세계 운행을 예정하는 어떤 원인의 심오한 지혜"(ZeF, AB47=VIII361)이다.

2. 영원한 평화를 위한 예비적 설계로서 "자연은 1) 인간이 지상의 모든 지역에서 살 수 있도록 배려했다; ― 2) 전쟁을 통해 모든 곳에, 극히 황량한 지역에까지 인간을 쫓아 보내 그곳에 거주하도록 했다; 3) ― 또한 바로 그 전

쟁을 통해 인간을 크든 작든 법[칙]적 관계에 들어서도록 강요했다."(ZeF, AB52=VIII363) "자연은 인간이 지상의 어디에서나 살 수 있도록 배려함과 동시에 인간이 자신들의 경향성에 반해서라도 어디서나 살아야만 한다는 것을 전제적으로 욕구했다."(ZeF, A55=B55이하=VIII364) 자연은 인간이 의욕하지 않더라도 인간이 마땅히 행해야 할 여건을 만들어간다.(ZeF, A58=B59=VIII365 참조)

3. 한 국민은 내부적 불화에 의해 그렇게 할 필요가 없게 되었을지라도 외부로부터의 전쟁이 발발하면 부득이 공법에 복종하지 않을 수 없게 된다. 공법을 준수하는 것은 공화체제 유지의 근간으로서 시민의 제일의 의무이다. 이렇게 해서 "인간은 비록 도덕적으로-좋은 사람은 아닐지라도 좋은 시민이 되지 않을 수 없는 것이다."(ZeF, A60=B61=VIII366) 의무 때문에 그렇게 하는 것은 아니지만, 공법을 준수하는 것은 의무에 맞는 일이니 말이다.

4. 자연의 의도는 국제 관계도 합목적적으로 이끌고 있다. "국제법의 이념은 상호 독립적인 이웃해 있는 수많은 국가들의 분리를 전제로 한다. 설령 이러한 상태가 […] 그 자체로 이미 하나의 전쟁상태라 하더라도, 이 상태만으로도, 이성의 이념에서 볼 때, 다른 국가들을 제압하여 하나의 보편 왕국으로 나아가는 강국에 의해 여러 나라들이 용해[합방]되는 것보다는 좋다."(ZeF, A62=B63=VIII367) 통치의 범위가 확대되면 될수록 법률의 위력은 약화되고, 법의 정신이 사라짐과 함께 선의 싹도 절멸되어 마침내 "영혼 없는 전제"(ZeF, A62=B63=VIII367)가 출현하기 마련이기 때문이다. "그럼에도 불구하고 모든 국가(또는 그 수령)가 갈망하는 바는 이런 식으로, 자신이 가능한 한 전 세계를 지배하는, 지속적인 평화상태로 이행해가는 것이다. 그러나 자연은 이와는 다르게 의욕한다. — 자연은 언어와 종교들의 상이성이라는 두 수단을 이용하여 민족들이 서로 섞이는 것을 막고, 그들을 분리시킨다. 언어와 종교들의 상이성은 서로 상대방을 증오하는 성벽과 전쟁의 구실을 동반하기도 하지만, 그럼에도 문화가 성장해가고 인간이 원리에 있어서의 보다 큰 일치로 점진적으로 접근해감으로써 평화에 대한 동의를 이끌어간다. 이 평화는 (자유의 묘지에서의) 저 전제에서처럼, 모든 힘들의 약화에 의한 것이 아니라, 모든 힘들의 활기찬 경쟁 속에서의

균형에 의해 만들어내지고 보장되는 것이다."(ZeF, A62이하=B63이하=VIII367)

5. 또한 그 자연은 세계시민법의 개념으로써는 폭력과 전쟁에 대항하여 보장할 수 없었을 여러 민족들을 "상호적 사익(私益)을 통해" 통합시킨다. 상업적 정신은 전쟁과 양립할 수 없는 것인데, 금력이야말로 국가 권력에 종속되어 있는 모든 권력(수단)들 가운데서도 가장 믿을 만한 것이기 때문에, "국가들은 (물론 도덕성의 동기에서는 아니겠지만) 고귀한 평화를 촉진하지 않을 수 없게 되며, 그리고 전쟁 발발의 위협이 있는 곳이 어디든지 간에, 중재를 통해 전쟁을 막지 않을 수 없게 된다."(ZeF, A64=B65=VIII368) "이러한 방식으로 자연은 인간의 경향성들 자체에 있는 기제를 통해 영원한 평화를 보증한다."(ZeF, A64이하=B66=VIII368)

'영원한 평화'는 공법적 기반 위에서만 가능하다

화약(和約)이 영원한 평화의 기반이 되기 위해서는 근본적으로는 "공법화(公法化)"되어야 한다. 그러므로 화약의 모든 조항은 "공법의 초월적 정식[定式]"에 부합하지 않으면 안 된다. ―"타인의 권리에 관계되면서, 그 준칙이 공개성과 화합되지 않는, 모든 행위는 옳지 않다/부당하다/불법적이다."(ZeF, A93=B99=VIII381)

인간의 권리 내지 법에 상관하는 준칙과 그에 따른 정치 행위는 공적이어야 하며, 그런 만큼 모두 "공개성의 원칙"에 맞아야 한다. 그에 기초한 정치만이 보편적 도덕 원리에 합치할 수 있다. 비록 인간의 현실이 그 이념과 큰 차이를 보이고 있다 해도, 정치와 도덕은 합치되어야 하고, 그때라야 '영원한 평화' 또한 성취될 수 있다. 영원한 평화는 "비록 단지 무한히 진보하면서 접근할 수밖에 없다 할지라도" 인간이 마침내 해결해낼 "과제"이다.(ZeF, A104=B111이하=VIII386 참조)

『영원한 평화』의 영향

1. 칸트는 '영원한 평화' 그 위에서만 인간의 존엄성이 보편적으로 고양될 수 있다고 보아 "최고의 정치적 선"(MS, RL, A235=B265이하=VI355)이라 규정했거니와, 이러한 그의 사려가 담겨 있는 작은 책『영원한 평화』는 그렇기 때문에 한낱 관심 있는 이들의 읽을거리에 그치지 않고, 최초의 세계평화기구인 '국제연맹(League of Nations)'과 그 뒤를 이어 창설된 '국제연합(United Nations)'의 기본 정신이 되어 인류 문화사에 적지 않은 영향을 미치고 있다.

2. 칸트가 주창했고, 미국 대통령 윌슨(Th. W. Wilson, 1856~1924)에 의해 1918년 초 재천명됨으로써 바야흐로 시대정신이 된 민족자결의 원칙에 따라 '국제연맹'(1920. 1. 10)이 발족하고, 그간 열강에 병탄당했던 다수의 국가들이 세계대전의 종식(1918. 11. 11)과 함께 속속 독립국 지위를 회복하였다. 제1차 세계대전에서 일본은 승전국이었지만, 1910년 일본에 합병당한 한국에서도 여러 방식의 독립운동이 활기를 얻었다. 1919(己未)년 3월 1일에 일어난 대한독립 만세운동은 그 대표적인 사례인바, 그 정신을 만방에 알린 '선언서'는 민족 자주의 원칙을 바탕으로 한 만민 평등·세계 평화주의를 선언함과 함께 근대적 시민 윤리 덕목인 자유·정의·인도의 정신을 천명하고 있다. 기미독립선언서의 정신은 칸트의『영원한 평화』의 주의주장과 그대로 맞닿아 있으며, '국제연맹'의 정신과도 합치하는 것이다.

영혼 靈魂 Seele anima

1. 칸트에서 '영혼'은 적지 않은 경우 '마음'(→) 또는 '의식'(→)과 같은 것을 지칭한다. 예컨대 "영혼의 맹목적인, 그럼에도 불가결한 한 기능인, 그러나 우리가 드물게 어쩌다 한 번 의식할 뿐인, 상상력"(KrV, A78=B103)이라든지, 모든 경험을 가능하게 하는 "세 근원적 원천"인 감각기능, 상상력, 통각을 "영혼

의 힘 내지는 능력"(KrV, A94)이라고 말할 때의 영혼이 그러하다. 영혼을 "내감의 기관"(Anth, BA58=VII161)이라고 지칭할 때, 또한 "내감의 대상"으로서의 '나'를 "영혼"이라고 일컬어, 외감의 대상으로서의 신체와 대조시킬 때(KrV, A342=B400 · A845=B873 참조)나 "순전히 사고하는 자연(영혼)"(KrV, A682=B710)을 말할 때도 이러한 경우에 속한다 하겠다.

2. 마음의 질병을 이야기하면서 "건강한 영혼"(Anth, BA116=VII197)이니 "영혼의 박약"(Anth, BA124=VII202)이니 말할 때 역시 영혼과 마음은 교환 가능한 말로 사용된다. 감성과 지성, 의무와 경향성이 조화를 이루는 "아름다운 영혼"(→)(Anth, BA188=VII242)을 말할 때의 '영혼'은 마음 내지 정신(→)과 유사하다 하겠다.(Schiller, "Über Anmut und Würde", in: Friedrich Schiller, SW, V, 468 참조)

3. 그러나 '영혼'은 많은 경우 생명의 원리, 생명성(Animalität)을 뜻한다. 영혼의 불사성을 비롯해 영혼의 단순성, 불후성 따위를 논하는, 이른바 '이성적 영혼론(psychologia rationalis)'의 주제가 되는 영혼이 이러한 경우에 해당한다.(KrV, A334이하=B391이하 · A345=B403 참조)

4. 칸트는 "하나의 유기체 안의 비물질적인 운동 원리는 그것의 영혼"인데, 사람들은 이것을 "세계영혼(Weltseele)"이라고 생각할 수 있다고 말하기도 한다.(OP, XXII97 참조) 그러나 "(물질 안에 있는, 또는 살아 있게 하는 내적 원리, 즉 세계영혼에 의한) 물질의 생명(Leben der Materie)"을 이야기하면, 그것은 "물활론(Hylozoism)"(KU, B323=V392; MAN, A121=IV544 참조)이 된다.

영혼론

→ 심리학/영혼론

예비학 豫備學 Propädeutik

1. 예비학이란 본래의 학문을 위한 "준비"(KU, B410=V442) 내지 "예행연습"(KrV, A841=B869)을 일컫는다. 예컨대 "순수 이성의 체계(학문), 즉 체계적인 연관 내의 이성에 의한 전체의(참된 및 그럴듯한) 철학적 인식" 곧 "형이상학"을 본래의 순수 이성 철학이라 한다면, 순수 이성 비판은 "모든 선험적 순수 인식에 관한 이성의 능력을 연구하는 예비학(예행연습)"(KrV, A841=B869)이다. "우리는 순수 이성을 그리고 순수 이성의 원천과 한계를 순전히 평가하는 학문을 순수 이성의 체계를 위한 예비학으로 볼 수 있"(KrV, A11=B25)는 것이다.

2. "논리학은 예비학으로서 이를테면 단지 제 학문의 현관에 해당하는 것"(KrV, BIX)이라는 말에서처럼 예비학은 '현관' 내지는 본관을 들어가기 전에 거쳐야 하는 앞마당에 비유되기도 한다.

3. 그러나 '준비'나 '예행연습' 또는 '현관'이라고 풀이될 때 이미 함의가 드러나듯이, 예비학은 어떤 학문을 위한 것만도 아니고, 꼭 학술적 형태를 가지는 것만도 아니다. 예컨대, "모든 미적 기예를 위한 예비학은 […] 인문적 교양(humaniora)이라고 부르는 소양에 의해 마음의 능력들을 교화"(KU, B262=V355)함이며, "취미를 정초하기 위한 참된 예비학은 윤리적 이념들의 발달과 도덕 감정의 교화"(KU, B264=V356)이다.

예술/미적 기예 藝術/美的 技藝 schöne Kunst

I. 1. 기예(→) 가운데 예술 작품을 산출하는 기예를 미적 기예 또는 예술이라 일컫는다. 예술은 자유로운 기예로서 수공(手工)과 같은 노임(勞賃)기예와는 다르다. — "기예가, 어떤 가능한 대상의 인식에 알맞게, 순전히 그 대상을 현실화하기 위해, 그에 필요한 행위들만을 수행한다면, 그러한 기예는 기계적 기예이다. 그러나 기예가 쾌의 감정을 직접적인 의도로 삼는다면, 그것은 미감적(ästhetisch) 기예라고 일컫는다. 이 미감적 기예는 쾌적한(angenehm) 기예이거나 미적(schön) 기예이다."(KU, B177이하=V305) 쾌적한 기예가 우리 안에 대상을 통해 쾌적한 감각들(향락)을 불러일으킨다면, 미적 기예는 반성의 쾌감을 목표로 하며, "사교적 전달을 위해 마음의 힘들의 배양을 촉진"(KU, B179=V306)한다.

2. 미적 기예의 생산물은 그 형식에 있는 합목적성으로 인해 예술 작품인 것이다. "그러므로 미적 기예[예술]의 산물에서 합목적성은, 비록 의도적일지라도, 의도적으로 보여서는 안 된다. 다시 말해 미적 기예는, 비록 사람들이 그것을 기예라고 의식하고 있다 할지라도, 자연으로 간주될 수 있지 않으면 안 된다. 그러나 기예의 산물이 자연으로 나타나는 것은, 기예의 산물은 규칙들에 따름으로써만 마땅히 그것이어야 할 산물이 될 수 있는 만큼 그 규칙들과 정확하게 합치되지만, 거기에는 고심함이 없고, 격식이 엿보이는 일이 없으며, 다시 말해 규칙이 예술가의 눈앞에 아른거려서 그의 마음의 능력들을 속박했다는 흔적을 보이는 일이 없다고 하는 데에 있다."(KU, B180=V306이하)

3. 미적 기예를 가능하게 하는 두 인식능력, 즉 감성과 지성은 비록 서로 없어서는 안 되는 것이기는 하지만, 그럼에도 강제와 상호 간의 침해 없이는 통합될 수 없는 것인데, 이것들의 결합과 조화는 무의도적인 것처럼 그리고 저절로 그렇게 된 것처럼 보이지 않으면 안 된다. 그렇지 않으면 그것은 미적 기예/예술이 아니다. 그래서 예술에서는 일체의 가식적인 것과 고심의 흔적은 피해져야만 한다. 왜냐하면 예술은 다음과 같은 이중적 의미에서 자유로운 기예여야 하기 때문이다. 즉 예술은 하나의 보수를 받는 과업으로서 그 크기가 일정한 척도에 따라 판정되고 강제되고 또는 지불되는 노동이 아니라는 의미에서 자유로운 기예일 뿐만 아니라, 또한 마음이 종사함에도 그 경우에 어떤 다른 목적을 바라다보지 않고서 (보수와 무관하게) 충족과 고무됨을 느낀다는 의미에서 자유로운 기예인 것이다.(KU, B206=V321 참조)

II. 예술에는 "오직 세 종류"가 있다. "즉 언어예술, 조형예술 그리고 (외적 감관인상들인) 감각들의 유희의 예술"(KU, B205=V320이하)이 그것들이다.

1. "언어예술은 웅변술과 시예술이다. 웅변술은 지성의 과업을 상상력의 자

유로운 유희로 추진하는 예술이며, 시예술은 상상력의 자유로운 유희를 지성의 과업으로 수행하는 예술이다."(KU, B205=V321)

"시예술은 지성에 의해 질서 지어진 감성의 유희"(Anth, A195=VII246)이다. 시예술은 "임의로 생기게 한 가상과 더불어 유희하되, 그럼에도 이 가상을 가지고 기만하지는 않는다. 왜냐하면 시예술은 자신이 하는 일 자체를 순전한 유희라고 공언하지만, 그럼에도 이 유희는 지성에 의해 그리고 지성의 과업들을 위해 합목적적으로 사용될 수 있기 때문이다."(KU, B215이하=V327) 시인은 한낱 이념들과의 즐거운 유희를 내걸지만, 그럼에도 지성에 대해서는 마치 그가 그 과제를 추진하는 것을 의도로 가졌던 것과 똑같은 결과가 나오는 것이다. 시인은 순전히 이념들과의 유희를 내걸지만, 과업다운 어떤 것, 곧 지성에게 유희하면서 영양을 공급하고 상상력을 통해 지성의 개념들에게 생기를 주는 일을 수행한다.

웅변가는 그가 약속하지 않은 어떤 것, 곧 상상력의 즐거운 유희를 주기는 하지만, 그가 약속하는 것과 그가 내건 과업, 곧 지성을 합목적적으로 종사하게 하는 일은 다소 저버린다. 웅변가는 하나의 과제를 내걸고, 마치 그것이 한낱 이념들과의 유희인 것처럼 수행하여, 청중들을 즐겁게 하는 것이다.(KU, B206=V321 참조)

2. 조형예술들 곧 이념들을 감관직관에서 표현하는 예술들은 "감관적 진상의 예술이거나 감관적 가상의 예술이다. 전자는 조소라고 일컫고, 후자는 회화라고 일컫는다."(KU, B207=V322) 이것들은 공간상의 형태들을 이념들에 대한 표현으로 삼는다. 앞의 것은 형태들을 두 감관, 즉 시각과 촉각에 대해서 인지할 수 있게 하며, 뒤의 것은 단지 시각에 대해서만 인지할 수 있게 한다. 미감적 이념(原型(→): Archetypon), 원상(Urbild)은 상상력에서 조소와 회화, 두 가지 모두의 기초에 놓여 있다. 그러나 이 미감적 이념의 표현을 이루는 형태(模型: Ektypon), 모상(Nachbild)은 그 입체적 연장에 있어서 (대상 자신이 실존하는 대로) 주어지거나, 아니면 이 형태가 눈에 그려지는 방식에 따라서 (평면상의 그것의 외견에 따라) 주어진다.(KU, B207=V322 참조)

조형예술의 제1의 종류인 조소에는 조각예술과 건축예술이 속한다. 전자는 자연 속에 실존할 수 있는 그대로의 사물들의 개념들을 입체적으로 (그러면서도 예술인 만큼 미적 합목적성을 고려하면서) 현시하는 예술이고, 후자는 단지 기예에 의해서만 가능한 사물들을 자의적인 목적에 따라서 그러면서도 동시에 미감적-합목적적으로 현시하는 예술이다. 후자에 있어서는 기예적 대상의 일정한 사용이 주요 사안으로서, 미감적 이념들은 이 주요 사안을 조건으로 가지며 이에 제한된다. 전자에서는 미감적 이념들의 순전한 표현이 주요 의도이다. 그래서 인간, 신, 동물들 따위의 조상(彫像)들은 전자의 종류에 속하지만, 신전이나 공공집회를 위한 호화 건물이나, 주택, 개선문, 명예를 기념하기 위해 세워진 기둥이나 비석들 따위는 건축예술에 속한다. 그뿐만 아니라 모든 가구류(목수의 제작품 등 사용을 위한 물건들)도 건축예술에 넣을 수 있다. 산물이 일정한 사용에 적합한 것이 건축물의 본질을 이루니 말이다. 그에 반해 오로지 보기 위해 만들어져 있고 그 자체만으로 적의해야 하는 순전한 조형물은 입체적 현시로서 자연의 순전한 모방이지만, 그럼에도 미감적 이념들이 고려되어 있다. 그렇다 해도 이 경우에는 감관적 진상이 기예와 자의의 산물로 보이지 않을 정도로 그렇게 지나치게 두드러져서는 안 된다.(KU, B207이하=V322 참조)

조형예술의 제2의 종류인 회화예술은 감관적 가상을 기예적으로 이념들과 결합시켜서 현시하는 것인데, 이것은 자연의 미적 묘사의 예술과 자연 산물들의 미적 편성의 예술로 구분될 수 있다. 전자는 본래적인 회화이고, 후자는 원예술(Lustgärtnerei)이겠다. 무릇 전자는 단지 입체적 연장의 가상만을 주는데, 후자는 이 입체적 연장을 진상대로, 그러나 한낱 그 형식들을 바라볼 때의 상상력의 유희라는 목적 외에 다른 목적들을 위한 이용과 사용에 대한 가상만을 주기 때문이다. 후자는 다름 아닌 대지를, 자연이 그것을 우리 보기에 그렇게 현시하는 것과 똑같이 다양하게 (풀, 꽃, 덤불, 나무, 심지어는 하천, 구릉, 계곡들로) 장식하는 것으로, 다만 자연과는 다르게 일정한 이념에 맞춰 편성하는 것이다.(KU, B208이하=V322이하 참조)

"조형예술들은 상상력으로 하여금 자유로우면서도 동시에 지성에 적합한 유희를 하도록 함으로써, 하나의 작품을 완성해가면서 동시에 하나의 과업을 수행하는바, 이 작품은 지성개념들에게, 그것들의 감성과의 합일을 촉진하고, 그렇게 해서 이를테면 상위 인식력들의 세련성을 촉진하는, 하나의 지속적인 그리고 그것 자신만으로도 훌륭한 운반체로 기여"(KU, B221=V329)한다.

3. 감각들의 미적 유희의 예술은 "청각의 감각들의 기예적 유희인 음악과 시각의 감각들의 기예적 유희인 색채예술로 구분될 수 있다."(KU, B211=V324 참조) 다만 여기서 우리는, 어떤 색채나 음(음향)이 한낱 쾌적한 감각들인지 아니면 그 자체로 이미 감각들의 미적 유희인지, 그리고 그것이 그러한 미적 유희로서 미감적 판정에서 형식에 대한 흡족을 동반하는 것인지 어떤지를 확실하게 말할 수가 없다.(KU, B212=V324 참조)

예지자/지성적 존재자 叡智者 Intelligenz

1. 칸트는 '인텔리겐츠'를 낱말 뜻대로 '지성적 존재자'의 의미로 사용하여 예컨대 사고하는 주관인 나에 의해 사고된 객관으로서의 나를 지칭하기도 하지만(KrV, B155 참조), 대개는 예지자, 곧 시간상에서 그 현존을 규정할 수는 없으나 행위 주체로 보일 수 있는 자를 지칭한다.

2. 윤리적으로 행위하는 인격은 "자신을 동시에 예지체(→)로" 다시 말해 "순수 예지자로"(KpV, A206=V114) 본다. "법칙의 표상에 따라 행위할 수 있는 존재자는 예지자(이성적 존재자)"(KpV, A225=V125)라고 하지 않을 수 없다.

3. "모든 자연적 질서와 완전성의 원리이거나 모든 도덕적 질서와 완전성의 원리"(KrV, A632=B660)로 여겨지는 신은 '최고 예지자'라고 일컬어진다. 이러한 최고 예지자 개념을 칸트는 "순전한 이념"이라고 말하거와, "이 개념의 객관적 실재성은 그것이 곧바로 대상과 관계 맺는 데 있지 않"으나, 이 개념은 "최대의 이성 통일의 조건들에 따라 정돈된 도식"(KrV, A670=B698)이다. 그러므로 최고 예지자는 "명시적 개념"은 아니지만, "발견적 개념"(KrV, A671=B699)으로 사용된다. 다시 말해 우리가 "최고 예지자로부터 세계질서와 그 세계질서의 체계적

통일성을 도출"할 수는 없지만, "최고로 지혜로운 원인이라는 이념으로부터, 그에 따라 이성이 세계 안에서 원인들과 결과들을 결합함에 있어 자기 자신을 만족시키는 데 가장 잘 사용될 수 있는, 규칙을 끄집어"낼 수는 있는 것이다.(KrV, A673=B701 참조)

예지적 叡智的 intelligibel intelligibilis

1. 칸트에서 '페어슈탄트(Verstand)'와 관련한 형용사는 둘이 있는데, 하나는 '지성적(intellektuel)'이고, 다른 하나는 '예지적(intelligibel)'이다. 이 두 형용사는 독일어 '페어슈탄트(Verstand)'에 대응하는 라틴어 명사 '인텔렉투스/인텔레겐치아(intellectus/intellegentia)'에서 파생한 라틴어 형용사 'intellectualis'와 'intelligibilis'의 독일어 어형이다. 서로 다른 의미를 갖는 두 형용사의 독일어 귀속 명사인 '페어슈탄트(Verstand)'도 그에 상응해서 '지성'과 '예지[오성]'로 구별되기도 한다.

2. '지성적'이라는 형용사는 '인식'을 수식해주는 말로, 따라서 '지성적 인식'이란 '지성에 의한 인식'을 뜻하며, 칸트에서 모든 경험적 인식은 감각 인상을 재료로 하되 지성에 의한 인식이므로, '지성적' 인식은 감각세계에 관한 것이기도 하다. 그러니까 인식치고 '지성적' 인식이 아닌 것은 없다. 반면에 '예지적'은 '대상'을 수식해주는 말로서, 예컨대 '예지적 대상'이란 '지성에 의해서만 표상 가능한 것', 다시 말해 '예지적으로 이해될 수'는 있으나 인간의 감각적 직관을 통해서는 결코 표상될 수 없는 것, 감각을 매개로 하지 않는 직관능력이 있다면 — 가령 신적(神的)인 — 그런 직관에 의해서나 포착될 수 있는 것을 말한다. 그런데 우리 인간에게는 그런 직관능력이 없으므로 '예지적인 것[예지체](noumenon)', '예지세계(叡智世界, mundus intelligibilis)'는 오로지 지성을 통해 생각 가능한 것일 따름이다.

3. 칸트는 『순수이성비판』에서 "감성세계(mundus sensibilis)와 예지세계(mun-

dus intelligibilis)"(KrV, A256=B312)를 구별하면서 '예지세계' 대신에 "지성세계(intellektuelle Welt)라는 표현을 사용해서는 안 된다. 무릇 지성적[…]이라는 것은 오직 인식들만이 그러한 것이다. 그러므로 객관들인 것만을 (발음이 생경하더라도) 예지적[…]이라고 일컫는다."(KrV, B312 주)라고 말한다. 같은 취지에서 『형이상학 서설』에서도 예지적 세계를 지성적 세계라고 일컬어서는 안 된다고 말한다. "왜냐하면 지성적인 것은 지성에 의한 인식들이고, 그러한 것은 우리의 감성세계와도 관계한다. 그러나 예지적인 것은 대상들을 일컫는다. 그 대상들이 순전히 지성/오성에 의해 표상될 수 있고 우리의 어떤 감성적 직관과도 관계할 수 없는 한에서 말이다. 그러나 이때에도 어떤 대상에든 어떤 가능한 직관이 상응해야만 하는 것이므로, 사람들은 직접적으로 사물들을 직관하는 하나의 오성/지성을 생각하지 않을 수 없겠다. 그러나 우리는 그러한 오성/지성에 대해서는 최소한의 개념도 가지고 있지 않으며, 그러니까 또한 이 오성/지성이 관계한다는 오성존재자에 대해서도 아무런 개념을 가지고 있지 못하다."(Prol, A108=IV316 주)는 것이다.

윤리세계는 감성세계인 자연세계와는 달리 자유의 개념에 의해서 성립하는 것이기 때문에, 이것이 "감성세계와 오성세계(Verstandeswelt)를 구별하지 않을 수 없도록 만든다."(GMS, B106=IV451) 이러한 사태 연관에서 '오성(Verstand)'은 예지적 능력을 의미하며, '오성세계'는 '예지[적] 세계(intelligibele Welt)'의 다른 명칭이라 할 것이다.

4. 이렇게 구별할 것을 역설하면서도 칸트 자신 마땅히 '예지세계'라고 해야 할 어떤 대목에서(GMS, B107=IV451 참조)는 '지성세계(intellektuelle Welt)'라고 쓰기도 하니, 이 두 개념은 문맥을 살펴 뜻을 가려 읽어야 한다.

예지체 叡智體 Noumenon noumenon

1. 경험된 현상체(phaenoumenon)(→ 현상/현상체)와는 달리 '감성적으로 인식

되지는 않지만 지성적으로 생각할 수는 있는 것'을 예지체[예지적인 것]라 일컫는다.

2. 칸트는 "한 개념이 모순을 함유하지 않고, 주어진 개념들의 한계를 정해주는 것으로서 다른 인식들과 연관을 가지면서도, 그 개념의 객관적 실재성이 결코 인식될 수 없는 그런 개념"(KrV, A254=B310)을 '문제성 있는(problematisch) 개념'(→미정적)이라고 부르는데, 예지체가 그런 것이다. 예지체란 "전혀 감관의 대상으로서가 아니고, 사물 그 자체(→)로 (오로지 순수 지성에 의해) 생각되는 사물"인데 이러한 개념이 어떤 모순을 함유하고 있지는 않다. "왜냐하면 우리는 감성에 대해 그것만이 직관의 유일하게 가능한 방식이라고 주장할 수는 없으니 말이다. 더 나아가, 이 개념은 감성적 직관을 사물들 그 자체 너머까지 연장하지 않기 위해서, 그리고 감성적 인식의 객관적 타당성을 제한하기 위해서 필요한 것이기도 하다. [⋯] 그러나 마지막으로 그러한 예지체들의 가능성은 그럼에도 전혀 통찰될 수가 없고, 현상들의 권역 밖의 범위는 (우리에게는) 아주 공허하다. 다시 말해, 우리는 문제성 있게[미정적으로] 저 권역 이상으로 뻗쳐 가는 지성을 가지지만, 그것을 통해 감성의 분야 밖에서 우리에게 대상들이 주어지고, 지성이 이것들 너머까지 확정적으로 사용될 수 있는, 그런 아무런 직관도, 아니 그런 가능한 직관의 개념조차도 가지고 있지 않다. 그러므로 예지체 개념은 순전히 감성의 참월을 제한하기 위한 한계개념(→)이며, 그러므로 단지 소극적 사용만을 갖는다. 그럼에도 불구하고 이 개념은 자의적으로 지어낸 것이 아닌 것으로서, 감성의 범위 밖에 무엇인가 적극적인 것을 세울 수는 없지만, 감성의 제한과 연관이 있다."(KrV, A254이하=B310이하)

오류추리 誤謬推理 Paralogismus

칸트는 '오류추리'를 변증적 이성추리를 지칭하는 말로 사용한다. 변증적 추리란 초월적 가상(→)에 의해 유도된 사이비 이성추리이다.

"우리가 알고 있는 것으로부터, 그에 관해 아무런 개념도 가지고 있지 못한, 그러면서도 불가피한 가상으로 인해 그것에 객관적 실재성을 부여하는 다른 어떤 것을 추리"(KrV, A339=B397)함은 매우 현명한 사람마저도 거의 벗어날 수 없는 "이성의 자연본성에서 생겨난 것"(KrV, A339=B397)이라는 점에서는 "이성추리"라 볼 수도 있겠지만, 결과적으로 이러한 추리는 "이성추리라 하기보다는 궤변적 추리"(KrV, A339=B397)라 일컫는 것이 합당하다. 왜냐하면 이러한 이성추리는 초월적 가상에 의한 착오가 초래한 "변증적 추리"(KrV, A338=B396)이기 때문이다.

초월적 오류추리

변증적 추리 가운데 "전혀 잡다를 함유하지 않은 주관[주체]이라는 초월적 개념에서 […] 이 주관 자체의 절대적 통일성[단일성]을 추리"(KrV, A340=B397이하)하는 것을 "초월적 오류추리"(KrV, A340=B398)라 한다. "논리적 오류추리"는 이성추리의 형식상의 허위에 기인한 것이기 때문에 형식적 허위를 밝혀내기만 하면 곧바로 폐기되지만, 초월적 오류추리는 인간 이성의 자연본성에 뿌리박혀 있어서 형식상 허위임이 밝혀진 후에도 "해결할 수 없는 것은 아니지만 불가피한 환상을 동반한다."(KrV, A341=B399)

순수 이성의 초월적 오류추리와 비판

1. 플라톤 이래로 사람들은 영혼[주체, 자아, 나]의 '단순성'을 규정한 후 그를 기초로 영혼이 불멸·불사(不死)·불후(不朽)적임을 추리한다. 이 추리를 이른바 이성적 영혼론[심리학]은 범주 형식을 빌려 수행한다.(KrV, A344이하=B402이하 참조)

2. 재래 형이상학자들은 "영혼은 실체다."라고 주장한다. 이것은 영혼을 관계범주에서 고찰한 결과로서 이런 주장의 이면에는 다음과 같은 사이비 삼단논법이 있다.

대전제: 그것의 표상이 우리 판단들의 절대적 주체[주관]이고, 따라서 여타 사물의 규정으로 사용될 수 없는 그런 것은 실체이다.

소전제: 사고하는 자로서 나는 나의 모든 가능한 판단들의 절대적 주체[주어]이고, 나 자신에 대한 이 표상은 어떤 다른 사물의 술어로 사용될 수 없다.

결 론: 그러므로 사고하는 자(영혼으)로서, 나는 실체이다.(KrV, A348 참조)

삼단논법처럼 보이는 이 이성추리에서 일단 '사고하는 자'와 '나' 그리고 '영혼'은 동일시되고 있다. 그러나 대전제에서 '절대적 주체'인 '실체'는 판단에서 표상되는 것, 곧 현상적 대상으로서 '주체'인 실체인 반면에, 소전제에서의 절대적 주체인 사고하는 자, 곧 나는 '자기의식'으로서, 그것은 생리-심리학적인 생각하는 것이 아니다. 그러므로 이 추리는 매개념인 '절대적 주체[주관, 주어]'의 다의성에서 비롯한 오류추리이다. 다시 말해 이런 이성추리로는 영혼이 실체라고 증명되지 않는다.

3. 또한 종래의 형이상학자들은 "영혼은 단순하다."라고 주장한다. 이것은 영혼을 질(質) 범주의 관점에서 고찰한 후의 결론이다. 그러나 이 결론도 사이비 삼단논법에서 비롯한 것이다.

대전제: 그것의 작용[활동]이 작용[활동]하는 많은 사물들의 합작(合作)으로 결코 볼 수 없는 그러한 사물은 단순하다.

소전제: 그런데 영혼, 바꿔 말해, 사고하는 '나'는 그러한 것이다.

결 론: 그러므로 영혼, 바꿔 말해 사고하는 나는 단순하다.(KrV, A351 참조)

결론에서 영혼으로 지칭된 '사고하는 나'는 단적으로 '자기의식'이지 소전제에서 말하는 자기 인식의 대상인 '사고하는 것'이 아니다. 그러니까 여기서 '사물[것]'은 한편에서는 넓은 의미로 또 다른 한편에서는 좁은 의미로 사용되고 있는 것으로, 이 같은 이성추리는 오류이다.

4. 양(量) 범주의 시각에서 영혼을 고찰한 형이상학자들은 "영혼은 인격이다."라고 주장한다. 이 주장도 그럴듯한 삼단논법에 기대어 있다.

대전제: 서로 다른 시간상에서 자기 자신의 수적(數的) 동일성을 의식하는 것은 그런 한에서 인격이다.
소전제: 그런데 영혼은 그런 것이다.
결　론: 그러므로 영혼은 인격이다.(KrV, A361 참조)

서로 다른 시간상에서 일관된 동일성으로 의식되는 '자기' 내지 '나'는 자기의식 곧 통각을 지칭하는 것으로서 심리적 사고 내용들과 그것들의 결합에 수반하는 형식적 조건일 뿐, 이것이 심리-생리적인 나의 실재적 동일성을 말하는 것은 아니다. 이미 흄도 지적했듯이, 경험적인 의식 내용은 시시각각 다르므로, 심리적 주관의 실재적인 수적 동일성은 말할 수 없다. 그러므로 '영혼'이 한갓 초월적 형식적 자기의식이 아니라, 무엇인가 실재하는 것을 지칭하는 한, 수적 동일성을 근거로 영혼을 인격이라고 주장할 수는 없다.

5. 양태(樣態) 범주의 관점에서 "영혼은 항존(恒存)한다."고 말하는 이들이 있다. 영혼은 물체인 신체와 관계 맺고 교호작용하고 있으되, 물체와는 구별되는 물체의 생명 원리로서 정신성을 가지며, 그렇기에 불사(不死)적이다. 종래 형이상학자들은 영혼과는 정반대의 성질을 가진 외적 사물의 실존성이 의심스럽다는 것을 밝혀내면, 영혼의 실존성은 명백해지는 것이라고 보았다.

대전제: 그것의 현존이 단지 주어진 지각들의 원인으로서만 추론될 수 있는 그런 어떤 것은 의심스러운 실존만을 갖는다.
소전제: 그런데 모든 현상들은 그것들의 현존이 직접적으로 지각될 수는 없고, 주어진 지각들의 원인으로서만 추론될 수 있는 그런 종류의 것이다.
결　론: 그러므로 외감의 모든 대상들의 현존은 의심스럽다.(KrV, A366이하 참조)

이에 반해, 영혼은 내감에 직접적으로 직관되는 것으로 그 현존은 의심할 여지가 없다는 것이다. 말하자면,

대전제: 영혼으로서 나는 공간상의 사물들의 관계 속에 있다. 즉 나는 나 자신의 존재를 나 자신 이외의 사물들과 (그러니까 나의 신체와도) 구별한다.
소전제: 그런데 공간상의 사물들은 파멸한다.
결 론: 그러나 공간상의 사물들과 구별되는 단순한 실체로서 나는 그러므로 멸하지 않는다. 곧, 불멸적이다.(KrV, B409이하 참조)

그러나 이 추론들은 거짓이다. 설령 저 삼단논법에 의해 외적 대상들의 현존이 의심스럽다는 것이 증명되고, 외적 사물들이 파멸하는 것이 증명되었다 하더라도, '그것과 반대되는 것'의 무엇임이 입증되는 것은 아니니 말이다.

6. 이로써 종래 형이상학자들이 주장했던 영혼의 존재와 그것의 자기동일성 및 불멸성 논증은 무효임이 밝혀졌다. 그리고 그와 함께 영혼의 실체성·단순성·동일성·인격성·불멸성을 전제하는 일체의 교리(教理) 교설(教說)도 사상누각임이 밝혀진다.

오스왈드 James Oswald

오스왈드(1703~1793)는 스코틀랜드 상식학파의 일원으로, 그를 대변하는 책으로는『종교를 위한 상식의 호소(*Appeal to Common Sense in Behalf of Religion*)』(2 vols., Edinburgh 1766/1772)가 있다.

오일러 Leonhard Euler

오일러(1707~1783)는 스위스 바젤(Basel)에서 태어나 러시아의 상트페테르부르크(Saint Petersburg)에서 죽은 칸트 당대의 수학자이자 물리학자이다. 그가 발견한 '오일러의 정리'와 '오일러의 다면체 정리'는 현대 위상수학의 발전의 토대를 놓은 것으로 평가받고 있다. 광학 분야에서는 에테르 가설을 세우고, 빛의 파동을 주장하였다.

요청 要請 Postulat postulatum axiom

I. 1. 요청이란 "하나의 가능한 행위에서 그 행위를 수행하는 방식이 직접적으로 확실하다고 전제되어 있는 그 행위를 규정하는 원칙"(Log, A174이하=IX112)을 말한다. "무엇인가가 있다거나 일어나야만 한다는 것이 의심할 여지없이 확실하[되], 단지 조건적으로만 그러하다면, 그를 위한 어떤 일정한 조건은 단적으로 필연적일 수 있거나, 오직 임의적으로 우연히 전제될 수 있다. 전자의 경우에 그 조건은 (정립에 의해) 요청되고, 후자의 경우에는 (가정에 의해) 상정된다. 단적으로 필연적인 실천 법칙들(즉 도덕법칙들)이 있으므로, 만약 이 법칙들이 그것들의 구속력을 가능하게 하는 조건으로서 어떤 현존재를 필연적으로 전제한다면, 이 현존재는 요청될 수밖에 없다."(KrV, A633이하=B661이하) 왜냐하면 이 일정한 조건을 추리할 수 있는 도덕법칙들 자신이 단적으로 필연적인 것으로 선험적으로 인식되는 것이기 때문이다.

2. 칸트는 최고선의 실천적 필연성이 덕과 행복의 통일을 생각할 수 있는 충분한 근거를 예지적인 질서 안에서 "요청"한다고 본다. 여기서 개개 요청들은 필연적으로 실천적인 관계맺음에서의 전제들이다. 이때 요청들은 "사변적" 인식들을 확장하는 것이 아니라, 순수한 이성신앙의 내용을 이룬다. 요청들은 "[영혼의] 불사성, 적극적으로 (예지의 세계에 속하는 한에서의 한 존재자의 원인성으

로) 보아진 자유, 신의 현존의 요청들이다. 첫째 요청은 도덕법칙을 완벽하게 실현하기 위해 알맞은 시간의 길이라는 실천적으로 필연적인 조건에서 나온다. 둘째 요청은 감성세계로부터의 독립성과 예지세계의 법칙에 따라 자기의 의지를 규정하는 능력, 다시 말해 자유의 필연적 전제에서 나온다. 셋째 요청은 최고의 독립적인 선, 다시 말해 신의 현존의 전제 아래 최고선이 있기 위한 그러한 예지세계를 위한 조건의 필연성에서 나온다."(KpV, A238이하=V132)

II. 1. 실천 명제들은 "사람들이 무엇인가를 해야 한다."고 요구받을 때, 그것은 "그것을 할 수 있다."는 것을 전제하는 것인데, 이러한 실천 명제를 칸트는 또한 "요청"이라고 일컫는다.

2. 칸트는 "네가 너 자신의 인격에서나 다른 모든 사람의 인격에서 인간(성)을 항상 동시에 목적으로 대하고, 결코 한낱 수단으로 대하지 않도록, 그렇게 행위하라."(GMS, B66이하=IV429)는 인간 존엄성의 원칙을 하나의 "요청[공리공준]으로 제시"(GMS, B66=IV429)하고 있다.(→ 공리)

욕구능력 欲求能力 Begehrungsvermögen

1. 욕구(Begehren/Begehrung, appetitus)란 동기(Triebfeder)(→)에 의해 움직이는 마음의 작용이다.(GMS, B63=IV427 참조) 이러한 욕구의 능력은 인식능력, 감정과 함께 마음의 기본 역량이다.

2. 욕구능력이란 "자기의 표상들을 통해 이 표상들의 대상들의 현실성의 원인이 되는 한 존재자의 능력"(KpV, A16주=V9; 참조 MS, RL, AB1=VI211)을 말한다. 실천적인 것에서 이성은 욕구능력과 관계한다.(KpV, A36=V20 참조) 실천이란 목적의 실현을 지향하는 것이고, 목적이란 항상 "욕구능력의 규정 근거"(KpV, A102=V59 참조)이기 때문이다.

3. 욕구능력의 객관(질료) 즉 욕구의 대상이 의지를 규정하는 실천 원리들은 모두 "경험적"(KpV, A38=V21)이다. 그러니까 자기사랑(→)이나 자기 행복(→)이

의지의 규정 근거가 되는 실천 규칙들은 모두 경험적인 것이다.

감성적 존재자인 인간에게 가장 먼저 "다가오는 것은 욕구능력의 질료 — 희망의 대상이든 공포의 대상이든, 어쨌든 경향성의 대상들 — 이고, 정념적으로 규정받을 수 있는" 인간의 자아는 "자기 요구들을 앞장세우고 그리고 제일의 근원적인 것으로 관철시키려고 애쓰는 것"이 인간의 자연본성이다. 여기서 자기 자신을 자기의 주관적 규정 근거를 넘어 "의지 일반의 객관적 규정 근거로 만들려는 성벽"을 '자기사랑'이라 일컫는다.(KpV, A131=V74)

"행복함은 이성적이면서 유한한 모든 존재자가 필연적으로 구하는 바이며, 그러므로 그런 존재자의 욕구능력을 불가피하게 규정하는 근거이다. 왜냐하면, 자기의 전 현존에 만족하는 것은 [저런 유한한 존재자가] 원래 가지고 있는 바가 아니며, 독자적 자기 충족 의식을 전제로 하는 정복[淨福]이 아니라, 그의 유한한 자연본성 자체로 인해 그에게 짐 지워진 문제이기 때문이다. 유한한 존재자는 무엇인가를 필요로 하는 존재이니 말이다. 이 필요는 그의 욕구능력의 질료에 관계한다. 다시 말해, 주관적으로 기초에 놓여 있는 쾌 또는 불쾌의 감정과 관계 맺고 있는 어떤 것에 관계하며, 그럼으로써 유한한 존재자가 자신의 상태에 만족하기 위해서 필요로 하는 것이 규정"(KpV, A45=V25)되는 것이다.

4. 그런데 "순수 이성은 어떠한 감정의 전제 없이도, 그러니까 항상 원리들의 경험적인 조건인 욕구능력의 질료인바 쾌적함과 불쾌적함의 표상들 없이도, 실천 규칙의 순전한 형식을 통해 의지를 규정할 수 있는 것"이므로, 하나의 욕구능력이라 할 것이며, 그것도 "정념적으로 규정되는 욕구능력이 그에 종속하는 진정한 상위 욕구능력이고, 참으로, 그러니까 종[種]적으로 특수하게 이 정념적 욕구능력과는 구별되는 것이다."(KpV, A44이하=V24이하)

5. 지성이 욕구능력과 관계를 가질 때 "욕구능력은 의지라고 일컬어지며, 순수 지성이 — 이런 경우에는 이성이라고 일컬어지는바 — 순전한 법칙 표상에 의해 실천적인 한에서는, 순수 의지라고 일컬어진다." 그래서 '순수 의지'는 곧 "순수 실천이성"이며, 이것의 "객관적 실재성은 도덕법칙 안에 선험적으로 마치 하나의 사실에 의해서인 양 주어져 있다."(KpV, A96=V55)

내적 규정 근거가 이성 안에 있을 때의 욕구능력을 '의지'라고 일컫는(MS, RL, AB5=VI213 참조) 칸트의 개념은 토마스 아퀴나스(→)의 용어법에 소급한다. 토마스 아퀴나스는 자유의사를 "인간이 그것으로 말미암아 자유롭게 판단하는 그런 활동의 원리/근원(principium)"(Aquinas, *ST*, I.83.2)인 한에서는 인식능력이고, "우리가 그에 따라 선택(electio)하는 것"(Aquinas, *ST*, I.83.2)인 한에서는 욕구능력이라고 규정했다. 무릇 선택은 가능한 것들 가운데서 더 좋은 것을 판별해내는 인식 활동을 전제하는 것이므로, 자유의사는 일종의 "지성적 욕구(appetitus intellectivus)"(Aquinas, *ST*, I.83.3)라는 것이다. 의지가 목적 즉 좋은 것[선]을 지향하는 순전한 욕구라 한다면, 자유의사는 그러한 목적에 이르는 수단을 선택함을 본질로 갖는 지성적 욕구라고 보는 것이다.(Aquinas, *ST*, I.83.4 참조) 그래서 "자유의 뿌리는 주체로서는 의지이며, 그러나 원인으로서는 이성"(Aquinas, *ST*, I-II.17.1, ad 2)이라고 본 토마스 아퀴나스는 자유의사를 "의지와 이성의 능력(facultas voluntatis et rationis)"(Aquinas, *ST*, II.1.1)이라고도 일컬었다.

6. 실천이성의 유일한 대상들은 선·악의 대상들뿐이다. 선은 욕구능력의 필연적 대상을 뜻하고, 악은 혐오능력의 필연적 대상을 뜻하되, "양자 모두 이성의 원리에 따르는 것이기 때문이다."(KpV, A101=V58)

그래서 덕행 곧 의무로부터의 행위는 "행위 대상의 현실성에 의존해 있는 것이 아니라, 욕구능력의 모든 대상들과는 무관하게 행위를 일어나게 한 의욕의 원리에 순전히 의존해 있는 것이다."(GMS, B13=IV400)

욕망 慾望 Begierde/Begier appetitio

1. 욕망은 "그것의 작용결과로서의 어떤 장래의 것에 대한 표상에 의해서 주관[주체]의 힘이 자기를 규정함"(Anth, A203=B202=VII251)이다.

2. "주관에서 규칙(습관)이 된 감성적 욕망"(Anth, A226=B225=VII265) 곧 "습성적인 감성적 욕망을 경향성이라 일컫는다."(Anth, A203=B202=VII251) 어떤 욕망

이 그 대상의 표상에 선행하여 발생하는 주관적 가능성이 성벽(性癖)이다. 대상을 알기도 전에 이 대상을 점유취득하려는 욕구능력을 내적으로 강요함이 본능이다.(Anth, A226=B225=VII265 참조)

욕정 欲情 Konkupiszenz concupiscentia

욕정은 "항상 감성적인, 그러나 아직 욕구능력의 어떠한 작용에까지 자라지는 않은 마음규정"으로, "욕구를 규정하는 자극"이다. 그러므로 욕정은 "욕구 자체와는 구별되어야 한다."(MS, RL, AB4=VI213 참조)

우애/우정 友愛/友情 Freundschaft

1. 우애는 "두 인격이 평등한 교호적인 사랑과 존경에 의해 하나됨"으로서 "도덕적 선의지에 의해 하나가 된 이들 각자가 복리에 동참하여 함께 나누는 이상"(MS, TL, A152=VI469)적 모습이다. 우애는 상대방을 내부 진심에서 생각하는 호의의 외적 표현으로서, 인간다운 사회를 이룩할 수 있는 가장 기초적인 인간 상호 간의 도덕적 의무이다.(→ 의무 → 인간의 도덕적 의무 → 인간 상호 간의 도덕적 의무)

2. 사랑과 존경이 어우러진 우애는 "숭고"(GSE, A11=II211)한 것으로, 감정에 휩쓸리지 않는다.(GSE, A33=II221) 만약 그럴 경우에는 이내 금이 갈 것이다. 상호 이익이나 동정심보다는 진정성과 신뢰감이 우애를 지속 가능하게 한다.(GMS, B28=IV408 참조)

우주론 宇宙論 Kosmologie cosmologia

1. 우주론은 "현상들의 총합(곧 세계)"(KrV, A334=B391)을 대상으로 하는 이론 체계를 일컫는다. 칸트는 이를 다시 "초월적(transsccendentalis)" 우주론과 "자연적(naturalis)" 우주론으로 나눠보는데(Refl 4851, XVIII10), 자연적 우주론은 "감관의, 외감과 내감의, 대상들을 객관으로 갖는다."(Refl 4851, XVIII10)고 한다. 그러나 칸트의 철학적 관심은 "초월적 세계학(transzendentale Weltwissenschaft)"으로서의 "이성적 우주론(cosmologia rationalis)"에 있다.

2. 이성적 우주론은 세계 전체라는 이념을 위해 시간상의 '세계 시초'와 공간상의 '세계 한계', 세계 전체의 구성 요소로서 '단순한 것', 발생 원인으로서 '절대적 자발성(자유)', 현존 사물들의 '절대적 자연필연성' 같은 "우주론적 이념들"을 세우지만(KrV, A418=B446 참조), 이는 모두 이성의 이율배반적 추론의 산물일 따름이다. 칸트의 초월적 변증학은 이성적 심리학/영혼론(→), 초월적 신학(→)과 함께 재래 특수 형이상학(→)을 이룬 이러한 이성적 우주론을 비판한다.(→ 이율배반 → 순수 이성의 이율배반)

웃음 Lachen

"웃음은 긴장된 기대가 갑자기 아무것도 아닌 것으로 변환하는 데서 일어나는 정서이다."(KU, B225=V332) 이 변환은 지성에게는 확실히 즐거운 것이 아니지만, 그럼에도 바로 이 변환이 간접적으로 일순간 매우 활기 있는 즐거움을 준다. 그러므로 그 원인은 틀림없이 표상의 신체에 대한 영향과 신체의 마음에 대한 교호작용에 있다. 그러나 표상이 객관적으로 쾌락의 대상인 한에서 그러한 것이 아니다. 웃음을 일으키는 모든 것에는 무엇인가 비합리적인 것이 들어 있지 않으면 안 된다. 그래서 이러한 것에서 지성은 그 자체로는 아무런 흡족을 발견할 수 없는 것이다.(KU, B225=V332이하 참조)

원리 原理 Prinzip princip/principium

I. 1. 원리란 일반적으로 무엇인가의 시작(출발점)이 되는 것, 다른 무엇인가를 위한 근거 내지 바탕을 이루는 것을 말하며, 경우에 따라서는 잡다한 것의 출처로서의 단초를 지칭한다. 예컨대 생명의 원리란 생명성의 근거를 말한다.(KrV, A345=B403 참조) 이 근거, 바탕, 단초는 그에서 비롯한 모든 것에 타당하고, 학문이 그러한 원리들의 체계인 한에서 학문은 보편성을 갖는다.

2. 원리가 그로부터 여타의 인식이나 규칙이 도출될 수 있는 이미 참으로 인식된 보편적 규칙을 뜻하는 한에서는 원칙(→)의 동의어로도 사용된다.

3. 경험의 일반화를 통해 얻어진 원리는 '경험적 원리'라 하고, 순전히 이성적인 성찰을 통해 자각되고 발견된 원리는 '순수한 원리' 또는 '선험적 원리'라고 일컬으며, 선험적 원리로서 경험을 가능하게 하는 원리로 사용되면 '초월적 원리'라고 칭한다. 그러니까 '경험적 원리'는 이미 그 원리가 도출된 경험된 사례들을 바탕에 두고 있다는 점에서 그 자신 엄밀한 의미에서 '원리'라 볼 수 없지만, 다른 인식들을 그로부터 도출해낼 수 있는 근거가 된다는 점에서 원리인 것이다. 이러한 점까지를 고려하여 칸트는 "모든 보편 명제 일반은 상대적인 [의미에서] 원리라고 일컬어질 수 있다."(KrV, A301=B358)고 말한다.

II. 1. 이성을 일반적으로 "원리들의 능력"(KrV, A405)이라고 규정하지만, 엄밀하게는 이성이란 "선험적 인식의 원리들을 제공하는 능력"이며, "어떤 것을 절대적으로 선험적으로 인식하는 원리들을 함유하는 그런 이성"을 "순수 이성"(KrV, A11=B24)이라 일컫는다. 철학은 이러한 순수 이성의 원리들에 대한 학문의 이름이다. 그러므로 만약 순수 이성의 원리들이라는 것이 없다 한다면, 철학이라는 학문은 있을 수 없다.

2. "선험적 감성 원리들에 대한 학문"이 초월적 감성학이고, "순수한 사고의 원리들"에 대한 학문이 초월적 논리학이다.

3. 이성 원리 중에 대상 규정의 토대가 되는 것은 "이성의 구성적 원리"라 하고, 단지 이성 자신의 체계의 완벽성을 위해 작동하는 것은 "이성의 규제적 원

리”(KrV, A509=B537)라고 일컫는다.

원인성[인과성] 原因性[因果性] Kausalität causalitas

I. 1. 원인성이란 무엇의 원인인 성질, 곧 무엇인가를 일으킬 성질의 것을 지칭한다. 원인성은 이에 의거해 있는 성질의 것, 이로 인해 일으켜진 것을 짝으로 갖는 것이어서, 흔히 “원인성과 의존성(Dependenz)” 또는 “원인(Ursache)과 결과(Wirkung)”(KrV, A80=B106)처럼 관계 개념으로 사용된다. 그래서 원인성은 언제나 그 결과를 함유하고 있으므로, 때로는 ‘인과성’으로 일컬어지기도 한다.

2. “일어나는 것과 관련해서 우리는 오로지 두 가지 원인성[인과성]만을 생각할 수 있다. 곧, 원인성은 자연에 따른 것이거나 자유로부터의 것이다.”(KrV, A532=B560) “발생한 것의 조건은 원인”이라 일컬을 때, “현상에서 원인의 무조건적 원인성은 자유라고 일컬어지며, 반면에 조건적인 원인성은 좀 더 좁은 의미에서 자연 원인이라고 일컬어진다.”(KrV, A419=B447) “이 세계 내에는 두 종류의 원인성, 곧 자연과 자유 및 그것의 규칙이 있”(KrV, A632=B660)는 것이다.

3. 자유 원인성과 자연 기계성으로서의 원인성은 각기 윤리법칙과 자연법칙을 통해 의식된다. 이때 동일한 인간이 “전자와 관련해서는 존재자 그 자체로, 그러나 후자와 관련해서는 현상으로, 전자는 순수 의식에서 후자는 경험적 의식에서 표상”(KpV, A10=V5)된다.

II. 1. 자연에서의 원인성은 어떤 사건의 발단이다. 감성세계에서는 한 원인에 한 상태가 규칙적으로 뒤따른다. 그러므로 한 상태가 있으면 반드시 그를 유발한 무엇인가가 시간상 앞서 있고, 또 이것 역시 그에 앞선 무엇인가가 있다.(Prol, A151=IV343 참조) 이것 또한 근거율(→ 충분근거율)에 따라 “그 자체 다시금 하나의 원인을 필요로 한다.”(KrV, A532=B560) 그러나 자연 사건의 원인은 어디까지나 자연 안에서 찾을 수밖에 없다. “자연 필연성으로서의 원인성 개념은 시간상에서 규정될 수 있는 사물들의 실존에만 관계한다.”(KpV, A169=V94)

2. "모든 변화는 원인을 가지며, 이 원인은 저 변화가 일어나는 전체 시간 중에서 그것의 원인성을 증명한다."(KrV, A208=B253) 이러한 원인성은 작용 개념에 이르고, 작용은 "힘 개념에 이르며, 그를 통해 실체 개념에 이른다."(KrV, A204=B249) 이렇게 자연 필연성에 의해 작용하는 실체는 "현상체 원인(causa phaenomenon)으로서, 그 모든 작용들의 불가분적 의존성에서 자연과 연쇄되어 있"(KrV, A545=B573)다.

III. 1. 인과 관계의 무한 소급을 함유하는 자연에서의 원인성 개념을 벗어나는 곳에 자유에 의한 원인성 개념이 있다. 자유란 "한 상태를 자기로부터 시작하는 능력을 뜻한다. 그러므로 자유의 원인성은 자연법칙에 따라서 다시금 그것을 시간상에서 규정한 다른 또 하나의 원인 아래에 종속하지 않는다. 이런 의미에서의 자유는 순수한 초월적 이념으로서, 그것은 첫째로 경험에서 빌려온 것을 아무것도 함유하고 있지 않으며, 둘째로 그것의 대상은 어떠한 경험에서도 일정하게 주어질 수가 없다. 왜냐하면 일어나는 모든 것은 원인을 가져야만 하고, 그러니까 그 자신 일어난 것 내지 발생한 것인 원인의 원인성은 다시금 원인을 가져야만 한다는 것은 보편적 법칙이며, 그것도 모든 경험을 가능하게 하는 보편적 법칙이기 때문이다. 이렇기에 정말이지 경험의 전 영역은 제아무리 확장되더라도 순전한 자연의 총괄 안에 들어 있는 것이다. 그러나 이런 식으로는 인과 관계에서 조건들의 절대적 총체성을 이끌어낼 수 없으므로, 이성은 자기로부터 활동을 개시할 수 있는 자발성의 이념을 만들어낸다."(KrV, A533=B561) 그런데 이렇게 생긴 이념으로서의 자유가 힘을 발휘하는 곳은 자연세계이므로, 여기서 자유는 초월적 이념에서 실천적 개념으로 이행한다. 이러한 자유의 힘을 칸트는 인간에게 있는 "감성적 충동에 의한 강요로부터 독립해서 자기로부터[스스로] 규정하는 능력"(KrV, A534=B562)에서 확인한다.

2. 자유는 "사건들로서의 현상들에 관해 그것을 자기로부터/스스로(自發的으로) 시작하는 능력, 다시 말해 원인의 원인성 자신이 시작할 필요가 없고, 그래서 그것의 시작을 규정하는 어떠한 다른 근거도 필요치 않은 능력이어야 할 것이다. 그렇게 되면 원인은 그 원인성에 있어서 그 원인의 시간 규정 아래 서 있

을 수가 없는 것이고, 다시 말해 전혀 현상일 수가 없고, 다시 말해 그것은 사물 그 자체로, 그러나 그 결과들은 오로지 현상들로 취해지지 않으면 안 된다."(Prol, A152=IV344) 그러므로 칸트에서는 더 이상 발생하는 것이 아닌 원인성, 즉 "경험적으로 무조건적인 원인성"(KrV, A561=B589)이 생각되고 이를 "예지적 성격에서의 이성의 원인성"(KrV, A551=B579)이라 일컫는다.

3. "순수 의지라는 개념 안에는 자유와 함께하는 원인성 개념이 함유되어 있다."(KpV, A96이하=V55) 이 원인성은 "순수한 실천 법칙에서 선험적으로 그 객관적 실재성을 […] 이성의 이론적 사용을 위해서가 아니라 순전히 실천적 사용을 위해서 완전하게 정당화한다. 무릇 자유의지를 가진 존재자 개념은 예지체 원인(causa noumenon)이라는 개념이다."(KpV, A97=V55)

IV. 1. 이성은 "최상의 세계원인의 합목적적 원인성"(KrV, A688=B716)이라는 규제적 이념을 매개로, 그리고 "마치 이것이 최고 예지자로서 가장 현명한 의도에 따르는 모든 것의 원인인 것인 양, 최고의 체계적 통일"(KrV, A688=B716)에 이르기도 한다. "우리는 세계를 마치 그것이 그 현존과 내적 규정에서 하나의 최고 이성에서 유래하는 것처럼 생각하는 것이다. 이렇게 함으로써 우리는 한편으로는 세계 자신에 귀속하는 성질을 인식하면서도, 감히 세계의 원인 그 자체를 규정하고자 하지 않으며, 또 다른 한편으로는 최상 원인의 세계에 대한 관계 안에 이 성질(즉 세계 내의 이성형식)의 근거를 두면서도, 이 세계가 이를 위해 그 자신만으로 충분하다고 보지 않는다."(Prol, A179=IV359이하)

2. "만약 우리가 우리의 자유에 자연의 원인성 외에 다른 원인성(수단의 원인성)을 연결시키지 않는다면", 세계복지로서 최고선의 실현은 불가능하다. 그러므로 "우리가 도덕법칙에 맞는 궁극목적을 세우기 위해서는, 우리는 하나의 도덕적 세계원인(하나의 세계창시자)을 상정하지 않을 수 없다. 그리고 궁극목적이 필연적인 한, 그만큼 (다시 말해 동일한 정도로, 그리고 동일한 근거에서) 도덕적 세계원인도 상정해야 한다. 곧, 신이 있다는 것도 상정해야 한다."(KU, B424=V450)

원칙 原則 Grundsatz princip/principium

1. 한 규칙(→)이 그로부터 파생되어 나오는 그것 이상의 규칙이 없는 한에서 "원칙"이라 일컫는다.(Prol, A89=IV305 참조) 그러니까 원칙은 그 자신이 "더 상위의 더 보편적인 인식들에 근거하고 있지 않"은 규칙을 말한다.(KrV, A148=B188 참조)

2. '원칙'은 대부분의 경우 '원리'(→)와 의미상의 차이 없이 사용된다.

3. "어떤 것에도 그것과 모순되는 술어는 속하지 않는다."는 모순율(→)은 "모든 분석 판단들의 최상의 원칙"(KrV, A150=B189)이자, "모든 분석적 인식의 보편적이고 완전히 충분한 원리"(KrV, A151=B191)이다.

4. 칸트는 "모든 종합 판단들의 최상 원칙들"의 체계적 표상 아래서 범주표에 따라 직관의 공리들의 원리(→), 지각의 예취들의 원리(→), 경험의 유추들의 원리(→), 그리고 경험적 사고 일반의 요청들(→)을 제시한다. 이 네 종류의 원칙들 중 앞의 두 가지는 양(연장량)과 질(밀도량)의 수량으로 객관을 규정하는 것이므로 "수학적 원칙"이자 "구성적 원칙"(KrV, A236=B296)이라 일컫고, 뒤의 두 가지는 힘을 매개로 하는 사물과 사물의 관계 또는 사물과 주관의 관계양태를 규정하되, 그 관계는 단지 유추하거나 요청하는 것에 지나지 않으므로, "역학적 원칙"이되 "규제적 원칙"(KrV, A236=B296)이라고 말한다.

5. 논리적 사고와 사물 인식을 위한 최상의 원칙이 있듯이, 도덕적-실천 행위를 위한 최상의 원칙이 있으니, 그것을 "순수 실천이성의 원칙"(KpV, A54=V30)(→ 사실 → 이성의 사실; → 연역 → 순수 실천이성 원칙들의 연역)이라고 일컫는다.

원형 原型 Urbild prototypon

1. 원형은 만물이 그의 존재 원천을 그것에서 얻는 것을 지칭한다. 그러므

로 만물은 단지 이 원형의 모상(模像)들(Kopien: ectypa)로 간주된다.(KrV, A578=B606 참조) 플라톤은 '이데아'를 감각세계 개개 사물의 원형이라고 보았고(KrV, A313=B370 참조), 또 어떤 이들은 만물의 원천을 '이상(Ideal)'이라 칭하면서 이를 "근원적 존재자(Urwesen: ens originarium)"라고도 일컫는다. 또 "예수는 모든 도덕성의 원형이다."라고 말할 때처럼 원형은 "모방의 근거"(V-Met-L2/Pölitz, XXVIII577)를 뜻하기도 한다.

2. 원형은 경우에 따라서는 전형(Muster)의 의미를 갖는다. 이때의 원형도 순전한 이념을 뜻하는데, 예컨대 "취미의 최고의 전형, 즉 원형은 누구나 각자가 자신 안에서 스스로 만들어내지 않으면 안 되는 순전한 이념"(KU, B54=V232)으로서, 이것을 원형이라고 일컫는 것은 이에 따라 각자의 취미의 객관을 판정해야 하는 것이기 때문이기는 하지만, 그렇다고 이 원형이 고착적인 형상을 갖는 것은 아니다. 예술가가 도제들 앞에서 미적 원형을 제시할 수 있지만, 그렇다고 도제들이 그것을 그대로 모방한다고 해서 예술품이 산출되지는 않는다.(KU, B262=V355 참조)

3. 그러나 "의지의 신성성은 필연적으로 원형으로 쓰일 수밖에 없는 실천 이념이다. 이 원형에 무한히 접근해가는 것이 모든 유한한 이성적 존재자가 할 수 있는 유일한 것이다."(KpV, A58=V32) "언제나 오직 이성 안에 있는"(RGV, B78=VI63) "이 원형으로 무한히 나아가는 의지의 준칙의 진행과 지속적인 전진을 향한 이성적 존재자들의 불변성을 확실하게 하는 것"(KpV, A58=V32이하), 그것이 덕이며, 이것이야말로 "유한한 실천이성이 이룩할 수 있는 최고의 것"(KpV, A58=V33)이다.

4. 때로는 원형이 가시화하는데, 예컨대 "신에게 흡족한 인간성의 원형"이 "즉 신의 아들"(RGV, B174=VI119), "즉 신인(Gottmensch)"(RGV, B174=VI119)이다. 신의 아들은 인간이 할 수 있는 "추종의 원형"이 되며, 성서를 통해 "하나의 본보기에서 생생하게 구상화"(RGV, B246=VI162)된다.

5. "모든 철학적 인식의 체계"를 철학이라고 일컫는다 해도 어떤 체계가 구체적으로 있어서 철학함의 시도들을 평가하는 원형 같은 것일 수는 없다. 철학은

“가능한 학문의 순전한 이념”일 뿐이다. 철학은 배울 수 있는 것이 아니라 시도될 뿐이며, “사람들은 단지 철학함을 배울 수 있다.”(KrV, A838=B866)

위치론 位置論 Topik topica

1. 위치론은 ‘위치(topos)에 대한 이론’으로서 ‘장소(場所)론’ 또는 ‘위상(位相)론’이라고 일컬을 수도 있고, 본래 아리스토텔레스의 ‘토피카(Topica)’가 일종의 변증론으로서, 어떻게 사람들이 확실하게 알지 못하면서도 확신을 가지고 논증하는가를 보여주고 있음을 고려할 때, 변별론(辨別論)이라고 칭할 수도 있다.

2. 칸트는 “우리가 감성 안에서 또는 순수 지성 안에서 한 개념에게 배정하는 위치를 초월적 장소”라고 일컫고, “각 개념에게 그것의 사용의 상이함에 따라 부여되는 이 위치의 판정과 이 장소를 모든 개념들에게 정해주는 규칙에 따른 지시를 초월적 위치론”(KrV, A268=B324)이라 부른다. 그러니까 칸트에서 초월적 위치론은 “개념들이 본래 어느 인식력에 속하는가를 항상 판별함으로써, 순수 지성의 사취들과 그로부터 생겨나는 기만들을 철저하게 방지할 이론”(KrV, A268=B324)이다.

『유일 가능한 신의 현존 증명근거』 / 『신의 현존 증명』 *Der einzig mögliche Beweisgrund zu einer Demonstration des Daseins Gottes*

1. 『유일 가능한 신의 현존 증명근거』는 칸트 초기 저작으로, 이것으로 칸트는 학자로서 학계의 주목을 받았다. 생전에 3판(Königsberg, bei Johann Jakob Kanter, 1763 · 1770 · 1794)이 나왔고, 칸트 비판철학 사유의 여러 싹들을 여기서 이미 볼 수 있다. 책은 머리말과 3부로 구성되어 있는데, 서술의 목적은 신의 현

존을 증명하는 것이 아니라, 신의 현존을 증명할 근거를 고찰하는 것이다.

2. '제1부 신의 현존을 입증할 증명근거가 제공되는 곳'에서는 "현존은 어떤 사물의 술어나 규정이 전혀 아니다."(BDG, A4=II72)라는 명제를 검토하고, 가능성 개념을 분석하면서 전통적인 존재론적 증명이 그릇된 것임을 밝힌다. 이것은 『순수이성비판』에서 서술한 존재론적 신 존재 증명에 대한 비판을 상당 부분 선취하고 있는 것이다.(→ 이상 → 신의 현존에 대한 존재론적 증명의 불가능함)

3. '제2부 이 증명방식 특유의 광범위한 이점에 대하여'에서는 칸트 방식의 존재론적 신의 현존 증명방식의 장점을 밝히면서, 대비적으로 물리신학적 증명방식의 문제점을 지적한다. 칸트는 후에 『순수이성비판』에서도 만약 신의 현존에 대한 초월신학(→)적 증명이 가능하다면 존재론적 증명방식이 유일하다고 본다.(→ 이상 → 신의 현존에 대한 물리신학적 증명의 불가능함)

4. '제3부 신의 현존 입증을 위해서는 이미 서술한 것 이외의 어떤 증명근거도 가능하지 않음이 밝혀지는 곳'에서 칸트는 신의 현존에 대한 재래의 존재론적 증명, 우주론적 증명, 목적론적 내지는 물리신학적 증명에 대한 비판적 고찰을 한다.

5. 『신의 현존 증명』은 그 서술 과정에서 비판철학을 구성하는 주요 개념들, 예컨대 존재, 실질적 가능성, 형식과 질료, 충분근거율과 인과율의 성격, 목적론과 기계론, 물리학과 신학에 대한 칸트의 생각이 이미 잘 드러나 있다는 점에서 초월철학을 이해하는 데도 매우 중요한 저술이다.

유베날[리스] Decimus Iunius Iuvenalis

유베날(ca. 58~127)은 로마의 풍자시인으로 5권 16편의 시집을 냈는데, 주로 당대의 윤리적 타락상을 해학과 풍자로 비판했다. 칸트는 『실천이성비판』(A283=V159), 『이성의 한계 안에서의 종교』(B57=VI49), 『인간학』(AB116=VII197) 등 여러 곳에서 그를 인용하고 있다.

〔유작〕 *Opus postumum*

1. 칸트 사후에 완결되어 있지는 않으나 자연철학을 주제로 하는 하나의 저술을 구상한 것으로 보이는 말년(1796~1803년경)의 원고들이 발견되었는데, 이것들을 라이케(Rudolf Reicke, 1825~1905)가 일차로 정리하여 《구프로이센 월보(*Altpreußische Monatschrift*)》 19~21권(1882~1884)에 최초로 공간하였고, 1920년에는 아디케스(Erich Adickes, 1866~1928)가 칸트 유고를 총정리할 기획의 일환으로 이 원고를 『칸트 유작(*Kants Opus postumum*)』(Berlin 1920)이라는 단행본으로 출간하였다. 이로부터 '유작'이라는 통칭이 생겼으며, 이것이 레만(G. Lehmann)의 손을 거쳐 학술원판 전집 XXI권(1936)과 XXII권(1938)에 13묶음(Convolut)으로 배열 수록되어 현재에 이르고 있다. 그러나 현재 전집 두 권에 수록되어 있는 원고 배열이 적절하지 않다는 연구 결과가 많이 나와, 이 〔유작〕의 재편집이 요구되는 상황이다.

2. 〔유작〕의 핵심 주제는 자연과학의 형이상학적 기초원리로부터 물리학으로의 "이행"인데, 그것은 비판철학에서 감성적 현상의 한낱 형식적 규정 원리에 머물렀던 주관의 선험적 초월적 원리들을 현상의 내적 원리로 이념화-실재화함으로써, 격리되어 있던 현상의 형식과 질료를 융합 통일하여, 문자 그대로 주객의 통일 체계로서의 세계를 이룩하려는 기획이다. 이때 칸트의 시야에는 이른바 "선험적 현상들(Erscheinungen a priori)"(OP, XXII391)이 있으니, 그로써 칸트는 이미 독일이상주의/독일관념론(→)의 일원이다.

원고 묶음의 주요 내용

1. [제1묶음] 원고의 제1묶음은 "초월철학의 체계"를 구성하는 3요소를 이리저리 생각한 자취를 담고 있다.

"신, 세계[宇宙]와 나 자신 즉 도덕적 존재자로서의 인간.

신, 세계 그리고 이 두 가지를 실제적인 상호 관계에서 생각하는 것, 즉 이성적 세계존재자로서의 주관.

판단에서의 연결사(繫辭)가 여기서는 판단하는 주관(세계 내의 생각하는 세계존재자, 인간)이다. 주어, 술어, 계사."(OP, XXI27)

2. [제2묶음] 원고의 제2묶음에서 칸트는 "순정한 선험적 원리들에 기초하고 있는 '자연과학(自然哲學: philosophia naturalis)의 형이상학적 기초원리'(→)로부터 철학의 경향이 경험적인 자연지식들의 체계인 자연연구(물리학)로 나가고 있다."(OP, XXI161)는 인식 아래서 "자연과학의 형이상학적 기초원리로부터 물리학으로의 이행"(OP, XXI174) 기획을 보여주고 있다. — 여기서 "자연과학(自然哲學)이 물질(곧 공간상에서 운동하는 것) 일반의 속성들과 운동법칙들에 대한 학문"이라면, "물리학은 물질의 고유한 운동력[운동하는 힘]들에 대한 이론"(OP, XXI166)이라고 이해되고 있다. —

그리고 칸트 생각에 이 이행을 위해 필요한 선험적으로 타당한 명제는 다음과 같은 것이다:

"연속체로서의 전체 우주에 퍼져 있는, 모든 물체들에 동형적으로 스며들어 채우는 (그러니까 어떠한 장소 변화에도 예속되지 않는) 물질이 있다. 이 물질을 에테르(Aether)라고 부를 수도 있고 열소(Wärmestoff)라고 부를 수도 있지만, 이 물질은 (어떤 현상을 설명하기 위한, 또 주어진 결과에 대한 모종의 원인을 생각해보기 위한) 가설적 소재가 아니라, 자연과학의 형이상학적 기초원리로부터 물리학으로 이행하는 데 필수적인 요소로 선험적으로 인정되고 요청될 수 있는 것이다."(OP, XXI218)

이성이 요구하는 가능한 경험의 통일은 물질의 모든 운동력들이 집합적으로 통일될 것을 전제한다. 여기서 칸트는 에테르를 물질의 모든 운동력들의 원리이자 경험을 가능하게 하는 질료적[물질적] 조건으로 보고 있다.

3. [제3묶음] 원고의 제3묶음의 주제는 물질의 성질이다. 칸트는 여기서 물질의 중량과 형태, 고체와 유체의 성질, 물질의 합성, 물체의 상호 관계 등을 살피고 있다.

4. [제4묶음] 원고의 제4묶음에서 칸트는 물질의 운동력들의 여러 현상들, 예

컨대 운동의 방향과 정도 등을 살피고, 또다시 "자연과학의 형이상학적 기초원리로부터 물리학으로의 이행"(OP, XXI373)을 주제화한다.

하나의 체계에서 다른 체계로 이행을 할 때, "양자의 관계가 친화성에 의해 이끌어지지 않으면, 그것은 이월(transitus)이 아니라 비약(saltus)이다."(OP, XXI407) 비약이란 "체계성을, 그러니까 이론에서 학문성을 무너뜨리는 것이다." (OP, XXI407) 칸트가 구상하는 저 이행을 이러한 비약이 아니라 이월이도록 해주는 매개자가 '일반 물리학'이다. 칸트는 "경험의 외적 대상들에서 질료[물질]의 속성들만을 기술하는"(OP, XXI407) 일반 물리학이 "선험적 원리들을 경험적으로 주어진 객관들에 적용하는 인식과 함께 그 선험적 원리들 사이에서 마주칠 수 있는 친화성에 의해 자연과학의 형이상학적 기초원리로부터 물리학으로의 이월의 필연성을 포함하고 있다."(OP, XXI407)고 본다.

5. [제5묶음] 제5묶음의 원고에서 우리는 다시 에테르가 "자연에서의 어떤 현상들을 설명하기 위한 한낱 가설적인 소재, 그러므로 물질과 물질의 운동력들에 대한 경험적으로 제약된 인식"이 아니라, 형이상학에서 물리학으로 이행하기 위해서 이성이 선험적으로 필요로 한 것이라는 칸트의 논변을 본다.(OP, XXI545이하 참조) "빈 공간은 가능한 경험의 대상이 아니고", 물리학이 서로 관계 맺고 있는 경험들의 체계인 한에서, 소재로 가득차 있는 우주만이 물리학의 대상일 수 있다는 것이다.(OP, XXI547 참조)

6. [제6묶음] 제6묶음의 원고에서 칸트는 계속해서 형이상학적 기초원리에서 물리학으로의 이행을 탐색하면서 물리학의 성격을 반복해서 규정한다. 칸트에 의하면, "물리학은 물질의 한 체계 안에서 운동력들을 선험적으로 표상"(OP, XXI639)한다.

7. [제7묶음] 물리학은 선험적 종합 인식으로 이루어져 있고, 이 선험적 종합 인식은 공간·시간이라는 순수 직관이 질료가 됨으로써만 가능한 것이다. 이와 관련하여 원고 제7묶음에 칸트는 선험적 종합 인식의 가능 원리들에 대한 여러 가지 사변을 남기고 있다.(OP, XXII4이하 참조)

칸트는 선험적 종합 인식을 "직관에 의한 (예컨대 수학적 구성에 의한) 선험적 종합 인식"(OP, XXII22)과 개념에 의한 선험적 종합 인식으로 나누어 생각해본다. "초월철학은 한낱 선험적 종합 판단 일반을 위한 원리를 함유하는 것이 아니라, 선험적 종합 인식을 위한, 개념의 구성에 의한 것이 아닌, 개념들에 의한 원리들을 함유한다."(OP, XXII23)

그리고 제7묶음 원고 중에 『순수이성비판』에서 모호하게 표현되었던 현상–사물 자체의 관계가 한결 명료하게 표현되고 있다. 현상이 주어질 수 있는 것(dabile)이라면, 사물 자체는 생각할 수 있는 것(cogitabile)이다.

8. [제8묶음] 제8묶음의 원고는 "물질의 운동력들의 체계"(OP, XXII135)를 물질의 양, 질, 관계, 양태의 면에서 고찰해본 내용을 이렇게 저렇게 서술한 것으로 채워져 있다.

9. [제9묶음] 제9묶음의 원고에서 우리는 칸트가 반복해서 "자연과학의 형이상학적 기초원리에서 물리학으로의 이행"(OP, XXII239)을 모색한 자취를 볼 수 있다.

"이행이 경험을 통해 일어난다면, 이행 자체가 물리학이겠다. 그러나 이행이 경험의 가능성의 원리들을 통해 일어난다면, 이행은 물리학에 선험적으로 선행하는 것이며, 물리학을 세울 선험적 원리들을 함유한다."(OP, XXII239이하)

'경험의 가능성의 원리들'로는 "직관의 공리들(→), 지각의 예취들(→), 경험의 유추들(→), 경험적 사고 일반의 요청들(→)"(OP, XXII240)을 꼽을 수 있다. "(직관의 공리들, 지각의 예취들), 이것들은 물리학으로의 이행으로서 물리학의 예비학을 선험적으로 함유하며, 물리학의 순전한 개념들로부터 분석적으로 도출된다."(OP, XXII241)

10. [제10묶음] 제10묶음의 원고에서도 물리학으로의 이행에 관한 칸트의 모색이 이어진다. "이행은 경험적 체계의 기초에 선험적으로 놓여 있는, 형식상 수학적 기능들과 역학적 가능들에 따라서 일어난다. / 이행은 개괄하면 자연연구의 선험적 원리들, 그러니까 1) 직관의 공리들에 따라, 수학적으로, 2) 지각들의 예취들에 따라, 다시 말해 물질[질료]의 운동력들의 집적에 대한 경험적 표상들에 따라, 다시 말해 자연학적으로(physiologisch) 일어난다. — 3) 하나의 경험

을 위해 이 힘들을 원리들에 따라 편성함 곧 법칙들 아래서 이 힘들을 통일함은 기계적이든 역학적이든 경험의 유추들에 따르는 것이고, 4) 운동력들의 개념들의 통일은 물리학의 하나의 체계를 위한 것이다."(OP, XXII293이하)

"물리학은 자연의 운동력들을 경험의 한 체계 안에서 연결하는 원리들의 학문이다. 이를 위해 필요한 것은 1) 경험적 표상들의 질료[물질적인 것](das Materiale), 주어지는 것(dabile), 2) 경험적 표상들의 잡다를 한 체계 안에서 편성하는 형식[형식적인 것](das Formale), 사고할 수 있는 것(cogitabile)이다. 이 형식적인 것은 경험을 통일적인 것으로 가능하게 하기 위해 저 경험적 표상들을 연결하는 법칙을 함유하며, 이념으로서 연결의 기초에 선험적으로 놓여 있어야 하는 것이다. 형식이 사물에게 본질을 준다(forma dat esse rei)."(OP, XXII313)

11. [제11묶음] 제11묶음의 원고에도 칸트의 물리학에 대한 계속되는 사변의 족적들이 담겨 있다. "물리학은 경험을 가능하게 하는 원리들에 기초하고 있는 한에서 물질의 운동력들의 교설 체계(systema doctrinale)"(OP, XXII470)로도 "경험 체계를 형성하는 감각대상들에 대한 학문"(OP, XXII481)으로도 이해된다.

12. [제12묶음] 제12묶음의 원고에서는 무엇보다도 열소(Wärmestoff)에 대한 칸트의 숙고를 볼 수 있다. "모든 것에 퍼져 있고(allverbreitet), 모든 것에 스며 있으며(alldurchdringend), 모든 것을 움직이는(allbewegend) — 시간과 관련하여 덧붙여 말한다면, 모든 운동을 처음으로 시작하는(alle Bewegung zuerst anhebend) — 물질의 실존은 어떤 경험에 의해 증명되지도 될 수도 없는 가정이다."(OP, XXII551이하) 그럼에도 그것은 감각대상들에 대한 경험의 빈틈(hiatus) 내지 단절을 벗어나 경험의 체계를 얻기 위해서는 불가피하게 요청되는 것이다.(OP, XXII552 참조)

13. [제13묶음] 단지 몇 면일 뿐인 제13묶음 원고의 주요 주제는 "어떤 질서 안에서만 개선으로의 진보가 기대될 수 있는가?" 하는 인류 문명사적 물음이다. 그리고 이 물음에 답은 "아래로부터 위로의 사물들의 진행에 의해서가 아니라, 위로부터 아래로의 진행에 의해서"(OP, XXII620) 가능하다는 것이다.

유희/놀이 遊戲 Spiel

1. 유희란 어떤 외부적인 목적에 제약받지 않고 자유롭게 자신을 유지하는 활동으로, 일반적으로는 노동과 대조된다. 노동함이 그 자체로 쾌적하지는 않되, 다른 의도 때문에 꾀해지는 것이라면, 유희는 "더 이상 다른 목적을 의도함이 없이도 자체로 쾌적하다."(Päd, A74=IX470)

2. 예술 활동은 상상력과 지성의 유희에 기인한다. 쾌의 감정은 "판단력의 두 인식능력들, 즉 상상력과 지성의 조화로운 유희를 주관 안에 일으키는 감각"(EEKU, XX224=H30)이다. "상상력의 유희"(Anth, A14=VII134)는 표상을 제멋대로 지어낸다. 그러나 취미(→)에 의한 대상의 판정은 제멋대로 "유희하는 상상력의 자유와 지성의 합법칙성과의 일치 또는 상충에 관한 판단"(Anth, A187=VII241)이다. 상상력과 지성의 자유로운 유희에서 취미판단이 생기므로, 취미판단은 자유로운 상상력에 의한 주관성에도 불구하고 지성의 법칙성에 의해 보편적으로 전달 가능하다.(KU, B29=V217이하 참조) 그것은 지성이 "상상력으로 하여금 합규칙적인 유희"(KU, B161=V296)를 하도록 이끌기 때문이다.

3. 지성과의 조화로 인한 미적 쾌감과는 다르게, 한낱 감각들의 전변에 의한 자유로운 유희 또한 쾌락을 주는데, 그러한 유희의 대표적인 것이 "사행유희[도박], 음조유희[연주], 사상유희[기지]"(KU, B223=V331) 등이다.

4. 마음의 감관가상들과의 유희에 의해 갖가지 환상이 생긴다.(Anth, AB40=VII150)

윤리 倫理 Sitten

1. '윤리(Sitten, mores)'는 본래 "예절이나 생활양식"(MS, RL, AB10=VI216)을 뜻한다. 그러나 윤리가 도덕(→)과 같은 의미로 쓰일 때, 그것은 "이성의 법칙에 따른 자유의 사용"(V-MS/Vigil, XXVII480)을 뜻한다.

2. 윤리(→윤리성)가 인간 삶의 보편적인 이치인 한, 윤리적 원리들이 인간의 자연본성의 특성들에 기초해 있지 않고, 독자적으로 선험적으로 존립하는 것이어야만 하되, "이러한 원리들로부터 모든 이성적 자연[존재자들]에 대한, 그러므로 또한 인간의 자연[본성]에 대한 실천 규칙들이 도출될 수 있어야만 한다." (GMS, B32=IV410)

3. 윤리는 당위 이념으로서 순수 실천이성에서 유래한다. "순수 이성은 그 자체만으로 실천적이고, 우리가 윤리법칙이라고 부르는 보편적 법칙을 (인간에게) 준다."(KpV, A55=V31) 이러한 의미에서의 '윤리'는 '도덕'(→)과 한가지이다.

윤리법칙 倫理法則 Sittengesetz

→ 도덕법칙

윤리성 倫理性 Sittlichkeit

I. 1. '윤리'와 '도덕'이 교환 가능한 말이듯이 '윤리성'과 '도덕성'(→)도 교환 가능하다. 행위가 의무법칙과 합치함이 '합법칙[合法性]'이라면, 행위가 "준칙의 법칙과의 합치함은 행위의 윤리성(道德性: moralitas)이다."(MS, RL, AB26=VI225) "사람들은 행위의 동기야 여하 간에 한 행위의 법칙과의 순전한 합치 내지 불합치를 합법성(합법칙성)이라 부르며, 그러나 그 안에서 법칙으로부터의 의무의 이념이 동시에 행위의 동기인 그러한 합치를 행위의 도덕성(윤리성)이라 부른다." (MS, RL, AB15=VI219)

2. "행위의 질료 및 그 행위로부터 결과할 것에 상관하지 않고, 형식 및 그로부터 행위 자신이 나오는 원리에"만 상관하는 명령(→), 곧 정언명령(→)을 칸트는 "윤리[성]의 명령"(GMS, B43=IV416)이라고 일컫는다. 이때 윤리성이란 영리

함, 현명함 내지 숙련성과는 다른 “자유로운 처신”(GMS, B44=IV417) 방식을 지시한다. 이러한 “윤리성과, 윤리적일 수 있는 한에서의 인간성만이 존엄성을 가지는 것이다.”(GMS, B77=IV435)

II. 1. 윤리성의 최상의 원리는 다름 아닌 “의지의 자율(→)”(GMS, B87=IV440)이다. “무릇 자유의 이념에는 자율의 개념이 불가분리적으로 결합되어 있는바, 그런데 이 개념과는 윤리성의 보편적 원리가 결합되어 있다. 이 윤리성의 원리는, 자연법칙이 모든 현상들의 근저에 놓여 있는 것이나 꼭 마찬가지로, 이성적 존재자들의 모든 행위들의 근저에 놓여 있는 것이다.”(GMS, B109=IV452이하)

2. 윤리성 및 윤리성의 원리는 단지 자유의지 개념을 분해만 하면 나오는 것이다. “그럼에도 윤리성의 원리는 언제나 하나의 종합 명제, 즉 ‘단적으로 선한 의지는 그것의 준칙이 항상, 보편적 법칙으로 보이는, 자기 자신을 자기 안에 함유할 수 있는, 그런 의지이다.’라는 것이다. 왜냐하면 단적으로 선한 의지라는 개념의 분해에 의해 준칙의 저런 성질이 발견되지는 않기 때문이다.”(GMS, B98이하=IV447) 그러한 종합 명제들은 단적으로 선한 의지와 준칙의 보편적 법칙이 서로 결합됨으로써만 가능하다.

3. 윤리성의 최상 원칙은 모든 경험에 독립해서 “순전히 순수 이성에 의거해 있을 수밖에 없”고, “한낱 인간들에게뿐만 아니라 모든 이성적 존재자들 일반에게도, 한낱 우연적인 조건들 아래서 예외를 가지고서가 아니라, 단적으로 필연적으로 타당할 수밖에 없다는 것을 부인할 수 없”(GMS, B28=IV408)다.

4. 경험적인 것을 윤리성의 원리에 첨가하는 일은 “전적으로 부적합할 뿐만 아니라, 윤리의 순정성 자체에도 최고로 불리한 것”이다. 윤리의 가치는 “행위의 원리가 오직 경험이 제공할 수 있는 우연적인 근거들의 모든 영향으로부터 자유롭다는 점에 있다. 경험적인 운동인들과 법칙들 가운데서 원리를 찾아내려는 이런 태만 내지는 매우 비천한 사고방식에 대해 우리가 아무리 많이, 그리고 아무리 자주 경고를 해도 그것은 지나친 것이 아니다. 인간의 이성은 지친 나머지 기꺼이 이 베개 위에서 쉬려 하고, 달콤한 현혹들[…]에 꿈꾸면서, 윤리에다 전혀 다른 혈통의 지체[肢體]들로 묶어 만든 잡종을 슬쩍 집어넣는다.”(GMS,

B61=IV426) 그러나 "덕을 참모습에서 본다는 것은 다름 아니라, 윤리성을 감각적인 것의 모든 혼합으로부터, 그리고 보상이나 자기사랑이라는 모든 가짜 장식으로부터 벗겨내 현시하는 것이다."(GMS, B61이하=IV426)

5. 덕의 함양에 있어 "자기 행복의 원리는 가장 배척되어야 할 것이다."(GMS, B90=IV442) 그것은 행복한 사람이 되는 일과 선한 사람이 되는 일이 전혀 다른 것이며, "행복의 원리는 윤리성을 기초지우는 데 전혀 아무런 기여도 하지 못하기 때문만"이 아니라, "자기 행복의 원리가 윤리성의 기초로 놓는 동기들은 오히려 윤리성을 매장시키고 윤리성의 전체적인 숭고함을 파괴하기 때문이다. 이런 동기들은 덕으로의 동인들과 패악으로의 동인들을 한 부류로 놓고, 단지 타산을 잘 하는 것을 가르칠 뿐, 덕과 패악의 종[種]적 차이를 완전히 없애버리기 때문이다."(GMS, B90이하=IV442) "자기 행복의 원리가 의지의 규정 근거가 된다면, 그것은 윤리성의 원리와 정반대이다."(KpV, A61=V35) "이 상충은 윤리를 전적으로 궤멸시킬 것이다."(KpV, A62=V35)

윤리적 공동체 倫理的 共同體 ethisches gemeines Wesen

1. 인간은 미약하기에 누구나 끊임없이 악한 원리에 시달려서 도덕법칙의 권위를 인정할 때조차도 그를 위반하고 쾌감으로 이끄는 유혹에 곧잘 넘어간다. 게다가 인간 안에 있는 악성은 인간이 자연 중에 있을 때보다는 인간들과의 관계 중에 있을 때 더욱 발호한다. — "인간은 타인들이 그를 가난하다고 여기고 그에 대해 경멸할 것이라고 염려하는 한에서만, 가난하다(또는 자기를 가난하다고 여긴다). 질투, 지배욕, 소유욕 그리고 이것들과 결합되어 있는 적대적인 경향성들은 인간이 다른 인간들 가운데에 있을 때, 그 자체로는 충족한 그의 자연본성을 이내 몰아붙인다."(RGV, B128=VI9이하)

악성의 발동이 사람들 사이의 관계에서 특히 심해지는 것이라면, 개개인이 악의 지배에서 벗어나기 위해 제아무리 애쓴다 해도 성과를 거두기는 어렵다.

그래서 진실로 인간에게서 악을 방지하고 선을 촉진하기 위해서는 "통합된 힘으로써 악에 대항하는, 지속적이고 점점 확대되어 순전히 도덕성의 유지를 목표로 하는 사회"(RGV, B129=VI94)를 건설해야 한다. 그 사회는 순전한 덕의 법칙들 아래에서의 인간들의 결집체라는 점에서 "윤리적 사회"라고 부를 수 있고, 법적-시민사회와 구별하기 위해서는 "윤리적-시민사회" 내지 "윤리적 공동체(ein ethisches gemeines Wesen)"(RGV, B130=VI94)라고 부를 수 있다. 그러나 윤리적 공동체도 정치적 공동체 안에 있는 것이며, 정치적 공동체의 구성원을 그 성원으로 갖는다는 점에서는 하나의 "윤리적 국가(ein ethischer Staat)" 내지는 "덕의 나라(ein Reich der Tugend)"(RGV, B130=VI95)라고 일컬을 수도 있다.

2. 법적 시민사회가 법법칙 곧 제정 법률 아래에서의 인간의 공존 체제라고 한다면, 윤리적 공동체는 순전히 덕법칙들 아래에 통합되어 있는 인간 상호의 관계이다. 법적 시민사회를 사람들은 만인의 만인에 대한 전쟁상태를 벗어남으로써 이룩할 수 있듯이, "윤리적 자연상태"(RGV, B131=VI95)를 탈피할 때 인간은 윤리적 시민사회를 이룰 수 있다. 윤리적 자연상태는 "내면적으로 윤리 없음의 상태"(RGV, B135=VI97)로서 "악에 의한 부단한 반목의 상태"(RGV, B134=VI97)이겠다. 이러한 자연상태에서 인간은 서로의 도덕적 소질을 부패시킨다. 그렇기에 "최고의 윤리적 선은 개개 인격이 그 자신의 도덕적 완전성을 위하여 노력하는 것만으로는 이루어지지 않고, 바로 그 같은 목적을 위하여 개개 인격들이 하나의 전체 안에서, 선량한 마음씨를 가진 인간들의 하나의 체계로 통합할 것이 요구된다. 최고의 윤리적 선은 이러한 체계 안에서만 그리고 이 체계의 통일을 통해서만 성사될 수 있는 것이다."(RGV, B136=VI97이하)

윤리적 공동체로서의 보편적 교회

1. 그러나 이를테면 "덕의 법칙들에 따르는 보편적 공화국"(RGV, B136=VI98)인 "윤리적 공동체가 성사되려면, 모든 개인들은 하나의 공적인 법칙수립[입법]에 복종하지 않으면 안 된다."(RGV, B137=VI98) 그런데 이 공적 법칙수립자

는 국가시민 자신일 수가 없다. 만약 그렇게 된다면 그것은 다름 아닌 법적 시민사회일 것이기 때문이다. "그러므로 윤리적 공동체를 위하여 공적인 법칙수립자로 제시될 수 있는 것은 국민 이외의 다른 존재자일 수밖에 없다."(RGV, B138=VI99) 윤리적 공동체의 최상의 법칙수립자는 각자의 마음씨의 가장 내면까지도 꿰뚫어보고, 각자에게 그의 행실들에 합당하는 것을 귀속시킬 수 있기 위해서, 각자의 마음을 훤히 아는 자이지 않으면 안 된다. 무릇 이러한 자는 "도덕적 세계지배자로서의 신"밖에는 없다. "그러므로 윤리적 공동체는 오직 신적 지시명령 아래에 있는 국민, 다시 말해 신의 국민[하느님의 백성](「베드로 제1서」 2, 10; 「로마서」 9, 25 참조)으로서만, 그것도 덕법칙들에 따르는 신의 국민으로서만 생각 가능한 것이다."(RGV, B139=VI99)

이제 만약 윤리적 공동체가 단지 하늘에 있는 '신의 나라'를 뜻한다면 그것의 성취는 "오직 신 자신에 의해서나 기대할 수 있는"(RGV, B141=VI101) 것이다. 인간은 아무리 해도 인간의 나라를 건설할 수 있을 뿐, 신의 나라의 창시자는 신 자신일 것이니 말이다. 그러나 그렇다고 해서 인간이 그 일에 대해서는 아무것도 하지 않고, 마치 각자는 단지 자기의 도덕적인 개인적 관심사에만 전념하고, 인류의 관심사 전체는 어떤 보다 높은 지혜나 섭리의 처분에 내맡겨도 되는 것은 아니다. 오히려 개개 인간은 인류 전체의 이상의 실현이 "각자 자기 자신에게 달려 있는 것처럼 행동하지 않으면 안 된다. 오로지 그러한 조건 아래에서만 인간은, 보다 높은 지혜가 그의 선의의 노력을 완성시켜줄 것을 희망해도 좋은 것이다."(RGV, B141=VI101)

모든 선량한 마음씨를 가진 이들의 소망은, "신의 나라가 오고, 그의 뜻이 지상에서 이루어지는 것"이다. 다만 우리는 "그의 나라를 현실에서 현시하기 위해서 신이 무엇을 직접적으로 행하는가를 알지 못한다. 그러나 우리는 우리를 그 나라의 성원으로 적합하게 만들기 위해서 우리가 무엇을 해야만 하는가는 충분히 아는 바이다."(RGV, B227=VI152) 그것은 각자가 윤리적 의무를 다해야 하고, 더불어 윤리적 공동체를 세우는 일이다. 그러니까 윤리적 공동체는 '목적들의 나라'와 같은 한낱 이상적인 것이 아니라, "지상에 실존"하는 것으로서, 인간들의 기구이고 제도이다.

2. "신적인 도덕적 법칙수립 아래에 있는 윤리적 공동체"는 다름 아닌 "교회"를 통해 구현될 수 있다. "이 교회는 눈에 보이지 않는 신의 나라의 가시적인 표상(도식)을 지상 위에 이룩하는 것이다."(RGV, B198=VI131이하) 그런데 "순수 종교신앙은 보편적 교회를 정초할 수 있는 실로 유일의 신앙이다."(RGV, B145=VI102)

윤리적 공동체에서는 "지상의 신의 국가에서 시민"(RGV, B149=VI105)으로서 성원들 모두가 "도덕적 마음씨 안에서 일어나는, 신의 지시명령들로서의 모든 의무들"을 준수해야 하고, "다수의 인간들이 그러한 마음씨들 아래에서 하나의 도덕적 공동체로 통합"되어야 하므로, 일정한 교회의 형식을 필요로 한다. 그러나 그 안에서 성원들이 각기 일정한 "공적인 의무"를 분담하기 위해서는 어떤 조정이 불가피하다. 그런데 조정은 상황에 맞게 이루어질 수밖에 없기 때문에 매우 우연적이고 잡다한 "경험적 조건들에 의거한" 일정한 형식에 따라 이루어질 수밖에 없다. 여기에서 많은 제정법적 법규들이 교회 안에서 나타난다. 그러나 사람들이 교회의 건설과 형식을 위해 세운 어떤 법규들을 최종적인 신적 법칙들로 받아들여야 할 이유는 없다. 오히려 사람들은 교회의 형식을 더욱더 개선해나가 '신의 나라'의 이상에 더 가까이 가는 것을 과업으로 삼아야 한다. "교회의 법규들을 가지고 신적 권위를 앞세워 다중에게 멍에를 씌우는" 교회신앙은 특수한 역사적 사명을 가질 수는 있겠으나, 그로써 참교회를 이룩할 수는 없다.(RGV, B149=VI105이하 참조)

3. "참된 교회의 표지[標識]는 그것의 보편성이다."(RGV, B167=VI115) 경험적, 계시적, 역사적 신앙인 교회신앙은 우연적 요소가 포함되어 있기에 "단지 국부적 타당성"만을 가질 뿐이어서, 여러 개가 있을 수 있다.

"오직, 전적으로 이성에 기초하고 있는 순수 종교신앙만이 필연적인 것으로, 그러니까 참교회를 표시하는 유일한 신앙으로 인정될 수 있다. 그러므로 (인간적 이성의 불가피한 제한성에 따라서) 역사적 신앙이 선도수단이 되어 순수한 종교를 촉발한다 할지라도, 역사적 신앙은 한낱 그러한 수단일 뿐이라는 것, 그리고 교회신앙으로서 이 역사신앙은 순수한 종교신앙에 끊임없이 접근해가서, 마침내는 저 선도수단 없이도 할 수 있다는 원리를 가진다는 것을 의식함과 함께, 그러한 교회는 언제나 참교회라고 일컬을 수 있다."(RGV, B167이하=VI115)

4. 서로 다른 역사적 계시 또는 경험에 의거한 "교회신앙이 종교신앙의 제약조건들에 대한 그리고 종교신앙과의 필연적 합치에 대한 그 의존성을 인정하는 그 지점에서 보편적 교회는 그 자신을 신의 윤리적 국가로 구축하고, 모든 인간과 시대에 있어서 동일한, 확고한 원리에 따라서 이 국가의 완성을 향하여 전진하기 시작한다."(RGV, B184=VI124) 종교신앙은 참종교란 "신이 우리가 정복[淨福]을 얻도록 무엇을 하며 또는 했는가에 대한 지식이나 고백에 있는 것이 아니라, 우리가 그럴 만한 품격을 갖추기 위하여 행하지 않으면 안 되는 것[…]에 있다."(RGV, B199이하=VI133)는 것을 반복적으로 엄하게 가르친다.

— "인간은 도덕법칙을 통하여 선한 품행으로 부름을 받았다는 것, 또한 도덕법칙에 대한, 그의 안에 있는 지울 수 없는 존경심을 통하여 이 선한 영에 대한 신뢰의 약속과 어떤 일이 있어도 이 선한 영을 만족시킬 수 있다는 희망의 약속을 자기 안에서 발견한다는 것, 끝으로, 인간은 후자의 기대를 전자의 엄격한 지시규정과 대조하면서, 심판자 앞에서 해명을 요구받은 자로서, 자기 자신을 끊임없이 검사하지 않으면 안 된다는 것, 이러한 사실들에 관하여 이성과 심정과 양심이 가르쳐주며, 또한 동시에 그리로 [우리를] 몰고 간다. 우리에게 더 이상의 것이 개시되기를 요구하는 것은 불손한 짓이다. 그리고 이런 일이 일어난다고 해도, 인간은 그것을 보편적으로 인간에게 필요한 것으로 여겨서는 안 될 것이다."(RGV, B219=VI144이하)

윤리학 倫理學 Ethik ethica

I. 1. 윤리학은 '의무들에 대한 이론'이라고도 칭했던 '윤리이론(道德哲學) 일반'을 뜻했다. 이러한 용어법은 키케로가 그리스어 '에티코스(ethikos)'[윤리적]를

'도덕적(moralis)'으로, '에티케(ethike)'[윤리학]를 '도덕철학(philosophia moralis)'으로 번역하고(Cicero, *De fato*, 1, 1 참조), 아우구스티누스가 이를 따른 것에서(Augustinus, *De civitate Dei*, VIII, 8 참조) 연유한다.

2. 고전적 의미에서 윤리학은 '윤리론(Sittenlehre)' 또는 '의무들에 대한 이론[의무이론](Lehre von den Pflichten)'과 교환 가능한 말이고, 이것이 '덕이론(Tugendlehre)'과 '법이론(Rechtslehre)'으로 나뉜다. 그러나 오늘날은 윤리학이 일반적으로 '덕이론'만을 뜻하니, '덕이론' 곧 '윤리학'인 셈이고, 이에 대해 '법이론'은 곧 '법학(ius)'으로 간주되며, 이런 이해에서 칸트는 "일반 의무이론의 체계가 외적 법칙들에 관여할 수 있는 법이론(法學)과 그런 것들에는 관여할 수 없는 덕이론(倫理學)의 체계로 구분된다."(MS, TL, A1=VI379)라고 말한다.

II. 1. "모든 이성 인식은 질료적인 것으로 어느 객관을 고찰하거나, 또는 형식적인 것으로 객관들의 구별 없이, 순전히 지성과 이성 자신의 형식 및 사고 일반의 보편적 규칙들만을 다룬다. 형식적 철학을 일컬어 논리학이라 한다. 그러나 특정한 대상들과 그 대상들이 종속하는 법칙들을 다루는 질료적 철학은 다시금 두 겹이다. 왜냐하면, 이 법칙들은 자연의 법칙이거나 또는 자유의 법칙이기 때문이다. 전자의 학문을 물리학[자연학]이라 일컫고, 후자의 학문이 윤리학이다."(GMS, BIII이하=IV387)

2. 고대에는 자유의 철학인 윤리학이 "의무들에 대한 이론"(MS, RL, AB48=VI239 참조)으로 이해되어, 외적 법칙들에 의한 의무의 체계 이론인 법이론 곧 법학을 포함하였다. 그러나 근대에 이르러 윤리학은 "외적 법칙들 아래에 있지 않은 의무들" 곧 "덕의무"에 대한 이론에만 국한해서 사용하는 관행이 생겼고, 이로부터 윤리학은 곧 덕이론으로 통용되었다.(MS, TL, A1=VI379 참조) 많은 곳에서 칸트 역시 윤리학을 덕이론의 체계로 보고 있다.

3. 윤리학은 '그 자체로서 의무인 목적'만을 다룬다는 점에서 "순수한 실천이성의 목적들의 체계"라고도 정의될 수 있다. "윤리학이 그것들을 준수하도록 타인들에 의해 (물리적으로) 강제될 수 없는 의무들을 함유한다는 사실은 순전히 윤리학이 목적들의 이론이라는 사실에서 나오는 귀결이다. 왜냐하면 목적들에 대

한(목적들을 갖도록 하는) 강제는 자기모순이기 때문이다."(MS, TL, A5=VI381 참조)

4. 윤리학은 이렇듯 도덕법칙의 체계인데, 도덕법칙이 오로지 선험적으로만 수립될 수 있는 한에서 윤리학은 실상 '윤리 형이상학'으로서만 가능하다.

순수한 당위의 법칙만을 내용으로 가져야 할 윤리학은 오로지 순수한 이성 지식의 체계, 곧 형이상학일 수밖에 없으며, 윤리학이 학문이기 위해서 윤리 형이상학일 수밖에 없다. 그래서 칸트는 '순수 윤리 철학(die reine Philosophie der Sitten)'을 곧 "형이상학"이라고 말한다.(GMS, B32=IV410 참조)

5. '에티크(Ethik)'가 '윤리학'을 지칭하는 한 '에티슈(ethisch)'가 '윤리학적'을 뜻함은 자연스러운 일일 것이나, 실제 활용에서는 흔히 '윤리적'을 뜻하는 경우가 더 많다.(→ 윤리적 공동체) 이것은 미학을 지칭하는 '에스테티크(Ästhetik)'의 형용사 '에스테티슈(ästhetisch)'가 칸트에서는 '미학적'보다는 '미감적' 또는 '미적'을 더 많이 뜻한다는 사실을 환기시킨다.

윤리[학]적 교수법 倫理[學]的 教授法 ethische Didaktik

1. 덕은 덕에 대한 순전한 표상을 통해서나 덕의 개념에 대한 이해나 훈계를 통해 얻을 수 있는 것이 아니고, "인간 내부에 있는 적을 무찔러 내려는 시도를 통해 (수행적으로) 개발되고, 훈련될 수" 있는 것이므로, 그를 위한 적절한 방법의 강구가 필요한데, 그것이 윤리적 교수법이다.

2. "덕이 (선천적인 것이 아니고) 취득되어져야만 한다는 것은, […] 덕의 그 개념에 이미 함축되어 있다. 왜냐하면 인간의 윤리적 능력은, 만약 그것이 강력하게 맞서 있는 경향성들과의 싸움에서 결의의 강함[굳셈]으로 산출되지 않는다면 덕일 수 없을 것이기 때문이다."(MS, TL, A163=VI477) 그렇기에 덕은 "가르쳐질 수 있고 가르쳐져야만"(MS, TL, A163=VI477) 하는 것으로서, 가장 효과적인 교수법은 소크라테스에게서 선례를 볼 수 있는 "도덕적 문답법"(MS, TL, A165=VI478) 이다. 칸트는 인간이 이성적 존재자이고, 그렇기 때문에 도덕적 주제에 관한 문

답을 하는 과정에서 이성이 개발되고, "부지불식간에 윤리성에 대한 관심으로 이끌어진다."(MS, TL, A175=VI484)고 본다.

윤리[학]적 수행법 倫理[學]的 修行法 ethische Asketik

1. 윤리적 수행법은 "한낱 덕의 개념뿐만이 아니라, 덕의 능력과 덕으로의 의지를 어떻게 수련하고 개발할 수 있는지를 가르치는 방법론"(MS, TL, A57=VI412)이다.

2. 덕은 배우기만 하는 것으로 갖춰지는 것이 아니다. 그러므로 덕을 쌓기 위해서는 "인간이 자기 자신에게 행하는 훈도(훈육)"(MS, TL, A178=VI485)가 병행되지 않으면 안 된다. 덕은 방해물, 즉 자기 안의 자연적 경향성과의 투쟁을 통해 강화되어가는 것인데, 이러한 투쟁은 때로 생의 기쁨을 희생해야 하나, 이러한 기쁨의 상실은 자칫 사람을 우울하게 만들 수 있고, 그럴 경우에는 그 훈육의 지속이 위태롭게 될 수 있다. 그래서 덕의 훈련에서의 규칙은 "완강하고 유쾌한 마음"(MS, TL, A176=VI484) 상태를 유지하기이다.

윤리 형이상학 倫理形而上學 Metaphysik der Sitten

1. 전통적으로 학문, 곧 넓은 의미의 철학은 "물리학, 윤리학 및 논리학"(GMS, BIII=IV387)으로 나뉘는바, 이를 좁은 의미의 철학, 곧 이성 인식의 체계의 관점에서 보면, 물리학[자연학]과 윤리학[인간학]은 질료적인 인식을 담고 있고, 논리학은 형식적인 인식만으로 이루어져 있는 것으로, 물리학[자연학]과 윤리학[인간학]은 각각 형이상학적 토대가 필요하다. 그래서 경험 물리학 앞에는 자연 형이상학이, 실천적 인간학 앞에는 윤리 형이상학이 놓인다.(GMS, BVII=IV388 참조)

2. "순전한 개념들에 의한 선험적인 인식의 체계를 형이상학이라 일컫는다

면, 자연이 아니라 의사의 자유를 객체로 갖는 실천철학은 하나의 윤리 형이상학을 전제"(MS, RL, AB10=VI216)한다.

3. "도덕성"이라는 것이 "원리들로부터 온전히 선험적으로 도출될 수 있는, 행위들의 유일한 합법칙성"으로서 "어떤 인간학(경험적 조건)에도 기초해 있지 않다."는 점에서, "행동거지를 선험적으로 규정하고, 필연적으로 만드는 원리들을 내용으로 갖는" 도덕철학은 '윤리 형이상학'으로만 가능한 것이다.(KrV, A841이하=B869이하 참조)

4. "도덕법칙들은 그 원리들과 함께 모든 실천 인식 중에서, 그 안에 어떤 것이든 경험적인 것이 들어 있는 여타 모든 것과 본질적으로 구별될 뿐만 아니라, 모든 도덕철학은 전적으로 그것들의 순수한 부분에 의거하고, 인간에게 적용될 때도, 도덕철학은 인간에 대한 지식(즉 인간학)으로부터 조금도 빌려오지 않으며, 오히려 이성적 존재자인 인간에게 선험적 법칙들을 수립한다."(GMS, BIX =IV389) 그래서 윤리 형이상학은 '일반 실천철학'과 구별된다. 일반 실천철학은 "인간의 의욕 일반의 작용들과 조건들"을 포함하는 한에서 경험적인 심리학이나 사회학의 자료들에 의거한다. 그러나 "윤리 형이상학은 가능한 순수 의지의 이념과 원리들을 연구해야 하는 것"(GMS, BXII=IV390)으로, 이성의 순수한 원리들만을 주목한다. 그래서 윤리 형이상학은 인간학에 기초를 두지 않는다. 그렇지만 "그것에 적용될 수는 있다."(MS, RL, AB11=VI217)

5. 윤리 형이상학을 통해서만 학문으로서의 윤리학이 가능하므로, 윤리학을 세우기 위해서는 먼저 윤리 형이상학을 정초해야 하며, 그를 위해서는 인간의 순수한 실천이성 능력에 대한 비판이 선행되어야 한다. 이러한 방식으로 도덕철학을 윤리 형이상학을 통해 세우려는 칸트의 생각은 이미 1760~70년대부터 싹튼 것으로 보이며(1768. 5. 9 자 Herder에게 보낸 편지, X74 참조), 자연 형이상학과 함께 형이상학을 양분하는 이 같은 윤리 형이상학의 개념은 이어지는 저작들 『순수이성비판』(1781), 『윤리형이상학 정초』(1785), 『실천이성비판』(1788), 『윤리형이상학 』(1797)에서도 그대로 유지되었다.

『윤리형이상학』 *Die Metaphysik der Sitten*

1. 칸트 노년을 대표하는 저작 『윤리형이상학』[MS]은 『법이론의 형이상학적 기초원리(*Metaphysische Anfangsgründe der Rechtslehre*)』/『법이론』[RL](→)과 『덕이론의 형이상학적 기초원리(*Metaphysische Anfangsgründe der Tugendlehre*)』/『덕이론』[TL](→)의 상위의 또는 합본의 서명이다. '윤리형이상학'은 칸트가 별도로 출간한 두 권의 책에 공통으로 붙인 제호일 뿐, 이러한 표제를 가진 합본의 책을 칸트 자신이 출간하지는 않았다.

칸트는 『법이론』을 1797년 1월에 '윤리형이상학 제1편'으로, 이어서 같은 해 8월에 『덕이론』을 '윤리형이상학 제2편'으로 발간하였고, 이를 '윤리형이상학'이라고 묶어 불렀다. 칸트 사후 사람들은 이 두 책을 묶어 한 권으로 편찬하기도 하지만, 원저로 볼 때는 거의 독립적인 두 권의 책이다. 그래서 면수의 번호도 두 권이 각기 '1'에서 시작한다. 그럼에도 이 두 권의 책은 공동으로 '윤리형이상학'이라는 제호를 공유할 만큼 내용상 밀접한 연관성을 가지고 있다. '법이론'과 '덕이론'은 함께 자유의 법칙을 다루고 있기 때문이다. 그러나 다루는 관점의 차이로 인하여 물론 떼어서 읽어도 상관이 없을 정도이기도 하다.

2. 칸트에서 '윤리 형이상학'은 자유의 형이상학이다. 칸트에서 '자유'란 책임지는 능력, 자기가 책임질 수 있는 인간의 행위 방식을 말하며, '윤리'란 "이성의 법칙에 따른 자유의 사용"(V-MS/Vigil, XXVII480)을 뜻한다. 각기 출간된 저 두 책이 하나의 공동 서명을 상위에 가지고 있고, '법이론의 형이상학'과 '덕이론의 형이상학'이 '윤리 형이상학'에 포섭될 수 있는 것은 이 둘이 함께 자유의 법칙을 다루고 있기 때문이다.

그러나 『법이론』은 외적 자유의 법칙을, 『덕이론』은 내적 자유의 법칙을 다룬다는 차이로 인하여 양자를 떼어서 보아도 그 독립성이 충분한 정도이기 때문에, 같으면서도 다른 주제를 다루고 있는 두 책 또한 독립성을 갖는다. 그것은 함께 지성의 법칙을 다루지만 '형식 논리학'과 '초월 논리학'을 분리해서 보아도 상관이 없는 것에 비견될 수 있다.

'법이론' 곧 법학은 한낱 "외적 자유의 형식적 조건, 다시 말해 법"만을 다루는 데 비하여, '덕이론' 곧 "윤리학은 질료[실질내용](즉 자유의사의 대상), 즉 동시에 객관적으로-필연적인 목적으로서, 다시 말해 인간에게 의무로 표상되는, 순수 이성의 목적"(TL, A4=VI380)까지를 제시한다. 지성법칙의 형식만을 다루는 '형식 논리학'에 대해 지성법칙의 객관적 실재성 즉 대상에 대한 보편타당성까지를 제시하는 것이 '초월 논리학'이라면, 이와 유비하여 법이론은 자유의 법칙 곧 실천이성 법칙의 형식적 윤리론이고, 덕이론은 그에 대한 질료적 윤리론이라 하겠다.

3. 『덕이론』은 『윤리형이상학 정초』(1785)와 『실천이성비판』(1788)의 연장선상에서 칸트의 윤리강령의 기초원리와 세목까지를 제시한, 이를테면 칸트 자유 형이상학 3부작 중 제3부에 해당한다고 할 수 있다. 그런가 하면 『법이론』은 인격 윤리에 바탕을 둔 칸트의 법철학, 정치철학, 사회철학의 기초이론을 내용으로 갖고 있다 할 것이다. 그의 『법이론』에서 제시된 자유주의, 만민평등주의, 세계평화주의의 정신은 현금의 국제연합과 현행 대한민국의 법정신으로도 이어져 오고 있는 만큼 인류 및 한국 사회문화에 미친 그 영향이 적지 않다. 여기서 사람들은 현대 국가의 "자유민주적 기본질서"(『大韓民國憲法』, 前文)의 한 원천을 발견할 수도 있을 것이다.

『윤리형이상학 정초』 *Grundlegung zur Metaphysik der Sitten*

저술 배경과 성격

1. 『윤리형이상학 정초』(1785)는 도덕철학을 주제로 한 칸트의 주요 저술 중 첫 번째 것으로, 『순수이성비판』(1781, 1787)과 『실천이성비판』(1788) 사이에 출간되었다.

2. 당초에 이 『정초』는 자연 형이상학의 예비학으로서의 『순수이성비판』에 대

응하여, 윤리 형이상학의 예비학으로서의 '실천이성 비판'을 대신한다는 취지로 저술되었다.

"형이상학을 위해 순수 사변 이성 비판이 이미 저술되었듯이, 본래 윤리 형이상학의 기초로서는 순수 실천이성 비판 외에 다른 것[이 없]기는 하지만" 도덕적인 것과 관련해서는 평범한 지성도 사안을 정확하게 변별할 수 있으므로, "순수 실천이성 비판이 순수 사변 이성 비판처럼 그렇게 아주 필요한 것은 아니"라고 생각한 칸트는 "'순수 실천이성 비판'이라는 명칭 대신에 '윤리 형이상학 정초'라는 명칭"을 가진 책을 낸 것이다.(GMS, BXIII이하=IV391이하 참조) 그러니까 이 『정초』를 출간한 1785년 시점에서 칸트는 윤리 형이상학을 위해 별도로 '실천이성 비판'을 저술해야 할 필요는 없다고 생각한 것이다. 그러나 1788년에 『실천이성비판』이라는 제목의 책을 새롭게 내놓았으니, 그것은 그 사이 칸트의 생각이 바뀌었으며, 그가 『정초』 외에 '윤리 형이상학' 정초를 위한 보완 내지는 재작업이 필요하다고 느꼈음을 뜻한다.

그러함에도 이미 칸트가 '순수 실천이성 비판' 대신에 '윤리 형이상학 정초'라는 명칭을 쓸 수 있다고 생각했던 것처럼, 그의 두 저술 『윤리형이상학 정초』와 『실천이성비판』은 내용과 소재가 매우 닮아 있는 자매 관계를 이루고 있다. 쓰인 순서가 바뀌어서 그렇지, 말하자면, 그 관계는 내용의 유사성에서나 분량에 있어서나 『형이상학 서설』(1783)과 『순수이성비판』의 관계와 비슷하다.

3. 그러나 논의 방식과 주안점에서는 적지 않은 차이점도 있다. 『정초』는 보통 사람들의 윤리 인식에서도 볼 수 있는 '선의지' 개념에서 출발하여 정언명령만이 도덕법칙일 수 있으며, 그러한 도덕법칙의 체계가 '목적들의 나라'임을 밝혀 '윤리 형이상학'에 이르는 길을 연 후, 다시금 도덕법칙을 가능하게 하는 원천, 곧 자유에 대해 묻고, 정언명령의 가능 근거를 되짚어 물음으로써, 윤리 형이상학을 위한 정초 작업, 다시 말해 '실천이성 비판' 작업을 수행한다. 그리고 바로 이 지점에서 『실천이성비판』이 논의를 개시함으로써 저 『정초』의 끝을 시작으로 삼는다. 그것은 인간의 "순수한 이성이 그 자신만으로 의지를 규정하기에 충분"(KpV, A30=V15)하다, 곧 어떤 외적 동인으로부터도 자유롭다는 것을 설명함으

로써, 한낱 '초월적 이념'인 자유가 도덕법칙을 가능하게 하는 실재적 이념임을 밝힌다.

'순수 이성 비판'은 순수한 사변 이성의 개념 내지 이념이 객관적 실재성을 가진 양 월권하는 것을 비판함으로써 결국 이성적 '자연[존재] 형이상학'이 불가능함을 밝힌 데에 반해, '실천이성 비판'은 경험적으로 조건 지어진 실천이성이 초험적인, 예지적인 영역까지 월권적으로 전제하는 것을 비판하고, 선의지에 따라 도덕법칙을 준수한, 그럼으로써 그럴 품격을 갖춘 자가 행복도 누리는 '최고선'(→)의 세계의 가능성을 열어 이념학으로서 '윤리 형이상학'을 정초한다.

4. 이런 차이점에도 불구하고, "도덕성의 최상 원리의 탐색과 확립"(GMS, BXV=IV392)을 수행함으로써 윤리 형이상학에 이르는 길을 닦는다는 점에서 『윤리형이상학 정초』와 『실천이성비판』은 동일한 과제를 수행하고 있다. 이 점에서 '윤리 형이상학 정초'는 다른 한편 '실천이성 비판'이고, '실천이성 비판' 역시 또 다른 '윤리 형이상학 정초'라 할 수 있다.

저술의 개요

『윤리형이상학 정초』는 머리말에 이은 세 절과 짧은 맺음말로 구성되어 있다.

머리말

머리말에서는 윤리학 내지 도덕철학이 철학, 곧 전체 학문 체계에서 차지하는 위상에 대한 설명과 함께, 도덕철학은 윤리 형이상학을 통해서만 가능함을 역설하고, 그 과제 수행을 3단계로 나누고 있으며, 그것이 『정초』의 3절을 구성한다.

제1절 평범한 윤리적 이성 인식에서 철학적 이성 인식으로의 이행,

제2절 대중적 윤리 세계지혜에서 윤리 형이상학으로의 이행,

제3절 윤리 형이상학에서 순수 실천이성 비판으로의 이행.

제1절

1. 제1절에서 칸트는 평범한 사람들도 가지고 있는 도덕 관념을 분해하고 반성함으로써 그것을 철학적 인식으로 발전시킨다. 상식에서 철학으로 나아가는 이런 첫 번째 작업은 '도덕적으로, 그것도 무제한적으로, 선하다'는 것이 무엇을 의미하는가를 새겨보는 일이다.

2. "이 세계에서 또는 도대체가 이 세계 밖에서까지라도 아무런 제한 없이 선하다고 생각될 수 있을 것은 오로지 선의지뿐이다."(GMS, B1=IV393)라는 첫 문장이 말하는 바는, 선의지만이 그 자체로 또는 내재적으로 무조건적인 가치를 갖는다는 것이다. "선의지는 그것이 생기게 하는 것이나 성취한 것으로 말미암아, 또 어떤 세워진 목적 달성에 쓸모 있음으로 말미암아 선한 것이 아니라, 오로지 그 의욕함으로 말미암아, 다시 말해 그 자체로 선한 것이다."(GMS, B3=IV394)

'선의지'(→)는 옳은 행위를 오로지 그것이 옳다는 이유에서 택하는 의지를 말한다. 그것은 행위의 결과를 고려하는 마음이나 또는 자연스러운 마음의 경향성에 따라 옳은 행위를 지향하는 의지가 아니라, 단적으로 어떤 행위가 옳다는 바로 그 이유만으로 그 행위를 택하는 의지이다. 그러므로 이 의지 작용에는 어떤 것이 '옳다', 무엇이 '선하다'는 판단이 선행해야 하고, '옳음'과 '선함'은 결코 경험으로부터는 얻을 수 없는 순수 이성의 이념이므로, 선의지는 오직 이성적 존재자만이 가질 수 있는 것으로서 다름 아닌 순수한 이성적 존재자의 실천을 지향하는 이성, 곧 '순수 실천이성'이다.(GMS, B36=IV412 참조)

선의 개념은 "이미 자연적인 건전한 지성에 내재해 있고, 가르칠 필요는 없으며, 오히려 단지 계발될 필요만 있는 것이다."(GMS, B8=IV397) 그러나 선한 의지가 자연적으로 발동되는 것은 아니다. 만약 그러하다면 우리 인간에게 더 이상 악행이라든지 당위의 문제는 없을 것이다. 선의지는 자연발생적으로 생겨나는 것이 아니라, 도덕적 이념의 실천이 이성적 존재자의 의무라고 납득하는 데서 생긴다.

3. 그래서 윤리 규정은 당위로서 '~하라!'는 명령으로 나타나며, 그것도 무조

건적으로 복종하지 않을 수 없는, 그것에 준거해서 행위해야만 하는 필연적 실천 명령으로 다가온다. 그렇기 때문에 이 명령은 이성적 존재자에게는 실천 법칙이다.

선의지만이 그 자체로 선한 것이라 함은, 결국 "의무로부터"의, 오로지 의무에서 말미암은 행위만이 "본래적인 도덕적 가치"를 가지며(GMS, B13=IV399), 의무로부터의 행위란 도덕적 실천 법칙을 그 행위의 표준으로, "의욕의 원리"(GMS, B13=IV400)로, 곧 준칙(Maxime)으로 삼는 행위를 말한다. "의무는 법칙에 대한 존경으로부터 말미암은 행위의 필연성[필연적 행위]"(GMS, B14=IV400)이며, 도덕의 가치는 곧 이런 "의지의 원리" 안에 있다.

그렇기에 "행위의 도덕적 가치는 그것에서 기대되는 결과에 있지 않으며, 그러므로 또한, 그 원리의 동인을 이 기대되는 결과로부터 얻을 필요가 있는, 어떤 행위 원리에도 있지 않다."(GMS, B15=IV401) '최고의 무조건적 선', "탁월한 선은, 법칙의 표상에 따라 행위하는, 인격 자체 안에 이미 현전하는 것으로, 비로소 그 행위결과로부터 기대될 필요가 없다."(GMS, B16=IV401) 선은 이미 그리고 오로지 행위의 동기 가운데 있는 것으로 행위의 결과에서 비로소 나타나는 것이 아니다. '평범한 인간 이성'도 이런 사실은 익히 알고 있다.

제2절

1. 제2절에서 칸트는 인간의 실천이성 능력을 정밀하게 분해함으로써, 이성적 존재자로서 인간은 단지 자연법칙에 종속해 있는 것이 아니라, 윤리법칙에 종속해 있음을 밝혀낸다. 그것은 인간은 한낱 자연적 경향성에 따르는 것이 아니라, 법칙에 대한 존경, 곧 의무로부터 행위할 수도 있음을 천명하는 것으로, 그로써 '정언명령'의 가능성이 열린다. 그리고 그것은 바로, 대중적 도덕철학으로부터 윤리 형이상학으로 넘어가는 길을 여는 것이다.

2. "단지 평범한 윤리적 가치판단[…]에서 […] 철학적 가치판단으로 나아가기 위해서뿐만 아니라, […] 대중 철학에서 형이상학으로까지 […] 자연스러운 단계들을 거쳐 나아가기 위해서, 우리는 실천적인 이성 능력을 그것을 보편적으

로 규정하는 규칙들로부터, 의무개념이 생겨나는 곳에 이르기까지 추적하여 명료하게 서술해야만 한다."(GMS, B36=IV412)

"자연의 사물은 모두 법칙들에 따라 작용한다. 오로지 이성적 존재자만이 법칙의 표상에 따라, 다시 말해 원리들에 따라 행위하는 능력 내지는 의지를 가지고 있다."(GMS, B36=IV412) 그러나 인간의 의지는 "자체로 온전하게는 이성과 맞지" 않기에 자주 "주관적인 조건들", 곧 외적인 동기들에도 종속한다. "그러한 의지를 객관적인 법칙들에 맞게 규정하는 것은 강요"(GMS, B37=IV413), 곧 "자기강제"(KpV, A149=V83)이다. 그렇기에 "객관적인 원리의 표상은, 그것이 의지에 대해 강요적인 한에서, (이성의) 지시명령(Gebot)이라 일컬으며, 이 지시명령의 정식[定式]을 일컬어 명령(Imperativ)이라 한다."(GMS, B37=IV413)

3. 어떤 명령이 실천 법칙이 될 수 있기 위해서는 보편성과 필연성을 가져야만 한다. 어떤 것이 보편적이려면 언제 누구에게나 타당해야 하며, 필연적이려면 무조건적으로 타당해야만 한다. 이 명령은 실천 행위로 나아가려는 이성이 자신에게 선험적으로 무조건적으로 부과하는 규범이며, 그러므로 그것은 이성의 "자율"(KpV, A58=V33)로서 단정적인 "정언적 명령"이다. 자율적으로 자기 자신에게 명령을 발하는 이성은 그러니까 '자기 법칙수립적[입법적]'이다.

정언적 "명령은 행위의 질료 및 그 행위로부터 결과할 것에 관여하지 않고, 형식 및 그로부터 행위 자신이 나오는 원리에 관여한다. 행위의 본질적으로-선함은, 그 행위로부터 나오는 결과가 무엇이든, 마음씨에 있다. 이 명령은 윤리성의 명령이라고 일컬을 수 있을 것이다."(GMS, B43=IV416) 그 명령 방식이, "언젠가 이웃에 도움을 청하게 될 때를 생각해서 항상 이웃에게 친절하라." 따위의 가언적 처세 훈(訓)과는 달리, 선을 지향하는 모든 실천 행위들이 준수해야 할 도덕법칙의 형식으로 보편성과 필연성을 가짐은 자명하다는 뜻에서 칸트는 이것을 "순수 실천이성의 원칙"이라고 부르고, 또한 "순수한 이성의 유일한 사실"(KpV, A56=V31)이라고도 부른다.

4. 유일한 정언명령이자, "의무의 보편적 명령"(GMS, B52=IV421)은 그리하여 다음과 같이 표현된다. — "그 준칙이 보편적 법칙이 될 것을, 그 준칙을 통

해 네가 동시에 의욕할 수 있는, 오직 그런 준칙에 따라서만 행위하라."(GMS, B52=IV421); "마치 너의 행위의 준칙이 너의 의지에 의해 보편적 자연법칙이 되어야 하는 것처럼, 그렇게 행위하라."(GMS, B52=IV421)

5. 주관적 욕구를 배제한 채, 객관적 법칙이 될 수 있는 행위의 준칙을 스스로 세우고, 그것을 보편적 자연법칙처럼 준수하려는 인간 의지는 그 자체로 거룩하고 신성하다. 그러니까 "인간은 비록 충분히 신성하지는 못하지만, 그러나 그의 인격에서 인간성은 그에게 신성하지 않을 수 없다."(KpV, A155=V87) 자기 법칙수립적인 이 자율성이야말로 "그러므로 인간과 모든 이성적 자연존재자의 존엄성의 근거이다."(GMS, B79=IV436)

6. 그 자체로 존엄한 인간은, 그리고 이성적 존재자는 '목적 그 자체'이다. 인간은 한낱 이런저런 용도에 따라 그 가치가 인정되기도 하고 안 되기도 하는 '물건', 즉 무엇을 위한 '수단'이 아니라, 그 자체로서 가치를 갖는 '인격', 즉 '목적'으로 생각되어야 한다. 그렇기에, 모순율이 이론이성에게 자명하듯, "네가 너 자신의 인격에서나 다른 모든 사람의 인격에서 인간(성)을 항상 동시에 목적으로 대하고, 결코 한낱 수단으로 대하지 않도록, 그렇게 행위하라."(GMS, B66이하=IV429)는 정언명령은 인간의 순수 실천이성에게는 자명한 실천 명령이다.

7. "이성적 존재자들은 모두, 그들 각자가 자기 자신과 다른 모든 이들을 결코 한낱 수단으로서가 아니라, 항상 동시에 목적 그 자체로서 대해야만 한다는 법칙 아래에 종속해 있다. 그러나 이로부터 공동의 객관적인 법칙들에 의한 이성적 존재자들의 체계적 결합이 생긴다."(GMS, B74이하=IV433) 여기에서 "목적들의 나라[…]라고 일컬어질 수 있는, 하나의 나라가 생긴다."(GMS, B75=IV433)

"목적들의 나라에서 모든 것은 가격을 갖거나 존엄성을 갖는다. 가격을 갖는 것은 같은 가격을 갖는[同價의] 다른 것으로도 대치될 수 있다. 이에 반해 모든 가격을 뛰어넘는, 그러니까 같은 가격을 갖기를 허용하지 않는 것은 존엄성을 갖는다. […] 무릇 도덕성은 그 아래에서만 이성적 존재자가 목적 그 자체일 수 있는 조건이다. 왜냐하면 그를 통해서만 목적들의 나라에서 법칙수립적인 성원이 존재할 수 있기 때문이다. 그러므로 윤리성과, 윤리적일 수 있는 한에서의 인

간성만이 존엄성을 가지는 것이다."(GMS, B77=IV434이하)

8. 무릇, 도대체 무엇이 윤리적으로 선한 마음씨 또는 덕으로 하여금 그토록 높게 존엄성을 요구할 권리를 주는가? 그것은 다름 아닌 보편적으로 법칙을 수립하고 스스로 그에 복종할 수 있는 이성존재자의 힘, 곧 자율성이다. 다시 말해 의지의 자유가 인간과 이성적 존재자의 존엄성의 원천인 것이다.

제3절

1. 제3절에서 칸트는 "의지의 자율을 설명하는 열쇠"(GMS, B97=IV446)인 자유 개념을 해명하고, 정언명령의 가능 근거를 되짚어 반성함으로써 '윤리 형이상학에서 순수 실천이성 비판으로 넘어가는 길'을 간다.

2. 제1절과 제2절에서는, 평범한 이성도 가지고 있는 도덕 관념 내지는 윤리적 가치 의식을 분해하여 정언명령만이 도덕법칙임을 밝힘으로써 철학적 윤리학을 세우는 "분석적" 서술 방식을 취했다. 그에 반해 제3절에서는 그렇다면 과연 인간은 저런 도덕법칙을 준수할 능력이 있는가를 묻는데, 도덕법칙을 따를 능력은 도덕법칙 안에 포함되어 있는 것이 아니라, 그것에 덧붙여야 할 것이므로, 그 논의는 "종합적" 방식으로 전개된다.

3. 이성적 존재자의 선의지는 '자유'를 매개로 도덕법칙과 결합할 수 있다.(GMS, B99=IV447 참조) 자유는 이성적 존재자의 본질적 속성이고, 도덕법칙은 이성적 존재자의 자유로운 법칙수립, 자율이다. 그렇기에 이성적 존재자의 자유의지란 바로 도덕법칙 아래에 있는 의지를 말한다. 그러므로 자유로운 의지로서의 순수한 실천이성의 존재자인 인간은 응당 도덕법칙을 준수할 수 있는 것이다.

"의지의 자유가 자율, 다시 말해 자기 자신에게 법칙인 의지의 성질 말고 다른 무엇일 수 있겠는가?"(GMS, B98=IV447) 의지의 자유가 자율이라는 것, 곧 "의지는 모든 행위들에 있어 자기 자신에게 법칙이다."라는 명제는 "바로 정언명령의 정식[定式]이자 윤리성의 원리이다. 그러므로 자유의지와 윤리법칙 아래에 있는 의지는 한가지이다."(GMS, B98=IV447)

4. 칸트에서 "이성은 실천이성으로서, 또는 이성적 존재자의 의지로서, 그 자신에 의해 자유롭다고 간주되어야만 한다. 다시 말해, 이성적 존재자의 의지는 오로지 자유의 이념 아래서만 자신의 의지일 수 있고, 그러므로 그런 의지는 실천적 의도에서 모든 이성적 존재자들에게 부가되지 않으면 안 된다."(GMS, B101=IV448) "자유는 모든 이성적 존재자의 의지의 속성으로 전제되어야"(GMS, B99=IV447) 하는 것이다. 자유를 인간의 자연본성에 대한 경험으로부터 밝혀낸다는 것은 불가능한 일이다. 그럼에도 우리가 어떤 존재자를 "행위들에 대한 자기의 원인성을 의식하는 것으로, 다시 말해 의지를 가진 것으로 생각하고자 하면, 자유의 이념을 전제할 수밖에 없다."(GMS, B102=IV449)

"우리가 목적들의 질서 안에서 윤리법칙들 아래에 있다고 생각하기 위해, 우리는 우리가 작용하는 원인들의 질서 안에서 자유롭다고 상정하며, 그러고 나서 우리는, 우리가 자신에게 의지의 자유를 부가했기 때문에, 우리가 이 법칙들에 종속되어 있는 것으로 생각하는 것"(GMS, B104=IV450)은, 다시 말해 윤리법칙을 준수하기 위해서는 의지가 자유로워야 하는데, 우리의 의지가 자유롭기 때문에 우리는 윤리법칙을 준수할 수 있다고 하는 것은 일종의 순환논변이 아닌가 하는 의혹이 있을 수 있다. 그러나 "우리가 자유롭다고 생각할 때, 우리는 우리를 오성세계의 성원으로 놓고, 의지의 자율을, 그 자율의 결과인 도덕성과 함께 인식하되, 그러나 우리가 [윤리법칙 준수에] 의무 지워져 있다고 생각할 때, 우리는 우리를 감성세계에 속하면서 또한 동시에 오성세계에도 속하는 것으로"(GMS, B110=IV453) 본다면, 그것은 사태를 동일한 관점, 동일한 관계에서 어긋나게 보는 것이 아니므로, 자기모순이나 순환논변은 충분히 방지할 수 있다.

5. 우리가 이성적 존재자로서 인간이 한편으로는 "감성세계에 속해 있는 한에서 자연의 법칙들(타율) 아래에 있고," 다른 한편으로는 "예지세계에 속하는 것으로서, 자연에 독립적으로, 경험적이지 않고, 순전히 이성에 기초하고 있는 법칙들 아래에 있는 것"(GMS, B108이하=IV452)을 인식함으로써, "마치 자유로부터 자율로, 다시 이 자율로부터 윤리적 법칙을 우리가 추론하는 데 어떤 비밀스러운 순환론이 포함돼 있는 것 같은 의혹은 제거"(GMS, B109=IV453)되는 것이

다. 그리고 인간이 한편으로 감성세계의 타율 아래에 있으면서, 예지세계의 성원으로서 자율적이라는, 바로 이 사실로 인해 오히려 정언명령은 가능하다. — "자유의 이념이 나를 예지세계의 성원으로 만듦으로써 정언명령들은 가능하다. 즉 그로써, 만약 내가 예지세계의 성원이기만 하다면, 나의 모든 행위들은 의지의 자율에 항상 알맞을 터인데, 그러나 나는 동시에 감성세계의 성원으로서도 보기 때문에, 나의 모든 행위들은 의지의 자율에 알맞아야만 하는 것이다." (GMS, B111=IV454)

인간이 현실적으로 신적 존재자라면, 그의 행위는 항상 의지의 자율에 따를 터이다. 그렇다면 거기에는 당위가, 따라서 도덕도 없을 것이다. 그러나 인간은 감성적 욕구를 동시에 가지고 살아가는 시공상의 존재자이기 때문에, 바로 그 때문에 그에게는 당위가, 자신이 스스로에게 강제적으로라도 부과하는 정언적 명령이, 도덕법칙이 있는 것이다. 이것이 도덕법칙이 그리고 자율의 원인성이 인간의 행위에서 가능한 이유이고, '인간'에게서 갖는 의의이다. 인간은 항상 도덕법칙을 따르는 존재자는 아니지만, 스스로를 "도덕법칙 아래에"(KU, B421=V448) 세움으로써 인간이 되고 인격적 존재자가 된다.

6. "이렇게 해서 우리는 비록 도덕적 명령의 실천적 무조건적 필연성을 개념적으로 파악하지는 못하나, 그럼에도 우리는 이것을 개념화 못함을 개념적으로 파악하는바, 이것이 인간 이성의 한계에까지 원리적으로 나아가려 하는 철학에 대하여 당연히 요구될 수 있는 것의 전부"(GMS, B128=IV463)라는 것이 『정초』의 결어이다.

음악 音樂 Musik

1. 음악은 "(청각에 의한) 감각들의 아름다운 유희(→)"(KU, B213=V325)로서, 일체의 개념 없는 "순전한 감각들의 언어(→)"(Anth, AB49=VII155)이다. 또한 "음악은 어떤 주위의 공간에서 그 자리에 있는 모든 사람들에게 멀리까지 감정을

전달하는 것으로서, 그에 많은 사람이 참여한다고 해서 감소되지 않는 사회적 향유이다."(Anth, AB49=VII155)

2. 그러나 예술들의 가치를 마음을 교화하는 면에서 평가한다면, "음악은 한낱 감각들과 유희하는 것인 한에서, 예술들 가운데서 가장 낮은 (또한 동시에 쾌적함에 따라 평가되는 예술들 가운데서는 아마도 가장 높은) 자리를 차지한다."(KU, B220=V329) "그 밖에도 음악에는 어느 정도 세련성의 결여가 따라 다닌다. 음악은 특히 악기의 성질상 그 영향을 사람들이 바라는 이상으로 (이웃에까지) 멀리 퍼뜨려, 이를테면 자기를 강요한다. 그러니까 음악회 밖에 있는 사람들의 자유를 침해하는 것이다. 이러한 짓은 눈에게 말을 거는 예술들은 하지 않는 짓이다."(KU, B221=V330)

의무 義務 Pflicht officium

의무와 그 구분

1. 인간에게 의무란 인간이면 누구나 그것을 하도록 구속되는 행위를 말한다. 인간이 의무를 갖는다는 것은 동물적 자연본성을 가지고 있기 때문이다. 인간이 만약 순전히 신성한 존재자라면 도덕법칙을 위반할 아무런 충동도 갖지 않을 터이고, 따라서 아무런 강요도 받지 않을 터이니 의무도 없을 것이고, 오로지 이성에 의해 인지된 행위의 객관적 필연성에 의해서만 이끌어질 것이다. 그러나 인간이 오로지 동물적 자연본성만 가지고 있다면, 아무런 자기강제를 하지 않을 터이니 역시 어떤 의무의 감정도 없을 것이다. 의무는 불완전한 인간이 이성적 존재자로서 "존엄성의 이념"(GMS, B77=IV434)을 갖는 데서 기인한다.

2. 의무에 수반하는 강제성이 외적이냐 내적이냐 따라 법적인 의무와 도덕적인 의무의 구별이 생기고, 그 강제의 구속력의 정도에 따라서 엄격한 또는 완전한 의무와 선택적인 내지는 느슨한 또는 불완전한 의무로 구별된다.

법적인 의무는 법칙에 의해 직접적으로 규정되는 것으로서, 예컨대 채무 이행의 의무에서 보듯, 의무 행위 그 자체가 절대적인 필연성을 요구하는 법에 종속되어 있어 엄격한 책무성(obligatio stricta)을 갖는다. 윤리적인 의무는 실천 법칙에서 행위 자체가 아니라 단지 행위의 준칙이 규정되는 의무이기 때문에 명령을 받은 자가 어떤 방식으로 어느 정도까지 그것을 수행할 것인지는 그에게 일임되어 있으므로, 느슨한 책무성(obligatio lata)만을 갖는다.(MS, TL, 서론 VII; XXVII577이하 참조)

3. 의무를 내용상으로, 즉 구속력을 갖는 법칙의 대상과의 관계에서 고찰해 볼 때, 그것은 자기 자신에 대한 의무와 타인에 대한 의무로 나뉜다. — 물론 인간 관계 너머까지 확장할 때는 생명체 일반이나 또는 신에 대한 의무 등으로 더 구분되겠지만, 칸트는 이러한 의무 또한 궁극적으로는 인간에 대한 의무로 환원될 때만 진정한 의미에서 인간의 의무라고 생각한다. — 그래서 법적인 의무에는 우리 자신의 인격에서의 인간성의 권리에 대응하는 의무와 타인에 대한 인간의 권리에 대한 반대급부로서의 의무가 있고, 윤리적인 의무에는 우리 자신의 인격에서의 인간성의 목적으로부터 나온 의무와 타인들의 삶의 목적으로부터 나온 의무가 있다.

4. 이러한 의무의 구분과 성격을 칸트는 다음의 표(MS, RL, AB49=VI240)로 요약한다.

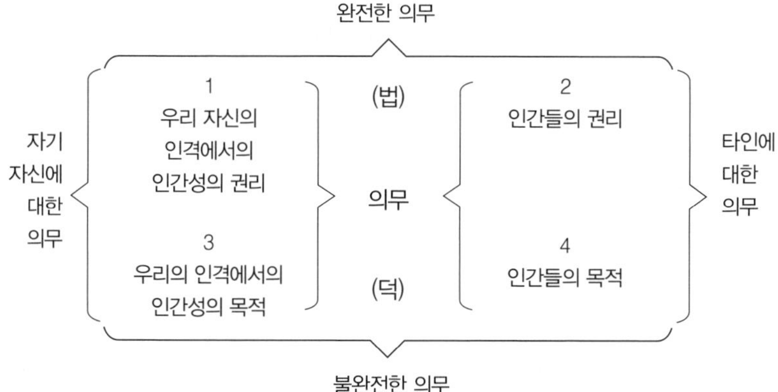

이처럼 의무 일반이 비록 그것의 형식과 내용을 규정하는 실천 법칙이 외적으로 수립되는지, 내적으로 수립되는지에 따라 법의무와 덕의무로 구별되기는 하지만, 법의무가 '의무'인 것 역시 궁극적으로 그것이 '도덕적'인 데에 있다.

의무로부터의[의무로 인한] 행위

1. 칸트는 '의무로부터'의 행위만이 도덕적 가치를 갖는다고 본다. 그렇다면 '의무로부터'의 행위란 어떤 것인가, 그것은 단지 '의무에 맞는' 행위와 어떻게 다른가? 칸트는 몇 가지 예를 들어 이 차이를 설명하고 있다.

가령 상인이 물건을 누구에게나(어른에게나 어린애에게나, 잘 아는 사람에게나 전혀 모르는 사람에게나) 제값만 받고 파는 경우에, 그 행위는 '정직의 원칙과 의무'에 맞다. 그러나 그것이 사람들로부터 신용을 얻어 장기적으로 이익을 도모하기 위한 것일 때에는 '의무로부터' 나온 행위가 아니다.(GMS, B9=IV397 참조) 또 자기 생명의 보존은 인간의 자기 자신에 대한 의무 가운데 하나이고, 그래서 사람들의 자기 생명 보존을 위한 행동은 언제나 '의무에 맞지만' 그것이 생명에 대한 자연적 경향성이나 애착, 혹은 죽음의 공포로부터 연유한 것일 때는 '의무로부터'의 행위라고 볼 수 없다.(GMS, B9=IV397이하 참조) 또 할 수 있는 한 타인에게 선행을 베풀어야 한다는 것은 인간의 의무이다. 그러나 사람들 가운데는 천성상 타인에게 매우 동정적인 사람도 많은데 그들은 허영심이나 이기심에 의한 어떤 다른 동기에서가 아니라 그저 주위에 기쁨을 확대하는 것에서 내적인 만족을 발견하고, 타인의 만족이 자기의 작품인 한에서 타인의 만족을 기뻐하는 수도 있다. 이런 경우에 그러한 행실은 아주 의무에 맞고 사랑받을 만한 것이다. 그러나 그것만으로는 참된 도덕적 가치를 갖는다고 볼 수 없다. 오히려 그것은 다른 경향성들, 예컨대 명예로의 경향성과 같은 종류의 것이라고 볼 수 있다. 명예로의 경향성은 다행히도 실제로는 공리적이고 의무에 맞으며, 그렇기에 명예로운 것이어서 칭찬과 고무를 받을 만한 것이긴 하지만 존중할 만한 것은 못 된다. 왜냐하면 그것은 '의무로부터' 나온 것이라고는 볼 수 없기 때문이다.(GMS,

B10=IV398이하 참조)

이런 예로부터 우리는 '의무로부터'의 행위의 성격을 간취할 수 있다. 의무로부터의 행위는 행위가 단지 객관적으로 실천 법칙과 일치할 뿐만 아니라 주관적으로 법칙에 대한 존경으로부터 말미암은 것이어야 한다. 의무에 맞는 행위, 곧 합법칙적인 행위는 경향성들이 의지의 규정 근거일 때도 가능하지만 의무로부터의 행위, 곧 도덕적인 행위는 행위가 법칙 때문에, 그리고 법칙을 위해서 일어난 경우에만 성립한다.(KpV, A144=V81 참조)

2. 의무로부터의 행위는 도덕적 가치를 행위를 통해 달성해야 할 의무에서 갖는 것이 아니라 그것에 따라 행동이 결정되는 준칙에서 갖는다. 그러므로 도덕적 가치는 행동의 대상의 실재에 달려 있는 것이 아니라 욕구의 대상 일체를 고려함 없이 행위가 그에 따라 발생하는 '의지의 원리'에 달려 있는 것이다. 의무가 행위로 나아갈 때 그것은 어떤 경향성이나 충동에 규정받든지 의무로부터 규정받든지 할 터인데, 이때 의무로부터 규정받는다 함은 어떤 질료적인 동기에서가 아니라 의무를 규정하는 선험적인 형식에 규정받음을 뜻한다. 경향성의 영향이나 의지의 대상 일체를 떼어내고 나면, "의지에 대해 그것을 결정할 수 있는 것은, 객관적으로는 법칙, 주관적으로는 이 실천 법칙에 대한 순수한 존경 외에 남는 것은 없다. 그러니까 나의 모든 경향성을 단절하고서라도, 그러한 법칙을 준수한다는 준칙만이 남는다."(GMS, B15=IV400이하) 실천 법칙에 대한 순수한 존경에서 생기는 내 행위의 필연성이 바로 의무이며, 이것은 다른 모든 가치를 능가하는 그 자체로서 선한 의지의 조건이기 때문에 다른 어떠한 동인도 의무에게는 양보할 수밖에 없다.

의무의 표현으로서의 명령

1. 행위에 대해 어떤 객관적인 실천 원리를 세우는 것을 그 원리가 의지에 대해 강제적인 한에서 '지시명령(Gebot)'이라 하고, 이러한 지시명령의 정식(定式)을 '명령(Imperativ)'이라고 일컫는다.(GMS, B37=IV413 참조)

그런데 모든 실천 명령은 당위로 표현된다. 그러니까 명령은 주관적인 성질로 인해 객관적 법칙에 의해서만 결정되는 것은 아닌 의지와 이성의 보편적인 객관적 법칙과의 관계, 즉 강제적 관계이다. 명령은 어떤 것은 하는 것이 선하고, 어떤 것은 하지 않는 것이 선하다고 말한다. 그러나 이성이 명령을 내리는 대상은 어떤 것을 선하다고 제시해도 반드시 그것을 행하지는 않는 그런 의지이다. 따라서 실천적으로 선한 것은 주관적인 원인에서가 아니라 이성이 표상하는 것에 의해서 객관적으로, 즉 모든 이성적 존재자에게 선으로 타당한 근거들에서 의지를 결정하는 것이다.

2. 그러니까 도덕적 선은 이런저런 감각에 적당한, 주관적인 감성에 적의한 쾌적함과 같은 것이 아니다. 그것은 어떤 감각에 대해서는 매우 불편한 것일 수도 있다. 완전히 선한 의지는 언제나 선의 객관적 법칙 아래 있는 것이겠지만 그것이 객관적인 법칙에 의해 법칙에 맞는 행위로 강제되는 것이라고는 볼 수 없다. 왜냐하면 완전히 선한 의지라면, 그것은 그것의 주체적인 성격상 스스로의 선의 표상에 의해서만 규정되는 것이기 때문이다. 그러므로 신의 의지나, 더 일반적으로 말해 신성한 의지에 대해서는 어떠한 명령도 타당하지가 않다. 의욕함이 이미 그 자체로 객관적인 법칙과 필연적으로 일치해 있는 그런 의지에 있어 당위란 가당치 않다. 그러므로 명령이라는 것은 오로지 인간의 의지처럼 주관적으로 불완전하면서도 객관적인 완전한 선을 표상하는 실천이성에 대해서만 타당한 것이다.

3. 이렇게 해서 명령은 인간으로서 내가 할 수 있는 가능한 그 어떤 행위가 선한지를 나에게 말해주며 의지에 대해 실천 규칙을 제공한다. 왜냐하면 인간적 의지는 한 행위가 선하다고 해서 곧바로 행하는 것이 아니기 때문이다. 불완전한 주관은 한 행위가 선함을 언제나 아는 것도 아니고, 또 그것을 안다 하더라도 주관의 준칙이 실천이성의 객관적인 원리에 어긋나는 일도 흔히 있기 때문이다. 그래서 보편적인 도덕 명령은 인간에게는 언제나 실천적 강제, 즉 의무의 표현이다.

의무의 보편적 명령

1. 단지 무엇인가 다른 것을 위한 수단으로서만 행위가 선한 것일 때, 그것을 이끄는 명령(→)은 가언적이고, 그 자체로서 행위가 선하다고 생각된다면, 그것을 이끄는 명령은 정언적이다. 명령을 이렇게 구분할 때, "너의 의지의 준칙이 항상 동시에 보편적인 법칙수립의 원리로서 타당할 수 있도록, 그렇게 행위하라."(KpV, §7: A54=V30) 또는 "그 준칙이 보편적 법칙이 될 것을, 그 준칙을 통해 네가 동시에 의욕할 수 있는, 오직 그런 준칙에 따라서만 행위하라."(GMS, B52=IV421)는 실천 명령은 '정언적 명령'이다.

2. 이 정언명령은 감성적인 동시에 이성적인 존재자에 대해서 행위의 주관적인 규칙과 객관적인 규칙이 합치되도록 할 것을 무조건적으로 명령하며, 그래서 "마치 너의 행위의 준칙이 너의 의지에 의해 보편적 자연법칙이 되어야 하는 것처럼, 그렇게 행위하라."(GMS, B52=IV421)는 명령은 '의무의 보편적 명령'이 된다.

인간의 도덕적 의무

동시에 의무인 목적

1. 인간의 도덕적 의무는 실천이성의 행위 목적(→)이다. "목적이란 그것의 표상이 자유로운 의사로 하여금 (그를 통해 저것이 실현되는) 어떤 행위를 하도록 규정하는, 그 자유로운 의사의 대상이다."(MS, TL, A11=VI384) 행위는 각각 그 목적을 가지는 것이며 누구도 자기 의지의 대상 자체를 목적으로 삼지 않고는 목적을 가질 수 없으므로, 행위들의 목적을 가짐은 행위하는 주체의 자유의 활동이지 자연의 작용결과가 아니다. 그런데 목적을 규정하는 이 활동은 수단이 아니라 목적 자체를 제시하는, 즉 조건적이 아니라 무조건적인 실천 원리이므로 바로 순수 실천이성의 정언적 명령이다. 그러니까 정언명령이란 의무개념을 목

적 일반과 결합시키는 그런 명령인 것이다. 우리는 정언명령 중에서만 '동시에 의무인 목적'인 것을 만난다.

2. 그렇다면 실천이성은 정언명령에서 무엇을 그 행위의 목적이자 의무로 표상하는가?

나의 의지의 준칙이 동시에 보편적인 법칙수립의 원리로서 타당할 수 있는 그런 준칙에 따라 내가 행위해야만 한다는 '순수 실천이성의 원칙'에 합당한 실천 명령으로 칸트가 예시하고 있는 것은 "네가 너 자신의 인격에서나 다른 모든 사람의 인격에서 인간(성)을 항상 동시에 목적으로 대하고, 결코 한낱 수단으로서 대하지 않도록, 그렇게 행위하라."(GMS, B66이하=IV429)이다. 사람은 그 자체로 가치를 갖는 존엄한 존재자로 파악되므로 당연히 인격이고, 인격인 한에서 사람은 어떤 경우에도 무엇을 위한 수단일 수가 없고, 목적으로 보아야 함을 여기서 명시한다. 그리고 이렇게 행위함이 인간의 인간으로서 인간에 대한 의무임 또한 적시하고 있다. 그렇다면 자신을 목적으로 대하고, 타인을 목적으로 대한다 함은 어떻게 대하는 것인가? 그것을 칸트는 자기 자신을 도덕적으로 완전하게[완성]하고, 남을 도덕법칙에 부합하는 한에서 행복하게 하는 것이라고 본다.(RGV, BIV=VI3이하 참조) 그래서 칸트는 인간에게 의무인 동시에 목적인 것을 두 가지로 대별하는데, 그 하나는 자기 자신과 관련한 것으로 '자신의 완전함[성]'을 제고하는 일이고, 다른 하나는 타인과 관련한 것으로 '남의 행복'을 증진하는 일이다.(MS, TL, 서론 IV 참조)

3. 인간에게 의무이자 목적인 것들은 모두 '자신의 완전함[성]'이나 '남의 행복'으로 수렴된다. 우리는 이들을 서로 뒤바꿀 수는 없다. 다시 말하면, '자신의 행복'과 '남의 완전함[성]'을 그 자체로서 동시에 의무이며 목적인 것으로 만들 수는 없다.(MS, TL, A13=VI385 참조) 왜냐하면 자신의 행복이라는 것은 누구나 자연본성의 충동의 힘으로 말미암아 갖는 일체의 행위의 목적이라고 해야 할 것으로 그것을 의무로 볼 수는 없기 때문이다. "불가피하게 이미 저절로 의욕하는 것, 그것은 의무의 개념에 속하지 않는다. 왜냐하면 의무란 마지못해 취해진 목적으로의 강요이니 말이다."(MS, TL, A13=VI386) 그러므로 사람은 누구나 자

신의 행복을 전력을 다해 증진시키도록 의무 지어져 있다고 말하는 것은 "어리석은"(KpV, A65=V37) 짓이다. 마찬가지로 타인의 완전성을 나의 목적으로 삼아 그것을 증진시키는 것을 나의 의무로 보는 것도 적절한 일이 아니다. 인간의 인격으로서의 '자신의 완전성'은 누구나 "스스로가 의무에 대한 자기 자신의 개념들에 따라 자기의 목적을 세울 수 있는 능력"(MS, TL, A14=VI386)에 있기 때문이다. 그러니까 '자신의 완전성'을 위한 노력은 누가 대신해줄 수 있는 성질의 것이 아니다. 그래서 우리가, 그 사람 자신만이 할 수 있는 어떤 것을 나의 의무로 삼음은 불합리한 일이다.

4. 이러한 전제 아래서 인간의 의무는 일단 자기 자신에 대한 의무와 타인에 대한 의무로 나누어볼 수 있고, 그러한 의무들 가운데 몇몇은 특기할 만하다.

자기 자신에 대한 의무들

자기 자신의 완전성

자기를 완전하게 함이 인간의 자기 자신에 대한 의무의 요체라면, 대체 자기의 '완전성'이란 무엇을 말하는가? 완전성을 양적(내지 질료적)으로 이해할 때, 그것은 한 사물을 이루는 다양한 것들의 전체성을 뜻한다. 그러나 그것을 질적(내지 형식적)으로 이해할 때, 그것은 한 사물의 상태가 그것의 목적에 부합함을 뜻한다. 전자의 경우에 완전성은 하나밖에 있을 수 없지만, 후자의 경우에는 여럿이 있을 수 있다. 전체란 하나밖에 있을 수 없지만, 목적에 부합하는 상태란 여러 경우가 있을 수 있기 때문이다. 여기서 우리가 자기의 완전성을 이야기할 때, '완전성'은 후자의 의미로 납득해야 할 것이다. 그러니까 '자신의 완전성'이 인간의 자기 자신에 대한 의무라 함은, 인간이 인간으로서의 자기의 목적에 부합하는 행위를 마땅히 해야 함을 말한다.

내가 나 자신에게 부과하는 의무

이 의무는 인간으로서의 내가 나 자신에 부과하는 의무이다. 그렇다면 내가 나 자신에게 부과하는 의무라는 것이 있을 수 있을까?

자기 자신에 대한 의무란 내가 나 자신에게 부과하는 의무이기 때문에 '책무 지우는 자(auctor obligationis)'와 '책무 지워진 자(subiectum obligationis)'가 동일자로 받아들여질 수 있는 이런 의무는 사실상 '의무'가 아니지 않을까? 왜냐하면 의무의 개념에는 '구속되어 있다'라는 수동적인 강요가 포함되는데, '나의 나 자신에 대한 의무'의 경우, 그것은 '능동적인 강요'라고 할 수 있고, 언제든지 나는 나에 대한 책무의 항목(terminus obligationis)을 면제해줄 수도 있어서, 나는 자신이 부과한 의무에 전혀 매이지 않을 수도 있기 때문이다.(MS, TL, A64=VI417 참조) 이 문제를 스스로 제기한(V-MS/Vigil, XXVII579이하 참조) 칸트는, 이 문제가 인간을 한편으로는 감성적 자연존재자(現象體 人間, homo phaenomenon)로, 다른 한편으로는 예지적인 자유 존재자(叡智體 人間, homo noumenon)로 납득할 수 있는 한 해소된다고 생각한다. 이성적이면서도 자연 감성적인 존재자인 인간은 이성을 통해 감성세계에서의 활동의 원인이 된다. 인간은 내적 자유를 가진 자로서 자기 자신에 대해 인격에서의 인간성의 의무를 질 수 있는 존재자라는 것이다. 그러므로 책무 지우는 자는 자유로 파악된 인간이고, 그 의무를 실행해야만 하는 자, 즉 책무 지워진 자는 자연으로 파악된 인간이라는 것이다.

이렇게 인간을 두 측면에서 파악한다고 해서 칸트가 인간을 재래의 방식처럼 '영혼과 신체'의 복합 존재라고 말하는 것은 아니다. 칸트가 구분하는 이성과 감성, 자유와 자연은 영혼과 신체의 구분과는 전혀 다른 맥락을 갖는다. 칸트는 "우리는 경험을 통해서도, 이성의 추론을 통해서도, 인간이 하나의 영혼을 (인간에 내재하면서도 신체[물체]와 구별되고, 이것에 독립해서 생각할 수 있는 능력을 가진, 다시 말해 정신적인 실체로서) 함유하고 있는지, 또는 오히려 생명이라는 것이 물질의 속성을 가진 것이나 아닌지를 충분히 배워 알지 못하고 있다."(MS, TL, A66=VI419)고 말한다. 영혼과 신체의 구분이 현상적인 존재적 구분을 노리는 것이라면, '현상체 인간'과 '예지체 인간'은 초월철학적, 바꿔 말하면 존재론적 구분이라고 볼 수 있다.

요컨대 인간으로서의 나의 나에 대한 의무는 자유로운 의지의 순수한 실천이성이 감성세계에서 활동하는 나에게 내가 인간다운 인간이기를 강제하는 의무이다. 그러니까 인간의 자기 자신에 대한 의무는 "행위하는 인간으로서의 자신과 도덕법칙을 세우는 인간성으로서의 자신과의 관계"(V-MS/Vigil, XXVII579)에서 성립하는 것이다.

자기 자신에 대한 의무의 구분

1. 인간의 자기 완전성을 제고하는, 자신에 대한 의무들은 몇 가지 관점에서 분류해볼 수 있다. 그런데 인간을 신체-영혼의 이중적 존재로 파악한다는 것은 난점을 가지고 있으므로 '신체에 대한 의무', '영혼에 대한 의무'로 구분하는 것은 적절하지 않다. 이보다는 오히려 의무를, 객체적인 면과 주체적인 면에서 우선 구분해봄 직하다.

2. 객체의 면에서 자기 자신에 대한 의무는 '형식적인 것'과 '실질적인 것'으로 나뉜다.(MS, TL, A66=VI418이하 참조) 전자는 자신을 제한시키는 소극적인 의무이고 후자는 자신을 확대시키는 적극적인 의무이다. 전자는 인간이 그의 자연본성의 목적에 거슬리는 행동을 금지하는 명령이고, 후자는 어떤 대상을 의지의 목적으로 삼도록 지시하는 명령이다. 그러니까 하나는 '부작위의 의무'이고, 다른 하나는 '작위의 의무'라 할 수 있다.(MS, TL, A67=VI419 참조)

3. 주체의 면에서 인간의 자기 자신에 대한 의무는, 다시금 의무의 주체인 인간이 자신을 동물적(따라서 물리적)이면서 동시에 도덕적인 존재자로 보느냐, 또는 오로지 도덕적인 존재자로만 보느냐에 따라 구분될 수 있다.

두말할 것도 없이 인간은 동물이고, 인간의 동물성에 뿌리박은 자연본성의 충동들이 인간에게 있다. 아마도 자연은 인간에게 이런 충동들을 심어놓음으로써 그것을 통해 자기 자신을 보존하거나, 인간이라는 자연물의 한 종(種)을 보존하거나, 아니면 인간을 하나의 동물답게 편히 살도록 할 의도를 가졌을지도 모른다.(MS, TL, A68=VI420이하; RGV, B15=VI26이하 참조) 이런 충동들과 관련해서 인간의 자기 자신에 대한 의무가 맞서야 할 패악들이 자살, 성적 경향성의 부자연스러운 사용, 그리고 폭음 폭식과 같은 음식물의 부적절한 향유 등이다. 반면에 오로지 도덕적인 존재자로 고찰되는 인간에게 부과되는 의무는 자신을 한낱 경향성의 유희물로, 곧 물건으로 만들어서는 안 된다는 금지명령에 들어 있다. 이 의무에 맞서는 패악들이 거짓말, 다라움, 비굴함 등이고, 이 패악들에 대항하는 덕이 명예심이라고 볼 수 있다.

자기 자신에 대한 의무들의 예시

주체의 면에서 볼 때, 인간의 자기 자신에 대한 모든 의무는 그의 행복들이 인간의 존엄성과 부합하는 데, 바꿔 말해 그 자신의 인격에서 인간성을 손상치 않는 데에 있다.(V-PP/Powalski, XXVII188 참조) 이때 이런 의무를 준수할 수 있는 궁극의 조건이 "자기 통제"(V-PP/Powalski, XXVII210)이며, 우리의 모든 경향성의 통치 기구가 다름 아닌 이성이다. 자연은 인간에게 여러 가지 경향성과 성향을 심어주었고, 만약 인간이 이성이나 지성을 갖지 않았더라면, 그것에 의해 동물과 마찬가지로 지배받았을 것이다. 그러나 자연은 그렇게 되지 않도록 하기 위해 또한 우리 인간에게 이성을 주었다. 그러므로 경향성은 이성과 이성이 수립한 법칙에 순응하는 한에서 보존되어야만 한다. 이때 인간의 자기 자신에 대한 의무가 명하는 바는, "너의 욕구와 본능과 열정을 감독하라." "너의 이성과 지성이 도덕성에 어긋나게 행동하지 않도록 감독하라."이다.

그러나 이러한 명령들이 모든 의무를 체계적으로 도출하고 서술할 원리가 되지는 못한다. 그래서 칸트는 '의무들의 완전한 표나 분류'를 작성하는 대신에, 실용적인 관점에서 중요한 것 몇 개(V-MS/Vigil, XXVII604 참조)를 열거한다.

동물적 존재자로서의 자기 자신에 대한 의무들

1. 동물인 인간이 자기 자신에게 지우는 첫 번째 의무는, 자연 그대로의 자기를 보존하고 자신의 자연적 능력을 개발하고 증진시키라는 것이다. 갖가지 가능한 목적들의 수단인 인간의 자연능력(精神力, 靈魂力, 體力)의 배양은 인간의 자기 자신에 대한 의무이다. 인간은 이성적인 존재자인 자기 자신에 대해 그의 이성이 사용할 수 있는 자연소질과 능력[財産]을 녹슬도록 방치해두어서는 안 될 책

무가 있다. 인간이 그의 능력을 배양하고, 실용적인 관점에서 그의 현존의 목적에 알맞은 인간이 되도록 하는 것은 도덕적 실천적 이성의 명령이자 인간의 자신에 대한 의무이다. 그렇게 해서 세상에 쓸모 있는 일원이 된다는 것은 그 존엄성을 내려 깎아서는 안 될 그 자신의 인격에서 인간성의 가치에 속하는 일이기 때문이다.(MS, TL, A110=VI444이하 참조)

자신의 자연능력과 소질을 배양해야 할 의무에 극단적으로 반대되는 것이 임의로 자기 자신을 죽이는 일이다. 전체적인 자기 살해든, 부분적인 자기 상해[不具化]든 그것이 자기를 죽이는 짓이면, 그 이유가 무엇이든, 종국적으로 볼 때 그것은 비행(非行)이다. 스스로 목숨을 끊는 경우, 그것이 부모의 사랑에 대해 자식으로서의, 배우자로서의, 아이들에 대한 부모로서의, 또는 한 시민으로서의 사회에 대한 의무를 저버린 것일 수도 있고, 또 과연 인간에게 자신의 생명을 자기 임의로 처분할 권리가 있는지, 그것이 생의 자연법칙이나 "영속적인 자연질서"(KpV, A76=V44)에 맞는지가 문제될 수도 있다. 그러나 이런 점들을 차치한다고 하더라도 인간이 현세적인 괴로운 상태에서 벗어나기 위해서, 자살한다면, "그는 자신의 인격을, 생이 끝날 때까지 견딜 만한 상태로 보존하기 위한, 한낱 수단으로 이용하는 것"(GMS, B67=IV429)으로서, 그것은 자신을 목적으로 대해야 한다는 도덕법칙에 어긋나는 짓이다. 때로 사람들은, 구차스러운 생보다는 스스로 죽음을 택함을 의롭다 하고 오히려 그를 통해 인간의 인격성이 보존된다고 보아 이를 자살과 구별하여 자결(自決)이라고 규정하기도 하고, 또는 조국을 구하기 위해 죽음을 택하거나 인류 전체의 치유를 위해 자신을 희생시키는 의도된 치명(致命)을 영웅적 행위로 평가하기도 한다. 그리고 경우에 따라서는 그런 죽음은 많은 사람들에 대해 공적을 세우는 것도 사실이다. 그러나 이런 경우조차도 자기를 죽임은 더 이상 자신에 대한 의무를 수행할 가능성을 없애버리는 것이고, 또 자신이 보기에 적합한 목적을 위한 한갓 수단으로만 자신을 처분한 것이 아닌가 하는 의구심이 따른다.(MS, TL, A73=VI423 참조)(→ 자살)

2. 이에 덧붙여, 인간이 동물적 존재자로서의 자기 자신에 대한 의무에서 벗어나는 것으로서 생각해볼 수 있는 것은, 향락품이나 식료품을 과도하게 사용하

여 자신을 해치는 짓이다. 과음, 과식, 자기 마취 따위가 이런 의무를 어기는 데서 오는 패악들이다.(MS, TL, §8 참조)

도덕적 존재자로서의 자기 자신에 대한 의무

1. 도덕적인 존재자로서 인간은 누구나 자신을 존중해야 한다. 이 자기 존중을 해침은 자신에 대한 의무를 저버리는 짓이다.

무엇보다도, 인간은 거짓말을 해서는 안 된다. 법률적으로는 거짓말이 타인에 대한 의무를 해쳤을 때에만 문제가 된다. 그러나 도덕적으로는 거짓말은 자기 자신에 대한 의무를 위반한 것으로 보아야 한다. 왜냐하면 그것은 "자기 자신의 인격에 대한 존경을 해친 것"(V-MS/Vigil, XXVII604)이고, "인간의 존엄성을 훼손"(MS, TL, A84=VI429)한 것이기 때문이다. 거짓말은 진지성, 정직성, 솔직성의 결여, 즉 비양심의 대표적인 표징으로서 결과적으로 타인에게 해를 끼쳤건 끼치지 않았건 간에 그 자체로서 비난받을 일이다.

인간은 구걸을 해서는 안 된다. 인간은 타인에 대해서 자유롭고 독립적인 존재자이기 위해서 자신의 능력을 최대한 발휘할 책임이 있다. 그런데 인간이 구걸을 한다면 그는 타인의 기분에 매달리게 되고 자신의 독립 독자성을 상실하게 된다. 구걸로 인해 인간은 자기 자신에 대한 경멸을 최고로 내보인다.(V-MS/Vigil, XXVII605 참조) 기식자(寄食者, 食客) 역시 자신의 가치를 떨어뜨린다. 그는 타인에게 의탁하여 자신의 기본 욕구를 충족시키는 대신에 자신의 인격성을 희생시키는 것이다.(V-MS/Vigil, XXVII606 참조)

인간은 의기소침하거나 자신 없어 해서는 안 된다. 인간은 누구나 다른 어떤 존재자에 대해서 독립적으로 자신을 꾸려갈 만큼의 능력을 가지고 있다. 그는 최대한의 활동 속에서 이를 유지해야만 한다. 인간은 언제나 세상의 걱정거리를 짊어질 것을 배울 준비가 되어 있어야 한다. 인간은 적어도 자신을 소유하고 있고, 따라서 그의 현존은 타인에게 의존돼 있지 않다. 그는 자신의 현존을 자신의 인격 안에 두어야 하고, 그 밖의 사물에 두어서는 안 된다. 그러므로 칸트는 자신감을 상실한 자는 그가 인간성의 권리에 예속되어 있음을 망각하고 있는 것이

라고 본다.(V–MS/Vigil, XXVII606 참조)

인간은 비굴해서는 안 된다. 동물로서의 인간은 자연 체계 안에서 다른 동식물들이나 마찬가지로 미미한 가치를 가질 따름이다. 물론 인간이 다른 생물에 비해 지성을 가지고 있다는 차이점이 있고, 상황에 따라서는 쓸모 가치가 더 있기는 하지만 어디까지나 그것은 물건으로서 좀 나은 가격을 갖는 것에 지나지 않는다. 인간은 인격으로, 즉 도덕적 실천이성의 주체로 보일 때만 물건으로서의 가치를 뛰어넘는다. 그러나 인간은, 다른 사람뿐만 아니라 그 자신의 목적을 위한 수단으로서가 아니라 목적 자체로 평가되어야 한다. 그는 존엄성을 가지며, 이에 의해 다른 모든 이성적 존재에게 존경을 요구하고, 타인들과 자신을 견주며 동등성[평등]의 바탕 위에서 평가할 수 있다. 인격에서의 인간성은, 모든 타인에게 요구할 수 있을 뿐만 아니라 그 자신이 상실해서는 안 되는 존경의 대상이다.

“법칙과 비교해서 자기의 도덕적 가치가 변변치 못하다는 의식과 감정이 겸손(道德的 謙遜)이다. 그러나 법칙과 비교해보지도 않고서 자기의 이러한 가치가 크다고 하는 신조는 덕의 교만(道德的 自慢)”(MS, TL, A94=VI435)이라고 말할 수 있다. 그러나 타인의 호의를 얻기 위한 수단으로 하는 자기 자신의 도덕적 가치의 비하는 잘못된 겸손, 이를테면 비굴이며, 자기 자신에 대한 의무를 벗어나 인격성의 존엄성을 깎는 일이다.

인간은 자신을 모욕받도록 내버려두어서는 안 된다. 적절한 대응 없이 모욕받기만 하는 것도 자기 자신의 가치를 깎는 일이다. 그럴 경우 인간은 자신을 짓밟히게 내버려두는 벌레나 침 없는 벌인 양 자신을 방치하는 것이다. 그때 그는 자신의 인격성에 대한 공격에 맞서야 할 자신에 대한 의무를 수행하는 대신에 무기력을 보이고 있는 것이다. 인간은 타인들이 그의 인격에 대해 존경심을 가질 것을 의욕하고, 그런 존경심을 확보해야 하고, 그 자신이 자신을 존경함을 보여주어야 한다. 사람은 자신을 모욕한 타인에게 적어도 사죄하고 용서를 빌 수 있도록 만들어야 한다.(V–MS/Vigil, XXVII607이하 참조)

사람은 다랍거나 인색해서는 안 된다. 진정한 필요의 한도를 넘어서 더 잘 살기 위한 수단의 획득을 확대하려는 탐욕이 타인에 대한 호의의 의무를 해치는 것이라고 한다면 다라움은 자기 자신에 대한 의무를 저버리는 것이다. 여기서 "다라움(→)이란 자신의 참된 필요에 합당한 정도 이하로 유족한 삶을 위한 수단에 대한 자기 자신의 향유를 줄이는 것"을 말한다.(MS, TL, A89=VI432 참조)

인색은 타인에 대한 사랑의 의무를 소홀히 하는 것일 뿐만 아니라 자기 자신에 대한 의무도 저해하는 것이다. 구두쇠, 수전노라고 욕을 먹는 인색한 사람은 단지 재산을 모을 뿐 어떤 식으로든 그것을 쓰는 것을 꺼린다. "수전노는 국가의 관점에서 볼 때 산업은 아랑곳하지 않고 노고 없이도 이윤을 얻어 또는 다른 사람의 땀을 통해 재산을 증식한다. 스미스(→)는 『국부론』에서 수전노와 낭비가 사이에는 차이점이 있는데 수전노는 적어도 재산을 매개로 유익한 공공사업을 함으로써 국가를 위해 능동적 기여를 할 수 있는 희망을 갖게 한다고 말하고 있지만, 우리의 경험은 사실이 이와는 다름을 입증한다."(V-MS/Vigil, XXVII606) 또한 수전노는 자신에 대한 의무도 수행하지 못한다. 그는 돈을 가지고 있고, 어떤 목적에 도달할 수단을 가지고 있으면서도 그것을 이용해 좀 더 완성된 인간이 될 것을 추구하지 않으며 일체의 사용을 거절한다. 이러한 그의 행동은 불합리하며, 그러니까 이를테면 그는 바보이다. 그는 실제 향유 대신에 상상 속에 사는데, 그의 저급한 상상은 그가 취해야 할 의무에 반하는 것이다.

2. 이러한 자기 자신에 대한 의무 수행이나 해태(懈怠)는 타인에 대한 의무와 상당 부분 중첩되어 있으며 그 역도 마찬가지이다. 그러나 그 기본적인 관점에서는 양자는 충분히 구별될 수 있다.

타인에 대한 의무들

타인에 대한 의무의 두 원리

1. 타인에 대한 의무는 그것을 수행함으로써 동시에 타인을 구속하는 것과 그것의 준수가 타인의 구속을 결과로 갖지 않는 것으로 나뉜다. 전자를 "공적 있는" 의무, 후자를 "부채 있는" 의무라고 이름 붙일 수 있다.(MS, TL, A116=VI448

참조) "사랑과 존경은 이런 의무들의 실행에 수반하는 감정들이다."(MS, TL, A116=VI448) 이 양자는 서로 분리될 수도 있고, 또한 독자적으로 존립하기도 한다. 이웃에 대한 사랑은 존경이 없을 때도 가능하고, 사랑이 없어도 어떤 사람을 존경할 수는 있다. 그러나 이 양자는 근본적으로는 언제나 함께 의무 안에 결합되어 있다.

2. 사람들 상호 간에 외적 관계에서 상대방에 대한 의무를 문제 삼을 때, 우리는 인간을 인격으로서 예지적 존재자로 본다. 그러나 우리는 이성적 존재자의 관계도 물리적 세계 안의 사물들의 관계에서 유추해서 '끌어당김[引]'과 '밀쳐냄[斥]'을 통해 설명할 수 있다. 사람들은 "상호 사랑의 원리의 힘으로 끊임없이 서로 가까이 하도록" 이끌어지며, "서로 부채 있는 존경의 원리에 의해 그들은 서로 일정한 거리를 유지하도록"(MS, TL, A117=VI449) 이끌어진다. 이로써 우리는 타인에 대한 사랑의 의무감과 존경의 의무감을 갖는다.

타인에 대한 사랑의 의무는 "타인들의 목적들을 (이것들이 다만 비윤리적이지 않은 한에서) 나의 목적들로 만드는 의무"이며, 타인에 대한 존경의 의무는 "다른 사람을 한낱 나의 목적을 위한 수단으로 격하시키지 않는다[…]는 준칙에 함유되어 있다."(MS, TL, A119=VI450) 누군가에 대해 사랑의 의무를 실행함으로써 나는 타인을 위해 공헌하는 것이며, 존경의 의무를 준수함으로써 자신 안에 인간을 정립할 권한이 있는 타인의 가치를 손상시키지 않는다.

타인에 대한 사랑의 의무

1. 여기서 이웃 사랑이란 실천적인 것으로, 단지 누군가가 내 마음에 든다는 식이어서는 안 되므로 행위의 객관적 법칙과 관련된다. 모든 실천적인 인간 사랑의 완전한 도덕법칙은 "너의 이웃 사람을 너 자신처럼 사랑하라."는 것이다. 나는 나에 대한 다른 모든 사람의 사랑을 욕구한다. 그러므로 나 역시 다른 모든 사람에게 마땅히 사랑을 보여야 한다. 이러할 때에만 나의 준칙이, 모든 의무 법칙이 기초하고 있는 보편적 법칙수립의 자격을 얻기 때문이다.

2. 이 사랑의 의무 가운데 주요한 것이 자선, 감사, 동정의 의무들이다.

어려운 처지에 놓인 이웃에게 그의 행복을 위하여 자선하는 것은 모든 인간의 의무이다. 왜냐하면 곤경에 처한 사람은 누구나 다른 사람이 자기를 도와주기를 바라기 때문이다.(MS, TL, §30 참조)

감사는 나에게 보여준 호의에 대한 경의이다. 그것은 한낱 영리(怜悧)의 준칙이 아니고 의무이다. 왜냐하면 나는 이것을 나의 다른 어떤 의도를 위한 수단으로 그렇게 하는 것이 아니며, 오히려 그것은 도덕법칙에 의한 직접적인 강요이기 때문이다, 감사는 "특히 신성한 의무"(MS, TL, A127=VI455)이다. 말하자면 그것을 해침으로써 호의적인 행위로의 도덕적 동기를 근본적으로 말살시킬 수 있는 그런 의무로 간주될 뿐만 아니라, 그것에 대한 책임을 어떠한 행위에 의해서도 완전히 다할 수 없는, 즉 의무 있는 자에게 언제나 의무로 남는 그런 도덕적 행위 대상이다. 감사에는 호의를 베푼 사람에 대한 의무 있는 자의 단순한 대응적 사랑뿐 아니라, 그에 대한 존경이 포함되어 있다.(MS, TL, A132=VI458 참조) 일반적인 이웃 사랑에서는 사랑을 주고받는 자 사이에 동등함이 있지만 감사에 있어서는 의무 있는 자가 호의를 베푼 사람보다 한 단계 낮은 데에 있기 때문이다. 감사는 단지 현재 마주치고 있는 사람뿐만이 아니라 선조들, 그러니까 확실히 이름을 댈 수 없는 이들에게도 보내야 한다.

동정은 인간적임(humanitas)(→인간성)과 관련한 특별한 의무이다. 함께 기뻐하고 함께 슬퍼함(道德的 同情)은 다른 사람들의 만족과 고통의 상태를 함께 나누는 "쾌 혹은 불쾌의 감성적 감정"이기는 하다. 그러나 그것은 능동적이고 자발적인 이성적 호의의 증진을 위한 수단으로 사용되는 것으로, 사람들 사이에 "인간적임"을 나눌 수 있는 특별한 의무이다. "왜냐하면 여기서 인간은 한낱 이성적 존재자가 아니라, 이성을 품수한[갖춘] 동물로 보이기 때문이다."(MS, TL, A130=VI456)

3. 인간 사랑에 반대되는 것이 인간 증오인데 인간 증오의 패악들 가운데 대표적으로 추악한 것이 질투, 배은망덕, 고소해함 따위이다. 이런 패악들에서 타인에 대한 미움은 공개적이지 않고 광포하지 않으며 은밀하게 숨겨져 있다. 그것들에는 이웃에 대한 의무의 망각을 넘어 비열함이 덧붙여져 있기 때문에 그것

들은 자기 자신에 대한 의무도 저해한다. 남이 잘 되는 것을 고통으로 받아들이는 성향인 질투는 남의 행복이 파괴되기를 바라는 것으로 파렴치이며, 남이 잘못되는 것을 고소하게 여기는 것이다. 그 가운데서도 자신에게 아무런 이익이 되지 않는 데도 남이 잘못되는 것을 목표로 삼음은 최고 악질이다.(MS, TL, §36 참조)

타인에 대한 존경의 의무

1. 내가 타인에 대해 갖는 존경 또는 타인이 나에게 요구할 수 있는 존경은 인간 상호 간에 타인의 존엄성, 즉 인간은 누구나 어떠한 교환 가치도 갖지 않는, 그 자체로 가치 있는 존재자임을 인정하는 것이다.

인간은 그 자체로 존엄성을 갖는다. 왜냐하면 인간은 어떤 인간에 의해서도, 그러니까 타인이나 자기 자신에 의해서 한낱 수단이 아니라 언제나 목적으로 대해져야 하는 존재이기 때문이다. 이 때문에 그는 인간이 아닌 다른 모든 세계존재자 위에 군림할 수 있다. 어떤 인간이든 자기 존중의 의무에 따라 자신을 어떤 가격에도 내다 팔 수 없는 것과 마찬가지로, 그는 또한 다른 사람의 인간으로서의 필수적인 자기 존중도 저해할 수가 없다. 즉 그는 다른 모든 사람의 인간성의 존엄을 실천적으로 인정하도록 의무 지워져 있다. 그래서 그는 타인에게 반드시 존경을 보여야 할 의무를 지고 있는 것이다.(MS, TL, §38 참조)

2. 타인을 경멸함, 즉 인간이면 누구에게나 마땅히 보여야 할 존경을 거부하는 것은 어떤 경우라도 인간의 의무에 어긋난다. 어떤 사람을 다른 사람들과 비교해서 내적으로 낮게 평가함은 때때로 불가피한 일이기는 하지만, 그것을 밖으로 표시하면 그에 대한 모욕이다.(MS, TL, §39 참조)

이 외에도 거만(MS, TL, §42 참조), 비방(MS, TL, §43 참조), 우롱(MS, TL, §44 참조) 등은 타인에 대한 존경의 의무를 근본적으로 해치는 패악들이다. 항상 남 위에서 떠 놀려는 경향성의 일종인 거만은, 그 자신은 타인을 존경하기를 거부하면서 타인으로부터는 존경을 요구하는 부당하고 무례한 짓이다. 험담, 중상, 비방 따위는 타인에 대한 존경에 해가 되는 악평을 퍼뜨리는 경향성으로 인간 일반에게 마땅히 보여야 할 존경의 의무에 어긋나는 짓이다. 다른 사람을 웃음거리로 만들고, 다른 사람의 잘못을 자기의 즐거움의 직접적인 대상으로 만드는 조롱을 좋아함도 참으로 큰 악이다.

인간 상호 간의 도덕적 의무

1. 인간은 비사교적이면서도 사회생활을 하도록 정해진 존재자이다. 인간은 사회적 상태의 문화에서 특별한 의도 없이도 자신을 타인에게 개진(開陳)하려는 강한 경향성을 가지고 있다. 그러나 다른 한편으로는 인간은 자기 생각을 노출시키면 타인이 이를 악용할지도 모른다는 두려움 때문에 그 자신의 판단의 일부를 숨길 수밖에 없다. 인간은 그가 교제하는 주변의 사람들에 관해, 그리고 정부나 어떤 특정 집단에 관해 어떻게 생각하는지를 누구하고라도 기꺼이 말하고 싶어 하지만, 보통은 감히 그렇게 할 수가 없다. 이런 일은 진정한 친구 사이에서만 가능하다. "우애(→)는 (그 완전 상태에서 보자면) 두 인격이 평등한 교호적인 사랑과 존경에 의해 하나됨[통일됨]을 뜻한다."(MS, TL, A152=VI469) 이 우애야말로 도덕적 선의지에 의해 화합되어 있는 사람들의 상호 간의 복지에 동참하는 이상적인 모습이다. 그러므로 우애는 실제로는 도달하기 어려운 경지이지만 "그럼에도 (서로에 대한 선한 마음씨의 준칙인) 그것에 도달하려고 애쓸 것이 이성에 의해 부과되는, 평범하지 않은, 영예로운 의무"(MS, TL, A152=VI469)이다. 우애는 상호 이익을 의도로 한 결합 이상의 것이다. 어려움에 처해 있을 때 한쪽이 다른 한쪽에 기대할 만한 도움은 우애의 목적이나 동기여서는 안 된다. 그럴 경우 양자 사이에는 어쩌면 사랑은 유지될지 모르겠지만, 상호 존경은 사라질 것이다. 우애는 상대방을 내적으로 진심으로 생각하는 호의의 외적 표현이다. 다른 사람을 친구로서 좋게 대해야 할 이 의무는, 타인에게 의존하려는 사람에게는 자존심을 보존하게 하고, 남에게 혜택을 베풀 수 있는 운이 좋은 사람에게는 흔히 있기 쉬운 자만심을 방지하도록 해준다.(MS, TL, A155=VI471 참조)

2. 자신의 도덕적 완전성을 가지고 사람들과 교유하고, 자신을 격리시키지 않

음은 자신과 타인에 대한 인간의 핵심적 의무이다. 사람들 각자가 이 우애와 교제의 의무를 충실히 이행할 때, 우리는 진정한 공동체 생활을 유지할 수 있을 것이다.(MS, TL, §48 참조)

의사 意思 Willkür arbitrium

'의사'의 낱말 뜻

1. '의사(意思)'에 상응하는 독일어 '빌퀴어(Willkür)'는 그 어원(Wille[의지]+Kür[선택])을 고려하여 일본어로는 '選擇意志'로, 영어로는 'choice'로 옮겨지기도 한다. 그러나 독일어 낱말 'Willkür'는 어원대로 하면 오히려 '의지의 선택(Willenswahl, Wahl des Willens)' 또는 '자유의지(freier Wille)'라고 풀어야 할 것이다. 그러나 'Willkür'는 독일어의 어원적 의미보다는 대응하는 라틴어 낱말 '아비트리움(arbitrium)'이 가진 뜻, 곧 '목격자(arbiter) 자신의 결정', 그런 의미에서 '자유재량(freies Ermessen)' 내지 '자결(freie Entscheidung)'에서 그 기본적 의미를 얻는다. 그래서 '리베룸 아비트리움(liberum arbitrium)'을 일반적으로 '자유의사'로 옮기듯이, 'Willkür'는 '마음먹은 생각' 또는 '자신의 견해'라는 의미에서의 '의사(意思)'로 옮기고, 경우에 따라서는 '법칙이나 타인을 염두에 두지 않고 제 생각대로 하는 짓(Handeln nach eigenem Gutdünken ohne Rücksicht auf Gesetze oder auf die anderen)'이라는 의미에서의 '자의(恣意)'로 옮기기도 한다.

2. 법학계에서는 '의지'(→)라고 해야 할 '빌레(Wille)'를 'Willkür'와 구별하지 않고 '의사'라고 옮겨 쓰고도 있다.

의사와 의지(意志)

I. 1. '의사'란 "객체를 만들어내기 위한 자기의 행위의 능력에 대한 의식과 결

합되어 있는" "욕구능력"을 말한다. "순수 이성에 의해 규정될 수 있는 의사는 자유[로운] 의사"라 일컬어지며, "오직 경향성(감성적 충동, 자극)에 의해서만 규정받는 의사는 동물적 의사(動物的 意思)"라 일컬어진다.(MS, RL, AB5=VI213 참조) 사실상 '동물적 의사'란 어떤 법칙이나 타자에 대한 고려를 기대할 수 없다는 점에서 '자의(恣意)'라 할 것이다. "의사[자의]가 곧 한낱 동물적인 것(動物的 意思)인 것은 다름 아닌 감성적 충동에 의해, 다시 말해 정념적으로 규정될 수 있"기 때문이며, 반면에 "감성적 충동들로부터 독립적으로, 그러니까 이성에 의해서만 표상되는 운동인들을 통해 규정될 수 있는 의사는 자유로운 의사(自由 意思)"(KrV, A802=B830 · 참조 A534=B562)라고 구별할 수 있다.

2. "의사는 정념적으로 (감성의 운동인에 의해) 촉발되는 한에서는 감성적[감수적]이고, 그것이 정념적으로 어쩔 수 없게 될 수 있을 적에는 동물적"이라 일컬어진다. "인간의 의사는 감수적 의사(arbitrium sensitivum)이기는 하지만, 동물적(brutum)이지는 않고, 자유(liberum)롭다. 왜냐하면 감성이 그 활동을 필연적으로 만드는 것이 아니라, 오히려 인간에게는 감성적 충동에 의한 강요로부터 독립해서 자기로부터[스스로] 규정하는 능력이 내재해" 있기 때문이다."(KrV, A533이하=B561이하 참조)

II. 1. 의사란 그에 의해 특정 대상이 산출됨을 의식하고 있으면서 "임의대로 행동하는"(MS, RL, AB5=VI213) 욕구능력을 말한다. 그리고 그 임의의 내적 규정근거가 이성 안에 있을 때의 욕구능력을 '의지(voluntas, Wille)'라고 일컫는다.

2. 그러니까 의사를 규정하는 것으로서의 의지는 다름 아닌 어떤 행위로의 의사를 규정하는 "실천이성 자체"(MS, RL, AB5=VI213)라 하겠다. "이때 순수 이성에 의해 규정될 수 있는 의사는 자유[로운] 의사라 일컬어진다."(MS, RL, AB5=VI213) 인간의 의사는 자주 경향성에 영향을 받고 그런 한에서 그 자체로 순수한 것은 아니지만, 그럼에도 인간의 의사가 순수한 의지에서도 규정될 수 있다면, 그러한 의사를 '자유의사(arbitrium liberum)'(→)라 일컫는 것이다.

의식 意識 Bewußtsein [cogitatio]

I. 1. 의식은 마음(→) 활동 일반의 지칭이다.

2. "의식 일반"(Krv, B143 참조)이란 때로 '나' 또는 '통각'을 지시하기도 한다.

3. 칸트가 주제적으로 다루는 의식은 '자기의식' 곧 통각(→)과 이에 의해 정초되는 대상의식 곧 사물 인식이다.

II. 1. "내가 무엇인가를 의식한다."라는 대상의식에는 '나(ego)'와 '의식함(cogito)'과 '의식되는 것(cogitatum)'의 세 요소가 있다. '나'는 의식의 주체이고 대상을 의식하는 주관이다. '의식함'이란 이 주체의 대상 지향 활동이고, '의식되는 것'은 바로 그 지향된 대상이다.

칸트의 용어법대로 만약 우리가 감각경험의 의존 여부에 따라 '경험적'/'순수한'이라는 말을 구별해 쓴다면, '나'는 예컨대 수학적 대상을 의식할 때처럼 순수하게 기능하기도 하고, 자연적 대상을 의식할 때처럼 경험적으로 기능하기도 한다. 그러나 이 "내가 무엇인가를 의식한다."에 수반하는 자기의식의 '나'는 언제나 순수하게 기능한다. 자기의식은 어떤 감각기관의 기능도 아니니 말이다. (그렇다고 이 말이, 아무런 감각기관도 갖지 않은 자도 자기의식이 있다는 것을 함축하지는 않는다. 그것은 순수한 대상의식이 아무런 감각경험도 필요로 하지 않는다고 해서, 그것이, 아무런 감각기관도 갖지 않은 자도 순수한 대상의식을 갖는다는 것을 함축하지는 않는 이치와 마찬가지이다.)

2. 대상의식에 수반하여 대상 통일 기능을 수행토록 하는 자기의식(→ 통각)은 대상의식이 기능하는 데에 일정한 틀[형식]을 제공한다. 이른바 "순수한 지성개념들", 바꿔 말해 사고의 "범주들"이 바로 그것이다.

범주들의 대상 인식에서의 기능을 한 경험적 인식의 예를 가지고서 살펴보자. ― "'나'는 봄에 개천가에서 '한 그루의 나무'를 보았다. '그 나무'는 봄에는 꽃이 활짝 피었고, 초여름에만 해도 잎이 무성하였는데, 한여름 가뭄 때문에 잎과 가지들이 타들어가, 어제 관리인이 베어내 버렸다. 그래서 그 나무는 지금은 없다."는 대상 인식에서 '나'는 '그 나무'를 산책길에 오가면서 보는 자인 만큼, 신체를 가진 감각하는 경험적 '나'이다. 그러나 이 인식에서 '나'는 내가 본 '무엇'인가를 '그 나무'[실체]로 규정하고, '그 나무'가 봄에는 꽃피고, 여름에는 무성하게 자라고, 마침내 말라죽었다[우유성(偶有性)]고 규정하고, 그 나무는 한 그루[하나(單一性)]이고, 풀이 아니라[부정성] 나무이고[실재성(實在實質性)], 어제까지만 해도 개천가에[공간·시간] 실제로 있었는데[현존성], 가뭄 때문에 말라죽었다[인과성]고 규정한다. 칸트는 여기서 그의 그리고 곧 새로운 '존재' 개념 정립을 위해, 시간·공간을 지성의 형식이 아니라 "감성의 형식"이라고 별도 취급을 하였지만, 감성의 형식이든 지성의 형식이든 어쨌든 "의식의 기능 형식"인 것은 마찬가지이다. 이 대상 인식에서 (나든 너든 또는 그든 어쨌든) '나'는, (벚나무를 벚나무로 제대로 보았든 아니면 느티나무를 벚나무라고 잘못 보았든 어쨌든) '그 나무'를, 또 (한 그루든 두 그루든 어쨌든) '몇' 그루를, 그 나무가 (가뭄 때문이 아니라 뿌리가 썩었기 때문이었든 어쨌든) '~때문에' 시들었다는 것을, (내가 착각을 했든 어쨌든) 그래서 '그 나무'는 지금은 존재하지 않는다는 것을 인식한다. 이 인식에서 4종(12개), 즉 관계[실체–속성, 원인–결과, 상호작용]·양[하나, 여럿, 모두]·질[이(하)다, 아니(하)다, ~은 아니(하)다]·(존재)양태[있을 수 있다, 실제로 있다, 반드시 있다]의 범주들이 각기 하나씩 작동하고 있다.

범주들의 작동 없이는 어떠한 경험적 대상 인식도 가능하지 않다는 것이 칸트의 이론이다. 인식 주체인 우리 인간은 '그것'이라는 실체 개념 아래서 '봄에는 꽃피고 여름에는 잎이 무성하다가 시드는 …' 그러니까 시시각각 지각 내용이 바뀌는 잡다한 것을 통일한다. '그것'[그 나무]은 봄에 꽃이 피어 있어도 '그 나무'이고, 여름에 잎이 무성해도 '그 나무'이고, 베어내 없어져도 '그 나무'이다. 이런 '그 나무'는 무엇이고, 어디에 있는가? '그 나무'는 그 아래에서 잡다한 지각들이 통일되는 지성의 개념일 따름이다. 그것은 단지 개념으로서, 즉 인간의 지성 안에 있는 것이다. 그러니까 '그 나무'라는 '실체'는 우리에게 알려지지 않는, 우리 밖에 있는 어떤 것, '물질적인 것'이 아니라, 지각하는 의식 내에 있는 한낱 개념이다. 이 개념은 시시각각 서로 다른 '지각들의 묶음'들에게 동일성을 부여하여, '그 나무'라는 사물의 변화를 인식할 수 있도록 해주는 그런 개념이다. 이런 사정은 여타의 모든 범주들에서도 마찬가지이다. '양'과 '질'은 인식주관인 우리가 사물을 '분량(分量)'과 '도량(度量)'으로 수량화하여 인식하는 사고 틀[형식]이고, '인과성'은 두 사태나 두 사물 사이의 관계를 연관시켜 생각하는 우리의 사고 방식의 한 가지, 일종의 개념이다. '있을 수 있[없]다'·'실제로 있[없]다'·'반드시 있[없]다'는 존재의 '양태'는 다름 아닌 인식주관인 인간이 스스로 세워 가지고 있는 기준(→경험적 사고 일반의 요청들)에 따라 대상에 대해 취하는 사고의 양태 개념이다. 그러니까 양과 질, 실체성, 인과성, 현존성도 사물 자체 또는 사물들 자체가 가지고 있는 성질들이라기보다는 ― 그것들이 설령 '사물 자체'의 성질이라 하더라도 우리로서는 그 사실을 인식할 방도가 없다. 사물은 어떤 경우에도 '우리가 인식하는 한에서' 바로 그 사물이니 말이다. ― 일정한 시간·공간상에서 우리에게 인식된 사물(들)의 규정[Bestimmumg, Form]이다.

3. 그러므로 인식 주체 곧 의식이 갖추고 있는 이와 같은 일정한 인식의 틀은 인식작용을 가능하게 하고 ― 인식작용은 아무렇게나 이루어지는 것이 아니라, 그래서 '일정한 방식'으로 곧 질서에 따라 이루어진다. ― 인식작용이 있는 곳에 비로소 인식되는 것, 다시 말해 우리에게 존재하는 사물, 대상이 나타난다. 이런 사태 연관을 고려하여 칸트는 우리 인간에게 경험되는 사물은 모두 "현상"이라고 일컫는다. 그러니까 이런 의미에서 인식하는 의식의 특정한 성격은 경험에 선행하고, 그래서 경험되는 것 곧 현상에 선행하고, 바꿔 말해 "선험적"이고, 그리고 우리가 칸트의 용어법을 좇아 "모든 경험에 선행하면서도(선험적이면서도), 오직 경험 인식을 가능토록 하는 데에만 쓰이도록 정해져 있는 어떤 것"을 "초월적"이라고 술어화한다면, 선험적인 의식 기능은 경험적 인식에서 초월적이다.

4. 시간·공간 표상과 양·질·관계·(존재)양태 등의 개념이 인식하는 의식의 선험적인 틀[형식]이고, 그것이 경험적 인식에서는 초월적 기능을 갖는다는 칸트 이론은 대상 인식에서 인식 주체의 대상 규정 활동 성격과 아울러 인간의 대상 인식의 한계, 경험적 진리의 의미를 밝혀주고 있다. 그리고 이것은 로크가 세운 "마음=백지"설의 취지와는 아주 다른 것이다. 마음은 경험 이전에는 아무런

문자도 찍혀 있지 않은 '백지'이기는 하지만, 그것은 오히려 필름 카메라와 사진 찍을 때 쓰는 필름 같은 성질을 갖고 있어서 일정한 조건에서만 주어지는 대상에 반응하는 것이다. 그러니까 우리 의식은 일정한 조건 아래에서 일정한 대상에만 일정한 방식으로 감응하는 성격을 가지고 있다. 다시 말해, 일정한 선험적 성격을 가지고 있다. '심신의 문제'와 관련하여 여기서 문제가 될 수 있는 것은 바로 이 '의식의 선험성'의 내용인 이른바 선험성 표상들의 출처이다. 우리 인간은 자연 인식에서 잡다하게 감각되는 것들을 '서로 잇따라' 그리고 '서로 곁하여'라는 시간·공간 질서 형식에 따라 정돈하고, 그것들을 '무엇이 어떠어떠하다'라는 실체–속성 틀에 따라 규정하고, 수량으로 헤아리고, 다른 것과의 관계를 살펴 인식하고, 있는 방식을 정하는데, 그러니까 이런 인식 틀과 인식 방식들이 인식작용의 바탕에 놓여 있고, 그런 만큼 그 인식작용에서 인식된 대상에 선행하는 것은 '사실'이다.

5. 그런데 이 '사실'은 자명한 것인가?

칸트 자신 이런 물음이 제기될 수 있음을 염두에 두고 있다. 그는 공간·시간 표상과 범주들이 각각 감각작용과 사고작용의 "기초에 놓여 있다"고 본다.(KrV, A31=B46 참조) 그러나 칸트는, 왜 우리 인간은 하필 공간·시간이라는 두 종류의 감성 형식만을 가지고 있고, 왜 하필 4종 12개의 지성 형식에 따라서만 사고하는지 "그 근거는 제시할 수 없다."고 말한다.(KrV, B146 참조) "그 근거를 제시할 수 없다" 함은 경험적으로 제시할 수 없다는 뜻일 것이다. — 종교적으로는 예컨대 그것은 '신의 섭리'에 의한 것이라고 해명할 수도 있을 터이니 말이다. — 그리고 이런 문제 상황은, 인간은 왜 하필 눈을 두 개 가지고 있으며, 왜 인간의 코는 하필 얼굴의 중앙에 위치해 있는가의 물음에서도 마찬가지일 것이다. 그럼에도 칸트는 범주들을 포함한 "순수한 개념들"에 대해서, "그것들은 인간 지성 안의 싹들과 소질들에 예비되어 놓여 있다"가 "경험의 기회에 발전된다."고 말한다.(KrV, A66=B91 참조) 그러니까 경험적 인식에서 범주로 기능하는 4종 12개의 지성개념들은 당초에는 지성 안에 '싹'으로 있다가 경험의 계기에서 개념으로 발전한다는 것이다. 그런 의미에서 칸트는 이런 개념들이 "선천적(connatus/

angeboren)"인 것이 아니라, 바꿔 말해 태생적으로 완비된 것이 아니라, "취득된(acquisitus/erworben)" 것이라고 말한다. — 칸트에서 공간·시간 그리고 순수 지성개념들인 범주라는 선험적 표상들은 "절대로 천부의 혹은 선천적인 표상들이 아니다."(ÜE, A68=VIII221; 참조 Prol, A129=IV330; MSI, A211=II395·A223=406) 왜냐하면 범주나 공간·시간 같은 선험적 표상들은 주어지는 대상이 없으면 완전히 공허한 것이고, 아무런 내용도 갖지 못하는 것이니 말이다.(KrV, A51=B75 참조) 칸트의 비판적인 고찰에 따르면, "일체의 표상은, 그것이 직관에 속하는 것이든 지성개념에 속하는 것이든, 모두 취득된 것"(ÜE, A68=VIII221)이다. 그러므로 선험적인 표상들도 역시 취득된 것인데, 그것들은 이른바 "근원적으로 취득된 것"(ÜE, A68=VIII221)이다.

6. 그러나 이런 칸트의 해명은 이른바 '순수한' 표상들의 출생 비밀에 대해서는 사실상 아무것도 말하는 바가 없다. 대체 '싹'이란 무엇이고, '발전'이란 어떤 과정을 지칭하는 것이며, '근원적 취득'이란 무엇이란 말인가?

대상 인식에서 지성의 기능은 감성에 의해 제공되는 잡다한 감각 자료들[자음과 모음들]을 일정한 틀에 따라 배열 결합하여 대상들[단어와 문장과 문단들]로 만드는 것이다. 그렇기 때문에 "오로지 감성과 지성이 하나가 됨으로써만 인식은 생겨날 수 있다."(KrV, A51=B75이하) 그런데 감성은 신체 없는 인간에서는 생각할 필요가 없는 것이다. 그렇다면, 지성은 어떠한가? 지성 역시, 경험적으로 사용되든 순수하게 사용되든, 신체를 가진 인간에게서 의미 있게 이야기될 수 있는 것이라면, 칸트가 말하는 '싹'이란 무엇을 말하는 것일까? 그것은 형이상학적 영혼의 지성의 싹일까, 아니면 신체적 존재자로서 인간의 사고 기능의 잠재적 상태를 말하는 것인가? 칸트의 이론은 택일적 답변을 요구하는 이 물음에 개입하지 않고 있다. 그가 말하는 것은, '순수한 표상들'의 출처가 어디이든, 일단 형성되어 형식으로 기능하고 있는 그 표상들은 경험에 선행한다는 의미에서는 '선험적'이라는 것이다.

의지 意志 Wille voluntas

I. 1. "의지란 어떤 법칙의 표상에 맞게 행위하게끔 자기 자신을 규정하는 능력"(GMS, B63=IV427)이다. "법칙의 표상에 따라, 다시 말해 원리들에 따라 행위하는 능력"(GMS, B36=IV412)을 의지라 일컫는다. 그런데 이러한 "능력은 오직 이성적 존재자들에게서만 만날 수 있다."(GMS, B63=IV427) 이성이란 법칙수립의 능력이기 때문이다.

2. "개념들에 따르는 욕구능력은, 행위를 위한 욕구능력의 규정근거를 그 자신 안에서 마주치고, 객관[객체]에서 마주치지 않는 한에서, 임의대로 행동하는 능력"(MS, RL, AB4이하=VI213)이라고 할 수 있는데, "그 내적 규정근거가, 따라서 그 임의가 주체의 이성 안에서 마주쳐지는 그런 욕구능력은 의지라고 일컫는다. 그러므로 의지는 (의사처럼) 행위와의 관계에서가 아니라, 오히려 행위로의 의사를 규정하는 근거와의 관계에서 고찰되는 욕구능력이며, 그 자신 앞에 본래 어떠한 규정근거도 가지고 있지 않고, 오히려 의지는, 그것이 의사를 규정할 수 있는 것인 한에서, 실천이성 자체이다."(MS, RL, AB5=VI213)

II. 1. "의지란 이성이 경향성에 독립해서 실천적으로 필연적인 것이라고, 다시 말해 선하다고 인식하는 것만을 선택하는 능력이다."(GMS, B36이하=IV412) 그러므로 의지는 본래적으로 선의지(→)이다.

2. 의지에서 "자기규정의 객관적 근거로 쓰이는 것이 목적이다. 이 목적은, 그것이 순전한 이성에 의해 주어진다면, 모든 이성적 존재자에게 똑같이 타당"하다. "이에 반해 그것의 결과가 목적인 행위의 가능 근거만을 함유하는 것은 수단이라 일컫는다." 이때 "욕구의 주관적 근거는 동기"라고, "의욕의 객관적 근거는 동인"이라고 일컫는다.(GMS, B63=IV427 참조)

III. 의지란 본래적으로 자유의지(→ 자유의사)이다. "의지는 생물이 이성적인 한에서 갖는 일종의 원인성이다." 자유는 이런 원인성의 속성으로서, "외래의 원인들에 독립해서 작용할 수 있는" 힘이다. "반면에 자연필연성은, 외래 원인들의 영향에 의해 활동하게끔 규정받는, 모든 이성 없는 존재자들의 원인성의 속성이다."(GMS, B97=IV446) 그러니까 자연필연성과 대조되는 의지는 자유를 본성으로 갖는 것이다.

이념 理念 Idee

1. '이념'이란 이성의 순정한 개념으로서 본래 단지 "발견적"인 것일 뿐, 명시적인 것이 아니다. "그것은 대상이 어떤 성질을 가지고 있는가를 보여주는 것이 아니라, 우리가 그것의 인도 아래 경험 일반의 대상들의 성질과 연결을 어떻게 찾아야만 하는가를 보여준다."(KrV, A671=B699)

2. 이념은 경험에서 도출된 것이 아니라 이성 자신에서 나와 오히려 경험에게 방향성을 제시하는 역할을 맡아 있다는 점에서 '초월적'인데, 대표적으로 "세 가지의 초월적 이념들", 즉 불사적인 영혼, 세계 전체, 최고로 완전한 것인 세계 창시자를 예로 들 수 있다. 이 세 가지 이념은 전통적으로 세 가지 특수 형이상학(→), 즉 영혼론(→), 우주론(→), 신학(→)의 주제를 이룬 것이다. 이러한 이념들은 "직접적으로 그것들에 대응하는 대상 및 그것의 규정에 관계되어 있지 않다 하더라도, 이성의 경험적 사용의 모든 규칙들은 이념에서의 그러한 대상을 전제로 해서 체계적 통일에 이르고, 경험인식을 항상 확장해 가며, 그러나 결코 경험인식에 거스를 수 없음을 사람들이 보여줄 수 있다면, 그러한 이념들에 따라 태도를 취하는 것은 이성의 필연적 준칙이다."(KrV, A671=B699)

3. 이념들은 "우리 인식을 경험이 줄 수 있는 대상들 너머에까지 확장하는 구성적 원리들"은 아니지만, "잡다한 경험적 인식 일반의 체계적 통일의 규제적 원리들"로서 그 의의를 갖는다. 이러한 의의 해설을 칸트는 "이념들의 초월적 연역"(KrV, A761=B699)이라고 일컫는바, "경험적 인식은 이 원리들에 의해 자기 자신의 한계 안에서, 이런 이념들 없이 순전한 지성원칙들의 사용에 의해 나타날 수 있을 것보다 더 많이 개척되고 교정될"(KrV, A671=B699) 수 있다는 것이다.

최고 존재자의 이념으로서의 신

1. 칸트에서 신은 하나의 이성의 이념으로, '최고 존재자'의 이념이며, 이 이념은 오로지 규제적으로 사용될 때만 의미를 갖는다.

2. "최고 존재자의 이념을 한낱 규제적으로가 아니라, (이념의 본성에 어긋나게) 구성적으로 사용하는 데서 생기는 첫 번째 잘못은 게으른 이성(懶怠한 理性: ignava ratio)(→ 이성→)이라는 것이다."(KrV, A689=B717)

3. 체계적 통일의 규제적 원리로만 사용해야 할 최고 존재자 이념을 자연탐구의 원리로 오해하는 데서 생기는 "두 번째 잘못은 전도된 이성(顚倒된 理性: perversa ratio)"(KrV, A692=B720)이다.

규제적 원리는 한낱 경험적으로 인식되는 것이 아니라, 선험적으로 전제되는 자연통일성으로서의 체계적 통일성을 단적으로, 그러니까 사물들의 본질로부터 결과하는 것으로 전제할 것을 요구한다. 그러나 만약 내가 먼저 최고의 질서를 주는 존재자를 기초에 놓는다면, 자연통일성은 사실상 폐기된다. 왜냐하면 자연통일성은 사물들의 자연본성에 완전히 외래적인 것이고 우연적인 것으로, 또한 [그러므로] 사물들의 보편적인 법칙들로부터 인식될 수 없기 때문이다. 여기에서 순환논증의 오류가 생긴다. 사람들은 원래 증명되었어야 할 것을 전제하고 있으니 말이다.(KrV, A693=B721 참조)

이론/이론적 理論/理論的 Theorie/theoretisch

1. 이론이란 일정한 보편성 속에서 원리들로 생각되는 규칙들의 총괄(TP, A201=VIII275 참조) 내지는 체계이다. 그런데 이러한 체계는 이성의 사변적(→) 활동의 소산이기 때문에, 칸트에서 '이론적'은 '사변적'과 같은 것을 지칭한다. 예컨대 사변적으로 사용되는 이성이 곧 이론(적) 이성이다.(→ 이성 → 이론이성 곧 사변 이성)

2. 대상이나 개념을 "한낱 규정함"은 이론적이고, 그것을 실현 내지 "현실화함"은 실천(→)이다.(KrV, BX 참조) 이에 따라 "이론적 인식이란 그에 의해 내가 무엇이 현존하는가를 인식하는 그런 인식이라고 설명하고, 반면에 실천적 인식은 그에 의해 내가 무엇이 현존해야만 하는가를 표상하는 그런 인식이라고 설명"(KrV, A633=B661)할 수 있다.

3. "이성의 이론적 사용은 순전한 인식능력의 대상들에 종사"(KpV, A29=V15)하고, 그 결과로 나오는 것이 대상에 대한 인식(→)들이므로, 이론은 이러한 인식들의 모음 내지 체계이다.

「이론과 실천」 / 「그것이 이론에서는 옳을지 모르지만, 실천에 대해서는 쓸모가 없다는 속설에 관하여」 'Über den Gemeinspruch: Das mag in der Theorie richtig sein, taugt aber nicht für die Praxis'

I. 1. 「이론과 실천」은 《베를린 월보(*Berlinische Monatschrift*)》(Bd. 22, 1793, S. 201~284)를 통해 발표된 논문이다.

2. 가르베(→)는 그의 『여러 대상들에 관한 시론들(*Versuche über verschiedene Gegenstände*)』(1792)에서, 칸트는 행복의 추구와 행복할 품격을 얻으려는 노력을 구별하는데, 이는 머리로는 될지 모르나 가슴에는 와 닿지 않는 이론으로서, 칸트의 도덕적 실천 이론은 도무지 합당하지가 않다고 비판했다.(TP, A224=VIII285 참조) 이에 대한 변론으로 칸트는 도덕과 관련하여 이론과 실천의 관계를 해명하면서, 이어서 국가법 및 국제법과 관련해서도 이론과 실천의 관계를 서술한다. 그렇게 해서 「이론과 실천」은 모두 세 절로 구성되어 있다.

II. 1. 제1절은 가르베의 비판에 대한 답변을 담고 있다.

칸트는 가르베가 자신의 윤리 이론을 오해하고 있다고 지적한다. 칸트는 자신이 도덕적 완성이 인간의 유일한 궁극목적이라고 주장하지도 않고(TP,

A210=VIII279), 도덕적 의무들이 최고선의 이론에 의거한다고 주장하지도 않으며(TP, A213=VIII280), 덕 있는 사람은 결코 자기 행복을 고려하지 않는다고 주장하지도 않는다(TP, A215=VIII280이하)고 말한다. 다만 칸트는 행복 추구와 의무 수행이 충돌할 경우에 덕 있는 사람은 의무 수행을 택할 것이며, 이것은 이론적으로도 옳고 실천에 옮길 수도 있다면서 그의 윤리 이론을 다시금 역설한다.(TP, A231이하=VIII288이하 참조)

2. 제2절은 홉스(→)의 국가론을 겨냥해서 논변을 편다.

대외적 법 일반의 개념은 "전적으로 인간들 상호 간의 외적 관계에서의 자유 개념에서 나오고, 모든 인간이 자연스레 갖는 목적(즉 행복에의 의도)과 그에 이르기 위한 지침이나 수단과는 전혀 아무런 상관이 없다."(TP, A233이하=VIII289) 시민적 상태는 순전히 그러한 법적인 상태로 세 가지 선험적 원리, 곧 1) 모든 국가 구성원의 인간으로서의 자유, 2) 모든 국가 구성원의 신민으로서의 평등, 3) 공동체 구성원의 시민으로서의 자립성에 기초해 있다.(TP, A235=VIII290 참조)

이러한 원리에 의거해 수립된 시민적 헌정체제가 사회계약(→)이라 일컫는 "근원적 계약"에 따른 것이기는 하지만, 이 계약을 "하나의 사실"로 전제할 필요는 없고, 모든 공법의 합법성을 위한 "이성의 순전한 이념"으로 생각하면 충분하다는 것이 칸트의 논변이다.(TP, A249이하=VIII297 참조) 그에 따르면 국가법 이론은 이 같은 선험적 원리에 기초해 있는데, "이 이론과의 일치 없이는 어떠한 실천도 타당하지 않다."(TP, A269=VIII306)

3. 제3절은, 인류는 전 시대에 걸쳐 "동일한 수준의 윤리성, 종교와 비종교, 덕과 패악, 행복(?)과 비참함의 동일한 정도를 유지한다."(TP, A272이하=VIII308)는 멘델스존(→)에 대한 반론이다. 칸트는, 인류는 자기의 자연목적인 문화의 면에서 "지속적인 전진 중에 있으므로, 자기 현존의 도덕적 목적과 관련해서도 개선으로의 진보 중에 있다."(TP, A274=VIII308이하)고 본다. 그리고 이의 연장선상에서 숱한 전쟁을 치른 대가로 공화적 헌정체제를 갖춘 인류는 국제 관계 또한 법적 관계로 진화시켜 영원한 평화체제를 구축할 것이라는 기대를 표명한다.(TP, A278이하=VIII310이하) — "이성근거에서 이론에 대해 타당한 것은 실천

에 대해서도 타당하다."(TP, A284=VIII313)

4. 「이론과 실천」의 제1절은 비판기 칸트 윤리학의 논지를 반복적으로 피력한 것이고, 제2절은 『윤리형이상학-법이론의 형이상학적 기초원리』(→)와, 제3절은 이와 함께 또한 『영원한 평화』(→)의 논지를 요점적으로 서술한 것이라 볼 수 있다.

이상 理想 Ideal

'이상'이란, 우리가 그것에 견주어 우리 자신을 평가하고 개선하려 하나, 결코 도달할 수는 없는 그런 어떤 원형(Urbild: prototypon)(→)을 말한다.(KrV, A569=B597 참조) 이런 원형으로 기능하되 오로지 이념으로서 선험적으로만 규정되는 것이 "순수 이성의 이상"(KrV, A574=B602)이다. 이러한 순수 이성의 이상은 "사물들 일반을 가능하게 하는 모든 조건들의 절대적인 종합적 통일성"(KrV, A340=B398)을 생각하면서 알지 못하는 사물들로부터 역시 알지 못하는 무조건적으로 필연적인 어떤 것을 추리하는 변증적 이성추리에 있다.(KrV, A340=B398 참조)

순수 이성의 이상

순수 이성이 소급해가서 마침내 이르는 무조건자(→)로서의 이 이상은, 만물이 존재 원천을 그것에서 얻는 만물의 원형이다. 그러니까 만물은 단지 이 원형의 모상(模像)들(Kopien: ectypa)로 간주된다.(KrV, A578=B606 참조) 그래서 이 만물의 원형으로서 이상은 근원적 존재자(Urwesen: ens originarium)라고 일컬어지고, 그것은 자기 위에 아무런 것도 가지지 않는다 해서 최고 존재자(das höchste Wesen: ens summum)라고 일컬어지며, 모든 여타의 존재자가 그것에 종속하는 한에서 존재자들의 존재자(das Wesen aller Wesen: ens entium)라고 일컬어진

다.(KrV, A578이하=B607이하 참조)

그러나 이러한 명칭들은 한 이념에 대한 것으로, 이 이념에 상응하는 탁월한 존재자가 과연 실재하는가는 이 명칭만을 통해서는 우리에게 알려지는 바가 없다. 그럼에도 종래 형이상학자들은 이 이념을 기체(基體)화하여 이 근원적 존재자를 최고 실질 존재자(ens realissimum)로 규정하고, 그것에 유일한·단일한·자족(自足)적인·영원한 존재자라는 성격을 부여하여 마침내 완전한 존재자(ens perfectissimum)라고 규정한다. 이것이 다름 아닌 초월적 의미에서 '신'이다. 이 때문에 순수 이성의 이상은 '초월적 신학'의 대상이 된다.

순수 이성의 이상에 대한 비판

1. 재래 초월적 신학은 신의 초월성에도 불구하고 신의 현존을 논리적으로, 사실적으로 증명하려 끊임없이 시도하였는바, 이제 칸트는 수없이 시도된 그런 증명 방식 가운데 두 가지와, 일견 이것들의 문제점을 벗어나 보이는 듯한 '자연적 신학'의 물리신학적 증명, 이렇게 세 가지를 대표로 꼽아 각각 그 헛됨을 논박한다.

신의 현존에 대한 존재론적 증명의 불가능함

신의 존재에 대한 이른바 '존재론적 증명' 방식은 안셀무스(Anselmus de Laon, ca. 1050~1117)의 이름과 함께 전해져 오고, 데카르트도 그의 신 존재 증명의 기초로 삼고 있는 것(Descartes, *Meditationes*, V, 7; *Principia*, I, §§49~51 참조)으로, 다음과 같은 삼단논법의 형식을 빌려 정리해볼 수 있다.

·신은 본질상 최고로 완전한 것이다.

·완전성에는 실존도 포함된다. (왜냐하면 어떤 것이 완전한데 실존하지 않는다면, 그것은 완전성에 결여가 있다는 것을 뜻하므로, 자가당착이기 때문이다.)

· 따라서 신은 실존한다. (정확히 표현하면, 실존하지 않을 수 없다. 그러므로 신은 필연적인 존재자이다.)

그러나 칸트는 이 같은 논변은 실존(existentia)을 본질(essentia)에 포함시키는 범주 사용의 착오에 기인한 오류라고 지적한다.(KrV, A592이하=B620이하 참조) 이 논증은 존재(Sein)를 실존과 동일시하고 있으나, 존재는 아무런 실질적인 술어(reales Prädikat)가 아니므로(KrV, A598=B626 참조), 신이 설령 본질상 완전한 것이라 한다 하더라도, 그 본질 규정으로부터 그것이 '실존한다'는 것이 논리적으로 귀결되는 것은 아닌 것이다.

신의 현존에 대한 우주론적 증명의 불가능함

신의 현존에 대한 이른바 '우주론적 증명'은 토마스 아퀴나스가 제안한 다섯 가지 증명 방식 가운데 세 번째 것(Th. Aquinas, *ST*, I, 2, 3 참조) 또는 라이프니츠(Leibniz, *Princeps*, §7; *Monadologie*, §§37~38 참조)에게서 볼 수 있는 것으로, 다음과 같이 정리해볼 수 있다.

· 만약 세계 안에 무엇인가가 현존한다면, 이것의 궁극의 원인으로서 절대적 필연적 존재자도 현존해야만 한다. 왜냐하면 세계 안의 모든 것은 우연적인 것이요, 자체적으로 있는 것이 아니기 때문이다. (우연적인 것은 그 원인이 있을 것이고, 이 원인 역시 우연적인 것이라면, 이 우연적인 것의 원인 또한 있어야 할 것이며, 마침내 제1원인으로서 더 이상 우연적이 아닌 절대적으로 필연적인 존재자가 현존해야 할 것이다.)
· 그런데 적어도 '나' 자신은 우연적으로 현존한다.
· 그러므로 '나'라는 우연적인 존재자의 궁극의 원인으로서 우연적이 아닌 절대적으로 필연적인 존재자가 현존한다. 이 절대적으로 필연적인 존재자가 곧 신이다. (KrV, A604이하=B632이하 참조)

이 같은 신의 현존 증명은 칸트의 관점에서 적어도 두 가지 문제점을 포함하고 있다.(KrV, A603이하=B631 참조) 하나는, 현상세계에만 적용될 권리를 갖는 인과법칙의 필연성을 현상세계를 넘어서는 자기 원인(causa sui)에까지 확대시킨 것은 부당하다는 점이다. ('원인' 개념을 이 같이 사용하면 필경 이율배반(→)에 빠지지 않을 수 없다.) 또 다른 하나는, 이렇게 부당하게 추론된 절대적으로 필연적인 존재자를 다름 아닌 최고 실재 존재자(ens realissimum)와 동일시하고, 이것의 실재실질성(Realität), 곧 본질에 현존성도 포함시키고 있다는 점이다. 그로써 이 증명 방식은 결국 존재론적 증명 방식이 가지고 있는 문제점을 그대로 함유하고 있다.

신의 현존에 대한 물리신학적 증명의 불가능함

토마스 아퀴나스의 신 존재 증명 방식 가운데서 다섯 번째 것(Th. Aquinas, *ST*, I, 2, 3 참조)에서도 그 모습을 볼 수 있고, 버클리에게서도 뚜렷하게 볼 수 있는바(Berkeley, *PHK*, Ⅰ, 147 참조) 이른바 '자연신학적' 내지 '물리신학적' 신 존재 증명은, 이 세계의 다양 속의 질서·합목적성·조화에 대한 경험으로부터 이 세계를 창조한 예지자가 현존함을 이끌어낸다.(KrV, A625=B653 참조)

"물리신학적 증명의 주요소는 다음과 같다. 1. 세계 곳곳에 위대한 지혜에 의해 완성된, 일정한 의도에 따른 정돈의 뚜렷한 징후가 보이고, 그것은 형용할 수 없는 잡다한 내용의 전체에서도 그러하며, 무한히 큰 외연의 전체에서도 그러하다. 2. 세계의 사물들에게 이 합목적적인 정돈은 전적으로 외래적인 것이고, 단지 우연적으로만 부가되어 있다. 다시 말해, 상이한 사물들의 자연본성은, 만약 그것들이 정돈하는 이성적 원리에 의해, 즉 기초에 놓여 있는 이념들에 따라, 그렇게 되도록 본래 선택되고 배치된 것이 아니었다면, 스스로는 그토록 갖가지 방식으로 통일되는 수단에 의해서 일정한 궁극의도들에 합치할 수가 없을 것이다. 3. 그러므로 하나의 (또는 여럿의) 숭고하고 지혜로운 원인이 실존한다. 그것은 단지 맹목적으로 작용하는 전능한 자연으로서 풍부한 생산능력에 의해서가 아니라, 예지자로서 자유에 의해 세계의 원인일 수밖에 없다. 4. 이 원인의 통일성은 인공적인 건축물의 구성분들 같은 세계의 부분들의 상호적 관계의 통일성으로부터, 우리의 관찰이 미치는 부분에서는 확실하게, 반면에 그 너머에서는 유추의 온갖 원칙들을 좇아서, 개연적으로 추리된다."(KrV, A625=B653이하)

이 같은 추론을 통해 사람들은 "매우 큰, 놀랄 만한, 측량할 수 없는 능력과 탁월성을 가진"(KrV, A628=B656) 세계 창조자에 이르지만, 자연의 완벽한 아름다움이나 세계의 완전한 질서는 제아무리 경이롭다 하더라도 그것이 자연이나 세계 밖의 창조자에 의해서 만들어진 것임을 곧바로 입증하고 있지는 않다. 그럼에도 자연의 우연적인 질서로부터 그것의 초월적 창시자를 추론하는 이런 신의 현존에 대한 '물리신학적' 증명은 그 기초에 다름 아닌 '우주론적' 증명을 두고 있기에 생긴 것이다. 그리고 우주론적 증명은 앞서 말한 바대로 원천에 있어 '존재론적' 증명에 기대고 있으므로, 물리신학적 증명도 존재론적 증명에 기초하고 있는 셈이다. (그래서 신의 현존에 대한 초월신학적 증명이 가능하다면, 존재론적 증명이 '유일한' 것이라고 말할 수 있다.)(→『유일 가능한 신의 현존 증명근거』)

2. 이로써 칸트는 종래 이성적 형이상학자들에 의해 제안되었던 비교적 유력한 신 존재 증명 방식이 모두 이론적으로는 완전치 못함을 밝혔다. 물론 이 해명에서 칸트의 논박의 근거점은 순수 이성 비판을 통해 성취한 그의 초월철학이다. 칸트의 초월철학의 요지는 인간의 세계 인식에서는 인간의 초월적 의식의 형식인 공간·시간 표상 및 순수 지성개념들이 기초를 이루되, 인간의 의식작용인 감성과 지성의 기능 형식들인 이 선험적 표상들은 오로지 현상세계의 인식에서만 형식으로서 기능할 권리를 갖는다는 것이었다. 그러니까 이 초월철학은 당초부터 이미 현상 너머의 세계에 대해서 발언하고자 하는 '형이상(形而上)'학의 배제를 지향하고 있는 것으로서, 이런 의미에서 칸트의 초월철학은 본질적으로 반형이상학적인 것이다.

이성 理性 Vernunft ratio

1. 이성은 일반적으로 원리의 능력을 일컫고, '인간의 이성' 역시 '이성'인 한 그것은 법칙수립적[입법적] 능력을 지칭한다. 이성이란 다름 아닌 '조리(條理)의 성격/성능' 곧 법칙성이며, 그것도 자기법칙성, 자발성, 자율성, 자기자율성을 말한다. 이성의 법칙수립 방식은 이성이 인식의 작동원리로 기능하는가, 실천행위의 원리로 작동하는가, 반성적 판단 또는 미감의 원리로 작용하는가, 종교적 희망 원리로 작용하는가에 따라 여러 갈래가 있다.

2. 이성은 우선 이론이성 내지 사변 이성과 실천이성으로 구분된다. 이론이성 또한 가장 좁게는 '추리하는 능력'을 지칭하나, 보다 넓게는 '사고하고 추리하는 능력'을, 그러니까 사고하는 능력인 '지성'을 아우르며, 또는 '사고하는 능력'인 지성만을 지칭하기도 한다. 그러나 이성은 더 넓게는 인간의 인식능력 일체, 곧 감성과 지성과 (좁은 의미의) 이성을 포함하며, 가장 넓게는 인간의 심성 일체, 그러니까 실천이성, 판단력, 감정 등까지도 지시한다.

3. 그런데 '인간'은 한낱 이성적 존재자가 아니라, "이성적 자연존재자" 곧 '이성적 동물'이다. 인간은 '동물성'이라는 일반성과 '이성성'이라는 특수성을 가진 존재자인 것이다. 여기서 '이성성'이란 가장 넓게는 한 동물인 '인간'을 인간이게끔 하는 활동능력 일반을 지칭한다. 지(知) · 정(情) · 의(意)의 의식작용 일체뿐만 아니라 이 의식 활동에 영향을 미치는 잠재의식, 무의식 또한 '인간의' 이성성에 포함된다.

4. 다른 한편 '이성성'이 '동물성'과 대별되는 한에서는 이성성은 이른바 '동물적' 욕구나 경향성과는 다른 어떤 것, 보기에 따라서는 이런 것과 맞부딪치는 것이다.

5. 칸트에서 '이성'은 매우 다면적이고 다층적인 것으로 등장하는데, 그것은 이성이 '마음'(→) 또는 '영혼'(→)의 한 줄기기능[根幹機能]으로서 다시금 여러 가지기능[枝葉機能]들을 갖기 때문이다. 인간 '이성'은 인간인 '나' 내지 '마음(Gemüt)'의 한 근간기능이다. 칸트에서 '마음'은 한낱 심성이라기보다는 '영혼

(Seele)'과 거의 교환 가능한 말로서, '정신(Geist)'과는 다소 구별되는 것을 지칭한다.

이론이성 곧 사변 이성

1. 사변 이성(spekulative Vernunft)은 마음의 앎의 능력을 포괄하며, 모든 이론적 인식의 능력이라는 점에서 이론이성(theoretische Vernunft)이라고 일컫기도 한다.(→지성) 이렇게 세분되는 이성은 이성의 분할이라기보다는 이성의 사용 방식을 지칭한다. 그러니까 '사변/이론이성'이란 '이성의 사변/이론적 사용'을 뜻한다.

2. 이론이성에 의한 이론적 인식이란 그에 의해 "무엇이 현존하는가를 인식하는 그런 인식"(KrV, A633=B661)이다.

실천이성

1. 실천이란 있는 것을 없도록 또는 없는 것을 있도록 하는 활동을, 실천이성(praktische Vernunft)이란 그러한 활동의 능력을 지칭한다. "기술적–실천적 이성"은 지향하는 의도를 실현하기 위한 기술적인 수단을 권고하고, "도덕적–실천적 이성"은 당위를 "단적으로 지시명령"한다.(MS, TL, A15=VI387 참조) 그래서 기술적–실천적 이성은 "숙련의 규칙"을 제공하고, 도덕적–실천적 이성은 "지시규정"을 수립한다.(KU, BXIV이하=V173 참조)

2. 당위적 행위, 곧 마땅히 일어나야 할 일을 일어나도록 하는 활동은 오로지 순수하게만 일어날 수 있으므로, 그러한 활동을 일으키는 마음의 능력은 '순수한 실천이성' 또는 '자유의지'라고 일컫는다.

3. 인간이 인격으로서 존엄성을 갖는 것은 순수한 실천이성으로 인한 것이다. 순수한 실천이성이란 "법칙의 표상에 따라, 다시 말해 원리들에 따라 행위하는 능력 내지 의지"(GMS, B36= IV412)를 말한다. '순수 실천이성'은 '이성'인 한에서

법칙수립 능력이고, '실천적'인 한에서 행위하는 능력이며, '순수한' 행위 능력인 한에서 스스로 수립한 법칙에 따라 행위하는 능력 곧 의지이다. 보편타당한 실천 법칙을 제시하는 순수한 실천이성은 이 실천 법칙 아래서 이 실천 법칙에 준거해서 행위를 규정하기를 욕구할 때 순수 의지가 되는 것이다. 그리고 이 순수 의지가 순전히 실천이성이 제시하는 선의 이념에 따라 행위할 때, 그것은 자신이 제시한 규율에 스스로 복종한다는 의미에서 문자 그대로 자율(自律)적이며, 그 행위의 힘이 스스로에게서 유래한다는 뜻에서 자유(自由)롭다.

4. 모든 현실을 초월해 있는 한갓 이성의 이념을 실현하려고 애쓰는 것이 순수한 의지이고, 그러므로 이 의지는 현실의 어떤 것에도 제약받지 않는 의욕 활동이라는 점에서 그 동기에서 자유롭다. 그런데 동기에서 자유로운 실천 의지가 이성의 이념을 실현하는 곳은 현실, 즉 자연세계이다. 그것은 자연 안에 있지 않은 원인에 의한 자연의 변화를 뜻한다. 그것은 자연 안에서 살고 있는 자연존재자인 인간이 자연의 규칙에서 자유로운 초월적인 힘을 가지고서 자연에 모종의 변화를 일으킬 수 있음을 뜻한다.

실천이성의 우위

1. 이성의 서로 다른 사용에서 상충이 있을 경우에 상충을 피하기 위해서는 사용 방식의 우선순위가 있어야 한다. 그런 경우에 칸트에서는 '실천이성의 우위'가 받아들여진다.

2. "순수 사변 이성과 순수 실천이성이 한 인식으로 결합함에 있어서, 곧 이 결합이 대략 우연적이고 임의적인 것이 아니라, 선험적으로 이성 자신에 기초한, 그러니까 필연적인 것이라 한다면, 실천이성이 우위를 갖는다. 왜냐하면 이런 상하 관계가 없다면 이성의 자기 자신과의 상충이 생길 것이기 때문이다. 만약 양자가 단지 나란히 놓여(병렬되어) 있다면, 전자는 독자적으로 자기의 한계를 좁다랗게 치고 후자로부터 자기 영역 내에 아무런 것도 받아들이지 않을 것이고, 반면에 후자는 그의 한계를 그럼에도 모든 것 너머에까지 넓혀, 필요가 생

길 때에는 전자를 그 자신 안에 포섭하려고 할 것이니 말이다. 우리는 순수 실천이성에 대해 사변 이성에 종속하고 그래서 질서가 거꾸로 될 것을 전혀 요구할 수가 없다. 모든 관심은 궁극적으로는 실천적인 것이고, 사변 이성의 관심조차도 단지 조건적인 것으로 실천적 사용에서만 완벽한 것이니 말이다."(KpV, A218이하=V121)

게으른 이성 懶怠한 理性 faule Vernunft ignava ratio

이른바 '게으른 이성', '나태한 이성(懶怠한 理性)'이란 "객관적 실재성을, 적어도 가능성의 면에서, 계속되는 경험에 의해 배워 알 수 있는 모든 원인들을 갑자기 간과해버리고, 이성에게 아주 편안한 순전한 이념에서 휴식하는"(KrV, A773=B801) 의식작용을 일컫는다. 이 게으른 이성에 의해 온갖 형이상학적 사상누각이 지어진다.

순수 이성의 건축술(→ 방법론 → 초월적 방법론)
순수 이성의 규준(→ 방법론 → 초월적 방법론)
순수 이성의 역사(→ 방법론 → 초월적 방법론)
순수 이성의 훈육(→ 방법론 → 초월적 방법론)

이성신앙

→ 신앙/믿음 → 이성신앙

『이성의 한계 안에서의 종교』

→『순전한 이성의 한계들 안에서의 종교』

이성주의/이성론 理性主義/理性論 Rationalismus

I. 1. 이성주의 또는 이성론은 합리론이라고도 일컬어지는바, 세계 설명의 단초를 인간의 사고 원리에서 찾는 주의주장을 말한다.

2. 데카르트(→)는 '나' 자신의 사고는 가장 확실한 것이고, 이 확실성을 바탕으로 해서만 세계 또한 확실하게 인식할 수 있다고 믿었는데, 여기서 사고하는 '나'를 '이성'으로 간주하면 이는 이성주의의 표현이 된다.

3. 이성주의는 이성의 원리상 우리의 사고작용에는 몇몇의 선험적인 따라서 자명한 — 이성 자신의 성격상 그렇다는 것 이외의 어떤 다른 근거도 제시될 수 없는 — 규칙이 있으며, 이 규칙에 맞게 생각하고 말할 때만 거짓을 벗어나 진리를 개진할 수 있다는 철학적 통찰이다. 이성주의자들은 이런 사고의 최고 원리로서 보통 모순율(矛盾律, principium contradictionis)(→)과 근거율(혹은 충분근거율/충족이유율, principium rationis sufficientis)(→)을 든다.(Leibniz, *Monadologie*, §§31~36 참조) 우리의 일체의 사고는 최소한 이 두 규칙에 맞아야만 허위를 면할 수 있고, 이 두 규칙에 맞지 않는 어떤 존재도 있을 수 없다는 것이다.

언표에서 주어와 술어가 서로 어긋나게 말해[contradicere, widersprechen]지면 결코 진리를 담지할 수 없다. 이 사태는 "어떤 표상에도 이 표상과 어긋나는[모순되는] 표상은 덧붙여질 수 없다."고 정식화(定式化)될 수 있으며, 모순율은 이런 사고 규칙을 말한다.

데카르트는 "무에서는 아무것도 되지 않는다(Ex nihilo nihil fit)." 함은 "자연의 빛"(Descartes, *Meditationes*, III, 14)이요, 자명하다고 생각한다. 무는 유의 충분한 이유[근거]일 수가 없기 때문이다. 이런 생각은 "그것에 대한 충분한 이유

없이는, 어떤 사실도 참이라고, 존재한다고, 그리고 어떤 진술도 옳다고 증명될 수 없다."(Leibniz, *Monadologie*, §32)고 일반화되고, 이렇게 정식화된 충족이유율은 존재 및 인식의 참이기 위한 원리로 납득된다.

4. 이렇듯 근대 이성론의 '이성'은 근본적으로 논리적, 수학적 이성을 지시하는바, 수학적 이성은 보편성의 권위 아래서 어떠한 개별적인 생각도 허용치 않기 때문에, 이성주의 아래에서는 감각의 특성이나 개성이 진리를 주장할 수는 없는 노릇이다. 이 점 때문에 이 이성주의의 이성은 탈근대 운동의 타도 대상이 된다.

II. 1. 칸트는 플라톤이 "이성주의자들의 우두머리"이며, 근대에서는 라이프니츠가 그를 따랐다고 본다.(KrV, A854=B882 참조)

2. 칸트는 이성주의에 대해서 인식이론에서는 부분적으로 비판적이나, 도덕론에서는 긍정적이다. ― "도덕 개념들의 사용에는 단지 판단력의 이성주의만이 적합하다. 이성주의는 감성적 자연으로부터 순수 이성 자신이 스스로 생각할 수 있는 것, 다시 말해 합법칙성 이상을 취하지 않으며, 반대로 행위들을 통해 감성세계에서 자연법칙 일반의 형식적 규칙에 따라 현실적으로 드러나는 것 이외에는 아무것도 초감성적 자연에다 옮겨넣지 않는다."(KpV, A125=B71)

이신론 理神論 Deismus

1. 최고 존재자(ens summum)니, 원본 존재자(ens originarium)니, 최고 실재 존재자(ens realissimum)니, 존재자들의 존재자(ens entium)니 하는 순전히 "초월적 개념들"에 의거해 신을 생각하는 초월신학의 신 이론을 일컬어 이신론이라 한다. (이런 명칭은 영국인들로부터 유래한다고 칸트는 보고 있다.)(V-Met/Volckmann, XXVIII452; V-Met-L2/Pölitz, XXVIII596; V-Met-K2/Heinze, XXVIII794 참조) 이로써 신은 그로부터 만물이 유래하는 근원이고, 그런 한에서 그 자신은 자신에서 유래하는 자, 곧 자기원인(causa sui)으로 이해된다. 이에 맞서 신은 근원

적 존재자일 뿐만 아니라 세계창시자이자 도덕적으로 가장 완전한 자이고 가장 지혜로운 최고 예지자(summa intelligentia)라고 생각하는 자연신학의 신 이론을 유신론(Theismus)이라 일컫는다.(KrV, A631=B659~A633=B661 참조)

2. 칸트가 보기에, 초월신학의 이신론은 하나의 초월적 변증학(→)으로, 실재성, 실체, 인과성과 같은 범주를 월권적으로 사용함으로써 생긴 거짓 이론이며, "전혀 무익하고 무용한"(V-Th/Pölitz, XXVIII1002) 것이다. "이신론적 개념은 전적으로 순수한 이성개념이다. 그것은 모든 실재성을 함유하는 단지 하나의 사물[것]을 표상할 뿐으로, 그 실재성의 단 하나도 규정할 수 있는 것이 아니다." (Prol, A171이하=IV355)

이율배반 二律背反 Antinomie

각기 필연성을 주장하는 두 선험적인 판단 사이에 모순이 있으면 이성은 이율배반에 빠진다.

순수 이성의 이율배반

1. 재래의 이성적 우주론은 한갓된 이율배반적 명제들로 이루어져 있고, 그런 한에서 이론 체계로서 유지될 수가 없는 것이다. 칸트의 이러한 이율배반 논변이 재래 형이상학 비판의 내용을 이룬다.

2. "주어진 현상을 위한 조건들의 계열의 절대적 전체라는 초월적 개념"에 이끌려, "한쪽 편에서의 계열의 무조건적인 종합적 통일성"이 "항상 자기모순적인 개념을 갖는다는 사실로부터 반대쪽 편 계열의 통일성이 정당하다는 것을 추리"하면서, "이 통일성에 대해서도 아무런 개념을 갖지 못"할 경우 인식능력으로서의 이성은 이율배반에 빠지지 않을 수 없다.(KrV, A340=B398 참조) 이러한 순수 이성의 이율배반은 초월적 가상에 의한 착오가 초래하는 변증적 이성추리들 가

운데 하나이다.

3. 현상의 조건 계열의 절대적 통일을 추구하려 할 때 순수한 이성은 자기모순에 부딪칠 수밖에 없고, 이런 자기모순은 범주적 사고에 의해 모두 넷이 발생한다.

첫째 이율배반

양(量) 범주를 따라 순수한 이성은 "모든 현상들의 주어진 전체의 합성의 절대적 완벽성"(KrV, A415=B443)을 생각하고, 여기에서 다음과 같은 이율배반에 빠진다.(KrV, A426이하=B454이하 참조)

정　립: 세계는 시간상 시초를 가지고 있으며, 공간적으로도 한계로 둘러싸여 있다.(KrV, A426=B454)

반정립: 세계는 시초나 공간상의 한계를 갖지 않으며, 오히려 시간적으로나 공간적으로나 무한하다.(KrV, A427=B455)

정립 쪽의 이성은 시간·공간이 순차적 덧붙임의 방식으로만 전체로 표상되는 것으로, 여기서 덧붙임이란 이미 부분이 있음을, 곧 한계가 있음을 의미하는 것이라고 주장한다. 그러나 '시초'와 '한계'는 이 덧붙임 계열의 최초 항이 무조건자임을 뜻한다. 반면에 반정립 쪽의 이성은 주어진 세계 계열과 세계 총괄이 무한하지 않다면, 결국 공허한 시간과 공허한 공간에 의해 세계가 한계 지어진다는 것을 함축하는 것이지만, 초월적 감성학에서 밝혀진 바대로 공허한 시간·공간이란 없으므로, 시간·공간은 무한하며, 따라서 시초도 한계도 없다고 생각한다. 그리고 이것은 덧붙여진 계열 전체가 무조건자임을 뜻하는 것이다. 이로써 결국 정립과 반정립의 이율배반은 피할 수 없다.

둘째 이율배반

질(質) 범주를 따라 이성은 "현상에서 주어진 전체의 분할의 절대적 완벽성"(KrV, A415=B443)을 생각하고, 이때 이율배반에 빠진다.(KrV, A434이하=B462이하 참조)

정 립: 세계 내의 모든 합성된 실체는 단순한 부분들로 이루어져 있고, 어디에서나 단순한 것이거나 이것으로 합성된 것만이 실존한다.(KrV, A434=B462)

반정립: 세계 내의 어떤 합성된 사물도 단순한 부분들로 이루어져 있지 않고, 세계 내 어디에서도 단순한 것은 실존하지 않는다.(KrV, A435=B463)

이 대립 명제에서 '합성된 것'이란 실체적인 부분들로 이루어진, 다시 말해 각각 독자적으로 존립할 수 있는 부분들로 된 전체(compositum: compositum reale)를 말하는 것으로, 그것은 통일적 전체(totum: compositum ideale), 예컨대 공간·시간처럼 전체를 전제로 해서만 그 부분을 생각할 수 있는 것과는 구별되는 것이다. 이에 이성이 일단 세계를 합성된 전체로 보면, 그것은 부분들로 환원시켜 생각해볼 수 있고, 이 부분들은 있는 것이어야만 한다. 그 부분들이 없는 것이라면, 그것들의 합성이라는 전체도 없는 것일 터이니 말이다. 이런 생각으로부터 정립의 주장이 나온 것이다. 그러나 단적으로 단순한 것은 공간적으로 표상될 수 없는 것이고, — 만약 그것이 공간적으로 표상될 수 있다면, 그것은 연장적인 것임을 뜻하고, 그렇다면 그것은 연장적인 것인 한에서 다시금 그 부분들을 가질 것이니 말이다 — 따라서 그런 것은 어떠한 경험 중에서도 표상될 수 없는 것이므로, 현상들의 총체인 세계를 설명하는 데 있어서 이런 '단순한 것'이라는 개념은 아예 적용될 수가 없다. 그렇기 때문에 정립과 반정립의 이율배반은 피할 수가 없다.

셋째 이율배반

관계 범주에서 이성은 "현상의 발생의 절대적 완벽성"(KrV, A415=B443)을 생각하고, 그때 이성은 이율배반에 부딪친다.(KrV, A444이하=B472이하 참조)

정　립: 자연의 법칙에 따르는 인과성은, 그로부터 세계의 현상들이 모두 도출될 수 있는 유일한 것이 아니다. 현상들을 설명하기 위해서는 자유에 의한 인과성 또한 반드시 받아들여야 한다.(KrV, A444=B472)

반정립: 자유는 없다. 오히려 세계에서 모든 것은 오로지 자연법칙들에 따라서 발생한다.(KrV, A445=B473)

만약 자유에 의한 원인성이 없다면, 자연에는 항상 제2의 시초, 곧 그 자신 발생한 것인 어떤 것만이 있고, 제1의 시초는 없으며, 따라서 순차로 소급하는 원인 측 계열의 완료는 있을 수 없다. 그래서 정립 쪽의 이성은 "현상 계열을 자기에서부터 시작하는 원인들의 절대적 자발성"(KrV, A446=B474)으로서 자유를 받아들인다. 그러나 반정립 쪽의 이성은 자유를 전제하는 것이 자연에서의 무법칙성을 전제하는 것과 같다고 생각한다. 자연 중에 자연법칙에 따르지 않는 것이 있다는 것은 인과 계열로서의 자연 자체가 있지 않다는 뜻이 될 것이니 말이다. 그러므로 자유란 자연-경험 중에는 있을 수 없는, 기껏해야 공허한 사고의 산물일 따름이다. 그러니까 세계가 오로지 감성의 세계인 자연뿐이라면, 그 안에 '자유'가 있을 자리는 없다. 그러므로 세계가 오로지 감성적 자연세계뿐이라면 제1의 시초에 관한 이율배반은 불가피하다.

그러나 만약 생각 가능한 세계, 곧 '예지의 세계'를 상정한다면, '자유의 원인성' 곧 "초월적 의미의 자유"(KrV, A445=B473) 또한 생각할 수 있다.

넷째 이율배반

또한 이성은 양태 범주에 따라서 "현상에서 가변적인 것의 현존의 의존성의 절대적 완벽성"(KrV, A415=B443)을 생각하며, 이때도 자기모순을 겪는다.(KrV, A452이하=B480이하 참조)

정　립: 세계에는 그것의 부분으로서든 그것의 원인으로서든 단적으로 필연적인 존재자인 어떤 것이 있다.(KrV, A452=B480)

반정립: 단적으로 필연적인 존재자는 세계 안에든 세계 밖에든 어디에도 그것의 원인으로서 실존하지 않는다.(KrV, A453=B481)

모든 변화는 시간적으로 선행하는 조건 아래서 성립하는 것이며, 이런 조건 아래서 필연적이다. 그런데 주어져 있는 개개의 조건적인 것은 그것의 존재와 관련해서 볼 때 단적으로 무조건적인 것에까지 이르는 조건들의 완전한 계열을 전제로 한다. 그러므로 이 단적으로 무조건적인 것은 절대로 필연적인 것이다. 그리고 이 절대로 필연적인 것은 그 자신 감성세계에 속한다. 시간 밖에서는 인과를 생각할 수 없으므로, 조건 계열의 첫 항인 이 필연적 원인은 당연히 감성세계에 속하며, 따라서 현상에 속한다. 이 때문에 이성은 필연적인 어떤 것이 이 세계에 속한다고 생각하지 않을 수 없다.

그러나 만약에 세계 안에 세계의 원인으로서 필연적인 존재자가 있다면, 이것은 세계 변화의 계열에 시초가 있다는 것을 뜻하고, '시초'란 문자 그대로 최초의 시작인만큼, 따라서 이 시초의 원인은 더 이상 없겠다. 그러나 이것은 시간상에 있는 만물을 규정하는 법칙에 어긋난다. 다른 한편 만약에 세계 밖에 세계 원인으로서 필연적인 존재자가 있다면, 이 존재자가 작용하기 시작하면서부터 세계의 현상 계열은 시작되는 것일 터이고, 그 원인은 따라서 세계 안에 속해야만 한다. 그러나 이것은 분명히 가정과 어긋난다. 이 때문에, 이성은 세계 안에든 밖에든 어떤 필연적인 존재자가 세계의 원인으로서 있다고 볼 수가 없다. 이로써 우리가 만약 세계를 오로지 감성의 세계로만 생각하는 한, 정립과 반정립의 이율배반은 불가피하다.

순수 이성의 이율배반에 대한 비판적 판결

1. 이상의 이율배반들이 말해주는 바는 '완벽성'이라는 것이 이성에게 주어진 것이 아니라, 이성 자신이 과제로 삼은, 그러니까 "부과된" 이념이라는 것이다. 그러므로 이 부과된 '완벽성'의 이념은 객관에서 현실적으로 생각될 수 있는 것이 아니라, 조건들의 계열에 있어서의 소급[背進]을 — 조건들의 계열이 마치 완결되어야 하는 듯이 — 계속하는 지성을 위해 하나의 '규칙'으로서나 의의를 가질 따름이다. 이 규칙은 조건들의 계열에서 지속적 소급을 지시하나, 소급에서 이른바 단적인 무조건자에 머무는 것을 허용하지는 않는다. 이 규칙에 의해 객관에서 '그 어떤 것'이 그 자체로 주어져 있는 것으로 생각되지는 않으며, 이 규칙은 가능한 경험의 조건으로서 경험의 대상들을 구성하는 것이 아니다. 그러니까 이런 규칙은 인식의 "구성적" 원리가 아니라, 이를테면 "규제적" 원리이다.(KrV, A508이하=B536이하 참조) 이것은 객관이 무엇인가에 관해 지시해주는 것이 아니라, 객관의 완전한 개념에 이르기 위해서는 경험적 소급이 어디까지 이루어지지 않으면 안 되는가에 관해 지시해주는 것이다.

2. 순수한 이성이 네 범주에서 완전성의 이념에까지 사고를 계속해감으로써 부딪치게 된 네 가지 이율배반들 가운데서 양·질 범주에 따른 이율배반을 "수학적"이라 일컫고, 반면에 관계·양태 범주에 따른 이율배반을 "역학적"이라 일컫는다.(KrV, A528이하=B556이하 참조) 이런 구분이 가능한 것은, 수학적 이율배반에서는 조건 계열의 모든 항들이 동종(同種)적인 반면에, 역학적 이율배반에서는 그 계열 안에 원인·결과나 필연적인 것·우연적인 것과 같은 이종(異種)적인 항들이 포함되어 있기 때문이다. 이 점은 이 두 종류의 이율배반적 사고 사이에 중대한 차이가 있음을 고지해준다.

3. 앞의 두 이율배반에서는 모든 항이 동종적인 만큼 '무조건자[무조건적인

것]'라는 이념 자체도 조건적인[조건 지어진] 것들의 계열의 일부가 될 수밖에 없으므로, 이성이 자기모순을 피하려면 정립과 반정립 양자를 모두 배척하지 않으면 안 된다. 이것은 순수한 이성으로서는 세계의 시작과 끝, 그리고 세계의 근원적 구성 요소에 관해서는 발언할 수 없다는 것을 의미한다. 그리고 이것은 다시금 이 문제에 관한 형이상학적 우주론은 성립할 수 없음을 말한다.

4. 그러나 뒤의 두 이율배반에서는 서로 이율배반이 되는 정립과 반정립이 각각 이종적인 세계에 대해서 타당할 가능성이 있고, 이럴 경우 정립과 반정립은 일정한 관점에서는 다 같이 참일 수 있다. 칸트는 이에 정립은 사물 자체의 세계, 곧 예지의 세계에 대해 타당할 수 있고, 반정립은 현상의 세계, 곧 감성의 세계에 대해 타당할 수 있다고 본다. 이로써 칸트에게서 사변적 형이상학이 학문으로서 성립할 수 없음은 분명하지만, '자유'의 개념은 "구출"(KrV, A536=B564)되어 도덕의 세계를 떠받치고(KpV, A204이하=V113이하 참조), '필연적 존재자'의 이념 곧 신의 이념은 살아남아 '희망의 세계'를 열게 된다. 여기서 칸트의 이성 비판은 재래의 특수 형이상학의 하나인 이성적 우주론을 폐기하는 한편, 자유 형이상학의 수립의 길로 접어든다. '도덕의 세계'나 '희망의 세계'는 피안의 세계, 곧 형이상학적 세계이니 말이다.

실천이성의 이율배반

1. 최고선, 곧 덕과 행복의 결합이 인간의 실천적 의지에 의해 현실화된다고 생각하면 이율배반이 생긴다. 얼핏 이 양자의 결합이 "원인과 결과의 연결로 생각될 수밖에" 없기 때문이다. 그래서 "행복에 대한 욕구가 덕의 준칙들을 위한 동인[動因]이거나, 덕의 준칙이 행복을 낳는 원인일 수밖에 없다."고 생각하게 되면 이율배반에 빠지지 않을 수 없는 것이다.(KpV, A204=V113 참조)

정　립: 행복을 얻으려는 노력이 덕 있는 마음씨의 근거를 만들어낸다.

반정립: 덕 있는 마음씨는 필연적으로 행복을 만들어낸다.(KpV, A206=V114)

정립의 경우는 절대로 불가능하다. 왜냐하면 의지의 규정 근거를 자기 행복의 추구에 두는 준칙들은 결코 도덕적일 수가 없고, 아무런 덕도 정초할 수 없기 때문이다. 그러나 반정립의 경우 또한 불가능하다. 왜냐하면 세계 내에서의 원인들과 결과들의 모든 실천적 연결은 의지 규정의 성과로서 의지의 도덕적 마음씨에 정향(定向)되어 있는 것이 아니라, 오히려 자연법칙들에 대한 지식 및 이것을 그의 의도대로 사용하는 자연적 능력에 정향되어 있고, 따라서 어떠한 필연적인 덕과 행복의 연결은 세계에서 도덕법칙들을 정확하게 지킴으로써 기대될 수 있는 것이 아니기 때문이다.(KpV, A204이하=V113이하 참조)

2. 이 실천이성의 이율배반은 순수 사변 이성의 셋째 이율배반에서 보았던바, 세계 내의 사건들의 인과성에서 자연 필연성과 자유 사이에서의 상충과 같은 종류의 것이다. 세계 안의 사건을 모조리 자연적 기계적 인과성으로만 보는 한 이 상충은 해소될 수 없다. 그러나 이 상충은 동일한 행위자를 한편으로는 감성세계의 현상체로, 다른 한편으로는 인격 곧 예지체로 보면 제거된다.

정립-반정립 "두 명제들 중 첫째의 것, 즉 행복을 얻으려는 노력이 덕 있는 마음씨의 근거를 만들어낸다는 명제는 단적으로 거짓이다. 그러나 둘째의 것, 즉 덕 있는 마음씨는 필연적으로 행복을 만들어낸다는 명제는 단적으로 거짓인 것이 아니라, 단지 그것이 감성세계에서의 원인성의 형식으로 보아지는 한에서, 그러니까 내가 감성세계에서의 현존을 이성적 존재자의 유일한 실존 방식으로 받아들일 때만, 그러므로 오직 조건적으로만 거짓이다. 그러나 나는 나의 현존재를 오성세계 내의 예지체로도 생각할 권한을 가질 뿐만 아니라, 도덕법칙에서 (감성세계 내의) 나의 원인성의 순수 지성적 규정 근거를 또한 가지므로, 원인으로서 마음씨의 윤리성이 감성세계에서의 결과로서 행복과 직접적인 것은 아니지만 간접적인 (자연의 예지적 창시자에 의한), 그러면서도 필연적인 연관을 갖는다는 것이 불가능하지는 않다."(KpV, A206이하=V114이하)

감관의 객관인 자연에서의 덕과 행복 결합은 우연적으로밖에는 일어날 수가 없고, 그래서 최고선이 늘 실현되는 것은 아니지만, "도덕적으로 규정된 의지의 필연적인 최고 목적인 최고선은 실천이성의 진정한 객관이다. 왜냐하면, 그것은 실천적으로 가능하고, 그리고 질료상 이와 관계를 맺는 저 의지의 준칙들은 객관적 실재성을 갖기 때문이다."(KpV, A207=V115)

미감적 판단력의 이율배반

1. 판단력의 미감적 사용도 불가피하게 "이성의 이율배반"에 빠진다.(KU, B244=V345 참조) "누구나 자기 자신의 취미를 가지고 있다." 따라서 "취미판단에 관해서는 논의할 수 없다."는 취미에 대한 상투어가 "취미의 이율배반"(KU, B232=V338)을 표출한다. 그래서 "취미의 원리에 관해서 다음의 이율배반이 나타난다."(B234=V338)

정　립: 취미판단은 개념들에 기초하지 않는다. 왜냐하면, 그렇지 않다면 그것에 대해 논의(증명을 통해 결정)하게 될 것이기 때문이다.

반정립: 취미판단은 개념들에 기초한다. 왜냐하면, 그렇지 않다면 그 상이성에도 불구하고 그것에 대해서는 결코 논쟁하지(이 판단에 대해 다른 사람들의 필연적 일치를 요구하지) 못하게 될 것이기 때문이다.(KU, B234=V338이하)

이 이율배반의 정립과 반정립의 기초에 놓여 있는 두 원리는 다름 아닌 "마치 객관적인 것처럼 모든 사람의 동의를 요구주장하면서"(KU, B136=V281), "마치 한낱 주관적인 것처럼 증명근거들에 의해서는 규정될 수 없다."(KU, B140=V284)는 취미판단의 두 특유성에서 비롯한 것이다. 그런데 이 이율배반을 야기한 것은 정립과 반정립에서 '개념'을 서로 다른 의미로 사용한 일이다. '정립'에서는 개념이 규정될 수 있는 지성개념의 의미로 쓰이고 있다. 여기서 미감적 판단들은 아무런 인식도 서술하고 있지 않으므로, '정립' 명제는 참이다. 인식판단의 진리에 관해서 우리는 (개념적으로) 논쟁할 수 있으나, 취미에 관해서는 그렇게 할 수 없다. 그런데 '반정립'에서 "개념"은 "초월적 이성개념"(KU,

B235=V339)으로서 감성적 직관의 기초에 놓여 있는 초감성적인 것과 관계하고 있다. 초감성적인 것과의 이 관계맺음이 순수 취미판단의 보편적 타당성에 대한 주장을 보증한다. 왜냐하면 초감성적인 것이 "판단력에 대한 자연의 주관적 합목적성의 근거 일반"(KU, B236=V340)이기 때문이다. '반정립'이 참일 수 있는 것은, 순수 "취미판단의 규정근거가 아마도 인간성의 초감성적 기체라고 간주될 수 있는 것에 대한 개념 가운데 놓여 있기 때문"(KU, B23이하=V340)이다.

2. 그러므로 범주적으로 규정되지 않은 초감성적인 것의 이념이 저 이율배반 해소의 열쇠이다. 그래서 "정립에서는 '취미판단은 규정된 개념들에 기초하지 않는다.'고 말해야 했을 것이며, 반면에 반정립에서는 '취미판단은, 규정되지 않은 개념—곧 현상들의 초감성적 기체에 대한—이기는 하지만, 하나의 개념에 기초한다.'고 말해야 했다. 그렇게 되면 이들 사이에는 아무런 상충도 없을 터이다."(KU, B237=V340이하)

목적론적 판단력의 이율배반

1. 자연 탐구를 위한 판단력의 규제적 원리들을 "객관들 자신을 가능하게 하는 구성적인 원리로 전환시키면"(KU, B314=V387), 이 경우에도 일종의 이율배반이 생긴다.

정　립: 물질적 사물들의 모든 산출은 순전히 기계적 법칙들에 따라 가능하다.
반정립: 물질적 사물들의 몇몇 산출은 순전히 기계적 법칙들에 따라서는 가능하지 않다.(KU, B314/5=V387)

그러나 이 '이율배반'은 "이성의 법칙수립에서의 상충"일 수는 있어도 "판단력의 이율배반은 아니고"(KU, B315=V387), 굳이 말하자면 반성적 판단력의 두 준칙 사이에서 보이는 가상적인 모순일 따름이다. 실상 이것들은 물질적 자연산물들을 설명할 수 있는 판단력의 두 준칙이다.

"그러므로 본래 물리적인(기계적인) 설명 방식의 준칙과 목적론적인(기술적인) 설명 방식의 준칙 사이에 있는 듯이 보이는 이율배반은, 사람들이 반성적 판단력의 원칙을 규정적 판단력의 원칙과 혼동하고, (특수한 경험법칙들에 관한 우리의 이성 사용에 대해 한낱 주관적으로만 타당한) 전자의 자율성을 지성에 의해 주어진 (보편적인 또는 특수한) 법칙들을 따르지 않으면 안 되는 후자의 타율성과 혼동하는 데에서 기인한 것이다."(KU, B31이하=V389)

2. 자연기계성이 유기체의 존재 방식을 충분하게 설명하지 못할 때, 이성은 반성적 판단력에게 자연의 합목적성 개념과 함께 체계로서의 자연 개념을 제시한다. 물론 이 개념의 실재성이 자연과학적으로 입증되지는 않는다. 그러나 "자연의 산물들에 있어서의 자연의 합목적성 개념은 자연에 관한 인간의 판단력에 대해서는 필연적인, 그러나 객관들 자체의 규정에는 관계하지 않는 개념일 것이고, 그러므로 판단력을 위한 이성의 주관적 원리일 것이다. [그럼에도] (구성적인 것이 아니라) 규제적인 것으로서 이 원리는 우리 인간의 판단력에 대해서는 마치 그것이 객관적 원리인 것처럼 필연적으로 타당하다."(KU, B344= V404)

인간/사람 人間 Mensch homo

인간이란 무엇인가

I. 칸트는 인간을 '이성적 동물'로 그리고 '유적(類的) 존재자'로 본다. 인간의 이성성은 인류 안에서 점차 완성되어가는 것이다.

II. 1. 칸트는 '인간은 이성적 동물'이라는 규정을 당연한 것으로 전제하고, 인간 이성은 "인간이 무엇인가?"를 알기 위해 먼저, "1. 나는 무엇을 알 수 있는가? 2. 나는 무엇을 행해야만 하는가? 3. 나는 무엇을 희망해도 좋은가?"(KrV, A805=B833; 참조 Log, A25=IX25; XXVIII533이하)를 묻는다고 본다.

2. 이러한 기본적 관점에서 보면, 인간은 세계 인식에서 존재자의 존재를 규

정하는 초월적 주관이자, 행위에서 선의 이념을 현실화해야 하는 도덕적 주체이고, 세계의 전체적인 합리성과 합목적성을 요청하고 희망하고 믿는 반성적 존재자이다.

III. 1. 유적 존재자로서의 인간은 계속적인 진보를 통해 자기의 규정을 개선해나간다.

2. "인간은 자기의 이성에 의해, 하나의 사회 안에서 다른 사람들과 함께하고, 그 사회 안에서 기예와 학문들을 통해 자신을 개화하고, 문명화하고, 도덕화하도록 정해져 있다. 그가 행복이라고 부르는, 안락함과 유족한 생활의 자극에 수동적으로 자기를 맡기려는 동물적 성벽이 제아무리 크다 할지라도, 오히려 능동적으로, 그의 자연본성의 조야함으로 인해 그에게 부착해 있는 장애들과 싸우면서, 자신을 인간성의 품격에 맞게 만들어간다."(Anth, A321=B318이하 =VII324이하)

인간 규정의 요소들

I. 인간을 형성하는 소질적 요소는 크게 보아 "1) 생명체로서의 인간의 동물성의 소질; 2) 생명체이면서 동시에 이성적 존재자로서의 인간성의 소질; 3) 이성적이면서 동시에 귀책 능력이 있는 존재자로서의 인격성(→)의 소질"(RGV, B15=VI26) 등 세 가지이다.

II. 1. 동물성의 소질이란, 일반적으로 말해, "자연적인" 따라서 이성을 필요로 하지 않는 "순전히 기계적인 자기사랑(→)"의 기질로서 세 겹이다. 자기 일신을 보존하려는 자기사랑, 성적 충동을 통해 자기 종족을 번식시키고 성적 결합에 의해 생겨난 자식을 보존하려는 자기사랑, 그리고 다른 인간들과 함께 하려는 자기사랑, 즉 "사회로의 충동"이 그것이다. 그러나 이러한 소질에는 갖가지 패악(悖惡)이 접목될 수 있는데, 그것들을 "자연 야성의 패악"이라고 부를 수 있으며, 자연의 목적에서 아주 멀리 벗어날 경우에는 "짐승 같은 패악들"이 되어, 예컨대 포식이라든지 음란함이라든지 다른 사람들에 대한 야만적 무법성으로

나타난다.(RGV, B16이하=VI26이하 참조)

2. 인간성의 소질은 자연적이면서도 비교하는, 따라서 셈[計算]하는 이성이 함께하는 자기사랑의 기질이다. 즉 그것은 남들과의 비교 중에서만 자기 자신의 행·불행을 평가하는 기질을 말한다. 이로부터 남의 의견 중에서 가치를 얻으려는 경향성이 생겨난다. 그것은 '평등'(→)의 가치의 근원으로서, 어느 누구에게도 자기보다 우월함을 허용하지 않고 혹시 누군가가 그러한 것을 추구하지나 않을까 하고 염려하면서도, 자기는 남들의 위에 서려는 부당한 욕구와 결부되어 있는 경향성이다. 이러한 질투심과 경쟁심에 우리가 타인이라고 생각하는 모든 이들에 대한 숨겨진 혹은 드러내놓는 적대감이 접목될 수 있다. 이것은 남들이 나보다 우위에 서려 노력할 때, 자기의 안전을 위하여 이 타인 위에 서는 우월성을 방비책으로 확보해두려는 경향성으로서 그 자체만으로는 패악이라고 볼 수 없다. 오히려 자연은 이러한 경쟁심을 오직 "문화로의 동기"로 이용하려 했을 터이기 때문이다. 그러나 이러한 경향성에 접목되는 "문화의 패악들"이 자연의 의도에서 벗어나 극도로 악질적으로 흐를 때, 가령 시기와 파렴치, 남의 불행을 기뻐하는 따위의 "악마적 패악들"이 나타난다.(RGV, B17이하=VI27 참조)

3. 인격성의 소질은 "도덕법칙에 대한 순전한 존경의 감수성"(RGV, B18=VI27)이며, 이때 존경(→)이란 "의사[의지]의 그 자체만으로써 충분한 동기의 감수성"을 뜻한다. 그러나 도덕법칙이란 인간 이성이 스스로에게 명령하는 당위의 규칙을 이르는 것이니까, 인격성의 소질이란 바로 이 규칙을 자기 행위의 준칙으로 받아들여 이 규칙에 자신을 복속시키는 의지의 자유를 뜻한다.

그러나 인간의 의지가 자유롭다면, 바로 자유롭기 때문에 인간은 도덕법칙을 자기 행위의 준칙으로 받아들이는 능력과 무능력을 함께 가지고 있다. 그 능력을 좋은 마음, 그 무능력을 나쁜 마음이라 부른다. 나쁜 마음은 채택된 준칙을 감연히 좇아갈 수 없는 마음의 연약성 내지 유약성에 기인하기도 하고, 도덕적 동기와 비도덕적 동기를 혼합하려는 성벽 즉 불순성에 기인하기도 하며, 어떤 때는 악한 원칙을 준칙으로 채택하려는 성벽 즉 악성[부패성]에 기인하기도 한다.(RGV, B18이하=VI27이하 참조)

III. 1. 인간의 근원적 소질을 구성하고 있는 세 가지 중에 동물성은 인간을 생명체로, 인간성은 여기에서 더 나아가 인간을 합리적 이성존재자로 존재하게 하는 자연의 배려이기도 하지만, 자칫 패악에 물들기 쉬운 기질이며, 세 번째의 인격성조차도 그것이 반드시 발휘되는 것은 아니다. 이런 소질로 인하여 인간은 여타의 사물들과는 달리 역사와 문화를 낳는 노동을 하고, 자신을 인식하고, 갖가지 악을 범한다.

2. 그럼에도 인간이 자신의 행위에 대해서 책임질 수 있는 존재자라면, 즉 도덕적일 수 있다면, 오로지 무조건적으로 도덕 명령을 따르리라는 자유로운 의지가 작용할 경우뿐이다. 그러므로 인간의 도덕성을 말하고, 그를 기반으로 해서 인격성을 말한다는 것은, 자연의 인과 필연성의 법칙에 따르는 인간의 자연적(기계적) 성벽을 물리치고 당위를 행하려는 자유로운 의지가 인간에게 있음을 납득하는 것이다.

인격으로서의 인간

1. "인간은, 그리고 일반적으로 모든 이성적 존재자는, 목적 그 자체로 실존하며, 한낱 이런저런 의지의 임의적 사용을 위한 수단으로서 실존하는 것이 아니다."(GMS, B64=IV428) 그러므로 "인간은, 그리고 일반적으로 모든 이성적 존재자는 그의 모든, 자기 자신을 향한 행위에 있어서 그리고 다른 이성적 존재자를 향한 행위에 있어서 항상 동시에 목적으로서 보아야 한다."(GMS, B64이하=IV428)

2. "경향성들의 모든 대상은 단지 조건적인 가치만을 갖는다." 그런 것들은 필요욕구가 사라지면 아무런 가치도 없게 되기 때문이다. 이런 것들은 기껏해야 필요를 충족시키기 위한 수단으로서만 가치를 얻는다. 이렇게 "단지 수단으로서 상대적 가치"만을 갖는 것 "물건들"이라 일컫는다.(GMS, B65=IV428 참조)

3. 그에 반해 "이성적 존재자들은 인격들이라 불린다."(GMS, B65=IV428) 왜냐하면 이성적 존재자들은 그 본성이 "그것들을 이미 목적들 그 자체로, 다시 말

해 한낱 수단으로 사용되어서는 안 되는 어떤 것으로 표시하고", 누구도 임의로 사용하는 것을 제한하는, "존경의 대상"이기 때문이다.(GMS, B65=IV428 참조)

4. "그러므로 인격들은 한낱 그것들의 실존이 우리 행위의 결과로서 우리에 대해서 가치를 갖는 주관적 목적들이 아니라, 오히려 객관적인 목적들이다. 다시 말해, 그것들의 현존 그 자체가 목적인, 그것 대신에 다른 어떤 목적도 두어질 수 없는 그런 것들로", 그러니까 궁극목적으로서 "절대적 가치"를 가진 것이다.(GMS, B65=IV428 참조)

자연의 최종 목적으로서의 인간

1. 인간이 "스스로 자신의 의사대로 목적들을 세울 수 있는 능력을 가진 지상의 유일한 존재자"(KU, B390=V431)로서 자신을 목적적 존재자라고 생각하는 한, "여기 지상에서는 그것과 관계해서 여타 모든 자연사물들이 목적들의 체계를 이루는, 자연의 최종 목적으로"(KU, B388=V429) 인간 이외의 것을 생각할 수 없다.

우리가 자연을 목적론적 체계로 볼 때, "인간은 그의 사명의 면에서 자연의 최종 목적"(KU, B390=V431)이다. "인간은 본래 자연의 목적이고, 지상에 살고 있는 어떤 것도 이 점에서 인간과 견줄 자는 있을 수 없다."(MAM, A10=VIII114) 그러나 이것은 언제나 "조건적으로만" 그러하니, 곧 인간이 자신이 최종 목적임을 "이해하고, 자연과 그 자신에게 그러한 목적관계를 부여할 의지를 가지고 있으며, 그러한 목적관계가 자연에 대해 독립적으로 스스로 충분하다는 [···] 조건 아래서만 그러"(KU, B390=V431)한 것이다.

그렇다면 우리는 "자연의 저 최종 목적을 인간의 어느 점에 놓아야 할 것인가"?(KU, B390이하=V431) 이에 대한 답을 우리는 "자연이 인간으로 하여금 그 자신이 궁극목적이기 위해 행하지 않으면 안 될 것에 대한 준비를 시키기 위해 수행할 수 있는 것이 무엇인가를 찾아내"(KU, B391=V431)면 얻을 수 있을 것이다. 그러한 것으로는 "스스로 목적들을 세우고 [···] 자연을 자기의 자유로운 목적들 일반의 준칙들에 알맞게 수단으로 사용할 수 있는" "유능성을 산출하는"

"문화[교화]"(KU, B391=V431)만한 게 없다. "그러므로 문화[교화]만이 사람들이 인류를 고려하여 자연에 부가할 이유를 갖는 최종 목적일 수가 있다."(KU, B391=V431)

2. 인간이 자연의 특별한 "총아"(KU, B389=V430)는 아니다. 흑사병, 태풍과 같은 자연의 기계성의 맹목성에 인간은 동물들처럼 굳세지도 못하다. 게다가 인간은 전쟁이나 독재와 같은 악행을 스스로 저질러 인류를 파괴한다. 그럼에도 훈육과 교화, 예술과 학문들은 인간들로 하여금 "감각적 성벽(性癖)의 폭군적 지배를 제법 잘 극복하고, 그렇게 함으로써 인간에게 이성만이 권력을 가져야 하는 지배 체제를 준비해준다."(KU, B395=V433)

3. "그러나 개개 문화가 이런 최종 목적이기에 충분한 것은 아니다."(KU, B392=V431) 문화적인 것이라 하더라도 무엇인가가 궁극목적이기 위해서는 "자신의 가능성의 조건으로서 다른 어떤 것도 필요로 하지 않는 그런"(KU, B396=V434) 것이어야 한다. 그런데 인간 안에서 찾을 수 있는 그런 것으로는 도덕성밖에 없다. — "이제 도덕적 존재자로서 인간에 대해서는 (그러하니 세계 안의 모든 이성적 존재자에 대해서는) '무엇을 위해 (무슨 目的을 爲해) 그것이 실존하는가'를 더 이상 물을 수가 없다. 그의 현존은 자신 안에 최고의 목적 자체를 가지며, 그는 그가 할 수 있는 한, 이 최고 목적에 전체 자연을 복속시킬 수 있으며, 적어도 이 최고 목적에 반하여 그가 자연의 어떤 영향에 복속되지 않도록 자신을 지켜야만 한다. — 무릇 세계의 사물들이 그것들의 실존의 면에서 의존적인 존재자로서, 어떤 목적들에 따라 활동하는 최상의 원인을 필요로 한다면, 인간이야말로 창조의 궁극목적이다. 왜냐하면 인간이 없으면 서로서로 종속적인 목적들의 연쇄가 완벽하게 기초되지 못할 것이니 말이다. 오로지 인간에서만, 또한 도덕성의 주체인 이 인간에서만 목적들에 관한 무조건적인 법칙수립[입법]을 찾을 수 있으며, 그러므로 이 무조건적인 법칙수립만이 인간으로 하여금 전체 자연이 목적론적으로 그에 종속하는 궁극목적일 수 있게 하는 것이다."(KU, B398이하=V435이하)

4. "인간은 도덕적 존재자로서만 창조의 궁극목적일 수 있다."(KU, B412=

V443 참조) 윤리적 존재자, 즉 '목적'으로서 인간은 자연의 합목적적 체계의 정점이고, 자연만물 창조의 "궁극목적"인 것이다. 도덕적 존재자로서 인간은, 그리고 세계에 있는 모든 이성적 존재자는 단지 자연의 궁극목적으로서가 아니라, 창조의 궁극목적으로서 실존한다.

인간성/인문성 人間性/人文性 Menschlichkeit/Humanität humanitas

1. 인간은 "생명체이면서 동시에 이성적 존재자로서" "인간성의 소질"(RGV, B15=VI26)을 가지고 있다.

2. "인문성[인간성]은 한편으로는 보편적인 참여의 감정을, 다른 한편으로는 자기 자신을 가장 진솔하게 그리고 보편적으로 전달할 수 있는 능력을 의미"한다. "이 속성들이 함께 결합하여 인간성에 적합한 사교성을 이루며, 이 사교성에 의해 인간성은 동물의 제한성과 구별된다."(KU, B262=V355)

3. 칸트는 '실천적 인간성'과 '미감적 인간성'이 인간의 사회성의 바탕임을 강조한다. — "함께 기뻐함과 함께 괴로워함(도덕적 동정)은 타인의 즐거움과 고통스러움의 상태에 대한 쾌 또는 불쾌의 감성적 감정 — 그 때문에 미감적이라고 불러야 하는 것 — (공감, 동정의 감각)이고, 자연은 이미 이에 대한 감수성을 인간들 안에 넣어놓았다. 그러나 이 감수성을 능동적이고 이성적인 호의의 촉진을 위한 수단으로 사용하는 것은, 비록 조건적인 것이긴 하지만, 인간성이라는 이름을 갖는 특별한 의무이다. 왜냐하면 여기서 인간은 한낱 이성적 존재자가 아니라, 이성을 품수한[갖춘] 동물로 보이기 때문이다. 무릇 이 의무는 자기의 감정에 관해 서로에게 전달하는 능력과 전달하려는 의지(실천적 인간성) 안에, 또는 한낱, 자연 자신이 주는 것인, 즐거움[쾌락] 또는 괴로움[고통]의 공통 감정에 대한 감수성(미감적 인간성)에 놓일 수 있다. 전자는 자유롭고, 그래서 동정적(느낌의 자유로운 고유)이라고 불리고, 실천이성에 기초한 것이다. 후자는 부자유

스러운 것(느낌의 부자유스러운, 노예적 공유)으로, (열이나 전염병의 감수성처럼) 전도적(傳導的)이라고, 또한 고통공감이라고 일컬을 수 있다. 왜냐하면 이것은 서로 결하여 살고 있는 사람들 사이에 자연스레 퍼지는 것이기 때문이다. 다만 전자에 대해서만 책무성이 있다."(MS, TL, §34: A129이하=VI456이하)

4. "인간은 그 자신의 인격에서 인간성에 대한 책임이 있"다. 인간은 자기 자신의 주인(sui iuris)일 수는 있어도, 자신을 임의대로 처분할 수 있는 "그 자신의 소유자(sui dominus)일 수는 없으며, 하물며 다른 사람들의 소유자일 수는 더더욱 없다." "이 점은 인간의 권리에 속하는 것이 아니라 인간성의 권리에 속하는 것"이다.(MS, RL, AB96=VI270 참조)

인간학 人間學 Anthropologie

'인간학'이란 "체계적으로 쓴, 인간에 대한 지식의 이론"으로서 "생리학[자연학]적 관점이나 실용적 관점에서" 이루어질 수 있다.(Anth, BIV=VII119 참조) 이런 개념에 따라 칸트는 여러 학기 인간학을 강의하고 『실용적 관점에서의 인간학』(→)을 저술하였다.

인격 人格 Person persona

I. 1. 인간은 자신을 '나'로 표상함으로써 하나의 인격이 된다. 하나의 인격이란 온갖 변화에도 불구하고 동일성을 유지하는 것이며, 무엇과도 교환될 수 없는 존엄성을 갖는다. 이 점에서 인격은 물건들과는 전적으로 구별되는 것이다.(Anth, AB3=VII127 참조)

2. 심리학적, 사회적으로 인격성은 "자기 현존의 여러 상태들에서 자기 자신의 동일성을 의식하는 능력"(MS, RL, AB22=VI223)에 있으며, 법률적으로 인

격이란 "그의 행위들에 대해 귀책능력이[책임질 역량이] 있는 주체"(MS, RL, AB22=VI223)를 말한다. 이때 인격은 자연인 또는 법인처럼 '인(人)'으로 지칭된다.

3. 도덕적 인격성을 이루는 것은 "도덕법칙들 아래에 있는 이성적 존재자의 자유"(MS, RL, AB22=VI223)이다. 그러므로 인격은 "실천이성의 능력과 자기 의사의 자유에 대한 의식을 갖추고 있는 존재자"(Anth, A320=B318=VII324)로서, "자기 자신에게 수립한 법칙들 외의 어떤 다른 법칙들에는 복종하지 않는" 행위자를 일컫는다.(MS, RL, AB22=VI223 참조)

II. 1. 칸트에서 인격은 행위 주체로서 그것은 자연에서 실체에 상응한다. "지성개념들의 초월[논리]적 표"(Prol, A86=IV303) 내지 "범주들의 표"(KrV, A80=B106)의 관계 범주들의 첫째 항에 실체가 있고, 사실상 나머지 범주들은 이 실체의 술어(述語)에 해당하는 것과 똑같이, "선 및 악의 개념과 관련한 자유의 범주들의 표"(KpV, A117=V66)의 관계의 범주들의 첫째 항에 '인격성'이 있는데, 사실상 나머지 범주들은 이 인격의 행위 규칙들의 규정이다. 인격을 전제하고서야 비로소 선악의 개념도 갖가지 실천 규칙들도 의미와 의의를 얻는다.

2. 인격은 유일하게 존경의 대상이다. 물건은 경향성의 대상으로서, 사랑을 불러일으키고 경탄을 자아내고, 경이감을 줄 수는 있어도 결코 존경을 불러일으킬 수는 없다.(KpV, A135=V76 참조) (그런데도 만약 인격보다 또는 인격이 아니라 물건을 '존경'하는 세태가 있다면, 그것이 물신[物神]주의 현상이다.)

III. 1. 법정(forum)은 "정의를 대표하는 도덕적 인격"(MS, RL, AB140=VI297)이다. "국가의 통치자(王: rex, 元首: princeps)는 집행권(potestas executoria)이 귀속하는 그러한 (도덕적 또는 물리적) 인격이다."(MS, RL, A170=B200=VI316)

2. "각 국가(→)는 자기 안에 세 권력, 다시 말해 삼중의 인격(政治的 三位一體: trias politica) 안에 보편적으로 합일된 의지를 함유한다."(MS, RL, A165=B195=VI313)

3. "국가는 하나의 도덕적 인격으로서 다른 국가에 대해서 자연적 자유의 상태에 있"(MS, RL, A216=B246=VI343)다.

인격성 人格性 Persönlichkeit personalitas

1. '인격성'은 어휘만으로는 '인격임' 내지는 '인격의 성질'을 뜻하므로, '인격'과는 구별되지만, 때로는 '인격' 대신으로 사용되기도 한다.

2. 인간은 "생명체로서의 인간의 동물성의 소질", "생명체이면서 동시에 이성적 존재자로서의 인간성의 소질" 외에 "이성적이면서 동시에 귀책 능력이 있는 존재자로서의 인격성의 소질"(RGV, B15=VI26)을 갖는다. "인격성의 소질은 도덕법칙에 대한 존경의 감수성, 즉 의사[의지]의 그 자체만으로써 충분한 동기의 감수성이다."(RGV, B18=VI27)

3. 인간에게 도덕법칙이 있다는 사실은 "우리로 하여금 우리 의사가 여타 모든 동기들에 의한 규정으로부터 독립적임(즉 우리의 자유)을, 그리고 이와 함께 동시에 모든 행위들의 귀책 능력이 있음을 의식하게"(RGV, B15=VI26) 한다. 그래서 칸트는 도덕법칙의 이념이 "인격성 자체", 곧 "전적으로 지성적으로 고찰된 인간성 이념"(RGV, B19=VI28)이라고도 말한다.

4. 인격성은 "전 자연의 기계성으로부터의 독립성"으로서 "자기 자신의 이성에 의해 주어진 순수한 실천 법칙들에 복종하고 있는 존재자의 한 능력"(KpV, A155=V87)이다. "인격성에서 도덕법칙은 동물성으로부터, 더 나아가 전 감성세계로부터 독립해 있는 생을 나에게 개시[開示]한다."(KpV, A289=V162)

5. 공동체의 구성원으로서 시민적 자립성은 "법적 사안들에 있어서 어떤 타인에 의해서도 대표되어서는 안 되는 시민적 인격성이다."(MS, RL, A166=B196=VI314)

인권 人權 Menschenrecht

1. 인권이란 "자기 자신의 인격에서 인간성의 권리"(MS, RL, AB43=VI236) 곧 인간임의 권리(Recht der Menschheit)로서, 사람은 누구도 한갓된 수단이 아니라,

동시에 목적으로 살고 대우받을 권리를 일컫는다.(→ 존엄[성] → 인간 존엄성의 원칙) "우리 인격 안의 인격성의 권리들 및 인간들의 권리 외에 세상에서 신성한 것은 없다. 신성성은 우리가 인간들을 결코 한낱 수단으로 쓰지 않는다는 데에 있으며, 그러한 사용의 금지는 자유와 인격성 안에 있다."(Refl 7308, XIX308)

2. 인권이란 "모든 인간에게 그의 인간성의 힘으로[그가 인간이라는 바로 그 힘으로] 귀속하는 […] 근원적인 권리"(MS, RL, AB45=VI237)로서 그 으뜸은 "자유"의 권리이다. 여기서 자유란 "타인의 강요하는 의사로부터의 독립성"이며, 그것은 "모든 타인의 자유와 보편적 법칙에 따라서 공존할 수 있는 한"에서 보장되어야 한다.(MS, RL, AB45=VI237 참조)

3. 인간의 권리로서의 자유는 각자가 자기가 좋다고 생각하는 방식으로 "자기의 행복을 추구"(TP, A235=VIII290)할 수 있는, "그 자신의 선택에 따라 행복하게 지낼"(MS, TL, A126=VI454) 권리를 핵심 요소로 갖는다.

4. "보편적 인권의 원리들"은 곧 자유, 평등, 안전이며(VARL, XXIII292 참조), 인권의 토대는 인간이 법적 주체가 되는 일이다.(MS, RL, AB43=VI236 참조)

5. 인권이란 "인간들 사이에만 있을 수 있는 가장 신성한 것"(MS, RL, AB151=VI304) 내지 "세계 안에서의 가장 신성한 것"(RGV, A226=VI159)이자, "신이 지상에서 가지고 있는 가장 신성한 것"(ZeF, AB27=VIII353)이다.

인류 人類 Menschengeschlecht/menschliches Geschlecht

1. 인류는 "서로 잇따라 그리고 서로 곁하여 실존하는 인격들의 집합"(Anth, A331=B329=VII331)이다.

2. 인류는 문화[교화]의 면에서 끊임없이 그의 자연목적인 진보 중에 있으므로, 그의 현존의 도덕적 목적의 면에서도 개선을 향해 전진 중에 있으며, 이것이 때때로 중단되기는 하지만 결코 단절되지는 않을 것이다.(TP, A275이하=VIII308이하 참조) "인류는 헤아릴 수 없는 많은 세대들의 계열을 거쳐 진보함으

로써"(Anth, A319=B317=VII324) 그 사명으로 향상해간다. 개체로서 인간은 때로 좌절하고 퇴보도 하지만, 인류로서 인간은 그러한 저지를 뚫고 전진해나간다. 인간 개개 주체에서는 얽혀 있고 불규칙적인 것으로 눈에 띄는 것도 "전체 인류에서는 인류의 근원적 소질의 비록 느리기는 하지만 끊임없이 전진하는 발전"(IaG, A386=VIII17)의 요소를 이룬다. "인간에 있어서 그의 이성 사용을 목표로 하고 있는 자연소질들은 개체[개인]에서가 아니라, 오직 유[인류]에서만 완벽하게 발전될 것이다."(IaG, A388=VIII18)

3. "인간은 첫째로 자기 자신과 자기의 종[種]을 보존하고, 둘째로 그를 훈련시키고 가르쳐서, 가정 사회에 맞게 교육시키고, 셋째로 그를 하나의 조직적인(이성원리에 따라 질서 지어진) 사회에 맞는 전체로서 통치한다. 그러나 이때 인류의 특징적인 것은 지상의 가능한 이성적 존재자 일반의 이념과 비교해보면 다음과 같다. 즉 자연은 인류 안에 불화의 씨앗을 넣어놓고서, 인류 자신의 이성이 이 불화에서 벗어나 화합을, 적어도 화합으로의 부단한 접근을 만들어내기를 욕구했거니와, 이 후자[화합]가 이념에서는 목적이지만, 그러나 실상으로는 전자(불화)가 자연의 계획에서는 우리로서는 헤아릴 수 없는 최고 지혜의 수단이다. 즉 그것은 비록 인간의 생의 기쁨의 많은 희생과 함께일지라도 진보하는 문화에 의해서 인간을 완전하게 만드는 수단인 것이다."(Anth, A315이하=B313이하=VII321이하)

4. "완전히 정당한 시민적 [헌정]체제가 인류에 대한 자연의 최고 과제임이 틀림없다. 왜냐하면 자연은 오직 이러한 과제의 해결과 수행에 의해서만 인류와 함께하는 자기의 여타 의도들을 달성할 수 있기 때문이다."(IaG, A395=VIII22) 더 나아가 "세계지역들이 서로 평화적으로 관계 맺고, 이러한 관계들이 마침내 공법화되고, 그렇게 해서 인류는 마침내 세계시민적 체제에 점점 가까이 다가설 수 있다."(ZeF, AB42=VIII358)

인문성 人文性 Humanität humanitas

→ 인간성/인문성

인식 認識 Erkenntnis cognitio

인식의 개념

1. '인식'이란 아주 넓은 의미에서는 거의 표상(→)과 같다. 그러나 충전한 의미에서 인식은 "어떤 객관과 관련한 의식적 표상"(Log, A139=IX91; V-Lo/Dohna, XXIV752; KrV, A320=B376이하 참조)을 말한다. 인식은 '표상(repraesentatio)'이되, '의식적 표상(perceptio)'이고, 그것도 '객관과 관련한 의식적 표상(cognitio)' (KrV, A320=B376이하; V-Met/Schön, XXVIII471 참조)인 것이다.

2. 칸트는 '인식'을 ①"표상(vorstellen: repraesentare)"· ②"지각(wahrnehmen: percipere)"· ③"인지(kennen: noscere, wissen: scire)"· ④"인식(erkennen: cognoscere)"· ⑤"이해(verstehen: intelligere)"· ⑥"통찰/분별(einsehen: concipere)"· ⑦"파악(begreifen: comprehendere)"의 일곱 단계로(Log, A96이하=IX64이하; V-Lo/Blomberg, XXIV132이하·136 참조) 나누어 설명하기도 한다. —'인식'의 단계들을 설명하면서 다시금 ④항을 '인식'의 단계로 보는 것은, 엄밀한 의미에서는 "의식적으로 무엇을 인지함"에 이르러야 진정한 의미에서 '인식'이라 할 수 있다는 뜻이겠다.— 이 단계들 가운데서 칸트는 '무엇을 표상함'과 '무엇을 의식적으로 표상함[지각]'을 구별한다. 후자는 "무엇을 표상하되, 거기에 한 의식이 또한 결합되어 있음"(V-Lo/Blomberg, XXIV132; 참조 V-Lo/Dohna, XXIV752; KrV, B137)을 말한다. 이것은 다시금 표상함에서 우리는 표상들이 본래 관계하고 있는 것을 의식하고 있음(XXIV132 참조)을 말한다. 여기서 칸트는 똑같이 표상이라고 말은 하면서도 잡다한 표상들과 단일한 표상의 차이를 간취하고 있다. 일

차적인 표상함에서는 오직 잡다한 표상들, 곧 감각들이 다가올 뿐이나, 의식적 표상[지각]에서는 이 표상들이 하나의 객관과 관련해서 통일된다. 즉 "한 의식에서 결합"(V-Met/Schön, XXVIII471; V-Lo/Dohna, XXIV752)된다.

3. 이런 관점에서 칸트는 '지각함'(곧, 의식적으로 표상함)을 "의식적으로 감각함"과 동일시한다.(V-Lo/Dohna, XXIV753 참조) '지각'은 언제나 이미 한 객관과 관련해 있다. 어떤 대상과의 관련 없이는 결코 지각은 성립할 수 없을 터이다. 그럼에도 칸트는 지각을 "어떤 객관과 관련한"이라는 제한을 추가로 갖는 인식과 구별한다. 칸트는 감각을 주관적 지각, 곧 "단적으로 주관과 그 주관의 상태의 변양으로서 관계 맺는"(KrV, A320=B376) 것이라 부르고, 반면에 인식은 "객관적"(KrV, A320=B376; V-Lo/Wiener, XXIV904; V-Met/Schön, XXVIII471 참조)인 것이라 칭한다. 이러한 용어 사용법에서는, 감각이나 인식 모두, 잡다한 표상들을 단일화한 표상이라는 점에서 똑같이 지각의 일종이지만, 이 둘은 감각이 순전히 주관과만 관련하는 데 반하여 인식은 객관과 관련한다는 점에서 구별된다고 말하는 셈이다. (그러나 칸트가 감각을 "현상의 질료"(KrV, A20=B34 참조)라고 일컬을 때, 그러한 의미에서의 감각은 지각의 일종이 아니라 지각의 질료가 되는 한낱 잡다한 표상들일 따름이다.)

진정한 의미에서의 인식: 경험적 인식

1. 감각은 "대상의 실제적 현전"(KrV, A50=B74)을 전제한다.(Prol, A63=IV289; V-Lo/Blomberg, XXIV201·202; V-Lo/Philippi, XXIV446 참조) 어떤 사물이 자극한다 해도 우리는 흔히 서로 다른 것을 표상한다. 이런 뜻에서 통일된 표상으로서라도 감각은 주관적이다. 여기서 '주관적'이란 '어떤 객관과도 관련 없는'이나 '오로지 주관으로부터 생겨난'을 의미하는 것이 아니라, '객관과 관련은 있지만 그러나 보편타당하지 않은'을 의미한다.

2. '객관적인 표상으로서의 인식'에서 '객관적'은 '객관과 관련이 있는 그리고 동시에 보편타당한' 내지는 '객관적으로 타당한'을 뜻한다.(KrV, A91=B123; Prol,

A79=IV298이하; V-Met/Schön, XXVIII471 참조) "보편타당성은 객관적 표상의 징표"(XXVIII471)이다. 감각과 인식 양자 모두 객관과 관련되어 있으며, 또한 물론 모두 주관과도 관련되어 있다. 그러나 양자는, 그것이 한낱 주관적으로만 타당한가 아니면 보편적으로 타당한가 하는 점에서 서로 구별된다. 이러한 구별점을 염두에 두면, 감각은 그것이 통일적이든 잡다하든 주관적인 표상으로서 "오로지 주관과" 관계를 맺으며, 반면에 인식은 객관적인 표상으로서 객관과도 관계를 맺고 있다고 말할 수 있다.(KrV, A320=B376 이하; V-Lo/Wiener, XXIV904 참조)

그러나 감각을 단지 감각작용에 의한 잡다한 소여로 규정하고, '통일적 주관적 표상으로서의 감각'을 '지각'이라고 일컫는다면(V-Lo/Dohna, XXIV752 참조), 지각은 "잡다한 표상들의 결합과 통일"(V-Met/Schön, XXVIII471)이되 단지 주관적으로만 타당한 것이겠고, 반면에 인식은 객관과 관계하는 통일적인, 그러면서도 보편적으로 타당한 표상을 의미한다. 그리고 칸트는 우리 밖의 사물과 관계맺는, 그렇기에 우리 외적 감관의 촉발로만 비로소 가능한 이 인식을 때때로 '경험적 인식' 내지는 엄밀한 의미에서 '경험'이라고 일컬어, 다른 방식의 인식, 예컨대 순수한 인식과 구별한다.

감각 · 지각 · 인식/경험

감각 · 지각 · 인식, 이 셋 모두 각기 우리 밖에 대상을 갖는, 그리고 대상이 일정한 방식으로 우리를 촉발함으로써만 비로소 우리 의식에서 생길 수 있는 그런 표상이다. 감각은 주관적인, 통일성 없는 표상이지만, 그것에 "대응하는"(KrV, A143=B182 · B207이하 참조) 사물의 실질을 함유한다. 그래서 감각은 "직관들의 실재[질]적인 것"(Prol, A91= IV306)이다. 이 감각이 지각의 질료이고(KrV, B207 · A20=B34 · A223=B270 참조), 이 "지각들의 필연적 연결 표상을 통해서만 가능"(KrV, B218)한 통일적 표상이 (경험적) 인식이다.

경험 인식 곧 사물 인식

1. 경험적 인식은 무엇인가 "있다는 것"(KrV, A633=B661)과 관계 맺는 표상으로서, 있는 것을 있는 그대로 표상하는 한에서 "이론적 인식"(KrV, A633=B661)이며, 그 있는 것을 사물이라고 일컫는 한에서 사물 인식이다. 이 점에서 사물 인식은 표상하는 자가 무엇인가를 마치 존재하는 것처럼 그리는 상상과는 다르며, '마땅히 존재해야 할 것'과 관계 맺는 실천적 인식과도 다르다.

2. 미지의 어떤 것, "아직 규정되지 않은 대상"(KrV, A69=B94)을 '어떠어떠하게 있다'고 규정하는 사물 인식은 사람들이 이미 존재하고 있는 어떤 사물을 관찰함으로써 얻는 보편타당한 표상이다. 이런 의미에서 칸트가 때때로 "자연 인식"(KrV, A660=B688)이라고도 부르는 사물 인식은 우리 밖에 있는 감관의 대상인 어떤 사물이 "우리 감관들을 촉발함으로써 우리 안에 결과하게 한 표상"(Prol, A63=IV289)이다.

사물 인식의 구조

1. 그러므로 "어떤 객관과 관련한 의식적 표상"이라는 정의에 맞는 인식은 다름 아닌 사물 인식이다. 인식은 "주어진 표상들이 한 객관과 일정하게 관계 맺는 데서 성립한다."(KrV, B137)라는 규정 또한 이러한 사물 인식에 적중하는 것이다.

2. 인식은 그 자체로 하나의 통일적 표상이다. 그러니까 통일적인 객관적 표상으로서 사물 인식은 주어진 표상들이 일정한 방식으로 한 대상과 관계 맺어지는 데에서 성립한다. 여기서 '주어진 표상들'이란 칸트가 흔히 "감각들" 또는 일차적 의미에서 "현상의 잡다[한 것]"(KrV, A20=B34), "직관의 모든 잡다"(KrV, B136), "직관의 모든 잡다한 표상들"(KrV, B136)이라고 일컫는 것이다. 이러한 '주어진' 표상들은, 어떤 객관이 우리를 촉발할 때만(KrV, A19=B33 참조) 우리에게 주어진다. 그러니까 이 경우 그 '객관'이란 그것의 촉발에 의해 우리가 갖

게 되는 표상들의 원인이라 할 수 있으며, 그 '표상들'은 그 객관이 우리의 표상능력, 곧 감성에 미친 "작용결과"(KrV, A19=B33이하 참조)라 할 수 있다. 무릇 모든 주어진 표상들에 대해서는 어떤 객관이 그것을 야기한 원인으로서 존재해야만 한다. 이 '어떤 객관'이야말로 인식되어야 할 우리 밖의 것이다. 그러나 그것에 관해서 우리는 "그것이 무엇인가"를 원리적으로 알 수가 없다.(KrV, A277=B333 · B164 참조) 그 때문에 그것은 "어떤 것=X"(KrV, A104 참조)라고 하지 않을 수 없다. 그러나 그것은 우리 감관을 촉발함으로써 자기의 존재를 우리에게 알린다. 그것의 촉발로 인해 우리는 '주어진 표상들'을 갖게 된다. 그러므로 그것은 그 표상들의 "원인"이다.(KrV, A288=B344 · A494=B522 참조) 이제 이 객관에 의해 주어진 표상들이 "한 객관"과 일정하게 관계 맺는다 함은 범주적으로 하나의 '객관' 규정됨을 뜻한다. 주어진 표상들이 그러그러하다고 개념적으로 규정됨으로써 "나에 대해 객관"(KrV, B138)이 되는 것이다.

3. 요컨대 사물 인식은 무규정적인 어떤 객관이 인간의 의식적 표상 작용에 의해 하나의 객관으로 규정됨을 말한다. 그러니까 사물 인식의 구조는 '어떤 것(X)-인간의 인식작용-한 객관'으로 이루어져 있다.

사물 인식 성립의 두 요소: 질료와 형식

1. 경험적 인식으로서 사물 인식은 객관적으로 타당한 것인 한에서, 인간의 인식능력이 자기의 작용방식대로 대상을 표상한 것이다. 칸트는 이 인간의 인식 활동을 각기 고유한 틀을 갖는 감성과 지성의 협업으로 본다.

사물 인식은 "전혀 다른 두 종류의 요소, 곧 감각[기관]으로부터 유래하는 인식을 위한 질료와, 이 질료를 정리하는 순수한 직관과 사고의 내적 원천으로부터 유래하는 일정한 형식"(KrV, A86=B118)을 함유한다. 칸트가 파악하는 이 "일정한 형식"은 그 기능에 따라 두 종류가 있으니, 무엇인가를 수용하는 기능인 직관의 형식 곧 공간 · 시간 표상과 그 수용한 것을 통일하는 기능인 사고의 형식 곧 순수한 지성개념들이다.(특히 KrV, A19=B33 · A51=B75 참조) 바로 이 형식들과 질료로부터 사물 인식은 형성된다.

2. 직관 및 사고의 형식은 순수하게 주관적이다. 다시 말해 인식하는 인간의 주관에 그 원천을 갖는다. 그렇기에 그것들은 선험적(a priori)이다. 그럼에도 공간·시간 그리고 범주로 기능한 순수 지성개념들은 "절대로 천부의(anerschaffen) 혹은 선천적(angeboren)인 표상들이 아니다."(ÜE, AB68=VIII221; 참조 MSI, A211=II395·A223=406) 왜냐하면 순수 지성개념이나 공간·시간 같은 선험적 표상들은 주어지는 대상이 없으면 완전히 공허한 것이고, 아무런 내용도 갖지 못하는 것이니 말이다.(KrV, A51=B75 참조) 칸트의 비판적인 고찰에 따르면, "일체의 표상은, 그것이 직관에 속하는 것이든 지성개념에 속하는 것이든 모두 취득된 것"(ÜE, AB68=VIII221)이다. 그러므로 선험적인 표상들도 역시 취득된(erworben) 것인데, 그것들은 이른바 "근원적 취득"(ÜE, AB68=VIII221)이다. 왜냐하면 우리의 인식능력은 선험적인 표상들을 감각적인 대상으로부터 얻어내는 것이 아니라, "자기 자신으로부터 선험적으로 성립시키기"(ÜE, AB68=VIII221) 때문이다. 그러니까 선험적인 표상들이 "그런 것으로 생겨나고 다른 것으로 생겨나지 않게 할"(ÜE, AB68=VIII221이하) 뿐 아니라, 아직 주어지지 않은 "객관들과 관계 맺는 것을 가능하게 해주는 근거는 주관 안에 있어야만 하며, 그래서 이 근거는 적어도 선천적이다."(ÜE, AB68=VIII222) 다시 말해 선험적 표상들 자체는 선천적인 것이 아니지만, 공간·시간 및 범주들과 같은 일정한 선험적 표상들의 근거는 선천적이다. 이런 선험적 표상들의 "싹과 소질"은 이미 인간의 주관 안에 갖추어져 있다(KrV, A66=B91 참조)는 말이다. 그러나 이 싹과 소질은 오로지 "경험을 기연[機緣]으로 발전"(KrV, A66=B91)한다. 감각 인상들이 이런 선험적 표상들을 "산출하는 기회원인들"(KrV, A86=B118)인 것이다.

3. 사물 인식은 사물에 대해 수동적이면서도 능동적인 표상 활동이다. 그것은 수용적-자발적이다. 자기활동을 위한 일정한 틀[형식]을 갖추고 있는 인식능력은 우리 감관을 자극하는 무엇인가에 의해 작동되도록 일깨워진다. 이때 그 무엇인가는 그것 자신에 대한 표상들이 생기도록 영향을 미치는 한편, 우리 지성활동을 일으켜, "이 표상들을 비교하고, 그것들을 연결하거나 분리하고, 그렇게

해서 감각 인상들의 원재료를" 한 대상의 인식으로 "가공"하도록 한다.(KrV, B1 참조) 그래서 사물 인식의 성립에는 두 가지 요소, 곧 우리 밖의 무엇인가가 우리 인식능력에 미친 영향 결과인 질료와 우리 인식능력이 주어지는 대상을 수용하고 수용된 질료를 가공하기 위해 스스로 마련해 가지고 있는 형식[작업 틀]이 불가결하다.

이 두 요소, 그러니까 질료든 형식이든, 모두 표상인 한에서 각기 그것의 원인, 바꿔 말해 이 표상을 야기한 근거를 가지고 있을 것이다. 첫 번째 요소의 근거는 다름 아닌 우리 감성을 촉발하여 그것 자신에 대한 표상을 우리로 하여금 갖도록 영향을 미치는 '우리 밖의 어떤 것'일 것이고, 두 번째 요소의 근거는 우리 '주관 자신'이라고 볼 수 있다. 주관은 결코 힘으로써 타자에게 영향을 미치는 존재자로서 작용하지는 않지만, 자신의 표상들로서 드러난다.

우리 밖의 어떤 것은 감각 인상들을 야기하고, 그로써 동시에 "그 개념들과 관련해서 전 인식능력이 발동하고" 감각적 사물에 대한 인식을 성취할 "최초의 계기를 제공한다."(KrV, A86=B118) "그러므로 시간상으로는 우리에게 어떠한 인식도 [순전한] 경험에 선행하는 것은 없고, 경험과 함께 모든 인식은 시작된다." (KrV, B1) 그러나 우리는 감각들을 가공함으로써만 비로소 이 감각들이 관계 맺고 있는 대상을 인식한다. 인식함에서 우리는 비로소 인식된 대상을 갖는다. 다시 말해, 알려지지 않았던 어떤 것이 우리의 인식함에서 우리에게 대상이 된다. 지성에 의한 가공 작업이란 무규정적인, 그러나 공간·시간상에서 우리에게 감각적으로 주어진 어떤 것을 하나의 대상으로 규정하는 작업이다. 지성의 이 자발적 활동과 관련하여 칸트는 질료를 "규정되는 것" 또는 "규정될 수 있는 것"이라고 일컫고, 반면에 형식은 그것을 "규정"(KrV, A266=B322) 또는 "규정함", 다시 말해 "규정하는 활동"(XXVIII, 575)이라고 일컫는다. 이 규정을 통해 "어떤 것을 하나의 대상으로 인식하는 것이 가능"(KrV, A92=B125)하다. 어떤 것의 인식, 곧 어떤 것의 규정[형식]을 통해 아직 무규정적인 어떤 것이 그것을 인식하는 자에게 규정된 일정한 대상[사물]이 된다.(KrV, B138 참조)

4. 그러나 형식은 오로지 대상 인식을 위해 질료에게 질서를 주는 기능만을 갖

는다. 주어진 질료가 없으면 형식은 아무런 쓸모도 없다. 사물 인식은 결코 형식만으로는 성립할 수 없고, 질료와 형식이 함께 있음으로써만 비로소 성립한다. 그러니까 인간에게 사물 인식을 위한 질료는 그 사물 인식이 성립하기 위한, 따라서 그 사물 인식의 대상, 곧 감각 대상적인 사물이 성립하기 위한 또 하나의 요소이다. 질료와 형식은 사물 인식이 성립하기 위한 불가결의 두 요소이고, 또한 그 인식에서 규정되는 사물[대상]의 불가결의 두 요소이다. 그럼에도 선험적 형식만이 경험적 사물 인식을 필연적으로 보편타당하게 하는 근거이다. 다시 말해 선험적 형식만이 경험 인식을 위한 가장 보편적인 내적 근거, 곧 객관적으로 타당한 인식의 대상의 순수 본질을 이룬다. 바로 이것이 칸트 초월철학의 핵심 사상이며, 바로 이 점 때문에 그의 초월철학은 존재론으로 이해될 수 있는 것이다.

인식의 두 성분: 직관과 개념

인식은 두 성분인 직관과 개념이 "통일됨으로써만"(KrV, A51=B75) 생긴다. 직관의 능력인 "감성이 없다면 우리에겐 아무런 대상도 주어지지 않을 터이고" 사고의 능력인 "지성이 없다면 아무런 대상도 사고되지 않을 터이다."(KrV, A51=B75) "이 두 능력 내지 역량은 그 기능을 서로 바꿀 수가 없다. 지성은 아무것도 직관할 수 없으며, 감관들은 아무것도 사고할 수 없다."(KrV, A51=B75) 그래서 하나의 인식이 성립하기 위해서는 "개념들을 감성화하는 일(다시 말해, 그 개념들에게 직관에서 대상을 부가하는 일)"과 "직관들을 지성화하는 일(다시 말해, 그 직관들을 개념들 아래로 가져가는 일)"이 "필수적"(KrV, A51=B75)이다. "내용 없는 사상들은 공허하고, 개념들 없는 직관들은 맹목적이다."(KrV, A51=B75)

경험적 인식 곧 경험

사물 인식 해명에서 우리는 다음의 결론을 얻을 수 있다.

경험적인 직관, 곧 이것의 질료인 감각들과 이것의 선험적 형식인 공간·시간 표상, 그리고 경험적으로 직관된 것에 범주가 적용되는 것을 가능하게 하는 초월적 상상력의 형상적 종합(→), 그리고 또 범주에서 수행되는 통각(→)의 초월적 객관적 통일, 이것들 모두가 경험적 인식, 곧 "경험 일반을 가능하게 하는 조건들"이고, "동시에 그 경험의 대상들을 가능하게 하는 조건들"(KrV, A158=B197)이다. — 경험을 가능하게 하는 것이 동시에 그 경험에서 경험된 대상도 가능하게 한다. 우리에 대한 대상은, 우리가 그것을 그러그러하게 인식하는 한에서만 그러그러하게 규정된 대상이다. 그러므로 우리의 경험적 사물 인식을 가능하게 하는 것은 우리에게 실재하는 세계의 사물들을 가능하게 하는 근거이다. 사물 인식의 원리가 그 사물의 존재의 원리이기도 한 것이다. — 그래서 칸트에서 인식론은 곧 존재론이며, 진리(Wahrheit)는 곧 존재(Sein)이다.

인식능력 認識能力 Erkenntnisvermögen

인식의 두 근간 능력

1. "우리 인식은 마음의 두 원천으로부터 유래한다."(KrV, A50=B74) 제1의 원천은 "표상들을 받아들이는 능력(즉 인상들의 수용성)"인 "감성"이고, 제2의 원천은 "이 표상들을 통해 하나의 대상을 인식하는 능력(즉 개념들의 자발성)"인 "지성"이다. 감성은 직관의 능력이고, 지성은 사고의 능력이다. "직관이 없이는 어떠한 개념들도, 또한 개념들이 없이는 어떠한 직관도 인식을 제공할 수가 없다."(KrV, A50=B74) 그러므로 직관의 능력인 감성과 함께 개념의 능력인 지성은 인식을 성립시키는 두 근간이다.

2. 그러나 '감성'이니 '지성'이니 하는 것은 별개로 있는 마음의 능력이라기보다는, 인식을 수행하는 우리 의식의 기능을 분별하여 기능별로 이름을 붙여준 것에 불과하다. 이는 우리 마음의 인식 기능은 한편으로는 수용적이면서 다른 한편으로는 자발적이라고 말하는 것으로, 우리 인간의 인식능력은 그 자체로 수

용성–자발성이라는 이중성격을 가지고 있음을 표현하는 것이다.

3. 이러한 관점에서 "인간 인식의 두 줄기가 있는데, 그것들은 아마도 하나의 공통의, 그러나 우리에게 알려져 있지 않은 뿌리로부터 생겨난 것으로 감성과 지성이 바로 그것이다."(KrV, A15=B29)라는 칸트의 말도 이해해야 한다.

칸트는 사물 인식의 가능 원리를 해명하는 과정에서 우선 서로 바꿀 수 없는 기본 성격을 갖는 두 "줄기"를 말하는데, 이 줄기 기능들은 다시금 각기 몇 개의 '가지' 기능들을 갖는다. 직관하는 능력으로 그 기본 성격이 수용성인 감성이라는 이름을 가진 한 줄기는 다시금 외감·내감·상상력이라는 세 가지로 분지하고, 사고하는 능력으로 그 기본 성격이 자발성인, 지성이라는 이름을 가진 또 다른 하나의 줄기는 종합의 능력과 판단의 능력 같은 가지 능력으로 나뉜다.

4. 그런데 이러한 줄기와 가지의 능력들이 모두 '하나의 공통의 뿌리'를 가지고 있다는 나무의 비유는 어디까지나 비유일 뿐이므로, 주의해서 받아들여야 한다. 나무의 경우에는 뿌리 외에 줄기들도 있고, 줄기들 외에 여러 개의 가지들도 있다. 그런데 이 가지들은 줄기들에서 뻗어 나온 것이기는 하지만, 그것들은 줄기와는 분별되는, 나무의 또 다른 부분이다. 이에 반해서 인식능력의 경우에는 하나의 '줄기' 기능과 이에 속하는 이를테면 '가지' 기능들은 실상은 동일한 기능이다. 나무에서는 가지들을 잘라내도 줄기는 여전히 남지만, 인식 기능에서는 가지 기능을 도외시하면 남는 줄기 기능이 더 이상 없다. 그러니까 예컨대 감각기능과 상상력을 도외시하고 나면 더 이상 감성은 없다. 그래서 '내감'이란 말하자면 감성의 '가지' 기능이라기보다는 부분 기능이다. 이러한 대비를 통해 알 수 있는 바, 하나의 뿌리와 거기에서 생겨난 두 개의 줄기라는 칸트의 비유적인 말 역시 하나의 뿌리 외에 별도로 두 개의 줄기가 있음을 말하는 것이 아니다. 인식능력의 경우에는 나무와는 달리 하나의 뿌리 밖에 두 개의 줄기가 따로 있는 것도 아니고, 두 개의 줄기 밖에 따로 하나의 뿌리가 있는 것도 아니니 말이다. 실제의 나무에서와는 달리, 인식능력의 경우에는 두 개의 줄기를 베어 버리면 뿌리 또한 더 이상 남아 있지 않다. 그러므로 "우리 인식력의 보편적 뿌리"(KrV, A835=B863)라는 것도 인간의 인식능력 그 자체를 말하는 것이며, "인

식의 두 줄기"도 저 인간 인식능력의 두 근간 기능을 말하는 것으로 이해해야 한다.

5. 그러니까 거기에서 인간 인식의 두 줄기 기능이 생겨나온 "하나의 뿌리"는, 그 "두 줄기" 기능이 우리에게 알려지는 대로 우리에게 알려지는 것이다. 왜냐하면 그 '하나의 뿌리'라는 것과 '두 줄기'라는 것은 내용상 동일한 것이니 말이다. 그럼에도 만약에 그 '뿌리'가 '아마도 우리에게 알려져 있지 않은' 것이라면, 그것은 아마도 감성과 지성을 근원적으로 가능하게 하는 '초월적 주관'을 지칭할 것이다. 그래서 우리는 '하나의 알려져 있지 않은 뿌리'는 '알려져 있지 않은 어떤 것=X'로 치부하고, "우리는 이 두 인식 원천 외에 아무런 다른 인식 원천도 가지고 있지 않다."(KrV, A294=B350 참조)고 말해도 무방하다.

경험 인식을 가능하게 하는 '세 원천'

1. 그럼에도 칸트의 서술이 일관적인 것만은 아니다. 어떤 서술에 따르면, "모든 경험을 가능하게 하는 조건들을 함유하는, 그리고 그 자신 마음의 다른 능력으로부터는 파생할 수 없는, 세 근원적 원천(영혼의 역량 내지는 능력)이 있는바, 그것은 곧 감각기능[감관], 상상력 그리고 통각이다. 이 위에 1) 감각기능[감관]에 의한 선험적인 잡다의 일람[一覽], 2) 상상력에 의한 이 잡다의 종합, 마지막으로 3) 근원적 통각에 의한 이 종합의 통일이 근거한다."(KrV, A94) 이에 의하면, 상상력과 통각은 각각이 "다른 능력으로부터는 파생할 수 없는" 고유한 기능을 갖는 독자적인 능력들이다. 그리고 여기에서 지성에 대한 언급은 전혀 없다.

그런데 아마도 앞의 서술과 맥락을 함께하는 또 다른 서술에 따르면, "모든 대상들에 대한 인식을 위해 선험적으로 주어져야 할 첫째의 것은 순수한 직관의 잡다이다. 상상력에 의한 이 잡다의 종합이 둘째의 것이다. [⋯] 이 순수한 종합에 통일성을 주[는] [⋯] 개념들이 나타나는 대상에 대한 인식을 위한 셋째의 일을 하며, 그것들은 지성에 의거하고 있다."(KrV, A78이하=B104) 이 서술에는 앞의 서술에서의 통각의 역할이 지성의 역할로 대체되어 있다. 만약 이를 일관되게 읽으려면 '통각'과 '지성'의 고유 기능은 한가지라고 생각하면 될 것이다. 그러나 종합의 기능은 여전히 상상력에 귀속하는 것으로 되어 있다. 여기에 "종합이란 것은 [···] 영혼의 맹목적인, 그럼에도 불가결한 한 기능인, [···] 상상력의 순전한 작용결과이다."(KrV, A78=B103)라는 부연 설명이 따른다. 이러한 상상력의 활동과 "이 종합을 개념들에게로 가져가는 것"(KrV, A78=B103) 내지는 "이 순수 종합에 통일성을 주는"(KrV, A79=B104) 것을 담당하는 지성의 활동은 분명하게 구별된다. 그런 만큼 상상력의 기능과 지성의 기능은 본질적으로 서로 구별되며, 그러므로 두 능력은 별개의 인식능력들이라 해야 할 것이다.

2. 그리고 칸트의 일부 서술은 이에서 더 나아가 '상상력'을 서로 이질적인 인식능력인 감성과 지성을 매개하는 제3의 인식능력이라고 해석할 수 있는 여지조차 보이고 있다. 대개의 경우 이질적인 것의 결합에는 공통의 매질을 갖는 중간자가 있는데, 서로 이질적인 감성과 지성의 결합에서만 성립할 수 있는 인식이 가능하기 위해서는 일견 그러한 중간자가 필요할 듯도 하다. — "한편으로는 범주와 또 다른 한편으로는 현상[곧, 일차적 의미의 현상]들과 동종적이어야 하고, 전자를 후자에 적용 가능하도록 해주는 제3의 것이 있어야 함은 명백하다. 이 매개적인 표상은 순수하면서도(아무런 경험적인 것도 포함하지 않으면서도), 한편으로는 지성적이고, 다른 한편으로는 감성적이어야만 한다. 그러한 표상이 초월적 도식이다."(KrV, A138=B177) 그런데 "도식은 항상 그 자체로는 오직 상상력의 생산물이다."(KrV, A140=B179) 요컨대, 상상력은 종합과 도식기능을 갖는 독자적인 능력일 뿐만 아니라 직관의 능력인 감성과 개념의 능력인 지성을 매개하는 능력이기도 하다.

3. 이러한 서술에 기대면, 인식의 '두 줄기'론보다 '세 원천'론이 더 일관성이 있어 보인다. 그러나 칸트 인식이론의 전 체계에서 '상상력'(→)의 성격과 지위를 감성의 "일부"로 그리고 또 지성의 한 "가지"로 볼 수 있으므로, '두 줄기'론과 '세 원천'론을 합치시켜서 읽을 수도 있다.

인식론 認識論 Erkenntnislehre/Erkenntnistheorie/Epistemologie

인식론의 개념

1. 반성적으로 문제의 근원을 밝혀가는 작업인 철학의 한 분야로서 인식론은 인식의 가능 원리를 탐구한다. 인식론 곧 '인식에 대한 이론'은 인식에 대한 반성의 결실인데, 인식에 대해서 반성한다 함은 인식을 인식이게끔 해주는 토대, 그것도 참된 인식 즉 진리를 진리이도록 만들어주는 의심할 여지없는 확실한 기초를 추궁하고, 어떤 인식이 참이기 위한 조건들을 성찰한다는 뜻이다.

2. 인식이 참이기 위한 조건에는 당연히 사고의 형식과 법칙들도 포함되기 때문에, 인식론은 상당 부분 논리학의 구성 요소들을 그 반성의 소재로 삼는다. 그래서 인식론은 '논리학의 철학'이라 볼 수도 있고, 관점에 따라서는 논리학을 인식론의 한 부문이라고 할 수도 있으며, 반대로 인식론이 논리학의 한 부문이라고 할 수도 있다. 칸트적 구분을 활용한다면, '일반 논리학' 또는 '형식 논리학'을 '논리학'으로, '초월 논리학' 내지 '인식 논리학'을 '인식론'으로 이해할 수도 있다.

인식론의 형성

1. '인식론'이라는 낱말 자체는 19세기 중반에 생긴 것으로 조사되어 있으나(*Historisches Wörterbuch der Philosophie*, Bd 2, Sp. 683 참조), 서양 근대 철학을 '인식론 중심의 철학'이라고 일컫는 데서도 알 수 있듯이, 인식론의 탐구는 실상 데카르트에서 시작되었다고 볼 수 있다.

데카르트가 앎을 위한 "확고부동한 지주점을 정립"하고 지식을 "최초의 토대" 위에 세우고자 한 것(Descartes, *Meditationes*, I, 1 참조)이 다름 아닌 인식론의 시도이다. 이 시도에서 데카르트가 얻은, 아르키메데스의 지렛점으로 비유되는, 모든 참된 인식을 위한 흔들리지 않는 최초의 토대는 다름 아닌 인식 작업을 수행하는 '나' 자신이다. 그러나 이 확실한 인식의 출발점을 발견했다고 자부한 데카르트 자신은 인식론을 본격적으로 전개시켰다기보다는 모든 인식이 기초할 만한 근거를 이용하여 고대 이래 중세를 거치면서 여전히 '철학 즉 학문'의 중심 과제였던 형이상학적인 문제들, 예컨대 신의 존재 증명, 영혼의 불멸성과 자유 그리고 세계의 실재 구조를 밝히는 데로 다시금 되돌아갔다.

2. 이 때문에 사람들은 로크의 『인간지성론(*An Essay concerning Human Understanding*)』(1690)에 와서 비로소 인식론의 제반 문제들이 기초부터 검토되기 시작했다고 평가한다. 로크는 이 저술에서 인간 지성이 도달할 수 있는 참된 인식을 연구하면서 이 인식의 기원, 인식의 대상 및 내용, 참된 인식 곧 진리의 의미, 인간이 가질 수 있는 인식의 한계 등을 차례로 검토한다. 이 검토점들이 바로 인식론의 중심 주제들이다.

3. 여기서 주목해야 할 것은, 인식론에서 문제가 되는 '인식'이란 '우리 인간에게 가능한 인식'이라는 점이다. 고대 그리스 철학이나 중세 스콜라 철학에서도 인식에 관한 많은 논의가 있었으나, 그때 참된 인식의 원본 내지 척도로 고려된 것은 신체 없는 인간에게나 가능한 순수 오성적 인식, 계시(啓示)나 신통력에 의한 직관적 인식 내지 신(神)적 인식이었다. 그러나 이제 근대 인식론에서 문젯거리가 되는 '인식'은 수학적 인식이라든지 자연과학적 인식처럼 인간에 의해서 수행된다고 간주될 수 있는 인식이다. 데카르트가 이미 이런 모든 인식의 토대는 인간인 '나'라는 점을 분명히 하였고, 로크 역시 이 점을 깨달음으로써 비로소 인식론적 작업이 착수되었던 것이다.(Locke, *HU*, vol. 1, p. 9 참조)

3. 현대의 거의 모든 인식론적 쟁점의 출발점으로 여겨지고 있는 칸트의 『순수이성비판』(1781)도 이 로크적인 합의에 동참한 결과이다. 칸트 역시 참된 인식을 거론하기에 앞서, 도대체 "나는 무엇을 알 수 있는가?"(KrV, A805=B833)라는 물음을 묻고 대답해야 한다고 보고, 이 작업을 우선적으로 수행한다. 그의 '이성비판'은 곧 인식하는 나, 즉 이성 스스로 자신이 인식할 수 있는 인식 대상, 인식 범위, 인식 한계를 규정함이다. 이런 문제 연관에서 오늘날 인식론은 '인식 비판(Erkenntniskritik)'이라고도 일컬어진다.

인식론의 쟁점들

물음을 그 뿌리까지 반성하여 묻는 학적 반성 작업인 철학적 인식론은 "인간에게 인식이 어떻게 가능한가?"를 물으면서, 인식 일반에 대해서 ① 인식의 기원, ② 인식의 대상 및 내용, ③ 참된 인식[진리]의 의미, ④ 인간의 인식(능력)의 한계 등을 해명하고자 한다. 칸트에 이르기까지 이들 문제에 관한 여러 주의주장이 있었고, 칸트는 그것들을 의식하면서 자신의 비판적 인식이론을 폈다.

인식 기원의 문제

1. 인간의 무엇에 대한 인식의 단초는 바로 그 인식을 수행하는 인간 자신의 인식능력이 구비하고 있는 선험적인 인식 원리라고 보는 이성론/이성주의(→)와 인간에게서 모든 인식의 출발점은 감각경험이라고 보는 경험론/감각경험주의(→)와 관련하여, 칸트는 논리학, 수학과 같은 형식적 인식에서는 이성론에 동조하면서, 자연 대상에 대한 인식에 관해서는 감각 재료가 선험적 인식 원리에 따라 규정됨으로써 인식이 생긴다고 보는 초월철학(→) 이론을 세운다.

2. 인식(→)은 자기 인식이든 사물 인식이든, 일반적으로 '아직 모르는[未知의] 것에 관하여, 그것이 무엇이며 어떻게 있는지를, 바꿔 말해 그것의 본질(essentia, Wassein, Sosein)과 존재(existentia, Wiesein, Dasein) 방식을 파악하는 의식의 표상 작용'이다. 이 의식 내적인 표상 작용의 중요 요소는 감각과 사고이고, 그것이 외적으로는 언표(apophansis)가 된다.

3. 이성론자들은, 인식 형성의 기본 요소인 사고는 선험적인, 그러니까 이성 자체에 내재하는(immanent) 원리에 따라 기능하고, 언표 역시 일정한 이성의 규칙을 따를 때만 인식을 올바르게 표현할 수 있는데, 바로 저 사고의 원리와 언표의 규칙은 표리 관계에 있다고 본다.

언표란 '무엇에 관하여 무엇을 말함(legein)'인바, 말함에서 그것에 관해서 말해지는 그 무엇, 즉 말함에서 밑바탕에 놓이는 것(基體, subjectum)이 주어(主語)

이고, 그 말해진 것[내용]을 술어(述語)라 한다. 이 주어와 술어가 결합하여 말이 되게끔 해주는 것이 논리(logos)이다. 이 논리의 최상의 규칙이 모순율(→)이다. 주어와 술어를 서로 어긋나게 말해(contradicere)서는 안 되고, 일반적으로 말하자면, "어떤 표상에도 이 표상과 어긋나는 표상은 덧붙여질 수 없다."

어떤 언표도 이 모순의 규칙을 어기고서는 참일 수 없다. 사람은 모순적인 것을 생각할 수 없기 때문이다. 생각할 수 없는 것, 즉 논리적으로 불가능한 것은 실제로 있을 수도 없다. 그러니까 모순율은 사고와 언표, 그리고 인식이 참이기 위한 필요조건(conditio sine qua non)이자, 무엇이 존재하기 위한 최소한의 조건이다.

이성론자들은 보통 이런 사고의 최고 원리로서 이 모순율과 "근거 없이는 아무것도 없다(Nihil est sine ratione)."라는 (충분)근거율을 든다.

4. 이에 반해 경험론자들은, 인간의 마음은 감각경험 이전에는 한낱 "백지(白紙, tabula rasa, white paper)"라고 주장한다.(Locke, *HU*, II, 1, 2 참조) 로크에 따르면, 사람은 "이성과 인식의 재료들"을 모두 "경험으로부터" 얻는다.(*HU*, II, 1, 2 참조) 이때 경험이란, 기본적으로 감각경험을 뜻하며, 그래서 보통 경험주의 원칙은, "감각 중에 있지 않던 어떠한 것도 지성 중에 있지 않다(Nihil est in intellectu, quod non fuerit in sensu)."고 표현된다. 그러니까 철저한 경험론에 의하면, 인간의 사고 기능은 순전히 경험에 의존적이며, 일견 필연적인 사고의 법칙 같은 것도 습관적인 경험의 산물에 불과하다.(Hume, *EHU*, V, II 참조)

5. 칸트는 이러한 이성론과 경험론의 화해를 시도한다. 칸트는 "우리의 모든 인식이 경험과 함께 시작된다 할지라도, 그렇다고 해서 우리의 인식 모두가 바로 경험으로부터 생겨나는 것은 아니다."(KrV, B1)라고 통찰함으로써, 한편으로 경험론의 주장을 수용하면서도 기본적으로는 이성론의 입장에 선다. 칸트는 라이프니츠와 마찬가지로, 감각경험에 있지 않던 어떠한 인식 내용도 지성[이성] 중에 있지 않음을 승인하지만, "단, 지성 자체는 제외하고(excipe: nisi ipse intellectus)"(Leibniz, *NE*, II, 1, §2)라는 단서를 붙이고 있는 셈이니 말이다.

칸트에 따르면, 모든 인식은 재료[내용, Materie]와 이 재료를 정리 정돈하는 형식[틀, Form]을 요소로 해서 이루어지거니와, 인식이 사고의 산물인 한에서 인식의 형식은 사고의 형식이며, 이 사고의 형식은 이미 지성에 "예비되어 놓여 있다."(KrV, A66= B91) 그러니까 인간의 모든 인식의 밑바탕에는 선험적인 사고의 형식이 놓여 있다. 자연적 대상에 대한 인식은 그 재료가 감각경험이기 때문에 경험적 인식이라고 불리고, 예컨대 수학적 인식처럼, 그것의 재료가 결코 감각 내용을 담고 있지 않은 순수한 것일 때, 이런 인식은 선험적 인식이라고 불릴 수 있다. 경험적인 재료이든 선험적인 재료이든 인식의 재료가 주어지면, 이 재료들을 종합 정리하는 기능인 사고작용을 통해서 한 인식이 성립한다. 그런데 이 사고작용은 일정한 형식에 따라 이루어진다. 이러한 형식은 어떠한 감각기관을 통하여 수용된 것도 아닌데, 사고작용의 바탕에 있다. 그래서 칸트는 그것들을 사고 기능인 지성이 스스로 산출해낸 개념으로 보고 '순수 지성개념'이라 부르며, 사고작용의 틀이라는 점에서는 '범주(→)(範疇, catergoria)'라고 칭한다.

판단의 방식으로 인식이 이루어지고, 판단은 범주에서의 통일 작용이므로, 순수 지성개념인 범주가 인식을 근원적으로 가능하게 하는 것이다. 이처럼 그 자신은 선험적인 표상이면서, 즉 경험에 앞서 있으면서도 경험을 비로소 가능하게 하는 것을 칸트는 '초월적'(→)이라고 부른다. 그러니까 인식은 의식의 초월성으로 말미암아 가능한 것이다.

인식의 대상 및 내용의 문제

1. 인식작용의 상관자로서 인식 내용이 있고, 이것이 바로 인식 대상이라고 보는 관념론(→) 내지 현상론(phenomenalism)과, 인식작용이란 인식 대상을 수용하는 매개의 기능으로서 인식 대상은 인식작용에 독립해서 실재한다고 보는 실재론(→)의 대립이 있다.

2. 실재론의 형태에도 여럿이 있지만, 실재론의 주장은 근본적으로는 상식적 직관에서 출발한다. 외적 대상(external object)에 대한 인식은, 외적 대상이 우리 마음(mind)에 인상 내지 관념들(ideas)을 불러일으키고, 이 관념의 중개를 통해

서 우리는 어떤 외적으로 실재하는 사물에 대한 인식에 도달한다는 것이다. 그러므로 실재론에 의하면, '실재하는 사물'은 우리가 그것을 인식하기 이전부터, 우리가 그것을 인식하든 말든, 인식하는 우리에 독립하여 그 자체로 존재한다. 그러므로 "우리 인식은 우리의 관념들과 사물들의 실재 사이에 합치가 있는 한에서만 실재적이다."(Locke, *HU*, IV, 4, 3) 그리고 이 실재적 인식만이 참된 인식 곧 진리이다.

이런 실재론은, 인식은 실재하는 사물[대상]－인식하는 주관[마음 또는 의식] 사이에서 성립하는데 이 양자를 매개하는 것이 관념 내지는 표상임을 말함으로써, 인식 형성의 세 요소 이론이 된다. 그리고 그것은 모사설(模寫說: copy theory: Abbildtheorie)과 표상설(representative theory)을 함축한다.

3. 이에 대해서 관념론은, 실재론이 전혀 명증적이지 못한 가정 위에 서 있다고 논박한다. '인식하는 의식에 독립적인, 인식하는 자가 인식하거나 말거나 그 자체로 실재하는 사물'이라는 개념은 순전히 허구에 불과하다는 것이다. 우리는 어느 경우에라도 '우리가 인식하는 한'에서만 무엇인가에 대하여 권리 있게 말할 수 있다는 것이다. 그래서 버클리(→)는 "존재는 지각된 것이다(esse is percipi)."(Berkeley, *PHK*, I, 3)라고 확언한다.

관념론은 기본적으로, 우리의 모든 인식은 그리고 모든 주의주장은 명증적으로 확실한 것으로부터 출발해야 한다는 데카르트의 통찰을 존중한다. "나는 존재하고, 나는 무엇인가를 의식하고 있으며, 그런 만큼 나에 의해 의식된 것 역시 의심할 여지없이 확실하다."는 것이다. 그래서 관념론자들은 인식의 두 요소, 곧 인식하는 자와 그에 의해서 인식된 것[내용]만을 말한다. 이른바 '실재하는 사물'이란, 우리 의식에 독립적인 것이라기보다는 우리에 의해서 '실재하는 것이라고 인식된 것', 그러니까 그렇게 인식하는 우리에게 의존되어 있는 것이라고 주장한다. 칸트도 이 같은 주장에 동조하는 한에서, 관념론 편에 서 있다 하겠다.

참된 인식 곧 진리의 문제

1. 인식이 무엇에 대한 인식이냐에 따라 여러 가지 이론이 있는데, 무모순성과 체계 내 일관성을 진리의 척도로 보는 정합설(coherence theory), '인식의 사실과의 일치'를 진리로 보는 일치설(correspondence theory), 실생활에서의 유용성을 진리의 의미로 보는 실용설(pragmatism), 인식하는 자들 사이의 합의 내지는 일반적 의사소통을 진리의 기준으로 보는 상호주관성 이론(Intersubjektivitäts-theorie) 내지는 합의설(Konsensustheorie) 등이 서로 다른 의견을 내세운다.

2. 이 가운데서 칸트의 진리론(→ 진리 → 초월철학과 진리 일치설/대응설)은 일치설의 검토에서 비롯한 것이다. 실상 여타의 진리론은 이 일치설의 변양이라 할 것이다. 왜냐하면 일치설의 논의 핵심은 인식에서 우리가 궁극적으로 파악하고자 하는 '사실' 내지 '실재'이며, 여타의 진리론은 이 일치설이 안고 있는 문제점으로 인해 대안적으로 고려된 것이라고 볼 수 있기 때문이다.

3. 인식이 '실재와 합치'하고 '사실과 일치'할 때, 그것이 참임은 자명하고, 사실 이것은 진리의 정의(defintio)라 해야 할 것이다. 그러나 문제는, 우리가 그 '사실과의 일치'를 확인하기 위하여, "'사실[실재]이 무엇이냐?" 하는 물음을 묻자마자 부상한다. 인식은 미지의 것을 지향하고 있고, 그 미지의 것은 인식을 통하여 비로소 우리에게 알려진다. 그러니까 인식을 통하여 우리에게 알려지는 것이 다름 아닌 '사실'이고 '실재'이다. 다시 말해, 우리가 인식한 것[내용]이 바로 사실이고 실재인 것이다. 사정이 이러한데, 도대체 '인식과 실재의 합치' 여부를 어떻게 가려낼 수 있을까? 그것이 만약 어젯밤 어둠 속에서의 나의 인식과 오늘 낮 밝은 데서의 나의 인식, 한 사람의 인식과 여러 사람의 인식, 상식인의 인식과 과학자의 인식을 대조해봄으로써 드러나는 것이라 한다면, 이 대조는 단지 한 (사람의) 인식과 또 다른 (사람의) 인식을 비교해본 것에 불과하니, 그것으로써 '사실'과의 부합을 이야기할 수는 없게 된다.

4. 우리는 분명 "참된 인식이란 실재와 합치하는 인식이다."라는 진리의 정의를 가지고 있지만, 그것은 단지 참된 인식의 이상을 표명할 뿐, 현실적으로 진리

의 척도로 기능하는 것은, 어떤 인식의 유용성, 또는 더 많은 사람들에 대한 설득력이다. 그러나 이렇게 되고 나면, '사실' 또는 '실재'라는 말로써 상정했던 것, 곧 인식하는 자와는 무관하게 그 자체로, 불변적으로 존재하는 어떤 것이라는 개념이 그 내용을 잃을 위험에 처한다. 인간의 지식의 역사는 어떤 지식의 유용성과 사람들에 대한 설득력이 변화함을 보여주고 있으니 말이다. 그러니까 이에 의거하면 영구불변의 진리라는 개념을 포기할 수밖에 없게 된다.

그래서 진리론은 다른 인식론의 문제들, 특히 관념론/실재론과 얽혀 있고, 또한 진리 불변 이론과 가변 이론은 인간 인식의 한계에 관한 문제와도 연관되어 있다.

인식(능력)의 한계 문제

1. 인간의 인식능력은 구조적으로 일정불변하고 한계를 가지며 일정한 대상 영역을 넘어서면 아무런 의미 있는 인식도 갖지 못한다는 인식 형식의 한정 이론(限定理論)과 인식 내용의 유한성 이론[不可知論: agnosticism] 그리고 인간의 인식능력이 현재 한계가 있는 것은 사실이지만 단계적으로 진보하기 때문에, 원리상 인식의 한계는 없다는 인식 진화론(evolutionäre Erkenntnistheorie) 또는 변증법적 이론의 대립이 있다.

2. 대상에 대한 현재의 인간의 인식이 완벽하다고 주장하는 사람은 없다. 다만, 불가지론자는 인간이 원리상 그 인식능력에 한계가 있는 만큼, 오로지 현상만을 인식할 수 있을 뿐이라고 생각한다. 칸트는 어느 면에서 이에 속한다. 그에 반해 변증법론자들은 우리의 인식이 도정에서 많은 착오를 겪지만 종국에는 진상(眞相)에 이를 것이라고 본다.

3. 헤겔(→)에 의하면, 대상에 대한 인식이 근본적으로 주관이라고 하는 인식자에 의존하는 한, 그리고 이 인식자가 신과 같은 완전함을 가지고 있지 못한 한, 그 인식은 언제나 착오일 가능성을 가진다. 그러한 인식자인 인간의 대상 인식은 그래서 반복되는 착오의 길이기도 하고 "회의(懷疑)의 길"이고 "절망의 길"

(Hegel, *PdG*: GW9, 56)이기도 하다. 그러나 이 착오와 회의와 절망의 길은 의식이 그에게 다가오는 존재자를 관통하는 즉 경험(經驗)하는 길이며, 그 길의 종착점은 착오를 범하면서도 자기 교정 능력이 있는 의식이 마침내 존재자와 하나가 되는 지점이다. 이런 뜻에서 의식의 경험은 진리를 향한 "의식 자신의 도야(陶冶)의 역정(歷程)"이다.

있다/존재하다 存在 Sein

1. '있다/존재하다(esse, Sein)'는 "실재적 술어(reales Prädikat)가 아니다."(KrV, A598=B626) 곧 사물(res)의 본질적 술어가 아니다. 그 때문에 존재자(ens)의 본질(essentia)만을 다루는 재래의 형이상학에서는 정작 실존(existentia)을 하나의 범주로 여기지 않았다. — 예컨대 아리스토텔레스는 실체(Substantia), 질(Qualitas), 양(Quantitas), 관계(Relatio), 능동(Actio), 수동(Passio), 시간(Quando), 장소(Ubi), 상태 내지 위치(Situs), 소유 내지 태도(Habitus) 등 10개의 범주를 열거한(Aristoteles, *Categoriae*, 1b 26~27 참조) 후에, 대립(Oppositium), 선차성(Prius), 동시성(Simul), 운동(Motus), 소유(Habere) 등 5개를 후범주라고 덧붙여 나열한 바(Aristoteles, *Categoriae*, 13b 37; 14a 26; 14b 24; 15a 13; 15b 16 참조) 있거니와, 여기에 '존재'/'실존'/'현존'과 같은 개념은 포함되어 있지 않다. 그래서 본질적으로 "'존재하는 사람'과 '사람'은 동일한 것이다."(Aristoteles, *Metaphysica*, 1003b 26 이하 참조) — 칸트가 본질을 규정하는 양(quantitas), 질(qualitas), 관계(relatio) 등 세 부류의 범주 외에 실존 양식(Existenzmodi)의 양태(Modalität) 범주들, 곧 '있을 수 있음', '실제로 있음', '반드시 있음' 규정을 통해서만 비로소 하나의 대상이 우리에 마주함을 천명함으로써, 무릇 '대상'이란 일정한 방식으로 실존하는 것을 일컫게 되었다.

2. 플라톤이 '이데아'만이 '진짜로 있는 것'이라고 말하고, 데카르트가 정신과 물체를 두 종류의 '존재자/사물'이라고 말했을 때, '있는 것'/'존재자'란 무슨 뜻

이었던가? 칸트는 플라톤이 말하는 '이데아'는 있을 수 있는 것도, 실제로 있는 것도, 반드시 있는 것도 아니라 한다. '이데아'는 도대체가 '있는 것'이 아니다. 데카르트는 물체도 존재자(ens)이고, 정신도 존재자라고 하면서, 그러나 정신은 연장성도 없고 감각될 수도 없는 것이라고 한다. 이때 '정신'은 무슨 뜻에서 존재하는 것인가?

3. 칸트에 따르면 다음과 같은 세 가지 요청 중의 하나가 충족되면 그 원칙에 따라 인간의 경험적 사고는 하나의 대상에 대해 존재 태도를 정한다.

(1) 경험의 형식적 조건들과 (직관과 개념들의 면에서) 합치하는 것은 있을 수 있다(가능적으로 실존한다).
(2) 경험의 질료적 조건(즉 감각)과 관련되어 있는 것은 실제로 있다(현실적으로 실존한다).
(3) 현실적인 것과의 관련이 경험의 보편적인 조건들에 따라 규정되는 것은 반드시(필연적으로) 있다(실존한다).(KrV, A218=B265이하)

'가능하게 있다' 함은 한낱 '논리적으로 가능하다' 곧 '자기모순이 없다'는 것을 말하는 것이 아니다. 어떤 것에 대해 "그것은 있을 수 있는 것이다."라는, 어떤 것에 대해 실존적 의미에서 '있다'는 태도(Verhalten)를 갖기 위해서는 적어도 그것이 "경험의 형식적 조건" 즉 공간·시간상에서 표상되고, 그럼으로써 수량으로 헤아릴 수 있고 힘을 매개로 다른 것과 관계(Verhältnis)를 맺고 있음을 생각할 수 있어야 한다. 어떤 것이 공간·시간상에서 표상된다 함은 그것이 외적으로는 연장적 크기 곧 분량(分量)을, 그리고 내적으로는 밀도적 크기, 곧 도량(度量)을 갖는다는 뜻이고, 그러니까 그것은 수학적으로 인식될 수 있는 것을 지칭한다. 이러한 것이 힘을 매개로 다른 것과 관계 맺는다 함은, 그것이 다른 것과 인과적으로 상호 작용한다는 것, 그러므로 그것은 곧 역학적으로 인식될 수 있음을 지칭한다. 이로써 칸트는 수학적-자연과학적으로 표상될 수 있는 것에 대해서만 '실존'이라는 술어를 덧붙일 수 있다고 말하는 것이다. 그러니까 종래 형이상학의 표상처럼 '신'이나 '영혼'이 수학적-자연과학적으로 인식될 수 없는 것이라면, 그런 것에 대해서 '실제로 있다'고 말하는 것은 무의미하다.(→ 경험적 사고 일반의 요청들)

4. '있다'라는 범주의 사용 범위를 이렇게 획정함으로써 칸트는 종래의 존재형이상학을 폐기했으며, 이후의 여러 반(反)형이상학적 사조의 기원이 되었다. 칸트는 존재세계를 공간·시간 지평 내에 국한함으로써 이른바 초험적 세계를 배제했으니 말이다. 그러니까 칸트의 초월철학은 공간·시간상에서 감각지각되는 것만이 실재한다는 '현상존재론'(→)이다.

〖ㅈ〗

자기사랑 自[己]愛 Selbstliebe philautia

1. 경향성(→)들의 충족이 자기 행복이라고 일컬어지거니와, 모든 경향성들은 함께 이기심(Selbstsucht)을 형성한다. “이 이기심은 자기사랑, 곧 모든 것을 능가하는 자기 자신에 대한 호의(Wohlwollen)의 마음이거나, 자기 자신에 대한 흡족(Wohlgefallen)의 마음이다. 전자를 특별히 사애(私愛: Eigenliebe), 후자를 자만(自慢: Eigendünkel)이라 일컫는다.”(KpV, A129=V73) 자기 자신을 그의 의사의 “주관적 규정 근거들에 의거해 의지 일반의 객관적 규정 근거로 만들려는 성벽”이 곧 자기사랑이며, 자기 “자신을 법칙수립자로 그리고 무조건적인 실천 원리로 삼”음이 곧 자만이다.(KpV, A131=V74 참조) 사애 가운데는 도덕법칙에 부합하는 것도 있는데, “그때 그것을 이성적 자기사랑이라고 부른다.”(KpV, A129=V73)

2. 행복을 “의사의 최고 규정 근거로 삼는 원리는 자기사랑의 원리이다.”(KpV, A40이하=V22) “모든 질료적 실천 원리들은 그 자체로 모두 동일한 종류의 것이며, 자기사랑과 자기 행복이라는 보편적 원리에 속한다.”(KpV, A40=V22)

3. 자기사랑의 원리는 기껏해야 욕구들을 위한 충고가 될 수 있을 뿐, 결코 실천 법칙이 될 수는 없다. “실천 법칙이란 철저하게 객관적 필연성을 갖는 것이지 한낱 주관적 필연성을 갖는 것이 아니며, 반드시 이성에 의해 선험적으로 인

식되지, 경험에 의해 — 이 경험이 비록 감각경험적으로 제아무리 보편적이라 하더라도 — 인식되는 것이 아니다."(KpV, A47=V26) "자기사랑의 원리는 동기(→)의 보편적 주관적 원리이기는 하지만, 행위들과 그것들의 가치를 판정하는 원리이지는 않다."(Refl 6843, XIX177)

자기의식 自己意識 Selbstbewußtsein

→ 통각

자기자율 自己自律 Heautonomie

1. 판단력은 자연의 가능성을 위한 선험적 원리를 단지 주관적인 관점에서 자기 안에 가지되, 이것은 판단력이 자연에게가 아니라 그 자신에게 자연을 반성하기 위해 하나의 법칙으로 지정하는 것인데, 이를 일러 칸트는 판단력의 "자기자율"(KU, BXXXVII=V185; EEKU, H32=XX225)이라 한다. 이 법칙을 사람들은 자연의 경험적 법칙들과 관련해서는 보통 "자연의 특수화/종별화(Spezifikation)의 법칙"(KU, BXXXVII=V186)이라고 부른다.(KrV, A656=B684 참조)

2. 판단력은 이 법칙을 자연에서 배워가진 것이 아니라, "오히려 판단력이 자연의 보편적인 법칙들을 구분함에 있어 이 보편적 법칙들 아래 잡다한 특수한 법칙들을 종속시키고자 할 때, 우리 지성이 인식할 수 있는 자연의 질서를 위해 상정"(KU, BXXXVII=V186)하는 것이다. 그러므로 지성이 자연에서 특수한 것들에 대해 보편적인 것을 발견하고, 또 서로 다른 것에 대해 단일한 원리를 찾아냄으로써 잡다한 자연을 통일화할 때, 이것은 자연에게 하나의 법칙을 지정하는 것이 아니라, 자연을 합목적적으로 이해하기 위해 자신을 규제하는 것이다. 그래서 "이 원리는 규정적 판단력의 원리가 아니라, 한낱 반성적 판단력의 원리일

따름이다."(KU, BXXXVII이하=V186)

3. 반성적 판단력은 잡다한 자연산물들을 판정할 때 "선험적으로 법칙수립적", 다시 말해 자율적이다. 그러나 판단력의 이 자율성은 자연 인식에서의 이론이성의 자발성이나 행위에서의 실천이성의 자율성처럼 객관을 규정하는 것이 아니라, 객관을 판정하는 주관을 규제하여 흡족함을 느끼게 하는 것이다. 그런 한에서 그것은 판단력의 자기자율이라 하겠다. 이에서 "판단력은 자연이나 자유에게가 아니라, 오로지 자기 자신에게 법칙을 수립하는 것으로, 객관들의 개념들을 만들어내는 능력이 아니라, 단지 다른 곳에서 자기에게 주어진 개념들과 눈앞에 나타나는 사례들을 비교하고, 이러한 결합을 가능하게 하는 주관적인 조건들을 선험적으로 제시하는 능력"(EEKU, H32=XX225)이다.

자기직관 自己直觀 Selbstanschauung

1. "나는 사고한다."는 단지 나의 사고의 자발성을 표상할 따름이다. 내가 나의 현존재의 존재 방식을 규정하기 위해서는, 사물의 존재를 규정하기 위해서 사물에 대한 직관이 필요하듯이, "시간을 기초로 한 자기직관이 필요하다."(KrV, B157) 자기직관을 질료로 해서 나는 비로소 나를 "현상의 현존재로서" 규정할 수 있다.

2. "나는 사고한다."라는 명제가 "나는 사고하면서 실존한다."와 같은 것을 의미한다면, 그것은 '나'를 순전한 주관이 아니라 동시에 객관으로서 그것의 "실존의 면"을 규정하고 있는 것이고, "그렇기에 내감 없이는 생길 수 없으며, 이의 직관은 항상 객관을 사물 그 자체로서가 아니라 한낱 현상으로서 제시한다. 그러므로 이 명제 안에는 이미 사고의 순전한 자발성뿐만이 아니라, 직관의 수용성이 들어 있다."(KrV, B429이하) 다시 말해 나의 자기촉발(→)에 의한 자기직관이 들어 있다.

자기촉발 自己觸發 Selbstaffektion

1. 인간은 무엇에 의해서든 촉발(→)됨으로써만 대상을 인식하게 된다. 외감이 촉발됨으로써 외적 대상을 인식하게 되듯이, 내감이 촉발됨으로써 나 자신에 대한 인식 곧 자기 인식이 생긴다. 우리는 "내적으로 우리 자신에 의해 촉발되는 대로만"(KrV, B156) 우리 자신을 인식한다. 그러므로 나에 의해 인식된 나는 '나 자체'라기보다는 '나의 현상'이다. 인식되는 나는 내적 직관 곧 "자기직관"(KrV, B69)의 대상이고, 그런 한에서 내감의 형식인 시간상에 주어지는 것이다. 외적 객관들에 대한 직관뿐만이 아니라 나 자신에 대한 직관도 "그것이 우리 감관을 촉발하는 대로, 다시 말해 현상하는 대로 표상한다."(KrV, B69)

2. "외적 지각들은 물질의 운동하는 힘들이 내적으로 촉발하는 주관에 미친 작용결과들이다. 내적 지각들은, 주관이 자기 자신을 자의적으로든 비자의적으로든 촉발하는 곳에서의 의식적인 경험적 표상들이다."(OP, XXII495)

3. "주관이 그에 의해 자기 자신을 촉발하는 그 작용이 경험 가능성의 원리를 함유한다."(OP, XXII387) 자기촉발은 한낱 주관적인 현상을 어떤 객관적인 것으로 볼 수 있도록 하는 기호가 됨으로써 비로소 경험 가능성의 길을 보여주고 있기 때문이다. ―〖유작〗에서의 이 같은 '자기촉발' 개념은 비판철학에서 역설한 외적인 것에 의한 촉발이 근원적으로는 내적 자기촉발의 외화(外化: Äußerung)임을 뜻하는 것으로, 이것은 마침내 세계를 주객의 통일 체계로 파악하려는 칸트의 말년 기획을 보여주는 개념이라 하겠다.

자명성 自明性 Evidenz

1. 자명성은 "직관적인 확실성"(→)(KrV, A734=B762), 다시 말해 "수학적 확실성"(Log, A107=IX70)을 일컬음이다. 수학적 확실성이나 철학적 확실성이나 확실성인 점에서는 동일하지만, 그 "확실성의 종류가 서로 다르다." 전자가 직관적

인 반면에, 후자는 논변적(diskursiv)이기 때문이다.(Log, A107=IX70 참조)

2. 수학과 철학의 확실성의 차이는 그 인식의 성격에서 비롯한다. "수학은 보편자를 구체적으로(개별 직관에서) 그러면서도 순수 표상에 의해 선험적으로 고찰할 수 있고, 거기에서 모든 오착[誤着]들이 분명하게 되는 반면에, 철학적 인식은 보편자를 언제나 추상적으로(개념들에 의해) 관찰할 수밖에 없"(KrV, A734이하=B762이하)는 탓이다.(UD, A88=II291 참조)

자발성/자기활동성 自發性/自己活動性 Spontaneität/Selbsttätigkeit

1. 자발성 내지 자기활동성은 인식능력의 두 근간 중 하나인 지성의 본질속성으로서, 이 점에서 수용성을 본질속성으로 갖는 또 다른 근간인 감성과 구별된다.

2. 지성은 적어도 두 가지 관점에서 자발적이다. 첫째로, 지성은 감성이 순전히 "표상들을 받아들이는" 수용적인 능력임에 반하여 "표상들을 스스로 산출하는 능력"(KrV, A51=B75)이라는 점에서 자기활동적이다. 둘째로, 감성이 "대상들에 의해 촉발되는 방식"(KrV, A51=B75)으로만 그의 기능인 직관작용을 할 수 있는 데 반하여, 지성은 자기 기능인 사고작용을 언제든 능동적으로 수행할 수 있다는 점에서 자발적이다.

3. 지성은 두 가지 사용, 곧 순수한 사용과 경험적 사용을 가지니, '지성'이 "표상들을 스스로 산출하는 능력"이라고 규정될 때의 '표상들'은 다름 아닌 개념들로서, 그것들은 지성의 사용 방식에 따라 두 종류로 구별된다. 형식의 면에서뿐 아니라 질료의 면에서도 그 근원을 지성에 두고 있는 표상들인 순수 지성개념들과, 단지 형식의 면에서만 그 근원을 지성에 두고 있는 경험적 개념들로 말이다. "표상들을 스스로 산출하는 능력"이라는 규정에서 "스스로"를 '홀로' 또는 '자발적으로', 바꿔 말해 "일체의 경험을 벗어나서"(KrV, AXVII) 내지 "모든 경험

에서 독립적으로"(Log, A141=IX92), 그러니까 '자기 자신으로부터'를 뜻하는 것으로 이해하면, 여기서 '표상들'이란 그것들의 질료의 원천까지를 지성에 두고 있는 순수 지성개념들만을 지칭하는 것으로 보아야 한다. 그러나 경험 개념들도 비록 그 질료는 감각경험에서 취한 것이지만 스스로 "비교하고, 반성하고, 추상하는" "지성의 논리적 작업"(Log, A146=IX95)에 의해서만 산출될 수 있는 것이니, 그 역시 지성의 자발성의 소산이라 할 수 있다.

4. '감성=수용성', '지성=자발성'이라는 등식(KrV, A51=B75 참조)은 한 관점에서의 단순화로, 섬세하게 분별하면 이 등식이 언제나 성립하는 것은 아니다. 순수한 표상만을 두고 말할 것 같으면, 감성 역시 수용적인 것만은 아니다. 공간·시간이라는 순수 직관 표상은 감성이 수용한 것이 아니라 이미 구비하고 있는 것이다. 경험적 표상과 관련해서 말하자면 감성만이 직관을 수용하는 것이 아니라, 지성 또한 감각적 질료를 취함으로써만 개념을 산출할 수 있다.

5. 감성과 지성은 인간 마음의 상부상조하는 두 기능이다. 감성의 활동으로서 직관은 수용적이기만 한 것이 아니라 능동적이기도 하다. 감성의 인식 기능은 말하자면 능동적 수용성이다. 반면에 지성의 인식 활동인 사고도 자발적이기만 한 것이 아니라, 그것이 감성에 의해 직관이라는 소재가 제공될 때만 작동될 수 있는 것이라는 점에서 수동적이기도 하다. 지성의 인식 기능은 이를테면 수동적 자발성이다.

자살 自殺 Selbstmord

I. 1. 칸트는 자살 행위를 일차적으로는 인간의 자기 자신에 대한 의무를 위반하는, 근본적으로는 인간 인격의 존엄성을 해치는, 그러니까 하나의 죄악이라고 본다. 동물로서 인간은 자신의 신체에 대한 존중의 의무를 갖는다. 신체적 존재자인 인간의 일차적 의무는 그의 동물성의 본질인 자기 생명의 보존이다. 그의 자기 신체와 생명에 대한 존중은 자기의 인간성, 그리고 그것을 떠나서는 있을

수 없는 자기 인격의 존엄성에 대한 경의 안에 포함되어 있다는 것이다. 동물인 인간은 그의 신체가 있지 않으면 더 이상 인간이 아니기 때문이다.

2. 동물인 인간이 자기 자신에게 지우는 첫 번째 의무는, 자연대로의 자기를 보존하는 한편 자신의 자연적 능력을 개발하고 증진시키는 일이다. 인간의 동물성은 생명 감각이고, 다름 아닌 그것이 "생의 촉진을 추동하는 것"(GMS, B53이하=IV422)이니 말이다. 그러므로 갖가지 가능한 목적들의 수단인 인간의 자연능력(정신력, 체력)을 배양하는 것은 인간의 자기 자신에 대한 일차적 책무이다. 인간은 이성적인 존재자인 자기 자신에 대해 그의 이성이 사용할 수 있는 자연소질과 능력을 녹슬지 않도록 할 의무가 있다. 인간이 그의 능력을 배양하고, 실용적인 관점에서 그의 현존의 목적에 알맞은 인간이 되도록 하는 것은 도덕적 실천적 이성의 명령이자 인간의 자신에 대한 의무이다. 그렇게 해서 세상에 쓸모있는 일원이 된다는 것은 그 존엄성을 내려 깎아서는 안 될 그 자신의 인격에서 인간성의 가치에 속하는 일이기 때문이다.(MS, TL, A110=VI444이하 참조) 인격의 존엄성은 인간 생명의 존엄성을 포함한다.

II. 1. 자신의 자연능력과 소질을 배양해야 할 의무에 극단적으로 반대되는 것이 임의로 자기 자신을 죽이는 일로, 그것은 자기 의무의 "위반(罪惡: peccatum)"이고, 그것이 고의적일 때는 "패악(悖惡: vitium)"(→)(MS, TL, A21=VI390)이다. 전체적인 자기 살해든, 부분적인 자기 상해[不具化]든 그것이 자기를 죽이는 짓이면, 그것은 비행(非行)이다.

2. 윤리적 의무의 주체로서 인간은 무엇보다도 그 의무의 주체를 보존해야 할 책무가 있다. 인간이 의무 수행의 주체이면서 동시에 "일체의 책무성을 면할" 권한을 갖는다면, 그것은 하나의 자가당착이다. 자살은 "그 자신의 인격에서 윤리성의 주체를 파기하는 일"(MS, TL, A73=VI422이하)로, 이는 윤리적 의무 수행을 원천적으로 봉쇄하는 것이니, 그야말로 윤리성 자체를 말살하는 짓이다.

3. 아리스토텔레스나 토마스 아퀴나스에서도 거듭 논의되었듯이, 스스로 목숨을 끊는 경우, 그것이 부모의 사랑에 대해 자식으로서의, 배우자로서의, 자식들에 대한 부모로서의, 또는 사회에 대한 시민으로서의 의무를 저버린 것

일 수도 있고(Aristoteles, *Ethica Nic*, 1138b 참조), 또 과연 어떤 인간에게 자신의 생명을 자기 임의로 처분할 권리가 있는지, 그것이 생의 "보편적 자연법칙"이나 영속적인 자연 질서에 맞는지가 문제될 수도 있다.(GMS, B54=IV422; KpV, A76=V44 참조) 그러나 이런 점들을 차치한다고 하더라도 또한 인간이 현세적인 괴로운 상태에서 벗어나기 위해서, 자살한다면, "그는 자신의 인격을, 생이 끝날 때까지 견딜 만한 상태로 보존하기 위한, 한낱 수단으로 이용하는 것"(GMS, B67=IV429)으로서, 그것은 무엇보다도 자신을 목적으로 대해야 한다는 도덕법칙에 어긋나는 짓이다. — "인간은 물건이 아니고, 그러니까 한낱 수단으로 사용될 수 있는 어떤 것이 아니며, 오히려 그의 모든 행위에 있어 항상 목적 그 자체로 보아야 한다. 그러므로 나는 나의 인격 안에서 인간에 대해 아무것도 처분할 수 없으니, 인간을 불구로 만들거나 훼손하거나 죽일 수 없다."(GMS, B67=IV429)

4. "어떠한 삶이 가장 좋은 것인가?"에 대해 '행복한 삶'이라고 답하는 한, 사람들은 자칫 자신을 죽이는 길로 들어설 수도 있다. 키케로가 말했듯이, "실로 쾌락에 최고선을 두는 자는 모든 것을 이성에 따라서가 아니라 감각에 따라서 판단할 수밖에 없고, 가장 달콤한 것을 최상의 것이라고 말할 수밖에 없다."(Cicero, *De finibus*, II, 91) 만약 행복한 삶을 최고선으로 본다면, 불행한 삶, 고통스러운 삶은 최악이 될 것이니, 그것은 결국 삶이 죽느니만 못한 것으로 여겨져, 고통스러운 자가 죽음을 택하는 것은 '논리적'인 일이 될 것이다. 그래서 순전히 자신의 고통을 경감하기 위해 신중하게 자살을 선택하는 자기 배려적인 자살의 경우 그것이 도덕적으로 정당화될 수 있다.

5. 또한 스토아 학도들의 "이성적인 생활" 방식에 의하면 "현자는 합당한 이유가 있으면 조국을 위해서도, 벗들을 위해서도 자신의 목숨을 기꺼이 버릴 것이고, 또 견딜 수 없는 고통을 당하거나 수족이 절단되거나 불치의 병에 걸렸을 경우에도 그렇게 한다."(Diogenes Laertios, *Vitae philosophorum*, VII, 130)

이렇듯 자살로의 경향은 자기 행복을 최고 가치로 여기는 사람에게만 나타나는 것이 아니라, 자기의 행복보다 세상사에 대한 초연함이나 대의를 위한 자기 희생을 미덕으로 여기는 이들에게도 다가와, 자살은 구차한 삶보다도 품격 있는 행실로 받아들여진다. 그러나 이러한 사유방식 역시 인간을 '도구'로 보는 것으로서, 인간의 인격성을 폄훼하고 있는 것이다.

어떤 이는 대의가 앞에 있거나 생 안에서 더 이상 자기의 소용될 바를 발견하지 못할 때는 생에서 마치 연기마냥 고요한 마음으로 스스로 세상을 떠나는 데서 "인격성의 탁월함"을 보기도 하고, 또 다른 어떤 이는 구차스러운 생보다는 스스로 죽음을 택함을 의롭다 생각하고 오히려 그를 통해 인간의 인격성이 보존된다고 보아 이를 자살과 구별하여 '자결(自決)'이라고 규정하기도 한다. 또한 "지사와 어진 이는 삶을 구하여 인을 해침은 없고, 몸을 죽여 인을 이루는 경우는 있다(志士仁人 無求生以害仁 有殺身以成仁)."(『論語』, 衛靈公 8)고 칭송하는가 하면, 조국을 구하기 위해 죽음을 택하거나 인류 전체의 치유를 위해 자신을 희생시키는 의도된 치명(致命)을 고귀한 행위로 평가하기도 한다.(Cicero, *De finibus*, III, 64 참조) 물론 경우에 따라서 그러한 죽음이 많은 사람들에 대해 공적을 세우는 것도 사실이다.(Aristoteles, *Ethica Nic*, 1169a 참조)

6. 그러나 칸트의 생각에는, 어떤 경우에도 자기를 죽임은 근원적으로 자신에 대한 의무를 수행할 가능성을 영구히 없애버리는 것이고, 또 자신이 보기에 적합한 목적을 위한 한갓 수단으로만 자신을 처분한 것으로서, 이는 더 이상 회복할 수 없게끔 "인간성의 존엄을 실추시키는" 짓이다.(MS, TL, A72=VI422이하 참조) — 이런 의미에서 어느 경우에나 자기 살해는 죄악인 것이다.

III. 1. 생명을 자연의 '유기적 질서'로 규정하든 '자기 형성 능력'으로 설명하든, 생물학적으로는 인간의 생명은 여타 동물의 생명과 동일한 자연법칙에 따라 발생하고 소멸하는 것으로 보인다. 그런데 자기 의사결정 능력을 가진 인간은 출산을 조정하기도 하고, 자기 생명을 훼손하거나 폐기하기도 한다. 일견 이러한 자기의 의사결정이 자연스러운 자연 진행에 대한 인간의 자의적인 개입이고, 그래서 자연 파괴나 자연 질서 교란으로 보이기도 하지만, 인간의 의사결정도 자연 안에 사는 인간의 자연적 욕망에 따른 것으로 볼 때는, 그 역시 자연스러운 자연 진행의 한 방식으로 볼 수도 있다. 비근한 예로, 인간에 대한 의학적

치료 행위에서 어디까지가 자연 질서에 부합하고, 어디서부터가 자연 진행에 대한 간섭 내지 교란인지 판가름한다는 것은 거의 불가능한 일이다. 그렇기에 또한 인간의 어떤 종류의 자기 상해, 자기 살해가 과연 자연의 법칙에 부합하는 것인지 어긋나는 것인지 하는 논의는 그 결말을 거의 기대할 수 없다. 자기 상해나 자기 살해는 일순간에 일어나기도 하지만 상당히 긴 시간 동안의 과정을 통하여 점진적으로 이루어질 수도 있는 일로서, 그 경우마다를 생물학적으로 또는 의학적으로 또는 심리학적으로 판정한다는 것이 결코 쉽지 않은 일이기 때문에, 더욱이 그러하다.

2. 그리고 자기 상해나 자기 살해가 당사자에게, 또는 근친에게, 또는 사회에 과연 유익한 것인지 해악을 끼치는지에 대한 공리주의적 타산도 그 결과의 파장이 미치는 (공간적 시간적) 범위를 이루 다 헤아릴 수 없는 것인 만큼 그 최종적 결과를 측량하기란 사실상 불가능하다.

3. 그러니 여타의 윤리적 문제와 관련해서도 그러하듯이, 자살에 관해서도, 인간의 그러한 행위가 과연 인간의 의무에 맞는가를 그 행위의 동기에서 묻고 답할 때에만, 그나마 효과적인 논의를 끌어갈 수 있겠다.

4. 이제 자살이 윤리적으로 악한 행위라면, 우리는 응당 이를 방지해야 한다. 그런데 어떻게? — 응급하게는 세인들의 자살로의 경향성을 제어할 수 있는 물리적·심리적·사회적 생활환경 조성이 병행해야 하겠지만, 모든 윤리적인 문제가 그렇듯이 또한 이 문제의 근원적 해결을 위해서는 인간이 모두 인격을 얻는 윤리적 사회 건설이 먼 듯하나 실은 가장 가까운 길이다.

인간은 미약하기에 누구나 끊임없이 악한 원리에 시달려서 윤리법칙의 권위를 인정할 때조차도 그를 위반하고 감정의 유혹에 곧잘 넘어간다. 게다가 인간 안에 있는 악성은 인간이 자연 중에 있을 때보다 오히려 인간들과의 관계 중에 있을 때 더욱 발호한다. — "인간은 타인들이 그를 가난하다고 여기고 그에 대해 경멸할 것이라고 염려하는 한에서만, 가난하다(또는 자기를 가난하다고 여긴다). 질투, 지배욕, 소유욕 그리고 이것들과 결합되어 있는 적대적인 경향성들은 인간이 다른 인간들 가운데에 있을 때, 그 자체로는 충족한 그의 자연본성을 이

내 몰아붙인다."(RGV, B128=VI93이하)

악성의 발동이 사람들 사이의 관계에서 특히 심해지는 것이라면, 개개인이 악의 지배에서 벗어나기 위해 제아무리 애쓴다 해도 제대로 성과를 거두기는 어렵다. 그래서 진실로 인간에게서 악을 방지하고 선을 촉진하기 위해서는 "통합된 힘으로써 악에 대항하는, 지속적이고 점점 확대되어 순전히 도덕성의 유지를 목표로 하는 사회"(RGV, B129=VI94)를 건설해야 한다. 그 사회는 순전한 덕의 법칙들 아래에서의 인간들의 결집체라는 점에서 "윤리적 사회" 또는 "윤리적 공동체"(→)(RGV, B130=VI94)라고 부를 수 있다.

자연상태에서 인간은 서로의 도덕적 소질을 부패시킨다. 그렇기에 "최고의 윤리적 선은 개개 인격이 그 자신의 도덕적 완전성을 위하여 노력하는 것만으로는 이루어지지 않고, 바로 그 같은 목적을 위하여 개개 인격들이 하나의 전체 안에서, 선량한 마음씨를 가진 인간들의 하나의 체계로 통합할 것이 요구된다. 최고의 윤리적 선은 이러한 체계 안에서만 그리고 이 체계의 통일을 통해서만 성사될 수 있는 것이다."(RGV, B136=VI97이하)

5. 개개 인간은 자연 안에서 한 생명체로서 많은 무생물들과 여타의 생물들과 그리고 이웃의 사람들과, 또한 자기 자신과 함께 살고 있거니와, 자기의 생명을 지키고 증진시키는 데 있어서나 자신의 생명을 해치는 데 있어서나 그 기여도의 순서는 보통 자기 자신 → 이웃 사람들 → 생물들 → 무생물들인 것으로 보인다. 그런 만큼 인간 각자가 생명의 보존과 발양을 위해서 자연적 환경 조성에 우선하여 할 일은 이웃과 더불어 사는 생활환경을 윤리적 공동체로 건설하는 일이다. 그러나 그보다도 먼저 해야 할 것은 스스로 자신을 목적으로 대함으로써 늘 자신의 존엄성에 대해 경의를 표하는 일이다.

"인간은 존엄하다."라고 말할 때, 그 '존엄성'은 '그 자체로 가치 있는 것', 다시 말해 '목적'적 존재자만이 가질 수 있는 것이다. 그 자체로 가치 있는 것은 비교적인 값, 즉 가격을 갖지 않는 것이니 서로 비교되어 교환되는 물품이나 상품과는 위격이 다른 것으로, 그렇기에 그것은 원리상 '대체될 수 없는 것'이다. 인간이 존엄하다는 것은 유(類)로서의 인간을 두고 하는 말이 아니라, 개개인 누구나가 존엄하다는 것, 즉 어떤 개인도 무엇에 의해 대체될 수 없다는 것을 말한다. 그래서 물품이 아닌 인품을 가진 인격만이 존엄한 것이고, 이 인격은 인간이 여느 자연물처럼 한낱 기계적인 필연적 인과연쇄의 한 매체로서 작동하는 것이 아니라, 자유로운 존재자로서 스스로 인간다움을 표상하고, 그 표상에 따라 법도를 세우고, 그 법도에 자신을 복종시키는 자율(自律)적 존재자가 됨으로써 자연물 이상의 것임을 증명하는 데서 성립한다. 자연 운동의 한낱 매체는 그 운동의 수단 내지 도구일 뿐으로, 그 운동과 그 운동의 매체에게 자발성이란 없으며, 따라서 '내가 한 일'이라는 것도 없고, 그런 만큼 내가 책임질 것도 없고, 또한 '내 것'도 없다. 그런 연쇄 운동에서 한 고리는 '나'든 '그'든 '그것'이든 '저것'이든 이미 정해져 있거나, 어느 것이 돼도 '나'와는 상관이 없다. 아니 내가 관여할 여지가 없다. 그런 과정에는 '당위(當爲)', 곧 '마땅히 그렇게 해야 함'이 있을 자리는 없는 것이고, 따라서 "인간은 모름지기 이러저러해야 한다."는 따위의 당위명제는 성립할 수 없다. 그러나 인간은 '자유'를 제일 요소로 갖는 주체적인 존재자이고, 따라서 그에게는 "인간은 모름지기 자살해서는 안 된다."는 당위명제가 명령으로 주어져 있다.

자아 自我 Ich ego

→ 나/자아

자연 自然 Natur natura

1. 자연은 1) 존재하는 것이자, 존재하는 것의 2) 본성이며, 존재하는 것들의 3) 이치이다. 존재하는 것들의 이치란 자연의 섭리로서, 이로써 자연은 신성(神性)을 포함함으로써 '자연 곧 신'임을 함축한다. 그러한 자연이 '자연법'의 자연

곧 이성이다. 반면에 '자연상태'의 자연은 천연, 원시, 야만을 지칭함으로써 반이성을 말한다.

2. '자연'은 일반적으로도 그러하듯이 칸트에서도 문맥에 따라 매우 다의적이다.

현상들의 총괄로서의 자연

1. 무엇인가가 주어질 때 그것을 감각기관을 통해 수용하는 의식이 경험적 직관이다. 경험적 직관의 대상은 우리 감성에 주어지는 미지의 어떤 것이며, 그것이 감성에 미친 결과(영향, 효과)가 감각(감각 인상)이다.(KrV, A19이하=B34 참조) 그런데 이 감각들이 감각작용에 의해 생길 때, 그것은 "일정한 관계에서 질서 지어"(KrV, A20=B34)진다. 감각들은 '서로 곁하여' 그리고 '서로 잇따라'라는 틀에 따라 질서 지어지는데, 이 틀이 이른바 감각적 '현상의 형식'으로서의 공간·시간 표상이고, 이 공간·시간의 형식에 따라 질서 지어지는 감각 내용들이 '현상의 질료'로서 잡다한 감각 인상들이다.(KrV, A20=B34 참조)

이 경험적 직관의 아직 규정되지 않은 대상으로서의 현상(KrV, A20=B34 참조)을 사고하여 하나의 대상으로 규정하는 지성 활동의 틀이 4종 12개의 순수한 지성의 근간 개념들인 범주들이다.(KrV, A81=B107 참조)

2. 이 범주들에서 사고작용이 감각경험을 소재로 해서 '무엇인가'를 '어떠어떠하게 있는 하나의 대상'으로 포착하는 작용을 경험적 인식이라고 부르고, 이 경험적 인식에서 인식된 것 역시 경험적 인식을 통해 우리에게 나타난 것이므로 충전한 의미에서 "현상"이라 일컫는다. 이 "현상들의 총괄"이 "자연"세계이다.(KrV, B163; Prol, A110=IV318 참조)

현상들의 총괄이 자연이라 함은 자연은 경험적으로 인식된 것의 총체라는 뜻이다. 현상들이란 곧 경험적으로 인식된 것이기 때문이다. 그런데 "우리의 모든 [경험적] 인식이 경험과 함께 시작된다 할지라도, 그렇다고 해서 우리의 인식 모두가 바로 경험으로부터 생겨나는 것은 아니다. 왜냐하면 우리의 경험 인식조차도 우리가 [감각] 인상들을 통해 수용한 것과 (순전히 이 감각 인상들의 야기로) 우리 자신의 인식능력이 자기 자신으로부터 산출해낸 것의 합성이겠으니 말이다.” (KrV, B1) 이러한 경험적 인식의 성격이 “어떻게 자연 자체가 가능한가?”(Prol, A109=IV318)라는 물음에 대한 답을 준다.

3. 경험적 인식은 감성을 통해 수용된 감각 인상들이 있어야 가능하지만, 감각 인상들의 수용만으로는 성립하지 못하고 ‘우리 자신의 인식능력이 자기 자신으로부터 산출해낸 것’이 덧붙여져야 한다는 말은, 경험적으로 인식된 것은 필수적으로 이 두 요소를 갖는다는 것을 뜻한다. 곧 경험적 인식은 질료와 형식으로 성립한다. 질료는 감각경험을 통하여 얻어진 감각 자료들이다. 그러니까 감각 자료가 없으면 어떠한 경험적 인식도, 따라서 경험적으로 인식된 것, 즉 현상도 있을 수 없다. 그러나 감각 자료가 있다 해서 그것이 바로 경험적 인식이 되는 것은 아니다. 감각 자료가 일정한 질서 아래에서 정리 정돈되고 통일되어야 한다. 인식 자료를 감각을 통하여 받아들이는 의식 활동은, 활동이라는 점에서는 능동적이지만, 우리 감관을 건드리는 것이 아무것도 없을 때는 작동하지 않는다는 점에서는 수동적이다. 또 받아들여진 감각 자료를 정리 정돈하고 통일하는 의식의 활동은, 받아들여진 자료가 있어야 활동을 개시한다는 점에서는 수동적이지만, 정리하고 통일한다는 점에서는 능동[자발]적이다.

이 능동적 활동은 의식이 자기활동을 위해 ‘미리 마련해가지고 있는’, 즉 선험적인 형식에 따라 스스로 수행하는 것이다. 이 형식은 두 가지인데, 그렇기에 인식에 “두 원천”(KrV, A50=B74)이 있다고 말해진다. 하나는 감성의 직관 형식으로서 공간·시간 표상이고, 다른 하나는 지성의 사고 형식으로서 양[하나(단위), 여럿(다수), 모두(전체)]·질[실재성(~임, ~함), 부정성(~ 아님, ~ 아니 함), 제한성(~이지는 않음)]·관계[내속성과 자존성(실체와 우유성), 원인성과 의존성(인과성), 상호성(상호작용)]·양태[가능성(있을 수 있음), 현존(실제로 있음), 필연성(반드시 있음)]이라는 순수 지성개념들이다. 이 순수 지성개념들이 사고의 범주로서 기능하는 것이다. 직관의 질료인 감각 인상들이 직관의 형식에서 수용되면 경험적 직관이 성립하고, 다시금 이 경험적 직관이라는 사고의 질료가 사고의 형식들에서 결합 통일되면 비로소 경험 인식이 이루어진다. 이를테면, 범주 곧 사고의 형식들인 순수한 지성개념들이 감각적으로 주어지는 잡다한 "현상들을 경험으로 읽을 수 있도록 철자화"(Prol, A101=IV312)하는 것이다. 이렇게 성립된 경험 인식에서 철자화한 경험 내용이 '우리에 대한 사물' 곧 '대상'이다. 그러므로 '우리'는 '주관'이자 '주체'이다.

합법칙적인 자연

1. 의식의 선험적인 표상들인 공간·시간 표상과 순수한 지성개념들이 인식의 틀이자, 또한 그 인식에서 인식된 것들의 총괄인 자연의 틀이다. 그래서 자연의 사물들은 '무엇'으로 '공간·시간상에' '존재'하고, 어떤 것은 어떤 것의 오른편에, 어떤 것은 어떤 것에 뒤이어 있으며, "실체는 항존하며 고정불변적"이고, "일어나는 모든 것은 항상 하나의 원인에 의해 항구적인 법칙들에 따라서 미리 규정되어 있다."(Prol, A74=IV295)

질료상으로 본 자연(natura materialiter spectata)은 "모든 현상들의 총괄"(KrV, B163; A418=B446 참조), 다시 말해 "경험의 모든 대상들의 총괄"(Prol, A74=IV295)이지만, 형식상으로 본 자연(natura formaliter spectata)은 이 경험을 가능하게 하는, 따라서 이 경험에서 경험되는 대상을 가능하게 하는 선험적인, 그 때문에 필연적인 규칙들의 "필연적인 합법칙성"(KrV, B165; 참조 Prol, A75=IV296) 즉 "법칙들에 따른 현존하는 현상들의 연관"(KrV, A216=B263), 단적으로 말하면 "인과성의 내적 원리에 따른 사물의 규정들의 연관"(KrV, A418=B446)이다.

2. 여기[공간]에 지금[시간] 하나[양]의 무엇[질]이 그 때문에[관계] 있다[양태]. — 자연 안의 사물들은 예외 없이 공간·시간상에 있고, 하나의 무엇으로서 어떠한 성질을 가지고 있으며, 다른 무엇과 힘을 매개로 관계 맺어져 있으며, 어떠한 방식으로 현존한다. 그러니까 자연 안의 사물들은 모두 직관과 사고의 기본 형식 안에서 체계적으로 연관되어 있다. 이 형식들은 경험으로부터 추상된

(귀납적인) 것이 아니라, 오히려 "모든 경험에 선행"하는, 즉 "선험적으로 가능"(Prol, A74=IV296)한 것이며, 그러면서도 경험을, 따라서 경험적 대상들을 가능하게 하는 토대, 원리이다. 이런 의미에서 우리의 선험적 의식은 경험 대상을 규정한다, 곧 '초월적'이다.

"좁은 의미에서의 자연의 형식"은 "경험의 모든 대상들의 합법칙성"(Prol, A75=IV296)이다. 그리고 대상들의 법칙성은 대상들을 인식하는 주관인 의식의 초월성에서 비롯하는 대상 경험을 가능하게 하는 인식 원리들이 부여한 것이다. 그렇기에 "경험 일반을 가능하게 하는 조건들은 동시에 그 경험의 대상들을 가능하게 하는 조건들"(KrV, A158=B197)이며, "그러므로 경험 일반을 가능하게 하는 것은 동시에 자연의 보편적 법칙이고, 전자의 원칙들 자신이 후자의 법칙들이다."(Prol, A111=IV319) 그리고 이 원칙들을 대변하는 것이, 순수 직관인 공간·시간 표상을 바탕으로 순수 지성의 근간 개념이 경험적 대상 인식에 객관적으로 사용되는 규칙인 "순수 지성의 종합적 원칙들"(→지성 →순수 지성의 종합적 원칙들의 체계)이다. 이 본래 주관적인 원칙들은 또한, 만약 자연과학을 자연 전체의 체계적 연관을 해명하는 학문이라 한다면, "자연과학의 보편적 원칙들"(Prol, A86=IV303)이기도 하다. 그러니까 "지성은 그의 (선험적) 법칙들을 자연에서 길어내는 것이 아니라, 그 법칙들을 자연에게 지정한다."(Prol, A113=IV320) — 이러한 자연 이해는 이른바 코페르니쿠스적 "사고방식의 변경"(KrV, BXXII 주)에 의해서만 가능한 것이다.

인간 본성으로서의 자연

1. 질료적으로 본 자연의 법칙이 기계적 인과법칙인 데 반해, 이러한 '자연법칙'과는 다른 원인성, 곧 자유에 의해 인과의 법칙인 '도덕법칙'이 있다면, 그리고 그것이 인간 "안에" 있는 법칙이라면, 여기서 우리는 또 다른 의미의 '자연'과 마주치지 않을 수 없다.

도덕법칙의 가능성은 순수한 자유의지에 기인한다. 인간의 의지가 자유로운 한에서, 선한 행위나 악한 행위는 인간의 마음씨에 달려 있다. 선행의 근원인 착한 마음씨란 도덕법칙에 합당한 준칙을 채용하는 마음씨이고, 악행을 낳는 나쁜 마음씨란 도덕법칙에 어긋나는 행위 준칙을 채택하는 마음씨이다.

이러한 마음씨는 인간에게 내재해 있고, 그런 한에서 인간의 자연본성이라고 일컬을 수 있다. 그러나 인간 안에 선한 준칙 혹은 도덕법칙에 어긋나는 악한 준칙을 채용하는 마음씨가 있다는 말이, 만약 인간이 악한 경우 그 책임은 자연에 있다거나 혹은 선한 경우 그 공로가 자연에 있음을 지시하는 것은 아니다.(RGV, B7이하=VI21 참조) 왜냐하면 인간은 실천 행위에서 자유롭고, 따라서 선·악에의 성향은 그 자신에게서 유래하는 것이어야 하기 때문이다.

인간은 성향(propensio)에 따라 행위한다. 성향에는 자연적인 것과 도덕적인 것이 있다. 자연적인 성향은 자연적 존재자로서의 인간의 의사에 속하는 것으로, 여기서는 도덕적인 가치는 문젯거리가 안 된다. 사과와 배 어느 것을 골라 먹어도 좋은 상황에서 어떤 사람이 배를 택하느냐 사과를 택하느냐는 그의 자연적 성향에 따라 정해지게 마련이다. 그 반면에 도덕적인 성향은 도덕적 존재자로서의 인간의 의사에 속하는 것으로, 그것은 선을 택할 수도 있고 악을 택할 수도 있는 자유로운 의지의 "도덕적 능력에만 부착해 있을 수 있다."(RGV, B25=VI31) 그래서 도덕적 행위에서 인간은 그 행위 양태에 책임을 져야 한다.

인간은 자연적 소질로 인하여 자주 감성적 동기들에 따르며, 그것들을 그의 준칙 안에 채용한다. 이러한 '자연적 소질'을 '자연본성' 또는 '자연적 경향성'이라고 일컬을 수 있다면, 이는 '질료상에서 본 자연'이나 '형식상으로 본 자연'과는 다른 의미의 '자연'을 함의한다.

2. 어떤 사람이 도덕법칙에 유의함이 없이 "감성의 동기들을 의사 규정을 위해 그것만으로도 충분한 것으로 그의 준칙 안에 채용"(RGV, B33=VI36)한다거나, 감성적인 자기애를 도덕법칙과 뒤섞어서 그의 준칙 안에 채용한다면, 그 사람은 도덕적으로 악한 것이다. 인간은 이런 악의 성향을 가지고 있음에도, 또한 도덕법칙을 유일한 동기로 삼아 자유롭게 행위할 수 있다. 아니, 자유롭게 행위할 수 있어야 한다. 그래서 우리는 "도덕적 의미에서 인간이 무엇인지, 또는 무엇

이 되어야 하는지, 선한지 또는 악한지, 이에 대해서는 인간이 자기 자신을 그렇게 만드는 것이 틀림없으며, 또는 그렇게 만든 것이 틀림없다. 양자가[어느 쪽이든] 인간의 자유의사의 작용결과인 것이 틀림없다."(RGV, B48=VI44)고 말할 수 있다. 여기서 "우리 안의 […] 그 무엇이 그토록 많은 필요욕구로 인해 끊임없이 자연에 의존하는 존재자인 우리를 또한 동시에 […] 이러한 자연을 넘어서서 그토록 높이 고양되도록 하여, […] 우리가 […] 생명에만 바람직한 필요욕구의 향유에 탐닉할 때, 우리 자신을 현존할 품격이 없는 것으로 여기게 하는 것일까?"(RGV, B57=VI49)라는 물음이 생긴다. 만약 이러한 '그 무엇'이 우리 안에 있는 것이라면, 그것은 자연 안에 있으면서 자연을 넘어서는 것을 생각하게끔 만든다.

감성적 자연과 초감성적 자연

1. '모든 현상의 총괄'로서의 자연은 감성에 주어진 "감성적 자연"이며, 자연 "법칙들 아래에 있는 사물들의 실존"으로서 감성세계이다. 도덕법칙은 이 "감성적 자연인 감성세계에다, 감성세계의 기계성을 깨뜨림이 없이, 초감성적 자연인 예지세계의 형식을 부여한다."(KpV, A74=V43)

2. "감성적 자연은 경험적으로 조건 지어진 법칙들 아래에 있는 사물들의 실존"으로서, "이성에 대해서 타율이다. 반면에 동일한 이성적 존재자들의 초감성적 자연이란 일체의 경험적 조건에서 독립적인, 그러니까 순수 이성의 자율에 속하는 법칙들에 따르는 사물들의 실존을 말한다." 그러므로 초감성적 자연이란 "순수한 실천이성의 자율 아래 있는 자연"(KpV, A74=V43)이라 하겠다.

3. 이 자율의 법칙은 그러니까 "초감성적 자연 및 순수한 예지세계의 근본 법칙[원칙]이고, 그것의 사본(Gegenbild)이 감성세계에, 그럼에도 동시에 감성세계의 법칙들을 깨뜨림 없이, 실존해야 할 도덕법칙이다. 우리는 전자를 우리가 순전히 이성에서만 인식하는 원본 자연(natura archetypa)이라고 부를 수 있겠고, 반면에 후자는, 의지의 규정 근거로서 전자의 이념의 가능한 결과를 내용으로 갖는 것이므로, 모상 자연(natura ectypa)이라고 부를 수 있겠다. 왜냐하면, 사실

상 도덕법칙은 그 이념에 따라 우리를, 순수 이성이, 자기에 알맞은 물리적 능력을 동반하고 있다면, 최고선을 만들어냈을 그런 자연 안에 옮겨놓고, 우리의 의지를 이성적 존재자들의 전체인 감성세계에 그 형식을 나누어주도록 규정하는 것이니 말이다."(KpV, A74이하=V43)

합목적적인 자연

1. 순수 지성은 선험적인 자기 형식에 따라 주어지는 자연을 인식하며, 순수한 실천이성은 선험적인 자기 이념을 자연 안에서 실현한다. '지성(이론이성)'이 자연의 세계에 법칙을 세운다면 '이성(실천이성)'은 도덕의 세계에 법칙을 세운다. "그러므로 지성과 이성은 한쪽이 다른 쪽에 해를 입힐 필요는 없이, 경험이라는 동일한 지반 위에서 서로 다른 법칙을 수립한다."(KU, BXVIII=V175) 순수 지성에 따르는 자연개념이 실천이성의 자유개념에 의한 법칙수립에 대해 아무런 영향을 미치지도 않고, 자유개념이 자연개념에 의한 법칙수립에 영향을 미치지도 않는다. 이 양자는 "그러나 그 법칙수립에 있어서는 서로 제한하지 않되, 감성세계 안에서의 작용함에 있어서는 끊임없이 서로 제한"(KU, BXVIII=V175)한다. "그런데 감성적인 것인 자연개념의 구역과 초감성적인 것인 자유개념의 구역 사이에는 헤아릴 수 없는 간극이 견고하게 있어서, 전자로부터 후자로 […] 건너가는 것이, 마치 한쪽이 다른 쪽에 아무런 영향도 미칠 수 없는 서로 다른 두 세계가 있는 것처럼, 가능하지 않다고 할지라도, 그럼에도 후자는 전자에 대해 어떤 영향을 미쳐야만 한다. 곧, 자유개념은 그의 법칙들에 통해 부과된 목적을 감성세계에서 현실화해야만 하며, 따라서 자연은 또한, 그것의 형식의 합법칙성이 적어도 자유법칙들에 따라서 자연에서 실현되어야 할 목적들의 가능성과 부합하는 것으로 생각될 수 있지 않으면 안 된다."(KU, BXIX=V175이하)

2. 그래서 반성적 판단력(→)은 감성적 세계와 초감성적인 예지의 세계 사이의 이 괴리를 잇는 접합점이 되어 자유로운 실천이성이 기계적인 법칙에 따라 운행하는 자연에 영향을 미칠 수 있도록 해주는 어떤 힘이 '또 다른 의미에서의'

'자연' 안에 있을 것으로 판단한다. 인간의 반성적 능력은 자유 개념이 실천적으로 포함하고 있는 초감성적인 어떤 것과 동일한 것이 자연의 바탕에도 놓여 있어서 이 양자를 통일하는 근거일 것이라고 판단하는 것이다. 여기에서 '합목적적인 자연'이 등장한다.

3. 자연의 합목적성이라는 개념은 자연의 다양한 경험적 법칙들이 마치 하나의 "체계"(KU, BXXVII=V180), "목적들의 대체계"(KU, B303=V380)를 이루고 있는 것처럼 생각할 수 있도록 해주는 표상이다. 그러므로 그것은 "오로지 반성적 판단력에만 그 근원을 가지고 있는 하나의 특수한 선험적 개념이다."(KU, BXXVIII=V181)

이론적 이성 곧 지성은 자연을 기계적 설명 방식에 따라 인식한다. 그러나 우리에게 가능한 기계적 설명 방식으로 우리가 해명할 수 있는 자연의 '사실들'뿐이다. 그 사실들의 까닭은 알 수 있는 것이 아니다. 지구상에 수많은 사물이 존재하건만, 그 모든 사물들 위에 군림하는 자는 인간이다. 왜 하필 인간인가? 그의 지력이 가장 탁월하기 때문이라면, 왜 그가 가장 탁월한 지력을 자연소질로 가지고 있는가? 그가 자연 환경에 가장 잘 적응 진화한 때문이라 한다면, 왜 하필 인간만이 그러했는가? 이런 물음들에 관해서는 자연에 대한 기계적 설명 방식이 제아무리 진전을 본다 해도 우리는 그 답을 얻을 수가 없을 것이다. 그렇기 때문에 "자연은 어디까지나 보편적으로 일치하는 두 가지의 법칙들(물리적 법칙들과 목적인들의 법칙들)에 따라 가능하다고 상정될 수 있다."(KU, B362=V415) 자연은 보편적인 목적 법칙에 따라 운행하되, 경험적인 기계적 자연법칙은 이 보편적인 법칙의 특수한 경우들이라고 생각해볼 수 있다. 그래서 판단력은 자기의 통일 원리에 따라 그 안에서 경험적인 법칙들을 통해 자연의 형식들이 특수화되는 "자연의 합목적성을 생각하는 것이다."(EEKU, H21=XX216)

4. 전 자연이 하나의 목적 체계로 생각될 수 있다면 스스로 주관 안에 목적을 세우고, 그 목적에 따라 실천하는 도덕적 주체로서의 인간이야말로 자연 안의 궁극목적, 그 자체로서 가장 가치 있는 존재자이다. 그래서 칸트는 인간이야말로 "전체 자연이 목적론적으로 그에 종속하는 궁극목적"(KU, B399=V436)이라고

말한다. "세계 내의 사물들의 현존과 세계 자신의 실존을 숙고할 때 벗어날 수 없는 하나의 판단이 있다. 곧, […] 온갖 다양한 피조물들은, 그리고 이 피조물들의 그토록 많은 체계들[…]의 전체조차도, 만약 그것들 가운데 인간(이성적 존재자 일반)이 없다면, 아무런 것도 위하는 것이 없이 현존하는 것이겠다. 다시 말해, 인간이 없으면 전체 창조는 한낱 황야로서, 쓸데없고 궁극목적이 없는 것이겠다."(KU, B410=V442)

인격적 자연

1. 합목적적으로 운행한다고 생각된 자연은 결국 '목적'을 가진, '의도'(IaG, A386=VIII17이하 참조)를 가진 어떤 것, 마치 '인격'적인 것으로 받아들여진다. "자연은, 인간이 자기의 동물적 현존의 기계적 안배를 넘어서는 모든 것을 전적으로 자기 자신으로부터 만들어내고, 그 자신이 본능에서 벗어나 자신의 이성을 통해 마련해 가진 이외의 행복이나 완전성을 분유[分有]하지 않을 것을 의욕했다."(IaG, A389이하=VIII19)와 같은 명제는 자연의 "의도"와 "목적"과 "의욕"을 말함으로써 자연을 의인화하는 한편, 자연의 행정(行程)이 어떤 신성(神性)에 의해 이끌리는 것으로 묘사함으로써(ZeF, AB44=VIII359 참조) 자연 안의 사건들이 "섭리"(IaG, A410=VIII30; ZeF, AB48=VIII361)에 의한 것임을 함의한다. 여기에는 '자연 곧 신'이라는 생각이 스며 있다 하겠다.

2. "피조물의 모든 자연적 소질들은 언젠가는 완벽하게 그리고 합목적적으로 펼쳐지게끔 정해져 있다."(IaG, A388=VIII18) "(지상의 유일한 이성적 피조물로서의) 인간에 있어서 그의 이성 사용을 목표로 하고 있는 자연소질들은 개체[개인]에서가 아니라, 오직 유[인류]에서만 완벽하게 발전될 것이다."(IaG, A388=VIII18) 그런데 "자연이 자기의 모든 소질들의 개발을 성취하기 위해 이용하는 수단은 사회 안에서 이 소질들의 적대 관계이며, 그렇지만 이 적대 관계가 결국에는 사회의 합법칙적 질서의 원인이 되는 한에서 그러하다."(IaG, A392=VIII20) "자연이 그 해결을 인간에게 강제하는 인류를 위한 최대의 문제는 보편적으로 법을

시행하는 시민사회의 달성이다."(IaG, A394=VIII22)

자연이 모든 소질들을 개발하기 위해 이용하는 '적대 관계'란 다름 아닌 "인간의 비사교적 사교성"(IaG, A392=VIII20)이다. 구성원들 사이에 최대의 자유가 보장되어 있고, "그러니까 전반적인 적대 관계가 보장되어 있으면서도, 자유의 한계가 아주 정확하게 규정되고 확보되어 있어서 이러한 자유가 타인의 자유와 공존할 수 있는" 시민사회에서만 "자연의 최고의 의도, 곧 그의 모든 소질들의 발전이 인류에서 달성될 수 있으며, 자연 또한 인류가 이 목적을 그의 사명의 모든 목적들과 마찬가지로 스스로 이룩할 것을 의욕하는 것이다."(IaG, A395=VIII22)

3. "인류의 역사는 대체로 자연의 어떤 숨겨져 있는 계획의 수행, 즉 내적으로-완전하며, 그리고 이 목적을 위해 또한 외적으로-완전한 국가[헌정]체제를 성취하기 위한 계획의 수행이라고 볼 수 있는바, 이 국가체제는 자연이 인간성 안에 있는 그의 모든 소질을 온전히 발전시킬 수 있는 유일한 상태이다."(IaG, A403=VIII27)

이러한 자연은 "위대한 기예가"(ZeF, AB47=VIII360)이다. 자연은 그가 낳은 사물들이 설령 우여곡절을 겪더라도 끝내는 화평에 이르기를 의욕하며, 각자 자기를 완성해나갈 것을 기대한다. 여기서 칸트는 "온 세상에 두루 편재해 있는 최고 존재자(인격화된 자연)"(ZeF, A44=B45=VIII359)를 납득한다.

이성적 자연과 반이성적 자연

1. 그런데 "사람들 사이의 평화상태는 자연상태(自然狀態)가 아니다. 자연상태는 오히려 전쟁상태이다."(ZeF, AB18=VIII348)라고 말할 때의 '자연'은 천연, 원시, 야만, 비문명을 지칭함으로써 신성(神性)과는 거리가 먼, 오히려 반이성(反理性)을 지시한다. 그러나 칸트는 "무법적 상태에 있는 인간들에게는 자연법에 의하여 '이 상태를 벗어나야만 한다'고 말할 수 있"(ZeF, AB34=VIII355)다고 한다. 자연법의 '자연'은 다름 아닌 '이성'이다. 이렇듯 '자연'은 때로는 이성을, 또 때로는 반이성을 지칭한다.

2. 자연상태가 시민적 상태 곧 법적 상태와 반대되는 것으로 이해될 때의 자연은 때로 "우연"(MS, RL, A84=B83=VI262)과도 동의어로 사용된다. 그때 자연은 인간의 의지 밖에 있는, 인간의 의지와는 무관한 상태를 의미한다.(MS, RL, AB89=VI266 참조)

인공 또는 인위의 반대로서의 자연

그런데 자연은 때로는 "자연생산물 또는 인공생산물"(MS, RL, AB124=VI287)에서처럼 인공 또는 인위와 반대되는 상태를 지칭하기도 한다. 이런 경우의 자연에서 '자연스러운'(MS, RL, A193=B223=VI329 참조) 일은 당연한, 피할 수 없는 것을 뜻한다. "교육은 부모의 절대적인 자연의무"(MS, RL, A195=B225=VI330)라고 말할 때의 경우가 이에 해당한다. 또 과식하면 배탈이 나서 고통을 받는 일을 "인위적인 처벌" 대신에 "자연적인 벌"을 받았다고 말할 때(Päd, A104=IX483 참조)의 자연이나, "자연적 사망"(MS, RL, B169=VI362), 자연사(自然死)일 때의 자연 또한 이러한 경우이겠다.

『자연과학의 형이상학적 기초원리』 / 『자연과학의 기초원리』
Metaphysische Anfangsgründe der Naturwissenschaft

『자연과학의 형이상학적 기초원리』/『자연과학의 기초원리』는 제1판이 1786년 리가(Riga, bei Johann Friedrich Hartknoch)에서 출간되고, 이듬해에 제2판이 그리고 제3판은 1800년 라이프치히(Leipzig, bei Hartknoch)에서 발간되었다.

『자연과학의 기초원리』의 주제와 구성

여기서 '자연과학'이라 함은 "자연철학(philosophia naturalis)"을 의미하며,

"물리학(physica)"과는 구별되는 것이다.(OP, XXI161 참조)

칸트 『자연과학의 기초원리』의 주제는 경험적 인식의 질료(Materie)가 되는 물질(Materie)(→)이다. 물질이란 "공간상에서 운동하는 것(das Bewegliche)"(MAN, A1=IV480)이되 "그 자체로 운동력을 가진"(MAN, A106=IV536) 것을 일컫는다. 이 물질을 순수 지성개념의 형식인 양·질·관계·양태의 순서에 따라 고찰하는 "'자연과학의 형이상학적 기초원리'는 4장으로 이루어지고, 그 제1장은 운동하는 것을 그것의 모든 질을 배제한 채 그 합성에 따른 순수한 양으로 관찰하며 운동학이라 명명할 수 있겠고, 제2장은 운동을 물질의 질에 속하는 것으로서 근원적 운동력이라는 이름 아래에서 탐구하며 동력학(→)이라 칭하고, 제3장은 이 질과 함께 물질을 다른 것에게 저항하는 그것의 고유한 운동을 통해 관계의 측면에서 고찰하며 기계학(→)이라는 이름으로 나타나고, 제4장은 그것의 운동이나 정지를 그저 표상하는 방식이나 양태와의 관계에서, 따라서 외감의 현상으로서 규정하며 현상학이라고 불린다."(MAN, AXX이하=IV477)

『자연과학의 기초원리』의 칸트철학 내의 의의

1. 『자연과학의 기초원리』는 『순수이성비판』(1781·1787)과 『형이상학 서설』(1783), 『윤리형이상학 정초』(1785)를 출간한 후 완숙기 칸트의 자연과학에 대한 철학을 담고 있다 하겠으나, 아직 『실천이성비판』(1788)과 『판단력비판』(1790)이 나오기 전이어서 비판철학의 온전한 체계 속에 있다고 볼 수는 없다.

학자로서 출발할 때 칸트의 주요 관심사는 자연과학적인 것이었지만, 그가 독창적인 세계를 얻은 것은 자연에 대한 형이상학적 고찰이었고, 그렇게 해서 수립한 형이상학적 인식 체계를 그가 이해한 자연과학의 기초원리로 삼은 결실이 칸트의 『자연과학의 형이상학적 기초원리』라 볼 수 있다. 그리고 이 기초원리 위에 칸트가 세우고자 한 것은 이를테면 "물체적 자연의 형이상학(Metaphysik der körperlichen Natur)"(MAN, AXII=IV472)이다. 그래서 칸트의 자연 형이상학은 인식 체계를 이루는 순수 지성개념의 형식인 양·질·관계·양태의 범주에 의거해서 기술된다.

2. 그런데 『자연과학의 기초원리』를 발간한 후 칸트는 이를 순수 지성개념들의 체계에 따라 물체적 자연을 서술한 하나의 "견본(Probe)"(KrV, B110)이라고 말하며, 〔유작〕(→)에서는 "자연과학의 형이상학적 기초원리로부터 물리학으로 이행"하는 것이 근래의 철학의 경향인데 "나의 '자연과학의 형이상학적 기초원리'는 이 분야에서 이미 몇 걸음을 선도하였다."(OP, XXI408)고 자평하고 있다.

자연법/자연권 自然法/自然權 Naturrecht ius naturale

1. 자연법이란 이성의 법이다. 자연법은 보통 "어떤 행위가 도덕적으로 필연적이거나 부끄러운 것은 그것이 이성적이고 사회적인 존재인 인간의 자연본성과 합치하거나 불합치하기 때문이며, 따라서 그러한 행위는 자연의 작가[창조자]인 신에 의해 권고되거나 금지된다는 것을 지시하는 올바른 이성의 지시명령"(Hugo Grotius, *De jure belli ac pacis*, I, i, 10, 12)이라고 규정된다. 인간은 스스로 법을 만들어 가지기 전부터, 다시 말해 이른바 '실정법'이 만들어지기 이전에도 이러한 자연의 법의 지배 아래에 있다고 보아야 한다. 이에 상응해서 자연이성의 법에 따르는 권리가 자연권이다. 바꿔 말하면, 자연법은 자연권을 보장하기 위한 이성의 법칙이다.

2. 그러나 인간은 물질세계의 사물처럼 그렇게 늘 법에 따르지는 않는다. 인간은 종종 심지어는 스스로 만든 법에 따르지 않기도 한다. 그것은 인간이 지혜도 가지고 있고 의지도 가지고 있지만, 그 자연본성이 제한적이기 때문이다. 인간은 의욕에 비해 빈약한 지성을 가진데다가, 감성적인 피조물로서 무수한 정념에 사로잡혀 있어 왕왕 자기가 가지고 있는 지성 능력마저도 잃는다. 그래서 법에 의해 본연의 자기로 돌아가게 할 필요가 있다. 그 때문에 인간에게 법은 부자연스럽고 강제적이다.

3. 무릇 인간에게 부자연스러운 무엇인가를 보편적으로 강제하는 것을 법칙

이라고 한다면, 인간의 행위 의사를 보편적으로 강제하는 법칙은 '실천 법칙'이라 일컫겠다. 실천적 법칙은 그래서 정언명령(→)의 형식을 갖는다. "법칙을 통해서 지시명령하는 자[를] 법칙수립자(立法者)"(MS, RL, AB28=VI227)라 이르거니와, 인간 행위의 법칙수립자는 법칙을 통해 스스로 의무의 형식과 내용을 규정하는, 즉 자율적인 실천이성이다. 실천이성이 법칙을 외적으로 수립할 때, 즉 자유를 외적으로 사용하는 법칙을 수립하면 그 법칙을 법(Recht)이라 하고, 반면에 실천이성이 그 법칙을 내적으로 수립할 때, 즉 자유를 내적으로 사용하는 법칙을 수립하면 그 법칙을 도덕이라 한다.

이런 의미 연관에서 칸트는 "법이란 그 아래서 어떤 이의 의사가 자유의 보편적 법칙에 따라 다른 이의 의사와 합일될 수 있는 조건들의 총체"(MS, RL, AB33=VI230)라고 규정한다.

4. 자유로운 인격으로서 인간은 유아독존의 존재자가 아니라 사회적 존재자이다. 사회란 대등한 인격들의 공동체이다. 사회 구성원은 누구는 명령자이고 누구는 복종자인 상하관계가 아니라, 모두 동지적, 동료적 관계에 있으며, 모두가 병렬관계에 있다. "서로 병렬관계에 있는 이들은, 그들이 공동의 법칙들 아래에 서 있는 한에서, 바로 그렇기 때문에, 상호 평등하다."(MS, RL, AB156=VI307) 평등한 인격들은 자유를 행사할 동등한 권리, 힘을 갖는다. 사회에서의 힘의 사용은 구성원 상호 간의 힘의 제한 없이는 자유롭게 행사될 수 없다. 자유로운 인격의 힘의 자기 제한, 그것이 정치 사회에서의 자율이다.

당초에 "타인의 강요하는 의사로부터의 독립성"이라는 자유(→)는, 모든 타인의 자유와 보편적 법칙에 따라서 공존할 수 있는 한에서, 모든 인간에게, 인간이 바로 인간이라는 그 힘으로 인해, 모든 인간에게 귀속하는 "유일하고 근원적인 권리"(MS, RL, AB45=VI237)이다. 그러나 자유의 권리도 법인 한에서 이미 강제를 자기 안에 갖는 것이다. 법과 권리에는 "모순율에 의해 그 법/권리를 손상하는 자를 강제하는 권한이 동시에 연결되어 있다."(MS, RL, AB35=VI231) 그러므로 "법[권리]과 강제할 권한은 한가지 것을 의미한다."(MS, RL, AB36=VI232)

5. 이 자유의 권리는 자기가 "자신의 주인"이 되는 생득적인 본유적 권리로

서 누구도 "교호적으로 구속할 수 있는 것 이상으로 타인에 의해 구속받지 않을 독립성", 곧 "본유적인 평등(→)"을 포함한다. 이러한 본유적인 권리를 내용으로 갖는 자연법은 권리에 다툼이 생기고 의문시되는 권리가 있을 때 그 판정의 기준이 된다. 그리고 시민사회에서는 주권자의 의사에 의해 제정된 법률이 그것을 보완한다.

6. 도덕이 자유의 내적인, 곧 자기와의 관계에서 법칙수립이라는 점에서 '내면의 법'이라 한다면, 외적인, 곧 타인과의 관계에서의 법칙수립이 가능한, 구속력 있는 법칙 일반을 '외면의 법(lex externa)'이라 한다. 그 가운데서도 그것을 준수해야 할 의무가, 외적인 법칙수립이 없더라도, 선험적으로 이성을 통해 인식될 수 있는 그런 법칙을 외적이긴 하나 자연적인 법칙 즉 자연법이라고 칭하고, 외적인 법칙수립이 없었더라면 법칙이 될 수 없는, 곧 아무런 구속력을 가질 수 없는 법칙을 제정적인 법칙 즉 실정법이라 부른다. 그러니까 순전히 실정법만을 통해서도 의무가 규정될 수 있다고 생각할 수는 있다. 그러나 그런 경우에도 그 실정법의 실천 법칙으로서의 보편적 규범성은 "어느 인간의 이성에 의해서도 선험적으로 인식될 수 있는"(MS, RL, A139이하=B139=VI296) 자연법에 근거해서만 확립될 수 있는 것이다.(MS, RL, AB24=VI224 참조)

7. 그러나 자연법만으로는 자연상태를 벗어날 수 없다. 시민적 사회는 제정법과 함께 성립된다. 그래서 시민적 사회의 "법은 선험적인 순정한 원리들에 의거하는 자연법과 법칙수립자의 의지에서 기인하는 실정(제정)법으로 구분된다." (MS, RL, AB44=VI237)

시민적 사회의 제정법은 다시금 '시민법(droit civil)' 내지 사법(私法)과 '정치법(droit politique)' 내지 공법(公法)으로 나뉘는데, 그것은 시민적 사회에는 여전히 자연상태에서도 개인 대 개인이 가진 사회적 관계가 있고, 시민적 사회에서 비로소 생기는 통치자와 피치자의 사회적 관계도 있기 때문이다.

8. 칸트는 자연법 내지 자연권이 시민적 헌정체제에서의 제정 법규들에 의해 "훼손당할 수 없다."(MS, RL, AB74=VI256 참조)고 본다. 자연법이 보편적인 실천 법칙으로 납득되는 것은, 그것이 선험적인 인간성의 이념에 부합하기 때문이며,

모든 법명제들은 “이성의 명법[지시명령]들(dictamina rationis)”이고, 그런 한에서 “선험적 명제들”이다.(MS, RL, AB63=VI249 참조)

모든 실정법은 이미 자연법이 함유하는 자연권으로서의 인간의 권리(→ 인권)를 단지 명확하게 보장하기 위한 것이다.

자연법칙 自然法則 Naturgesetz lex naturalis

I. 칸트에 의하면, 인간 이성의 법칙수립의 대상으로는 두 가지 곧 자연과 자유가 있으며, 그래서 이성의 법칙에는 자연법칙과 윤리법칙(도덕법칙)(→)이 있다. 자연법칙은 “현존하는 모든 것”에, 윤리법칙은 “현존해야 할 것”에 타당하다.(KrV, A840=B868 참조)

II. 1. 자연법칙이란 그에 따라 “현상들이 비로소 하나의 자연을 형성”(KrV, A542=B570)하는 법칙을 말한다. 다음과 같은 법칙들은 현상들의 총체/총괄로서의 자연(→)에 보편적으로 타당한 법칙들이다. — “발생하는 모든 것은 원인을 갖는다.” “이 원인의 원인성, 다시 말해 작용은, 그것이 [결과에] 시간상 선행하나, 거기서 발생한 결과라는 점에서, 그 자신 언제나 있었던 것일 수 없고, 오히려 일어난 것이어야만 하므로, 역시 현상들 중에 그 원인을 가지며, 그것에 의해 규정된다.” “따라서 자연 질서 안에서 모든 사건들은 경험적으로 규정되어 있다.”(KrV, A542=B570 참조) 또한 자연 안에는 간극이 없으며, 비약도 없고, 우연도 없으며, 숙명도 없다.(KrV, A229=B282 참조)

2. 칸트에서는 “경험 일반을 가능하게 하는 것은 동시에 자연의 보편적 법칙이고, 전자의 원칙들 자신이 후자의 법칙들이다. 왜냐하면 우리는 자연을 현상들의 총괄, 다시 말해 우리 안의 표상들의 총괄 외의 다른 것으로는 인지하지 못하며, 그래서 우리는 그 표상들의 연결 법칙을 다름 아닌 우리 안의 표상들을 연결하는 원칙들에서, 다시 말해 경험의 가능성을 이루는 한 의식에서의 필연적 통일의 조건들에서 취할 수밖에 없기 때문이다.”(Prol, A111=IV319) 그래서 칸트

에서는 "보편적 자연법칙들은 선험적으로 인식될 수 있다."는 명제로부터 "자연의 최상의 법칙수립은 우리 자신 안에, 다시 말해 우리 지성 안에 있지 않으면 안 된다.", 그리고 "우리는 자연의 보편적 법칙들을 경험에 의거해 자연으로부터 찾을 것이 아니라, 오히려 거꾸로 자연을 그 보편적 합법칙성의 면에서 순전히 우리의 감성과 지성 안에 놓여 있는, 경험을 가능하게 하는 조건들로부터 찾지 않으면 안 된다."라는 명제가 잇따라 나온다.(Prol, A111이하=IV319 참조) 그리하여 마침내 칸트는 "지성은 그의 (선험적인) 법칙들을 자연에서 길어내는 것이 아니라, 그 법칙들을 자연에게 지정한다."(Prol, A113=IV320)라고 말한다. "그래서 지성 자신이 자연법칙들의 원천이요, 그러니까 자연의 형식적 통일의 원천이라고 말하는 것이 자못 지나치고 불합리하게 들릴지도 모르겠으나, 그러한 주장은 옳고, 대상에 즉 경험에 부합한다."(KrV, A127)는 것이다. — 자연이론은 "그 기초에 놓여 있는 자연법칙들이 한갓된 경험법칙들이 아니라 선험적으로 인식될 수 있을 때"(MAN, AVI=IV469) '자연과학(Naturwissenschaft)'이라는 명칭을 쓸 수 있다.

3. 개개 자연법칙은 적용되는 외연이 다를 수 있으되, "특수한 자연법칙들은 더욱 보편적인 법칙들 아래에 종속"(KrV, A650=B678)한다.

「자연신학과 도덕학의 원칙들의 분명성에 관한 연구」 / 「자연신학과 도덕」 'Untersuchung über die Deutlichkeit der Grundsätze der natürlichen Theologie und der Moral'

I. 1. 「자연신학과 도덕」은, 1764년 베를린 왕립 학술원을 통해 출판된 논문이다.(Berlin: Haude et Spencer, Libraires du Roi et de l'Académie 1764) 1761년에 학술원에서 1763년도 현상논문을 1762년 말을 기한으로 공모를 하였고, 이때 당선작은 모제스 멘델스존(→)의 논문이었는데, 학술원에서는 당선작과 칸트의 이

논문을 함께 묶어 출판하였다.

현상 논문의 논제는 "과연 형이상학적 진리들 일반이, 특히 자연신학과 도덕학의 제1원칙들이, 기하학적 진리들처럼 그렇게 분명하게 증명될 수 있는가, 만약 그렇지 못하다면, 이런 원칙들의 확실성의 본래적인 성질은 무엇이며, 이 같은 확실성은 어느 정도까지 끌어올릴 수 있고, 과연 그 정도가 온전한 확신을 위해 충분한가?"였다.(II493 참조)

2. 칸트는 논문에서 수학적 방법과 철학적 방법의 특성을 논하는데, 철학에 수학의 방법을 끌어들일 수 없음을, 특히 자연신학이나 도덕학과 같은 형이상학에 수학적 방법을 적용할 수 없음을 논변하고 있다. 이것은 볼프 학파(→ 라이프니츠-볼프 학파)와 크루시우스(→)를 필두로 한 반(反)볼프 학파 사이의 오랜 논쟁에 칸트가 반볼프 학파 편에 서 있음을 말하고 있다.

II. 논문은 4개의 고찰로 구성되어 있다.

1. 제1고찰에서 칸트는 먼저 수학과 철학에서의 확실성을 비교하면서 다음과 같은 점들을 강조한다. — 1) 수학적 인식들이 종합적인 반면에 철학적 인식은 분석적이다.(UD, A71=II276 참조) 2) 수학은 보편적인 것을 기호로써 구체적으로 표시하는데, 철학은 추상적으로 표현한다.(UD, A73=II278 참조) 3) 수학에는 소수의 해결할 수 없는 개념과 증명할 수 없는 명제가 있을 뿐이지만, 철학에는 그러한 것이 부지기수로 많다.(UD, A75=II279 참조) 4) 수학의 대상은 쉽고 간결한데, 철학의 대상은 어렵고 착종되어 있다.(UD, A78=II282 참조)

2. 제2고찰에서 칸트는 수학과 철학 곧 형이상학의 인식은 본질적으로 다르기 때문에 수학의 방법은 철학에 적용될 수 없음을 말한다.

3. 제3고찰은 형이상학에서 확신하기에 충분한 하나의 확실성을 보증하는 원칙은 모순율이며, 이 점에서는 형이상학적 명제들도 여타 학문의 명제들이 준수해야 하는 똑같은 척도를 갖는다고 말한다.

4. 마지막인 제4고찰은 논문의 본주제인 자연신학과 도덕학에 집중한다.

자연신학은 "한 존재자의 단적으로 필연적인 실존"(UD, A94=II296이하)에서 출발하여 이 개념으로부터 도출할 수 있는 필연적인 속성들을 열거한 다음, "신에 대한 형이상학적 인식들이 매우 확실"(UD, A95=II297)하다고 논변한다. "그러나 신의 자유로운 행위들과 섭리, 정의와 선량함의 수행절차에 관한 판단은, 우리가 이들 규정들에서 가지고 있는 개념들에서도 아직 많이 개발되어 있지 않으므로, 이 학문에서는 단지 근사한 확실성만을 가질 따름이며, 바꿔 말하면, 단지 하나의 도덕적인 확실성을 가질 따름이다."(UD, A95=II297)라는 것이 칸트의 견해이다.

이러한 칸트의 견해와 함께 우리는 논문의 말미에서 칸트의 도덕 감정(→)에 관한 당시의 관점을 읽을 수 있다. — 칸트는 인식과 감정을 참된 것을 표상하고 선을 느끼는 두 능력으로 꼽으면서, 선을 감정과 결합시킨다. 칸트는 허치슨(→)과 같이 도덕적인 경험에서 감정의 역할이 중요함을 인정하지만, 도덕학의 제1의 근거들이, 최고도의 철학적 명증성을 보여주고 있음에도 불구하고, 아직 필요한 만큼의 명증성을 보여주고 있지 못하다(UD, A96=II298 참조)고 본다. "윤리성의 제1의 근거들에서 최고도의 철학적 명증성에 이르는 일이 가능한 것은 틀림없지만, 그럼에도 책무의 최상의 기본개념들이 무엇보다도 먼저 확실하게 규정되지 않으면 안 되는데, 이와 관련해서는 실천적 세계지[철학]의 결함이 사변적 세계지의 결함보다 더 크거니와, 그것은 과연 단적으로 인식능력이 또는 (욕구능력의 제1의 내적 근거인) 감정이 그를 위한 제1의 원칙들을 결정하는지가 무엇보다 먼저 확정되지 않으면 안 되기 때문이다."(UD, A99=II300)

5. 칸트의 도덕학은 1770년대까지는 도덕 감정 이론의 영향권 안에 있었는데, 이 논문에서도 그 자취를 볼 수 있다. 또한 이 논문은 철학적 인식이 개념에 의한 것이고, 수학적 인식은 개념의 구성에 의한 것이라는 칸트적 구분의 초기 형태를 보여주고 있다.

『자연지리학』 *Immanuel Kants Physische Geographie*

1. 칸트는 '자연 지리학'이라는 제목으로 1756년 여름부터 1796년 여름학기까

지 40년 동안 적어도 48학기를 강의했다. 이로써 칸트는 피셔(Christian Gabriel Fischer, 1685~1751), 라폴트(Karl Heinrich Rappolt, 1702~1753) 등이 한 쾨니히스베르크의 자연탐구 전통을 계승했는데, 다만 이들과는 달리 몸소 경험적인 자연 연구를 수행하지는 않았다.

2. 오랫동안 수십 차례 보완된 강의안을 가지고 있었음에도, 칸트는 이를 단행본으로 출간하는 것을 망설이고 있었는데, 서적상 폴머(Gottfried Vollmer)에 의해 『임마누엘 칸트의 자연지리학(*Immanuel Kants Physische Geographie*)』(Mainz und Hamburg)이라는 책이 1801년과 1802년에 두 권으로 나뉘어 출판되었다. 그러나 이 책은 곧바로 정본 다툼에 휩싸였고, 마침내 칸트의 의뢰에 의한 링크(Friedrich Theodor Rink, 1770~1821)의 편집본 『임마누엘 칸트의 자연지리학(*Immanuel Kants Physische Geographie*)』(Königsberg, bei Göbbels und Unzer 1802)이 출간되었다. 이 책이 칸트의 어떤 강의록에 의거해서 편찬되었고, 완성도가 어느 정도인지에 관해서는 출간 이래 논쟁이 끊이지 않고 있지만, 그와중에도 링크에 의한 편집본이 표준본으로 널리 인정받고 있다.

3. 『자연지리학』은 두 권으로 구성되어 있다.

제1권은 물, 땅, 공기, 지구가 겪은 대변동의 역사를 다룬다.

제2권은 다시 2부로 나뉘는데, 먼저 지표면의 사물들에 대한 고찰을 한 후 대륙별 특징에 대한 개략적 관찰을 하고 있다. 곧 인간, 동물계, 식물계, 광물계에 대한 고찰과 아시아, 아프리카, 유럽, 아메리카에 대한 관찰이 그 내용을 이룬다.

4. 칸트의 자연 지리학 강의는 그의 인간학 강의와 함께 당대 사회 지도자의 필수 교양 강좌로 그 의미와 영향력이 지대했고, 오늘날의 인문사회과학 개론에 상응하는 식견을 담고 있다.

자연학/생리학 自然學/生理學 Physiologie

1. 칸트에서 '피지올로기'는 '자연학(Naturkunde)' 또는 '생리학'을 지칭한다. 그러나 '생리학'이라 옮길 경우에도 '생물의 생리 작용에 관한 학문'을 뜻한다기보다는, 자연학의 일부인 심리학/영혼론(Psychologie)을 지시한다.

2. 자연학(Physiologie)은 내감의 자연학인 영혼론/심리학과 외감의 대상에 대한 자연학인 물체론으로 나뉘는데(KrV, A381 참조), 물체론은 물리학(Physik)이라고도 일컫는다. 칸트는 고대 그리스 철학자들이 학문을 세 가지 곧 "물리학, 윤리학 및 논리학"으로 나눈 것은 매우 적절하다고 보며, 물리학을 "자연의 법칙을 다루는" 학문으로 이해한다.(GMS, BIII=IV387 참조) 이런 맥락에서는 물리학(Physik)을 곧 자연학(physica)으로 볼 수 있고, 그럴 경우 '피지올로기'는 생리학(physiologia)으로 제한해서 읽을 수 있겠다.

3. 칸트는 또 형이상학을 자연 형이상학과 윤리 형이상학으로 구분하는 자리에서는, 자연 형이상학 곧 좁은 의미의 형이상학이 "초월철학과 순수 이성의 자연학(Physiologie)으로 구성된다."(KrV, A845=B873)고 말한다. 여기서 이성적 자연학은 주어진 대상들의 총괄로서의 자연(→)을 이성적으로 고찰하는데, "이런 이성적 자연 고찰에서 이성의 사용은 자연적이거나 또는 초자연적" 바꿔 말하면 "내재적이거나 초험적"이다.(KrV, A845=B873 참조)

초험적 자연학이란 "전체 자연과 자연 위에 있는 존재자와의 연관에 대한 자연학", 다시 말해 초월적 신학을 지칭한다.(KrV, A846=B874 참조)

"이에 반해 내재적 자연학은 자연을 감관의 모든 대상들의 총괄로서 고찰한다. 그러니까 자연이 우리에게 주어져 있는 그대로, 그러나 오로지 그 아래에서 자연이 우리에게 일반적으로 주어질 수 있는, 선험적 조건들에 따라서만 고찰한다." 여기서 대상들은 두 가지가 있으니, 1) 외감들의 대상들, 그러니까 이것들의 총괄, 즉 물체적 자연과 2) 내감의 대상, 즉 영혼이다. 이에 따라 내재적 자연학은 이성적 물리학이거나 이성적 영혼론/심리학이다.(KrV, A846=B874 참조)

자유 自由 Freiheit libertas

'스스로 말미암음'이라는 '자유(自由)'는 그 근원적 의미에서는 어떤 사태를 최초로 야기함, 곧 "제일의 운동자"(KrV, A450=B478)를 뜻한다. 그러나 자유는 보통 실천적 맥락에서 사용되고, 그때 그것은 어떤 것으로부터의 벗어남이나 풀림을 뜻한다. 그 어떤 것이 사회나 타인의 압제일 경우 자유는 해방 내지 독립성을 지칭하는 법적·정치적 의미를 갖고, 자신의 감성적 욕구 내지 충동일 경우에 자유는 자기 통제 내지 해탈(解脫)을 지칭하는 도덕적·종교적 의미를 얻는다.

초월적 이념으로서의 자유

I. 1. 자연세계 안에 '제일의 운동자'라는 의미의 '자유'의 자리가 있을 수 있는가?

자연을 경험과학적으로 관찰할 때, 발생하는 모든 것은 원인을 갖는다. 자연세계에 대한 경험과학적 관찰 자체가 "원인 없이는 아무것도 없다(Nihil est sine ratione)."라거나 "무에서는 아무것도 생기지 않는다(Ex nihilo nihil fit)."라는 생성의 충분근거율에 준거해서 이루어진다. 경험과학적 사건들이 상호 연관되어 있다고 고찰되는 한, 그 사건들의 계열에서 한 경험과학적 사태 내지 존재자의 원인은 또 다른 경험과학적 사태 내지 존재자로 간주된다. 그러므로 자연 내의 사건에서 그것의 원인은 반드시 경험과학적 의미에서 있는 것을 지시하며, 그 원인이 있는 것, 즉 존재자인 한 그 원인 역시 그것의 원인을 가져야만 한다.(KrV, A532=B560 참조) 그래서 우리가 생성과 존재의 충분근거율에 충실히 따르는 한, 원인 계열은 무한히 계속될 뿐 문자 그대로의 '최초의 원인' 즉 자유란 자연 가운데서 찾을 수가 없다. 그래서 "자연원인들에 독립해서, 그리고 심지어는 자연원인들의 강제력과 영향력에 반하여, 시간질서에 있어서 경험적 법칙들에 따라 규정되는 무엇인가를 산출하고, 그러니까 일련의 사건들을 전적으로 자기로부터 시작하는 어떠한 원인성"(KrV, A534=B562)이라는 의미에서의 '자유'는 "문제성 있는 개념"(KrV, A339=B397)이라 하지 않을 수 없다.

2. 최초의 운동자, 부동의 원동자, 또는 '자기로부터 생겨나는(a se)' 것이라는 개념은 무엇으로부터도 생겨나지 않은, 즉 원인이 없는 존재자가 적어도 하나 있다는 것을 함축하며, 따라서 그것은 초논리적일 뿐만 아니라, 자연 가운데서 만나지지 않는, 따라서 초경험적인 것, 요컨대 '초월적'인 어떤 것을 상정하는 것이다. 그래서 칸트는, 만약 어떤 현상 계열의 "절대적 자발성"(KrV, A446=B474)으로서 자유가 생각될 수 있다면, 그것은 이를테면 "초월적 이념(transzendentale Idee)"(KrV, A448=B476)이라고 본다.

초월적 이념으로서 자유는 일종의 "예지적 원인(intelligibele Ursache)"(KrV, A537=B565) 내지는 "예지체 원인(causa noumenon)"(KpV, A97=V55)을 일컫는다. 칸트는 이 예지적 원인으로서의 '자유'를 이른바 '순수 이성의 이율배반'(→)의 해소를 통해 "구출"(KrV, A536=B564)해내고, 그로써 당위적 실천 행위의 근거를 마련한다.

II. 1. 칸트에서 인간은 이중적이다. 인간은 감성적 존재자이자 이성적 존재자이며, 경험적 능력과 더불어 선험적 능력을 가지고 있다. 사람은 감성의 세계(sinnliche Welt)에 속해 있으면서도 또한 예지의 세계(intelligibele Welt)에 속해 있다. 인간은 자연법칙의 필연성에 종속하면서도 자유법칙의 지배 아래에도 놓여 있는 것이다.

2. 순수 이성 비판은 "나는 사고한다."라는 초월적 주관을 진리의 토대로 통찰하고, 우리의 인식작용을 객관 자체와 선험적으로 관계하는 한에서 고찰한다. 객관과 선험적으로 관계하는 우리의 초월적 인식작용은 객관 자체를 일정한 조건 아래서 의식의 대상으로 만든다. 이 의식의 대상은 "나는 사고한다."라는 초월적 통각에서 공간·시간의 감성의 수용 형식에 따라 정돈된 감각의 잡다가 지성의 사고 형식, 곧 범주들에 의해 하나의 대상으로 규정된 것이다. 그러므로 이른바 지성의 자발성이란 감각 표상들을 일정한 틀 안에서 경험의 대상으로 통일하는 개념들을 스스로 마련함 이상의 것이 아니다. 지성의 이 제한적인 자발성의 상위에 전적으로 순수하게 자발적인 능력인 이성이 있다. 이 이성의 순수한

자발성은 순수한 이념들을 낳고, 이것들은 감성이 수용할 수 있는 것을 훨씬 넘어가며, 감성의 세계와 예지의 세계를 구별하고, 그럼으로써 지성의 적절한 한계를 규정한다. 자유라는 개념이 순수 이성의 필수적 개념으로 등장하는 자리가 바로 이 순수 자발성이다.

그러나 '자신으로부터 비롯하는' 절대적 시초로서의 자유의 원인성은 무엇인가 있지 않으면 아무것도 생기지 않는다는 자연의 통일성을 구성하는 자연법칙에 어긋난다. 그럼에도 시간상의 한 원인이 다른 원인의 제약 아래에 있는 자연법칙에서와는 다르게 또 다른 원인성이 있다는 것을 받아들이지 않을 수가 없다. 발생하는 모든 것은 시간상 그것에 앞서는 어떤 것에 의해 필연적으로 제약받으므로, 만약 자유의 원인성이 없다면, 자연은 제약된 사건들의 계열을 무한하게 구성할 터이고, 그것은 다름 아니라 자연의 통일성을 파괴하니 말이다.

그러나 이 같은 이율배반의 문제는 물음을, 세계 내의 모든 사건들이 자연에서만 비롯하는가, 아니면 자유로부터도 비롯하는가(KrV, A536=B564 참조)라고 제기한 데서 발생한 것이라 볼 수 있다. 그래서 칸트는 이 이것이냐 저것이냐의 물음이 출발을 잘못했음을 지적함으로써 이 이율배반을 해소한다.

3. 이제 이 이율배반 해소의 실마리는 '자유' 원인성의 의미 해명에 있다. 한 사건에 있어서 자유의 원인성이 의미하는 시초란 이 사건에 앞서 어떤 사건이나 사태가 있음을 부인하는 시간상의 절대적 시초를 말하는 것이 아니라, 한 사건에 잇따르는 다른 사건은 물론 자연법칙에 따르는 것이지만, 그 사건의 계기(繼起)가 자연법칙으로부터 나온 것은 아니라는 점에서 어떤 시초를 말하는 것이다. 그러니까 동일한 사건에 대해서라도 관점을 달리해서 보면, 자연법칙에 따른 것이면서도 또한 자유의 원인성에 의한 것일 수도 있다는 것이다.

"현상들은 그 자체로는 사물들이 아니기 때문에, 이 현상들의 기초에는 이것들을 한낱 표상으로 규정하는 어떤 초월적 대상(→)이 놓여 있을 수밖에 없으므로, 우리가 이 초월적 대상에다가 그것이 현상하게 되는 성질 외에 현상은 아니면서도 현상 중에서 그 작용결과를 마주치는 원인성을 덧붙여서는 안 된다고 방해하는 것은 아무것도 없"(KrV, A538이하=B566이하)다. 이러한 원인성이 이른바

"예지적 원인"으로서 자유인 것이다.

도덕법칙의 가능 근거로서의 자유

I. 1. 인간은 한편으로 "감성세계에 속해 있는 한에서 자연의 법칙들(타율) 아래에 있고", 다른 한편으로는 "예지세계에 속하는 것으로서, 자연에 독립적으로, 경험적이지 않고, 순전히 이성에 기초하고 있는 법칙들 아래에 있"(GMS, B109=IV452)다. 그런데 "이성적인, 그러니까 예지세계에 속하는 존재자로서 인간은 그 자신의 의지의 원인성을 자유의 이념 아래서 말고는 결코 생각할 수 없다."(GMS, B109=IV452) 왜냐하면 감성세계의 자연적 원인들로부터의 독립성이 다름 아닌 자유이기 때문이다. 그런데 "자유의 이념에는 자율(→)의 개념이 불가분리적으로 결합되어 있고", 이 자율의 개념에는 당위법칙인 "윤리성의 보편적 원리가 결합되어 있다. 이 윤리성의 원리는, 자연법칙이 모든 현상들의 근저에 놓여 있는 것이나 꼭 마찬가지로, 이성적 존재자들의 모든 행위들의 근저에 놓여 있는 것이다."(GMS, B109=IV452이하)

2. 그러나 이때 만약 자기가 자유롭다고 생각하는 이성적 존재자로서 인간이, 그 자신이 동일한 행위에 관해서 자연법칙에 종속해 있다고 받아들일 때와 "똑같은 의미로, 또는 바로 똑같은 관계에서" 자기 자신이 자유롭다고 생각한다면, 자연의 인과성과 자유의 원인성의 "모순을 벗어난다는 것은 불가능하다."(GMS, B115=IV456) 그래서 칸트는 "우리가 인간을 자유롭다고 말할 때, 우리는 인간을, 우리가 자연의 일부로서의 인간을 이 자연의 법칙들에 종속해 있는 것으로 간주할 때와는 다른 의미와 다른 관계에서 생각한다는 것, 그리고 이 양자는 아주 잘 공존할 수 있을 뿐만 아니라, 동일한 주관 안에서 필연적으로 합일되어 있는 것으로 생각되어야만 한다는 것"(GMS, B115이하=IV456)을 분명히 하는 일이 필요하다고 본다. 그러므로 자연 인과성과 자유 원인성의 관계는 사실 간의 대립이라기보다는 관점의 상이성인 것이다.

II. 1. 무릇 자연 가운데서 "어떻게 자유가 가능한가?"를 물을 때 그것은 물리적 현상을 자유 원인성으로 설명하고자 하는 것이 아니라, — 그러한 설명의 시도는 이내 자연 인과성과 자유 원인성의 모순에 봉착할 것이다 — 인간의 실천적 행위는 단지 물리적 인과 관계로써만 설명할 수 없다는 '실천이성 비판' 작업을 겨냥한 것이므로, 저 물음은 곧 "어떻게 순수 이성이 실천적일 수 있는가, 다시 말해 어떻게 순수 이성이 자연 안에서 행위를 일으킬 수 있는가?"라는 물음을 묻는 것이다.(GMS, B120=IV458이하 참조) 그리고 이 물음은 자연 안에서 살고 있는 인간의 세계에 '실제로' 도덕법칙, 당위 규칙들이 작동한다는 사실을 적시함으로써 해답을 얻는다. 곧 "자유는 [⋯] 도덕법칙의 존재 근거(ratio essendi)이나, 도덕법칙은 자유의 인식 근거(ratio cognoscendi)이다."(KpV, A5=V4)

2. 도덕의 본질인 당위는 어떤 자연적 근거로부터도 설명될 수 없다. 제아무리 많은 자연적 근거나 감각적 자극들이 나로 하여금 무엇을 의욕(Wollen)하게 한다고 하더라도 "그것들이 당위(Sollen)를 낳을 수는 없"(KrV, A548=B576)다. 제아무리 반복적인 사실이라고 해도 결코 당위를 함의하지는 않기 때문이다. 그러니 어떤 당위 명령이 인간의 "의욕에 대해 척도와 목표, 심지어는 금지와 권위를 세"(KrV, A548=B576)울 때, 그 당위는 선험적인 것이다. 무릇 도덕은 이러한 당위들의 규범에 기초하는 것이지 경험의 축적이나 대다수 사람들의 행태 혹은 관행으로부터 얻어진 정보 내용이 아니다. '윤리'나 '도덕'에 상응하는 대개의 낱말들, 예컨대 '지텐(Sitten)', '모랄(Moral)', '에틱(Ethik)'이 어원적으로는 모두 경험적 요소를 담고 있는 '풍습' 내지 '관습'을 뜻함에도 불구하고, 정작 윤리(→) 도덕(→)의 원천은 선험적일 수밖에 없다.

도덕의 문제에서 "이성은 경험적으로 주어진 근거에 굴복하지 않고, 현상에서 자신을 드러내는 사물들의 질서를 따르지 않으며, 완전한 자발성을 가지고 이념들에 따라 고유한 질서를 만든다. 이성은 이 질서에 경험적 조건들을 들어맞추고, 이 이념들에 따라 심지어는 아직 일어나지 않았고, 어쩌면 일어나지 않을 행위 작용까지도 필연적이라고 천명한다. 그러나 그럼에도 모든 행위 작용들에 대해서, 이성이 그것들과 관련해 원인성을 가질 수 있음은 전제되어 있다. 무릇, 그렇지 않고서는, 그의 이념들에서 경험에서의 작용결과를 기대하지 않을

것이니 말이다."(KrV, A548=B576)

자연 중에서 다른 존재자들과 교섭하며 행위하는 인간은 물리적으로도 생리적으로도 심리적으로도 관찰될 수 있다. 그리고 그런 관찰을 통해서 경험된 인간의 행위들은 자연의 인과 고리를 이어가는 사건들이다. 그러나 그 가운데 도덕적 행위와 같은 실천적 행위들은 인간 이성의 이념이 동인인 경우도 있거니와, 이 이념이 이성의 순전한 자발성의 산물인 한, 어떤 실천적 행위가 비록 자연 안에서 일어나기는 하지만 그 행위의 근본 원인은 순수한 실천이성 곧 순수 의지의 자유성이다.

도덕법칙은 "감성세계에다, 감성세계의 기계성을 깨뜨림이 없이, 초감성적 자연인 예지세계의 형식을 부여한다. 그런데 가장 일반적인 의미에서 자연이란 법칙들 아래에 있는 사물들의 실존이다. 이성적 존재자들 일반의 감성적 자연은 경험적으로 조건 지어진 법칙들 아래에 있는 사물들의 실존을 말하고, 그러니까 그것은 이성에 대해서 타율이다. 반면에 동일한 이성적 존재자들의 초감성적 자연이란 일체의 경험적 조건에서 독립적인, 그러니까 순수 이성의 자율에 속하는 법칙들에 따르는 사물들의 실존을 말한다."(KpV, A74=V43) 그러므로 '초감성적 자연'이란 "다름 아니라 순수한 실천이성의 자율 아래 있는 자연이다."(KpV, A74=V43) 그리고 이 자율의 법칙은 "초감성적 자연 및 순수한 예지세계의 근본법칙[원칙]이고, 그것의 사본(Gegenbild)이 감성세계에, 그럼에도 동시에 감성세계의 법칙들을 깨뜨림 없이, 실존해야 할 도덕법칙이다. 우리는 전자를 우리가 순전히 이성에서만 인식하는 원본 자연(natura archetypa)이라고 부를 수 있겠고, 반면에 후자는, 의지의 규정 근거로서 전자의 이념의 가능한 결과를 내용으로 갖는 것이므로, 모상 자연(natura ectypa)이라고 부를 수 있겠다. 왜냐하면, 사실상 도덕법칙은 그 이념에 따라 우리를, 순수 이성이, 자기에 알맞은 물리적 능력을 동반하고 있다면, 최고선을 만들어냈을 그런 자연 안에 옮겨놓고, 우리의 의지를 이성적 존재자들의 전체인 감성세계에 그 형식을 나누어주도록 규정하는 것이니 말이다."(KpV, A75=V43)

윤리적 자유 곧 인격의 기반으로서의 자유는 인간이 자기사랑에서 자기 행복을 추구하는 자연적 본성에서 벗어남, 즉 자기로부터의 해방을 원초적 의미로 갖는다. 그래서 우리가 윤리 도덕적인 의미의 '자유' 개념을 천착해가면, 우리는 자유 문제의 다른 지평을 발견하게 된다. 곧 자유의 내적 관계, 한 자유 주체 내에서 자유와 인격성의 관계를 보게 되는 것이다.

시민사회 인(人)의 원리로서의 자유

1. 시민사회에서 정치 사회적, 법적 자유 곧 권리로서 자유는 외적 강제, 압제로부터 벗어남, 즉 타자로부터의 해방을 기본 개념으로 갖는다. 이 '자유'야말로 인간을 인(人, Person) 내지 인격(人格)으로 만드는 원리이다. 다시 말해 그것은 인간을 주체적으로 행위하고, 그런 만큼 자기 행위에 대해 책임을 지는 자로 만드는, 인간의 인간됨의 제일 원리이자, 시민사회 내지 국가의 성원인 '시민' 내지 '국민'의 본질적 요소이다.

2. 시민사회에서 각각의 인(人)은 누구의 간섭도 받지 않고 자기 생각을 표출하고 자기 몸과 소유물을 자기 의사대로 쓸 수 있는 능력을 가진 자로 간주된다. 그러나 이에서 이른바 '자유의 외적 관계'의 문제가 발생한다. 주변에 '타인'이 없는 자연의 상태에서라면 몰라도 사회 속의, 곧 타인들과 더불어 사는 사람이 자기의 자유를 누리고자 할 때는 어떤 타인과 또는 그가 속한 집단 자체와 충돌이 생길 수 있고, 그래서 불가불 사회적 문제가 발생하기 마련이다. 무릇 시민사회에서 실상은 각자가 자기가 하고 싶은 일을 하며, 자기가 좋아하는 대로 생활하고, 어떠한 법에 의해서도 구속받지 않는 자유란 없다. 여기서 사회 안에서 개인의 자유로운 행위의 정당한 범위는 어디까지인가, 국가 사회는 또는 법률은 개인의 자유를 어느 경우에 어느 정도까지 보장 내지 제한할 수 있는가 하는 난제가 제기된다. 이 문제에 대해 칸트는 '공존의 원칙'을 해답으로 내놓는다. 곧, "너의 의사의 자유로운 사용이 보편적 법칙에 따라 어느 누구의 자유와도 공존할 수 있도록, 그렇게 행위하라."(MS, RL, AB34=VI231)는 것이다.

3. 이러한 자유 공존의 법칙으로부터 '법', '정의', '정당성'의 개념이 나온다:

"행위가 또는 그 행위의 준칙에 따른 각자의 의사의 자유가 보편적 법칙에 따라 어느 누구의 자유와도 공존할 수 있는 각 행위는 법적이다/권리가 있다/정당하다/옳다."(MS, RL, AB33=VI230)

그러나 '정당한' 자유를 이렇게 규정한다 해도, 그 '보편 법칙'이 무엇이고, 어디서 어떻게 확보되는지, 또 그 '공존'의 질적 수준을 어떻게 가늠할 것인지 하는 문제가 다시금 남는다. 거기다가 정당한 자유가 '평등한 자유'로 이해되고, 사회적 의사결정은 '다수결'로 한다는 원칙까지 통용되면, 개인(Person)의 본질로서의 자유 즉 개성은 심대한 제약을 받거나, 심지어 의사결정에서 소수에 속하는 사람의 자유는 전적으로 도외시될 수도 있다. 이렇듯 정치 사회적으로는 '자유의 문제'란 한 자유 주체와 또 다른 자유 주체 사이의 충돌, 자유를 기반으로 갖는 권리와 의무의 상충의 문제이다. 그렇기 때문에 행위의 자유는 의지의 자유를 전제하되, "우리 행위의 의무법칙과의 합치 또는 상충에 대한 의식으로부터 유래하는 쾌 또는 불쾌의 감수성"(MS, TL, A35=VI399)인 "도덕 감정"의 성숙을 필요로 하며, 각 의무법칙의 준수를 자기의 의무라고 "판정하는 실천이성"으로서의 "양심(Gewissen)"의 개발(MS, TL, A39=VI401 참조)을 사회 구성원에게 요구한다. '양심'이 성숙해 있는 딱 그만큼 국가 시민은 자유를 발휘할 수 있는 것이다.

유일한 본유권으로서의 자유

1. 일체의 법적 행위와는 상관없이 인간에게는 누구에게나 태어나면서부터 귀속하는 권리 곧 본유권(das angeborene Recht)이 있다. 자유 곧 타인의 강요적 의사로부터의 독립성은 "모든 타인의 자유와 보편적 법칙에 따라서 공존할 수 있는 한에서, 모든 인간에게 그의 인간성의 힘으로[그가 인간이라는 바로 그 힘으로] 귀속하는 유일하고 근원적인 권리"(MS, RL, AB45=VI237)이다.

2. 이 본유적인 곧 생득적인 자유에는 본유적 평등의 권리, 다시 말해 "사람들이 교호적으로 구속할 수 있는 것보다 더 많이 타인에 의해 구속받지 않을 독

립"(MS, RL, AB45=VI237이하)의 권리와 사람은 누구나 "자신의 주인"이 되는 권리가 포함된다.

칸트 자유 개념의 문제사적 의의

1. 전통적인 철학에서 '자유'는 주로 자유의지론과 신학적 결정론, 그리고 주지주의(主知主義)와 주의주의(主意主義) 사이의 논쟁 주제였다. 전자가 "인간은 과연 자유로운가?"라는 물음에 대한 논쟁이라면, 후자는 "자유의 참된 의미는 무엇인가?"라는 물음과 관련된 쟁론이다. 근대에 들어서면서 전자는 자유의지론과 물리주의적 결정론의 논쟁으로 이어지고, 후자는 경험주의와 이성주의의 논쟁에서 더욱 첨예화한다. 이와 같은 문제사적 맥락에서 되짚어볼 때, 칸트 자유 개념은 하나의 절충적인 해결을 제시하고 있는 셈이다. 칸트 자유 개념이 지닌 독특성은 다음의 몇 가지로 정리할 수 있으니 말이다.

첫째, 자연세계 안에 있는 인간의 당위적 행동의 가능성을 여는 자유 개념은 "순수 이성의, 그러니까 사변 이성까지를 포함한, 체계 전체 건물의 마룻돌[宗石]을 이룬다."(KpV, A4=V4)고 칸트가 천명한 바 있듯이, 칸트에서 '자유'는 그의 이론 전체를 관통하는 구성 원리이다.

둘째, 칸트 자유 개념은 아직까지도 지속되고 있는 자유의지론과 결정론 간의 싸움을 화해시키려는 철학적 반성의 결실이다. 칸트는 현상계의 인과적 결정을 승인하면서도 순수 실천이성의 분석을 통해 자유의지의 가능성을 논변하고, 더 나아가 자유의지로부터 비롯되는 도덕적 행위의 인과 계열이 어떻게 자연적 현상계를 실천적으로 재구성하는지를 보이고자 한다. 그리고 이를 통해 한낱 사물과는 구분되는 인간의 인격적 존엄성을 확보하고자 한다.

셋째, 주지주의와 주의주의 간의 논쟁과 관련하여 칸트는 무제약적 의지[무규정성]와 법칙적 이성[규정성] 사이의 양자택일을 지양하고 '이성적 의지에 의한 자유'를 제시한다. 그는 무제약적 의지를 자유의 근거이자 담지자로 삼으면서도 인간이 이성적 존재자인 한 의지의 운동에는 의지 자체로부터 발생하고 스스로를 규제하는 법칙이 내재함을 드러내 보인다. 의지의 절대적 자발성은 없어서는 안 될 출발점이지만 그것은 단지 독립성이라는 '소극적 또는 부정적 의미의 자유'를 뜻할 뿐이다. 반면에 의지가 따르는 법칙이 의지 자신의 입법이고 그 스스로에게 부과한 것이라면 그러한 법칙은 자유의 제한이 아니라 자유의 실현이며, 이러한 '자율'로서의 자유가 진정한 '적극적 또는 긍정적 의미의 자유'이다. 칸트의 '자율'은 바로 이러한 사상을 담고 있는데, 여기서 '자기'와 '법칙' 내지 '규정'은 동등한 강조점을 갖는다. 이러한 사유를 통해 칸트는 의지의 자유에 기초한 이성적 도덕법칙의 근거를 마련할 뿐만 아니라 자유주의자들이 봉착하는 딜레마, 즉 법규범과 사회 제도는 개인의 자유를 보장하기 위해 만들어진 것임에도 불구하고 개인의 자유를 제한하고 있다는 딜레마를 해소할 수 있는 법철학적 원리를 제시한다. 그러니까 칸트의 철학은 우리에게 사회 규범과 제도를 '강제의 질서'가 아닌 '자유의 질서'로 구성할 수 있는 가능성을 열어준다.

넷째, 칸트의 자유 개념을 실마리로 해서 전통적인 주관적 자유 개념은 상호주관적 자유 개념으로 이행하게 된다. 전통적인 형이상학의 이분법에 따르면 모든 존재자는 '자기로부터의 존재자(ens a se)'이거나 '타자로부터의 존재자(ens ab alio)'로 분류되며, 오직 전자만이 자유로운 존재로 간주되었다. 이러한 이분법 속에서는 나와 타자는 외면적 대립 관계로 설정되고, 자유는 타자와 무관한 고립된 주체 내부의 자기 관계로만 파악된다. 형이상학을 배척하는 근대의 자유주의자들은 과거에는 신에게만 부여되었던 '자기로부터의 존재자'의 지위를 모든 원자적 개별자에게로 외연적으로 확대시켰을 뿐 형이상학적 이분법은 여전히 고수한다. 반면에 칸트는 주체의 근원적 자기 관계로부터 출발하면서도 타자 관계가 주체의 자기 관계의 초월적 조건임을, 즉 자기 관계와 타자 관계가 한 개인의 자유를 위한 상호 구성적인 계기임을 밝히면서 자유 개념을 상호주관성, '인간'류(類)의 지평 위로 확장시킨다. 칸트의 '정언명령'은 상호주관성을 전제하고 있는 것으로, 이를 기초로 칸트가 궁극적으로 추구한 것은 '자유로운 타자와의 도덕적 교제 속에서의 개인의 자유'이다.

2. 자유란 우리의 일상적 삶에 가장 일반적으로 관계된 것이어서 그것을 문제

시하는 것이 진부하다고 느껴지기까지 하는 실천적 규범의 원리이다. 하지만 이러한 사실은 바로 자유가 우리의 삶에서 그만큼 주요한 요소이며 우리의 문화적 삶의 핵심적인 내용을 형성한다는 것을 의미한다. 칸트의 자유 개념은 서양의 근대 문화 형성의 중요한 요소가 되었을 뿐만 아니라, 그 영향 아래서 지금의 철학 논의도 진행되고 있다.

자유율 自由律 Eleutheronomie

1. 자유율이란 "내적 법칙수립의 자유원리"(MS, TL, AIX=VI378)이다. 칸트는 도덕을 자유율 대신에 행복원리인 "쾌락(Eudämonie)"의 원칙에 따라 세우면, "그 귀결은 모든 도덕의 안락사(조용한 죽음)"(MS, TL, AIX=VI378)라고 말한다.

2. '윤리론'은 결코 '행복론'이 아니라는 것이 칸트 사상의 기조이다.(KpV, A165=V92) "그러나 행복의 원리와 윤리를 이렇게 구별하는 것이 그렇다고 곧 양자를 대립시키는 일은 아니다. 순수 실천이성은 행복에 대한 요구를 포기하고자 하는 것이 아니라, 단지 의무가 문제가 될 때는 그런 것을 전혀 고려치 않으려 하는 것이다. 오히려 어떤 점에서 볼 때는 자기의 행복을 배려하는 것은 의무일 수도 있다."(KpV, A166=V93)

자유의사 自由意思 freie Willkür/Freiheit der Willkür liberum arbitrium

1. 자유로운 의사(→) 또는 의사의 자유란 동물적인 "감성적 충동에 의한 의사 규정의 독립성"(MS, RL, AB5=VI213)으로서, 이런 '자유'는 "자유의 소극적 개념"(MS, RL, AB6=VI213)을 이루며, 이에서 더 나아가 의사가 준수해야 할 법칙을 스스로 수립하는, 그런 의미에서 자유(自由)로운 "실천적인 순수 이성의 능력"(MS,

RL, AB6=VI214)은 자유의 "적극적 개념"(MS, RL, AB6=VI213)을 이룬다.

2. 자유의사의 규정 근거가 되는 의지(→)는 어떠한 정념적인 경향성에도 영향받음 없이 오로지 순수한 실천이성에 의해 수립된 법칙에 따라 욕구하기 때문에 본질적으로 자유로운 것이며, 순수한 것이다. 그리고 오로지 순수 실천이성에 의해, 그러니까 "이성을 매개로, 순전한 개념에 의해 적의한 것"(KU, B10=V207)을 '도덕적으로 좋은 것'이라 규정하는 한에서 그것은 의당 "선하다[좋다]."(KpV, A131=V74) 그러므로 사람이 자기 '의지대로' 행한다는 말은 '자유롭게' 행한다는 말이며, 그것은 다시금 오로지 자신의 이성이 규정하는 바에 따라 '순수하게', 따라서 '선하게' 행한다는 말이다. '의지'는 본질적으로 '자유의지'이자 '선의지'인 것이다. 이러한 칸트의 '의지', '선의지'의 개념은 "첫째로 이성만으로는 어떤 의지 활동의 동기가 결코 될 수 없다, 둘째로 의지의 방향을 정함에 있어 이성은 결코 정념에 맞설 수 없다."(Hume, *THN*, II, 3, 3: p. 413)는 흄과 같은 이의 생각과 정면으로 반대되는 것이다.

3. 비록 인간의 이성은 의지의 대상들과 인간의 모든 필요욕구들의 충족과 관련하여 의지를 안전하게 이끌기에는 충분하게 유능하지 못하고, 오히려 이런 목적에는 생래적인 자연본능이 훨씬 더 능란할 것이지만, 그럼에도 불구하고 인간에게 품수되어 있는 실천 능력으로서 이성의 사명은 욕구 충족을 위해 영리하게 수단들을 찾아내는 한낱 도구로 쓰이는 일이 아니라, "그 자체로서 선한 의지를 낳는" 일이라고 칸트는 본다. "자연은 어디서나 그 소질들을 배분함에 있어 합목적적으로 일"하거니와, 자연은 선한 의지를 낳기 위해 "단적으로 이성이 필요했던 것"이라고까지 칸트는 생각한다.(GMS, B6이하=IV397 참조) 그렇기에 이러한 의미에서 칸트는 "선의지라는 개념[…]은 이미 자연적인 건전한 지성에 내재해 있"(GMS, B8=IV397)다고까지 말했다.

자유의지 自由意志 freier Wille libera voluntas

→ 자유의사, → 선의지

자유의 철학 Philosphie der Freiheit

자유의 철학으로서의 칸트철학

I. 1. 칸트철학은 한마디로 자유의 철학 또는 자율의 철학이라고 일컬을 수 있는데, 이것은 그의 철학이 인간 의식의 자발성, 자율, 자기자율을 추궁함으로써 인간의 본질이 자유임을 해명하고 있기 때문이다.

2. 칸트의 마음(→) 이론은 전통적인 지 · 정 · 의라는 기능 구분에 근거하고 있다. 지(Wissen)는 인식능력이고, 정(Fühlen)이 쾌 · 불쾌의 감정과 그에 의한 판정능력, 의(Wollen)가 욕구능력이다. '지'를 성립시키는 능력이 인간의 이론이성이다. 이것은 때로는 지성이라고 일컬어지기도 한다. 그다음으로 쾌감에 의해 판정하는 능력이 판단력이다. 의지를 규정하는 능력이 실천이성이다. 칸트는 때로는 이 실천이성만을 이성이라고도 일컫는다.

3. 그런데 이론이성을 이론이성이도록 하는 것이 이성의 자발성(Spontaneität)이다. 칸트는 이성을 법칙수립 능력이라고 한다. 입법능력을 이성이라고 하는데, 이는 곧 이치를 세우는 능력이 이성이라는 뜻이다. 원래 한국어 개념 '이성(理性)'은 '자연본성을 다스림'의 뜻이라 할 것이지만, 칸트의 경우 '이(理)'라고 하는 것은 원리이고, '성(性)'은 본래의 능력이다. 성향, 소질이라 할 수 있다. 본래 갖고 있는 소질, 즉 본성인 것이다. 이치를 세우는 능력, 즉 이치의 능력이 이성이다. 그러니까 이성이라는 것은 이치를 세우는, 다시 말하면 법칙을 세우는 능력이니 입법능력을 말하는 것이다.

인간의 이론이성에는 자발성이 있다. 이 자발성이 형상화한 것이 범주(→)이다. 인간이 자발성이 있으니까 범주에서 우리가 '~은 ~이다'라고 판단하여 사물을 규정할 수 있는 것이다. 그런데 인간이 범주에서 이렇게 판단할 수 있는 것은 감각적으로 무엇인가가 주어질 때뿐이다. 그러니까 인간은 공간과 시간상에 나타나 감각되는 것만 보고 알 수 있다. 공간과 시간상에 나타나지 않는 것을 나는 볼 수 없다. 예를 들어, 사물 자체가 있다, 신이 있다고 해도 그게 공간과 시간상에 나타나지 않는 한 인간은 볼 수 없고 알 수가 없다. 인간의 이성이 자발성을 가지고 있다 하나, 그 자발성의 활동 영역은 감각세계, 공간·시간 질서가 있는 세계 내로 제한된다.

4. 실천이성을 실천이성이도록 하는 것은 이성의 자율(Autonomie)(→)이다. 이 자율에 의한 것이 도덕법칙이다. 도덕법칙은 이성 표상 곧 이념이다. 정언명령(→)들은 모두 이념이다. 거짓말하지 말라는 것은 이념이다. 이러한 이념으로서의 도덕법칙에 따라서 행위하도록 하는 것이 인간의 순수한 의지이다. 그래서 이 순수한 의지(→)를 자유의지라고도 부르며, 이 의지는 오로지 선을 지향하고 있는 것이므로 선의지라고도 일컫는다. 그러니까 칸트에서는 '순수 의지=자유의지=선의지'라는 등식이 성립한다. 자유의지 자체는 자연세계에 속하는 것이 아닌 하나의 이념이지만, 이 이념의 활동 영역은 자연세계이다. 자유의 힘에 의해 실천이성은 자기의 이념을 자연세계에서 실현할 수 있는 것이다.

5. 그다음으로 반성적 판단력을 하나의 독자적인 마음의 능력이도록 하는 것은 이 판단력의 자기자율(Heautonomie)(→)인데, 이 자기자율의 원리가 합목적성이다. 자기자율이란 내가 스스로 내 주관을 만족시키기 위한 것이다. 예를 들면, "이 장미꽃이 빨갛다."는 것은 하나의 인식판단으로서 객관적 판단이다. 객관적이라는 것은 대상에 속하는 것을 일컫는다. 그런데 "이 장미꽃이 아름답다."고 할 때 아름다움이라는 것은 대상에 속하는 것이 아니다. 그래서 이러한 취미판단은 주관적이다. 장미라는 꽃은 향기가 나고, 빨갛고, 둥근 모양을 갖고 있다. 그런데 아름다움이라는 것은 그러한 장미의 사물적 속성이 아니다. 아름다움이란 것은 나와 장미가 만났을 때 내가 장미에서 느낀 것이다. 아름다움이라는 것은 순전히 주관적이라는 말이다. 그렇기 때문에 합목적성이란 것은 대상이 이러저

러할 때 나로 하여금 아름다움을 느끼지 않을 수 없게 나를 규제하는 원리이다. 그래서 나의 자기자율이다. 나 자신을 규제하는 원리인 것이다. 예를 들어 '빨갛다'는 대상을 규정하는 것이다. "이 책상은 사각형이다."라고 내가 판단하면 이 책상은 사각형인 것이다. 그런데 "이 장미꽃이 아름답다."고 하면 그것은 장미꽃을 규정하는 것이 아니라, 내가 그렇게 느끼도록 나를 규정하는 것이다.

II. 1. 칸트철학의 참의미는 그의 자유 개념에서 발원한다. 그로써 칸트는 인간을 존재자의 최고 경지에 올려놓았다. 그런데 칸트가 인간을 천상 존재자로 보는 것은 아니다. 그는 오히려 그 동물성을 주시한다. 고대 그리스 철학 등, 많은 철학은 인간을 동물 위에 올려놓았지만, 칸트는 철저하게 인간이 동물이라는 전제에서 인간을 최고의 위치에 올려놓았다. 동물 중에 최고가 인간이다. 그것도 동물이기 때문에 최고이다. 만약 인간이 동물이 아니면 욕구도 없을 터이고, 자기 유한의식도 없고 죽음도 없고 즐거움도 없고 쾌락도 없을 터이다. 동물이 아닌데 쾌락이 어디 있겠는가? 기쁨도 없고 슬픔도 없고 정 나누는 것도 없을 것이다. 이런 것들은 모두 동물이기 때문에 있는 일들이다. 그리고 숭고하다는 것도 없다. 숭고하다는 것은 동물이라서 할 수 없는데도 무엇인가를 해내니까 숭고한 것이다. 자기를 극복해내니까 대단한 것이다. 그러니까 동물이면 할 수 없어야 하는데 인간이 해내서 대단한 것이다. 그러한 대단함의 원동력이 자유이다. 인간의 위대함은 동물이면서도 자유롭기 때문이다. 동물이면서도 동물성을 극복할 힘을 가지고 있기 때문이다.

2. 자연은 자유롭지가 않다. 자연에 있는 것은 모두 필연적이다. 인간도 동물이니까 자연물이다. 당연히 인간의 일들도 모두 필연적으로 일어난다. 그것 때문에 그렇고, 이것 때문에 이렇고, 저것 때문에 저렇기 마련이다. 그런데도 인간은 반드시 그렇게 하지 않는다. 프로그램 되어 있지도 않다. 기계처럼 프로그램 된 것이 아니다. 그리고 여느 자연 사물처럼 필연적인 인과 연쇄 고리로 있지만 그것을 스스로 끊어낼 수 있는 힘이 있다. 그것이 자유이다. 그 자유가 그 연쇄 고리 안에 있기 때문에 위대하다. 연쇄 고리가 없으면 자유라는 말의 의미 자체가 없다. 제약과 속박이 없는데, 자유가 무슨 의미를 갖겠는가?

인간의 자유, 이 특성은 이른바 인공지능과 비교해보면 더욱더 두드러질 것이다. 한낱 인공적 지능과 지성을 갖춘 인간의 차이는 인간이 프로그램화되어 있지 않다는 점에서 뚜렷하게 드러난다. 칸트는 이 자율성, 자유를 인간의 본질로 파악하고, 그의 인간론을 폈다. 칸트의 이러한 인간론은 당대에서도 그랬지만 현대와 미래의 인간 사회에서도 인간 존엄성의 밑받침이 될 것이다.

자율 自律 Autonomie autonomia

자율과 그 요소

1. 자율이란 스스로 규범을 정하고 그 규범에 종속함을 말한다. 그래서 자율의 요소는 자기 기획, 자기 결정, 자기 입법, 자기 지배력이다.

2. 정치 사회에서 '자율'과 '자기 결정'은 자신의 문제들을 외부 권력에 의존하지 않고서 결정할 수 있는 힘 내지 권리, 그러니까 외부의 지배력에 대항할 수 있는 정치적 자유를 뜻한다. 그리고 정치적 자유란 스스로 입법하고 통치할 수 있는 능력을 말한다. 자유, 지배, 소유는 인간의 기본권이거니와, 지배와 소유가 입법권을 형성한다면, 누구의 지배에도 종속하지 않고 자신의 주인이 될 수 있는 능력인 자유는 이 입법권을 자주권으로 승격시킨다.

'자기 결정' 개념은 '자기 지배' 개념에서 출발한다. 그리고 이 개념 중에는 공동체 안에서의 자기 지배의 조건이 포함되어 있으니, 자기 지배는 자기 의사와의 합치뿐만 아니라 타인의 의사와의 합치 아래서 이루어져야 함을 말한다. 그렇지 않으면 공동체가 유지될 수 없을 것이기 때문이다. 그래서 자기 결정에는 자기 의사에 따르되 타인의 의사와 합치할 수 있는 이성적 식견이 필수적이다. 그러니까 자기 결정은 혼자 사는 세상에서가 아니라 더불어 사는 세계에서 그 온전한 의미를 갖는 마음의 작동 방식 중 하나이다.

그러므로 누가 자기 결정을 할 수 있기 위해서는 자기 자신에서 비롯하여 행위하는 자유와 자기 자신의 주인이 될 능력인 이성을 갖추지 않으면 안 된다. 여기에서 자기 결정은 자주독립 내지 자족(自足)의 기반 위에서 가능한 것으로 이해되기에 이른다. 자기의 생을 자기의 힘 안에서 영위하는 자만이 자기 결정을 할 수 있는 것이다. 다만 자기 결정은 자기 능력으로 해낼 수 있는 범위 내에서만 성취될 수 있는 것이므로, 자기가 할 수 있는 것을 가늠할 수 있는 지성이 동반하지 않으면 안 된다. 자기 결정은 자기와 자기 능력의 범위에 대한 인식, 선택에 충분한 근거를 제시할 수 있는 이성, 타인의 의사와의 합치 아래서 자기 의사를 정할 수 있는 지성을 기반으로 해서 가능한 것이다.

그래서 자기 결정의 권리로서의 자율 개념에는 악을 멀리하고 선을 택하여 정도(正道)를 걸을 수 있는 힘으로서의 개개 인간의 자기 결정 능력이 포함된다.

3. "인간이 자유롭다."고 할 때, 그 '자유로움'은 단지 외적 제약이나 압제로부터의 벗어남뿐만 아니라, 자기 욕구의 심리적, 생리적 자연 경향성에서 벗어나, 어떤 행위를 오로지 자기의 의지로, (문자 그대로) 자유의지로 행함을 뜻한다. '자유의지로 행함'이란 단지 '자동적 작동'이나 '임의적인 선택 행위'를 말하는 것이 아니다. 자유의지로 행함이란 스스로 '그 자체로 좋은 것'을 목적으로 설정하고 목적 달성을 위해 자기 의사에 따라 행위를 개시하고 중단하고, 그러한 행함 중에서 만족을 얻는 능동적 활동을 말한다. 그러므로 엄밀히 말해 자율적 활동이란 첫째로 자기 의사가 있는, 곧 "객체를 만들어내기 위한 자기의 행위의 능력에 대한 의식과 결합되어 있는"(MS, RL AB5=VI213) 욕구능력이 있는 자의 행위이며, 둘째로 그 의사가 순수한 이성의 법칙에 의해 규정되는, 다시 말해 자기 규칙에 따르는 행위를 말한다. 순수한 이성의 법칙이란 "이성에 의한 자율"(Refl 6076, XVIII443)이다. 그러니까 이 자율에 의한 자유란 무엇이든 바라는 대로, 예컨대 선보다도 악을 선택해서 행할 수 있는 능력을 말하는 것이 아니라, — 누가 임의로 선 대신에 악을 택해 행동한다면, 그러한 행동은 자유의사에 의해 일어난 것이 아니라, 자유의지의 박약으로 인한 것이라 하겠다 — 자연적 인과 필연성에 독립해서 또는 온갖 감성적 유혹을 이겨내고 이성이 규정하는 선한 것을 행할 수 있는 능력을 말한다.

인간 존엄성의 근거로서의 자율

1. 자연의 사물은 모두 자연법칙들에 따라 운동한다. 그러나 인간은 '의지'를 가지고 있는 한에서, 자기 생각 내지 자기가 세운 이념의 법칙에 따라 움직이기도 한다. 이른바 '도덕적' 행위란 그런 것이다. 그렇다면 이러한 당위법칙에 따른 행위가 있기 위해서는 그러한 법칙을 수립하는 이성이 전제되고, 그때 그러한 행위를 이끌어가는 "의지란 이성이 경향성에 독립해서 실천적으로 필연적인 것이라고, 다시 말해 선하다고 인식하는 것만을 선택하는 능력이다."(GMS, B36이하=IV412) 여기서 선을 인식하고, 일체의 경향성에서 벗어나 스스로 법칙을 수립하는 이성은 '순수한' 이성이자 '자율적' 실천이성이라 하겠고, 오로지 이러한 실천 법칙을 따른 행위만을 이끄는 의지는 '선한' 의지이자 '자유로운' 의지(→)이겠다. 그러나 의지가 언제나 이러한 객관적인(보편타당한) 법칙에 따라서만 규정되지 않고, 주관적인 조건들(감성적 경향성들, 이해타산 등)에도 종속한다면, 다시 말해 언제나 완전하게 자율적 이성과 합치하지 않는다면, "그러한 의지를 객관적인 법칙들에 맞게 결정하는 것은 강요이다."(GMS, B37=IV413) 이성적 존재자인 인간의 의지 내지 의사는 능히 이성이 표상하는 보편타당한, 따라서 객관적인 실천 법칙에 따라 결정될 수 있지만, 그럼에도 "철두철미 선하지는 않은" 인간의 의지는 "이성의 근거들에 필연적으로 순종적이지는 않"기 때문에, 보편적인 실천 법칙의 "표상은, 그것이 의지에 대해 강요적인 한에서, (이성의) 지시명령(Gebot)이라 일컬으며, 이 지시명령의 정식(Formel)을 일컬어 명령(Imperativ)이라 한다."(GMS, B37=IV413) 이 명령은 인간이 인간 자신에게, 곧 이성적 인간이 동물적 인간에게 발하는 강요, 이를테면 "자기강제"(KpV, A149=V83)이다. 정치적 시민사회에서의 명령은 외부에서, 이를테면 국가로부터, 시민들에게 던져지고, 그에 의해서 외적 강제가 주어지면, 그것은 자유의 구속 내지 제한이 될 터이다. 반면에 윤리적 실천 세계에서의 명령은 인간을 동물성으로부터 해방시킴이며, 그러니까 그것은 오히려 자유의 실현, 구체화라 하겠다.

2. 그런데 어떤 명령이 실천 '법칙'이 될 수 있기 위해서는 보편성과 필연성을

가져야만 한다. 어떤 것이 보편적이려면 언제 누구에게나 타당해야 하며, 필연적이려면 무조건적으로 타당해야만 한다. 그러니까 어떠한 경험적이고 욕구 충족을 전제로 하는 명령도 실천 '법칙'이 될 수는 없으며, 그렇기에 실천 법칙은 오직 선험적이고 단정적인 "정언적 명령"(GMS, B44=IV416)일 수밖에 없다. 그러므로 이 명령은 실천 행위로 나아가려는 이성이 자신에게 선험적으로 무조건적으로 부과하는 규범, 곧 이성의 "자율"(KpV, A58=V33)인 것이다. 그리고 자율적으로 자기 자신에게 명령을 발하는 이성은 '자기 법칙수립적[입법적]'이며, 이 자율로서의 정언명령은 행위가 준수해야 할 "형식"을 지정한다. 이러한 '윤리성의 명령'은 "의무의 보편적 명령"(GMS, B52=IV421)으로서 그 근거를 순수한 실천이성에 둔 것이니, "순수 실천이성의 원칙"이라 하겠다.

3. "너의 의지의 준칙이 항상 동시에 보편적 법칙수립의 원리로서 타당할 수 있도록, 그렇게 행위하라."(KpV, A54=V30) — 이러한 정언명령은 한 개인의 자유의 준칙은 동시에 타자에게도 타당할 때만 법칙이 됨을 천명함으로써 이제 '자유' 개념을 상호주관성의 지평 위로 확장시킨다. 칸트의 '정언명령'은 상호주관성을 전제하고 있는 것으로, 그렇기 때문에 이에 기초한 도덕은 단지 개인적인 것이 아니라 인간성(인류)에 보편적인 것이다. 실천이성의 정언명령은 주관적, 주체적인 행위 준칙이되, 동시에 보편적인 객관적인 실천 법칙으로서, 이 법칙 아래에 있는 개인은 하나의 인격으로서 역시 하나의 인격인 다른 개인과 서로 공동의 도덕법칙의 대변자로 만난다. 인격으로서의 인간의 세계는 공동의 법칙을 통한 서로 다른 이성적 존재자들의 체계적인 결합인 것이다.

4. 스스로 행위의 준칙을 세우고, 그것을 보편적 자연법칙처럼 준수하려는 인간 의지는 그 자체로 '신성하다'. 그래서 칸트는 "인간은 비록 충분히 신성하지는 못하지만, 그러나 그의 인격에서 인간성은 그에게 신성하지 않을 수 없다."(KpV, A155=V87)고 본다. 그러므로 자기 법칙수립적인 이 자율성이야말로 "인간과 모든 이성적 자연존재자의 존엄성의 근거"(GMS, B79=IV436)이다.

잡다[한 것] 雜多 das Mannigfaltige

1. 무엇인가가 우리 마음을 촉발할 때, 마음은 그것을 감각하지만, 그것이 무엇인지를 모른다. 촉발되는 우리의 마음, 곧 감성으로서는 감각은 하되 알 수 없는 무엇, 그래서 잡다한 것이 감각에 의해 주어지면, 감성은 자기의 틀인 공간·시간 질서에 따라 그것을 수용한다. 이렇게 수용된 것을 우리에게 나타난 것이라는 의미에서 '현상'이라고 일컫거니와, 이 잡다한 것 곧 감각재료를 현상의 질료라 하고, 이것을 서로 곁하여·서로 잇따라 있는 것으로 정돈하는 공간·시간 표상을 현상의 형식이라 한다. — "현상에서 감각에 대응하는 것을 나는 그것의 질료라고 부르며, 그러나 현상의 잡다[한 것]가 일정한 관계에서 질서 지어질 수 있도록 만드는 그것을 나는 현상의 형식이라고 부른다."(KrV, B34·참조 A20)

2. 감각 인상들은 잡다하고 "거칠고 뒤엉켜"(KrV, A77=B103) 있는 채이지만, 그것들은 이미 "직관에서의 결합의 형식"에 따라서, 다시 말해 공간·시간적으로 "일정한 관계에서"(KrV, A20=B34) 정리되어 수용된다. 개별적인 잡다한 감각 인상들, 감각 자료들은 공간·시간 표상에서 정리되어 수용되고, 따라서 양적으로 규정된다. 이같이 될 때만 '동일한 사물'·'두 사물'·'모든 사물'과 같은 개념들이 가능하다.

3. 그러나 잡다한 것에서 하나의 사물을 인식하기 위해서는 공간·시간상에서의 수용만으로는 안 되고, 일정한 관계에서 잡다의 결합이 뒤따라야 하는데, 그런 잡다의 결합 규칙들이 다름 아닌 순수 지성개념들이다. 아직 알지 못하는 무엇인가를 일정한 대상으로 파악하는 개념 작업인 인식은, 무엇인가의 촉발을 계기로 감성이 우리에게 제공하는 잡다한 표상들을 통일적으로 파악함을 말한다. 그런데 이 개념적 파악은 지성의 자발성에, 다시 말해 "서로 다른 표상들을 공통의 표상 아래서 정돈하는" 통일 기능, 곧 사고에 기초(KrV, A68=B93 참조)하며, 바로 그 사고는 순수 지성개념에서 이루어진다.

4. 잡다한 표상들, 곧 무엇인가는 직관에서 주어질 수 있다. 그러나 인식은 "직관에 주어지는, 다시 말해, 현상하는 대상"(KrV, A93=B126)을 개념적으로 파

악함이다. 직관의 잡다가 '한 대상의 개념'에서 통일될 때만 우리는 한 대상을 인식한다. 이 통일 작용 자체는 직관에 주어지는 것이 아니고 우리 인식능력의 '자발성의 활동', 곧 지성의 작용이다. 주어진 잡다의 통일은 인식주관이 자기에게 주어지는 잡다한 표상들을 일관되게 의식하고 그것들을 한 객관과 일정하게 관계 맺어 종합함으로써만 가능하다. 인식주관의 이 기능이 통각(→)이다. "직관에 주어진 모든 잡다를 객관이라는 개념에서 합일되게 하는 것"(KrV, B139)은 통각의 '초월적 통일'이고, 이러한 통일 작용에 의해 비로소 하나의 대상이 우리에게 인식된다. 다시 말해 현상한다.

점유 占有 Besitz possesio

1. 점유란 어떤 것의 "사용 일반을 가능하게 하는 주관적[주체적] 조건"(MS, RL, AB55=VI245)으로서, "외적인 어떤 것을 자기의 것으로 가짐"(MS, RL, AB56=VI245)을 뜻한다. 나의 점유는 "타인이 나의 동의 없이 그것을 사용하는 일이 나를 침해하는 것이 되게끔 나와 결합되어 있는 그러한 것"(MS, RL, AB55=VI245)을 말한다.

2. 점유에는 감성적 점유와 예지적 점유(posssessio noumenon)가 있을 수 있는데, 전자는 물리적 점유 또는 경험적 점유(possessio phaenomenon)라 하겠고, 후자는 순전히-법적인 점유로서 이성점유로 이해될 수 있는 것으로 "소지(detentio) 없는 점유"이다.(MS, RL, AB55이하=VI245이하 참조)

3. 감성적 점유로부터 정당하게 예지적 점유로 이끌어지는 것에 기초하여 근원적 취득(→)이 생긴다.(MS, RL, AB78=VI259 참조)

점취 占取 Apprehension

1. 점취란 근원적 취득(→)의 한 방식으로서 '누구에게도 속하지 않는 대상을 취득함'을 일컫는다.(MS, RL, AB77=VI258 참조)

2. 이 점취는 공간 시간상에서 대상을 자의적으로 점유취득(Besitznehmung)하는 것이니, 말하자면 감성적 점유(→) 내지는 현상적 점유(現象體 占有: possesio phaenomenon)이다.

정념적 情念的 pathologisch

1. '파톨로기슈(pathologisch)'가 오늘날은 대개 '파톨로기(Pathologie)' 곧 '병리학'의 형용사로서 '병리학적'이라는 의미로 사용되지만, 칸트에서는 더 자주 '파토스(Pathos)' 곧 '정념, 고통, 수난, 질병' 등 여러 갈래의 의미 중 '로고스(Logos)' 곧 '말, 논리, 이성'의 대립 개념인 '정념'의 형용사적 의미로 쓰인다.

'정념에 대한 논구(study of the passions)'로 풀이해도 무방한 '파톨로기아(pathologia)'가 중세 초기부터 '병리학(Lehre von den Krankheiten, science which treats of disease)'의 의미로 사용되었고, 칸트에서도 '파톨로기(Pathologie)'가 드물게(예컨대 Anth, B256=A258=VII287) '병리학'의 의미로 쓰이기는 한다. 그럼에도 불구하고 칸트 도덕철학 문맥에서는 '파톨로기슈(pathologisch)'를 '병리학적'이라기보다는 '정념적'으로 새기는 편이 더 합당하다. 그래서 칸트는 '파톨로기슈(pathologisch)'의 대체어로 '진리히(sinnlich)' 곧 '감성적'을 ( ) 안에 병렬해놓기도 한다.(Anth, B207=A206=VII254 참조)

'Logos'에 대해서는 'logisch'라는 형용사가 사용되는 데 반하여, 'Pathos'에 대해서는 가령 'pathisch'라는 형용사가 사용되지 않는 탓에 칸트에서와 같은 용례가 생긴 것으로 보아야겠다. (형용사 'pathetisch'는 그냥 '정념적'이라기보다는 '과도하게 정념적'인, '격정적'을 뜻하니 'Pathos'의 형용사라기보다는 'Pathetik'의 형용사라 하겠다.) 또 '정념적'과 '병리적'의 이러한 혼선은 '정념적' 곧 '병리적'이라는 일종의 이데올로기 탓일 수도 있겠다.

2. 이성은, "순전히 독자적으로 (경향성의 작용 없이) 의지를 규정하는" 이성은 "정념적으로 규정되는 욕구능력이 그에 종속하는 진정한 상위 욕구능력"이다. 그럼에도 정념적인 "충동이 최소한만 섞여도 그것은 이성의 강점과 우수성을 해"친다.(KpV, A45=V24이하 참조) 이성적 존재자도 그의 의지가 "정념적으로 촉발(pathologisch-affiziert)"되면 "그 자신에 의해 인식된 실천 법칙들에 대해 준칙들의 상충[相衝]이 생길 수 있다."(KpV, A36=V19)

3. 칸트는 "정념적으로(감성의 운동인에 의해) 촉발되는" 의사(→)를 '감수적 의사(arbitrium sensitivum)'라 일컫고(KrV, A534=B562), "감성적 충동에 의해, 다시 말해 정념적으로 규정될 수 있는"(KrV, A802=B830), 그러나 "정념적으로 어쩔 수 없게 될" 의사를 '동물적 의사(arbitrium brutum)'라고, 그와는 달리 "감성적 충동들로부터 독립적으로, 그러니까 이성에 의해서만 표상되는 운동인들을 통해 규정될 수 있는" 의사를 '자유로운 의사(arbitrium liberum)'라고 구별하여 말한다.(KrV, A802=B830 참조) 그런데 인간의 의사는 감수적이되 동물적이지는 않고 자유로우니, 말하자면 '감수적 자유의사(arbitriums sensitivum liberum)'(KrV, A534=B562 참조)라는 것이 칸트 생각이다. 이러한 의사의 구분에서 결정적인 요인이 '정념적' 영향력이다.

4. 그러나 정념적 경향성이 인간 생활을 긍정적이고 적극적인 방면으로 끌고 가기도 하는데, 대표적인 예로 비사교적인 인간을 사회화시키는 요인이 되는 때에 그러하다. 이기적인 인간들이 "정념적으로-압박되어 하나의 사회로 합치"되고, 이것이 "마침내 하나의 도덕적인 전체로 변환"되기도 한다.(IaG, A393=VIII21) 이러한 경우의 '정념적'은 '열정적(leidenschaftlich)'과 같은 것을 의미한다 하겠다.

정동/격정 情動/激情 Affekt

I. 1. 정동 내지 격정은 "현재 상태에서의 쾌 또는 불쾌의 감정으로서, 주관 안에서 숙고[성찰](사람들이 그것에 자신을 맡겨야 할 것인가 거절할 것인가 하는 이성 표상)가 생기지 못하게 하는 감정"(Anth, A203=B202이하=VII251)으로서, 하나의 "마음의 병"(Anth, AB203=VII251)이다. 그것은 "이성의 지배를 배척하기 때문이다."(Anth, A204=B203=VII251)

2. "정동[격정]은 그로 인해 마음의 자제(自制之心: animus sui compos)가 파기되는 감각에 의한 갑작스러움[기습]이다. 그러므로 정동[격정]은 성급하다. 다시 말해 정동[격정]은 숙고를 불가능하게 만드는 감정의 정도에까지 급속하게 증대한다(무분별하다)."(Anth, A204=B203=VII252) 반면에 "정동[격정]은 쉽게 잊어버린다."(Anth, A204=B203=VII252)

3. 정동/격정은 "감정에 속하는 것으로서, 숙고를 앞질러가서 숙고 자체를 불가능하게 하거나 더욱 어렵게 만드는 것이다. 그래서 격정은 갑작스럽다 또는 급격하다(突然之心: animus praeceps)고 일컬어지며, 이성은 덕의 개념을 통해, 사람들이 마음을 가라 앉혀야 한다고 말한다."(MS, TL, A50=VI407이하) 스토아학파의 이른바 "무정념의 원리"란 곧 현자들은 결코 정동[격정]에 빠져서는 안 된다는 도덕적 원칙을 일컬음이다.(Anth, A206=B205=VII253 참조) "일반적으로 정동[격정]의 상태를 이루는 것은 어떤 감정의 강함이 아니라, 이 감정을 그 상태에서 (쾌 또는 불쾌의) 모든 감정들의 총계와 비교하는 숙고[성찰]의 결여이다." (Anth, A207이하=B207=VII254)

4. 더욱이 "정동[격정]들은 일반적으로 병적인 우발 사건(징후)들이며, [...] 강함에서 오는 왕성한 정동[격정]과 약함에서 오는 무력한 정동[격정]으로 구분될 수 있다. 전자는 흥분을 일으키는 것이지만, 그로 인해 또한 자주 기진맥진하게 하며, 후자는 생명력을 이완시키되, 그러나 바로 그로 인해 또한 자주 회복을 준비하는 성질의 것이다."(Anth, A210=B209=VII255) "분노와 수치의 정동[격정]들은 자기의 목적에 관해 자기 자신을 약화시킨다는 특성을 갖는다. 그것들은 모

욕으로서의 해악[화]이 갑작스레 환기된 감정들이지만, 그러나 이 감정들은 그 격렬성으로 인해 동시에 그 해악[화]을 막는 것을 불가능하게 만든다."(Anth, B216=VII260)

5. 그러나 자연은 어떤 정동[격정]들을 통해 사람의 건강을 촉진시키기도 한다. "특히 웃음과 울음이 이런 것에 속한다." 큰 소리로 야단침은 소화를 진작시키고, 껄껄 웃음은 "횡격막의 건강한 운동에 의해 생명력의 감정을 강화한다."(Anth, B218이하=VII261이하)

II. 1. "격정들과 열정[욕정](→)들은 본질적으로 서로 구별된다."(MS, TL, A50=VI407) "격정들은 열정들과는 종적으로 구별된다. 전자는 한낱 감정과만 관계하나, 후자는 욕구능력에 속하는 것으로, 의사가 원칙들에 의해 규정되는 것을 어렵게 만들거나 불가능하게 만드는 경향성들이다. 전자는 격렬하고 무계획적이나, 후자는 지속적이고 신중하다. 그래서 노여움은 분노로서는 격정이지만, 증오(복수욕)로서는 열정이다. 후자는 결코 그리고 어떠한 관계에서도 숭고하다고 불릴 수 없다. 왜냐하면 격정에서는 마음의 자유가 저지당하기는 하나, 열정에서는 폐기되기 때문이다."(KU, B122=V272; 참조 Anth, B203=A204=VII252이하, F. Hutcheson, *Essay on the Nature and Conduct of the Passions and Affections and Illustrations upon the Moral Sense*(1728)에서의 두 마음 상태의 구별에 대한 언급은 V-Anth/Fried, XXV589)

2. "(욕구능력에 속하는 심정으로서) 열정[욕정]은 시간을 갖고, 제아무리 격렬하다고 해도, 자기 목적을 달성하기 위해, 숙고한다. — 정동[격정]은 제방을 무너뜨리는 물과 같이 작용하고, 열정[욕정]은 그 바닥을 점점 더 파고들어가는 강과 같이 작용한다."(Anth, B204=A205=VII252) 칸트는 정동을 "강물에 의해 제방이 무너짐으로 인한 범람"으로, 열정을 "땅바닥의 급경사로 인해 땅바닥을 점점 깊게 파이게 하는 강물"이라고 비유하기도 한다.

정복 淨福 Seligkeit

1. 행복(→)이 외적인 것의 취득에 의해 이르는 만족 상태라면, 정복(淨福)은 "독자적 자기 충족 의식"(KpV, A45=V25)을 전제한다. "자기만족이 우리의 전 실존에 이르면, 그것을 정복이라 일컫는다."(V-Phil-Th/Pölitz, XXVIII1089)

2. 정복은 "경향성들과 욕구들로부터 전적인 독립성"으로, 그것은 "그 의지 규정이 경향성들 및 욕구의 영향에서 해방되어 자기를 유지할 수 있는" 것이므로 "최고 존재자에게나 부여할 수 있는 자족[自足]과 유사한 것"(KpV, A214=V118)이다.

3. 정복은 윤리의 신성성에 상응하는 행복일 것이나, 이성적 존재자라 하더라도 이승 생활에서 윤리적 신성성에 이를 수는 없을 것이므로, 그것이 언제나 어느 처지에서나 "이성적 존재자들의 처신[태도]의 원형이어야 하고, 그것을 향한 진보는 이미 이승 생활에서 가능하고 필연적"이지만, 이 세계에서 행복이라는 이름으로 정복을 얻을 수는 없고, 그것은 "따라서 오로지 희망의 대상이 될 뿐"(KpV, A232=V129)이다. 그래서 "신은 홀로 성스러운 자이고, 홀로 정복[淨福]한 자이며, 홀로 지혜로운 자"(KpV, A236=V131)라고 말하는 것이다. 행복이란 전 실존에 대한 만족으로, 그를 위해서는 "인간에서는 물리적 요인들, 다시 말해 복지를 필요로 한다." 그런데 "물리적 요인들에 독립적인 행복이 정복"이니, "그것은 오로지 자기만족에 의한 것이다. 그러므로 신은 유일하게-정복적이다."(Refl 6117, XVIII460)

정신 精神 Geist spiritus/mens

→ 마음

정의 正義 Gerechtigkeit iustitia

I. 1. 정의의 원초적 의미는 '의로움'이다. 의로움이란 무엇보다도 먼저 자기 것이 아닌 것을 탐하지 않음을 말한다. 그래서 정의(iustitia)는, 사람들이 무엇이든 하고 싶으면 함으로써 전쟁상태를 초래하는 자연상태에서의 자유를 규제하는 법(ius)을 통해서 실현되는 것, 곧 '법적임'이다. 그런데 법(Recht)은 곧 권리(Recht)이고, 인간의 권리 중의 권리는 '인간답게 사는' 권리이다. 그런데 또한 인간답게 사는 데 초석이 되는 것은 안녕 복지(salus)이다. 그러나 '복지'가 인민(국민) 개개인 모두의 평안한 삶의 상태를 뜻할 때, 시민사회에서의 복지의 실현은 일정 부분 '나의 것과 너의 것'의 조정을 필요로 한다. 그래서 정의는 '나의 것과 너의 것'의 구별과 할양과 수득의 원리로서 모습이 드러난다.

2. 자기 것 이상을 가지려는 욕망 즉 탐욕(pleonexia)은 불의를 낳는다. 그래서 정의는 일차적으로는 탐욕을 억제하는 부정적인 성격을 갖는다. 이와 관련하여 칸트는 "신의 정의"(RGV, B94=VI72)를 말하는데, 그것은 심판의 척도를 뜻한다. "정의는 순전히 처벌적(punitiva)인 것으로 보상적(remunerativa)인 것이 아니다. 신은 정의에 의해 처벌하며, 보상은 오로지 자비로써 하는 것이다."(V-Th/Baumbach, XXVIII1292) 그런 의미에서 "정의는 자비의 제한이다."(V-Th/Baumbach, XXVIII1294) "신의 정의는 자비롭고, 용서하는 것으로 표상될 수가 없다."(RGV, B214=VI141) 게다가, 인간의 심판능력은 제한적이어서 인간의 정의는 외면적인 것에 머무를지라도, 신의 정의는 마음속까지 꿰뚫어 심판한다.

그렇기 때문에 정의는 타인의 행위가 의로운지 의롭지 않은지를 판정하는 척도이기에 앞서, 각자가 신 앞에서 자신의 행위를 그에 비추어보아야 할 표준이다. 이로써 의로움으로서의 정의는 인간을 '의롭게 됨(iustificatio)'으로 견인한다.

II. 1. 인간 사회에서는 어떤 행동이 의무에 맞으면 옳다(recht: rectum)고 하고, 외적인 법(칙)의 면에서 옳은 것을 정의롭다(gerecht: iustum)고 일컫는다.(MS, RL, AB23=VI224 참조) 그래서 "정의를 대표하는 도덕적 인격이 법정(forum)이며, 그 직무 수행의 상태가 재판(iudicium)이다."(MS, RL, AB140=VI297)

2. 자연상태에서 인간들이 서로 외적인 물건들을 취득할 때 그것들을 상호 거래함에 있어서의 옳음을 "교환적 정의"라 하고, "점유의 적법성을, 그것이 그 자체로서 (자연상태에서의) 각자의 사적 의지와의 관계에서 판정되는 대로가 아니라, 오직 법정에서, 즉 보편적으로-합일된 의지를 통해 생겨난 상태(시민적 상태)에서 판정되는 대로를, 기준으로 취하는 원칙"을 "분배적 정의의 원칙"(MS, RL, AB149=VI302)이라 일컫는다.

3. "법적 상태는 그 아래에서만 각자 자기의 권리를 나눠 갖게 되는 조건들을 함유하는, 인간 상호 간의 관계이다. 그리고 이 관계를 가능하게 하는 형식적 원리가, 보편적으로 법칙수립하는 의지의 이념에 따라 보자면, 공적 정의라고 일컬어진다. 이 정의는 법칙에 따라 (의사의 실질/질료인) 대상들의 점유의 가능성과 또는 현실성과 또는 필연성과 관련하여 보호적 정의(iustitia tutatrix), 교환적 정의(iustitia commutativa), 그리고 분배적 정의(iustitia distributiva)로 구분될 수 있다. — 법칙이 이와 함께 말하는 바는 첫째로 순전히, 어떠한 태도가 내적으로 형식상 정당한가(正當의 法則: lex iusti), 둘째로, 무엇이 질료[질료상으]로서도 또한 외적으로 법칙적[합법적]일 수 있는가, 다시 말해 그 점유상태가 법적인가(適正의 法則: lex iuridica), 셋째로, 무엇이 그리고 무엇에 대한 법정에서의 판결이 특수한 경우에 주어진 법칙[법률] 아래서 이에 맞는가, 다시 말해 법적인/권리가 있는가(正義의 法則: lex iustitiae)이다. 이러한 곳에서 사람들은 저 법정 자체를 한 나라의 정의라고 부르며, 과연 그러한 정의가 있는지 없는지를 모든 법적인 관심사 가운데서도 가장 중요한 것으로 물을 수 있다."(MS, RL, AB154이하=VI305이하)

4. "각자에게 자기 것을 분배하라(suum cuique tribue)."(*Corpus Iuris Civilis*, *Digesta*, 1.1.10)라는 정의의 법칙을 칸트는 '법의무의 원칙'으로 이해하며, 이를 준수할 수 있기 위해서 "누구나 자기의 것을 어느 타인에 대항해서도 안전하게 확보할 수 있는 상태에 들어가라."(MS, RL, AB44=VI237)고 말한다. 정의의 법칙은 각자의 것이 "공적 권력 아래서 보장"될 수 있는 시민 상태에서만 준수될 수 있는 것이기 때문이다.(V-MS/Vigil, XXVII528 참조)

제라드 Alexander Gerard

1. 제라드(1728~1795)는 칸트 당대의 영국인 철학 저술가이다. 그의 출세작은 『취미론(*Essay on Taste*)』(1759)이며, 그의 『천재론(*Essay on Genius*)』(1771)의 독일어 번역본 *Versuch über das Genie*는 1776년에 출간되었다.

2. 칸트는 『판단력비판』과 인간학 강의에서 그의 천재론을 자주 인용하였다. — "천재란 모방정신에 전적으로 대립해 있어야 한다."(KU, B183=V308) "천재의 최대의 속성은 생산적 상상력이며, 그것은 모방정신과 가장 크게 구별되는 것이다."(V-Anth/Mensch, XXV945 · 참조 XXV1055)

조건 條件 Bedingung conditio

1. 조건이란 둘 이상의 상관자가 있을 때 그것이 없으면 다른 것이 성립할 수 없게 되는 것을 지칭한다. 그 조건 아래에 있는 것을 '조건적인 것/조건 지어지는 것(das Bedingte)'이라 한다. 어떤 조건과의 관계에서는 조건적인 것이 다른 것과의 관계에서는 조건일 수 있다. 무엇의 조건이기만 하고 결코 조건 지어지는 것이 되지는 않는 것을 '무조건자(das Unbedingte)'(→)라 한다.

2. 조건은 원인(작용인 또는 목적인)으로서의 조건과 여건(형식인 또는 질료인)으로서의 조건으로 나누어볼 수 있다.

자연 기계성의 인과 관계에서 원인이 다름 아닌 결과 발생의 조건이다. "낙엽을 태우면 연기가 난다."에서 '낙엽을 태움'은 '연기가 남'의 작용원인으로서의 조건이다. 또한 목적인과 관계에서 목적은 그에 이르기 위한 것의 조건이다. "건강을 유지하기 위해 매일 아침 10분간 체조를 한다."에서 '건강 유지'는 '매일 아침 체조'의 목적원인으로서의 조건이다.

칸트는 공간과 시간 표상, 사고의 형식인 순수 지성개념들을 현상의 조건이라고 말하는데, 이때의 조건은 현상을 가능하게 하는 여건, 가능성의 조건(Bedingung der Möglichkeit)을 뜻한다. 여건으로서의 조건은 '인간의 조건', '계약이행의 조건', '대화의 조건' 등 매우 다양한 경우를 포함한다.

조화 調和 Harmonie harmonia

1. 조화란 이질적이고 대립적인 것들이 서로 맞고 어울림을 말한다. 칸트는 쾌의 감정은 이질적인 인식능력들의 조화에 기인하고, 세계 평화는 정치와 도덕의 조화를 통해서만 이룩될 수 있고, 최고선은 자연과 윤리가 조화를 이룸으로써 달성될 수 있다고 본다.

2. 취미판단에서 쾌의 감정은 "판단력의 두 인식능력들, 즉 상상력과 지성의 조화로운 유희를 주관 안에 일으키는 감각"(EEKU, XX224=H30)이다. 그런데 "순전한 반성에서 지성과 상상력은 부합하여 교호적으로 각자의 과업을 촉진"(EEKU, XX221=H26)한다. 다시 말해 "주어진 표상에서 한쪽의 포착능력[상상력]과 다른 쪽의 현시능력[지성]은 교호적으로 촉진적이며, 그러한 경우에 이 관계는 이러한 순전한 형식을 통해 감각을 일으키는바, 이 감각이, 그 때문에 감성적/미감적이라고 일컬어지고, 주관적 합목적성으로서 (개념 없이) 쾌의 감정과 결합되어 있는 판단의 규정근거인 것이다."(EEKU, XX224=H30 이하)

"미적인 것 그 자신만으로는 아무런 이해관심도 지니지 않고, 곧 그것의 현존은 우리에게 아무 상관이 없는 것이나, 그럼에도 그것에 대한 흡족이 생기는 것이므로, 미적인 것이란 우리가 관심을 갖는 것에 대한 감정을, 다시 말해 인식일반과의 지성과 감성의 조화를 불러일으키는 데서 성립하는 것이 틀림없다."(Refl 1931, XVI160)

3. "국가들의 연방상태는 그 국가들의 자유와 조화할 수 있는, 유일한 법적 상태이다. 그러므로 정치와 도덕의 합치는 오직 연방적 연합[…]에서만 가능하며, 모든 국가정략은 가능한 한 최대 한도로 저런 정치와 도덕의 합치를 이룩하는 데서 그 법적 기반을 갖게 되고, 이러한 목적이 없으면 그 모든 영리한 짓

거리는 어리석음이자 은폐된 부정의가 되고 말 것이다."(ZeF, A101=B107이하=VIII385)

4. "신의 나라에서는 자연과 윤리가 파생적인 최고선을 가능하게 하는 성스러운 창시자에 의해 양자 각각이 단독으로는 서로 몰랐던 조화에" 이른다.(KpV, A232=V128)

존경 尊敬 Achtung observatio/reverentia

1. 모든 가치를 규정하는 법칙을 스스로 수립하는 자는 자신이 정해주는 가치 외에 아무런 가치도 갖지 않으므로, 무조건적인, 무엇과도 비교될 수 없는 가치 곧 존엄성을 갖는데, 이러한 존재자에게 표할 수 있는 유일하게 알맞은 것이 "존경"이다. 그러니까 자율적인 존재자만이 유일하게 존경을 받기에 알맞은 것이다.(GMS, B79=IV436 참조)

2. 존경을 받을 수 있는 것은 오직 인격들뿐이다. "그러므로 존경은 결코 도덕적 근거 이외의 다른 어떤 근거를 가질 수 없다."(KpV, A144=V81) 여기서 도덕"법칙에 대한 존경"이라는 말도 쓰인다.(KpV, A145=V81 참조)

존엄[성] 尊嚴[性] Würde dignitas

1. 가치 있는 "모든 것은 가격을 갖거나 존엄성을 갖는다. 가격을 갖는 것은 같은 가격을 갖는[同價의] 다른 것으로도 대치될 수 있다. 이에 반해 모든 가격을 뛰어넘는, 그러니까 같은 가격을 갖는 것을 허용하지 않는 것은 존엄성을 갖는다."(GMS, B77=IV434)

2. 존엄성이란 그 무엇과도 비교할 수 없고 대체할 수 없는 그 자체로 가치 있는 것 곧 "내적 가치"(GMS, B77=IV435) 내지는 목적적 가치를 뜻한다. 이러한 의

미에서 지상에서 존엄성을 갖는 존재자는 인간뿐이다. — 인간만이 존엄하다.

인간의 존엄성과 그 근거

1. 스스로 행위의 준칙을 세우고, 그것을 보편적 자연법칙처럼 준수하려는 인간 의지는 그 자체로 신성하다. 그래서 칸트는 "인간은 비록 충분히 신성하지는 못하지만, 그러나 그의 인격에서 인간성은 그에게 신성하지 않을 수 없다."(KpV, A155=V87)고 본다. 그러므로 자기 법칙수립적인 이 자율성이야말로 "인간과 모든 이성적 자연존재자의 존엄성의 근거"(GMS, B79=IV436)라고 칸트는 말한다.

2. 그 자체로 존엄한 인간은, 그리고 이성적 존재자는 '목적 그 자체'이다. 인간은 한낱 이런저런 용도에 따라 그 가치가 인정되기도 하고 안 되기도 하는 물건 즉 무엇을 위한 수단이 아니라, 그 자체로서 가치를 갖는 인격 즉 목적으로서 생각되어야 한다. 그렇기에, 모순율이 이론이성에게 자명하듯이, "네가 너 자신의 인격에서나 다른 모든 사람의 인격에서 인간(성)을 항상 동시에 목적으로 대하고, 결코 한낱 수단으로 대하지 않도록, 그렇게 행위하라."(GMS, B66 이하=IV429)는 정언명령은 인간의 순수 실천이성이 행위 의지에게 발해야 할 당연한 실천 명령이다.

3. "이성적 존재자들은 모두, 그들 각자가 자기 자신과 다른 모든 이들을 결코 한낱 수단으로서가 아니라, 항상 동시에 목적 그 자체로서 대해야만 한다는 법칙 아래에 종속해 있다. 그러나 이로부터 공동의 객관적인 법칙들에 의한 이성적 존재자들의 체계적 결합이 생긴다."(GMS, B74이하=IV433) 무릇 여기에서 "목적들의 나라[…]라고 일컬어질 수 있는, 하나의 나라가 생긴다."(GMS, B75=IV433)

4. "도대체 무엇이 윤리적으로 선한 마음씨 또는 덕으로 하여금 그토록 높은 요구를 할 권리를 주는가?"(GMS, B78이하=IV435) — 그것은 다름 아닌 보편적으로 법칙을 수립하고 스스로 그에 복종할 수 있는 이성존재자의 힘, 곧 자율성이

다. 다시 말해 인간의 자율성이야말로 인간과 이성적 존재자의 존엄성의 원천인 것이다. 그리고 이러한 "의지의 자율을 설명하는 열쇠"(GMS, B97=IV446)가 다름 아닌 '자유'의 개념이다. '자유'를 매개로 해서만 이성적 존재자의 선의지가 자연적 인과성 아래 놓여 있는 감성적 존재자로서의 인간을 "구출"(KrV, A536=B564 참조)하여 도덕법칙과 결합할 수 있기 때문이다.(GMS, B99=IV447 참조) 자유는 이성적 존재자의 본질적 속성이고, 도덕법칙은 이 본질적 속성에서 비롯한 것, 자율적인 것이고, 그런 한에서 자기강제성을 갖는 것이다. 그렇기에 이성적 존재자의 자유의지란 바로 도덕법칙 아래에 있는 의지를 말한다.

5. 인간은 이성적 동물로서 자연의 질서 아래에 있는 감성적 존재자이기 때문에 오히려 예지세계의 성원으로서 자율에 기반한 윤리 도덕을 가질 수 있고, '존엄성' 또한 얻을 수 있다. 인간이 오로지 '이성적'이기만 한 존재자라면, 그에게는 이성과 어긋나는 경향성이 있을 리 없고, 그렇다면 그런 경우에는 어떠한 당위도, 따라서 도대체가 도덕이라는 것이 있을 수 없겠다. 또한 인간이 오로지 감성적 욕구와 경향성에 따라 사는 동물이기만 하다면, 그에게 어떤 규범의 표상이 있을 리 없고, 그렇다면 그에게 어떠한 자기강제, 즉 자율이 있을 수 없을 것이다. 도덕법칙이 그리고 자율의 원인성이 인간의 행위를 결정하고, 그리하여 인간을 신성하고 고귀하게 만드는 것은 다른 것이 아니라 인간이 동물이면서 동시에 이성적 존재자이기 때문이다. 역설적이게도 인간의 이중성격이 인간의 존엄성의 원천인 것이다.

6. 인간은 언제나 "도덕법칙들에 따르는" 존재자는 아니지만, 자기 자신을 "도덕법칙들 아래에"(KU, B421=V448) 세움으로써 이 세계의 궁극목적, 신성한 존재자를 선취한다. '성인(聖人)'을 두고 '거룩하다', '신성하다'고 말할 때, "신성성"이란 다름 아닌 "의지의 도덕법칙과의 온전한 맞음"(KpV, A220=V122)을 일컫는다. 자연세계 안에 살고 있는 인간 누군가가 이런 신성성에 현실적으로 도달할 수 없다 할지라도, 아니 바로 그러하기 때문에 더욱이나 그런 "온전한 맞음을 향해 무한히 나아가는 전진"(KpV, A220=V122) 중에서 우리는 인간의 인격성, 신성성을 본다.

7. "도덕법칙은 우리의 자유를 사용하는 형식적인 이성조건으로서 그 자신만으로, 질료적 조건으로서의 어느 목적에 의존함이 없이 우리에게 책무를 지운다. 그럼에도 도덕법칙은 우리에게 하나의 궁극목적을, 그것도 선험적으로 규정해주며, 이 궁극목적을 향해 애쓰는 것을 우리의 책무로 지어준다. 그리고 이 궁극목적이 이 세계에서 자유에 의해서 가능한 최고선이다."(KU, B423=V450)

8. 인간의 존엄성과 신성성의 근거는 인간의 이성성, 자율성, 도덕성이다. 그러나 이는 현재적으로 이성적이고, 자율적이고, 도덕적인 사람만이 존엄함을 말하는 것이 아니라, 도덕적이고자 애쓰는 사람들 안에 이미 존엄성과 신성성이 있음을 말하는 것이다. 그것은 유(類)로서의 인간이 존엄함을 말한다. 유로서의 인간이 존엄성의 권리를 갖는 한, 각자 "이성역량을 품수한 동물(理性的일 수 있는 動物: animal rationabile)인 인간은 자기 자신을 이성적 동물(理性的 動物: animal rationale)로 만들 수 있다."(Anth, A315=B313=VII321) 그리고 그러한 가능성 위에서 개개로서의 인간은 존엄성을 얻어야 할 의무를 갖는다. 개개 인간의 존엄성은 당위적인 것이다.

인간 존엄성의 원칙

1. "네가 너 자신의 인격에서나 다른 모든 사람의 인격에서 인간(성)을 항상 동시에 목적으로 대하고 결코 한낱 수단으로 대하지 않도록, 그렇게 행위하라." (GMS, B66이하=IV429) — '인간 존엄성의 원칙'이라고 일컬을 수 있는 이 도덕법칙은 "너의 의지의 준칙이 항상 동시에 보편적 법칙수립의 원리로서 타당할 수 있도록, 그렇게 행위하라."(KpV, A54=V30)라는 "순수 실천이성의 원칙"이 내적 자유의 법칙으로 정식화한 가장 보편적인 덕법칙(Tugendgesetz)이다. 이 법칙에 의해 인간임의 권리, 인권(→) 개념이 정초된다.

2. 무릇 법칙이란 객관적으로 필연적인 규칙이거니와, 윤리 도덕의 법칙은 인간이 인간으로서 자기의 행위를 강제하는 당위법칙이고, 그래서 도덕법칙의 준수는 인간에게는 의무이다. 의무란 "법칙에 대한 존경에서 비롯한 필연적 행위"

를 일컫는 말이다. 그러니까 의무는 행위자의 호불호, 이해득실에 그 이행 여부가 달려 있는 것이 아닌, 무조건적인 준수 사항이다. 그래서 도덕법칙은 언제나 '정언적인 명령'으로 표현된다. 이제 인간을, 자신이든 남이든, 언제나 "목적 그 자체"(KpV, A156=V87)로 대해야 한다는 것은, 인간은 이런저런 용도에 따라 그 가치가 인정되기도 하고 안 되기도 하는 '물건' 즉 무엇을 위한 수단이 아닌, '나'라고 표현되는, 한낱 대상이 아니라, 그 자체로서 가치를 갖는 '인격' 즉 목적이기 때문이다. 바로 이 점에 인간 존재의 존엄함이 있고, 신성함이 있는 것이다.

3. "인격으로서, 다시 말해 도덕적-실천적 이성의 주체로 여겨지는 인간은 모든 가격을 뛰어넘는다. 무릇 그러한 인간(예지체 인간)으로서 인간은 한낱 타인의 목적들, 아니 심지어는 자기 자신의 목적들을 위한 수단으로서가 아니라, 목적 그 자체로서 평가되어야 하기 때문이다. 다시 말해 그는 존엄성(절대적인 내적 가치)을 가지며, 이에 의해 그는 다른 모든 이성적 세계존재자들에게 그에 대한 존경을 강요[…]할 수 있기 때문이다."(MS, TL, A93=VI434이하)

4. 그러므로 이 '목적으로서 인간의 존엄성 원칙'은 모든 인간 행위에 대한 윤리적 평가의 최종 준거가 된다. 다시 말해, 내적 자유의 법칙으로서 가장 보편적인 덕법칙인 이 '존엄성의 원칙'은 그에 준거해서 누구의 어떤 행위가 윤리적으로 선한지 또는 악한지를 판정할 원칙으로, 이것 이상의 덕법칙은 없다.

존재 *存在* Sein

→ 있다/존재하다

존재론 *存在論* Ontologie/Wesenslehre ontologia

1. 존재론은 미크라엘리우스(J. Micraelius, 1597~1658), 클라우베르크(J. Clau-

berg, 1622~1665), 뒤아멜(J. B. Du Hamel, 1624~1704), 라이프니츠(→)를 거쳐 볼프(→)에 이르러 '존재자 일반에 관한 학' 혹은 일반 형이상학(metaphysica generalis)의 통칭으로 사용되었다.(Wolff, *Philosophia prima sive Ontologia*, §1 참조) 이를 이어 칸트 또한 존재론을 일반 형이상학으로 규정하였으나, 그에게서 일반 형이상학은 실상 초월철학(→)의 다른 이름이었다.(→ 형이상학, → 현상존재론)

2. 칸트는 존재론을 "본질의 학" 내지는 "보편적 본질의 이론"(V-Met-L2/Pölitz, XXVIII542)으로 이해한다. 여기서 '본질'이란 무엇을 일컫는 것인가? 본질이란 논리적 본질(essentia logica)이거나 실재적 본질(essentia realis)을 지시한다.(V-Met-L2/Pölitz, XXVIII552 참조) 논리적 본질이란 "개념에 함유되어 있는 모든 것의 제일의 내적 근거"(XXVIII553)로서 (형식)논리학에서 다루어지는 것이므로 형이상학의 소재가 아니다. 반면에 실재적 본질은 "모든 본질 규정의 제일 근거"(XXVIII553)로서 존재론의 주제를 이룬다. 그것은 어떤 경험적 사물을 다른 경험적인 사물과 구별 짓는 경험적인 본질[무엇임 또는 그러그러함]이 아니라, "사태 자체에 속하는 모든 것의 제일의 내적 근거"(XXVIII553)를 지시한다. 어떤 사물의 사물임의 제일의 내적 근거는 선험적 본질로서, 그것은 '사물', '사물이라는 것', '사물 일반'이라는 개념을 가능하게 하는 근거를 말한다.(V-Met/Schön, XXVIII477 참조) 그럼에도 존재론은 사물 이론 내지 존재자(Wesen) 이론은 아니고, 본질(Wesen) 이론(V-Met/Dohna, XXVIII679 참조), 곧 사물의 본질에 관한 이론 내지 존재자의 존재(Sein)에 대한 이론이다. 존재론에서 사람들이 탐구하는 바는 "사물 일반에 관한 것, 그러므로 워낙은 아무런 사물에 관한 것도 아닌 것"(V-Met/Mron, XXIX752)이다. 칸트에서 존재론은 요컨대 '사물'이라는 개념을 가능하게 하는 선험적인 실재적 본질에 관한 이론, 즉 사물의 사물임의 근거에 대한 이론이다. 사물은, 순수 직관적인 것이든 경험 직관적인 것이든 감각적인 것에 속한다. 그러나 사물의 사물임은 감각적인 것이 아니라 감각적인 것의 기초에 놓여 있는 것, 그러니까 비(非)감각적인 것이다. 따라서 형이상학의 일부 내지 서론으로서 존재론은 칸트에서 비감각적인 것에 관한 이론이다. 이로써 우리가 알 수 있는 바는, 칸트에서 "감각적인 것에 대한 인식으로부터 이성을 통해

초감각적인 것에 대한 인식으로 전진해가는 학문"(FM, A9이하=XX260)이라 "정의"되는 형이상학은, 그 궁극목적은 물론 초감각적인 것의 파악에 있지만, 초감각적인 것뿐만 아니라 그 현관에는 비감각적인, 그러면서도 "감각적인 것의 영역에"(FM, A10=XX260) 속하는 것 또한 포함하고 있다는 사실이다. 저 초감각적인 것에 대한 인식들이 특수 형이상학(metaphysica specialis)을 구성한다면 이 비감각적인, 그러나 감각적인 영역에도 속하는 것에 대한 인식들이 일반 형이상학(metaphysica generalis)을 이룬다.(V-Met/Dohna, XXVIII617 참조) 이 일반 형이상학(→)을 존재론이라고 일컫기도 한다.

종교 宗教 Religion religio

1. 일반적으로 "종교는 신의 지시명령으로서의 모든 인간 의무들에 대한 교리(그러므로 객관적 의미의 종교)뿐만 아니라, 동시에 섭리[신]가 (교회로서의) 종교를 건설하고 유지 보존하는 데 이용하는 수단에 대한 신앙(그러므로 주관적 의미에서의 종교)을 뜻한다. 전자는 후자의 외연의 단지 일부를 이룰 뿐이다. 순전한 이성의 한계들 안에서의 종교는 참으로 종교를 이루는 모든 것을 함유한다. 인간들 가운데 그러한 종교를 건설함에서의 신의 수단에 대한 신앙은 전자 외에도 더 많은 것을, 바꿔 말해 본래 종교를 이루는 것 내지 종교를 현실에서 현시할 수 있는 것을 함유한다."(VARGV, XXIII95)

2. 종교는 "형식적 요소"의 면에서는 "(흡사) 신의 지시명령[계명]인 것 같은 모든 의무들의 총체"(MS, TL, A181=VI487)이고, "질료적 요소"의 면에서는 "신에 대한, 다시 말해 그에게 이행해야 할 봉사에 대한 의무들의 총체"(MS, TL, A181이하=VI487)이며, 그러니까 "종교는 신에 대한 의무들의 이론"(MS, TL, A182=VI488)이다.

자연종교 즉 이성종교

1. 어떤 것이 신의 지시명령임을 먼저 알고 난 후에 그것을 나의 의무로 받아들이는 종교를 "계시종교"(RGV, B231=VI154)라 한다면, "어떤 것을 신의 지시명령으로 인정할 수 있기 전에 그것이 의무라는 것을 내가 앞서 알지 않으면 안 되는 그런 종교는 자연종교"(RGV, B231=VI154) 즉 순전히 이성적인 종교이다.

계시종교에서는 어떤 것이 신의 지시명령이기 때문에 우리의 의무로 인정되는 것이고, 자연종교에서는 어떤 것이 우리의 의무, 곧 의무를 규정하고 있는 도덕법칙이기 때문에 그것은 신의 지시명령으로 생각될 수밖에 없는 것이다. 그래서 칸트에서 '종교'는 도덕신학적 자연종교, 곧 이성종교(Vernunftreligion)이다.(KrV, A631=B659이하; A814=B842~A816=B844 참조)

2. 이러한 칸트의 이성종교론은 기독교적 종교 이론과 원칙적으로 합치한다. 기독교는 사람들이 "익숙해 있던 오랜 제례 대신에 순수한 도덕종교를 도입하는 데 가장 적합한 방법"(RGV, B190=VI127)을 보여주었고, 그렇기 때문에 칸트는 "보편적 교회"의 역사가 "기독교의 근원"으로부터 시작되었다고 본다. 이러한 칸트의 통찰은 교회신앙을 이성신앙에 포섭시킴으로써 한편으로는 이성의 자기정립적 윤리를 매개로 교회종교에 일정한 의미를 부여하고, 다른 한편으로는 교회를 매개로 초절적인 윤리성을 사회적으로 현실화한다는, 다시 말해 지상에 '윤리적 공동체[윤리 국가]'(→)를 건설할 수 있겠다는 희망을 포함하고 있다.

3. 그러나 칸트에서 '이성종교'는 "순전한 이성에 의한 종교"(VARGV, XXIII91), 즉 "온전히 선험적인, 다시 말해 일체의 계시에 의존함 없이 가능한 것"(VARGV, XXIII96)을 말하는 것이 아니다. 칸트 자신이 『학부들의 다툼』에서 부연하여 말하고 있듯이 '순전한 이성의 한계들 안에서의 종교'는 단지 "(계시 없는) 순전한 이성으로부터의 종교"(SF, AVII=VII6)를 뜻하는 것이 아닌 것이다. 왜냐하면 '순전한 이성의 한계들 안에서의 종교'는 "계시된 것으로 신앙되는 종교의 문헌, 즉 성경 안에서도 이성을 통해 인식될 수 있는 것"(SF, AVII=VII6)을 포함하기 때문이다.

4. 이성종교로서 '종교'란 "인간의 모든 의무를 신의 지시명령[계명]으로 인식함"(RGV, B229=VI153; KpV, A233=V129; KU, B477=V481)을 뜻한다. 그러한 한에서 종교는 "신에 대한 인식과 합치하고 신의 의지와 합치하는 하나의 도덕"(VARGV, XXIII91)이라고 할 수도 있다. 이성종교는 곧 도덕종교이다.

도덕종교와 기적

1. 도덕종교는 모든 인간의 의무를 신의 계명으로 인식하고 준수하는 데서 성립한다. 제의(祭儀)와 계율의 종교가 기적에 의존해 있고, 참된 종교도 출발 당시에는 기적과 신비를 보조수단으로 활용한 바가 있었다 하더라도, 그러나 "참된 종교가 일단 현존하고, 현재에 그리고 앞으로도 계속하여 이성적 근거들을 통해 그 자신을 보존할 수 있다면"(RGV, B117=VI84), 기적과 같은 것은 신앙과는 상관이 없다. 설령 기적이 이론적으로 가능하다고 하더라도, 이성적인 사람은 "실제 업무에서는 아무런 기적도 용인하지 않는다."(RGV, B118=VI85)

2. 모종의 기적이 일어난다는 것, 다시 말해 "신이 자연으로 하여금 때때로 그리고 특수한 경우에 이러한 그것의 법칙들로부터 벗어나게 한다고 우리가 가정한다면, 우리는 신이 어떤 법칙에 따라 그러한 사건을 일으키는지 조금도 이해할 수 없으며, 그 법칙에 대해 이해할 것을 결코 기대[희망]할 수도 없다."(RGV, B120=VI86이하) 기적을 받아들이는 순간 그것으로써 이성은 마비된다. 이성은 이미 알려져 있는 자연의 법칙으로써 더 이상 자연을 이해할 수도 없고, 그렇다고 어떤 법칙도 넘어서는 기적을 통해 새롭게 자연을 이해하리라 희망을 가질 수도 없으니 말이다.

자연종교와 교학종교

1. 종교는 일단 성립한 후 또한 전달 방식의 유형에 따라 두 종류로 나누어볼 수 있는데, 누구나 자신의 이성을 통해 확신에 이를 수 있다면 "자연종교"(RGV,

B232=VI155)이고, 학식을 매개로 해서만 확신에 이를 수 있게 된다면 "교학[教學]종교"(RGV, B233=VI155)라 하겠다. 그러나 계시된 종교라 해도 일면 자연종교의 성격을 가질 수 있을 뿐만 아니라, 동시에 교학종교의 성격을 갖기도 한다. 대표적인 계시종교인 기독교가 그 좋은 예이다.

2. 기독교는 예수 그리스도가 당시에 일반적이었던 유대교에서 보는 바와 같은 노역봉사를 바탕으로 한 제정법적 신앙에 대하여 보편적 이성신앙이 종교의 불가결한 요소임을 설파함으로써 자연종교로서 출발한 것이다.

그런데 예수 그리스도는 인간이 행복과 관련해 그의 윤리적 처신에 알맞은 몫에 대해 매우 자연스럽게 기대하는 것에 관해서는, 특히 윤리적 처신으로 인해 무릅쓰지 않으면 안 되는 행복의 그토록 많은 희생에 대해서는 내세의 보수를 약속한다.(「마태오복음」 5, 11~12 참조)

그러나 기독 교리는 순전한 이성개념들 위에가 아니라, 역사적 사실들 위에 세워져 있기 때문에 "기독 신앙"(RGV, B248=VI164)은 불가불 "교학 신앙"(RGV, B249=VI164)이다. 역사적인 사실, 문서(성경)를 해석하는 학식 있는 자들을 통해 계시론이 보존되고 보편적 인간 이성에게 이해받으며, 무지한 자들에게도 전파될 수 있는 것이다. 그러나 이 교학 신앙은 어디까지나 종교신앙의 한갓된 수단으로서만 배양되어야 하는 것이다. "이것이 선한 원리의 지배 아래에 있는 교회의 참된 봉사이다."(RGV, B250=VI165)

종교망상 宗教妄想 Religionswahn

1. 참된 종교는 순수한 이성을 통해 계시된 것으로 인정할 수 있는 실천적 법칙들 외에는 함유하지 않는다. 만약 누가 순수하고 도덕적인 판정에서는 자의적이고 우연적이며, 특정한 민족에게만 타당한 법규들 위에 세워져 있으면서 그것을 신이 흡족해 하는 최상의 조건으로 삼는다면, 그것은 "종교망상이며, 이를 따르는 것은 하나의 거짓봉사, 다시 말해 신 자신이 요구하는 참된 봉사와는 정

반대의 것을 행하는, 신에 대한 그러한 참칭된 숭배이다."(RGV, B256=VI168)

2. 종교망상에는 흔히 의인관[신인동형론]이 기초에 있는데, 그것은 스스로 신을 만들어놓고, 자기 내면의 도덕적 혁신의 괴로움을 감내하는 대신에 그에게 봉사하는 체하고 희생함(즉 참회, 고행, 순례 등등)으로써 그에게 흡족하게 되고자 하는 망상(→)이다. 그러나 "선한 품행 이외에, 인간이 신에게 흡족하게 되기 위해서, 또 무엇인가를 행할 수 있다고 생각하는 모든 것은 순전한 종교망상이고 신에 대한 거짓봉사이다."(RGV, B260이하=VI170)

3. 일반적으로 "덕의 원리의 힘으로 인간에 의해 행해질 수 있는 것을 자연이라고 부르고", 이러한 "도덕적 능력의 결함을 보완하는 데 쓰이는 것"으로 "소망되거나 또는 희망되기도 하며, 간구될 수 있는 것을 은총이라고 부른다."(RGV, B266=VI174) 이러한 은총은 순전히 세계 창시자의 소관사로서 과연 그러한 것이 있는지, 언제 어떤 조건 아래서 그가 그러한 것을 베푸는지에 관해서 인간은 전혀 아는 바가 없다. 그러한데도 누가 은총의 작용들을 자기 안에 산출할 수 있다고 하는 신조를 가지고 있다면 그것은 "광신"(RGV, B267=VI174)이다. "제의의 종교적 행위들로 신 앞에서의 의로움에 관해 무엇인가를 마련한다고 하는 망상은 종교적 미신이다. 또한 소위 신과 교제하려는 노력을 통해 이와 같은 것을 해보려고 하는 망상은 종교적 광신이다."(RGV, B267=VI174) "광신적 종교망상은 이성의 도덕적인 죽음이다. 모든 도덕성이 도대체가 그러하듯이, 원칙들에 기초하지 않으면 안 되는 것으로서 종교는 이성 없이는 전혀 생겨날 수가 없는 것이다."(RGV, B268이하=VI175)

4. 신의 나라에 속하는 시민들로서 "신자들이 하지 않으면 안 되는 신에 대한 참된 (도덕적) 봉사는 신의 나라 자체와 똑같이 불가시적인 것이다. 그것은 다시 말해 (영과 진리 안에서의) 심정의 봉사이며, 오로지 신을 위해서 정해진 행위들 안에가 아니라, 오직 모든 참된 의무들을 신의 지시명령으로서 준수하는 마음씨 안에 존립할 수 있는 것이다. 그러나 이 불가시적인 것이 인간에게는 가시적인(감성적인) 어떤 것을 통해 나타나는 것이 필요하다. 아니 그 이상으로, 그것은 이 가시적인 것을 통해 실천적인 것을 위해서 동반되고, 지성적인 것이긴 하

지만, 말하자면 (모종의 유비에 의해) 구상화될 필요가 있다. 그러나 이 가시적인 것은 신에 대한 봉사에 있어서 우리의 의무를 표상해주는 수단으로서 불가결의 것이기는 하지만, 그럼에도 동시에 매우 크게 오해의 위험에 놓여 있는 것으로서, 우리를 슬며시 습격하는 망상에 의해 쉽사리 신에 대한 봉사 자체로 여겨지고, 또한 보통은 그렇게 칭해지는 것이다."(RGV, B299=VI192) 많은 사람들이 자기 의무의 준수를 위해 자신의 힘을 양성함, 곧 덕성 함양 대신에 흔히 신의 율법들에 대한 수동적 숭배, 즉 독실한 종교생활에 열성을 기울이지만, "독실함과 결합되어 있는 덕만이 사람들이 경건(참된 종교적 마음씨)이라는 말로 뜻하는 이념을 형성하는 것이다."(RGV, B313=VI201) 오로지 덕을 통하여 은총으로 나아가는 길, 그것만이 참종교의 길이다.

종합 綜合 Synthesis synthesis

종합의 개념

1. 종합이란 "여러 표상들을 서로 덧붙이고 그 잡다함을 한 인식에서 파악하는 활동 작용"(KrV, A77=B103)이다.

2. "잡다(→)로부터 인식을 얻기 위해서는, 이 잡다가 먼저 일정한 방식으로 통관[通觀]되고 수득[受得]되어 결합"(KrV, A77=B102)되어야 하는데, 이 활동을 "종합"이라고 일컬으며, 그것은 "상상력의 순전한 작용결과"(KrV, A78=B103)이다. 이 종합은 "본래 인식을 위한 요소들을 모으고, 그것들을 일정한 내용으로 통일하는 것"(KrV, A77이하=B103)을 말한다. 이러한 "잡다[…]의 종합이 비로소 한 인식을 산출한다."(KrV, A77=B103)

경험적 종합과 순수 종합

1. 종합에서 잡다한 것이 우리에게 선험적으로 주어지느냐 후험적으로 주어지느냐에 따라서, 그것에 대한 인식은 순수하거나 경험적이다. 이와 마찬가지로 경험적인 잡다한 인식 재료, 곧 객관 연관적인 감성적 직관들을 한 의식에서 통합하는 종합은 경험적이라고 일컬어지며, 그 재료가 한낱 순수한 직관에 의해 주어지는 그러한 종합은 순수하다고 일컬어진다.(KrV, A77=B103 참조)

2. 사물 인식에는 그것이 객관 연관적인 한에서 언제나 "공간·시간상에 직접 현실적으로, 즉 감각에 의해 표상되는 것에 대한 경험적 직관"(KrV, B147)이 함유되어 있다. 그래서 사물 인식은 그 성격상 경험적이다. 사물 인식 곧 경험은 궁극적으로는 경험적 종합, 다시 말해 대상과 관계 맺은 경험적 직관들의 종합에 근거한다. "경험적 종합으로서" 경험(KrV, A157=B196·참조 B164)은 "경험적 직관에서의 잡다의 합성"인 "포착(→)의 종합"(KrV, B160)에 뿌리를 두고 있다. 왜냐하면 포착의 종합을 통해 비로소 "지각, 곧 (현상으로서의) 직관에 대한 경험적 의식이 가능하게"(KrV, B160) 되기 때문이다. 그런데 경험적 직관이라는 현상은 대상의 촉발을 계기로 언제나 직관의 형식에 의거해 나타날 수 있다. "현상의 잡다의 포착의 종합" 또한 "항상 이 형식들에 맞아야만 한다. 왜냐하면 그 종합 자체가 이 형식에 따라서만 생길 수 있으니 말이다."(KrV, B160)

형상적 종합(形象的 綜合)

1. 그러나 감성적 직관의 형식들, 곧 공간과 시간은 그 자체가 직관들이고, 그래서 잡다하게 주어지는 것들이다. 그렇기 때문에 공간·시간상에서 잡다하게 현상하는 것들의 포착의 종합이 가능하기 위해서는, 공간·시간이라는 직관들 자체가 미리 "그 직관들 내의 잡다의 통일 규정과 함께"(KrV, B160) 표상되어야 한다. "공간·시간상에서 규정되는 것으로 표상되는 모든 것이 좇아야만 하는"(KrV, B161), 순수한 직관들의 이 통일적인 "결합" 내지 "종합적 통일"(KrV, B161

·참조 B150)이 선험적인 "모든 포착의 종합의 조건"(KrV, B161)이다. 상상력에 의해 선험적으로 가능하고 그리고 포착의 종합을 위해 필수적인 이 종합을 "상상력의 초월적 종합"(KrV, B151)이라 일컫고, "범주들에 따라서 직관을 종합하는 것"(KrV, B152)인 상상력의 초월적 종합은 그것이 오로지 주어지는 직관에만 관여한다는 측면에서는 "형상적 종합(synthesis speciosa)"(KrV, B151·참조 B154)이라고도 일컫는다.

2. 이 형상적 종합에 의해 형식적으로 직관된 공간·시간이 하나의 양적인 것(quantum)으로 형상화되어 직관의 형식으로 기능할 수 있고, 그때에 비로소 포착의 종합 곧 지각이 가능한 것이다.

상상력의 초월적 종합

상상력의 초월적 종합은 "지성의 감성에 대한 작용이고, 우리에게 가능한 직관의 대상에 대한 지성의 최초의 적용이다. (동시에 여타 모든 적용의 토대이다.)"(KrV, B152) "상상력의 초월적 종합의 이름"(KrV, B153) 아래서의 이 종합 작용은 지성의 인식 활동의 착수이다. "상상력의 이름으로든 […] 지성의 이름으로든"(KrV, B162 주) 이 지성 작용은 초월적인데, 왜냐하면 그것은 그 자체가 선험적으로 자발적으로 일어날 뿐만 아니라 인식을 — 그것이 선험적이든 경험적이든 — 비로소 가능하게 하기 때문이다.(KrV, B151 참조) 선험적인 감성적 직관의 잡다의 이 초월적 종합을 통해 가령 공간은 비로소 "실제로 기하학에서 사람들이 필요로 하는 것"인바 "대상으로 표상된"(KrV, B161 주)다. 이렇게 돼서 "우리는 (수학에서 보듯) 대상들에 대한 선험적 인식들을 얻을 수 있다."(KrV, B147) 물론 공간·시간이라는 대상에 대한 선험적 인식은 엄밀한 의미에서, "오직 순수한 감성적인 직관의 형식에 따라서만 우리에게 드러나는 사물들이 있다는 것을 전제하는 경우를 제외하고는"(KrV, B147), 아직 인식이 아니다. 그러나 공간·시간상에서 현상하는 사물들에 대한 인식은 — 그러니까 이 인식은 경험적인 것인데 — 상상력의 초월적 종합에 의해 형식적으로 직관된 공간·시간의 형식상에서 성취될 수 있는 것이다.

자기의식의 초월적 종합적 통일

포착의 종합은 이 상상력의 초월적 종합에 의해 비로소 가능하다. 그러나 모든 종합은 그것이 하나의 종합인 한에서 자기 안에 통일성을 함유하고 있다. 결합 내지 종합은 언제나 통일적인 것이다. 하나의 결합이 성립하기 위해서는 잡다한 직관들과 그것들의 종합 외에도 통일성이 필요하다.(KrV, A78=B104 · B130 참조) 그래서 결합이란 "잡다의 종합적 통일의 표상"(KrV, B130이하), 다시 말해 직관 중의 잡다를 종합적으로 통일함을 지칭한다. 종합 작용 자체를 가능하게 하는 이 통일은 자기의식에 근거한다. 곧 그것은 일정한 직관에 주어지는 잡다한 표상들에 수반하는 "나는 사고한다."라는 의식, 나는 잡다한 표상들을 나의 것으로 의식하며, 그때 나 자신은 일관되게 동일하다는 의식에 근거한다. 그러므로 잡다한 표상들의 종합적 통일, 하나로 만들기는 단지 "한 표상에 다른 표상을 덧붙이"는 것일 뿐 아니라 "주어진 표상들의 잡다를 한 의식에서 결합"(KrV, B133)함이다. 일체의 결합을, 그럼으로써 인식을 가능하게 하는 통일을 칸트는 "자기의식의 초월적 통일"(KrV, B132)이라고 일컫는다. 이 자기의식이 "자발성의 작용"인 한에서 "순수 통각"(KrV, B132)이라 일컬어지고, 또한 "나는 사고한다."라는 표상이 다른 어떠한 표상으로부터도 파생되는 것이 아니면서도, 다른 모든 표상들에는 수반할 수 있어야만 하는 것이라는 점에서는 "근원적 통각"(KrV, B132)이라고 일컬어지기도 하는 것이다.(→ 통각)

주관/주체 主觀/主體 Subjekt subjektum

→ 나/자아

주관적 보편성 主觀的 普遍性 subjektive Allgemeinheit

1. 칸트는 보편타당성(→)을 주관적인 것과 객관적인 것으로 나누어본다. 전자는 "모든 사람에게" 타당한 것이고, 후자는 "대상 일반에" 타당한 것이다.(Refl 1820, XVI127 참조)

2. 객관의 개념들에 의거해 있지 않은 보편성은 논리적이 아니라, 미감적이다. 다시 말해 그러한 보편성은 객관적 양을 함유하지 않고, 단지 주관적인 양만을 포함한다. 이런 보편성은 "공통타당성"이라고 할 수 있는데, 그것은 "어떤 표상의 인식능력과의 관계가 타당함을 표시하는 것이 아니라, 어떤 표상의 쾌·불쾌의 감정과의 관계가 모든 주관에 대하여 타당함을 표시"(KU, B23=V214)하기 때문이다.

3. 취미는 주관적이면서도 "보편적이다. 취미는 모종의 합치를 보여준다. 사람들이 논쟁할 때, 사람들은 취미에 대한 우리의 판단이 타인에게도 타당해야 함을 증명하고자 한다. 사람들은 취미에 대해서 다투지는 않는다. 취미에서는 어느 누구도 타인의 판단을 따를 것을 요구하지는 않기 때문이다. 취미 안에 보편적으로 적의한 것이 아무것도 없다면, 그것은 하나의 감정일 터이다. 참된 취미에 대해서는 논쟁할 수 있지 않으면 안 된다. 그렇지 않으면 그것은 취미가 아니다. '취미에 관해서는 논쟁할 수 없다(de gustu non est disputandum)'는 것은 무지하고 비사교적인 자들의 명제이다."(V-Anth/Collins, XXV180; 참조 V-Anth/Parow, XXV378)

4. 취미판단(→)도 사람들이 그 판단의 타당성을 누구에게나 전제할 수 있다는 점에서 논리적 판단과 유사함을 가지고 있다. 그러나 취미판단의 보편성이 논리적 판단의 보편성처럼 개념들로부터 생겨날 수는 없다. 왜냐하면 쾌 또는 불쾌의 감정은 개념들로부터 나오는 것이 아니기 때문이다. "따라서 취미판단에는, 일체의 이해관심에서 떠나 있다는 의식과 함께, 모든 사람에게 타당해야 한다는 요구주장이, 객관들 위에 세워진 보편성 없이도, 부수하지 않을 수 없다. 다시 말해, 취미판단에는 주관적 보편성에 대한 요구주장이 결합되어 있을 수밖

에 없다."(KU, B18=V212) 이 "미감적 보편성은 특수한 종류의 것"이다. "왜냐하면, 이 보편성은 미라는 술어를, 전체 논리적 권역에서 고찰된 객관의 개념과 연결시키지 않지만, 그럼에도 바로 그 술어를 판단자들의 전체 권역 너머까지 확장하기 때문이다."(KU, B24=V215)

주관주의 主觀主義 Subjektivismus

1. '주관주의' 사상은 근대 문화의 특징 중의 하나이다. 그것은 세계의 중심에 '인간 주체'가 들어섬으로써 생긴 것이다. 주관주의는 인간(중심)주의를 말한다. 여기서 '나', '주관'이란 인간의 대표 단수이니, 이 '나'의 관점은 실은 인간의 보편적 관점을 말한다. 이런 의미의 주관주의에 반대되는 관점인 객관주의는 자연주의나 신중심주의로, 세계는 자연을 중심에 놓고서 또는 신을 중심에 놓고서 보아야 한다는 것이다. 그것은 인간이 아닌 제3자 곧 자연이나 신의 관점이라는 의미에서 객관주의이다. 그리고 이러한 관점에서의 세계는 인간과는 독립적이니, 다시 말해 인간이 의식하든 말든 그 자체로 존립할 것이니, 이런 것을 '실재'라고 지칭한다면, 이런 객관주의는 곧장 실재론(→)이 된다. 반면에 주관주의 관점에서 세계는 인간 주관에 의거해 있는 것이니, 주관 의존적이다. 세계는 그 자체로 있는 것이 아니라 주관에 의존해 있다는 생각을 관념론(→)이라고 한다면, 주관주의는 곧장 관념론이 된다.

여기서 주의할 것은 주관주의나 관념론이 주장하는 자 개인에게만 타당한 무엇인가를 주장하는 관점을 뜻하지 않는다는 점이다. 누구도 자기가 펴는 주장이 자기 자신에게만 곧 하나의 자연인인 '나'에게만 타당하다는 의미에서의 주관성을 내세우지는 않을 것이다. 자연인으로서의 자기 자신에게만 타당할 주장을 남들 앞에서 펼쳐낼 이가 있겠는가? 그런 의미의 '주관주의'는 이미 대화 거리가 될 수 없다.

2. '객관(客觀)'이라 할 때 '객(客)'은 손님, 곧 제3자 또는 나나 우리가 아닌 국

외자를 말하니, '객관'이란 나나 우리가 아닌 타자의 관점, 우리=인간일 경우에는 더 나아가 인간이 아닌 자의 관점이나 입장 또는 지위를 뜻한다. 플라톤은 존재자의 관점에서 말하고, 기독교는 신의 관점에서 말하니 이것들이 전형적인 객관주의 철학이다. 칸트는 '나'를 주체로 놓고 존재세계든 당위세계든 세계를 바라보니 주관주의자이다. 그런데 칸트의 '나'는 경험적인 '나', 예컨대 김 아무개, 이 아무개를 지칭하는 것이 아니라, 누가 되었든 '나'라고 하는 자, 그러니까 '나' 일반을 지칭하는 것이니, 만약 보편타당성이 '언제 누구에게나 타당함'을 뜻하고, 이런 보편타당함을 내세우는 관점을 객관주의라고 일컫는다면, 칸트는 당연히 객관주의자이다. 그러나 이런 의미의 '객관주의'는 실은 '객관'을 왜곡한 것이다. 자기들의 관점을 객관으로 위장하는 것이기 때문이다. 또한 '주관주의'의 뜻을 오해한 나머지, 이 말을 피하기 위해, '상호주관성'이니 '서로 주체성'이니 하는 말들을 사용하기도 하는데, 이 역시 개념을 혼동하여 쓰는 것이다. 여기서 '주관성'이나 '주체성'이 인간이나 인간 의식에 귀속되는 한, 그 앞에 '상호'가 붙든 '서로'가 붙든 주관주의를 표명하는 것인데다가, '상호'나 '서로'는 이미 복수를 전제로 하는 것이니, 거기에 함축되어 있는 주관성은 이미 보편적인 것이 아님을 말한다. 그러니까 그것은 결국 경험적 주관이나 주체들을 지칭하는 것으로, 경험적 주관이나 주체가 논의의 장에 들어오면 그 논의는 사회과학적이 된다. 철학은 순전히 보편적 발언만 하는 것이고, 그렇게 이해했기 때문에 칸트는 그 보편성을 담보하는 선험적 원리를 찾을 수 없는 영역에서는 철학적 논의를 할 수 없거나 무의미하다고 보았다. 칸트의 주관주의는 인식의 보편성, 도덕의 보편성, 미적 쾌감의 보편성을 주관의 자발성, 자율, 자기자율에 근거해서 설명하는 철학이다. 이러한 '주관'은 보편적인 것이고, 그러므로 칸트의 주관주의는 보편주의이다.

3. 칸트는 전형적인 주관주의자이자 관념론자이다. 그러나 예나 지금이나 '주관주의'나 '관념론'은 많은 곡해를 받기 때문에, 처음에는 칸트 자신 관념론자임을 자처했다가, 나중에는 '비판적 관념론'이니 '형식적 관념론'이니 하여 자기의 관념론을 차별화했다가, 그래도 자기의 주의주장에 '관념론'이라는 호칭이 남아

있으면 곡해가 끊이지 않을 것 같으니까 아예 '경험적 실재론'을 표방하고 있으나, 그렇다고 칸트의 주의주장이 바뀐 것은 없다.

4. 많은 사람들이 '주관주의'와 '객관주의'의 본래적 의미를 오해하여 오히려 개념을 뒤바꿔 사용하기도 한다. 객관주의는 기본적으로 손님이 위주이고, 주관주의는 주인이 위주임을 내세우는 주의주장이다.

객관이란 제3자가 보는 것이다. 사람을 뺀 제3자가 곧 신이다. 그런데 칸트의 '사물 자체'란 말은 '그 자체로 있는 사물'이라는 뜻이다. 그 자체로 있다는 것은 인간이 보든 안 보든 있다는 말이다. 그것을 누구의 관점에서 알 수 있나? 신의 관점에서 알 수 있다. 그러니까 '사물 자체'란 '신이 보기에 그러한 사물'을 말한다. 사람과 관계없이, 사람이 보든 말든 그 자체로 있는 사물, 곧 신이 보는 사물이 사물 자체이다. 그러니 사람이 제아무리 입장을 바꿔서 본다 해도 그 역시 '사람의 관점'을 벗어날 수가 없다. 그래서 칸트는 '사물 자체(Ding an sich)'라는 말의 사용을 어떻게든 피해보려고 애썼다. 칸트는 '사물 자체'를 더 이상 논의에 끌어들이지 않고 미지의 것으로 남겨두기 위해 종내는 "X"로 표현한다. 인식은 주어지는 것에 대한 앎이지 무엇을 임의로 지어내는 것이 아니니, 알 수 없는 것에 대해서는 침묵하자는 것이다.

5. 주관주의란 인간중심주의를 뜻하지만, 실상 그것은 세계에 대한 사려 깊고 겸손한 생각이다. 칸트의 주관주의 철학은 인간의 주체성과 그에 기초한 인간의 존엄성을 연역하면서도 결코 월권하지 않는 품위와 품격의 표상이다.

주권 主權 Souveränität

I. 1. 주권은 국가에서 "하나의 무제한적인 최고 권력"으로서, "오직 공통의 의지만이 이 최고 권력을 가질 수 있다. 공통의 의지는 불법/불의를 행할 수 없으니 말이다."(Refl 7713, XIX498 참조) 그러나 '국민의지'라는 것이 효력을 갖는 물리적 인격이 없는 한에서는 "(전체 국민을 표상하는) 사유물[관념물]일 따름"

(MS, RL, A208=B238=VI338)이다.

2. 그래서 칸트에서 주권자(Souverän)는 때로는 법 제정을 통해 주인권(Herrschergewalt)을 행사하는 입법자로, 또 때로는 국가의 최고 권력(summum imperium)인 국가원수 곧 최고명령자(summus imperans)로 생각된다.

II. 1. 한 국가의 주인권 곧 주권은 "법칙수립자[입법자]의 인격 안에"(MS, RL, A165=B195=VI313) 있다. 그런데 이 주권자 곧 법칙수립자[입법자]가 "동시에 통치자가 될 수는 없다." 왜냐하면 집행권을 행사하는 통치자는 주권자에 의해 법률적으로 의무 지워져 있기 때문이다. 주권자가 "통치자에게서 그의 권력을 빼앗을 수도 있고, 그를 퇴위시키거나 그의 행정을 개혁할 수도 있다. 그러나 그에게 형벌을 가할 수는 없다."(MS, RL, A171=B201=VI317) 왜냐하면 형벌을 가하는 것도 집행권의 한 행위일 터인데, 집행권은 통치자에게 귀속하는 것이기 때문이다. 또 주권자(입법자)나 통치자(집권자)가 재판관을 임명할 수는 있으나, 재판을 할 수는 없다. "입법자는 재판관이 될 수 없다. 왜냐하면 재판관은 그의 판단이 법과 합치하게끔 법 아래에 종속해야 하며, 그러므로 그는 자신이 입법자일 수 없기 때문이다."(Refl 7653, XIX477) 또한 "최고 권력을 가진 자는 재판할 수 없다."(Refl 7941, XIX561) 평결 사안 중에는 집권자와 국민들 사이의 다툼거리도 있을 수 있으므로, 재판은 제3자가 맡아야 공적 정의에 따라 진행될 수 있기 때문이다. 이렇게 해서 국가에는 "서로 다른 세 권력(입법권, 행정권, 사법권)이 있고, 국가는 이를 통해 자율성을 갖는다." "이 권력들의 합일에 국가의 안전/구원이 있다."(MS, RL, A172=B202=VI318)

2. 국가체제[헌정]의 변경은 "주권자 자신에 의해서 개혁을 통해서만", 그러니까 혁명을 통해서가 아니라, "이룩될 수 있는 것"(MS, RL, A179이하=B209이하=VI322)이다.

최고의 법칙수립[입법] 자체에 대한 국민의 저항은 "법칙 체제를 절멸시키는 것"(MS, RL, A176이하=B206=VI320)이다. 법칙 체계에서 저항권을 허용하는 것은 국민이 법칙수립자 곧 주권자 위에 군림하는 규정을 자기 안에 갖는다는 것인데, "이런 일은 자기모순이고, 이러한 모순은 '대체 국민과 주권자 사이의 이러한 다툼에서 누가 재판관이어야 하는가'라는 물음에 의해 이내 확연히 드러난다. (왜냐하면 법적으로 보면 양자는 언제나 서로 다른 두 도덕적 인격이기 때문이다.) 여기서는 국민이 자기 자신의 소송사건에서 재판관이고자 하는 것이 드러나니 말이다."(MS, RL, A177=B207=VI320)

III. 1. 국민의지는 주권자에 의해 "객관적 실천적 실재성"(MS, RL, A208=B238=VI338)을 갖는다. 국가의 최고 명령권자인 주권자와 국민의지 사이의 관계에 따라 국가의 형식이 정해진다. 최고 명령권자가 1인이냐 소수이냐 아니면 만인이냐에 따라 국가는 "전제적(autokratisch)이거나 귀족제적(aristokratisch)이거나, 민주제적(demokratisch)"(MS, RL, A209=B238=VI338)이다.

2. "주권자에게는, 만약 현존하는 국가체제가 근원적 계약(→)의 이념과 잘 조화하지 못한다면, 그것을 변경하고, 그러면서도 그때 국민이 하나의 국가를 이룩하는 데 본질적인 요소가 되는 그러한 형식을 존속시키는 일이 가능하지 않으면 안 된다."(MS, RL, A211=B241=VI340) 주권자의 최고 과제는 지상에서 가장 신성한 것인 인간의 권리를 신장하고 그 자신이 인간이 되는 일이다.(VAZeF, XXIII166 참조) "근원적 계약의 정신은 통치방식을 저 이념에 부합하게 만들고, 그래서 그것을, 한 번에 될 수 없다면, 점차로 계속적으로 변화시켜, 유일하게 적법한 체제인, 곧 순수 공화국의 체제에 그 작용결과 면에서 합치하도록"(MS, RL, A212=B241이하=VI340) 하는 것이다. "모든 참된 공화국은 국민의 이름으로, 모든 국가시민들에 의해 합일되어, 자기들의 대의원(대표자)을 통해 자기들의 권리를 지키기 위한, 국민의 대의제이고, 대의제 이외의 것일 수 없다."(MS, RL, A213=B243=VI341)

3. 민주제적 국가 형식은 가장 복합적이다. 그것은 "먼저 하나의 국민을 형성하기 위해서 만인의 의지를 합일하고, 다음에는 하나의 공동체를 형성하기 위해서 국가시민들의 의지를 합일하고, 그다음에 이 공동체 앞에 이 합일된 의지 자신인 주권자를 놓는 것이다."(MS, RL, A209=B239=VI339)

준칙 準則 Maxime

I. 1. 행위를 규제하는 규칙에는 준칙과 법칙이 있다.

2. 준칙은 행위하는 주체의 "주관적 원리로서, 객관적 원리 곧 실천 법칙과는 구별"된다. 준칙은 이성이 주관의 조건들에 맞게, 그러니까 때로는 무지한 상태에서도 또 때로는 경향성에 따라서도 규정하는 실천 규칙으로서, "그에 따라 주관이 행위하는 원칙"이다. "그러나 법칙은 객관적 원리로서, 모든 이성적 존재자에게 타당하며, 그에 따라 모든 이성적 존재자가 행위해야만 하는 원칙, 다시 말해, 명령이다."(GMS, B51=IV420이하)

3. 준칙들은 주관의 행위의 원칙들이기는 하지만, [엄밀한 의미에서] "명령들"은 아니다. 명령들도, "만약 그것들이 조건적이면, 다시 말해 의지를 의지로서 절대적으로 규정하는 것이 아니라, 단지 욕구된 결과의 관점에서만 규정한다면, 다시 말해 가언적 명령들이라면, 실천적 지시규정[훈계]들이긴 하겠으나 법칙들은 아니다."(KpV, A37=V20)

II. 1. 준칙에는 사변 이성의 준칙도 있다.

2. "객관의 성질로부터가 아니라, 이 객관에 대한 인식의 모종의 가능한 완전성과 관련한 이성의 관심으로부터 취해 온 모든 주관적 원칙들"을 칸트는 "이성의 준칙"이라고 부르며, 마치 객관적 원리인 것처럼 보이지만 실은 "단지 이성의 사변적 관심에 의거해 있는, 사변 이성의 준칙들이 있다."(KrV, A666=B694)고 본다.

증명 證明 Beweis

1. 철학적 확실성이 근거가 되는 증명을 "언사적[변리적](akroamatisch) 증명"이라고 한다.(Log, A109=IX71 참조)

2. 수학적 확실성(→)이 근거가 되는 증명을 "명증적 증명"(KrV, A734=B762)이

라 하며, 이를 "입증(Demonstration)"이라고 일컫는다.(Log, A109=IX71 참조) 수학만이 입증들을 포함하는데, 그것은 수학이 "개념들로부터가 아니라, 개념들의 구성, 다시 말해 개념들에 대응해서 선험적으로 주어질 수 있는 직관으로부터 인식을 도출"(KrV, A734=B762)하기 때문이다.

지각 知覺 Wahrnehmung perceptio

1. 지각은 "의식된 감각"(KrV, A225=B272)을 일컫는다. 감각은 지각된 사물의 실질을 이루는 것이자, 그 사물이 현존함을 알려주는 것이다.

2. 지각 곧 지각에서 포착되는 사물의 실질이 그 사물의 "현실성의 유일한 특징"(KrV, A225=B273)이다. 직관에서 주어지는 실재[질]적인 것만이 어떤 사물의 현존함을 보증한다. 그러나 여기서 사물의 실재(적 본질)와 그것의 현존(성)이 혼동되거나 동일한 것으로 생각되어서는 안 된다. 실재(적 본질)성은 그 자체가 실재하는 것의 현존성은 아니고, 그 실재하는 것이 주어지기 위한 조건이다.

3. 하나의 대상이라는 개념을 위한 재료를 제공하는 지각이 그 대상의 현존함의 유일한 징표이기도 하다. 이제 이것이 뜻하는 바는 첫째로, 지각된 것 곧 지각을 통해 인식된 대상은 그것이 단지 상상되거나 생각된 것이 아니라 바로 지각되었기 때문에 현실적으로 있다는 것이다. 그러나 이것은 더 나아가서 바로 그 지각하는 자[지각의 주체]와 그 지각에서 지각되는 것[지각의 객체]이 그 지각함[지각작용]의 "진짜 대응자"(KrV, A30=B45 참조)로서 현실적으로 있음을 말하고자 한다. 실제로 현존하는 지각하는 주관 없이는 아무런 지각도 일어나지 않는다. 마찬가지로 지각작용의 상관자로서 실제로 현존하는 대상이 없이는 아무런 지각도 일어나지 않는다. 지각이 한낱 상상이나 사고 유희가 아니라 실제로 현존하는 것의 "현실성의 성격"을 가질 수 있는 근거는, 바로 그것이 "어떤 현실적인 것을 표상"(KrV, A374)하는 데에 있다. 다시 말하면, 지각된 것의 현실성의 유일한 근거는 지각에서 표상되는 것의 현실성에 있다.

이런 반성을 통해 우리가 내릴 수 있는 결론은, 지각은 그 자체로서 지각하는 주관뿐 아니라 지각되는 객관의 현존함을 지시한다는 것이다.

4. 지각은 이를테면 지각하는 주관과 지각되는 객관의 만남 내지는 "마주침"이다. 사물 인식은 본래 하나의 '주관'[주체]과 '객관'[대상]의 "마주침"(KrV, A92=B124이하 참조)이다. 그러나 여기서 말하는 주관과 객관은 그 자체가 지각된 것 곧 현상은 아니다. 이 양자는 한갓 존재한다고 전제되는 것이다. 존재하는 것으로 단지 전제되는 이 양자는 그러나 지각작용[지각함]과 현상으로서의 지각대상[지각된 것]을 가능하게 하는 근거이다. 이 양자는 하나의 지각, 따라서 경험 인식 일반을 가능하게 하는 원리이다. 그래서 칸트는 전자를 '초월적 주관[주체]'(→), 후자를 '초월적 객관[대상]'(→)이라 부른다.

5. 감각 일반에 상응하는 실재적인 것에 근거해서 지성은 직관된 대상, 곧 현상으로서의 존재자의 무엇임과 어떻게 있음을 규정한다. 여기서 지성은 그 감각적 실질을 내용으로 갖는 인식된 대상의 현존[현실성]을 정립한다. 그러나 현상으로서의 대상의 현실성 정립은 무엇보다도 이 "현상의 원인"(KrV, A288=B344) 내지는 "근거"(KrV, A380)로서 초월적 객관으로 이해되는 "사물 그 자체의 정립"(KU, B340=V402)을 뜻한다. 왜냐하면 인식된 대상 곧 현상이 실제로 존재하는 것으로 정립되는 "유일한" 근거는 다름 아니라, 인식된 것의 질료인 직관의 실질이 그 직관의 상관자인 어떤 현실적인 것과 관련되어 있다는 사실이기 때문이다. 다시 말하면, 현상으로서의 대상의 현실성은 오로지 그 대상의 질료, 곧 감각이 그 근원을 어떤 현실적인 것에 두고 있음에 근거해서만 정립된다. 이는 더 나아가서 칸트가 "사물 자체로서의 모든 대상들의 초월적 질료(사물임, 실재[실질]성)"(KrV, A143=B182) 내지 "초월적 질료"(KrV, A575=B603)라고도 표현했던, 현상으로서의 대상에서 감각에 상응하는 실재[질]적인 것은 현상으로서의 대상의 현존을 고지할 뿐 아니라 초월적 객관이라는 의미에서의 '사물 그 자체'의 현존을 지시한다.

6. 현상에서의 포착(→)의 종합이 지각이다.

지각의 예취들의 원리 Prinzip der Antizipationen der Wahrnehmung

— "모든 현상들에서 감각은, 즉 대상에서 감각에 대응하는 바, 실재적인 것(現象體實在性)은 밀도적 크기, 다시 말해 도[度]를 갖는다."(KrV, A166)

— "모든 현상들에서 실재적인 것, 즉 감각의 대상인 것은 밀도적 크기, 다시 말해 도[度]를 갖는다."(KrV, B207)

1. "모든 지각들, 그 자체를 예취[豫取]하는 원칙"(KrV, A166), 즉 "지각의 예취들의 원리"(KrV, B207)는 질(qualitas, Qualität) 개념의 객관적 사용의 원칙이다.

2. 직관의 공리들의 원칙이 공간·시간이라는 직관의 (따라서 현상의) 형식에만 관계하는 데에 반하여, 지각의 예취들의 원칙은 이러한 형식에서 규정되는 지각의 내용, 즉 현상의 질료에 관계한다.

3. 인간의 인식에서는 인식될 수 있는 것이 주어져야만 한다. 대상으로서 존재자란 우리 자신이 아니며, 우리 자신이 그 존재자를 스스로 만든 것도 창조한 것도 아니기 때문이다. 그런데 우리에게 주어지는 것은 감각(내용)으로서의 질료이다. 이 질료란 '대상에서 감각에 대응하는 것'(KrV, A166·A143=B182·A175=B217 참조), 즉 감각(내용)이며, '실재적인 것'이라고 칭하는 것이다.

대체 실재[실질]적인 것, '실재[실질]성(Realität, realitas)'이란 무엇을 뜻하는가? 이 말은 스콜라철학에서 유래한다. '실재[실질]적(realis)'인 것이란, 바로 사물(res)에 속하는 것, 사물의 무엇임의 내용(Was-gehalt)을 이루는 것, 사물의 본질에 속하는 것이다. 그런데 이 '실재[실질]성' 개념이 칸트 초월철학에서는 '질'이라는 순수한 지성개념에 속한다. 질(qualitas, Qualität), 성질이란 그러함(quale), 그러그러함(So-und-so-sein), 무엇임(Was-sein)을 말한다. 실재[실질]성이란 "한 사물이 무엇인가"라는 물음에 답을 주는 것이다.(KrV,

A143=B182 · A175=B217 참조). 실재[실질]적인 것, 사물(res)을 이루는 것이 바로 그 사물을 규정(Bestimmung)한다.

4. 현상들은 우리에게 '어떤 것', '무엇'을 보여준다. 현상에서 그 현상이 무엇임을 드러내주는 것을 현상에서 '실재[실질]적인 것', 즉 '현상체 실재성'이라고 일컫는다.(KrV, A168=B209 · A146=B186 참조) 그런데 이 현상에서 실재실질적인 것은 밀도적 크기, 도(度)를 갖는다. 연장적 크기가 한 단위(Einheit)에 한 단위, 그리고 또 한 단위가 덧붙여진 수량의 크기라면, 밀도(intensio)적 크기란 "질의 양(quantitas qualitatis)"(Prol, A95=IV309)으로서, 한 단위에서의 그 질적 정도(gradus)를 뜻한다. 질적 정도란 한 단위에 대한 적극적 규정(determinatio positiva) '~이다'(1)로부터, 그 규정의 부정(negatio) '~아니다'(0)에까지 이른다. 현상들에서 실재[질]적인 것은 밀도적 크기를 가지므로, 이 밀도적 크기에 근거해서 지성은 그 현상들이 무엇인가를 혹은 무엇이 아닌가를 규정한다.

이러한 의미 연관에서의 "현상들에서 실재적인 것은 밀도적 크기를 갖는다." 라는 순수 지성의 원칙이 "지각의 예취(豫取)들의 원리"가 된다.

5. 지각(Wahrnehmung)이란 독일어 낱말 뜻 그대로 감각 내용의 참된(wahr) 수용(受容), 수득(Hinnehmen)이며, 예취(Antizipation)란 에피쿠로스의 '선취(πρόληψις)'의 개념에서도 보듯이(KrV, A166이하=B208 참조), "그것에 의해 내가 경험적 인식에 속하는 것을 선험적으로 인식하고 규정할 수 있는 인식"(KrV, A166=B208)을 말한다. 예취란 다름 아닌 경험적 인식에서 우리에게 선재(先在)하는, 미리 놓여 있는 보편적 표상 곧 개념이다. 그러므로 지각의 예취란 감각 재료, 즉 실재 실질적인 것의 수용에는 우리에게 이 수용에 앞서 놓여 있는 선험적인 보편적 표상, 즉 개념이 기능함을 뜻한다.

6. 인간이 주어지는 것을 감각하고 지각함은 분명하지만, '어떤 것(etwas)' 내지 '무엇(was)'은 감각기관을 통하여 지각되지 않는다. '어떤 것'이란 보이지도, 들리지도, 냄새나지도, 만져지지도 않으며 맛도 없다. 도대체 '무엇'을 감각하기 위한 감각기관이란 없다. 그럼에도 우리는 주어지는 것을 '무엇'으로 파악한다. 그러니까 지각 가능한 것의 '무엇'이라는 성격은 지각적 수용에서 미리 표상

되어 있어야만 한다. 주어지는 것을 받아들이는 지각에서 그런 미리 파악함[豫取]이 놓여 있음으로 해서만, 우리는 무엇이 '어떠어떠하다'는 인식을 얻을 수 있고, 이런 인식 중에서만 우리에게 한 대상이 현상할 수 있다. 감각기관을 통해서 실재 실질적인 것, 즉 '어떤 것', '무엇'을 바로 어떤 것, 무엇이게끔 해주는 "동인(Moment, vis movendi)"(KrV, A168=B210 참조)이 수용되지만, 이 수용의 바탕에는 '어떤 것', '무엇'이 '어떠어떠하다'는 보편적 표상[형식]이 예취되어 있다. 이런 이해에서, 지각의 예취에 의해서만 어떤 무엇이 인식된다. 바꿔 말하면, 경험의 대상이 현상한다. — 이렇게 지각의 예취들의 원칙에 의해 질 범주가 대상 인식의 형식으로 기능하게 된다.

지각판단과 경험판단 知覺判斷 經驗判斷 Wahrnehmungsurteil & Erfahrungsurteil

1. 모든 경험적 판단(empirisches Urteil), 다시 말해 "그 근거를 감관들의 직접적인 지각 안에 가지고 있"는 판단(Prol, A77=IV297)은 지각판단이거나 경험판단이다. 칸트는 "객관적 타당성을 가지는 경험적 판단"을 "경험판단"이라고 일컫고, "단지 주관적으로만 타당한 경험적 판단"을 순전한 "지각판단"이라고 일컫는다.(Prol, A78=IV298 참조)

2. 지각판단은 "아무런 순수 지성개념을 필요로 하지 않고, 단지 사고하는 주관에서 지각들의 논리적 연결만을 필요로 한다." 그러나 경험판단은 "항상 감성적 직관의 표상들 위에 지성에서 근원적으로 산출되는 특수한 개념들 또한 필요로 하며, 이 개념들이 바로 경험판단을 객관적으로 타당하게" 만든다.(Prol, A78=IV298 참조)

3. "우리의 모든 판단들은 처음에는 순전한 지각판단들이다. 그것들은 한낱 우리에 대해서, 다시 말해 우리 주관에 대해서 타당할 뿐이며, 단지 뒤에 가서 우리는 그것들에게 하나의 새로운 관계맺음을, 곧 하나의 객관과의 관계맺음

을 주어, 그것이 우리에 대해서도 항상 그리고 누구에 대해서나 마찬가지로 타당할 것을 의욕한다. 무릇 한 판단이 하나의 대상과 합치한다면, 같은 대상에 관한 모든 판단들은 서로서로도 합치할 수밖에 없고, 그래서 경험판단의 객관적 타당성은 그것의 필연적 보편타당성 외의 다른 것을 의미하지 않는다."(Prol, A78=IV298)

4. "지각판단은 한낱 주관적이다. — 지각에 의한 객관적인 판단은 [이미] 경험판단이다."(Log, A176=IX113) 그런데 순전히 지각에 의한 판단은 사실상 불가능하다. 나는 눈앞에 있는 한 개의 사과를 보고서, 붉은 사과를 지각하지만, 그때 "이 사과는 붉다."라고 언표하면 그것은 이미 경험판단이기 때문이다.

지성 知性 Verstand intellectus

사고능력으로서의 지성

1. 지성은 일반적으로는 "사고(→)하는(개념들에 의해 어떤 것을 표상하는) 능력"(Anth, B115=A115=VII196)이라고 규정된다. 그런데 지성은 한편으로는 그러한 사고를 진행시켜나가는 규칙 곧 논리법칙 또한 스스로 세우고, 사고에 필요한 개념들도 스스로 산출하면서, 다른 한편으로는 그러한 것들을 도구로 삼아 사고활동을 한다. 그래서 지성은 "개념들의 능력"(KrV, A160=B199) 또는 "규칙들의 능력"(KrV, A126·A132=B171) 또는 "원칙들의 원천"(KrV, A158이하=B198 참조)이라 일컬어지는 한편, 사고의 능력이자 더 나아가서 "주어진 표상들이 한 객관과 일정하게 관계 맺는 데서 성립"하는 "인식들의 능력"(KrV, B137)이라고도 일컬어진다.

2. 지성이 표상들, 즉 개념들, 규칙들, 원칙들을 자기로부터 산출하는 한에서, 지성은 "자발성"(KrV, A50=B74)이고, 지성에 의해서 자발적으로 산출된 표상들은 선험적이고 순수하다고 한다. 그렇게 활동하는 지성 또한 순수하다고 일

컬어진다. 그리고 순수한 지성이 그의 순수한 선험적인 표상들을 "매개로 해서"(KrV, B145) 인식 일반을 가능하게 하는 한에서, 순수 지성의 이 인식 기능을 초월적이라 한다.

3. 감성에 의해 제공된 경험적 직관들을 재료 삼아 지성은 자발적으로, 다시 말해 그 자신으로부터 산출한 순수한 개념들의 틀에 따라 사고하여 하나의 대상을 인식한다. 그래서 지성은 감성과 함께 그로부터 인식이 생기는 우리 "마음의 두 원천"(KrV, A50=B74)이다.

4. 감성의 직관을 통해 우리에게 주어지는 대상은 지성에 의해 "사고"된다. 이렇게 됨으로써만 대상에 대한 한 인식이 성립한다. 지성은 한낱 "사고하는 능력"(KrV, AXVII · A81=B106)이 아니라 "감성적 직관의 대상을 사고하는 능력"(KrV, A51=B75)이다. 이러한 사고하는 능력에서 '사고'란 감성을 통해 주어지는 직관들을 인식으로 만드는 지성의 자발적 활동을 뜻한다. 그런데 지성은 감성적인 직관이 주어지지 않는 경우에도 순전한 개념들만으로 사고 활동을 하니, 그러한 사고는 이를테면 '형식적'인 것이다.

지성의 형식적 사고 원칙

사고(→)가 사고로서 성립하기 위해서는 최소한 자기 자신과 모순되어서는 안 된다. 사고는 어떠한 내용을 가지든 간에 무엇보다도 먼저 "어떤 것에도 그것과 모순되는 술어는 속하지 않는다."라는 모순율(→)을 지켜야 한다. 모순율에 어긋나지 않는 한, 사고는 최소한 형식적으로는 성립한다. 그래서 모순율은 지성의 형식적 사고의 "최상 원칙"(KrV, A150=B189)이자 "보편적이고 완전히 충분한 원리로 통용"(KrV, A151=B191)된다. 그러나 모순율이라는 형식적 규칙을 준수한 사고만으로 어떤 대상 인식에 이를 수는 없다.

순수 지성의 종합적 사고

1. 대상 인식(→)은 한낱 형식 논리적 사고가 아니라, 지성의 실질적 "사고함에, 곧 직관에서 밖으로부터 그에게 주어진 잡다의 종합을 통각의 통일로 가져가는 작용"(KrV, B145 · 참조 A247=B304)에 의해서 성취된다. 지성은 "자기만으로는 아무런 것도 인식하지 못하고, 단지 객관으로부터 그에게 주어져야만 하는 인식을 위한 재료, 즉 직관을 결합하고 정리"(KrV, B145)하는 작업을 수행한다.

2. 대상 인식은 네 요소 내지는 네 조건에 의해 성립하니, 곧 ① 직관 — 이것은 본질적으로 감성적이며 잡다하다, ② 잡다의 종합, ③ 종합된 잡다를 통각의 통일로 가져가는 작용, ④ 통각의 통일이 그것이다. 이 가운데서 첫째 요소는 감성에 귀속하는 것이니, 나머지 세 요소는 지성의 활동 사항이라 하겠다.

인식의 두 원천 중 하나인 지성은 세 가지 활동의 수행자이고, 그 수행 역할에 따라 서로 다른 명칭을 갖는다. 직관의 잡다를 종합하는 기능은 '상상력', 잡다의 종합을 통각의 통일로 가져가는 작용은 좁은 의미에서의 '지성', 통일 작용 자체는 '통각'이라고 일컬어지고 있는 것이다. 그러니까 엄밀한 의미에서 "지성은 자기의식(통각)으로써 시작된다."(OP, XXII82)고 말할 수 있다.

3. 저 감성적 직관은 감성의 본질속성을 이루는, 우리 인식능력의 수용성에 의거하고, 이 세 작용은 지성의 본질속성을 이루는, 우리 인식능력의 자발성에 의거한다. "나의 모든 표상에 수반할 수밖에 없"(KrV, B131)고, "모든 의식에서 동일자[同一者]로 있는"(KrV, B132) "나는 사고한다."라는 근원적 표상은 표상능력의 "자발성의 작용"(KrV, B132)이다. 이 '동일한 자발성'(KrV, B162 주 참조)에 상상력의 종합과 지성의 결합 작용은 근거하고 있다.

4. 그러므로 인간 지성의 사고는 주어지는 잡다한 직관들과 관계하는 인식 작용인 한에서, 다름 아닌 잡다의 "결합(conjunctio)"(KrV, B129) 작용 일반이다. 여기서 물론 결합 작용이란 지성의 전 활동을 의미하기도 한다. '결합'은 표상들 가운데서도 "객관으로부터는 주어질 수 없고, 오직 주관 자신에 의해서만 수행될 수 있는 […] 유일한 표상"(KrV, B130)이다. 그것은 "결코 감각기능에 의해

서는 우리 안에서 생길 수 없"(KrV, B129)는 것이다. 그것은 곧 우리 인식주관의 "표상력의 자발성의 작용"(KrV, B130)이고, "주관의 자기활동의 작용"(KrV, B130)이다. 이 자기활동적 표상력 일반을 감성과 구별하여 "지성"이라고 일컫는다.(KrV, B130 참조) 요컨대 가장 기본적으로 지성은 주어지는 잡다한 표상들을 통일적으로 결합하는 능력이다.(KrV, B135 참조)

순수 지성의 종합적 원칙들의 체계

1. 잡다한 표상들을 통일적으로 결합하는 능력으로서의 지성의 순수한 종합적 사고는 일정한 원칙들에 따라 이루어지는데, 그것이 다름 아닌 순수 지성개념들의 범주로서의 기능이다. 그러니까 "순수 지성의 종합적 원칙들"(KrV, A158=B197)이라고 일컫는 종합적 사고의 원칙들은 곧 순수 지성개념의 객관적 사용 규칙들이라 하겠다.

2. 이 순수 지성의 종합적 원칙들은 "순수 지성개념들을 가능한 경험[내지는 경험 대상들]에 적용"(KrV, A160=B199)하는 데에서 "최상 원리"(KrV, A158=B197)로 기능하는 "선험적인 규칙들"(Prol, A89=IV305)이다.

3. 그러므로 순수 지성의 종합적 원칙들은 범주로 기능하는 순수 지성개념들의 종류에 따라 양(Quantität)의 원칙, 질(Qualität)의 원칙, 관계(Relation)의 원칙, 양태(Modalität)의 원칙이 있다. 이 가운데 양의 원칙과 질의 원칙은 이른바 "수학적(mathematisch)" 원칙들(KrV, A162=B201)로서 일정한 사물[현상]의 — 그것이 수치적(zahlmäßig)으로 표출되는 크기적(großhaft)인 것인 한에서, 각각 형식의 면과 질료[내용]의 면에서의 — 선험적 본질 규정의 원리들이며, 양태의 원칙은 사물의 힘(dynamis, Kraft)에 의해 매개되는 그 사물과 그 사물이 그에게 현상하는 그 주관과의 관계(Verhältnis)에서 주관의 그 사물의 존재(현실성: Wirklichkeit)에 대한 태도(Verhalten)로서 그 사물의 선험적 존재 규정이다. 관계의 원칙은 힘에 의해 표출되는 사물의 존재(KrV, A265=B321 참조)에 관련되어 있다는 점에서 양태의 원칙과 마찬가지로 "역학적(dynamisch)" 원칙(KrV, A162=B201)으

로서 힘에 의해 매개되는 관계의 규정이지만, 그 관계는 사물[현상]과 사물[현상] 사이의 존재 방식의 규정이면서, 일정한 본질에서 성립하는 사물에 대한 한낱 주관의 태도 규정인 양태의 원칙과는 달리, 또한 한 사물이 다른 사물에 대해서, 즉 다른 사물과의 관계에서 갖는 그 사물의 실체적 객관적 본질 규정이기도 하다.

4. 양의 원칙은, "직관의 공리들의 원리"(→)(KrV, B202)라는 명명에서도 볼 수 있듯이 사물[현상]을 그것이 현상하는 틀인 (순수) 직관의 형식의 면에서 객관적으로 규정하며, 질의 원칙은 "지각의 예취들의 원리"(→)(KrV, B207)로서, 사물을 그것이 지각 중에서 현상하는 내용[질료]의 면에서 객관적으로 규정한다. 이렇게 형식적으로 그리고 내용적으로 규정된 것, 따라서 하나의 대상인 것을, 같은 방식으로 규정되는 또 하나의 다른 대상과의 관계에서 객관적으로 규정하는 것이 "경험의 유추들의 원리"(→)(KrV, B218)라고 하는 관계의 원칙이다. 여기서 '경험'이란, 순수 직관 형식과 지각 중에서 취득된 감각 내용으로 이루어진, 바로 현상의 형식과 현상의 질료라고 말할 때의, 그 '현상'을 상관자(Korrelatum, intentum)로 갖는 인식작용을 말한다. 마지막으로 "경험적 사고 일반의 요청들"(→)(KrV, A218=B265)의 원리인 양태의 원칙은, 앞서의 세 원칙들에 의해 객관적으로 규정된 대상이 어떤 양상으로 존재하는가를, 경험적 사고가 요구하는 기준에 의거해서 규정한다. 여기서 "경험적 사고"란 다름 아닌 관계의 원칙에서 말했던 "경험"을 뜻하되, 이것과 구분해서 말하자면, 경험에 주어질 수 있는 대상에 대한 주관적 규정을 의미한다. 대상의 존재양태의 규정을 주관적이라고 하는 것은 대상의 실질적 객관성에 어떠한 것을 더하지도 빼지도 않고, 대상을 객관적으로 규정하는 주관의 태도이기 때문이다.

5. 이상 네 종류의 "순수 지성의 종합적 원칙들"의 체계에는 칸트의 범주의 성격에서 비롯하는 주목할 점이 있다. 칸트에서 양·질·관계의 범주들은 사물의 실질적 본질(essentia, Realität) 규정이고, 양태의 범주는 사물의 존재(existentia, Wirklichkeit/Dasein) 규정이라는 점이다. 그러니까 현존성은 사물의 실재적 술어가 아닌 것이다.

6. 각기 특성과 기능을 갖는 순수 지성의 종합의 원칙들로 칸트는 모두 9개의 원칙들을 제시한다.

양의 세 범주들의 사용을 총괄하는 "직관의 공리들의 원리"가 하나, 질의 세 범주들의 사용을 총괄하는 "지각의 예취들의 원리"가 하나, 관계 범주의 사용과 관련해서는, 총괄적인 원리 하나에 세 항의 관계 범주들 각각의 사용 원칙이 별도로 하나씩 해서 모두 넷, 그리고 양태의 범주 사용과 관련해서는 총괄하는 원리 없이 세 항의 양태 범주들의 사용 원칙이 각각 하나씩, 그러니까 셋이 있다.

이러한 원칙들의 체계성에 관련해서는 적어도 두 가지 점의 해설이 필요하다. 첫째로, 왜 양과 질의 범주 사용에는 각각 총괄적인 원칙 하나뿐인데, 관계와 양태 범주 사용에는 각 항목마다 하나씩의 원칙이 있는지 또는 있어야만 하는지 하는 점이다. 이것은, 앞의 두 범주 사용의 원칙들은 "수학적"인 것으로 "동종적(同種的)"인 것들의 결합의 원칙이고, 뒤의 두 범주 사용의 원칙들은 "역학적"인 것으로, "이종적(異種的)"인 것들의 결합(KrV, B201이하 참조)이기 때문이라 한다. 양과 질의 범주에 속하는 세 항목들은, 각각 분량(分量)과 도량(度量)의 수치적 차이에서 비롯한 것이므로, 그 사용이 하나의 원칙으로 통괄될 수 있다는 것이다. 반면에, 관계와 양태의 범주에 속하는 각각의 세 항의 범주는 서로 이질적인 것들을 결합하는 것이므로, 그 결합되는 것들의 성격에 따라 각각의 사용 원칙이 필요하다 한다.

둘째로, 이에 더하여 그렇다면 관계 범주의 사용에는 일반 원칙이 있는데 양태 범주의 사용에는 왜 그런 것이 없느냐 하는 점이다. 이 점에 관해서 칸트가 직접적인 해설을 하고 있지는 않다. 그러나 실제로 관계 범주 사용의 일반 원칙은 그 아래에 속하는 세 개별 원칙들의 공통 성격을 가지는 것이긴 하지만, 구체적인 경험 인식에 기능하는 원칙들은 그 개별적인 세 원칙들임을 생각할 때, 그 일반 원칙은 존재자에 대한 경험 인식, 즉 존재적 인식을 가능하게 하는 존재론적 인식으로서는 직접적인 의미가 없다고 볼 수도 있고 — 일반 원칙은 세 원칙을 하위에 포섭하는 것이 아니라 단지 세 원칙의 공동 특징을 가질 따름이므로 — 또한 굳이 체계상의 균형을 맞추려 한다면 양태의 범주 사용에 관련해서

도 하나의 일반 원칙을 세우는 일이 어려울 것도 없다.(→ 경험적 사고 일반의 요청들)

직관 直觀 Anschauung intuitus/intuitio

개별적이고 직접적인 표상으로서의 직관

1. '직관'은 '개념'(→)과 대비된다. 그것은 감성과 지성의 대비에 상응한다. 지성이 개념의 능력이라면 감성은 직관의 능력이다. 개념이 공통 징표에 의한 표상(repraesentatio per notas commmunes), 곧 보편 표상이라면, 직관은 "개별 표상(repraesentatio singularis)"(Log, A139=IX91)이다. 보편 표상이 여러 대상들에 공통적인 그런 표상이라면, 이와 구별되는 개별 표상이란 적어도 여러 대상들에 공통적이지 않은 표상이어야 한다. 그러니까 직관이란 하나의 특정한 것 내지는 단 하나의 것에 대한 표상이겠다.

2. 개념이 공통 징표를 매개로 대상과 간접적으로 관계 맺는다면, 직관은 대상과 무매개적으로 또는 "곧바로(직접적으로)"(KrV, A19=B33), 이른바 "직각적"(KrV, A68=B93 참조)으로 관계 맺는다. 직관이 '무매개적'이라 함은, 대상이 우리를 촉발하면 직관은 '직접적'으로 발생함을 뜻하며, 그런 의미에서 직관은 우리를 촉발하는 대상에 대한 "직접적인 표상"(KrV, B41)이다. 그러나 이런 경우의 직관은 감각을 촉발하는 무엇인가가 있는 직관, 그러니까 '경험적' 직관이다. 그런데 만약에 촉발하는 대상 없이도 생기는 직관이 있다면, 그것은 감각에 독립적이라는 의미에서 '순수한' 직관이겠다. 그리고 그러한 순수한 직관은 "대상들 자체보다도 선행"(KrV, B41 참조)하는 선험적인 직관이겠다.

경험적 직관과 순수 직관

1. "경험적 직관"이 감각 질료를 포함하고 있는 것이라면, '아무런 감각도 섞여 있지 않은' 직관은 "순수한 직관"(KrV, A20=B34/35)이라 일컫는다. 그런데 직관은 감성의 작용방식이다. 그렇다면 감각과 무관한 직관은 감관[감각기능](→)에 의한 것일 수는 없으니, 순수한 직관은 감관 외의 또 다른 감성 능력 곧 상상력(→)에 의한 것일 수밖에 없다.

그러나 상상력이 산출하는 모든 직관이 순수한 것은 아니다. 상상력이 산출하는 표상들 가운데서도 그것들의 재료가 어떤 방식으로든 감각적인 것으로 판명될 수 있는 것들이 있고, 그러므로 그런 것들은 순수한 것이 아니라 경험적인 것이다. 그래서 순수한 직관에는 오로지 "감관 내지는 감각의 실재 대상 없이도 [⋯] 마음에서 생기는"(KrV, A21=B35) 그런 직관만이 속한다. 그러므로 순수 직관의 원천은 마음에서, 인간의 주관에서, 곧 인간 자신의 감성 자체에서 찾아져야 한다.

2. 그래서 칸트는, 우리 인간이 감각에 앞서 "마음에 선험적으로 준비되어"(KrV, A20=B34) 있는 순수 직관에 의거해서 우리를 촉발하는 대상을 감각적으로 직관한다고 생각한다. 그러니까 순수 직관은 "직관의 형식"(KrV, B67 · 참조 A20=B34 등)으로 기능하는 것이다. 그리고 직관이 감성의 본질적 기능인 한에서, 이 직관의 형식은 다른 것이 아닌 바로 '감성의 형식'(KrV, A20=B34 참조)이기도 하다. 또한 그것이 '감성적 직관들의 형식'인 한에서, 그것은 단지 외감적 직관과 내감적 직관의 형식일 뿐 아니라 상상력의 직관 형식이기도 하다. 그러나 이 형식이 "현상의 형식"(KrV, A20=B34), 바꿔 말해 경험적으로 직관된 것의 형식인 것은, 그것이 외감적 직관과 내감적 직관의 형식으로 기능하는 한에서이다. 감성에 선험적으로 준비되어 있는 표상인 이 직관의 형식과 경험적으로 직관된 것에서 모든 경험적인 것을 사상(捨象)한 다음에도 여전히 남는 감성적 표상인 경험적으로 직관된 것의 형식은 내용상 동일한 것이다. 그것은 다름 아닌 공간 · 시간(→) 표상이다.

3. 직관의 형식들인 공간과 시간 표상들은, 순수한 직관들인 한에서 그 자신도 직관된 것, 감성에 의해 표상된 것이고, 그것도 "아무런 실재하는 대상 없이" 표상된 것이다. 공간·시간 표상에는 우리의 표상력에, 곧 상상력에 독립해 있는, 어떠한 실재하는 대상도 대응하지 않는다. 공간과 시간은, 순수한 직관인 한에서, 순전한 "상상적 존재자(ens imaginarium)"(KrV, A291=B347; MSI, A218=II401)이다. 우리 감성을 떠나는 즉시 공간·시간은 아무것도 아니다.(KrV, A28=B44 참조) 그것들은 사물 자체도 아니고, 사물 자체의 성질들도 아니고 또한 현상들도 아니다. 그것들은 엄밀한 의미에서는 도대체가 대상이 아니다.

근원적 직관과 파생적 직관

1. "그 직관 자체를 통해 직관 대상의 현존이 주어지는 그런 직관"을 "근원적 직관(intuitus originarius)"이라 한다면, "그 직관이 대상의 현존에 의존하는, 그러니까 주관의 표상력이 대상에 촉발됨으로써만 가능한 그런 직관"은 "파생적 직관(intuitus derivativus)"(KrV, B72)이라 하겠다.

2. 공간·시간 표상은 어떠한 대상의 촉발 없이도 이미 우리 안에 있는 표상이라는 점에서는 근원적인 것이지만, 오로지 감각되는 대상에 대해서만 실재성을 갖는 것이므로, 감각 대상과 관련해서만 취득될 수 있다는 점에서는 이를테면 "근원적 취득(acquisitio originaria)"(ÜE, BA68=VIII221·BA71=VIII223 참조)에 의한 표상이고, 그런 의미에서 일종의 파생적 직관이다. 엄밀한 의미에서 근원적 직관은 일체 감각에 의존하는 바가 없는 존재자, 신에게나 가능한 것이다.

감성적 직관과 지성적 직관

1. 우리 인간은 감성을 통해서만 대상 인식이 가능하기 때문에, 직관 또한 감성적 직관만이 가능하다. 공간·시간상에 있지 않은 무엇인가를 직관함, "비감성적 직관", 이를테면 "지성적 직관"은 인간에게는 공허한 것이다.(KrV, B148이

하 참조)

2. 이른바 '지성적 직관'은 직관을 통해 객관을 산출하는 "근원적인 존재자에게만 속하고"(KrV, B72), 인식에서 주어지는 객관과 관계를 맺는, 그러니까 객관에 의존적인 존재자인 "우리로서는 우리의 감성적 직관 외에 다른 방식의 직관은 전혀 아는 바가 없"(KrV, A287=B343)다.

직관의 공리들의 원리 Prinzip der Axiomen der Anschauung

— "모든 현상들은 그것의 직관상 연장적 크기들이다."(KrV, A162)

— "모든 직관들은 연장적 크기들이다."(KrV, B202)

1. 양(quantitas, Quantität) 범주의 객관적 사용의 원칙은 "직관의 공리들의 원리"(KrV, B202)로서, "직관의 공리들을 가능하게 하는 순수 지성의 원칙"(KrV, A162 참조)이자 "공리들 일반을 가능하게 하는 원리"(KrV, A733=B761)이다.

2. 칸트는 이러한 "공리들"의 예로서, "두 점 사이에는 오직 하나의 직선만이 가능하다."(KrV, A163 = B204), "두 개의 직선은 아무런 공간도 둘러싸지 않는다."(KrV, A163 = B204), "두 개의 선분이 합해서 다른 하나의 선분보다 더 큰 세 선분에 의해 하나의 삼각형이 그려진다."(KrV, A164=B205)라는 "선험적 종합 명제들"(KrV, A164=B205)을 든다. 예로 든 명제들은 모두 기하학적인 다른 선험적 종합 명제들의 원리가 된다는 점에서 단지 "수식(數式)"일 따름인 "7 + 5 = 12"와 같은 산술적 선험적 종합 명제와는 구별된다.(KrV, A165=B206 참조) 그러니까 여기서 '공리'란 유클리드 기하학에서의 공리공준(postulatum) 같은 것을 지칭한다. 그러므로 "직관의 공리들"이라고 할 때, '직관'은 이런 공리들이 성립할 수 있는 바탕, 즉 공간이라는 순수 직관을 뜻한다. 그래서 비록 직관의 공리들

의 원칙이, "순수 수학"을 "경험 대상들에 적용할 수 있도록 해주는" "초월적 원칙"(KrV, A165=B206)이라고 칭해지고는 있지만, 이때 "순수 수학"이란 "연장(延長)의 수학"(KrV, A163=B204), 즉 "기하학"(KrV, A163=B204 · A166=B207)을 의미한다.

3. 그러므로 이 원칙의 B판의 표현 "모든 직관들은 연장적 크기들이다."에서, 모든 직관들은 단지 시간 표상에서 직관되는 것이 아니라 시간·공간 표상에서 직관되는 것, 즉 일차적으로 순수하게 공간적으로 표상되는 것 곧 순수 직관, 이차적으로는 시간·공간상에 현상하는 것 곧 경험 직관을 말한다. 첫째로, 순수하게 공간적으로 직관되는 것이 연장적 크기들로 표상되기 때문에 기하학의 공리들이 성립하며, 둘째로, 이런 순수한 시간·공간 표상을 질서의 바탕으로 해서만 경험적 직관이 가능하기 때문에, 이 경험적 직관의 내용, 즉 현상들 또한 연장적 크기들로 표상되는 것이다. 직관의 공리들의 원칙의 A판의 표현, "모든 현상들은 그것의 직관상 연장적 크기들이다."는 두 번째 경우를 부각시킨 것이고, 고쳐 쓴 B판의 표현은, 먼저 첫째의 경우를 그리고 따라서 둘째의 경우를 함축하고 있다.

4. 그런데 "연장적 크기"란 무엇을 의미하며, 연장적 크기라는 표상이 가능한 바탕은 무엇인가?

여기서 '크기(Größe)'란 "'어떤 것이 얼마나 크냐?'는 물음에 대한 답"(KrV, A163=B204)에 관련되어 있는 것이다. 가령 수효나 길이, 넓이, 부피의 얼마는 항상 일정한 크기(量)로 나타나며, 이 크기는 '부분 부분이 덧붙여져서'(KrV, A163=B203 참조) 전체를 이룬다. "부분들의 표상이 전체 표상을 가능하게 만드는 (그러므로 부분들의 표상이 전체 표상에 반드시 선행하는) 그런 크기"의 표상을 "연장적 크기"(KrV, A162=B203)라고 한다. 그런데 부분 부분이 덧붙여져서 이룬 전체의 표상에는 필연적으로 '단위(Einheit, 하나)' 표상이 놓여 있다. 예컨대, "이 방에는 20개의 의자가 있다.", "몇몇 사람은 철학자이다."에서 20개는 한 개의 스무 배, 몇몇 사람은 한 사람의 몇몇 배라는 표상이다. 그러니까 연장적 크기는 항상 일정한 단위를 바탕에 둔 수치로 나타난다. 이 수치는 어느 경우에나 '하나

(Einheit)' 아니면 '여럿(Vielheit)' 혹은 '모두(Allheit)'이다. 그러므로 연장적 크기는 이 세 가지 양(quantitas) 개념이 시간·공간적으로 표상된 것과의 결합에서 가능해지는 표상이다. 연장적 크기는 수(數)를 매개로 즉 '도식'(→)에서 순수 지성개념 양(量)이 순수하게 직관된 것에, 그리고 이에 따라서 또한 경험적으로 직관된 것에 적용된 표상이다. 연장적 크기는 수량으로 표출되되, 어떤 것이 일정한 수량으로 표출될 수 있는 것은 그것이 도대체가 양적(量的)으로 표출될 수 있는 바탕 위에 나타나기 때문이다.

어떤 것이 한 개, 두 개 혹은 1m, 2m로 표상되는 것은, 그것이 그렇게 수량으로 표상될 수 있는 것이기 때문이다. 이 수량의 표상이 가능할 바탕을 '양적(量的)인 것(quantum)'이라고 칭하고, 수량을 부분(즉 단위)들의 덧붙임에 의해 전체가 이루어진다는 의미에서 '분[할]량(分[割]量: quantum discretum)'이라 한다면, 이 '양적인 것'은 분[할]량이라는 표상이 그 위에서 가능할, 즉 '부분'이라는 표상을 가능하게 하는 전체 표상, 그러니까 부분 표상에 선행하는 그런 양(量), 즉 '연속량(連續量: quantum continuum)'이라 할 수 있다.(KrV, A142=B182·A169=B211; Refl 633a, XVIII659이하 참조)

양적인 것, 즉 연속량은 다름 아닌 공간·시간 표상이다. 공간·시간을 연속량이라 함은 공간·시간은 각각 하나의 "무한한 주어진 양"(KrV, B39·참조 A25)이기 때문이다. 그러나 순수 직관인 공간·시간은 단일한 표상이다. 공간·시간은 각기 여러 공간들, 무수한 시간들의 결합이 아니다. 우리는 흔히 공간들 — 예컨대, 여기·저기·거기 — 혹은 시간들 — 예컨대, 어제·오늘·내일 — 을 말하기는 하지만, 이것은 여러 개의 공간, 여럿의 시간을 뜻한다기보다는 한 공간의 여러 부분들, 한 시간의 여러 부분들을 뜻하는 것이다. 공간·시간은 도대체가 각기 '하나'로 우리에게 주어진다. 그러나 그것은 무한한 크기로 주어진다. 이때 무한(無限)한 크기라 함은 너무 커서 셈할 수 없을 만큼 끝이 없는 무한정한 것이라기보다는, 도대체가 끝을 가지지 않는 크기라는 뜻이다. 도대체가 끝을 갖지 않는 것, 그것은 그 자체로는 아무것도 아닌 것, 즉 '무(無, Nichts)'이다. 그럼에도 공간·시간은 그 안에서 무엇인가가 크기(量)로서 표상될 수 있는, 현상할 수 있는 바탕들(principia)이다.

5. 공간은 공간상에 있는 것이 아니고 시간은 시간상에 있는 것이 아니지만, 있는 것은 무엇이나 공간·시간상에 있다. 이런 의미에서 공간·시간 표상은 그 위에서 어떤 것이 일정한 크기로 우리에게 나타나는 틀, 즉 형식이다. 그러므로 연속량으로서 공간·시간은 대상을 일정한 크기로 표상할 수 있는, 단지 주관의 순수한, 어떤 것을 수용하는, 즉 감성의 형식이다. 어떤 것이 일정한 크기로 표상될 수 있는 한에서, 그것은 '하나', '여럿' 혹은 '모두'로 측정[幾何]되고 셈[算數]해질 수 있으되, 하나·여럿·모두는 여러 대상들에 공통적인 표상, 즉 '개념'이며, 더구나 순수한 지성개념(Refl 3930, XVIII352 참조)이다.

하나·여럿·모두라는 개념들은 '하나의 원', '여러(몇) m', '모든 사과' 등의 대상으로부터 추출해낸 개념이 아니라, 이 개념들로 인해서 비로소 저런 대상 표상이 가능하게 되는, 즉 어떤 선험적인 대상이나 경험적 대상의 표상에 선행하는 그런 초월적 개념들이다.

6. 직관의 공리들의 원리는 이렇듯, 순수 지성개념들인 하나·여럿·모두가 순수 직관인 공간·시간 표상과 결합하고, 이를 통해서 경험적 대상에 적용되어 경험적 대상을 표상 가능하게 하는 선험적 원리이다. 이로써 "순수 이성의 본래적 과제"(KrV, B19)인, 하나의 선험적 종합 인식이 어떻게 가능하며(KrV, B19 참조), 이 인식의 타당성의 범위가 어디까지인지가 밝혀진다.

진리 眞理 Wahrheit veritas

1. 칸트에서 진리는 보통 "인식과 그 대상의 일치"라고 정의된다.

2. 그러나 칸트에서 '진리'는 '형식(논리)적 진리'(KrV, A59=B84 참조), '질료[객관]적 진리'(KrV, A60=B85) 내지는 '경험적 진리'(KrV, A146=B185·A191=B236), '초월적 진리'(KrV, A146=B185, A222=B269) 등 적어도 세 가지가 있다.

형식적 진리

진리를 "단지 형식상으로만"(KrV, A59=B83) 고찰한다면, 그것은 어떤 인식이 사고의 형식 즉 "지성 및 이성의 보편적 법칙과의 합치"(Log, A72=IX51; KrV, A59=B84 참조)에 성립한다. 그러나 여기서 성립하는 "형식적 진리"(Log, A72=IX51)란, 어떤 인식이 그 관련하는 대상과 일치하기에 앞서, 먼저 인식으로서 갖추어야 할 단지 소극적인, "불가결의 조건"(Log, A72=IX51; KrV, A59=B84·A151이하=B191; V-Lo/Wiener, XXIV823 참조)이기는 하지만, 이러한 조건의 충족만으로, "객관적 진리"(Log, A72=IX51) 곧 한 대상에 대한 어떤 인식이 참이기 위해서는 "충분하지는 못하다."(KrV, A60=B85·A151=B191 참조) 그러므로 일반 논리학의 주제인 이러한 형식적 진리는 한낱 "논리적 진리"(Log, A69=IX49)로서 한 대상과 관련한 어떤 인식이 참임에 관해서는 말해주는 것이 아무것도 없다.

질료적 진리

"진리란 무엇인가?"라는 물음이, 어떤 인식이 진리이기 위한 보편타당한 기준이 무엇이냐 하는 물음으로 이해되는 한에서, 우리는 단지 진리의 형식적인 보편적인 기준을 말할 수 있을 따름이다. 진리가 '인식과 그 대상의 일치'라고 규정된다면, 이를 위한 재료[내용]적 보편적 기준을 제시한다는 것은 불가능하다. 어떤 인식이 그 관계하는 대상과 일치하기 위한 보편적 기준이란, 모든 대상들에 타당한 기준을 말하겠는데, 이런 기준이란 대상들의 모든 특징을 완전히 도외시할 때에만 가능할 것이니 말이다. 그러나 대상들의 모든 특징들을 도외시하면서 동시에, 어떤 인식이 바로 그 인식이 관계하는 한 대상과만 일치한다는 것은 불가능하다. 무릇 한 대상은 그 한 대상을 한 대상이게끔 하는 특징을 갖는 것이고, 바로 이 특징으로 인하여 다른 많은 대상들과 구별되는 것이다.

그러므로 재료[내용]적 면에서 진리의 보편적 기준은, 한 인식이 모든 대상들에 타당하기를 — 이것은, 모든 대상들 간의 차이를 완전히 도외시할 때에만 가능한 일인데 — 요구하면서, 동시에 한 특정한 대상에게 즉 한 대상의 고유성에 타당하기를 요구하는 것이고, 이는 모순이기 때문이다.(KrV, A58이하=B83; Log, A70=IX50이하 참조). 따라서 한 인식의, 그 인식이 관계하는 특정한 대상과의 일치에서 성립한다는 "질료적 진리"(Log, A71=IX51; KrV, A60=B85 참조)는 개별적인 경험상의 문제일 따름이요, 논리학의 문제가 아니다.

초월적 진리

I. 1. 통상적인 인식이론에서 '진리'와 대비되는 것은 '허위' 내지는 '착오'이다. 그러나 칸트의 "진리의 논리학"에서 진리는 '가상'과 대비되는 것이다. 그런데 칸트에서 '가상'(→)이란 허위 인식 또는 단지 주관적인 것을 참다운 인식 내지 객관적인 것으로 혼동하도록 하는, 말하자면 착오를 일으키는 "원인"을 뜻한다.(KrV, A293=B350; Log, A77=IX54 참조) 그러니까 이런 가상과 반대가 되는 진리란, 허위 인식과 반대되는 참된 인식을 뜻하는 것이 아니라, 참된 인식을 참된 인식으로 가능하게 하는 원인으로서의 참인식[진리]을 말한다.

2. 그런데 참된 인식을 가능하게 하는 원인으로서의 진리라는 개념을 설명하면서 칸트는 철학사상 이미 오래된 "인식과 그 대상과의 일치"(KrV, A58=B82 · A237=B296; V-Lo/Busolt, XXIV627이하 등등 참조)라는 정식(定式)을 그대로 사용하고 있다. 그러므로 "진리란 무엇인가?"라는 물음은, 칸트에게 있어서도 다른 많은 철학자들에게 있어서와 마찬가지로 바로 "인식과 그 대상의 일치란 무엇인가?"라는 물음이 된다.

II. 1. 그렇다면, 칸트의 초월철학의 체계 내에서 '인식과 그 대상의 일치'란 대체 무슨 뜻인가? 칸트에서 당연한 것으로 "전제되어 있는"(KrV, A58=B82) '인식의 그 대상과의 일치'라는 진리 개념이 "초월적"으로 사용될 때, 그것은 무엇을 의미할 수 있는가?

문맥을 고려하지 않을 경우, 칸트에서 우선 '인식'이나 '대상'이라는 말은 적어도 두 가지 의미를 갖는다. '인식'이라는 말은, 한편으로는 인식함 내지는 인식하는 것(das Erkennen) 즉 인식작용(Erkenntnisakt)이나 인식작용자 곧 인식능력(Erkenntnisvermögen), 구체적으로 말해서 지성 내지는 이성을 뜻하며, 다른 한편으로는 인식되는 것 내지는 인식된 것(das Erkannte)을 뜻할 수도 있다. 칸트에서 '인식된 것'이란, 엄밀한 의미에서 지성에 의해서 개념적으로 파악된 대상, 바꿔 말해, 범주에서 규정된 대상 즉 '엄밀한 의미에서의 현상(→)'을 뜻한다. '대상'이라는 말은, 칸트에게서는 더욱더 다의적으로 사용되지만, 그것은 최소한 무엇보다도 중요한 "두 의미"(KrV, BXXVII)로 쓰인다. 즉 그것은 '사물 자체' 또는 '현상'을 지칭한다.

그러므로 '인식과 그 대상의 일치'라는 말은 다음 네 가지 경우 중의 어떤 것을 뜻한다고 볼 수 있다.

1) '인식하는 것'과 현상의 일치,

2) '인식하는 것'과 사물 자체의 일치,

3) '인식된 것'과 현상의 일치,

4) '인식된 것'과 사물 자체의 일치.

2. 그렇다면, 과연 이 네 가지 중 어느 것이 칸트의 진리 개념을 담고 있는가?

넷째 경우에서, 얼핏 '인식된 것'과 사물 자체의 일치란, 인식된 것, 의식에서 파악된 것 즉 표상된 것[의식 내의 관념]과 의식 밖에 독자적으로, 즉 의식에 독립하여 있는 '실재적 사물'과의 합치를 뜻한다(Locke, *HU*, IV, V, 8·IV, IV, 3 참조)고 납득될 듯하다. 이런 설명은, 인식 문제에 대한 소박실재론 내지는 로크류의 표상설이나 모사설에서 자주 등장하거니와, 그러나 칸트의 초월철학 내에서는 아무런 의미를 얻지 못한다. 이런 설명 방식에 대해 되풀이되는 반론(Locke, *HU*, IV, IV, 3 참조) 때문이 아니라, 칸트철학 내에서의 사물 자체라는 개념의 문제성 때문이다. 주지하듯이, 칸트에서 '사물 자체'란 결코 우리에게는 알려지는 일이 없는, "우리에게 전혀 알려지지 않은"(KrV, A42=B59) 채로 남는 그런 어떤 것이기 때문이다. 우리가 원리상 알 수도 없는 것과 우리에게 인식된 것과의 일치 여부를 우리는 결코 판정할 수 없는데, 인식된 것과 사물 자체의 일치가 진리라고 설명하는 것은 혹시 진리의 이상(理想)을 천명하는 것이라면 모를까, 그 이상의 다른 의미란 없을 터이다. 그러므로 칸트에서 '인식과 그 대상과의 일치'가 이렇게 풀이된다면 무의미한 것이 되고 만다.

셋째 경우에서, '인식된 것'이란 칸트에서는 다름 아닌 '현상'이니, '인식된 것과 현상의 일치'란 곧 '현상과 현상의 일치'라는 뜻이므로, "동어반복적"(V-Phil-Enzy, XXIX, 20 참조)일 따름이다.

둘째의 경우, 곧 '인식하는 것과 사물 자체의 일치'는 전통적으로는, "한 존재자[주관]의 다른 존재자[대상]에로의 동화[同一化]"(Heidegger, *SZ*[GA2], 289)로 해석된다. '한 존재자'란 인식주관 즉 인식을 수행하는 의식을 뜻하며, '다른 한 존재자'란 인식 대상 즉 인식하는 의식에 독립해 존재하는 의식과는 다른 어떤 것을 뜻하고, 인식이란 그 인식자가 그 인식 대상을 있는 그대로 의식상에 복제함으로써 그 인식 대상과 하나가 되는 데에서 성립한다는 것이다. 어찌 보면, 이런 입장이 칸트철학 체계 내에서 성립할 듯도 하다.

칸트에서, 우리의 지성이 대상을 인식한다는 것은, 대상을 규정하는 것이기는 하지만, 이 규정이란 대상을 "있도록" 하는 것이 아니라(KrV, A92=B125 참조), 이미 "존재하는"(KrV, A633=B661 · 참조 B164) 어떤 것을 한 대상이게끔 하는 것이다. 즉 칸트에서 인식이란 상상이나 의욕과는 달라서 어떤 대상을 비로소 존재하게 하는 것이 아니라, 이미 존재하는 것을 파악하는 것이다. 이미 존재하는 어떤 것은 감각을 촉발함으로써 우리에게 주어지는 바(KrV, A19이하=B34 참조), 그것은 감성의 작용에 "대응하는"(KrV, A494=B522) 것, 즉 감성의 "진짜 상관자"(KrV, A30=B45)이다. 이것을 일컬어 칸트는 "사물 자체"라고 부르고 있다. 그래서 일견 칸트에서 '인식과 그 대상의 일치'란 바로 '인식작용자의 인식하려는 대상에의 동화(同化)'를 뜻하는 듯이 보인다. 그러나 이럴 경우, 로크의 경우에 흔히 지적되듯이, 사물 자체라는 원리상 우리에게 알려지지도 않고 알려질 수도 없는 것과 인식작용자 사이의 동일화 여부에 관한 판정은 불가능하므로, 저 진리 개념에서 '일치'가 뜻하는 바를 알 길이 없다.

그래서 칸트의 진리 개념이 의미를 갖는다면 그것은 '인식하는 것과 그 인식에서 인식된 현상과의 일치'를 뜻하지 않을 수 없다.

이제 '인식하는 것과 현상 즉 인식된 대상과의 일치'가 뜻하는 바는 무엇일까? 칸트의 진리 개념은 스콜라철학의 진리 개념에 잇닿아 있다. "사물과 인식의 일치(adaequatio rei et intellectus)"에서 '일치(adaequatio)'란, '5 + 7 = 12'라는 명제가, '5 + 7'과 '12'가 모든 점에서 똑같다는 뜻이 아니고, 단지 어떤 상응(correspondentia: Entsprechung)하는 점에서 — 이 경우 수치(數値)에서 — 같음을 뜻하듯이, 그런 어떤 합치(convenientia: Gleichheit)를 뜻한다. 또 '인식(intellectus: Erkenntnis)'이 '인식함' 내지는 '인식하는 것'을 의미할 때 그것은 인식 행위뿐만 아니라, 인식행위자 즉 지성 내지는 이성을 뜻한다. 그러므로 인식과 그 대상의 일치란 지성과 이 지성에 의해 파악된 대상 즉 현상의 일치와 같은 말이 된다. 그렇다면 지성과 현상은 어떤 상응하는 점에서 서로 일치하는가?

이 물음에 대한 칸트의 대답은 다음과 같은 말 속에 있다: "(형식이 사물에게 본질을 준다[forma dat esse rei]라고 스콜라 학자들이 말하듯이) 사물의 본질이 이성에 의해서 인식되어야 하는 한에서, 사물의 본질은 형식에 있다."(VT, VIII404; 참조 XXII11 · 446) 그것의 본질이 이성(지성)에 의해서 인식되는 사물이란 곧 칸트에서는 '현상'이다. 그러니까 현상이라는 의미에서의 사물의 본질은 형식에 있다고 칸트는 말하고 있는 것이다. 무릇 여기서 '본질(esse, essentia, Wesen)'이란 무엇을 뜻하는가?

사과와 배, 토끼와 거북이는 서로 종적으로 구별되는 사물들이다. 이 사물들 사이의 종차(種差)는 이 사물들을 본질상 구별 가능하도록 해준다. 그러나 이 사물들의 명칭이 하나의 공통 징표에 의한 표상 즉 "여러 객관들에 공통적인 것의 표상"(Log, A139이하=IX91)이라는 의미에서 '개념'으로서, 이 개념이 주어진 경험적 대상들을 그것의 재료적 면에서 비교하고, 서로 다른 대상들을 어떻게 하나의 표상 아래 포섭할까 반성하고, 주어진 대상들 사이의 모든 상이한 점들은 모조리 추상하고 오로지 공통적인 점만 추출해내는 "지성의 세 논리적 작용"에 의해서 생긴 경험적 개념인 한에서, 이 개념에 상응하는 대상들의 본질은 경험적 재료적 본질이다. 그러므로 칸트가 "사물의 본질은 형식에 있다."라고 말할 때의 '본질'은 이런 경험적 재료적 본질이 아니라, 형식적 본질을 뜻하며, 형식이란 이 사물을 인식하는 지성이, 이 사물을 인식할 때에 의거하는 형식, 즉 지성 자신의 규칙들을 뜻한다.

지성의 규칙들이란 순수한 지성개념들 즉 범주들과 더 나아가 이 범주들이 대상들에 적용될 수 있도록 해주는 순수 지성의 원칙들을 말한다. 이 지성의 규칙들은, 그에 따라서[準해서] 지성이 인식작용을 하는 것이므로, 인식 기능 자체를 가능하게 하는 근거(principium essendi, causa essendi)이며, 이것이 바로 사물의 본질 즉 사물을 사물로서 가능하게 하는 제일의 선험적 실재 근거(essentia realis), 곧 초월적 형식적 본질이다.

그러므로 인식하는 것과 그 인식된 대상의 일치란, 그 인식 기능을 가능하게 하는 형식적 근거와 그 인식에서 인식된 대상이 대상이도록 가능하게 하는 형식적 근거가 같음(conformitas)을 뜻한다.(1772. 2. 21 자 M. Herz에게 보낸 편지, X130 참조) 경험적 대상에 대한 인식 즉 "모든 경험을 가능하게 하는 근거"(V-Met-L2/Pölitz, XXVIII550)가 바로 그 경험에서 인식된 "사물을 가능하게 하는 근거"(Refl 5761, XVIII347)이다. 사물에 대한 모든 경험적 인식은 이른바 선험적 종합 판단[인식]에 의해서 가능하고, 그 자신 초월적[존재론적]인 이 인식은, 주어지는 감각적 재료를 수용하는 선험적 직관의 형식적 조건 즉 공간·시간 표상과 생산적 상상력의 초월적인 형상적 종합과 초월적 통각의 범주에 따른 필연적 통일에 의해서 가능하다는 이해 아래서, 칸트가 "경험 일반을 가능하게 하는 조건들은 동시에 경험의 대상들을 가능하게 하는 조건들이다."(KrV, A158=B197)라고 말할 때, 그는 바로 '인식과 그 대상의 일치' 즉 인식과 인식 대상의 가능근거의 합치를 적시(適示)하고 있는 것이다. 칸트에 따르면, "범주들"이 진리 곧 우리의 개념(개념적 사고)과 대상의 일치를 가능하게 한다.(KrV, A642=B670 참조) 바꿔 말하면, "지성 규칙들"은 "거기에서 우리에게 객관들이 주어질 수도 있는 경험—이것이 모든 인식의 총체인데—을 가능하게 하는 근거를 자신 안에 함유함으로써, 모든 진리 다시 말해 우리의 인식과 객관들의 합치의 원천"(KrV, A237=B296)이다.

진리란 그러니까 “지성과 사물의 동형성(同形性, conformitas)으로서 규정된다.”(Aquinas, *ST*, I, 16, 2.2) 진리는 지성과 지성에 의해서 인식된 사물들이 “동일한 형식(conformatio)”을 갖는 데에서 성립한다. 이 형식의 원천은 인식하는 자의 지성 안에 있다. 그러므로 “인식되는 사물의 형식은 인식하는 자 안에 있다.”(Aquinas, *ST*, 15, 1, 3) ‘형식’이란 바로 지성이 인식되는 대상을 그 대상으로 규정(Bestimmung)하고, 제한(definitio)하는 것이기 때문이다. 그러므로 “인식에서 파악되는 것은, 항상 그 인식하는 자의 파악에 제한되기 마련이다.”(Aquinas, *ST*, 14, 12, 1)

사물의 사물임, 대상의 대상임, 존재자의 존재는 지성에 의한 제한됨이고 규정됨이며, 이런 의미에서 생산됨이다. 사물의 사물임과 지성의 규정함이 합치하는 것이 바로 참됨[진리: Wahrsein]이다. 참된 것을 참되게 하는 것 역시 지성의 형식이다. 이 지성의 형식은 지성 자신을 가능하게 해주며(KrV, B137 참조), 또한 대상을 대상일 수 있게 해주며, 이를 통하여 이 양자가 일치하도록 해준다. 말을 바꿔 표현하면, 지성의 형식과 이 형식에서 비롯하는 지성의 순수한 자기 사용 규칙들은, 바로 칸트적 의미에서, “진리”의 원천, 즉 우리의 인식 일반이 대상 일반과 일치 가능하도록 하는 원천이다. 무엇(A)과 무엇(B)의 일치가 가능하려면, 먼저 그 무엇과 무엇이 성립해야만 한다. 그런데 어떤 것이란 그것을 어떤 것이게끔 하는 근거 위에서만 어떤 것일 수 있으므로, 지성의 형식들과 그것의 순수한 자기 사용 규칙들은, 인식[경험]을 가능하게 하면서 동시에, 그 인식[경험]에서 인식[경험]되는 대상을 가능하게 함으로써 바로 그 점에서 양자가 일치할 수 있도록 하는 것이다.

그러므로 칸트가 그의 초월철학 체계 내에서, 진리란 인식과 그 대상의 일치라고 말할 때, 여기서 ‘인식’이란 인식의 심리-생리적 과정을 뜻하는 것이 아니라, 인식의 근본 구조만을 가리키며, 그 대상이란 개개의 대상을 말하는 것이 아니라, 그 대상이 대상인 한에서의 그 대상의 근본 구조만을 지칭한다.

인식 기능의 선험적 구조가 바로 인식 대상의 근본 구조이며, 바로 이런 일치 즉 진리에 의해서, 한 대상이 대상으로서 성립하기 때문에, 이 일치는 어떤 한 대상이 재료적으로 어떠어떠한가가 인식[경험적 인식]되는 것에 반드시 선행해야만 하는 것이다. 그래서 칸트는 이 일치를, "모든 경험적 진리에 선행하면서 그것을 가능하게 하는 초월적 진리"(KrV, A146=B185)라고 칭한다.

그러므로 초월적 진리는 초월적 인식이 경험적 인식을 가능하게 하고 동시에 경험적 대상 곧 현상을 대상으로서 규정하며, 이 대상 규정이 참됨을 의미한다. 항상 참되게 대상을 규정하는 초월적 인식은, 그것의 규정에 의해서 비로소 대상이 그러그러하게 존재하는 것, 곧 존재자로서의 존재자가 된다는 의미에서 존재론적 인식이다. 초월적 인식은 이미 그러그러하게 존재하는 것을 그러그러하다고 파악하는 존재적 (따라서 재료적) 인식이 아니라, 어떤 것을 비로소 그러그러하게 존재 가능하게 하는 존재론적 인식이다. 이런 뜻을 명백히 하기 위해서 칸트는, 그의 초월철학의 핵심적 결론(KrV, A158=B197 참조)을 천명하기 직전에, 진리는 인식의 그 대상과의 합치라고 말하는 대신에, 진리는 곧 "대상과의 일치"(KrV, A157=B196이하)라고 말한다. 대상과의 일치 곧 대상의 규정에서 다름 아닌 초월적 의미에서의 참된 인식은 성립한다.

이런 뜻에서, 토마스 아퀴나스에서 "신의 인식은 그 자신에 의해서 인식된 사물의 원인"(Aquinas, *ST*, 14, 9, 3) 즉 모든 존재자의 원인이듯이, 칸트에서 인간 지성의 초월적 인식은 이 초월적 인식에 의해서 비로소 존재하게 되는 사물 즉 현상의 한 원인, 말하자면 형식적-실재적 원인(causa formalis sive realis)이다.

사물의 사물임, 대상의 대상임, 존재자의 존재자임 즉 존재자의 존재는 그 존재자를 존재자로서 가능하게 한 자에게만 있는 그대로 파악될 수 있다. 신이 만물의 창조자라는 뜻에서, 신에게는 만물을 있는 그대로 파악하는 것이 가능하다고 한다면, 인간에게는, 그에 의해서 비로소 그러그러하게 존재하게 된 사물 즉 현상의 존재를 그 자체로 파악하는 것이 가능하다.

스콜라 철학자들에게 모든 진리의 원천이 신의 절대적 지성에 있고, 신의 인식이 근원적인 진리이듯이, 칸트에게 있어서 인간의 지성은 이 지성에 의해서 규정된 대상들 즉 칸트적 의미에서의 현상들에 대해서는 절대적이며, 이 지성의 초월적 인식이 바로 절대적 근원적인 진리이다. 현상으로서의 존재자의 존재는,

근원적 통각[자기의식]의 초월적 규정이고, 이 규정은 다름 아닌 지성의 순수 사고 자체이기 때문이다. 인간의 이성(ratio)은 바로 존재자를 존재자로서 현상하게 하는 근거(ratio)이다.

초월철학과 진리 일치설/대응설 Korrespondenztheorie der Wahrheit

칸트는 이삭 이스라엘리(Isaac Israeli, 845~940)가 그의 책 『정의론(*De definitionibus*)』에서 정식화(定式化)하였다고 토마스 아퀴나스가 우리에게 전해주는(Aquinas, *De veritate*, I. 1; ST, I, 16, 2.2 참조) "사물과 인식의 일치(adaequatio rei et intellectus)"라는 진리 규정을 그대로 수용하였는데, 다만 이를 초월철학적으로 활용하고 있다. 이러한 진리 규정은 필경 아리스토텔레스에게까지 소급할 수 있다.

아리스토텔레스에 따르면, 있는 것을 있다고 말하고, 없는 것을 없다고 말하며(Aristoteles, *de interpretatione*, 1, 16a 참조), 분리되어 있는 것에 관해 분리되어 있다고 판단하고, 복합적인 것에 관하여 복합적이라고 언표하면(Aristoteles, *Metaphysica*, 1051b 3이하 참조), 그 말과 판단과 언표는 참이다. 그러나 사람들이 보통 '진리 대응설'이라고 일컫는 이러한 견해를 단지 명제들 간의 형식적 진리가(眞理價) 문제를 벗어나, 어떤 경험적 인식의 참임을 설명해주는 이론으로 받아들일 경우에는 로크의 표상설적 진리 이론이 안고 있는 문제점을 그대로 짊어져야만 한다.

로크는 표상과 실재적 사물과의 일치에 참된 지식, 곧 진리가 있다고 본다. 그런데 어떤 대상에 대한 인식은 어느 경우에나 그 대상의 표상(representatives, ideas)을 통해서만 가능하다. 그렇다면 표상과 그 표상에 의해서 인식된 대상인 이른바 실재적 사물 사이의 일치 여부는 무엇에 의해서 가려질 수 있겠는가? 이는 로크 자신도 묻는 바이다.(Locke, *HU*, IV, IV, 3 참조) '실재적 사물'이 무엇인지를 우리에게 알려주는 것은 오로지 그것의 표상뿐이니, 우리는 이 표상이 우리에게 알려준 내용 그 이상의 어떤 것도 알 수 있는 방도가 없으니 말이다. 우리에게 알려지는 유일한 것은 어떤 것의 표상뿐이며, 그 어떤 것은 우리에게 알려지지 않는 것(Locke, *HU*, II, 23, 2; Berkeley, *PHK*, I, 80; Hume, *THN*, I, I, 13 참조)에 불과하니, 어떤 것의 표상과 그 어떤 것 사이의 일치 여부는 알 길이 없다. 이미 버클리의 로크 비판에서 지적된, 우리가 무엇인지도 모르고, 그것이 존재하는 것인지조차도 모르는(Berkeley, *PHK*, I, 88 참조), 로크의 '실재적 사물'이라는 개념의 문제성은 칸트의 사물 자체 개념의 문제성의 한 선례이다.

이러한 문제성을 회피하기 위한 방책으로 나온 타르스키(A. Tarski)의 이른바 '진리의 의미론적 개념' 또한, 만약 그것을 사물에 관한 어떤 참된 인식을 설명해주는 개념으로 납득할 경우에는 '대응설'이 안고 있는 문제점을 그대로 안게 된다. "눈이 희다면, 그리고 오직 그때에만, '눈이 희다.'는 명제는 참이다."라는 서술이 단지 언어유희가 아니라 사물에 대한 경험적 인식에 관한 발언이라면, 문제는 "눈이 희다."라는 사실의 바탕(전제) 위에서, "눈이 희다."고 진술하는 것이 참이냐 아니냐 하는 논리의 문제가 아니라, 이 진술의 '사실의 바탕' 혹은 '전제'가 과연 진실인지 아닌지, 진실이라면 어떤 근거에서 그렇게 말할 수 있는지 하는 사실의 문제이다. 문제의 핵심은, 올바르게 진술하느냐가 아니라, 이른바 경험적 대상에 대해 '그러그러하다'고 파악한 것이 참이라고 한다면, 그때 그 인식의 참임의 근거가 무엇이냐 하는 것이며, '대응설'도 그리고 이른바 '의미론적 진리론'도 이에는 어떤 결정적인 답변도 해주지 못한다. "눈이 흴 때, '눈이 희다.'라는 언표는 참이다." 이 추론은 확실히 옳다. 그러나 과연 실제로 눈이 흰가 하는 물음에 대해서는 여기서 답하고 있지 않다. 그 때문에 칸트는 이와 같은 '질료적 진리'의 문제는 논리학이나 형이상학의 문제가 아니라고 보는 것이다.

그래서 칸트는 '사물과 지성의 합치(adaequatio rei et intellectus)'를 '창조될 사물의 신의 지성과의 합치(adaequatio rei creandae ad intellectum divinum)'와 '인간 지성의 창조된 사물과의 합치(adaequatio intellectus humani ad rem creatam)'로 이해하는 스콜라철학적 해석 중 후자의 경우는 다름 아닌 질료적 진리의 개념에 이를 것이므로 배제하고, 전자의 경우만을 받아들이되, "옛사람들의 초월철학"(KrV, B113) 대신 그의 초월철학적 해석을 붙이고 있다. 곧 인간의 이성은 신의 지성과는 달리 재료의 면에서 대상을 생산[창조]하지는 않지만, 그 자신의 선험적 형식에서 대상을 대상이게끔 하므로, 이 형식의 기능 없이는 대상이 대상일 수가 없다는 뜻에서, 인간 이성은 "부분적으로는" 즉 형식적인 면에서는 인간에 대한 대상인 "현상의 창조자"(Refl 254, XV95)라는 것이다. 그러한 제한된 의미에서, 인간에게 인식된 사물은 인간의 지성과 합치한다.

질 質 Qualität qualitas

→ 지각의 예취들의 원리

질료와 형식 質料 形式 Materie/materia u. Form/forma

I. 1. 칸트에서 형식-질료 결레 개념은 반성(→)개념(KrV, A261=B317)이다. 반성개념들 중에서도 초월적 "반성의 기초에 놓여 있는"(KrV, A266=B322) 그런 개념이다. 초월적 반성이란 대상 개념에 이르기 위해서 "대상들 자신과 관계하는 것이 아니라", 그 아래에서 우리가 대상 개념에 이를 수 있는 조건들을 찾아내는 의식의 상태를 일컫는다.(KrV, A260=B316 · A262이하=B318이하 참조) 질료-형식, 내적인 것-외적인 것(KrV, A265=B321 참조)과 같은 반성개념들이 기초에 놓여 있는 초월적 반성에 의해 대상 개념을 가능하게 하는 조건들, 곧 그 근거가 우리 밖에 있어야만 하는 감각과 그 근거가 우리 안에 있어야만 하는 공간·시간 및 범주들과 같은 선험적 표상들이 비로소 발견된다.

2. 그러나 우리가 그것의 도움으로, 그 아래에서 대상 개념 일반이 가능한 조건들을 찾아내는 보조 개념들인 반성개념들, 그러니까 형식-질료 개념은 사물의 사물임과는 아무런 상관이 없고 따라서 존재론과도 관련이 없다. 그 반면에

대상 개념을 가능하게 하는 저 조건들 자신은 존재론에 포함된다. 그러니까 사물 인식 내지 그 인식의 대상이 두 요소, 곧 형식과 질료로 이루어진다고 말할 때, 그 '두 요소'란 이 두 개의 반성개념을 지칭하는 것이 아니라, 이 반성개념들에 대응하는 존재론적 개념들을 지시한다고 보아야 한다. 다시 말해, 사고의 '형식'은 존재론적 개념이 아니지만, 이 '형식'을 이루는 '하나'·'실체'·'실제로 있음'과 같은 순수 지성개념들은 존재론적 개념들인 것이다.

II. 1. 일차적 의미에서의 현상(→)에서 "감각에 대응하는 것"(KrV, A20=B34)이 그 질료이고, 현상하는 "잡다[한 것](→)가 일정한 관계에서 질서 지어질 수 있도록 만드는 그것"(KrV, A20=B34 참조)이 그 형식, 곧 공간·시간 표상이다. 다시 말해 경험적 직관(→)에서 감각 내용이 그 질료이고, 이를 서로 곁에 그리고 서로 잇따르게 정돈하는 방식이 그 형식이다.

2. 엄밀한 의미에서의 현상(→) 곧 현상체에서는 일차적 의미에서의 현상 곧 "경험적 직관의 무규정적 대상"(KrV, A20=B34)이 그 질료이고, 이를 규정하여 하나의 대상으로 인식하는 범주들이 그 형식이다.

III. 1. 일반적인 개념에서는 한 개념이 표상하는 보편성이 개념의 형식이고, 한 개념이 지칭하는 대상들이 개념의 질료이다.(Log, §2 참조)

2. 실천 원리의 보편적 법칙성이 그것의 형식이라면, "실천 원리의 질료는 의지의 대상이다."(KpV, A48=V27) "실천 법칙의 질료, 다시 말해 준칙의 객관은 결단코 경험적으로밖에는 주어질 수 없고, 그러나 자유의지는 경험적인 (다시 말해, 감성세계에 속하는) 조건들에 대해 독립적으로 규정될 수 있어야만 하는 것이므로, 자유의지는 법칙의 질료에 대해 독립적으로, 그러면서도 법칙 안에서 규정 근거를 발견해야만 한다. 그런데 법칙의 질료를 제외하면 법칙 안에는 법칙 수립적 형식 외에는 다른 아무것도 함유되어 있지 않다. 그러므로 법칙 수립적 형식은, 그것이 준칙 안에 함유되어 있는 한에서, 의지의 규정 근거를 이룰 수는 있는 유일한 것이다."(KpV, A52=V29)

〖ㅊ〗

착오 錯誤 Irrtum

1. 착오란 진상이 아닌 무엇인가를 진상으로 잘못 판단함을 말한다. 그러니까 착오는 진리(→)가 그렇듯이 판단, 곧 인식 중에 있다.(Log, A53=IX76 참조) 그런데 인식은 "지성과 감성이 결합함으로써만 생길 수 있는"(KrV, A51=B75) 것이고, "지성과 감성이 뒤섞인 결과"(V-Lo/Philippi, XXIV395)이므로, 착오는 지성과 감성이 잘못 결합된 데서 일어난다.(Refl 2259, XVI288 참조)

2. "착오는 오로지 감성의 지성에 대한 눈에 띄지 않는 영향에 의해 일어나는 것이며, 이로 인해 판단의 주관적 근거들이 객관적 근거들과 뒤섞이고, 이것들을 자기의 규정[본령]에서 벗어나게 만드는 일이 일어난다."(KrV, A294=B350이하) "감성은, 지성이 그의 기능을 거기에 적용하는 객관으로서, 실재적인 인식의 원천"이지만, "그러나 이 동일한 감성이, 지성 활동 자체에 영향을 미쳐 지성으로 하여금 판단하도록 규정하는 한에서는, 착오의 근거"(KrV, A294=B351)라고 볼 수도 있으나, 착오를 일으키는 것은 감성이라기보다는 "판단에서 한낱 주관적인 것을 객관적인 것과 혼동하게 하는 가상(→)"(Log, A54=IX77)이다.

책무/구속성 責務/拘束性 Verbindlichkeit obligatio

1. 책무 곧 구속성이란 "이성의 정언적 명령 아래에서의 자유로운 행위의 필연성[필연적인 자유 행위]"을 말한다.(MS, RL, AB20=VI222) 실천적 필연성 외에 책무는 "강요도 함유"(MS, RL, AB21=VI223)한다. 책무의 질료가 의무(→)이다. 일반적으로 "책무에 반하지 않는 행위는 허용된다."(MS, RL, AB21=VI222)

2. 법적 의무는 법칙에 의해 직접적으로 규정되는 것으로서, 의무 행위 그 자체가 절대적인 필연성을 요구하는 법에 종속되어 있어 엄격한 책무성(obligatio stricta)을 갖는다. 윤리적 의무는 실천 법칙에서 행위 자체가 아니라 단지 행위의 준칙이 규정되는 의무이기 때문에 명령을 받은 자가 어떤 방식으로 어느 정도까지 그것을 수행할 것인가는 그에게 일임되어 있으므로, 느슨한 책무성(obligatio lata)만을 갖는다.(MS, TL, A20=VI390; V-MS/Vigil, XXVII577이하 참조)

책임 責任 Verantwortung

1. 책임이란 의무(→)를 짊을 말한다. 포괄적으로 말해 "인간은 그 자신의 인격에서 인간성에 대한 책임이 있"(MS, RL, AB96=VI270)다.

2. 행위자는 자신이 한 행위의 결과에 대해 책임을 져야 한다. 그러므로 책임 개념은 자유롭게 행위를 개시한 자 곧 인격을 전제한다.(→귀책)

3. "행위의 결과에 책임을 진다." 함은 잘 한 것에 대해서는 상을 받고, 잘못한 것에 대해서는 벌을 받는다는 것을 뜻한다. 그리고 이때 상벌이 행위자에게 의미가 있는 것은 상을 받음으로써 기쁨을 얻고, 벌을 받음으로써 고통을 느끼기 때문이다. 그러므로 '책임질 수 있는 자'란 행위의 개시자 곧 자유로운 자이면서 동시에 고락의 감정을 가진 자를 함의하니, 이는 곧 이성적 동물인 인간만을 지시한다.

천재 天才 Talent genius

1. "천재란 가르쳐질 수 없는 것 또는 배울 수 없는 것을 발명하는 재능이다." (Anth, A309=B307=VII318) 천재는 어떤 개념들이나 목적들을 이용하지 않고서도 "기예에 규칙을 주는 재능(천부의 자질)"(KU, B181=V307)이다. 그래서 칸트는 예술 분야에서 천재를 고찰한다. 예술미는 천재에 의해서만 자연미인 것처럼 산출될 수 있다. 예술적으로 아름다운 것은 이 천재를 또한 필요로 한다.

2. 천재는 네 가지 특징을 갖는다. 첫째, 천재는 "어떠한 특정한 규칙도 주어지지 않는 것을 만들어내는"(KU, B182=V307) 원본성 곧 독창성으로 사람들의 마음을 사로잡는다. "천재의 최대의 속성은 생산적 상상력이며, 그것은 모방정신과 가장 크게 구별되는 것이다."(V-Anth/Mensch, XXV945) 둘째, 천재의 생산물은 모방에 의한 것이 아니라 "본보기적"(KU, B182=V308)이다. 쉽게 배우는 것은 천재성이 아니다. 도제와 대가 사이의 차이는 단계적인 것이지만, 창의적인 천재와 천재성 없이 잘 배운 자 사이의 차이는 종적인 것이다. 미적 기예는 천재의 예술이고, 기계적 기예는 근면의 기술이다.(KU, B186=V310 참조) 셋째, 천재는 그가 어떤 규칙에 따라 자기의 생산물을 산출하는가를 스스로 기술할 수 없고, "오히려 자연으로서 규칙을"(KU, B182=V308) 준다. 넷째, "자연은 천재를 통해" 예술들에 대해 "규칙을 지시규정"(KU, B183=V308)한다.

3. 천재는 우리 마음의 여러 능력에 기초한다. 천재는 취미, 상상력, 지성 외에 "정신", 곧 "마음에서 생기를 일으키는 원리"(KU, B192=V313)인 "미감적 이념들을 현시하는 능력"(KU, B192=V313이하)을 가지고 있다. — "천재는 본래, 어떠한 학문도 가르쳐줄 수 없고, 어떠한 근면으로도 배울 수 없는, 주어진 개념에 대한 이념들을 찾아내고 다른 한편 이 이념들을 위한 표현을 꼭 집어내는 행운의 관계에서 성립하는 것으로, 이 표현을 통해 저 이념에 의해 일으켜진 주관적 마음의 정조가 다른 사람들에게 전달될 수 있는 것이다. 이 후자의 재능이야말로 본래 사람들이 정신이라고 부르는 것이다."(KU, B198=V317)

4. 미감적 이념은 생산적인 자유로운 상상력에 의해 형성되는 것으로, 내적

직관인 그것에는 아무런 개념도 대응하지 않고, 그래서 그것은 원본적이다. — "천재란 주관이 그의 인식능력들을 자유롭게 사용하는 데서 드러나는 천부적 자질의 범형적 원본성[독창성]이다. 그렇기에 천재의 산물은 (가능한 학습이나 교습에서가 아니라 천재에서 기인한다고 할 수 있는 점에서) 다른 천재에게는 모방의 실례가 아니라 […] 계승의 실례인 것이다. 다른 천재는 그 실례를 통해 그 자신의 원본성[독창성]의 감정이 일깨워져, 규칙들의 강제로부터 벗어난 자유를 예술 속에서 행사하는바, 그를 통해 예술은 그 자신 새로운 규칙을 얻고, 이 새로운 규칙을 통해 그 재능은 범형적인 것으로 드러난다. 그러나 천재는 자연의 총아이고, 그러한 것을 사람들은 단지 드문 현상으로 보지 않으면 안 되기 때문에, 천재의 실례는 다른 우수한 두뇌들에 대해 하나의 유파[…]를 만들어낸다. 이들에게는 그러한 한에서 예술이란 자연이 하나의 천재를 통해서 규칙을 준 모방인 것이다."(KU, B200=V318)

5. "자연미는 하나의 아름다운 사물이며, 예술미는 사물에 대한 하나의 아름다운 표상이다."(KU, B188=V311)라는 규정은, 예술미의 산출과 판정을 위해서는 취미 외에도 천재가 필요함을 말하고 있다. 그것은 천재를 통해서만 "마치 자연인 것" 같은 예술 작품을 만날 수 있기 때문이다. 그러나 미를 위해 필수적인 것은 천재적 상상력보다도 "자유로운 가운데서도 지성의 합법칙성에 부합하는 것이다."(KU, B202=V319) 그래서 천재가 취미를 갖출 때만 진정한 예술가가 될 수 있다. 상상력이 "제아무리 풍부하다 해도 그것이 무법칙적인 자유 가운데 있다면 무의미한 것밖에는 만들어내지 못할"(KU, B203=V319) 것이다.

6. "취미는 판단력 일반이 그러하듯이 천재의 훈육(또는 훈도)이며, 천재의 날개를 자르고, 천재를 교화 연마시키는 것이다. 그러나 취미는 동시에 천재가 합목적적이기 위해서는 어디에 그리고 어디까지 자기를 확장하여야만 하는가를 천재에게 지도한다. 그리고 취미는 사상 내용 안에 명료함과 질서정연함을 투입함으로써, 이념들을 견고하게 만들고, 이념들로 하여금 지속적인 그리고 동시에 또한 보편적인 찬동을 얻고 다른 사람들이 계승하고 언제나 진보하는 문화[개화]의 힘을 갖게 만든다. 그러므로 만약에 어떤 [예술]산물에서 이 두 가지 속성

이 상충하여 어떤 것이 희생되어야만 한다면, 그것은 차라리 천재 쪽에서 일어나지 않으면 안 될 것이다. 그리고 예술의 사안들에 있어서 자기 자신의 원리들로부터 발언하는 판단력은 지성을 파괴하기보다는 차라리 상상력의 자유와 풍요를 파괴하는 것을 허용할 것이다."(KU, B203=V319이하)

7. "그러므로 예술을 위해서는 상상력, 지성, 정신 그리고 취미가 요구"(KU, B203=V320이하)되되, "앞의 세 능력들은 넷째 능력에 의해 비로소 통합을 얻는다."(KU, B203=V320 주) 그러니까 천재는 예술 작품의 생산에 필수적인 것이기는 하지만, 충분한 것은 아니다. "천재는 단지 예술의 산물들을 위한 풍부한 재료를 공급할 수 있을 뿐이다. 그 재료의 가공과 형식은 그것을 판단력 앞에서 합격할 수 있게끔 사용하기 위해서는 훈련을 통해 도야된 재능을 필요로 한다."(KU, B186=V310)

『천체 일반 자연사와 이론』 / 『일반 자연사』 *Allgemeine Naturgeschichte und Theorie des Himmels, oder Versuch von der Verfassung und dem mechanischen Ursprunge des ganzen Weltgegebäudes nach Newtonischen Grundsätzen abgehandelt*

I. 1. 『천체 일반 자연사와 이론, 곧 뉴턴의 원칙들에 따라 논구된 전체 우주의 체제와 기계론적 기원에 대한 시론』/『일반 자연사』(Königsberg und Leipzig, bei Johann Friederich Petersen 1755)는 칸트가 출판한 두 번째 저술이나, 당초에는 익명으로 출판되었다. 이듬해에 칸트의 저술이라는 것이 알려지기는 했으나, 그다지 많은 독자를 얻지는 못했고, 칸트 생전에 여러 출판사에서 발췌본이 재출판되기는 했으나, 완전한 형태의 제2판이 나오지는 않았다.

2. 원고는 칸트가 한창 자연철학적 탐구에 몰두해 있던, 아직 대학 강단에 서기 전 시기인 1748~1754년간에 작성된 것으로 추정된다.

II. 1. 『일반 자연사』에서 칸트는 일종의 우주의 생성 진화론을 서술한다. 그것은 우주라고 하는 구조물의 구성과 체제의 발전을 보편적이고도 내재적인 자연법칙에 따라 고찰하는 것이다. 이러한 고찰은 곧 당시의 정통 기독교의 관점과의 상충을 함축한다. 당대의 자연주의자들은 우주가 신과는 무관한 자기의 보편적 법칙들에 따라 운행한다고 하고, 정통 기독교는 만물이 신의 질서에 따라 운행하는 것이며, 우주는 신의 작품이라고 칭송한다. 여기서 칸트는 "자연은 혼돈 중에서조차 규칙적으로 질서에 맞게 운행"하는데, 그것은 바로 "신이 있기"(NTH, Vorrede: AXXVIII=I228) 때문이라 하여 자연주의자와 기독교도들을 화해시킨다.

2. 칸트는 세계 구성의 질료를 물리적 단자(→「물리적 단자론」)로 보고, 이 질료의 원리적 속성을 인력과 척력이라 생각한다. 이러한 기본 속성을 가진 질료들은 공간상의 중심점을 두고 조화로운 통일체를 이룬다. "우리의 세계건물[우주]에 속하는 모든 유성과 혜성은 본래 하나의 공동의 중심체를 회전함으로써 이미 하나의 체계를 구성한다."(NTH, Kurzer Abriss: AVI=I246)

3. "우리 태양계에 속하는 천구들, 즉 모든 유성과 혜성을 형성하는 물질들은 만물의 태초에는 요소적인 원소들로 용해되어 우주의 전체 공간을 채우고 있었는데, 지금은 이렇게 해서 형성된 천체들이 회전하고 있다. 자연의 이 상태는 하나의 체계라는 관점 없이 그 자체로만 관찰하면 그로부터 아무런 것도 뒤따를 것이 없는 단지 가장 단순한 것으로 보일 뿐이다. 당초에는 아무런 것도 형성되어 있지 않았다. 서로 떨어져 있는 천체들의 조성, 인력에 의한 적정한 거리, 모인 물질의 균형에서 생긴 천체들의 형태는 나중의 상태이다. [··· 무릇] 아무런 의도 없이 던져져 있는 것처럼 보이는 가장 단순하고 보편적인 성질들, 곧 순전히 수동적이고, 형식과 기관들이 필요한 것처럼 보이는 물질은 그 가장 단순한 상태에서도 자연적인 발전을 통해 더욱 완전한 체제로 형성되려고 애를 쓴다. 그러나 원소들의 종류가 서로 다름이 자연을 규율하고 혼돈을 정리하는 데 가장 크게 기여한다. [···] 원소들은 서로 운동을 야기하는 본질적인 힘들이며, 그로써 그 자신이 생(生)(→)의 원천이다. 물질은 곧장 자신을 형성하려고 애쓴다.

분산되어 있는 밀도 높은 원소들은 어떤 지역에서의 인력에 의해 자기를 중심으로 덜 종별적인 중력을 가진 모든 물질들을 모은다. 그러나 그것 자신이 자기와 합해져 있는 물질과 함께 더 밀도 높은 분자들이 있는 점들에 집합하고, 이런 식으로 점점 더 밀도 높은 점들로 계속해서 집합한다."(NTH, A27이하=I263이하) — 여기서 칸트는 이른바 성운설(Nebularhypothese)을 전개한다. 후에 라플라스(Pierre-Simon Laplace, 1749~1827)가 유사한 태양계 생성론을 폈는데(*Exposition du systeme du monde*, 1796 참조), 그로 인해 사람들은 이를 '칸트-라플라스 성운설'이라 일컫는다.

철학 哲學 Philosophie philosophia

1. 칸트는 그의 동시대인들과 마찬가지로 그리스어 '필로소피아(philosophia)'를 그대로 독일어로 표기한 '필로소피(Philosophie)'로 '철학'을 지칭하기도 하고, 드물게는 뜻풀이를 한 독일어 번역어 '세계지[혜](Weltweisheit)'(→)를 사용하기도 한다.

2. 칸트는 철학을 한편으로는 학술로, 다른 한편으로는 지혜론으로 이해하여, 각각을 철학의 '학교개념'과 '세계개념'이라 칭하지만, 철학의 진정한 의미는 그 본래 지향대로 지혜론에 있음을 역설한다.

철학의 학교개념

1. 보편적 진리를 추구하는 하나의 학문으로서 철학은 "개념들에 의한 이성인식의 체계"(EEKU, XX195=H1; 참조 KrV, A713=B741; Log, A23=IX23)이다. 이 같은 볼프 학파적인 "학교개념"(KrV, A838=B866)에 따르면 철학은 경험적 자료에 의한 인식들의 체계인 제 과학[分科學]과 구별되는가 하면, 또한 같은 이성 인식의 체계라는 점에서는 동류인 수학하고는, 수학이 이성개념에 대응하는 직관

을 현시하는 "개념들의 구성[作圖]에 의한 이성 인식"(KrV, A713= B741)의 체계라는 점에서, 구별된다.

2. 개념들에 의한 이성 인식으로서 철학적 인식에는 두 가지가 있다. 하나는 사고의 능력인 이성 자체, 곧 사고의 형식에 관한 순수 인식이고, 다른 하나는 오로지 이성에 의해서만 생각될 수 있는 대상들에 관한 순수 인식이다. 그 대상이 서로 다른 이 두 가지 철학적 인식으로 인해 철학은 서로 구별되는 두 부문을 갖는다. 첫째 부문은 "객관들의 구별 없이, 한낱 사고 일반의 형식들"(KU, BXI=V171)만을 그 내용으로 갖는 논리학이다. 논리학은 이를테면 철학의 형식적 부문이다. 반면에 둘째 영역은 철학의 "실질[질료]적 부문"(EEKU, XX195=H1)으로, 그것을 칸트는 형이상학이라 부른다.

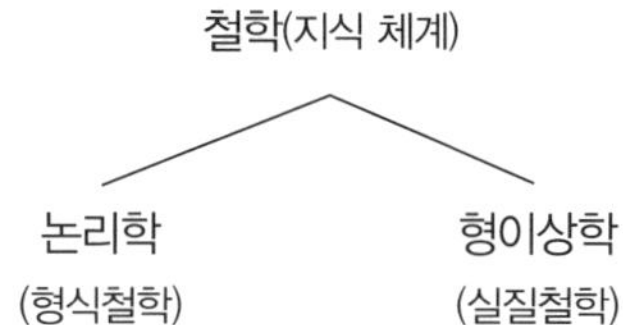

철학의 세계개념

1. 철학은 이성 자신이 그것에 준거해서 대상을 다룰 이성 사용의 규칙을 밝혀내는 것이다. 철학은 이런 의미에서 "인간 이성의 법칙수립자[입법자]"(KrV, A839=B867; Log, A24=IX24)이다. 그런 한에서 철학자는 한낱 "이성 기술자가 아니라 법칙수립자[입법자]"(Log, A24=IX24)이다. 이것이 철학의 이른바 "세계개념"(KrV, A838=B866; Log, A24=IX24)이다. 강단 철학이 "숙련성"을 지향한다면, 세계시민적 철학은 "지혜"를 지향한다.

2. 이성의 입법자로서의 철학은 "우리 이성 사용의 최고 준칙에 대한 학문"(Log, A25=IX24)이라고도 일컫는다. 여기서 준칙(→)이란 "여러 가지 목적들 가운데서 [어떤 것을] 선택하는 내적 원리"(Log, A25=IX24)이며, 최고 준칙에 부응

하는 것은 다름 아닌 인간 이성의 궁극목적이다. 그러므로 철학은 인간 이성의 궁극목적, 다시 말해 여타의 모든 목적들이 그 아래 종속하고 그것 안에서 통일을 이루게 되는 최상 목적과 인간의 모든 인식 그리고 이성 사용의 관계를 규정하는 학문이다.(KrV, A839=B867이하; Log, A25=IX24 참조)

3. 이러한 작업을 위해 세계시민적 견지의 철학은 "이성의 전 관심"에 따라 오로지 이성 자신의 순수한 원리들에 의거해서 답변해야만 할, 다음과 같은 네 가지 질문을 던진다. ― "1) 나는 무엇을 알 수 있는가? 2) 나는 무엇을 행해야만 하는가? 3) 나는 무엇을 희망해도 좋은가? 4) 인간은 무엇인가?"(Log, A25=IX25; 참조 KrV, A805=B833; XXVIII, 533이하) "첫 번째 물음에 대한 답변은 형이상학이, 두 번째 물음에 대한 답변은 도덕학이, 세 번째 물음에 대한 답변은 종교론이, 네 번째 물음에 대한 답변은 인간학이 한다."(Log, A25=IX25)

4. 요컨대 지혜론[愛智學]으로서의 철학의 골격을 이루는 것은 형이상학(자연 형이상학), 도덕학(윤리 형이상학), 종교론(이성신학)이며, 철학은 최종적으로는 인간학이다.

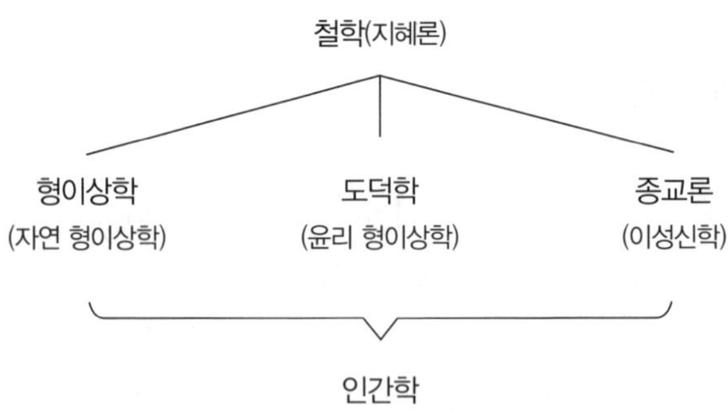

체들리츠 Karl Abraham Freiherr von Zedlitz

체들리츠 남작(1731~1793)은 칸트 당대 프로이센의 계몽절대군주 프리드리히 대왕(Friedrich der Große, 재위: 1740~1786) 치하에서 1770~1788년 동안에 문화·교육 담당 대신으로 재직하면서 정부 내 계몽주의의 대변자 역할을 했다. 그 자신이 1777년부터 베를린 학술원의 회원이었고, 칸트의 학문 활동에 대해서도 각별한 관심과 이해를 보였을 뿐만 아니라, 칸트철학 정신에 따라 프로이센의 학교제도를 정비하였다. 그에 대한 감사 표시로 칸트는 그의 『순수이성비판』을 체들리츠 남작에게 헌정하였다.

체셀든 William Cheselden

체셀든(1688~1752)은 영국의 해부학자이다. 그의 저술 『인간 신체 해부학(*Anatomy of the Human Body*)』(1713)은 1790년에야 독일어 *Anatomie des Menschlichen Körpers*(Göttingen)로 번역 출판되었다. 그런데 칸트가 『실천이성비판』(1788)에서 체셀든을 인용한 것으로 볼 때, 칸트는 이 번역본에 앞선 다른 어떤 요약본 등을 통해 이 책의 내용을 부분적으로 알고 있었을 것으로 추정된다.

초월적 超越的 transzendental transzendentalis

어원과 철학사적 유래

1. 독일어 낱말 '트란첸덴탈(transzendental)'과 뿌리가 같은 '트란첸덴트(transzendent)'는 각각 '초월(超越)하다' 또는 '넘어가[서]다'의 뜻을 갖는 라틴어 동사 '트란첸데레(transcendere)' — 독일어 직역 'hinübersteigen', 'überschreiten' — 에서 유래한 중세 라틴어 형용사 '트란첸덴탈리스(transcendentalis)(초월한, 초월적)'와 분사 '트란첸덴스(transcendens)(초월하는, 초월해 있는)'의 독일어 형태이다. 이 중 형용사 '트란첸덴트(transzendent)'는 라틴어 동사 '임마네레(imma-

nere)(안에 있다, 부착해 있다)'의 분사 '임마넨스(immanens)'의 독일어 형태 '임마넨트(immanent)(내재하는, 내재적)'와 결레 말로도 자주 쓰인다.(KrV, A296=B352 참조) 그런데 이러한 어원적 유래는 칸트의 '초월적'이라는 개념을 이해하는 데 도움이 되는 한편 장애가 되기도 한다.

2. 철학적 문헌에서는 처음 스콜라철학에서 '트란첸덴탈'과 '트란첸덴트'가 상호 교환 가능한 말로 사용되었으니, 그 어원상의 뜻으로나 철학적 관용으로 보나 두 낱말은 많은 경우 구별 없이 '초월적(超越的)'을 뜻한다. 그러나 근대 이후에는 이 두 낱말이 때때로 차이 나게 쓰이고, 또 '트란첸덴트'와 '임마넨트'가 서로 짝됨을 고려하여, '트란첸덴트'는 '감각경험을 벗어나[넘어서 있]는'이라는 의미에서 '초험적(超驗的)' 또는 '초재적(超在的)'이라고 새기고, '트란첸덴탈'을 '초월적'이라고 새겨 양자를 구별해 사용하기도 하며, 칸트도 적지 않은 경우 그렇게 한다. 이때 '초월적'이란 '초월하는' 기능[작용]과 '초월한/초월해 있는' 상태 두 가지를 모두 지칭한다.

3. 스콜라철학에서 '초월적인 것' 즉 초월자(transcendentia 또는 transcendentalia)란, 모든 범주들 내지는 유개념을 넘어서 모든 존재자에 무제약적으로 타당한 사고 내용(개념), 바꿔 말하면 '모든 개별 존재자들을 넘어서 있으면서도 각 개별자들에게 필연적으로 속하는 규정들'을 지시했다.(Josef de Vries, *Grundbegriffe der Scholastik*, Darmstadt 1980, S. 90이하 참조) 용어 '트란첸덴치아(transcendentia)'를 처음 사용한 것으로 알려져 있는 알베르투스 마그누스(Albertus Magnus, ca. 1206~1280)는 이런 것으로 '존재자(ens)'·'하나(unum)'·'참임(verum)'·'선함(bonum)'을 들었는데, 이것들은 본래 신에게만 적용될 수 있는 술어(述語)들로서, 여타의 것들에는 단지 유비적으로만 사용될 수 있다고 보았고, 토마스 아퀴나스(→)는 여기에 '사물[것](res)'과 '어떤 것(aliquid)'을 추가했다. 둔스 스코투스에 이르러 이것을 '트란첸덴탈리아(transcendentalia)'라고도 일컫기 시작했는데, '존재자'는 가장 보편적인 것이고, 나머지 다섯 가지는 이것의 불가결의 상태로 이해되었다.(Duns Scotus, *Tractatus de primo principio*, Ⅰ, 2 이하 참조) '존재자'는 그 자체로 '사물[것]'이며, 분할을 거부함으로써 '하나[一者]'이고, 그런 점

에서 다른 것과 구별되는 '어떤 것'이며, 인식과 관련해서는 '참[眞]'이고, 의지와 관련해서는 '선(善)'이라는 것이다. 그리고 이 같은 용어 사용은 다소간 변용되어 알스테드(J. H. Alsted, 1588~1638), 샤르프(J. Scharf, 1595~1660), 클라우베르크(J. Clauberg, 1622~1665), 에피누스(F. Aepinus, 1673~1750) 등 17, 18세기 독일 프로테스탄트 스콜라 철학자들을 거쳐 볼프(→)로 이어졌다.

4. 칸트는 그의 '모던(modern)' 철학을 개진하는 자리에서 이러한 연원을 가진 개념 '초월적'을 인간의 의식작용 또는 그 작용결과의 성격으로 규정하였다. 그것은 이른바 칸트의 '코페르니쿠스적 전환'(KrV, BXVI 참조)에 의해서, 아우구스티누스(→) 이래 신의 세계 창조 원리를 뜻하던 '순수 이성(ratio pura)'을 인간의 의식에 귀속시킴으로써 일어난 일이다. 이로부터 '초월적인 것'도 코페르니쿠스적으로 전환되어 '인간 너머의 것'이 아니라 '인간 안에서 밖으로 넘어가는 것'을 뜻하게 되었다.

칸트에서는, 예컨대 "초월적 의식"(KrV, A117), "상상력의 초월적 작용"(KrV, B154), "초월적 표상"(KrV, A56=B81)에서 보는 것처럼, '초월적'은 기본적으로는 의식 자체에 대해서 또는 이 의식의 작용[활동]과 표상 내용에 대해서 사용된다. 그러나 그것은 때로는 이로부터 더 나아가 "초월[적] 철학"(KrV, A13=B27 등), "초월적 변증학"(KrV, A293= B349)에서와 같이 초월적인 것에 대해 논설하는 철학(메타 이론)에 대해서도, 심지어는 '초험적'이라고 일컬어야 마땅할 이념이나 대상에 대해서도(KrV, A247=B304 참조) 사용된다.

그러므로 칸트에서 용어 '초월적'은 칸트 밖의 문헌에서도 그러하듯이, 여러 가지 의미로 사용되며, 적지 않은 경우에는 '초월철학'의 '초월적'과는 아무런 상관이 없는 뜻으로 사용되기조차 한다.

칸트에서의 용례별 함의

칸트에서 '초월/초월적'이라는 용어는 주로 『순수이성비판』과 『형이상학 서설』에서 쓰이니, 이론철학의 용어라 하겠으며, 그 함의로 볼 때 용법을 크게 세 가지로 나누어볼 수 있다.

1. [용례 1] 칸트는 '초월적(traszendental)'이 한낱 '[경험의] 한계를 넘어간다'(KrV, A296=B353)라는 의미를 갖는 '초험적(transzendent)'과는 "동일한 것이 아니다."(KrV, A296=B352)라고 분명하게 말하며, 그렇기 때문에 양자는 구별되어야 한다고 스스로 주장하면서도, 자주 (관행에 따라서 또는 무심코) '초월적'을 '초험적'과 동의어로 사용하는데, 예컨대 "초월적 이념"(KrV, A327=B383)과 "초월적 사물"(KrV, A682=B710)처럼 특히 『순수이성비판』의 초월적 변증학 곳곳에서 그러하다. 그뿐만 아니라 범주의 경험적 사용과 "초월적"(KrV, A139=B178) 사용을 대비시켜 말할 때도 그러하다. 이런 경우들에서 '초월적'과 '초험적'은 의미상의 차이는 없다 하겠으며, 이 두 낱말이 오랫동안 그렇게 사용되어 왔듯이 칸트 역시 교환 가능한 말로 쓰고 있는 것이다.

2. [용례 2] 또한 적지 않은 경우 '초월적'은 '초험적'과 완전한 동의어는 아니지만, 거의 그러한 의미 연상 속에서 사용되고 있다. 예컨대 공간·시간 표상이 경험적 실재성과 함께 "초월적 관념성"을 갖는다(KrV, A28=B44·A35이하=B52 참조)고 말할 때, 이 말은, 주관적인 표상인 공간·시간은 가능한 경험적 대상 즉 현상과 관련해서는 바로 그 대상의 실재성 즉 대상성을 이루지만, 경험의 한계를 벗어나 있는 초험적인 것[즉 사물 자체 같은 것]과 관련해서는 한낱 관념에 불과함, 그러니까 아무것도 아님을 의미한다. 이 경우 '초월적'은 '경험적인 것을 벗어나서', '경험과 무관한' 정도를 의미한다 하겠다. "초월적 관념론"(KrV, A369; Prol, A141=IV337 참조)이니 "초월적 실재론"(KrV, A369 참조)이니 하는 개념에서의 '초월적'도 이런 경우들이라 하겠다.

그러니까 [용례 1]과 [용례 2]에서의 '초월적'은 의식의 선험성이나 선험적 표상에 관한 메타 인식적인 것이 아니며, 어떤 경험을 가능하게 하는 근거를 이루는 것도 아니다. 그런 한에서 이 같은 '초월적'은 칸트철학을 '초월철학'이라고 일컬을 때의 그 의미와는 거의 상관이 없다.

3. [용례 3] 그러나 칸트 자신도 그렇게 일컬었고 또 오늘날 칸트 이론철학의 대명사가 된 '초월철학'에서의 '초월/초월적'의 의미는 어원상으로 친족어인 '초

험적'과 충분히 잘 구별될 뿐만 아니라 구별해야 하고, 또 스콜라철학에서의 용법이나 지칭과도 판이하다.

칸트는 우선 "대상들이 아니라 대상들에 대한 우리의 인식 방식을 이것이 선험적으로 가능하다고 하는 한에서 일반적으로 다루는 모든 인식을 초월적이라 부른다."(KrV, B25) 이때 '초월적'이라는 말은 "결코 우리 인식의 사물들과의 관계가 아니라, 단지 인식능력과의 관계만을 의미"(Prol, §13, 주 III: A71=IV293)한다. 그러니까 초월적 인식은 그 자체가 하나의 대상 인식이 아니라, 대상 인식을 가능하게 하는 정초적 인식, 곧 표상이나 개념 또는 원리 및 그 원리의 능력을 지칭한다. 칸트는 이를 좀 더 일반화하여『형이상학 서설』의 부록을 통해 초월철학에서 '초월적'의 충전한 의미를 밝히고 있다.

"낱말 '초월적'은 […] 모든 경험을 넘어가는 어떤 것을 의미하는 것이 아니라, 모든 경험에 선행하면서도(즉 선험적이면서도), 오직 경험 인식을 가능하도록 하는 데에만 쓰이도록 정해져 있는 어떤 것을 의미한다."(Prol, 부록, 주: A204=IV373)

그러니까 '초월적'은 보통은 '모든 경험을 넘어가는 어떤 것'을 뜻하는 말이지만, 칸트에서는 ①'모든 경험에 앞서는', 즉 '비(감각)경험적'(FM, A10=XX260 참조)이고 '선험적(a priori)'이면서, 동시에 ②한낱 '경험을 넘어'가버리는 것[초경험적]이 아니라, 오히려 '경험 인식을 가능하게 하는(Erfahrungserkenntnis möglich machend)' 것, 요컨대(①+②), '선험적으로 경험 인식을 규정하는(Erfahrungserkenntnis apriorisch bestimmend)' 것을 뜻한다. 그러므로 인간 의식이 초월성을 갖는다 함은 인간 의식은 본래 선험적 요소 내지 기능을 갖는데, 이러한 요소가 한낱 주관적임을 뛰어넘어[주관 내에만 머무르지 않고 밖으로 나가] 경험 인식을 정초한다, 곧 객관적 타당성 내지 경험적 실재성을 갖는다 함을 말한다.

칸트의 이러한 '초월적'의 의미 규정으로 인하여 이후 독일어 사전에서는 낱말 '트란첸덴탈(transzendental)'이 두 가지로, 곧 a) 스콜라철학에서는 '모든 범주와 유개념을 넘어서는'을 뜻하고; b) 칸트철학에서는 '모든 주관적 경험에 앞서 있으면서, 대상들에 대한 인식을 비로소 가능하게 하는'을 뜻한다고 풀이되어 있다.

의식 스스로가 산출해낸, 따라서 주관적이며 그런 한에서 선험적인 표상들인 공간·시간이라는 순수 직관과 상상력의 종합 작용, 순수 지성개념인 범주들, 통각의 통일 작용 등이 그 틀[형식]로서 기능함으로써 경험 인식은 가능하게 된다. 그리고 경험적 인식이 성립할 때에만, 그 인식 중에서 인식되는 것 즉 대상[존재자]이 우리에게 나타난다. 그리고 이렇게 우리에게 나타나는 대상[존재자]을 칸트는 문자의 엄밀한 의미에서 '현상'이라고 부른다. 이 같은 내용을, 칸트 초월철학의 핵심적 명제는, "경험 일반을 가능하게 하는 조건들은 동시에 그 경험의 대상들을 가능하게 하는 조건들"(KrV, A158=B197·A111 참조)이라고 표현한다. 바로 이 '조건들'이 초월적인 것이다. 그러니까 당초에 인간 의식의 요소들인, 다시 말해 주관적인 것들인 공간·시간 표상이, 순수 지성개념들이, 생산적 상상력이, 의식일반으로서의 통각이 그 주관성을 넘어 객관으로 초월하며, 그런 의미에서 '초월성'을 갖고, '초월적'이다. 이렇게 초월적으로 기능하는 인식 주관에 의해 무엇인가가 대상으로 인식되고, 하나의 존재자로 규정되는 것이다. 그렇기에 의식의 '초월적' 기능은 단지 인식론적일 뿐만 아니라, "존재론적"(KU, BXXIX=V181)인 의미를 갖는 것이다. 이러한 의미 연관에서 초월철학은 대상 인식에 관한 직접적 관심(intentio recta)을 갖는 과학이 아니라, 그런 인식의 가능 원리에 관한 학 곧 인식론이자, 그런 인식에서 인식되는 존재자의 존재 원리에 대해 반성하는 학 곧 존재론이고, 그러니까 철학이다.

칸트 초월철학적 의미

1. 이처럼 '초월적'이 주관[주체] 내지 의식의 기능이나 의식 내용을 지칭할 때, 그것은 '선험적'이라는 의식 상태뿐만 아니라, 한낱 의식 내지 주관성 자체이기를 벗어나서 대상을 지향하고, 규정하고, 대상화하고, 즉 대상의 대상성을 부여하며, 대상에 대한 인식을 가능하게 하는 의식의 능동적 활동 작용을 의미한다. 그러나 이때 이런 기능을 갖는 주관[주체] 내지 의식은 그것에 의해서 규

정된 대상[현상]세계에 속하지 않는다. 그렇다고 존재자들의 세계를 벗어나 있는 것은 아니므로, 현상계의 경계에 있다고 말할 수 있다. 이 때문에 칸트는 때로 '초월적'을 '초자연적[형이상학적, 초험적]'인 것도 아니고, '자연적[물리적/경험적]'인 것도 아니라고 설명한다.(V-Met-L2/Pölitz, XXVIII556 참조)

칸트적 의미의 초월적인 것은 존재하는 것을 가능하게 하는 것이기는 하지만 그 자신이 존재하는 것은 아니다. 초월적인 것은 존재적인 것이 아니라, 말하자면 존재론적인 것이다. 그러니까 인간 의식이 초월성을 갖는다 함은, 또는 인간 의식이 초월적이라 함은 이중적 의미에서 '초월적'임을 말한다. 곧, 그것은 한편으로는 인간 의식이 주관적임을 벗어나 객관으로 이월한다 함을, 다른 한편으로는 그러한 인간 의식의 활동 요소들은 존재하는 것이 아니라는 점에서 존재세계에 속하지 않는다 함을 뜻하는 것이다.

요컨대 '초월적'은 기본적으로 "모든 특수한 경험에 선행하는(KrV, A117)", "모든 경험에 선행하면서도(즉 선험적이면서도), 오직 경험 인식을 가능하도록 하는" (Prol, A204=IV373)을 뜻하며, 그런 만큼 그것은 경험 인식의 주관인 인간 의식의 어떤 기능의 성격을 지칭하는 것이다. 그러니까 '공간·시간 표상의 초월성'이란 인간의 선험적인 공간·시간 표상이 순수 형식으로서 경험적 직관을 가능하게 함을 말하고, "상상력의 초월적 작용(transzendentale Handlung der Einbildungskraft)"(KrV, B154)은 형상적 종합을 통해 형식적 직관(→ 공간·시간 → 형식적 직관으로서의 공간·시간)을 성립시키고, '통각의 초월적 통일'은 이 "직관에 주어진 모든 잡다를 객관이라는 개념에서 합일되게 하는 것"(KrV, B139)으로서 그로써 비로소 하나의 경험 대상 인식을 완결하는 의식작용을 일컫는다. 이렇듯 시간 표상이나 순수 지성개념이, 또는 통각이나 상상력이 '초월적(transzendental)'이며, '초월하는(transzendierend)' 곧 초월작용을 하는 것이다.

그리고 이때 초월작용은 주관의 대상으로의 이행(Übergang)을 말함과 함께, 그 이행이 "비약(saltus)"이 아니라 "이월(transitus)"(OP, XXI407 참조)임을 뜻한다. 이 초월은 주관과 대상의 동일형식성(conformitas)을 매개로 한 친화(→)적 이월인 것이다.

초월철학적 의미에서의 '초월적'의 개념을 이렇게 잡고 나면, '초월적 진리'(→진리)나 '초월적 가상'(→가상), 또는 '초월적 감성학'이나 '초월적 논리학'에서 '초월적'이 지칭하는 바도 선명하게 드러난다.

2. '초월적 진리'란 "모든 경험적 진리에 선행하면서 그것을 가능하게 하는"(KrV, A146=B185) 진리(곧 지성과 사물의 일치: adaequatio rei et intellectus)이다. 그러나 칸트에서 '초월적 가상'이란 "우리를 전적으로 범주들의 경험적 사용 너머로 이끌고, 우리로 하여금 순수 지성의 확장이라는 환영[幻影]으로 희망을 갖게"(KrV, A295=B352) 하는 것이다. 그러니까 초월적 가상은 경험적 가상을 가능하게 하는 선험적 이념을 말하는 것이 아니다. 그러므로 이 경우 '초월적'은 '경험적인 것을 가능하게 하는' 대신에, 오히려 경험적 질료가 없는 그래서 정당하게 범주를 적용할 수 없는, 말하자면 "한낱 공허한 개념", 즉 '어떤 초험적인 것을 가능하게 하는'이라는 뜻을 갖는다.

또한 모든 초월적 "개념들의 체계"(KrV, A12·B25 참조)나 "모든 선험적 인식 일반의 가능성에 대한 이론"(FM, A43=XX272)으로 정의되는 '초월(적)철학'이라는 말에서도 철학이 초월하거나 초월적인 것은 아니므로, '초월철학'이란 '경험 인식의 초월적인 가능 원리를 밝히는 철학' 또는 '경험 인식을 가능하게 하는 주관의 초월적 조건을 해명하는 철학'을 뜻하겠다.

그런가 하면 초월철학 내에서 '초월적 감성학'이란 "모든 선험적 감성 원리들에 대한 학문"(KrV, A21=B35)을 말하고, 또 '초월(적) 논리학'은 "우리가 대상들을 온전히 선험적으로 사고하는, 순수 지성 인식과 순수 이성 인식의 한 학문 이념을 갖는"바, "그러한 인식들의 근원과 범위와 객관적 타당성을 규정하는 그러한 학문"(KrV, A57=B81)을 일컫는다. 이 '초월 논리학'의 제1부인 '초월적 분석학'은 "우리의 선험적인 전체 인식을 순수 지성 인식의 요소들로 분해하는 작업"(KrV, A64=B89)을 수행하며, 제2부인 '초월적 변증학'은 "자연스럽고 불가피한 순수 이성의 변증학[성]"(KrV, A298=B354), 다시 말해 "초험적 판단들의 가상을 들춰내고, 동시에 그것이 기만하지 않도록 방지하는 것"(KrV, A297=B354)을 과제로 갖는다. 이 경우들에서 '초월(적)'은 일의적으로 사용되고 있다고 볼 수 없다. '초월적 감성학(Ästhetik)'의 경우는 '감성(aisthesis)의 초월성에 관한 이론'이겠으나, '초월(적) 논리학(Logik)'의 경우는 '논리 곧 이성(logos)의 초월성에 관한 이론'으로 짝이 되게 새기면, '초월적 분석학'의 부문에는 맞으나, '초월적 변증학'에서는 다르게 이해되어야 하기 때문이다. 앞의 경우들에는 초월철학적 의미에서의 '초월(적)', 곧 '선험적인 어떤 것이 경험을 가능하게 함'이 지시되나, 마지막의 경우에 '초월(적)'은 '경험의 한계를 넘어서서, 곧 초험적으로 분별 없이 활동하는 이성의 한 작용 방식'을 지시하고 있는 것이다. 그러니까 칸트 자신 '초월(적)'의 개념을 대개는 코페르니쿠스적 전환(→)에 따른 의미로 사용하지만, 때로는 (부지불식간에 또는 다른 사람들과 마찬가지로) 코페르니쿠스적 전환 이전의 의미로도 사용하고 있다고 보아야 하겠다.

또 하나, 칸트는 "한 개념을, 그로부터 다른 선험적 종합 인식의 가능성이 통찰될 수 있는, 원리로 설명함"(KrV, B40)을 '초월적 해설(Erörterung: expositio)'이라 칭하고, 어떻게 "선험적 개념이 대상과 관계 맺을 수 있는가 하는 방식에 대한 설명"(KrV, A85=B117) 또는 "선험적 순수 인식"의 "객관적 타당성을 설명"(KrV, A87=B120)함을 '초월적 연역'이라고 일컫는다. 이 경우 '해설'이나 '연역'이 '초월하는' 것일 수는 없으니, 공간·시간 개념의 '초월적 해설'이란 '선험적 표상인 공간·시간이라는 순수 직관의 초월성에 대한 설명'이겠고, 범주들의 '초월적 연역'이란 '선험적 표상인 순수 지성개념들의 초월성에 대한 설명'이겠다. 여기에 저 '해설'과 '연역'은 심리학적이거나 법학적인 것이 아니고, '초월철학적'인 것이라는 의미를 덧붙일 수 있으므로, 이때의 '초월적'은 '초월철학적' 또는 이를테면 '초월론적'을 뜻한다 하겠다.

'초월'의 다의성과 '초월철학'의 여러 가지

1. '초월적'을 특별히 칸트철학적 의미로 사용할 경우에는 때로 일상적 의미와 부합하지 않을 수도 있다. 그러나 일상어나 학술어나 자연언어에서는 어느 정도의 다의성은 있는 것이고, 이러한 다의성은 혼동을 초래하기도 하지만 해석의

다양성을 촉발함으로써 말과 사상을 풍부하게 해주는 요인이기도 하다.

'초월(Transzendenz)'은 일상적으로 '경험과 감각지각의[또는 감각적으로 인식 가능한 세계의] 한계를 넘어서 있음(die Grenzen der Erfahrung und des sinnlich Wahrnehmbaren[oder der sinnlich erkennbaren Welt] überschreitend sein)', '경험과 의식의 한계를 넘어섬, 이 세상을 넘어섬(das Überschreiten der Grenzen von Erfahrung und Bewußtsein, des Diesseits)', 심지어는 '저 세상(Jenseits)'을 의미하고, 가령 '초월적 명상', '초월의식' 등은 '육체의 속박을 벗어나', '시공간을 떠나서 불가사의한 신비경으로 들어가는 의식' 같은 의미로 쓰이고 있다. 그러나 '초월하다(transzendieren)'는 단지 '경험 세계를 넘어선다'는 뜻뿐만 아니라, 또한 더 일반적으로 '어떤 영역의 한계를 넘어선다(die Grenzen eines Bereiches überschreiten)'를 뜻한다.

2. 더 나아가 '초월적(transzendental)'은 '초험적(transzendent)'이라는 일상적인 뜻과 함께, 칸트적 용어법에서 유래한 것이지만 '일체의 주관적 경험 앞에 놓여 있으면서 대상들의 인식 자체를 비로소 가능하게 하는(vor jeder subjektiven Erfahrung liegend und die Erkenntnis der Gegenstände an sich erst ermöglichend)'이라는 뜻도 이미 갖는다.(*Duden: Das große Wörterbuch der deutschen Sprache*, Bd. 7, Mannheim · Leipzig · Wien · Zürich [2]1995, S. 3431 참조) 이런 칸트적 의미를 기준으로 놓고 생각하면, 기실 '초월(적)'의 일상적 의미라는 것은 상식 실재론적 의미라 하겠다. 그런데 칸트의 코페르니쿠스적 전환이란 진상을 바라보는 시선을 이 상식 실재론에서 칸트의 초월철학으로 전환하는 것이니, 그 전환으로 인해 무엇보다도 용어 '초월적'의 의미 전복이 일어나는 것이다.

용어의 의미 전환은 사태 또는 본질에 대한 시각의 전환을 요구한다. 바로 칸트는 스콜라철학을 "옛사람들의 초월철학(Transzendentalphilosophie der Alten)"(KrV, B113)이라고 지칭하고, 거기에서 말하는 이른바 초월자들, 곧 "一(unum)", "眞(verum)", "善(bonum)"을 일러 "잘못 생각된[소위], 사물들의 초월적 술어들(transzendentale Prädikate)"(KrV, B113이하)이라고 지적하면서, 자신의 견해를 진정한 의미의 '초월철학'이라 제시한다. 칸트는 동일한 '초월철학'이라는 이름으로 전혀 다른 내용을 담아냄으로써 '옛사람들의 초월철학'을 무효화하고 있는 것이다. 이로써 '초월철학'은 "그 자체로 있는 객관이 순전히 수용적인 우리를 초월해 있는 것이 아니라, 자기활동적인 주관인 우리가 객관으로 초월해나가 객관을 규정한다."는 것을 천명한다.

요컨대 당초에 스콜라철학에서 '모든 범주들 내지는 유개념을 초월하는 규정'들을 '초월적인 것'이라고 일컬었듯이, 칸트에서도 기본적으로 '초월적인 것'은 '규정(Bestimmung)' 곧 '형식(틀, Form)'을 일컫는 것이다. 다만 칸트는 이 형식을 모두 인간 의식에서 선험적인 것, 즉 순수 주관적인 것으로 파악하고, 우리에게 존재자는 모두 현상으로서, 이 현상은 무엇이든 어떻게 있든 순수 주관적인 형식, 곧 공간·시간이라는 직관 형식과 지성개념이라는 사고 형식에서 규정된다고 보기 때문에, '코페르니쿠스적 전환'을 말하는 것이다. 그 때문에 칸트철학은 근본적으로는 관념론(→)이라고 일컬어진다.

3. '초월적', '초월(하다)', '초월철학'은 칸트의 영향 아래 이후에도 쓰이는데, 그 대표적인 예를 우리는 셸링(→)과 후설(E. Husserl, 1859~1938), 하이데거(M. Heidegger, 1889~1976) 등에서 볼 수 있다. 셸링은 이른바 그의 '동일철학'을 전개하면서 '초월철학'을 "제일의 절대적인 것으로서의 주관적인 것으로부터 출발해서, 이로부터 객관적인 것을 발생시키려는"(Schelling, *System des transzendentalen Idealismus*, Einl. §1: SW I /1, 342) 철학의 기본학으로 파악한다. 후설의 이른바 '초월적 현상학'의 기본적인 주장은, "나에 대해서 있는 [···] 대상세계는, 모든 그것의 대상들과 함께, 그것의 전 의미와 그것이 나에 대해서 갖는 존재 타당을 나 자신으로부터, 곧 초월적 자아로부터 얻는다."(Husserl, *Cartesianische Meditationen*, §11: Husserliana I, S. 65)는 것이다. 하이데거는 "우리가 존재자에 대한 모든 태도를 지향적이라고 표현할 때, 이 지향성은 오직 초월(Transzendenz)의 근거 위에서만 가능하다."(Heidegger, "Vom Wesen des Grundes", in: GA 9, S. 135)고 말한다.

4. '트란첸덴탈(transzendental)'이 칸트 인식론(→)과 형이상학(→)을 특징짓는 개념이고, 그로 인해 '초월철학'이 칸트철학의 대명사가 되었지만, 이 말은 칸트

가 지어낸 것도 아니고 칸트철학에만 사용되는 것도 아니다. 칸트의 이 용어 사용의 연유는, 그가 당대의 독일 프로테스탄트 스콜라 철학자들과의 사상적 대결 중에 스콜라의 옛 '초월철학'을 전복시킬 새로운 '초월철학'을 내놓은 데에 있고, 칸트 이후에도 다수의 사상가들이 유사한 방식으로 이 용어를 사용했다. 그들 간의 '초월적'에 관한 의미 다툼이 그들 각각의 사상의 고유성을 드러냄과 함께 그들 사상의 상호 관련성을 보여준다.

초월적 객관/대상 超越的 客觀/對象 transzendentales Objekt/—er Gegenstand

1. 현상은 질료와 형식의 합성인데 현상의 질료는 주어지는 것인 만큼 무엇인가로부터 유래한 것이라 생각할 수 있다. 질료적인 면에서 "현상의 원인"이라 생각되는 이것을 '초월적 객관'이라 일컫는다. 그러나 "초월적 객관에 대해서는, 그것을 우리 안에서 마주칠 수 있는 것인지, 아니면 또 우리 밖에서 마주칠 수 있는 것인지 어떤지, 그것이 감성과 함께 동시에 폐기되는 것인지, 아니면 우리가 감성을 제거해도 여전히 남는 것인지 어떤지가 완전히 알려져 있지 않다." (KrV, A288=B344이하)

2. "감성적 직관능력은 본래 오직 어떤 방식으로 표상들과 함께 촉발되어지는 수용성일 따름으로, 그 표상들의 상호 관계는 (우리 감성의 순정한 형식들인) 공간·시간이라는 순수 직관이고, 그것들은 이 관계에서 (곧, 공간·시간에서) 경험 통일의 법칙들에 따라 연결되고 규정될 수 있는 한에서 대상들이라고 일컬어진다. 이 표상들의 비감성적 원인은 우리에게 전적으로 알려져 있지 않고, 그래서 우리는 이것을 객관으로 직관할 수 없다. [···] 그럼에도 우리는 현상들 일반의 한낱 예지적 원인을 초월적 객관이라고 부를 수 있는데, 그것은 순전히 우리가 수용성인 감성에 대응하는 어떤 것을 갖기 위해서이다. 이 초월적 객관에게 우리는 우리의 가능한 지각들의 모든 범위와 연관을 귀속시킬 수 있고, 그것은 모

든 경험에 앞서 그 자체로 주어져 있다고 말할 수 있다."(KrV, A494=B522이하)

3. 그래서 우리는 그 자신 현상이 아닌, 우리에게 미지의 것인 '어떤 것=X'가 "현상의 기초에" 또는 "현상들의 배후에"(GMS, B106=IV451) 놓여 있어서 현상이 생길 수 있다고 생각한다. 이런 맥락에서 칸트의 현상에 대한 이론은 그 자체로서 이미 사물 그 자체(→)를 초월적 객관으로, 즉 현상을 가능하게 하는 한 원인 — 곧 질료의 면에서의 — 으로 전제하고 있다. 그리고 동시에 그것은 현상을 형식의 면에서 가능하게 하는 다른 한 원인, 곧 '초월적 주관'(→)을 생각하지 않을 수 없게 한다.

초월적 관념론 超越的 觀念論 transzendentaler Idealismus

→ 관념론

초월적 주관/주체 超越的 主觀/主體 transzendentales Subjekt

'어떤 것=X'로서의 초월적 주관

1. 경험적 인식 그리고 이 경험적 인식에서 경험된 대상, 곧 현상을 질료의 면에서 가능하게 하는 근거가 '초월적 객관/대상'(→)이라면, 형식의 면에서 가능하게 하는 근거는 '초월적 주관'이라 일컬을 수 있다. '초월적 객관'을 어떤 것=X라고 지칭할 수밖에 없듯이, '초월적 주관[주체]' 또한 "(통각의 주체로서의) 자아, 즉 논리적 자아"(FM, A36=XX270) 이상으로 서술하기는 어렵다.

여기서 '자아', '나'란 그 자체로는 단순해서 아무런 내용도 가지지 않는 전혀 공허한 표상이다. "이 표상에 대해서 우리는 결코 '그것은 하나의 개념이다.'라고 말할 수가 없으며, 그것은 모든 개념들에 수반하는 한낱 의식일 따름이다. 그런데 사고하는 이 '나' 또는 '그' 또는 '그것'(사물)에 의해서는 다름 아니라 사고들의 초월적 주체=X가 표상되는데, 이것은 단지 그것의 술어들인 그 사고들에 의해서만 인식되며, 그것만 따로 떼어서는, 그것에 관해서 우리는 최소한의 개념도 가질 수가 없다. 그래서 우리는, 그것에 관해서 무엇인가를 판단하려면, 그것의 표상을 항상 이미 사용할 수밖에 없으므로, 한결같이 그것의 주위를 빙빙 돈다. 이것은 이 표상에서 분리시킬 수 없는 불편함이다. 의식 자체는 한 특수한 객관을 판별하는 표상이 아니라, 표상을 인식이라고 불러야 하는 한에서의 표상 일반의 형식이니 말이다. 왜냐하면, 이 표상에 대해서만 나는, '나는 그것을 통해 어떤 무엇인가를 사고한다.'라고 말할 수 있기 때문이다."(KrV, A346=B404)

이것은 "지성을 가능하게 하는 근거"라는 의미에서 초월적 주관이라고 일컬을 수 있지만, "더 이상 그것이 어떤 유의 존재자인지, 그것이 어떤 본성적 성질을 가졌는지에 대해서는 전혀 인식할 수 없다. 그것은 흡사 내가 그것에 내속하는 모든 우유성들을 제거했을 때에도 남아 있을 실체 같은 것이다. 그러나 그것은 그 이상은 절대로 결코 인식될 수가 없는데, 왜냐하면 우유성들이라는 것은 내가 거기에서 그 실체의 본성을 인식할 수 있었을 바로 그것이었기 때문이다."(FM, A36=XX270)

2. 초월적 주관은 초월적 객관이 그러하듯이 경험적 존재자, 곧 현상이 아니므로 기껏해야 비유적으로밖에는 표현할 수가 없다. 그래서 칸트는 그것을 '흡사' 아무런 속성도 없는 실체 같은 것이라고 말한다. 그러나 이 말은 초월적 주관이 관계 범주에 의거한 어떤 실체임을 뜻하는 것은 아니고, 그것을 무엇이라고 규정할 수는 없지만, 그렇다고 '무(無)'라고 할 수도 없는, 한낱 어떤 것임을 의미한다. 어떤 것=X로서 초월적 주관은 인식의 형식에서, 다시 말해 직관의 형식과 사고의 형식에서 자신을 드러낸다. 초월적 객관이 인식의 질료에서 자신을 드러내듯이 말이다.

초월적 주관과 초월적 객관

1. 형식과 질료는 그 자체로 초월적 주관(주관으로서 나 자체)이나 초월적 객관(사물 자체)이 아니고 또한 현상도 아니다. 그러면서도 각각 초월적 주관과 초월적 객관에 근거를 두고 있는 것으로 반성되는 형식과 질료라는 두 "이질적인 요소"가 서로 결합함으로써 현상을 가능하게 한다. 순전히 이런 맥락에서 우리는, 초월적 주관과 초월적 객관은 현상의 두 가능 근거이되, 그 자신들은 현상이 아니라고 말할 수 있다.(OP, XXII95 참조)

2. 이와 같은 '초월적 주관' 개념으로부터 우리는, 칸트가 인식을 가능하게 하는 순수한 인식능력들, 곧 순수 감성·순수 지성·순수 이성을 말할 때, 그로써 그가 무엇을 말하고자 하는지를 간취할 수 있다. 감성·지성·이성으로써 칸트는 결코 여러 가지 인식 기관을 실체화하는 것이 아니다. 그로써 그는 다만 "분리되어" 고찰될 수 있는, 인식 형식들의 여러 가지 기능들에 대해 이야기하고 있을 뿐이다. 칸트가 비록 "초월적(모든 특수한 경험에 선행하는) 의식"(KrV, A117 주) 또는 "초월적 통각"(KrV, A158=B197) 등의 용어를 사용하고는 있지만, 이로써 이 같은 인식 기관이 존재한다고 말하는 것은 아니다. 초월적 주관은 단지 경험 인식을 가능하게 하는 의식의 여러 가지 초월적 기능들의 근거로 반성된 것뿐이다. 의식의 초월적 기능들이 무(無)에서 유래한다고 볼 수는 없으니까, 무엇인지 모르는 '어떤 것=X'로부터 유래한다고 생각할 수밖에는 없는 것이며, 그 기능들이 능동적인 활동이므로 그 기능하는 자를 '주체[주관]'라고 이름 붙인 것뿐이다.

3. 인식 기능으로서 감성이나 지성은 현상이 아니며, 그러니까 존재자가 아니다. 만약 '감성'이나 '지성'이 존재하는 것으로 이야기되는 자리가 있다면, 거기서 그것들은 더 이상 인식주관의 기능들이 아니라 경험적 인식에서 인식된 경험적인 생리 심리학적 의식의 기능들을 지칭하는 것이다. 초월적 주관은 오로지 현상의 형식에서 자기를 알린다.

'이 사과'라는 현상체를 가능하게 한 초월적 객체를 알리는 외적 감각이 있듯이, '나'라고 하는 현상체를 가능하게 한 초월적 객체가 자기를 알리는 질료가 있다면, 그것은 어떤 내적 감각일 것이다. '나'라고 하는 것은 하나의 내적 현상이니 말이다. 여기서 이 '나'는 경험적인 나이고, 그런 한에서 그것은 '어떠한 누구'라고, 예컨대 '1781년에 『순수이성비판』이라는 책을 저술한 칸트'라고 규정될 수 있다.

4. 그런데 역사적으로 특정한 장소와 시간에서 현상한 칸트의 감성, 그의 지성은 결코 순수한 것이 아니라 한낱 경험적인 것이다. 순수 (초월적) 감성, 순수 (초월적) 지성은 결코 현상일 수가 없다. 왜냐하면 그것들은 자기 안에 아무런 질료, 곧 감각도 포함하고 있지 않으니 말이다. 순수 감성, 순수 지성이라는 것은 한낱 형식 내지 형식적 기능일 따름이며, 바로 그러한 순수 형식에서 외적 감각과 관련해서는 외적 현상인 자연 사물이 규정되고, 내적 감각과 관련해서는 내적 현상인 '나'라고 지칭되는 것이 규정된다.

5. 그러므로 '나'는 "주관[주체]으로서의 나와 객관[객체]으로서의 나"(FM, A35=XX270; 참조 OP, XXII89)로 기호화될 수밖에 없다. "[직관하고] 사고하는 내가 나 자신에게 (직관의) 대상일 수 있고, 그럼으로써 나를 나 자신과 구별할 수 있다는 것은 의심할 여지없는 사실이기는 하지만, 그럼에도 그것이 어떻게 가능한가를 설명한다는 것은 절대적으로 불가능하다. 그러나 그 사실은, 모든 감각적 직관을 넘어서서, [···] 자기 자신을 '나'라고 말할 수 있고, [···] 스스로 만든 무한히 많은 표상들과 개념들을 들여다볼 수 있을 만큼의 탁월한 능력이 있다는 것을 시사한다. 그러나 이로써 두 겹의 인격이 함의되고 있는 것은 아니다. 단지 사고하고 직관하는 '나'만이 인격이고, 반면에 나에 의해서 [내감적으로] 직관되는 객관의 나는 나 밖에 있는 [그러니까 외감적으로 직관되는] 여타의 대상들이나 마찬가지로 물건인 것이다."(FM, A35이하= XX270)

초월적 주관과 초월적 기능의 구별

1. 직관 형식에서 수용적 활동을 하는 순수 감성과 사고의 형식에 맞춰 자발

적으로 활동하는 순수 지성 자체를 곧 '초월적 주관'이라고 일컬을 수는 없다. 순수 감성이나 순수 지성의 초월적 기능이 다름 아닌 초월적 주관을 증명하기는 하지만 말이다. 순수 직관의 근원은 순수 감성 안에 있고 선험적인 순수한 지성개념들은 순수 지성에서 생겨난다고 말할 수 있다고 하더라도, 이것이 말하는 바는 순수한 인식능력 자체가 곧 초월적 주관이라는 것이 아니라, 초월적 주관은 이러한 순수한 인식능력들에서 인식의 형식들을 내보이고, 그럼으로써 자기의 존재를 알린다는 것이다. 직관의 형식은 초월적 주관을 전제하는 한 기능, 곧 순수 감성이라고 일컬어지는 기능으로서 작동하고, 사고의 형식은 같은 초월적 주관을 전제하는 또 하나의 기능, 곧 순수 지성이라고 일컬어지는 기능으로서 작동한다. 이런 맥락에서 직관의 형식이 곧 감성의 형식이고, 사고의 형식이 곧 지성의 형식이라고 말하는 것은 합당하다. 그러므로 인식 형식의 근거인 초월적 주관은 동시에 인식능력 곧, 감성과 지성을 가능하게 하는 근거(FM, A35=XX270 참조)로 이해된다. 초월적 주관은 이 인식 형식 자체나 인식능력 자체가 아니라 그 근거인 것이다. 그것은 초월적 객관이 그 자체로 인식 질료가 아니라 인식 질료의 근거인 이치와 같다. "사물 자체로서 대상들이 경험적 직관들의 재료를 제공한다. […] 그러나 그것들이 경험적 직관들의 재료는 아니다." (ÜE, BA56=VIII215)

2. 요컨대 인식은 감각 인상과 더불어 시작되지만 보편타당하다. 그러므로 이런 객관적으로 타당한 인식이 성립하기 위해서는 두 요소, 곧 잡다하게 주어지는 감각 인상, 즉 질료와 이것을 필연적으로 통일하는 틀, 즉 형식이 있어야만 한다. 그런데 이 두 요소는 각각 근거[원인]를 갖는 것임에 틀림없다. 여기서 각각 '초월적 객관', '초월적 주관'이라고 일컬어지는 두 "근거들"이 전제된다. 그러나 이 '근거들'이 무엇이며 어떻게 있는지는 우리에게 알려져 있지 않으며, 원리상 알려질 수도 없다. 왜냐하면 우리 인식은 비로소 감각 인상들과 그것들의 필연적인 통일에 의해서 성립하는 것이고, 그렇게 되어서 무엇인가가 비로소 알려지는 것이니 말이다.

초월철학 超越哲學 Transzendentalphilosophie

순수 이성 비판의 결실로서의 초월철학

1. 이성의 전체 관심에 따라 이성이 스스로 제기하는 "나는 무엇을 알 수 있는가?"라는 이론적 물음에 답하기 위해서 순수 이성 비판은 순수한 이성 인식 일반이 어떻게 가능한가부터 살핀다. 순수 이성 비판은 선험적 이성 인식의 원천과 그것의 원리들을 찾으며, 이 원리들의 사용 범위와 한계, 다시 말하면 어떤 대상들에게까지 이 원리들이 적용될 수 있는가를 규정한다. 이 비판의 결실이 칸트의 "초월철학", 곧 모든 초월적 "개념들의 체계"(KrV, A12·B25 참조) 또는 "모든 선험적 인식 일반의 가능성에 대한 이론"(FM, A43=XX272)이다. 그러니까 '순수 이성 비판'이라는 철학적 작업 자체가 초월철학의 체계는 아니지만(KrV, B25이하 참조), 이 비판 작업의 "결실"(V-Met/Mron, XXIX785) 내지 "산물"(V-Met-K2/Heinze, XXVIII823)로부터 오로지 이성 인식들로만 이루어진 하나의 체계가 얻어지니, 그것이 초월철학이며, 이를 칸트는 "더욱 엄밀한 의미에서"(V-Met/Volckmann, XXVIII360; V-Met/Mron, XXIX752 참조)의 형이상학이라고 부르기도 한다.

2. 순수한 이성 인식의 한 체계를 세우고자 한다면, 무엇보다도 먼저, 경험이 우리에게 알려주는 바가 전혀 없고, 경험으로부터는 결코 아무것도 취할 수 없는 무엇인가를 인간이 어떻게 인식할 수 있는지를 묻지 않을 수 없다. 이성은 어떤 경험에도 의존하지 않고서 어디에서 이 물음에 대한 답을 얻을 수 있을까? 도대체 인간의 이성이라는 것은 어떤 경험에도 의존함이 없이 무엇인가를 인식할 수 있는 능력을 가진 것인가? 칸트의 '순수 이성 비판'은 바로 이 문제, 곧 순수한 이성이 대상과 관련해서 우리를 어디에까지 이르게 할 수 있는가를 밝힌다.(V-Met/Volckmann, XXVIII361 참조)

이성은 이성 자신을 점검하여 선험적 인식의 가능 근거를 캐고, 이성은 경험적 원리의 도움 없이 어디에까지, 어떤 종류의 대상에까지 이를 수 있는지를 규정하고, 또한 이성이 자신이 가지고 있는 인식 원리들과 함께 넘어서서는 안 될 경계선을 획정한다.(V-Met/Volckmann, XXVIII359 참조)

3. 그런데 여기서 말하는 '이성'이란 대상을 관조하고 사변하는 '이론적' 이성을 뜻하고, 그 가운데서도 '순수한' 이성이란 인간의 이론적인 전 인식능력이 아니라, 경험적이고 후험적인 인식능력과 구별되는 순전히 선험적인 인식의 능력만을 지시한다. 그리고 이 선험적인 인식에는 단지 순수한 분석적인 지식뿐만 아니라, 그 자신은 경험적인 것이 아니면서도 경험적인 지식을 가능하게 하는 종합적인 지식, 칸트가 새롭게 이름 붙인 "초월적 인식들"(KrV, B25 · B40 · B401; 참조 Prol, A204=IV373)이 포함된다.

이런 의미 연관에서 순수 이성 비판의 결실로서 초월철학은 모든 순수한 이성 인식들과 이것의 원리들, 말하자면 이성이 그것을 가지고서 비로소 경험적 인식들을 가능하게 하는 선험적인 개념들과 원칙들을 내용으로 갖는다.

4. "초월철학은 한낱 선험적 종합 판단 일반을 위한 원리를 함유하는 것이 아니라, 선험적 종합 인식을 위한, 개념의 구성에 의한 것이 아닌, 개념들에 의한 원리들을 함유한다."(OP, XXII23) "초월철학은 개념에 의한 선험적 종합 판단들의 원리들을 함유한다. 한갓된 순수 직관들에 의한 선험적 종합 판단들을 함유하는 것은 전혀 철학이 아니고, 순수 수학이다."(OP, XXII81) 단적으로 말해 "초월철학은 개념들에 의한 선험적 종합 인식의 원리를 뜻한다."(OP, XXII87)

5. 그런데 초월철학이 인간의 모든 선험적 종합 인식의 조건들과 요소들을 포괄한다 해도, 이것들은 모두 경험 감성적 사물들의 인식에만 유효하다. 그러나 형이상학에서 도달해야 할 이성의 궁극목적은 일체의 사물, 그러니까 감각적인 사물뿐만 아니라 초감각적인 사물과도 관련해서 이성개념에 의한 모든 순수 인식들의 체계를 완성하는 일이므로, 형이상학에 선행하여 "순수 지성개념들의 근원을 다루며"(V-Lo/Dohna, XXIV753) 감각적 사물의 인식을 위한 모든 선험적 원리들에 관한 이론인 초월철학은 "본래 형이상학의 앞마당"(FM, A11=XX260; 참조 V-Met/Volckmann, XXVIII360; V-Met/Mron, XXIX752)일 따름이다. 그런데 본관에 발을 들여놓으려면 언제나 앞마당부터 지나야 하는 이치대로, 초월철학

은 형이상학에 이를 수 있는 관문이자 진정한 형이상학을 위한 토대이다.

6. '순수 이성 비판'이 이성에 종속하는 대상들이 아니라 이성 자신을 문제 삼듯이, 초월철학도 결코 인식의 대상들을 다루는 것이 아니라 오로지 "주어져 있을 객관들을 상정함 없이, 대상들 일반에 관계하는"(KrV, A845=B873) 선험적인 순수 인식들만을 다룬다. 초월철학에서 '실체' 개념이 문제가 될 때 묻게 되는 것은 "우리는 '실체' 개념에 어떻게 이르게 되는가? 그리고 '실체' 개념을 가지고 무엇을 할 수 있는가?"(V-Met/Volckmann, XXVIII360이하; V-met/Mron, XXIX752 참조)이다. 사람들이 여기서 문제 삼고 캐묻는 것은 개념의 근원이나 사용 한계와 같은 개념의 원리이고, 그것이 무슨 사물의 실체냐, 그 실체에는 어떤 속성들이 부속하느냐 따위는 문젯거리가 아니다. 그렇기 때문에 초월철학은 대상을 다루는 것이 아니라 오직 순수 이성 인식의 요소들과 그것들의 범위와 한계와 관련하여 우리 지성만을 다루는 "초월 논리학"이라고 칭할 수도 있다.(V-Met/Volckmann, XXVIII363 참조) 바로 이 때문에 초월철학은 또한 "존재론"(KrV, A845=B873)이라고 불릴 수도 있다. 왜냐하면 초월철학은 "우리의 모든 선험적 인식의 조건들과 제1요소들을 함유"(FM, A11=XX260)하는데, 이러한 인식의 개념들과 원칙들은 대상 일반과 관계 맺는 것이니 말이다.(KrV, A845이하=B873이하 참조)

초월철학과 존재론

1. 초월철학이란 순수 이성의 자기 인식이며, 일체의 경험적 인식을 가능하게 하는 모든 초월적 인식의 체계이다. 초월철학은 분명히 사물들을 인식하는 능력인 순수 이성을 다루지만, 그 인식되는 사물 자체를 주제적으로 다루지는 않는다. 초월철학에서 주제는 오직 우리 인간이 어떻게 어떤 선험적 인식에 이를 수 있는가(V-Met/Mron, XXIX786 참조)에 있다. 반면에 존재론에서 고찰하는 것은 존재자, 곧 "사물들 자체와 그것들의 보편적 성질들이다."(V-Met/Volckmann, XXVIII363; V-Met/Heinze, XXVIII174) 그런데 "사물들 자체를 그것들의 보편적

성질들에서 고찰한다."는 것은 무엇을 말하는가? 그것은 사물들을 사물들로서, 일체의 특수성을 도외시하고 고찰함(V-Met/Mron, XXIX784 참조)을 말한다. 그리고 사물로서 사물이란 단적으로 사물인 것을 뜻한다. 그러니까 존재론은 '사물의 단적으로 사물임'이라는 개념의 가능성을 추궁하는 학문이다. 이 가능성의 근거가 칸트에서는 선험적 이성 인식의 기본 개념들과 원칙들에 있다. 그러므로 칸트에게서 존재론은 초월철학이 내용으로 갖는 순수 이성 인식의 모든 선험적 원리들 이외의 것을 내용으로 갖지 않는다. 바로 이런 까닭에 칸트 자신 그의 '형이상학 강의'에서 자주(KrV, A845=B873; XXVIII185 · 390 · 470이하 · 617; XXIX752 · 784 참조) 초월철학을 존재론이라고 일컫기도 한다. 비록 그가 정색할 때는, 모든 순수한 이성 인식이 근거하는 기본 개념들과 원칙들의 학문을 존재론이라고 부르는 것은 그다지 합당하지 않다고 지적하면서(V-Met/Volckmann, XXVIII391; KrV, A247=B304 참조)도 말이다.

2. 초월철학과 존재론은 그 지향점의 상이함에서 구별된다. 칸트의 초월철학은 인간의 이성이 어떤 것, 즉 사물을 선험적으로 인식한다는 것이 어떻게 가능한가를 밝히고자 한다. 그리고 이를 위한 순수 이성 비판의 방법적 절차에 의해 획득될 체계로서 초월철학은 본래적 형이상학의 "예비학"(KrV, B25; 참조 KrV, A841=B869)이다. 반면에 존재론은 그 내용으로 볼 때 이미 형이상학의 일부이다. 그것도 형이상학에 불가결한 부문(V-Met-K2/Heinze, XXVIII823; V-Met-L2/Pölitz, XXVIII542; V-Met/Dohna, XXVIII617 참조), 또는 '일반 형이상학'(→)이다.

3. 그런데 칸트에서는, '사물'이라는 개념을 가능하게 하는 "제일의 내적 근거"가 다름 아닌 사물을 선험적으로 인식하는 제일의 원리들이다. 이런 까닭에 칸트 자신 초월철학과 존재론을 빈번히(FM, A10이하=XX260; XXVIII617 · 679 등) 동일한 의미로 사용한다. 물론 이 양자는 그 지향점이 서로 다르다. 그럼에도 칸트에서 존재론은 초월철학의 직접적인 결실 내지는 이면(裏面)이다. 본래 초월철학을 형성하는 것이 "우리의 전 선험적 인식을 순수 지성 인식의 요소로 분해하는 일"이라면, 존재론은 다름 아닌 "순수 지성개념들과 경험 인식에 사용되는

선험적 원칙들을 분해하는 일에서 성립"(FM, A68=XX281)하니 말이다.(→존재론)

촉발 觸發 Affizieren/[Affektion]

I. 촉발이란 무엇인가가 마음을 건드림, 자극함이다. 그러니까 촉발은 마음의 편에서는 "순전히 수동적"(Refl 619, XV268)인 것이다. 마음이 촉발되면 마음에 어떤 상태가 일어나고, 표상이 생긴다.

II. 1. 대상 인식에는 인식의 자료로서 직관이 필수적인데, 대상에 대한 "직접적 표상"(KrV, B41)인 직관은 "적어도 우리 인간에게 있어서는 오로지 대상이 마음을 어떤 방식으로든 촉발함으로써만 가능하다. 우리가 대상들에 의해 촉발되는 방식으로 표상들을 얻는 능력(곧, 수용성)을 일컬어 감성이라 한다."(KrV, B33·참조 A19) 대상을 촉발하는 방식으로, "대상이 표상능력에 미치는 결과가 감각이다."(KrV, A19이하=B34) 감성을 촉발하여 감각을 낳는 것, 그것을 감성의 "진짜 대응자, 다시 말해 사물 그 자체"(KrV, A30=B45)라고 한다면, 촉발 개념은 곧바로 칸트에서 '사물 자체의 문제'를 안는다.

2. "감성적 인식은 사물들을 있는 그대로 표상하는 것이 전혀 아니라, 단지 사물들이 우리를 촉발하는 바대로만을 표상하는 것"(Prol, A65=IV290; 참조 GMS, B105이하=IV451)이므로, 감성적으로 인식된 것은 사물 자체가 아니라, 한낱 우리에게 표상된 것 즉 현상인 것이다.

3. 그런데 감각의 기관 곧 감관(→)에는 외감뿐만 아니라 내감도 있으므로, 직관 또한 외적 직관과 내적 직관이 있다. 내적 직관이란 "우리가 내적으로 우리 자신에 의해 촉발"되어 "우리 자신을 직관한"(KrV, B156) 것이다. 이를 두고 칸트는 "주관은 스스로 자기를 촉발하기도 하고 어떤 객체에 의해 촉발되기도"(Anth, AB25=VII140) 한다고 말하는데, 그러니까 촉발에는 이를테면 타자촉발과 자기촉발(→)이 있다.

III. 1. 인간의 행위는 욕구능력이 촉발됨으로써 일어난다.

2. 실천적 의미에서 자유란 의사의 감성의 충동에 의한 강제로부터의 독립을 뜻한다. 그런데 의사가 정념적으로 촉발되는 한에서는 감수적(感受的)이고, 그것이 정념적으로 어쩔 수 없게 될 적에는 동물적이라 일컬어진다. 인간의 의사는 감수적이기는 하지만 동물적이지는 않고, "자유롭다." 인간은 감성적이면서도, "인간에게는 감성적 충동에 의한 강제로부터 독립해서 자기로부터[스스로] 규정하는 능력이 내재해 있"(KrV, A534=B562)기 때문이다.

3. 그럼에도 온갖 필요욕구들과 감성적 동인들에 의해 촉발되는 존재자인 인간에게 어떤 신성한 의지를 전제할 수 없기 때문에, 도덕법칙은 인간에게는 무조건적 복종을 강요하는 정언적 명령이 된다.(KpV, A57=V32 참조) 정언명령은 "감성적 충동에 의해 촉발된 의지에 대해"(KpV, A134=V76) 도덕법칙을 감성적 충동보다 우선시할 것을 지시한다.

IV. 1. 또한 주관은 "자기가 표상에 의해 촉발되는 대로"(KU, B4=V204) 느낀다.

2. 취미는 "자기의 쾌 또는 불쾌의 감정을 타인들에게 전달함을 지향하며, 이 전달함을 통해 그 자신이 쾌를 갖도록 촉발되어, 그에 대한 흡족(洽足)을 타인들과 공동으로(사회적으로) 감각하는 감수성을 함유한다."(Anth, AB191=VII244)

최고선 最高善 das höchste Gut summum bonum

'최고선'의 이념

자기강제인 도덕법칙이 인간에서 윤리성의 원리인 것은 자연적으로는 인간의 행위가 언제나 경향성에 따르고, 그렇기에 인간에게 '마땅히 행해야 할 것'이 부과되지 않을 수 없기 때문이다. 그러나 인간이 '도덕적'이라는 것은 바로 이 당위를 행할 능력, 다시 말해 도덕적 힘, 곧 '덕'이 있음을 전제하는 것인데, 덕 있는 자가 그에 상응하는 복을 누리는 것이 "순수 실천이성의 객관이자 궁극목적"(KpV, A233=V129)이다. 여기서 인간의 이성은 도덕법칙의 준수 곧 '덕과 그에 상응하는 행복의 일치'라는 하나의 '객관의 이념', 이른바 이 세계에서의 '최고선의 이념'을 갖는다.(KrV, A810이하=B838이하; KpV, A226=V125 참조) 그래서 우리는 이 최고선을 가능하게 하는 "이것의 두 요소를 통합할 수 있는, 하나의 보다 높고 도덕적이고, 최고로 신성하며 전능한 존재자를 상정하지 않을 수 없다."(RGV, BVII=VI5) 이렇게 해서 "도덕은 불가피하게 종교에 이르고, 그로써 도덕은 인간 밖의 하나의 힘 있는 도덕적 법칙수립자[입법자]라는 이념에까지 확장"(RGV, BIX=VI6)되는 것이다. 최고선 개념을 계기로 칸트의 도덕론은 종교론으로 이행한다.

'최고선'의 두 가지

I. 최고선은 크게 보아 두 가지이다.

II. 1. 하나는, 이성적 존재자의 덕행과 그의 윤리성에 정비례하는 만큼의 행복을 요소로 갖는 최고선이다.

이러한 의미의 최고선에서 행복은 그 행복을 누릴 품격인 각자의 윤리성의 정도에 따라 다소와 증감이 있을 것이고, 그러니까 완벽한 것이라 할 수는 없으며, 감성세계에서도 가능한 것이라 하겠다. 자연 운행과 윤리질서가 조화를 이루는 범위 내에서는 이러한 '물리적' 행복을 포함하는 최고선도 이루어지겠다.

2. 또 다른 하나는, (문자 그대로) 이성적 존재자의 마음씨의 도덕법칙과의 온전한 맞음과 그에 상응하는 완벽한 복, 즉 지복(至福) 내지 정복(淨福)을 요소로 갖는 최고선이다. 이러한 최고선은 신의 현존과 함께 영혼의 불사성을 전제하고서 예지세계에서나 기대할 수 있는 것으로서, 이상적인 최고선이라 하겠다.

물리적 행복을 함유하는 '최고선'

1. 칸트에서 윤리법칙은 선의지에 기반을 한 정언명령으로서 "감성적 충동 일체를 거부하고, 모든 경향성을, 그것이 저 법칙에 반하는 한에서, 단절"(KpV,

A128=V72)함으로써, 오히려 "고통이라고 불릴 수 있는 한 감정을 불러일으"(KpV, A129=V73)키는 것이다. 도덕법칙은 우리의 자연적인 "욕구능력과의 합치에 전적으로 독립해 있는 규정 근거들에 의해 지시명령한다."(KpV, A224=V124) 그렇기에 "윤리 원리"와 "행복의 원리"(KpV, A228=V126)는 같은 것이 아니고, 그래서 칸트는 "윤리론"은 "행복론"이 아님을 강조한다.(KpV, A165=V92 참조) 그 때문에 '윤리적 좋음'과 '감성적 좋음'을 구별할 것을 요구하기도 하는 것이다.

2. 그럼에도 칸트에서 '최고선'은 감성적 내지 물리적 행복을 하나의 요소로 갖는 '가장 좋음'의 의미를 배제하지 않고 있다. 칸트는 그러한 행복을 누리는 희망적인 세계가 없다면, "윤리성의 훌륭한 이념들은 찬동과 감탄의 대상들이기는 하겠으나, 결의와 실행의 동기들은"(KrV, A813=B841) 될 수 없을 것이라고 보고 있으니 말이다.

3. 칸트가 자신의 행복은 도덕적 행위의 목적이 될 수 없다고 보는 반면에 '남의 행복'을 덕의무의 한 근간이라고 말할 때(MS, TL, A26=VI393 참조)의 '행복'과 마찬가지로, '최고선'의 한 요소로 꼽는 '행복' 역시 분명 '감성적 만족' 즉 '물리적 행복'을 뜻한다. 그렇지 않다면 칸트가 굳이 "행복은 자연이 그[이성적 존재자]의 전 목적에 합치하는 데에, 또한 자연이 그의 의지의 본질적인 규정 근거[곧 윤리법칙]와 합치하는 데에 의거한다."(KpV, A224=V124)고 볼 필요가 없기 때문이다. 그러나 유한한 이성적 존재자로서의 인간에게는 "그 자신의 힘으로 자연을 그의 실천 원칙들과 일관되게 일치시킬 수가 없"(KpV, A224이하=V124이하)기 때문에, 이러한 일이 자연세계에서 언제 어디서나 일어나지는 않겠지만, 그럼에도 일정한 조건에서는 마땅히 일어나야 할 일이라고 바랄 수 있는 것이다.

4. 그러니까 행복을 한 요소로 갖는 '최고선'은 다름 아닌 감성적 세계에서 실현되기를 기대할 수 있는 것이어야만 한다. 만약 '최고선'이 한낱 예지의 세계에서나 이야기될 수 있는 것이라면, 감성적 충족 상태인 행복이 그러한 최고선의 요소를 이룰 까닭이 없다. 예지의 세계는 초감성적 세계이니, 그런 곳에서 감성적 필요욕구란 도대체가 없을 터이고, 그런 마당에서는 감성적 경향성의 만족이나 감성적 필요욕구의 충족 따위가 화제가 될 일이 없으니 말이다. '도덕의 나

라'가 한낱 예지의 세계일 경우 그곳에도 역시 '행복'을 운위할 자리는 도대체가 있을 수 없을 것이다. 최고선이 문젯거리가 되는 것은 그것이 바로 이 (자연)세계에서 구현되어야만 하는 것이기 때문이다.

5. 이러한 반성 과정에서 우리는 '최고의 근원적 선' 곧 신의 개념과 '최고의 파생적 선' 곧 '최선의 세계' 개념을 만난다. 이러한 개념들은 "기독교 윤리설"(KpV, A231=V128)과 접합해 있다. 기독론에 의거해 우리는 신이 함께하는 나라에서는 "자연과 윤리가 파생적인 최고선을 가능하게 하는 성스러운 창시자에 의해 양자 각각이 단독으로는 서로 몰랐던 조화에"(KpV, A232=V128) 이른다고 말할 수 있기 때문이다.

무릇 덕행과 행복이 부합하는 최고선을 위해서는 이 세계 안에 있는 이성적 존재자의 윤리성과 그로써 행복을 누릴 품격을 얻은 자가 행복한 삶을 영위할 수 있게끔 자연이 운행될 경우뿐인데, 유한한 이성적 존재자의 힘으로는 그러한 조화를 가능하게 할 수가 없다. "저 윤리성에 알맞은 행복"(KpV, A223=V124)을 가능하게 하는, "행복을 인간의 공과에 따라 배분하는, 전 자연 위에서 지시명령하고 최고의 지혜로써 세계를 통치하는 그러한 권능"(MS, TL, A172=VI482) 즉 "신의 실존을 요청할 수밖에 없"(KpV, A224=V124)는 것이다.

6. 칸트는 순수 이성 비판을 통해 전통 형이상학의 세 과제와 관련하여 '자유'와 '신의 실존'을 최소한 인간 이성의 "규제적 원리"(KrV, A509=B537)로 기능하는 "초월적 이념"(KrV, A533=B561) 또는 "초월적 이상"(KrV, A571=B600)으로 "구출"(KrV, A536=B564)해내었다. 그러니까 칸트가 이를 바탕으로 실천적 견지에서 도덕법칙의 가능 근거를 밝히는 것도, 또 이러한 도덕법칙을 매개로 도덕신학을 정립하는 길을 걷거나, 윤리성과 행복의 부합으로서의 최고선에 대한 희망에서 신의 실존을 요청하는 길을 걷는 것도 체계 내 모순은 없다.

'정복(淨福)'의 이념을 함유하는 최고선

I. 1. 그런데 칸트는 다른 한편 그의 최고선 개념을 위해 신의 실존과 함께

"감성세계의 이성적 존재자"의 영혼의 불사성을 요청하고 있다. ― "이 세계에서 최고선의 실현은 도덕법칙에 의해 규정될 수 있는 의지의 필연적 객관이다. 그러나 이 의지에서 마음씨의 도덕법칙과의 온전한 맞음은 최고선의 최상 조건이다. 그러므로 이 맞음은 그 객관과 꼭 마찬가지로 가능해야만 한다. 왜냐하면 그것은 이 객관을 촉진하라는 동일한 지시명령 속에 포함되어 있는 것이기 때문이다. 그러나 의지의 도덕법칙과의 온전한 맞음은 신성성, 즉 감성세계의 어떠한 이성적 존재자도 그의 현존의 어떤 시점에서도 이를 수 없는 완전함이다. 그럼에도 불구하고 그 맞음은 실천상 필연적인 것으로 요구되므로, 그것은 저 온전한 맞음을 향해 무한히 나아가는 전진[前進] 중에서만 만나질 수 있고, 그리고 그러한 실천적 전진을 우리 의지의 실재적 객관으로 받아들이는 것은 순수 실천이성의 원리상 필연적인 일이다. 그러나 이런 무한한 전진은 동일한 이성적 존재자의 무한히 지속하는 실존과 인격성 ― 이것을 사람들은 영혼의 불사성이라고 부르거니와 ― 을 전제하고서만 가능하다. 그러므로 최고선은 실천적으로 오직 영혼의 불사성을 전제하고서만 가능하다. 그러니까 이 영혼의 불사성은 도덕법칙과 불가분리적으로 결합되어 있는 것으로서 순수 실천이성의 하나의 요청이다."(KpV, A219이하=V122)

2. 칸트의 "영혼의 불사성" 논변에 따르면, 온전한 최고선의 실현은 이를 의욕하는 이 세계의 이성적 존재자들이 그 행실에서 "도덕법칙과의 온전한 맞음"에 이를 때라야 기대할 수 있는 것이다. 그러나 이러한 온전한 부합은 자연적 경향성에 부단히 방해받고 있는 유한자인 "감성세계의 어떠한 이성적 존재자도 그의 현존의 어떤 시점에서도 이를 수 없는 완전함"(KpV, A220=V122) 즉 "신성성"으로서, 그것은 이성적 존재자의 "무한히 먼 목표"(KpV, A222=V123 주)이기 때문에, 이에 이르기 위해서는 "이생을 넘어서까지라도"(KpV, A222=V123) 부단히 전진해가는 무한한 시간의 길이를 필요로 한다는 것이다.

3. 그러나 "이생을 넘어서"는 순간 그 이성적 존재자는 더 이상 '감성세계의 이성적 존재자'가 아니다. 그러니까 그에게 더 이상 '물리적 행복'은 어울리지 않는 것이다. 그렇기에 이생을 넘어서까지도 그가 자신의 덕행에 부합하는 무엇인

가를 기대한다면, 그것은 신적인 "정복(淨福)"이겠다. — "그의 생의 종점에 이를 때까지 그의 생의 긴 부분을 보다 선한 것을 향한 진보 중에서, 그것도 순정한 도덕적 동인들에서 살아왔음을 의식하는 이는 자연스럽게, 그는 이생을 넘어 계속되는 실존에서도 이 원칙들을 지킬 것이라는, 비록 확실성은 아닐지라도, 위안적인 희망을 가질 수 있을 것이다. 비록 그가 그 자신의 눈으로 볼 때 이승에서 결코 합당한 인정을 받지 못하고, 그의 자연본성의 완전성 및 그의 의무들의 미래의 바라마지 않는 증진에도 불구하고 그런 것을 좀처럼 희망할 수 없다 할지라도, 그럼에도 무한히 먼 목표를 향해 있는 것이긴 하지만 신은 가지고 있다고 볼 수 있는 그런 진보에서 정복[淨福]의 미래에 대한 전망을 가질 수 있다. 왜냐하면 이 [정복이라는] 말은 세상의 모든 우연적인 원인들에서 독립적인, 완벽한 복을 표시하기 위해 이성이 사용하는 표현이니 말이다. 이런 완벽한 복은 신성성과 꼭 마찬가지로 무한한 전진과 그 전체성에만 함유될 수 있는, 그러니까 피조물로서는 결코 온전히 이를 수 없는 그런 하나의 이념이다."(KpV, A222이하 =V123 주)

신적 정복(淨福, Seligkeit)은 세상의 우연적인 원인들, 행운(Glück) 같은 것에도 영향을 받는 '행복(Glückseligkeit)'이 아니라 '신성성'과 다르지 않은 "완벽한 복(Wohl)"으로서 이 세상의 피조물로서는 이를 수 없는 "하나의 이념"이다. 부단히 덕행에 힘쓰는 이는 그가 언젠가는 그의 덕행에 부합하는 이러한 완벽한 복을 누릴 수 있게 된다는 것, 다시 말해 낱말 뜻 그대로의 '최고선'이 성취된다는 것이 "비록 확실성은 아닐지라도, 위안적인 희망"이 된다. 그러나 이러한 '위안적 희망'으로서 최고선은 어디까지나 하나의 '이상'으로서 예지적 개념이겠다.

II. 1. 그런데 이제 칸트에서 "완벽한 복"인 "정복"을 요소로 갖는 '최고선'은 앞서의 최고선의 개념과는 달리 신의 실존 외에도 '영혼의 불사성'을 요청하는 것으로서, 이 요청의 수용에는 적지 않은 문제성이 따른다.

2. 칸트는 『순수이성비판』의 오류추리론에서 비록 "사변적 이성 사용과 결합된 실천적 이성 사용의 원칙들에 의거해 내세[來世]를 받아들일 권한, 아니 필연성"(KrV, B424)을 남겨놓았지만, 이미 신체와 구별되는 영혼의 '실체성', '단순성', '인

격성[수적 동일성]'을 논파해버렸기 때문에, 이로써 부상할 수밖에 없는 과제는 무엇보다도, 영혼이 이생을 넘어 무한히 지속한다고 해도, 그 불사적이고 비물질적인(즉 비자연적인) 영혼의 개별성과 개별적 영혼의 자기동일성의 원리를 제시하는 일이겠다. 이생을 넘어 도덕법칙에 맞는 덕행을 부단히 수행하는 자도 그리고 이에 알맞은 복을 누릴 자도 각각의 동일한 개별 영혼일 것이니 말이다.

더 나아가, 설령 영혼의 개별적 동일성이 해명되어 영혼A, 영혼B, … 등이 구별된다 해도, 만약 이러한 영혼들의 세계에서의 최고선을 칸트가 이승에 살고 있는 이성적 존재자에게 '위안'과 '희망'을 주는 한낱 규제적 개념이 아니라, 내세를 구성하는 개념으로 사용한다면, 해명하기 쉽지 않은 또 하나의 문제에 부딪친다. 즉 이 영혼들의 세계는 자연 너머에 있는 것인 만큼, 영혼들이 어떤 자연적 경향성을 가질 리가 없고, 그렇다면 어떤 영혼이(예컨대 영혼A가) 도덕법칙에 따라 행위하고자 할 때 그를 방해할 것이 무엇이 있을까 하는 것이다. 자연적 경향성이라는 방해물이 없는 이상, 이성적 존재자의 영혼은 자신이 세운 도덕법칙에 언제나 맞게 행할 것인즉, 그에 합치하기 위한 "무한한 전진"이 왜 필요하며, 무한한 시간 길이가 왜 필요할까? 이미 육신을 떠난 영혼은 일체의 감성적 욕구에서도 벗어났을 터이니 말이다.

'가능한 세계의 최고선'

1. 인간은 한낱 동물로서 "자연의 나라" 안에서만 사는 것도 아니고, 그렇다고 순전한 이성존재자로서 오로지 "도덕의 나라" 안에서 사는 것도 아니며, '이성적 동물'로서 이를테면 '자연 안의 도덕의 나라'에서 살고 있다. 만약 있다면 바로 이 나라에서 우리는 '가능한 세계의 최고선(das höchste Gut einer möglichen Welt)'과 마주칠 수 있다. 이 '가능한 세계'란 단지 '적어도 논리적으로 모순 없는 세계'를 말하는 것이 아니라, 감성적 이성존재자에 의해 '실현 가능한 세계'를, 바꿔 말해 한낱 '예지적 내지 지성적 세계'가 아니라, '감성화될 수 있는 세계'를 뜻한다.

2. 이 '가능한 세계의 최고선' 개념은 칸트가 윤리론과 구별해야 한다고 말하는 행복론과 충돌하지 않는다. 칸트가 '행복의 원리'인 쾌락이 '윤리의 원리'인 "자유율(→)"(MS, TL, AIX=VI378)을 대신하면 윤리는 "조용한 죽음"(MS, TL, AIX=VI378)을 맞이한다고 경고하는 것은 양자를 대립시키기 위한 것이 아니다. 칸트가 말하는 "순수 실천이성은 행복에 대한 요구를 포기하고자 하는 것이 아니라, 단지 의무가 문제가 될 때는 그런 것을 전혀 고려치 않으려 하는 것"(KpV, A166=V93)뿐이다. "행복, 다시 말해 자기 상태에 대한 만족을, 사람들이 지속되리라 확신하는 한에서, 소망하고 구하는 것은 인간의 자연본성상 불가피한 일이다."(MS, TL, A16=VI387) 칸트가 역설하는 바는 단지 자기 행복이 동기가 되는 행위는 의무일 수도 없고, 선할 수도 없으며, 이미 인간이면 누구나 자연스럽게 추구하고 있는 자신의 행복을 자기 행위의 목적으로 삼는 것은 어불성설이라는 것이다. 칸트는 "에피쿠로스(→)학파 사람들은 인간이 유덕한 처신에서 최고의 즐거움[쾌락]을 향유한다고 주장한 이들로서, 만인 중에서도 가장 올바른 사람들이었다."(V-Anth/Mensch, XXV1078)고 상찬하면서도, 행복을 생의 목적으로 삼은 점에서 에피쿠로스를 비판한다.(KpV, A208=V115이하·A228=V126 참조)

3. 그러나 칸트에서도 자신의 행복이 아니라 남의 행복을 촉진하는 일은 타인에 대한 최상의 의무이며, "나 자신의 (물리적) 행복 또한 배려"(MS, TL, A17=VI388)하는 것 역시 그 자체가 나의 행위의 목적이 될 수는 없으되, 내가 패악의 유혹에 빠지지 않도록 하는 방지책이 된다는 점에서 간접적으로는 나의 "의무일 수도 있다."(KpV, A166=V93; 참조 MS, TL, A17=VI388) 그러니까 인간 각자는 오로지 선의지에 따라 덕행을 해야 하되, 그 결과로 행복을 누리게 되는 것은 인간 모두가 능히 희망할 수 있는 바이고, 서로 타인의 행복을 촉진함으로써 인간 사회 전체가 덕과 행복의 조화 속에 있게 되는 것은 칸트의 윤리론에 어긋나는 것이 아니라 오히려 그 취지에 맞는 것이다. 그런데 그러한 가장 좋음의 상태, 곧 최고선은 어디에서 기대할 수 있는가?

4. '가능한 세계의 최고선'은 인간이 자신의 경향성을 제압하고 선을 실현할 수 있는 최상의 조건으로서의 "최상선(das oberste Gut)"(KpV, A198=V110)도 아

니고, 행복과 윤리성의 정확한 합치를 가능하게 하는 예지자, 곧 신이라는 "최고의 근원적 선(ein höchstes ursprüngliches Gut)"(KpV, A226=V125) 내지 "최고의 독립적인 선"(KpV, A239=V132)도 아니며, 그것은 이에 근거한 "최고의 파생적 선(das höchste abgeleitete Gut)" 즉 "최선의 세계(die beste Welt)"이다. 이 최고선은 한낱 "예지세계에서의 최고선(das höchste Gut in einer intelligibelen Welt)"(KpV, A240=V133)이 아니라 "이 세계에서의 최고선(ein höchstes Gut in der Welt)"(RGV, BVII=VI5)이다. 물론 이 세계에서의 최고선, 곧 행복과 덕의 부합 가능성을 위해서 우리는 "하나의 보다 높고 도덕적이고, 최고로 신성하며 전능한 존재자를 상정하지 않을 수 없다."(RGV, BVII=VI5) 윤리적 행실과 행복은 모두 자연세계에서 일어나는 일인 만큼, 이 양자가 합치하기 위해서는 "자연의 원인(따라서 창시자)인 존재자, 다시 말해 신"(KpV, A226=V125)이 전제되지 않을 수 없으니 말이다.

5. 그래서 칸트는 사람들이 예지계인 하늘나라와 같은 '최선의 세계'가 땅에서도 이루어질 것을 발원한다고 『성서』를 이끌어 해석한다.(RGV, B303=VI195이하 참조) — "하늘에 계신 우리 아버지. 아버지의 이름이 거룩하게 되소서. 아버지의 나라가 오게 하소서. 아버지의 뜻이 하늘에서와 같이 땅에서도 이루어지게 하소서."(『신약성서』, 「마태오복음」 6, 9~13의 '주의 기도문')

6. 그러나 이러한 '최선의 세계'가 신을 상정하고 발원하는 것만으로써 도래할 것이라 기대할 수는 없고, 그러한 희망에는 사람들이 윤리적 마음씨 안에서 덕행을 쌓아감이 수반되어야 한다. 그래서 칸트는 사람들이 함께 북돋아가며 덕행을 실천하는 곳, "윤리적 공동체"(→)(RGV, B130=VI94) 내지 "윤리적 국가"(RGV, B130=VI94)에서 최선의 세계를 본다.

최고선을 이루는 두 요소 사이의 갈등 문제

I. [최상선과 완성된 선]

1. 자기강제인 도덕법칙이 인간에게 윤리성의 원리인 것은 자연적으로는 인

간의 행위가 언제나 경향성에 따르고, 그렇기에 인간에게 '마땅히 행해야 할 것'이 부과되지 않을 수 없기 때문이다. 그러나 인간이 '도덕적'이라는 것은 바로 이 당위를 행할 능력, 다시 말해 도덕적 힘, 곧 '덕'이 있음을 전제하는 것으로, 덕 있는 자가 그에 상응하는 복을 누리는 것이 "순수 실천이성의 객관이자 궁극목적"(KpV, A233=V129)으로서 최고선이다.(TP, A210=VIII279 참조) "우리의 이성에게는 행복만으로는 완벽한 선이 되기에는 어림도 없다. […] 그러나 윤리성만으로는, 그리고 이와 함께 한낱 행복할 만한 품격 있음만으로는 또한 완벽한 선이기에는 아직 한참 멀다."(KrV, A813=B841) 그러니까 "이 세계에서 가능한 최고의, 그리고 우리가 할 수 있는 한, 궁극목적으로 촉진해야 할 물리적 선[좋음]은 행복, 즉 인간이 행복할 만한 품격으로서의 윤리성의 법칙과 일치하는 객관적 조건 아래에서의 행복이다."(KU, B424=V450)

2. 실천적 도덕법칙은 지상의 인간에게 "세계에서 최고의 가능한 선(das höchste mögliche Gut in einer Welt)"(KpV, A233=V129) 내지는 "세상에서 가능한 최고선(das höchste in einer Welt mögliche Gut)"(KpV, A242=V134)을 모든 행실의 최종 대상으로 삼을 것을 지시명령한다. 그러나 인간은 오로지 자신의 "의지를 성스럽고 선량한 세계 창시자의 의지에 합치시킴으로써밖에는 이 최고선의 실현을 기대할 수 없다."(KpV, A233=V129) 인간이 살고 있는 자연세계는 자연의 질서에 따라 운행하되, 최고선은 윤리적 법칙에 따른 덕행과 자연세계에서 얻을 수 있는 감성적 만족인 행복이 부합하는 데에 있기 때문이다. 그리고 이로써 최고의 선은 완성된다고 말할 수 있다.

3. "(행복할 만한 품격[자격]으로서) 덕은 우리에게 오로지 소망할 만한 가치가 있는 것으로 보일 수 있는 모든 것의 최상 조건이며, […] 그러니까 최상선이[…]다. 그러나 그렇다 해서 덕은 아직 이성적 유한 존재자의 욕구능력의 대상으로서의 전체적인 완성된 선은 아니다. 그런 것이기 위해서는 행복이 추가로 요구되기 […] 때문이다. […] 무릇 덕과 행복이 함께 한 인격에서 최고선을 소유하고, 이 경우에도 행복이 (인격의 가치이자 인격의 행복할 만한 품격인) 윤리성에 정비례하는 몫을 가지고서 가능한 세계의 최고선을 형성하는 한에서, 이 최고선은

전체, 곧 완성된 선을 의미한다."(KpV, A198이하=V110이하)

II. [윤리 국가에서의 최고선]

1. 그렇다면 이제 '윤리 국가' 안에서 볼 수 있는 '최고선'은 어떠한 모습일까?

교회를 바탕으로 구현되는 '윤리적 공동체'(→)가 최고선의 가능한 세계이고, '최고선'이란 "정의에 합당하지 않는 관용이나 면제 없이"(KpV, A223=V124) "행복이 (인격의 가치이자 인격의 행복할 만한 품격인) 윤리성에 정비례"하는 상태라면, 윤리적 공동체의 구성원 모두가 각기 최고도로 윤리적 행실을 하지 않는 한 — '윤리적 공동체'가 지상에 있는 한 — 그 공동체 안의 각자 모두가 한결같게 행복을 누리지는 못할 것이고, 그러니까 자기 몫만큼의 행복 또는 불행 내지 고통을 감수해야 할 것이다. 그런데 형식적으로만 법률을 지켜도 되는 시민적 사회에서보다도, 마음씨까지 도덕법칙에 부합해야 하는 윤리적 공동체에서의 덕행의 평가는 훨씬 더 엄정할 것이므로, 사람들이 각기 합당하게 누릴 수 있는 행복의 차이는 시민사회에서보다도 더욱 크거나, 아니면 대부분의 사람은 — 물론 덕법칙에 따라 행위하고자 하는 이들이니만큼 기꺼이 감수하기야 하겠지만 — 거의 행복을 누리지 못할 가능성이 높다. 그리고 만약 이것이 윤리적 공동체의 최종의 모습이라면, 그것은 분명 '정의의 나라'가 되겠다. 그런데 이럴 경우 종국적 양상에서 '윤리적 공동체'와 "각자에게 자기 것을 분배하라(suum cuique tribue)!"(*CJD*, 1.1.10)는 '정의로운 시민적 공동체' 사이에는 배분자의 상이함 외에 어떤 차이가 있을까?

2. 또 "눈에 보이지 않는 신의 나라의 가시적인 표상"으로서의 교회가 지상에 세워진 최선의 세계라면, 그것은 에피쿠로스의 '정원'과 어떻게 다를까? 칸트는 에피쿠로스와 스토아학파 사람들을 염두에 두고 고대의 "철학자들이 아주 적절한 비례로 덕과 결합돼 있는 행복을 이미 이승 생활에서(즉 감성세계에서) 발견했다거나 의식했다고 설득할 수 있다는 것은 기이한 일이 아닐 수 없다"(KpV, A208=V115)고 지적하면서 최고선의 가능성은 오로지 "예지적 세계와의 연결 속에서 찾을 수밖에 없음"(KpV, A207이하=V115)을 상기시키고 있는데, 만약 이것이 그의 최종적인 의견이라면, '도덕의 나라' 내지 '정복(淨福)의 세계' 말고 그는

왜 굳이 물리적 행복을 요소로 갖는 '최선의 세계'를 화제로 삼는 것인가? — 물리적 행복을 덕행에 비례하여 배분하는 신은 정의로운 신일지는 몰라도, 사랑의 신은 아니다. 사랑은 결함을 감싸고 부족함을 채워주는 데 있기 때문이다.

III. [행복을 포함하는 '최고선'은 윤리적 개념이 아니다]

1. 행복을 포함하는 '최고선'은 이미 윤리적 개념이 아니다. 당초에 칸트는 감성적 만족을 포함할 수도 있는 '좋음' 일반과 이를 배제하는 '윤리적 좋음'을 구별했다. 만약 '최고로 좋음' 곧 '최고선'에서도 만약 그 '좋음'이 윤리적인 것이라면 물리적 행복이 그 요소 중의 하나일 수가 없다. 행복을 짝으로 얻음으로써 '완성이 되는 선'은 결코 윤리적 최고선일 수 없다.

2. 엄밀하게 말해 칸트 윤리학에서 '좋음'은 '감정적으로 좋음'과는 구별되어야 하는 '이성의 개념에 의해 좋음'만이 의미를 얻는다. 그러니까 '감정적으로 좋음'을 포함하는 행복은 윤리적 선의 요소가 될 수 없는 것이다. 만약 행복이 '선'의 요소가 될 수 없다면, 당연히 '최고선'의 요소 또한 될 수 없다. 그런데 행복은 분명히 칸트에서 '최고선'의 한 요소이다. 그러니까 칸트의 '최고선'은 순전한 윤리적 개념이라고 보기 어렵다.

추동 推動 Trieb

1. 추동은 "대상을 알기도 전에 이 대상을 점유취득하려는 욕구능력을 내적으로 강요함"이라는 의미에서의 "본능(Instinkt)"(Anth, A226=B225=VII265)과 같다. 동물의 짝짓기 추동/본능이나, 새끼를 보호하는 어미의 추동/본능 또는 "생의 추동"(Anth, AB172=VII233)과 같이 추동은 자연적인 것이다.

2. 칸트는 선의 근거가 그렇듯이 악의 근거도 경향성에 의해 의사를 규정하는 "자연적 추동 안에 있는 것이 아니라, 의사가 자기의 자유 사용을 위해 스스로 정하는 규칙"인 "준칙에 놓여 있다"(RGV, B7=VI21)고 본다.

(충분)근거율 (充分)根據律 Satz vom (zureichenden) Grund principium rationis (sufficientis)

I. 1. 확실한 생각 가운데서도 명료한 생각이란 그것이 무엇에 관한 생각이고, 그 내용이 무엇인가가 분명하게 드러나는 생각을 말한다. 반면에 근거 있는 생각이란 그 생각을 보증해주는 충분한 이유가 있는 생각이라고 말할 수 있다.

그래서 확실성(→)의 한 원리는 "무엇이든 (충분한) 근거 없이는 있을 수 없다."로 표현되기도 한다. 이것을 근거율 내지 충분근거율 또는 충족이유율(充足理由律)이라고 부른다. 이때 문제가 되는 것은 '충분한 근거'란 어떤 것인가이다.

2. 어떤 사고는 다른 사고와의 연관 관계에서, 또 어떤 사고는 많은 증거와 증언을 통해서 그 확실성이 뒷받침될 수 있지만, 어떤 사고는 그 자신만이 자신의 확실성을 보증할 수밖에 없다. 여기에서 확실성, 그 가운데에서도 자명한 확실성을 어떻게 이해해야 하는가의 문제가 생긴다. 그뿐만 아니라, 한 사람에게는 불확실하지만 다른 많은 사람에게는 확실한 생각이 있을 경우, 과연 확실함을 내세우는 사람이 많다는 사실이 그 생각이 확실함을 보증해주는가도 또한 문젯거리이다. "내가 지금 글을 읽고 있다."라는 생각은 확실한가? 확실하다면 이 확실성을 나는 나에게 또는 남에게 어떻게 확인시킬 수 있는가? "내가 지금 글을 읽고 있다."라는 자기의식만으로 충분한가, 아니면 다른 무엇(누구)에게 물어보아야 하는가? '1 − 1 = 0'이라는 생각은 확실한가? 이 확실성은 어떻게 보증되는가? 이런 확실성의 문제는 단순한 생각에 대해서도 그렇지만, 여럿의 단순한 생각들이 연이어지고 뒤섞여 있는 복잡한 생각에 대해서는 더욱더 크게 제기될 수도 있다.

이런 사정 아래에서 때로는 그 '충분한 근거'라는 것이 직각적으로 제시되기도 하고, 때로는 합의 절차를 거쳐 제시되기도 하지만, 그럼에도 우리는 무엇이든 충분한 근거 없이는 있을 수 없고, 생각 또한 충분한 근거 위에서만 제대로 성립할 수 있다는 원칙을 받아들인다. 그리고 우리는 어떤 생각에 대해서 그 생각이 다름 아닌 그 생각이기에 충분한 근거를 가지고 있을 때, 그 생각은 확실하다고 말한다. 그리고 어떤 생각이 올바르기 위해서 확실해야 함은 당연하다고 생각한다.

II. 1. 칸트는 충분근거율을 "가능한 경험의 근거, 곧 현상들을 그것들의 관계와 관련하여 시간의 계열 계기에서 객관적으로 인식하는 근거"(KrV, A201=B246)로 이해한다. 그래서 칸트는 통상 "근거 없이는 아무것도 없다(nihil est sine ratione)."고 표현되던 근거율이 "발생하는 모든 것은 근거를 갖는다."라는 인과율로 표현되는 것이 옳다고 본다.(V-Met-L2/Pölitz, XXVIII551 참조) 근거를 갖는 것은 이미 그 근거로 인해 발생한 결과일 수밖에 없기 때문이다. 그래서 근거율은 칸트에서 경험의 유추의 제2원칙(→ 경험의 유추들의 원리 → 제2원칙)의 다른 표현일 따름이다.

2. 그러므로 칸트의 관점에서 "모든 명제는 근거를 가져야 한다."라는 "인식의 논리적(형식적) 원리"(ÜE, BA16=VIII193)와 "모든 사물은 자기의 근거를 가져야 한다."라는 "초월적(질료적) 원리"(ÜE, BA16=VIII193이하)는 같은 것이 아니다. 논리적 명제는 논리적 근거로 충분하지만, 실재하는 사물은 질료적 근거 없이는 생기지 않기 때문이다. 그래서 "충분근거율의 보편적 진리가 단지 모순율에서 입증될 수 있다."라는 주장은 맞지 않다.(ÜE, BA19=VIII195 참조) 그러니까 하나의 법칙으로서의 근거율은 현상들에게만 보편적으로 타당한 것이다.

취득 取得 Erwerbung acquisitio

I. 1. 어떤 것을 나의 것이 되도록 만듦을 취득이라 한다.

"내가 (외적 자유의 법칙에 따라서) 나의 지배력 안에 둔 것, 내가 나의 의사의 객체로서 그것을 (실천이성의 요청에 따라) 사용할 능력을 가진 것, 끝으로 내가 (가능한 합일[합치/통일]된 의지의 이념에 맞게) 그것이 나의 것이 되도록 의욕하는 것, 그것은 나의 것이다."(MS, RL, AB77=VI258)라는 원리에 의해 나는 어떤 것을 취득한다.

2. "어떤 법적 행위 없이도 나의 것인 그런 외적인 것"은 "근원적으로 나의 것"인데, 이를 근원적 취득이라 한다. 이 근원적 취득은 다음의 세 요소를 갖추어야 한다. 곧 1) 누구에게도 속하지 않는 대상의 점취(apprehensio)(→), 2) 이 대상의 점유(→)와 나의 의사 행위의 표시(declaratio), 3) 그 행위에 의해 모든 사람이 나의 의사와 일치하도록 구속되는, 외적으로 보편적으로 법칙수립하는 의지의 행위로서의 영득(appropriatio).(MS, RL, AB76이하=VI258이하 참조) 요컨대 근원적 취득의 정당성은 감성적 점유(→)로부터 예지적 점유가 올바르게 이끌어졌다는 사실에 기초한다.(MS, RL, AB78=VI259 참조)

II. 1. 취득의 질료(객체)로는 ① 물체적 물건(실체), ② 타인의 급부, ③ 타 인격 자체(그자를 임의대로 처분할 권리를 얻은 한에서의 타 인격)가 있다.(MS, RL, AB79=VI259 참조)

2. 취득 형식(방식)으로는 ① 물권(Sachenrecht: ius reale), ② 대인권(persönliches Recht: ius personale), ③ 물권적-대인권(dinglich-persönliches Recht: ius realiter personale)이 있다.(MS, RL, AB79=VI260 참조)

3. 취득의 권원(titulus)은 ① 일방적 의사 행위, ② 쌍방적 의사 행위, ③ 전방적 의사 행위가 있을 것인데, 이에 의해 외적인 어떤 것은 ① 사실에(facto) 의하거나, ② 계약에(pacto) 의하거나, ③ 법률에(lege) 의해 취득된다.(MS, RL, A80=B79이하=VI260 참조)

취미 趣味 Geschmack

1. '취미'란 "미적인[아름다운] 것을 판정하는 능력"(KU, B3=V203), 바꿔 말해 심미(審美)이다. 그래서 취미는 "대상 또는 표상방식을 일체의 관심 없이 흡족이나 부적의[不適意]함에 의해 판정하는 능력"(KU, B16=V211)이고, "보편타당하게 선택하는 미감적 판단력의 능력"(Anth, BA186=VII241)이라 규정할 수도 있다. 그것은 "상상력의 자유로운 합법칙성과 관련하여 대상을 판정하는 능력"(KU,

B68/9=V240)이기 때문이다.

2. 취미는 주관적인 것임에도 불구하고 보편타당성을 요구주장할 수 있는 것이기 때문에, "주어진 표상에서의 우리의 감정을 개념의 매개 없이 보편적으로 전달[공유]가능하게 하는 것을 판정하는 능력이라고 정의할 수도 있겠"(KU, B160=V295)고, "주어진 표상과 (개념의 매개 없이) 결합되어 있는 감정들의 전달[공유]가능성을 선험적으로 판정하는 능력"(KU, B161=V296)이라고 일컬을 수도 있다. "취미란 보편타당하게 선택하는 미감적 판단력의 능력이다."(Anth, AB186=VII241)

3. 취미가 자기의 감정을 "다른 모든 사람들에게 전달할 수 있게 해주는 모든 것을 판정하는 능력"(KU, B162이하=V297)인 한에서, "취미는 우리 인간을 사교적으로 만든다."(V-Anth/Collins, XXV187) "그러므로 취미는 상상력에서 외적 대상들에 대한 사회적 판정의 능력이다."(Anth, BA186=VII241) — "무인도에 버려진 사람은 그 자신 홀로는 자기의 움막이나 자기 자신을 꾸미거나 꽃들을 찾아내거나 하지 않으며, 더구나 단장하기 위해 꽃들을 재배하는 일은 없을 것이다. 오직 사회에서만 그에게 한낱 인간이 아니라 자기 나름으로 세련된 인간이고자 하는 생각이 떠오른다. (이것이 문명화의 시작이다.)"(KU, B163=V297)

취미판단 趣味判斷 Geschmacksurteil

1. 대상을 아름답다거나 아름답지 않다[추하다]고 판정하는 취미판단은 대상의 인식에 대해 아무런 언표를 하지 않으면서도 감각에 기초해 대상을 판정하는 판단이다. 취미판단은 인식판단과는 달리 "논리적"이지는 않지만, "미감적[감성적]"이기는 하다.(KU, B4=V203 참조)

2. "미감적[감성적]이란 그 규정근거가 주관적일 수밖에 없다는 뜻이다."(KU, B4=V203) "이 장미는 붉다."라는 인식판단에서 술어 '붉다'는 '이 장미'라는 객관의 속성으로 언표되지만, 예컨대 "이 장미는 아름답다."라는 취미판단에서 '아

름답다'라는 술어는 주관의 감정에 귀속하는 것이고, 미[아름다움]란 오로지 취미에 속하는 것(Anth, BA187=VII241 참조)으로서 한날 주관적인 것이다. 그럼에도 "이 장미는 아름답다."라는 미감적 판단도 '이 장미'라는 대상과 관련한 판단이고, 그런 만큼 대상에 대한 인식을 전제하는 것으로서 "언제나 지성과의 관계가 함유되어 있기 때문"(KU, B4=V203)에 순수 지성개념들인 질·양·관계·양태의 네 계기에서 고찰할 수 있다. 다만 인식판단에서와는 달리 "이 장미는 아름답다."라는 미감적 판단에서는 '아름답다'라는 판단의 '질'이 맨 먼저 고려되어야 하기 때문에 고찰의 순서에서는 질의 계기가 가장 먼저일 수밖에 없다.

질의 계기

1. 질(Qualität)의 면에서 취미판단은 주관적이고, 감성적/미감적이고, 일체의 이해관심 없이 내려진 것이다.

2. 인식판단에서는 표상이 지성에 의해 객관과 관계 맺어지나, 순수한 취미판단에서는 표상이 상상력에 의해 순전히 판단주관과 관계 맺어진다. 주어진 표상에서 느껴지는 쾌·불쾌의 감정은 주관의 "생명감(Gefühl des Lebens)"(KU, B129=V277)으로서 우리 마음이 이 표상에서 촉발되는 방식에서, 곧 그 표상이 우리의 생명력을 강화 내지 고양하는가 아니면 저지 내지 강하시키는가에 따라서 나오는 것이다. 취미판단의 이러한 규정근거는 순수하게 주관적이고, 감성적/미감적이며, 논리적(개념적)이지 않다.(KU, B5=V204 참조)

3. 순수한 미감적 흡족(Wohlgefallen)(→)이나 부적의(不適意: Mißfallen)함은 질적인 면에서 볼 때 어떠한 이해관심(Interesse), 곧 "한 객관 또는 한 행위의 현존에 대한 흡족"(KU, B10=V207)과도 결합되어 있지 않으며, 그러므로 우리의 욕구능력과는 관련이 없다.(KU, §2 참조) 이 점에서 미감적 흡족은 다른 두 종류의 흡족, 곧 '쾌적한 것'에서의 흡족이나 '좋은[선한] 것'에서의 흡족과 구별된다.

"쾌적한 것이란 감각에서 감관들에 적의한 것을 말한다."(KU, B7=V205) 그래서 쾌적한 것은 그것을 감각하는 자에게 쾌락[즐거움]을 주고 그로 인해 "경향성

[애착]이 산출된다"(KU, B10=V207). 쾌적한 것에는 감관의 관심, 경향성의 관심이 뒤따르는 것이다. 그래서 누가 "어떤 대상이 쾌적하다."고 말하는 것은 그 대상에 대한 어떤 "이해관심을 표현"(KU, B9=V207)하는 것이다.

"좋은[선한] 것이란 이성을 매개로 순전한 개념에 의해 적의한 것을 말한다."(KU, B10=V207) 좋은[선한] 것은 이성에 의해 규정되는 욕구능력의 대상이다. 어떤 것이 좋은 것은, 그것이 직접적이든 간접적이든 우리 의욕의 목적이기 때문이다. 좋은 것 "안에는 언제나 목적의 개념"이, 그러니까 이성의 어떤 "의욕과의 관계"가, 다시 말해 "어떤 이해관심이 함유되어 있다."(KU, B7=V205)

이에 반해 "취미판단은 한낱 관조적(→)이다."(KU, B14=V209) 이 관조는 어떠한 개념도 지향하고 있지 않다. 또한 취미판단은 대상의 현존에는 관심이 없으며, 오직 대상의 성질을 쾌·불쾌의 감정과만 결부시킨다. 그 때문에 상상력의 유희에 제한이 없다.

4. 쾌적한 것은 "즐거움을 주는 것"으로서 이성 없는 동물들도 느낀다. 그런가 하면 좋은[선한] 것은 존중되고 시인되는 것, 다시 말해 "누군가에 의해 객관적 가치를 부여받는 것"으로서 이성적 존재자들만이 지향하는 것이다. 그 반면에 '아름다운 것'은 "한낱 적의한 것"으로서 "동물적이면서도 이성적인 존재자들" 곧 "인간에게만"(KU, B15=V210) 느껴지는 것이다. 그러니까 즐거움이나 쾌락은 동물 일반이 갖고, 선함은 이성적 존재자 일반이 갖는 것인 데 비해, 미의 개념 또는 미감은 이성적 동물인 인간만이 갖는, 인간 고유의 것이다. 무엇이 미감을 갖고 있다 함은 그가 인간임을 말한다.

5. 요컨대, "취미는 대상 또는 표상방식을 일체의 관심 없이 흡족이나 부적의함에 의해 판정하는 능력"이며, 그래서 '일체의 관심 없이'도 흡족한 대상은 "아름답다고 일컫는다."(KU, B16=V211) "이로부터 저절로 나오는 결론은, 미적인 것은 일체의 관심을 떠나 적의한 것이어야 한다는 것이다."(KU, B115=V267)

양의 계기

1. 취미판단은 질적으로는 미감적[감성적] 곧 주관적이되, 양적으로는 보편성을 갖는다. 그래서 취미판단은 이른바 "주관적 보편성"(→)(KU, B18=V212)을 요구주장하는 단칭판단으로 표출된다.

2. 칸트는 "취미판단에서 쾌의 감정이 대상의 판정에 선행하는가, 아니면 대상의 판정이 쾌의 감정에 선행하는가." 하는 물음을 "취미 비판을 위한 열쇠"가 되는 물음이라고 본다.(KU, §9 참조) 이 물음에 대한 칸트의 답은 우리의 의지가 정언명령 곧 도덕법칙에 대한 존경의 감정에 의해 도덕적으로 규정되듯이, 미감적 흡족도 미감적 판정의 결과로 나타난다는 것이다.(KU, B29=V218 참조)

3. 어떤 대상에서 직관의 능력인 상상력과 법칙의 능력인 지성이 조화하면, — 사실 이러한 일은 판단력이 "상상력을 지성에 순응"(KU, B203=V319)시킴으로써 일어나는 것인데 — 다시 말해 상상력이 합법칙적이면 판단력에 의해 '아름답다'는 판정이 내려지고 그로써 대상에 대한 쾌감이 일어난다. 이때 우리가 아름답다고 부르는 대상의 표상과 결합해 있는 흡족은 모든 주관에 보편적으로 타당하며, 그 보편적 타당성은 '보편적 전달[공유]가능성'에서 드러나는 것으로, 이 보편적 전달[공유]가능성은, 한 주관에 의한 것이지만 인식이 보편타당성을 갖는 것이나 마찬가지의 이치로, 주관의 보편적 구조에 기반할 터이다. 그와 함께 취미판단이 주관적이면서도 보편적 타당성을 갖는 것은 그 판단이 어떠한 이해관심과도 결합되어 있지 않기 때문이며, 그래서 한 주관은 순전한 반성에서 한 대상을 아름답다 또는 아름답지 않다고 판정하는 데 "온전히 자유롭다"(KU, B17=V211)고 느낀다. 그럼에도 흡족의 "보편성은 개념들로부터 생겨날 수는 없다. 왜냐하면, [순수한 실천 법칙들에서 말고는] 개념들로부터 쾌 또는 불쾌의 감정으로의 이행은 없기 때문이다."(KU, B18=V211)

4. 그 미감적 곧 주관적 성격에도 불구하고 보편성이라는 술어는 "마치 그 아름다움[미]은 대상의 성질이고, 그 판단은 논리적인 (객관의 개념들로써 객관의 인식을 형성하는) 것처럼"(KU, B18=V211) 사용된다. 나는 나의 순수한 취미판단을

가지고서 다른 모든 사람들이 나에게 동의해야만 할 것을 요구주장하는 것이다. 물론 이 "보편적인 동의는 단지 하나의 이념[…]일 따름이다. 취미판단을 내리고 있다고 믿는 사람이 사실로 이 이념에 맞게 판단하고 있다는 것은 불확실할 수 있다. 그러나 그는 그럼에도 이 판단을 그 이념과 관계시키고 있다는 것을, 그러니까 그 판단은 취미판단이어야만 한다는 것을 미의 표현을 통해 알리고 있다."(KU, B26=V216)

5. 순수 미감적 판단은 "이 장미는 아름답다."와 같은 단칭판단으로 표현된다. "모든 장미는 아름답다."라는 판단은 순수한 미감적 판단이 아니다. 순수한 취미판단에서 표현되는 쾌·불쾌의 감정은 언제나 개별 대상과 관계하지, 결코 대상들의 부류와 관계하지 않는다. 만약 우리가 사실로 이 세계의 장미 각각이 다 아름답다고 판정한다면, "모든 장미는 아름답다."라는 판단은 정당화될 것이다. 그러나 이 판단은 순수한 취미판단이 아니라, 미감적 판단자로서 우리가 주어진 표상에서 가진 적이 있던 감정들에 관한 총괄적인 언표이다. 미적 기예 곧 예술에 대해서도 마찬가지이다. "김환기의 이 그림 〈달과 새〉는 아름답다."는 하나의 미감적 판단이다. 그러나 "이중섭의 모든 그림은 아름답다."는 미감적 판단이 아니다. 그것은 우리가 이중섭의 모든 그림 각각을 미감적으로 판정했고, 매번 우리의 흡족에 근거해서 그것들이 아름답다는 것을 알았다는 사실을 언표하는, 그러니까 하나의 '지성적' 판단인 것이다. 반면에 미감적 판단은 어떠한 지성적 곧 보편적 개념에 의거해 있지 않으면서도 보편성을 표현한다.

6. 요컨대 미감적 판단은 주관적 보편성을 갖는 단칭판단으로 표현되며, 그래서 사람들은 "개념 없이[도] 보편적으로 적의한 것은 아름답다."(KU, B32=V219)고 말한다.

관계의 계기

1. 취미판단도 인과 관계를 포함하고 있다. 다만 그 인과 관계는 작용 연결(nexus effectivus)이 아니라 목적 연결(nexus finalis)이다.

2. 작용 연결은 어떤 원인으로 인하여 어떤 결과가 유래하는 관계로서, 그러니까 그 원인이 결과의 근거이다. 기계적 자연인과에서 원인, 즉 작용인(作用因: causa efficiens)은 결과인 어떤 것의 실존의 근거인 것이다. "며칠간의 따사로운 햇볕이 우리집 정원의 장미 꽃망울을 오늘 아침에 터뜨렸다."는 사태에서 햇볕이 내리쬠은 장미꽃이 피어난 한 원인이다. 그런데 목적이 행위를 규정하는 경우에서는 목적 표상이 동시에 행위의 근거(이유)와 결과를 나타낸다. "건강을 위해 나는 의사의 처방대로 섭생한다."에서 건강함은 섭생함의 이유이자 결과이다. 그러한 것을 곧 '목적(Zweck)'이라 일컫는다. 섭생함을 통해 결과적으로 건강함에 이르는데, 건강함은 당초에 섭생함의 목적이었으니, 섭생함이라는 행위는 그 목적에 따른 것, 즉 '합목적적(zweckmäßig)'이다. — '합목적성(目的 形式: forma finalis)'이란 그러니까 한 개념이 그것의 객관의 원인성인 것을 말한다(KU, B33=V220 참조) — 그리고 이때 나는 섭생함에서 만족을 얻는데, 이때 만족이란 목적의 충족이다. 그리고 저 섭생함은 건강함을 실제로 있게 하는 것이니, 이를테면 객관적 실재적 합목적성을 갖는 것이다.

3. 그런데 "이 장미꽃은 아름답다."라는 미감적 판단에서 내가 이렇게 판정하는 것은, 이 장미꽃에서 나의 상상력의 유희가 나의 어떤 목적이 충족된 것인 양 나의 마음을 "활성화"(KU, B37=V222)하고[생기 있게 만들고], 지성의 법칙성과 합치함으로써 나의 생명력을 약동하게 하여 나의 쾌의 감정을 불러일으키기 때문이다. 그러니까 이 장미꽃은 의지적인 것이 아니므로 결코 어떠한 목적을 가지고 있지 않건만, 그럼에도 마치 나의 쾌감을 불러일으키기 위해서, 곧 자유로운 상상력과 합법칙적인 지성의 화합을 위해 있는 것처럼 인지된다. 이에서 나의 반성적 판단력은 "이 장미꽃은 아름답다."라고 판정을 내리고, 나는 미적 쾌감을 느끼는 것이니, 이 아름다운 장미꽃은 이를테면 나의 인식력들에 대해 합목적적인 것이다. 그러므로 이 합목적성은 한낱 주관적인 것일 뿐이며, 또한 이 아름다운 장미꽃의 근저에 어떠한 특정한 실재적인 목적도 없으니, 이 합목적성은 실제로는 아무런 목적도 없는 형식적인 것, 이를테면 "목적 없는 합목적성"(KU, B44=V226)일 따름이다. — 물론 "주관 안의 순전한 자연본성"에 "(어떠

한 지성개념도 도달하지 못하는) 우리의 모든 능력의 초감성적 기체"가 있어, 이것이 "우리의 모든 인식능력들을 부합"시킴으로써 아름다움의 표상이 생기는 것이라면, 미감적 합목적성에도 어떤 '척도' 곧 '목적'을 생각할 수도 있기는 하겠다.(KU, B242=V344 참조) —

4. 요컨대 관계의 계기에서 볼 때 "미는, 합목적성이 목적의 표상 없이도 대상에서 지각되는 한에서, 대상의 합목적성의 형식이다."(KU, B61=V236)

양태의 계기

1. 순수한 취미판단은 "필연적"(KU, B62=V236)이다. 그런데 취미판단은 근본적으로 주관적이니, 취미판단은 '주관적 필연성'을 갖는 것이다. 어떻게 이러한 판단은 주관적이면서도 필연적인 성격을 갖는가?

"취미판단은 누구에게나 동의를 감히 요구한다. 어떤 것이 아름답다고 언명하는 사람은 누구나 눈앞에 있는 그 대상에 대해 찬동을 보내고, 그와 함께 그 대상이 아름답다고 언명해야 한다고 의욕한다."(KU, B63=V237) 그렇지만 요구된 찬동은 아무런 개념적 근거도 가질 수 없다. 이 찬동은 지금까지 모든 사람들이 이 판단에 실제로 동의했다는 확인에서 나오는 것도 아니다. 귀납에 의해 얻은 '비교적인 보편성'은 아무런 필연성도 없으니 말이다. 오히려 우리가 "모든 사람의 동의를 구하는 것은, 그러한 동의를 위한 만인에게 공통인 근거를 가지고 있기 때문이다."(KU, B63=V237) 내가 "이 장미꽃은 아름답다."라고 판단하면서 이에 대해 만인의 동의를 요구주장하는 것은 이 판단이 만인이 공유하는 어떤 선험적 원리에 의거하고 있고, 그러니까 나의 판단은 누구나 그렇게 내릴 터인 판단의 하나의 '견본'이라고 생각하기 때문인 것이다. 그런데 취미판단은 결코 개념들에 의해서가 아니라, 순전히 "감정에 의해서" "무엇이 적의하고 무엇이 부적의한가를 규정하는"(KU, B64=V238) 것이다. 그러므로 이제 취미판단은 주관적이면서도 보편타당성을 요구주장하는 감정의 원리에 근거하고 있다 하겠다. 이러한 "주관적 원리"(KU, B64=V238)를 칸트는 "공통감(sensus communis)"

(→)(KU, B64=V238)이라고 부른다. 취미판단의 보편타당성의 기반인 "감정의 전달가능성" 또는 "조율[同調](Stimmung)"은 우리의 인식력들의 자유로운 유희의 결과를 우리의 마음에 현시하는 "하나의 공통감"을 전제하는 것이다.(KU, B66=V239 참조) 더구나 우리는 다른 사람들이 우리의 판단과 어긋날 때도 보편적인 동의에 대한 요구를 견지하므로, 이 '공통감'은 우리가 다른 모든 사람들에게 규칙으로 삼는 이상적 규범을 나타낸다.

2. 그래서 우리는 "아름다운 것"은 "개념 없이[도] 필연적인 흡족의 대상으로서 인식되는 것"(KU, B68=V240)이라고 말한다. 한낱 "지성과의 상상력의 주관적 합치"는 개념을 떠나 감정에서 이루어지는 것으로, 대상들이 이 자유로운 "개념 없는 합법칙성"의 기준을 충족시키지 못하면, 그것들은 아름답지 않다. 요컨대, "미적인[아름다운] 것은 순전한 판정에서 — 그러므로 감관의 감각을 매개로 해서도 아니고 지성의 개념에 따라서도 아니라 — 적의한 것이다."(KU, B114이하=V267)

친화[성]/근친성/친족성 親和[性]/近親性/親族性 Verwandtschaft/Affinität affinitas

1. 친화란 "잡다한 것이 하나의 근거에서 유래함으로 인한 통합"(Anth, A82=B83=VII176)을 뜻한다. 본래 이 말은 화학 용어로, "그것은 종적으로 서로 다른, 물체적인, 긴밀하게 서로에게 작용하여 통일을 이루려고 하는 두 가지 소재의 교호작용을 말한다. 여기서 이 통합은 이질적인 두 소재의 통합을 통해서만 산출될 수 있는 속성들을 갖는 어떤 제3의 것을 낳는다."(Anth, AB84=VII177) 감성과 지성이 합일됨으로써만 인식이 성립함을 이에 유비하여 살펴볼 수 있다.

감성과 지성은 서로 뒤섞일 수 없는 몫을 가지되 "통일됨으로써만" 인식이 생길 수 있는데, "그것은 마치 하나가 다른 하나를, 또는 둘이 하나의 공통의 줄기를 그 근원으로 갖는 것인 양하다. 그럼에도 이러한 일을 있을 수 없는 것으로,

적어도 우리로서는 어떻게 이종적인 것이 동일한 뿌리에서 싹틀 수 있었는지를 이해할 수 없다."(Anth, A84=B84이하=VII177) 그래서 칸트는 "인간 인식의 두 줄기가 있는데, 그것들은 아마도 하나의 공통의, 그러나 우리에게 알려져 있지 않은 뿌리로부터 생겨난 것으로 감성과 지성이 바로 그것이다."(KrV, A15=B29)라면서 이 양자의 친화성의 원천 내지 뿌리를 미지의 것으로 남겨둔다.

2. 잡다(→)가 포착(→)되어 지각이 이루어지고, 이 지각들에 의해 인식이 이루어지는 것은 지각들이 한낱 "집적"만 되지 않고, 연합하고 통일되기 때문인데, 이러한 통일이 가능한 것은 지각적 표상들이 근친성을 가진 까닭이라 해야 할 것이다. 그래서 칸트는 표상들의 "연합의 객관적 근거"를 표상들의 "근친성"이라 일컫는다.(KrV, A122 참조)

3. 체계적 통일은 "세 논리적 원리"(KrV, A658=B686)에 기초하고 있다. 유(類)에 속하는 잡다한 것은 서로 이질적이면서도 동종성을 가지며, 이러한 유들이 단계적으로 통일되는 것은 유들이 연속적으로 근친성을 갖기 때문이라 할 것이다. 그래서 체계적 통일에는 "동질성·특수화·연속성의 원리"(KrV, A658=B686)가 작동한다고 볼 수 있다. 여기서 연속성의 원리는 동질성의 원리와 특수화의 원리를 결합함으로써 생기는데, 이렇게 상위 유들로 올라가고 하위 종들로 내려감에 있어서 체계적 연관성이 있다고 보는 것은 모든 잡다가 "서로 친족적"이라 생각하기 때문이다.(KrV, A658=B686; KU, BXXXV이하=V185이하 참조)

이렇게, 경험적 법칙들의 이종성과 자연형식들의 이질성에도 불구하고 자연이 "특수한 법칙들의 근친성에 의해 보다 보편적인 법칙들 아래서 하나의 경험적 체계로" 경험된다는 것은 "하나의 주관적으로-필연적인 초월적 전제"이다. 이 전제가 곧 반성적 "판단력의 초월적 원리"이다. 반성적 판단력은 "특수를 (그 개념이 주어져 있는) 보편 아래 포섭하는 능력일 뿐만 아니라, 또한 거꾸로, 특수에 대한 보편을 찾아내는 능력"(EEKU, XX209이하=H14)을 일컬음이다.

4. 친화성/근친성/친족성의 원리는 자연, 자연 현상들, 자연에 대한 인식들의 체계적 통일성을 담보하는 원리이자 학문 일반의 "건축술적 통일"(KrV, A833=B861)을 보장하는 원리이다.

〚 ㅋ 〛

『칸트의 교육학』 / 『교육학』 *Immanuel Kant über Pädagogik*

『칸트의 교육학』의 출간 경위

1. 칸트가 정교수로 취임한 지 몇 해 후 1774년에 쾨니히스베르크 대학은 '교육기관의 개선을 위해서' 그리고 정부의 실천 교육학 강의 규정에 따라서 새롭게 교육학 강좌를 개설하여, 이를 철학부의 교수가 번갈아가면서 담당하도록 했다. 칸트는 처음으로 1776/77년 겨울학기에 30명의 수강생을 대상으로 교육학 강의를 했으며, 교재로는 당대의 박애주의 교육자 바제도(→)의 관련 서적들을 사용했다 한다.(Päd, A20=IX448 등 참조) 그 후 칸트는 그의 대표 저술인 『순수이성비판』(1781)의 원고를 정리하던 중인 1780년 여름학기에 순번에 따라서 두 번째 교육학 강의를 담당하였다. 이때 사용한 교재가 쾨니히스베르크 대학 신학교수였던 보크(Friedrich Samuel Bock, 1716~1785)가 방금 펴낸 책 『기독교적 교육자와 장래의 청년교사들을 위한 교육학 교과서(*Lehrbuch der Erziehungskunst zum Gebrauch für christliche Erzieher und künftige Jugendlehrer*)』(Königsberg 1780)였는데, 물론 여타의 강의에서도 그러했듯이 칸트가 교재대로 강의를 해나

간 것은 아니었다. 그 후에도 두 차례(1783/84 겨울학기, 1786/87 겨울학기) 더 강의 공고가 났었다고 하나(IX569 참조), 실제로는 담당하지 않은 것으로 보인다. 그때에는 이미 학부에 교육학 교실이 설치되고 전임교수가 부임하여 교육학 강의를 전담한 기록이 있기 때문이다.(K. Vorländer, *Immanuel Kant — Der Mann und das Werk*, Hamburg [2]1977, S. 227 참조)

2. 칸트는 교재로 제시한 책과 관련 문헌들을 참고하여 강의안을 작성했고, 이것을 두 번째 강의 학기 때(1780년 4월 12일부터 9월 12일까지)에는 60명의 수강생 앞에서 읽어가면서 부연설명을 한 것으로 보인다. 칸트가 이때의 강의안을 그 전해에 자신의 위탁에 따라 『임마누엘 칸트의 자연지리학(*Immanuel Kants physische Geographie*)』(Königsberg 1802)을 편찬해낸 신학부 교수인 링크(→)에게 다시금 단행본으로 출간할 것을 의뢰함으로써, 지금 우리가 읽고 있는 『임마누엘 칸트의 교육학(*Immanuel Kant über Pädagogik*)』(Königsberg, bei Friedrich Nicolovius, 1803)이 책으로 나왔다. 이러한 위탁 편찬 과정에서 적지 않은 소음과 불편함이 있었음은 '편자 머리말'을 통해 어느 정도 짐작할 수 있다. 이렇게 해서 비록 타인의 손에 의해 편찬되어 나왔지만, 이 『교육학』은 칸트 원문을 그대로 담고 있다고 인정되어, 출간 당시부터 칸트 자신의 저술로 간주되어왔다.(Warda Nr. 218)

3. 그러나 어떤 이의 '강의 수고(手稿)'를 제3자가 정리하여 책으로 펴낸 것은 단행본으로는 아무래도 여러 가지 결함을 갖기 마련이다. '강의 수고'는 제한된 강의 시간에 맞춰 작성되는 것인데다가, 강의자는 '강의 수고'에 요점만 적어놓고, 강의 현장에서 틈틈이 말을 채워 넣기도 하고, 사례를 추가하면서 강의를 이끌어가는 경우가 허다하기 때문이다. 그렇기 때문에 '강의 수고'를 바탕으로 한다 하더라도 원저자 자신이 출판 원고를 작성했다면 분명히 내용의 편성이나 문장 연결, 어휘 선택에서 다소간 차이가 있을 것이다.

4. 이러한 점들로 인해 편자인 링크 자신이 "만약 저 강의시간의 할당이 실제 있었던 것처럼 그렇게 옹색하지 않았더라면, 그리고 칸트가 이 대상에 관해 좀 더 부연하여 펼칠 계기를 얻었더라면, 이 소론들은 아마도 더욱 흥미롭고 많은

점에서 더욱 상세하였을 것이다."(Päd, AIV=IX439)라면서 책의 내용이 소략함을 아쉬워하고 있듯이, 칸트의 『교육학』은 151(VI+145)면의 작은 책자이다. 무엇보다도 서술에서 내용의 연결이 매끄럽지 못한 대목도 다수 보인다. 그러나 현재의 상태로도 독자가 연결어를 넣어가면서 읽어간다면, 이 책을 통해 칸트의 교육 사상을 해득하는 데 아무런 어려움이 없고, 오히려 그 간결한 서술이 칸트 교육 사상의 요령을 간취하는 데 도움이 되기도 한다. 그뿐만 아니라, 비록 칸트 자신이 장절을 나누고 제목을 가려 붙이는 일마저 하지 않았지만, 이전의 어느 저자의 교육학 저술보다도 내용이 체계적으로 구성되어 있다. 그리고 교육학이 인간의 교양 전반을 다루고 있기 때문에, 이 『교육학』은 이전의 칸트의 많은 저술들, 특히 도덕철학, 종교철학, 인간학의 상당 부분을 압축적으로 담고 있어서 그 연관을 살펴가면서 읽으면 그 내용이 사뭇 풍부해진다.

『칸트의 교육학』의 교육학사적 의의

1. 칸트는 교육에 알맞은 시기를 "대략 16세까지"(Päd, A31=IX453)라고 보면서도, 그의 『교육학』은 실상 소년기(13세까지)까지의 아이들에 관한 교육론을 펴고 있다. 그것은 아마도 당시 프로이센 법이 어린아이(Kinder)를 7세 미만으로, 미성년자(Unmündige)를 14세 미만으로 규정(*Allgemeines Landrecht für die Preußischen Staaten von 1794*[*ALR*], ERSTER THEIL, Erster Titel, §25 참조)하고 있고, 그에 따라 자식에 대한 "감독과 교육에 대한 양친의 권리"(MS, RL, §29 참조)를 14세까지로 인정하고 있는 사정을 감안한 것으로 보인다. 이에 비해 로크는 교육론에서 "21세가 되어 성년이 되어 결혼하면, 그것으로써 교육이 끝난다."(J. Locke, *Some Thoughts concerning Education*, 1693 · ^{2}1695, §215 참조)고 말하고 있고, 루소는 그의 『에밀』(J.-J. Rousseau, *Émile, ou De l'éducation*, Amsterdam 1762)에 성년 초기 시민 정치 교육까지를 포함하고 있어, 적어도 23세까지의 청년을 교육 대상으로 보고 있다. 이러한 견해 차이는 '교육'의 성격과 인간의 성장 과정을 어떻게 보는가의 관점의 차이에서 비롯한다 하겠다.

2. 칸트 교육학은 종전의 다수 교육론과 달리 일반 시민 교육을 내용으로 갖는다는 점에서 근대 민주사회 교육론의 개시로서도 의미를 갖는다. 예컨대 로크의 『교육론』은 귀족의 가계 상속자를 염두에 두고 전개되고 있고, 그 반면에 루소의 『에밀』은 특수한 상황에 놓인 아이의 개인교육을 서술의 중심에 두고 있다. 물론 칸트 역시 당시 사회 구조와 관행을 근본적으로 타파하지는 못하고, '능동적 시민'(MS, RL, §46 참조)만을 대상으로 삼아 교육론을 펴고 있지만, 칸트 당대에는 '수동적 시민'에 비해 이미 '능동적 시민'이 대다수였으니, 칸트 교육론을 보편적 교육론의 효시라고 보아도 크게 틀리지 않을 것이다.

『칸트의 교육학』의 편성

서론

교육 일반

도덕화 교육의 의의

부육(扶育)과 교양[도야]

본론

자연적 교육

보육

훈육

교화

실천적 교육

종교 교육

성교육

세계시민 교육

『칸트의 교육학』의 지속적 의미

1. 칸트의 『교육학』이 여전히 의미를 잃지 않은 것은 그에 담겨 있는 인격 고양을 위한 도덕화 교육의 의의 때문일 것이다.

2. 인간은 여느 동물처럼 "길들여지고 조련되고 기계적으로 교습"(Päd, A24=IX450)되어서는 안 된다. 아이들이 교육에서 익혀야 할 것은 스스로 "생각하기"(Päd, A24=IX450)이며, 깨우쳐야 할 것은 "그로부터 모든 행위들이 나오는 원리들"(Päd, A24=IX450)이다. 그리고 그 원리들에 따라 실천하는 힘을 길러야 한다. 무엇보다도 윤리적 행위야말로 원리로부터 나와야 한다. 누구의 가르침이나 뒤따름 보상 때문에 선행을 하는 것이 아니라, 그렇게 행하는 것이 옳다는 "내적 가치 때문에"(Päd, A25=IX451) 선행을 할 때 인간은 도덕화되었다고 말할 수 있다.

훈육과 교화 그리고 문명화가 설령 잘 이루어져 있다 해도 도덕화가 함께하지 않으면, 세상의 "악의 분량은 감소하지 않을 것이다."(Päd, A26=IX451) 국가가 번영해도 시민들은 비참함을 벗어나지 못하고 문화가 꽃핀 사회에서도 사람들이 더 행복하지 못한 것은 그러한 탓이다.

캄퍼르 Peter Camper

캄퍼르(1722~1789)는 칸트 당대 네덜란드의 의학자로, 해부학, 골상학 분야에서 활발하게 활동했다. 그는 다방면의 저술을 하였고, 독일어 번역판도 여럿이 나왔다.

『구두의 최상의 형식에 관한 논고(*Abhandlung über die beste Forme der Schuhe*)』(Berlin 1783)에 대한 칸트의 언급(KU, B175=V304 참조)도 있고, 『해부학 · 병리학 개론(*Demonstrationes anatomico-pathologicae*)』 (전2권, Amsterdam 1760~62)에 대한 언급도 보인다.(KU, B386=V428 참조)

캄퍼르는 동물들의 기질을 두고 린네(→)와 논쟁을 벌였는데, 오랑우탕에 관한 그의 저술 독일어 번역판 『오랑우탄과 원숭이 종의 자연사(*Naturgeschichte des Orang-Utang und einiger andern Affenarten, des Africanischen Nashorns und des Rennthiers*)』(J. F. M. Herbell, Düsseldorf: Dänzer 1791)에 그 내용이 실렸고, 이에 관해 칸트 또한 언급하고 있다.(Anth, A317=B314=VII322; SF, A151=VII89 참조)

코페르니쿠스 Nicolaus Copernicus

코페르니쿠스(1473~1543)는 그의 저술 『천체 원운동의 혁명에 관하여(*De revolutionibus orbium coelestium*)』(Nürnberg 1543)에서 종래의 지구 중심의 천동설에 반대하여 태양 중심의 지동설을 주창했다. 천체 관찰의 이러한 시각 전환의 예에 따라 칸트는 인식 대상과 인식주관의 관계에 대한 "사고방식의 변화"(KrV, BXVIII)를 주장했는데, 이로부터 이른바 '코페르니쿠스적 전환'(→)이 유래한다.

코페르니쿠스적 전환 kopernikanische Wende

1. "이제까지 사람들은 모든 우리의 인식은 대상들을 따라야 한다고 가정하였다. 그러나 대상들에 관하여 그것을 통해 우리의 인식이 확장될 무엇인가를 개념들에 의거해 선험적으로 이루려는 모든 시도는 이 전제 아래에서 무너지고 말았다. 그래서 사람들은 한 번, 대상들이 우리의 인식을 따라야 한다고 가정함으로써 우리가 형이상학의 과제에 더 잘 진입할 수 있겠는가를 시도해봄 직하다. 이런 일은 그것만으로도 이미 대상들이 우리에게 주어지기 전에 대상들에 관해 무엇인가를 확정해야 하는, 요구되는바 대상들에 대한 선험적 인식의 가능성에 더 잘 부합한다. 이것은 코페르니쿠스의 최초의 사상이 처해 있던 상황과

똑같다. 전체 별무리가 관찰자를 중심으로 회전한다는 가정에서는 천체 운동에 대한 설명이 잘 진척되지 못하게 된 후에, 코페르니쿠스는 관찰자를 회전하게 하고 반대로 별들을 정지시킨다면, 그 설명이 더 잘 되지 않을까를 시도했다. 이제 형이상학에서 우리는 대상들의 직관과 관련하여 비슷한 방식의 시도를 해볼 수 있다. 직관이 대상들의 성질을 따라야만 하는 것이라면, 나는 사람들이 어떻게 그것에 관하여 무엇인가를 선험적으로 알 수 있는가를 통찰하지 못한다. 그러나 대상이 (감관의 객관으로서) 우리 직관능력의 성질을 따른다면, 나는 이 가능성을 아주 잘 생각할 수 있다. 그러나 이 직관들이 인식이어야 한다면, 나는 이 직관에 머무를 수만은 없고, 표상인 그것을 대상인 무엇인가와 관계 맺고 저 표상을 통해 이 대상을 규정해야 하므로, 다음 두 가지 중 하나를 가정할 수 있다. 하나는, 그것을 통해 내가 이 규정을 실현하는 그 개념들이 대상들을 따른다고 가정할 수 있고, 그때 다시금, 내가 이에 관해 무엇인가를 어떻게 선험적으로 알 수 있는가의 방식 문제 때문에 똑같은 곤경에 빠지는 경우이다. 또 하나는, 그러니까 같은 말이 되겠지만, 나는 오로지 거기에서만 대상들이 (주어진 대상들로서) 인식되는 경험이 이 개념들을 따른다고 가정하고, 경험이란 그 자체가 일종의 인식 방식으로서 내가 그것의 규칙을, 대상들이 나에게 주어지기 전에, 내 안에서, 그러니까 선험적으로 전제할 수밖에 없는 지성을 요구하는 것이고, 그러므로 이 규칙은 경험의 모든 대상들이 반드시 그것들에 따라야 하고 그것들과 합치해야만 하는 선험적 개념들에서 표출되는 것이므로, 이내 좀 더 쉽게 빠져나갈 길을 발견하는 경우이다."(KrV, BXVI~XVIII)

2. 이러한 천체 관찰의 시선 전환을 존재 규정에 적용하는 것을 '코페르니쿠스적 전환'이라고 일컫거니와, 그것은 사물 인식에서 '사물'을 '그 자체로 존재하는 것'이 아니라, 인식자에 의해 인식되는 것, 즉 '대상(Gegenstand)'으로 보는 "사고방식의 변혁"을 일컬음이다. 그것은 다른 것이 아니라 인식에서 밑바탕에 놓여 있는 것(substratum)이라는 의미에서 '주체(subiectum)'로 여겨졌던 사물을 '객체(Objekt)'로 보고, '주체'란 오히려 이 객체를 인식하는 자, 곧 인간 주관을 지칭함을 뜻한다. 이것은 주객의 전환이요, 주객을 전도시키는 사고의 혁명이

다. 이로써 '초월적인 것'이란 인간 인식능력 너머의 것이 아니라, 인간의 인식능력이, 인간의 의식이 자신을 넘어 대상 안으로 들어가는(초월하는) 자발적 작동을 지칭한다.

3. 이 같은 '코페르니쿠스적 전환'은 칸트 초월철학의 요체를 가장 잘 드러낸 사고방식의 혁명이다. 종래의 실재론의 관점에서 존재자는 우리 인간 의식과 무관하게 인간 의식 너머에, 그러니까 초월적으로 존재하는 것으로 여겨졌다. 그래서 칸트는 이런 관점을 "초월적 실재론"이라고 일컫는다. 그러나 칸트는 이러한 주장은 근거가 없다고 생각한다. 도대체 당신이 어떤 것이 '인간 의식과 무관하게 인간 의식 너머에 그 자체로 존재하는 것'을 어떻게 아는가? 기껏해야 사람이 알 수 있는 것은 '내가 아는 한, 저것은 나와는 무관하게 그 자체로 있는 것'이라는 것이다. 그러니까 설령 '그 자체로 있는 것'이라 하더라도, '내가 그렇게 인식하는 한'이라는 조건 아래서만 그렇다는 것이다. 그러니까 '나'라는 인식주관을 전제하지 않고서는 어떠한 앎도 말할 수 없고, 그러므로 세계는 오로지 이러한 나의 앎의 대상으로서 있는 것이다. 존재자란 인간 의식에 초월해 있는 것이 아니다. 인간 의식이 대상으로 넘어 들어가 그것을 파악하는 것이니까, 인간 의식이 초월하는 활동을 하는 것이다. 이로써 '초월'의 의미에도 전환이 생겼다.

4. 이 초월의 의미 전환은 인식론적으로뿐만 아니라, 존재론적으로도 혁명적이다.

이전까지 사람들은 세계를 서술하면서 존재자(ens)나 사물(res)이라는 말을 썼다. 칸트도 더러는 존재자(Wesen)니 사물(Ding)이니 하는 말을 쓴다. 그러나 정작 인간에게 엄밀한 의미에서 지식은 대상 인식뿐이다. 이 인식에서 인간 의식 곧 주관의 짝은 존재자나 사물이 아니라 대상(Gegenstand)이다. 자기를 주(主)로 놓으니까 나머지는 다 대상(對象)인 것이다. 다 객(客), 객체(客體)이다. 그러니까 주가 없으면 객도 없다. 그래서 주객은 늘 함께 있다. 다만 주는 주로 있고 객은 객으로 있다. 여기서 코페르니쿠스적 전환이란 지금까지는 주(主)의 자리에 있던 것이 존재자나 사물이었는데, 그 자리에 인간의 의식을 놓아보자는 사고방식의 변경을 뜻하는 것이다. "이 책상이 딱딱하다."라는 명제 즉 사태에서 '이 책상'이라는 사물이 주(subiectum)로 여겨져왔다. 이러한 세계 서술에서 늘 주의 자리에 있는 것은 모두 존재자였고 사물이었다. 그런데 이제 칸트에게 '이 책상'은 객(obiectum)인 것이다. 그러면 주는 무엇이며, 그것은 어디에 있는가? "이 책상이 딱딱하다."고 인식하는 자가 주(subiectum)이다. 이러한 인식을 하는 자가 바탕에 놓여 있는 것, 기체(基體: substratum)이다. 이로써 이제까지 주로 여겨졌던 존재자나 사물은 객으로 바뀐다. 이러한 주객의 전도가 코페르니쿠스적 전환이다.

존재자가 대상으로 바뀌었다. 그런데 대상이라는 것은 무엇에 마주서 있는 것이니까 마주서 보는 자가 있을 것 아니겠는가? 그것이 주관(主觀)이다. 주관은 인식의 밑바탕에 있다. 밑바탕에 놓여 있는 것을 기체(基體)라고 한다. 밑바탕에 놓여 있는 주관 위에서 세계가 펼쳐진다. 이렇게 펼쳐진 세계 내의 사물들은 모두 대상이니 결국 주관 의존적이 된다. 주관을 빼버리면 다 무너진다. 아무 관계도 없는, 무의미한 것이 된다. 그래서 주관이 하는 일을 존재자에게 의미를 부여하는 일이라고 한다. 인식이란 대상세계에 대한 존재의미 부여 활동이다. 칸트의 의식의 초월작용은 존재의미 부여 작용이다.

5. 예를 들어 부연하자면, 존재세계 자체가 무엇인지 우리는 모른다. 그런데 무엇인가가 우리 감성을 촉발하여 갖가지 소재가 주어질 때, 그것이 무엇일까 알고자 하는 내가, "너(b), 너(k), 너(o), 너(o) 이리 모여 지정 순서대로 앉아봐." 하고서, 'book'으로 종합 통일하면, 그 소재들은 '책'이라는 의미를 얻는다. 나의 인식주관이 b, k, o, o 라는 소재를 만들어내는 것은 아니지만, 그것들을 모아 배열 정리하고 종합 통일함으로써 하나의 의미 있는 대상으로 만든 것이다. 그래서 칸트는 우리 인식주관을 '절반쯤 창조자'라고 한다. b, k, o, o까지를 모두 만들어냈다면, 그것은 세계를 인식하는 것이 아니라, 세계를 창조하는 것이다. 그러니까 인식주관이 세계의 창조자는 아니지만, 의미부여자라는 뜻에서 주관이고, 대상은 인식주관의 피조물은 아니지만 규정된 것이다. 그러므로 코페르니쿠스적 전환이란 이전까지의 '주'와 '객'의 위치를 서로 바꿔보는 것을 뜻하며,

이는 존재자와 인간 의식의 관계 변경을 지구 중심의 천동설이 태양 중심의 지동설로 전환된 것에 비유한 것이다.

쾌 · 불쾌 快 · 不快 Lust und Unlust

→ 감정 → 쾌 · 불쾌의 감정

쾨니히스베르크 Königsberg

쾨니히스베르크는 13세기(1255) 독일 기사단에 의해 세워진 항구 도시로, 칸트는 이곳에서 태어나 일생을 이 도시에서 살았다.

쾨니히스베르크는 1525년에 프로이센 공국(Herzogtum Preußen)의 수도가 되었으며, 대공 프리드리히 3세(Friedrich III, 1657~1713)가 여기서 1701년에 프리드리히 1세 왕(Friedrich I, 재위: 1701~1713)으로 즉위함으로써 장차 독일 통일 제국을 이루게 되는 프로이센 왕국의 중심도시가 되었다. 칸트가 대학 강사로 출발한 1755년에 도시 건립 500주년 기념행사가 매우 '호화롭게' 거행되었으며, 칸트도 이를 함께했다.(B. Dörflinger / J. J. Fehr / R. Malter(Hs.), *Königsberg 1724–1804*, S. 197 참조)

칸트 말년인 1800년에 도시는 주민 수가 6만 명(당시 프로이센의 수도 Berlin은 17만 명, 또 다른 대도시인 Köln과 Frankfurt/M.은 5만 명, München은 3만 명) 정도였지만(*Königsberg 1724–1804*, S. 363 참조), 동해의 중심 해상무역항으로 영국, 스페인, 노르웨이, 아메리카 등지뿐만 아니라 아프리카의 상선도 드나들었다. 1544년에 개교한 대학(Albertus-Universität Königsberg: Albertina)은 칸트 당시 교수 수 30~40명(*Königsberg 1724–1804*, S. 332 참조), 학생 수 800명을 넘지 않는 정도(*Königsberg 1724–1804*, S. 363 참조)의 그다지 큰 규모는 아니었지만,

각지에서 온 적어도 9개의 서로 다른 모국어를 사용하는 인사들이 모인 당대 최신 학문의 전당이었다. 칸트는 80 평생 쾨니히스베르크 시와 그 주변을 떠난 일이 없었지만, 자신이 자부하고 있듯이 국제 도시, 국제적인 대학에서 세계와 함께하면서 교수 활동을 했다 하겠다.

제2차 세계대전 중에 옛 대학(Albertina)은 파괴되어 소멸했으며, 도시 자체가 대전 후에는 러시아의 영토가 됨으로써 1946년부터는 도시의 이름도 Kaliningrad(Калининград)로 바뀌었다. 사라진 옛 대학 대신에 1966년에 과학기술학부들 중심의 '칼리닌그라드 러시아 국립대학'이 신설되었다. 이를 2005년 러시아와 독일 양국 정상이 참석한 도시 건립 750주년 기념행사장에서 '러시아 국립 임마누엘 칸트 대학(Российский государственный университет имени Иммануила Канта)'이라 개칭하였고, 또 2012년에는 '발트 연방 임마누엘 칸트 대학(Балтийский федеральный университет имени Иммануила Канта: Immanuel Kant Baltic Federal University)'이라 개칭하여, 옛 대학과의 연관성 대신에 도시가 낳은 최고 사상가와의 연관성을 부각시키고 있다.

크누첸 Martin Knutzen

크누첸(1713~1751)은 1733년부터 쾨니히스베르크 대학의 논리학과 형이상학 원외교수였으며, 대표 저술로는 『기독 종교의 진리에 대한 철학적 증명(*Philosophischer Beweis von der Wahrheit der christlichen Religion*)』(1740)이 있다. 볼프학파와 경건주의 신앙의 영향 아래 있었으나 존 로크나 뉴턴에도 밝았다. 수학, 논리학, 자연철학, 실천철학 등 다양한 강좌를 개설했는데, 학생 칸트는 그의 강의 대부분을 수강하였고, 사적으로도 교류하면서 지도를 받았다. 칸트가 초기에 자연철학적 문제들에 몰두한 것도 그의 영향과 무관하지 않다.

크루시우스 Christian August Crusius

크루시우스(1715~1775)는 경건주의 신학자로 볼프철학 비판가이다. 라이프치히(Leipzig) 대학의 신학 교수로서 결정론의 체계를 공박하고 자유의지론을 옹호하면서 적극적인 계시와 이성의 통일을 주장하였다. 대표작은 『필연적 이성진리(*Entwurf der nothwendigen Vernunft-Wahrheiten, wiefern sie den zufälligen entgegen geseztet werden*)』(Leipzig 1745)이다.

칸트는 크루시우스를 "독일의 철학자들, 아니 철학의 촉진자들 중 어느 누구에도 뒤지지 않는다."(PND, I398)라고 평가하면서, 자신의 최초의 철학 논문 『형이상학적 인식의 제1원리들에 대한 신해명』(1755)에서부터 그를 인용하고 있으며(PND, I393 이하 참조), 또한 그를 윤리 원리에서 신의 의지를 실천적 질료적 규정 근거로 삼은 대표적 사상가로 꼽고 있다.(KpV, A69=V40 참조)

키케로 Marcus Tullius Cicero

I. 1. 키케로(BC 106~43)는 고대 로마 라틴어 문화 최전성기를 대표하는 사상가, 문장가이자 공화정을 대변하는 정치가, 법률가이다.

2. 키케로는 『의무론(*De officiis*)』, 『최고선악론(*De finibus bonorum et malorum*)』, 『법률론(*De legibus*)』, 『국가론(*De re publica*)』, 『투스쿨룸 대화(*Tusculanae disputationes*)』, 『신들의 본성에 관하여(*De natura deorum*)』 등 부분적으로는 플라톤적이고 부분적으로는 스토아적인 다수의 저술을 남겼다.

3. 키케로는 플라톤과 유사하게 지혜, 절제, 용기, 정의 등 4주덕(主德)을 인간의 대표적 덕성으로 꼽았다.

사려 내지 지혜는 사람들이 어떻게 쾌락을 추구하는 것이 좋은가를 제시해주는 "삶의 기예(ars vivendi)"이다.(Cicero, *De finibus*, I, 42 참조) 절제란 마음의 조화와 편안함으로 "이성(ratio)에 따라" 욕구할 것과 기피해야 할 것을 판정한 바를 "고수하는" 덕성이다.(Cicero, *De finibus*, I, 47 참조) 용기란 근심이나 공포를 이겨내고 고통을 벗어나 평온한 삶을 지켜내는 덕성이다.(Cicero, *De finibus*, I, 49 참조) 정의란 "누군가에게 해를 끼치지 않는 것뿐만 아니라, 자신의 힘과 자연본성으로써 마음을 평안하게 해주고, 오염되지 않은 자연본성이 필요로 하는 것은 어떠한 것도 부족하지 않을 것이라는 희망을 보존해주는" 덕성이다.(Cicero, *De finibus*, I, 50 참조)

그런데 키케로는 이러한 모든 실천적 덕성들의 바탕을 이루는 것이 "욕구를 이성에 순종하게 함(appetitum obtemperare rationi)"(Cicero, *De officiis*, I, 141)이라고 보았다.

4. 키케로는 이성주의에 입각하여 자연법 개념을 정립하였다.

이성이 자연을 지배하는 것이니, 자연본성은 곧 이성의 발현이다. 그런 만큼 자연의 법은 곧 이성의 법이다. 진정한 "법률이란 자연[본성]에 새겨진 최고의 이성(lex est ratio summa, insita in natura)으로서, 법률은 행해져야 할 것은 명령하고, 반대되는 것은 금지한다."(Cicero, *De legibus*, I, 18)

"진정한 법(vera lex)은 올바른 이성(recta ratio)이며, 자연에 부합하는 것"(Cicero, *De re publica*, III, 33)이므로, 법률과 이성은 이질적인 것이 아니다. "법률은 곧 자연의 법/권리(naturae ius)로서, 현자의 정신(mens)이자 이성(ratio)"(Cicero, *De legibus*, I, 19)이니 말이다. 그런 까닭에 통상 "법률에 의해 하도록 강요받은 것은 자발적으로 하는 것"(Cicero, *De re publica*, I, 3)과 다름이 없다. 이렇게 보면 자기의 이성이 정념에 대한 통제력을 갖는 자, 즉 철학자 내지 현자는 자기의 이성에 따르는 자, 다시 말해 어떤 외적 지배도 받지 않는 자, 그런 의미에서 자유인을 말한다.

II. 1. 칸트는 18세기 유럽 사회에서 키케로의 의무론과 같은 이성주의 윤리가 널리 받아들여지고 있는 것으로 보았다.(KpV, A69이하=V40이하; V-Anth/Mensch, XXV988 참조)

2. 자기 자신에 대한 의무의 첫 번째 원칙은 키케로에서 보듯이(Cicero, *Tusculanae disputationes*, V, 82 참조) "'자연에 맞게 살아라.(naturae conveni-

enter vive)', 다시 말해 '너의 자연본성의 완전성에서 너를 보존하라.'는 격언에 있고, [두 번째] 원칙은 '순전한 자연이 너를 지어낸 것보다 너를 더 완전하게 만들라.(perfice te ut finem; perfice te ut medium)'는 명제에 있다."(MS, TL, A67=IV419)

3. 칸트가 보기에 "키케로는 사변철학에서는 플라톤 학도였고, 도덕론에서는 스토아학파였다."(Log, A36=IX31)

〖 ㅌ 〗

타아/타자아 他我/他自我 Anderes Ich alter-ego

→ 나/자아

테라송 Jean Terrasson

테라송(1670~1750)은 호메로스에 관한 논쟁 참여와 정치소설 *Sethos*를 써서 유명해진 프랑스인 수도사이다. 칸트는 번역서 『테라송, '정신과 윤리의 모든 대상에 미친 일반적 영향 면에서의 철학'(*Des Abtes Terrasson "Philosophie nach ihrem allgemeinen Einflusse auf alle Gegenstände des Geistes und der Sitten"*)』(Gottsched 역, Berlin/Stettin/Leipzig 1762)을 읽음으로써 그를 알게 된 것으로 보인다. 칸트는 일생을 두고 그를 여기저기에서 인용했다. 예컨대 초기의 작은 논문 「두뇌 질병 시론(Versuch über die Krankheiten des Kopfes)」(1764)(II269 참조)에서부터 『순수이성비판』(AXVIII), 『인간학』(AB224=VII264) 등등까지.

테텐스 Johannes Nikolaus Tetens

1. 테텐스(1736~1807)는 1763년부터 메클렌부르크(Mecklenburg)에서 물리학 교수로, 1776년부터는 킬(Kiel) 대학에서 철학과 수학 교수로 활동하다가 1789년부터는 덴마크 정부에서 재정업무를 맡아 했다.

2. 테텐스는 형이상학, 인식론, 심리학, 언어철학, 수학, 신학, 교육학 등에 걸쳐 많은 저술을 펴냈다. 초기에는 볼프 학파적 색채를 보였으나 차츰 스코틀랜드 상식학파에 기울었으며, 당대에 '독일의 흄'이라 일컬어질 만큼 흄의 철학을 독일에 확산시키는 데에 큰 기여를 했다.

3. 로크적 전통에서 인간 인식의 기원과 구조를 밝히면서 이성주의를 아우르고자 한 그의 저술 『인간의 본성과 그 발전에 관한 철학 시론(*Philosophische Versuche über die menschliche Natur und ihre Entwicklung*)』(전2권, 1777)은 당시 철학적 논쟁의 주제가 되었으며, 칸트 또한 그의 『순수이성비판』 집필 시에 이를 참고했다고 한다.(1778년 4월 초 Herz에게 보낸 편지, X232 참조)

토마스 아퀴나스 Thomas Aquinas

I. 1. 토마스 아퀴나스(1225~1274)는 나폴리 근처 아퀴노 마을에서 백작의 아들로 태어나 도미니코 수도회 수도사가 되었다. 파리와 쾰른에서 역시 수도사이자 철학자인 알베르투스 마그누스(Albertus Magnus, 1206~1280)에게서 수학했고, 『신학대전(*Summa Theologiae*)』 등 스콜라철학 최고의 저술들을 남겼다. 그의 『신학요강(*Compendium Theologiae*[*CT*])』에서 우리는 스콜라철학의 요점을 읽을 수 있다.

2. 토마스 아퀴나스에 의하면, "유일(unitas)"한 신이 존재하며, 신은 그의 작용으로부터 비로소 만물이 생겨나는 "제일의 운동자/원동자(primum movens)"(Aquinas, *CT*, I.3)이되, 그 자신은 "부동적(immobilis)"(*CT*, I.4)이고, 그러니까 "영

원하(eternus)"며(*CT*, I.5), 신의 존재는 자기에 의한(per se) 것인 만큼 "필연적(necessarium)"(*CT*, I.6)이고, "항상적(semper)"(*CT*, I.7)이되, 지속적인 것, "연잇는 것(successio)"이라기보다는 그 존재 전체가 늘 "동시적(simul)"(*CT*, I.8)이라는 것을 "이성을 통하여 분명히 알 수 있다."(*CT*, I.3)

신이 제일의 운동자인 이상, 또 다른 가능태나 현실태와 공존할 수는 없는 것이니, 신은 "단순하(simplex)"고(*CT*, I.9), 신에서는 그 본질(essentia)과 존재(esse)가 다른 것이 아니다.(*CT*, I.10 · 11 참조) 순수 현실태(actus purus)인 신은 "궁극의 현실태(ultimus actus)"이고, 궁극적 현실태는 "존재 자체(ipsum esse)"이니 말이다.(*CT*, I.11 참조) 이를 인간 이성은 다름 아닌 현상세계의 피조물들을 통해 알 수 있는 바이다.

존재 자체인 신은 아무런 결여가 없고 "무한하(infinitus)"며(*CT*, I.18), "무한한 힘을 가진(infinite virtutis)"(*CT*, I.19) 것이다. 그런 한에서 신은 그리고 신 안의 모든 것은 "최고로 완전한 것(summa perfectio)"(*CT*, I.20~21 참조)이다.

완전성은 불완전성과의 식별 중에 말할 수 있는 것으로, 신의 완전성은 신이 식별 능력을 가진 "지성적(intelligens)"(*CT*, I.28)인 것임을 함축하며, 신이 순수 현실태인 한에서, 신의 지성은 현실태로(in actu) 있다.(*CT*, I.29 참조) 그래서 신은 항상적인 "이해작용(intelligere)"(*CT*, I.31)이다. 그런데 무엇인가를 이해하고자 하는 지성은 "오직 욕구를 매개로 해서만 운동"(*CT*, I.32)하는 것이고, "지성에 따르는 욕구는 의지"이므로, 이해작용하는 신은 항상 "의지적"이다.(*CT*, I.32 참조) 신의 의지(voluntas)는 오로지 자기의 하고 싶음이므로, 순수한 "의욕함(velle)"이다. 신은 지성이자 이해작용이고, 의지이자 의욕함인 것이다. 신의 이해작용은 언제나 진리를 지향하고, 의욕함은 언제나 선을 지향하고 있으므로, 하나(unum)이고 전능한(omnipotens)(*CT*, I.35 참조) 신은 진리(verum) 자체이자 선(bonum) 자체이다. 이로써 신의 본질적 술어가 하나 · 진리 · 선임이 드러난다.

"제일 작용자(primum agens)"(*CT*, I.96)인 "신은 자연적 필연성이 아니라 의지에 따라 사물을 존재하게 만든다."(*CT*, I.96) 신은 "의지에 따라 작용하는 자(agens voluntarium)"(*CT*, I.96)이거니와, "의지를 통해서 작용하는 제작자의 일"

을 "만듦(facere)"이라고 하는바, 그래서 창조주로서 신은 "만드신 분(factor)"이라고 일컬어지고, 사람들은 신에 의해 "모든 것이 만들어졌다(omnia facta sunt)."라고 말한다.(*CT*, I.97 참조) 세상 만물은 신에 의해 만들어진 것, 제작물이라는 뜻에서 '사실(factum)'이다. 실로 '사실'은 신에 의해서 만들어진 것이기에, 인간이 관여 개입할 수 없는 것, 어떤 인간에게도 독립적인 것을 지칭한다. '사실'은 '그 자체로 있는 것'인 만큼, 그것은 인간으로서는 어찌해 볼 수 없는 것이다.

신이 의지를 통해 창조한다는 것은 곧 창조에는 목적의 원리가 작동한다는 것, 그러니까 피조물은 모두 어떤 "목적 때문에" 존재함을 말한다.(*CT*, I.100 참조) 여기서 만물의 "궁극적 목적은 신의 선성(善性: bonitas)이다."(*CT*, I.101 참조) "신의 선성은 사물들의 설치의 목적일 뿐만 아니라, 여하한 피조물의 모든 행위와 운동을 위해서도 신의 선성이 필연적으로 목적이어야만 한다."(*CT*, I.103)

II. 1. 칸트의 초월철학은 토마스 아퀴나스에서 여실히 표현된 "옛사람들의 초월철학(Transzendentalphilosophie der Alten)"(KrV, B113)을 대치하려는 것이다. — "옛사람들의 초월철학에서도 순수 지성개념들을 내용으로 갖는 한 장[章]이 등장한다. 옛사람들에 의하면, 이것들은 범주들로 헤아려질 수 없는 것임에도 선험적인 개념들로서 대상들에 타당한 것이라 한다. 그럴 경우에는 그것들이 범주들의 수를 늘리겠지만, 그런 일은 있을 수 없다. 스콜라학파 사이에 유명했던 '各 *存在者*[각 존재자]는 一[하나]이요, 眞[참]이요, 善[선]이다(quodlibet ens est unum, verum, bonum).'라는 명제가 이런 개념들을 보여준다."(KrV, B113)

2. 칸트가 『순수이성비판』의 초월적 변증학에서 편 재래 형이상학에 대한 비판은 대부분 칸트 앞 세대까지 정신계의 주류를 이루었던 독일 프로테스탄트 스콜라주의를 겨냥하고 있다.(→초월적)

통각 統覺 Apperzeption apperceptio

자기의식이자 수반의식으로서의 통각

1. '통각'은 자기의식(Selbstbewußtsein)이자 수반의식이다. 통각은 곧 내가 무엇인가를 의식하고 있음에 대한 의식이다. — 'apperceptio'를 '통각'으로 옮김은 'perceptio'를 '지각(知覺)'으로 옮기는 데서 비롯한 것이겠는데, 이는 칸트의 뜻에 적중하다고 볼 수는 없다.(번역어 교체가 필요한 실정이다.) apperceptio에서 perceptio는 지각이라기보다는 흄에서도 그렇듯이 칸트에서도 '의식적 표상' 일반을 지칭한다.(KrV, A320=B376 참조) apperceptio는 이러한 perceptio에 부수하는(ap ← ad) perceptio, 곧 의식에 대한 의식, 다시 말해 갖가지 의식적 표상들에 통일성을 부여하는 의식을 말한다.

2. "나는 내가 무엇인가를 의식한다는 것을 의식한다(ego-cogito-me-cogitare-cogitatum)."는 의식의 구조에서 "나는 의식[사고]한다(ego cogito)."라는 자기의식은 "나의 모든 표상에 수반할 수밖에 없다."(KrV, B131) 왜냐하면 내가 의식[사고]하지 않는 것이 나의 표상이 될 수는 없을 것이니 말이다.

3. 모든 표상들에 수반하는 이 '나'의 자기의식에서 그 모든 표상들은 "나의 표상들"이 되고, 시시각각 표상되는 그 잡다한 표상들에 수반하는 이 '나'가 "동일자"인 한에서 그 표상들은 하나로 통일된다. 그러니까 누가 하나의, 다시 말해 통일된 대상 표상, 예컨대 '하나의 불그스레하고 향긋하고 둥근 사과'라는 대상 표상을 가지고 있는 한에서 그것은 '나'라는 의식의 동일성을 함의한다. 바꿔 말해, "내가 주어진 표상들의 잡다를 한 의식에서 결합할 수 있음으로써만", 나는 "이 표상들에서 의식의 동일성을 스스로 표상하는 것이 가능하다."(KrV, B133) 잡다한 표상들을 하나로 통일하는 이 언제나 동일한 자기의식이 '통각'이며, 이 통각의 통일 작용을 "근원적 통일"(KrV, B132)이라 일컫는다. 이 통일 작용은 '통일되는 것'을 있도록 한다는 뜻에서는 "초월적 통일"(KrV, B132)이라고 일컬어지고, 그 통각 활동이 순전히 자기의식의 자발성에 기인하는 한에서는 이

러한 통각을 "순수 통각"(KrV, B132)이라 칭한다.

통각의 초월적 통일

1. 이 순수 통각의 초월적 통일 작용은 이를테면 '인식하는 사고의 근원 작용'이다. 순수 근원적 통각의 이 초월적 통일 작용에 지성의 전 활동이 그리고 "지성의 가능성조차도 의거한다."(KrV, B137) 이 초월적 통각은 모든 인식 일반을 가능하게 하는, 말하자면 인간의 근원적 인식 기능이다. 그래서 그것은 "우리의 모든 인식의 근본 능력"(KrV, A114)이라고 일컬어지기도 한다.

2. 직관에서 밖으로부터 주어진 "잡다의 종합을 통각의 통일로 가져가는 작용"(KrV, B145)이라는 좁은 의미에서의 "지성의 활동"이 엄밀한 의미에서의 '사고'이다. 사고란 달리 표현하자면 통각의 통일에 의거한 잡다의 종합이다. 이 사고는 지성의 고유한 일정한 규칙에 따라서 수행된다. 지성 스스로 자신에게 지정하는 이 "규칙들"이 다름 아닌 "사고의 형식"(KrV, A254=B309·A51=B75) 또는 "사유 형식들"(KrV, B150)이고, 또한 다른 것이 아니라 '순수하게 지성적이고, 전적으로 선험적'인 이른바 "순수한 지성개념들"(KrV, B150) 내지 "범주들"(KrV, B143)이다.

3. 사고는 순수 근원적인 통각의 초월적 종합적 통일에 기초해 있지만, 통각의 통일이란 오로지 범주들에 맞춰 수행되는 사고에서만 현현한다. 이 범주들 안에 "통각의 종합"은 "지성적인 그리고 전적으로 선험적인 범주에 함유돼"(KrV, B162 주) 있다. 그것의 가능성 자체가 통각의 통일에 기초하고 있는 지성은, 그 자신이 산출한 표상들인, 일정한 방식의 일정한 수효의, 곧 4종 12개의 "범주들을 통해서 통각의 통일을 선험적으로 수행"(KrV, B145이하)한다. 그러니까 범주들이란 다름 아닌 통각의 통일 형식들이다. 그렇기에 모든 종합들은, 따라서 통각의 통일에 의해서만 정초되는 상상력의 종합도, "범주들에 따라서"(KrV, B152) 일어날 수밖에 없는 것이다. 지성의 선험적인 한 규정인바 상상력의 종합에 의해 비로소 "가능하게 되는" "모든 공간·시간 개념들"도 그 통일성은 범주들에

힘입고 있는 것이다.(KrV, B161 주 참조)

통각의 객관적 통일

1. "통각의 초월적 통일은 직관에 주어진 모든 잡다를 객관이라는 개념에서 합일되게 하는 것"인데, 이 통일 작용에 의해서 비로소 하나의 객관[대상]이 우리에게 현상하므로, 그 통일은 "객관적 통일"(KrV, B139)이라 일컬어진다. 그러니까 지각 군(群) a · b · c · d · e · f …가 한 사물A로 표상되는 것은 지각a · 지각b · 지각c · 지각d · 지각e · 지각f …에 수반하는 동일한 '나'가 그 잡다한 것들을 하나의 사물A로 통일하여 사고하고, 또 지각 군 a · b · c · d · e · g …가 다른 한 사물B로 표상되는 것은 그 지각a · 지각b · 지각c · 지각d · 지각e · 지각g …에 수반하는 동일한 '나'가 그것들을 또 다른 한 사물B로 통일하여 표상하기 때문이다. 그러므로 사물 'A'라는 것 '나'에 의해 'A라고 인식[규정]된 것'이다.

2. 물론 이때 '나'는 나에게 주어지는 잡다한 지각들을 'A'라고 통일 규정할 수도 있고 'B'라고 규정할 수도 있다. 그러니까 내가 나에게 주어지는 어떤 것을 'A'로 규정하느냐 'B'로 규정하느냐는 우연적인 것이고, 따라서 변경될 수 있는 것이기도 하다. 그리고 어떤 '나[甲]'는 그것을 'A'로 규정하는데, 다른 '나[乙]'는 그것을 'B'라고 규정할 수도 있다. 로크나 흄이 생각한 것처럼, 어떤 이는 잡다하게 지각되는 어떤 것들을 그것들의 '인접성'에 의해서 'A'로 통일할 수도 있고, 또 다른 이는 그것들의 '공동 목적'에 의해서 'B'로 통일할 수도 있다. 그리고 이때 그 '인접성'이라든가 '공동 목적'이라는 것이 보기에 따라서 다를 수도 있는 것인 한에서, 그런 것을 기준으로 한 통일 역시 우연적이다. 그러니까 어떤 '나'에게는 'A'인 것이 다른 '나'에게는 'B'로 인식될 수도 있다. 그러나 어떤 '나'이든 그는 그에게 지각된 잡다한 것을 'A'이든 'B'이든 또는 'C'이든, 여하튼 '무엇인가'로 규정한다. 그러니까 잡다하게 지각된 것을 '무엇인가'로 통일 규정하는 것은 필연적인 일이다. 다시 말해 A이든 B이든 C이든 그것들은 '무엇인 것'이라는 점에서 같다. 그 '무엇인가'가 A · B · C …일 수 있듯이, 그렇게 인식하는 '나' 역시

갑·을·병 …일 수 있다. 그러나 갑·을·병 … 모두 '나'라는 점에서는 같다.

초월적 자아로서의 자기의식

1. 여기서 '동일한 나'와 서로 '구별되는 나'의 의미가 드러난다. 모든 '나들'이 서로 구별됨에도 똑같이 '나'라고 일컬어지는 것은 '나들' 사이에 동일함이 있기 때문이다. 그러면서도 그 '나들'이 서로 구별되는 것은 또한 서로 다름이 있기 때문이다. 적어도 대상 인식에서 '동일한 나'는 의식의 동일한 인식 기능을 말하는 것으로, 그것은 "초월적 자아"를 지칭한다. 그러니까 '초월적 자아'의 차원에서는 '너'와 '나'의 구별이 없다. 그래서 만약에 '나들' 사이에 차이가 있다면, 그것은 "경험적 자아"의 차원에서의 일이라 해야 할 것이고, 그것은 신체성을 도외시하고서는 말할 수 없을 것이다. 그렇다면 이른바 '초월적 자아'는 신체성과 무관하게 말할 수 있다는 것인데, 그렇기에 그것은 시간·공간상의 존재자가 아니라 단지 초월 논리적 개념일 따름이다. 그러므로 그것은 서로 다른 '나들'을 각각 적어도 하나의 '나'로서 가능하도록 하는 논리적 전제인데, 그러나 우리는 그 동일성을 '나들'이 인식작용에서 보이는 동일한 기능 — 예컨대, 모든 '나들'은 대상 인식에서 한결같이 "무엇이 어떠어떠하다(X는 Y이다)."는 인식 틀을 따른다 — 에서 확인할 수 있다.

2. 다른 한편, 우리는 '무엇인 것'이라는 개념 없이는 아무런 대상도 인식할 수가 없다. 우리에게 존재자인 것, 곧 대상은 그것이 A이든 B이든 C이든 '무엇인 것'이다. 그리고 A는 그것이 어느 때 누구에게 p1으로 지각되든 p2로 지각되든 p3로 지각되든 A이다. 우리가 A의 변화를 이야기하고, "A는 보는 이에 따라 다소 다르게 보인다."고 의미 있게 말할 수 있는 한에서는 말이다. 또한 도대체가 '무엇인 것'은 그것을 인식하는 자인 '나' 없이는 무엇인 것으로 인식될 수가 없다. 그 '나'가 갑이든 을이든 병이든 간에 말이다. 그러니까 그 '무엇인 것'은 '나'가 포착한 것이다. 이 '나'는 '무엇인 것'을 의식하는 자이다. 그런데 이 '나'는 '그 무엇인 것'의 변화를 의식하면서도, 그 변화 속에서도 '그 무엇인 것'은 여전

히 '그 무엇인 것'이라고 의식한다. 그런 의미에서 '그 무엇인 것'은 의식된 '실체'이다. 그러니까 "'나'는 내가 무엇인가를 동일한 것으로 의식한다는 것을 의식한다." 또 "나는 내가 무엇인가를 시시각각 변화하는 것으로 의식한다는 것을 의식한다."

자기의식의 초월성

1. "나는 내가 무엇인가를 의식한다는 것을 의식한다."에서 "내가 무엇인가를 의식한다."는 것을 대상의식이라고 한다면, "나는 [이것을] 의식한다."라는 것은 자기의식이라 할 것이다. 여기서 자기의식이라 함은 자기 인식이 아니다. '자기 인식'이란 '자기'라는 대상에 대한 인식으로서, 그 역시 일종의 대상 인식이다. 그러나 '자기의식'이라 함은 자기가 무엇인가를 의식하고 있다는 것에 대한 의식으로서, 대상의식에 수반하여 대상의식을 정초하는 의식이다. 그것이 대상의식을 정초한다 함은 대상에 대한 의식을 비로소 가능하게 하기 때문인데, 대상의식이 가능하려면 무엇보다도 먼저 잡다하게 주어지는 지각들을 '무엇인 것'으로 통일하는 동일한 '나'가 전제되어야 하거니와, 자기의식이란 바로 이 '나'라는 의식이다. 그리고 이 '나'는 그 위에서 모든 대상의식이 정초된다는 점에서 일체의 대상의식의 토대이자 주체이다.

2. 대상의식에 수반하여 대상 통일 기능을 수행하도록 하는 자기의식은 대상 의식이 기능하는 데에 일정한 틀[형식]을 제공한다. 이른바 "순수한 지성개념들", 바꿔 말해 사고의 "범주들"이 바로 그것이다. 범주들의 작동 없이는 어떠한 경험적 대상 인식도 가능하지 않다. 인식작용이 있는 곳에 비로소 인식되는 것, 다시 말해 우리에게 존재하는 사물, 대상이 나타난다. 그래서 우리 인간에게 경험되는 사물은 모두 '현상'이라고 일컬어지는 것이다. 그러니까 이런 의미에서 인식하는 의식의 특정한 성격은 경험에, 곧 현상에 선행하고, 바꿔 말해 '선험적'이고, "모든 경험에 선행하면서도(선험적이면서도), 오직 경험 인식을 가능하도록 하는 데에만 쓰이도록 정해져 있는 어떤 것"(Prol, A204=IV373)을 '초월

적'이라고 일컫는 한에서, 이러한 선험적 의식 기능은 초월적인 것이다. 대상의식을 가능하게 하는 자기의식은 통각으로서 초월적 의식이다.

통일 統一 Einheit

분석적 통일과 종합적 통일

1. 지성은 "어떻게 서로 다른 표상들이 한 의식에서 파악될 수 있을까" 하는 반성을 토대로, 그리고 그 표상들을 비교하고 그것들의 공통점을 추출함으로써 한 개념을 얻는다. 다시 말하면, 지성은 그의 '논리적' 작용에 의해 주어진 다수의 서로 다른 표상들을 그것들의 공통점의 관점에서 통일적으로, 그것도 시종일관 동일한 한 의식에서 파악함으로써 개념을 얻는다. 다수의 서로 다른 표상들을 통일적으로 자기 아래 포섭하고 있는 것이 보편적 표상으로서 개념이다.

그러니까 개념이란 "잡다한 것을, 그것이 서로 다른 한에서, 그러면서 또한 서로 합치하는 한에서 자기 아래에 함유"(Log, A225=IX146)하고 있는 것이다. "서로 다른 여러 것에 공통적이라고 생각돼야 할 하나의 보편적 표상은, 그 표상 외에 또한 어떤 다른 것을 자체로 가지고 있는 그런 표상들에 속해 있는 것으로 보아야 한다."(KrV, B133이하 주) 한 개념은 서로 다른 것들 안에 공통적으로 포함되어 있는 것, 다시 말해 공통 징표들을 추출해냄으로써 얻은 것이다. 그러므로 개념 형성은 무엇보다도 여러 표상들을 포함하고 있는 대상들을 분석 분해해냄으로써 가능하다. '비교'라는 "논리적" 지성 작용은 그런 한에서 분석적으로 수행되는 것이다. 그러나 최종적으로 한 개념은 분석된 서로 다른 표상들이 한 공통점에서 통일됨으로써만 산출된다. 그러므로 개념을 산출하는 논리적 지성 작용들은 "분석적 통일"(KrV, B133) 작용이다. 그런데 서로 다른 표상들의 분석은 분해 가능한 서로 다른 표상들을 자기 안에 포함하고 있는 다수의 대상들을 전제한다. 따라서 이 대상들 각각은 분석 가능한 서로 다른 표상들의 일종의 합성물이다.

2. 그러나 합성물인 한 대상에 대한 표상(개념)은 단지 분해적으로 수행하는 판단이나 파악으로는 가능하지가 않고, 오직 직관의 잡다를 통각의 통일로 보냄으로써만, 바꿔 말해 종합적으로 통일함, 곧 사고함으로써만 가능하다. 보편적 표상, "다수의 객관들에 공통적인 것"에 대한 표상으로서 개념은 논리적인 지성작용에 의해 분석적으로 산출된다. 분석적 통일로서의 한 대상에 대한 판단 내지 개념적 파악을 위해서는 그러한 개념이 필수적이다. 그러나 지성은 분석적 통일이라는 그의 논리적 작용을 통해 그러한 개념을, 자기 안에 서로 다른 표상들 중에서도 무엇인가 공통적인 것을 포함하고 있는 다수의 객관들이 주어질 때만 산출할 수 있다. 그러나 이 '다수의 객관들'은 다름 아닌 '한 객관'과 여럿 있음을 말한다. 이 '한 객관'이라는 표상은 바로 직관의 잡다의 종합적 통일에 의해 가능한 것이다. 따라서 모든 "분석적 통일은 어떤 종합적 통일을 전제로 해서만 가능하다."(KrV, B133) 앞서 결합된 것이 없이는 아무런 분해도 일어날 수 없다.

이성 통일

1. 순수 이성에게는 경험개념의 통일을 위한 대상들이 주어지는 것이 아니라, 이성개념의 통일, 다시 말해 한 원리에서의 연관성의 통일을 위한 지성인식들이 주어진다.

2, "이성 통일은 체계의 통일이고, 이 체계적 통일은 이성에게 그 통일을 대상들 위에 펼치기 위한 원칙으로 객관적으로 쓰이는 것이 아니라, 그 통일을 대상들에 대한 모든 가능한 경험적 인식 위에 펼치기 위한 준칙으로 주관적으로 쓰인다. 그럼에도 불구하고, 이성이 경험적인 지성 사용에 줄 수 있는 체계적 연관성은 지성 사용의 확산을 촉진할 뿐만 아니라, 동시에 지성 사용의 올바름을 보증하기도 한다."(KrV, A680=B708)

3. 그러나 이성은 "이 체계적 통일성을, 이성이 그의 이념에게 동시에 대상을

주는 것 외에는 달리 생각할 수가 없다."(KrV, A681=B709) 이 대상은 경험에 의해서는 주어질 수가 없는 것이다. 경험은 결코 완전한 체계적 통일의 실례를 주지 않으니 말이다.

4. "최대의 체계적인 통일, 따라서 또한 합목적적인 통일은 인간 이성의 최대 사용을 가능하게 하는 학교이자 토대이기도 하다. 그러므로 이 이념은 우리 이성의 본질과 불가분리적으로 결합되어 있다. 바로 이 이념이야말로 우리에게서 법칙수립적이고, 그런 만큼 그로부터 우리 이성의 대상인 자연의 모든 체계적 통일성이 도출될 수 있는, 저 이념에 대응하는 법칙수립적 이성(原型 知性: intellectus archetypus)을 상정하는 것은 매우 자연스러운 일이다."(KrV, A694이하=B722이하)

〖 ㅍ 〗

파이드루스 Phaedrus

파이드루스(ca. BC 20～AD 51)는 로마시대의 우화작가이자 시인이다. 노예 신분이었으나 아우구스투스(Augustus)에 의해 해방되었다. 칸트는 『윤리형이상학 – 법이론』(MS, RL, AB32=VI230 참조)에서 그의 우화에 대해 언급하고, 『이성의 한계 안에서의 종교』에서는 말로는 신을 흠숭하나 품행이 따르지 못하는 이들을 파이드루스의 시 구절에 빗대어 비판하고 있다. — "입으로는 숨차게 말하면서, 많은 것을 하나 아무것도 하지 않는 족속."(RGV, B264=VI172 참조)

판단 判斷 Urteil judicium

I. 1. "판단은 상이한 표상들의 의식의 통일 표상, 또는 이 상이한 표상들이 하나의 개념을 이루는 한에서는 이 표상들의 관계 표상이다."(Log, §17: A156=IX101)

2. 의식의 통일에 의해 판단에서 결합된 표상들이 "판단의 질료"이며, 상이한 표상들이 하나의 의식에서 결합되는 방식이 "판단의 형식"이다.(Log, §18 참조)

II. 1. 판단이 상이한 표상들의 의식에 대한 통일의 표상이거나 이렇게 결합 통일된 표상들의 관계 표상인 한에서, 판단은 "대상에 대한 간접적인 인식, 그러니까 대상의 표상에 대한 표상"(KrV, A68=B93)이다. 그리고 주어진 표상들을 통일하는 작용으로서 판단은 "우리 표상들 간의 통일의 기능[함수]"(KrV, A69=B94)이며, 이러한 기능은 네 가지 관점에서 각기 세 가지 방식으로 나타나므로, 판단의 형식은 다음과 같은 12가지가 있다.

① 양(量) — 전칭(판단) · 특칭(판단) · 단칭(판단),

② 질(質) — 긍정(판단) · 부정(판단) · 무한[부분 부정](판단),

③ 관계(關係) — 정언(판단) · 가언(판단) · 선언(판단),

④ 양태(樣態) — 미정(未定)(판단) · 확정(確定)(판단) · 명증(明證)(판단).

(KrV, A70=B95; Prol, A86=IV302이하; Log, A157이하= IX102이하 참조)

2. 이것을 칸트는 "판단들의 논리적 표"(Prol, A86=IV302)라고 일컬으며, 이것이 범주 표 발견의 실마리가 된다.(→범주 →범주, 곧 순수 지성개념들의 연역)

III. 1. 판단은 주어와 술어의 포섭 관계에 따라서 분석판단과 종합판단(→)으로 구분하기도 하고, 보편타당성의 정도에 따라 지각판단과 경험판단(→)으로 구별하기도 한다.

2. 칸트 비판철학의 과제는 교조적 형이상학을 폐기하고, 학문으로서의 형이상학(Prol, A48=IV280)을 세우는 것인데, 그러한 형이상학은 선험적 종합 인식으로 이루어져야 할 것이므로, 비판철학의 본래 과제는 "선험적 종합 판단은 어떻게 가능한가?"(→)이다.

판단력 判斷力 Urteilskraft

1. 판단력은 일반적으로 "특수한 것을 보편적인 것 아래에 함유되어 있는 것으로 사고하는 능력"(KU, BXXV=V179)이다. 그래서 판단력은 일차적으로 "규칙들 아래에 [무엇인가를] 포섭하는 능력, 다시 말해 무엇인가가 주어진 규칙 아래

에 있는 것(所與 法則의 事例)인지 아닌지를 판별하는 능력"(KrV, A132=B171)이라고 규정된다. 그러나 "판단력은 한낱 특수를 (그 개념이 주어져 있는) 보편 아래 포섭하는 능력일 뿐만 아니라, 또한 거꾸로, 특수에 대한 보편을 찾아내는 능력"(EEKU, XX209이하=H14)이기도 하다. 판단력은 규정적으로뿐만 아니라, 때로는 반성적으로도 작용하는 것이다.

2. 규정적 판단력과 반성적 판단력은 '이성의 명증적 사용'과 '이성의 가언적 사용'에 상응한다. — "이성이 보편적인 것으로부터 특수한 것을 도출하는 능력이라면, 두 경우가 있다. 한 경우는 보편적인 것이 이미 그 자체로 확실하게 주어져 있으며, 그런 다음 이것이 단지 포섭을 위한 판단력만을 필요로 하고, 그것에 의해 특수한 것이 필연적으로 규정된다."(Krv, A646=B674) 이것을 칸트는 "이성의 명증적 사용"이라고 부른다.(Krv, A646=B674) "또 한 경우는 보편적인 것이 오로지 문제성 있게 가정되고, 순전한 이념일 따름이다. 특수한 것은 확실하나, 이 결과를 위한 규칙의 보편성은 아직 문젯거리다. 그래서 모두 확실한 다수의 특수한 경우들이 규칙에 준하여 혹시 이 규칙으로부터 유래한 것은 아닌가 하고 탐색된다. 이런 경우, 만약 제시될 수 있는 모든 특수한 경우들이 그로부터 나온 것 같은 외양이 있으면, 규칙의 보편성이 추론되고, 나중에는 이 규칙으로부터 그 자체로는 주어지지 않은 모든 경우들 또한 추론된다." 이 경우를 칸트는 "이성의 가언적 사용"이라고 부른다.(KrV, A646이하=B674이하 참조)

규정적 판단력과 반성적 판단력

1. 규정적 판단력은 지성(이론이성) 또는 이성(실천이성)에 의해 주어지는 특수한 것을 보편적인 것, 곧 자연법칙 또는 자유법칙 아래 포섭함으로써 규정하고, 반성적 판단력은 주어진 특수한 것에 대한 보편적인 것, 곧 "합목적성"의 원리를 찾음으로써 저 지성이나 이성과 마찬가지로 법칙수립자[입법자]가 되며, 그렇게 하여 주어진 특수한 것을 그 보편적인 것 아래에 포섭하여 판정한다.

판단력이 '규정한다' 함은, 인식에서 주어지는 잡다한 표상들을 보편적 지성의 법칙 아래에 귀속시킴으로써 하나의 대상을 만들어내거나, 실천에서 여러 가지 행위동기들을 보편적 이성의 법칙, 곧 도덕법칙 아래에 종속시킴으로써 하나의 윤리적 행위를 낳는 것을 말한다. 그리고 이 경우 보편적인 것으로서 지성의 법칙이나 이성의 법칙은 지성의 선험적 원리로서 또는 이성의 초월적 이념으로서 판단력 앞에 이미 주어져 있다.

2. 그런데 판단력은 어떤 경우에는 아무런 개념이나 법칙이 다른 인식능력으로부터 제시되어 있지 않은 상황에서도 주어지는 표상들이 있을 때 그것들을 객관적으로 반성(→)하여 판정한다. 그러나 객관적 규정적 판단에서와는 달리 이러한 객관적 반성적 판정에서 술어는 객관에 귀속되는 것이 아니라 단지 주관의 인식능력에 귀속된다. 이러한 반성적 판단력은 "판정능력(判別能力)"(EEKU, XX-211=H16)이라고도 일컫는데, 이 반성적 판단력은 어떤 대상을 합목적성의 원리에 따라 판정한다. 그런데 합목적성은 쾌·불쾌의 감정을 위한 "선험적 원리"이다. 그래서 반성적 판단력은 감성적/미감적이거나 순수 논리적/목적론적이다.

3. 칸트는 감성과 지성의 이원론을 폐기하지 않은 채 반성적 판단력을 가지고서 우리의 미감적 판정을 인지적 토대 위에 세우고 있다. 순수한 취미판단은 모종의 인지적 전제들에 의거하지만, 그 판단 자체는 쾌 또는 불쾌의 감정의 표현으로 이해되어야 하는 것이니 말이다. 미감적 판정에 있어서 우리는 하나의 대상과 관련하여 한 주어진 표상의 순전히 주관적인 것에, 곧 쾌·불쾌의 감정에 따른다. 쾌 또는 불쾌는 하나의 표상과 결합되어 있으되 그 "표상에서 전혀 인식의 요소가 될 수 없는 주관적"(KU, BXLIII=V189)인 것이다. "(선험적인 직관의 능력으로서) 상상력이 한 주어진 표상을 통해 무의도적으로 (개념의 능력으로서) 지성과 일치하게 되"면, 우리 안에 쾌감이 "불러일으켜"(KU, BXLIV=V190)지고, 이때 판단력은 이 대상을 "합목적적"(KU, BXLIV=V190)인 것으로 여긴다. 그러나 그 합목적성은 자유로운 상상력과 합법칙적인 지성의 합치에 있는 것인 만큼 한낱 주관적인 것일 따름이다.

반성적 판단력은 미감적 사용에서는 쾌·불쾌의 감정 영역에서 목적 개념 없이도 합목적성이라는 법칙수립의 역량을 내보인다. (이론적) 지성의 범주들은 우리 감정과 관련해서는 도식화될 수 없기 때문에, 그런 능력을 보일 수가 없다. (실천적) 이성 역시 이러한 역량은 보일 수가 없다. 실천이성 역시 우리 욕구능력을 규정하기 위해서는 개념들에 의지하기 때문이다. 오로지 쾌·불쾌의 감정에서만 목적 개념 없는 합목적성이 성립하는 것이다.

4. 순전히 논리적으로 사용되는 판단력은, "마치 어떤 지성이 (비록 우리의 지성은 아닐지라도), 특수한 자연법칙들에 따라 경험의 체계를 가능하게 만들기 위해서, 우리 인식능력을 위해 부여한 것"(KU, BXXVII=V180)처럼 한 원리에 따라 저 법칙들의 통일성을 제시하려는 견지에서 특수한 경험적 자연법칙들과 관계한다. 반성적 판단력이 그에 따라 이 필연적 통일성을 세우고자 하는 원리가 "자연의 잡다함 속의 자연의 합목적성"(KU, BXXVIII=V180)의 원리이다.

자연 대상들의 형식들은, 규정적 판단력이 그것들을 보편적인 (기계적) 자연법칙들 아래 수렴할 수 없는 한에서는, 우리의 지성에 대해서는 우연적인 것이다. 지성은 자연 일반의 법칙성을 생각하는 반면에, 판단력의 관심사는 "다양한 특수한 법칙들에 의해 규정되는 자연"(KU, BXXX=V182)의 통일성이다. 이 통일성을 가능하게 하는 판단력의 초월적 원리가 자연의 합목적성인 것이다. ― "자연의 합목적성이라는 이 초월적 개념은 자연개념도 아니고 자유개념도 아니다. 그것은 객관(자연)에게 전혀 아무런 것도 부가하지 않고, 단지 우리가 자연의 대상들에 대한 반성에서 일관적으로 연관된 경험을 의도하여 처신할 수밖에 없는 유일한 방식을 표상할 따름이다. 그렇기에 그것은 따라서 판단력의 주관적 원리(준칙)이다. 그래서 우리는 또한 우리가 한낱 경험적인 법칙들 중에서 그러한 체계적 통일성을 만난다면, 마치 그것이 운 좋은, 우리의 의도를 살려주는 우연이나 되는 것처럼 (원래 하나의 필요가 충족된 것으로) 기뻐하게 된다. 비록 우리는 그러한 통일성을 통찰할 수도 증명할 수도 없었지만, 그러한 통일성이 있다고 필연적으로 상정하지 않을 수 없었음에도 불구하고 말이다."(KU, BXXXIV=V184)

5. 판단력은 "자연의 가능성을 위한 선험적 원리"를 "자기 안에 가지"되, 그 원리를 "자율"로서 객관적으로 자연에게 지정하는 것이 아니라, 단지 주관적인

관점에서 "자기자율"(→)(KU, BXXXVII=V186)로서 그 자신에게 자연을 반성하기 위해 하나의 법칙으로 지정한다. 반성적 판단력은 자연의 법칙수립자가 아니라, 한낱 자연에 관한 자기의 반성작용에서 자기 자신에게 합목적성이라는 선험적 법칙을 제공하는 것뿐이다.

미감적(미학적) 판단력과 목적론적 판단력

1. 판단력은 원리로 작동하는 합목적성의 성격에 따라 미감적(미학적)이거나 목적론적이다. 미감적 판단력이 "형식적 합목적성 — 그 밖에 또한 주관적 합목적성이라고도 불리는바 — 을 쾌 또는 불쾌의 감정에 의해서 판정하는 능력"이라면, 목적론적 판단력은 "자연의 실재적 합목적성(즉 객관적 합목적성)을 지성과 이성에 의해서 판정하는 능력"이라 할 수 있다."(KU, BL=V193)

2. 상상력과 지성의 합법칙성이 합일할 때 반성적 판단력은 미감적으로 작동하여 객관이 합목적적이라고 판정하고, 그때 쾌의 감정이 생긴다. 그것이 하나의 미감적 판단, 예컨대 "이 장미는 아름답다."로 표현된다. 이렇게 해서 당초에는 쾌·불쾌의 감정에 의한 판별에서 기능한 '합목적성'이 한낱 기계적 인과로써만 파악할 수 없는 자연산물을 판정하는 지성과 이성의 개념으로 쓰이면, 그때 반성적 판단력은 목적론적으로 작용하여 자연산물들이 합목적적이라고 판정한다. 이로써 하나의 반성적 판단, 예컨대 "자연에는 먹이사슬이 있다. 초원은 초식동물들을 위해 있고, 초식동물들은 육식동물들을 위해 있다."거나, "사람의 신체 구조와 장기들은 조화로운 유기조직을 이루고 있다."는 등의 판단이 내려진다. "그래서 우리는 자연미를 형식적 (순전히 주관적인) 합목적성 개념의 현시로, 그리고 자연목적들을 실재적 (객관적인) 합목적성 개념의 현시로 볼 수 있으며, 전자는 취미에 의해 (미감적으로, 쾌의 감정을 매개로 해서) 판정할 수 있고, 후자는 지성과 이성에 의해 (논리적으로, 개념들에 따라) 판정할 수 있다."(KU, BL=V193)

판단력에 의한 지성의 법칙수립과 이성의 법칙수립의 연결

1. 칸트는『판단력비판』에서 반성적 판단력이 지성과 이성 사이의 중간항으로서 양자를 잇는 가교 역할을 함을 말한다. 그것은 인간 이성의 건축술적 체계성을 설명하려는 것이다.

2. '지성', 곧 이론이성은 자연을 선험적으로 인식하는 데에 관계하고, '이성', 곧 실천이성은 자유에 의해 우리 욕구능력을 선험적으로 규정하는 데 관계한다. 이 양자의 중간에 위치하는 판단력이 하는 일은 무엇인가?

마음의 기능을 인식능력·쾌 불쾌의 감정[취미능력]·욕구능력으로 구분한 칸트는 다시금 (상위의) '인식능력'을 지성·판단력·이성으로 구분하고서, 각각 인식능력의 한 가지인 지성이 인식능력에게, 판단력이 취미능력에게, 이성이 욕구능력에게 선험적 법칙을 지시규정하는 것임을 넌지시 말하고 있다. 그러나 자연과 자유만이 우리의 인식능력을 구성적으로 사용할 수 있는 영역이므로, 판단력의 선험적 원리는 단지 규제적으로 사용될 수 있을 뿐이다. 그럼에도 이러한 판단력이 지성과 이성 사이에 위치한다는 것은, 지성과 이성에 의해 독자적으로 그 법칙이 수립된 자연의 나라와 자유의 나라를 연결하는 교량의 역할을 기대하게 하며, 그때 작동하는 것이 판단력의 초월적 원리인 합목적성 개념이다.

합목적성 개념을 매개로 "판단력에 의한 지성의 법칙수립과 이성의 법칙수립의 연결"(KU, BLIII=V195)이 이루어진다. 이 개념이 어떻게 자유에서 자연으로, 초감성적인 것에서 감성적인 것으로, 예지체에서 현상체로의 이행을 가능하게 하는가? 실천이성은 우리에게 자유에 의해 궁극목적을 산출할 것을 요구한다. 반성적 판단력은 합목적성의 개념을 가지고서, 이 궁극목적이 실천이성에 의해 이 세계에서 산출될 수 있음을 지시한다. 그러므로 자연은 판단력에 기초해서 인간에 의해 자유롭게 규정될 수 있는 것으로 인식되며, 이 규정이 이성의 선험적 실천 법칙에 의해 앞에 놓인다. 지성의 자연에 대한 선험적 법칙수립을 통해서는 알려지지 않은 채로 있을 수밖에 없던 것이, 즉 자유에 의한 자연의 규정이 이제 자연의 합목적성 개념을 통해 지성에게 이해된다. 인간은 자유에 의해 자연에 영향을 미칠 수 있다. 자연 자신이 마치 어떤 지성적 존재자에 의해 목적들을 향해 산출되었고 유기조직화된 것처럼 생각될 수밖에 없기 때문이다. — "지성은 그가 자연에 대해 선험적으로 법칙들을 세울 수 있는 가능성에 의해, 자연은 우리에게 단지 현상으로서만 인식된다고 증명하고, 그러니까 동시에 자연의 초감성적인 기체[基體]를 고지한다. 그러나 이 기체는 전적으로 무규정인 채로 남겨둔다. 판단력은 자연의 가능한 특수한 법칙들에 따라 자연을 판정하는 그의 선험적 원리에 의해 (우리 안에 그리고 우리 밖에 있는) 자연의 초감성적 기체가 지성적 능력에 의해 규정될 수 있도록 만든다. 그러나 이성은 똑같은 기체를 그의 선험적 실천 법칙에 의해 규정한다. 그리고 그렇게 해서 판단력은 자연개념의 관할구역에서 자유개념의 관할구역으로의 이행을 가능하게 만든다."(KU, BLV이하=V196)

3. 지성은 감관의 대상으로서의 자연에 대하여 선험적으로 법칙을 세우고, 실천적 이성은 인간 주체에서의 초감성적인 것으로서의 자유와 이 자유의 고유한 원인성에 대해 선험적인 법칙을 세운다. 그러나 "판단력은 자연이나 자유에게가 아니라, 오로지 자기 자신에게 법칙을 수립하는 것으로, 객관들의 개념들을 만들어내는 능력이 아니라, 단지 다른 곳에서 자기에게 주어진 개념들과 눈앞에 나타나는 사례들을 비교하고, 이러한 결합을 가능하게 하는 주관적인 조건들을 선험적으로 제시하는 능력"(EEKU, XX225=H32)이다. 그래서 이런 판단력, 곧 반성적 이성이 매개하는 이론이성과 실천이성의 통합은 주관적이지만, 객관적 합리성을 갖는다.

4. 의지의 초월적 자유는 자연에 대한 이론적 인식과 관련해서는 아무런 기능도 하지 못한다. 또한 자연의 기계성 역시 자유의 실천 법칙들에 관해서는 아무것도 규정하지 못한다. 그러나 "비록 자유 개념[…]에 따르는 인과성의 규정근거들이 자연 안에 있지 않고, 감성적인 것이 주관 안의 초감성적인 것을 규정할 수 없다고 해도, 그 역은 […] 가능하고, 그것은 이미 자유에 의한 인과성의 개념에 함유되어 있다. 즉 자유에 의한 인과성의 결과는 이 자유의 형식적 법칙들에 따라서 세계 안에서 일어나야만 한다."(KU, BLIV=V195) 즉 자유가 무엇인가

의 원인이 된다는 것이 의미 있는 일이라면, 이 자유의 원인에 의한 결과는 자유의 형식적 법칙에 따라 자연세계에서 일어나지 않으면 안 된다.

5. 자연세계는 자신이 실재함을 감각적인 대상들을 통해서 입증한다. 그 반면에 자유는 자신의 실재성을 이성의 실천 법칙으로 인해 "가능한 감성세계 안에서의 어떤 결과와 관련하여 충분하게 드러낸다."(KU, B468=V475) 이로써 자유는 순수 이성의 이념이 자연과 결합할 수 있음을 보여주는 "초감성적인 것의 유일한 개념"(KU, B467=V474)이 된다. 그리하여 "(모든 무조건적으로-실천적인 법칙들의 기초 개념인) 자유개념은 그 안에서 모든 자연개념(즉 이론적 개념)이 희망 없이 제한되어 있을 수밖에는 없을 터일 그 [기계성의] 한계들을 넘어 이성을 확장할 수 있다."(KU, B468=V474) 그런데 자유개념에 기반하는 도덕적 실천 법칙은 목적들의 체계를 표상한다. 이것을 단서로 해서 반성적 이성은 자연에 대해서도 어떤 합목적성을 생각해낸다.

『판단력비판』 *Kritik der Urteilskraft*

저술 및 출판 과정

1. 칸트는 『순수이성비판』 개정판(1787)의 원고를 완성할 때까지도 선험적 원리에 따르는 취미판단의 가능성에 대해서 회의적이었다. 칸트는 바움가르텐(→)의 『미학(*Aesthetica*)』(1750~1758) 시론을 두고 이는 "잘못된 희망"으로서 "미[적인 것]에 대한 비판적 판정의 규칙들을 학문으로 높이려"는 "노력은 헛수고"라고 비판한다. "왜냐하면, 여기서 생각된 규칙들 내지 기준들은 그 주된 원천으로 볼 때 경험적이고, 그러므로 우리의 취미판단이 그에 준거해야만 할 일정한 선험적 법칙으로 쓰일 수가 없고, 오히려 취미판단이 저 규칙이나 기준의 옳음을 가리는 시금석이 되"기 때문이라는 것이다.(KrV, B35이하 참조) 그러나 그는 『순수이성비판』 제2판이 인쇄 중이던 1787년 초에는 이미 '취미판단 정초'를 집

필하려고 마음먹었던 것으로 보인다. 그리고 원래『순수이성비판』개정판에 포함시키려 했던 것을 별도의 책으로 만든『실천이성비판』(1788)의 인쇄를 마치고 난 후인 1787년 12월에는 선험적 원리에 근거하는 '취미 비판'이 가능함을 발견했다고 밝히고 있다. — "나는 지금 종전의 것들과는 다른 새로운 종류의 선험적 원리들이 발견된 것을 계기로 취미 비판에 몰두하고 있다. 무릇 마음의 능력은 셋이 있으니, 인식능력, 쾌·불쾌의 감정, 그리고 욕구능력이 그것이다. 나는 첫째 것을 위해서는 순수 (이론)이성 비판에서, 셋째 것을 위해서는 실천이성 비판에서 선험적 원리들을 찾아냈다. 나는 둘째 것을 위해서도 그것들을 찾았으며, 비록 내가 이전에는 그런 것을 찾아낸다는 것이 불가능하다고 여겼지만, 앞서 고찰했던 능력들의 분해가 인간의 마음에서 발견하도록 했고, 또 충분히 내 남은 생애 동안 경탄하고, 가능한 한 그 근거를 캘 자료를 제공할 체계성이 나를 이 길로 이끌었다. 그래서 지금 나는 철학의 세 부문을 인식하고 있는바, 그것들은 각기 선험적 원리들을 가지고 있으니, 그 원리들을 우리는 헤아릴 수 있고, 그러한 방식으로 가능한 인식의 범위를 확실하게 규정할 수 있다. — 이론철학, 목적론 그리고 실천철학, 이 가운데서 물론 중간의 것이 선험적 규정 근거들에 있어서 가장 빈약한 것으로 보인다. 나는 오는[즉 1788년의] 부활절쯤에는 취미 비판이라는 제목 아래 이에 대한 원고가 비록 인쇄까지는 아니라 하더라도 완성되기를 희망하고 있다."(1787. 12. 28 자 C. L. Reinhold에게 보낸 편지, X514)

2. 그럼에도 1789년에 이르러서야 칸트는 포괄적인 '판단력 비판' 안에 취미 비판[미(감)학/감성학]과 목적론을 함께 다루려는 생각을 한 것으로 보인다. 1788년 초에 발간한 논문「철학에서 목적론적 원리들의 사용에 관하여」에서도 대상에 대한 목적론적 판정과 미감적 판정 사이의 불가피한 연관성에 관한 언급이 아직은 없으니 말이다.

3. 미학의 문제를 다룬 칸트의 첫 번째 저술은 1764년에 나온『미와 숭고의 감정에 관한 관찰』(→)이다. 또한 십수 년에 걸친 칸트의 논리학 강의와 인간학 강의, 그리고 조각글 곳곳에서도 대상들에 대한 미학적 판정과 가치평가를 경험적 관점에서 설명하고자 하는 그의 시도들을 볼 수 있다. 1765년 말 칸트는 "여

러 차례의 우여곡절 끝에"(1765. 12. 31 자 J. H. Lambert에게 보낸 편지, X55) 마침내 형이상학 및 철학 전반에 고유한 방법을 찾아냈고, 이 방법에 따라 저술할 두 책의 자료가 이미 준비되어 있으며, 이를 '자연철학의 형이상학적 기초원리'와 '실천철학의 형이상학적 기초원리'라는 제목으로 출간할 것이라고 말하고 있다.(X56 참조) 그러나 이 예고에 상응하는 첫 번째 저작을 우리는 비로소 1770년 그의 교수취임논문『감성세계와 예지세계의 형식과 원리들』(→)에서 만난다. 그리고 이어서 그해 겨울에는 "아무런 경험적 원리도 들어 있지 않은 순수 도덕철학, 말하자면 윤리 형이상학" 연구를 완결할 것이라는 그의 계획을 전하고 있다.(1770. 9. 2 자 Lambert에게 보낸 편지, X97 참조) 그러나 이 연간의 탐구 과정에서 칸트는 형이상학의 저술에 앞서 근본적인 이성 비판의 필요성을 절감하였고, 그 사정을 우리는 마침내 헤르츠(Marcus Herz)에게 보낸 편지(1771. 6. 7 자)에서 읽게 된다. ―"그래서 나는 지금 '감성과 이성의 한계들'이라는 제목으로 취미이론, 형이상학 및 도덕의 본성을 형성하는 것의 설계도와 함께 감성세계를 위한 일정한 기초 개념들과 법칙들의 관계를 내용으로 가질 저작을 다소 상세하게 작업하는 데 몰두해 있다."(X123)

4. 그러니까 1771년 이 당시에도 비록 칸트가 '형이상학' 곧 이론철학, '도덕' 곧 실천철학과 더불어 '취미이론'을 위한 선험적 원리를 탐구하려는 의지를 표명하고 있지만, 그의 초월철학 형성기에 미감적 판정 이론은 논의 밖에 있었으며, 1780년대 후반까지도 그의 지배적인 생각은 쾌·불쾌의 감정이 어떠한 선험적 판정도 할 수 없다는 것이었다. 만약에 칸트가 더 일찍이 쾌의 감정의 선험적 원리를 시야에 두고 있었다면, 궁극적으로 "인간은 무엇인가?"(인간학)라는 물음으로 모아지는 "이성의 전 관심"에 따른 이성의 순수한 원리에 대한 세 가지 물음들, 곧 "나는 무엇을 알 수 있는가?"(형이상학[인식론]), "나는 무엇을 행해야만 하는가?"(도덕[윤리학]), "나는 무엇을 희망해도 좋은가?"(종교)를 제시하는 자리(KrV, A805=B833; Log, A25=IX25; V-Met-L2/Pölitz, XXVIII533이하 등)에서, 둘째 물음과 셋째 물음 사이에 아마도 "나는 무엇에서 흡족함을 느낄 수밖에 없는가?(Woran muß ich mich wohlgefällig fühlen?)"(미학, 목적론)라는 물음 또한 병렬

했을 것이다.

5. 칸트는 『순수이성비판』의 개정판을 쓰고 난 후 비로소 앞서 본 것처럼 "이론철학, 목적론 그리고 실천철학"을 말하여 '취미이론'과 '목적론'의 관계를 시사함과 동시에, 이것들의 선험 원리적 탐구 가능성을 내비쳤다. 그리고 2년여가 지난 1789년 중반에 칸트는 마침내 "(취미 비판이 그것의 일부인) 판단력 비판"(1789. 5. 12 자 Reinhold에게 보낸 편지, XI39)의 출간 계획을 밝힌다.

6. 『판단력비판』 본서는 칸트 생전에 3판이 나왔다. 초판(A)은 인쇄 출판 과정을 매우 서둘러 밟았던 것으로 보인다. 초판의 원고는 1790년 1월 초부터 3월 말까지 4차례에 나뉘어 출판사에 건네졌고, 교정도 직접 보지 못하고 여러 사람의 손을 거치면서 일관되게 이루어지지 못한 채 급하게 인쇄된 후 1790년 부활절 도서전시장에 나왔다. 1차로 교정을 위탁받았던 그의 제자 키제베터(J. G. C. Ch. Kiesewetter)가 1790년 3월 3일에 칸트에게 보낸 편지를 통해서도 그 사정은 어느 정도 알 수 있는 바이다. — "선생님의 『판단력비판』은 쉼 없이 인쇄되고 있습니다. 다만 저는 교정 중에 이미 여러 차례 당혹스러웠습니다. 원고 중에는 제가 고칠 수밖에 없는, 분명히 의미를 왜곡시키는 오자를 포함하고 있는 대목이 여러 군데 있습니다."(XI138)

출판연도가 1793년으로 돼 있는 제2판(B)은 실제로는 1792년 10월 말/11월 초순에 출간되었다. 제2판은 칸트가 직접 처음부터 끝까지 교정을 보면서 제1판에 있었던 오탈자를 바로잡았을 뿐만 아니라 부분적으로 가필하여 당초에 머리말 58면, 본문 476면이던 것이 머리말 60면, 본문 482면으로 증보되었다. 1799년에 출간된 제3판(C)은 비록 정정 대목이 몇 군데 있기는 하지만, 전적으로 출판사 측에 의해 이루어진 것으로 칸트가 관여한 흔적은 없다. 그 때문에 오늘날 사람들은 이 제2판을 『판단력비판』의 표준본으로 삼는데, 칸트가 최종적으로 직접 전문을 살펴 발간한 제2판을 중심으로 나머지 판본들의 장점을 참고하여 읽는 것이 합당한 일이라 하겠다.

책의 구성

『순수이성비판』이나 『실천이성비판』과는 다르게 『판단력비판』 본문은 처음부터 끝까지 모두 91개 조항(§)으로 서술되어 있는데, 칸트가 통상 "요소 개념들을 다룬"(KrV, B169) 부분만을 그러한 방식으로 서술한다는 점을 고려할 때, 『판단력비판』은 전체가 사안의 골자만을 서술하고 있다고 볼 수 있다. 전체의 구성은 다음과 같다.

머리말
서론(I~IX)
제1편 미감적 판단력 비판
제1절 미감적 판단력의 분석학
제1권 미의 분석학(§§1~22)
제2권 숭고의 분석학(§§23~29)
미감적 반성적 판단들의 해설에 대한 일반적 주해
순수 미감적 판단들의 연역(§§30~54)
제2절 미감적 판단력의 변증학(§§55~59)
부록: 취미의 방법론에 대하여(§60)
제2편 목적론적 판단력 비판(§61)
제1부 목적론적 판단력의 분석학(§§62~68)
제2부 목적론적 판단력의 변증학(§§69~78)
부록: 목적론적 판단력의 방법론(§§79~91)
목적론에 대한 일반적 주해

'판단력 비판'의 주제와 가지

'판단력 비판'이란 판단력의 능력에 대한 비판으로, 판단력이 그 반성적 사용에서 내리는 "사람들이 미감적이라고 부르는" "판정들에서의 판단력의 원리에 대한 비판적 연구"(KU, BVIII=V169)이자 반성적 판단력이 내리는 "자연에 대한 논리적" 즉 목적론적 "판정들의 비판적 제한"(KU, BIX=V170)이다. 이렇게 판단력이 반성적으로 두 방면의 비판 활동을 하므로『판단력비판』은 두 편을 갖는다.

「미감적 판단력 비판」과 「목적론적 판단력 비판」

1. "경험에서 주어진 대상에서 합목적성은, 한낱 주관적 근거에서, 즉 모든 개념에 앞서 대상의 포착(捕捉)에서 대상의 형식이, 거기서 직관과 개념들이 합일하여 인식 일반이 되는바, 인식능력과 합치하는 것으로 표상되거나, 또는 객관적 근거에서, 즉 사물의 형식이, 그 사물에 선행하며 이 형식의 근거를 함유하는 사물의 개념에 따라서, 사물 자신의 가능성과 합치하는 것으로 표상될 수 있다. [···] 전자의 방식의 합목적성의 표상은 대상의 형식에 대한 순전한 반성에서 그 대상의 형식에서 느끼는 직접적인 쾌에 의거하는 것이다. 그러므로 후자의 방식의 합목적성은, 객관의 형식을 그것을 포착하는 주관의 인식능력과 관계시키지 않고, 주어진 개념 아래서의 대상의 일정한 인식과 관계시키는 것이므로, 사물들에서 느끼는 쾌의 감정과는 아무런 상관이 없고, 사물들을 평가하는 지성과 상관이 있을 뿐이다. 사물에 대한 개념이 주어져 있다면, 그것을 인식을 위해 사용함에 있어 판단력의 과업은 [그 개념의] 현시(展示)에, 다시 말해 그 개념에 상응하는 직관을 함께 세우는 것에 있다. 이런 일이 예술에서처럼, 우리가 우리에게는 목적인, 대상에 대해 선파악한 개념을 실재화할 때, 우리 자신의 상상력을 통해서 일어나든지, 아니면, (유기체들에서처럼) 자연의 기술에서, 우리가 자연의 근저에 그것의 산물을 평가하기 위해 우리의 목적 개념을 놓을 때, 자연을 통해 일어나든지 간에 말이다. 후자의 경우에는 한낱 자연의 합목적성이 사물의

형식에서 표상될 뿐만 아니라, 이 자연의 산물이 자연목적으로서 표상된다. ― 비록 경험적 법칙들에 따르는 그 형식들에서의 자연의 주관적 합목적성에 대한 우리의 개념이 전혀 객관에 대한 개념이 아니라, 단지 이 자연의 너무나도 잡다함 속에서 (자연 안에서 방향을 잡을 수 있기 위해) 개념들을 얻기 위한 판단력의 원리이기는 하지만, 그럼에도 우리는 이 원리에 의해 목적의 유비에 따라서 자연에게 이를테면 우리 인식능력에 대한 고려를 부여한다. 그래서 우리는 자연미를 형식적 (순전히 주관적인) 합목적성 개념의 현시로, 그리고 자연목적들을 실재적 (객관적인) 합목적성 개념의 현시로 볼 수 있으며, 전자는 취미에 의해 (미감적으로, 쾌의 감정을 매개로 해서) 판정할 수 있고, 후자는 지성과 이성에 의해 (논리적으로, 개념들에 따라) 판정할 수 있다.

판단력 비판을 미감적 판단력 비판과 목적론적 판단력 비판으로 구분하는 것은 이에 기초하는 것이다. 전자는 형식적 합목적성 ― 그 밖에 또한 주관적 합목적성이라고도 불리는바 ― 을 쾌 또는 불쾌의 감정에 의해서 판정하는 능력을, 후자는 자연의 실재적 합목적성(즉 객관적 합목적성)을 지성과 이성에 의해서 판정하는 능력을 뜻하는 것이니 말이다."(KU, BXLVIII이하=V192이하)

2. 미감적 판단력 비판의 결실이 칸트의 미학, 특히 자연미학 이론이며, 목적론적 판단력 비판의 결실이 그의 목적론 철학이다. 두 가지 중에서도 판단력 비판에 "본질적으로 속하는 것은 미감적 판단력을 내용으로 갖는 부문이다. 왜냐하면, 이 미감적 판단력만이 판단력이 온전히 선험적으로 자연에 관한 그의 반성에 기초로 삼고 있는 원리, 곧 자연의 특수한 (경험적) 법칙들에 따르는, 우리 인식능력에 대한 형식적 합목적성의 원리를 함유하며, 이 형식적 합목적성 없이는 지성은 자연에 순응할 수가 없을 터이기 때문이다."(KU, BL이하=V193) 그렇게 해서 저 '자연의 형식적 합목적성'이라는 초월적 원리가 이미 목적 개념을 자연에 적용하도록 지성으로 하여금 준비하도록 한 다음에야 판단력은 비로소 목적론적으로 작동할 수 있다. "우리 인식능력과의 주관적 관계에서 자연의 합목적성을 사물의 형식에서 자연 판정의 원리로 표상하는 초월적 원칙은, 내가 어디에서 그리고 어떤 경우에 그 판정을, 오히려 한낱 보편적 자연법칙들에 따라

서가 아니라, 합목적성의 원리에 따라서 [자연]산물의 판정으로서, 내려야만 하는가는 전적으로 미정으로 남겨 놓고, 취미에서 [자연]산물의 (그것의 형식의) 우리 인식능력에 대한 적합성을 결정하는 일은 (이 적합성을 개념들과의 합치에 의해서가 아니라, 감정에 의해서 판별하는 한에서) 미감적 판단력에 위임한다."(KU, BLI=V194) 그러므로 미감적 판단력은 사물들을 합목적성의 원리에 따라서 판정하는 특수한 능력이지만, "목적론적 판단력은 한 특수한 능력이 아니라, 단지 반성적 판단력 일반일 뿐이다."(KU, BLII=V194)

3. 그러나 판단력이 합목적성의 원리에 따라 내리는 판정들은 인식과는 다른 객관과의 교제의 결실이며, 그로써 미학과 목적론은 인간에게 지식[과학]이 아닌 다른 세계를 열어 보인다. 『순수이성비판』이 정초한 과학적 지식의 세계 외에 윤리 도덕의 세계가 있음을 『실천이성비판』이 보여주었다면, 『판단력비판』은 인간에게는 기계적 인과성의 세계 외에 미감적, 합목적적 세계가 열려 있음을 보여주고 있다.

「판단력비판 제1서론」 'Erste Einleitiung in die Kritik der Urteilskraft'

1. 이른바 「판단력비판 제1서론」은 『판단력비판』의 또 다른 서론으로서 본서의 준비작업의 성격을 갖는 다소간에 미완의 저술이나, 본서를 이해하는 데 상당히 도움이 되는 글이다. 칸트가 당초에는 이 「제1서론」을 『판단력비판』이 완성되기 전에 그 서론으로 쓴 것이 분명하다. 칸트는 『판단력비판』 인쇄 중에 남은 일부의 원고를 출판사에 보내면서 "이미 완성된 서론이 너무 장황하여 축소되지 않으면 안 된다."(1790. 1. 21 자 편지, XI123; 1790. 3. 9 자 편지, XI143 참조)고 전한 데다가, 이어서(1790. 3. 22) 실제로 출판사에 보낸 마지막 원고에는 머리말과 다시 쓴 서론이 포함되어 있었으니 말이다. 두 서론을 비교해보면, 칸트는 처음에는 이미 쓴 서론을 축약하고자 했으나, 실제로는 아예 서론을 다시 쓴 것으로

보인다. 그런 차이가 생긴 것은 앞서 쓴 서론이 단지 "장황한" 것뿐만 아니라, 칸트가 보기에는 그것이 완성된『판단력비판』의 내용을 충분하게 표현하고 있지 못한 것이 아니었나 하고 생각해볼 수도 있다.

2. 어쨌든「제1서론」의 원고는 출판되지 않은 채로 있다가, 칸트의 발췌 전집을 기획하고 있는 신뢰하는 제자 베크(Jacob Sigismund Beck)에게 보내졌고(1793. 8. 18 자 편지, XI441 참조), 그의 재량에 따라 그것의 대략 5분의 2 정도가「판단력비판 서론에 대한 주해(Anmerkungen zur Einleitung in die Critik der Urtheilskraft)」라는 제목 아래 그가 편찬해낸『칸트 비판서 발췌집, 제2권(*Erläuternder Auszug aus den critischen Schriften des Herrn Prof. Kant auf Anrathen desselben* Bd. II)』(Riga 1794)에 수록되어 세상에 나왔다. 이것이 다시 슈타르케(F. Ch. Starke)에 의해「철학 일반에 관하여. 특히 판단력비판에 관하여(Über Philosophie überhaupt und über die Kritik der Urteilskraft insbesondere)」(1794)로 제목이 바뀌어『칸트 소저작집, 제2권(*I. Kant's vorzügliche kleine Schriften und Aufsätze mit Anmerkungen* Bd. II)』(Leipzig 1833)에 수록되었다. 이것이 다시금「철학 일반에 관하여(Über Philosophie überhaupt)」라는 제목으로 축약되어 하르텐슈타인(G. Hartenstein) 편《칸트전집》제1권(Leipzig 1838)과 로젠크란츠·슈베르트(Rosenkranz·Schubert) 편《칸트전집》제1권(Leipzig 1838)에 수록되었다.

3. 칸트의「제1서론」의 원(原)원고는 로스토크(Rostock) 대학의 교수이던 베크(Beck)의 유언에 의해 그의 친구 "프랑케(Franke) 교수에게 선물"되었다가, 프랑케 사후 로스토크 대학 도서관의 소유가 되었다. 이 로스토크 대학 칸트수고(Rostocker Kanthandschriften)본의 중요성이 1899년에 딜타이(W. Dilthey)에 의해 환기되었고, 비로소 1914년 카시러(E. Cassirer) 판《칸트전집》제5권(S. 177~231)에 그 전문이 부에크(O. Buek)에 의해「판단력비판 제1서론(Erste Einleitiung in die Kritik der Urteilskraft)」이라는 제목으로 수록되었다.(부에크는 이 수고가 칸트 제자 키제베터의 손을 거쳐 쓰인 것이고, 그 여백에 칸트 자신이 주해와 가필정정을 더한 것으로 보았다.) 그 후에 다시 레만(Gerhard Lehmann)에 의해 로스토크 대학 칸트수고가 다시 한 번 정밀 검토되어 같은 제목으로 포어랜더(K. Vorländer) 판

《칸트전집》 제2권(Leipzig 1927)에 수록되어 나왔고, 이것이 다시 레만을 편집자로 한 베를린 《학술원판 전집(*Kant's gesammelte Schriften*)》 제20권(Kant's handschriftlicher Nachlaß, Bd. VII, Berlin 1942), 193~251면에 수록되었다. 오늘날은 이 레만 판본이 표준본으로 널리 사용되고 있다.

패악 悖惡 Laster vitium

1. 의무(→)이기 때문에 행하려는 도덕적인 결의의 강함을 덕(→)이라 한다면, "도덕적 강함의 결여(道德的 缺陷: defectus moralis)"는 부덕(Untugend)이라 할 것이다. "무엇이든 의무에 어긋나는 행위를 위반(罪惡: peccatum)"이라 하고, "고의적인 위반"은 패악이라 일컫는다.(MS, TL, A21=VI390 참조) 그러니까 부덕이 덕의 한낱 "논리적 반대"라면 패악은 덕에 대한 실질적인 반대 곧 "대항(Widerspiel)"이다.(MS, TL, A10=VI384 참조)

2. "반법칙적인 행실"인 패악은 "질료의 면에서 법칙과 상충하는 것"(RGV, B25=VI31)으로, "악으로의 성벽" 곧 인간의 원죄, "원본적 죄악(peccatum originarium)"을 그 "형식적 근거"라 볼 수 있다.(RGV, B25=VI31참조)

3. 법칙을 어기려는 마음씨인 패악은 "악을 자기의 준칙으로 채용"하는 "본격적인 악"이 되므로, 이를 도덕적 용기(fortitudo moralis)로써 제압하지 않으면 안 된다.(MS, TL, A46=VI405 참조)

페더 Johann Georg Heinrich Feder

1. 페더(1740~1821)는 1768년부터 괴팅겐(Göttingen) 대학 교수이면서 《괴팅겐 학보(*Göttingischen Anzeigen von gelehrten Sachen*)》의 공동편집인으로 활동했다. 스코틀랜드 상식학파와 애덤 스미스에 우호적이었고, 칸트의 초기 저작

들에 대해서는 호의적이었으나, 『순수이성비판』에 대해서는 거의 적대적인 비판에 앞장섰다. 그는 가르베(→)와 함께 익명으로 칸트 『순수이성비판』을 폄하하는 서평을 《괴팅겐 학보 별책(*Zugabe zu den Göttingischen Anzeigen von gelehrten Sachen unter der Aufsicht der Königl. Gesellschaft der Wissenschaften*)》(1782년도 제1권, 제3호, 1782. 1. 19, 40~48면)에 게재했는데, 이에 대한 반론을 겸해서 칸트는 『형이상학 서설』(→)을 썼다. 그 후에(1787) 페더는 재반론으로 『공간과 인과성에 관하여. 칸트철학의 검토(*Über Raum und Causalität. Zur Prüfung der Kantischen Philosophie*)』를 냈지만, 아무런 호응을 얻지 못했고, 결국 교수직에서 물러났다(1797).

2. 칸트는 10학기(1770~1782)에 걸쳐 행한 '철학백과' 강의의 교재로 페더의 『철학요강(*Grundriß der Philosophischen Wissenschaften nebst der nöthigen Geschichte zum Gebrauche seiner Zuhörer*)』(Coburg 1767 · ^{2}1769)을 사용했고 (XXIX662~669 참조), 거기에 등장하는 상당수의 철학 개념을 채택하여 활용했다.

페스탈로치 Johann Heinrich Pestalozzi

1. 페스탈로치(1746~1827)는 스위스의 교육자, 박애가로, 칸트 당대 어린이 교육과 교육학에 광범위한 영향을 미쳤다. 『은자의 저녁시간(*Abendstunde eines Einsiedlers*)』(1780), 『게르트루트의 자녀 교육법(*Wie Gertrud ihre Kinder lehrt*)』(1801) 등의 저술을 통해 자연주의적, 윤리적, 종교적 교육사상을 창도하고, 고아원, 사숙학교를 창설하여 이를 교육현장에 실현해 보였다.

2. 그의 묘비명은 그의 행적을 요약해 보여주고 있다: "하인리히 페스탈로치 여기 잠들다./ 1746년 1월 12일에 취리히에서 태어나,/ 1827년 2월 17일 부르크에서 죽었다.// 노이호프에서는 빈민의 구원자./ 린하르트와 게르트루트에서는 민중의 목자./ 슈탄스에서는 고아들의 아버지,/ 부르크도르프와 뮌헨부흐

제에서는 새 초등학교의 창설자./ 이페르텐에서는 인류의 교사./ 인간, 기독교인, 시민,/ 타인을 위해 모든 것을 주고, 자신에게는 아무것도 남기지 않았다./ 그의 이름에 축복할지어다."("Hier ruht Heinrich Pestalozzi, geb. in Zürich am 12. Jänner 1746, gest. in Brugg am 17. Hornung 1827. Retter der Armen auf Neuhof. Prediger des Volkes in Lienhard und Gertrud. Zu Stans Vater der Waisen, Zu Burgdorf und Münchenbuchsee Gründer der neuen Volksschule. Zu Iferten Erzieher der Menschheit. Mensch, Christ, Bürger, Alles für Andere, für sich Nichts. Segen seinem Namen!")

평등 平等 Gleichheit aequalitas

1. 사람들은 자기 자신의 행·불행을 남들과의 비교 중에서 확인하고자 한다. 그것은 사람들이 끊임없이 자기 자신을 대상화 곧 타자화하여 자기를 또 하나의 '남'으로 여기고 남들과 동렬에 놓고 남들과 '자기'를 비교하는 자기의식적임을 말함과 동시에, 남의 평가 인정 중에서 자기의 가치를 얻으려는 기질이 있음을 말한다. 무엇보다도 이 기질로부터 '평등'의 가치 이념이 유래한다고 볼 수 있다. 이에 칸트는, 평등의 가치는, 어느 누구에게도 자기보다 우월함을 허용하지 않고 혹시 누군가가 그러한 것을 추구하지나 않을까 하고 염려하면서도, 자기는 남들의 위에 서려는 부당한 욕구와 결부되어 있는 사람들의 경향성에서 비롯한다고 본다. 이러한 경향성은 질투심 또는 경쟁심이라고 일컬어지는 것으로서, 남들이 나보다 우위에 서고자 할 때, 자기의 안전을 위하여 이 타인 위에 서는 우월성을 방비책으로 확보해두려는 경향성이다. 바로 이 경향성의 충돌로부터 얻은 지혜가 평등의 원리라 볼 수 있다는 것이다.(RGV, B17이하=VI27 참조)

2. 근원적 계약(→)에 의해 성립한 시민적 사회에서 국민 각자는 "그를 구속할 수 있는 꼭 그만큼 법적으로/정당하게 구속할 도덕적 능력을 가진 오직 그러한 자 외에 자신에 관하여 어떠한 상위자도 인정하지 않는 시민적 평등"(MS, RL,

A166=B196=VI314; 참조 TP, A235=VIII290)의 권리를 갖는다. 이러한 평등은 "사람들이 교호적으로 구속할 수 있는 것보다 더 많이 타인에 의해 구속받지 않을 독립성"을 뜻하며, 이것은 인간의 "근원적인 권리"인 자유에 속하는 것으로서 이는 인간이 인간이기 위한 본래적인 질의 하나이다. 그래서 칸트는 이를 "본유[생득]적인 평등"(MS, RL, AB45=VI237)이라고도 일컫는다.

"국민은 자유와 평등의 유일한 법개념에 따라서만 한 국가로 통합[합일]되어야 한다."라는 것은 도덕적 정치의 원칙으로서, 그것은 상호 이익을 도모하기 위한 정략이 아니라 인간의 "의무에 기초하고 있다."(ZeF, A86=B91=VIII378)

3. 국가 안에서의 법적 평등이란 "그 관계에 따라 어느 누구도 자신이 동시에, 그것에 의해 교호적으로 동일한 방식으로 또한 구속받을 수 있는 법칙에 종속하지 않고서는 타인을 그것에 법적으로 구속할 수 없는, 그러한 국가시민들의 상호 관계이다."(ZeF, AB21=VIII350) 이러한 국가시민들의 평등의 법칙에 따라서 세워진 [헌정]체제가 "공화적 체제"(ZeF, AB20=VIII350)이다.

4. 가족사회에서 "혼인배우자들의 관계는 점유의 평등의 관계이다. 서로 교호적으로 점유하는 인격들의 평등[…]일 뿐만 아니라, 재산의 평등이기도 하다."(MS, RL, AB109=VI278)

5. 기독교회 안에서 만인은 평등한데, "성찬식"은 "이 구성원들을 하나의 윤리체로 통합하고, 그들 상호 간의 권리와 도덕적 선의 모든 과실들의 몫이 평등하다는 원리에 따라서 이 단체를 영속시키는, 반복되는 공적인 격식에 의한 공동체의 보존유지"의 수단이다.(RGV, B300=VI193 참조)

포착 捕捉 Apprehension/Auffassung apprehensio

I. 칸트는 라틴어 '아프레헨시오(apprehensio)'를 인식론에서는 '아프레헨시온(Apprehension)'으로, 취미론에서는 '아우프파숭(Auffassung)'으로 옮기지만 똑같이 '포착'의 뜻으로 새기면 무난하다. 그런데 칸트의 법이론에서 사용되고 있는

'아프레헨시온(Apprehension)'을 법학계에서는 '점취(占取)'(→)로 옮기고 있다. 시민적 사회의 법적 관계에서의 포착은 점취인 것이다.

II. 1. 인식작용에서 포착(Apprehension)이란 일차적으로 "자기를 의식하는 능력이 마음에 있는 것을 찾아내"(KrV, B68)서 붙잡음이다. 감각적 직관의 잡다(→)가 종합됨으로써만 인식이 성립하는바, "모든 인식에서 필수적으로 나타나는 세 겹의 종합(→)"이 있는데, 그것은 "직관에서 마음의 변양인 표상들을 포착하는 종합, 그것들을 상상에서 재생하는 종합, 그리고 그것들을 개념에서 인지하는 종합"(KrV, A97)이다. "잡다에서 직관의 통일이 이루어지기 위해서는 우선 그 잡다를 일별(Durchlaufen)하고 다음에 그것을 총괄(Zusammennehmung)"해야 하거니와, 이러한 활동이 "포착의 종합"(KrV, A99)이다.

2. 또 다른 관점에서 말하면, "모든 경험적 개념에는 자기활동적인 인식능력의 세 가지 행위, 즉 1. 직관의 잡다의 포착(apprehensio), 2. 이 잡다를 한 대상개념에서 의식하는 총괄, 다시 말해 종합적 통일(總括的 統覺: apperceptio comprehensiva), 3. 이 개념에 대응하는 대상의 직관에서의 현시(展示: exhibitio)가 필요하다. 첫째 행위를 위해서는 상상력이, 둘째 행위를 위해서는 지성이, 셋째 행위를 위해서는 판단력이 요구"(EEKU, XX220=H25이하)된다.

3. 경험적 직관에서의 포착의 종합은 "잡다의 합성"이니, "이것을 통해 지각, 곧 (현상으로서의) 직관에 대한 경험적 의식이 가능하게 된다."(KrV, B160) 현상에서의 포착의 종합은 곧 지각이다.(KrV, B162 참조)

무릇 경험적 직관에서 대상이 지각(→)되기 위해서는 감각의 잡다가 종합되어야 하나, 이러한 종합의 능력이 감각기능 자체에는 없으므로, 이 잡다를 종합하는 다른 "능동적 힘"이 작동하는데, 그것이 "상상력"(→)이다. 이 상상력이 잡다들에 "직접적으로 행사하는 작용"이 "포착"(KrV, A120)이다. "상상력은 말하자면 직관의 잡다를 하나의 상[像]으로 만드는 것인데, 그러기 위해서 상상력은 그 전에 인상들을 자기활동 안으로 받아들여야, 다시 말해, 포착해야 한다."(KrV, A120) 이때 잡다의 포착의 종합은 항상 감성적인 선험적 직관의 형식인 공간·시간 표상에 따라서 일어난다. 현상의 잡다의 "종합 자체가 이 형식에 따라서만 생길 수 있으니 말이다."(KrV, B160) 그러나 "포착이란 단지 경험적 직관의 잡다의 모음이므로, 그 포착이 공간·시간상에서 모으는 현상들의 결합된 실존의 필연성의 표상"이 아직은 "그 포착에서 발견되지 않"는다.(KrV, B218 참조) 그러한 필연성은 마침내 범주에서의 객관적 통일에 의해 얻어진다.(→지각판단과 경험판단)

III. 1. 취미판단에서 쾌의 감정은 "판단력의 두 인식능력들, 즉 상상력과 지성의 조화로운 유희를 주관 안에 일으키는 감각"(EEKU, XX224=H30)이다. 그런데 "순전한 반성에서 지성과 상상력은 부합하여 교호적으로 각자의 과업을 촉진"(EEKU, XX221=H26)한다. 다시 말해 "주어진 표상에서 한쪽의 포착능력[상상력]과 다른 쪽의 현시능력[지성]은 교호적으로 촉진적이며, 그러한 경우에 이 관계는 이러한 순전한 형식을 통해 감각을 일으키는바, 이 감각이, 그 때문에 감성적/미감적이라고 일컬어지고, 주관적 합목적성으로서 (개념 없이) 쾌의 감정과 결합되어 있는 판단의 규정 근거인 것이다."(EEKU, XX224=H30이하)

2. 양적인 것을 직관적으로 상상력에 받아들여, 그것을 수량적으로 판정하기 위해서는 두 가지 작용 곧 "포착(apprehensio)과 총괄(美感的 總括: comprehensio aesthetica)이 필요하다. 이 능력은 포착에 있어서는 아무런 곤란도 없다. 왜냐하면 그것은 포착의 면에서는 무한히 나아갈 수 있기 때문이다. 그러나 총괄은 포착이 밀고나가면 나갈수록 점점 더 어려워지고, 이내 최대한도에"(KU, B87=V251이하) 이른다. 마음은 미감적/감성적으로 평가할 수 있는 최대한도가 있어, 그 한도를 넘어서면 도무지 아무것도 평가할 수 없게 되기 때문이다. 곧 크기 평가의 미감적으로-가장 큰 기본척도에 이른다. 무릇 상상력이 더 많은 것을 포착하기 위해 밀고나감으로써, 포착이 최초에 포착되었던 감관직관의 부분표상들이 상상력 안에서 이미 소실되기 시작하는 데에까지 이르러 있다면, 상상력은 한편에서 얻는 만큼을 다른 편에서는 잃게 되어, 총괄 안에는 상상력이 그 이상 넘어갈 수 없는 가장 큰 것이 있는 것이니 말이다. 그래서 총괄의 한계를 벗어나버린 것은 "주관의 미감적 판단에 아무런 영향도 미치지 못한다."(KU, B88=V252)

3. "빠르게 지나가는 상상력의 유희를 포착하여, 규칙들의 강제 없이 전달되는 하나의 개념[…] 속에 통합하는 능력"(KU, B198이하=V317)이 천재의 요소인 '정신'이며, 어떤 선행하는 원리도 실례도 없는 바로 이 개념이 새로운 규칙을 개시하는 데에 그 천재의 독창성이 있는 것이다.

4. 자연의 미란 곧 "자연의 현상들을 포착하고 판정하는 데서 자연과 우리 인식능력들의 자유로운 유희가 일치함"(KU, B303=V380)이다.

포프 Alexander Pope

1. 포프(1688~1744)는 영국의 작가이자 시인으로, 당대 전 유럽에서 많은 독자와 명성을 얻었다. 그의 『인간론(*An Essay on Man*)』(1732~1734)은 이미 15개 이상의 언어로 번역되어 널리 읽혔으며, 그만큼 그의 신정론적 사상의 영향력도 컸다. ― "모든 자연은 너에게는 알려지지 않은 하나의 예술, / 모든 우연은 네가 보지 못하는 길의 계시, / 모든 불화는 이해되지 못한 조화, / 모든 부분적인 악은 전체적 선: / […] / 하나의 진리는 명백하니: 있는 것은 무엇이나 옳다." (*An Essay on Man*, Ep. I, 10)

2. 칸트는 그의 『일반 자연사』를 포프를 인용하면서 시작하여(NTH, I241 참조), 서술 중간에도 인용을 이어간다.(NTH, A21=I259 · A121=I318 · A171=I349 · A188=I360 · A196=I365) 그 밖에 헤르더(→)와의 서신에서도 칸트는 시인으로서의 포프를 칭송하고 있다.(1768. 5. 9 자 Herder에게 보낸 편지, X73 참조)

폴리클레이토스 Polykleitos

폴리클레이토스(ca. BC 480~400)는 고대 그리스의 대표적인 조각가이다. 그의 남자 청동상 작품 도리포로스(Doryphoros, ca. BC 440 제작)는 모든 면에서

— 크지도 않고 작지도 않고, 뚱뚱하지도 않고 홀쭉하지도 않고, 운동과 정지·긴장과 이완이 조화를 이루고, 아름답고 선하고 올바름의 — 표준이 되는 그리스 최고의 조각품으로 평가되며, 그런 이상적인 비례를 연구한 이론서 『규준(*Kanon*)』도 썼다. 칸트는 미감의 '규칙'이라 통칭되는 도리포로스에 대해 언급하고 있다.(KU, B59=V235 참조)

퐁트넬 Bernard Le Bouyer de Fontenelle

퐁트넬(1657~1757)은 프랑스의 통속 철학자, 해학 작가로 인기가 많았다. 당시 자연과학의 여러 성과를 체계화하여 보급하면서 계몽주의의 선구자로도 평가받았다. 그의 저작 『죽은 이에 대한 새로운 대화(*Nouveaux dialogues des morts*)』(1683)와 『세계의 다수성에 대한 토론(*Entretiens sur la pluralité des mondes*)』(1686)도 독일어 번역판(Leipzig 1727; Berlin 1780)이 출간되었다.

칸트는 인간학 강의 중에 퐁트넬을 자주 인용하였다.(XXV1669 찾아보기 참조)

표상 表象 Vorstellung repraesentatio

표상의 개념

1. 칸트는 "표상은 정의될 수 없다."고 말한다. "왜냐하면 표상을 정의하기 위해서는 언제나 새로운 표상들이 필요하기 때문이다."(V-Lo/Wiener, XXIV805) 그런 까닭에 표상에 대한 정의는 있을 수 없다는 것이다.(XXIV970 참조) '표상'은 "설명할 수 없는 기초 개념"(V-Lo/Dohna, XXIV701)이고, 여타의 모든 사태를 설명하는 데 기초로 쓰이는 최고로 "일반적인 것"(XXIV701)이다.

2. 굳이 형식적으로나마 말하자면, 표상은 "우리 안에서 어떤 것과 관계를 맺

는 어떤 것"(V-Lo/Wiener, XXIV805)이다. 그러므로 우리는 단지 사람들이 어떤 방식으로 표상을 갖게 되는지를 반성해봄으로써만 표상이란 것이 무엇인가를 그려볼 수 있다. 칸트는 인간의 마음, 바꿔 말해 의식(V-Lo/Dohna, XXIV701 참조) 내지 정신의 작용을 표상 작용, 욕구 작용, 쾌·불쾌의 감정 작용으로 나누기도 하는데(V-Met-L1/Pölitz, XXVIII228; V-Lo/Dohna, XXIV708 참조), 표상들은 물론 욕구와 쾌·불쾌의 감정의 근저에도 있다. 일상생활에서 이 세 작용은 서로 영향을 주고받고 또 서로 뒤섞이기도 한다. 그렇지만 우리는 인식작용도 그에 속하는 표상 작용을 여타의 의식작용들과 구별하여 그 특성을 고찰할 수 있다.

표상들의 단계

최고 유 개념 '표상(Vorstellung: repraesentatio)' "아래에 '의식적인 표상(Perzeption: perceptio)'이 있다. 단적으로 주관과 그 주관의 상태의 변양으로서 관계 맺는 지각이 감각(Empfindung: sensatio)이고, 객관적인 지각이 인식(Erkenntnis: cognitio)이다. 이것은 다시금 직관(Anschauung: intuitus)이거나 개념(Begriff: conceptus)이다. 전자는 직접적으로 대상과 관계 맺으며, 개별적(singularis)이다. 후자는 간접적으로, 곧 다수의 사물들에 공통일 수 있는 징표를 매개로 해서(per notas communes) 대상과 관계 맺는다. 개념은 경험적(empirisch)이거나 순수한(rein) 개념인데, 순수한 개념은 (감성의 순수한 상[Bild]에서가 아니라) 단적으로 지성에 그것의 원천을 갖는 한에서 순수개념(Notio)이라 일컬어진다. 경험가능성을 넘어서는, 순수관념들로부터의 개념이 이념(Idee) 내지 이성개념(Vernunftbegriff)이다."(KrV, A320=B376이하; 참조 Log, A139= IX91)

경험 표상의 세 계기: 내용-작용-대상

1. 표상 작용이 의식의 작용인 한에서 의식의 기본구조, 곧 '내가 무엇을 의식함(ego-cogito-cogitatum)'을 공유한다. 표상은 나의 표상 작용에 의해 표상된

것이다. 아무런 표상 작용이 없다면 우리는 어떠한 표상도 갖지 못할 터이다. 그런데 우리는 표상을 의도적으로 가질 수도 있고, 또는 아무런 의도 없이 가질 수도 있다.(V-Met-L1/Pölitz, XXVIII237 참조) 하나의 표상은 우리에게 주어지기도 하고 우리 자신에 의해 만들어지기도 한다.(V-Met-L1/Pölitz, XXVIII230 참조) 범주들처럼 우리가 근원적으로 가지고 있는 것일 수도 있고, 환상처럼 우리가 임의적으로 가지는 것일 수도 있으며, '붉고 향긋한 사과'와 같이 우리 밖에 있는 것과 관련해서 우리가 표상한 것일 수도 있다. 우리는 우리가 하고자 한다면, 지금 아무것도 현전하지 않아도 하나의 사과를 표상할 수 있다. 그런가 하면, 우리는 어떤 대상을 접해봄으로써 비로소 '크고 달콤한 사과'를 표상하는 경우도 있다. 앞의 경우와 이 경우는 분명히 구분된다. 앞의 경우에 '사과'라는 표상은 우리가 그것을 표상하는 한에서만 존립한다는 의미에서, 우리의 표상 작용에 의존적이다. 뒤의 경우의 표상 '크고 달콤한 사과'도 우리의 표상 작용에 의존적이다. 그러나 이 경우 우리의 표상 작용이 지향하는 그 대상은 우리의 표상 작용에 독립적으로 있다. 다시 말하면, 그 대상은 우리가 그것을 표상하거나 말거나 있는 것으로 간주된다. 이러한 표상을 '경험적' 표상이라 일컬으며, '크고 달콤한 사과'와 같은 경험적 표상은 세 계기, 곧 ① 표상된 것으로서의 표상과 ② 그 표상을 표상하는 작용[활동], 그리고 ③ 표상 작용이 그것과 관련해서 일어나는 표상의 대상을 갖는다.

2. 표상하는 자인 인간, 곧 나, 우리의 표상 작용이 있을 경우에만 표상이 생긴다. 표상의 대상, 예컨대 우리집 정원의 사과는 우리의 관찰이 지향해 있는 표상되어야 할 것이다. 그것은 우리와 무관하게 있다는 점에서 우리 밖에 있다. 우리에 의존되어 있는 표상 그 자체는 표상된 것이라 말할 수 있다. '우리집 정원의 사과'는 '나에 의해' '하나의 크고 달콤한 사과로 표상된다.' 내가 표상하지 않았더라면 표상으로 있지 않았을 표상된 것으로서, 그 크고 달콤한 사과는 그런 한에서 나에 의존적이다. 동일한 대상이라 하더라도 경우에 따라서는 서로 매우 다른 것으로 표상될 수 있다. 예컨대 '우리집 정원의 사과 하나'가 나에게는 크고 달콤한 사과로 표상되는 반면에, 내 아들에게는 작고 새콤한 사과로 표상되

는 경우가 있는 것이다.(V-Met-L1/Pölitz, XXVIII236 참조)

3. 여기서 우리는 순전히 경험적인 관점에서 경험적인 표상에 관해 그것의 구조적인 세 계기, 예컨대 표상된 것으로서 '하나의 크고 달콤한 사과'·표상하는 자로서의 '나'·'나의' 표상 작용이 지향하고 있는, 표상되어야 할 것으로서 '우리집 정원의 사과'를 이야기하고 있다. 그러나 이 예에서 '하나의 크고 달콤한 사과'뿐 아니라 표상되어야 할 것이라고 말해진 '우리집 정원의 사과'도 다른 관점에서 보면 표상된 것이라는 의미에서 표상이다. 말하자면 그것은 나에 의해서 '우리집 정원의 사과'라고 표상된 것이다. 이제 물어야 할 것은 그렇다면, '무엇'이 나에 의해서 우리집 정원의 사과라고 표상되는지이다. 여기서 묻고 있는 것은 표상되어야 할 것, 곧 '내'가 표상 작용에서 지향하고 있는 것, 바꿔 말해 나의 표상 작용에서 '우리집 정원의 사과'라고 표상된 것이 무엇이냐이다. 이 물음에 대해서 우리는 일단 다음과 같이 대답할 수 있다: 어떤 사물이[어떤 것이, 무엇인가가] 나의 표상 작용에 의해 우리집 정원의 사과라고 표상된다. 그 어떤 사물은 표상된 것[표상의 내용]이라고는 할 수 없고, 나의 표상 작용이 그것을 지향하거나 말거나 무관하게 있는 어떤 것으로 이해된다. 그것은 나의 표상 작용에서 비로소 '하나의 사과'라고 표상되는 바로 그것이다.

4. 요컨대 우리 밖의 무엇인가에 대한 표상에 관하여 우리는 그것을 이루는 세 계기를 말할 수 있는바, 그것은 표상하는 자의 표상함[표상 작용], 표상되는 것[표상 대상], 곧 표상하는 자가 표상함에서 지향하는 어떤 것, 그리고 표상된 것[표상 내용]이다.

푸펜도르프 Samuel von Pufendorf

푸펜도르프(1632~1694)는 독일의 자연법학자, 역사학자이며, 대표 저술로는 『자연법과 국제법(*De jure naturae et gentium libri octo*)』(Lund 1672)이 있다. 그는 1661년 하이델베르크(Heidelberg) 대학 최초의 자연법 및 국제법 교수가 되었으며, 그로티우스(→근대, →자연법)를 이은 그의 세밀하고 방대한 연구는 칸트의 자연법 사상 형성에도 적지 않은 영향을 미쳤다. — 그러나 칸트는 자연법의 이전 3대가인 그로티우스, 푸펜도르프, 바텔(Emmerich de Vattel, 1714~1767) 등을 "순전히 오히려 괴롭힘만 주는 위로자들"이라고 평하고 있다. 그들이 "철학적으로 내지는 외교적으로 작성"한 법전이 법전으로서의 최소한의 법적 효력을 갖지도 못한 채, 오히려 "언제나 충실하게 전쟁도발의 정당화를 위해 인용되고 있"(ZeF, AB33=VIII355)다는 것이다.

프리스틀리 Joseph Priestley

프리스틀리(1733~1804)는 칸트 당대 영국의 과학자이자 철학자이다. 과학자로서 그는 산소를 분리해낸 공적이 있으며, 철학자로서는 하틀리(D. Hartley, 1705~1757)의 연상주의의 옹호자로, 불사성이 인간의 자연적 조건일 수가 없다는 유물론 및 결정론의 옹호자였다.(*Disquisitions Relating to Matter and Spirit*, 1777; *The Doctrine of Philosophical Necessity Illustrated*, 1777 참조)

또한 프리스틀리는 스코틀랜드 상식학파를 통렬히 비판했다.(*An Examination of Dr. Reid's Inquiry into the Human Mind, Dr. Beattie's Essay on the Nature and Immutability of Truth, and Dr. Oswald's Appeal to Common Sense*, London 1775 참조) 그러나 칸트는 『순수이성비판』에서 "경험적인 이성 사용의 원칙들만을 신봉하고 일체의 초험적 사변은 거부하는 프리스틀리"(KrV, A745=B773)라고 평한 바 있다.

플라톤 Platon

I. 1. 플라톤(BC 427~347)은 아테네 귀족 출신으로 성년이 되자 소크라테스의

문하에서 수학하였다. 현실 정치에도 관심이 없지는 않았지만, 기원전 387년경 아테네에 학교 '아카데메이아(akademeia: Ἀκαδήμεια)'를 설립하여 후학 양성에 나서는 한편, 대화체의 저술 30여 편을 남겼다. (연구가들의 분류에 따르면 대화편 중 진서가 24편, 위서가 5편, 진서 가능성이 높은 것이 5편이라고 하기도 하고, 그 밖에도 다수의 문서가 플라톤의 이름과 함께 전해온다.)

대화편들이 대화의 주도자인 소크라테스의 사상인지, 서술자인 플라톤 자신의 사상인지를 구별하기가 쉽지는 않지만, 주요 저작들이 저자인 플라톤의 사상을 충분히 담고 있을 것이라 보면, 플라톤과 함께 인간의 철학적 사변은 본궤도에 올랐다고 말할 수 있다.

2. 플라톤은 대화편 『고르기아스』, 『메논』, 『법률』, 『파르메니데스』, 『파이돈』, 『파이드로스』, 『국가』, 『프로타고라스』, 『소피스트』, 『테아이테토스』, 『티마이오스』 등을 통해 거의 모든 철학적 주제들을 심도 있게 논의했다.

3. 플라톤은 영혼(ψυχή)과 몸[물체](σῶμα)이 따로 존재하며, 그러면서도 영혼이 우월하다고 생각한다.(Platon, *Nomoi*, 896b/c 참조) 영혼은 몸[물체]에 독립적일 뿐만 아니라, 선재하며 오히려 몸[물체]을 지배하고, 영혼의 여러 작용들은 몸[물체]과는 별도로 활동할 수 있다. 인간은 이러한 영혼과 몸[물체]으로 구성되어 있는데 인간의 영혼은 몸의 영향을 받기도 한다.(*Timaios*, 86d/e 참조)

플라톤은 영혼–물체의 결합체라는 이러한 이원적 인간의 관념에서 더 나아가, 지성과 감각은 구별 분리되어 있으며, 또한 이성(λόγος)은 지성(νοῦς)의 연장선상에 있으되 서로 구별되는 것으로 본다. "저 자신을 운동하게 하는 것(τὸ αὑτὸ κινοῦν)"(*Phaidros*, 245c) 또는 "스스로 자신을 운동하게 할 수 있는 운동(ἡ δυναμένη αὐτὴ αὑτὴν κινεῖν κίνησις)"(*Nomoi*, 896a)이라고 정의되는 영혼은 그러니까 스스로 운동하고, 의욕하고 실천하는 힘을 일컬으며, 이성과 지성은 이러한 영혼 안에서만 자리를 얻는다. 반면에 스스로 운동하는 것으로 볼 수 없는 불, 물, 흙, 공기와 같은 가시적인 물질들과 마찬가지로 몸은 "어떤 경우에도 이성이나 지성을 지닐 수 없는 것"(*Timaios*, 46d 참조)일 뿐만 아니라 왕왕 영혼의 활동을 방해한다.

이성은 본질적으로 사고하는 능력인데, 플라톤에서 사고(διανοεῖσθαι)란 영혼이 탐구하고자 하는 대상에 관해 자기 자신과 나누는 대화(말: λόγος)이다.(*Theaitetos*, 189e~190a 참조) 또한 타자와의 대화는 대화 상대자의 영혼으로 하여금 자신과의 대화를 통해 이미 그 자신이 보유하고 있는 진리를 자각하도록 촉발하는 매체이다.(*Theaitetos*, 157c 참조) 인간은 누구나 자신 안에 진리의 척도를 지니고 있고, 그렇기 때문에 대화 참여자는 다 같이 중요한 위치를 가지되, 참된 대화를 이끄는 것은 언제나 로고스인 것이다.

이 지점에서 한편으로는 이성(λόγος)/지성적 사고(διάνοια, νόησις)가, 다른 편으로는 감성(감각지각: αἴσθησις)/몸[육체](σῶμα)이 서로 구별된다. 진리와 통찰(식견)은 지성을 통해서만, 그러니까 감각경험 및 육체 없이, 더 나아가 그것들에 반하여 얻어질 수 있는 것이다. 그래서 이성은 착오 없는 인식(γνώμη, ἐπι-στήμη)을, 감성은 한갓된 의견(δόξα)을 이끌 뿐임을 누누이(*Politeia*, 474b~480a; *Philebos*, 37e이하; *Timaios*, 51d이하 참조) 역설한다.

플라톤의 생각에 영혼은 몸으로부터 아무런 영향도 받지 않을 수도 있는 것이며, 그러한 한에서 영혼은 순수하고, 그러한 순수한 영혼 안에 이성과 지성은 자리 잡고 있다. 이 지성은 초감성적인 것(τὰ μετὰ τὰ φυσικά), 즉 형이상적인 것[形而上者], 이름하여 이데아(ἰδέα)를 알 수 있는 능력이다.

이데아를 본(本: παράδειγμα)(*Politeia*, 472c 참조)이라 한다면, 감각적 개별자는 본뜬 것, 사본이라 하겠다. 자연 만상, 인간이 보는 세계의 온갖 것은 자체로 있는 것을 본뜬 것이고, 그렇기에 그것들은 생멸한다. 그러나 그 원본은 영구불변적이다.

플라톤의 이데아 개념은 개별자와의 관계에서는 보편자로, 자연세계의 사물들과의 관계에서는 본(本)인 초월자로 이해할 수 있겠지만, 어느 경우에나 그것은 순수한 지성, 이성에 의해서만 이해될 수 있는 것, 개념이다.

II. 1. 칸트는 플라톤을 이성주의, 지성주의의 대표자로 꼽으며, 플라톤의 '이데아'를 참존재자가 아니라, 하나의 이념 내지 이상으로 자리매김한다. 플라톤의 이데아는 칸트에게는 이론이성의 과녁이 아니라, 실천이성의 지표인 것이다.

2. "경쾌한 비둘기는 공중에서 자유롭게 공기를 헤치고 날면서 공기의 저항을 느낄 때, 공기가 없는 공간에서는 훨씬 더 잘 날 줄로 생각할 수도 있겠다. 이와 마찬가지로, 플라톤은 감성세계가 지성에게 그렇게 다양한 장애물을 놓는다[좁은 경계를 쳐놓는다]는 이유로, 감성세계를 떠나 관념의 날개에 의탁해서 피안의 세계로, 곧 순수 지성의 허공으로 감히 날아들어 갔다. 이때 그는 이러한 그의 노력으로는, 그가 말하자면 거기에 의지해서 그 지점에서 지성을 작동시키기 위해서 그의 힘을 쓸 수 있는 토대인 버팀목을 전혀 가지고 있지 못하기 때문에, 아무런 길도 열지 못할 것이라는 것을 알아채지 못했다."(KrV, A5=B8)

3. "플라톤은 이념[이데아]이라는 표현을 썼는데", 이것은 "경험 중에는 결코 그것에 상응하는 것이 만나지지 않는 그런 어떤 것을 의미"했다. 이 "이념들이란 사물들 자신의 원형들이며, 한낱 범주들처럼 가능한 경험을 위한 열쇠가 아니다. 그의 생각에 따르면, 이념들은 최고 이성으로부터 유출[流出]하여, 그로부터 인간의 이성에 분여[分與]되었다. 그러나 인간 이성은 이제 더 이상 그 원초적인 상태에 있지 않아, 지금은 매우 모호해진 옛 이념들을 (철학이라 일컫는) 상기[想起]를 통해 되불러내야만 한다."(KrV, A313=B370) 우리에게 이상(理想)인 것이 "플라톤에게는 신적 지성의 이념, 신적 지성의 순수 직관에서의 유일한 대상, 모든 종류의 가능한 존재자들 중 가장 완전한 것, 현상에서 모든 모상들의 원근거였다."(KrV, A568=B596) 플라톤의 이런 언설을 마주해서 주의해야 할 바는, "일상적인 대화에서나 저술에서, 어떤 저자는 그의 개념을 충분히 규정하지 않기 때문에 때때로 자기 자신의 의도와 어긋나게 말하고, 또는 생각하기도 하므로, 그 저자가 그의 대상에 관하여 표현한 사상들을 비교해봄으로써 저자가 자신을 이해한 것보다도 오히려 그를 더 잘 이해하는 것은 전혀 기이한 일이 아니라는 것이다."(KrV, A314=B370)

4. "플라톤은 그의 이념[이데아]들을 특히 실천적인 것 모두에서, 다시 말해, 자유에 근거하는 모든 것에서 발견하였다."(KrV, A314이하=B371) "거기에서 인간의 이성이 참된 원인임을 보이는, 그리고 이념들이 (행위와 그 대상들의) 작용

원인이 되는 곳, 곧 도덕적인 것에서뿐만이 아니라, 자연 자신과 관련해서도, 플라톤은 정당하게도 그것의 근원이 이념들에서 유래한다는 분명한 증거들을 보았다."(KrV, A317=B374)

피히테 Johann Gottlieb Fichte

I. 1. 피히테(1762~1814)는 1790년 라이프치히(Leipzig) 대학에서 칸트철학을 배운 이래 칸트철학 심화 연구에 앞장서서 독일이상주의 철학의 주요한 대변자가 되었다. 예나(Jena) 대학 교수(1794~1799)를 거쳐 1805년에 에를랑겐(Erlangen) 대학 정교수에 취임했고, 1810년에는 신설된 베를린 대학으로 자리를 옮겨 잠시(1811/1812) 철학부 학장과 대학 총장을 맡기도 하였다.

2. 『지식론의 개념(*Über den Begriff der Wissenschaftslehre*)』(1794), 『전 지식론의 기초(*Grundlage der gesammten Wissenschaftslehre*[*GW*])』(1794), 『인간의 사명(*Die Bestimmung des Menschen*)』(1800) 등을 써내 독일이상주의 정신을 확산시키는 한편, 나폴레옹 점령하에서 행한 강의를 『강연: 독일 민족에게(*Reden an die deutsche Nation*)』(1808)라는 이름으로 출판해 독일정신 고취와 교육의 중요성을 역설하였다.

3. 피히테는 칸트가 나누어본 의식 활동들을 하나의 원리에 의해 설명하고자 한다. 그는 인식이든 실천이든 희망이든 이런 것들은 모두 의식의 활동인데, 이런 "모든 의식의 근저에 놓여 있어, 그것을 가능하게 하는"(Fichte, *GW*, SW I, 91) 것은 무엇이겠는지를 묻는다. 그리고 피히테는 그것이 가장 근원적인 것인 만큼 증명되거나 규정될 수 없는 의식의 "실행(Tathandlung)"이라고 생각한다.

의식의 사실(Tatsache)들은 모두 의식 안에서, 의식에 대해서 비로소 그 어떤 것이다. 그런 만큼 의식의 사실들은 그것이 무엇이 됐건 대상의식의 법칙 아래에 있다. 이런 사실 내용을 가능하게 하고, 의식의 법칙 작용인 것은 다름 아닌 의식의 사실행위 곧 실행이다.

의식은 궁극적으로 자기활동적인 것이고, 그런 뜻에서 자유이고 실천적이다. 대상이란 이 의식에 대해 있는 것으로 모두 의식에 의해서 정립되는 것이라 한다면, 스스로 자신을 정립하는 것, 곧 "순수 활동성"은 '나' 또는 '자아(das Ich)'라 해야 할 것이다. "나는 자기 자신을 정립하며, 자기 자신에 의한 이 단적인 정립에 의해 존재한다. 또 거꾸로, 나는 존재하며, 자기의 단적인 존재에 의해 자기 존재를 정립한다."(Fichte, *GW*, SW I, 96) 스스로 존재하는 것이 아닌 것은 '나'가 아니다. 그렇기 때문에 '나', '자아'는 "절대적 주관"(Fichte, *GW*, SW I, 97)이다. 절대적 주관인 나는 행위하는 자이며 동시에 행위의 산물이고, 실제 활동하는 자이며, 동시에 이 실제 활동을 통해 생산된 것이다. 실제 활동(Tat)과 행위(Handlung)는 "한가지고 동일한 것이며 따라서 '내가 존재한다'는 실행(Tathandlung)의 표현이다."(Fichte, *GW*, SW I, 96) 그러나 "나는 존재한다"거나 "나는 생각한다."는 활동하는 나의 근원적 표현일 수 없고, "나는 행위한다."만이 그런 것일 수 있다. 그렇지만 여기서 주의할 점은, 나를 '행위하는 자', '활동하는 자'라고 할 때 그것을 데카르트의 '생각하는 자', '존재하는 자'에서처럼 어떤 실체를 뜻하는 것으로 이해해서는 안 된다는 점이다.

자연적 의식은 행위가 있다면 행위하는 자는 전제된다고 생각한다. 그래서 사람들은 쉽게 실체로서 행위자를 생각한다. 그러나 칸트의 '초월적 의식'이라는 개념은 데카르트류의 이런 실체적 사고방식을 깨뜨렸다. 피히테는 여기서 한 걸음 더 나아가 기체(基體) 없는 순수기능이 있다고 생각한다. 이 순수한 기능 활동이 모든 것의 토대이다. 모든 존재는 실행 속에서 실행의 산물로서 발생하는 것이다. '나', '자아'라 불리는 것도 실행 밖에 있는 어떤 것이 아니고, 실행 안에서 성립한다. 존재하는 자아가 실행하는 것이 아니고, 실행 속에서 자아라는 것이 존립한다.

자아가 이론적으로 기능할 때 "자아는 자기 자신을 비아(非我)에 의해 규정된 것으로 정립한다."(Fichte, *GW*, SW I, 127) 인식 행위에서 '나'를 '나'로서 기능하게 하는 것은 물론 '그 자체로 존재하는 것'인 비아이다. 그러나 바로 이 '그 자체로 존재하는 것'이라는 것은 자아에 의해서 그러한 것으로 정립된 것 곧 대상일 뿐이다. 자아가 실천적으로 기능할 때 "자아는 자기 자신을 비아를 규정하는 것으로서 정립한다."(Fichte, *GW*, SW I, 246) 실천 행위는 무로부터의 창조도 아니고 무제한적인 생산도 아니다. 그러니까 자아가 자기 자신을 비아를 규정하는 것으로 정립한다 함은 자아가 어떤 것에 대해 작용함을 뜻한다. 실천이란 자아가 어떤 것에 대해 작용함을 뜻한다. 실천이란 자아에 맞서 있는 것을 변형시키고 극복하는 행위이다. 그러므로 실천적 자아의 활동성은 노력이다. 노력은 대립하는 자가 있을 때만 있을 수 있는 일이다. 그러니까 실천적 자아의 활동이 있기 위해서는 비아의 정립 곧 이론적 자아의 활동이 전제된다. 자아는 실천적이기 때문에 역시 이론적이기도 해야 하는 것이다. 자아는 노력하는 자아로서 현실적인 것이기 때문에 사물의 세계를 실재적인 것으로 반드시 정립해야만 한다. "자아는 자아 안에서 자아에 대해서 비아를 맞세우고"(Fichte, *GW*, SW I, 110) 그것에게 새로운 목적과 새로운 형식을 부여한다. 이런 의미에서 자아는 자유롭다고 할 수 있고, 절대적 자아라고 불릴 수 있다. 이 절대적 자아의 바탕 위에 비아에 맞서는 자아, 곧 상대적 자아와 그의 대상으로서의 비아, 곧 세계가 정초된다.

II. 1. 피히테는 "칸트의 정신을 넘어선 어느 곳에서도 더 이상의 연구 대상은 없다. 나는, 내가 분명하게 그리고 확정적으로 세우려는 원리들을, 칸트가 불분명한 채이기는 하지만, 자기의 모든 연구의 바탕에 가지고 있었음을 전적으로 확신한다."(Fichte의 1794. 4. 2 자 Böttinger에게 보낸 편지: *J. G. Fichte Briefwechsel*, hrsg. v. Hans Schulz, Leipzig 1930, I. S. 353, Nr. 161)고 말한 바 있다. 칸트는 자연 인식에서 인간 이성은 선험적 원리를 가지고 있고, 그 원리가 인식의 범주로 기능한다는 점에서 인간 이성은 자연세계의 틀일 뿐만 아니라, 자연 안에서 의지의 자유에 따른 도덕적 실천 행위를 한다는 점에서는 자연세계를 실질적으로 변화시키는 주체이고, 이 인간 주체의 자율적 행위가 자연 안에서 성취되기 위해서는 자연 운행의 법칙과 선의지의 목적지향적 행위 법칙이 부합해야만 하고, 그렇다면 인간의 도덕적 행위와 꼭 마찬가지로 자연도 합목적적으로 운행함은 당연하다고 생각했다. 그러나 칸트에서 인간 이성에 내재한다는 자연 인식의 범주는 어디까지나 개념 형식이며, 도덕적 행위의 자유 원인성도 초월적 이념으로서 어떤 존재적 지위를 갖는 것은 아니었다. 칸트가 말한 "자연의 합목적성"이라는 것도 자연에 합목적성이 사실적으로 내재하는 것이라기보다는 "오로지 반성적 판단력에 그 근원을 가지고 있는 하나의 특수한 선험적 개념"(KU, BXXVIII=V181)으로서 이를테면 합리적 세계를 해명하기 위한 "상대적 가정"(suppositio relativa)(KrV, A676=B704)으로 이해될 수 있는 것이었다.

그러니까 피히테가 볼 때 칸트가 '불분명한 채로' 즉 충분한 반성 없이 자기의 이론 체계의 원리로 사용하고 있는 것이란, 칸트가 인간 의식활동을 지(知)·정(情)·의(意)로 나눠보는 당대의 심리학에 따라 이론이성·실천이성[의지]·감정의 순수기능을 추궁하여 인식 이성의 자기활동적 초월성, 행위 의지의 자율성, 반성적 판단력의 자기자율성을 병렬시킨 점이며, 피히테가 더욱 '분명하게 그리고 확정적으로' 세우려는 원리란 이 세 가지 기능의 공통 토대를 말하려는 것으로 보인다. 칸트에서 참된 인식의 본부는 순수 이론이성, 선한 행위의 본부는 순수 실천이성, 세계의 합목적성의 본부는 순수한 반성적 판단력으로 나뉘어 있는 셈인데, 피히테는 이것들이 가지고 있는 공통 성격인 의식의 자기활동성으로부터 의식과 의식의 대상들의 토대를 찾으니 말이다.

2. 『순수이성비판』에서 철저한 인간 이성 자신의 능력 검토를 통하여 근본학으로서의 철학을 수립하고자 했던 칸트가 그의 "[순수 이성] 비판은 하나의 방법론이고, 하나의 학문 체계 자체는 아니다."(KrV, BXXII)라고 말했을 때, 그리고 형이상학만을 "참된 철학"으로 이해한 칸트가 '순수 이성 비판'을 "본래 형이상학의 앞마당"(FM, A10이하=XX260; V-Met/Volckmann, XXVIII360; V-Met/Mron, XXIX752 참조), 또는 "예비학"(KrV, B25·A841=B869 등) 내지 "예비 연습"(KrV, A841=B869)이라고 언명했을 때, 피히테와 그의 동조자들은 칸트의 '이성비판'의 정신은 계승하되 '참된 철학'인 형이상학의 내용까지를 제시하여 완전한 '학문의 체계' 자체를 수립하고자 기도하였다. 이러한 학문 운동을 목격한 칸트는 철학의 수행 방법으로서 '순수 이성 비판' 작업과 이 작업의 결실인 그의 저작 『순수이성비판』은 구별되어야 하며, 그의 저작 『순수이성비판』에는 "해결되지

않은 또는 적어도 해결을 위한 열쇠가 제시되지 않은 형이상학의 과제는 하나도 없다."(KrV, AXIII)라면서, 그의 『순수이성비판』은 이미 "순수 철학의 완성된 전체"(1799. 8. 7 자 「피히테의 지식학에 관한 해명서」, XII371)를 제시하고 있다고 천명하였다

3. 그와 동시에 칸트는 후학들이 일관성과 체계성을 내세워 '사물 자체' 개념을 제거함으로써 '현상' 개념을 왜곡하고, 하나의 자아를 내세워 다층적 세계의 토대 자체를 망가뜨리는 짓을 자신의 문헌에 대한 폭력으로 간주하고, 자신의 저술을 읽는 독자에게 "문자대로 이해할 것"(1799. 8. 7 자 「피히테의 지식학에 관한 해명서」, XII397)을 요구했다.

그럼에도 칸트는 이미 이른바 '독일이상주의' 사조에 접어든 그의 후학들의 학문 방향을 그의 뜻에 맞게 조정할 수는 없었다. 피히테에 뒤질세라 셸링(→) 또한 칸트의 철학을 학문 방법론으로 치부하고 그 자신이 "지식의 체계"(Schelling, *System des transzendentalen Idealismus*, SW I/1, 349)를 제시하고자 하였고, 또 이에 대응하여 헤겔(→) 역시 대작 『정신현상학』(1807)을 "학문의 체계, 제1부"로 펴냄으로써 이 같은 사조에 합류하였다. 이로써 칸트의 비판주의의 맥을 잇는 듯하면서도 그 정신에서는 상반되는 이른바 독일이상주의(→)라는 — 그러니까 근대 계몽주의 흐름에서 보자면 — 일종의 반동적 사조가 대세로 등장했다.

필연성 必然性 Notwendigkeit

→ 경험적 사고 일반의 요청들

→ 필요욕구/필요요구

필요욕구/필요요구 必要欲求/必要要求 Bedürfnis

1. 유한한 존재자는 그 유한성 즉 결여의 보충 내지 보완이 필요하기 때문에 그에 대한 끊임없는 욕구 또는 요구가 있다. 주체로서 유한한 존재자에게는 그러한 요구가 절실한 것이므로, 필요요구는 이를테면 "주관적 필연성"(KpV, A6=V4)이다. 기계적인 자연 필연성이 객관적인 것이라면, 예컨대 "도덕적 필연성은 주관적인 것"(KpV, A225=V126)이다.

2. 유한한 인간은 "온갖 필요욕구들과 감성적 동인들에 의해 촉발되는 존재자"(KpV, A57=V32)이다. 인간의 수많은 경향성은 "동물적인 필요요구"(Anth, A229=B268=VII267)이며, 의식주는 "인간의 필요요구를 위한 수단"(MS, RL, AB123=VI287)으로 필수적인 것이다. 인간이 이성을 이러한 감성적 "필요욕구를 충족시키는 도구"(KpV, A108=V61)로만 사용할 때, 그것을 도구적 이성이라 한다. 그러나 인간은 자신의 유한성을 덕성으로 보완하려는 필요욕구 또한 가지는데, 이성이 이를 충족시킬 법칙을 세우거나 감성적 필요욕구를 통제할 수 있는 규범을 세우는 역할을 할 때, 그러한 이성을 입법적/법칙수립적 이성이라 한다.

3. "사변적 사용에서의 순수 이성의 필요요구는 가설들에" 이르고, "순수 실천이성의 필요요구는 요청들에 이른다."(KpV, A256=V142) 사변적 이성은 파생된 것이 있을 때 그 원인 계열의 완벽성을 얻기 위해 원근거를 필요로 하기 때문에 마침내 가설을 세운다면, 순수 실천이성은 실천이성의 필요요구인 최고선을 가능하게 하는 조건으로서 "신 · 자유 · [영혼의] 불사성"을 요청(→)한다.(KpV, A255이하=V142 참조) 그러나 이렇게 "자기의 도덕적 필요요구를 만족시킬 능력이 없음을 의식하는 이성은 그 결함을 보완해줄 것 같은 초절적인 이념들에까지 자기를 넓혀가지만, 그럼에도 그 이념들을 확장된 소유로 자기에게 소속시키지는 않는다."(RGV, B63=VI52)

4. 도덕법칙은 순수 실천이성의 "필요요구로서 주관적인 것이긴 하지만", 그것이 의지의 필연적 규정 근거가 된다는 점에서는 "객관적인 것"(KpV, A263=V146)이다.

〚 ㅎ 〛

하만 Johann Georg Hamann

1. 하만(1730~1788)은 칸트와 동시대의 문필가이자 신학과 철학 분야의 저자로 칸트와 오랜 기간 친교를 나눴다. 그와 주고받은 많은 양의 서신은 칸트의 일상생활과 사유 과정을 아는 데 중요한 자료가 되고 있다. 하만은 일찍부터 프랑스 백과사전의 일부 번역을 시도했고, 흄의 여러 저작을 번역하기도 했으며, 칸트와는 1759년에 '어린이를 위한 물리학'을 공저할 기획을 세우기도 했다.

2. 『순수이성비판』에 대한 비판서 『이성의 순수주의에 대한 메타비판(*Metakritik über den Purismum der Vernunft*』(1784)은 사후 헤르더(→)와 야코비(→)에 의해 널리 소개되어 당대 칸트철학에 대한 이해와 비판에 큰 영향을 미쳤다.

칸트가 감성과 지성을 분리시키는 것에 유감을 표명하면서 하만은 특히 세 가지 점을 비판한다. 칸트는 1) 전통과 신앙에서 이탈했고, 2) 경험과 경험적인 귀납에서 벗어나 있으며, 3) 언어 문제를 도외시하고 있다는 것이다.

하만의 기본 사상은, 인간의 개인적인 사회적인 실존에서 언어는 초석으로서, 언어가 없다면 이성도 없고, 이성이 없으면 종교가 없으니, 언어·이성·종교는 인간의 본성을 이루는 세 요소로, 이것들이 없으면 정신과 사회적 유대도 없다는 것이다.

『학부들의 다툼』*Der Streit der Fakultäten*

저술 배경과 과정

1. 『학부들의 다툼』은 1798년 가을 쾨니히스베르크(Königsberg, bei Friedrich Nicolovius)에서 연달아 2판이 출간되었고, 3판은 1799년 다른 소논문들과 함께 묶여 할레(Halle)에서 출간(편찬자: Johann Heinrich Tieftrunk)되었다.

2. 칸트는 1792년 2월 《베를린 월보(*Berlinische Monatschrift*)》에 「인간 자연본성에서의 근본악에 관하여」— 이 논고는 1792년 4월호에 게재되고, 1793년 『(순전한) 이성의 한계(들) 안에서의 종교』(→)의 제1논고로 수록된다 — 를 투고하고, 신학부의 판정에 따라 게재 여부가 결정되는 현실에 직면한 후, 대학 내의 학부들의 관계에 대해 숙고하기 시작했다.

우여곡절 끝에 4개의 논고를 묶은 『이성의 한계 안에서의 종교』가 출간됐지만, 이 같은 종교 관련 언설이 국가질서를 위태롭게 하므로 더 이상 언급하지 말라는 프로이센 왕 프리드리히 빌헬름 2세(Friedrich Wilhelm II)의 1794년 10월 1일 자 명령서(SF, AIX이하=VII6이하 참조)를 받고, 칸트는 "향후에는 자연종교든 계시종교든 종교와 관련해서는 모든 공개적인 강술을, 강의에서뿐만 아니라 서책으로도, 전적으로 삼갈 것을 국왕 전하의 가장 충성스러운 신민으로서 가장 엄숙하게 선언"(SF, AXXII이하=VII10; 참조 Friedrich Wilhelm II에게 보내는 서한 초고, XI527이하)했다. 이로써 칸트는 직전에 괴팅겐의 신학 교수 슈토이들린(→)으로부터 청탁받은 《종교학 잡지(*Journal für Religionswissenschaft und ihre Geschichte*)》에 기고를 할 수 없게 되었다. 그런 인연으로 『학부들의 다툼』의 제1판은 슈토이들린에게 헌정되었다.

3. 책은 서로 다른 시기에 작성된 세 개의 논고를 세 개의 절로 묶어놓았다.

제1절은 대학의 이념과 철학부와 신학부의 관계를 다루고 있는데, 이 논고는 이미 1794년에 작성된 것이다.(1794. 12. 4 자 C. F. Stäudlin에게 보낸 편지, XI533 참조)

제2절은 철학부와 법학부 사이의 다툼을 다루고 있는데, 주제는 과연 인류는 쉼 없이 개선을 향해 전진하고 있느냐 하는 것으로(SF, A131=VII79 참조), 이 논고는 제1절의 논고와 비슷한 시기에 초고가 작성되고(VII338이하 참조), 1797년 말쯤에 완성된 것으로 보인다.(1797. 10. 13 자 Johann Heinrich Tieftrunk에게 보낸 편지, XII206 참조) 그리고 칸트는 이 논고를 《베를린 시보(*Berlinische Blätter*)》를 통해 별도로 발표하려 했지만 검열로 인해 뜻을 이루지 못했다.(1798. 4. 5 자 Tieftrunk에게 보낸 편지, XII238 참조)

제3절은 철학부와 의학부의 다툼을 주제로 하고 있는데, 주요 내용은 1795/96년간에 작성된 것으로 보인다.(1795. 8. 10 자 Samuel Thomas Soemmerring에게 보낸 편지 첨부, XII31 참조)

주요 내용

학부들 사이의 관계

1. 학부들의 다툼은 한편의 상부 학부인 신학부·법학부·의학부와 다른 한편의 하부 학부인 철학부 사이의 관할과 학부의 설치 목적, 학문 방법 문제에서 기인한다.(SF, A6이하=VII18이하 참조) 그러므로 이는 대학의 구조와 학문 성격의 문제이다.

2. 상부 학부들은 그 활동과 교과가 실천적인 목적에 맞춰져 있고, 그 목적이 대학 밖에서, 특히 '정부'에 의해 지정된다.(SF, A7=VII19 참조) 이른바 상부 학부들이 교수하는 바는 영혼 구제, 법질서, 보건과 같은 사회적 사안들에 기여하는 것이 마땅하다.(SF, A11이하=VII21이하 참조) 반면에 하부 학부인 철학부는 명칭 그대로 상부 학부들에 봉사하는 것이 당연하지만, "오로지 학문적 관심사, 다시 말해 이성이 공개적으로 말할 권리를 갖지 않을 수 없는 곳에서 진리를 다룰 자유를 가져야"(SF, A9=VII20) 한다.

3. 그래서 세 학부와 철학부 사이에 분쟁이 생기면, 철학부는 응당 이성에 의

해 판단을 내리고 그렇게 함으로써 정치적인 영향을 배척하지 않으면 안 된다. 철학부와 신학부의 관할 다툼이 가장 심하며, 의학부는 나머지 두 상부 학부에 비하면 훨씬 자유롭고, 그 점에서 철학부와 근거리에 있다. 의학적 지식은 인간의 생리학적 사실에 대한 경험적 인식에 근거하는 것이므로, 그 이론이 당국에 의해서 조정된다는 것은 어불성설인 일이기도 하다.

철학부와 신학부의 다툼

칸트의 생각에 철학부와 신학부의 다툼의 근원은, 도덕철학이 실천적으로 필연적으로 신에 대한 신앙과 영혼의 불사성을 장려한다는 데에 있다. 도덕법칙은 "최고선의 개념을 통해 종교에"(KpV, A233=V129) 이르니 말이다. 이러한 철학적 종교신앙이 인간 안에서 도덕의 발달을 실제로 촉진할 수 있기 위해서는 종교신앙의 가시적인 현시, 곧 성서가 가르치고 있는바, 교회공동체와 교회신앙을 필요로 한다. 이때 철학은 신학의 뒷자락을 들고 따라가는 시녀가 아니라 이성의 힘으로 신학을 인도하는 역할을 해야 한다. 이 지점에서 완강한 다툼이 일어나거니와, 교회신앙은 순전한 이성에 의해 정초된 종교신앙에 다가서고, 전통적인 제례의식에서 벗어나는 것이 마땅하다.

철학부와 법학부의 다툼

과연 인류가 정치적-도덕적으로 진보의 과정에 있는가 하는 물음을 두고 철학부와 법학부 사이에 다툼이 생긴 배경에는 당시 프랑스혁명에 대한 엇갈린 평가가 있다. 법학자들은 당대의 군주와 현행의 법률을 수호하는 데 지혜를 쓰지 않을 수 없는 반면에, 철학자는 도덕적인 요구가 비현실적인 것이 아님을 역설하면서 정치적-도덕적 진보의 실천적 가능성이 "공화적 헌정체제"(SF, A144=VII85)의 발달에 있음을 옹호하지 않을 수 없다.

칸트는 프랑스혁명을 "역사기호"(SF, A142=VII84)로 인식하여, 프랑스혁명이야말로 토대적이면서도 지속적으로 효력이 있을 정치적-도덕적 개선의 가능성을 보여주는 기호(→)로 보았다. 이 혁명은 도덕적인 것을 포함하고 있는 정치적 사건으로서, "자연법적 헌정체제의 진화(Evolution)"(SF, A149이하=VII87)라는 것이다.

철학부와 의학부의 다툼

철학부와 의학부의 다툼은, 과연 인간이 자신의 몸을 의사와 약사의 돌봄에 맡길 것인가, 아니면 "병에 든 감정들"을 "마음의 힘"으로 지배하고자 노력하는 것이 마땅한가 하는 문제에서 발단한다. 그러나 이러한 다툼은 앞서의 학부들 사이의 다툼과는 사뭇 달라서, 여기에는 도덕적인 정치적인 쟁점이나 당국과의 마찰이 개입하지는 않는다. 의견 차이는 신체 내지는 건강의 관리에서 이성의 경험적 사용을 어떻게 하는 것이 합당한지의 정도에 있다. 이는 섭생법에 대한 의견 차이로서, 학부들의 다툼이라기보다는 학자들의 논쟁의 성격이라 하겠다.

한계 限界 Grenze(n)

1. 칸트는 '한계'와 '경계(Schranke)'라는 개념을 구별해서 사용한다. '한계'는 "언제나 어떤 일정한 장소의 밖에서 마주치면서 그 자리를 둘러싸는 공간을 전제한다."(Prol, A166=IV352) '경계'선은 변경될 수도 있으나, '한계'선은 그것으로 구분되는 두 공간 사이에 전적인, 본질적인 차이로 인해 그어진 것이기 때문에 변경될 가능성이 없다는 의미에서 칸트는 양자를 구별한다.

2. 수학이나 물리학과 같은 학문 분야에서 이성은 뛰어넘어서는 안 될 인식의 한계 같은 것을 가지지 않는다.(V-Met/Volckmann, XXVIII391; V-Met/Mron, XXIX787 참조) 물론 인간 이성은 수학이나 자연과학의 영역에서도 아직 능력의 부족으로 실제로는 가능한 인식의 경계를 가지고 있다. 그러나 이러한 영역에

서도 새로운 발견 발명 그리고 점차적인 지식 능력의 확장으로 이성은 그 인식을 한없이 넓혀갈 수 있다는 점에서, 그 경계는 고정불변적인 것이 아니다.(Prol, A167=IV352 참조) 그러니까 이성이 아직 인식하지 못한 대상들이 있다 하더라도 그 대상들이 동종(同種)적인 것이라면, 이성에게 인식의 한계 같은 것은 없는 것이다.

3. 그런데 형이상학에서 이성은 감성적인 것으로부터 전혀 이종(異種)적인 초감성적인 것으로 넘어서려 한다. 이때 더구나 이성은 지금 그가 감성세계를 인식하는 데 쓰던 인식의 원리들을 가지고 그렇게 해보려 한다. 그러나 감성적인 것과 초감성적인 것 사이에는 본질적인 차이가 있기 때문에, 이 원리들은 초감성적인 것들에는 도무지 타당하지가 않다. 그러므로 이성이 형이상학이라는 이름 밑에서 자기 능력을 넘어서 무엇인가를 인식해보고자 한다면, 거기에는 큰 위험과 착오가 있다. 이를 피하고 참된 형이상학을 위한 확실한 주춧돌을 놓기 위해서는, 그러므로 먼저 이성이 그 이론적 사용에서 넘어서는 안 되는 이성 사용의 한계를 분명히 규정하는 일이 필요하다.

4. 그래서 참된 형이상학을 세우기에 앞서 그를 위한 예비학으로서 순수 이성비판, 곧 순수 이성의 자기 "한계규정"(Prol, A163=IV350; 참조 MAN, AXV=IV474; V-Met/Volckmann, XXVIII392)이 필요하다.

한계개념 限界概念 Grenzbegriff

1. 한 개념이 모순을 함유하지는 않지만, 그 개념의 객관적 실재성이 결코 인식될 수 없는 그런 개념을 칸트는 "문제성 있는(→ 미정적) 개념"(KrV, A254=B310)이라고 부른다. 사물 그 자체로 오로지 순수 지성에 의해 생각되는 것인 '예지체'(→)라는 개념이 그러한 것이다. 우리로서는 그러한 예지체들이 무엇인지를 전혀 알 수가 없고, 따라서 현상들의 권역 바깥은 우리에게는 완전히 공허하지만, 그렇다고 인간에게 감성적 직관의 대상만

이 유일하게 가능한 것이라 할 수는 없기 때문에, 예지체라는 개념은 "감성적 직관을 사물들 그 자체 너머까지 연장하지 않기 위해서, 그리고 감성적 인식의 객관적 타당성을 제한하기 위해서 필요한 것"(KrV, A254=B310)이다. 다시 말해, 지성은 문제성을 안은 채, 미정적으로, 감성적 직관의 권역을 넘어서 생각을 뻗쳐 나가지만, 그로써 그렇다고 어떠한 대상도 확정적으로 인식하지는 못한다. 그러므로 한낱 지성의 사유물인 예지체 개념은 "순전히 감성의 참월을 제한하기 위한 한계개념"(KrV, A255=B310/311)이다.

2. 지성이 예지체라는 개념을 임의적으로 지어낸 것은 아니지만, 그렇다고 그것을 무엇이라고 적극적으로 규정할 수는 없으므로, 이 개념은 단지 소극적으로, 다시 말해 감성적 직관의 범위를 제한하는 데에만 사용된다.

지성은 이렇게 현상들로서 관찰되지 않는 "사물들 그 자체를 예지체라고 일컬음으로써 감성을 제한한다." 그러나 이렇게 함으로써 "지성은 또한 곧바로 자기 자신을 제한한다. 곧, 사물들 그 자체를 범주들을 통해 인식하는 것이 아니라, 그러니까 단지 그것들을 알려지지 않은 어떤 것(ein unbekanntes Etwas)이라는 이름 아래서 생각하기만 할 뿐이라고 자기 자신을 제한하는 것이다."(KrV, A256=B312) 이것은 곧 "대상들을 현상체들과 예지체들로 분류하고, 세계를 감성세계와 예지세계로 구분하는 것은 적극적인 의미로는 전혀 허용될 수"(KrV, A255=B311) 없음을 일러준다.

할러 Albrecht von Haller

1. 할러(1708~1777)는 스위스의 의사이자 시인으로, 자연과학 연구와 정치에서도 활발히 활동하였다. 튀빙겐(Tübingen) 대학에서 의학박사를 취득한 후 베른에서 개업의로 활동하다가, 1736~1753년간에는 괴팅겐(Göttingen) 대학의 해부학, 식물학, 외과의학 교수로 있으면서 1751년 왕립 괴팅겐 학술원을 창설하

여 종신 원장직을 수행했다.

2. 칸트는 할러를 "독일 시인들 중 가장 숭고한 이"(NTH, A115=I314)라고 칭송하면서, 할러의 시를 『일반 자연사』 곳곳에서 인용하고 있다. — "별들은 아마도 아름답게 빛나는 정령들의 자리일 것, / 지상에서 패악이 지배하듯, 천상에서는 덕이 주인일지니. – 할러"(NTH, A197=I365)

칸트는 또 「만물의 종말」(1794)에서도 할러의 시 「영원에 대한 불완전한 시(Unvollkommene Ode über die Ewigkeit)」(1736) 중 "그러나 진정한 곳에 / 아무것도 남기지 않은 이를 / 영원은 튼튼한 팔로 단단히 붙잡아 두네."(*Hallers Gedichte*, hrsg. L. Hirzel, Bibliothek älterer Schriftwerke der deutschen Schweitz, 1882, III-151)라는 한 대목을 인용하고 있다.(EAD, A496=VIII327; 참조 KrV, A613=B641)

합목적성 合目的性 Zweckmäßigkeit

1. "하나의 객관에 대한 개념은, 그것이 동시에 이 객관의 현실성의 근거를 함유하는 한에서, '목적'이라 일컬으며, 한 사물이 오로지 목적들에 따라서만 가능한 사물들의 그런 성질과 합치함을 사물들의 형식의 '합목적성'이라 일컫는다."(KU, BXXVIII=V180) 이러한 목적 개념은 지성의 범주에 속하지 않으므로, 자연의 합목적성에 대한 우리 판단들도 구성적인 것이 아니라 한낱 규제적인 것이다. 자연은 우리가 그것을 합목적적인 것으로 판정하지 않아도 성립할 수 있는 것이다. 그러나 판단력은 우리의 지성에게 우연적인 형식들을 순전히 우리에 대해서 필연적인 것이라고 판정하면서, 동시에 (우리의 지성과는 같지 않은) 어떤 지성이 그것들을 구성적으로 필연적인 것이라고 인식할 수도 있다고 상정한다.
(→ 판단력)

2. 일반적으로 합목적성의 원리에 따라 대상을 판정하는 능력을 반성적 판단력(→)이라 한다면, 작동하는 합목적성의 원리가 형식적이냐 실재적이냐에 따라

반성적 판단력을 다시금 두 가지로 구별해볼 수 있다. '형식적 합목적성(주관적 합목적성)'을 쾌 또는 불쾌의 감정에 의해서 판정하는 능력을 "미감적 판단력"이라고, '자연의 실재적 합목적성(객관적 합목적성)'을 지성과 이성에 의해서 판정하는 능력을 "목적론적 판단력"이라 일컫는다.(KU, BXLVIII이하=V192이하)

형식적 합목적성

1. "이 장미는 아름답다."라는 미감적 판단에서처럼 어떤 대상을 아무런 이해관심 없이 순전히 관조하는 데도 그 대상에서 흡족함이 생긴다는 것은, "자유로운 (생산적) 상상력이 지어내기[창작]를 통해 질료적인 것을 조합하는 방식"(Anth, BA186=VII240), 곧 "모든 감성적 표상들의 조화로운 관계들"(V-Lo/Philippi, XXIV348)의 형식이 마음 안에 생긴 것을 말한다. 그러므로 이렇게 반성적 판단력이 내린 "순수한 취미판단"의 규정 근거는 오로지 "상상력의 자유로운 합법칙성"(KU, B69=V240), 바꿔 말해 "형식의 합목적성"(KU, B38=V223)이다. 이러한 사태 설명을 위해 칸트는 "목적 없는 합목적성"(KU, B44=V226) 개념을 도입하고 있으니, 목적 없는 합목적성은 "순전히 형식적인 합목적성"(KU, B44=V226)으로서 내용(질료)적인 것이 아니다. 그 판단의 대상에서 실제로는 어떤 (질료적인) 목적을 수립한 어떠한 의지도 발견할 수 없으니 말이다. 요컨대, 아름다운 것에서의 흡족은 "법칙 없는 합법칙성과, 표상이 대상의 일정한 개념과 관계 맺어지는 경우의 객관적 합치가 없는, 상상력의 지성과의 주관적 합치" 곧 "(목적 없는 합목적성이라고도 불리는) 지성의 자유로운 합법칙성"에 근거하는 것이다.(KU, B69=V241)

2. "미적인[아름다운] 것을 판정하는 능력"(KU, B3=V203)인 취미는 곧 "상상력의 자유로운 합법칙성과 관련하여 대상을 판정하는 능력"(KU, B68이하=V240)이라는 개념에 근거한 것이다. 상상력은 생산적이고 자기활동적인 것인 한에서 독자적이며 자유롭고, 그래서 "가능한 직관들의 임의적 형식들의 창시자"(KU, B69=V240)라 할 수 있다. 물론 상상력이 산출할 수 있는 모든 형식들이 지성의

법칙과 합치하기에 적합한 것은 아니다. 그러나 한 대상이 아름다운 것은 상상력이 그러한 형식을 산출해낼 수 있기 때문이다.

3. 순수한 취미판단에서 마주치는 "주관의 인식력들의 유희에서 순전히 형식적인 합목적성의 의식은, 대상이 주어지는 표상에 있어서, 쾌감 자신이다."(KU, B36이하=V222) 상상력과 지성의 유희는 어떤 (질료적인) 매력과 자극에 의거하지 않음에도 불구하고 우리 인식력들을 생기 있게 만들어준다. 순수한 취미판단은 매력이나 자극에서 독립적일 뿐만 아니라, 완전성 개념에도 독립적이다.(KU, §15 참조)

4. 한 대상의 내적 완전성에 대한 판단은 곧 하나의 특정한 목적을 전제한다. 우리는 한 대상이 그것의 내적 목적을 완전하게 충족시키면 그 대상은 객관적으로 합목적적이라고 판정한다. 그러나 우리 인식력에 주어진 대상의 형식적 주관적 합목적성은 결코 그 대상의 완전성으로 생각될 수가 없다.

그럼에도 칸트는 완전성 개념을 미학의 영역에서 추방하지는 않는다. 순수한 취미판단에서 표현되는 "자유로운 미(浮遊美)" 외에도 "한낱 부수적인 미(附隨美)"(KU, B48=V229)가 있음을 보고 있기 때문이다. 부수적인 미는 대상이 무엇이어야 하는가 하는 일정한 개념을 전제하므로 거기에는 완전성 개념이 개입해 있지 않을 수 없다. 칸트에 따르면 인간의 궁극목적은 그의 도덕적 완전성에 있다. 그런데 자유로운 미의 개념에서 보면 도덕적으로 나쁜 인간도 아름답다고 판정받을 수 있다. 왜냐하면 우리는 이 판단에서는 좋음[선]의 개념은 도외시하기 때문이다. 그럼에도 부수적인 미의 관점에서 보면, 어떤 인간이 도덕적인 목적을 충족시키지 못할 때, 그는 아름다울 수가 없다.

5. 칸트에 의하면 이 세상에서 "인간만이 미의 이상을 가질 수" 있는데, "그것은 예지자로서 그의 인격 안의 인간성만이 이 세계의 모든 대상들 중에서 완전성의 이상을 가질 수 있는 것과 마찬가지이다."(KU, B56=V233) 미의 이상에는 미감적 "규범이념"과 "이성이념"(KU, B56=V233)이 있다. 미감적 규범이념은 상상력에 의해 "인간을 하나의 특수한 동물의 종에 속하는 사물로 판정하는 표준척도를 표상한다."(KU, B56=V233) 이에 반해 이성이념은 감성적으로는 표상될

수 없는 "인간성의 목적들을 인간의 형태를 판정하는 원리"(KU, B56=V233)로 삼는다. 인간만이 윤리성을 가질 수 있으므로, 그러니까 이 같은 미의 이상은 "오로지 인간적 형태에서만 기대될 수 있는 것이다."(KU, B59=V235)

6. 그러나 미가 자유로운 것인 한에서 "미의 보편적인 표준을 일정한 개념들에 의해 제시해줄 취미의 원리를 찾는 것은 성과 없는 헛수고이다."(KU, B53=V231) 취미는 다른 사람들을 모방해서는 얻을 수 없는 "독자적으로 고유한 능력"(KU, B53=V232)이다. "취미의 최고의 전형, 즉 원형"이 미의 범례적인 사례들과 혼동되어서는 안 된다. 취미의 원형은 "누구나 각자가 자신 안에서 스스로 만들어내지 않으면 안 되는 순전한 이념이며, 이 이념에 따라 각자는 취미의 객관인 모든 것, 취미에 의한 판정의 실례인 모든 것, 그리고 모든 이들의 취미까지도 판정하지 않을 수 없는 것이다."(KU, B54=V232)

7. 미의 이상은 대상을 비개념적으로 현시하는 능력인 상상력에 의해 만들어진다. 우리가 만약 미의 이상에 따라 판단한다면, 우리는 부분적으로는 지성화한, 그러므로 "응용적인 취미판단"(KU, B52=V231)에서 판단하는 것이다. 이 판단의 기초에는 그에 의해 우리가 선험적으로 목적을 규정하는 특정한 이념이 놓여 있는바, 대상의 내적 가능성은 이 목적에 의거하니 말이다. 하나의 이상을 찾을 수 있는 미는 오로지 "객관적 합목적성에 의해 고정된 미"(KU, B55=V232)일 뿐이다. 그에 반해 아름다운 꽃의 이상이나 아름다운 집의 이상이라는 것은 없다. 이런 것들의 합목적성은 우리가 순수한 취미판단에서 표현하는 "부유적인 미"에서와 같이 거의 자유롭기 때문이다.(→ 미/미적인 것)

'객관적 합목적성'

1. 자연 중의 먹이사슬에서나 각 기관의 유기적 통일성에서 보이는 바처럼, 자연 사물들이 상호 간에 목적이자 수단으로 쓰인다면, 자연 안에 객관적 실재적 합목적성이 내재한다 하겠다.

2. "한 사물은 자기 자신이 […] 원인이자 결과이면 자연목적으로서 실존한

다."(KU, B286=V370) 무릇 자연목적으로 인식된 하나의 자연산물은 "자기 자신에 대하여 교호적으로 원인과 결과의 관계를 가질 수밖에"(KU, B289=V372) 없다.

한 대상은 다음과 같은 두 조건을 충족시킬 때, 자연목적으로 실존한다. 첫째로, 자연목적으로 실존하는 사물은 그 사물의 "부분들이 (그것들의 현존과 형식의 면에서) 오로지 그것들의 전체와의 관계에 의해서만 가능"(KU, B290=V373)한 그러한 것이다. 그럼에도 어떤 사물이 오로지 이 조건만을 충족시키면, 그것은 그것의 원인을 자기 자신 안에 갖지 않는 기예의 작품일 수도 있다. 그렇기에 둘째로, 자연목적으로 실존하는 사물은 또한 그 부분들이 한편으로는 그것들이 교호적으로 그것들의 형식의 원인과 결과임으로써 하나의 전체와 결합되어 있고, 다른 한편으로는 "전체의 이념이 다시금 모든 부분들의 형식 및 결합을 규정"(KU, B291=V373)하는 그러한 것이다.

자연산물의 각 부분은 한낱 도구로서 실존하지 않고, "오히려 각 부분은 다른 부분들을 (따라서 각 부분이 다른 부분들을 교호적으로) 만들어내는 기관으로"(KU, B292=V374) 실존한다. 그것에 의해 전체가 정의되는 하나의 목적과의 특별한 관계가 이루어질 때만, 자연목적이 성립한다. 이 조건이 충족되면, "그러한 산물을 유기적인 그리고 자기 자신을 유기화하는 존재자로서 자연목적이라고 부를 수 있다."(KU, B292=V374) 유기적 존재자들은 순전한 자연기계성의 대상들과는 달리 단지 운동하는 힘만이 아니라 하나의 "형성하는 힘(bildende Kraft)"(KU, B293=V374)을 가지며, 그것들은 그것들의 내적 가능성이 목적 개념에 의거하는 유일한 자연대상들이다.

3. 그래서 우리 이성은 유기적 존재자들의 내적 합목적성에 대해 다음과 같은 판정 원리를 갖는다. 즉 "자연의 유기적 산물은 그 안에서는 모든 것이 목적이면서 교호적으로 수단이기도 하다."(KU, B295이하=V376) 이러한 "유기적 산물에서는 아무것도 쓸데없는 것은 없고, 무목적적인 것이 없으며, 또 맹목적인 자연기계성으로 치부할 수 있는 것은 없다."(KU, B296=V376) 여기서 우리는 '자연의 객관적 합목적성'이라는 이념을 갖게 되고, 그때 자연목적들이라는 개념

은 우리를 “자연의 순전한 기계성과는 전혀 다른 사물들의 질서로 이끈다.”(KU, B297=V377)

4. 이러한 ‘객관적 합목적성’은 이성에 의해 자연이 통일적이라고 판정하는 목적론적 판단력의 자기자율(→) 규정이다.

합법성 合法性 Gesetzmäßigkeit legalitas

합법성이란 어떤 행위가 법(학)적인 법칙들과의 합치함을 말하며, 그것은 행위가 윤리(학)적인 법칙들과의 합치함을 도덕성이라 일컫는 것에 비견된다.

또는 행위가 “의무법칙과의 합치함”을 합법칙성 내지 합법성이라 하고, 행위가 “준칙의 법칙과의 합치함”을 윤리성 또는 도덕성이라고 일컫기도 한다.(MS, RL, AB26=VI225 참조)

해설 解說 Erörterung expositio

I. 1. ‘해설’이란 “어떤 개념에 속하는 것에 대한 분명한 표상”(KrV, B38)을 말한다.

2. 그런데 칸트는 특별히 공간과 시간 표상을 해설의 대상이 되는 개념으로 삼고 있다.

3. 그래서 칸트의 해설은 공간·시간 개념에 대한 해설로, 그것은 공간·시간 표상을 석명(釋明: Explikation)하여 그것의 기본 성격, 원천, 기능 등을 밝혀냄을 말한다.

II. 1. 공간·시간 개념의 원천이 주관에 있고, 따라서 선험적임을 석명함을 “형이상학적 해설”(KrV, B37·B46)이라 한다.

2. “한 개념을, 그로부터 다른 선험적 종합 인식의 가능성이 통찰될 수 있는,

원리로 설명함"(KrV, B40)을 뜻하는 "초월적 해설"(KrV, B40 · B48)에서는 기하학과 대수학을 구성하는 선험적 종합 인식들이 공간 · 시간 개념을 전제로 해서만 가능하다는 것이 석명된다.

III. 1. 형이상학적으로 해설되는 바는, 1) 공간 · 시간 표상은 개념이 아니라 직관이며, 그것도 경험적인 것이 아니라 선험적이라는 것, 2) 공간 · 시간 표상은 선험적이고 따라서 경험에 선행하므로, 그것들의 출처는 주관 안에서 찾아야만 하고, 그러므로 그것들은 주관적이라는 것, 3) 그럼에도 이 주관적인 표상들은, 그것들이 경험적인 그러니까 객관 관련적인 직관의 형식적인, 임의적이 아니라 필수적인 조건으로, 다시 말해 현상의 조건으로 기능하는 한에서 객관적 실재성을 갖는다는 것이다.

2. 초월적 해설에서는 선험적인 공간 · 시간 개념이 경험적 인식을 필연적이고도 보편타당하게 만드는 경험적 직관의 선험적 형식으로, 다시 말해 현상들의 선험적인 형식적 조건들로 기능함을 밝힌다.

3. 이러한 순수 직관인 공간 · 시간 표상의 선험성과 초월성에 대한 '형이상학적 해설'과 '초월적 해설'은 순수 지성개념인 범주의 선험성과 초월성에 대한 '형이상학적 연역'과 '초월적 연역'에 상응한다.(→ 연역)

행복 幸福 Glückseligkeit

인간이 추구하는 행복이란 "그의 실존의 전체에서 모든 일이 소망과 의지대로 진행되는, 이 세상에서의 이성적 존재자의 상태"이므로, 행복은 다름 아닌 "자연"이 그 자연 안에 살고 있는 이성적 존재자의 "전 목적에 합치하는 데"에 있다.(KpV, A224=V124) 그때 자연 안의 이성적 존재자는 "자기의 전 현존에 부단히 수반하는 쾌적한 삶에 대한 의식"(KpV, A40=V22)을 가지며, "실존의 전체에서" "모든 경향성들의 충족"(KrV, A806=B834; GMS, B12=IV399) 또는 "필요들과 경향성들의 전적인 충족"(GMS, B23=IV405) 또는 "자기 상태에 대한 전적인 평안함과 만족"(GMS, B2=IV393) 내지는 "자기의 상태에 대한 온전한 만족"(MS, TL, A169=VI480)을 느낀다.

인간의 행복 곧 감성적 행복

1. 자기 상태에 대한 만족감으로서의 행복은 "감성적 원리 아래서 경향성들의 관심"(KpV, A217=V120)을 끊임없이 돌보는 데서 성립한다. 그러므로 이성적 동물로서의 인간의 행복은 "물리적 요인들, 다시 말해 복지를 필요로 한다."(Refl 6117, XVIII460)

2. 인간의 행복이 감성적 만족을 필수 요소로 갖는 한, "자연 안의 일체의 것에서 독립적인 행복"과 같은 "오성세계의 행복"(Refl 6907, XIX202)은 인간의 일이 아니다. 때로 사람들은 "패악으로의 유혹을 이겨내고 자기의, 흔히는 힘겨운, 의무를 행했다고 의식할 때, 자신이 영혼의 안정과 만족의 상태에 있음"(MS, TL, AVII=VI377)을 발견하고, 이를 "도덕적 행복"이라고 일컫기도 하지만, '도덕적 행복'이란 "자기모순적"(MS, TL, AVII=VI377)인 것이다. 행복이란 어디까지나 감성적인, "정념적인 쾌감"이고, 그것이 정념적인 한에서 그러한 쾌감이 예견될 때만 사람들은 의무를 행하려고 움직이는 것이 "자연질서"인데, '도덕적'이란 그러한 쾌감을 고려함 없이 하는 의무 수행에 대해서만 말할 수 있는 "윤리적 질서" 안에 있는 것이기 때문이다.(MS, TL, AIX=VI378 참조) 누가 "자기 인격과 자기 자신의 윤리적인 처신에 대한 […] 만족"(MS, TL, A16=VI387)을 '도덕적 행복'이라고 말한다면 그것은 '행복'이라기보다는 '인격의 완전성'이라 해야 할 것이다. "도덕적 행복이란 물리적 상태에 대한 만족을 영속적으로 소유하는 보증 […], 즉 물리적 행복이 아니라, 선 안에서 언제나 진보하는 […] 마음씨의 현실성과 고정불변성의 보증을 뜻한다."(RGV, B86=VI67) 그런데 도덕적 행복을 보증해줄 마음씨의 고정불변성을 우리는 확신할 수가 없다. 우리는 마음씨를 행실의 결과에서 추정할 수 있을 뿐이므로, 이에 대한 이성적 판정은 불가능하니 말이다. "내적으로 정복(淨福)함"(MS, TL, AVIII=VI377)을 '도덕적 행복'이라고 지칭

한다면, 그것은 오로지 자신만으로 만족한 자, 곧 신에게나 있을 수 있는 것이겠다.

행복의 원리 곧 자기사랑의 원리

1. 이 같은 행복을 "의사의 최고 규정 근거로 삼는 원리는 자기사랑(→)의 원리"(KpV, A40이하=V22)이다. 무엇인가에서 느끼는 쾌 또는 불쾌에 따라 의사가 결정된다면, 그러한 의사는 "자기사랑 또는 자기 행복의 원리"에 의해 결정된 것이다.

2. 이성적이면서 유한한 모든 존재자는 필연적으로 행복을 구하거니와, 그것은 그 유한성으로 인한 결여의 충족을 욕구하지 않을 수 없기 때문이다. 그러니까 행복의 원리는 유한한 존재자에게는 "그의 유한한 자연본성 자체로 인해 그에게 짐 지워진" 것이다. 유한한 존재자가 필요로 하는 무엇인가가 "그의 욕구능력의 질료"이며, 이것은 "주관적으로 기초에 놓여 있는 쾌 또는 불쾌의 감정과 관계 맺고 있는 어떤 것"으로서, 다시 말해 "유한한 존재자가 자신의 상태에 만족하는 데에 필요로 하는 것"(KpV, A45=V25)이다.

3. 그러나 자기 행복의 원리가 실천 법칙이 될 수는 없다. "각자가 그의 행복을 어디에 두어야 할 것인가는 각자의 쾌와 불쾌에 대한 특수한 감정에 달려 있으며, 동일한 주관에 있어서도 이 감정의 변화에 따른 필요의 상이함에 달려 있"어서, "결코 어떤 법칙을 제공할 수 있는 것이 아니"(KpV, A46=V25)기 때문이다.

행위 行爲 Handlung

책무의 법칙들 아래에 있는, 그러니까 주체의 의사의 자유에 따라 일어난 것으로 보이는 행동을 행위라고 일컫는다.

행위자는 그런 활동에 의해 결과를 일으킨 자로 간주되며, 그 결과들은 그 행위 자체와 함께 그 행위자에게 귀책될 수 있다.(MS, RL, AB22=VI223 참조)

허치슨 Francis Hutcheson

1. 허치슨(1694~1746)은 도덕철학자이자 미학자로서, 이른바 스코틀랜드 도덕철학 학파의 창시자로 간주된다. 그가 남긴 대표적 저작으로는 『미와 덕 관념의 기원 연구(*Inquiry into the Original of our Ideas of Beauty and Virtue*)』(1725)(독일어 번역본: 1762), 『정념과 정서의 본성과 행태 / 도덕감의 예증(*An Essay on the Nature and Conduct of the Passions and Affections / Illustrations upon the Moral Sense*)』(1728) (독일어 번역본: 1760), 『도덕철학 체계(*A System of Moral Philosophy*)』(1755) (독일어 번역본: 1756) 등이 꼽히며, 당대 유럽 지성계에 광범위한 영향을 미쳤다. 그는 인간이 이성에 의해서가 아니라 도덕감(moral sense)에 의해 도덕적 분별을 하며, 덕행의 동기를 얻는다고 주장한다. 예컨대 도덕감으로 인해 자선은 우리를 기쁘게 하는 것이며, 그 때문에 우리는 그 같은 덕행을 한다는 것이다.

2. 칸트는 『실천이성비판』에서 감각은 어떤 경우에도 결코 보편적 윤리의 규정 근거가 될 수 없다고 하면서 윤리의 원리로서 도덕감(→)을 내세운 허치슨을 비판하고 있다.(KpV, A67=V38~A69=V40 참조)

헤겔 Georg Wilhelm Friedrich Hegel

1. 헤겔은 남부 독일 뷔르템베르크 공국의 수도 슈투트가르트(Stuttgart)에서 개신교를 믿는 하급 공무원인 아버지(Georg Ludwig Hegel)와 어머니(Maria Magdalena Louisa)의 첫아이로 1770년 8월 27일에 태어났다.

헤겔 가족은 슈투트가르트의 토박이로서 문화와 교육에 대해서 열성적이어서, 헤겔은 이미 3세 때에 독일어 학당을, 5세 때에는 라틴어 학당을 다녔으며, 1776년에는 김나지움에 입학하였고, 1784년부터는 상급 김나지움을 다녔다. 학교 시절 헤겔은 이미 문필가로 명성을 얻었고, 주로 방에 틀어박혀 독서에 빠져 있는 '애늙은이'로 소문이 났다. 이 시기에 헤겔은 레싱(→)을 읽고서 크게 감명을 받아 자신도 레싱처럼 '민중교육자'로 '문인'이 되리라 작심했다는 기록이 있다. 1783년에 어머니가, 1799년에는 아버지가 세상을 떠났는데, 아버지와의 사이는 소원했던 것 같고, 어머니에 대한 사모의 정은 노년까지 가지고 있었다.

1788년 10월에 튀빙겐(Tübingen) 대학에 입학하여 1793년까지 재학, 같은 기숙사에서 만난 셸링, 횔덜린과 깊은 우정을 나누면서 철학과 신학을 공부하였다. 이 시기에 칸트를 조금 읽은 것으로 보이며, 레싱을 거쳐 야코비(→)를 읽고, 그를 통해 스피노자(→)를 알게 되었다.

대학을 마치고 베른(Bern: 1793~1796)과 프랑크푸르트(Frankfurt/M.: 1797~1800)에서 가정교사 생활을 한 후, 비로소 1801년 대학 동창 셸링의 주선으로 예나(Jena) 대학에서 자연철학 분야 교수자격논문「유성의 궤도에 관한 철학적 논구(Dissertatio philosophica de Orbitis Planetarum)」를 내고 강사생활을 시작하였다. 같은 해「피히테와 셸링 철학체계의 차이(Differenz des Fichteschen und Schellingschen Systems der Philosophie)」를 발표하였다.

1805년에 비정규직 교수로 임명되었고, 1807년(37세)에 드디어 헤겔철학의 탄생을 알리는『정신현상학(*Phänomenologie des Geistes*)』을 냈다. 1808년에 대학을 떠나 뉘른베르크(Nürnberg)의 김나지움 교장으로 취임하였다. 1811년에 21세 연하의 투허 가의 여식(Marie Helena Susanna v. Tucher, 1791~1855)과 결혼하였다. 1812/3년(42/3세)에『논리의 학(*Wissenschaft der Logik*), I/II』를, 1816년(46세)에는『논리의 학, III』을 출간하고, 곧바로 하이델베르크(Heidelberg) 대학 교수로 취임하였다. 1817년에『철학백과개요(*Enzyklopädie der philosophischen Wissenschaften im Grundrisse*)』를 내고, 1818년(48세)에 피히테의 후임으로 베를린(Berlin) 대학의 교수로 부임했으며, 1821년(51세)에는 마지막 대표작『법철학요강(*Grundlinien der Philosophie des Rechts*)』을 출간하였다. 이로써 당대에 '철학자'는 일반명사가 아니라 헤겔을 지칭하는 고유명사가 되었다.

1831년(61세) 11월 14일 헤겔은 갑자기 세상을 떠났다. 의사들은 사망 원인을 콜레라 감염으로 판정했으나, 헤겔이 3일 전까지 강의를 했던 것으로 볼 때 그것은 어쨌든 갑작스러운 죽음이었다.

헤겔은 사망 직전까지도 왕성한 강의활동과 더불어 새로운 집필, 개작을 거듭하였다. 1830년에는 『철학백과개요』 개정 제3판을 출간했고, 1831년에는 『논리의 학』 제1권도 개정하였으니, 그가 좀 더 살았더라면 나머지도 함께 개정될 것을 기대할 수 있었고, 결국 유고로 남겨져 아들과 친구들에 의해 편찬된 전집("Freundesvereinsausgabe", Berlin 1832~1845)에 비로소 수록 출판된 「역사철학 강의」, 「미학 강의」, 「종교철학 강의」, 「철학사 강의」 등도 더 완성된 체제를 볼 수 있었을 것이다. 그의 영향력은 현재까지도 진행되고 있는 그의 새로운 전집(Gesammelte Werke[GW], Hamburg 1968~) 기획이 웅변하고 있다.

2. "미네르바의 올빼미는 비로소 황혼녘에 날기를 시작한다."(*GPR*: Theorie Werkausgabe[TW] 7, 28) 사태에 대한 총체적 이론적 조감은 사태가 전개된 후라야 가능하다. 헤겔 철학에 대한 조감도 마찬가지이다. 이미 역사가 된 철학자와 작품으로 남은 철학사상에 대한 평가는 그 이론의 정밀도나 정합성에서가 아니라 영향력에서 척도를 얻는다. 헤겔의 말들이 얼마나 비문법적이고, 그의 '논리'가 얼마나 비논리적인가를 밝힌다 해도, 그의 철학적 영향력이 결코 줄지 않는다면 그 사상의 위대성은 이미 상식을 뛰어넘어가 있는 것이다. 사실 '문법'이니 '논리'니 하는 것은 평범한 사람들 사이의 의사소통의 원리인 것이니 말이다. 그렇게 길다고 볼 수 없는 교수 생활 14년, 그중에서도 베를린 생활 11년 동안에 헤겔이 보여준 사상의 웅장함은 통상적으로 사변을 꺼리는 영국 사회에까지 영향을 미쳐 그의 사후 영국에도 비로소 '철학'이 생겨 관념론학파가 형성되었고, 그렇게나 헤겔적 '정신'에 개념상의 거부감을 가진 유물론자들마저 그 변증법을 차용하였으니, 19세기 후반 이후의 철학 가운데 헤겔 사상과의 대면 없이 이루어진 것은 하나도 없다고 하여도 과언이 아니다.

생애의 도정에 사상도 형성되는 것이니만큼 사유의 길과 생애의 길은 어떤 식으로든 얽혀 있기 마련이지만, 그 밀접성이 헤겔만큼 깊은 경우도 드물다 할 것이다. 헤겔 생애의 도정을 따라가다 보면 그 사실을 어렵지 않게 확인할 수 있다.

3. 헤겔은 칸트에 의해 형이상학, 곧 철학, 곧 학문의 체계가 무너졌다고 보았다. 헤겔은 칸트의 비판주의에 의해 "전에 형이상학이라고 일컬어졌던 것은 말하자면 뿌리째 뽑혀버렸고", "지성은 경험을 넘어가서는 안 된다는 칸트철학의 공교(公教)적 이론"은 마침내 "갖가지 장식으로 꾸며져 있긴 하면서도 [정작] 성체(聖體)는 없는 사원과도 같이" "형이상학 없는 세련된 족속"(*WdL* I: GW 11, 5)이 출현하는 해괴한 광경이 빚어지도록 하고 말았다고 통탄했으며, 변증법을 통해 체계적 학문을 재건하고자 했다.

헤겔의 변증법 사상

I. 헤겔 사후 후계자들 사이의 '좌파' '우파'의 분쟁 속에서도 그의 철학이 보편적으로 그리고 지속적으로 영향력을 잃지 않은 것은 사고와 존재의 원리에 대한 그의 철학적 통찰, 즉 변증법(dialektike episteme)의 사상 때문이라 할 것이다. 헤겔의 '모순 지양(Aufheben des Widerspruchs)'의 변증법은 철학적 방법이자 철학의 내용으로서, 그에 대한 소묘는 헤겔 철학에 대한 총괄이라 해도 과언이 아니다.

II. 1. 헤겔의 변증법은 자기대화의 논리(dialegesthai)이다. 자기가 자기와 대화를 나눈다 함은 자기의 "근원적 분열"[ursprüngliche Teilung: Urteilen] (*Enzy*, §166: GW20, 55 참조)을 전제하며, 그러니까 자기가 자기에 대해 판단을 내리고 시비곡직을 가린다. 헤겔의 변증법(辨證法)은 바로 사변(思辨: Spekulation)으로서, 그것은 다름 아닌 자기가 자기라는 거울(speculum)에 비춰 살펴봄(speculari)이다. 그러한 대화의 방식은 이미 데카르트의 성찰(meditatio)에서 시연된 것이다. 데카르트의 철학적 방법인 '성찰'도 나(ego)와 나의 대화였다. 그러나 헤겔의 변증법은 단지 철학적 반성의 방법, 사고 전개의 방법이 아니라, 존재의, 세계의, 역사의 자기 전개 방식이자 힘이기도 하다. 존재와 일치할 때 사고가 진리일 수 있다면, 존재의 전개 방식과 참된 사고의 전개 방식은 응당 한가지여야 할 것이다.

대화는 서로 다른 입장이 합일을 이룰 때까지 진행된다. 그러니까 변증법은 자기와 자기의 분열이 지속되는 동안에 합일이라는 목적을 향한 자기의 전개 방식이다. 그것은 자기와 자기의 어긋남을 교정하여 합일, 일치라는 목적을 향해 나아간다, 다시 말해 일정한 목적으로 접근해간다는 의미에서 스스로 발전해가는 방법이다. 이렇게 자기발전을 향해 움직이는 자기, 다시 말해 '자기운동'하는 자를 일컬어 정신(Geist) 또는 특정해서 이성(Vernunft)이라고 부른다. 이때 '정신'이란 뉴턴이 규정한 '물체'와 정확하게 대비되는 개념이다. 뉴턴의 제1 운동법칙에 따르면, "외부의 힘이 작용하지 않는 한, 정지해 있는 물체는 여전히 정지해 있고, 운동하는 물체는 여전히 등속도 직선운동을 한다." 이것은 '물체'는 오로지 외부의 원인에 의해서만 변화한다, 그러니까 물체는 기계적[역학적] 운동만을 한다는 것을 말한다. 이것이 물체의 본질 규정인데 외부적 힘의 영향과 무관하게 스스로 운동하는 자, 곧 자유 운동하는 자가 있다면, 그것은 물체와는 본질적으로 다른 어떤 것이고, 그것을 헤겔은 '정신'이라고 부른다. "물질의 실체가 중력"이라면, "정신의 실체, 본질은 자유이다."(*VPG*: TW12, 30; *Enzy*, §381 참조)

그러므로 자기운동하는 것, 그것은 다름 아닌 정신이며, 그런 의미에서 정신만이 자유롭다.(*Enzy*, §382 참조) 그러니까 정신만이 변증법적 운동을 한다. 변증법적 운동은 정신의 자기 전개 운동이다. 변증법적으로 운동하는, 자기와 대화하며 자기를 스스로 교정해가는 도정에 있는 정신은, 자기를 아는 정신 곧 '의식'이다. 그리고 자기와 완전한 합일에 이른 정신은 더 이상 분열 중에 있지 않으므로, '절대자'라 일컬어 마땅한 것이다. 그러니까 변증법적 운동은 의식이 절대자에 이르는 도정에서 일어나는 것이다.

2. 이제 변증법은 참으로 존재하는 것, 곧 실체는 주체이며, 이 주체는 유일하다는 것을 말한다.

정신이 자유이면서 자기운동을 한다는 것은 그 운동의 원인이 자기 자신 안에 있기 때문이다. 정신은 자신에 의해서, 오로지 자신에 대해서, 그러니까 독자적으로 존재하는 것, 곧 주체(Subjekt)이며, 그런 의미에서 '살아 있는 실체'이다.

정신의 본질인 자유(自由)란 '자기에서 비롯함', 곧 자기에 의한 운동을 말한다. 그런데 운동은 변화로서 변화란 '이것'이 이것과 다른 '저것'이 됨을 뜻하므로, 운동은 언제나 다(多)를 전제로 해서만 가능하다. 그러니까 정신이 운동한다는 것은 자기 분열에 의해 자기 안에 다(多)가 생겨나 있음을 말한다. 정신 안의 다(多)는 그러니까 이를테면 '부분들'인 셈이다. 그것에 비하면 정신은 '전체'(das Ganze: totum)이다. 그리고 '전체'는 '하나'이다.

운동은 이 '하나'의 부분들 사이에서 일어나는 것이고, 그렇게 해서 '전체'가 변화한다, 곧 발전한다. 그러므로 한 시점에서의 전체와 다른 시점에서의 전체는 그 부분들 사이의 변화로 인하여 서로 다른 것이다. 그럼에도 그 '전체'는 언제나 동일한 전체이다. 그런 의미에서 그 전체는 밑바탕에 놓여 있는 것(Substratum), 자존적인 것(Subsistenz), 고정불변적인 것(das Beharrliche), 곧 실체(Substanz)이다. 실체, 곧 정신, 곧 전체는 부분들의 운동을 통하여 달리 되어가면서도 자기 동일성을 유지하는 것, 이른바 '비동일성의 동일성'을 갖는다. 전체는 불변적으로 생멸(生滅) 없이 있는 것이라는 점에서 진상(Wahrheit), 진리라 한다면, 부분들은 끊임없이 생멸한다는 점에서 가상(Schein)이라 하겠다.

3. 유일한 실체가 자기운동한다는 것, 곧 정신이라고 하는 것은 그 운동을 통해서만 자기를 드러낼 수 있다는 것을 말한다. 운동 없이도 능히 자신이 모두 드러난다면, 굳이 힘들여서 운동할 일이 무에 있겠는가. 그러니까 헤겔의 실체는 기실 '욕구'이자 '힘'이다. 변증법적 운동은 이 욕구, 이 힘의 자기실현(entelekeia) 원리이다. 그것은 바로 정신의 본성을 말한다. 자기를 현실화해 나가는 것으로서의 '정신'은 자기를 자기 자신과 구별하는 "절대적 불안정"으로서 끊임없는 자기 부정을 통하여 자기를 실현하고 완성시켜나가는 '근원적 힘', 순수한 활동성이다.

힘만이 실재하는 것이며, 현실(Wirklichkeit)은 이 힘이 작동(Wirken)하여 낳은 결과(Wirkung)이다. 운동 변화는 힘으로서의 이 실체의 자기표출이다. 힘의 표출 현상은 자연에서도, 자기의식에서도, 정신[좁은 의미로, 헤겔의 '객관적 정신']에서도 볼 수 있다.

자연, 물질의 세계도 단지 기계적으로만 운동하는 것이 아니라, 변증법적으로 운동한다. 물질적 조건 아래에서도 끊임없이 사물의 자기진보가 이루어진다는 뜻이다.

이 물질세계와 의식의 이론적 교섭이 사물 인식이며, 실천적 교섭이 노동이다. 사물 인식을 매개하는 감각도 힘의 운동이고, 자연을 가공하는 노동 또한 힘을 통하여 일어나는 것이다. 사물 인식은 대상의식의 변증법을 통하여 진행되고 사물의 가공은 노동변증법을 통해 진척된다.

자기가 독자적인 존재자라는 의식, 자기가 삶의 주체라는 자기의식이 복수로 나타날 때 '사회'가 생기며, 사회는 자기의식의 변증법에 따라서, 가령 인정투쟁에 의해서 전개되어간다. 인정투쟁은 물론 목숨을 건 힘들 간의 대결이다.

의지가 객관적으로 표출된 법률, 도덕, 윤리 같은 객관적 정신도 모두 변증법적으로 전개된다. 그 또한 힘을 매개로 한 것이다. 도대체가 의지란 어떤 목적을 향해 있는 힘인 것이다.

요컨대, 변증법은 "모든 객관성의 영혼"(*WdL* II: GW12, 237)으로서 "무제한적으로 보편적인, 내적이면서 외적인 방식이자, 단적으로 무한한 힘"(GW12, 237)이다. 그렇기에 "모든 사상[事象] 자체의 고유한 방법"(GW12, 238)이자 "사물들의 실체성"(GW12, 238)이라고 할 변증법은 "이성의 최고의 힘이며 바꿔 말하면 이성의 유일하고 절대적인 힘일 뿐만 아니라, 자기 자신을 통해 만물 가운데서 자기 자신을 발견하고 자기 자신을 인식하는 이성의 최고의 유일한 추동이다."(GW12, 238)

4. 헤겔의 정신 변증법은 또한 목적론이자 발전의 세계관을 포함한다.

정신의 자기운동은 눈앞에 등장한 (비록 그것이 가상일지라도) 자기의 어긋남, 이른바 '모순'으로 인해 야기된 것이다. 자기와의 어긋남은 불안정이고, 운동은 언제나 불안정을 폐기하고 안정을 얻기 위해 일어나는 것이다. 그러나 정신은 부분들 사이의 모순을 한낱 폐기하는 것에 그치지 않고, 그 폐기를 이용하여 자기를 개선하고자 하는 지혜를 가지고 있다. 정신은 지성이고 이성이기도 한 것이다.

대화에서 서로 어긋남은 서로 '거슬러 말함(widersprechen: contradicere)'이다. 이것을 헤겔은 '모순(Widerspruch: contradictio)'이라 이름 붙인다. 이 모순에서 한편의 주장을 '바로 세움(正定立: thesis)'이라 한다면, 반대편의 주장은 '마주 세움(反定立: antithesis)'이라 하겠다. 이 두 주장은 어긋나기 때문에 '하나' 안에서 양립할 수 없다. 만약 이 어긋나는 두 주장이 독립적인 타자들 사이의 관계라면, 그 어긋남은 영원히 지속될지도 모른다. 그러나 정신은 '하나'이고, 하나인 정신은 자기 내의 어긋남을 폐기하고 조정하여 합일하게 한다. 그래서 '함께 세움(合定立: synthesis)'이 일어난다. 이 함께 세움은 앞의 두 대립 주장들을 한낱 병립적으로 모아 놓음이 아니라, 둘을 화합하여 질적으로 전혀 다른 또 하나의 '바로 세움'이다. 이 '함께 세움'은 앞의 '바로 세움'과는 단계가 다른 '바로 세움'인 것이다. 그러니까 거기에는 질적인 비약이 있다. 그래서 헤겔은 대립하는 두 주장의 폐기 조정을 '지양(止揚: Aufheben)'이라 이름 붙인다. 헤겔의 지양은 폐기(wegnehmen: tollere)와 보존(aufbewahren: conservare)과 고양(hinaufheben: elevare)의 삼중적 의미를 갖고 있다.

예를 들어, 로크의 마음 백지(tabula rasa)설(Locke, *HU*, II, 1. 2 참조)을 하나의 '바로 세움'이라 한다면, 라이프니츠의 지성 예외(exipe: nisi ipse intellectus)설(Leibniz, *NE*, II, 1, §2 참조)은 하나의 '마주 세움'이라 할 것이다. 그리고 칸트의 초월적 이성이론은 이것들의 '함께 세움'이라 하겠다. 하나의 정신이 대상 인식에 대한 의견을 세워나가는 도정에서 '로크'라는 부분과 '라이프니츠'라는 부분으로 분열하고, 다시금 '칸트'라는 정신으로 합일하는 방식으로 전개되었다고 볼 수 있다는 말이다. 그러나 정신의 자기 전개가 '칸트'에서 종결된 것은 아니니, '칸트' 역시 또 하나의 '바로 세움'으로 가령 이에는 헤겔의 절대자 정신 이론이 마주서 있다고 볼 수 있다. 어쨌든 이 세움들은 모두 하나의 정신의 자기 전개 도정에서 나타난 국면(Phase)들이다.

정신은 완전한 자기 합일에 이를 때까지, 곧 진상이 드러날 때까지 이 같은 자기대화를 계속해갈 것이다. 그리고 그 대화는 진상을 찾아가는 방법인 만큼 새로운 국면은, 설령 그것이 다음에 오는 새로운 국면에 의해 폐기된다 할지라도, 분명 앞선 국면을 지양한 것이고, 그런 만큼 더 진상에 다가선 것이다. 그러니까 헤겔에서 정신의 자기 전개는 한갓된 되풀이나 퇴락이 아니라, 목적을 향해 전진함, 곧 발전이다.

그래서 헤겔의 변증법은 목적론과 발전론을 함유하고 있는 낙관주의이자 이상주의이다. 그 목적이란 완전성이라는 하나의 이념(Idee)이자 이상(Ideal)이니 말이다. 헤겔의 이상주의는 말한다: "이성적인 것, 그것은 현실적이고, 현실적인 것, 그것은 이성적이다."(*GPR*: TW7, 24)

헤르더 Johann Gottfried von Herder

1. 독일 계몽기에 문학계와 철학계를 주도한 인물 중 하나인 헤르더(1744~1803)는 1762~1764년간에 쾨니히스베르크 대학에서 칸트의 여러 강의에 참여하면서 칸트와 깊은 친교를 나누었는데, 그가 기록해서 남긴 다수의 강의록은 초기 칸트 사상 연구의 중요한 자료가 되고 있다. 그러나 헤르더는 칸트가 비판철학을 내놓았을 때 칸트 사상과 결별함으로써 끝내 '1765년의 칸트 사상' 추종자 내지는 대변자로 남았다.

2. 헤르더는 질풍노도 운동의 중심에 서서『언어의 기원에 대한 논구(*Abhandlung über den Ursprung der Sprache*)』(1772),『또 하나의 역사철학(*Auch eine Philosophie der Geschichte*)』(1774),『인류의 최고 증서(*Älteste Urkunde des Menschengeschlechts*)』(1774/76)를 펴냈는데, 이로써 헤르더와 칸트는 사상적으로 화해할 수 없는 다른 길을 걷고 있음이 확연히 드러났다. 헤르더의 주저라고 할 수 있는『인류 역사의 철학을 위한 이념들(*Ideen zur Philosophie der Geschichte der*

Menschheit)』(1784~1791)이 나왔을 때 칸트는 두 편의 비판적 서평을 썼다. 헤르더는 "형이상학적 연구를 피하면서 인간 영혼의 정신적 본성과 그 고정불변성 및 완전성에서의 진보를 전적으로 물질의 본성 형성에 유추하여, 특히 그 유기조직의 면에서 증명하고"(RezHerder, A21=VIII52) 있는데, 칸트는 그와는 달리 "설령 자연의 규칙과 함께 자연 피조물들의 연속적인 등급을, 곧 인간으로의 점차적인 접근을 인정한다 해도, 그러한 추론을 자연과의 유추로 할 수는 없다." 고 본다. "왜냐하면 점점 더 완전해지는 유기조직의 다양한 단계들을 갖는 상이한 존재자들이 있기 때문이다."(RezHerder, A21=VIII52이하) 그리하여 칸트는 헤르더가 상상력보다는 이성에 충실하게 연구를 진행해갈 것을 당부한다. — "철학이 배려해야 할 것은 왕성하게 자라나는 어린 가지들을 번성하게 하는 것보다는 불필요한 가지들을 쳐내는 데 있으므로, 그가 암호 같은 표현보다는 명확한 개념들을 사용하고, 추정된 법칙보다는 관찰된 법칙들에 의거해서, 형이상학에서든 감정에서든 날개를 단 상상력를 매개로 하지 말고, 기획에서는 광범위하되 시행에서는 신중한 이성에 의거해서 그의 과업을 완성할 것"(RezHerder, A22=VIII55)을 주문한다.

헤르츠 Marcus Herz

1. 독일 유대인 의학자이자 철학자인 헤르츠(1747~1803)는 1766~1770년간에 칸트의 수강생이었으며, 1770년 칸트의 교수취임 논문 발표장에서 지정토론자가 되어 칸트 논문의 변호를 맡을 만큼 칸트와는 돈독한 관계를 맺었다. 1774년 의학박사가 된 후 고향 베를린에서 개업의로 활동하는 한편, 사설 학원을 열어 칸트철학을 강의하는 등 칸트와 베를린 사람들과의 소통을 위한 교량 역할을 했을 뿐만 아니라, 칸트가 교수 취임 후 『순수이성비판』(1781)을 발표하기까지 거의 외부 접촉을 끊은 11년간(1770. 8. 31 ~ 1781. 5. 1) 그와 주고받은 편지들은 칸트 비판철학의 형성 과정과 이어지는 칸트의 철학적 기획들의 증언

자료를 담고 있다.

2. 칸트는『순수이성비판』(→)의 집필 구상과 과정을 말하면서 그의 반응을 살폈으며, 책의 출간 소식도 즉시 알렸다. ― "『순수이성비판』이라는 제목의 내 책이 이번 부활절 도서전시회에 나옵니다. 출판은 하르트크노흐 사가 맡고, 인쇄는 할레(Halle)의 구르너르트(Grunert)가 맡아 하며, 판매는 베를린의 서적상 스페너(Spener)가 맡아 할 것입니다."(1781. 5. 1 자 헤르츠에게 보낸 편지, X266) ― 이 편지 발송과 함께 칸트는 오랜 칩거 생활을 마치고, 더욱더 활발한 학문 활동과 사회 활동을 폈다.

현상/현상체 現象/現象體 Erscheinung/phaenomenon

'현상'의 두 가지 의미

칸트 인식론/존재론에서 '현상'은 대체로 두 가지 의미로 사용된다. 하나는 일차적/원초적 의미로서 "경험적 직관의 무규정적 대상"(KrV, A20=B34)을 지칭하고, 다른 하나는 충전한/온전한 의미로서 "범주들의 통일에 따라 대상으로 사고된" 것 곧 "현상체"(KrV, A248)를 지칭한다.

무규정적 대상으로서의 현상

1. 대상이 감성(외감과 내감)을 촉발하여 생긴 결과가 감각이다. 이 감각들은 본질적으로 잡다하다. 이러한 감각을 포함하고 있는 직관을 "경험적이라 일컫는다."(KrV, A20=B34·참조 A50=B74) 경험적 직관은, 경험적으로 직관된 것이 감각된 것을 의미하는 한에서, 감각기능/감각기관과 이것에 독립적으로 존재하는 대상과의 직접적인 관계맺음이다. 어떤 대상의 촉발로 인해 감관을 통해 마음에 받아들인 것이 그 대상의 현상이다.

2. 감성을 촉발하여 감각을 일으키는 그 대상을 "사물 (그) 자체"(→)라고 일컫는다. 그러니까 현상은 다름 아닌 사물 자체의 현상인 것이다. 그러나 여기서 '현상—사물 자체'의 결레 개념은 "경험적"인 의미(KrV, A45=B62)가 아니라 "초월적인 의미"(KrV, A373; FM, A33=XX269)로 이해해야 한다.

사람들은 흔히 '현상—사물 자체'를 "경험적 관점에서" 사용한다. 사람들은 "무지개를 여우비 내릴 때의 순전한 현상"이라고 부르고, 반면에 이 여우비는 "사상[事象] 그 자체"라고 부른다.(KrV, A45=B63 참조) 한 원형 접시는 보는 각도에 따라서 흔히 타원형으로 보인다. 이럴 때 사람들은 원형 접시는 사물 그 자체로, 반면에 타원형은 현상이라고 부른다. 또 물속에 반쯤 들어가 있는 막대기는 굽어 보이지만, 그 막대기 자체는 곧다고 말한다. 또 어떤 경우에는, 그 깃발 자체는 붉은데 저 환자만이 그것을 검은 것으로 본다고도 말한다. 사실 이 '현상—사물 자체'라는 결레 개념이 물리학 교과서나 심리학 교과서 또는 일상의 대화에 등장할 때는 이런 식으로 쓰이는 게 보통이다.

그러나 칸트의 인식론에서 물어지는 것은 "경험 언어에서" "마치 사물들 그 자체인 것 같이 생각"되는 "감관의 대상들"(FM, A33=XX269)에 관해서, 왜 이 사물들은, 나에게나 너에게가 아니라 우리 인간 모두에게 그러그러한지이다. 칸트가 묻는 것은, 물속에 반쯤 들어가 있는 곧은 막대기가 왜 우리에게 굽어 보이는지가 아니라, 이른바 그 '곧은 막대기'는 왜 도대체가 곧은 막대기인지이다. 자연과학이나 일상 대화에서 사람들이 사물 자체라고 부르는 바로 이 '곧은 막대기'를 칸트는 "현상"(KrV, A206=B251; MSI, A29=II394) 또는 "초월적 의미에서" 현상(FM, A33=XX269)이라고 일컬으며, 반면에 경험적 언어에서 현상이라고 부르는 것을 "겉모습"(MSI, A29=II394; FM, A33=XX269), "외견(外見: apparentia)" (Anth, BA34=VII146) 또는 "가상(假象)"(FM, A33=XX269)이라고 칭한다. 그러니까 초월적 의미에서의 현상에는 "초월적 개념"(KrV, A30=B45)으로서의 사물 자체가 대응한다.

무규정적 대상인 현상의 질료와 형식

1. 일차적 의미에서의 현상, 다시 말해 경험적으로 직관된 것은 아직 규정되지 않은 한에서 잡다한 것이다. 그러나 감각적으로 직관된 것이 무규정적인 잡다라 해서 전적으로 무질서한 것은 아니고 "일정한 관계에서 질서 지어"(KrV, A20=B34)진, 다시 말해 이미 공간-시간적으로 규정된 것이다. 그러니까 감관의 감각기능에는 "잡다의 일람(一覽)"(KrV, A94) 기능이 포함되어 있는 것이다. 그러나 잡다의 일람만으로는 아직 그 직관된 것이 무엇인지가 규정되지 않는다.

2. 이 무규정적인 것에서 "감각에 대응하는 것"을 "현상의 질료"라고 일컫고, 반면에 "그 현상의 잡다[한 것]가 일정한 관계에서 질서 지어질 수 있도록 만드는 것", 즉 '서로 곁하여'라는 공간 표상과 '서로 잇따라'라는 시간 표상을 "현상의 형식"이라고 일컫는다.(KrV, A20=B34 참조) "현상의 잡다"는 감각 중에 일람되어 서로 곁하여 그리고 서로 잇따라 정리된 채로 우리에게 주어진다.

3. 현상은 그 질료와 형식의 합성이다. 감각된 것이란 감각작용 없이는 도대체가 있을 수 있는 것이 아니다. 그런데 감각작용이란, 그것이 감성의 활동인 한에서 "감성의 형식" 없이는 불가능한 것이다. 그러므로 우리가 먼저 대상을 감각하고, 그런 다음에 그 감각된 것을 공간-시간적인 관계로 정리를 하는 그런 경우란 도대체가 있을 수 없다. 감각함과 직관함은 대상 인식에서는 사실상 동일한 사태이다.

그런데 경험적 직관의 질료는 바로 직관의 "내용"으로서, 그것이 '대상과 관계 맺을'(KrV, A51=B75 · A55=B79 · A58=B83 참조) 때 우리에게 주어지는 것이다. 반면에 경험적 직관의 형식은 직관작용을 위해 인간의 감성이 선험적으로 구비하고 있는 것이다. 외감과 내감 기능으로서의 감성은 경험적 직관의 내용을 스스로 산출하지는 못한다. 감각기능은 (외적이든 내적이든) 그것이 직관해야 할 "대상을 현존의 면에서 산출하지는 않"(KrV, A92=B125 참조)고, 단지 그것이 현상하는 그대로 수용할 따름이다. 현상의 질료, 내용은 "실재[실질]적인 것"(XXIX, 829; 참조 KrV, A373)이며, 대상의 '무엇임'을 결정하는 것이다. 그러므로 감각은 경험적 직관의 "실재적인 것"(KrV, A166=B207; Prol, A91=IV306)이다. "감각에 상응하는 것"이 현상의 실재실질성이다.(KrV, A581=B609; V-Met-L2/Pölitz, XXVIII575 참조)

4. 공간·시간 표상은 인간 감성의 기초에 놓여 있는 순수한 형식으로서, 이 형식 안에서만 한 대상은 우리에게 직관될 수 있다. 일정한 공간·시간 관계 안에서만 한 대상은 우리에게 주어진다. 이 형식 안에서만 우리에게는 한 사물이 존재한다. "감성의 그러한 순수한 형식들에 의해서만 하나의 대상은 현상할 수, 다시 말해 경험적 직관의 객관일 수 있기 때문"(KrV, A89=B121)이다. 공간·시간은 직관이 가능하기 위한 제일의 선험적인, 그러니까 주관적인 조건이다. 우리의 이 주관적인 표상들이 직관되는 대상이 성립할 수 있는 조건이다. 이것들이 현상의 현상임을 규정한다. '감성의 형식', 곧 인간의 인식 기능의 작용 틀이 동시에 '현상의 형식', 곧 대상의 존재 틀을 이룬다. 그러나 바로 이 점에서 직관 형식의 사용 한계가 정해진다. 직관의 형식들은 직관되는 대상들에, 이것들이 현상인 한에서 형식으로 기능한다.(KrV, A39=B56 참조) 공간·시간은 사물 그 자체가 아니라 현상들의 실질적인, 선험적으로 본질적인 규정들, 곧 "술어들"(KrV, A27=B43 참조)이다.

현상들은 주관적인 형식적 조건 아래에서 성립한다. 그러나 주관적인 형식만으로써 현상이 성립할 수 있는 것은 아니다. 언제나 사물들은 사물 자체가 우리 감성을 촉발하는 것을 계기로 우리 의식 안에 생기는 감각을 매개로 해서만 현상한다. 이 감각이 현상의 질료를 이룬다. 그러니까 현상은 그 형식과 질료로 이루어진다. 현상은 "항상 두 면"을 갖는바, "한 면에서는 객관 그 자체가 고찰되고, […] 다른 면에서는 이 대상에 대한 직관 형식이 주시되는데, 그 형식은 대상 그 자체에서가 아니라 그것이 그에게 현상하는 주관에서 찾아져야만"(KrV, A38=B55) 한다. 좀 더 풀어서 말하자면, 한 면은 우리에게 후험적으로 주어지는 객관적 인식 원료이고, 다른 한 면은 선험적으로 우리 안에 놓여 있는 주관적 인식 원천이다. 그러나 이 인식은 단지 현상, 곧 우리에 대한 사물, 곧 대상에 대한 인식일 따름이다. 다시 말해, 우리는 우리에게 현상하는 대상들만을 인식할 수 있다. 우리가 인식하는 현상은 "주관과의 관계에서 마주"(KrV, B70)치는 것이다. 이로부터 우리는 더 나아가 감각의 실재 상관자인 사물 그 자체가 현상, 바꿔 말해 경험적 직관의 "기초에" 놓여 있다고 말할 수 있다.(Prol, A140=IV336 참조) 또한 주관에서 생긴 공간·시간이라는 순수한 표상들이 경험적 직관, 바꿔 말해 현상의 "기초에" 놓여 있다고 말할 수 있다.(KrV, A24=B39·A31=B46 참조)

5. 요컨대, 현상의 "두 요소" 중 "형식(즉 공간과 시간)은 완전히 선험적으로 인식되고 규정될 수 있으며, 질료(물리적인 것) 내지 내용은 공간과 시간상에서 마주쳐지는, 그러니까 어떤 존재를 함유하고 감각에 대응하는 하나의 어떤 것을 지시한다."(KrV, A723=B751) 객관으로서의 사물 그 자체와 인식하는 주관이 현상을 가능하게 하는 두 근거인 것이다. 이 관계에서 전자를 '초월적 객관'이라고 일컫고, 후자를 '초월적 주관'이라 일컫는다.

인식된 것으로서의 현상

1. 엄밀한 의미에서 존재하는 것은 우리에게 존재하는 것으로 인식된 것, 범주들에서 사고되어 하나의 대상으로 우리에게 나타난 것, 즉 현상이다.

2. 우리에게 인식된 그리고 인식될 수 있는 대상만이 우리에게는 존재하는 것이다. 그래서 우리는 우리에 대해서 대상인 것에 관해서만 그것이 존재자임을 말할 수 있다. 우리가 인식하지도 않았고 인식할 수도 없는 것에 대해서 우리는 무슨 권리로, 그럼에도 그것은 존재한다고 말할 수 있겠는가?

우리는 어떤 대상을 그것이 우리에게 나타나는 바와는 다르게 인식할 수는 없다. 자기 자신의 선험적 표상에 따라서 우리 인식능력은 우리에게 나타나는 어떤 것을 나타나는 그대로 하나의 대상으로 규정한다, 즉 인식한다. 우리는 우리의 선험적 표상 틀을 가지고서 하나의 대상을 형상화하는 것이다. 이것이 우리의 대상 인식이며, 바로 여기에서 어떤 것이 우리에게 하나의 대상, 사물, 존재자이게 된다. 그러나 바로 이 때문에, 즉 우리의 인식능력은 — '백지(白紙)'가 아니라 — 인식의 형식으로서 일정한 선험적 표상을 스스로 준비해가지고 있기 때문에, 우리는 대상을, 그것이 그 자체인 바대로라기보다는, 우리에게 나타나는 바대로 인식할 수밖에는 없다.

우리 인간의 인식 기능의 수용성만이 아니라 오히려 우리 인간 인식능력 자신으로부터 선험적 표상을 산출해내는 그 자발성이 바로 그 자신의 한계, 유한성을 뚜렷하게 드러낸다. 우리의 인식 기능은 오로지 자신의 주관적 표상을 좇아서만 무엇인가를 인식할 수 있고 인식해야만 하기 때문이다. 우리가 기왕에 갖추고 있는 선험적 표상에 알맞게 현상하는 것만을 우리는 인식할 수 있는 것이다.

3. 한 대상을 인식한다는 것은 우선 어떤 것을 하나의 대상으로 본질적으로, 다시 말하면 대상인 것으로 규정한다는 뜻이다. 그러나 대상을 본질적으로 규정함은 대상을 그 현존에서 생산해냄이 아니고, 한 대상을 그러그러한 대상으로서 가능하게 함이다. 하나의 대상을 그러한 대상으로 가능하게 만드는 것은 그 대상의 실질적 본질이다. 이 대상의 실질적 본질 규정은 바로 그 대상이 현존함을 전제한다. 이것은 대상의 본질과 대상의 현존은, 바꿔 말해 어떤 대상이 그런 대상'임'과 그런 대상으로 '있음'은 전혀 다른 범주임을 말한다.

인식된 대상으로서의 현상의 '임'(본질)과 '있음'(존재)

1. 어떤 것이 무엇이고, 몇 개이며, 다른 어떤 것과 어떤 관계를 맺고 있는지의 규정, 곧 질·양·관계의 범주는 대상의 본질 규정의 형식이며, 이 범주에서 규정되는 것은 기본적으로 어떤 것의 무엇'임', 곧 사물의 본질 규정이다. 그리고 과연 그러한 것이 있는지, 어떻게 있는지는 사물의 존재 규정의 문제이다. '하나의 붉은 사과'라는 본질 규정과 그러한 것의 현존이라는 규정을 통해 비로소 한 사물이 우리에게 인식되고, 현상한다. 이렇게 범주에서 사고되고 인식된 것이 엄밀한 의미에서의 현상, 현상체이다.

2. 한 대상의 실질적 본질 규정에는 '하나'·'실재[실질]성'·'실체와 속성'과 같은 순수 지성개념들이 범주로 기능한다. '실체' 범주 없이는, 따라서 이 범주에

대응하는, 어떤 시간 관계에서나 동일한 것으로 지속하는 고정불변적인 것 없이는 시시각각 변전(變轉)하는 직관의 잡다한 질료들이 어떤 하나의 대상이라는 개념에서 생각될 수 없다. 곧 변전하는 것들이 '그' 대상으로 통합될 수 없다.(KrV, A182=B224이하: 제1유추의 원칙 참조) '하나' 그리고 '실재[실질]성'이라는 범주 없이는 어떤 것이 '하나의 무엇임'으로 생각될 수 없다. 이런 이유에서 한낱 인간의 사고의 틀인 범주들은 객관적 실재성을 갖는다. 즉 그것들은 대상으로서의 존재자의 실질적 순수 본질을 이룬다. 순전히 주관적인 사고 형식이던 순수 지성개념들이 그 개념 틀 안에서 인식된 대상, 곧 우리 앞에 있는 존재자의 존재 구조를 이룬다.

3. 지성은 대상을 대상으로 규정한다. 그러나 지성은 사물 인식에서 단독으로 그렇게 하는 것이 아니라 오직 감성과 결합해서 그렇게 한다. "지성과 감성은 우리에게 있어 서로 결합할 때만 대상을 규정할 수 있다. 우리가 그것들을 떼어 놓으면, 우리는 개념들 없는 직관이거나 직관들 없는 개념을 갖는 것이지만, 이 두 경우에 우리는 아무런 일정한 대상과도 관계시킬 수 없는 표상들을 갖는 것이다."(KrV, A258=B314 · 참조 A51=B75이하) 사물 인식에서는 어떤 경우에나 규정함(곧 형식)에는 규정되는 것(곧 질료)이 대응한다. 순수 지성개념 '실재성'에 대응하는 것은 바로 "감각 일반"(KrV, A143=B182), 곧 "실재적인 것"(KrV, A175=B217)이다. '실재성' 개념에 대응하는 이 직관 내용이 없으면 실재성이라는 개념은 공허하다. 직관의 질료인 이 감각이 없으면 '실재성'이란 한낱 형식적 개념일 따름이다. 감각이 인식된 대상의 내용, 실질, '무엇'을 이룬다. 그러나 감각 재료 자체는 한갓 잡다에 불과하다. 그 자체로는 '무엇'이라는 통일적 표상이 아니다. 직관은 감각에서 우리에게 아직 하나의 대상이라는 개념을 주지 못한다. 우리 인간은 '무엇'을 감각할 수는 없다. 인간에게는 '무엇'을 감각하기 위한 감각기관이 없다. 그런데도 "감각을 동반하는 표상"(KrV, B147)인 지각은 주어지는 감각을 그저 취하기만 하는 것이 아니라 하나의 '무엇'인가를 맞이하여 미리 취한다. 즉 지각은 감각을 수용하면서 동시에 무엇을 예취(豫取)한다. 하나의 '무엇', "모든 감각에서 […] 감각 일반으로서의 감각에서 선험적으로 인식될 수 있

는 무엇"(KrV, A167=B209)이 지각에서 예취된다. 이에 따라서 지성은 "본디 순전히 경험적인 것, 곧 감각에 관계하는 것에서" 경험에서 주어지는 감각 인상을 넘어서 "종합적이면서 선험적으로" 하나의 '무엇'을 인식한다.(KrV, A175=B217 참조) 그러므로 하나의 '무엇'은 결코 후험적으로 취해지는 것이 아니고, 오직 선험적으로 보태져서(즉 종합적으로) 인식되는 것이다. 이렇게 해서 우리에게 하나의 대상, 현상으로서의 이 사물 혹은 저 사물이 있다. 이런 방식으로 지성은 인식된 대상의 무엇임, 현상으로서의 존재자임, 본질을 규정한다.

4. 이때 경험적으로 직관되고 따라서 경험적으로 인식되는 대상의 실재[실질]성, 무엇임은 그 인식된 대상의 현존을 고지(告知)한다. "현상에서 실재적인 것(現象體 實在性)"(KrV, A265=B320 · 참조 A166 · A168 · B209 · A581=B609), 곧 "(현상에서) 사물 자신을 이루는 것"(KrV, A581=B609)은 자신이 현존함을 증시(證示)한다. 현상으로서의 존재자의 실질, 곧 그것을 경험적 존재자로 만드는 바로 그것은 "직관들의 실재[실질]적인 것", 곧 "진짜로 경험적인 것" 곧 "감각"(Prol, A91=IV306)이다. 인식된 것으로서의 현상의 실재 내용 역시 아직 규정되지 않은 것으로서의 현상의 질료, 경험적 직관의 질료인 감각이다. 이 "감각은 […] 우리 밖의 사물들에 대한 우리 표상들의 한낱 주관적인 것을 표현한다. 그러나 그것은 본래 표상들의 (그에 의해 실존하는 무엇인가가 주어지는) 질료적인(실재적인) 것을 표현한다."(KU, BXLII이하= V189) 그러므로 "감각들 일반에 대응하는 실재적인 것"은 상상물이 아니라 "그 개념 자체가 하나의 '임(Sein)'을 함유하는 무엇인가를 표상"(KrV, A175=B217; 참조 KrV, A143=B182; Refl 6324, XVIII647)한다.

5. 감각에 수반되는 표상으로서의 지각은 '무엇'인가를 예취하면서 그 실질(적인 것)을 현실적인 것으로 표상한다. 지각은 "어떤 현실적인 것을 표상"(KrV, A374)하며, 이에 지성은 지각에서 예취된 '무엇'을 주어진 감각(실질)이 그것에 귀속하는 기체(실체)로서 어떤 현존하는 것을 표상한다. 다시 말하면, 지성은 이로써 '하나의 그러그러한 실제로 있는 대상'을 규정한다. 여기에서 우리에게 '현존하는 하나의 무엇인 것'이 나타난다. 이것이 우리에게는 실재하는 존재자이다. 이런 의미에서 지성은 인식된 대상의 무엇임과 어떻게 있음, 곧 존재자의 본

질[임]과 존재[있음](방식)를 규정한다.

현상체-예지체의 또 다른 의미

칸트의 이론철학에서 '현상체(phaenomenon)'는 '감성적 경험에서 인식되는 것'으로, '예지체(noumenon)'는 '감성적으로 인식은 되지 않지만 지성적으로 생각할 수는 있는 것'으로 규정된다. 그러나 이렇게 구별된 개념 쌍이 실천철학에서는 '현상체 인간(homo phaenomenon) – 예지체 인간(homo noumenon)'(MS, TL, A85=IV430 참조), '현상체 점유(possessio phaenomenon) – 예지체 점유(possessio noumenon)'(MS, RL, AB62=VI249 참조), '현상체 국가(respublica phaenomenon) – 예지체 국가(respublica noumenon)'(SF, A155=VII91 참조) 등으로 활용되고 있다.

현상존재론 現象存在論 'Phänomen-ontologie'

1. 존재자의 보편적 본질에 관한 이론으로서의 존재론은 우리 인간에게는, 그 존재하는 것의 보편적 본질이 인식될 수 있는 한에서만 가능하다. 그런데 칸트에 따르면 우리에게는 감각적 직관에서 주어지고 주어질 수 있는 사물만이 인식되고 인식될 수 있다. 그러니까 칸트에서는 우리에게 유일하게 가능한 존재론은 감각경험적으로 인식되고 인식될 수 있는 존재자 일반, 곧 칸트적 의미에서 현상 일반에 관한 존재론이다.

2. 우리에게 유일한 대상인 현상으로서의 존재자의 본질에 관한 칸트의 이론은, 인간의 경험적 대상 인식은 규정될 수 있는 질료와 규정하는 형식의 결합으로써 가능하며, 이에 상응해서 우리 인간의 인식능력은 본질적으로 서로 다른 두 기능, 곧 주어지는 어떤 것을 수용(직관)하고, 그 수용(직관)된 것을 자기활동적으로 가공(사고)하는 기능을 갖는다는 반성으로부터 출발한다. 이 반성이 우

리에게 말해주는 첫째의 것은 우리의 사고 기능, 즉 지성은 스스로 사고의 틀을 예비하고, 주어지는 소재들을 비교·결합·분리·추상하는 자발적 활동을 하지만, 그 소재들을 창조하는 것은 아니라는 점이다. 지성은 인식의 소재를 제공받으며, 그것을 제공하는 창구는 감성이다. 그런데 어떤 것을 수용하는 인식 기능인 감성의 직관은 그 직관 대상을 현존하게 하는 것이 아니라 오히려 "객관의 현존에 의존적이고, 그러니까 주관의 표상력이 그것에 의해 촉발됨으로써만 가능한 것이기 때문"(KrV, B72·참조 A92=B125)이다. 그렇기 때문에 현상에 관한 이론은 불가불, 촉발하는 객관이 인식하는 주관에 독립해서 이미 현재한다는 전제 아래에서만 유의미하다.

3. 경험적 직관의 재료, 곧 현상의 질료가 그로부터 유래하는(ÜE, AB56=VIII, 215 참조) 촉발하는 객관은 그 자체가 "현상들로서 관찰되지 않는"(KrV, A256=B312)다. 그것은 그 자체로서의 사물로 보이지만, 현상을 현상이게끔 하는 근거로 간주된다는 점에서 초월적 객관이라 할 수 있다. 그 자체로서의 사물은 우리에게 나타난 것, 현상이 아닌 한에서 "범주들을 통해 인식하는 것이 아니"(KrV, A256=B312)며, 따라서 "단지 그것들을 알려지지 않은 어떤 것이라는 이름 아래서 생각하기만 할 뿐"(KrV, A256=B312)이다. 곧 그것은 "오로지 순수 지성에 의해"(KrV, A254=B310) 생각될 수 있고, "순전히 개념들에 의해서만 규정될 수 있는"(KrV, A285=B341) 것이다. 이런 뜻에서 그것은 "순수 사고의 대상들, 다시 말해 예지체들(Noumena)"(KrV, A287=B343)이라고 명명될 수 있다. 예지체, 곧 '지[오]성적으로 생각 가능한 것'이란 그러나 한낱 생각 속에만 있는 것을 의미하지는 않는다. 현상의 질료의 근원으로서의 '사물 그 자체'는 인간의 인식작용에 독립해 있는 것일 수밖에 없다. 그것의 현상이 이미 그것의 실제 현존을 생각하도록 만든다. 그러므로 그것이 생각 가능한 것이라 함은 인간의 지성이 그 자체로서의 사물의 무엇임(실질 내용)은 알 수 없지만, 그것이 현존함은 충분히 생각할 수 있음을 말한다. 그리고 이것은 다시금 대상에 대한 인간의 직관은 창안이 아니라 어떤 객관적인 것과의 관계맺음이라는 것을 말하고, 또한 인간의 직관 기능인 감성은 "감성적 인식의 객관적 타당성"을 위해서는 객관적으로

주어지는 어떤 것만을 수용해야 하며, "감성적 직관을 사물들 그 자체 너머까지 연장"할 수도 없고 연장해서도 안 된다는 것을 말한다. 여기서 예지체인 '사물 그 자체'라는 개념은 "감성의 참월(僭越)을 제한하기 위한 한계개념(→)"(KrV, A255=B310이하)으로 기능한다. 다시금 이 말이 뜻하는 바는, 인간의 직관은 스스로 그 대상을 창조해내는 무한한 본원적인 직관(intuitus originarius)이 아니라 현존하는 객관을 수용하는, 그것도 그것이 현상하는 그대로 수용하는 유한한 파생적인 직관(intuitus derivativus)이라는 것이다.

4. 칸트가 때로 그 자체로서의 사물을 '예지적 존재자' 또는 '예지체'라고 표현하기는 하지만, 이로써 그가 그 자체로서의 사물은 "예지[오성]세계(mundus intelligibilis)"에 속하며, 우리에 대한 사물인 현상은 "감성세계(mundus sensibilis)"에 속한다고 말하려는 것은 아니다. — 만약 이런 뜻으로 '예지체'가 쓰인다면 그것은 "적극적인 의미"로 사용되는 것이겠다.(KrV, A249이하 · B307이하 · A252이하 참조) — 그 자체로서의 사물과 그것의 현상은 결코 서로 다른 두 사물이 아니다. 다른 것이 아닌 그 자체로서의 사물, 그것이 그것의 현상에서 자신을 드러낸다. 현상은 다름 아닌 그 자체로서의 사물의 현상이다. 이 말은 그러니까 본래 예지세계에 속하는 어떤 것이 감성세계에 나타난다는 것을 뜻하는 것이 아니라 그 자체로 존재하는 어떤 것(ens per se), 그러나 그것이 무엇인지 우리에게 알려지지 않은 어떤 것이 인간의 감성이라는 조건 아래서 자신을 드러내며, 그것이 자신을 드러낸 모습의 '직접적인, 곧 감성적인 표상'(KrV, A252 참조)이 인간의 지성 기능의 조건 아래서 규정된다는 것을 뜻한다.

5. 우리 인간은 구조상 — 선험적으로, 그러니까 필연적으로 — 일정한 조건 아래서 작동하는 인식의 기능 형식을 가지고 있고, 바로 그 때문에 그 자체로 존재하는 어떤 것이 있는 바 그대로 우리에게 현상하는지 어떤지 알 수가 없다. 어쩌면 사물은 자기가 그것인 바 그대로를 우리에게 내보이는지도 모른다. 그러나 우리에게는 그것을 결코 확인할 방도가 없다.

이러한 유보 아래서 우리는 말한다: 우리 인간의 인식작용이 지향하는 인식의 대상은 다름 아닌 그 자체로서 존재하는 어떤 것이다. 그러나 우리가 정작 인식한 대상은 한낱 그것의 현상이다. 실재하는 존재자를 규정하는 인식인 경험 인식은 그 자체로서 존재하는 것을 파악하길 노린다. 그러나 파악된 대상은 바로 '파악된' 것이기 때문에 더 이상 그 자체로서 존재하는 것이라기보다는 한낱 우리에 대해서 존재하는 것으로 간주된다. 물론 그 양자는 동일할 수도 있다. 그러나 우리는 그것을 확인할 수가 없다.

오로지 이런 이해에서만 그 자체로서의 사물과 그것의 현상은 서로 구별된다. 그리고 오로지 이런 의미에서만 그 자체로서의 사물은 그것의 현상을 현상이게 한 근거/원인으로 보인다.

6. 요컨대 칸트의 초월적 관념론이자 경험적 실재론은 다름 아닌 '현상존재론'이다.

존재자 일반을 가능하게 하는 제일의 근거가 인간 이성의 선험적 원리들이라 한다면, 이 원리들은 감각적으로 주어지는 대상 인식에만 사용될 수 있다. 왜냐하면, 인식은 실재하는 것을 개념적으로 파악하는 것이지, 무엇을 실재하게 하거나 창조하는 것이 아니며, 인간에게 실재하는 무엇인가가 주어지는 유일한 통로는 감각이므로 감각적인 것에 대해서만 인식이 가능하고, 이성의 분해를 통해 그 기능이 밝혀진 선험적 원리들은 바로 이 인식을 위한 기초 요소들이기 때문이다. 그러므로 가능한 존재자의 원리에 대한 이론은 현상적 존재자에 대한 존재론뿐이다. 그리고 초감성적인 것에 관한 학이고자 하는 이른바 '진정한 의미에서의' 형이상학들은 인간 이성의 인식 개념들로부터는 성립할 수 없는 것이 되어버린다. 그래서 칸트에서 가능한 존재 형이상학은 현상의 존재론뿐이다. (이 밖에 또 다른 형이상학이 가능하다면 그것은 이념의 형이상학으로서의 윤리 형이상학일 것이다.)

현실성 現實性 Wirklichkeit

→ 경험적 사고 일반의 요청들

형식 形式 Form forma

→ 질료와 형식

형이상학 形而上學 Metaphysik metaphysica

I. 1. 형이상학은 문자 그대로 '형상 위의 것(形而上者)', '감각적인 것 너머의 것(tà metà tà physicá)', 바꿔 말하면 자연 저편의 것(V-Met/Mron, XXIX773 참조)에 관한 학문이다. 형이상학은 명칭상 자연, 곧 경험 대상의 총체를 넘어서는 것(V-Met-L2/Pölitz, XXVIII540 참조), 그러니까 "초감성적인 것에 관한 학문"(V-Met/Dohna, XXVIII616)이다.

2. 그렇기 때문에 형이상학은 "감성적인 것의 인식으로부터 이성을 통해 초감성적인 것의 인식으로 전진"(FM, A10= XX260)해가려고 기도한다. 이 전진을 위한 준비로 이성은 자기 자신의 인식능력을 평가하고 그의 활동 원리인 사고 원리를 찾아내며, 그렇게 함으로써 이성은 과연 "어디에서부터 그리고 무엇을 수단으로 해서 경험 대상으로부터 그렇지 않은 대상으로 이월해볼 수 있을까"(FM, A12= XX260)를 확정해야 한다. 인식능력을 측정하고 이성 원리를 평가하는 일은 "인간 인식의 원천"과 "모든 인식의 가능하고 유용한 범위", 그리고 "이성의 한계"를 규정하는 것이고(Log, A25=IX25 참조), 이 일이야말로 철학적 이성의 필수적 과제이다. "형이상학을 정초"하기 위해, 다시 말해 "감성적인 것의 한계를 넘어 초감성적인 것의 영역으로 확장"(FM, A43=XX272)해나가기 위해, 이성은 스스로 "모든 경험으로부터 독립해서"(KrV, AXII), 전적으로 순수 원리에 의거해서 그 자신의 인식능력의 원천과 그 인식의 범위, 그리고 그 자신의 한계를 규정하지 않으면 안 된다.

3. 그래서 '본래의, 진정한 철학'으로서, 그리고 "순전한 개념들에 의한 순수한 이성 인식"(MAN, AVII= IV469)의 체계로서의 형이상학은 "사고 능력 자체의

본질로부터 취해진" 것인바, "사고의 순수 활동들, 그러니까 선험적 개념과 원칙들"(MAN, AXIII= IV472), 곧 인식 대상에 관계하는 순수한 이성 사용의 최고 원리들이 그 내용을 구성한다. 실질적인 의미에서는 다름 아닌 형이상학과 동일한 것인 철학은 그 내용을 이루는 순수한 이성 사용의 최고 원리들을 결코 경험으로부터, 그러니까 어떤 대상으로부터 얻는 것이 아니고, 이성 자신 안에서 찾아낸다.

II. 1. 진정한 철학으로서 형이상학은 취급하는 대상의 차이로 인하여 다시금 두 분야로 갈린다.(V-Met/Mron, XXIX753 참조) 순수 이성의 이론적(사변적) 사용에 의거하는 "자연[존재] 형이상학"과 그것의 실천적 사용을 통해 형성되는 "윤리[자유] 형이상학"이 바로 그것이다.(KrV, A841=B869; GMS, BV=IV388; V-Met-K3E/Arnoldt, XXIX945이하 참조) 전자는 "자연철학"이라고 일컬어지기도 하고, 후자는 "행동거지를 선험적으로 규정하고, 필연적으로 만드는 원리들을 내용으로 갖는다."(KrV, A841=B869)"는 뜻에서 "도덕철학"이라고 일컬어지기도 한다.(KU, BXII=V171 참조)

2. 그러나 "좁은 의미에서"(KrV, A842=B870) 그리고 "본래적 의미에서"(FM, A12=XX260) '형이상학'은 자연 형이상학만을 지칭하는 것으로 간주되며, 이때 그것은 이성의 사변적인 사용에서 얻은 "모든 사물들의 이론적 인식에 대한 순전한 개념들에 의한 […] 모든 순수한 이성원리들"(KrV, A841=B869)의 학을 의미한다.

3. 이와 같은 좁은 의미에서의 형이상학 개념에서 확인할 수 있는 것은, "나는 무엇을 알 수 있는가?"라는 형이상학의 선도적 물음이 이론적 인식의 대상인 모든 사물을 향해 있다는 점이다. 인간 이성의 궁극목적을 밝혀내기 위하여 철학은 최종적으로는 "인간의 전 사명[규정]"(KrV, A840=B868)을 노리지만, 이 최종적 과제를 완수하기 위해 우선 가능한 인식 대상의 한계를 물으며, 그 작업이 바로 형이상학의 고유한 내용을 형성하는 것이다.(V-Met-L2/Pölitz, XXVIII533; Log, A25이하= IX25 참조)

4. 칸트에서 사물은 두 종류, 곧 감성적인 것과 초감성적인 것으로 나뉜다.

감성적인 것에는 경험 감성적으로 직관 가능한 것뿐 아니라 순수 감성적으로 직관 가능한 것이 포함된다. 그러므로 수학과 자연과학의 모든 가능한 대상뿐 아니라 비(非)감성적인 것, 곧 "지성에 그 출처를 가지면서도 [감성적] 대상 인식에 관여하는"(FM, A12=XX260), 예컨대 인과성과 같은 순수 지성개념도 감성적인 것에 속한다. 반면에 초감성적인 것으로는 결코 감성적인 것과 관련이 없는 것, 예컨대 불사적인 영혼, 무한한 신 등이 있다.

III. 1. 당위적인 것은 그 자체로 감성세계 밖에 있는 것이므로 그런 것에 대한 학문은 오로지 형이상학으로서만 가능하다. 그래서 칸트에서 윤리학은 곧 윤리형이상학인 것이다.

2. 존재세계를 대상으로 한다 해도, 감각적인 것 너머의 것을 대상으로 삼는 것이 형이상학이지만, 형이상학은 초감각적인 것뿐 아니라 그 현관에는 비감각적인, 그러면서도 "감각적인 것의 영역에"(FM, A12=XX260) 속하는 것 또한 포함하고 있다. 저 초감각적인 것에 대한 인식들이 특수 형이상학(metaphysica specialis)을 구성한다면, 이 비감각적인, 그러나 감각적인 영역에도 속하는 것에 대한 인식들이 일반 형이상학(metaphysica generalis)을 이룬다.(V-Met/Dohna, XXVIII617 참조)

3. 이 일반 형이상학이 칸트에서는 존재론이고, 곧 그의 초월철학(→)이다.

칸트는 존재론(→)을 "존재자들의 학" 내지는 "일반 존재자 이론"(V-Met-L2/Pölitz, XXVIII542)이라고 말하기도 한다. 무릇 존재론(ontologia: Wesenslehre)은 한낱 사물 이론(V-Met/Dohna, XXVIII679 참조)이 아니라, 사물의 본질(→)에 관한 이론이자 존재자의 존재(Sein)(→있다)에 대한 이론이다. 존재론에서 사람들이 탐구하는 바는 "사물 일반에 관한 것, 그러므로 본래는 아무런 사물에 관한 것도 아닌 것"(V-Met/Mron, XXIX752)이다. 존재론은 요컨대 '사물'이라는 개념을 가능하게 하는 선험적인 실재적 본질에 관한 이론, 즉 사물의 사물임의 근거에 대한 이론이다. 사물은, 순수 직관적인 것이든 경험 직관적인 것이든 감각적인 것에 속한다. 그러나 사물의 사물임은 감각적인 것이 아니라 감각적인 것의 기초에 놓여 있는 것, 그러니까 비(非)감각적인 것이다. 따라서 형이상학의 일부로서 존재론은 칸트에게서 비감각적인 것에 관한 이론이다.

4. 그런데 칸트에서 '사물'이라는 개념을 가능하게 하는 "제일의 내적 근거"는 다름 아닌 사물을 선험적으로 인식하는 제일의 원리들이다. 이런 까닭에 칸트 자신 초월철학과 존재론을 빈번히(FM, A12=XX260; V-Met/Dohna, XXVIII617·679 등) 동일한 의미로 사용한다. 물론 이 양자는 그 지향점이 서로 다르다. 그럼에도 칸트에서 존재론은 초월철학의 직접적인 결실 내지는 이면(裏面)이다. 본래 초월철학을 형성하는 것이 "우리의 전 선험적 인식을 순수 지성 인식의 요소로 분해하는 일"이라면, 존재론은 바로 "순수 지성개념들과 경험 인식에 사용되는 선험적 원칙들을 분해하는 일에서 성립"(FM, A68=XX281)하니 말이다.

5. 『순수이성비판』은 이러한 존재론의 내용과 초월철학의 체계를 담고 있다. 철학 작업으로서 '순수 이성 비판'은 단지 형이상학을 위한 "예비학(예행연습)"(KrV, A841=B869)이지만, 이 준비 작업의 결실인 저작 『순수이성비판』에는 이미 형이상학의 한 체계, 곧 자연 형이상학이 담겨 있다. 이런 점에서 형이상학을 위한 준비 작업으로서의 순수 이성 비판과 그 결과물인 저작 『순수이성비판』은 구별되어야 한다. 칸트는 『순수이성비판』의 머리말에서 "여기에서 해결되지 않은 또는 적어도 해결을 위한 열쇠가 제시되지 않은 형이상학의 과제는 하나도 없다."(KrV, AXIII)고 말하며, 그 후에 이에 덧붙여, 그가 『순수이성비판』에서 "순수 철학[곧, 형이상학]의 완성된 전체"(1799. 8. 7 자의 해명서, XII397)의 시야를 가지고 있다고 언명하고 있다. 그것이 『순수이성비판』의 전반부 곧 초월적 감성학과 초월적 분석학의 성과이다.

6. 감각 너머의 것, 곧 형이상학적인 것, 그래서 순전히 이성적으로 탐구할 수밖에 없던 것이 불사적인 영혼, 전체로서의 우주, 그리고 최고 근원존재자로서의 신이다. 그래서 특수 형이상학은 이성적 영혼론, 이성적 우주론, 초월적 신학이 그 내용을 이룬다. 『순수이성비판』의 후반부 곧 초월적 변증학은 종래의 세 가지 특수 형이상학에 대한 비판을 그 내용으로 갖고 있다.

IV. 칸트의 형이상학 개념을 도식화하면 다음과 같다.

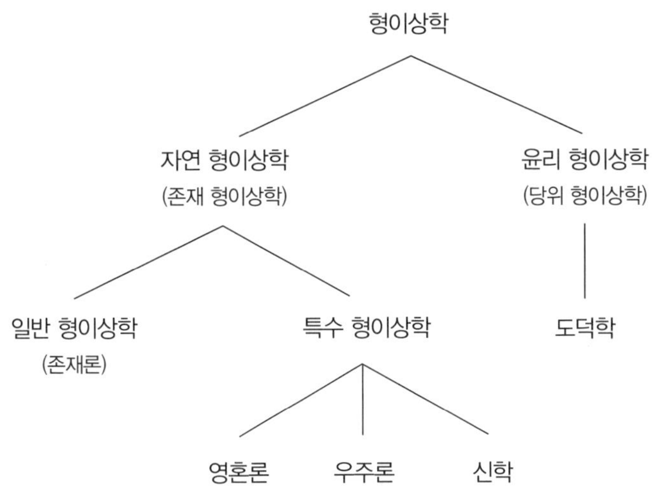

『형이상학 서설』 / 『학문으로 등장할 수 있는, 모든 장래의 형이상학을 위한 서설』 *Prolegomena zu einer jeden künftigen Metaphysik die als Wissenschaft wird auftreten können*

『학문으로 등장할 수 있는, 모든 장래의 형이상학을 위한 서설』은 『순수이성비판』(1781)에 뒤이어 1783년에 출간된 책으로 『형이상학 서설』 내지 『서설』(Prol)로 약칭된다.

『형이상학 서설』의 발간 동기와 성과

1. 『순수이성비판』[『비판』](→) 제2판(1787)의 경구로 옮겨 적은 베이컨의 말 그대로 "종파나 학설이 아니라 인류의 복지와 존엄을 위한 토대를 마련"(KrV, BII) 하기 위해 칸트는 재래의 이성적인, 그러니까 교조적인 형이상학을 '대혁신'하고자 이 『비판』을 펴냈다. 이러한 그의 의도가 동조자들을 얻어 실현될 것을 기대

하면서 1781년 부활절에 맞춰 출간된 『비판』을 자신이 받아보기도 전에 지인들에게 보낸 칸트는 별다른 호응을 얻지 못한 것에 실망하지 않을 수 없었다. 누구보다도 그의 과업을 함께 수행하는 데 있어서 "가장 중요한 인사"로 생각한 당대의 인기 계몽주의 철학자 모제스 멘델스존(→)의 냉담한 반응에 칸트는 "몹시 불편해"했다.(1781. 5. 11[?] 자 M. Herz에게 보낸 편지, X270; Prol, A18=IV262 참조) 그리고 이미 이때에 칸트는 그의 『비판』처럼 "형이상학에 대한 형이상학"을 내용으로 갖는 철학서는 난해할 수밖에 없지만 그럼에도 "대중성을 얻을 수 있는 어떤 기획을 구상하고 있음"을 밝혔다.(X269 참조)

2. 칸트는 『비판』이 대중성을 얻지 못함을 처음부터 의식하고 있었고, 그 이유를 서술의 "방대함이 분명성을 훼손"(Prol, A219=IV381)하고 있는 점과 자신이 기존의 철학 체계를 "특수한 언어를 사용해서 애매하고 이해하기"(Prol, A205=IV374) 어렵게 만들고 있다는 일단의 학자들의 곡해가 있다고 보았다.(KpV, A19=V10 참조) 전자에 대해서는 그 자신도 인지하고 있었다. 그 자신 이미 책 출간 직후에 "이 저작은 나에 의해 여러 해에 걸쳐 충분히 숙고되기는 했지만, 그럼에도 단지 단기간에 현재의 형식으로 원고지에 옮겨졌다. 그 때문에 한편으로는 문체상의 몇몇 부주의함 내지 조급함이, 또 다른 편으로는 몇몇 불명료함이 남아 있다."(1781. 6. 8 자 J. E. Biester에게 보낸 편지, X272)고 고백하고 있으니 말이다. 그러나 후자의 점에 대해서 칸트는 그것이야말로 그의 철학적 기획에 대한 세인들의 몰이해에서 비롯한 것으로 보아 이를 바로 잡기를 희망했다. 그러한 방편으로 한동안 칸트는 『비판』의 발췌본 내지 요약본을 만들 구상을 했던 것으로 보인다.(1781. 11. 19 자 J. F. Hartknoch가 칸트에게 보낸 편지, X279 참조) 그러던 차에 『비판』을 버클리의 경험적 관념론과 흄의 회의주의의 관점에서 오독한 익명의 서평자에 의해 이른바 '괴팅겐 서평'(《괴팅겐 학보 별책(*Zugabe zu den Göttingischen Anzeigen von gelehrten Sachen unter der Aufsicht der Königl. Gesellschaft der Wissenschaften*)》, 1782년도 제1권, 제3호, 1782. 1. 19, 40~48 참조)이 나왔고, 이를 계기로 칸트는 이에 대한 반론 겸 해명을 하면서 『비판』의 요지를 좀 더 분명하고 간명하게 서술하여 새 책 『학문으로 등장할 수

있는, 모든 장래의 형이상학을 위한 서설』을 1년 후인 1783년 봄에 『비판』을 낸 같은 출판사(Riga, bei Johann Friedrich Hartknoch)에서 출간하였다.

3. 『서설』의 발간은 칸트 비판철학을 확산시키는 도화선이 되었다. 우선 서평자는 익명 뒤에 숨어 있지 말고 당당하게 나와서 자신의 반론에 응답하라는 칸트의 요구(Prol, A215=IV379 참조)에 응해서 서평자 중 한 사람인 가르베(→)는 곧바로 칸트에게 편지(1783. 7. 13 자, X328~333 참조)를 보내 오해에 대한 사과와 함께 오히려 칸트철학의 지지자로 돌아섰으며, 1784년에는 칸트의 『순수이성비판』이 예나(Jena) 대학에서 교재로 사용되기 시작했다. 쾨니히스베르크의 동료 교수인 슐츠(Johann Schultz, 1739~1805)는 직접 칸트의 설명을 들어가면서 작성한 『순수이성비판 주해(*Erläuterungen zu Kants Kritik der reinen Vernunft*)』(Königsberg 1785)를 출간하여 칸트 비판철학의 진면목을 세상에 알렸고, 당대 독일 지성계의 중심지인 예나에서 문학지(*Der Teutsche Merkur*)의 편집을 맡고 있던 라인홀트(→)는 1786년 가을 기고문 「칸트철학에 관한 서신」을 시작으로 칸트 비판철학을 지속적으로 소개 전파함으로써 칸트철학을 독일 대학과 사상계에 보편화하는 데에 결정적 기여를 하였다. 마침내 1790년쯤에 이르러서는 독일 사상계는 '칸트 비판철학의 시대'가 되었다. 이른바 칸트의 3비판서는 그 부수적인 저술인 『형이상학 서설』이라는 매체를 통해 대중성을 얻을 수 있었던 것이다.

『서설』의 의의

'서설'의 뜻

1. 만약 칸트가 먼저 『비판』을 출간하지 않은 채로 『서설』을 저술했더라도, 그 역시 하나의 완결된 작품으로 읽혔을 것이다. (물론 그 경우 서술 방식이 다소 달랐을 것이고, 그 영향력 또한 아마도 『비판』에 비하면 미미했을 것이다.) 그러나 『비판』에 대한 서평에 대한 응대로 작성된 『서설』은 『비판』과의 연관성 속에서 읽힐 수박

에 없고, 또한 그와의 연관성 속에서만 그 의미를 제대로 얻는다.

2. 다른 한편 『비판』의 제1판(1781)과 제2판(1787) 사이에 쓰인 『서설』은 보기에 따라서는, 비록 그 서술이 간략하기는 하지만(『비판』 제1판: 총 878면, 제2판: 총 928면; 『서설』: 222면), 『비판』의 제1.5판(1783)의 성격도 가지고 있다. 그러니까 우리는 그 연간에서 단지 칸트의 서술 방식의 차이만이 아니고 다소간의 사유 내용의 변화도 인지할 수 있다.

3, '서설(Prolegomena)'이라는 말을 칸트는 "형이상학의 서설"이라는 뜻으로 『비판』 발간 전(1778. 12. 15 자 M. Herz에게 보낸 편지, X246 참조)에도 사용한 적이 있는데, 『서설』에서도 이러한 말뜻에 어긋나게 사용하지는 않고 있다. "형이상학을 등장시킬 것인지 또는 단지 형이상학에 대한 요원한 희망만을 품을 것인지"를 가늠하기 위해 『비판』은 "순수한 이성 능력을 그 전체 범위와 한계들 안에서 서술"하고 있는데, 그 기획이 "방대한" 탓에 "사람들이 연구 현안의 주요점들을 잘 개관할 수 없는" "불명료성"이 없지 않기 때문에, 이 『서설』은 이를 "제거"(Prol, A16=IV261)하는 한편, 인간 이성 능력의 심사를 통해 형이상학의 가능 원리들을 밝혀낸 『비판』의 결실, 곧 초월철학(→)을 온전히 이해하기 위한, 아니 독자 스스로 철학자로서 '학문으로서의 형이상학'을 세우기 위한 "예습"(Prol, A16=IV261)서의 역할을 가지고 있기 때문이다.

『서설』의 지향점

1. 『서설』은 철학의 초심자나 철학사 연구자들을 위해서가 아니라, 철학 자체를 "이성 자체의 원천들로부터 길어내려고 애쓰는 이들"(Prol, A3=IV255)을 위해 저술된 것이라고 칸트는 말한다. 그러니까 『서설』의 발간 목적은 '철학함'의 배양이라 하겠다. 칸트는 "철학은 [⋯] 배울 수 없으며, 이성과 관련해서는 기껏해야 철학함만을 배울 수 있다."(KrV, A837=B865; 참조 Log, A26=IX25)고 보았다. "철학함을 배운다." 함은 "자기 이성을 스스로 사용함을 배운다."(V-Lo/Dohna, XXIV698)는 뜻이다. 철학함은 남의 문헌을 이해하여 소개하는 데 있지 않다. 그

래서 칸트는 "사람들은 단지 문헌에 의한 작업만으로는, 한 저자를 다른 사람에게 소개 강의할 정도로 이해할 수는 있겠지만, 그것만으로는 '어쩌면 저자 자신도 […] 이해하지 못한' 사태 자체는 투시하지 못한다."(V-Phil-Enzy, XXIX6이하) 라고 지적한다. 그러니까 '철학한다'는 것은 고전 문헌을 문자에 따라 연구함을 뜻하는 것이 아니라, 문제가 되는 사태를 스스로 관조하고 사색함을 말한다.

『서설』의 제일 과제

『서설』은 스스로 철학하는 자만을 독자로 삼는다. 그런데 철학의 본령은 형이상학이다. 그러니까 철학하는 자의 당면 과제는 교조주의에 붙잡혀 있음으로 해서 더 이상 '학문'으로서 위신을 갖지 못하고 있는 형이상학의 가능성을 그 토대에서부터 검토하는 일이다. 그래서 『서설』은 제일의 과제로서 "'과연 형이상학과 같은 어떤 것이 도무지 가능하기라도 한 것인가' 하는 물음"(Prol, A4=IV255)을 제기한다. 그리고 이에 대한 답을 얻기 위해서는 "순수 이성의 전체 범위를 그 한계와 내용에 있어서 완벽하게 그리고 보편적 원리에 따라 규정하는 일"(Prol, A15=IV261), 곧 '순수 이성 비판' 작업을 수행하지 않을 수 없다. 형이상학(形而上學, metaphysica)이란 문자 그대로 '형상 너머의 것[形而上者]', '물리적인 것 너머의 것(tà metà tà physiká)', 즉 영혼·세계 전체·신 등에 대한 지식 체계인 만큼, 감성적인 인식으로는 접근할 수 없는, 그러니까 오로지 순수한 이성에 의한 사고의 결실이기 때문이다.

그러니까 『서설』의 과제는 『비판』의 그것과 동일한 것이다. 다만 『비판』이 "학문이 자기의 모든 분절들을, 하나의 전적으로 특수한 인식능력의 구성물 조직으로서, 그 자연스러운 결합에서 제시되도록 하기 위해서, 전적으로 종합적 교습법에 따라 작성"(Prol, A20이하=IV263)한 것을 『서설』은 "분석적 방법에 따라"(Prol, A21=IV263) 재서술하여 "모든 장래의 형이상학을 위한 서설로서"(Prol, A21=IV263) 내놓고 있다.

『서설』의 요점

초월철학의 대강

1. 인간은 감각작용을 통해서만 대상 인식을 할 수 있다. 직접적으로 대상과 접촉하는 이러한 감각작용을 '직관'이라고 부르며, 이렇게 직관하는 인간의 능력을 '감성(Sinnlichkeit)'이라고 일컫는다. 감각작용은 그러니까 직관활동으로서, 그것은 감성이 무엇인가에 의해 촉발되어 그때 주어지는 잡다한 것을 수용하는 것이다. 그런데 주어지는 잡다한 것들은 감성의 일정한 틀에 맞춰 '서로 곁하여' 그리고 '서로 잇따라' 정리 정돈되어 수용된다. 이렇게 감각작용을 통하여 수용된 것을 칸트는 '현상(Erscheinung)'이라고 일컬으며, 여기서 수용된 잡다한 것을 "현상의 질료"라 하고, 이 질료를 일정한 관계에서 정돈하는 '서로 곁하여' 곧 공간 표상과 '서로 잇따라' 곧 시간 표상을 "현상의 형식"이라고 부른다. 감각작용의 이러한 결과를 '현상'이라고 부른다면, 이러한 현상이 있도록 감각작용을 촉발한 '무엇인가'는 '사물 자체(Ding an sich)'라고 부를 수 있겠다. 또 저러한 현상을 경험적 대상이라고 부른다면, 저 '무엇인가'는 '초월적 대상'이라고 부를 수 있을 것이다.

대상 인식에서는 감각작용을 통하여 이렇게 우리에게 나타난 것이 무엇인가, 어떻게 있는 것인가를 아는 작용이 뒤따르는데, 이 무엇인가를 아는 인간의 능력을 칸트는 "지성(Verstand)"이라고 부르며, 이 지성의 아는 작용을 "사고작용"이라고 일컫는다. 그러니까 대상 인식이란 감성적 직관을 통해 수용된 것이 '무엇인가'(본질) 그리고 '어떻게 있는가'(존재)를 파악하는 지성의 사고작용으로 완성되는 것이다. 그런데 사고작용 역시 일정한 틀에 따라 수행되는 것이니, 이 사고작용의 틀을 칸트는 "범주(Kategorien)"라고 일컬으며, 이 범주는 순수한 지성이 이미 갖추고 있는 대상 파악의 얼개라는 의미에서 "순수 지성개념"이라고도 부른다. 이 순수 지성개념이 바로 사고의 형식으로 기능함으로써 사고작용이 일어나는 것이다. 그리고 이 사고작용을 통해서 우리에게 비로소 하나의 대상

(Gegenstand)이 드러난다. 칸트는 이러한 문맥에서 이 대상 역시 '현상'이라고 부르는데, 그러니까 '현상'이란 칸트에서 이중적 의미를 갖는 셈이다.

2. 우리는 편의상 감성에서 직관된 것을 '일차적 의미의 현상'이라고 부르고, 이것이 지성의 사고를 통해 한 사물로서 그리고 그것의 본질과 존재 방식이 규정되어 우리에게 '하나의 어떠어떠한 사물[존재자]'로 나타난 현상을 '엄밀한 의미에서의 현상'이라고 부를 수도 있겠다. 그러니까 지성 작용의 단계에서 볼 때는 '일차적 의미에서의 현상'은 이 '현상의 질료'이고, 지성의 작용 틀로 기능하는 이른바 '순수하고 선험적인 지성의 개념들', 곧 "범주들"은 이 '현상의 형식'이라고 생각해도 좋겠다.

3. 칸트는 범주들에 따라서 지성이 잡다한 현상들을 하나의 대상으로 통일 인식하는 작용을 일컬어 "사고한다(denken)" 또는 "규정한다(bestimmen)"고 하는데, 이때 이 사고함 내지 규정함은 선험적인 그러니까 주관적인 감성적 표상인 공간·시간 관계에 따라 일차적으로 정리된 자료를 다시금 선험적인 그러니까 주관적인 지성개념들인 범주들에 따라 통일(vereinigen) 결합함(verbinden)을 말한다. 그러므로 이러한 감성과 지성의 대상 인식작용은, '그 자신 선험적이면서도 경험을 가능하게 하는 어떤 것'을 "초월적(transzendental)"(Prol, A204=IV373)이라고 일컫는 칸트의 용어법대로 표현하자면, 의식의 초월적 활동이다. 그리고 이러한 의식의 초월적 작용을 통해서만 우리 인간에게 대상 인식이 가능함을 해명하는 칸트의 철학이 '초월철학'이다.

4. 그러니까 초월철학은 우리 인간에게 어떻게 경험적 대상 인식이 가능한가를 해명함으로써, 경험적 대상 너머의 것에 대한 인식, 이를테면 초험적 인식, 그러므로 결국 '형이상학적' 인식이 객관적 타당성, 곧 객관 연관성을 가질 수 없음을 밝혀내고 있다. 그것은 재래의 이성적 형이상학의 해체를 천명하는 것이다. 이것은 그야말로 철학의 계몽, 철학의 혁명을 선언한 것으로서, 기성의 학계에서 몰이해와 함께 이에 대한 거부 반응이 일어난 것은 거의 당연한 일이었다 할 것이다.

비판적 관념론으로서의 초월철학

1. 초월철학에서 존재자의 총체인 자연세계는 우리 인간에게 인식된 세계, 즉 현상세계이고, 이 현상세계는 인식자인 인간의 초월적 의식에 의해서 규정되는 것인 만큼 인간의 의식에 의존적인 것이고, 그런 의미에서 얼핏 관념의 체계라고 볼 수도 있다. 그러나 이런 문맥에서 전통적 관념론과의 혼동이 있을 수 있고, 그래서『서설』은 부록을 붙여 이러한 오해를 불식시키고자 한다.

2. 칸트 자신도 자신의 초월철학을 일종의 '관념론'이라고 칭하기도 하지만, 초월철학은 오히려 전통적인 "진짜"(Prol, A205=IV374), "본래의"(Prol, A207=IV375) 관념론에 대해 한계를 규정해주는 것으로서, 그래서 칸트는 자신의 이론을 "비판적 관념론(der kritische Idealism)"(Prol, A208=IV375)이라고 부르고자 한다. 칸트의 파악에 따르면, "엘레아학파로부터 버클리 주교에 이르기까지의 모든 진짜 관념론자들"은 "감관들과 경험을 통한 모든 인식은 순정한 가상일 따름이며, 오직 순수 지성과 이성의 관념들 중에만 진리[진상]가 있다."(Prol, A205=IV374)고 주장한다. 이에 반해서 칸트의 관념론은 "순전한 순수 지성 내지 순수 이성에 의한 사물에 대한 모든 인식은 순정한 가상일 따름이며, 오직 경험 중에만 진리[진상]가 있다."(Prol, A205=IV374)는 원칙을 세운다. 이것은 "보통의[통상적인] 관념론을 전복시키는"(Prol, A207=IV375), "저 본래의 관념론과는 정반대"(Prol, A206=IV374)가 되는 주장이다. 이것은 차라리 관념론 비판 또는 "반박"(KrV, B274)이라고 볼 수 있다. 그래서 칸트는 관념론이 자기의 철학 "체계의 영혼을 이루고 있는 것은 아닌"(Prol, A205=V374) 것으로, 실상 자신의 초월철학을 관념론이라고 부르는 것은 어떤 오해를 불러일으킬 우려가 있어서 또 다른 좋은 명칭만 있다면 바꿔 부르는 것이 좋을 것 같다고 생각한다.(Prol, A207이하=IV375 참조) 그럼에도 그는 그가 그의 철학을 굳이 "나의 이른바 (본래는 비판적) 관념론"(Prol, A207=IV375) 혹은 "형식적, 좀 더 적절하게 표현해 비판적 관념론"(Prol, A208=IV375)이라고 부르는 것을 독자들이 이해해주길 바라고 있다. 그 이유는 "진상은 오직 경험 중에만 있다."는 그의 초월철학의 핵심적 주장에서 경

험된 것, 즉 '현상'은 공간·시간 형식에서만 우리에게 있을 수 있고, 이 감성의 형식 표상들은 '경험적 실재성'과 '초월적 관념성'을 가짐을 시야에서 놓치지 않게 하기 위함이다.

3. 칸트에서 공간·시간 표상이 경험적 실재성을 갖는다 함은 "언제든 우리의 감관에 주어짐직한 모든 대상들과 관련해" 공간·시간 형식은 그 대상들의 실질 실재를 이룬다는, 곧 "객관적 타당성"을 갖는다는 뜻이다.(KrV, A35=B52·A28=B44 참조) 또한 그것이 동시에 초월적 관념성을 갖는다 함은, 공간·시간 표상은 우리가 그것을 "모든 경험을 가능하게 하는 조건"임을 벗어나 "사물들 그 자체의 기초에 놓여 있는 어떤 것으로 취하자마자", 그것은 "아무것도 아니"(KrV, A28=B44)다, 또는 그것은 "감성적 직관의 주관적 조건들을 도외시한다면" "아무것도 아니"(KrV, A36=B52)다는 것을 뜻한다. 그러므로 공간·시간이 초월적 관념성을 갖는다 함은, 많은 사람들이 그렇게 오해하고 있듯이, 공간·시간 표상은 출처상 주관적인 것, 즉 관념적인 것인데, 이 관념적이고 따라서 선험적인 것이 초월성, 즉 그 주관성을 넘어서 객관적 경험을 가능하게 하는 기능을 갖는다는 것을 뜻하는 것이 아니다. 이런 주장 자체는 물론 칸트 초월철학의 한 핵심이다. 그러나 칸트는 이런 내용을 공간·시간의, 더 나아가서 순수 지성개념들의 '초월적 관념성'이나 혹은 '초월적 관념론(der transzendentale Idealism)'이라는 이름 아래에서 말하고 있지는 않다. 칸트는 "모든 현상들의 초월적 관념론"이라는 말을 "우리가 그 현상들을 모두 사물들 자체가 아니라 순전한 표상들로 보며, 따라서 시간과 공간은 단지 우리 직관의 감성적 형식일 따름이고, 사물 그 자체로서의 객관들의 그 자체로 주어진 규정들이거나 조건들이 아니라고 하는 이론"(KrV, A369; Prol, A141=IV337 참조)이라는 뜻으로 쓰고 있을 뿐이다.

4. 이런 뜻에서 칸트의 '초월적 관념론'은 오히려 경험적 실재론이며, 로크식의 경험적 관념론과 구별되는 것이다. 경험적 관념론자는 "감관의 대상들에 대하여, 그것들이 외적인 것이어야 한다면, 그것들은 그 자체로서 감관 없이도 실존해야만 하는 것이라 잘못 전제한 후에, 이런 관점에서 우리의 모든 감관의 표

상들이 그것들의 현실성을 확신하기에는 불충분한 것"(KrV, A369)이라는 주장을 편다. 반면에 칸트의 경험적 실재론에 따르면, 우리 감각을 통하여 파악된 대상들은 파악된 그대로가 실재하는 것이며, 그것은 감각에 독립해서 그 자체로서 존재하는 어떤 것의 모상(模像, Abbild)이나 가상(假象, Schein)이 아니다. 다만 그것은 우리 의식에 그런 것으로 나타난 것이기 때문에 '현상(現象)'이라고 말해야 한다. 이 '현상', 즉 의식에 나타난 것 말고 더 이상의 어떤 것이 실재하는지를 우리, 즉 감각적으로 인식할 수밖에 없는 유한한 존재자로서 인간은 원리적으로 알 수가 없다.

5. 결국 칸트의 초월철학은 '현상 실재론'으로 귀착하는데, 의식의 초월성의 대상 규정적인 자발적 성격을 중심에 둘 때는 '초월철학'이라고, 그런데 이 의식의 초월성이 감각 가능한 대상세계에 대해서만 유효하며, 그것을 넘어서면 무의미하다는 점을 염두에 둘 때는 '초월적 관념론'이라고, 또 이 현상의 세계를 한낱 관념 체계로 보는 전통적 관념론을 논박하면서 현상세계야말로 진정한 의미에서 실재하는 세계임을 강조하고자 할 때는 '경험적 실재론'이라고 부를 수 있다.

학문으로서의 형이상학을 위한 과제

1. 우리의 이성 비판을 통해 우리 인간에게는 오로지 경험적 인식만이 객관적 타당성을 갖는다는 것이 밝혀진 이상, 경험 세계 밖에 대한 인식의 체계라고 하는 '형이상학'이 진정한 의미에서 학문이려면, 수학이나 순수 자연과학처럼 선험적 종합 인식으로 짜여야만 한다. 그렇지 않을 경우 형이상학은 거짓 주장을 모아놓은 것에 불과할 것이다.

2. "이제 형이상학이 학문으로서 한낱 기만적 설득이 아니라 통찰과 확신을 요구주장할 수 있기 위해서는, 하나의 이성 비판 자신이 선험적 개념들의 전체 저장품, 서로 다른 원천에 따른, 즉 감성, 지성, 이성별 선험적 개념들의 구분, 더 나아가 이것들의 완벽한 표와 이 개념들로부터 추론될 수 있는 모든 것과 함

께 이 모든 개념들의 분해, 이어서 그러나 특히 이 개념들의 연역에 의거한 선험적 종합 인식의 가능성, 이런 개념 사용의 원칙들, 끝으로 또한 이런 사용의 한계들, 이 같은 모든 것을 하나의 완벽한 체계에서 명시하지 않으면 안 된다. 그러므로 비판은, 그리고 또한 전적으로 비판만이, 잘 검사되고 확증된 전체 계획을, 아니 그에 따라 형이상학이 학문으로서 성립될 수 있는 이 계획 수행의 모든 수단을 자신 안에 함유하고 있다. 그러하니 학문으로서의 형이상학은 다른 방도와 수단에 의해서는 불가능하다. 그래서 이제 문제는 어떻게 이러한 과업이 가능한지가 아니라, 오히려 어떻게 이 과업을 추진할 수 있는지, 어떻게 훌륭한 인사들을 지금까지의 전도된 결실 없는 작업으로부터 기만 없는 작업으로 움직일 수 있는지, 그리고 어떻게 그러한 규합을 가장 적절하게 공동의 목적으로 이끌어 갈 수 있는지 하는 것뿐이다."(Prol, A189이하=IV365)

『형이상학의 진보』 / 『현상논문: 라이프니츠와 볼프 시대 이래 형이상학이 독일에서 이룬 실제적인 진보는 무엇인가?』 *Preisfrage: Welches sind die wirklichen Fortschritte, die die Metaphysik seit Leibnitzens und Wolf's Zeiten in Deutschland gemacht hat?*

I. 1. 왕립 베를린 학술원(Königliche Akademie der Wissenschaften zu Berlin)은 1788년 1월 24일에 "라이프니츠와 볼프 시대 이래 형이상학이 독일에서 이룬 실제적인 진보는 무엇인가?"라는 논제를 걸고 1791년도 학술원 현상 논문 모집 공고를 냈다. 그런데 이 현상 논문의 모집 기한이 1795년 1월 1일까지로 연장되었고, 이에 응해 아마도 칸트는 1793년 4월부터 이 논문을 작성한 것으로 보인다. 그러나 정작 응모는 하지 않았고, 원고는 몇 가지가 미완성된 채로 있다가 칸트 사후 링크(→)의 선별에 의해 편집되어 단행본으로 출간되었다: *Immanuel Kant über die von der Königl. Akademie der Wissenschaften zu*

Berlin für das Jahr 1791 ausgesetzte Preisfrage: Welches sind die wirklichen Fortschritte, die die Metaphysik seit Leibnitzens und Wolf's Zeiten in Deutschland gemacht hat?(Herausgegeben von D. Friedrich Theodor Rink. Königsberg, 1804, bey Goebbels und Unzer).

2. 라이프니츠-볼프 시대라는 것이 18세기 말 당시의 시점에서 최근 100년을 말하는 것이니, 최근 100년(18세기)에 독일 철학계가 이룬 형이상학의 실제적 진보가 무엇이냐라는 현상 논문의 물음에 맞춰 논문을 읽으면, 칸트는 그간 형이상학이 거쳐 온 길을 '3단계', 즉 교조주의, 회의주의, 비판주의의 단계로 보고서(FM, A21=XX264) 논제에 대답하고 있다.

이미 칸트는『순수이성비판』의 마지막 문단에서, 형이상학은 순수 이성의 학문이니 형이상학의 진행 과정은 "순수 이성의 역사"(KrV, A852=B880)로 형이상학에 적용된 "과학적 방법"은 교조적이거나 회의적이거나 비판적이라고 말한 바 있다.(KrV, A856=B884 참조) 그와 함께 교조적 방법은 볼프가, 회의적 방법은 흄이 채택한 것이라면, 비판적 방법은 칸트 자신의 것이라고 언명하고 있다.(KrV, A856=B884 참조)

3. 순수 이성을 "이론적-교조적"(FM, A45=XX273)으로 사용하여, "무구별자 동일성의 원리(→), 충분근거율(→), 예정조화 체계(→ 라이프니츠)와 단자론(→ 라이프니츠)"(FM, A79=XX285)에 의거해 시도한 '이성적 형이상학'은 이미『순수이성비판』의 변증학에서 논파했듯이 형이상학의 진보에 아무런 기여도 하지 못했을 뿐만 아니라, 오히려 형이상학의 학문성 자체를 훼손한 것이다. 회의주의는 교조적 주장에 대하여 상충하는 주장을 내놓음으로써 이성의 이율배반을 야기하고, 그로써 난관에 봉착한 순수 이성은 필연적으로 "회의적 정지 상태"(FM, A97=XX292)에 이른다. 이 단계에서 형이상학은 교조적 주장을 더 이상 밀고 나가지는 못하지만, 그렇다고 어떠한 새로운 발걸음도 내딛지 못하니, 아무런 진보도 기대할 수가 없다. 형이상학은 이제 진보를 위해 제3단계로 올라서야 한다.

4. 칸트는 이미 형이상학이 나아갈 길을 제시하면서『순수이성비판』을 마무리하였다. —"비판적 길만이 아직 열려 있다. 만약 독자가 이 비판의 길을 나와의

교제에서 편력하는 호의와 인내를 가졌다면, 그리고 만약 그가 이 소로를 대로로 만드는 데 자기대로 기꺼이 기여하고자 한다면, 그는 지금 많은 세기가 성취할 수 없었던 일이 금세기가 경과하기 전에 달성될 수 있지나 않을까를 판단할 수 있을 것이다. 곧, 인간 이성이, 그것의 지식욕이 항상 종사하였으되, 지금까지는 헛수고였던 것에서 온전한 만족을 얻도록 하는 일이 달성될 수 있지나 않을까를 판단할 수 있을 것이다."(KrV, A856=B884)

II. 1. 현상에 응모하지 않은 채 미완성으로 남겨진『형이상학의 진보』는 현상논문으로서의 의미는 없을 것이나, 이미 3비판서를 완성한 후 한편에는 여전히 완강하게 버티고 있는 라이프니츠-볼프 학파와 다른 한편에는 부상하기 시작하는 독일이상주의의 기운에 맞서 자신의 비판철학의 대의를 설파 설득해나가는 칸트의 철학정신을 담고 있다는 점에서 큰 의의를 지니고 있다.

2. 이 논문의 초고에서 볼 수 있는 칸트의 형이상학과 초월철학의 개념, 이성비판의 방법에 관한 분명한 서술은 칸트의 비판철학을 이해하는 데 중요한 자료이다.

3. 형이상학(→)은 문자 그대로 '초감성적인 것에 관한 학문'이다. 초감성적인 것에 대한 인식은 오로지 순수 이성에 의해서만 가능한 것이기 때문에, 이를 위해 이성은 감성적인 것의 인식으로부터 "초감성적인 것의 인식으로 전진"(FM, A10= XX260)해가려고 기도한다. 이 전진을 위한 준비로 이성은 자기 자신의 인식능력을 평가하고 그의 활동 원리인 사고 원리를 찾아내며, 그렇게 함으로써 이성은 과연 "어디에서부터 그리고 무엇을 수단으로 해서 경험 대상으로부터 그렇지 않은 대상으로 이월해볼 수 있을까"(FM, A12= XX260)를 확정해야 한다. 인식능력을 측정하고 이성 원리를 평가하는 일은 인간 인식의 원천과 모든 인식의 가능하고 유용한 범위, 그리고 이성의 한계를 규정하는, 언필칭 '순수 이성비판' 작업이고, 이 일이야말로 철학적 이성의 필수적 과제이다. "형이상학을 정초"하기 위해, 다시 말해 "감성적인 것의 한계를 넘어 초감성적인 것의 영역으로 확장"(FM, A43=XX272)해나가기 위해, 이성은 스스로 모든 경험으로부터 독립해서, 전적으로 순수 원리에 의거해서 그 자신의 인식능력의 원천과 그 인식

의 범위 그리고 그 자신의 한계를 규정하지 않으면 안 된다.

이러한 순수 이성 비판 작업을 통해 얻은 결론은, 있는 것에 관해서는 현상존재론(→)이 가능할 뿐 초감성적인 것에 대한 존재 형이상학은 가능하지 않으며, 단지 있어야 할 것, 그러니까 감성적으로 있는 것이 아닌 당위에 관한 "실천적-교조적 이론"(FM, A148=XX310) 곧 윤리 형이상학만이 가능하다는 것이다.

4. 이러한 서술 과정을 통해 칸트는 현상 논문의 물음에 대해, 라이프니츠-볼프 시대 이래 개념 사용의 세련화(이론적-교조주의)와 사고 섬세화(회의주의) 단계를 거쳐 비판적 방법을 터득함으로써 마침내 초감성적인 것이 도덕 체계에 대한 형이상학과 그에 기초한 신학 곧 도덕신학(→)을 성취해내는 진보를 이루었다고 답변한다. — 형이상학은 "순수 이성 비판이 완성된 후에 건축될 수 있고 건축되어야 하는 체계인 학문의 이념"(FM, A150=XX310)으로서, "이제 이를 위한 설계도와 함께 건축 재료들이 마련되어 있다." "이 건물은 그다지 광대하지는 않지만, 명료성을 손상시키지 않는 정밀성에 있을 우아함을 위해, 이를 영원하고 흔들리지 않는 것으로 성취하기 위해서는, 여러 기술자들의 시도들과 판단의 합일이 필요하겠다. 이렇게 해서 형이상학의 진보를 단지 나열하는 것이 아니라 그 거쳐온 단계들을 평가도 하라는 왕립 학술원의 과제는 최근의 비판주의 시기에 온전히 해결된 것이라 하겠다."(FM, A150=XX310)

『형이상학적 인식의 제1원리들에 대한 신해명』/『신해명』*Principiorum primorum cognitionis metaphysicae nova dilucidatio*

I. 『형이상학적 인식의 제1원리들에 대한 신해명』/『신해명』은 1755년 9월에 발표한 칸트의 최초의 본격적인 철학 논문이다. 같은 해 5월 논문『불에 대하여』(→)를 제출하여 학위를 취득한 칸트는 이 논문으로써 강사 허가(Venia Legendi)를 얻어 대학 강단에 서게 되었다. 당시 대학의 규정에 따라 라틴어로 작성한 이

논문은 머리말과 3절로 구성된 총 38면 분량으로 쾨니히스베르크의 하르퉁 출판사(Königsberg, bei J. H. Hartung)에서 인쇄 발간되었다.

II. 1. 논문 제목이 이미 명시하고 있듯이, 주제는 형이상학적 인식을 가능하게 할 세 가지 원리들인데, 청년 철학자 칸트는 이에 대해 당대의 라이프니츠-볼프 학파의 견해를 염두에 두면서 자신의 의견을 개진해나가고 있다.

2. 제1절의 논제는 동일률(principium identitatis)과 모순율(principium contradictionis)이다. 흥미롭게도 칸트는 모든 진리를 위한 2개의 제1원칙으로 "있는[~인] 모든 것은 있다[~이다]."와 "있지 않은[~아닌] 모든 것은 있지 않다[~아니다]."를 세움으로써 긍정 명제와 부정 명제를 별개로 취급하고 있고, 진리를 "주어 개념과 술어 개념의 합치(convenientia notionum subiecti et praedicati)"로 규정하고 있다.(PND, I389 참조) 이어서 칸트는 모순율을 "동일한 것이 있으[~이]면서 있[~이]지 않다는 것은 불가능하다."(PND, I391)라고 정식화하고, 모순율을 단지 "불가능한 것의 정의"(PND, I391)로 간주하면서, 동일률에 부수하는 논리 규칙으로 본다.

여기서 특기할 만한 것은 칸트가 형식 논리의 규칙을 형이상학적 인식의 제1원리로 여기고, 따라서 모든 진리를 개념들 사이의 사안으로 보고 있다는 점으로, 이는 형이상학적 인식이 선험적 종합적 인식으로서 그 근거를 초월적 통각에 둔다는 그의 비판철학과 비교할 때 칸트가 아직 라이프니츠-볼프 학파의 영향권 안에 있음을 보여준다. 후에 『순수이성비판』에서 칸트는 모순율을 긍정 명제이든 부정 명제이든 상관없이 "모든 분석적 인식의 보편적이고 완전히 충분한 원리"(KrV, A151=B191)로 보며, 동일률은 이러한 모순율에 부수적인 것으로 취급한다.

3. 제2절의 논제는 "규정적 근거율, 속칭 충분근거율(principium rationis determinantis, vulgo sufficientis)"(PND, I391)이다.

칸트는 크루시우스(→)의 선례에 따라 근거를 진리의 근거와 현존의 근거로 나누어본다. 진리는 동일률만으로도 충분히 확증이 되므로 선행적인 규정 근거가 필요하지만, 현존하는 것들에 대해서는 규정 근거가 필요하다.(PND, I396이하 참조) — “우연적으로 현존하는 것은 그 현존을 선행적으로 규정하는 근거가 없을 수 없다.”(PND, I396)

이 규정 근거의 원리로부터 부가적 귀결들, 곧 “근거 안에 있지 않던 그 무엇도 근거 지어진 것 안에 있지 않다.”(PND, I406), “아무것도 공유하지 않는 사물들 간에는 하나가 다른 하나의 근거일 수가 없다.”(PND, I407), “근거 지어진 것 안에는 근거 안에서보다 더 큰 것이 있을 수 없다.”(PND, I407)가 차례로 나온다. 칸트는 이를 바탕으로 바움가르텐이 정식화한 “근거 없이는 아무것도 없다.”(PND, I408)와 라이프니츠에게 소급하는 “전체 우주의 사물들 중 어느 것도 다른 것과 전적으로 같지는 않다.”(PND, I409)가 그릇된 것임을 논변한다.

아울러 칸트는 이 규정적 근거율이 결정론의 논거가 되어 의지의 자유를 폐기할 우려를 불식시키는 논변을 편다. — “자유롭게 행위한다는 것은 자신의 욕구에 부합하게, 그것도 의식하며 행위한다는 것을 말한다. 그리고 이것은 규정적 근거율에 의해 배제되는 일이 아니다.”(PND, I403) “무릇 자발성이란 내적 원리에서 수행된 행위이다. 이 행위가 최선의 것의 표상에 부합하게 규정이 될 때, 그 행위를 자유라고 일컫는다.”(PND, I402)

4. 제3절의 논제는 “규정적 근거율로부터 도출되는, 매우 생산적인 두 가지 형이상학적 인식의 원리를 밝힘”(PND, I410)이다.

여기서 두 원리란 ‘연속의 원리(principium successionis)’(PND, I410)와 ‘공존의 원리(principium coexistentiae)’(PND, I412)로서, 그것들은 즉 “실체들은 다른 실체와 연결되어 있는 한에서만 변화를 입을 수 있다.”(PND, I410)라는 원칙과 “유한한 실체들은 그들 현존의 공동의 근거, 곧 신의 지성에 의해 상호 관계를 맺고 있는 것으로 보존되지 않는다면, 그들 자신만의 현존에 의해서는 서로 아무런 관계도 맺지 못하고, 전혀 아무런 상호성도 갖지 못한다.”(PND, I412이하)라는 원칙이다. 이러한 실체들 사이의 상호 관계는 『순수이성비판』에서의 상호성의 범주와 그 사용 원칙인 ‘경험의 제3유추’에서 다시 등장하는데, 만약 실체들의 상호 관계가 신의 지성을 매개로 해서만 가능하다면, 문제는 실체들의 상호 관계를 입증하는 것보다 훨씬 어려운 신의 현존을 입증하는 문제가 된다.

호메로스 Homeros/Homer

호메로스(ca. BC 850)에 대해 칸트는 초기작 『미와 숭고의 감정에 관한 고찰』(1764)에서부터 자주 언급하고 있고(GSE, A4=II208 · A12=II212 · A18=II215 참조), 시인의 천재성의 특성을 설명할 때도 호메로스를 예시한다.(KU, B184=V309 참조)

홉스 Thomas Hobbes

I. 1. 홉스(1588~1679)는 근대 정치철학의 선도자, 사회계약설의 선구자로 꼽히는데, 『리바이어던(*Leviathan*)』(London 1651)과 『시민론(*De Cive*/*On the Citizen*)』(Amsterdam 1641)이 그를 대변한다. 그의 이론은 "세계" 곧 "존재하는 모든 것"이 "물체적(corporeal)"(*Leviathan*, IV, XLVI, [15])이라는 물체 일원론과 함께 "인간이 태어날 때부터 가지고 있는 것은 감각(sense)뿐"(*Leviathan*, I, VIII, [2]) 이라는 감각주의에 기초한다.

2. 또한 홉스는 인간은 모두 평등하다는 통찰에서 자연상태가 곧 전쟁상태일 수밖에 없다는 논변을 폈다. 그에 의하면, "자연은 인간을 몸과 마음의 능력에 있어서 평등하게 만들었다."(*Leviathan*, I, XIII, [1]) "자연적으로는 모든 인간이 서로 평등하다."(*Citizen*, I, 3) 누구는 특별히 육체의 힘이, 또 누구는 어떤 정신력이 더 뛰어나 보이지만 전체 능력으로 보면 모두가 엇비슷하다는 것이 홉스의 관찰이다. "능력의 평등에서 희망의 평등이 생긴다."(*Leviathan*, I, XIII, [3]) 그로 인해 사람들은 같은 목적을 설정하고, 그것을 달성하기 위해 노력한다. 그러나 여럿이 같은 목적을 향해 질주하는 마당에 경쟁은 불가피하며, 여의치 않을 경우에는 경쟁자에 대한 공격과 파괴 또한 마다하지 않는다. 그래서 "인간은 그들 모두를 위압하는 공동의 권력이 있지 않은 곳에서는 전쟁이라 일컬어지는 상태에 들어가게 된다. 이 전쟁은 만인에 대한 만인의 전쟁이다."(*Leviathan*, I, XIII, [8]) 이 전쟁으로 인한 죽음의 공포가 인간에게 평화를 촉구하며, 그때 "이성은

인간이 합의에 이를 수 있는 적절한 평화 조항들을 제시한다."(*Leviathan*, I, XIII, [14]) 이러한 평화 조항들을 홉스는 "자연법(Laws of Nature)"이라 일컫는바, 사람들은 이 자연법에 의거해 상호 욕구를 절제하고 권리를 일정 수준 양도할 계약을 맺음으로써 시민상태로 이행한다.

홉스의 이러한 시민사회 계약 이론의 요강은 본질적으로 이기적인 인간이 자기 생존과 행복을 위해 제한된 물질과 권력을 놓고 투쟁하는 데서 불가피하게 발생하는 적대적 감정을, 이성적으로 통제하고 화해키는 방책으로서 "인공 동물(artificial animal)"이자 "인공 인간(artificial man)"(*Leviathan*, Intro. [1])인 국가를 세움으로써, 무제한의 이기심 대신에 실현 가능한 이기심을 충족시킨다는 것이다. 그리고 홉스의 사회 계약 이론이 계약 준수 의무의 근거를 계약 행위 자체에 둠으로써 의무 준수의 근거를 자율성에서 찾은 것은 책임질 역량이 있는 행위자, 곧 인격 개념을 세운 것이다.

3. 그러나 홉스에 따르면 본래가 정념적인 존재인 "인간은 누구나 자신이 할 수 있는 한 자기의 생명과 사지를 방호한다."(*Citizen*, I, 7) 그런데 이성은 자연상태라는 것이 곧 만인의 만인에 대한 전쟁의 상태로서 그 안에서는 누구도 안전하지 못하다는 것을 안다. 여기에서 이성의 첫 번째 일반 규칙이 등장한다: "사람은 누구나 달성할 희망이 있는 한 평화를 얻기 위해 노력해야 한다. 그리고 그를 달성할 수 없다면, 모든 수단을 찾고 전쟁을 이용해도 좋다."(*Leviathan*, I, XIV, [4]; *Citizen*, II, 2 참조) 곧 이성의 법은 첫째로 평화의 성취를 위해 노력할 것과 여의치 않을 경우에는 자기 방어를 위해 전쟁마저 이용할 것을 규정한다. 이것이 '기초적[제1의] 자연법(fundamental law of nature)'이며, 이로부터 제2의 자연법이 나온다. 즉 "사람은 타인들 역시 그렇게 한다면, 평화와 자기 방어가 보장되는 한, 모든 것에 대한 이러한 권리를 포기하고, 자신이 타인에게 허용하는 만큼의 자유를 타인에 대해 갖는 것으로 만족해야 한다."(*Leviathan*, I, XIV, [4]) 무릇 모든 사람이 각자 자기 뜻대로 무엇이든지 할 수 있는 권리를 갖는 한, 사람들은 불가불 전쟁에 휩싸이게 될 것이다. 그렇다고 누가 일방적으로 그의 권리를 포기한다면, 그는 자칫 희생되거나 호구가 될 것이다. 그러므로 권

리의 포기나 양도에는 상응하는 보완 장치가 필요하다. 그것이 "계약(contract)"이다.(*Leviathan*, I, XIV, [9] 참조)

인간이 천부의 권리를 가지고 있으되, 이를 적절하게 양도하지 않으면 평화를 이룩할 수가 없다. 그래서 인류의 평화를 위해 각자의 권리 일부의 양도 계약은 불가결하다. 이로부터 제3의 자연법이 유래하니, 그것은 "계약을 맺었으면, 사람은 그것을 지켜야 한다."(*Leviathan*, I, XV, [1] 참조)는 것이다. 준수할 의무가 함께하지 않는다면 계약은 무의미한 것이다. 바로 여기에서 '정의(justice)' 개념이 성립한다. 계약을 위반하는 것은 불의(injustice)이다. 저 계약을 통해 인간은 자연상태를 벗어나 평화의 상태, 곧 국가를 수립할 수 있으니, 저 계약의 조항들이 국가의 법이며, 이 국가의 법이 사회 정의의 척도인 것이다. 국가의 법을 위반하는 불의한 행위, 곧 불법행위는 누군가의 "권리침해(injury)"로서 그 행위자를 '유죄(guilty)'로 만든다.(*Leviathan*, I, XV, [11] 참조) 이러한 계약 이론은 국가를 구성원들의 자발적 협정에 의한 자치기구로 설정한 후 국가의 통치권력을 정당화하고, 이렇게 정당화된 국가권력에게 구성원 모두가 복종해야 함을 설파하는 것이다. 자유권을 방호하기 위한 표면적 자치 협약은 이면적으로는 자연상태 즉 전쟁상태로의 회귀를 방지한다는 명목 아래 천부적 자유권을 제한하는 국가권력에의 자발적 복종 협약이 되는 셈이다.

II. 1. 칸트 또한 인간이 정치적-시민적 상태에 들어서기 위해서는 자연상태를 벗어나지 않으면 안 된다는 논변을 펴면서 홉스의 사회계약 이론을 긍정적으로 주해한다. ―"홉스의 명제, '자연상태는 만인의 만인에 대한 전쟁이다.'는 ['전쟁' 대신에] '전쟁상태'라고 일컬었어야 했다는 것 이외에 더 이상 잘못된 것은 없다. 무릇 사람들이 외적이고 공적인 법칙들 아래에 있지 않은 인간들 사이는 항상 현실적인 적대행위들이 지배한다는 사실을 인정하지 않는다 해도, 그러한 상태(즉 법리적 상태), 다시 말해 그 안에서 그리고 그를 통해서 인간들이 (취득의 그리고 그러한 것의 보존의) 권리들을 얻을 수 있는 관계는 그 안에서 각자가 스스로 타인에 대해 자기에게 권리가 있는 것을 판정하는 심판관이 되되, 그러나 이에 대해서 타인으로부터 아무런 보장도 받지 못하고, 또는 타인에게 각자 자기 자신의 통제력 이외에는 아무런 보장도 주지 못하는 그러한 상태이다. 이러한 상태는 만인이 만인에 대해서 한결같이 무장하고 있지 않으면 안 되는 전쟁상태인 것이다. 홉스의 두 번째 명제, 즉 '자연상태로부터 벗어나야 한다.'는 첫 번째 명제로부터의 귀결이다. 왜냐하면 이 [자연]상태는 자기 자신의 사안에 대해서는 심판관이고자 하면서 타인에게는 그들 자신의 일들에 관하여, 순전히 그 자신의 의사 외에, 어떠한 안전보장도 허용하지 않는 월권을 통하여 모든 타인의 권리들을 연속적으로 침해하는 것이니 말이다."(RGV, B134이하=VI97)

2. 그러나 칸트는 홉스가 "국가원수가 계약에 따라 국민에게 아무것도 구속되어 있지 않고, (그가 하고자 하는 대로 시민들을 처리한다 해도) 시민들에게 불의를 행할 수 없다."(*de Cive*, cap. 7, §14)는 논변을 편 것에 대해서는, 국가원수가 국민에게 아무런 부당한 짓도 하고자 하지 않는다는 전제 아래에서만 그렇다고 엄격하게 제한한다.(TP, A264=VIII303이하 참조) 칸트는 "국민이 자기 자신에 대해서 결의할 수 없는 것을 입법자 또한 국민에 대해서 결의할 수 없다."(TP, A266=VIII304)라는 시민국가의 보편적 원리를 내세워 홉스의 국가원수 이론을 반박한다.

확실성 確實性 Gewißheit

1. 확실성은 "필연성과 결합되어 있는" 견해(Log, A98=IX66)이다. 확실성은 경험에 기초하고 있느냐 이성에 기초하고 있느냐에 따라 "경험적 확실성과 이성적 확실성"으로 구분된다.(Log, A107=IX70 참조)

2. "이성적 확실성은 다시금 수학적 확실성이거나 철학적 확실성"인데, 수학적 확실성은 "직관적"이며, 철학적 확실성은 "논변적"이다.(Log, A107=IX70 참조) "철학적 확실성은 수학적 확실성과는 본성에서 다르다."(UD, A87=II290) 수학적 확실성을 "자명성"(→)이라고도 일컫는데, 직관적 인식이 논변적 인식보다 더 명료하기 때문이다.(Log, A107=IX70 참조)

3. 경험적 확실성은 자기 자신의 경험에서 얻은 것이면 "근원적 경험적(originarie empirica)" 확실성이라 하고, 남의 경험에 의한 것이면 "파생적 경험적(derivative empirica)" 확실성이라 하며, 보통 후자는 "역사적[자료적] 확실성"이라고 불린다.(Log, A107이하=IX71 참조)

4. 이성적 확실성과 경험적 확실성은 결합되어 있는 필연성의 의식에서도 차이가 있는데, 전자는 "명증적"인 확실성이고, 후자는 단지 "확정적"인 확실성이다. 이성적으로 확실한 것은 아무런 경험 없이도 선험적으로 그렇게 통찰되는 것이다.(Log, A108=IX71 참조)

5. 확실성은 또한 증명을 매개로 하는 것이냐 아니냐에 따라서, 증명이 필요 없으면 "직접적" 확실성, 증명이 필요하면 "간접적" 확실성이라 한다.(Log, A108=IX71 참조)

『활력의 참측정』 / 『활력의 참측정에 대한 견해』 / 『물체 일반의 힘에 대한 몇 가지 선행하는 고찰에 이은, 활력의 참측정 및 라이프니츠 경과 여타 기계론자들이 이 쟁점에서 이용했던 증명들의 판정에 대한 견해』 *Gedanken von der wahren Schätzung der lebendigen Kräfte und Beurteilung der Beweise derer sich Herr von Leibniz und andere Mechaniker in dieser Streitsache bedienet haben, nebst einigen vorhergehenden Betrachtungen, welche die Kraft der Körper überhaupt betreffen*

1. 『활력의 참측정』은 칸트 최초의 저술로 1747년 초(23세)에 완성되어 1749년에 단행본(256면)으로 출판(Königsberg, bei Dorn)되었다. 활력(vis viva)에 관한 논쟁은 17세기 중반에 시작되어 당시까지도 격렬하게 진행되고 있었는데,

청년 칸트가 이에 대한 견해를 당당하고도 소상하게 밝히고 있다.

2. 저술의 서문에서 칸트는 선학들의 견해를 충분히 검토하되, 자신의 의견을 기탄없이 표명할 것을 천명한다. 이때부터 칸트는 이미 계몽적 태도를 분명하게 취하고 있다. — "이제 우리는 대담하게, 만약 그것이 진리의 발견에 지장을 준다면, 뉴턴이나 라이프니츠의 명성도 아무것도 아니라고 치부할 수 있어야 하고, 지성의 견인 이외의 어떠한 설득에도 복종하지 않을 용기를 가질 수 있어야 한다."(GSK, AV이하=I7)는 것이다. 칸트가 논구에서 택한 방법은 일종의 변증법적인 것으로서, 그는 이미 있었던 견해들을 조정해가면서, 마침내 자신의 견해를 피력한다.

3. 활력에 대한 논쟁은 데카르트와 라이프니츠의 견해 차이에서 시작되었다.

힘을 자연과학적 개념으로 사용하기 위해서는 힘들을 측정하고 그것을 수치로 표현하는 방법이 개발되어, 여러 가지 힘들이 비교될 수 있어야 하는데, 데카르트는 힘들의 측량 방식으로 '질량(m) · 속도(v)'를 제안했다.(GSK, §22: A24이하=I33 참조) 이에 대해 라이프니츠는 그 방식이 '$m \cdot v^2$'이어야 한다고 주장했다.(GSK, §§22ff.: A24이하=I33이하 참조) 두 사상가의 이러한 견해 차이는 자연에 대한 철학적 견해 차이에서 비롯한 것이다.

데카르트는 자연에서 일어나는 모든 일에, 따라서 물체의 형태뿐만 아니라 그것들의 운동에도 기하학적 관점이 타당하다고 보았다. 다시 말해 물체의 본질속성인 연장성은 힘의 이론이나 운동론에서도 유효하다. 그에 따르면 운동이란 한 견고한 물체가 다른 견고한 물체에 충격을 가함으로써 생기는 것이다. 그러나 라이프니츠는 이를 다르게 생각한다. 그는 힘을 외적인 충격으로서 작용하는 것이 아니라, 각 물체 내에서 자립적으로 운동하는 동인(動因)으로 본다.

4. 칸트의 힘에 대한 견해는 수학적이나 물리학적이라기보다는 형이상학적이다. 칸트는 힘이란 점과 같은 것으로 그에서 연장 운동이 일어나면, 그 결과 공간 내지 공간적 형태가 생긴다. 그 연장 운동하는 것이 '활력'이다. 물체는 현재의 상태를 유지하면서도 변화를 일으키려는 욕구를 가지고 있고, 그러니까 잠재

적인 운동체이며, 물체의 힘은 활동하지 않을 때도 계속 전진하려 함으로써 물체에게 생기를 주는 것(Vivifikation)이다.(GSK, §123: A190이하=I146 참조)

수학적으로는 운동을 공간과 시간의 관계로 표현할 수 있으나, 철학적인 관점에서 운동은 관계가 아니라 독립적인 사태이다. 그것은 실체의 내적인 살아있는 힘의 표현이다. 칸트는 물리학적 언어 영역과 철학적 언어 영역을 나누어 보는데, 양(量)이 전자에 속한다면, 운동과 활력은 후자에 속한다. 독립적인 사태로서의 운동과 활력은 측량할 수 없는 것이다. 그러나 오히려 이 작용하는 힘의 단순성이 부분들을 하나로 묶어주는 끈이 된다. 이 작용하는 힘으로 인해 개개 사물은 단지 흩어져 있는 것이 아니라 전체 세계의 부분으로 있는 것이다. 여기서 이미 세계는 전체로서 하나라는 칸트의 우주(universum) 개념의 초석이 엿보인다. — "세계는 실제로 합성되어 있는 존재자이므로, 전체 세계 안에서 어떠한 사물과도 결합되어 있지 않은 실체는 도무지 세계에도 속하지 않을 것이다."(GSK, A10=I22) 개별적 사물들을 서로 결합시켜 하나의 세계를 이룩하는 것, 그것이 철학적으로 이해된 활력이다.

회의주의 懷疑主義 Skeptizismus

1. 칸트에서 회의주의는 교조주의(→)와 상반적인 사상이다. 교조주의가 독단적, 전제적이라면 회의주의는 무정부적이고, 한곳에 "정착해서 땅을 경작하는 것을 일절 싫어하는 유목민들과도 같아서"(KrV, AIX) 아무런 것도 통합을 이루지 못한다.

2. 회의주의는 절대로 어떠한 경험의 확실한 시금석도 허락하지 않는다. 그래서 "보편적 경험주의는 순정한 회의주의로 나타난다."(KpV, A27=V13)

3. "가능한 한 어디에도 인식의 신뢰성과 확실성을 남기지 않기 위해 모든 인식의 토대를 무너뜨리는, 기교적이고 학문적인 무지의 원칙인 회의주의"(KrV, A424=B451)와 학문의 방법으로서 '회의적 방법'은 구별해야 한다. 회의적 방법

은 이율배반과 같은 문제에서 있을 수 있는 오해의 점을 남김없이 발견하려고 가능한 모든 의문을 제기함으로써, "확실성을 지향"(KrV, A424=B452)하는 수행 방식을 말한다.

후페란트 Christoph Wilhelm Hufeland

1. 후페란트(1762~1836)는 대중요법 보급에 활발했던 칸트 당대 프로이센 의사로서 프로이센 학술원 회원(1800)이자 프로이센 궁정 주치의(1801)였다. 『장생술[長生術](*Die Kunst das menschliche Leben zu verlängern*)』(Jena 1796), 『건강한 수면법(*Der Schlaf und das Schlafzimmer in Beziehung auf die Gesundheit*)』(Weimar 1802) 등의 저술을 냈다.

2. 칸트는 후페란트가 보내준 책 『장생술』을 계기로 『학부들의 다툼』(→) 제3부(SF, A165이하=VII97이하 참조)를 썼고, 그의 교육학 강의에서도 이에 관해 다시 언급하고 있다.(Päd, A57=IX464 참조)

흄 David Hume

I. 흄(1711~1776)은 경험주의를 회의론으로까지 끌고 가 칸트에 앞서 하나의 전형을 만든 철학자이다. 당대에는 『영국사(*History of England*)』(1754~1762)로 베스트셀러 작가였으나, 후대에 크게 영향을 미친 것은 그의 명민한 철학 정신이다. 그의 철학 저술들인 『인간본성론(*A Treatise of Human Nature*)』[*THN*](1739/40), 『인간지성연구(*An Enquiry concerning Human Understanding*)』[*EHU*](1748), 『도덕원리연구(*An Enquiry concerning the Principles of Morals*)』(1751), 『정념론(*Dissertation on the Passions*)』(1757), 『자연종교에 대한 대화(*Dialogues concerning Natural Religion*)』(유고, 1779) 등은 오늘날까지도 경험주의의 교본이다.

II. 1. 흄은 인간 마음의 모든 지각은 '인상(impression)'과 '관념(idea)'이라는 상이한 두 종류로 환원될 수 있다고 본다.(*THN*, I, I, 1: p.1 참조) 힘차고 생동성 있는 지각들, 예컨대 감각, 정념(passion), 정서(emotion) 같은 것은 '인상'이고, 사고와 추리 등에 등장하는 희미한 심상들은 '관념'으로 분류할 수 있다는 것이다.

인간의 의식 내용 일체를 이러한 지각으로 보는 흄에게는 선험적인 '인상'이나 '관념'이란 없으며, 그러므로 당연히 선험적 원리 내지 법칙이라는 것도 없다. "실존하기 시작한 것은 무엇이든 그 실존의 원인을 갖지 않을 수 없다."라는 명제는 철학의 "일반적 준칙"(*THN*, I, III, 3: p. 78)으로 통용된다. 그러나 "이 명제는 직관적으로도 논증적으로도 확실하지 않다."(*THN*, I, III, 3: p. 78)라고 이의를 제기함으로써 흄은 심지어 근거율조차 그 확실성을 납득할 수 없는 것으로 본다. 아니 흄은 인격의 동일성조차 부정함으로써 도대체가 단 하나의 고정불변적인 원리의 존재도 부인한다.

2. "마음을 구성하는 것은 단지 잇따르는 지각들일 뿐이다. 또한 우리는 이 장면들이 표상되는 장소 또는 이 장소를 이루고 있는 재료들에 관한 아주 어렴풋한 개념조차도 갖고 있지 않다."(*THN*, I, IV, 6: p. 253) "우리가 마음이라고 부르는 것은, 어떤 관계들에 의해 함께 통일된, 그리하고는 잘못되게도, 완전한 단순성과 동일성을 부여받은 것으로 가정된, 서로 다른 지각들의 더미 내지는 집합일 따름이다."(*THN*, I, IV, 2: p. 207) 흄은 '나'의 실체성은 결코 경험적으로 확인될 수 없음을 누누이 강조한다.

3. 흄에 따르면 사고의 원리뿐만 아니라 도덕의 원리도 한낱 경험적인 것일 따름이다. 흄은 정념의 가장 뚜렷한 원인으로 '덕(virtue)'과 '패악(vice)'을 꼽는다. 그런데 "덕의 참본질은 쾌락을 산출하는 것이고, 패악의 참본질은 고통을 갖다 주는 것이다."(*THN*, II, I, 7: p. 296) 좀 완화시켜 말한다면, "고통과 쾌락은 […] 적어도 패악 및 덕과 불가분리적이다."(*THN*, II, I, 7: p. 296)

4. "우리가 원인(cause)과 결과(effect)라고 부르는 모든 객관들을 그 자체로 고찰하면, 그것들은 자연 안에 있는 여느 두 사물들과 마찬가지로 서로 분별되고 분리되어 있는 것들이다. 그리고 우리는 그것들을 제아무리 정밀하게 조사해본

다 해도 한 객관의 실존에서 다른 객관의 실존을 결코 추론할 수는 없다. 우리가 이런 유의 추론을 할 수 있는 것은 오로지 그것들의 항상적인 결합(constant union)을 경험하고 관찰함에 의한 것인데, 그렇다 해도 무엇보다 이런 추론은 상상력에 의거한 습관의 결과일 뿐이다."(*THN*, II, III, 1: p. 405) "이런 항상적인 결합에서 마음은 인과의 관념을 형성(form)하며, 이런 추론에 의해 필연성을 느낀다(feel). 우리가 도덕적 명증성이라고 부르는 것 안에도 이와 똑같은 항상성과 영향력이 있다."(*THN*, II, III, 1: p. 406)

그래서 흄은 이른바 자연 안에서의 인과 관계나 도덕적 행위에서의 인과 관계가 다를 바 없다고 생각한다. 그러니까 이른바 자유의지에 의한 도덕적 행위가 자연 안에서의 여느 물리적 사건과 다른 것이라면, "결과적으로 자유는 필연성을 제거함으로써 원인 또한 제거하여", 도덕적 행위는 아무런 필연성을 갖지 않는, 그러니까 "우연"적이라는 말이 되는데, 이는 "우리의 경험과 직접적으로 상반된다."(*THN*, II, III, 1: p. 407) 그러므로 이른바 자유의지에 의한 도덕적 행위라는 것을 납득할 수 없다는 것이 흄의 결론이다.

III. 1. 흄의 『인간지성연구』는 독일어 번역본 흄의 『선집(*Vermischte Schriften*)』(Hamburg 1755)에 제2편: 「인간 인식에 관한 철학적 시론(Philosophische Versuche über die Menschliche Erkenntniß)」으로 포함되었는데, 칸트는 이 책을 소장하고 있었다. 여러 자료에 따르면 칸트는 1769년경부터 흄의 사상에 대해 숙고한 것 같다.

2. 특히 능력심리학적 인간관에서 비롯한 인간 본성에 대한 탐구의 주제 설정과 주요 성과의 면에서 칸트와 흄은 매우 큰 유사성을 보인다. 칸트의 주요 저술들은 흄의 대표 저술인 『인간본성론』(1739/40), 『인간지성연구』(1748), 『도덕원리연구』(1751), 『정념론』(1757), 『자연 종교에 관한 대화』(1779)에 대응하고 있다. 총론인 『인간본성론』에는 칸트의 『(실용적 관점에서의) 인간학』(1798. 그러나 강의 시작 기준으로는 1772)이 대응하고, 이어지는 네 권의 저술에는 각각 칸트의 『순수이성비판』(1781 · 1787), 『실천이성비판』(1788), 『판단력비판』(1790), 『순전한 이성의 한계들 안에서의 종교』(1793)가 대응한다. 이 저술들은 각기 지(知: Wissen) ·

의(意: Wollen) · 정(情: Fühlen) · 신(信: Glauben)의 인간 마음(Gemüt)에 상응하는 가치 진(眞) · 선(善) · 미(美) · 성(聖)의 원리 해명을 핵심 주제로 삼고 있다.

3. 그런데 흄은 경험적 현상을 두고 그것의 사실적인, 경험적 원리들을 밝히려 하고, 칸트는 그러한 경험적 현상들을 가능하게 하는 선험적 원리를 밝혀내고자 한다. 다른 한편 칸트의 학문관에 따르면, "순수한 철학적 인식"은 "선험적 인식, 바꿔 말해 순수 지성과 순수 이성으로부터의 인식"(Prol, B24=IV266)뿐이므로, 양자의 의도가 성취되었다면, 흄은 '경험심리학'에서 성과를 거둔 것이고, 칸트는 '철학[형이상학]'에서 성과를 거둔 것이다. '자연학/형이하학(physica)'을 넘어 '초자연학/형이상학(metaphysica)'으로 나가는 것을 칸트는 "전진"이라 생각했는데, 그것은 흄의 환기에 의해 "교조적 선잠"(Prol, A13=IV260)을 깬 칸트가 비판적 방법을 통해 흄의 회의론을 극복한 결실로 볼 수 있다.

흡족 洽足 Wohlgefallen complacentia

I. 1. 흡족, 바꿔 말해 흐뭇함(Komplazenz)은 "(쾌의) 감각"(KU, B7=V205)이다. 그러니까 흡족은 "대상에 관한 한갓된 판단"이 아니라 객관에 의해 촉발된 "나의 상태"의 표현이다.(KU, B9=V207 참조) 흡족한 것은 적의하다(gefallen).

2. 사람들은 세 종류의 대상에서 흡족함을 느낀다. 그러니까 이를테면 세 종류의 흡족함이 있다. 쾌적한 것은 누구에겐가 즐거움[쾌락]을 주고, 아름다운 것은 누군가에게 한갓되이 적의하며, 좋은 것[선]은 존중되고 시인된다. 쾌적함은 이성 없는 동물들에게도 타당하다. 아름다움은 오직 인간들에게만, 다시 말해 동물적이면서도 이성적인 존재자들에게만 타당하다. 반면에 좋은 것은 모든 이성적 존재자 일반에게 타당하다. 이 세 종류의 흡족은 각기 주관의 경향성(Neigung)(→) 또는 호의(Gunst) 또는 존경(Achtung)(→)과 관련이 있다고 말할 수 있다.(KU, B15=V210 참조)

3. 이 세 종류의 흡족 중에서 아름다운 것에서의 취미의 흡족만이 유일하게

이해관심 없는 자유로운 흡족이라고 할 것이다. 그것은 어떤 이해관심도, 감관의 이해관심도 이성의 이해관심도, 찬동을 강제하지 않기 때문이다. 그러니까 호의만이 유일한 자유로운 흡족이다. 경향성의 대상, 그리고 이성법칙에 의해 우리로 하여금 욕구하도록 부과되는 대상은 우리가 스스로 무엇인가를 가지고서 쾌의 대상으로 삼을 자유를 우리에게 허용하지 않는다. 모든 이해관심은 필요욕구를 전제하거나 필요욕구를 불러일으킨다. 그리고 찬동을 규정하는 근거로서의 이해관심은 대상에 관한 판단을 더 이상 자유롭게 놓아두지 않는다.(KU, B15이하=V210 참조)

II. 1. 칸트의 미학(→)은 "대상 또는 표상방식을 일체의 관심 없이 흡족이나 부적의[不適意]함에 의해 판정하는 능력"인 취미(→)에 대한 비판이다.

2. 그래서 미적인 흡족은 이해관심의 충족을 뜻하는 만족(滿足, Zufriedenheit)과는 조심스럽게 구별되어야 한다. 만족은 "실천적 쾌"를 동반한다면, 흡족은 때로는 "관조적 쾌"를 수반한다. 그러니까 흡족 가운데는 "비능동적 흡족"도 있다.(MS, RL, AB3=VI212 참조)

3. '만족'은 기본적으로 정념이나 욕구가 충족됨으로써 이른 마음의 평정(tranquillitas animi) 상태를 일컫는다. 그러니까 만족은 욕구(Begehren)나 경향성(Neigung)이 질료적으로 충족(Befriedigung)되어, 다시 말해 어떤 결여나 부족함이 채워져 이를테면 마음이 평화(Frieden)를 얻은 상태로서, 그러므로 근본적으로는 욕구능력 곧 의지, 의욕, 기대, 소망 등을 전제로 하는 것이다.

4. 이에 비해 '두루 마음에 듦'의 상태인 '흡족'은 만족의 경우뿐만 아니라, 어떠한 결여와도 무관한 한낱 관조적인, 또한 순전히 반성적인, 대상의 실존 표상과 전혀 결합되어 있지 않은, 그러니까 대상에 대한 아무런 이해관심이 없는 적의(適意)함도 뜻하며, 이러한 의미의 '흡족'이 칸트가 취미 비판에서 주제로 삼고 있는 바로 그것이다.

5. 그러므로 '흡족'과 '만족'은 경우에 따라서는 뜻이 겹치고 (예컨대 '자기만족', '지성적 만족'에서처럼) 교환하여 사용할 수도 있지만, 특히 『판단력비판』 안에서는 (자연미에 대한 흡족에서처럼) 구별되어야 한다.

III. 흡족과 상관적인 동사 '적의하다(gefallen)'와 그 반대인 '부적의(不適意)하다/적의하지 않다(mißfallen)'는 기본적으로는 '마음에 들다'와 '마음에 들지 않다'로 바꿔 쓸 수 있는 말이지만, '마음'를 넣어서 새기면 곤란한 문맥도 있다. 예컨대 "쾌적한 것이란 감각에서 감관들에 적의한 것을 말한다."(KU, B7=V205)에서 "적의한"을 "마음에 드는"으로 바꿔 쓰면 '감관들의 마음에는 드는'이 되어 난처해진다.

희망 希望 Hoffnung

희망은 아직 현실은 아니지만 충분히 현실일 수 있는 것의 성취를 의욕함이다. 칸트의 이론철학과 실천철학, 자연세계와 윤리세계, 감성세계와 예지세계는 희망의 철학 곧 종교론과 종교에서 합일한다. 종교는 내가 희망해도 좋은 것을 보증해주기 때문이다.

'나는 무엇을 희망해도 좋은가?'

1. "나는 무엇을 알 수 있는가?"라는 "이론적"인 물음과 "나는 무엇을 행해야만 하는가?"의 "실천적" 물음은 "나는 무엇을 희망해도 좋은가?"라는 "실천적이면서 동시에 이론적"인 물음에서 만난다. 이 물음은 곧 "무릇 만약 내가 행해야 할 것을 행한다면, 나는 그때 무엇을 희망해도 좋은가?"를 묻는 것이기 때문이다.(KrV, A805=B833 참조)

2. 내가 실로 충분하게 도덕적으로 실행했다면, 나는 무엇을 희망해도 좋은가? — 이에 대한 칸트적 이성의 답변은 '덕과 행복의 합치' 곧 최고선이다. 그러나 "자기의 전 현존에 부단히 수반하는 쾌적한 삶에 대한 의식"(KpV, A40=V22) 내지 "필요들과 경향성들의 전적인 충족"(GMS, B12=IV405)인 '행복'은 자연의 법칙이 도덕의 법칙에 부응해서 움직이지 않는 한 기대할 수 없는 일이다. 그렇기

에 최고선, 즉 자연법칙과 도덕법칙의 조화는 "신의 나라"에서나 가능한 일이다. — "신의 나라에서는 자연과 윤리가 파생적인 최고선을 가능하게 하는 성스러운 창시자에 의해 양자 각각이 단독으로는 서로 몰랐던 조화에 이르는 것이다."(KpV, A232=V128)

3. 그래서 모든 선량한 이들의 소망은 보다 높은 지혜가 지상의 나라도 다스려 최고선이 바로 이 땅에서 실현되도록 하는 것이다. 그 소망인즉, "하늘에 계신 우리 아버지, 아버지의 이름이 거룩하게 되소서. 아버지의 나라가 오게 하소서. 아버지의 뜻이 하늘에서와 같이 땅에서도 이루어지게 하소서."(《성서》, 「마태오복음」 6, 9~10)이다. — 예수 그리스도가 모범을 보여주었듯이, 그러니까 "지상의 신의 나라, 이것이 인간의 최종의 사명이다."(Refl 1396, XV608) 이 사명이 완수되는 곳에서 "그의 실존 전체에서 모든 일이 소망과 의지대로 진행되는, 이 세상에서의 이성적 존재자의 상태"(KpV, A224=V124), 곧 행복은 성취될 터이다. 도덕적으로 합당한 모든 일을 다 한 인간은 이제야 "보다 높은 지혜가 그의 선의의 노력을 완성시켜줄 것을 희망해도 좋"(RGV, B141=VI101)다.

희망의 철학

1. 도덕적인 주체로서 인간이 "무엇을 해야 한다고 의식하기 때문에 자기는 무엇을 할 수 있다고 판단"(KpV, A55=V31 · A283=V159 참조)한다면, 그것은 인간의 당위 내지 의무에 대한 의식이 필연적으로 의지의 자유를 함축함을 뜻한다. 이런 칸트의 생각에는 인간이 본래 할 수 없는 일을 해야 하는 것은 불합리하다는 반성이 수반되어 있다. 이와 같은 반성적 판단력의 합리적 사고방식은 '최고선'의 개념(KpV, A199=V111 참조)에 따라 인간의 영혼의 불사성과 신의 현존을 요청할 때 더욱 뚜렷이 드러난다.

2. '영혼'과 '신'은 우리 인간의 인식의 대상이 될 수 없음은 당연하다. 칸트의 인식이론이 지적하는바, 어떤 것이 우리에게 인식되려면 그것은 공간 · 시간상에서 직관되어야 하고 우리에게 감각적으로 포착될 수 있어야 한다. 그러나 영혼

과 신은 그러한 것이 아니다. 그러므로 우리로서는 그것들이 과연 존재하는지, 그리고 어떤 성질을 가지고 있는지, 예컨대 그것이 불멸하는지, 혹은 전지전능한지 등을 알 수가 없다. 그러니까 영혼과 신은 지식의 대상이 아닌 것이다. 그러나 이제 우리가 최고선의 조건을 반성해볼 때, 영혼의 불사성과 신의 현존은 인간 세계의 윤리 도덕상 합리적인 것으로 요청된다.

3. 칸트적 이성에 자명한 사실은 선의지만이 그 자체로 선하다는 것이다. 그러므로 이상적인 최고선은 행위함에 있어서 언제 어디서나 우리 "마음씨의 도덕법칙과의 온전한 맞음"(KpV, A219=V122)이다. 이것은 "신성한[성인의]" 경지로서 현세적 인간이 도달할 수 있는 지경은 아니지만, 이성적 존재자로서의 인간이 거기에 이르러야 함은 당연한 일이다. 그러므로 우리 인간이 그런 경지에 도달하기 위해 노력해야 함은 의무이고, 그것이 인간의 의무라면 그것은 실행 가능한 일이어야 한다. 그것이 의무인 것이 분명한데, 그런데 실천할 수 없다는 것은 몹시 불합리한 일이기 때문이다. 그러나 유한한 인간이 유한한 시간 내에 거기에 이른다는 것은 불가능하다. 그것이 가능하기 위해서는 그러니까 인간에게 무한한 시간의 길이가 필요하다. 그러므로 우리는 영원히 살아 있어야 하며, 그것은 영혼이 불사적임을 뜻한다. 즉 우리는 "영혼은 불사적이다."라고 인식할 수는 없지만, "영혼이 불사적이어야 한다."고 요청하고, 믿고, 희망할 수는 있는 것이다.

4. 신의 현존에 대해서도 그것을 논리적으로나 사실적으로 증명할 수 없다는 것이 순수 이론이성 비판의 결론이다. 그러나 우리가 "윤리성에 알맞은 행복"(KpV, A223=V124)을 반성해보면, 신의 현존은 당연한 것으로 납득된다. "행복이란, 그의 실존의 전체에서 모든 일이 소망과 의지대로 진행되는, 이 세상에서의 이성적 존재자의 상태이며, 그러므로 행복은 자연이 그의 전 목적에 합치하는 데에, 또한 자연이 그의 의지의 본질적인 규정 근거와 합치하는 데에 의거한다."(KpV, A224=V124) 그런데 도덕법칙은 인간의 실천이성의 자율로서 자연과는 무관한, 오히려 자연적 경향성과 어긋나는 행위의 규정 근거이다. 그러므로 이 도덕법칙 자체가 이성적 존재자와 자연의 합치를, 즉 이성적 존재자가 자연

적 존재자를 제 뜻대로 하는, 말하자면 행복의 상태를 보장할 수는 없다. 그러나 실천이성의 과제인 최고선의 실현에서는 이성적 존재자의 자연과의 합치가 추구된다. 따라서 '도덕성과 행복의 일치'를 위해서는 이를 매개할 수 있는 제3의 힘이 필요하고, 그래서 우리의 이성은 신의 현존을 요구할 수밖에 없다. 우리는 항상 행복하지는 않지만 영속적인 행복을 "희망"(KpV, A234=V130)할 수는 있고, 이 희망은 신의 현존을 전제로 한다. 그래서 우리는 신의 현존을 믿지 않을 수 없고, 이러한 "이성신앙(→신앙/믿음 →)"(KpV, A227=V126)은 희망의 철학인 것이다.

부록

한국 철학과 외래 철학

한국 칸트철학 연구 약사(略史)

한국 철학계 칸트 연구 관련 출판물

한국 철학과 외래 철학

1. 한국에서 철학 개념의 형성

한국 사회에서 '철학'이라는 말이 쓰이기 시작한 것은 19세기 말 또는 20세기 초쯤으로 추정된다. 이미 17세기에 천주교 교리와 함께 서양 철학이 유입된 자취가 있으나, 처음에는 '哲學'이라는 일본어 번역어가 아니라 '費祿蘇非亞', '斐錄所費亞' 또는 '飛龍小飛阿'라는 중국어 표기가 채용되었던 것으로 조사되어 있다. 믿을 만한 보고에 따르면, 그러다가 20세기 초에 이정직(李定稷, 1841~1910)이 쓴 「康氏[칸트]哲學說大略」(1903~1910년경)[1]이나 「倍根[베이컨]學說」 내지는 이인재(李寅梓, 1870~1929)가 펴낸 『希臘古代哲學攷辨』(1912~1915년경)[2]을 계기로 '철

---

1) 이정직은 1903년부터 수년간 北京에 체류한 것으로 알려져 있는데, 그의 찬술은 梁啓超, 『飮氷室文集』(上海) 등에서 얻은 간접 자료에 기초한 것으로 추정된다. 梁啓超는 당초에 《新民叢報》 제25 · 26 · 28호(1903) 등을 통해 발표하고 후에 飮氷室文集之十三 중 '近世第一大哲康德之學說' 장에서 칸트의 지식 이론과 정치철학을 약 20면에 걸쳐 서술하였다. 이정직의 원고는 128면이었다 하나 현재는 분실된 상태로, 그의 유고집에도 누락된 채 행방을 알 수 없다.(『石亭李定稷遺藁』, 金堤文化院 編, 第2卷, 2001 참조) 박종홍의 논고(「李定稷의 '칸트' 研究」, 수록: 『朴鍾鴻 全集』 V권, 민음사, 1998, 283~285면)로 미루어볼 때, 박종홍은 이정직의 원고를 직접 보았던 것으로 보인다.

2) 한국철학회 편, 『韓國哲學史』 下卷(東明社, 1987), 351면 이하 참조; 박종홍, 「李寅梓 論」, 『朴

학'이라는 말이 정착되었다고 한다.

이인재는 고대 그리스 철학을 소개하고 해설한 그의 책에서, 철학은 '논리학', '형이상학', '윤리학'의 세 부분으로 이루어져 있으며, "만상(萬象) 가운데서 일리(一理)만을 연구하여 실용(實用)을 찾는 과학과는 달리 백과(百科)의 학(學)으로서 삼라만상의 원리를 탐구하는 학"이라 설명했다 하니, 이미 철학의 전모를 이해하고 있었다고 볼 수 있다.

또 다른 조사 보고에 따르면 보성전문학교 1907년도 교과 과정에 '논리학' 과목이 등장하고,[3] 연희전문학교 1921년도 교과 과정에는 '논리학', '윤리학'을 비롯해 '철학개론(哲學概論)'이라는 교과목이 들어 있었다 한다.[4] 이것은 이미 서양 학문의 유입과 더불어 '철학'이라는 낱말과 그 낱말이 지시하는 내용이 함께 한국 사회에 상당히 유포돼 있었음을 짐작하게 한다.

그러니까 이것은 한국 사회 문화가 20세기에 접어들어 '철학'이라는 새로운 어휘를 갖게 되었고, 그에 상응하는 새로운 체험을 했음을 말해준다. 그런데 이른바 서양 철학의 유입에서 비롯한 이 새로운 체험은 한국인들에게 단지 새로운 어휘를 갖도록 한 것만이 아니라, 새로운 낱말들로 표출된 사태를 대면하게 하고, 그 사태에 대한 사색을 이끌었다. 다시 말하면 새로운 사상을 배태 내지 형성하게 한 것이다. 그리고 이로부터 유래한 새로운 사상 즉 '서양적' 사상은, 사상이라는 것이 인간의 행위에 미치는 영향의 정도 그만큼 한국인들의 제반 일상생활 방식에 변화를 가져왔다. 21세기 초 한국인들은 적어도 백 년 전의 한국 사람들과는 상당한 정도로 다르게 살며, 먹고 입고 꿈을 꾼다. 그런 차이가 나게

鍾鴻 全集』 V권, 424~434면 참조; 조요한, 「우리의 삶, 우리의 現實, 韓國 哲學言語로의 模索」, 『월간 조선』, 1982년 2월호, 328면 참조; 허남진, 「서구사상의 전래와 실학」, 『철학사상』 4호(서울대학교 철학사상연구소, 1994), 178면 참조; 이현구, 「개화기 유학자와 계몽운동가들의 서양 철학 수용」, 위의 책, 247면 이하에는 李寅梓의 『希臘古代哲學攷辨』의 주요 맥락이 서술되어 있다.

3) 이기상, 「철학개론서와 교과과정을 통해 본 서양 철학의 수용(1900~1960)」, 『철학사상』 5호(서울대학교 철학사상연구소, 1995), 70면 참조.

4) 박영식, 「人文科學으로서 哲學의 受容과 그 展開過程」, 『인문과학』 26집(연세대학교 인문과학연구소, 1972), 110면 참조.

하는 데는 새로운 철학 사상도 한몫을 했음이 분명하다.

이제 우리가 서양 철학이 유입된 이후에 형성된 한국의 사상을 '새롭다'고 하는 것은, 그 사상이 주제 내용에서뿐만 아니라 제기되는 문제를 다루는 방법에서 재래의 것과 사뭇 다르기 때문이다. 전통적인 것에 비해 그 주제에서 다르고 문제를 탐구하는 방법이 다르며 그 탐구 결과가 새로운 언어로 쓰였는데도, 그것이 여전히 '한국인들의' 사상, '한국의' 철학이라면, 그것은 어떤 의미에서 그런가? — 여기서 우리는 '철학'의 의미를 유지하는 '한국의' 철학이란 무엇일까를 새겨보아야 할 필요를 발견한다.

2. 외래 사상과 '한국의' 철학

한국이 적어도 2,500년 이상의 문화사를 가지고 있고, 삶의 양식 형성에는 불가불 철학 사상이 관여되기 마련이라면, 한국에는 이미 전통 철학 사상이 있었을 터이고 실제로 있었다고 할 수 있는데도, 무슨 연유로 한국 사회에 낯선 사상이 유입되고 그것이 단지 호기심을 따라 소개되는 정도가 아니라 한국 사람들의 사고방식, 더 나아가 생활방식 자체에 큰 변화를 일으키게 되었는가? 한국인들은 왜 20세기 초 이래로 서양 철학을 배우며, 그것도 열심히 익히고 있는가?

'철학'이라는 것도 하나의 학문이고, 학문이란 어떤 의미에서든 보편적인 지식의 체계를 일컫는 것이라고들 하는데, 도대체 '서양의' 철학, '동양의' 철학, '한국의' 철학, 또는 '조선시대의' 철학, '이율곡의' 철학이란 무엇을 말하는 것인가? '스스로 생각하기'가 철학의 본령인 마당에 남의 철학을 배워 내 철학을 삼는다는 것이 가능하기나 한 일이며, 그것은 대체 무슨 의미를 갖는 일이고, 그것이 뜻하는 바는 무엇인가?

오늘날 '철학'을 '자연과 인간 사회 문화 제 영역의 최고 원리와 제 영역의 통일 원리를 반성적으로 탐구하는 지적 활동 또는 그 결실'이라 규정할 수 있다면, '한국의 철학'이란 '한국 사람이 한국에서 통용되는 언어로 자연과 한국 사회 문화 제 영역의 최고 원리와 제 영역의 통합 원리를 반성적으로 탐구하는 지적 활동 또는 그 결실'이라고 말할 수 있을 것이다. 이 규정이 무난하다면, '한국'이 들어갈 자리에, '서양'이나 '동양', '독일'이나 '중국'을 넣거나, 더 나아가서 '기호 지방', '영남 지방' 또는 '이율곡', '이퇴계'를 넣어 '~의 철학'이라고 규정할 수 있을 것이다. 그러나 이 규정도, 예컨대 '한국 사람', '한국에서 통용되는 언어', '자연과 한국 사회 문화 제 영역의 최고 원리'를 어떻게 이해하느냐, 또 이 세 조건 중 일부만 충족시키는 경우 어느 쪽에 비중을 두느냐에 따라서, 때로는 좁게 때로는 넓게 적용될 수가 있을 것이며, 심한 경우 그 기준을 아주 느슨하게 사용하면 '서양 철학', '한국 철학' 따위의 구별이 무의미하게 될 수도 있다. 또 남의 철학 문헌에 대하여 연구하는 것까지를 '철학하다'의 범위에 집어넣는다면, 'ㅇㅇ 철학'의 규정에서 누가 어떤 언어로 작업을 하는가는 부수적일 수도 있다.

그렇다면 과연 철학의 국적을 말해주는 본질적인 징표는 무엇인가? 우리가 한국 철학을 말할 때, 그것은 어떤 의미에서 '한국의' 철학인가?

"어떤 철학의 국적을 결정짓는 것은 그 철학을 배태시킨 철학자의 탄생지도 아니고, 그 철학자가 주로 활동한 지적 단위체나 그가 사용한 언어도 아니다. 만일 첫째의 기준이 적용된다면 스피노자 철학은 네덜란드 철학이 될 것이고, 둘째 기준이 적용된다면 김재권의 철학은 미국 철학, 비트겐슈타인의 철학은 영국 철학이 될 것이고, 셋째 기준이 적용되면 퇴계와 율곡의 철학은 중국 철학, 비트겐슈타인의 철학은 독일 철학이 될 것이다. 이후 영향력의 기준에서 판별이 된다면 프레게의 철학이나 비트겐슈타인의 철학은 영국 또는 미국 철학이 될 것이다."라고 어떤 이는 생각한다. 그래서 이런 생각은 '철학은 국가적 성격을 갖기보다는 개인적 성격을 갖는 것'이라는 결론으로 나아간다. 그렇게 생각할 수도 있겠다 싶은 논변이다. 그렇다면, 우리가 그리스 사상과 중국 사상, 독일 철학과 영미 철학을 구분해서 말하는 것은 지각없는 짓이고, 사태에 맞지 않는 의미 없는 일인가?

문화권의 경계라는 것이 먼빛으로 보기와는 달리 가까이 다가갈수록 희미한 탓에 지도에 국경을 표시하듯이 그렇게 분명하게 선을 긋는다는 게 어렵다는 것은 인정해야 하지만, 그럼에도 우리는 기성의 문화를 충분히 의미 있게 공간적·

시간적으로 구분하여 이야기할 수도 있고, 구별되는 대개의 특징을 열거할 수도 있다. 이런 일은 또한 문화의 한 양상인 철학에 대해서도 물론 할 수 있다. 인간들이 언제 어디서 살았고 살든 인간인 한에서 상호 간에 보편성을 나눠 갖게 마련이지만, 또한 개인 간에 집단 간에, 그뿐만 아니라 일정 개인이나 집단이라 하더라도 연대별로 여러 면에서 차이가 난다. 어떤 철학도 그것이 철학인 한 '원리적 지식 체계'라는 보편성이야 가지고 있겠지만, 누가, 언제, 어디서, 왜, 어떻게 했고 그렇게 하는가에 따라 구별될 수도 있다. 우리는 플라톤의 철학과 아리스토텔레스의 철학을 구별하고 비판기 이전의 칸트의 철학과 비판기의 칸트철학을 구분하며, 휴암(休庵) 백인걸(白仁傑, 1497~1579)의 사상과 율곡 이이(李珥, 1536~1584)의 철학을 구별할 수 있을 뿐만 아니라, 적어도 똑같은 정도로 의미있게 한국 철학과 독일 철학을, 그리고 조선 중기의 한국 철학과 현대의 한국 철학을 구별하여 말할 수 있다.

플라톤과 아리스토텔레스의 철학은 고대 그리스 철학의 축이고, 칸트와 헤겔의 철학은 근대 독일 철학의 핵이며, 퇴계 이황(李滉, 1501~1570)과 이이의 성리학은 근세 조선의 철학을 대표하고, 열암 박종홍(朴鍾鴻, 1903~1976)의 철학은 1950~60년대 번뇌하는 한국 철학의 일면을 분명하게 대변한다. 한국 태생인 김 아무개가 이미 오랫동안 미국에 거주하면서 미국 사회 문화 속에서 생긴 철학적인 문제를 미국에서 통용되는 말로 쓰고 생각하고, 그 결과가 미국에서 논쟁거리가 된다면, 그의 철학적 작업은 '미국적'이라고 평가함이 합당할 것이다. 독일 철학계를 정원으로 비유할 때, 한국인 백 아무개가 독일에서 독일말로 칸트철학에서 제기된 문제를 철학적으로 논했다면, 그의 작업은 독일 철학계라는 정원에서 자라난 초목 가운데 하나이고, 그런 뜻에서 '독일의' 것이다. 그러나 그가 거기에서 한국적인 '임-있음'의 문제 시각에서 '존재자의 본질-존재' 해명을 시도했다면, 그의 작업은 '한국적'인 요소를 담고 있다고 볼 수 있다. 더구나 그가 한국에서도 이 작업을 한국의 문화 의식 속에서 한국어로 계속하여 결실을 본다면, 그것은 한국 철학의 일부라고 해야 할 것이다.

이런 정도로 '한국 철학'의 개념을 우선 정리하고, 원래의 물음으로 돌아가

자. — 한국인들에게 철학이란 무엇이고, 왜 한국인들은 20세기 초 이래 서양 철학을 적극적으로 수용하고, 그 사상 흐름에 편승하고 있는가? 그러면서도 대체 이런 상황에서 사람들은 무엇을 염두에 두고서 '한국 철학'을 말하고 싶어하고, 또 말할 수 있는가?

이른바 철학자들은 철학이 제반 문화를 선도해야 한다고, 그리고 선도할 수 있다고 자부하나, 사실은 여타 문화 영역을 뒤따라가는 경우가 더 많다. 20세기 초에 서양 철학이 한국 사회에 유입된 것도, 당대 한국인들의 철학적 자각과 모색으로부터 그 길에 이르게 되었다기보다는 서양의 제반 문물이 세계 정세의 흐름에 따라 한국 사회에 밀어닥침으로써 서양 문화의 한 가닥으로 함께 들어온 것이라고 보아야 할 것이다. 거기다가 철학의 학문적 성격과 역할이 여러 과학의 맨 뒤에 오면서도 여러 과학의 단초와 원리를 추궁하는 것인 만큼, 한국의 제반 학문 세계가, 다시 말하면 표층 문화를 주도하는 물리학, 천문학, 지리학, 생물학, 법학, 정치학의 세계가 이미 서양적 흐름에 합류했는데[휩쓸려 들어갔는데], 철학이 여전히 성리학적·실학적인 전통만을 이어간다면, 그렇지 않아도 현대에 와서 신통치 않아진 이른바 분과학(分科學)의 근본학으로서의 철학은 그 역할을 상실한다. 현대 한국 사회의 질서와 정의의 골간을 이루는 헌법 체계가 어느덧 유교 원리나 『경국대전(經國大典)』의 정신을 떠나 미국 헌법, 프랑스 인권선언, 독일 헌법 정신과 그 맥을 같이하는데, 재래의 법철학, 정치철학으로 현대 한국 사회의 어떤 법 원리, 정치 원리를 설명할 수 있겠는가?

한국에서 당초에 서양 철학의 접수가 자발적이 아니었음은 거의 틀림없는 사실이다. 그러나 철학이라는 것이 인간의 현실 생활과는 전혀 무관하고 철학자가 사회생활에서 완전히 떠나 있다면 몰라도, 이미 사회 근간이 서양식으로 재편되어가는 마당에 철학한다는 사람이, 그가 순전히 과거 한국 철학의 역사 연구가 이길 지향하는 경우가 아니라면, 그 재편되어가는 문화 양상의 근거를 탐구하지 않을 수는 없는 것이다. 한국인들이 현대 한국 사회 운영의 토대인 '자유'와 '평등'의 원리를 이해하기 위해서는 전통적인 한국의 철학자들인 퇴계나 율곡 혹은 다산(茶山) 정약용(丁若鏞, 1762~1836)의 사상보다는 로크(J. Locke, 1632~1704)나

루소(J. J. Rousseau, 1712~1778) 또는 칸트의 사상에 대한 이해를 더 필요로 한다. 물론 문화 양상은 중층적인 만큼 표피층에는 새로운 물결이 일어도 심층에는 여전히 옛 물이 두텁게 남아 있을 수 있다. 바로 그만큼은 한국 사람들이 한국에서 서양적 철학을 한다고 해도, 한국식 서양 철학, 바꿔 말해 화제는 서양에서 발원했으되 이미 한국인들 자신의 문제를 다루는 한국의 철학, 곧 한국(적) 철학의 일환이라 할 것이다. 그러니까 한국인들이 서양 철학을 수용했고 그리고 수용한다고 하더라도 바로 그로 인해서 한국인들의 철학적 문제가 순전히 '서양적'이 된다고 볼 수는 없다. 이런 이야기는 예컨대 한국인들이 중국으로부터 삼국시대에 불교 사상을 수용한 것에 대해서도, 여말선초(麗末鮮初)에 성리학을 수용한 것에 대해서도 그대로 적용된다.

어떤 이는, 한국 역사에서 주류(主流) 사상은 언제나 외래적인 것이고, 그런 의미에서 한국 사상사는 외래 사상 수용사인데, '한국 사상', '한국 철학'이란 무엇이냐고 묻는다. 과연 외래 사상을 접수했다고 해서 일체의 고유성을 이야기할 수 없는 것일까? 독일이상주의 철학이 연원을 따지면 그리스 사상이고 기독교 사상이라 해서 우리는 독일 철학을 이야기할 수 없는가? 남들이 먼저 문제의식을 갖고 그 문제를 먼저 탐구하기 시작했고 문제 해결 방식을 공유한다 하더라도, 그 문제가 자기 문제이기도 하고 또한 스스로 탐구에 참여한다면 그 결실의 상당 부분은 자기 것이 된다고 보는 게 합당하다.

오늘날 한국인들에게 서양 철학은 무엇인가? 기자(記者)적 관심에서 단지 소개되어 구경거리가 되는 것이 아니라, — 사실 한국에서 이른바 '철학하는 사람' 가운데 오히려 서양 (심지어는 중국이나 인도) 철학의 역사나 현황을 보고하는 '기자'라고 불러야 할 사람이 많기는 하지만 — 일정 부분 한국적 문제의식과 문제 해결의 관심에서 수용되고 변용된다면, '서양' 철학은 그만큼 '한국의' 철학이기도 하다. 한국인들이 오랫동안 중국 철학 사상을 수용하다가 난데없이 서양 철학을 떠들게 된 것은 '한국의' 여러 문화 양상이 어느 사이 서양화한 것과 맥을 같이한다고 보아야 한다. 20세기 초 이래 당초에 한국인들이 그것을 평가하고 선택할 겨를도 없이 서양 철학이 유입되고, 그것이 어느 사이엔가 현대의 한국 철학 형성에 중심 역할을 하게 된 것도 단지 한국에서 철학하는 사람들의 주체성 내지 문제의식의 결여라기보다는 한국의 문화, 적어도 표층 문화 전반이 서양화한 탓이라 해야 할 것이다. 철학하는 사람들이 자기 문제는 보지 못한 채 어제는 '중국적' 철학에 오늘은 '서양적' 철학에 — 그것도 독일 철학, 프랑스 철학, 영미 철학 등 이른바 강대국 문화권의 철학을 번갈아가며 — 휩쓸려 들어간다고 비판할 수도 있겠지만, 현대 한국에서 주체적으로 철학하는 사람은 '서양' 철학을 할 수밖에 없다고 말하는 것 또한 합당하다. 한국인들이 아프리카(탄자니아나 니제르)의 철학 혹은 아라비아의 철학은 거의 수용하지 않고, 중국 철학이나 서양 철학을 수용한 것은 그것이 — 수동적으로 세계 정세에 휩쓸려 들어간 일이든, 능동적인 문화 향상 방책의 일환이든 — 한국 사회의 제반 문화·학문 영역에 피할 수 없는 영향을 미쳤고, 그 가운데서 한국인들의 삶을 꾸려갈 수 있는 원리를 어느 면 발견했기 때문이다. 과거 한국인들에게 수용된 '중국' 철학이 한국의 철학이 되었듯이, 그와 같은 정도에서 그리고 같은 의미 연관에서 현대의 한국인들이 수용하는 '서양' 철학은 현대 한국 철학의 일부인 것이다.

물론 이런 사실을 한국인들이 유쾌하게 받아들일 수는 없을 것이다. 어쩌면 유감스러운 일일 수도 있을 것이다. 왜냐하면 서양 철학 사상의 유입이라는 사건으로 말미암아 새로이 탐구 대상으로 부각된 철학적 문제들이 다분히, 종래 탐구의 연장선에서 나왔다기보다는 갑작스레 정치경제적 외세(外勢)에 실려 한국인들의 관심을 끌고 한국인들에게 부과되었다고 볼 수밖에 없기 때문이다. 서양 중심의 세계사의 관점에서는 19세기 말부터 한반도의 사람들에게도 서구 철학 사상이 유입됨으로써 한국 사람들도 세계사의 대류에 합류했다고 볼 수 있을지는 모르겠으나, 한국 철학 사상을 통사(通史)적으로 볼 때, 한국 철학 사상사는 19세기와 20세기 간에 단절 내지는 전환이 있었다고 평가하는 것이 합당할 것이다. 그리고 이 단절이 한국 철학 사상의 획기적인 발전의 계기였다고 언젠가 평가할 수 있는 날이 올지도 모르겠으나, 그렇다 해도 일단은 한국에서 '철학하는 사람들'로 하여금 자유의 힘과 자생력을 잃고 '세계 주류'라는 이름 아래 밀려들어오는 서양 강대국에서 힘을 얻은 사상을 수입하여 주석·해설하는 따위의,

실상은 사상의 주변을 맴도는 일에 한 세기 내내 종사하도록 하였다. 그 결과 한국 사회는, 비록 외형적으로 정치적 식민 상태를 벗어났고 경제적으로는 제법 윤택해졌음에도 불구하고, 철학 사상적으로는, 포괄적으로 말해 정신문화적으로는, 더 오랫동안 식민 상태를 겪고 있다고 해도 과언이 아니다.

사람들이 언제 어디에 살든 '인류'라고 묶일 수 있는 그만큼은 보편성을 가질 터이므로, 철학적 문제와 해결 방안도 그 범위만큼은 보편적일 것이니, 바로 그 영역 내에서는 굳이 외래 사상이니 자생적 사상이니를 구별할 필요가 없을지도 모르겠다. 그러나 문화의 여러 양상과 그에 수반하는 철학적인 문제들 가운데는 국가나 문화권 단위의, 또한 시대적인 특수성이 있기가 십상이므로, 한국인들의 사상이 그런 특성을 갖지 못한다면 기본적으로는 '한국의' 사상이랄 것도 없는 것이며, 그럴 경우 그것이 한국의 문화나 세계의 문화 향상에 어떤 기여를 할 것이라 기대하기도 어려울 것이다. 어떤 문화권의 사상이 다른 문화권의 사상과 단지 '다르다'는 그 이유만으로 그것이 특별히 좋다고 내세워져야 할 것은 없으나, 그렇다고 "요즈음 세계 일류 국가에서는 이런 철학 사상이 풍미하며, 이런 철학적인 문제가 논의의 중심을 차지하고 있다. 그러므로 한국 사람들도 그런 것을 탐구할 필요가 있고, 해야만 한다."라는 문맥에서 외래 사상을 추종하고 수용함으로써 보편성을 유지하는 그런 사고 활동을 '한국의' 사상이라고 내세우는 것 또한 마뜩잖은 일이다.

우리가 진정으로 '한국의' 철학을 이야기할 수 있기 위해서는 한국에서 철학하는 사람들의 노고의 결실이 세계 문화 수준을 이끌 만한 보편성을 가지면서도 한국적인 문제 — 예컨대, 동서 문화의 접점에서 생긴 '이성' 내지 '합리성' 개념의 새로운 정립이라든지, 서양 존재론의 번역·해설이 아니라, '이다'–'있다'의 구조 분석이라든지, 한국에서 계사(copula) 구조의 탈락 현상 해명이라든지, 좌우 이데올로기의 충돌 지점에서 사회 운영 원리나 세계 평화의 원리 모색이라든지, 유교 윤리와 기독교 윤리의 혼융의 어려움 극복과 같은 — 상황의 특수성을 반영한 것이 있어야 할 것이다.

철학적 문제들 가운데는 보편적인 '인간'의 문제와 아울러 민족 역사적·문화 전통적 특성을 갖는 것도 있기 때문에, 경우에 따라서 철학은 '중국적'일 수도 있고 '독일적'일 수도 있으며, '미국적'일 수도 있고 '한국적'일 수도 있다. 이때 '~적' 철학은 물론 특정 시대, 특정 지역, 특정한 사람들에게만 유효할 수도 있지만 — 이 점에서는 이른바 '과학'들도 마찬가지이다 — 철학에 '~적'이라는 이름을 붙여 다른 철학과 구별하는 것은 그 유효성의 제한 때문이라기보다는 그 문제의식과 그 주제 전개 양태의 특별성 때문인 경우가 더 많다. 예컨대 실용주의 철학을 '미국적'이라고 하는 것은 그 이론이 미국 사람에게만 타당하기 때문이 아니라 그 사상이 특히 미국에서 정치하게 전개되었고, 미국적 생활 양상을 잘 반영한다고 보기 때문이며, 또 정언적 명령에 의한 의무에 따르는 행위만을 도덕적 행위라고 평가하는 철학 체계를 '칸트적', 또는 '프러시아적', 또는 '독일적'이라고 하는 것은 이런 도덕철학이 칸트 자신에게만, 또는 18세기 후반 독일 사람에게만 유효하기 때문이라기보다는 비교적 독일 사람들의 의무 관념을 잘 반영하고 있다고 생각하기 때문이다. 그리고 우리가 '한국 철학'을 이야기하고자 할 때 염두에 두고 있는 것도 이런 의미에서의 '한국적' 철학이다. 독일적인 문제나 미국적인 문제 가운데 단지 특정 지역의 문제에 그치지 않는 것이 많은 것처럼, 한국적인 문제들 가운데는 그것이 타 지역 사람들에게 현안 문제로 의식되지 않았을 뿐 근본적으로는 인류 공동의 문제인 것이 많이 있다. 이런 문제들에 대한 철학적 통찰은 한국의 철학을 가능하게 할 뿐만 아니라, 동시에 세계 문화와 보편성을 나누면서도 깊이를 더해주어 인류 문화를 풍부하게 하는 일이다. 이런 의미에서 한국 철학의 성립은 그 주석의 소재가 800년 전의 고려 불교 사상이냐, 400년 전의 조선 유교 사상이냐, 200년 전의 독일 철학이냐, 현대의 미국 철학이냐에 따라서 좌우된다기보다는 그 문제의식과 탐구 자세 그리고 연구 방법과 연구 결실이 인류 문화의 보편성을 신장하면서도 얼마나 한국적 특수성을 담고 있는가에 달려 있다고 볼 수 있다.

그러니까 율곡과 다산의 전적을 주해·요약·해설하는 일은 '한국 철학을 하는 것'이고, 로크와 칸트에 대해서 그렇게 하는 것은 '서양 철학을 하는 일'이라는 식의 이해는 올바른 것이라 보기 어렵다. 아마도 기껏 전자는 한국 철학사 고

전 연구의 일환이고, 후자는 서양 철학사 문헌 연구의 한 가지라고 말하는 정도가 제격일 것이다. 그러나 이 같은 연구가 문헌의 주해를 넘어서 그 문헌에 담겨 있는 인간의 보편적 고뇌를 현실의 지평 위에서 더 깊게 밀고 들어가 현대 사회가 안고 있는 문제 해결이나 해소에 실마리를 제공하여, 한국인들의 많은 공감을 얻으면 당대의 '한국 철학'이 되는 것이고, 전 세계인의 이목을 끈다면 세계 철학에 편입된다 하겠다.

3. 동양 철학, 서양 철학, 한국 철학

그렇다면 진정한 의미에서 '한국 철학'이란 무엇인가? 적지 않은 사람들이 100년 전, 아니 2,500년 전의 이른바 '동양 철학'을 '한국 철학'과 동일시하거나, 아니면 그런 '동양 철학'은 '동양의' 철학이니까 '우리의' 철학이라고 여기거나, 또는 오늘 우리의 '한국 철학'은 200년 전 '서양 철학'보다는 200년 전 '동양 철학'에 자연히 더 근접해 있다고 보는 경향이 있다. 이런 심리적 친근성의 정체는 무엇인가?

대체 '동양' 철학은 무엇인가? 그것은 '우리의' 철학이며, '우리의' 철학과 친화적이라 할 수 있는 것인가? 또는, 세계를 크게 동양·서양으로 나눌 때 한국은 동양에 속하니까, '동양 철학'에는 한국 철학도 일부 들어 있는 것인가?

서양 문물의 위력이 충분히 입증된 19세기 후반 동아시아 3국의 경세가들은 '동도서기(東道西器)'론을 주창했다. 서양의 '그릇'은 수용하되 그것에 동양의 (정신적) 원리를 담아 쓰자는 주장이었다. 이런 주장 속에는 서양의 '도'는 취할 것이 못 되며, 또한 동양의 전통적인 '그릇'은 효용성에서 서양 것만 못하니 대체할 수밖에 없다는 생각이 함축되어 있다. 그러나 이런 주장은 어떤 상황에서도 주체성을 유지하자는 자기 문화 정체성에 대한 신념과 자기 보존 기제에서 비롯한 것일 수도 있고, 가시적인 '그릇'의 위력은 도저히 부인할 수 없으니 그것은 수용하기로 하되, 우열의 분별이 명료하지 않은 '도(道)'는 계속해서 내세워보자는 방략에서 나온 것일 수도 있다.

어쨌든 '동도서기'론에서 '서(西)' 곧 서양이 유럽과 미국을 지칭하고, '기(器)' 곧 그릇이 근대 이후의 수학적 자연과학 내지 물질문화를 지시함은 거의 분명하다. 그렇다면, '동(東)'과 '도(道)'는 무엇을 지칭한 것이었을까?

중국에서는 동시에 중국적인 것을 중심에 놓고 서양의 문물을 활용하자는 '중체서용(中體西用)'론이 나왔고, 일본 사람들은 서양의 기술과 일본의 혼을 접합시키자는 '양재화혼(洋才和魂)'이나 '서기화혼(西技和魂)' 등을 기치로 내걸었으니, 그들에게서 '동'은 어디까지나 자기들 자신이었고, '도'는 자기들의 철학 내지 역사문화적 자산을 뜻했다고 볼 수 있다. 그렇다면, 한국 사람들에게 '동'은 한국 또는 한국 문화를 지시하는가?

지금도 한국 사람들 대부분의 관념에는 '동양'과 동아시아 3국(한국, 중국, 일본)은 거의 동일한 것일 뿐만 아니라, 1세기 전에는 더욱더 그랬으며, 아마도 1세기 반 전에 '동양'은 곧 '중국'이었다. 그래서 한국 사람들이 '동양의 도'를 말했을 때 그것은 거의 '유교적 원리'를 염두에 둔 것이었다. 역사를 되돌아볼 때, 유교의 도덕 및 정치 원리가 국가적 제도로까지 발전한 경우는 중국도 아니고 일본도 아니요, 오로지 조선시대의 한국뿐이라 할 수 있으니, 그 점에서 '유교적 원리'는 더 이상 중국적인 것이라기보다는 한국적인 것이라고 할 수 있다고 보아, 저 '동도'가 꼭 중국적인 것을 지칭하는 것이 아니라, 한국적인 것도 포함한 것이라고 말할 사람이 있을지 모르겠다. 그러나 그런 것이라면 기독교 윤리도 한국화하면 한국적인 것이라 해야 할 것이고, 민주주의도 한국에서 현실화되면 한국적인 것이라 한다 해서 이치에 벗어난다고 하지 못할 것이다. 이런 식이라면 무엇이든 수용해서 발전적으로 사용하면 '한국의 것'이 될 것인데 굳이 '동도(東道)'를 '서도(西道)'를 의식해서 말할 것이 있을까?

예나 지금이나 한국 사람들이 '동양 곧 한국'이라고 생각한 적이 없는데도 '동도'를 말했으니, 그것은 어떤 '한국 고유의 정신'을 지칭했다고 보기 어렵다. 또 그런 것을 지칭했다면, 도대체 '한국 고유의 정신'이라고 말할 수 있는 것이 무엇일까? 아마도 그런 무엇을 염두에 둔 것이라면, 중국 사람들이 '중체서용(中體西用)'을, 일본 사람들이 '서기화혼(西技和魂)'을 이야기했을 때, 조선 사람들이 중국인과 더불어 — 마치 자신들이 중국 사람인 양 — '동도서기'를 말하는 대신에 '조도서기(朝道西器)'나 '한혼서기(韓魂西技)'를 덧붙여 이야기했음 직하다. 그러나 이런 이야기를 한 이가 없었다는 것은 '동도'가 동학(東學)이나 한국의 토속 신앙 내지는 민간 습속을 지칭했다기보다는 넓게 보아 유(儒), 불(佛), 도(道) 등 중국적인 고급 사상 체계를 지칭한 것이었기 때문이라 보아야 할 것이다. — 그래서 '대한제국(大韓帝國)'의 선포(1897)나 '독립문'의 창건(1897)은 일본제국주의 외세의 차단뿐만 아니라, 중국에의 오랜 예속으로부터 독립의 뜻이 담겨 있고, 기미독립 선언서(1919)의 취지 또한 그러하다. 정치 경제 영역보다 문화 영역의 독립의 길은 더 멀고 지난하다.

'세계화'의 이름 아래 서양적인 것이 물품뿐만 아니라 이른바 '정신'조차도 한국 사회 곳곳에 파고들자 최근 들어 다시금 한편으로는 '우리 것을 찾자'는 의식이 확산되어가고 있다. 이런 마당에 한국에서 사람들이 귀 기울여 듣고 "아, 우리 동양에도 이런 근사한 것이 있구나!" 하고 자부심을 느끼는 것의 중심에는 '부처님 말씀'과 '노자(老子) 이야기', 그리고 '논어(論語) 이야기'가 있으니, 우리에게 '우리 것'이 무엇을 의미하는가는 어떤 관점에서 보면 아주 분명하고, 어떤 관점에서 보면 매우 모호하다. 분명한 것은 보통 한국 사람의 관념에 노자와 공자의 사상 또는 불교의 가르침은 '동도'를 대변하는 것이며 그것은 '우리 것'에 포함된다는 사실이고, 모호한 것은 이것이 과연 '우리 것'인지, 어떤 의미에서 '우리 것'인지, 또 그것은 '우리 것'이니까 '남의 것'보다 더 좋다는 것인지 어떤지이다.

이렇듯 한국인에게 '동양' 철학이란 연원적으로는 대개가 '중국'의 철학이다. 그런데도 '동양' 철학이니까 '우리' 철학이라 한다면, 그것은 '서양' 철학과는 달리, 거리상으로 조금 더 가까운 데서 더욱이 훨씬 오래 전에 한국 사회 문화에 유입되어 이미 한국 것처럼 쓴 지가 한참 되었으니 '중국 철학'은 '우리 철학'이나 다름없다는 말인가? 아니면, 피부 색깔도 비슷하고 풍토도 유사한 같은(?) 동양 지역 사람들의 사상이기 때문에, 그것은 한국의 풍토에도 한국 사람들의 정서에도 잘 맞고 한국 사회 문화의 문제 해결에도 적절한 척도가 된다는 말인가? 누가 '동양 철학'이란 비록 그 원류의 대부분을 중국이나 인도의 사상에서 찾을 수 있다 하더라도, 이미 오랫동안 한국식으로 변양되어 이미 토착화된 '한국 사상'이라고 말한다 해서 잘못이라 할 수는 없을 것이다. 그것은, 오늘날 '서양 사상'이라고 일컬어지는 것의 내용 중 상당 부분은 기독교적인데, 기독교가 동방의 유대 지방에서 유래했다 해서, 그것이 '서양 사상'이 아니라고 말할 수는 없는 이치와 같으니 말이다.

그러나 기독교가 로마 세계에 이식되어 서양 문화의 중추가 된 것 하고, 유교와 불교가 그리고 심지어 도교가 중국에서 한국으로 확산된 것 사이에는 큰 차이가 있다. 기독교는 속방(屬邦)에서 나와 본토로 확산된 것이고, 유교나 불교는 '상국(上國)'으로부터 주변으로 전래된 것이니 말이다. 여기에 이런 분석을 굳이 붙이는 것은, 20세기 초 이래 서양 사상의 한국에서의 확산에도 '상국 문화의 유입과 수용'이라는 그 성격에는 변함이 없기 때문이다. 다만, '상국'이 중국에서 미국, 영국, 독일, 프랑스 등으로 바뀌었을 뿐이다.

그래서 만약 사람들이 '동양 철학'은 비록 그것이 본디 한국 문화에서 발생한 것은 아니라 하더라도 한국 사회 문화에 수용된 지 이미 수천 년, 수백 년이 지났으니 '한국 사상'이라고 말하는 것이라면, 20세기에 비로소 수용된 '서양 철학'도 현재의 추세대로 한두 세기 더 흘러가면 같은 의미에서 '한국 철학'이 될 것이라고 말하지 않을 수 없다. '한국 철학'이라는 것을 '한국에서 활발하게 논의되는 철학'으로 이해하는 한에서는 말이다. 그러나 사정이 진정 이러하다면, 한국 사상계는 예나 지금이나 '사대주의적'이라는 평을 감수하지 않을 수 없을 것이다. 그리고 '한국에서 활발하게 논의되는 철학'은 늘 있을 것이니, '한국 철학'은 없은 적이 없는 셈이고, 그런 상황에서 굳이 "한국 철학을 하자!"느니 "한국 철학을 정립하자!"느니 하며 분발을 촉구할 것도 없겠다.

4. 한국 철학의 의의

오늘날 우리가 "한국 철학을 모색한다." "한국 철학을 한다."고 말할 때, 그렇다면 도대체 '한국 철학'이란 무엇을 의미하는가? 옛 한문으로 서술되어 있는 퇴계나 율곡의 이론을 요즈음의 한국말로 바꿔 해설하면 한국 철학을 하는 것일까? 조선 실학자 정약용과 최한기를 비교 연구하면 한국 철학을 하는 것인가? 그 반면에 홉스(Th. Hobbes, 1588~1679)와 로크의 사회계약설의 시비를 따지면 영국 철학을 하는 것이고, 칸트와 헤겔에서 신(神)의 존재 의미를 새기면 독일 철학을 하는 것인가? 그렇다고 말할 수는 없을 것이다. 오히려 퇴계나 율곡이 주로 주자학을 논했지만 그 천착한 바가 중국 사람들의 그것과 차이가 나고 문제 접근의 주안점에 당대의 한국적 요소가 있기 때문에 그들의 철학을 오늘날 '한국 성리학'이라고 부르고 또는 '과거의 한국 철학'이라고 부르듯이, 오늘날의 우리가 로크를 논하든 칸트를 논하든 그 논점이 한국 사회 현안 문제에 비추어 절실하면, 그것을 논함을 '한국 철학을 함'이라고 해야 할 것이다.

학문의 총칭으로서의 옛 철학 개념 대신에, 뭇 학문이 분화된 오늘의 관점에서 '철학'이라는 것을, 이미 규정한 바 있듯이, '자연과 인간 사회 문화 제 영역의 최고 원리와 제 영역의 통일 원리를 탐구하는 학문'이라고 이해한다면, 이제 우리는, 앞서 말한 바대로, 한국 철학이란 '한국 사람이 한국에서 통용되는 언어로 자연 및 한국 사회 문화 제 영역의 최고 원리와 제 영역의 통일 원리를 반성적으로 탐구하는 지적 활동 또는 그 결실'이라고 포괄적으로 규정해도 무방할 것이다.

물론 한국 태생의 누군가가 미국에서 영어로 인류 사회 문화의 원리적 문제를 추궁하여 큰 성과를 거둔다 해도, 분명 그것은 한국 철학계가 거둔 큰 성과라 할 것이지만, 그렇다고 그런 철학에 굳이 당장 국적을 부여할 것까지 있을까 하는 생각이 든다. 예컨대 폴란드 사람 타르스키(A. Tarski, 1902~1983)의 의미론적 진리론은 인식 논리학에서 큰 업적에 속하지만, 굳이 그의 의미론적 진리론을 '폴란드 철학'이라고 해야 할까 싶다. 다른 문화 영역의 예이기는 하지만, 가령 조수미가 밀라노에서 푸치니를 노래하여 대단한 성공을 거두었고, 조성진이 베를린에서 베토벤을 연주하여 한국 음악인의 자질을 세계 음악계에 떨쳤다 해서, 그들이 '한국 음악'을 한다고 할 수 있을 것이며, 굳이 그렇게 말할 필요가 있을까?

그래서 '한국 사람이 철학함'을 '한국 철학을 함'으로 이해한다면 또 다른 풀이도 가능하겠으나, '한국 철학'이라는 것이 '무엇인가 한국적인 요소 — 그것이 문제 상황에 따른 것이든, 주제에서 비롯한 것이든, 아니면 문제 접근 방식에 수반하는 것이든 — 가 있는 철학'을 의미하는 것이라면, 한국 사회 문화의 특성을 떠나서 한국 철학을 말할 수는 없을 것이다. 물론 '한국 철학'도 '철학'인 이상 학문적 보편성을 갖는 것임에 틀림이 없고, 만약 그런 보편성을 가지고 있지 않다면, 철학 축에 끼지도 못할 터이다. 그러나 문화 일반이 보편성을 가지면서도 특수성을 갖듯이, 철학도 보편성을 가지면서도 특수성을 갖기에 우리는 '중국 철학'과 '미국 철학', '독일 철학'과 '인도 철학'을 구분하는 것이고, 같은 수준에서 '한국 철학'을 논할 수 있는 것이다.

어떤 문제 상황에서 어떤 주제를 어떤 방식으로 다루든 한국 사람이 세계 철학계에서 큰 업적을 내고, 또 그것이 계기가 되어 그런 학문적 전통이 한국에서 생기면, 분명 그것 역시 '한국 철학'의 범위에 포함될 것이 틀림없다. 그러나 이런 경우를 가정해서 한국 철학을 규정한다면, 철학 분야에서 무엇을 어떻게 하든 잘만 하면 (그리하여 '세계적'인 영향력을 가지면) 한국 철학을 한다고 말하는 것이 되고 말 것이니, 결국 하나마나한 얘기가 되고 말 터이다. 그러므로 '한국 철학'을 논하는 마당에서는 우리는 마땅히 그 의미를 좀 더 좁혀서 이야기해야 할 것이다. 그리고 요즈음 한국 사람들이 자주 문제 삼고 있는 "서양 철학의 유입과 수용을 통해 한국 철학이 어떻게 변화했는가?"라는 물음 또한 단지 그로 인해 "한국 철학계가 어떻게 달라졌는가?"가 아니라, "그것이 한국 사람들이 한국 사회 문화의 문제를 철학적으로 사고하고 해결하는 데 어떤 영향을 주었는가?"를 묻는 것으로 보아야 한다.

우리는 한국 사회 안에서 세계와 교류하며 살면서 '인간다운' 삶을 꾸려가는 데 수많은 문제에 부딪치며, 필요한 경우 이에 철학적으로 접근해야 하는 과제를 안고 있다. 이런 문제들이 '한국 철학의 소재'를 이루는 것이고, 그 문제 해결의 노고와 결실이 '한국 철학'의 내용을 이룰 것이다. — 1919년에 '대한민국' 수립이 선포될 때 당연한 국토로 여겨졌던 한반도가 두 나라로 나뉘어 다투고 있는 데는 국제적, 국내적 여러 세력 간의 갈등의 요인도 있지만, 그 이면에는 사상적으로 자유와 평등 원칙의 대립 또한 있다. 이런 상황에서 한국 사회의 철학적 문제 가운데 자유와 평등의 화해, 정의와 관용, 평화보다 더 절실한 것도 없다. 한국인 누군가 한국어로 이러한 문제에 대한 숙려와 성찰의 결실을 내놓는다면, 그 실마리를 소크라테스에서 찾든, 예수님 말씀에서 찾든, 공자님 말씀에서 찾든, 칸트에서 얻었든, 그것이 이 시대의 '한국 철학'을 이루는 것이 아니겠는가.

한국 칸트철학 연구 약사(略史)

1. 한국에서 칸트철학 연구의 연유

18세기 후반 천주교의 전래와 함께 기독교 교리와 관련된 철학이론이 단편적이나마 소개되지 않은 것은 아니었지만, 한국 사람들이 '철학적' 관심에서 서양 철학 사상을 탐구한 것은 20세기 초에 이르러서라고 볼 수 있으며, 그때 최초로 만난 것이 칸트(Immanuel Kant, 1724~1804) 철학 사상과 당시 유행하던 신칸트학파의 사조였다. 앞서 살펴본 바대로 이정직(李定稷, 1841~1910)의 『연석산방고(燕石山房稿)』의 「미정문고 별집(未定文稿 別集)」 안의 「강씨철학설대략(康氏哲學說大略)」이 작성된 것을 1905년경이라 추정할 때, 한국인에 의한 칸트 연구는 칸트 사후 100년쯤부터인데, 그 시점은 대략 서양 철학이 한국에 유입된 시점과 같다. 이정직의 저술은 한국인에 의한 서양 철학 관련 최초의 찬술이라고 볼 수 있기 때문이다.

서양 철학 사상 중에서도 칸트철학에 대한 한국인의 관심은 단지 시기적으로 빨랐을 뿐만이 아니고, 가장 많은 연구와 소개서의 결실로도 나타났다.[5] 그렇게

5) 필자가 해방 50년 기념사업의 일환으로 20세기 초 이래 서양 철학의 한국 유입 역사를 정리하

된 데는 그럴 만한 까닭이 있을 것인즉, 그중 주요한 몇 가지를 생각해본다.

첫째는, 한국에 서양 철학이 일본과 중국을 거쳐 유입될 초기의 일·중 양국의 서양 문화 수용 사정과 그에 얽혀 있었던 한국의 국제정치적·사회문화적 상황이다. 20세기 전반 한국 사회 문화에 강력하게 영향을 미친 일본의 독일과의 국제정치적 특수 관계가 사상 문화 교류에도 그대로 반영되었고, 서양 근대의 교육 제도 도입에 뒤이는 서양 문물 교육에서도 독일 철학이 자연스럽게 유포되었으며, 그 중심에 칸트철학이 있었다. 그 결과 1945년 이후 수십 년간 한국 대학에서 필수 교양 교과목으로 개설되었던 '철학개론'의 내용 중 상당 부분은 칸트철학의 소개 해설이었다.

둘째는, 칸트철학이 가지고 있는 한국인들의 사고방식과의 친근성이다. 한국인들은 칸트의 자발적인 인간 주체성, 인격 윤리, 만민 평등, 시민사회, 국제 평화의 사상에서 상당한 친화성을 느낀 것으로 보인다. 게다가 조선 500년 동안 성리학적 윤리 사상에 익숙해 있던 한국인들은 새 시대의 '거부할 수 없는' 사상으로 다가온 '서양' 사상 중 칸트 도덕철학에서 유교 사상과의 유사성을 발견해 냄으로써, — 천착 연구해보았다면 두 사상은 그 근간이 서로 다름이 드러났겠지만, 말하자면 피상적인 당시의 이해 수준에서 — '동양인'의 문화적 패배감을 떨쳐버리고 안도하면서 그에 접근해갈 수 있었다.

셋째는, 칸트철학이 가진 '서양 철학'의 대표성이다. 19세기 이후 세계 문화의 여러 흐름과 한국 사회의 문물제도 변화의 필요성으로 인해 서양 사상이 한국 문화에 유입되는 것은 거의 자연스러운 일이었고, 그런 대세 속에서 서양 철학의 수용 또한 거의 당연한 일이었다. 그리고 무릇 '서양' 문화란 그리스-로마 전통과 기독교, 그리고 근대의 수학적 자연과학과 정치 경제 사상 및 제도를 그 핵으로 갖는데, 이를 가장 포괄적으로 대변하는 철학은 다름 아닌 칸트철학이라

면서 1915년부터 1995년까지 한국에서 발표된 서양철학 관련 논저 총 7,245건을 대상 철학자별로 분류해본 결과(백종현, 『독일철학과 20세기 한국의 철학』, 철학과현실사, 1998 · 2000[증보판], 37면 참조) 취급 빈도수 1위를 칸트가 차지했는데, 2019년 현재도 그 빈도수 순위는 여전할 것이다.

해야 할 것이다. 칸트철학의 이러한 위상은 동서양 사상계에서 한가지이겠으나, 서양의 고대 중세 문화의 영향력 때문이라기보다는 근대 문화의 파급력으로 인해 서양 철학을 새롭게 익히게 된 한국에서는 근대 사상을 대표하는 칸트의 철학이 그만큼 더 큰 주목을 받은 것이겠다.

넷째는, 칸트철학의 정치적 중립성이다. 계몽주의 철학으로서 칸트철학은 당시의 서양 전통 사상 문화에 있어서는 — 그의 저술 일부가 출판 금지를 당할 만큼 — '혁명적'인 것이었지만, 1세기가 지나 종교 정치적 배경이 다른 한국에 유입된 칸트철학은 이미 '온건한' 것이었고, 좌우 이데올로기의 긴장 속에 있던 20세기 한국 사회에서 칸트철학은 평등의 원칙과 자유의 원칙을 엇갈려 앞세우는 좌우 어느 쪽에서도 수용할 수 있는 — 물론 그러하기 때문에 어느 쪽에서 봐도 '골수분자'가 될 수는 없고, 보기에 따라서는 '기회주의적'일 수 있는 — 비교적 '안전한' 철학 사상이었다.

다섯째는, 칸트철학의 한국어로의 높은 이해 가능성이다. 철학 사상은 자연언어로 표현되는 만큼 해석 가능성이 풍부한 이면에 모호함이 없지 않고, 그 때문에 그것이 외국어로 번역될 때는 난해함이 매우 커 경우에 따라서는 오해되기 십상이다. 그러나 칸트철학 언어는 한국어로 이해되는 데 비교적 큰 어려움이 없을 뿐만 아니라, 어느 경우에는 오히려 독일어의 모호한 의미를 더욱 분명하게 드러내준다. 이것은 한국 문화 속에서 칸트철학이 잘 이해되는 수준을 넘어서 재생산적인 소재가 될 수 있음을 뜻하는 것으로, 이것이야말로 칸트철학이 한국에서 앞으로도 가장 활발하게 연구될 요인일 것이다.

2. 한국에서 칸트철학의 수용과 연구 과정

이렇게 해서 수용된 칸트철학은 '서양 철학의 교과서' 역할을 하면서 음으로 양으로 한국 사회 문화 형성에 적지 않은 영향을 미쳤다.

우리는 이제까지의 한국인들의 칸트철학 연구·소개·수용 과정을 크게 네 시기로 나누어볼 수 있는데, 제2차 세계대전 종전 이전 20세기 전반기에 해당하는 처음 40년은 자연적 수용기(1905~1944), 이어지는 40년은 능동적 수용기(1945~1984), 그 후 15년은 심화 연구기(1985~1999), 그리고 2000년 이후부터는 반성적 재생산기로 특징지을 수 있다.

2.1 처음 40년을 '자연적 수용기'라고 일컬을 수 있는 것은, 한국인들이 국제 정세에 휩쓸려 충분한 반성을 할 겨를도 없이 당시 주 통로인 일본과 중국을 거쳐 밀려오는 서양 문물 중 하나로서 '서양 철학'을 수용하는 가운데, 당시 일본과 중국에서도 선호되었던 칸트철학을 쉽게 접할 수 있었다고 볼 수 있기 때문이다. 정치적 주권을 상실한 이 시기 한국 사람들의 관심을 크게 끈 것은 칸트의 도덕이론과 영원한 평화 사상이었는데, 다음의 세 저술이 보여주는 칸트철학 이해와 활용은 그 좋은 예이다.

韓龍雲(1879~1944), 『朝鮮佛敎維新論』(1910), 이원섭 역, 운주사, 1992. (특히 21~24면 참조)

全秉薰(1857~1927?), 『精神哲學通編』(北京: 精神哲學社, 1920), 復刊: 明文堂, 1983.

崔鉉培(1894~1970), 『朝鮮民族更生의 道』(1930), 重刊: 정음사, 1962. (특히 189~194면)

그리고 오히려 이 시기에는 조금 알게 된 칸트철학의 영향력이 철학계에 머무르지 않고, 더 잘 알게 된 그 이후보다도 더 넓게 한국 사회 문화 영역 일반에, 예컨대 종교개혁론, 정치론, 문학비평에까지 미쳤으니, 이러한 사태는 한편으로는 문화사에서 '철학'의 위상 변천의 실례로, 다른 편으로는 '잘 모르면 더 위대해 보이는' 그러한 한 사례로 볼 수도 있을 것이다.

2.2 '능동적 수용기'라 할 수 있는 1945년 이후 40년간은, 물론 주어진 여건의 범위 내에서이기는 하지만, 한국 철학계가 자발적인 선택에 따라 칸트철학을 적극적으로 수용·연구·전파한 시기라고 볼 수 있다.

1945년 8월 제2차 세계대전 종료 후 한국에 대학이 다수 설립되기 시작하면서 대학에 철학과 역시 다수 설치되었을 뿐만 아니라, 미국식 대학 교과 과정의 편성 경향에 따라 교양 교과목으로 '철학개론' 등이 거의 모든 대학에 설강됨으로써 한국에서 1970년대 초까지 '철학'은 대부분 대학생의 필수 이수 교과목이 되었다. 그리고 이때 많은 수의 '교과서' 『철학개론』이 출판되었는데, 칸트철학은 그 내용의 핵심을 이루었다.[6]

이때에 또한 최초로 칸트철학의 본고장인 독일 대학에서 칸트철학에서 비롯한 주제를 연구한 한국인 박사가 나왔다.

서동익, "Das Problem der metaphysischen Deduktion bei Kants Nachfolgern", Ruprecht-Karls-Univ. Heidelberg, 1958. 7. 28.

또 이 시기에는 빠른 기간 내에 '대학생' 및 사회 지도층 인사들을 국제 수준의 — 곧 서양 문화적 관점에서 — '교양인'으로 양성해야 한다는 사회적 요구에 부응해서 '총론' 성격의 연구 및 강의가 주류를 이루었다.

이미 칸트철학을 주제로 삼은 100종 이상의 논저가 발표된 후인 1970년대 초부터는 칸트철학 전문 박사가 국내외에서 다수 배출되었다.

손봉호, "Science and Person: A study on the idea of philosophy as rigorous science in Kant and Husserl", Vrije Universiteit Amsterdam, 1972.

이석희, 「Kant에 있어서의 先驗的 人格性과 人格의 成立」, 중앙대학교, 1974.

한단석, 「Kant ≪순수이성비판≫에 있어서의 Ding an sich의 槪念」, 東京大學, 1974.

칸트 서거 210년이 된 2014년 봄까지 한국의 대학에서 칸트철학 전문 석사가 429명, 박사가 88명 배출되었는데,[7] 그중 석사는 1949년을 시작으로 1984년까

---

6) 백종현, 『독일철학과 20세기 한국의 철학』, 철학과현실사, 2000(개정판), 66면 이하 참조.

7) 이때까지 석사를 배출한 대학은 51개이며, 박사를 배출한 대학은 21개이다. 석사를 많이 배출한 대학을 순서대로 보면 서울대학교 67명, 고려대학교 37명(박사는 6명), 서강대학교 25명

지 72명, 박사는 1974년을 시작으로 1984년까지 11명이 배출되었다.

그리고 칸트의 원저술의 최초의 한국어 번역서가 출판되었다.

최재희,『純粹理性批判 上』, 신태양사, 1955.

박종홍·서동익 공역,『형이상학 서론』, 한국번역도서주식회사/문교부, 1956.

이를 이어 비로소 이 시기에 칸트 주요 저술의 한국어 번역서들이 출간되었으니, 그로써 칸트철학이 학계를 넘어 일반 문화계에까지 본격적으로 전파될 수 있었다.

최재희,『純粹理性批判』[동아출판사, 1969], 박영사, 1972.

______,『實踐理性批判』[청구출판사, 1957], 박영사, 1974

정 진,『道德哲學原論』, 乙酉文化社, 1970.

서동익,『永遠한 平和를 위하여』, 수록:『世界의 大思想 6: 칸트』, 徽文出版社, 1972.

이석윤,『判斷力 批判. 附 判斷力 批判 第一序論』, 박영사, 1974.

최재희,『비판철학[형이상학] 서론』, 박영사, 1978.

신옥희,『理性의 限界 안에서의 宗敎』, 이화여자대학교출판부, 1984.

1960~70년대 칸트철학을 집중적으로 연구했을 뿐만 아니라, 원전에 대한 번역과 해설 그리고 교육에서 가장 큰 성과를 거둔 사람은 최재희(崔載喜, 1914~1984)이다. 최재희의 칸트철학 원서 번역 작업은 타인에게는 새로운 문화의 전수요, 그 자신에게는 그 자체가 철학함의 한 방도였다. 그는 원서의 전체 대의뿐만 아니라 문장 하나하나의 진의 파악에 심혈을 기울였다. 독일인 누구에게서도 원서 강독을 수업한 적이 없는 그의 칸트 번역이 거의 모두 직역 — 이것

(박사는 5명), 연세대학교 24명(박사는 1명) 등이고, 박사를 많이 배출한 대학을 순서대로 보면 서울대학교 16명, 경북대학교 11명(석사는 22명), 전북대학교 8명(석사는 7명) 등이다. 백종현,『동아시아의 칸트철학』, 아카넷, 2014, [부록 2] 참조.

이야말로 진짜 번역이라 해야 할 터인데—이며, 그럼에도 정확하다는 것은 그의 노고의 정도를 짐작하게 한다. 그는 『실천이성비판』 역서를 내면서 "학창 시절부터 가장 소중히 여겼던 작업이 이 책의 한국어로의 번역이었으며, 그것으로 어느 정도 망국의 한을 달랬다."[8]고 말하기도 하였으니, 그가 번역 작업에 어떤 의미를 부여하고 있었는지 충분히 짐작할 수가 있다. 최재희의 번역어 가운데 일본어 투의 것이 더러 있고, 현대의 어감과 다소 거리가 있는 것이 눈에 띄지만, 그의 학창 시절이 일본어가 공용어로 사용되던 시기임을 고려할 때 그의 정확한 한국어 문장 구사는 오히려 놀라운 일이다.

최재희의 역서 칸트 『순수이성비판』과 칸트의 이론 형이상학에 관한 논저들이 학계에 미친 영향이 매우 커서 이것들이 최재희 업적의 대명사가 된 것은 사실이지만, 최재희의 철학적 주 관심은 오히려 사회에서의 인간의 실천 문제에 있었다. 당시에 서양 철학을 공부하는 사람들 상당수가 그러했듯이 최재희도 칸트철학을 주해하면서 전통 동양 철학 내지는 한국 철학 사조를 염두에 두었다. 예컨대, 그는 칸트에서 '이성의 사실'인 도덕법칙에 대한 무조건적인 존경심을 퇴계(退溪)가 말한 마음의 제반 경향성을 주재하는 '경(敬)'의 심정으로 설명하였다.(『최재희 전집』 1985, 삼지원, VI권, 224면 참조)

최재희의 사례에서 보듯 이 시기에 다수의 학자들이 불비한 여건 속에서도 학술 연찬에 매진했고, 그 중심부에 칸트철학 탐구가 있었는데, 그것이 바탕이 되어 한국의 경제적 도약기에 칸트철학 연구도 그야말로 도약하였다.

2.3 '심화 연구기'라 할 수 있는 1985년 이후 15년은 다수의 단행본 연구서의 출간과 함께 국내외에서 칸트철학 전문 박사들이 대거 배출되었다. 1958년에 한 사람의 박사가 나온 후 비로소 27년이 지난 1985년에야 다시 독일 대학 출신 박사가 나오기 시작해서 그 후 20년 사이에는 무려 32명이 나왔다. 이때까지 독일 외 지역 외국 박사는 9명(미국 4명, 네덜란드 2명, 일본 1명, 프랑스 1명, 오스트리

8) 백종현, 『독일철학과 20세기 한국의 철학』, 철학과현실사, 2000(증보판), 126면.

아 1명)이 나왔다.[9]

백종현, "Phänomenologishe Untersuchung zum Gegenstandsbegriff in Kants 'Kritik der reinen Vernunft'", Albert-Ludwigs Univ. Freiburg/Br., 1985. 7. 5.

강영안, "Schema and Symbol: A study in Kant's doctrine of schematism", Vrije Universiteit Amsterdam, 1985.

이들은 1990년 '한국칸트학회'(1990. 12. 8: '한국칸트철학회'로 발족, 1994. 12. 8: '한국칸트학회'로 개칭)를 창설하여 활발한 연구 발표 활동을 전개하였다. 이 학회에 앞서 1960년대 초 영남 지역 학자들은 '韓國 칸트學論'(1963. 11. 9)을 결성하여 한동안 '칸트 [서거] 제160주년 기념 학술발표회'(1964. 4. 23, 동아대)를 개최하는 등 활발한 활동을 편 바 있다. 그러나 이 학회는 2년 후 '한국철학연구회'(1965)로, 다시금 '대한철학회'(1983)로 확대되어 칸트철학 전문 학회의 성격을 잃어버렸다. 새로 창립된 '한국칸트학회'는 칸트철학 전문 석사 이상만을 정회원으로 갖는 학회로서, 1995년에 학회지 『칸트연구』를 창간, 2000년부터는 반년간(刊)으로 정기 발간함으로써 본격적으로 연구 성과를 결집하고, 여러 가지 기획 사업을 수행했다.

한국칸트학회 편, 『칸트연구1: 칸트와 형이상학』, 민음사, 1995.

____________, 『칸트연구2: 칸트와 윤리학』, 민음사, 1996.

____________, 『칸트연구3: 칸트와 미학』, 민음사, 1997.

____________, 『칸트연구4: 토마스에서 칸트까지』, 철학과현실사, 1999.

____________, 『칸트연구5: 칸트와 그의 시대』, 철학과현실사, 1999.

____________, 『칸트연구6: 칸트와 독일 이상주의』, 철학과현실사, 2000.

____________, 『칸트연구7: 칸트와 현대 유럽철학』, 철학과현실사, 2001.

9) 백종현, 『동아시아의 칸트철학』, 아카넷, 2014, [부록 2] 참조.

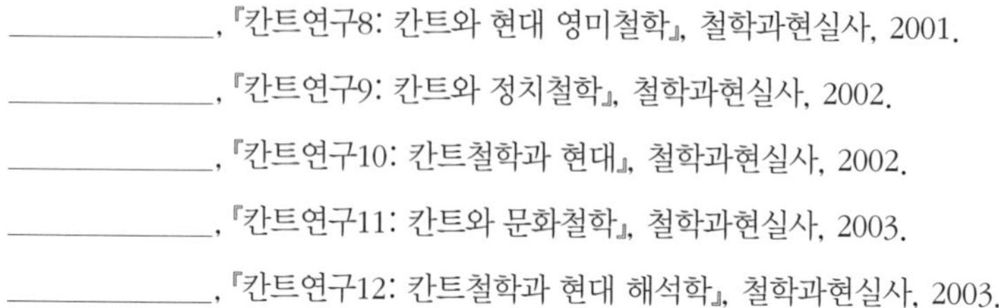

__________, 『칸트연구8: 칸트와 현대 영미철학』, 철학과현실사, 2001.

__________, 『칸트연구9: 칸트와 정치철학』, 철학과현실사, 2002.

__________, 『칸트연구10: 칸트철학과 현대』, 철학과현실사, 2002.

__________, 『칸트연구11: 칸트와 문화철학』, 철학과현실사, 2003.

__________, 『칸트연구12: 칸트철학과 현대 해석학』, 철학과현실사, 2003.

'한국칸트학회'는 2004년에 이르러 학회지 『칸트연구』 제13집부터는 특정 출판사에 의존하지 않고 직접 발행하기 시작했다. 그로써 주제에 제한받지 않은 회원들의 자유로운 연구와 발표의 장을 갖게 되었다.

이 시기는 '각론' 위주의 연구서들 또한 다수 나왔는데, 분야별 전문 연구서의 예를 들자면 아래와 같다.

김용정, 『칸트철학: 자연과 자유의 통일』[유림사, 1978], 서광사, 1996.

문성학, 『인식과 존재』, 서광사, 1991.

김광명, 『칸트 판단력비판 연구』, 이론과 실천, 1992.

한자경, 『칸트와 초월철학: 인간이란 무엇인가』, 서광사, 1992.

백종현, 『칸트 실천이성비판 논고』, 성천문화재단, 1995.

강영안, 『자연과 자유 사이』, 문예출판사, 1998.

김상봉, 『자기의식과 존재사유: 칸트철학과 근대적 주체성의 존재론』, 한길사, 1998.

김 진, 『칸트. 순수한 이성의 한계 안에서의 종교』, 울산대학교출판부, 1999.

그러나 바야흐로 '한국의 칸트 학계'라고 일컫는 데 손색이 없을 만큼의 전문 연구가가 나오고 주제마다 복수의 연구자들이 생겨 깊이 있는 학술적 토론의 장이 열린 이 시기부터는 오히려 칸트철학의 한국 사회 문화 전반에 미친 영향력이 감퇴했으니, 그것은 철학의 사회에서의 영향력 감퇴라는 문화 일반적 현상 외에도 칸트 연구가들이 사회 문화 전반에 대한 식견보다는 미세 주제의 천착에

치중한 탓도 있었을 것으로 보인다.

2.4 2000년에 이르러 한국의 칸트 학계는 점차 '철학자'의 목소리를 듣게 되었다고 볼 수 있다. 이때부터 다수의 학자들은 '총론'적 시야를 놓치지 않으면서 '각론'을 펴거나, 각론의 깊이를 잃지 않은 개관을 하면서, 이를 토대로 각자의 철학적 주장을 본격적으로 개진해갔으며, 이런 의미에서 학계는 '반성적 재생산기'에 접어들었다고 평가할 수 있다. 다음의 저술들은 그러한 예로 들 수 있겠다.

백종현, 『존재와 진리 — 칸트 〈순수이성비판〉의 근본문제』, 철학과현실사, 2000 · 2003[보정판] · 2008[전정판].

강영안, 『도덕은 무엇으로부터 오는가: 칸트의 도덕철학』, 소나무, 2000.

이충진, 『이성과 권리: 칸트 법철학 연구』, 철학과현실사, 2000.

김　진, 『칸트와 생태사상』, 철학과현실사, 2003.

백종현, 『현대 한국사회의 철학적 문제: 윤리 개념의 형성』, 철학과현실사, 2003.

김영래, 『칸트의 교육이론』, 학지사, 2003.

김광명, 『칸트 미학의 이해』, 철학과현실사, 2004.

김석수, 『칸트와 현대 사회철학』, 울력, 2005.

한자경, 『칸트철학에의 초대』, 서광사, 2006.

김영태, 『도덕신학과 도덕신앙』, 전남대학교 출판부, 2006.

문성학, 『칸트 윤리학과 형식주의』, 경북대학교 출판부, 2007.

강영안, 『칸트의 형이상학과 표상적 사유』, 서강대학교 출판부, 2009.

백종현, 『시대와의 대화: 칸트와 헤겔의 철학』, 아카넷, 2010.

김혜숙, 『칸트: 경계의 철학, 철학의 경계』, 이화여자대학교 출판부, 2011.

백종현, 『칸트 이성철학 9서(書) 5제(題)』, 아카넷, 2012.

김　진, 『칸트와 종교』, 세창출판사, 2018.

백종현, 『인간이란 무엇인가』, 아카넷, 2018.

그리고 이러한 심화된 각론 또는 반성적 총론 연구 성과를 토대로 순수 한글 세대에 의해 칸트 주요 저술의 재번역서와 신번역서들이 출간됨으로써 칸트 학자들 상호 간의 연구 교류와 함께 일반 독자들과 칸트 사상을 제 목소리로 함께 나누는 장이 마련되었다. 모든 번역은 오역이라느니 반역이라느니 하는 우려가 있기는 하지만, (그러나) 서로 다른 말들 사이의 소통을 위해서 번역작업은 불가피한 일이다. 세상에 있는 수많은 말들은 그 상이점에도 불구하고, 인간의 말이기 때문에 보편성을 가지고 있어서 통역이 가능할 뿐만 아니라, 저마다 특장과 긴 체험의 역사를 가지고 있어서, 고전은 번역됨으로써 새롭게 해석되고 그를 통해 오히려 더 풍부한 의미를 얻기도 한다. 설령 본래의 의미에 일부 변질이 생긴다 해도, 번역을 통해 서로 사상을 교류하는 것은 서로 다른 말을 사용하는 민족들 간의 이해를 넓히고, 그로써 인류 공동 문화 형성의 기반을 닦는 일이다.

이한구, 『영원한 평화를 위하여』, 서광사, 1992. = 『영구 평화론』, 서광사, 2008[개정판].

______, 『칸트의 역사 철학』, 서광사, 1992 · 2009[개정판].

이남원, 『실용적 관점에서 본 인간학』, 울산대학교 출판부, 1998.

______, 『칸트의 형이상학 강의』, 울산대학교 출판부, 1999.

조관성, 『칸트의 교육학 강의』, 철학과현실사, 2001.

백종현, 『실천이성비판』, 아카넷, 2002 · 2019[개정2판].

______, 『윤리형이상학 정초』, 아카넷, 2005 · 2018[개정2판].

______, 『순수이성비판 1 · 2』, 아카넷, 2006.

______, 『판단력비판』, 아카넷, 2009/2019

______, 『이성의 한계 안에서의 종교』, 아카넷, 2011 · 2015[개정판].

______, 『윤리형이상학』([법이론의 형이상학적 기초원리] · [덕이론의 형이상학적 기초원리]), 아카넷, 2012.

______, 『형이상학 서설』, 아카넷, 2012.

______, 『영원한 평화』, 아카넷, 2013.

______, 『실용적 관점에서의 인간학』, 아카넷, 2014.

______, 『교육학』, 아카넷, 2018.

이재준, 『아름다움과 숭고함의 감정에 관한 고찰』, 책세상, 2005.

최소인, 『감성계와 지성계의 형식과 원리들』, 이제이북스, 2007.

______, 『형이상학의 진보 / 발견』, 이제이북스, 2009.

오진석, 『속설에 대하여』, 도서출판b, 2011.

______, 『학부들의 논쟁』, 도서출판b, 2012.

이렇게 한 원전의 번역서들이 복수로 나오고 나서 2013년 봄 이미 칸트의 주요 저작 9권을 역주하여 출판한 백종현은 4인의 동학과 함께 《한국어 칸트전집》의 편찬 발행에 착수하고, 기존의 역주서들 또한 이에 맞춰 개정하였다. 이 《한국어 칸트전집》은 역주자들과 '대우재단' 및 '한국학술협의회' 그리고 출판사 '아카넷'의 협력이 낳은 결과물로써 민간 차원(의) 학술사업의 성공적 사례라 할 것이다.

칸트가 발표한 모든 논저와 생전에 출판된 강의록, 그리고 사후 편집된 서간집과 유작집을 한국어로 역주하여 10년 기획사업으로 2014년에 발간을 개시한 《한국어 칸트전집》의 편성은 아래와 같다.(진한 글씨체의 권은 이미 출간된 것이다.)

제1권	전비판기 논저 I
제2권	전비판기 논저 II
제3권	**순수이성비판 1**
제4권	**순수이성비판 2**
제5권	**형이상학 서설**
제6권	**윤리형이상학 정초**
제7권	자연과학의 형이상학적 기초원리
제8권	**실천이성비판**

제9권	**판단력비판**
제10권	**이성의 한계 안에서의 종교**
제11권	**영원한 평화**
제12권	**윤리형이상학**
제13권	학부들의 다툼
제14권	비판기 단편 논고들 I
제15권	비판기 단편 논고들 II
제16권	**실용적 관점에서의 인간학**
제17권	논리학
제18권	자연지리학
제19권	**교육학**
제20권	서간집 I
제21권	서간집 II
제22권	서간집 III
제23권	**유작 I**
제24권	유작 II

이 같은 민간 차원의 칸트전집 발간 사업과는 별도로 '한국연구재단'이 지원한 칸트전집 번역 사업도 이루어져 출판사 한길사에 의해 2018년부터 출간되고 있다. 34인의 칸트 연구가들이 동참하여 내고 있는 이 《칸트전집》의 편성은 아래와 같다.(진한 글씨체의 권은 이미 출간된 것이다.)

제1권	비판기 이전 저작 I
제2권	**비판기 이전 저작 II**
제3권	비판기 이전 저작 Ⅲ
제4권	순수이성비판
제5권	**형이상학 서설/자연과학의 기초원리**
제6권	**도덕형이상학 정초/실천이성비판**
제7권	**도덕형이상학**
제8권	이성의 오롯한 한계 안의 종교
제9권	판단력비판
제10권	비판기 저작 Ⅰ
제11권	**비판기 저작 Ⅱ**
제12권	실용적 관점에서 본 인간학
제13권	논리학/교육론
제14권	서한집
제15권	윤리학강의
제16권	색인집

이로써 한국의 칸트학계는 미구에 2종의 전집을 갖게 될 것이다. 한 철학자의 저작을 어족이 전혀 다른 외국어로 옮기는 일은 이미 원전의 해석으로서 역자마다 선택하는 용어부터 서로 다를 수 있는데, '전집'을 표방한 이상 그 전집 내에서는 칸트 전 저작에 걸쳐 번역어의 일관성은 유지될 것이고, 그것은 이미 학파적 성격을 띤다. 칸트철학에 대한 학파적 해석이 나온다는 것은 한국에서 칸트철학의 재생산적 활용의 토양이 마련된다는 것을 뜻하며, 그로써 칸트철학의 자양분이 '한국의' 철학의 형성 요소가 되는 것이다.

이에 더하여 이 『한국 칸트사전』까지 출간됨으로써 한국학계의 칸트철학 연구는 기틀이 잡힌 것으로, 칸트철학은 어느 외래 철학보다도 재생산적 활용 가능성이 높다 하겠다.

3. 한국에서 칸트철학의 재생산적 활용 가능성

1900년대 초 칸트철학이 유입되면서 한국 사람들에게 이미 특별히 관심을 끌 때도 그러했지만, 그 후에도 한국에서 칸트는 첫째로 '도덕철학자'로서 의미를 가졌다. 1946년 한국에 대학이 신설된 이래 2014년까지[10) 한국의 대학에서 나온 칸트철학에 대한 박사학위논문 89편의 주제를 분별해보면, 『순수이성비판』 등 이론철학에 대한 것이 26편, 『윤리형이상학 정초』·『실천이성비판』 등 도덕철학에 대한 것이 37편, 『판단력비판』에 대한 것이 14편, 기타가 12편이다. 그리고 총 429편의 석사논문의 경우는 그 비율이 151 : 149 : 63 : 66이다. 세계적으로는 『순수이성비판』 등의 이론철학에 대한 것이 칸트 연구의 중심을 이루고 있는 일반적인 상황이며, 한국인으로서 같은 기간에 외국 대학에서 박사학위를 취득하고 귀국한 58명의 논문 주제별 분포가 30 : 10 : 4 : 14인 점과 비교할 때 한국 내의 칸트철학 연구의 주제 분포는 매우 특이한 것이다. 이는 불교나 성리학의 수용과 활용에서도 그러했듯이 한국인들이 사변(思辨)이나 이론을 공소하다 여기고, '실천'에 대한 논설을 중시하는 성향을 여기서도 보인 것이라 할 수 있겠다. 한국인들의 이런 성향은 어떤 면에서 한국 학문의 진정한 발전을 가로막고 있는 요인이기도 하다. 그러나 저 같은 칸트 도덕철학에 대한 관심은 어떤 면에서 보면 지난 100년 한국 사회의 윤리적 상황이 그다지 좋지 못했음을 반영하는 것이기도 하다 해야 할 것이다.

오랫동안 한국 사회 윤리의 대종을 이룬 것은 불교적·유교적 요소였다. 그런데 이 '자연주의적'인 전통 윤리의 근간을 이룬 것은 '보은(報恩)'이다. 여기에

---

10) 백종현, 『동아시아의 칸트철학』, 아카넷, 2014, [부록 2] 참조.

20세기 들어 기독교가 광범위하게 전파됨으로써 기독교의 '초자연주의적'인 '계명(誡命)'이 도덕 원칙으로 파급되었다. 이로써 한국은 세계 3대 종교의 윤리 요소가 뒤섞여 있는 사회가 되었다. 여기에 현대 사회 어디서나 볼 수 있는 바처럼 한국 사회에서도 '선(善)'의 가치를 '이(利)'의 가치로 대치시키는 공리주의와, 아예 선의 가치를 무효로 만드는 물리주의가 확산 일로에 있다. 이런 상황이 한국 사회의 윤리 개념을 착종시키고, 비윤리적 상황을 가속화시켰다. 이런 상황이 바람직하지 않다면, 결국 하나의 보편적 윤리 척도를 세워야 하는데, 그 길은 옛 윤리의 복원일 수도 있고, 새 윤리의 수립일 수도 있다. 그래서 어떤 이들은 유교적 윤리의 새로운 해석을 시도한다.

그러나 유교적 '보은(報恩)의 윤리'는 '친(親)함'과 '온정'을 동반하고 있어서 '정(情) 깊은 세상'을 바라는 한국 사람들의 심정에 적의(適宜)한 것이기는 하지만, 보편적인 사회 윤리로서 기능하는 데 상당한 정도의 한계를 가지고 있음이 이미 충분히 드러나 있다. — 유교 윤리는 근친주의, 위계주의, 연고주의를 부추긴다. — 또한 초월적 절대자와 내세에 대한 신앙을 전제로 하는 기독교 윤리도 현세주의적 성향이 매우 강한 한국 사회에서 '보편성'을 얻기는 쉽지 않을 것으로 보인다. 그 때문에 칸트의 '인격주의적'인 자율적 '의무의 윤리'는 한국 사회 윤리의 근간을 세우는 데 좋은 방안 중 하나가 될 수 있다. 다만, '의무'라는 말 자체가 '서양적'인 것으로 한국 사회에는 낯선 것이고, 게다가 그것은 '차갑고 무거운' 것이어서 여전히 한국 사람들에게는 '정떨어지는' 느낌을 줄 것이므로, 그것이 한국 사회에 뿌리내리는 데는 상당한 세월이 필요할 것으로 보인다. 그러나 20세기 후반 이후 한국 사회 문화 양상의 전반적인 변이와 함께 이미 한국 사람들의 정서도 적지 않은 변화를 보이고 있기 때문에 '의무 윤리'의 착근이 불가능하지는 않을 것으로 보며, 이 '의무의 윤리'야말로 한국 사회의 보편적 윤리화에 크게 기여할 것으로 본다.

또 하나 한국적 학풍 위에서 가능한 작업은 칸트 비판철학의 정신을 살리면서, 이념론으로서 형이상학을 발전시키는 일이다.

주지하듯이, 초월적 관념론이자 경험적 실재론인 칸트의 현상존재론이 형이상학에 남기는 문제는 많다. 그것은 무엇보다도 이론이성이 자신의 순수한 인식 능력을 검사한 결과, 감성적인 것으로부터 초감성적인 것으로 넘어가 지식을 확장할 능력이 자신에게는 없음을 확인한 데서 비롯한다. 이제 진리와 허위가 가려지는 지식의 영역은 현상 존재세계에 국한된다. 그러니까 자연 현상 너머의 세계에 대한 지식 체계로서의 '형이상학'은 칸트 이론철학 체계 안에서는 설 자리가 없다. 그렇다면 인간의 삶에 진리·허위의 분간보다도 어쩌면 더 가치가 있는 선함·아름다움·신성함·평화 등에 대한 탐구와, 인생의 의의·궁극목적·영생(永生)의 가능성에 대한 탐구는 어디서 기대할 수 있는 것일까? 오로지 경험과학적인 탐구 방법밖에는 남아 있지 않은가?

칸트는 이성 사용의 방식을 이론적 사용과 실천적 사용으로 나누어보았을 뿐만 아니라 더 나아가서 반성적 사용의 방법까지도 제시하였다. 그리고 과학적 탐구의 목표인 진리 가치 외에도 '형이상학적' 가치들을 지속적으로 탐구하였다. 그러나 그에게 그런 가치들은 더 이상 인식의 대상은 아니고 희망과 믿음과 동경, 한마디로 이상(理想)의 표적이었다. 그래서 우리가 칸트에서 '진짜 형이상학'을 이야기하려면 그의 이상주의를 거론할 수밖에 없다. 그것은 이성주의, 합리주의의 정점에 서 있는 칸트에게서 낭만주의, 비합리주의를 발견하는 일이다.

칸트의 '이성 비판'이 형이상학을 파괴했다고 본 헤겔은, 칸트 이래로 사람들은 "형이상학 없는 세련된 족속"[11]이 돼버렸다고 통탄했지만, 형이상학을 더 이상 진리 가치적, 이론적 지식의 체계로 볼 수 없다고 비판한 것이 형이상학을 무효화시킨 것일까?

칸트는 '이론이성 비판'을 통해서 자연세계가 실제로 무엇인가를 학적으로 밝혔다. 그러나 '실천이성 비판'을 통해서는 자연존재자가 아니라 이성적 존재자로서 인간이 이상적으로 무엇이어야 하는가를 밝혔으며, '판단력 비판'을 통해서는 자연 안에서의 인간이 무엇일 수 있는가를 반성적으로 규정하려고 하였다. 종교이성·역사 이성 비판을 통해서는 장구한 세월을 두고 인간이 무엇이기를 기대

---

11) Hegel ; *Wissenschaft der Logik I*, GW 11, Hamburg 1978, S. 5.

해도 좋은가를 탐색하였다. 이 모든 것은 “인간이 무엇인가?”에 대한 철학적 탐구의 일환이었다. 그리고 이것들은 분명히 그의 ‘형이상학’의 내용을 이룬다. 그런데 이런 구명과 탐구에 체계의 완전성을 향한 ‘이성의 건축술’과 ‘믿음’과 ‘희망’과 ‘억측’이 개입돼 있다 해서, 그러니까 진위 분간이 손쉬운 순전한 지식 이외의 것이 섞여 있다 해서 형이상학은 “만학의 여왕” 자리를 잃게 되는 것일까?

칸트의 현상존재론은 이제까지 진리[眞]의 지식 체계이고자 했던 형이상학에게 선(善)과 미(美)와 성(聖)과 화(和), 그리고 완전성의 가치 체계로의 전환을 모색케 한 것이 아닐까? 그렇다면 형이상학은 지성적 지식 안에서가 아니라 이성의 이념 속에서 자신의 자리를 찾아야 하는 것이 아닐까?

인식은 감각경험의 세계, 곧 자연을 있는 그대로 포착하는 것을 목표로 한다. 그러나 인간 심성은 객체와의 관계에서 인식만으로 충족되지 않는다. 인간은 왜 인식만 하지 않고 실천을 하는가? 인간은 왜 짐승처럼 행동하지 않고 ‘인간답게’ 행위하려 하는가? 왜 인간은 수용만 하지 않고 창작을 하고 노동을 하는가? 인간은 왜 초목과 짐승들의 연쇄에서 벗어나 기술(技術)을 발휘하려 하겠는가? 왜 인간은 자연을 단지 환경으로만 보지 않고 감상하며, 자연 속에서 외경과 전율에 빠지고, 예술 작품을 지어내겠는가? 인간의 “상상력은 곧 현실적인 자연이 그에게 준 재료로부터 이를테면 또 다른 자연을 창조해내는 데 매우 강력한 힘을 가지고 있다.”(KU, B193=V314) 우리 인간은 현상세계로서의 자연에서는 발견할 수 없는 어떤 이상(理想)에 자신을 맞추려 하고, 자연에 대한 감각적 경험이 우리에게 주는 소재를 가공하여 자연을 다른 어떤 것, 말하자면 자연을 넘어가는 어떤 것으로 개조해나가며, 여기에서 인간성을 찾는다. 바로 이 지점에서 형이상학은 자기 자리를 얻어야 하는 것이 아닐까?

그러므로 칸트가 이성 비판을 통해 엄밀한 학으로서의 형이상학이 가능하지 않음을 드러냈다면, — 이 공적을 우리는 인정하고 그의 말을 귀담아들어야 한다 — 그때 무너진 형이상학은 진리의 학문이고자 했던 종래의 형이상학일 것이다. 그리고 종래 형이상학의 부질없음은 초감성적 언어로써 써야 할 형이상학이 당초에 감성적 언어로 읽혀지기를 기도한 탓이 아니겠는가? 이제 초감성적 세계의 학으로서의 "진정한" 형이상학은 그 체계가 자연세계와 부합하는가의 여부에서 그 학문성이 평가되어서는 안 되고, 인간의 완성을 향해 있는 이성의 "최상의 관심"(KpV, A217=V120)에 비추어 평가되어야 하지 않을까? 그렇다면 진정한 형이상학은 더 이상 존재론의 확장이 아니라 이념론 혹은 이상론일 것이다. 이 같은 이념론의 전개는 한국의 학풍 속에서도 훌륭한 결실을 거둘 수 있을 것으로 기대된다. 그것은 결국 칸트의 이성비판 정신을 살려 감성과 지성 그리고 이성이념 간의 역할 분담과 균제에 기반한 '합리성' 개념의 창출 작업이 될 것이다. 그리고 그것은 모든 것을 지식의 척도에 맞추어 가치평가하려는 근래의 문화 형태에 대하여 참임[眞]·참됨[善]·참함[美]을 분별하여 각기 고유한 가치를 보되 '참'에서의 통일성을 살피는 작업이 될 것이다. 칸트철학은 이 '참'의 통일성을 담고 있는 한국어적 사고에 접속됨으로써 제 빛을 더욱 내게 될 것이다.

한국 철학계 칸트 연구 관련 출판물

목차

칸트의 원저(연대순) 번역서

- Meditationum quarundam de igne succincta delineatio(1755)
  김상봉, 「불에 관한 성찰의 간략한 서술」, 수록: 칸트, 『비판기 이전 저작 II』, 한길사, 2018.

- Principiorum primorum cognitionis metaphysicae nova dilucidatio(1755)
  김상봉, 「형이상학적 인식의 제1원리에 관한 새로운 해명」, 수록: 칸트, 『비판기 이전 저작 Ⅱ』, 한길사, 2018.

- Von den Ursachen der Erderschütterungen bei Gelegenheit des Unglücks, welches die westliche Länder von Europa gegen das Ende des vorigen Jahres betroffen hat(1756)
  이남원, 「지난해 말 유럽의 서방 국가들을 덮쳤던 비운을 계기로 살펴본 지진의 원인」, 수록: 칸트, 『비판기 이전 저작 Ⅱ』, 한길사, 2018.

- Geschichte und Naturbeschreibung der merkwürdigsten Vorfälle des Erdbebens, welches an dem Ende des 1755sten Jahres einen großen Theil der Erde erschüttert hat(1756)
  이남원, 「1755년 말 지구의 상당한 부분을 강타했던 지진에서 가장 주목할 만한 사건들에 관한 역사와 자연기술」, 수록: 칸트, 『비판기 이전 저작 II』, 한길사, 2018.

- Fortgesetze Betrachtung der seit einiger Zeit wahrgenommenen Erderschütterungen(1756)
  이남원, 「최근 경험했던 지진에 관한 후속 고찰」, 수록: 칸트, 『비판기 이전 저작 Ⅱ』, 한길사, 2018.

- Metaphysicae cum geometria iunctae usus in philosophia naturali, cuius specimen I. continet monadologiam physicam(1756)

  김상봉, 「기하학과 결부한 형이상학의 자연철학적 사용과 그 일례로서 물리적 단자론」, 수록: 칸트, 『비판기 이전 저작 Ⅱ』, 한길사, 2018.

- Neuer Lehrbegriff der Bewegung und Ruhe und der damit verknüpften Folgerungen in den ersten Gründen der Naturwissenschaft(1758)

  김상현, 「자연과학의 제1근거에서 운동과 정지 그리고 그와 결부된 귀결들에 관한 새로운 이론」, 수록: 칸트, 『비판기 이전 저작 Ⅱ』, 한길사, 2018.

- Versuch einiger Betrachtungen über den Optimismus(1759)

  이한구, 「낙관주의에 관한 시론」, 수록: 『칸트의 역사 철학』, 서광사, 1992.

  김상현, 「낙관주의에 관한 몇 가지 시론적 고찰」, 수록: 칸트, 『비판기 이전 저작 Ⅱ』, 한길사, 2018.

- Die falsche Spitzfindigkeit der vier syllogistischen Figuren erwiesen(1762)

  김상현, 「삼단논법의 네 가지 격에서 나타난 잘못된 정교함」, 수록: 칸트, 『비판기 이전 저작 Ⅱ』, 한길사, 2018.

- Der einzig mögliche Beweisgrund zu einer Demonstration des Daseins Gottes(1763)

  이남원, 「신의 현존을 입증하기 위한 유일하게 가능한 증명 근거」, 수록: 칸트, 『비판기 이전 저작 Ⅱ』, 한길사, 2018.

- Beobachtungen über das Gefühl des Schönen und Erhabenen(1764)

이재준, 『아름다움과 숭고함의 감정에 관한 고찰』, 책세상, 2005.

- Nachricht von der Einrichtung seiner Vorlesungen in dem Winterhalbenjahre von 1765~1766(1765)

김동욱·박준호·신우승·차하늘, 『1765~1766년 겨울학기 강의공고』, 전기가오리, 2016.

- De mundi sensibilis atque intelligibilis forma et principiis(1770)

최소인, 『감성계와 지성계의 형식과 원리들』, 이제이북스, 2007.

- Kritik der reinen Vernunft(1781 · 1787)

崔載喜, 『純粹理性批判 上』, 新太陽社, 1955·1962.
______, 『순수이성비판』, 동아출판사, 1969.
______, 『純粹理性批判』, 博英社, 1972·1974·1983.
尹聖範, 『純粹理性批判』, 乙酉文化社, 1969·1983.
尹晸黙, 『純粹理性批判』, 京東出版社, 1970.
鄭明五, 『純粹理性批判』, 東西文化社, 1975·1977.
______, 『純粹理性批判』, 學園出版公社, 1983.
______, 『純粹理性批判』, 新華社, 1983.
______, 『純粹理性批判』, 良友堂, 1986·1988.
______, 『순수이성비판』, 그레이트 북, 1994.
田元培, 『純粹理性批判』, 삼성출판사, 1976·1978·1983·1990.
朴鍾鴻·鄭明五, 『純粹理性批判』, 대양서적, 1978
金姫廷, 『純粹理性批判』, 일신서적출판사, 1991.
이명성, 『순수이성비판』, 홍신문화사, 1993.
김석수, 『순수이성비판 서문』, 책세상, 2002.

백종현, 『순수이성비판 1 · 2』, 아카넷, 2006.

- Prolegomena zu einer jeden künftigen Metaphysik, die als Wissenschaft wird auftreten können(1783)

박종홍 · 서동익, 『형이상학 서론』, 合同圖書, 1956.

河岐洛, 『프로레고메나: 形而上學 序說』, 韓國칸트學會[螢雪出版社], 1965.

徐同益 外, 《프로레고메나》, 수록: 『世界의 大思想: 칸트』, 徽文出版社, 1972 · 1978 · 1983.

崔載喜, 『批判哲學序論』, 博英社, 1974.

______, 《哲學序論》, 수록: 『實踐理性批判』, 博英社, 1975.

백종현, 『형이상학 서설』, 아카넷, 2012.

염승준, 『프롤레고메나』, 책세상, 2013.

김재호, 「학문으로 등장할 수 있는 미래의 모든 형이상학을 위한 서설」, 수록: 『학문으로 등장할 수 있는 미래의 모든 형이상학을 위한 서설/자연과학의 형이상학적 기초원리』, 한길사, 2018.

- Beantwortung der Frage: Was ist Aufklärung?(1784)

이한구, 「계몽이란 무엇인가에 대한 답변」, 수록: 『칸트의 역사 철학』, 서광사, 1992.

- Idee zu einer allgemeinen Geschichte in weltbürgerlicher Absicht(1784)

李錫潤, 「世界市民的 見地에서 본 普遍史의 理念」, 수록: 『世界의 大思想: 칸트』, 徽文出版社, 1972 · 1978 · 1983.

이한구, 「세계 시민적 관점에서 본 보편사의 이념」, 수록: 『칸트의 역사 철학』, 서광사, 1992.

- Recension von J. G. Herders Ideen zur Philosophie der Geschichte der

Menschheit(1785)

이한구, 「헤르더의 인류 역사의 철학에 대한 이념들」, 수록: 『칸트의 역사 철학』, 서광사, 1992.

- Grundlegung zur Metaphysik der Sitten(1785)

朴泰炘, 『칸트 道德形而上學』, 螢雪出版社, 1965.

鄭　鎭, 『道德哲學原論』, 乙酉文化社, 1970.

徐同益, 《道德形而上學의 基礎》, 수록: 『世界의 大思想: 칸트』, 徽文出版社, 1972·1978·1983.

李奎浩, 『道德形而上學原論: 永久平和論』, 博英社, 1974.

崔載喜, 《道德哲學序論》, 수록: 『實踐理性批判』, 博英社, 1975.

이원봉, 『도덕 형이상학을 위한 기초 놓기』, 책세상, 2002.

백종현, 『윤리형이상학 정초』, 아카넷, 2005·2014(개정판)·2018(개정2판)

김석수, 「도덕형이상학 정초」, 수록: 『도덕형이상학 정초·실천이성비판』, 한길사, 2019.

- Metaphysische Anfangsgründe der Naturwissenschaft(1786)

김재호, 「자연과학의 형이상학적 기초원리」, 수록: 『학문으로 등장할 수 있는 미래의 모든 형이상학을 위한 서설/자연과학의 형이상학적 기초원리』, 한길사, 2018.

- Mutmaßlicher Anfang der Menschengeschichte(1786)

徐同益, 「人類史의 臆測的 起源」, 수록: 『世界의 大思想: 칸트』, 徽文出版社, 1972·1978·1983.

이한구, 「추측해 본 인류 역사의 기원」, 수록: 『칸트의 역사 철학』, 서광사, 1992.

- Kritik der praktischen Vernunft(1788)

崔載喜, 『實踐理性批判』, 靑丘出版社, 단기4290[1957].

______, 『(改譯)實踐理性批判. 야스퍼스의 「칸트의 근본악」을 넣은』, 博英社, 단기4292[1959], 1968.

______, 『實踐理性批判』, 博英社, 1974 · 1975 · 1981.

吳 在, 『實踐理性批判 · 道德形而上學原論 · 永遠한 平和를 위해』, 義明堂, 1982.

姜泰鼎, 『實踐理性批判』, 일신서적출판사, 1991.

백종현, 『실천이성비판』, 아카넷, 2002 · 2009(개정판) · 2019(개정2판).

김종국, 「실천이성비판」, 수록: 『도덕형이상학 정초 · 실천이성비판』, 한길사, 2019.

- Kritik der Urteilskraft(1790)

李錫潤, 『判斷力 批判. 附 判斷力 批判 第一序論』, 博英社, 1974 · 1978 · 2017(『판단력비판』, 개정판).

김상현, 『판단력비판』, 책세상, 2005.(단, 전반부에 한함)

백종현, 『판단력비판』·「판단력비판 제1서론」, 아카넷, 2009/2019.

- Über eine Entdeckung, nach der alle neue Kritik der reinen Vernunft durch eine ältere entbehrlich gemacht werden soll(1790)

최소인, 「발견」, 수록: 『형이상학의 진보/발견』, 이제이북스, 2009.

- Über die von der Königl. Akademie der Wissenschaften zu Berlin für das Jahr 1791 ausgesetzte Preisfrage: Welches sind die wirklichen Fortschritte, die die Metaphysik seit Leibnitzens und Wolf's Zeiten in Deutschland gemacht hat?(1791 · 1804)

최소인, 「형이상학의 진보」, 수록: 『형이상학의 진보/발견』, 이제이북스, 2009.

- Die Religion innerhalb der Grenzen der bloßen Vernunft(1793)

  한철하, 「宗教哲學」, 수록: 『世界의 大思想: 칸트』, 徽文出版社, 1972 · 1978 · 1983.(단, 제1논고에 한함)

  신옥희, 『理性의 限界 안에서의 宗敎』, 이화여자대학교출판부, 1984 · 1990.

  ______, 『이성의 한계 안에서의 종교』, 이화여자대학교출판부, 2001.

  백종현, 『이성의 한계 안에서의 종교』, 아카넷, 2011 · 2015(개정판).

- Über den Gemeinspruch: Das mag in der Theorie richtig sein, taugt aber nicht für die Praxis(1793)

  오진석, 『속설에 대하여 — 그것은 이론에서는 옳을지 모르지만, 실천에 대해서는 쓸모없다는』, 도서출판b, 2011.

- Das Ende aller Dinge(1794)

  이한구, 「만물의 종말」, 수록: 『칸트의 역사 철학』, 서광사, 1992.

- Zum ewigen Frieden: ein philosophischer Entwurf(1795)

  徐同益, 「永遠한 平和를 위하여」, 수록: 『세계의 대사상: 칸트』, 徽文出版社, 1972 · 1978 · 1983.

  鄭 鎭, 『永久平和를 위하여』, 正音社, 1974.

  李奎浩, 『道德形而上學原論 · 永久平和論』, 博英社, 1974.

  이한구, 『영원한 평화를 위하여』, 서광사, 1992.

  ______, 『영구 평화론 — 하나의 철학적 기획』[개정판], 서광사, 2008.

  오진석, 『영원한 평화를 위하여 — 하나의 철학적 기획』, 도서출판b, 2011.

  박환덕 · 박 열, 『영구 평화론』, 범우사, 2012.

  백종현, 『영원한 평화』, 아카넷, 2013.

  강영계, 『영원한 평화를 위해』, 지식을만드는지식, 2015.

- Die Metaphysik der Sitten(1797)

  [Metaphysische Anfangsgründe der Rechtslehre(1797 · 1798),
  Metaphysische Anfangsgründe der Tugendlehre(1797 · 1803)]

  백종현, 『윤리형이상학』, 아카넷, 2012.

  이충진, 『법이론』, 이학사, 2013.(『윤리형이상학』 제1편: 법이론에 한함)

  이충진 · 김수배, 『도덕형이상학』, 한길사, 2018.

- Der Streit der Fakultäten(1798)

  오진석, 『학부들의 논쟁』, 도서출판b, 2012.

- Erneuerte Frage: Ob das menschliche Geschlecht im beständigen Fortschreiten zum Bessern sei?(1798)

  이한구, 「다시 제기된 문제: 인류는 더 나은 상태를 향해 계속해서 진보하고 있는가?」, 수록: 『칸트의 역사 철학』, 서광사, 1992.

- Anthropologie in pragmatischer Hinsicht(1798)

  이남원, 『실용적 관점에서 본 인간학』, 울산대학교출판부, 1998 · 2014.

  백종현, 『실용적 관점에서의 인간학』, 아카넷, 2014.

- Immanuel Kants über Pädagogik(1803)

  林泰平, 『교육이론』, 以文出版社, 1984.

  張燦翌, 『칸트의 教育思想』, 培英社, 1985 · 1990.

  조관성, 『칸트의 교육학 강의: 교사와 부모를 위한 칸트의 교육론』, 철학과현실사, 2001 · 2007.

  백종현, 『교육학』, 아카넷, 2018.

- Immanuel Kants Vorlesungen über die Metaphysik, hrsg. Pölitz, Erfurt(1821)

이남원, 『칸트의 형이상학 강의』, 울산대학교 출판부, 1999.

- Opus postumum(AA Bd.21 + Bd.22)

백종현, 『유작 I』, 아카넷, 2020.

- **기타 편술(부분적으로 발췌한 글들)**

사상교양연구회, 『思想敎養文庫, 칸트』, 사상교양연구회, 단기4292[1959].

社會科學研究會, 『人生論』, 新潮文化社, 단기4294[1961] · 1971.

———, 『人生論』, 瑞明, 1981.

白璿一, 『(大哲人들의 人生論) 삶과 사랑과 행복과』, 東泉社, 1983.

———, 『창조적 인생론』, 東泉社, 1986.

정한희, 『마음의 샘터』, 民衆書館, 1986.

이혜초, 『(젊은이들을 위한) 철학에세이』, 덕성문화사, 1990.

河岐洛, 『칸트: 비판철학의 이해를 위하여』, 형설출판사, 1996.

빌헬름 바이셰델 (편)/ 손동현 · 김수배, 『별이 총총한 하늘 아래 약동하는 자유 — 칸트와 함께 인간을 읽는다』, 이학사, 2002. (Wilhelm Weischedel[Hg.], Kant Brevier).

국외 칸트 연구저술 번역서(연대순. 저자/역자)

야하만 · 브로우스키 / 李永哲, 『(大哲學者)칸트의 一生』, 글벗집, 단기 4292[1959].

야하만 · 보로우스키 / 李永哲, 『칸트의 一生』, 글벗집, 1976.

야하만 · 와지안스키 / 高廷基, 「理性의 廣場」, 『世界의 人間像: 世界傳記文學全集. 12』, 新丘文化社, 1962.

우베 슐츠 / 金光植, 『칸트』, 韓國神學研究所, 1975. (우베 슐츠, Kant)

우베 슐츠 / 최혁순, 『칸트』, 행림출판, 1980 · 1989. (우베 슐츠, Kant)

볼데마르 오스카 되에링 / 김용정, 『칸트철학 이해의 길』, 새밭, 1979 · 1984. (Woldemar Oskar Döring, Das Lebenswerk Immanuel Kants)

W. O. 되에링 / 김용정, 『칸트철학 입문』, 중원문화, 1988 · 2011. (Woldemar Oskar Döring, Lebenswerk Immanuel Kants)

S. 쾨르너 / 강영계, 『칸트의 비판철학』, 서광사, 1983 · 1991. (Stephan Körner, Kant)

A. C. 유잉 / 김상봉, 『순수이성비판입문』, 한겨레, 1985. (A. C. Ewing, Critique of Pure Reason)

W. 뢰트 / 임재진, 『변증법의 현대적 전개: 칸트로부터 헤겔까지』, 중원문화, 1985. (W. Röd, Dialektische Philosophie der Neuzeit)

로저 스크러턴 / 민찬홍, 『칸트』, 문경출판, 1986. (Roger Scruton, Kant)

로저 스크러턴 / 김성호, 『칸트』, 시공사, 1999. (Roger Scruton, Kant)

F. 코플스톤 / 임재진, 『칸트』, 중원문화, 1986. (Frederick Charles Copleston, Kant)

프레더릭 C. 코플스턴 / 임재진, 『칸트』, 중원문화, 2013. (Frederick C. Copleston, A History of Philosophy, Vol. 6, part VI)

요세프 슈페크 / 원승룡, 『근대 독일 철학』, 서광사, 1986. (Josef Speck,

Philosophie der Neuzeit II)

윌커슨 / 배학수,『칸트의 순수이성비판』, 서광사, 1987·1992. (T. E. Wilkerson, Kants critique of pure reason: a commentary for students)

H. J. 페이튼 / 김성호,『칸트의 도덕철학』, 서광사, 1988. (H. J. Paton, The Categorical Imperative: A Study in Kants Moral Philosophy)

수잔 프롬 / 김용정·배의용,『칸트 대 비트겐슈타인』, 동국대학교출판부, 1988. (Susanne Fromm, Wittgensteins Erkenntnisspiele contra Kants Erkenntnislehre)

K. 야두키에비츠 / 송병옥,『철학, 그 문제와 이론들』, 서광사, 1988. (Kazimierz Ajdukiewicz, Problems and theories of philosophy)

岩佐茂 外 / 金甲洙,『(哲學의 現實) 칸트, 헤겔, 마르크스는 이미 낡았는가!』, 보성출판사, 1989. (岩佐茂 外,『哲學のリアリティ』)

F. 카울바하 / 백종현,『칸트 비판철학의 형성과정과 체계』, 서광사, 1992. (Friedrich Kaulbach, Immanuel Kant)

브로드 / 하영석·이남원,『칸트철학의 분석적 이해』, 서광사, 1992. (C. D. Broad, Kant: An Introduction)

A. Deborin / 韓貞錫,『칸트의 辨證法』, 經文社, 1992·1994. (A. Deborin, Die Dialektik bei Kant)

게르노트 뵈메 / 구승회,『칸트와 더불어 철학하기』, 청하, 1993. (Gernot Böhme, Philosophieren mit Kant: zur Rekonstruktion der Kantischen Erkenntnis- und Wissenschaftstheorie)

R. 샤하트 / 정영기·최희봉,『근대철학사: 데카르트에서 칸트까지』, 서광사, 1993. (Richard Schacht, Classical modern philosophers: Descartes to Kant)

R. 크로너 / 연효숙,『칸트. 1: 칸트에서 헤겔까지』, 서광사, 1994·1998. (Richard Kröner, Von Kant bis Hegel)

A. V. 폰 키벳 / 이신철,『순수이성비판의 기초개념』, 한울아카데미, 1994. (Alexander Varga von Kibed, Erklärung der Grundbegriffe von Kants Kritik der reinen Vernunft)

D. W. 크로포드 / 김문환, 『칸트 미학 이론』, 서광사, 1995. (Donald W. Crawford, Kants aesthetic theory)

질 들뢰즈 / 서동욱, 『칸트의 비판철학』, 민음사, 1995. (Gilles Deleuze, La Philosophie critique de Kant: doctrine des facultes)

F. 카울바하 / 하영석 · 이남원, 『윤리학과 메타 윤리학』, 서광사, 1995. (Friedrich Kaulbach, Ethik und Metaethik)

J. 켐프 / 김성호, 『칸트』, 지성의 샘, 1996. (John Kemp, Philosophy of Kant)

E. 캇시러 / 유철, 『루소, 칸트, 괴테』, 서광사, 1996. (Ernst Cassirer, Rousseau, Kant, Goethe)

오트프리트 회페 / 이상헌, 『임마누엘 칸트』, 문예출판사, 1997. (Otfried Höffe, Immanuel Kant)

미하엘 볼프 / 김종기, 『모순이란 무엇인가: 칸트와 헤겔의 변증법 연구』, 동녘, 1997. (Michael Wolff, Begriff des Widerspruchs: Eine Studie zur Dialektik Kants und Hegels)

폴 스트래던 / 박지수, 『쾨니히스베르크의 조용한 혁명 칸트』, 펀앤런, 1997. (Paul Strathern, Kant in 90 minutes)

도널드 팔머 / 이한우, 『(그림으로 읽는) 서양철학사. 1: 탈레스에서 칸트까지』, 자작나무, 1997. (Donald Palmer, Looking at philosophy)

랄프 루드비히 / 이충진, 『(쉽게 읽는 칸트) 정언 명령』, 이학사, 1999. (Ralf Ludwig, Kant für Anfänger — Die kategorische Imperativ)

랄프 루드비히 / 박중목, 『(쉽게 읽는 칸트) 순수이성비판』, 이학사, 1999. (Ralf Ludwig, Kant für Anfänger — Die Kritik der reinen Vernunft)

로빈 메이 쇼트 / 허라금 · 최성애, 『인식과 에로스: 칸트적 패러다임에 대한 비판』, 이화여자대학교 출판부, 1999. (Robin May Schott, Cognition and Eros: A critique of the Kantian paradigm)

장 프랑소아 료타르 / 김광명, 『칸트의 숭고미에 대하여』, 현대미학사, 2000.

(Jean François Lyotard, Leçons sur l'analytique du sublime)

C. D. 브로드 / 박찬구, 『윤리학의 다섯 가지 유형: 스피노자·버틀러·흄·칸트·시즈위크』, 철학과현실사, 2000. (C. D. Broad, Five types of ethical theory)

이소 케른 / 배의용, 『후설과 칸트』, 철학과현실사, 2001. (Iso Kern, Husserl und Kant)

마르틴 하이데거 / 이선일, 『칸트와 형이상학의 문제』, 한길사, 2001. (Martin Heidegger, Kant und das Problem der Metaphysik)

오트프리트 회페 / 이강서 외, 『철학의 거장들 1-4』, 한길사, 2001. (Otfried Höffe, Klassiker der Philosophie)

카를 포르랜더 / 서정욱, 『칸트의 생애와 사상』, 서광사, 2001. (Karl Vorländer, Immanuel Kants Leben)

랠프 워커 / 이상헌, 『칸트』, 궁리출판, 2002. (Ralph Walker, The great philosophers: Kant)

한나 아렌트 / 김선욱, 『(한나 아렌트) 칸트 정치철학 강의』, 푸른숲, 2002. (Hannah Arendt, Lectures on Kants political philosophy)

디터 타이헤르트 / 조상식, 『(쉽게 읽는) 칸트 판단력비판』, 이학사, 2003. (Dieter Teichert, Immanuel Kant: 'Kritik der Urteilskraft')

노르베르트 힌스케 / 김수배·이 엽, 『현대에 도전하는 칸트』 이학사, 2004. (Norbert Hinske, Kant als Herausforderung an die Gegenwart)

만프레트 가이어 / 김광명, 『칸트 평전』, 미다스북스, 2004. (Manfred Geier, Kants Welt)

알렌카 주판치치 / 이성민, 『실재의 윤리: 칸트와 라캉』, 도서출판b, 2004. (Alenka Zupancic, Ethics of The Real)

H. M. 바움가르트너 / 임혁재·맹주만, 『칸트의 〈순수이성비판〉 읽기』, 철학과현실사, 2004. (Hans Michael Baumgartner, Kant "Kritik der reinen Vernunft": Anleitung zur Lektüre)

이와사끼 다께오 / 한단석, 『칸트에서 헤겔까지』, 신아출판사, 2005. (岩崎武雄, 『カントからヘーゲルへ』)

프리드리히 데싸우어 / 황원영, 『인간이란 무엇인가: 칸트의 네 가지 물음』, 분도출판사, 2005. (Friedrich Dessauer, Was ist der Mensch: die vier Fragen des Immanuel Kant)

크리스틴 M. 코스가드 / 김양현·강현정, 『목적의 왕국: 칸트 윤리학의 새로운 도전』, 철학과현실사, 2007. (Christine M. Korsgaard, Creating the kingdom of ends)

폴커 게르하르트 / 김종기, 『(다시 읽는) 칸트의 영구평화론』, 백산서당, 2007. (Volker Gerhardt, Immanuel Kants Entwurf "Zum ewigen Frieden": eine Theorie der Politik)

게오르그 짐멜 / 김덕영, 『근대 세계관의 역사: 칸트·괴테·니체』, 길, 2007.

마키노 에이지 / 세키네 히데유키·류지한, 『칸트 읽기: 포스트모더니즘 이후의 비판철학』, 울력, 2009. (牧野英二, 『カントを讀む : ポストモダニズム以降の批判哲學』)

사카베 메구미 外 / 이신철, 『칸트사전』, 도서출판b, 2009. (坂部惠 外, 『カント事典』)

알브레히트 벨머 / 김동규·박종식, 『대화윤리를 향하여: 칸트와 하버마스의 윤리학비판』, 한울아카데미, 2009. (Albrecht Wellmer, Ethik und Dialog: Elemente des moralischen Urteils bei Kant und in der Diskursethik)

크리스토프 부리오 / 박종식·안호영, 『칸트 해석: 이원론의 문제』, 부산대학교출판부, 2010. (Christophe Bouriau, Lectures de Kant: le probleme du dualisme)

크리스티안 헬무트 벤첼 / 박배형, 『칸트 미학: 〈판단력비판〉의 주요 개념들과 문제들』, 그린비, 2012. (Christian Helmut Wenzel, An introduction to Kant's aesthetics: core concepts and problems)

미셸 푸코 / 김광철, 『칸트의 인간학에 관하여: 〈실용적 관점에서 본 인간학〉

서설』, 문학과지성사, 2012. (Michel Foucault, Introduction a l'anthropologie de Kant)

이명휘, 『유교와 칸트』, 예문서원, 2012. (李明輝, 『儒家與康德』, 1990)

가라타니 고진 / 이신철, 『트랜스크리틱: 칸트와 맑스』, 도서출판b, 2013. (柄谷行人, 『トランスクリティーク: カントとマルクス』)

F. 코플스턴 / 임재진, 『칸트』, 중원문화, 2013·2017. (Frederick C. Copleston, A History of Philosophy, Vol. VI, 1960의 일부)

비토리오 회슬레 / 이신철, 『독일철학사』, 에코리브르, 2015. (Vittorio Hösle, Eine kurze Geschichte der deutschen Philosophie, München 2013)

리쩌허우 / 피경훈, 『비판철학의 비판』, 문학동네, 2017. (李澤厚, 『批判哲學的批判』, 1979)

프레더릭 바이저 / 이신철, 『이성의 운명』, 도서출판b, 2018. (Frederick C. Beiser, The Fate of Reason, 1987)

F. 카울바흐 / 백종현, 『임마누엘 칸트 – 생애와 철학 체계』, 아카넷, 2019. (Friedrich Kaulbach, Immanuel Kant)

국내 칸트 연구서

[저자별]

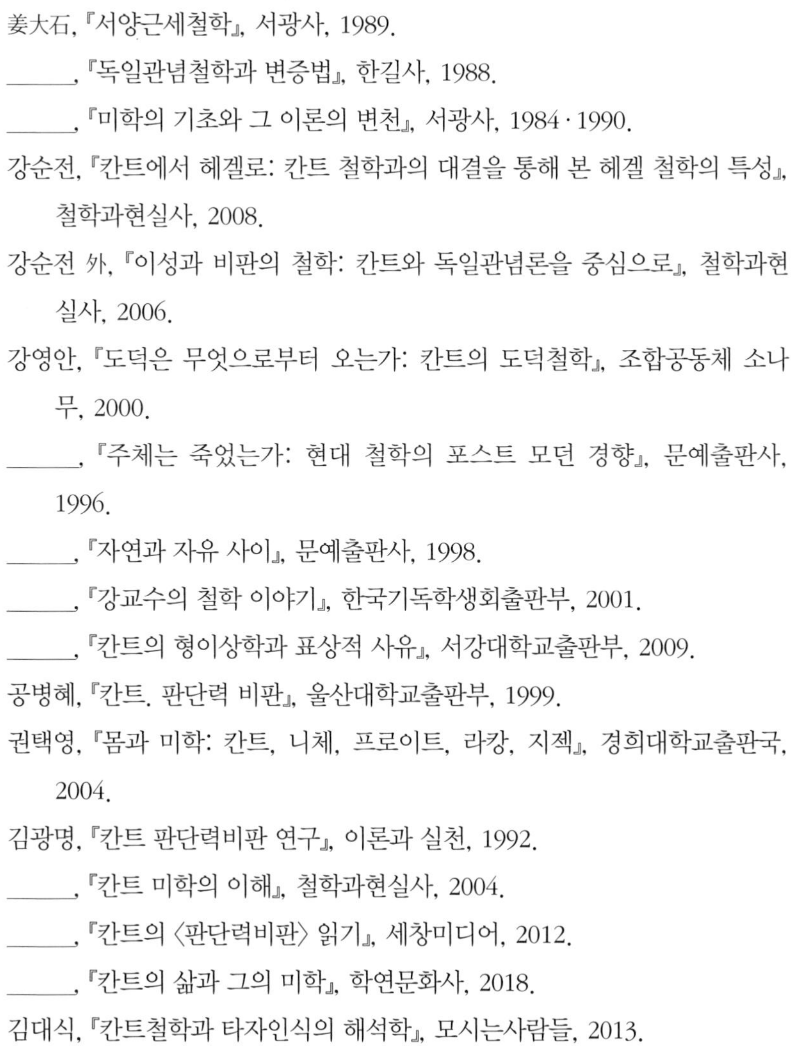

姜大石, 『서양근세철학』, 서광사, 1989.

______, 『독일관념철학과 변증법』, 한길사, 1988.

______, 『미학의 기초와 그 이론의 변천』, 서광사, 1984 · 1990.

강순전, 『칸트에서 헤겔로: 칸트 철학과의 대결을 통해 본 헤겔 철학의 특성』, 철학과현실사, 2008.

강순전 外, 『이성과 비판의 철학: 칸트와 독일관념론을 중심으로』, 철학과현실사, 2006.

강영안, 『도덕은 무엇으로부터 오는가: 칸트의 도덕철학』, 조합공동체 소나무, 2000.

______, 『주체는 죽었는가: 현대 철학의 포스트 모던 경향』, 문예출판사, 1996.

______, 『자연과 자유 사이』, 문예출판사, 1998.

______, 『강교수의 철학 이야기』, 한국기독학생회출판부, 2001.

______, 『칸트의 형이상학과 표상적 사유』, 서강대학교출판부, 2009.

공병혜, 『칸트. 판단력 비판』, 울산대학교출판부, 1999.

권택영, 『몸과 미학: 칸트, 니체, 프로이트, 라캉, 지젝』, 경희대학교출판국, 2004.

김광명, 『칸트 판단력비판 연구』, 이론과 실천, 1992.

______, 『칸트 미학의 이해』, 철학과현실사, 2004.

______, 『칸트의 〈판단력비판〉 읽기』, 세창미디어, 2012.

______, 『칸트의 삶과 그의 미학』, 학연문화사, 2018.

김대식, 『칸트철학과 타자인식의 해석학』, 모시는사람들, 2013.

김덕수, 『일상에서 이해하는 칸트 윤리학』, 역락, 2018.
김병옥, 『칸트의 교육사상 연구』, 집문당, 1986.
김상봉, 『자기의식과 존재사유: 칸트철학과 근대적 주체성의 존재론』, 한길사, 1998.
______, 『호모 에티쿠스: 윤리적 인간의 탄생』, 한길사, 1999.
______, 『나르시스의 꿈: 서양정신의 극복을 위한 연습』, 한길사, 2002.
김상일, 『元曉의 判比量論 비교 연구: 원효의 논리로 본 칸트의 이율배반론』, 지식산업사, 2004.
김상현, 『칸트 미학과 미적 합리성』, 성균관대학교출판부, 2018.
김석수, 『칸트와 현대 사회 철학』, 울력, 2005.
______, 『요청과 지양』, 울력, 2015.
김석현, 『칸트의 활동 이론: 이론적 활동과 실천적 활동』, 이론과실천, 1999.
김수배, 『호소의 철학』, 충남대학교출판문화원, 2015.
김영래, 『칸트의 교육이론』, 학지사, 2003.
김영태, 『도덕신학과 도덕신앙: 칸트 종교철학의 실제』, 전남대학교출판부, 2006.
金容民, 『Kant的 理想主義와 自由의 展望』, 한마음사, 1994.
김용석, 『언어와 이성: 촘스키를 넘어서 칸트주의 언어학으로』, 한성대학교출판부, 2012.
金鎔貞, 『칸트哲學硏究: 自然과 自由의 統一』, 유림사, 1978.
______, 『칸트철학: 자연과 자유의 통일』, 서광사, 1996.
______, 『第三의 哲學』, 思社研, 1986, 1998.
______, 『과학과 철학』, 범양사출판부, 1996.
김정주, 『칸트의 인식론』, 철학과현실사, 2001.
______, 『이성과 윤리학: 칸트와 현대 독일 윤리학』, 철학과현실사, 2009.
김종국, 『책임인가 자율인가?: H.요나스 對 I. 칸트』, 한국학술정보, 2008.
______, 『논쟁을 통해 본 칸트 실천철학』, 서광사, 2013.

김종욱, 『용수와 칸트: 동서사상의 정점에서 피어나는 철학의 향연』, 운주사, 2002.

김 진, 『칸트와 불교』, 철학과현실사, 2000.

_____, 『칸트와 생태사상』, 철학과현실사, 2003.

_____, 『칸트와 선험화용론』, 울산대학교출판부, 1994 · 1995.

_____, 『칸트. 순수한 이성의 한계 안에서의 종교』, 울산대학교출판부, 1999.

_____, 『칸트와 생태주의적 사유』, 울산대학교출판부, 1998.

_____, 『새로운 불교 해석: 칸트의 시각에서 본 불교 철학의 문제들』, 철학과현실사, 1996.

_____, 『선험철학과 요청주의』, 울산대학교출판부, 1999.

_____, 『아펠과 철학의 변형』, 철학과현실사, 1998.

_____, 『칸트와 세계관의 철학』, 울산대학교출판부, 2005.

_____, 『칸트와 요청주의』, 울산대학교출판부, 2005.

_____, 『칸트와 역사신학의 문제』, 울산대학교출판부, 2011.

_____, 『칸트와 종교』, 세창출판사, 2018.

김혜숙, 『칸트: 경계의 철학, 철학의 경계』, 이화여자대학교출판부, 2011.

나종석, 『칸트와 헤겔』, 용의숲, 2011.

노철현, 『칸트와 교육인식론』, 교육과학사, 2010.

문성학, 『칸트철학과 물자체』, 울산대학교출판부, 1995.

_____, 『인식과 존재』, 서광사, 1991.

_____, 『칸트철학의 인간학적 비밀』, 울산대학교출판부, 1996 · 1997.

_____, 『칸트 윤리학과 형식주의』, 경북대학교출판부, 2006.

_____, 『칸트의 인간관과 인식존재론』, 경북대학교출판부, 2007.

문장수, 『주체 개념의 역사』, 영한문화사, 2012.

박봉현, 『칸트와 동북아시아 평화』, 오름, 2005.

박선목, 『칸트와 형이상학』, 학문사, 1983 · 1991.

_____, 『윤리학』, 학문사, 1983.

______, 『윤리학과 현대사회』, 學文社, 1994.

______, 『즐거운 생활로서의 미학』, 형설출판사, 2000.

박수범, 『인식, 존재 그리고 세계』, 북코리아, 2017.

박정하, 『칸트 〈실천이성비판〉』, 서울대학교 철학사상연구소, 2003.

朴鍾鴻 (편), 『칸트(世界思想大全集 24)』, 大洋書籍, 1970.

朴泰炘, 『칸트 道德形而上學』, 螢雪出版社, 1965.

박필배, 『최고선과 칸트 철학』, 성균관대학교출판부, 2015.

백승균, 『세계사적 역사인식과 칸트의 영구평화론』, 계명대학교출판부, 2007.

백종현, 『칸트 실천이성비판 논고』, 성천문화재단, 1995.

______, 『독일철학과 20세기 한국의 철학』, 철학과현실사, 1998.

______, 『哲學論說: 대화하는 이성』, 철학과현실사, 1999.

______, 『존재와 진리 — 칸트 〈순수이성비판〉의 근본문제』, 철학과현실사, 2000 · 2008[전정판].

______, 『현대 한국사회의 철학적 문제: 윤리 개념의 형성』, 철학과현실사, 2003.

______, 『서양근대철학』, 철학과현실사, 2001.

______, 『칸트와 헤겔의 철학: 시대와의 대화』, 아카넷, 2010 · 2017(개정판).

______, 『칸트 이성철학 9서 5제: '참' 가치의 원리로서 이성』, 아카넷, 2012.

______(편), 『동아시아의 칸트 연구』, 아카넷, 2014.

______, 『한국 칸트철학 소사전』, 아카넷, 2015.

______, 『이성의 역사』, 아카넷, 2017.

______, 『인간이란 무엇인가』, 아카넷, 2018.

______, 『한국 칸트사전』, 아카넷, 2019.

백훈승, 『칸트와 독일관념론의 자아의식 이론』, 서광사, 2013.

서정욱, 『칸트의 〈순수이성비판〉 읽기』, 세창미디어, 2012.

서홍교, 『칸트와 성경』, 한국학술정보, 2005.

손승길, 『Kant 관념론과 윤리학』, 동아대학교출판부, 2005.

신춘호, 『교육이론으로서의 칸트철학』, 교육과학사, 2010.
심귀연, 『신체와 자유: 칸트의 자유에서 메를로-퐁티의 자유로』, 그린비, 2012.
유형식, 『독일미학: 고전에서 현대까지』, 논형, 2009.
윤병태, 『칸트 그리고 헤겔』, 용의 숲, 2007.
윤용택, 『인과와 자유 : 과학과 도덕의 철학적 기초』, 솔과학, 2014.
이양호, 『초월의 행보 : 칸트 · 키에르케고르 · 셸러의 길』, 담론사, 1998.
이정일, 『칸트와 헤겔, 주체성과 인류적 자유』, 동과서, 2003.
_____, 『칸트의 선험철학 비판』, 인간사랑, 2002.
이충진, 『이성과 권리: 칸트 법철학 연구』, 철학과현실사, 2000.
_____, 『독일 철학자들과의 대화: 칸트의 법철학 · 정치철학을 중심으로』, 이학사, 2010.
林泰平, 『칸트의 教育哲學』, 學文社, 1981.
_____, 『교육이론: 플라톤, 칸트와 듀이』, 이문출판사, 2004.
_____, 『루소와 칸트: 교육에 관하여』, 교육과학사, 2008.
임혁재, 『칸트의 도덕 철학 연구』, 중앙대학교출판부, 1997.
_____, 『칸트의 철학』, 철학과현실사, 2006.
정진우, 『도덕률의 계몽성과 치유성: 칸트 인성론의 현대적 의의』, 문경출판사, 2011.
정혜진, 『칸트철학과 프뢰벨의 교과이론』, 교육과학사, 2010.
조관성, 『현상학과 윤리학』, 교육과학사, 2003.
진은영, 『순수이성비판, 이성을 법정에 세우다』, 그린비, 2004.
최인숙, 『칸트』, 살림, 2005.
_____, 『칸트의 마음철학』, 서광사, 2017.
崔逸雲, 『칸트의 코페루니크스的 悲劇』, 全北大學校論文編輯委員會, 1963.
_____, 『純粹理性批判의 批判』, [발행지불명. 발행자불명], 1965.
崔載喜, 『崔載喜全集(1, 칸트哲學研究. - 2, 헤겔哲學研究. - 3, 哲學의 基礎理論. -

4, 歷史哲學과 西洋哲學史. – 5, 眞理의 周邊. – 6, 휴머니스트의 人間像.)』, 三知院, 1985.

_____, 『칸트』, 義明堂, 1983.

_____, 『칸트의 純粹理性批判硏究』, 博英社, 1976. 1978. 1983.

_____, 『칸트의 生涯와 哲學』, 태양문화사, 1977. 1979.

_____, 『칸트(世界大思想全集 1)』, 知文閣, 1964. 1965.

_____, 『칸트와 形而上學』, 博英社, 1974.

_____, 『칸트(世界大哲學家全集 1)』, 청산문화사, 1974.

최준환 (편), 『칸트』, 裕豊出版社, 1978.

崔　鉉, 『(人類의 스승) 칸트』, 創元社, 1963.

_____, 『人類의 스승 칸트: 그의 生涯와 思想』, 三信書籍, 1977.

河永晳 外, 『칸트哲學과 現代思想』, 螢雪出版社, 1984, 1995.

_____, 『(가치와 당위) 가치윤리학의 형성과 전개』, 형설출판사, 1998.

한국칸트학회 엮음, 『칸트와 형이상학[칸트연구 1]』, 민음사, 1995.

_______________, 『칸트와 윤리학[칸트연구 2]』, 민음사, 1996.

_______________, 『칸트와 미학[칸트연구 3]』, 민음사, 1997.

_______________, 『토마스에서 칸트까지[칸트연구 4]』, 철학과현실사, 1999.

_______________, 『칸트와 그의 시대[칸트연구 5]』, 철학과현실사, 1999.

_______________, 『칸트와 독일 이상주의[칸트연구 6]』, 철학과현실사, 2000.

_______________, 『칸트와 현대 유럽 철학[칸트연구 7]』, 철학과현실사, 2001.

_______________, 『칸트와 현대 영미철학[칸트연구 8]』, 철학과현실사, 2001.

_______________, 『칸트와 정치철학[칸트연구 9]』, 철학과현실사, 2002.

_______________, 『칸트철학과 현대[칸트연구 10]』, 철학과현실사, 2002.

_______________, 『칸트와 문화철학[칸트연구 11]』, 철학과현실사, 2003.

_______________, 『칸트철학과 현대 해석학[칸트연구 12]』, 철학과현실사, 2003.

_______________, 『칸트철학과 한국 사회 문화』, 한국칸트학회, 2004.

________________, 『포스트모던 칸트』, 문학과지성사, 2006.
韓端錫, 『칸트의 生涯와 思想』, 螢雪出版社, 1980.
______, 『칸트哲學思想의 理解』, 養英社, 1983.
______(편), 『칸트와 헤겔』, 사회문화연구소 출판부, 2001.
______, 『칸트 〈純粹理性批判〉의 새로운 理解』, 사회문화연구소, 2003 · 2004.
韓端錫 外, 『칸트 哲學思想研究』, 螢雪出版社, 1995.
한병호, 『아인슈타인의 理論이 틀려 있다, 칸트의 學說은 근본적으로 틀려 있다, 그렇다면 學問 · 科學 · 眞理란 무엇인가』, 진리세계사, 1999.
______, 『칸트의 학설은 근본적 · 총체적으로 틀려 있다』, 眞理世界社, 2001.
한자경, 『칸트와 초월철학: 인간이란 무엇인가』, 서광사, 1992.
______, 『자아의 연구: 서양 근 · 현대 철학자들의 자아관 연구』, 서광사, 1997.
______, 『칸트철학에의 초대』, 서광사, 2006.
한정석, 『칸트철학의 인간학적 지평』, 經文社, 1994 · 1995.
저자불명, 『칸트(세계사상대전집 24)』, 대양서적, 1970.

[내용별](발췌)

1. 생애와 사상 및 개괄서

姜大石, 『서양근세철학』, 서광사, 1989.
김진 · 한자경, 『인생교과서 칸트』, 21세기북스, 2015.
朴鍾鴻 (편), 『칸트(世界思想大全集 24)』, 大洋書籍, 1970.
백종현, 『독일철학과 20세기 한국의 철학』, 철학과현실사, 1998.
______, 『哲學論說: 대화하는 이성』, 철학과현실사, 1999.
______, 『서양근대철학』, 철학과현실사, 2001.
______, 『칸트 이성철학 9서 5제: '참' 가치의 원리로서 이성』, 아카넷, 2012.

______, 『한국 칸트철학 소사전』, 아카넷, 2015.
______, 『칸트 이성철학 9서 5제』, 아카넷, 2012.
______, 『인간이란 무엇인가』, 아카넷, 2018.
______, 『한국 칸트사전』, 아카넷, 2019.
손승길, 『Kant 관념론과 윤리학』, 동아대학교출판부, 2005.
임혁재, 『칸트의 철학』, 철학과현실사, 2006.
최인숙, 『칸트』, 살림, 2005.
崔載喜, 『崔載喜全集(1, 칸트哲學硏究. - 2, 헤겔哲學硏究. - 3, 哲學의 基礎理論. - 4, 歷史哲學과 西洋哲學史. - 5, 眞理의 周邊. - 6, 휴머니스트의 人間像.)』, 三知院, 1985.
______, 『칸트』, 義明堂, 1983.
______, 『칸트의 生涯와 哲學』, 태양문화사, 1977 · 1979.
______, 『칸트(世界大思想全集 1)』, 知文閣, 1964 · 1965.
______, 『칸트(世界大哲學家全集 1)』, 청산문화사, 1974.
최준환 (편), 『칸트』, 裕豊出版社, 1978.
崔　鉉, 『(人類의 스승) 칸트』, 創元社, 1963.
______, 『人類의 스승 칸트: 그의 生涯와 思想』, 三信書籍, 1977.
韓端錫, 『칸트의 生涯와 思想』, 螢雪出版社, 1980.
______, 『칸트哲學思想의 理解』, 養英社, 1983.
한자경, 『칸트철학에의 초대』, 서광사, 2006.

2. 이론철학 분야

姜大石, 『독일관념철학과 변증법』, 한길사, 1988.
강영안, 『주체는 죽었는가: 현대 철학의 포스트 모던 경향』, 문예출판사, 1996.
______, 『자연과 자유 사이』, 문예출판사, 1998.

_____, 『강교수의 철학 이야기』, 한국기독학생회출판부, 2001.
_____, 『칸트의 형이상학과 표상적 사유』, 서강대학교출판부, 2009.
김상봉, 『자기의식과 존재사유: 칸트철학과 근대적 주체성의 존재론』, 한길사, 1998.
_____, 『나르시스의 꿈: 서양정신의 극복을 위한 연습』, 한길사, 2002.
김석현, 『칸트의 활동 이론: 이론적 활동과 실천적 활동』, 이론과실천, 1999.
金鎔貞, 『칸트哲學研究: 自然과 自由의 統一』, 유림사, 1978.
_____, 『칸트철학: 자연과 자유의 통일』, 서광사, 1996.
_____, 『第三의 哲學』, 思社研, 1986 · 1998.
_____, 『과학과 철학』, 범양사출판부, 1996.
김정주, 『칸트의 인식론』, 철학과현실사, 2001.
김 진, 『선험철학과 요청주의』, 울산대학교출판부, 1999.
문성학, 『칸트철학과 물자체』, 울산대학교출판부, 1995.
_____, 『인식과 존재』, 서광사, 1991.
_____, 『칸트의 인간관과 인식존재론』, 경북대학교출판부, 2007.
박선목, 『칸트와 형이상학』, 학문사, 1983 · 1991.
박수범, 『인식, 존재 그리고 세계』, 북코리아, 2017.
백종현, 『존재와 진리 — 칸트 〈순수이성비판〉의 근본문제』, 철학과현실사, 2000 · 2008[전정판].
_____, 『이성의 역사』, 아카넷, 2017.
서정욱, 『칸트의 〈순수이성비판〉 읽기』, 세창미디어, 2012.
이정일, 『칸트의 선험철학 비판』, 인간사랑, 2002.
진은영, 『순수이성비판, 이성을 법정에 세우다』, 그린비, 2004.
최인숙, 『칸트의 마음철학』, 서광사, 2017.
崔逸雲, 『칸트의 코페루니크스的 悲劇』, 全北大學校論文編輯委員會, 1963.
_____, 『純粹理性批判의 批判』, [발행지불명. 발행자불명], 1965.
崔載喜, 『칸트의 純粹理性批判研究』, 博英社, 1976 · 978 · 1983.

______, 『칸트와 形而上學』, 博英社, 1974.

河永晳 外, 『칸트哲學과 現代思想』, 螢雪出版社, 1984 · 1995.

한국칸트학회 엮음, 『칸트와 형이상학[칸트연구 1]』, 민음사, 1995.

______________, 『토마스에서 칸트까지[칸트연구 4]』, 철학과현실사, 1999.

______________, 『칸트와 그의 시대[칸트연구 5]』, 철학과현실사, 1999.

______________, 『칸트와 독일 이상주의[칸트연구 6]』, 철학과현실사, 2000.

______________, 『칸트철학과 현대[칸트연구 10]』, 철학과현실사, 2002.

______________, 『칸트와 문화철학[칸트연구 11]』, 철학과현실사, 2003.

韓端錫 外, 『칸트 哲學思想研究』, 螢雪出版社, 1995.

______, 『칸트 〈純粹理性批判〉의 새로운 理解』, 사회문화연구소, 2003 · 2004.

한병호, 『아인슈타인의 理論이 틀려 있다, 칸트의 學說은 근본적으로 틀려 있다, 그렇다면 學問 · 科學 · 眞理란 무엇인가』, 진리세계사, 1999.

______, 『칸트의 학설은 근본적 · 총체적으로 틀려 있다』, 진리세계사, 2001.

한자경, 『칸트와 초월철학: 인간이란 무엇인가』, 서광사, 1992.

______, 『자아의 연구: 서양 근 · 현대 철학자들의 자아관 연구』, 서광사, 1997.

저자불명, 『칸트(세계사상대전집 24)』, 대양서적, 1970.

3. 도덕철학 분야

강영안, 『도덕은 무엇으로부터 오는가: 칸트의 도덕철학』, 조합공동체 소나무, 2000.

김덕수, 『일상에서 이해하는 칸트 윤리학』, 역락, 2018.

김상봉, 『호모 에티쿠스: 윤리적 인간의 탄생』, 한길사, 1999.

金容民, 『Kant的 理想主義와 自由의 展望』, 한마음사, 1994.

김정주, 『이성과 윤리학: 칸트와 현대 독일 윤리학』, 철학과현실사, 2009.

김종국, 『논쟁을 통해 본 칸트 실천철학』, 서광사, 2013.

문성학, 『칸트 윤리학과 형식주의』, 경북대학교출판부, 2006.

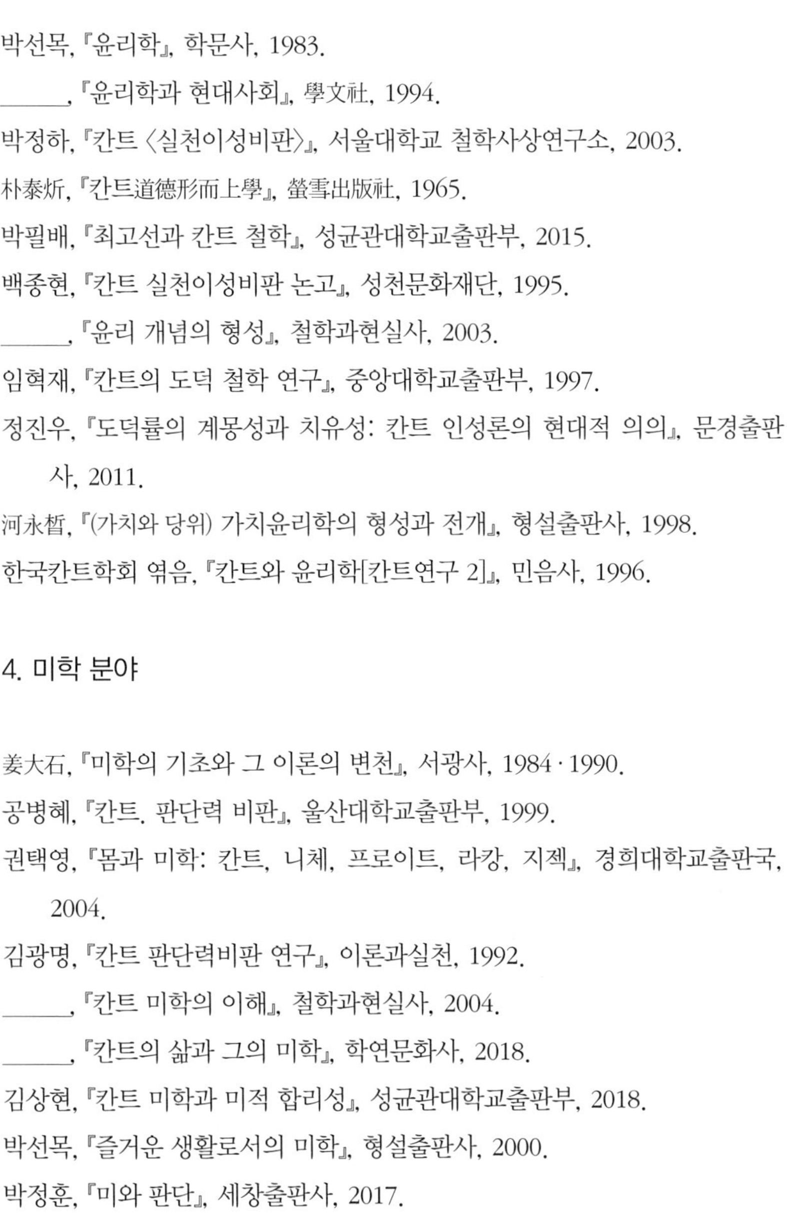

박선목, 『윤리학』, 학문사, 1983.

______, 『윤리학과 현대사회』, 學文社, 1994.

박정하, 『칸트 〈실천이성비판〉』, 서울대학교 철학사상연구소, 2003.

朴泰炘, 『칸트道德形而上學』, 螢雪出版社, 1965.

박필배, 『최고선과 칸트 철학』, 성균관대학교출판부, 2015.

백종현, 『칸트 실천이성비판 논고』, 성천문화재단, 1995.

______, 『윤리 개념의 형성』, 철학과현실사, 2003.

임혁재, 『칸트의 도덕 철학 연구』, 중앙대학교출판부, 1997.

정진우, 『도덕률의 계몽성과 치유성: 칸트 인성론의 현대적 의의』, 문경출판사, 2011.

河永晳, 『(가치와 당위) 가치윤리학의 형성과 전개』, 형설출판사, 1998.

한국칸트학회 엮음, 『칸트와 윤리학[칸트연구 2]』, 민음사, 1996.

4. 미학 분야

姜大石, 『미학의 기초와 그 이론의 변천』, 서광사, 1984 · 1990.

공병혜, 『칸트. 판단력 비판』, 울산대학교출판부, 1999.

권택영, 『몸과 미학: 칸트, 니체, 프로이트, 라캉, 지젝』, 경희대학교출판국, 2004.

김광명, 『칸트 판단력비판 연구』, 이론과실천, 1992.

______, 『칸트 미학의 이해』, 철학과현실사, 2004.

______, 『칸트의 삶과 그의 미학』, 학연문화사, 2018.

김상현, 『칸트 미학과 미적 합리성』, 성균관대학교출판부, 2018.

박선목, 『즐거운 생활로서의 미학』, 형설출판사, 2000.

박정훈, 『미와 판단』, 세창출판사, 2017.

유형식, 『독일미학: 고전에서 현대까지』, 논형, 2009.

한국칸트학회 엮음, 『칸트와 미학[칸트연구 3]』, 민음사, 1997.

5. 법철학 · 정치철학 · 사회철학 · 역사철학 분야

김대식, 『칸트철학과 타자인식의 해석학』, 모시는사람들, 2013.
김석수, 『칸트와 현대 사회 철학』, 울력, 2005.
______, 『요청과 지양』, 울력, 2015.
김수배, 『호소의 철학』, 충남대학교출판문화원, 2015.
김 진, 『칸트와 역사신학의 문제』, 울산대학교출판부, 2011.
박봉현, 『칸트와 동북아시아 평화』, 오름, 2005.
백승균, 『세계사적 역사인식과 칸트의 영구평화론』, 계명대학교출판부, 2007.
이충진, 『이성과 권리: 칸트 법철학 연구』, 철학과현실사, 2000.
______, 『독일 철학자들과의 대화: 칸트의 법철학 · 정치철학을 중심으로』, 이학사, 2010.
한국칸트학회 엮음, 『칸트와 정치철학[칸트연구 9]』, 철학과현실사, 2002.

6. 인간학 분야

문성학, 『칸트철학의 인간학적 비밀』, 울산대학교출판부, 1996 · 1997.
한정석, 『칸트철학의 인간학적 지평』, 經文社, 1994 · 1995.

7. 교육철학 분야

김병옥, 『칸트의 교육사상 연구』, 집문당, 1986.
김영래, 『칸트의 교육이론』, 학지사, 2003.
노철현, 『칸트와 교육인식론』, 교육과학사, 2010.
신춘호, 『교육이론으로서의 칸트철학』, 교육과학사, 2010.
林泰平, 『칸트의 教育哲學』, 學文社, 1981.
______, 『교육이론: 플라톤, 칸트와 듀이』, 이문출판사, 2004.

______, 『루소와 칸트: 교육에 관하여』, 교육과학사, 2008.

정혜진, 『칸트철학과 프뢰벨의 교과이론』, 교육과학사, 2010.

8. 종교철학 분야

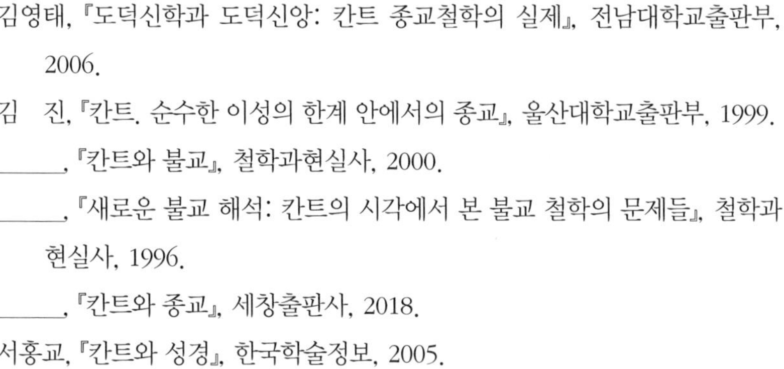

김영태, 『도덕신학과 도덕신앙: 칸트 종교철학의 실제』, 전남대학교출판부, 2006.

김 진, 『칸트. 순수한 이성의 한계 안에서의 종교』, 울산대학교출판부, 1999.

______, 『칸트와 불교』, 철학과현실사, 2000.

______, 『새로운 불교 해석: 칸트의 시각에서 본 불교 철학의 문제들』, 철학과현실사, 1996.

______, 『칸트와 종교』, 세창출판사, 2018.

서홍교, 『칸트와 성경』, 한국학술정보, 2005.

9. 방법론 분야

김 진, 『칸트와 세계관의 철학』, 울산대학교출판부, 2005.

______, 『칸트와 요청주의』, 울산대학교출판부, 2005.

김혜숙, 『칸트: 경계의 철학, 철학의 경계』, 이화여자대학교출판부, 2011.

10. 비교 연구 분야

강순전, 『칸트에서 헤겔로: 칸트철학과의 대결을 통해 본 헤겔 철학의 특성』, 철학과현실사, 2008.

강순전 外, 『이성과 비판의 철학: 칸트와 독일관념론을 중심으로』, 철학과현실사, 2006.

김대식, 『칸트철학과 타자인식의 해석학』, 모시는사람들, 2013.

김상일, 『元曉의 判比量論 비교 연구: 원효의 논리로 본 칸트의 이율배반론』, 지식산업사, 2004.
김용석, 『언어와 이성: 촘스키를 넘어서 칸트주의 언어학으로』, 한성대학교출판부, 2012.
김종국, 『책임인가 자율인가?: H. 요나스 對 I. 칸트』, 한국학술정보, 2008.
김종욱, 『용수와 칸트: 동서사상의 정점에서 피어나는 철학의 향연』, 운주사, 2002.
김 진, 『칸트와 생태사상』, 철학과 현실사, 2003.
______, 『칸트와 선험화용론』, 울산대학교출판부, 1994 · 1995.
______, 『칸트와 생태주의적 사유』, 울산대학교출판부, 1998.
______, 『아펠과 철학의 변형』, 철학과현실사, 1998.
나종석, 『칸트와 헤겔』, 용의 숲, 2011.
문장수, 『주체 개념의 역사』, 영한문화사, 2012.
백종현, 『칸트와 헤겔의 철학: 시대와의 대화』, 아카넷, 2010.
______(편), 『동아시아의 칸트철학』, 아카넷, 2014.
백훈승, 『칸트와 독일관념론의 자아의식 이론』, 서광사, 2013.
심귀연, 『신체와 자유: 칸트의 자유에서 메를로-퐁티의 자유로』, 그린비, 2012.
윤병태, 『칸트 그리고 헤겔』, 용의 숲, 2007.
윤용택, 『인과와 자유: 과학과 도덕의 철학적 기초』, 솔과학, 2014.
이명휘, 『유교와 칸트』, 예문서원, 2012.
이양호, 『초월의 행보: 칸트 · 키에르케고르 · 셸러의 길』, 담론사, 1998.
이정일, 『칸트와 헤겔, 주체성과 인류적 자유』, 동과서, 2003.
조관성, 『현상학과 윤리학』, 교육과학사, 2003.
한국칸트학회 엮음, 『칸트와 현대 유럽철학[칸트연구 7]』, 철학과현실사, 2001.
________________, 『칸트와 현대 영미철학[칸트연구 8]』, 철학과현실사, 2001.

_______________, 『칸트철학과 현대 해석학[칸트연구 12]』, 철학과현실사, 2003.

_______________, 『칸트철학과 한국 사회 문화』, 한국칸트학회, 2004.

_______________, 『포스트모던 칸트』, 문학과지성사, 2006.

韓端錫 (편), 『칸트와 헤겔』, 사회문화연구소 출판부, 2001.

표제어 원어로 찾아보기

A

B

C

D

E

F

G

H

I

J

K

L

Q

R

S

T

Z